《中国人民政治协商会议年鉴（2017）》

中国人民政治协商会议

年鉴

2017

中国文史出版社

中国人民政治协商会议会徽

EMBLEM OF THE CHINESE PEOPLE'S POLITICAL CONSULTATIVE CONFERENCE

2017年12月29日，全国政协在北京举行新年茶话会。中共中央总书记、国家主席、中央军委主席习近平在茶话会上发表重要讲话。

2017年12月29日，全国政协在北京举行新年茶话会。党和国家领导人习近平、李克强、张德江、俞正声、张高丽、栗战书、汪洋、王沪宁、赵乐际、韩正出席茶话会并观看演出。

中国人民政治协商会议第十二届全国委员会第五次会议
1949

中国人民政治协商会议第十二届
全国委员会第五次会议会场。

2017年3月3日，中国人民政治协商会议第十二届全国委员会第五次会议在北京人民大会堂开幕。习近平、李克强、张德江、刘云山、王岐山、张高丽等在主席台就座。

2017年3月3日，全国政协十二届五次会议在北京人民大会堂开幕。中共中央政治局常委、全国政协主席俞正声代表政协第十二届全国委员会常务委员会向大会报告工作。

2017年3月3日，全国政协十二届五次会议在北京人民大会堂开幕。受政协第十二届全国委员会常务委员会委托，全国政协副主席马培华向大会报告政协十二届四次会议以来的提案工作情况。

2017年2月27日，政协第十二届全国委员会常务委员会第十九次会议在北京开幕。中共中央政治局常委、全国政协主席俞正声出席。

2017年6月26日，政协第十二届全国委员会常务委员会第二十一次会议在北京开幕。中共中央政治局常委、全国政协主席俞正声主持开幕会。中共中央政治局常委、国务院副总理张高丽应邀出席会议并作报告。

2017年8月28日，政协第十二届全国委员会常务委员会第二十二次会议在北京开幕。中共中央政治局常委、全国政协主席俞正声出席开幕会。中共中央政治局委员、国务院副总理汪洋应邀出席会议并作报告。

2017年10月30日，政协第十二届全国委员会常务委员会第二十三次会议在北京开幕。全国政协主席俞正声主持开幕会。中共中央政治局常委、中央书记处书记王沪宁应邀出席会议并作报告。

2017年5月23日，全国政协在北京召开“坚定文化自信，讲好中国故事”专题协商会。中共中央政治局常委、全国政协主席俞正声主持会议并讲话。中共中央政治局委员、中央书记处书记、中宣部部长刘奇葆出席会议并讲话。

2017年7月18日，全国政协在北京召开“构建‘亲’‘清’新型政商关系，促进民营经济健康发展”专题协商会。中共中央政治局常委、全国政协主席俞正声主持会议并讲话。国务委员王勇出席会议并讲话。

2017年12月15日，全国政协主席俞正声主持召开全国政协第六十七次主席会议。

2017年10月26日，政协第十二届全国委员会党组召开会议，传达学习贯彻中国共产党第十九次全国代表大会和十九届一中全会精神。全国政协主席、党组书记俞正声主持会议并讲话。

2017年3月30日，全国政协在北京召开第六十三次双周协商座谈会，围绕“优化电子商务监管”建言献策。中共中央政治局常委、全国政协主席俞正声主持会议并讲话。

2017年4月27日，全国政协在北京召开第六十五次双周协商座谈会，围绕“水污染防治法修订”建言献策。中共中央政治局常委、全国政协主席俞正声主持会议并讲话。

2017年5月25日，全国政协在北京召开第六十七次双周协商座谈会，围绕“完善住宅房地产调控，有序推进新型城镇化建设”建言献策。中共中央政治局常委、全国政协主席俞正声主持会议并讲话。

2017年7月6日，全国政协在北京召开第七十次双周协商座谈会，围绕“重视去产能过程中职工就业再就业问题”建言献策。中共中央政治局常委、全国政协主席俞正声主持会议并讲话。

2017年12月7日，全国政协在北京召开第七十六次双周协商座谈会，围绕“少数民族戏剧的传承与发展”建言献策。全国政协主席俞正声主持会议并讲话。

2017年1月9日，中共中央政治局常委、全国政协主席俞正声，中共中央政治局委员、中央统战部部长孙春兰，中共中央书记处书记、全国政协副主席杜青林等领导同志出席已故知名人士和党外全国政协委员夫人（在京）2017年春节茶话会。

2017年1月13日，纪念王任重同志诞辰100周年座谈会在北京举行。中共中央政治局常委、全国政协主席俞正声出席座谈会，并在会前会见了王任重同志亲属。

2017年4月5日，正在对巴基斯坦进行正式友好访问的全国政协主席俞正声在伊斯兰堡同巴基斯坦参议院主席拉巴尼举行会谈。

2017年4月5日，正在对巴基斯坦进行正式友好访问的全国政协主席俞正声在伊斯兰堡会见巴基斯坦国民议会代议长阿巴西。全国政协副主席、台盟中央主席林文漪，全国政协副主席兼秘书长张庆黎参加座谈。

2017年4月6日，正在对巴基斯坦进行正式友好访问的全国政协主席俞正声在伊斯兰堡会见巴基斯坦总理谢里夫。

2017年4月6日，正在对巴基斯坦进行正式友好访问的全国政协主席俞正声在伊斯兰堡会见巴基斯坦总统侯赛因。

2017年4月7日，正在对斯里兰卡进行正式友好访问的全国政协主席俞正声在科伦坡与斯里兰卡总统西里塞纳共同出席中国援建的斯里兰卡国家医院门诊楼奠基仪式。

2017年4月7日，正在对斯里兰卡进行正式友好访问的全国政协主席俞正声与卡鲁议长共同出席纪念中斯建交60周年招待会，观看中斯友好图片展览。

2017年4月7日，正在对斯里兰卡进行正式友好访问的全国政协主席俞正声在科伦坡会见斯里兰卡总理维克勒马辛哈。

2017年4月7日，正在对斯里兰卡进行正式友好访问的全国政协主席俞正声在科伦坡会见斯里兰卡总统西里塞纳。全国政协副主席、台盟中央主席林文漪，全国政协副主席兼秘书长张庆黎参加座谈。

2017年4月7日，正在对斯里兰卡进行正式友好访问的全国政协主席俞正声在科伦坡同斯里兰卡议长卡鲁举行会谈。

2017年7月4日，全国政协副主席杜青林在比利时首都布鲁塞尔会见比利时联邦参议长德弗莱涅。

2017年7月7日，全国政协副主席杜青林在阿根廷首都布宜诺斯艾利斯会见阿根廷代总统兼参议长米切蒂。

2017年7月11日，全国政协副主席杜青林在巴西首都巴西利亚会见巴西参议院议长欧尼西奥·奥利维拉。

2017年9月6日，政协第十二届全国委员会优秀提案和先进承办单位表彰会在京召开，中共中央书记处书记、全国政协副主席杜青林出席并讲话，全国政协副主席兼秘书长张庆黎主持会议。

2017年6月5日至10日，全国政协副主席韩启德率全国政协委员视察团，就“健康产业发展情况”在青海省视察。

2017年7月12日至19日，全国政协副主席罗富和率领全国政协无党派人士界委员考察团赴西藏自治区和云南省，就“边疆少数民族地区公共文化服务”开展考察。

2017年9月19日至23日，由全国政协副主席何厚铧任团长的澳门特别行政区全国政协委员考察团就“文化产业”赴湖南开展考察。

2017年5月31日，张庆黎副主席兼秘书长率“国家生态文明试验区建设情况”视察团在江西省瑞金市华屋村视察村庄环境整治示范工作。

2017年4月7日至13日，全国政协副主席李海峰率全国政协“实施精准扶贫中存在的问题和建议”监督性调研组深入广西壮族自治区开展调研。图为李海峰看望贫困户。

2017年5月22日，全国政协副主席陈元会见爱沙尼亚议会外委会主席马克·米凯尔森。

2017年7月10日至14日，以全国政协副主席卢展工为团长的全国政协特邀常委视察团就“少数民族地区精准扶贫”在宁夏回族自治区开展视察。

2017年5月16日，全国政协副主席王家瑞在钓鱼台国宾馆会见宴请来华出席“一带一路”国际合作高峰论坛的缅甸国务资政昂山素季。

2017年7月9日至12日，全国政协副主席王正伟率全国政协人口资源环境委员会调研组，就“治理过度包装促进绿色生产消费”赴浙江省实地调研，同时对全国政协十二届五次会议第3818号“关于需采取更有力措施治理过度包装，促进绿色生产消费的提案”进行重点督办。

2017年4月14日至19日，全国政协副主席马飚率全国政协调研组在湖北省开展扶贫监督性调研。

2017年11月7日，全国政协机关举办干部学习讲座，邀请全国政协副主席王钦敏作题为《学习贯彻十九大精神，建设数字中国，发展数字经济》专题报告。

目 录

重要文献

全国委员会篇

领导人讲话、报告和文章

决议、决定、公告、通知

制度建设

重要会议、活动

经常性工作

【专门委员会】

组织情况

机关建设

报刊社论

2017 年大事记

地方委员会篇

重　要　文　献

中共中央印发《中国共产党工作机关条例（试行）》

（2017 年 4 月 13 日）

新华社北京 4 月 12 日电　近日，中共中央印发了《中国共产党工作机关条例（试行）》（以下简称《条例》），并发出通知，要求各地区各部门认真遵照执行。

通知强调，党的工作机关是党实施政治、思想和组织领导的政治机关，是落实党中央和地方各级党委决策部署，实施党的领导、加强党的建设、推进党的事业的执行机关，在革命、建设、改革各个时期都发挥了重要作用。新的历史条件下，我们党要更好进行具有许多新的历史特点的伟大斗争、推进党的建设新的伟大工程、推进中国特色社会主义伟大事业，必须进一步加强和规范党的工作机关工作。

通知指出，《条例》是规范党的工作机关设立、职责和运行的基础主干党内法规，是继党组工作条例、地方党委工作条例之后，加强党的组织制度建设的又一重要成果，对于夯实党执政治国的组织制度基础，推进国家治理体系和治理能力现代化，提高党的领导水平和执政水平具有重要意义。

通知要求，各级党委要从坚定不移推进全面从严治党的战略高度，充分认识加强和改进党的工作机关工作的重要性和紧迫性，切实加强对《条例》实施的组织领导。要通过举办研讨班、培训等形式，组织各级领导干部，特别是党的工作机关领导班子成员认真学习《条例》，准确掌握《条例》内容，深刻领会《条例》精神，不断提高运用《条例》做好党的工作机关工作的能力和水平。各级党委和党的各级工作机关要对照《条例》规定，对党的工作机关的设立、领导机构和决策形式、工作规则等进行一次全面清理规范。中央有关部门要抓好督促落实，适时对《条例》实施情况进行专项检查，确保各项规定要求落到实处。

《中国共产党工作机关条例（试行）》全文如下。

第一章　总则

第一条　为了规范党的工作机关的设立和运行，提高党的工作机关履职能力和工作水平，保证党的理论和路线方针政策得到有效贯彻执行，根据《中国共产党章程》，制定本条例。

第二条　党的工作机关是党实施政治、思想和组织领导的政治机关，是落实党中央和地方各级党委决策部署，实施党的领导、加强党的建设、推进党的事业的执行机关，主要包括办公厅（室）、职能部门、办事机构和派出机关。

第三条　本条例适用于中央和地方党的工作机关。

党委直属事业单位、设在党的工作机关或者由党的工作机关管理的机关，参照本条例执行，法律法规和中央另有规定的除外。

党的纪律检查机关的产生和运行，按照党章和中央有关规定执行。

第四条 党的工作机关开展工作应当遵循以下原则：

（一）坚持加强党的领导，坚决维护党中央权威；

（二）坚持党的政治路线、思想路线、组织路线、群众路线；

（三）坚持贯彻民主集中制，增强党的团结统一和机关工作活力；

（四）坚持各司其职、相互配合，确保党的各项工作协调一致、协同推进；

（五）坚持全面从严治党、依规治党，依照党章党规履行职责；

（六）坚持在宪法法律范围内活动，支持同级国家机关和其他组织依法依章程开展工作。

第二章 设立

第五条 党的工作机关的设立，应当适应加强党的领导和党的建设的需要，遵循精简、统一、效能原则，实行总量控制和限额管理。

根据工作需要，党的工作机关可以与职责相近的国家机关等合并设立或者合署办公。合并设立或者合署办公仍由党委主管。

严格控制议事协调机构常设办事机构的设立。议事协调机构负责的事项，可以交由现有工作机关牵头协调或者建立协调配合机制解决的，不另设常设办事机构。

第六条 党中央工作机关的设立、撤销、合并或者变更，由中央机构编制管理部门提出方案，按程序报党中央审批决定。

地方党委工作机关的设立、撤销、合并或者变更，由同级机构编制管理部门提出方案，按规定程序由本级党委讨论决定后，报上级党委审批。

第七条 党的工作机关的领导机构和决策形式是部（厅、室）务会或者委员会，一般由正职、副职、派驻纪检组组长或者纪工委书记及其他成员组成。

党的工作机关的领导职数，根据工作需要和从严控制的原则，严格按照有关规定执行。

党的工作机关正职由上级机构领导成员兼任的，可以设常务副职，协助其处理日常工作。

党的工作机关不设正职领导助理，一般不设秘书长。确有必要时，经党中央批准，党中央职能部门可以设秘书长。

第八条 党的工作机关根据工作需要和精干效能的原则设置必要的内设机构。内设机构的设立、撤销、合并或者变更，按照规定的权限和程序审批。

第九条 党的工作机关在核定的行政编制内配备机关工作人员。

第三章 职责

第十条 党的工作机关应当职责明确、权责一致，其职责一般依据党章党规确定，具体职责由有关职能配置、内设机构、人员编制规定予以明确。

应当由党委履行职责，党委不得将其授予工作机关。

第十一条 党的工作机关应当履行以下职责：

（一）坚决贯彻落实党的理论和路线方针政策以及党委决策部署，确保政令畅通；

（二）研究部署职责范围内的工作，按照规定制发党内法规和规范性文件，抓好组织实施和督促落实；

（三）当好党委参谋助手，及时报告有关情况、反映问题、提出意见建议，为党委决策提供服务；

（四）抓好机关党的建设工作，加强对本单位群团工作的领导；

（五）承办党委和上级工作机关交办的有关事项。

第十二条 党委办公厅（室）是党委的综合部门，负责推动党委决策部署的落实，按照党委要求协调有关方面开展工作，承担党委运行保障具体事务。

第十三条 党委职能部门是负责党委某一方面工作的主管部门，按照规定行使相对独立的管理职能，制定相关政策法规并组织实施，协调指导本系统、本领域工作。

第十四条 党委办事机构是协助党委办理某一方面重要事务的机构，一般是指党委为加强跨领域、跨部门重要工作的领导和组织协调而设立的议事协调机构的常设办事机构，承担议事协调机构的综合性服务工作，可以根据有关规定履行特定管理职责。

第十五条 党委派出机关是党委为加强对特定领域、行业、系统领导而派出的工作机关，根据有关规定代表党委领导该领域、行业、系统的工作。

第十六条 党的工作机关必须牢固树立政治意识、大局意识、核心意识、看齐意识，始终在思想上、政治上、行动上同党中央保持高度一致。按照全面从严治党要求，加强机关党的建设和队伍思想政治建设，教育引导党员干部坚定理想信念，强化宗旨意识，始终保持对党的事业、对党中央的绝对忠诚，自觉践行“三严三实”要求，在守纪律、讲规矩方面作出表率。

党的工作机关应当加强业务能力建设，开展经常性的学习培训和业务交流，勇于探索实践，善于总结工作规律，不断提高干部队伍专业化水平和履职尽责本领。

第四章 决策与执行

第十七条 党的工作机关必须坚持民主集中制，领导班子实行集体领导和个人分工负责相结合的制度。凡属本机关重大事项，应当按照集体领导、民主集中、个别酝酿、会议决定的原则，由领导班子集体研究决定。领导班子成员应当根据集体决定和分工，勇于担当，敢于负责，切实履行职责。

第十八条 党的工作机关应当通过召开部（厅、室）务会会议、委员会会议等形式讨论决定下列重大事项；

（一）学习贯彻党中央、上级和本级党委的有关决定、指示和工作部署；

（二）研究讨论贯彻执行本机关职责范围内相关方针政策与法律法规的具体措施；

（三）讨论决定本机关重大决策、重要人事任免、重大项目安排、大额资金使用等事项；

（四）审议向党中央或者本级党委以及上级党的工作机关请示报告的重要事项；

（五）研究部署本机关党的建设方面的重要事项；

（六）研究讨论其他重要事项。

党的工作机关领导班子应当科学决策、民主决策、依法决策。对重大事项的决策，一般应当经过调查研究、征求意见、专业评估、合法合规性审查和集体讨论决定等程序。

第十九条 部（厅、室）务会会议、委员会会议由党的工作机关主要负责同志召集并主持，领导班子成员参加。根据工作需要，会议召集人可以确定有关人员列席会议。会议由专门人员如实记录，对决定事项编发会议纪要，并按照规定存档备查。

第二十条 党的工作机关应当建立有效的督查、评估和反馈机制，确保领导班子决策落实。

第二十一条 党的工作机关根据工作需要，可以召开部长（主任、书记）办公会议，组织推进部（厅、室）务会会议、委员会会议决策事项的落实和研究讨论专项工作。部长（主任、书记）办公会议由部长（主任、书记）或者委托领导班子其他成员主持召开，领导班子有关成员和有关内设机构主要负责人等参加。部长（主任、书记）办公会议不得代替部（厅、室）务会会议、委员会会议作出决策。

第二十二条 党的工作机关领导班子及其成员应当加强思想政治建设，认真学习马克思列宁主义、毛泽东思想，坚持用中国特色社会主义理论体系武装头脑，深入学习贯彻习近平总书记系列重要讲话精神和治国理政新理念、新思想、新战略，不断增强中国特色社会主义的道路自信、理论自信、制度自信、文化自信。严守党的政治纪律和政治规矩，严肃党内政治生活。严格落实中央关于改进工作作风、密切联系群众的各项规定，坚决反对形式主义、官僚主义、享乐主义和奢靡之风。

党的工作机关领导班子应当认真履行全面从严治党主体责任，落实党风廉政建设责任制，模范执行廉洁自律各项规定，坚决维护党的纪律，推动形成风清气正、干事创业的良好环境。

第五章　监督与追责

第二十三条 党的工作机关接受党委的全面监督，每年至少向党委作 1 次全面工作情况报告，遇有重要情况及时请示报告。执行党中央和上级党组织某项重要指示和决定的情况，应当进行专题报告。对党的工作机关作出的不适当决定，本级党委或者上级党的工作机关有权撤销或者变更。

党的工作机关应当自觉接受党的纪律检查机关及其派驻机构、党委直属机关纪工委以及机关纪委的监督。

第二十四条 党的工作机关领导班子应当自觉接受党内监督和群众监督。领导班子成员应当如实向党组织报告个人有关事项、述职述廉述德，接受组织监督。

第二十五条 党委应当定期对所属工作机关履职情况进行检查考核，具体工作由党委组织部门负责，考核结果在一定范围内通报。

第二十六条 党的工作机关领导班子成员违反本条例有关规定的，根据情节轻重，给予批评教育、责令作出检查、诫勉、通报批评或者调离岗位、责令辞职、免职、降职等处理；应当追究党纪政纪责任的，依照有关规定给予相应处分。

第六章　附则

第二十七条 机构编制管理部门应当根据本条例科学编制党的工作机关职能配置、内设机构、人员编制规定，按程序报本级党委审批后，以党委文件或者党委办公厅（室）文件形式发布。

第二十八条 中央军事委员会可以根据本条例，制定相关规定。

第二十九条 本条例由中央办公厅商中央组织部、中央机构编制委员会办公室解释。

第三十条 本条例自2017年3月1日起施行。

决胜全面建成小康社会 夺取新时代中国特色社会主义伟大胜利

——在中国共产党第十九次全国代表大会上的报告

（2017年10月18日）

习 近 平

同志们：

现在，我代表第十八届中央委员会向大会作报告。

中国共产党第十九次全国代表大会，是在全面建成小康社会决胜阶段、中国特色社会主义进入新时代的关键时期召开的一次十分重要的大会。

大会的主题是：不忘初心，牢记使命，高举中国特色社会主义伟大旗帜，决胜全面建成小康社会，夺取新时代中国特色社会主义伟大胜利，为实现中华民族伟大复兴的中国梦不懈奋斗。

不忘初心，方得始终。中国共产党人的初心和使命，就是为中国人民谋幸福，为中华民族谋复兴。这个初心和使命是激励中国共产党人不断前进的根本动力。全党同志一定要永远与人民同呼吸、共命运、心连心，永远把人民对美好生活的向往作为奋斗目标，以永不懈怠的精神状态和一往无前的奋斗姿态，继续朝着实现中华民族伟大复兴的宏伟目标奋勇前进。

当前，国内外形势正在发生深刻复杂变化，我国发展仍处于重要战略机遇期，前景十分光明，挑战也十分严峻。全党同志一定要登高望远、居安思危，勇于变革、勇于创新，永不僵化、永不停滞，团结带领全国各族人民决胜全面建成小康社会，奋力夺取新时代中国特色社会主义伟大胜利。

一、过去五年的工作和历史性变革

十八大以来的五年，是党和国家发展进程中极不平凡的五年。面对世界经济复苏乏力、局部冲突和动荡频发、全球性问题加剧的外部环境，面对我国经济发展进入新常态等一系列深刻变化，我们坚持稳中求进工作总基调，迎难而上，开拓进取，取得了改革开放和社会主义现代化建设的历史性成就。

为贯彻十八大精神，党中央召开七次全会，分别就政府机构改革和职能转变、全面深化改革、全面推进依法治国、制定“十三五”规划、全面从严治党等重大问题作出决定和部署。五年来，我们统筹推进“五位一体”总体布局、协调推进“四个全面”战略布局，“十二五”规划胜利完成，“十三五”规划顺利实施，党和国家事业全面开创新局面。

经济建设取得重大成就。坚定不移贯彻新发展理念，坚决端正发展观念、转变发展方式，发展质量和效益不断提升。经济保持中高速增长，在世界主要国家中名列前茅，国内生产总值从五十四万亿元增长到八十万亿元，稳居世界第二，对世界经济增长贡献率超过百分之三十。供给侧结构性改革深入推进，经济结构不断优化，数字经济等新兴产业蓬勃发展，高铁、公路、桥梁、港口、机场等基础设施建设快速推进。农业现代化稳步推进，粮食生产能力达到一万二千亿斤。城镇化率年均提高一点二个百分点，八千多万农业转移人口成为城镇居民。区域发展协调性增强，“一带一路”建设、京津冀协同发展、长江经济带发展成效显著。创新驱动发展战略大力实施，创新型国家建设成果丰硕，天宫、蛟龙、天眼、悟空、墨子、大飞机等重大科技成果相继问世。南海岛礁建设积极推进。开放型经济新体制逐步健全，对外贸易、对外投资、外汇储备稳居世界前列。

全面深化改革取得重大突破。蹄疾步稳推进全面深化改革，坚决破除各方面体制机制弊端。改革全面发力、多点突破、纵深推进，着力增强改革系统性、整体性、协同性，压茬拓展改革广度和深度，推出一千五百多项改革举措，重要领域和关键环节改革取得突破性进展，主要领域改革主体框架基本确立。中国特色社会主义制度更加完善。国家治理体系和治理能力现代化水平明显提高，全社会发展活力和创新活力明显增强。

民主法治建设迈出重大步伐。积极发展社会主义民主政治，推进全面依法治国，党的领导、人民当家作主、依法治国有机统一的制度建设全面加强，党的领导体制机制不断完善，社会主义民主不断发展，党内民主更加广泛，社会主义协商民主全面展开，爱国统一战线巩固发展，民族宗教工作创新推进。科学立法、严格执法、公正司法、全民守法深入推进，法治国家、法治政府、法治社会建设相互促进，中国特色社会主义法治体系日益完善，全社会法治观念明显增强。国家监察体制改革试点取得实效，行政体制改革、司法体制改革，权力运行制约和监督体系建设有效实施。

思想文化建设取得重大进展。加强党对意识形态工作的领导，党的理论创新全面推进，马克思主义在意识形态领域的指导地位更加鲜明，中国特色社会主义和中国梦深入人心，社会主义核心价值观和中华优秀传统文化广泛弘扬，群众性精神文明创建活动扎实开展。公共文化服务水平不断提高，文艺创作持续繁荣，文化事业和文化产业蓬勃发展，互联网建设管理运用不断完善，全民健身和竞技体育全面发展。主旋律更加响亮，正能量更加强劲，文化自信得到彰显，国家文化软实力和中华文化影响力大幅提升，全党社会思想上的团结统一更加巩固。

人民生活不断改善。深入贯彻以人民为中心的发展思想，一大批惠民举措落地实施，人民获得感显著增强。脱贫攻坚战取得决定性进展，六千多万贫困人口稳定脱贫，贫困发生率从百分之十点二下降到百分之四以下。教育事业全面发展，中西部和农村教育明显加强。就业状况持续改善，城镇新增就业年均一千三百万人以上。城乡居民收入增速超过经济增速，中等收入群体持续扩大。覆盖城乡居民的社会保障体系基本建立，人民健康和医疗卫生水平大幅提高，保障性住房建设稳步推进。社会治理体系更加完善，社会大局保持稳定，国家安全全面加强。

生态文明建设成效显著。大力度推进生态文明建设，全党全国贯彻绿色发展理念的自觉性和主动性显著增强，忽视生态环境保护的状况明显改变。生态文明制度体系加快形成，主体功能区制度逐步健全，国家公园体制试点积极推进。全面节约资源有效推进，能源资源消耗强度大幅下降。重大生态保护和修复工作进展顺利，森林覆盖率持续提高。生态环境治理明显加强，环境状况得到改善。引导应对气候变化国际合作，成为全球生态文明建设的重要参与者、贡献者、引领者。

强军兴军开创新局面。着眼于实现中国梦强军梦，制定新形势下军事战略方针，全力推进国防和军队现代化。召开古田全军政治工作会议，恢复和发扬我党我军光荣传统和优良作风，人民军队政治生态得到有效治理。国防和军队改革取得历史性突破，形成军委管总、战区主战、军种主建新格局，人民军队组织架构和力量体系实现革命性重塑。加强练兵备战，有效遂行海上维权、反恐维稳、抢险救灾、国际维和、亚丁湾护航、人道主义救援等重大任务，武器装备加快发展，军事斗争准备取得重大进展。人民军队在中国特色强军之路上迈出坚定步伐。

港澳台工作取得新进展。全面准确贯彻“一国两制”方针，牢牢掌握宪法和基本法赋予的中央对香港、澳门全面管治权，深化内地和港澳地区交流合作，保持香港、澳门繁荣稳定。坚持一个中国原则和“九二共识”，推动两岸关系和平发展，加强两岸经济文化交流合作，实现两岸领导人历史性会晤。妥善应对台湾局势变化，坚决反对和遏制“台独”分裂势力，有力维护台海和平稳定。

全方位外交布局深入展开。全面推进中国特色大国外交，形成全方位、多层次、立体化的外交布局，为我国发展营造了良好外部条件。实施共建“一带一路”倡议，发起创办亚洲基础设施投资银行，设立丝路基金，举办首届“一带一路”国际合作高峰论坛、亚太经合组织领导人非正式会议、二十国集团领导人杭州峰会、金砖国家领导人厦门会晤、亚信峰会。倡导构建人类命运共同体，促进全球治理体系变革。我国国际影响力、感召力、塑造力进一步提高，为世界和平与发展作出新的重大贡献。

全面从严治党成效卓著。全面加强党的领导和党的建设，坚决改变管党治党宽松软状况。推动全党尊崇党章，增强政治意识、大局意识、核心意识、看齐意识，坚决维护党中央权威和集中统一领导，严明党的政治纪律和政治规矩，层层落实管党治党政治责任。坚持照镜子、正衣冠、洗洗澡、治治病的要求，开展党的群众路线教育实践活动和“三严三实”专题教育，推进“两学一做”学习教育常态化制度化，全党理想信念更加坚定、党性更加坚强。贯彻新时期好干部标准，选人用人状况和风气明显好转。党的建设制度改革深入推进，党内法规制度体系不断完善。把纪律挺在前面，着力解决人民群众反映最强烈、对党的执政基础威胁最大突出问题。出台中央八项规定，严厉整治形式主义、官僚主义、享乐主义和奢靡之风，坚决反对特权。巡视利剑作用彰显，实现中央和省级党委巡视全覆盖。坚持反腐败无禁区、全覆盖、零容忍，坚定不移“打虎”“拍蝇”“猎狐”，不敢腐的目标初步实现，不能腐的笼子越扎越牢，不想腐的堤坝正在构筑，反腐败斗争压倒性态势已经形成并巩固发展。

五年来的成就是全方位的、开创性的，五年来的变革是深层次的、根本性的。五年来，我们党以巨大的政治勇气和强烈的责任担当，提出一系列新理念新思想新战略，出台一系列重大方针政策，推出一系列重大举措，推进一系列重大工作，解决了许多长期想解决而没有解决的难题，办成了许多过去想办而没有办成的大事，推动党和国家事业发生历史性变革。这些历史性变革，对党和国家事业发展具有重大而深远的影响。

五年来，我们勇于面对党面临的重大风险考验和党内存在的突出问题，以顽强意志品质正风肃纪、反腐惩恶，消除了党和国家内部存在的严重隐患，党内政治生活气象更新，党内政治生态明显好转，党的创造力、凝聚力、战斗力显著增强，党的团结统一更加坚强，党群关系明显改善，党在革命性锻造中更加坚强，焕发出新的强大生机活力，为党和国家事业发展提供了坚强政治保证。

同时，必须清醒看到，我们的工作还存在许多不足，也面临不少困难和挑战。主要是：发展不平衡不充分的一些突出问题尚未解决，发展质量和效益还不高，创新能力不够强，实体经济水平有待提高，生态环境保护任重道远；民生领域还有不少短板，脱贫攻坚任务艰巨，城乡区域发展和收入分配差距依然较大，群众在就业、教育、医疗、居住、养老等方面面临不少难题；社会文明水平尚需提高；社会矛盾和问题交织叠加，全面依法治国任务依然繁重，国家治理体系和治理能力有待加强；意识形态领域斗争依然复杂，国家安全面临新情况；一些改革部署和重大政策措施需要进一步落实；党的建设方面还存在不少薄弱环节。这些问题，必须着力加以解决。

五年来的成就，是党中央坚强领导的结果，更是全党全国各族人民共同奋斗的结果。我代表中共中央，向全国各族人民，向各民主党派、各人民团体和各界爱国人士，向香港特别行政区同胞、澳门特别行政区同胞和台湾同胞以及广大侨胞，向关心和支持中国现代化建设的各国朋友，表示衷心的感谢！

同志们！改革开放之初，我们党发出了走自己的路、建设中国特色社会主义的伟大号召。从那时以来，我们党团结带领全国各族人民不懈奋斗，推动我国经济实力、科技实力、国防实力、综合国力进入世界前列，推动我国国际地位实现前所未有的提升，党的面貌、国家的面貌、人民的面貌、军队的面貌、中华民族的面貌发生了前所未有的变化，中华民族正以崭新姿态屹立于世界的东方。

经过长期努力，中国特色社会主义进入了新时代，这是我国发展新的历史方位。

中国特色社会主义进入新时代，意味着近代以来久经磨难的中华民族迎来了从站起来、富起来到强起来的伟大飞跃，迎来了实现中华民族伟大复兴的光明前景；意味着科学社会主义在二十一世纪的中国焕发出强大生机活力，在世界上高高举起了中国特色社会主义伟大旗帜；意味着中国特色社会主义道路、理论、制度、文化不断发展，拓展了发展中国家走向现代化的途径，给世界上那些既希望加快发展又希望保持自身独立性的国家和民族提供了全新选择，为解决人类问题贡献了中国智慧和中国方案。

这个新时代，是承前启后、继往开来、在新的历史条件下继续夺取中国特色社会主义伟大胜利的时代，是决胜全面建成小康社会，进而全面建设社会主义现代化强国的时代，是全国各族人民团结奋斗、不断创造美好生活、逐步实现全体人民共同富裕的时代，是全体中华儿女勠力同心、奋力实现中华民族伟大复兴中国梦的时代，是我国日益走近世界舞台中央、不断为人类作出更大贡献的时代。

中国特色社会主义进入新时代，我国社会主要矛盾已经转化为人民日益增长的美好生活需要和不平衡不充分的发展之间的矛盾。我国稳定解决了十几亿人的温饱问题，总体上实现小康，不久将全面建成小康社会，人民美好生活需要日益广泛，不仅对物质文化生活提出了更高要求，而且在民主、法治、公平、正义、安全、环境等方面的要求日益增长。同时，我国社会生产力水平总体上显著提高，社会生产能力在很多方面进入世界前列，更加突出的问题是发展不平衡不充分，这已经成为满足人民日益增长的美好生活需要的主要制约因素。

必须认识到，我国社会主要矛盾的变化是关系全局的历史性变化，对党和国家工作提出了许多新要求。我们要在继续推动发展的基础上，着力解决好发展不平衡不充分问题，大力提升发展质量和效益，更好满足人民在经济、政治、文化、社会、生态等方面日益增长的需要，更好推动人的全面发展、社会全面进步。

必须认识到，我国社会主要矛盾的变化，没有改变我们对我国社会主义所处历史阶段的判断，我国仍处于并将长期处于社会主义初级阶段的基本国情没有变，我国是世界最大发展中国家的国际地位没有变。全党要牢牢把握社会主义初级阶段的这个基本国情，牢牢立足社会主义初级阶段这个最大实际，牢牢坚持党的基本路线这个党和国家的生命线、人民的幸福线，领导和团结全国各族人民，以经济建设为中心，坚持四项基本原则，坚持改革开放，自力更生，艰苦创业，为把我国建设成为富强民主文明和谐美丽的社会主义现代化强国而奋斗。

同志们！中国特色社会主义进入新时代，在中华人民共和国发展史上、中华民族发展史上具有重大意义，在世界社会主义发展史上、人类社会发展史上也具有重大意义。全党要坚定信心、奋发有为，让中国特色社会主义展现出更加强大的生命力！

二、新时代中国共产党的历史使命

一百年前，十月革命一声炮响，给中国送来了马克思列宁主义。中国先进分子从马克思列宁主义的科学真理中看到了解决中国问题的出路。在近代以来中国社会的剧烈运动中，在中国人民反抗封建统治和外来侵略的激烈斗争中，在马克思列宁主义同中国工人运动的结合过程中，1921 年中国共产党应运而生。从此，中国人民谋求民族独立、人民解放和国家富强、人民幸福的斗争就有了主心骨，中国人民就从精神上由被动转为主动。

中华民族有五千多年的文明历史，创造了灿烂的中华文明，为人类作出了卓越贡献，成为世界上伟大的民族。鸦片战争后，中国陷入内忧外患的黑暗境地，中国人民经历了战乱频仍、山河破碎、民不聊生的深重苦难。为了民族复兴，无数仁人志士不屈不挠、前仆后继，进行了可歌可泣的斗争，进行了各式各样的尝试，但终究未能改变旧中国的社会性质和中国人民的悲惨命运。

实现中华民族伟大复兴是近代以来中华民族最伟大的梦想。中国共产党一经成立，就把实现共产主义作为党的最高理想和最终目标，义无反顾肩负起实现中华民族伟大复兴的历史使命，团结带领人民进行了艰苦卓绝的斗争，谱写了气吞山河的壮丽史诗。

我们党深刻认识到，实现中华民族伟大复兴，必须推翻压在中国人民头上的帝国主义、封建主义、官僚资本主义三座大山，实现民族独立、人民解放、国家统一、社会稳定。我们党团结带领人民找到了一条以农村包围城市、武装夺取政权的正确革命道路，进行了二十八年浴血奋战，完成了新民主主义革命，1949 年建立了中华人民共和国，实现了中国从几千年封建专制政治向人民民主的伟大飞跃。

我们党深刻认识到，实现中华民族伟大复兴，必须建立符合我国实际的先进社会制度。我们党团结带领人民完成社会主义革命，确立社会主义基本制度，推进社会主义建设，完成了中华民族有史以来最为广泛而深刻的社会变革，为当代中国一切发展进步奠定了根本政治前提和制度基础，实现了中华民族由近代不断衰落到根本扭转命运、持续走向繁荣富强的伟大飞跃。

我们党深刻认识到，实现中华民族伟大复兴，必须合乎时代潮流、顺应人民意愿，勇于改革开放，让党和人民事业始终充满奋勇前进的强大动力。我们党团结带领人民进行改革开放新的伟大革命，破除阻碍国家和民族发展的一切思想和体制障碍，开辟了中国特色社会主义道路，使中国大踏步赶上时代。

九十六年来，为了实现中华民族伟大复兴的历史使命，无论是弱小还是强大，无论是顺境还是逆境，我们党都初心不改、矢志不渝，团结带领人民历经千难万险，付出巨大牺牲，敢于面对曲折，勇于修正错误，攻克了一个又一个看似不可攻克的难关，创造了一个又一个彪炳史册的人间奇迹。

同志们！今天，我们比历史上任何时期都更接近、更有信心和能力实现中华民族伟大复兴的目标。

行百里者半九十。中华民族伟大复兴，绝不是轻轻松松、敲锣打鼓就能实现的。全党必须准备付出更为艰巨、更为艰苦的努力。

实现伟大梦想，必须进行伟大斗争。社会是在矛盾运动中前进的，有矛盾就会有斗争。我们党要团结带领人民有效应对重大挑战、抵御重大风险、克服重大阻力、解决重大矛盾，必须进行具有许多新的历史特点的伟大斗争，任何贪图享受、消极懈怠、回避矛盾的思想和行为都是错误的。全党要更加自觉地坚持党的领导和我国社会主义制度，坚决反对一切削弱、歪曲、否定党的领导和我国社会主义制度的言行；更加自觉地维护人民利益，坚决反对一切损害人民利益、脱离群众的行为；更加自觉地投身改革创新时代潮流、坚决破除一切顽瘴痼疾；更加自觉地维护我国主权、安全、发展利益，坚决反对一切分裂祖国、破坏民族团结和社会和谐稳定的行为；更加自觉地防范各种风险，坚决战胜一切在政治、经济、文化、社会等领域和自然界出现的困难和挑战。全党要充分认识这场伟大斗争的长期性、复杂性、艰巨性，发扬斗争精神，提高斗争本领，不断夺取伟大斗争新胜利。

实现伟大梦想，必须建设伟大工程。这个伟大工程就是我们党正在深入推进的党的建设新的伟大工程。历史已经并将继续证明，没有中国共产党的领导，民族复兴必然是空想。我们党要始终成为时代先锋、民族脊梁，始终成为马克思主义执政党，自身必须始终过硬。全党要更加自觉地坚定党性原则，勇于直面问题，敢于刮骨疗毒，消除一切损害党的先进性和纯洁性的因素，清除一切侵蚀党的健康肌体的病毒，不断增强党的政治领导力、思想引领力、群众组织力、社会号召力，确保我们党永葆旺盛生命力和强大战斗力。

实现伟大梦想，必须推进伟大事业。中国特色社会主义是改革开放以来党的全部理论和实践的主题，是党和人民历尽千辛万苦、付出巨大代价取得的根本成就。中国特色社会主义道路是实现社会主义现代化、创造人民美好生活的必由之路，中国特色社会主义理论体系是指导党和人民实现中华民族伟大复兴的正确理论，中国特色社会主义制度是当代中国发展进步的根本制度保障，中国特色社会主义文化是激励全党全国各族人民奋勇前进的强大精神力量。全党要更加自觉地增强道路自信、理论自信、制度自信、文化自信，既不走封闭僵化的老路，也不走改旗易帜的邪路，保持政治定力，坚持实干兴邦，始终坚持和发展中国特色社会主义。

伟大斗争，伟大工程，伟大事业，伟大梦想，紧密联系、相互贯通、相互作用，其中起决定性作用的是党的建设新的伟大工程。推进伟大工程，要结合伟大斗争、伟大事业、伟大梦想的实践来进行，确保党在世界形势深刻变化的历史进程中始终走在时代前列，在应对国内外各种风险和考验的历史进程中始终成为全国人民的主心骨，在坚持和发展中国特色社会主义的历史进程中始终成为坚强领导核心。

同志们！使命呼唤担当，使命引领未来。我们要不负人民重托、无愧历史选择，在新时代中国特色社会主义的伟大实践中，以党的坚强领导和顽强奋斗，激励全体中华儿女不断奋进，凝聚起同心共筑中国梦的磅礴力量！

三、新时代中国特色社会主义思想和基本方略

十八大以来，国内外形势变化和我国各项事业发展都给我们提出了一个重大时代课题，这就是必须从理论和实践结合上系统回答新时代坚持和发展什么样的中国特色社会主义、怎样坚持和发展中国特色社会主义，包括新时代坚持和发展中国特色社会主义的总目标、总任务、总体布局、战略布局和发展方向、发展方式、发展动力、战略步骤、外部条件、政治保证等基本问题，并且要根据新的实践对经济、政治、法治、科技、文化、教育、民生、民族、宗教、社会、生态文明、国家安全、国防和军队、“一国两制”和祖国统一、统一战线、外交、党的建设等各方面作出理论分析和政策指导，以利于更好坚持和发展中国特色社会主义。

围绕这个重大时代课题，我们党坚持以马克思列宁主义、毛泽东思想、邓小平理论、“三个代表”重要思想、科学发展观为指导，坚持解放思想、实事求是、与时俱进、求真务实，坚持辩证唯物主义和历史唯物主义，紧密结合新的时代条件和实践要求，以全新的视野深化对共产党执政规律、社会主义建设规律、人类社会发展规律的认识，进行艰辛理论探索，取得重大理论创新成果，形成了新时代中国特色社会主义思想。

新时代中国特色社会主义思想，明确坚持和发展中国特色社会主义，总任务是实现社会主义现代化和中华民族伟大复兴，在全面建成小康社会的基础上，分两步走在本世纪中叶建成富强民主文明和谐美丽的社会主义现代化强国；明确新时代我国社会主要矛盾是人民日益增长的美好生活需要和不平衡不充分的发展之间的矛盾，必须坚持以人民为中心的发展思想，不断促进人的全面发展、全体人民共同富裕；明确中国特色社会主义事业总体布局是“五位一体”、战略布局是“四个全面”，强调坚定道路自信、理论自信、制度自信、文化自信；明确全面深化改革总目标是完善和发展中国特色社会主义制度、推进国家治理体系和治理能力现代化；明确全面推进依法治国总目标是建设中国特色社会主义法治体系、建设社会主义法治国家；明确党在新时代的强军目标是建设一支听党指挥、能打胜仗、作风优良的人民军队，把人民军队建设成为世界一流军队；明确中国特色大国外交要推动构建新型国际关系，推动构建人类命运共同体；明确中国特色社会主义最本质的特征是中国共产党领导，中国特色社会主义制度的最大优势是中国共产党领导，党是最高政治领导力量，提出新时代党的建设总要求，突出政治建设在党的建设中的重要地位。

新时代中国特色社会主义思想，是对马克思列宁主义、毛泽东思想、邓小平理论、“三个代表”重要思想、科学发展观的继承和发展，是马克思主义中国化最新成果，是党和人民实践经验和集体智慧的结晶，是中国特色社会主义理论体系的重要组成部分，是全党全国人民为实现中华民族伟大复兴而奋斗的行动指南，必须长期坚持并不断发展。

全党要深刻领会新时代中国特色社会主义思想的精神实质和丰富内涵，在各项工作

中全面准确贯彻落实。

（一）坚持党对一切工作的领导。党政军民学，东西南北中，党是领导一切的。必须增强政治意识、大局意识、核心意识、看齐意识，自觉维护党中央权威和集中统一领导，自觉在思想上政治上行动上同党中央保持高度一致，完善坚持党的领导的体制机制，坚持稳中求进工作总基调，统筹推进“五位一体”总体布局，协调推进“四个全面”战略布局，提高党把方向、谋大局、定政策、促改革的能力和定力，确保党始终总揽全局、协调各方。

（二）坚持以人民为中心。人民是历史的创造者，是决定党和国家前途命运的根本力量。必须坚持人民主体地位，坚持立党为公、执政为民，践行全心全意为人民服务的根本宗旨，把党的群众路线贯彻到治国理政全部活动之中，把人民对美好生活的向往作为奋斗目标，依靠人民创造历史伟业。

（三）坚持全面深化改革。只有社会主义才能救中国，只有改革开放才能发展中国、发展社会主义、发展马克思主义。必须坚持和完善中国特色社会主义制度，不断推进国家治理体系和治理能力现代化，坚决破除一切不合时宜的思想观念和体制机制弊端，突破利益固化的藩篱，吸收人类文明有益成果，构建系统完备、科学规范、运行有效的制度体系，充分发挥我国社会主义制度优越性。

（四）坚持新发展理念。发展是解决我国一切问题的基础和关键，发展必须是科学发展，必须坚定不移贯彻创新、协调、绿色、开放、共享的发展理念。必须坚持和完善我国社会主义基本经济制度和分配制度，毫不动摇巩固和发展公有制经济，毫不动摇鼓励、支持、引导非公有制经济发展，使市场在资源配置中起决定性作用，更好发挥政府作用，推动新型工业化、信息化、城镇化、农业现代化同步发展，主动参与和推动经济全球化进程，发展更高层次的开放型经济，不断壮大我国经济实力和综合国力。

（五）坚持人民当家作主。坚持党的领导、人民当家作主、依法治国有机统一是社会主义政治发展的必然要求。必须坚持中国特色社会主义政治发展道路，坚持和完善人民代表大会制度、中国共产党领导的多党合作和政治协商制度、民族区域自治制度、基层群众自治制度，巩固和发展最广泛的爱国统一战线，发展社会主义协商民主，健全民主制度，丰富民主形式，拓宽民主渠道，保证人民当家作主落实到国家政治生活和社会生活之中。

（六）坚持全面依法治国。全面依法治国是中国特色社会主义的本质要求和重要保障。必须把党的领导贯彻落实到依法治国全过程和各方面，坚定不移走中国特色社会主义法治道路，完善以宪法为核心的中国特色社会主义法律体系，建设中国特色社会主义法治体系，建设社会主义法治国家，发展中国特色社会主义法治理论，坚持依法治国、依法执政、依法行政共同推进，坚持法治国家、法治政府、法治社会一体建设，坚持依法治国和以德治国相结合，依法治国和依规治党有机统一，深化司法体制改革，提高全民族法治素养和道德素质。

（七）坚持社会主义核心价值体系。文化自信是一个国家、一个民族发展中更基本、更深沉、更持久的力量。必须坚持马克思主义，牢固树立共产主义远大理想和中国特色社会主义共同理想，培育和践行社会主义核心价值观，不断增强意识形态领域主导权和话语权，推动中华优秀传统文化创造性转化、创新性发展，继承革命文化，发展社会主义先进文化，不忘本来、吸收外来、面向未来，更好构筑中国精神、中国价值、中国力量，为人民提供精神指引。

（八）坚持在发展中保障和改善民生。增进民生福祉是发展的根本目的。必须多谋民生之利、多解民生之忧，在发展中补齐民生短板、促进社会公平正义，在幼有所育、学有所教、劳有所得、病有所医、老有所养、住有所居、弱有所扶上不断取得新进展，深入开展脱贫攻坚，保证全体人民在共建共享发展中有更多获得感，不断促进人的全面发展、全体人民共同富裕。建设平安中国，加强和创新社会治理，维护社会和谐稳定，确保国家长治久安、人民安居乐业。

（九）坚持人与自然和谐共生。建设生态文明是中华民族永续发展的千年大计。必须树立和践行“绿水青山就是金山银山”的理念，坚持节约资源和保护环境的基本国策，像对待生命一样对待生态环境，统筹山水林田湖草系统治理，实行最严格的生态环境保护制度，形成绿色发展方式和生活方式，坚定走生产发展、生活富裕、生态良好的文明道路，建设美丽中国，为人民创造良好生产生活环境，为全球生态安全作出贡献。

（十）坚持总体国家安全观。统筹发展和安全，增强忧患意识，做到居安思危，是我们党治国理政的一个重大原则。必须坚持国家利益至上，以人民安全为宗旨，以政治安全为根本，统筹外部安全和内部安全、国土安全和国民安全、传统安全和非传统安全、自身安全和共同安全，完善国家安全制度体系，加强国家安全能力建设，坚决维护国家主权、安全、发展利益。

（十一）坚持党对人民军队的绝对领导。建设一支听党指挥、能打胜仗、作风优良的人民军队，是实现“两个一百年”奋斗目标、实现中华民族伟大复兴的战略支撑。必须全面贯彻党领导人民军队的一系列根本原则和制度，确立新时代党的强军思想在国防和军队建设中的指导地位，坚持政治建军、改革强军、科技兴军、依法治军，更加注重聚焦实战，更加注重创新驱动，更加注重体系建设，更加注重集约高效，更加注重军民融合，实现党在新时代的强军目标。

（十二）坚持“一国两制”和推进祖国统一。保持香港、澳门长期繁荣稳定，实现祖国完全统一，是实现中华民族伟大复兴的必然要求。必须把维护中央对香港、澳门特别行政区全面管治权和保障特别行政区高度自治权有机结合起来，确保“一国两制”方针不会变、不动摇，确保“一国两制”实践不变形、不走样。必须坚持一个中国原则，坚持“九二共识”，推动两岸关系和平发展，深化两岸经济合作和文化往来，推动两岸同胞共同反对一切分裂国家的活动，共同为实现中华民族伟大复兴而奋斗。

（十三）坚持推动构建人类命运共同体。中国人民的梦想同各国人民的梦想息息相通，实现中国梦离不开和平的国际环境和稳定的国际秩序。必须统筹国内国际两个大局，始终不渝走和平发展道路、奉行互利共赢的开放战略，坚持正确义利观，树立共同、综合、合作、可持续的新安全观，谋求开放创新、包容互惠的发展前景，促进和而不同、兼收并蓄的文明交流，构筑尊崇自然、绿色发展的生态体系，始终做世界和平的建设者、全球发展的贡献者、国际秩序的维护者。

（十四）坚持全面从严治党。勇于自我革命，从严管党治党，是我们党最鲜明的品格。必须以党章为根本遵循，把党的政治建设摆在首位，思想建党和制度治党同向发力，统筹推进党的各项建设，抓住“关键少数”，坚持“三严三实”，坚持民主集中制，严肃党内政治生活，严明党的纪律，强化党内监督，发展积极健康的党风政治文化，全面净化党内政治生态，坚决纠正各种不正之风，以零容忍态度惩治腐败，不断增强党自我净化、自我完善、自我革新、自我提高的能力，始终保持党同人民群众的血肉联系。

以上十四条，构成新时代坚持和发展中国特色社会主义的基本方略。全党同志必须全面贯彻党的基本理论、基本路线、基本方略，更好引领党和人民事业发展。

实践没有止境，理论创新也没有止境。世界每时每刻都在发生变化，中国也每时每刻都在发生变化，我们必须在理论上跟上时代，不断认识规律，不断推进理论创新、实践创新、制度创新、文化创新以及其他各方面创新。

同志们！时代是思想之母，实践是理论之源。只要我们善于聆听时代声音，勇于坚持真理、修正错误，二十一世纪中国的马克思主义一定能够展现出更强大、更有说服力的真理力量！

四、决胜全面建成小康社会，开启全面建设社会主义现代化国家新征程

改革开放之后，我们党对我国社会主义现代化建设作出战略安排，提出“三步走”战略目标，解决人民温饱问题、人民生活总体上达到小康水平这两个目标已提前实现。在这个基础上，我们党提出，到建党一百年时建成经济更加发展、民主更加健全、科教更加进步、文化更加繁荣、社会更加和谐、人民生活更加殷实的小康社会，然后再奋斗三十年，到新中国成立一百年时，基本实现现代化，把我国建成社会主义现代化国家。

从现在到2020年，是全面建成小康社会决胜期。要按照十六大、十七大、十八大提出的全面建成小康社会各项要求，紧扣我国社会主要矛盾变化，统筹推进经济建设、政治建设、文化建设、社会建设、生态文明建设，坚定实施科教兴国战略、人才强国战略、创新驱动发展战略、乡村振兴战略、区域协调发展战略、可持续发展战略、军民融合发展战略，突出抓重点、补短板、强弱项，特别是要坚决打好防范化解重大风险、精准脱贫、污染防治的攻坚战，使全面建成小康社会得到人民认可、经得起历史检验。

从十九大到二十大，是“两个一百年”奋斗目标的历史交汇期。我们既要全面建成小康社会、实现第一个百年奋斗目标，又要乘势而上开启全面建设社会主义现代化国家新征程，向第二个百年奋斗目标进军。

综合分析国际国内形势和我国发展条件，从2020年到本世纪中叶可以分两个阶段来安排。

第一个阶段，从2020年到2035年，在全面建成小康社会的基础上，再奋斗十五年，基本实现社会主义现代化。到那时，我国经济实力、科技实力将大幅跃升，跻身创新型国家前列，人民平等参与、平等发展权利得到充分保障，法治国家、法治政府、法治社会基本建成，各方面制度更加完善，国家治理体系和治理能力现代化基本实现；社会文明程度达到新的高度，国家文化软实力显著增强，中华文化影响更加广泛深入；人民生活更为宽裕，中等收入群体比例明显提高，城乡区域发展差距和居民生活水平差距显著缩小，基本公共服务均等化基本实现，全体人民共同富裕迈出坚实步伐；现代社会治理格局基本形成，社会充满活力又和谐有序；生态环境根本好转，美丽中国目标基本实现。

第二个阶段，从2035年到本世纪中叶，在基本实现现代化的基础上，再奋斗十

五年，把我国建成富强民主文明和谐美丽的社会主义现代化强国。到那时，我国物质文明、政治文明、精神文明、社会文明、生态文明将全面提升，实现国家治理体系和治理能力现代化，成为综合国力和国际影响力领先的国家，全体人民共同富裕基本实现，我国人民将享有更加幸福安康的生活，中华民族将以更加昂扬的姿态屹立于世界民族之林。

同志们！从全面建成小康社会到基本实现现代化，再到全面建成社会主义现代化强国，是新时代中国特色社会主义发展的战略安排。我们要坚忍不拔、锲而不舍，奋力谱写社会主义现代化新征程的壮丽篇章！

五、贯彻新发展理念，建设现代化经济体系

实现“两个一百年”奋斗目标、实现中华民族伟大复兴的中国梦，不断提高人民生活水平，必须坚定不移把发展作为党执政兴国的第一要务，坚持解放和发展社会生产力，坚持社会主义市场经济改革方向，推动经济持续健康发展。

我国经济已由高速增长阶段转向高质量发展阶段，正处在转变发展方式、优化经济结构、转换增长动力的攻关期，建设现代化经济体系是跨越关口的迫切要求和我国发展的战略目标。必须坚持质量第一、效益优先，以供给侧结构性改革为主线，推动经济发展质量变革、效率变革、动力变革，提高全要素生产率，着力加快建设实体经济、科技创新、现代金融、人力资源协同发展的产业体系，着力构建市场机制有效、微观主体有活力、宏观调控有度的经济体制，不断增强我国经济创新力和竞争力。

（一）深化供给侧结构性改革。建设现代化经济体系，必须把发展经济的着力点放在实体经济上，把提高供给体系质量作为主攻方向，显著增强我国经济质量优势。加快建设制造强国，加快发展先进制造业，推动互联网、大数据、人工智能和实体经济深度融合，在中高端消费、创新引领、绿色低碳、共享经济、现代供应链、人力资本服务等领域培育新增长点、形成新动能。支持传统产业优化升级，加快发展现代服务业，瞄准国际标准提高水平。促进我国产业迈向全球价值链中高端，培育若干世界级先进制造业集群。加强水利、铁路、公路、水运、航空、管道、电网、信息、物流等基础设施网络建设。坚持去产能、去库存、去杠杆、降成本、补短板，优化存量资源配置，扩大优质增量供给，实现供需动态平衡。激发和保护企业家精神，鼓励更多社会主体投身创新创业。建设知识型、技能型、创新型劳动者大军，弘扬劳模精神和工匠精神，营造劳动光荣的社会风尚和精益求精的敬业风气。

（二）加快建设创新型国家。创新是引领发展的第一动力，是建设现代化经济体系的战略支撑。要瞄准世界科技前沿，强化基础研究，实现前瞻性基础研究、引领性原创成果重大突破。加强应用基础研究，拓展实施国家重大科技项目，突出关键共性技术、前沿引领技术、现代工程技术、颠覆性技术创新，为建设科技强国、质量强国、航天强国、网络强国、交通强国、数字中国、智慧社会提供有力支撑。加强国家创新体系建设，强化战略科技力量。深化科技体制改革，建立以企业为主体、市场为导向、产学研深度融合的技术创新体系，加强对中小企业创新的支持，促进科技成果转化。倡导创新文化，强化知识产权创造、保护、运用。培养造就一大批具有国际水平的战略科技人才、科技领军人才、青年科技人才和高水平创新团队。

（三）实施乡村振兴战略。农业农村农民问题是关系国计民生的根本性问题，必须始终把解决好“三农”问题作为全党工作的重中之重。要坚持农业农村优先发展，按照产业兴旺、生态宜居、乡风文明、治理有效、生活富裕的总要求，建立健全城乡融合发展体制机制和政策体系，加快推进农业农村现代化。巩固和完善农村基本经营制度，深化农村土地制度改革，完善承包地“三权”分置制度。保持土地承包关系稳定并长久不变，第二轮土地承包到期后再延长三十年。深化农村集体产权制度改革，保障农民财产权益，壮大集体经济。确保国家粮食安全，把中国人的饭碗牢牢端在自己手中。构建现代农业产业体系、生产体系、经营体系，完善农业支持保护制度，发展多种形式适度规模经营，培育新型农业经营主体，健全农业社会化服务体系，实现小农户和现代农业发展有机衔接。促进农村一二三产业融合发展，支持和鼓励农民就业创业，拓宽增收渠道。加强农村基层基础工作，健全自治、法治、德治相结合的乡村治理体系。培养造就一支懂农业、爱农村、爱农民的“三农”工作队伍。

（四）实施区域协调发展战略。加大力度支持革命老区、民族地区、边疆地区、贫困地区加快发展，强化举措推进西部大开发形成新格局，深化改革加快东北等老工业基地振兴，发挥优势推动中部地区崛起，创新引领率先实现东部地区优化发展，建立更加有效的区域协调发展新机制。以城市群为主体构建大中小城市和小城镇协调发展的城镇格局，加快农业转移人口市民化。以疏解北京非首都功能为“牛鼻子”推动京津冀协同发展，高起点规划、高标准建设雄安新区。以共抓大保护、不搞大开发为导向推动长江经济带发展。支持资源型地区经济转型发展。加快边疆发展，确保边疆巩固、边境安全。坚持陆海统筹，加快建设海洋强国。

（五）加快完善社会主义市场经济体制。经济体制改革必须以完善产权制度和要素市场化配置为重点，实现产权有效激励、要素自由流动、价格反应灵活、竞争公平有序、企业优胜劣汰。要完善各类国有资产管理体制，改革国有资本授权经营体制，加快国有经济布局优化、结构调整、战略性重组，促进国有资产保值增值，推动国有资本做强做优做大，有效防止国有资产流失。深化国有企业改革，发展混合所有制经济，培育具有全球竞争力的世界一流企业。全面实施市场准入负面清单制度，清理废除妨碍统一市场和公平竞争的各种规定和做法，支持民营企业发展，激发各类市场主体活力。深化商事制度改革，打破行政性垄断，防止市场垄断，加快要素价格市场化改革，放宽服务业准入限制，完善市场监管体制。创新和完善宏观调控，发挥国家发展规划的战略导向作用，健全财政、货币、产业、区域等经济政策协调机制。完善促进消费的体制机制，增强消费对经济发展的基础性作用。深化投融资体制改革，发挥投资对优化供给结构的关键性作用。加快建立现代财政制度，建立权责清晰、财力协调、区域均衡的中央和地方财政关系。建立全面规范透明、标准科学、约束有力的预算制度，全面实施绩效管理。深化税收制度改革，健全地方税体系。深化金融体制改革，增强金融服务实体经济能力，提高直接融资比重，促进多层次资本市场健康发展。健全货币政策和宏观审慎政策双支柱调控框架，深化利率和汇率市场化改革。健全金融监管体系，守住不发生系统性金融风险的底线。

（六）推动形成全面开放新格局。开放带来进步，封闭必然落后。中国开放的大门不会关闭，只会越开越大。要以“一带一路”建设为重点，坚持引进来和走出去并重，遵循共商共建共享原则，加强创新能力开放合作，形成陆海内外联动、东西双向互济的开放格局。拓展对外贸易，培育贸易新业态新模式，推进贸易强国建设。实行高水平的贸易和投资自由化便利化政策，全面实行准入前国民待遇加负面清单管理制度，大幅度放宽市场准入，扩大服务业对外开放，保护外商投资合法权益。凡是在我国境内注册的企业，都要一视同仁、平等对待。优化区域开放布局，加大西部开放力度。赋予自由贸易试验区更大改革自主权，探索建设自由贸易港。创新对外投资方式，促进国际产能合作，形成面向全球的贸易、投融资、生产、服务网络，加快培育国际经济合作和竞争新优势。

同志们！解放和发展社会生产力，是社会主义的本质要求。我们要激发全社会创造力和发展活力，努力实现更高质量、更有效率、更加公平、更可持续的发展！

六、健全人民当家作主制度体系，发展社会主义民主政治

我国是工人阶级领导的、以工农联盟为基础的人民民主专政的社会主义国家，国家一切权力属于人民。我国社会主义民主是维护人民根本利益的最广泛、最真实、最管用的民主。发展社会主义民主政治就是要体现人民意志、保障人民权益、激发人民创造活力，用制度体系保证人民当家作主。

中国特色社会主义政治发展道路，是近代以来中国人民长期奋斗历史逻辑、理论逻辑、实践逻辑的必然结果，是坚持党的本质属性、践行党的根本宗旨的必然要求。世界上没有完全相同的政治制度模式，政治制度不能脱离特定社会政治条件和历史文化传统来抽象评判，不能定于一尊，不能生搬硬套外国政治制度模式。要长期坚持、不断发展我国社会主义民主政治，积极稳妥推进政治体制改革，推进社会主义民主政治制度化、规范化、程序化，保证人民依法通过各种途径和形式管理国家事务，管理经济文化事业，管理社会事务，巩固和发展生动活泼、安定团结的政治局面。

（一）坚持党的领导、人民当家作主、依法治国有机统一。党的领导是人民当家作主和依法治国的根本保证，人民当家作主是社会主义民主政治的本质特征，依法治国是党领导人民治理国家的基本方式，三者统一于我国社会主义民主政治伟大实践。在我国政治生活中，党是居于领导地位的，加强党的集中统一领导，支持人大、政府、政协和法院、检察院依法依章程履行职能、开展工作、发挥作用，这两个方面是统一的。要改进党的领导方式和执政方式，保证党领导人民有效治理国家；扩大人民有序政治参与，保证人民依法实行民主选举、民主协商、民主决策、民主管理、民主监督；维护国家法制统一、尊严、权威，加强人权法治保障，保证人民依法享有广泛权利和自由。巩固基层政权，完善基层民主制度，保障人民知情权、参与权、表达权、监督权。健全依法决策机制，构建决策科学、执行坚决、监督有力的权力运行机制。各级领导干部要增强民主意识，发扬民主作风，接受人民监督，当好人民公仆。

（二）加强人民当家作主制度保障。人民代表大会制度是坚持党的领导、人民当家作主、依法治国有机统一的根本政治制度安排，必须长期坚持、不断完善。要支持和保证人民通过人民代表大会行使国家权力，发挥人大及其常委会在立法工作中的主导作用，健全人大组织制度和工作制度，支持和保证人大依法行使立法权、监督权、决定权、任免权，更好发挥人大代表作用，使各级人大及其常委会成为全面担负起宪法法律赋予的各项职责的工作机关，成为同人民群众保持密切联系的代表机关。完善人大专门委员会设置，优化人大常委会和专门委员会组成人员结构。

（三）发挥社会主义协商民主重要作用。有事好商量，众人的事情由众人商量，是人民民主的真谛。协商民主是实现党的领导的重要方式，是我国社会主义民主政治的特有形式和独特优势。要推动协商民主广泛、多层、制度化发展，统筹推进政党协商、人大协商、政府协商、政协协商、人民团体协商、基层协商以及社会组织协商。加强协商民主制度建设，形成完整的制度程序和参与实践，保证人民在日常政治生活中有广泛持续深入参与的权利。

人民政协是具有中国特色的制度安排，是社会主义协商民主的重要渠道和专门协商机构。人民政协工作要聚焦党和国家中心任务，围绕团结和民主两大主题，把协商民主贯穿政治协商、民主监督、参政议政全过程，完善协商议政内容和形式，着力增进共识、促进团结。加强人民政协民主监督，重点监督党和国家重大方针政策和重要决策部署的贯彻落实。增强人民政协界别的代表性，加强委员队伍建设。

（四）深化依法治国实践。全面依法治国是国家治理的一场深刻革命，必须坚持厉行法治，推进科学立法、严格执法、公正司法、全民守法。成立中央全面依法治国领导小组，加强对法治中国建设的统一领导。加强宪法实施和监督，推进合宪性审查工作，维护宪法权威。推进科学立法、民主立法、依法立法，以良法促进发展、保障善治。建设法治政府，推进依法行政，严格规范公正文明执法。深化司法体制综合配套改革，全面落实司法责任制，努力让人民群众在每一个司法案件中感受到公平正义。加大全民普法力度，建设社会主义法治文化，树立宪法法律至上、法律面前人人平等的法治理念。各级党组织和全体党员要带头尊法学法守法用法，任何组织和个人都不得有超越宪法法律的特权，绝不允许以言代法、以权压法、逐利违法、徇私枉法。

（五）深化机构和行政体制改革。统筹考虑各类机构设置，科学配置党政部门及内设机构权力、明确职责。统筹使用各类编制资源，形成科学合理的管理体制，完善国家机构组织法。转变政府职能，深化简政放权，创新监管方式，增强政府公信力和执行力，建设人民满意的服务型政府。赋予省级及以下政府更多自主权。在省市县对职能相近的党政机关探索合并设立或合署办公。深化事业单位改革，强化公益属性，推进政事分开、事企分开、管办分离。

（六）巩固和发展爱国统一战线。统一战线是党的事业取得胜利的重要法宝，必须长期坚持。要高举爱国主义、社会主义旗帜，牢牢把握大团结大联合的主题，坚持一致性和多样性统一，找到最大公约数，画出最大同心圆。坚持长期共存、互相监督、肝胆相照、荣辱与共，支持民主党派按照中国特色社会主义参政党要求更好履行职能。全面贯彻党的民族政策，深化民族团结进步教育，铸牢中华民族共同体意识，加强各民族交往交流交融，促进各民族像石榴籽一样紧紧抱在一起，共同团结奋斗、共同繁荣发展。全面贯彻党的宗教工作基本方针，坚持我国宗教的中国化方向，积极引导宗教与社会主义社会相适应。加强党外知识分子工作，做好新的社会阶层人士工作，发挥他们在中国特色社会主义事业中的重要作用。构建亲清新型政商关系，促进非公有制经济健康发展和非公有制经济人士健康成长。广泛团结联系海外侨胞和归侨侨眷，共同致力于中华民族伟大复兴。

同志们！中国特色社会主义政治制度是中国共产党和中国人民的伟大创造。我们完全有信心、有能力把我国社会主义民主政治的优势和特点充分发挥出来，为人类政治文明进步作出充满中国智慧的贡献！

七、坚定文化自信，推动社会主义文化繁荣兴盛

文化是一个国家、一个民族的灵魂，文化兴国运兴，文化强民族强。没有高度的文化自信，没有文化的繁荣兴盛，就没有中华民族伟大复兴，要坚持中国特色社会主义文化发展道路，激发全民族文化创新创造活力，建设社会主义文化强国。

中国特色社会主义文化，源自于中华民族五千多年文明历史所孕育的中华优秀传统文化，熔铸于党领导人民在革命、建设、改革中创造的革命文化和社会主义先进文化，植根于中国特色社会主义伟大实践。发展中国特色社会主义文化，就是以马克思主义为指导，坚守中华文化立场，立足当代中国现实，结合当今时代条件，发展面向现代化、面向世界、面向未来的，民族的科学的大众的社会主义文化，推动社会主义精神文明和物质文明协调发展。要坚持为人民服务、为社会主义服务，坚持百花齐放、百家争鸣，坚持创造性转化、创新性发展，不断铸就中华文化新辉煌。

（一）牢牢掌握意识形态工作领导权。意识形态决定文化前进方向和发展道路。必须推进马克思主义中国化时代化大众化，建设具有强大凝聚力和引领力的社会主义意识形态，使全体人民在理想信念、价值理念、道德观念上紧紧团结在一起。要加强理论武装，推动新时代中国特色社会主义思想深入人心。深化马克思主义理论研究和建设，加快构建中国特色哲学社会科学，加强中国特色新型智库建设。坚持正确舆论导向，高度重视传播手段建设和创新，提高新闻舆论传播力、引导力、影响力、公信力。加强互联网内容建设，建立网络综合治理体系，营造清朗的网络空间。落实意识形态工作责任制，加强阵地建设和管理，注意区分政治原则问题、思想认识问题、学术观点问题，旗帜鲜明反对和抵制各种错误观点。

（二）培育和践行社会主义核心价值观。社会主义核心价值观是当代中国精神的集中体现，凝结着全体人民共同的价值追求。要以培养担当民族复兴大任的时代新人为着眼点，强化教育引导、实践养成、制度保障，发挥社会主义核心价值观对国民教育、精神文明创建、精神文化产品创作生产传播的引领作用，把社会主义核心价值观融入社会发展各方面，转化为人们的情感认同和行为习惯。坚持全民行动、干部带头，从家庭做起，从娃娃抓起。深入挖掘中华优秀传统文化蕴含的思想观念、人文精神、道德规范，结合时代要求继承创新，让中华文化展现出永久魅力和时代风采。

（三）加强思想道德建设。人民有信仰，国家有力量，民族有希望。要提高人民思想觉悟、道德水准、文明素养，提高全社会文明程度。广泛开展理想信念教育，深化中国特色社会主义和中国梦宣传教育，弘扬民族精神和时代精神，加强爱国主义、集体主义、社会主义教育，引导人们树立正确的历史观、民族观、国家观、文化观。深入实施公民道德建设工程，推进社会公德、职业道德、家庭美德、个人品德建设，激励人们向上向善、孝老爱亲，忠于祖国、忠于人民。加强和改进思想政治工作，深化群众性精神文明创建活动。弘扬科学精神，普及科学知识，开展移风易俗、弘扬时代新风行动，抵制腐朽落后文化侵蚀。推进诚信建设和志愿服务制度化，强化社会责任意识、规则意识、奉献意识。

（四）繁荣发展社会主义文艺。社会主义文艺是人民的文艺，必须坚持以人民为中心的创作导向，在深入生活、扎根人民中进行无愧于时代的文艺创造。要繁荣文艺创

作，坚持思想精深、艺术精湛、制作精良相统一，加强现实题材创作，不断推出讴歌党、讴歌祖国、讴歌人民、讴歌英雄的精品力作。发扬学术民主、艺术民主，提升文艺原创力，推动文艺创新。倡导讲品位、讲格调、讲责任，抵制低俗、庸俗、媚俗。加强文艺队伍建设，造就一大批德艺双馨名家大师，培育一大批高水平创作人才。

（五）推动文化事业和文化产业发展。满足人民过上美好生活的新期待，必须提供丰富的精神食粮。要深化文化体制改革，完善文化管理体制，加快构建把社会效益放在首位、社会效益和经济效益相统一的体制机制。完善公共文化服务体系，深入实施文化惠民工程，丰富群众性文化活动。加强文物保护利用和文化遗产保护传承。健全现代文化产业体系和市场体系，创新生产经营机制，完善文化经济政策，培育新型文化业态。广泛开展全民健身活动，加快推进体育强国建设，筹办好北京冬奥会、冬残奥会。加强中外人文交流，以我为主、兼收并蓄。推进国际传播能力建设，讲好中国故事，展现真实、立体、全面的中国，提高国家文化软实力。

同志们！中国共产党从成立之日起，既是中国先进文化的积极引领者和践行者，又是中华优秀传统文化的忠实传承者和弘扬者。当代中国共产党人和中国人民应该而且一定能够担负起新的文化使命，在实践创造中进行文化创造，在历史进步中实现文化进步！

八、提高保障和改善民生水平，加强和创新社会治理

全党必须牢记，为什么人的问题，是检验一个政党、一个政权性质的试金石。带领人民创造美好生活，是我们党始终不渝的奋斗目标。必须始终把人民利益摆在至高无上的地位，让改革发展成果更多更公平惠及全体人民，朝着实现全体人民共同富裕不断迈进。

保障和改善民生要抓住人民最关心、最直接、最现实的利益问题，既尽力而为，又量力而行，一件事情接着一件事情办，一年接着一年干。坚持人人尽责、人人享有，坚守底线、突出重点、完善制度、引导预期，完善公共服务体系，保障群众基本生活，不断满足人民日益增长的美好生活需要，不断促进社会公平正义，形成有效的社会治理、良好的社会秩序，使人民获得感、幸福感、安全感更加充实、更有保障、更可持续。

（一）优先发展教育事业。建设教育强国是中华民族伟大复兴的基础工程，必须把教育事业放在优先位置，深化教育改革，加快教育现代化，办好人民满意的教育。要全面贯彻党的教育方针，落实立德树人根本任务，发展素质教育，推进教育公平，培养德智体美全面发展的社会主义建设者和接班人。推动城乡义务教育一体化发展，高度重视农村义务教育，办好学前教育、特殊教育和网络教育，普及高中阶段教育，努力让每个孩子都能享有公平而有质量的教育。完善职业教育和培训体系，深化产教融合、校企合作。加快一流大学和一流学科建设，实现高等教育内涵式发展。健全学生资助制度，使绝大多数城乡新增劳动力接受高中阶段教育、更多接受高等教育。支持和规范社会力量兴办教育。加强师德师风建设，培养高素质教师队伍，倡导全社会尊师重教。办好继续教育，加快建设学习型社会，大力提高国民素质。

（二）提高就业质量和人民收入水平。就业是最大的民生。要坚持就业优先战略和积极就业政策，实现更高质量和更充分就业。大规模开展职业技能培训，注重解决结构性就业矛盾，鼓励创业带动就业。提供全方位公共就业服务，促进高校毕业生等青年群

体、农民工多渠道就业创业。破除妨碍劳动力、人才社会性流动的体制机制弊端，使人人都有通过辛勤劳动实现自身发展的机会。完善政府、工会、企业共同参与的协商协调机制，构建和谐劳动关系。坚持按劳分配原则，完善按要素分配的体制机制，促进收入分配更合理、更有序。鼓励勤劳守法致富，扩大中等收入群体，增加低收入者收入，调节过高收入，取缔非法收入。坚持在经济增长的同时实现居民收入同步增长、在劳动生产率提高的同时实现劳动报酬同步提高。拓宽居民劳动收入和财产性收入渠道。履行好政府再分配调节职能，加快推进基本公共服务均等化，缩小收入分配差距。

（三）加强社会保障体系建设。按照兜底线、织密网、建机制的要求，全面建成覆盖全民、城乡统筹、权责清晰、保障适度、可持续的多层次社会保障体系。全面实施全民参保计划。完善城镇职工基本养老保险和城乡居民基本养老保险制度，尽快实现养老保险全国统筹。完善统一的城乡居民基本医疗保险制度和大病保险制度。完善失业、工伤保险制度。建立全国统一的社会保险公共服务平台。统筹城乡社会救助体系，完善最低生活保障制度。坚持男女平等基本国策，保障妇女儿童合法权益。完善社会救助、社会福利、慈善事业、优抚安置等制度，健全农村留守儿童和妇女、老年人关爱服务体系。发展残疾人事业，加强残疾康复服务。坚持房子是用来住的、不是用来炒的定位，加快建立多主体供给、多渠道保障、租购并举的住房制度，让全体人民住有所居。

（四）坚决打赢脱贫攻坚战。让贫困人口和贫困地区同全国一道进入全面小康社会是我们党的庄严承诺。要动员全党全国全社会力量，坚持精准扶贫、精准脱贫，坚持中央统筹省负总责市县抓落实的工作机制，强化党政一把手负总责的责任制，坚持大扶贫格局，注重扶贫同扶志、扶智相结合，深入实施东西部扶贫协作，重点攻克深度贫困地区脱贫任务，确保到2020年我国现行标准下农村贫困人口实现脱贫，贫困县全部摘帽，解决区域性整体贫困，做到脱真贫、真脱贫。

（五）实施健康中国战略。人民健康是民族昌盛和国家富强的重要标志。要完善国民健康政策，为人民群众提供全方位全周期健康服务。深化医药卫生体制改革，全面建立中国特色基本医疗卫生制度、医疗保障制度和优质高效的医疗卫生服务体系，健全现代医院管理制度。加强基层医疗卫生服务体系和全科医生队伍建设。全面取消以药养医，健全药品供应保障制度。坚持预防为主，深入开展爱国卫生运动，倡导健康文明生活方式，预防控制重大疾病。实施食品安全战略，让人民吃得放心。坚持中西医并重，传承发展中医药事业。支持社会办医，发展健康产业。促进生育政策和相关经济社会政策配套衔接，加强人口发展战略研究。积极应对人口老龄化，构建养老、孝老、敬老政策体系和社会环境，推进医养结合，加快老龄事业和产业发展。

（六）打造共建共治共享的社会治理格局。加强社会治理制度建设，完善党委领导、政府负责、社会协同、公众参与、法治保障的社会治理体制，提高社会治理社会化、法治化、智能化、专业化水平。加强预防和化解社会矛盾机制建设，正确处理人民内部矛盾。树立安全发展理念，弘扬生命至上、安全第一的思想，健全公共安全体系，完善安全生产责任制，坚决遏制重特大安全事故，提升防灾减灾救灾能力。加快社会治安防控体系建设，依法打击和惩治黄赌毒黑拐骗等违法犯罪活动，保护人民人身权、财产权、人格权。加强社会心理服务体系建设，培育自尊自信、理性平和、积极向上的社会心态，加强社区治理体系建设，推动社会治理重心向基层下移，发挥社会组织作用，实现政府治理和社会调节、居民自治良性互动。

（七）有效维护国家安全。国家安全是安邦定国的重要基石，维护国家安全是全国各族人民根本利益所在。要完善国家安全战略和国家安全政策，坚决维护国家政治安全，统筹推进各项安全工作。健全国家安全体系，加强国家安全法治保障，提高防范和抵御安全风险能力。严密防范和坚决打击各种渗透颠覆破坏活动、暴力恐怖活动、民族分裂活动、宗教极端活动。加强国家安全教育，增强全党全国人民国家安全意识，推动全社会形成维护国家安全的强大合力。

同志们！党的一切工作必须以最广大人民根本利益为最高标准。我们要坚持把人民群众的小事当作自己的大事，从人民群众关心的事情做起，从让人民群众满意的事情做起，带领人民不断创造美好生活！

九、加快生态文明体制改革，建设美丽中国

人与自然是生命共同体，人类必须尊重自然、顺应自然、保护自然。人类只有遵循自然规律才能有效防止在开发利用自然上走弯路，人类对大自然的伤害最终会伤及人类自身，这是无法抗拒的规律。

我们要建设的现代化是人与自然和谐共生的现代化，既要创造更多物质财富和精神财富以满足人民日益增长的美好生活需要，也要提供更多优质生态产品以满足人民日益增长的优美生态环境需要。必须坚持节约优先、保护优先、自然恢复为主的方针，形成节约资源和保护环境的空间格局、产业结构、生产方式、生活方式，还自然以宁静、和谐、美丽。

（一）推进绿色发展。加快建立绿色生产和消费的法律制度和政策导向，建立健全绿色低碳循环发展的经济体系。构建市场导向的绿色技术创新体系，发展绿色金融，壮大节能环保产业、清洁生产产业、清洁能源产业。推进能源生产和消费革命，构建清洁低碳、安全高效的能源体系。推进资源全面节约和循环利用，实施国家节水行动，降低能耗、物耗，实现生产系统和生活系统循环链接。倡导简约适度、绿色低碳的生活方式，反对奢侈浪费和不合理消费，开展创建节约型机关、绿色家庭、绿色学校、绿色社区和绿色出行等行动。

（二）着力解决突出环境问题。坚持全民共治、源头防治，持续实施大气污染防治行动，打赢蓝天保卫战。加快水污染防治，实施流域环境和近岸海域综合治理。强化土壤污染管控和修复，加强农业面源污染防治，开展农村人居环境整治行动。加强固体废弃物和垃圾处置。提高污染排放标准，强化排污者责任，健全环保信用评价、信息强制性披露、严惩重罚等制度。构建政府为主导、企业为主体、社会组织和公众共同参与的环境治理体系。积极参与全球环境治理，落实减排承诺。

（三）加大生态系统保护力度。实施重要生态系统保护和修复重大工程，优化生态安全屏障体系，构建生态廊道和生物多样性保护网络，提升生态系统质量和稳定性。完成生态保护红线、永久基本农田、城镇开发边界三条控制线划定工作。开展国土绿化行动，推进荒漠化、石漠化、水土流失综合治理，强化湿地保护和恢复，加强地质灾害防治。完善天然林保护制度，扩大退耕还林还草。严格保护耕地，扩大轮作休耕试点，健全耕地草原森林河流湖泊休养生息制度，建立市场化、多元化生态补偿机制。

（四）改革生态环境监管体制。加强对生态文明建设的总体设计和组织领导，设立国有自然资源资产管理和自然生态监管机构，完善生态环境管理制度，统一行使全民所有自然资源资产所有者职责，统一行使所有国土空间用途管制和生态保护修复职责，统一行使监管城乡各类污染排放和行政执法职责。构建国土空间开发保护制度，完善主体功能区配套政策，建立以国家公园为主体的自然保护地体系。坚决制止和惩处破坏生态环境行为。

同志们！生态文明建设功在当代、利在千秋。我们要牢固树立社会主义生态文明观，推动形成人与自然和谐发展现代化建设新格局，为保护生态环境作出我们这代人的努力！

十、坚持走中国特色强军之路，全面推进国防和军队现代化

国防和军队建设正站在新的历史起点上。面对国家安全环境的深刻变化，面对强国强军的时代要求，必须全面贯彻新时代党的强军思想，贯彻新形势下军事战略方针，建设强大的现代化陆军、海军、空军、火箭军和战略支援部队，打造坚强高效的战区联合作战指挥机构，构建中国特色现代作战体系，担当起党和人民赋予的新时代使命任务。

适应世界新军事革命发展趋势和国家安全需求，提高建设质量和效益，确保到2020年基本实现机械化，信息化建设取得重大进展，战略能力有大的提升。同国家现代化进程相一致，全面推进军事理论现代化、军队组织形态现代化、军事人员现代化、武器装备现代化，力争到2035年基本实现国防和军队现代化，到本世纪中叶把人民军队全面建成世界一流军队。

加强军队党的建设，开展“传承红色基因、担当强军重任”主题教育，推进军人荣誉体系建设，培养有灵魂、有本事、有血性、有品德的新时代革命军人，永葆人民军队性质、宗旨、本色。继续深化国防和军队改革，深化军官职业化制度、文职人员制度、兵役制度等重大政策制度改革，推进军事管理革命，完善和发展中国特色社会主义军事制度。树立科技是核心战斗力的思想，推进重大技术创新、自主创新，加强军事人才培养体系建设，建设创新型人民军队。全面从严治军，推动治军方式根本性转变，提高国防和军队建设法治化水平。

军队是要准备打仗的，一切工作都必须坚持战斗力标准，向能打仗、打胜仗聚焦。扎实做好各战略方向军事斗争准备，统筹推进传统安全领域和新型安全领域军事斗争准备，发展新型作战力量和保障力量，开展实战化军事训练，加强军事力量运用，加快军事智能化发展，提高基于网络信息体系的联合作战能力、全域作战能力，有效塑造态势、管控危机、遏制战争、打赢战争。

坚持富国和强军相统一，强化统一领导、顶层设计、改革创新和重大项目落实，深化国防科技工业改革，形成军民融合深度发展格局，构建一体化的国家战略体系和能力。完善国防动员体系，建设强大稳固的现代边海空防。组建退役军人管理保障机构，维护军人军属合法权益，让军人成为全社会尊崇的职业。深化武警部队改革，建设现代化武装警察部队。

同志们！我们的军队是人民军队，我们的国防是全民国防。我们要加强全民国防教育，巩固军政军民团结，为实现中国梦强军梦凝聚强大力量！

十一、坚持“一国两制”，推进祖国统一

香港、澳门回归祖国以来，“一国两制”实践取得举世公认的成功。事实证明，“一国两制”是解决历史遗留的香港、澳门问题的最佳方案，也是香港、澳门回归后保持长期繁荣稳定的最佳制度。

保持香港、澳门长期繁荣稳定，必须全面准确贯彻“一国两制”“港人治港”“澳人治澳”、高度自治的方针，严格依照宪法和基本法办事，完善与基本法实施相关的制度和机制。要支持特别行政区政府和行政长官依法施政、积极作为，团结带领香港、澳门各界人士齐心协力谋发展、促和谐，保障和改善民生，有序推进民主，维护社会稳定，履行维护国家主权、安全、发展利益的宪制责任。

香港、澳门发展同内地发展紧密相连。要支持香港、澳门融入国家发展大局，以粤港澳大湾区建设、粤港澳合作、泛珠三角区域合作等为重点，全面推进内地同香港、澳门互利合作，制定完善便利香港、澳门居民在内地发展的政策措施。

我们坚持爱国者为主体的“港人治港”“澳人治澳”，发展壮大爱国爱港爱澳力量，增强香港、澳门同胞的国家意识和爱国精神，让香港、澳门同胞同祖国人民共担民族复兴的历史责任、共享祖国繁荣富强的伟大荣光。

解决台湾问题、实现祖国完全统一，是全体中华儿女共同愿望，是中华民族根本利益所在。必须继续坚持“和平统一、一国两制”方针，推动两岸关系和平发展，推进祖国和平统一进程。

一个中国原则是两岸关系的政治基础。体现一个中国原则的“九二共识”明确界定了两岸关系的根本性质，是确保两岸关系和平发展的关键。承认“九二共识”的历史事实，认同两岸同属一个中国，两岸双方就能开展对话，协商解决两岸同胞关心的问题，台湾任何政党和团体同大陆交往也不会存在障碍。

两岸同胞是命运与共的骨肉兄弟，是血浓于水的一家人。我们秉持“两岸一家亲”理念，尊重台湾现有的社会制度和台湾同胞生活方式，愿意率先同台湾同胞分享大陆发展的机遇。我们将扩大两岸经济文化交流合作，实现互利互惠，逐步为台湾同胞在大陆学习、创业、就业、生活提供与大陆同胞同等的待遇，增进台湾同胞福祉。我们将推动两岸同胞共同弘扬中华文化，促进心灵契合。

我们坚决维护国家主权和领土完整，绝不容忍国家分裂的历史悲剧重演。一切分裂祖国的活动都必将遭到全体中国人坚决反对。我们有坚定的意志、充分的信心、足够的能力挫败任何形式的“台独”分裂图谋。我们绝不允许任何人、任何组织、任何政党，在任何时候、以任何形式、把任何一块中国领土从中国分裂出去！

同志们！实现中华民族伟大复兴，是全体中国人共同的梦想。我们坚信，只要包括港澳台同胞在内的全体中华儿女顺应历史大势、共担民族大义，把民族命运牢牢掌握在自己手中，就一定能够共创中华民族伟大复兴的美好未来！

十二、坚持和平发展道路，推动构建人类命运共同体

中国共产党是为中国人民谋幸福的政党，也是为人类进步事业而奋斗的政党。中国共产党始终把为人类作出新的更大的贡献作为自己的使命。

中国将高举和平、发展、合作、共赢的旗帜，恪守维护世界和平、促进共同发展的外交政策宗旨，坚定不移在和平共处五项原则基础上发展同各国的友好合作，推动建设

相互尊重、公平正义、合作共赢的新型国际关系。

世界正处于大发展大变革大调整时期，和平与发展仍然是时代主题。世界多极化、经济全球化、社会信息化、文化多样化深入发展，全球治理体系和国际秩序变革加速推进，各国相互联系和依存日益加深，国际力量对比更趋平衡，和平发展大势不可逆转。同时，世界面临的不稳定性不确定性突出，世界经济增长动能不足，贫富分化日益严重，地区热点问题此起彼伏，恐怖主义、网络安全、重大传染性疾病、气候变化等非传统安全威胁持续蔓延，人类面临许多共同挑战。

我们生活的世界充满希望，也充满挑战。我们不能因现实复杂而放弃梦想，不能因理想遥远而放弃追求。没有哪个国家能够独自应对人类面临的各种挑战，也没有哪个国家能够退回到自我封闭的孤岛。

我们呼吁，各国人民同心协力，构建人类命运共同体，建设持久和平、普遍安全、共同繁荣、开放包容、清洁美丽的世界。要相互尊重、平等协商，坚决摒弃冷战思维和强权政治，走对话而不对抗、结伴而不结盟的国与国交往新路。要坚持以对话解决争端、以协商化解分歧，统筹应对传统和非传统安全威胁，反对一切形式的恐怖主义。要同舟共济，促进贸易和投资自由化便利化，推动经济全球化朝着更加开放、包容、普惠、平衡、共赢的方向发展。要尊重世界文明多样性，以文明交流超越文明隔阂、文明互鉴超越文明冲突、文明共存超越文明优越。要坚持环境友好，合作应对气候变化，保护好人类赖以生存的地球家园。

中国坚定奉行独立自主的和平外交政策，尊重各国人民自主选择发展道路的权利，维护国际公平正义，反对把自己的意志强加于人，反对干涉别国内政，反对以强凌弱。中国决不会以牺牲别国利益为代价来发展自己，也决不放弃自己的正当权益，任何人不要幻想让中国吞下损害自身利益的苦果。中国奉行防御性的国防政策。中国发展不对任何国家构成威胁。中国无论发展到什么程度，永远不称霸，永远不搞扩张。

中国积极发展全球伙伴关系，扩大同各国的利益交汇点，推进大国协调和合作，构建总体稳定、均衡发展的大国关系框架，按照亲诚惠容理念和与邻为善、以邻为伴周边外交方针深化同周边国家关系，秉持正确义利观和真实亲诚理念加强同发展中国家团结合作。加强同各国政党和政治组织的交流合作，推进人大、政协、军队、地方、人民团体等的对外交往。

中国坚持对外开放的基本国策，坚持打开国门搞建设，积极促进“一带一路”国际合作，努力实现政策沟通、设施联通、贸易畅通、资金融通、民心相通，打造国际合作新平台，增添共同发展新动力。加大对发展中国家特别是最不发达国家援助力度，促进缩小南北发展差距。中国支持多边贸易体制，促进自由贸易区建设，推动建设开放型世界经济。

中国秉持共商共建共享的全球治理观，倡导国际关系民主化，坚持国家不分大小、强弱、贫富一律平等，支持联合国发挥积极作用，支持扩大发展中国家在国际事务中的代表性和发言权。中国将继续发挥负责任大国作用，积极参与全球治理体系改革和建设，不断贡献中国智慧和力量。

同志们！世界命运握在各国人民手中，人类前途系于各国人民的抉择。中国人民愿同各国人民一道，推动人类命运共同体建设，共同创造人类的美好未来！

十三、坚定不移全面从严治党，不断提高党的执政能力和领导水平

中国特色社会主义进入新时代，我们党一定要有新气象新作为。打铁必须自身硬。党要团结带领人民进行伟大斗争、推进伟大事业、实现伟大梦想，必须毫不动摇坚持和完善党的领导，毫不动摇把党建设得更加坚强有力。

全面从严治党永远在路上。一个政党，一个政权，其前途命运取决于人心向背。人民群众反对什么、痛恨什么，我们就要坚决防范和纠正什么。全党要清醒认识到，我们党面临的执政环境是复杂的，影响党的先进性、弱化党的纯洁性的因素也是复杂的，党内存在的思想不纯、组织不纯、作风不纯等突出问题尚未得到根本解决。要深刻认识党面临的执政考验、改革开放考验、市场经济考验、外部环境考验的长期性和复杂性，深刻认识党面临的精神懈怠危险、能力不足危险、脱离群众危险、消极腐败危险的尖锐性和严峻性，坚持问题导向，保持战略定力，推动全面从严治党向纵深发展。

新时代党的建设总要求是：坚持和加强党的全面领导，坚持党要管党、全面从严治党，以加强党的长期执政能力建设、先进性和纯洁性建设为主线，以党的政治建设为统领，以坚定理想信念宗旨为根基，以调动全党积极性、主动性、创造性为着力点，全面推进党的政治建设、思想建设、组织建设、作风建设、纪律建设，把制度建设贯穿其中，深入推进反腐败斗争，不断提高党的建设质量，把党建设成为始终走在时代前列、人民衷心拥护、勇于自我革命、经得起各种风浪考验、朝气蓬勃的马克思主义执政党。

（一）把党的政治建设摆在首位。旗帜鲜明讲政治是我们党作为马克思主义政党的根本要求。党的政治建设是党的根本性建设，决定党的建设方向和效果。保证全党服从中央，坚持党中央权威和集中统一领导，是党的政治建设的首要任务。全党要坚定执行党的政治路线，严格遵守政治纪律和政治规矩，在政治立场、政治方向、政治原则、政治道路上同党中央保持高度一致。要尊崇党章，严格执行新形势下党内政治生活若干准则，增强党内政治生活的政治性、时代性、原则性、战斗性，自觉抵制商品交换原则对党内生活的侵蚀，营造风清气正的良好政治生态。完善和落实民主集中制的各项制度，坚持民主基础上的集中和集中指导下的民主相结合，既充分发扬民主，又善于集中统一。弘扬忠诚老实、公道正派、实事求是、清正廉洁等价值观，坚决防止和反对个人主义、分散主义、自由主义、本位主义、好人主义，坚决防止和反对宗派主义、圈子文化、码头文化，坚决反对搞两面派、做两面人。全党同志特别是高级干部要加强党性锻炼，不断提高政治觉悟和政治能力，把对党忠诚、为党分忧、为党尽职、为民造福作为根本政治担当，永葆共产党人政治本色。

（二）用新时代中国特色社会主义思想武装全党。思想建设是党的基础性建设。革命理想高于天。共产主义远大理想和中国特色社会主义共同理想，是中国共产党人的精神支柱和政治灵魂，也是保持党的团结统一的思想基础。要把坚定理想信念作为党的思想建设的首要任务，教育引导全党牢记党的宗旨，挺起共产党人的精神脊梁，解决好世界观、人生观、价值观这个“总开关”问题，自觉做共产主义远大理想和中国特色社会主义共同理想的坚定信仰者和忠实实践者。弘扬马克思主义学风，推进“两学一做”学习教育常态化制度化，以县处级以上领导干部为重点，在全党开展“不忘初心、牢记使命”主题教育，用党的创新理论武装头脑，推动全党更加自觉地为实现新时代党的历史使命不懈奋斗。

（三）建设高素质专业化干部队伍。党的干部是党和国家事业的中坚力量。要坚持

党管干部原则，坚持德才兼备、以德为先，坚持五湖四海、任人唯贤，坚持事业为上、公道正派，把好干部标准落到实处。坚持正确选人用人导向，匡正选人用人风气，突出政治标准，提拔重用牢固树立“四个意识”和“四个自信”、坚决维护党中央权威、全面贯彻执行党的理论和路线方针政策、忠诚干净担当的干部，选优配强各级领导班子。注重培养专业能力、专业精神，增强干部队伍适应新时代中国特色社会主义发展要求的能力。大力发现储备年轻干部，注重在基层一线和困难艰苦的地方培养锻炼年轻干部，源源不断选拔使用经过实践考验的优秀年轻干部。统筹做好培养选拔女干部、少数民族干部和党外干部工作。认真做好离退休干部工作。坚持严管和厚爱结合、激励和约束并重，完善干部考核评价机制，建立激励机制和容错纠错机制，旗帜鲜明为那些敢于担当、踏实做事、不谋私利的干部撑腰鼓劲。各级党组织要关心爱护基层干部，主动为他们排忧解难。

人才是实现民族振兴、赢得国际竞争主动的战略资源。要坚持党管人才原则，聚天下英才而用之，加快建设人才强国。实行更加积极、更加开放、更加有效的人才政策，以识才的慧眼、爱才的诚意、用才的胆识、容才的雅量、聚才的良方，把党内和党外、国内和国外各方面优秀人才集聚到党和人民的伟大奋斗中来，鼓励引导人才向边远贫困地区、边疆民族地区、革命老区和基层一线流动，努力形成人人渴望成才、人人努力成才、人人皆可成才、人人尽展其才的良好局面，让各类人才的创造活力竞相迸发，聪明才智充分涌流。

（四）加强基层组织建设。党的基层组织是确保党的路线方针政策和决策部署贯彻落实的基础。要以提升组织力为重点，突出政治功能，把企业、农村、机关、学校、科研院所、街道社区、社会组织等基层党组织建设成为宣传党的主张、贯彻党的决定、领导基层治理、团结动员群众、推动改革发展的坚强战斗堡垒。党支部要担负好直接教育党员、管理党员、监督党员和组织群众、宣传群众、凝聚群众、服务群众的职责，引导广大党员发挥先锋模范作用。坚持“三会一课”制度，推进党的基层组织设置和活动方式创新，加强基层党组织带头人队伍建设，扩大基层党组织覆盖面，着力解决一些基层党组织弱化、虚化、边缘化问题。扩大党内基层民主，推进党务公开，畅通党员参与党内事务、监督党的组织和干部、向上级党组织提出意见和建议的渠道。注重从产业工人、青年农民、高知识群体中和在非公有制经济组织、社会组织中发展党员。加强党内激励关怀帮扶。增强党员教育管理针对性和有效性，稳妥有序开展不合格党员组织处置工作。

（五）持之以恒正风肃纪。我们党来自人民、植根人民、服务人民，一旦脱离群众，就会失去生命力。加强作风建设，必须紧紧围绕保持党同人民群众的血肉联系，增强群众观念和群众感情，不断厚植党执政的群众基础。凡是群众反映强烈的问题都要严肃认真对待，凡是损害群众利益的行为都要坚决纠正。坚持以上率下，巩固拓展落实中央八项规定精神成果，继续整治“四风”问题，坚决反对特权思想和特权现象。重点强化政治纪律和组织纪律，带动廉洁纪律、群众纪律、工作纪律、生活纪律严起来。坚持开展批评和自我批评，坚持惩前毖后、治病救人，运用监督执纪“四种形态”，抓早抓小、防微杜渐。赋予有干部管理权限的党组相应纪律处分权限，强化监督执纪问责。加强纪律教育，强化纪律执行，让党员、干部知敬畏、存戒惧、守底线，习惯在受监督和约束的环境中工作生活。

（六）夺取反腐败斗争压倒性胜利。人民群众最痛恨腐败现象，腐败是我们党面临的最大威胁。只有以反腐败永远在路上的坚韧和执着，深化标本兼治，保证干部清正、政府清廉、政治清明，才能跳出历史周期律，确保党和国家长治久安。当前，反腐败斗争形势依然严峻复杂，巩固压倒性态势、夺取压倒性胜利的决心必须坚如磐石。要坚持无禁区、全覆盖、零容忍，坚持重遏制、强高压、长震慑，坚持受贿行贿一起查，坚决防止党内形成利益集团。在市县党委建立巡察制度，加大整治群众身边腐败问题力度。不管腐败分子逃到哪里，都要缉拿归案、绳之以法。推进反腐败国家立法，建设覆盖纪检监察系统的检举举报平台。强化不敢腐的震慑，扎牢不能腐的笼子，增强不想腐的自觉，通过不懈努力换来海晏河清、朗朗乾坤。

（七）健全党和国家监督体系。增强党自我净化能力，根本靠强化党的自我监督和群众监督。要加强对权力运行的制约和监督，让人民监督权力，让权力在阳光下运行，把权力关进制度的笼子。强化自上而下的组织监督，改进自下而上的民主监督，发挥同级相互监督作用，加强对党员领导干部的日常管理监督。深化政治巡视，坚持发现问题、形成震慑不动摇，建立巡视巡察上下联动的监督网。深化国家监察体制改革，将试点工作在全国推开，组建国家、省、市、县监察委员会，同党的纪律检查机关合署办公，实现对所有行使公权力的公职人员监察全覆盖。制定国家监察法，依法赋予监察委员会职责权限和调查手段，用留置取代“两规”措施。改革审计管理体制，完善统计体制。构建党统一指挥、全面覆盖、权威高效的监督体系，把党内监督同国家机关监督、民主监督、司法监督、群众监督、舆论监督贯通起来，增强监督合力。

（八）全面增强执政本领。领导十三亿多人的社会主义大国，我们党既要政治过硬，也要本领高强。要增强学习本领，在全党营造善于学习、勇于实践的浓厚氛围，建设马克思主义学习型政党，推动建设学习大国。增强政治领导本领，坚持战略思维、创新思维、辩证思维、法治思维、底线思维，科学制定和坚决执行党的路线方针政策，把党总揽全局、协调各方落到实处。增强改革创新本领，保持锐意进取的精神风貌，善于结合实际创造性推动工作，善于运用互联网技术和信息化手段开展工作。增强科学发展本领，善于贯彻新发展理念，不断开创发展新局面。增强依法执政本领，加快形成覆盖党的领导和党的建设各方面的党内法规制度体系，加强和改善对国家政权机关的领导。增强群众工作本领，创新群众工作体制机制和方式方法，推动工会、共青团、妇联等群团组织增强政治性、先进性、群众性，发挥联系群众的桥梁纽带作用，组织动员广大人民群众坚定不移跟党走。增强狠抓落实本领，坚持说实话、谋实事、出实招、求实效，把雷厉风行和久久为功有机结合起来，勇于攻坚克难，以钉钉子精神做实做细做好各项工作。增强驾驭风险本领，健全各方面风险防控机制，善于处理各种复杂矛盾，勇于战胜前进道路上的各种艰难险阻，牢牢把握工作主动权。

同志们！伟大的事业必须有坚强的党来领导。只要我们党把自身建设好、建设强，确保党始终同人民想在一起、干在一起，就一定能够引领承载着中国人民伟大梦想的航船破浪前进，胜利驶向光辉的彼岸！

同志们！中华民族是历经磨难、不屈不挠的伟大民族，中国人民是勤劳勇敢、自强不息的伟大人民，中国共产党是敢于斗争、敢于胜利的伟大政党。历史车轮滚滚向前，时代潮流浩浩荡荡。历史只会眷顾坚定者、奋进者、搏击者，而不会等待犹豫者、懈怠者、畏难者。全党一定要保持艰苦奋斗、戒骄戒躁的作风，以时不我待、只争朝夕的精神，奋力走好新时代的长征路。全党一定要自觉维护党的团结统一，保持党同人民群众的血肉联系，巩固全国各族人民大团结，加强海内外中华儿女大团结，团结一切可以团结的力量，齐心协力走向中华民族伟大复兴的光明前景。

青年兴则国家兴，青年强则国家强。青年一代有理想、有本领、有担当，国家就有前途，民族就有希望。中国梦是历史的、现实的，也是未来的；是我们这一代的，更是青年一代的。中华民族伟大复兴的中国梦终将在一代代青年的接力奋斗中变为现实。全党要关心和爱护青年，为他们实现人生出彩搭建舞台。广大青年要坚定理想信念，志存高远，脚踏实地，勇做时代的弄潮儿，在实现中国梦的生动实践中放飞青春梦想，在为人民利益的不懈奋斗中书写人生华章！

大道之行，天下为公。站立在九百六十多万平方公里的广袤土地上，吸吮着五千多年中华民族漫长奋斗积累的文化养分，拥有十三亿多中国人民聚合的磅礴之力，我们走中国特色社会主义道路，具有无比广阔的时代舞台，具有无比深厚的历史底蕴，具有无比强大的前进定力。全党全国各族人民要紧密团结在党中央周围，高举中国特色社会主义伟大旗帜，锐意进取，埋头苦干，为实现推进现代化建设、完成祖国统一、维护世界和平与促进共同发展三大历史任务，为决胜全面建成小康社会、夺取新时代中国特色社会主义伟大胜利、实现中华民族伟大复兴的中国梦、实现人民对美好生活的向往继续奋斗！

（新华社北京 2017 年 10 月 27 日电）

中国共产党第十九次全国代表大会关于十八届中央委员会报告的决议

（2017 年 10 月 24 日中国共产党第十九次全国代表大会通过）

中国共产党第十九次全国代表大会批准习近平同志代表十八届中央委员会所作的报告。大会高举中国特色社会主义伟大旗帜，以马克思列宁主义、毛泽东思想、邓小平理论、“三个代表”重要思想、科学发展观、习近平新时代中国特色社会主义思想为指导，分析了国际国内形势发展变化，回顾和总结了过去五年的工作和历史性变革，作出了中国特色社会主义进入了新时代、我国社会主要矛盾已经转化为人民日益增长的美好生活需要和不平衡不充分的发展之间的矛盾等重大政治论断，深刻阐述了新时代中国共产党的历史使命，确立了习近平新时代中国特色社会主义思想的历史地位，提出了新时代坚持和发展中国特色社会主义的基本方略，确定了决胜全面建成小康社会、开启全面建设社会主义现代化国家新征程的目标，对新时代推进中国特色社会主义伟大事业和党的建设新的伟大工程作出了全面部署。大会通过的十八届中央委员会的报告，描绘了决胜全面建成小康社会、夺取新时代中国特色社会主义伟大胜利的宏伟蓝图，进一步指明了党和国家事业的前进方向，是全党全国各族人民智慧的结晶，是我们党团结带领全国各族人民在新时代坚持和发展中国特色社会主义的政治宣言和行动纲领，是马克思主义的纲领性文献。

大会认为，报告阐明的大会主题对我们党带领人民奋发图强、开拓前进具有十分重大的意义。全党要不忘初心，牢记使命，高举中国特色社会主义伟大旗帜，决胜全面建成小康社会，夺取新时代中国特色社会主义伟大胜利，为实现中华民族伟大复兴的中国梦不懈奋斗。

大会高度评价十八届中央委员会的工作。党的十八大以来的五年，是党和国家发展进程中极不平凡的五年，改革开放和社会主义现代化建设取得了历史性成就。五年来，以习近平同志为核心的党中央以巨大的政治勇气和强烈的责任担当，提出一系列新理念新思想新战略，出台一系列重大方针政策，推出一系列重大举措，推进一系列重大工作，解决了许多长期想解决而没有解决的难题，办成了许多过去想办而没有办成的大事，推动党和国家事业发生历史性变革。以习近平同志为核心的党中央勇于面对党面临的重大风险考验和党内存在的突出问题，以顽强意志品质正风肃纪、反腐惩恶，消除了党和国家内部存在的严重隐患，党内政治生活气象更新，党内政治生态明显好转，党的创造力、凝聚力、战斗力显著增强，党的团结统一更加巩固，党群关系明显改善，党在革命性锻造中更加坚强，焕发出新的强大生机活力，为党和国家事业发展提供了坚强政治保证。五年来的成就是全方位的、开创性的，五年来的变革是深层次的、根本性的。

大会强调，经过长期努力，中国特色社会主义进入了新时代，这是我国发展新的历史方位。中国特色社会主义进入新时代，我国社会主要矛盾已经转化为人民日益增长的美好生活需要和不平衡不充分的发展之间的矛盾。我国社会主要矛盾的变化是关系全局的历史性变化，对党和国家工作提出了许多新要求。我们要在继续推动发展的基础上，着力解决好发展不平衡不充分问题，大力提升发展质量和效益，更好满足人民在经济、政治、文化、社会、生态等方面日益增长的需要，更好推动人的全面发展、社会全面进步。

大会强调，围绕回答新时代坚持和发展什么样的中国特色社会主义、怎样坚持和发展中国特色社会主义这个重大时代课题，我们党以全新的视野深化对共产党执政规律、社会主义建设规律、人类社会发展规律的认识，进行艰辛理论探索，取得重大理论创新成果，创立了习近平新时代中国特色社会主义思想。习近平新时代中国特色社会主义思想，是对马克思列宁主义、毛泽东思想、邓小平理论、“三个代表”重要思想、科学发展观的继承和发展，是马克思主义中国化最新成果，是党和人民实践经验和集体智慧的结晶，是中国特色社会主义理论体系的重要组成部分，是全党全国人民为实现中华民族伟大复兴而奋斗的行动指南，必须长期坚持并不断发展。

大会强调，坚持党对一切工作的领导，坚持以人民为中心，坚持全面深化改革，坚持新发展理念，坚持人民当家作主，坚持全面依法治国，坚持社会主义核心价值体系，坚持在发展中保障和改善民生，坚持人与自然和谐共生，坚持总体国家安全观，坚持党对人民军队的绝对领导，坚持“一国两制”和推进祖国统一，坚持推动构建人类命运共同体，坚持全面从严治党，这十四条构成新时代坚持和发展中国特色社会主义的基本方略。全党同志必须全面贯彻党的基本理论、基本路线、基本方略，更好引领党和人民事业发展。

大会提出，从现在到2020年，是全面建成小康社会决胜期。要按照十六大、十七大、十八大提出的全面建成小康社会各项要求，突出抓重点、补短板、强弱项，特别是要坚决打好防范化解重大风险、精准脱贫、污染防治的攻坚战，使全面建成小康社会得到人民认可、经得起历史检验。

大会认为，从十九大到二十大，是“两个一百年”奋斗目标的历史交汇期。我们既要全面建成小康社会、实现第一个百年奋斗目标，又要乘势而上开启全面建设社会主义现代化国家新征程，向第二个百年奋斗目标进军。综合分析国际国内形势和我国发展条件，从2020年到本世纪中叶可以分两个阶段来安排。第一个阶段，从2020年到2035年，在全面建成小康社会的基础上，再奋斗十五年，基本实现社会主义现代化。第二个阶段，从2035年到本世纪中叶，在基本实现现代化的基础上，再奋斗十五年，把我国建成富强民主文明和谐美丽的社会主义现代化强国。

大会同意报告关于我国社会主义经济建设、政治建设、文化建设、社会建设、生态文明建设的部署。大会强调，要贯彻新发展理念、建设现代化经济体系，坚持质量第一、效益优先，以供给侧结构性改革为主线，推动经济发展质量变革、效率变革、动力变革，着力加快建设实体经济、科技创新、现代金融、人力资源协同发展的产业体系，着力构建市场机制有效、微观主体有活力、宏观调控有度的经济体制，不断增强我国经济创新力和竞争力。要深化供给侧结构性改革，加快建设创新型国家，实施乡村振兴战略，实施区域协调发展战略，加快完善社会主义市场经济体制，推动形成全面开放新格局，努力实现更高质量、更有效率、更加公平、更可持续的发展。要健全人民当家作主制度体系、发展社会主义民主政治，坚持党的领导、人民当家作主、依法治国有机统一，加强人民当家作主制度保障，发挥社会主义协商民主重要作用，深化依法治国实践，深化机构和行政体制改革，巩固和发展爱国统一战线，巩固和发展生动活泼、安定团结的政治局面。要坚定文化自信、推动社会主义文化繁荣兴盛，牢牢掌握意识形态工作领导权，培育和践行社会主义核心价值观，加强思想道德建设，繁荣发展社会主义文艺，推动文化事业和文化产业发展，激发全民族文化创新创造活力。要提高保障和改善民生水平、加强和创新社会治理，抓住人民最关心最直接最现实的利益问题，优先发展教育事业，提高就业质量和人民收入水平，加强社会保障体系建设，坚决打赢脱贫攻坚战，实施健康中国战略，打造共建共治共享的社会治理格局，有效维护国家安全，使人民获得感、幸福感、安全感更加充实、更有保障、更可持续。要加快生态文明体制改革、建设美丽中国，推进绿色发展，着力解决突出环境问题，加大生态系统保护力度，改革生态环境监管体制，推动形成人与自然和谐发展现代化建设新格局。

大会强调，面对国家安全环境的深刻变化，面对强国强军的时代要求，必须坚持走中国特色强军之路，全面贯彻习近平强军思想，贯彻新形势下军事战略方针，建设强大的现代化陆军、海军、空军、火箭军和战略支援部队，打造坚强高效的战区联合作战指挥机构，构建中国特色现代作战体系，全面推进国防和军队现代化，把人民军队建设成为世界一流军队。

大会强调，保持香港、澳门长期繁荣稳定，必须全面准确贯彻“一国两制”“港人治港”“澳人治澳”、高度自治的方针，严格依照宪法和基本法办事，让香港、澳门同胞同祖国人民共担民族复兴的历史责任，共享祖国繁荣富强的伟大荣光。必须继续坚持“和平统一、一国两制”方针，扩大两岸经济文化交流合作，推动两岸同胞共同弘扬中华文化，推动两岸关系和平发展，推进祖国和平统一进程，绝不允许任何人、任何组织、任何政党在任何时候、以任何形式、把任何一块中国领土从中国分裂出去。

大会同意报告对国际形势的分析和提出的对外工作方针，强调中国将坚持和平发展道路，高举和平、发展、合作、共赢的旗帜，恪守维护世界和平、促进共同发展的外交政策宗旨，坚定不移在和平共处五项原则基础上发展同各国的友好合作，积极促进“一带一路”国际合作，继续积极参与全球治理体系改革和建设，推动建设相互尊重、公平正义、合作共赢的新型国际关系，推动构建人类命运共同体，同世界各国人民一道建设持久和平、普遍安全、共同繁荣、开放包容、清洁美丽的世界。

大会强调，打铁必须自身硬。党要团结带领人民进行伟大斗争、推进伟大事业、实现伟大梦想，必须毫不动摇坚持和完善党的领导，毫不动摇把党建设得更加坚强有力。新时代党的建设总要求是：坚持和加强党的全面领导，坚持党要管党、全面从严治党，以加强党的长期执政能力建设、先进性和纯洁性建设为主线，以党的政治建设为统领，以坚定理想信念宗旨为根基，以调动全党积极性、主动性、创造性为着力点，全面推进党的政治建设、思想建设、组织建设、作风建设、纪律建设，把制度建设贯穿其中，深入推进反腐败斗争，不断提高党的建设质量，把党建设成为始终走在时代前列、人民衷心拥护、勇于自我革命、经得起各种风浪考验、朝气蓬勃的马克思主义执政党。

大会强调，要把党的政治建设摆在首位。全党必须增强政治意识、大局意识、核心意识、看齐意识，坚持党中央权威和集中统一领导，坚定执行党的政治路线，严格遵守政治纪律和政治规矩，在政治立场、政治方向、政治原则、政治道路上同党中央保持高度一致。

大会号召，全党全国各族人民要紧密团结在以习近平同志为核心的党中央周围，高举中国特色社会主义伟大旗帜，认真学习贯彻习近平新时代中国特色社会主义思想，锐意进取，埋头苦干，为实现推进现代化建设、完成祖国统一、维护世界和平与促进共同发展三大历史任务，为决胜全面建成小康社会、夺取新时代中国特色社会主义伟大胜利、实现中华民族伟大复兴的中国梦、实现人民对美好生活的向往继续奋斗！

（新华社北京 2017 年 10 月 24 日电）

中国共产党章程

（中国共产党第十九次全国代表大会部分修改，2017 年 10 月 24 日通过）

总纲

中国共产党是中国工人阶级的先锋队，同时是中国人民和中华民族的先锋队，是中国特色社会主义事业的领导核心，代表中国先进生产力的发展要求，代表中国先进文化的前进方向，代表中国最广大人民的根本利益。党的最高理想和最终目标是实现共产主义。

中国共产党以马克思列宁主义、毛泽东思想、邓小平理论、“三个代表”重要思想、科学发展观、习近平新时代中国特色社会主义思想作为自己的行动指南。

马克思列宁主义揭示了人类社会历史发展的规律，它的基本原理是正确的，具有强大的生命力。中国共产党人追求的共产主义最高理想，只有在社会主义社会充分发展和高度发达的基础上才能实现。社会主义制度的发展和完善是一个长期的历史过程。坚持马克思列宁主义的基本原理，走中国人民自愿选择的适合中国国情的道路，中国的社会主义事业必将取得最终的胜利。

以毛泽东同志为主要代表的中国共产党人，把马克思列宁主义的基本原理同中国革命的具体实践结合起来，创立了毛泽东思想。毛泽东思想是马克思列宁主义在中国的运用和发展，是被实践证明了的关于中国革命和建设的正确的理论原则和经验总结，是中国共产党集体智慧的结晶。在毛泽东思想指引下，中国共产党领导全国各族人民，经过长期的反对帝国主义、封建主义、官僚资本主义的革命斗争，取得了新民主主义革命的胜利，建立了人民民主专政的中华人民共和国；新中国成立以后，顺利地进行了社会主义改造，完成了从新民主主义到社会主义的过渡，确立了社会主义基本制度，发展了社会主义的经济、政治和文化。

十一届三中全会以来，以邓小平同志为主要代表的中国共产党人，总结新中国成立以来正反两方面的经验，解放思想，实事求是，实现全党工作重心向经济建设的转移，实行改革开放，开辟了社会主义事业发展的新时期，逐步形成了建设中国特色社会主义的路线、方针、政策，阐明了在中国建设社会主义、巩固和发展社会主义的基本问题，创立了邓小平理论。邓小平理论是马克思列宁主义的基本原理同当代中国实践和时代特征相结合的产物，是毛泽东思想在新的历史条件下的继承和发展，是马克思主义在中国发展的新阶段，是当代中国的马克思主义，是中国共产党集体智慧的结晶，引导着我国社会主义现代化事业不断前进。

十三届四中全会以来，以江泽民同志为主要代表的中国共产党人，在建设中国特色社会主义的实践中，加深了对什么是社会主义、怎样建设社会主义和建设什么样的党、怎样建设党的认识，积累了治党治国新的宝贵经验，形成了“三个代表”重要思想。

“三个代表”重要思想是对马克思列宁主义、毛泽东思想、邓小平理论的继承和发展，反映了当代世界和中国的发展变化对党和国家工作的新要求，是加强和改进党的建设、推进我国社会主义自我完善和发展的强大理论武器，是中国共产党集体智慧的结晶，是党必须长期坚持的指导思想。始终做到“三个代表”，是我们党的立党之本、执政之基、力量之源。

十六大以来，以胡锦涛同志为主要代表的中国共产党人，坚持以邓小平理论和“三个代表”重要思想为指导，根据新的发展要求，深刻认识和回答了新形势下实现什么样的发展、怎样发展等重大问题，形成了以人为本、全面协调可持续发展的科学发展观。科学发展观是同马克思列宁主义、毛泽东思想、邓小平理论、“三个代表”重要思想既一脉相承又与时俱进的科学理论，是马克思主义关于发展的世界观和方法论的集中体现，是马克思主义中国化重大成果，是中国共产党集体智慧的结晶，是发展中国特色社会主义必须长期坚持的指导思想。

十八大以来，以习近平同志为主要代表的中国共产党人，顺应时代发展，从理论和实践结合上系统回答了新时代坚持和发展什么样的中国特色社会主义、怎样坚持和发展中国特色社会主义这个重大时代课题，创立了习近平新时代中国特色社会主义思想。

习近平新时代中国特色社会主义思想是对马克思列宁主义、毛泽东思想、邓小平理论、“三个代表”重要思想、科学发展观的继承和发展，是马克思主义中国化最新成果，是党和人民实践经验和集体智慧的结晶，是中国特色社会主义理论体系的重要组成部分，是全党全国人民为实现中华民族伟大复兴而奋斗的行动指南，必须长期坚持并不断发展。在习近平新时代中国特色社会主义思想指导下，中国共产党领导全国各族人民，统揽伟大斗争、伟大工程、伟大事业、伟大梦想，推动中国特色社会主义进入了新时代。

改革开放以来我们取得一切成绩和进步的根本原因，归结起来就是：开辟了中国特色社会主义道路，形成了中国特色社会主义理论体系，确立了中国特色社会主义制度，发展了中国特色社会主义文化。全党同志要倍加珍惜、长期坚持和不断发展党历经艰辛开创的这条道路、这个理论体系、这个制度、这个文化，高举中国特色社会主义伟大旗帜，坚定道路自信、理论自信、制度自信、文化自信，贯彻党的基本理论、基本路线、基本方略，为实现推进现代化建设、完成祖国统一、维护世界和平与促进共同发展这三大历史任务，实现“两个一百年”奋斗目标、实现中华民族伟大复兴的中国梦而奋斗。

我国正处于并将长期处于社会主义初级阶段。这是在原本经济文化落后的中国建设社会主义现代化不可逾越的历史阶段，需要上百年的时间。我国的社会主义建设，必须从我国的国情出发，走中国特色社会主义道路。在现阶段，我国社会的主要矛盾是人民日益增长的美好生活需要和不平衡不充分的发展之间的矛盾。由于国内的因素和国际的影响，阶级斗争还在一定范围内长期存在，在某种条件下还有可能激化，但已经不是主要矛盾。我国社会主义建设的根本任务，是进一步解放生产力，发展生产力，逐步实现社会主义现代化，并且为此而改革生产关系和上层建筑中不适应生产力发展的方面和环节。必须坚持和完善公有制为主体、多种所有制经济共同发展的基本经济制度，坚持和完善按劳分配为主体、多种分配方式并存的分配制度，鼓励一部分地区和一部分人先富起来，逐步消灭贫穷，达到共同富裕，在生产发展和社会财富增长的基础上不断满足人民日益增长的美好生活需要，促进人的全面发展。发展是我们党执政兴国的第一要务。

必须坚持以人民为中心的发展思想，坚持创新、协调、绿色、开放、共享的发展理念。各项工作都要把有利于发展社会主义社会的生产力，有利于增强社会主义国家的综合国力，有利于提高人民的生活水平，作为总的出发点和检验标准，尊重劳动、尊重知识、尊重人才、尊重创造，做到发展为了人民、发展依靠人民、发展成果由人民共享。跨入新世纪，我国进入全面建设小康社会、加快推进社会主义现代化的新的发展阶段。必须按照中国特色社会主义事业“五位一体”总体布局和“四个全面”战略布局，统筹推进经济建设、政治建设、文化建设、社会建设、生态文明建设，协调推进全面建成小康社会、全面深化改革、全面依法治国、全面从严治党。在新世纪新时代，经济和社会发展的战略目标是，到建党一百年时，全面建成小康社会；到新中国成立一百年时，全面建成社会主义现代化强国。

中国共产党在社会主义初级阶段的基本路线是：领导和团结全国各族人民，以经济建设为中心，坚持四项基本原则，坚持改革开放，自力更生，艰苦创业，为把我国建设成为富强民主文明和谐美丽的社会主义现代化强国而奋斗。

中国共产党在领导社会主义事业中，必须坚持以经济建设为中心，其他各项工作都服从和服务于这个中心。要实施科教兴国战略、人才强国战略、创新驱动发展战略、乡村振兴战略、区域协调发展战略、可持续发展战略、军民融合发展战略，充分发挥科学技术作为第一生产力的作用，充分发挥创新作为引领发展第一动力的作用，依靠科技进步，提高劳动者素质，促进国民经济更高质量、更有效率、更加公平、更可持续发展。

坚持社会主义道路、坚持人民民主专政、坚持中国共产党的领导、坚持马克思列宁主义毛泽东思想这四项基本原则，是我们的立国之本。在社会主义现代化建设的整个过程中，必须坚持四项基本原则，反对资产阶级自由化。

坚持改革开放，是我们的强国之路。只有改革开放，才能发展中国、发展社会主义、发展马克思主义。要全面深化改革，完善和发展中国特色社会主义制度，推进国家治理体系和治理能力现代化。要从根本上改革束缚生产力发展的经济体制，坚持和完善社会主义市场经济体制；与此相适应，要进行政治体制改革和其他领域的改革。要坚持对外开放的基本国策，吸收和借鉴人类社会创造的一切文明成果。改革开放应当大胆探索，勇于开拓，提高改革决策的科学性，更加注重改革的系统性、整体性、协同性，在实践中开创新路。

中国共产党领导人民发展社会主义市场经济。毫不动摇地巩固和发展公有制经济，毫不动摇地鼓励、支持、引导非公有制经济发展。发挥市场在资源配置中的决定性作用，更好发挥政府作用，建立完善的宏观调控体系。统筹城乡发展、区域发展、经济社会发展、人与自然和谐发展、国内发展和对外开放，调整经济结构，转变经济发展方式，推进供给侧结构性改革。促进新型工业化、信息化、城镇化、农业现代化同步发展，建设社会主义新农村，走中国特色新型工业化道路，建设创新型国家和世界科技强国。

中国共产党领导人民发展社会主义民主政治。坚持党的领导、人民当家作主、依法治国有机统一，走中国特色社会主义政治发展道路，扩大社会主义民主，建设中国特色社会主义法治体系，建设社会主义法治国家，巩固人民民主专政，建设社会主义政治文明。坚持和完善人民代表大会制度、中国共产党领导的多党合作和政治协商制度、民族区域自治制度以及基层群众自治制度。发展更加广泛、更加充分、更加健全的人民民主，推进协商民主广泛、多层、制度化发展，切实保障人民管理国家事务和社会事务、管理经济和文化事业的权利。尊重和保障人权。广开言路，建立健全民主选举、民主决策、民主管理、民主监督的制度和程序。完善中国特色社会主义法律体系，加强法律实施工作，实现国家各项工作法治化。

中国共产党领导人民发展社会主义先进文化。建设社会主义精神文明，实行依法治国和以德治国相结合，提高全民族的思想道德素质和科学文化素质，为改革开放和社会主义现代化建设提供强大的思想保证、精神动力和智力支持，建设社会主义文化强国。加强社会主义核心价值体系建设，坚持马克思主义指导思想，树立中国特色社会主义共同理想，弘扬以爱国主义为核心的民族精神和以改革创新为核心的时代精神，培育和践行社会主义核心价值观，倡导社会主义荣辱观，增强民族自尊、自信和自强精神，抵御资本主义和封建主义腐朽思想的侵蚀，扫除各种社会丑恶现象，努力使我国人民成为有理想、有道德、有文化、有纪律的人民。对党员要进行共产主义远大理想教育。大力发展教育、科学、文化事业，推动中华优秀传统文化创造性转化、创新性发展，继承革命文化，发展社会主义先进文化，提高国家文化软实力。牢牢掌握意识形态工作领导权，不断巩固马克思主义在意识形态领域的指导地位，巩固全党全国人民团结奋斗的共同思想基础。

中国共产党领导人民构建社会主义和谐社会。按照民主法治、公平正义、诚信友爱、充满活力、安定有序、人与自然和谐相处的总要求和共同建设、共同享有的原则，以保障和改善民生为重点，解决好人民最关心、最直接、最现实的利益问题，使发展成果更多更公平惠及全体人民，不断增强人民群众获得感，努力形成全体人民各尽其能、各得其所而又和谐相处的局面。加强和创新社会治理。严格区分和正确处理敌我矛盾和人民内部矛盾这两类不同性质的矛盾。加强社会治安综合治理，依法坚决打击各种危害国家安全和利益、危害社会稳定和经济发展的犯罪活动和犯罪分子，保持社会长期稳定。坚持总体国家安全观，坚决维护国家主权、安全、发展利益。

中国共产党领导人民建设社会主义生态文明。树立尊重自然、顺应自然、保护自然的生态文明理念，增强“绿水青山就是金山银山”的意识，坚持节约资源和保护环境的基本国策，坚持节约优先、保护优先、自然恢复为主的方针，坚持生产发展、生活富裕、生态良好的文明发展道路。着力建设资源节约型、环境友好型社会，实行最严格的生态环境保护制度，形成节约资源和保护环境的空间格局、产业结构、生产方式、生活方式，为人民创造良好生产生活环境，实现中华民族永续发展。

中国共产党坚持对人民解放军和其他人民武装力量的绝对领导，贯彻习近平强军思想，加强人民解放军的建设，坚持政治建军、改革强军、科技兴军、依法治军，建设一支听党指挥、能打胜仗、作风优良的人民军队，切实保证人民解放军有效履行新时代军队使命任务，充分发挥人民解放军在巩固国防、保卫祖国和参加社会主义现代化建设中的作用。

中国共产党维护和发展平等团结互助和谐的社会主义民族关系，积极培养、选拔少数民族干部，帮助少数民族和民族地区发展经济、文化和社会事业，铸牢中华民族共同体意识，实现各民族共同团结奋斗、共同繁荣发展。全面贯彻党的宗教工作基本方针，团结信教群众为经济社会发展作贡献。

中国共产党同全国各民族工人、农民、知识分子团结在一起，同各民主党派、无党派人士、各民族的爱国力量团结在一起，进一步发展和壮大由全体社会主义劳动者、社会主义事业的建设者、拥护社会主义的爱国者、拥护祖国统一和致力于中华民族伟大复兴的爱国者组成的最广泛的爱国统一战线。不断加强全国人民包括香港特别行政区同胞、澳门特别行政区同胞、台湾同胞和海外侨胞的团结。按照“一个国家、两种制度”的方针，促进香港、澳门长期繁荣稳定，完成祖国统一大业。

中国共产党坚持独立自主的和平外交政策，坚持和平发展道路，坚持互利共赢的开放战略，统筹国内国际两个大局，积极发展对外关系，努力为我国的改革开放和现代化建设争取有利的国际环境。在国际事务中，坚持正确义利观，维护我国的独立和主权，反对霸权主义和强权政治，维护世界和平，促进人类进步，推动构建人类命运共同体，推动建设持久和平、共同繁荣的和谐世界。在互相尊重主权和领土完整、互不侵犯、互不干涉内政、平等互利、和平共处五项原则的基础上，发展我国同世界各国的关系。不断发展我国同周边国家的睦邻友好关系，加强同发展中国家的团结与合作。遵循共商共建共享原则，推进“一带一路”建设。按照独立自主、完全平等、互相尊重、互不干涉内部事务的原则，发展我党同各国共产党和其他政党的关系。

中国共产党要领导全国各族人民实现“两个一百年”奋斗目标、实现中华民族伟大复兴的中国梦，必须紧密围绕党的基本路线，坚持党要管党、全面从严治党，加强党的长期执政能力建设、先进性和纯洁性建设，以改革创新精神全面推进党的建设新的伟大工程，以党的政治建设为统领，全面推进党的政治建设、思想建设、组织建设、作风建设、纪律建设，把制度建设贯穿其中，深入推进反腐败斗争，全面提高党的建设科学化水平。坚持立党为公、执政为民，发扬党的优良传统和作风，不断提高党的领导水平和执政水平，提高拒腐防变和抵御风险的能力，不断增强自我净化、自我完善、自我革新、自我提高能力，不断增强党的阶级基础和扩大党的群众基础，不断提高党的创造力、凝聚力、战斗力，建设学习型、服务型、创新型的马克思主义执政党，使我们党始终走在时代前列，成为领导全国人民沿着中国特色社会主义道路不断前进的坚强核心。党的建设必须坚决实现以下五项基本要求。

第一，坚持党的基本路线。全党要用邓小平理论、“三个代表”重要思想、科学发展观、习近平新时代中国特色社会主义思想和党的基本路线统一思想，统一行动，并且毫不动摇地长期坚持下去。必须把改革开放同四项基本原则统一起来，全面落实党的基本路线，反对一切“左”的和右的错误倾向，要警惕右，但主要是防止“左”。加强各级领导班子建设，培养选拔党和人民需要的好干部，培养和造就千百万社会主义事业接班人，从组织上保证党的基本理论、基本路线、基本方略的贯彻落实。

第二，坚持解放思想，实事求是，与时俱进，求真务实。党的思想路线是一切从实际出发，理论联系实际，实事求是，在实践中检验真理和发展真理。全党必须坚持这条思想路线，积极探索，大胆试验，开拓创新，创造性地开展工作，不断研究新情况，总结新经验，解决新问题，在实践中丰富和发展马克思主义，推进马克思主义中国化。

第三，坚持全心全意为人民服务。党除了工人阶级和最广大人民群众的利益，没有自己特殊的利益。党在任何时候都把群众利益放在第一位，同群众同甘共苦，保持最密切的联系，坚持权为民所用、情为民所系、利为民所谋，不允许任何党员脱离群众，凌驾于群众之上。我们党的最大政治优势是密切联系群众，党执政后的最大危险是脱离群众。党风问题、党同人民群众联系问题是关系党生死存亡的问题。党在自己的工作中实行群众路线，一切为了群众，一切依靠群众，从群众中来，到群众中去，把党的正确主张变为群众的自觉行动。

第四，坚持民主集中制。民主集中制是民主基础上的集中和集中指导下的民主相结合。它既是党的根本组织原则，也是群众路线在党的生活中的运用。必须充分发扬党内民主，尊重党员主体地位，保障党员民主权利，发挥各级党组织和广大党员的积极性、创造性。必须实行正确的集中，牢固树立政治意识、大局意识、核心意识、看齐意识，坚定维护以习近平同志为核心的党中央权威和集中统一领导，保证全党的团结统一和行动一致，保证党的决定得到迅速有效的贯彻执行。加强和规范党内政治生活，增强党内政治生活的政治性、时代性、原则性、战斗性，发展积极健康的党内政治文化，营造风清气正的良好政治生态。党在自己的政治生活中正确地开展批评和自我批评，在原则问题上进行思想斗争，坚持真理，修正错误。努力造成又有集中又有民主，又有纪律又有自由，又有统一意志又有个人心情舒畅生动活泼的政治局面。

第五，坚持从严管党治党。全面从严治党永远在路上。新形势下，党面临的执政考验、改革开放考验、市场经济考验、外部环境考验是长期的、复杂的、严峻的，精神懈怠危险、能力不足危险、脱离群众危险、消极腐败危险更加尖锐地摆在全党面前。要把严的标准、严的措施贯穿于管党治党全过程和各方面。坚持依规治党、标本兼治，坚持把纪律挺在前面，加强组织性纪律性，在党的纪律面前人人平等。强化管党治党主体责任和监督责任，加强对党的领导机关和党员领导干部，特别是主要领导干部的监督，不断完善党内监督体系。深入推进党风廉政建设和反腐败斗争，以零容忍态度惩治腐败，构建不敢腐、不能腐、不想腐的有效机制。

中国共产党的领导是中国特色社会主义最本质的特征，是中国特色社会主义制度的最大优势。党政军民学，东西南北中，党是领导一切的。党要适应改革开放和社会主义现代化建设的要求，坚持科学执政、民主执政、依法执政，加强和改善党的领导。党必须按照总揽全局、协调各方的原则，在同级各种组织中发挥领导核心作用。党必须集中精力领导经济建设，组织、协调各方面的力量，同心协力，围绕经济建设开展工作，促进经济社会全面发展。党必须实行民主的、科学的决策，制定和执行正确的路线、方针、政策，做好党的组织工作和宣传教育工作，发挥全体党员的先锋模范作用。党必须在宪法和法律的范围内活动。党必须保证国家的立法、司法、行政、监察机关，经济、文化组织和人民团体积极主动地、独立负责地、协调一致地工作。党必须加强对工会、共产主义青年团、妇女联合会等群团组织的领导，使它们保持和增强政治性、先进性、群众性，充分发挥作用。党必须适应形势的发展和情况的变化，完善领导体制，改进领导方式，增强执政能力。共产党员必须同党外群众亲密合作，共同为建设中国特色社会主义而奋斗。

第一章　党员

第一条　年满十八岁的中国工人、农民、军人、知识分子和其他社会阶层的先进分子，承认党的纲领和章程，愿意参加党的一个组织并在其中积极工作，执行党的决议和按期交纳党费的，可以申请加入中国共产党。

第二条 中国共产党党员是中国工人阶级的有共产主义觉悟的先锋战士。

中国共产党党员必须全心全意为人民服务，不惜牺牲个人的一切，为实现共产主义奋斗终身。

中国共产党党员永远是劳动人民的普通一员。除了法律和政策规定范围内的个人利益和工作职权以外，所有共产党员都不得谋求任何私利和特权。

第三条 党员必须履行下列义务：

（一）认真学习马克思列宁主义、毛泽东思想、邓小平理论、“三个代表”重要思想、科学发展观、习近平新时代中国特色社会主义思想，学习党的路线、方针、政策和决议，学习党的基本知识，学习科学、文化、法律和业务知识，努力提高为人民服务的本领。

（二）贯彻执行党的基本路线和各项方针、政策，带头参加改革开放和社会主义现代化建设，带动群众为经济发展和社会进步艰苦奋斗，在生产、工作、学习和社会生活中起先锋模范作用。

（三）坚持党和人民的利益高于一切，个人利益服从党和人民的利益，吃苦在前，享受在后，克己奉公，多做贡献。

（四）自觉遵守党的纪律，首先是党的政治纪律和政治规矩，模范遵守国家的法律法规，严格保守党和国家的秘密，执行党的决定，服从组织分配，积极完成党的任务。

（五）维护党的团结和统一，对党忠诚老实，言行一致，坚决反对一切派别组织和小集团活动，反对阳奉阴违的两面派行为和一切阴谋诡计。

（六）切实开展批评和自我批评，勇于揭露和纠正违反党的原则的言行和工作中的缺点、错误，坚决同消极腐败现象作斗争。

（七）密切联系群众，向群众宣传党的主张，遇事同群众商量，及时向党反映群众的意见和要求，维护群众的正当利益。

（八）发扬社会主义新风尚，带头实践社会主义核心价值观和社会主义荣辱观，提倡共产主义道德，弘扬中华民族传统美德，为了保护国家和人民的利益，在一切困难和危险的时刻挺身而出，英勇斗争，不怕牺牲。

第四条 党员享有下列权利：

（一）参加党的有关会议，阅读党的有关文件，接受党的教育和培训。

（二）在党的会议上和党报党刊上，参加关于党的政策问题的讨论。

（三）对党的工作提出建议和倡议。

（四）在党的会议上有根据地批评党的任何组织和任何党员，向党负责地揭发、检举党的任何组织和任何党员违法乱纪的事实，要求处分违法乱纪的党员，要求罢免或撤换不称职的干部。

（五）行使表决权、选举权，有被选举权。

（六）在党组织讨论决定对党员的党纪处分或作出鉴定时，本人有权参加和进行申辩，其他党员可以为他作证和辩护。

（七）对党的决议和政策如有不同意见，在坚决执行的前提下，可以声明保留，并且可以把自己的意见向党的上级组织直至中央提出。

（八）向党的上级组织直至中央提出请求、申诉和控告，并要求有关组织给以负责的答复。

党的任何一级组织直至中央都无权剥夺党员的上述权利。

第五条 发展党员，必须把政治标准放在首位，经过党的支部，坚持个别吸收的原则。

申请入党的人，要填写入党志愿书，要有两名正式党员作介绍人，要经过支部大会通过和上级党组织批准，并且经过预备期的考察，才能成为正式党员。

介绍人要认真了解申请人的思想、品质、经历和工作表现，向他解释党的纲领和党的章程，说明党员的条件、义务和权利，并向党组织作出负责的报告。

党的支部委员会对申请入党的人，要注意征求党内外有关群众的意见，进行严格的审查，认为合格后再提交支部大会讨论。

上级党组织在批准申请人入党以前，要派人同他谈话，作进一步的了解，并帮助他提高对党的认识。

在特殊情况下，党的中央和省、自治区、直辖市委员会可以直接接收党员。

第六条 预备党员必须面向党旗进行入党宣誓。誓词如下：我志愿加入中国共产党，拥护党的纲领，遵守党的章程，履行党员义务，执行党的决定，严守党的纪律，保守党的秘密，对党忠诚，积极工作，为共产主义奋斗终身，随时准备为党和人民牺牲一切，永不叛党。

第七条 预备党员的预备期为一年。党组织对预备党员应当认真教育和考察。

预备党员的义务同正式党员一样。预备党员的权利，除了没有表决权、选举权和被选举权以外，也同正式党员一样。

预备党员预备期满，党的支部应当及时讨论他能否转为正式党员。认真履行党员义务，具备党员条件的，应当按期转为正式党员；需要继续考察和教育的，可以延长预备期，但不能超过一年；不履行党员义务，不具备党员条件的，应当取消预备党员资格。预备党员转为正式党员，或延长预备期，或取消预备党员资格，都应当经支部大会讨论通过和上级党组织批准。

预备党员的预备期，从支部大会通过他为预备党员之日算起。党员的党龄，从预备期满转为正式党员之日算起。

第八条 每个党员，不论职务高低，都必须编入党的一个支部、小组或其他特定组织，参加党的组织生活，接受党内外群众的监督。党员领导干部还必须参加党委、党组的民主生活会。不允许有任何不参加党的组织生活、不接受党内外群众监督的特殊党员。

第九条 党员有退党的自由。党员要求退党，应当经支部大会讨论后宣布除名，并报上级党组织备案。

党员缺乏革命意志，不履行党员义务，不符合党员条件，党的支部应当对他进行教育，要求他限期改正；经教育仍无转变的，应当劝他退党。劝党员退党，应当经支部大会讨论决定，并报上级党组织批准。如被劝告退党的党员坚持不退，应当提交支部大会讨论，决定把他除名，并报上级党组织批准。

党员如果没有正当理由，连续六个月不参加党的组织生活，或不交纳党费，或不做党所分配的工作，就被认为是自行脱党。支部大会应当决定把这样的党员除名，并报上一级党组织批准。

第二章　党的组织制度

第十条　党是根据自己的纲领和章程，按照民主集中制组织起来的统一整体。党的民主集中制的基本原则是：

（一）党员个人服从党的组织，少数服从多数，下级组织服从上级组织，全党各个组织和全体党员服从党的全国代表大会和中央委员会。

（二）党的各级领导机关，除它们派出的代表机关和在非党组织中的党组外，都由选举产生。

（三）党的最高领导机关，是党的全国代表大会和它所产生的中央委员会。党的地方各级领导机关，是党的地方各级代表大会和它们所产生的委员会。党的各级委员会向同级的代表大会负责并报告工作。

（四）党的上级组织要经常听取下级组织和党员群众的意见，及时解决他们提出的问题，党的下级组织既要向上级组织请示和报告工作，又要独立负责地解决自己职责范围内的问题。上下级组织之间要互通情报、互相支持和互相监督。党的各级组织要按规定实行党务公开，使党员对党内事务有更多的了解和参与。

（五）党的各级委员会实行集体领导和个人分工负责相结合的制度。凡属重大问题都要按照集体领导、民主集中、个别酝酿、会议决定的原则，由党的委员会集体讨论，作出决定；委员会成员要根据集体的决定和分工，切实履行自己的职责。

（六）党禁止任何形式的个人崇拜。要保证党的领导人的活动处于党和人民的监督之下，同时维护一切代表党和人民利益的领导人的威信。

第十一条　党的各级代表大会的代表和委员会的产生，要体现选举人的意志。选举采用无记名投票的方式。候选人名单要由党组织和选举人充分酝酿讨论。可以直接采用候选人数多于应选人数的差额选举办法进行正式选举，也可以先采用差额选举办法进行预选，产生候选人名单，然后进行正式选举。选举人有了解候选人情况、要求改变候选人、不选任何一个候选人和另选他人的权利。任何组织和个人不得以任何方式强迫选举人选举或不选举某个人。

党的地方各级代表大会和基层代表大会的选举，如果发生违反党章的情况，上一级党的委员会在调查核实后，应作出选举无效和采取相应措施的决定，并报再上一级党的委员会审查批准，正式宣布执行。

党的各级代表大会代表实行任期制。

第十二条　党的中央和地方各级委员会在必要时召集代表会议，讨论和决定需要及时解决的重大问题。代表会议代表的名额和产生办法，由召集代表会议的委员会决定。

第十三条　凡是成立党的新组织，或是撤销党的原有组织，必须由上级党组织决定。

在党的地方各级代表大会和基层代表大会闭会期间，上级党的组织认为有必要时，可以调动或者指派下级党组织的负责人。

党的中央和地方各级委员会可以派出代表机关。

第十四条 党的中央和省、自治区、直辖市委员会实行巡视制度，在一届任期内，对所管理的地方、部门、企事业单位党组织实现巡视全覆盖。

中央有关部委和国家机关部门党组（党委）根据工作需要，开展巡视工作。

党的市（地、州、盟）和县（市、区、旗）委员会建立巡察制度。

第十五条 党的各级领导机关，对同下级组织有关的重要问题作出决定时，在通常情况下，要征求下级组织的意见。要保证下级组织能够正常行使他们的职权。凡属应由下级组织处理的问题，如无特殊情况，上级领导机关不要干预。

第十六条 有关全国性的重大政策问题，只有党中央有权作出决定，各部门、各地方的党组织可以向中央提出建议，但不得擅自作出决定和对外发表主张。

党的下级组织必须坚决执行上级组织的决定。下级组织如果认为上级组织的决定不符合本地区、本部门的实际情况，可以请求改变；如果上级组织坚持原决定，下级组织必须执行，并不得公开发表不同意见，但有权向再上一级组织报告。

党的各级组织的报刊和其他宣传工具，必须宣传党的路线、方针、政策和决议。

第十七条 党组织讨论决定问题，必须执行少数服从多数的原则。决定重要问题，要进行表决。对于少数人的不同意见，应当认真考虑。如对重要问题发生争论，双方人数接近，除了在紧急情况下必须按多数意见执行外，应当暂缓作出决定，进一步调查研究，交换意见，下次再表决；在特殊情况下，也可以将争论情况向上级组织报告，请求裁决。

党员个人代表党组织发表重要主张，如果超出党组织已有决定的范围，必须提交所在的党组织讨论决定，或向上级党组织请示。任何党员不论职务高低，都不能个人决定重大问题；如遇紧急情况，必须由个人作出决定时，事后要迅速向党组织报告。不允许任何领导人实行个人专断和把个人凌驾于组织之上。

第十八条 党的中央、地方和基层组织，都必须重视党的建设，经常讨论和检查党的宣传工作、教育工作、组织工作、纪律检查工作、群众工作、统一战线工作等，注意研究党内外的思想政治状况。

第三章 党的中央组织

第十九条 党的全国代表大会每五年举行一次，由中央委员会召集。中央委员会认为有必要，或者有三分之一以上的省一级组织提出要求，全国代表大会可以提前举行；如无非常情况，不得延期举行。

全国代表大会代表的名额和选举办法，由中央委员会决定。

第二十条 党的全国代表大会的职权是：

（一）听取和审查中央委员会的报告；

（二）审查中央纪律检查委员会的报告；

（三）讨论并决定党的重大问题；

（四）修改党的章程；

（五）选举中央委员会；

（六）选举中央纪律检查委员会。

第二十一条 党的全国代表会议的职权是：讨论和决定重大问题；调整和增选中央委员会、中央纪律检查委员会的部分成员。调整和增选中央委员及候补中央委员的数额，不得超过党的全国代表大会选出的中央委员及候补中央委员各自总数的五分之一。

第二十二条 党的中央委员会每届任期五年。全国代表大会如提前或延期举行，它的任期相应地改变。中央委员会委员和候补委员必须有五年以上的党龄。中央委员会委员和候补委员的名额，由全国代表大会决定。中央委员会委员出缺，由中央委员会候补委员按照得票多少依次递补。

中央委员会全体会议由中央政治局召集，每年至少举行一次。中央政治局向中央委员会全体会议报告工作，接受监督。

在全国代表大会闭会期间，中央委员会执行全国代表大会的决议，领导党的全部工作，对外代表中国共产党。

第二十三条 党的中央政治局、中央政治局常务委员会和中央委员会总书记，由中央委员会全体会议选举。中央委员会总书记必须从中央政治局常务委员会委员中产生。

中央政治局和它的常务委员会在中央委员会全体会议闭会期间，行使中央委员会的职权。

中央书记处是中央政治局和它的常务委员会的办事机构；成员由中央政治局常务委员会提名，中央委员会全体会议通过。

中央委员会总书记负责召集中央政治局会议和中央政治局常务委员会会议，并主持中央书记处的工作。

党的中央军事委员会组成人员由中央委员会决定，中央军事委员会实行主席负责制。

每届中央委员会产生的中央领导机构和中央领导人，在下届全国代表大会开会期间，继续主持党的经常工作，直到下届中央委员会产生新的中央领导机构和中央领导人为止。

第二十四条 中国人民解放军的党组织，根据中央委员会的指示进行工作。中央军事委员会负责军队中党的工作和政治工作，对军队中党的组织体制和机构作出规定。

第四章　党的地方组织

第二十五条 党的省、自治区、直辖市的代表大会，设区的市和自治州的代表大会，县（旗）、自治县、不设区的市和市辖区的代表大会，每五年举行一次。

党的地方各级代表大会由同级党的委员会召集。在特殊情况下，经上一级委员会批准，可以提前或延期举行。

党的地方各级代表大会代表的名额和选举办法，由同级党的委员会决定，并报上一级党的委员会批准。

第二十六条 党的地方各级代表大会的职权是：

（一）听取和审查同级委员会的报告；

（二）审查同级纪律检查委员会的报告；

（三）讨论本地区范围内的重大问题并作出决议；

（四）选举同级党的委员会，选举同级党的纪律检查委员会。

第二十七条 党的省、自治区、直辖市、设区的市和自治州的委员会，每届任期五年。这些委员会的委员和候补委员必须有五年以上的党龄。

党的县（旗）、自治县、不设区的市和市辖区的委员会，每届任期五年。这些委员会的委员和候补委员必须有三年以上的党龄。

党的地方各级代表大会如提前或延期举行，由它选举的委员会的任期相应地改变。

党的地方各级委员会的委员和候补委员的名额，分别由上一级委员会决定。党的地方各级委员会委员出缺，由候补委员按照得票多少依次递补。

党的地方各级委员会全体会议，每年至少召开两次。

党的地方各级委员会在代表大会闭会期间，执行上级党组织的指示和同级党代表大会的决议，领导本地方的工作，定期向上级党的委员会报告工作。

第二十八条 党的地方各级委员会全体会议，选举常务委员会和书记、副书记，并报上级党的委员会批准。党的地方各级委员会的常务委员会，在委员会全体会议闭会期间，行使委员会职权；在下届代表大会开会期间，继续主持经常工作，直到新的常务委员会产生为止。

党的地方各级委员会的常务委员会定期向委员会全体会议报告工作，接受监督。

第二十九条 党的地区委员会和相当于地区委员会的组织，是党的省、自治区委员会在几个县、自治县、市范围内派出的代表机关。它根据省、自治区委员会的授权，领导本地区的工作。

第五章　党的基层组织

第三十条 企业、农村、机关、学校、科研院所、街道社区、社会组织、人民解放军连队和其他基层单位，凡是有正式党员三人以上的，都应当成立党的基层组织。

党的基层组织，根据工作需要和党员人数，经上级党组织批准，分别设立党的基层委员会、总支部委员会、支部委员会。基层委员会由党员大会或代表大会选举产生，总支部委员会和支部委员会由党员大会选举产生，提出委员候选人要广泛征求党员和群众的意见。

第三十一条 党的基层委员会、总支部委员会、支部委员会每届任期三年至五年。基层委员会、总支部委员会、支部委员会的书记、副书记选举产生后，应报上级党组织批准。

第三十二条 党的基层组织是党在社会基层组织中的战斗堡垒，是党的全部工作和战斗力的基础。它的基本任务是：

（一）宣传和执行党的路线、方针、政策，宣传和执行党中央、上级组织和本组织的决议，充分发挥党员的先锋模范作用，积极创先争优，团结、组织党内外的干部和群众，努力完成本单位所担负的任务。

（二）组织党员认真学习马克思列宁主义、毛泽东思想、邓小平理论、“三个代表”重要思想、科学发展观、习近平新时代中国特色社会主义思想，推进“两学一做”学习教育常态化制度化，学习党的路线、方针、政策和决议，学习党的基本知识，学习科学、文化、法律和业务知识。

（三）对党员进行教育、管理、监督和服务，提高党员素质，坚定理想信念，增强党性，严格党的组织生活，开展批评和自我批评，维护和执行党的纪律，监督党员切实履行义务，保障党员的权利不受侵犯。加强和改进流动党员管理。

（四）密切联系群众，经常了解群众对党员、党的工作的批评和意见，维护群众的正当权利和利益，做好群众的思想政治工作。

（五）充分发挥党员和群众的积极性创造性，发现、培养和推荐他们中间的优秀人才，鼓励和支持他们在改革开放和社会主义现代化建设中贡献自己的聪明才智。

（六）对要求入党的积极分子进行教育和培养，做好经常性的发展党员工作，重视在生产、工作第一线和青年中发展党员。

（七）监督党员干部和其他任何工作人员严格遵守国家法律法规，严格遵守国家的财政经济法规和人事制度，不得侵占国家、集体和群众的利益。

（八）教育党员和群众自觉抵制不良倾向，坚决同各种违纪违法行为作斗争。

第三十三条 街道、乡、镇党的基层委员会和村、社区党组织，领导本地区的工作和基层社会治理，支持和保证行政组织、经济组织和群众自治组织充分行使职权。

国有企业党委（党组）发挥领导作用，把方向、管大局、保落实，依照规定讨论和决定企业重大事项。国有企业和集体企业中党的基层组织，围绕企业生产经营开展工作。保证监督党和国家的方针、政策在本企业的贯彻执行；支持股东会、董事会、监事会和经理（厂长）依法行使职权；全心全意依靠职工群众，支持职工代表大会开展工作；参与企业重大问题的决策；加强党组织的自身建设，领导思想政治工作、精神文明建设和工会、共青团等群团组织。

非公有制经济组织中党的基层组织，贯彻党的方针政策，引导和监督企业遵守国家的法律法规，领导工会、共青团等群团组织，团结凝聚职工群众，维护各方的合法权益，促进企业健康发展。

社会组织中党的基层组织，宣传和执行党的路线、方针、政策，领导工会、共青团等群团组织，教育管理党员，引领服务群众，推动事业发展。

实行行政领导人负责制的事业单位中党的基层组织，发挥战斗堡垒作用。实行党委领导下的行政领导人负责制的事业单位中党的基层组织，对重大问题进行讨论和作出决定，同时保证行政领导人充分行使自己的职权。

各级党和国家机关中党的基层组织，协助行政负责人完成任务，改进工作，对包括行政负责人在内的每个党员进行教育、管理、监督，不领导本单位的业务工作。

第三十四条 党支部是党的基础组织，担负直接教育党员、管理党员、监督党员和组织群众、宣传群众、凝聚群众、服务群众的职责。

第六章　党的干部

第三十五条 党的干部是党的事业的骨干，是人民的公仆，要做到忠诚干净担当。党按照德才兼备、以德为先的原则选拔干部，坚持五湖四海、任人唯贤，坚持事业为上、公道正派，反对任人唯亲，努力实现干部队伍的革命化、年轻化、知识化、专业化。

党重视教育、培训、选拔、考核和监督干部，特别是培养、选拔优秀年轻干部。积极推进干部制度改革。

党重视培养、选拔女干部和少数民族干部。

第三十六条 党的各级领导干部必须信念坚定、为民服务、勤政务实、敢于担当、清正廉洁，模范地履行本章程第三条所规定的党员的各项义务，并且必须具备以下的基本条件。

（一）具有履行职责所需要的马克思列宁主义、毛泽东思想、邓小平理论、“三个代表”重要思想、科学发展观的水平，带头贯彻落实习近平新时代中国特色社会主义思想，努力用马克思主义的立场、观点、方法分析和解决实际问题，坚持讲学习、讲政治、讲正气，经得起各种风浪的考验。

（二）具有共产主义远大理想和中国特色社会主义坚定信念，坚决执行党的基本路线和各项方针、政策，立志改革开放，献身现代化事业，在社会主义建设中艰苦创业，树立正确政绩观，做出经得起实践、人民、历史检验的实绩。

（三）坚持解放思想，实事求是，与时俱进，开拓创新，认真调查研究，能够把党的方针、政策同本地区、本部门的实际相结合，卓有成效地开展工作，讲实话，办实事，求实效。

（四）有强烈的革命事业心和政治责任感，有实践经验，有胜任领导工作的组织能力、文化水平和专业知识。

（五）正确行使人民赋予的权力，坚持原则，依法办事，清正廉洁，勤政为民，以身作则，艰苦朴素，密切联系群众，坚持党的群众路线，自觉地接受党和群众的批评和监督，加强道德修养，讲党性、重品行、作表率，做到自重、自省、自警、自励，反对形式主义、官僚主义、享乐主义和奢靡之风，反对任何滥用职权、谋求私利的行为。

（六）坚持和维护党的民主集中制，有民主作风，有全局观念，善于团结同志，包括团结同自己有不同意见的同志一道工作。

第三十七条 党员干部要善于同党外干部合作共事，尊重他们，虚心学习他们的长处。

党的各级组织要善于发现和推荐有真才实学的党外干部担任领导工作，保证他们有职有权，充分发挥他们的作用。

第三十八条 党的各级领导干部，无论是由民主选举产生的，或是由领导机关任命的，他们的职务都不是终身的，都可以变动或解除。

年龄和健康状况不适宜于继续担任工作的干部，应当按照国家的规定退、离休。

第七章 党的纪律

第三十九条 党的纪律是党的各级组织和全体党员必须遵守的行为规则，是维护党的团结统一、完成党的任务的保证。党组织必须严格执行和维护党的纪律，共产党员必须自觉接受党的纪律的约束。

第四十条 党的纪律主要包括政治纪律、组织纪律、廉洁纪律、群众纪律、工作纪律、生活纪律。

坚持惩前毖后、治病救人，执纪必严、违纪必究，抓早抓小、防微杜渐，按照错误性质和情节轻重，给予批评教育直至纪律处分。运用监督执纪“四种形态”，让“红红脸、出出汗”成为常态，党纪处分、组织调整成为管党治党的重要手段，严重违纪、严重触犯刑律的党员必须开除党籍。

党内严格禁止用违反党章和国家法律的手段对待党员，严格禁止打击报复和诬告陷害。违反这些规定的组织或个人必须受到党的纪律和国家法律的追究。

第四十一条 对党员的纪律处分有五种：警告、严重警告、撤销党内职务、留党察看、开除党籍。

留党察看最长不超过两年。党员在留党察看期间没有表决权、选举权和被选举权。党员经过留党察看，确已改正错误的，应当恢复其党员的权利；坚持错误不改的，应当开除党籍。

开除党籍是党内的最高处分。各级党组织在决定或批准开除党员党籍的时候，应当全面研究有关的材料和意见，采取十分慎重的态度。

第四十二条 对党员的纪律处分，必须经过支部大会讨论决定，报党的基层委员会批准；如果涉及的问题比较重要或复杂，或给党员以开除党籍的处分，应分别不同情况，报县级或县级以上党的纪律检查委员会审查批准。在特殊情况下，县级和县级以上各级党的委员会和纪律检查委员会有权直接决定给党员以纪律处分。

对党的中央委员会委员、候补委员，给以警告、严重警告处分，由中央纪律检查委员会常务委员会审议后，报党中央批准。对地方各级党的委员会委员、候补委员，给以警告、严重警告处分，应由上一级纪律检查委员会批准，并报它的同级党的委员会备案。

对党的中央委员会和地方各级委员会的委员、候补委员，给以撤销党内职务、留党察看或开除党籍的处分，必须由本人所在的委员会全体会议三分之二以上的多数决定。在全体会议闭会期间，可以先由中央政治局和地方各级委员会常务委员会作出处理决定，待召开委员会全体会议时予以追认。对地方各级委员会委员和候补委员的上述处分，必须经过上级纪律检查委员会常务委员会审议，由这一级纪律检查委员会报同级党的委员会批准。

严重触犯刑律的中央委员会委员、候补委员，由中央政治局决定开除其党籍；严重触犯刑律的地方各级委员会委员、候补委员，由同级委员会常务委员会决定开除其党籍。

第四十三条 党组织对党员作出处分决定，应当实事求是地查清事实。处分决定所依据的事实材料和处分决定必须同本人见面，听取本人说明情况和申辩。如果本人对处分决定不服，可以提出申诉，有关党组织必须负责处理或者迅速转递，不得扣压。对于确属坚持错误意见和无理要求的人，要给以批评教育。

第四十四条 党组织如果在维护党的纪律方面失职，必须问责。

对于严重违犯党的纪律、本身又不能纠正的党组织，上一级党的委员会在查明核实后，应根据情节严重的程度，作出进行改组或予以解散的决定，并报再上一级党的委员会审查批准，正式宣布执行。

第八章 党的纪律检查机关

第四十五条 党的中央纪律检查委员会在党的中央委员会领导下进行工作。党的地方各级纪律检查委员会和基层纪律检查委员会在同级党的委员会和上级纪律检查委员会双重领导下进行工作。上级党的纪律检查委员会加强对下级纪律检查委员会的领导。

党的各级纪律检查委员会每届任期和同级党的委员会相同。

党的中央纪律检查委员会全体会议，选举常务委员会和书记、副书记，并报党的中央委员会批准。党的地方各级纪律检查委员会全体会议，选举常务委员会和书记、副书记，并由同级党的委员会通过，报上级党的委员会批准。党的基层委员会是设立纪律检查委员会，还是设立纪律检查委员，由它的上一级党组织根据具体情况决定。党的总支部委员会和支部委员会设纪律检查委员。

党的中央和地方纪律检查委员会向同级党和国家机关全面派驻党的纪律检查组。纪律检查组组长参加驻在部门党的领导组织的有关会议。他们的工作必须受到该机关党的领导组织的支持。

第四十六条 党的各级纪律检查委员会是党内监督专责机关，主要任务是：维护党的章程和其他党内法规，检查党的路线、方针、政策和决议的执行情况，协助党的委员会推进全面从严治党、加强党风建设和组织协调反腐败工作。

党的各级纪律检查委员会的职责是监督、执纪、问责，要经常对党员进行遵守纪律的教育，作出关于维护党纪的决定；对党的组织和党员领导干部履行职责、行使权力进行监督，受理处置党员群众检举举报，开展谈话提醒、约谈函询；检查和处理党的组织和党员违反党的章程和其他党内法规的比较重要或复杂的案件，决定或取消对这些案件中的党员的处分；进行问责或提出责任追究的建议；受理党员的控告和申诉；保障党员的权利。

各级纪律检查委员会要把处理特别重要或复杂的案件中的问题和处理的结果，向同级党的委员会报告。党的地方各级纪律检查委员会和基层纪律检查委员会要同时向上级纪律检查委员会报告。

各级纪律检查委员会发现同级党的委员会委员有违犯党的纪律的行为，可以先进行初步核实，如果需要立案检查的，应当在向同级党的委员会报告的同时向上一级纪律检查委员会报告；涉及常务委员的，报告上一级纪律检查委员会，由上一级纪律检查委员会进行初步核实，需要审查的，由上一级纪律检查委员会报它的同级党的委员会批准。

第四十七条 上级纪律检查委员会有权检查下级纪律检查委员会的工作，并且有权批准和改变下级纪律检查委员会对于案件所作的决定。如果所要改变的该下级纪律检查委员会的决定，已经得到它的同级党的委员会的批准，这种改变必须经过它的上一级党的委员会批准。

党的地方各级纪律检查委员会和基层纪律检查委员会如果对同级党的委员会处理案件的决定有不同意见，可以请求上一级纪律检查委员会予以复查；如果发现同级党的委员会或它的成员有违犯党的纪律的情况，在同级党的委员会不给予解决或不给予正确解决的时候，有权向上级纪律检查委员会提出申诉，请求协助处理。

第九章　党组

第四十八条 在中央和地方国家机关、人民团体、经济组织、文化组织和其他非党组织的领导机关中，可以成立党组。党组发挥领导核心作用。党组的任务，主要是负责贯彻执行党的路线、方针、政策；加强对本单位党的建设的领导，履行全面从严治党责任；讨论和决定本单位的重大问题；做好干部管理工作；讨论和决定基层党组织设置调整和发展党员、处分党员等重要事项；团结党外干部和群众，完成党和国家交给的任务；领导机关和直属单位党组织的工作。

第四十九条 党组的成员，由批准成立党组的党组织决定。党组设书记，必要时还可以设副书记。

党组必须服从批准它成立的党组织领导。

第五十条 对下属单位实行集中统一领导的国家工作部门可以建立党委，党委的产生办法、职权和工作任务，由中央另行规定。

第十章　党和共产主义青年团的关系

第五十一条 中国共产主义青年团是中国共产党领导的先进青年的群团组织，是广大青年在实践中学习中国特色社会主义和共产主义的学校，是党的助手和后备军。共青团中央委员会受党中央委员会领导。共青团的地方各级组织受同级党的委员会领导，同时受共青团上级组织领导。

第五十二条 党的各级委员会要加强对共青团的领导，注意团的干部的选拔和培训。党要坚决支持共青团根据广大青年的特点和需要，生动活泼地、富于创造性地进行工作，充分发挥团的突击队作用和联系广大青年的桥梁作用。

团的县级和县级以下各级委员会书记，企业事业单位的团委员会书记，是党员的，可以列席同级党的委员会和常务委员会的会议。

第十一章　党徽党旗

第五十三条 中国共产党党徽为镰刀和锤头组成的图案。

第五十四条 中国共产党党旗为旗面缀有金黄色党徽图案的红旗。

第五十五条 中国共产党的党徽党旗是中国共产党的象征和标志。党的各级组织和每一个党员都要维护党徽党旗的尊严。要按照规定制作和使用党徽党旗。

（新华社北京 2017 年 10 月 28 日电）

中国共产党第十九次全国代表大会关于《中国共产党章程（修正案）》的决议

（2017 年 10 月 24 日中国共产党第十九次全国代表大会通过）

中国共产党第十九次全国代表大会审议并一致通过十八届中央委员会提出的《中国共产党章程（修正案）》，决定这一修正案自通过之日起生效。

大会认为，党的十八大以来，以习近平同志为主要代表的中国共产党人，顺应时代发展，从理论和实践结合上系统回答了新时代坚持和发展什么样的中国特色社会主义、怎样坚持和发展中国特色社会主义这个重大时代课题，创立了习近平新时代中国特色社会主义思想。习近平新时代中国特色社会主义思想是对马克思列宁主义、毛泽东思想、邓小平理论、“三个代表”重要思想、科学发展观的继承和发展，是马克思主义中国化最新成果，是党和人民实践经验和集体智慧的结晶，是中国特色社会主义理论体系的重要组成部分，是全党全国人民为实现中华民族伟大复兴而奋斗的行动指南，必须长期坚持并不断发展。在习近平新时代中国特色社会主义思想指导下，中国共产党领导全国各族人民，统揽伟大斗争、伟大工程、伟大事业、伟大梦想，推动中国特色社会主义进入了新时代。大会一致同意，在党章中把习近平新时代中国特色社会主义思想同马克思列宁主义、毛泽东思想、邓小平理论、“三个代表”重要思想、科学发展观一道确立为党的行动指南。大会要求全党以习近平新时代中国特色社会主义思想统一思想和行动，增强学习贯彻的自觉性和坚定性，把习近平新时代中国特色社会主义思想贯彻到社会主义现代化建设全过程、体现到党的建设各方面。

大会认为，中国特色社会主义文化是中国特色社会主义的重要组成部分，是激励全党全国各族人民奋勇前进的强大精神力量。大会同意把中国特色社会主义文化同中国特色社会主义道路、中国特色社会主义理论体系、中国特色社会主义制度一道写入党章，这有利于全党深化对中国特色社会主义的认识、全面把握中国特色社会主义内涵。大会强调，全党同志要倍加珍惜、长期坚持和不断发展党历经艰辛开创的这条道路、这个理论体系、这个制度、这个文化，高举中国特色社会主义伟大旗帜，坚定道路自信、理论自信、制度自信、文化自信，贯彻党的基本理论、基本路线、基本方略。

大会认为，实现中华民族伟大复兴是近代以来中华民族最伟大的梦想，是我们党向人民、向历史作出的庄严承诺，大会同意在党章中明确实现“两个一百年”奋斗目标、实现中华民族伟大复兴的中国梦的宏伟目标。

大会认为，党的十九大作出的我国社会主要矛盾已经转化为人民日益增长的美好生活需要和不平衡不充分的发展之间的矛盾的重大政治论断，反映了我国社会发展的客观实际，是制定党和国家大政方针、长远战略的重要依据。党章据此作出相应修改，为我们把握我国发展新的历史方位和阶段性特征、更好推进党和国家事业提供了重要指引。

大会认为，坚持以人民为中心的发展思想，坚持创新、协调、绿色、开放、共享的发展理念，协调推进全面建成小康社会、全面深化改革、全面依法治国、全面从严治党，全面建成社会主义现代化强国，反映了我们党坚持和发展中国特色社会主义的根本目的、发展理念、战略布局、战略目标。把促进国民经济更高质量、更有效率、更加公平、更可持续发展，完善和发展中国特色社会主义制度，推进国家治理体系和治理能力现代化，更加注重改革的系统性、整体性、协同性等内容写入党章，有利于推动全党把思想和行动统一到党中央科学判断和战略部署上来，树立和践行新发展理念，不断开创改革发展新局面。

大会认为，党的十八大以来，以习近平同志为核心的党中央在经济建设、政治建设、文化建设、社会建设、生态文明建设方面提出一系列新理念新思想新战略。大会同意把发挥市场在资源配置中的决定性作用，更好发挥政府作用，推进供给侧结构性改革，建设中国特色社会主义法治体系，推进协商民主广泛、多层、制度化发展，培育和践行社会主义核心价值观，推动中华优秀传统文化创造性转化、创新性发展，继承革命文化，发展社会主义先进文化，提高国家文化软实力，牢牢掌握意识形态工作领导权，不断增强人民群众获得感，加强和创新社会治理，坚持总体国家安全观，增强“绿水青山就是金山银山”的意识等内容写入党章。作出这些充实，对全党更加自觉、更加坚定地贯彻党的基本理论、基本路线、基本方略，统筹推进“五位一体”总体布局具有十分重要的作用。

大会认为，党的十八大以来，习近平同志就加强国防和军队建设、民族团结、“一国两制”和祖国统一、统一战线、外交工作提出一系列重要思想观点，为坚持走中国特色强军之路、维护和发展平等团结互助和谐的社会主义民族关系、推进祖国统一、推动构建人类命运共同体进一步指明了方向。大会同意，把中国共产党坚持对人民解放军和其他人民武装力量的绝对领导，贯彻习近平强军思想，坚持政治建军、改革强军、科技兴军、依法治军，建设一支听党指挥、能打胜仗、作风优良的人民军队，切实保证人民解放军有效履行新时代军队使命任务；铸牢中华民族共同体意识；坚持正确义利观，推动构建人类命运共同体，遵循共商共建共享原则，推进“一带一路”建设等内容写入党章。充实这些内容，有利于加强党对人民军队的绝对领导、提高国防和军队现代化水平，有利于加强民族团结，有利于提高我国开放型经济水平。

大会认为，党的十八大以来，我们党扎实推进全面从严治党，在加强党的建设方面进行了全方位探索，取得了许多成功经验和重大成果，必须及时体现到党章中，使之转化为全党共同意志和共同遵循。大会同意，把党的十九大确立的坚持党要管党、全面从严治党，加强党的长期执政能力建设、先进性和纯洁性建设，以党的政治建设为统领，全面推进党的政治建设、思想建设、组织建设、作风建设、纪律建设，把制度建设贯穿其中，深入推进反腐败斗争等要求写入党章，把不断增强自我净化、自我完善、自我革新、自我提高能力，用习近平新时代中国特色社会主义思想统一思想、统一行动，牢固树立政治意识、大局意识、核心意识、看齐意识，坚定维护以习近平同志为核心的党中央权威和集中统一领导，加强和规范党内政治生活，增强党内政治生活的政治性、时代性、原则性、战斗性，发展积极健康的党内政治文化，营造风清气正的良好政治生态等内容写入党章，把坚持从严管党治党作为党的建设必须坚决实现的基本要求之一写入党章。充实这些内容，使党的建设目标更加清晰、布局更加完善，有利于全党以更加科学的思路、更加有效的举措推进党的建设，不断提高党的建设质量，永葆党的生机活力。

大会认为，中国共产党的领导是中国特色社会主义最本质的特征，是中国特色社会主义制度的最大优势。党政军民学，东西南北中，党是领导一切的。大会同意把这一重大政治原则写入党章，这有利于增强全党党的意识，实现全党思想上统一、政治上团结、行动上一致，提高党的创造力、凝聚力、战斗力，确保党总揽全局、协调各方，为做好党和国家各项工作提供根本政治保证。

大会认为，总结吸收党的十八大以来党的工作和党的建设的成功经验，并同总纲部分修改相衔接，对党章部分条文作适当修改十分必要。认真学习习近平新时代中国特色社会主义思想，自觉遵守党的政治纪律和政治规矩，勇于揭露和纠正违反党的原则的言行，带头实践社会主义核心价值观，弘扬中华民族传统美德，是广大党员应尽的义务；把政治标准放在首位，是发展党员必须坚持的重要原则；实现巡视全覆盖，开展中央单位巡视、市县巡察，是巡视工作实践经验的总结，必须加以坚持和发展；明确中央军事委员会实行主席负责制，明确中央军事委员会负责军队中党的工作和政治工作，反映了军队改革后的中央军委履行管党治党责任的现实需要；调整党的总支部委员会、支部委员会每届任期期限，推进“两学一做”学习教育常态化制度化，明确国有企业党组织的地位和作用，增写社会组织中党的基层组织的功能定位和职责任务，明确各级党和国家机关中党的基层组织的职责，明确党支部的地位和作用，充实干部选拔条件和要求，调整和充实党的纪律、党的纪律检查机关部分的相关内容，等等，是党的十八大以来党的工作和党的建设成果的集中反映。把这些内容写入党章，有利于全党把握党的指导思想与时俱进，用习近平新时代中国特色社会主义思想武装头脑、指导实践、推动工作，有利于强化基层党组织政治功能，推动全面从严治党向纵深发展。

大会要求，党的各级组织和全体党员在以习近平同志为核心的党中央坚强领导下，高举中国特色社会主义伟大旗帜，以马克思列宁主义、毛泽东思想、邓小平理论、“三个代表”重要思想、科学发展观、习近平新时代中国特色社会主义思想为指导，更加自觉地学习党章、遵守党章、贯彻党章、维护党章，坚持和加强党的全面领导，坚持党要管党、全面从严治党，为决胜全面建成小康社会、夺取新时代中国特色社会主义伟大胜利、实现中华民族伟大复兴的中国梦、实现人民对美好生活的向往继续奋斗！

（新华社北京 2017 年 10 月 24 日电）

全 国 委 员 会 篇

领导人讲话、报告和文章

在看望参加全国政协十二届五次会议的民进、农工党、九三学社委员时的讲话

（2017 年 3 月 4 日）

习 近 平

中共中央总书记、国家主席、中央军委主席习近平 2017 年 3 月 4 日下午看望了参加全国政协十二届五次会议的民进、农工党、九三学社委员，并参加联组会，听取意见和建议。他强调，伟大的事业，决定了我们更加需要知识和知识分子，更加需要知识分子为国家富强、民族振兴、人民幸福多作贡献。我国广大知识分子要以时不我待的紧迫感、舍我其谁的责任感，主动担当，积极作为，刻苦钻研，勤奋工作，为全面建成小康社会、建设世界科技强国作出更大贡献。

中共中央政治局常委、全国政协主席俞正声参加看望和讨论。

习近平在听取发言后发表重要讲话。他表示，来看望全国政协民进、农工党、九三学社的委员，同大家一起讨论交流，感到非常高兴。习近平代表中共中央，向在座各位委员，向广大民主党派成员和无党派人士，向广大政协委员，致以诚挚的问候。

习近平强调，一年来，我们统筹推进“五位一体”总体布局、协调推进“四个全面”战略布局，坚持稳中求进工作总基调，贯彻新发展理念，主动适应引领经济发展新常态，统筹稳增长、促改革、调结构、惠民生、防风险各项工作，全面建成小康社会迈出坚实步伐，全面深化改革继续深入推进，全面依法治国展现新的局面，全面从严治党取得显著成效，经济增长继续居于世界前列，实现“十三五”良好开局。这些成绩来之不易，是中共中央坚强领导的结果，是全国各族人民团结奋斗的结果，也凝结着各民主党派、全国工商联和无党派人士以及在座各位委员的心血和智慧。

习近平指出，中国共产党历来高度重视知识分子。我国广大知识分子是社会的精英、国家的栋梁、人民的骄傲，也是国家的宝贵财富。我国知识分子历来有浓厚的家国情怀，有强烈的社会责任感，重道义、勇担当。一代又一代知识分子为我国革命、建设、改革事业贡献智慧和力量，有的甚至献出宝贵生命，留下了可歌可泣的事迹。

习近平强调，全社会都要关心知识分子、尊重知识分子，营造尊重知识、尊重知识分子的良好社会氛围。要以识才的慧眼、爱才的诚意、用才的胆识、容才的雅量、聚才的良方，广开进贤之路，把各方面知识分子凝聚起来，聚天下英才而用之。各级领导干

部要善于同知识分子打交道，做知识分子的挚友、净友。要充分信任知识分子，重要工作和重大决策要征求知识分子意见和建议。对来自知识分子的意见和批评，只要出发点是好的，就要热忱欢迎，对的就积极采纳。即使个别意见有偏差甚至是错误的，也要多一些包涵、多一些宽容。要为广大知识分子工作学习创造更好条件，加快形成有利于知识分子干事创业的体制机制，遵循知识分子工作特点和规律，让知识分子把更多精力集中于本职工作，把自己的才华和能量充分释放出来。

习近平希望我国广大知识分子自觉做践行社会主义核心价值观的模范，坚持国家至上、民族至上、人民至上，始终胸怀大局、心有大我，始终坚守正道、追求真理，从自我做起、从现在做起、从日常生活做起，身体力行带动全社会遵循社会主义核心价值观。习近平希望我国广大知识分子积极投身创新发展实践，想国家之所想、急国家之所急，紧紧围绕经济竞争力的核心关键、社会发展的瓶颈制约、国家安全的重大挑战，不断增加知识积累，不断强化创新意识，不断提升创新能力，不断攀登创新高峰。

习近平指出，今年是实施“十三五”规划的重要一年，是供给侧结构性改革的深化之年，有不少问题需要深入研究、妥善应对、合力攻坚。大家要紧扣“十三五”规划实施和全年经济社会发展目标，就保持经济平稳健康发展和社会和谐稳定深度调查研究，提出务实管用的对策建议。

习近平强调，今年，各民主党派中央及其省级组织要进行换届，各民主党派要搞好政治交接，努力换出新干劲、换出新气象。中国共产党同各民主党派秉持共同理想、坚持共同奋斗，汇聚成坚持和发展中国特色社会主义、实现中华民族伟大复兴中国梦的磅礴合力。只要我们始终把 13 亿多中国人民智慧和力量聚合在一起，我们的事业将无往而不胜。

（新华社 2017 年 3 月 5 日电）

在庆祝香港回归祖国20周年大会暨香港特别行政区第五届政府就职典礼上的讲话

（2017年7月1日）

习　近　平

同胞们，朋友们：

今天，我们怀着喜悦的心情，在这里隆重集会，庆祝香港回归祖国20周年，举行香港特别行政区第五届政府就职典礼。

首先，我代表中央政府和全国各族人民，向全体香港居民，致以诚挚的问候！向新就任的香港特别行政区第五任行政长官林郑月娥女士，向香港特别行政区第五届政府主要官员、行政会议成员，表示热烈的祝贺！向所有关心支持香港的海内外同胞和国际友人，表示衷心的感谢！

此时此刻，站在经过岁月洗礼、发生沧桑巨变的香江之滨，我们抚今追昔，感慨万千。

香港的命运从来同祖国紧密相连。近代以后，由于封建统治腐败、国力衰弱，中华民族陷入深重苦难。19世纪40年代初，区区一万多英国远征军的入侵，竟然迫使有80万军队的清朝政府割地赔款、割让香港岛。鸦片战争之后，中国更是一次次被领土幅员和人口规模都远远不如自己的国家打败，九龙、"新界"也在那个时候被迫离开了祖国怀抱。那时的中国历史，写满了民族的屈辱和人民的悲痛。只有当中国共产党领导中国人民经过艰苦卓绝的奋斗赢得民族独立和解放、建立新中国之后，中国人民才真正站立起来，并探索开辟出一条中国特色社会主义光明道路。上世纪70年代末以来，我们进行改革开放，经过近40年努力，开创了中华民族发展崭新局面。

在改革开放的历史条件和时代背景下，邓小平先生提出了"一国两制"伟大构想，并以此为指引，通过同英国的外交谈判，顺利解决了历史遗留的香港问题。20年前的今天，香港回到祖国的怀抱，洗刷了民族百年耻辱，完成了实现祖国完全统一的重要一步。香港回归祖国是彪炳中华民族史册的千秋功业，香港从此走上同祖国共同发展、永不分离的宽广道路。

同胞们、朋友们！

斗转星移，岁月如梭。香港已经回归祖国20年。依照中国的传统，男子二十谓之弱冠，今天就是香港特别行政区的成年礼，正所谓"如竹苞矣，如松茂矣"。回首香港特别行政区的成长历程，我们可以自豪地说，20年来，香港依托祖国、面向世界、益以新创，不断塑造自己的现代化风貌，"一国两制"在香港的实践取得了举世公认的成功。

——回到祖国怀抱的香港已经融入中华民族伟大复兴的壮阔征程。作为直辖于中央政府的一个特别行政区，香港从回归之日起，重新纳入国家治理体系。中央政府依照宪法和香港特别行政区基本法对香港实行管治，与之相应的特别行政区制度和体制得以确立。香港同祖国内地的联系越来越紧密，交流合作越来越深化。香港各界人士积极投身国家改革开放和现代化建设，作出独特而重要的贡献。香港同胞对国家发展和民族复兴的信心不断增强，同内地人民共享伟大祖国的尊严和荣耀。

——回到祖国怀抱的香港继续保持繁荣稳定。回归后，香港自身特色和优势得以保持，中西合璧的风采浪漫依然，活力之都的魅力更胜往昔。在“一国两制”之下，香港原有资本主义制度和生活方式保持不变，法律基本不变。香港同胞当家作主，自行管理特别行政区自治范围内事务，香港居民享有比历史上任何时候都更广泛的民主权利和自由。香港抵御了亚洲金融危机、“非典”疫情、国际金融危机的冲击，巩固了国际金融、航运、贸易中心地位，继续被众多国际机构评选为全球最自由经济体和最具竞争力的地区之一。香港各项事业取得长足进步，对外交往日益活跃，国际影响进一步扩大。

实践充分证明，“一国两制”是历史遗留的香港问题的最佳解决方案，也是香港回归后保持长期繁荣稳定的最佳制度安排，是行得通、办得到、得人心的。

同胞们、朋友们!

“一国两制”是中国的一个伟大创举，是中国为国际社会解决类似问题提供的一个新思路新方案，是中华民族为世界和平与发展作出的新贡献，凝结了海纳百川、有容乃大的中国智慧。坚持“一国两制”方针，深入推进“一国两制”实践，符合香港居民利益，符合香港繁荣稳定实际需要，符合国家根本利益，符合全国人民共同意愿。因此，我明确讲过，中央贯彻“一国两制”方针坚持两点，一是坚定不移，不会变、不动摇；二是全面准确，确保“一国两制”在香港的实践不走样、不变形，始终沿着正确方向前进。

作为一项前无古人的开创性事业，“一国两制”需要在实践中不断探索。当前，“一国两制”在香港的实践遇到一些新情况新问题。香港维护国家主权、安全、发展利益的制度还需完善，对国家历史、民族文化的教育宣传有待加强，社会在一些重大政治法律问题上还缺乏共识，经济发展也面临不少挑战，传统优势相对减弱，新的经济增长点尚未形成，住房等民生问题比较突出。解决这些问题，满足香港居民对美好生活的期待，继续推动香港各项事业向前发展，归根到底是要坚守方向、踩实步伐，全面准确理解和贯彻“一国两制”方针。借此机会，我对今后更好在香港落实“一国两制”谈几点意见。

第一，始终准确把握“一国”和“两制”的关系。“一国”是根，根深才能叶茂；“一国”是本，本固才能枝荣。“一国两制”的提出首先是为了实现和维护国家统一。在中英谈判时期，我们旗帜鲜明提出主权问题不容讨论。香港回归后，我们更要坚定维护国家主权、安全、发展利益。在具体实践中，必须牢固树立“一国”意识，坚守“一国”原则，正确处理特别行政区和中央的关系。任何危害国家主权安全、挑战中央权力和香港特别行政区基本法权威、利用香港对内地进行渗透破坏的活动，都是对底线的触碰，都是绝不能允许的。与此同时，在“一国”的基础之上，“两制”的关系应该也完全可以做到和谐相处、相互促进。要把坚持“一国”原则和尊重“两制”差异、维护中央权力和保障香港特别行政区高度自治权、发挥祖国内地坚强后盾作用和提高香港自身竞争力有机结合起来，任何时候都不能偏废。只有这样，“一国两制”这艘航船才能劈波斩浪、行稳致远。

第二，始终依照宪法和基本法办事。回归完成了香港宪制秩序的巨大转变，中华人民共和国宪法和香港特别行政区基本法共同构成香港特别行政区的宪制基础。宪法是国家根本大法，是全国各族人民共同意志的体现，是特别行政区制度的法律渊源。基本法是根据宪法制定的基本法律，规定了在香港特别行政区实行的制度和政策，是“一国两制”方针的法律化、制度化，为“一国两制”在香港特别行政区的实践提供了法律保障。在落实宪法和基本法确定的宪制秩序时，要把中央依法行使权力和特别行政区履行主体责任有机结合起来；要完善与基本法实施相关的制度和机制；要加强香港社会，特别是公职人员和青少年的宪法和基本法宣传教育。这些都是“一国两制”实践的必然要求，也是全面推进依法治国和维护香港法治的应有之义。

第三，始终聚焦发展这个第一要务。发展是永恒的主题，是香港的立身之本，也是解决香港各种问题的金钥匙。“一国两制”构想提出的目的，一方面是以和平的方式对香港恢复行使主权，另一方面就是为了促进香港发展，保持香港国际金融、航运、贸易中心地位。当前，发展的任务更应聚焦。少年希望快乐成长，青年希望施展才能，壮年希望事业有成，长者希望安度晚年，这都需要通过发展来实现。香港背靠祖国、面向世界，有着许多有利发展条件和独特竞争优势，特别是这些年国家的持续快速发展为香港发展提供了难得机遇、不竭动力、广阔空间。香港俗语讲，“苏州过后无艇搭”，大家一定要珍惜机遇、抓住机遇，把主要精力集中到搞建设、谋发展上来。

第四，始终维护和谐稳定的社会环境。“一国两制”包含了中华文化中的和合理念，体现的一个重要精神就是求大同、存大异。香港是一个多元社会，对一些具体问题存在不同意见甚至重大分歧并不奇怪，但如果陷入“泛政治化”的旋涡，人为制造对立、对抗，那就不仅于事无补，而且会严重阻碍经济社会发展。只有凡事都着眼大局，理性沟通，凝聚共识，才能逐步解决问题。从中央来说，只要爱国爱港，诚心诚意拥护“一国两制”方针和香港特别行政区基本法，不论持什么政见或主张，我们都愿意与之沟通。“和气致祥，乖气致异”。香港虽有不错的家底，但在全球经济格局深度调整、国际竞争日趋激烈的背景下，也面临很大的挑战，经不起折腾，经不起内耗。只有团结起来，和衷共济，才能把香港这个共同家园建设好。

同胞们、朋友们！

当前，我国正处在全面建成小康社会决胜阶段，全国各族人民正在为实现“两个一百年”奋斗目标、实现中华民族伟大复兴的中国梦而团结奋斗。不断推进“一国两制”在香港的成功实践，是中国梦的重要组成部分。群之所为事无不成，众之所举业无不胜。我们既要把实行社会主义制度的内地建设好，也要把实行资本主义制度的香港建设好。我们要有这个信心！

今天，新一届特别行政区政府正式成立了，责任重大，使命光荣。未来五年，希望特别行政区政府广泛团结社会各界，全面准确贯彻“一国两制”方针，坚守“一国”之本，善用“两制”之利，扎扎实实做好各项工作。要与时俱进、积极作为，不断提高政府管治水平；要凝神聚力、发挥所长，开辟香港经济发展新天地；要以人为本、纾困解难，着力解决市民关注的经济民生方面的突出问题，切实提高民众获得感和幸福感；要注重教育、加强引导，着力加强对青少年的爱国主义教育，关心、支持、帮助青少年健康成长。

中央政府将一如既往支持行政长官和特别行政区政府依法施政；支持香港发展经济、改善民生；支持香港在推进“一带一路”建设、粤港澳大湾区建设、人民币国际化等重大发展战略中发挥优势和作用。中央有关部门还将积极研究出台便利香港同胞在内地学习、就业、生活的具体措施，为香港同胞到广阔的祖国内地发展提供更多机会，使大家能够在服务国家的同时实现自身更好发展，创造更加美好的生活。

我坚信，有伟大祖国作为坚强后盾，有中央政府和内地人民的大力支持，有回归20年积累的丰富经验和夯实的发展基础，有香港特别行政区政府和社会各界人士的团结奋斗，“一国两制”在香港的实践一定能够再谱新篇章，香港一定能够再创新辉煌！

谢谢大家。

（新华社2017年7月1日电）

在全国政协新年茶话会上的讲话

（2017 年 12 月 29 日）

习 近 平

同志们，朋友们：

大家新年好！2017 年即将过去，2018 年正在走来。在这辞旧迎新之际，我们欢聚一堂，畅叙友情，展望未来，感到十分高兴。

首先，我代表中共中央、国务院和中央军委，向各民主党派、工商联和无党派人士、各人民团体，向全国广大工人、农民、知识分子、干部和各界人士，向人民解放军指战员、武警官兵和公安干警，向香港特别行政区同胞、澳门特别行政区同胞和台湾同胞以及广大侨胞，向关心和支持中国现代化建设的各国朋友，致以节日的问候和诚挚的祝福！

2017 年是党和国家发展进程中具有里程碑意义的一年，中国特色社会主义各项事业取得新的重大成就。我们坚持稳中求进工作总基调，贯彻新发展理念，统筹推进“五位一体”总体布局，协调推进“四个全面”战略布局，深入推进供给侧结构性改革，有力实施脱贫攻坚，经济建设、政治建设、文化建设、社会建设、生态文明建设、军队和国防建设等各项事业取得新的重大进展。

我们继续推进全面深化改革，完成 79 个重点改革任务，中央和国家机关有关部门完成 211 个改革任务，各方面共出台 399 个改革方案，改革继续呈现全面发力、多点突破、纵深推进的生动局面。

我们举行朱日和沙场点兵，庆祝中国人民解放军建军 90 周年，集中展示了人民军队在中国特色强军之路上迈出的坚定步伐。我们庆祝香港回归祖国 20 周年，鲜明宣示“一国两制”方针不会变、不动摇，“一国两制”实践不变形、不走样。我们坚持一个中国原则与和平统一，促进两岸交流交往，坚决反对“台独”。我们开展全方位外交，积极推动构建人类命运共同体。

中国共产党坚持全面从严治党永远在路上，把政治建设摆在首位，思想建党、纪律强党、制度治党同向发力，反腐败斗争压倒性态势已经形成并不断发展巩固。

岁末盘点，一年来的成绩沉甸甸的，大家的付出得到了回报。同时，我们也清醒看到，我们的工作还有一些做得不够好的地方，人民群众生产生活还有不少困难没有得到很好解决，前进道路上还有许多风险挑战，必须居安思危、加倍努力，把工作做得更实更好。

同志们、朋友们！

两个多月前，中国共产党召开了第十九次全国代表大会，描绘了决胜全面建成小康社会、开启全面建设社会主义现代化国家新征程、实现中华民族伟大复兴中国梦的宏伟蓝图，吹响了新时代沿着中国特色社会主义道路奋勇前进的嘹亮号角。

最近一段时间，各民主党派、工商联相继成功召开了全国代表大会，选举产生新一届领导机构，弘扬优良传统，深化政治交接，加强中国特色社会主义参政党建设，彰显了中国共产党领导的多党合作事业的生机活力。

2018年，我们要全面贯彻中共十九大精神，以新时代中国特色社会主义思想为指导，坚持稳中求进工作总基调，紧扣我国社会主要矛盾变化，统筹推进“五位一体”总体布局，协调推进“四个全面”战略布局，统筹推进稳增长、促改革、调结构、惠民生、防风险各项工作，在打好防范化解重大风险、精准脱贫、污染防治的攻坚战方面取得扎实进展，促进经济社会持续健康发展。我们要以改革的实际行动庆祝改革开放40周年，继续沿着改革开放的康庄大道奋勇前进。我们要继续贯彻“一国两制”“港人治港”“澳人治澳”、高度自治的方针，维护香港、澳门长期繁荣稳定。我们要继续坚持一个中国原则，在“九二共识”基础上推动两岸关系和平发展，反对一切分裂国家的活动。我们要始终不渝走和平发展道路，推动建设持久和平、普遍安全、共同繁荣、开放包容、清洁美丽的世界，让世界各国人民共享人类文明进步成果。

同志们、朋友们！

2017年，人民政协坚持团结和民主两大主题，聚焦党和国家中心任务，完善协商议政格局，强化民主监督职能，拓展团结联谊工作，加强履职能力建设，在继承中发展、在发展中创新，进一步开拓了团结民主、务实进取、蓬勃发展的新局面，为党和国家事业发展作出了重要贡献。

不忘初心，方得始终。新的一年，我们要坚持和完善中国共产党领导的多党合作和政治协商制度，巩固和发展最广泛的爱国统一战线。人民政协要把新时代中国特色社会主义思想作为统揽各项工作的总纲，把坚持和发展中国特色社会主义作为巩固共同思想政治基础的主轴，把为决胜全面建成小康社会、夺取新时代中国特色社会主义伟大胜利献计出力作为工作主线，充分发挥作为社会主义协商民主的重要渠道和专门协商机构作用，携手新时代、贯彻新理念、聚焦新目标、落实新部署，促进各党派团体、各族各界人士的大团结大联合，共同为实现中共十九大确定的目标任务而奋斗。

从现在起到实现决胜全面建成小康社会的奋斗目标，只有1000多天了。“逝者如斯夫！不舍昼夜。”时间不等人！我们必须走在时间前面，成为时代的弄潮儿。

同志们、朋友们！

中共十八大以来，在新中国成立特别是改革开放以来长期努力的基础上，全党全国各族人民团结奋斗，推动中国特色社会主义进入了新时代。我国发展取得的思想理论成就、物质技术成就、精神文化成就、体制机制成就，万涓成水，汇流成海，形成了推动中华民族阔步前进的历史洪流。

“潮平两岸阔，风正一帆悬。”新时代中国特色社会主义的航线已经明确，中华民族伟大复兴的巨轮正在乘风破浪前行。在这艘巨轮上，每一份力量都不可或缺。我们坚信，有中国共产党掌舵领航，有中国改革发展的浩荡东风，有全国各族人民扬帆划桨，中华民族伟大复兴的巨轮一定能够抵达光辉的彼岸！

谢谢各位。

（新华社北京2017年12月29日电）

中国人民政治协商会议全国委员会常务委员会工作报告

——在政协第十二届全国委员会第五次会议上
（2017 年 3 月 3 日）

俞　正　声

各位委员：

我代表中国人民政治协商会议第十二届全国委员会常务委员会，向大会报告工作，请予审议。

一、2016 年工作回顾

2016 年是中华民族伟大复兴征程中十分重要的一年。以习近平同志为核心的中共中央，勇于历史担当，保持战略定力，驾驭复杂局面，引领改革发展，团结带领全党全国各族人民，开启全面建成小康社会决胜阶段伟大进军，打响供给侧结构性改革攻坚之战，取得新的显著成就。中共十八届六中全会深刻分析全面从严治党的形势和任务，就新形势下加强党的建设作出新的重大部署，是统筹推进“五位一体”总体布局和协调推进“四个全面”战略布局的关键举措。全会正式明确习近平总书记的核心地位，体现了党和人民的根本利益，对保证党和国家兴旺发达、长治久安，具有十分重大而深远的意义。在中共中央坚强领导下，政协全国委员会及其常务委员会全面贯彻中共十八大和十八届三中、四中、五中、六中全会精神，深入学习贯彻习近平总书记系列重要讲话精神和治国理政新理念新思想新战略，坚持团结和民主两大主题，围绕中心、服务大局，发挥社会主义协商民主重要渠道和专门协商机构作用，调查研究扎实深入，协商议政成果丰硕，民主监督实效增强，团结联谊广泛拓展，为实现“十三五”良好开局作出重要贡献。

一年来，常委会在履职过程中，加强统筹谋划，主要从四个方面夯实工作基础。

一是增强同以习近平同志为核心的中共中央保持高度一致的政治自觉。坚持把强化理论武装、增强政治定力放在首要位置，深入学习中共中央重大决策部署以及关于人民政协工作的重要指示，结合政协实际抓好贯彻落实。召开常委会议专题学习贯彻中共十八届六中全会精神，切实增强政治意识、大局意识、核心意识、看齐意识，更加紧密地团结在以习近平同志为核心的中共中央周围。认真学习领会习近平总书记在庆祝中国共产党成立 95 周年大会、纪念中国工农红军长征胜利 80 周年大会和纪念孙中山先生诞辰 150 周年大会上的重要讲话精神，引导各党派团体和各族各界人士更加自觉地坚持中国共产党的领导，坚定“四个自信”，不忘合作初心，继续携手前进。

二是坚持把为“十三五”规划实施建言献策作为工作主线。聚焦全面建成小康社会重大任务，紧扣重点难点问题集中开展 92 项调研议政活动。特别是围绕农村贫困人口脱贫这一突出短板，动员各级政协组织和广大政协委员响应中共中央号召，为脱贫攻坚积极贡献智慧和力量。开展贫困人口易地搬迁、武陵山片区精准扶贫、延安赣南等革命老区和民族地区扶贫开发、发挥农业科技园扶贫作用等系列视察调研，召开“精准扶贫、精准脱贫，提高扶贫实效”专题议政性常委会议，分6个专题共议扶贫脱贫大计。鼓励和支持政协委员对口帮扶贫困县、参与“万企帮万村”行动、结对帮扶贫困户、捐资助学，产业扶贫、就业扶贫、健康扶贫、生态扶贫综合运用，推动形成脱贫攻坚合力。

三是推进中共中央关于政协协商民主建设重大改革举措落实。加强人民政协协商民主建设是全面深化改革的一项重点任务。着眼落实改革举措、推动政协工作，对人民政协协商民主建设实施意见贯彻执行情况开展阶段性评估，通过实地调研，推广经验，查找不足，改进工作，进一步完善以全体会议为龙头，以专题议政性常委会议和专题协商会为重点，以双周协商座谈会、对口协商会、提案办理协商会等为常态的协商议政新格局。深化民主监督实践，组织18项重点监督活动。深入研究政协协商民主中的民主监督问题，总结各地政协开展民主监督新鲜经验，提出意见建议，为中共中央部署加强和改进政协民主监督工作提供参考。

四是强化政协调查研究基础性作用。坚持把改进调查研究作为提升整体履职水平的切入点，统筹部署全年视察调研工作，重点课题由主席会议成员牵头调研，政协专委会、民主党派、地方政协等参加，集合众智协力攻关，副主席带队共62人次、54项。注重沉到基层，“解剖麻雀”，用事实和数据说话，对具体问题一地一策、一事一策，对共性问题从制度机制上找办法，把脉、诊断、开方环环相扣，调研、协商、监督相互贯通，努力增强建言深度和实效。比如，“东北三省工业转型升级问题”调研，采取有分有合的模式，3位副主席带队，分16个子课题深入22个市地、87家企业，召开57场座谈会，形成总报告和22个分报告，提出重要意见建议。

一年来，常委会认真履行政治协商、民主监督、参政议政职能，主要做了以下工作。

（一）贯彻落实新发展理念，紧扣供给侧结构性改革调研议政。围绕创新驱动和加快培育发展新动能，召开“推动大众创业、万众创新”专题协商会，举办中国经济社会论坛、中国—东盟产能合作高层论坛，就数控机床和机器人产业发展、电子商务发展、互联网和企业科技创新相结合、国际科技合作与大科学计划、健全现代农业科技推广体系、推进品牌建设等开展系列调研议政活动。着眼促进区域协调发展，针对“东北三省工业转型升级问题”进行专题协商，提出深化国有企业改革、做大做强优势产业、激发人才和创新活力、提升开放型经济水平等建议。聚焦保持经济平稳健康发展和推进“三去一降一补”，每季度召开宏观经济形势分析会，开展优化金融服务、降低实体经济成本等专题调研，发挥决策咨询作用。关注生态文明建设，召开人口资源环境态势分析会，围绕自然保护区建设与管理、草原生态系统修复和天然林保护、三江源地区生态保护、农作物秸秆综合利用、健全国家公园体制、土地资源保护利用和土壤污染防治、发展生态旅游产业等进行调研，为建设美丽中国献计献策。

（二）大力弘扬中国精神，推动社会主义文化繁荣发展。认真学习贯彻习近平总书记在文艺工作座谈会上的重要讲话，围绕坚持以人民为中心的创作导向、让中国精神成为文艺的灵魂、创作无愧时代的优秀作品、建设德艺双馨文艺队伍、营造文艺繁荣发展良好环境、完善文艺体制机制等6个专题，开展10项视察调研活动，在此基础上召开“促进社会主义文艺繁荣发展”专题议政性常委会议，深入协商建言。围绕弘扬主旋律、凝聚正能量，支持政协委员中的文艺工作者创作推出一批有内涵、有品质、有情怀的精品力作。针对长征沿线和革命老区文化遗址、京津冀协同发展中的历史遗存等保护利用调研议政。征集反映改革开放重大事件、重要人物和港澳地区“亲历、亲见、亲闻”史料，整理出版少数民族历史资料丛书。

（三）坚持履职为民，致力民生改善和社会建设。助推深化医药卫生体制改革，紧扣医疗、医保、医药“三医”联动，通过重点调研和专题协商会集中议政建言，围绕推进安宁疗护工作、发挥医学院校在医改中的作用等持续献计献策。着眼教育公平和教育质量提升，就义务教育均衡发展、特殊教育和留守儿童教育、科普教育等深入协商。关注就业问题，就大学生创业引领计划、退役士兵就业创业等提出建议。聚焦法治建设和社会治理重要问题，对《慈善法》和《快递条例》的制定、禁毒工作社会化、农民工市民化等调研议政。围绕劳动法律法规贯彻执行、大气污染防治、青海湖水质保护、食品安全监管体系建设等开展民主监督。组织委员开展教师节慰问和科技、文化、卫生、体育下基层活动。做好来信来访工作，反映群众利益诉求。

（四）贯彻党的民族政策和宗教政策，促进民族团结、宗教和睦。学习贯彻中央民族工作会议和全国城市民族工作会议精神，对修订城市民族工作条例提出建议，开展城镇化进程中少数民族流动人口服务与管理、少数民族地区绿色发展、构建青藏高原特色产业体系等调研考察。专题学习全国宗教工作会议精神，就修订宗教事务条例提出意见。举办宗教知识讲座，支持宗教界委员用社会主义核心价值观统领教规教义阐释。围绕宗教人才培养、云南边境地区宗教问题、藏传佛教寺庙管理长效机制建设等调研议政。召开3次少数民族界、宗教界社情民意座谈会，报送在民族地区建立精准脱贫综合试验区、规范基层宗教团体建设、健全宗教活动场所管理体制等建议。

（五）广泛开展联谊交流，加强同港澳台侨同胞大团结大联合。全面准确贯彻“一国两制”“港人治港”“澳人治澳”、高度自治方针，支持特别行政区行政长官和政府依法施政。支持政协委员对全国人大常委会就香港特别行政区基本法第104条的解释正面发声。组织港澳委员赴内地考察，通报内地经济社会发展情况和政协工作情况，就支持港澳青年在广东自贸区发展创业开展调研，组织以香港委员为主导的青年社团代表赴内地体验交流，持续推进澳门青年赴内地实践研修，增进国家认同、民族认同、文化认同。坚持“九二共识”共同政治基础，坚决反对“台独”分裂势力及其活动。深化全国政协委员与台湾民意代表机制化交流，举办第十四届河洛文化研讨会，邀请台湾中华产经文教科技交流协会、百名台湾青年等来大陆体验式学习考察，开展在大陆就读台湾学生就业情况调研。邀请海外侨胞代表列席政协全体会议、参加考察，围绕发挥海外侨胞在“一带一路”倡议中的作用、华侨权益保护法立法等建言献策。按照中共中央部署，举办纪念孙中山先生诞辰150周年大会，组织孙中山先生亲属和港澳同胞、台湾同胞、海外侨胞等参加系列纪念活动，增强中华民族自信心、认同感、凝聚力，激励全体中华儿女共同致力实现中华民族伟大复兴的中国梦。

（六）发挥政协优势，深化对外友好交往。围绕国家外交总体部署，开展多层次、宽领域友好往来。务实开展高层交往，积极推进公共外交和人文交流，加强同外国政治组织、经济社会团体、重要智库、主流媒体、知名人士等交流，阐释“一带一路”倡议，介绍“十三五”规划纲要，介绍中华民族伟大复兴的中国梦、中国共产党领导的多党合作和政治协商制度、社会主义协商民主和中华优秀传统文化。召开国际形势分析会，就打造周边命运共同体、参与全球经济治理等资政建言。围绕“一带一路”建设重大问题深入调研，对沿线国家经贸文化交流、国际产能合作、国际传播能力建设、跨境电子商务发展等提出建议。支持中国经济社会理事会、中国宗教界和平委员会与相关国际组织联系交流，就台湾、涉藏、涉疆等问题阐明我国政策主张，维护国家核心利益。

（七）加强自身建设，努力提高政协工作水平。落实全面从严治党要求，完善全国政协党的领导体制，发挥全国政协党组及机关党组、各专委会分党组的领导核心作用。积极为民主党派和无党派人士在政协履职创造条件，与各民主党派中央、全国工商联联合调研16次。全体会议安排界别小组专题讨论共同关注的问题，鼓励以界别名义提交大会发言。落实委员履职工作规则，加强委员学习培训，办好常委会学习讲座、在京委员学习报告会等，5200余人次参加。依章程对严重违纪的10人撤销全国政协委员资格。落实专门委员会通则，加强专门委员会建设。支持中央巡视组对政协机关开展专项巡视，结合“两学一做”学习教育，进一步深化巡视整改，建设忠诚干净担当的干部队伍。召开全国地方政协秘书长座谈会，研究进一步提高机关工作科学化水平，确保党中央决策部署和对政协工作要求落实到位。

推进经常性工作创新。分别就改进政协工作、年度重点协商议题，两次征求全体政协委员意见，认真研究吸收。坚持平等协商、互相尊重，互动交流成为重要环节和常态化安排，政协协商活动更为活跃生动。注重提高提案质量，严格立案审查，增加集体提案比重，深化提案办理协商，加强重点提案督办，全年共办复提案4272件，办复率99.84%。改进大会发言遴选工作，扩大选题覆盖面，邀请地方政协委员交流履职经验。社情民意信息注重加强统一战线各方面对关系国计民生重要问题、社会舆情动态的反映，重点协商活动成果采取综合报告与若干专题信息相组合的方式报送。支持中国人民政协理论研究会开展政协有关理论与实践问题研究。坚持正确舆论导向，精心组织反映政协重点工作和委员履职风采的专题报道、深度报道，推进政协所属媒体融合发展。

各位委员，过去一年的成绩，是以习近平同志为核心的中共中央坚强领导和重视关怀的结果，是各级党委、政府和社会各界鼎力支持的结果，是人民政协各参加单位、各级组织和广大委员共同努力的结果，我代表全国政协常委会表示衷心的感谢！

我们也清醒看到工作中存在的问题和不足，主要是：有些调研议政活动深度不够、实效不强，民主监督工作需要进一步规范，联系和服务委员的办法还不够多，有的委员作用发挥不充分，履职能力建设需要进一步加强，一些制度规定的落实还不到位，等等。对这些问题，我们要高度重视，切实改进。

二、2017年主要任务

2017年是实施“十三五”规划的重要一年、推进供给侧结构性改革的深化之年，中国共产党将召开第十九次全国代表大会。人民政协工作的总体要求是：全面贯彻落实中共十八大和十八届三中、四中、五中、六中全会精神，深入学习贯彻习近平总书记系列重要讲话精神和治国理政新理念新思想新战略，坚持统筹推进“五位一体”总体布局和协调推进“四个全面”战略布局，坚持稳中求进工作总基调，牢固树立和贯彻落实新发展理念，组织参加人民政协的各党派团体、各族各界人士，围绕团结和民主两大主题，认真履行政治协商、民主监督、参政议政职能，把坚持和发展中国特色社会主义作为巩固共同思想政治基础的主轴，把围绕“十三五”规划实施建言献策作为工作主线，着力做好思想引导、汇聚力量、议政建言、服务大局的各项工作，促进经济平稳健康发展和社会和谐稳定，以优异成绩迎接中国共产党十九大胜利召开。

（一）进一步打牢团结奋斗的共同思想政治基础。组织政协委员深入学习贯彻习近平总书记系列重要讲话精神和治国理政新理念新思想新战略，学习贯彻中共十八届六中全会精神，牢固树立政治意识、大局意识、核心意识、看齐意识，更加自觉地坚持中国共产党的领导，更加紧密地团结在以习近平同志为核心的中共中央周围，更加坚定地贯彻落实中共中央重大决策部署。加强政治引领，把迎接十九大、服务十九大、学习宣传贯彻十九大精神，作为贯穿全年的重大政治任务切实抓好。中共十九大后，要迅速掀起人民政协学习贯彻大会精神的热潮，团结引导广大政协委员和各族各界人士，切实把思想和行动统一到大会精神上来，把智慧和力量凝聚到大会确定的目标和任务上来。

（二）紧紧围绕促进经济平稳健康发展协商议政。适应把握引领经济发展新常态，召开“深化供给侧结构性改革，促进经济平稳健康发展”专题议政性常委会议和“构建‘亲’‘清’新型政商关系，促进民营经济健康发展”专题协商会，就振兴实体经济实现转型升级、推进农业供给侧结构性改革、完善房地产调控机制、加强电子商务监管、改革科技评价体系、粮食流通问题等调查研究、建言献策。聚焦脱贫攻坚重大部署，深入贫困地区，进村入户，接续调研，跟踪监督，在此基础上召开“实施精准扶贫中存在的问题和建议”专题议政性常委会议。围绕营改增执行情况、长城保护等开展监督性调研协商活动。

（三）努力为维护社会和谐稳定贡献力量。充分发挥人民政协作为统一战线组织的重要作用，协助党和政府认真做好协调关系、理顺情绪、化解矛盾、增进团结的工作。召开“坚定文化自信，讲好中国故事”专题协商会，为更好地认识博大精深的中华文明，更好地理解我国革命、建设、改革的艰辛探索和伟大实践，进一步增强中华民族自信心和自豪感，积极建言献策。围绕去产能过程中职工就业与再就业、办好学前教育、改进校园餐食管理、营造风清气正网络空间、无障碍环境建设、垃圾无害化处理、《水污染防治法》修订、少数民族戏剧传承与发展等调研协商。针对宗教界中青年代表人士培养问题进行协商讨论，召开少数民族界、宗教界委员社情民意座谈会，密切同民族宗教界代表人士和少数民族群众、信教群众沟通联系。聚焦社会治理领域突出问题，积极反映社情民意，为党和政府提供参考。坚持团结稳定鼓劲，鼓励广大委员勇于担当、正面发声，宣传党和国家大政方针，共同营造良好舆论氛围。

（四）深入开展与港澳同胞、台湾同胞和海外侨胞的团结联谊。坚定不移贯彻“一国两制”“港人治港”“澳人治澳”、高度自治的方针，支持特别行政区行政长官和政府依法施政。及时向港澳委员通报国家经济社会发展情况，组织开展考察调研。围绕庆祝香港回归祖国二十周年举办有关活动。加强同港澳政团、社团及代表人士联谊交往，促进内地与港澳各领域交流合作，推进港澳青少年赴内地体验学习、研修考察，推动爱国爱港、爱国爱澳力量发展壮大。贯彻中央对台工作大政方针，坚持“九二共识”共同政治基础，坚决反对任何形式的“台独”分裂行径。深化政协委员与台湾民意代表机制化交流，加强与台湾基层一线和青年一代交往交流，厚植两岸关系和平发展民意基础。加强与海外侨胞联系，维护海外侨胞和归侨侨眷合法权益。

（五）积极开展对外友好交往。按照国家外交工作总体部署，继续开展高层互访。发挥政协专门委员会、中国经济社会理事会、中国宗教界和平委员会优势，同各国相关机构、相关国际组织开展多层次、宽领域交流合作。就改进和加强我国卫生援非工作、夯实共建“一带一路”人文基础、推进更深层次更高水平双向开放等提出意见建议。开展公共外交和人文交流，加强政协外宣工作，重点介绍中国共产党领导的多党合作和政治协商制度、人民政协的性质地位和作用，宣传当代中国价值观念、制度优势和发展成就，阐释完善全球经济治理的中国主张、人类命运共同体理念，努力营造良好外部环境。

（六）推进人民政协工作在实践中深化发展。认真总结中共十八大以来人民政协事业在继承中发展、在发展中创新的宝贵经验，深化规律性认识，推进理论创新、实践创新、制度创新。发挥政协专门委员会在政协工作中的基础性作用，提高政协机关服务能力和水平，改进提案、大会发言、视察调研、反映社情民意信息、文史资料、学习和新闻宣传等经常性工作。贯彻中共中央部署要求，严明纪律，配合做好全国政协换届工作。从严要求政协委员和政协机关中的中共党员，抓好政协委员和机关干部两支队伍建设，以党的建设新成效带动政协自身建设取得新进展。加强对地方政协工作的指导。

三、加强和改进人民政协民主监督工作

中共十八大以来，以习近平同志为核心的中共中央着眼统筹推进“五位一体”总体布局和协调推进“四个全面”战略布局、发展社会主义民主政治，高度重视发挥人民政协民主监督重要作用，提出一系列新思想新观点新要求。中共十八届六中全会对支持和保证人民政协依章程进行民主监督作出部署，中共中央办公厅印发《关于加强和改进人民政协民主监督工作的意见》。这些都为新形势下政协民主监督提供了基本遵循。人民政协要认真贯彻落实中共中央决策部署，自觉服从服务党和国家工作大局，扎实推进民主监督，善监督、真监督，彰显中国共产党领导的多党合作和政治协商制度优势和特色，更好推动中共中央大政方针贯彻落实。

（一）准确把握人民政协民主监督性质定位。这是做好政协民主监督工作的基石。政协民主监督是在坚持中国共产党的领导、坚持中国特色社会主义基础上，参加人民政协的各党派团体和各族各界人士在政协组织的各种活动中，依据政协章程，以提出意见、批评、建议的方式进行的协商式监督。人民政协不是国家权力机关，开展监督不是靠强制约束力，而是靠政治影响力。政协民主监督同中国共产党与各民主党派、无党派人士长期共存、互相监督、肝胆相照、荣辱与共的优良传统一脉相承，是我国社会主义监督体系的重要组成部分，是社会主义协商民主的重要实现形式。协商式监督特色和优势突出，协商是方式和原则，监督是手段和途径，协助党和政府解决问题、改进工作、增进团结、凝心聚力是目的。要坚持从协商式监督的要求和原则出发，树立“公、和、诚、实”的理念，开展监督必出于公，秉持公心才能坚持真理、敢于担当；必出于和，和合包容才能增进共识、凝心聚力；必出于诚，坦诚相见才能有效沟通、相互理解；必出于实，实事求是才能找准症结、破解问题。

（二）切实突出人民政协民主监督重点。人民政协民主监督与政治协商、参政议政职能相互关联，又有所区别。三者在参与主体、基本原则、主要内容、实现形式等方面是一致的，而民主监督更侧重于决策的贯彻落实情况，更加注重通过调研察看发现问题、围绕履责不力提出批评、针对存在不足督促改进。政协民主监督内容丰富，必须突出重点、有的放矢。当前，“五位一体”总体布局和“四个全面”战略布局纵深推进，对政协民主监督提出了新的任务和更高要求。要聚焦党和国家中心工作，着力对中共中央重大方针政策和重要决策部署的贯彻落实情况开展监督，强化问题导向，抓住主要矛盾和矛盾主要方面，找准存在的困难、短板和薄弱环节，不流于现象表面，紧扣关键内容，精准聚力发力，努力从大局上、根本上、长远上提出务实建议。

（三）有效运用人民政协民主监督方式方法。要注重从大处着眼、小处着手谋划议题，坚持抓住关乎全局的主要问题，从党政所思、群众所盼、政协所能出发，选好议题进行民主监督，为分类分项解决相关问题提供参考。要通过扎实调查研究发现问题，坚持推进委员调研能力建设，切实深入基层、深入实际、深入群众，善于用实例、数据等作支撑开展监督，力求避免没有调查研究就笼而统之地提出意见，努力做到发言说到点子上、批评点到关键处。要集成运用民主监督形式增强实效，坚持形式与内容相匹配，同履行政治协商、参政议政职能相结合，融协商、监督、参与、合作于一体，寓监督于协商会议、视察、提案、专题调研、大会发言、反映社情民意等活动之中。要在平等讨论、相互尊重中形成合力，坚持民主的方法、讨论的方法，设身处地多提建设性意见，不存旁观之心、不为敷衍之事，做到在参与中支持、在支持中服务、在服务中监督。

（四）始终坚持中国共产党对人民政协民主监督的领导。党的领导是中国特色社会主义制度的最大优势，也是人民政协事业发展的根本保证。人民政协依章程进行民主监督，关键是坚持党的领导，这是政治原则，也是政治规矩。政协党组必须担负起坚持和维护党的领导的政治责任，把方向、管大局、保落实，切实把握监督的方向和原则、节奏和力度，完善民主监督组织领导、知情明政、协调落实、办理反馈、权益保障机制，确保党的领导落实到监督工作全过程和各方面。政协民主监督工作安排应报党委纳入工作总体部署，重点监督议题应列入年度协商计划报党委批准实施，确保在党委集中统一领导下有力、有序、有效开展。监督要真监督，监督应依章法。要坚持“不打棍子、不扣帽子、不抓辫子”，鼓励敢讲话、讲真话，尊重和包容不同意见、逆耳之言和尖锐批评，真正做到既畅所欲言、各抒己见，又理性有度、合法依章。对任何违背四项基本原则的言行，都必须态度鲜明、立场坚定地坚决反对，确保政协民主监督的正确政治方向。

政协委员政治荣誉高、工作责任重、社会影响大，要积极参加民主监督工作，同时在政治上、道德上、言行上严格自律，主动接受各方面监督，并将其作为完善自我、改进工作不可或缺的重要途径，正身正己、由己及人，切实当好界别群众的代表、本职工作的模范、政协履职的主体。要带头践行社会主义核心价值观，坚守真理、坚守正道、坚守原则、坚守规矩，有服务人民的热忱，有求真务实的态度，有履职尽责的本领，始终珍爱和维护政协委员良好形象。

各位委员，我们亲身经历和见证了改革开放以来伟大祖国发生的深刻变化，我们正在亲身参与中华民族伟大复兴的历史进程，我们深感骄傲与自豪，深感责任重大。让我们更加紧密地团结在以习近平同志为核心的中共中央周围，高举中国特色社会主义伟大旗帜，以邓小平理论、“三个代表”重要思想、科学发展观为指导，深入学习贯彻习近平总书记系列重要讲话精神和治国理政新理念新思想新战略，同心同德、锐意进取，为迎接中共十九大胜利召开，为实现“两个一百年”宏伟目标、实现中华民族伟大复兴的中国梦而努力奋斗！

（新华社 2017 年 7 月 13 日电）

在中国人民政治协商会议第十二届全国委员会第五次会议闭幕会上的讲话

（2017 年 3 月 13 日）

俞　正　声

各位委员，同志们：

中国人民政治协商会议第十二届全国委员会第五次会议，在中共中央、全国人大常委会、国务院高度重视和各有关部门、社会各方面大力支持下，经过全体委员共同努力，顺利完成各项议程，就要闭幕了。

会议期间，中共中央总书记、国家主席、中央军委主席习近平等党和国家领导同志，出席大会开幕会和闭幕会，深入界别小组听取意见，与委员们互动交流，共同谋划促进经济平稳健康发展和社会和谐稳定的有效措施，充分展示了社会主义协商民主的生机活力。广大政协委员对以习近平同志为核心的中共中央衷心拥护支持，对中共十八大以来党和国家事业发展卓著成就倍感振奋鼓舞，对中国特色社会主义伟大事业光明前景充满必胜信心。委员们围绕今年党和国家中心工作，认真学习习近平总书记在民进、农工党、九三学社委员联组会上的重要讲话，深入讨论政府工作报告和全国政协常委会工作报告等重要文件，扎实协商议政，积极建言献策，提出重要意见和建议。会议取得圆满成功，是一次发扬民主、共商国是的大会，是一次凝聚共识、增进团结的大会，是一次意气风发、奋发有为的大会。

各位委员，中共十八大以来，以习近平同志为核心的中共中央团结带领全国各族人民，统筹推进“五位一体”总体布局和协调推进“四个全面”战略布局，深入推进伟大事业、伟大工程、伟大斗争，朝着中华民族伟大复兴的光辉彼岸奋勇前进。今年，中国共产党将召开第十九次全国代表大会，这是党和国家政治生活中的一件大事。置身伟大时代，投身伟大事业，人民政协各级组织和广大政协委员责任重大、使命光荣。要提高政治站位，牢固树立政治意识、大局意识、核心意识、看齐意识，增强中国特色社会主义道路自信、理论自信、制度自信、文化自信，更加自觉地坚持中国共产党的领导，更加紧密地团结在以习近平同志为核心的中共中央周围，更加坚定地贯彻落实中共中央的各项决策部署。要有效凝心聚力，切实把坚持和发展中国特色社会主义作为巩固共同思想政治基础的主轴，努力画大同心圆，凝聚强大向心力，汇集更多同行者，形成广泛正能量。要勤勉履职尽责，紧扣经济社会发展献计出力，真诚协商、务实监督、深入议政，多建诤言，共谋良策，推动中共中央大政方针落地见效，促进人民福祉不断改善。要严格修身律己，认真学习贯彻中共十八届六中全会精神，守法遵章，拒奢尚俭，模范践行社会主义核心价值观，始终心系国事、情牵民生、德润人心，做一个有定力、有情怀、有担当、有作为的政协委员。

今年是十二届全国政协工作的最后一年。一届政协委员，一生政协情缘。我们要倍加珍惜宝贵时间，倍加珍惜委员荣誉，锲而不舍，奋发向上，不忘初心，敬终如始，恪尽职守，不懈怠、不松劲、不停步，在时代发展大潮中和人民政协舞台上，定格人生奋斗坐标，留下生动政协故事，以新的业绩为人民政协事业增光添彩。

各位委员，同志们！实现全面小康正在决战决胜，新的长征路上更需砥砺前行。让我们紧密地团结在以习近平同志为核心的中共中央周围，高举中国特色社会主义伟大旗帜，勠力同心，扎实工作，以优异成绩迎接中共十九大胜利召开，为实现“两个一百年”奋斗目标、实现中华民族伟大复兴的中国梦作出新的更大贡献！

在政协第十二届全国委员会优秀提案和先进承办单位表彰会上的讲话

（2017 年 9 月 6 日）

俞 正 声

今天是政协第十二届全国委员会优秀提案和先进承办单位表彰会，这是从七届全国政协开始，每五年举行一次的表彰活动。

提案工作是政协工作的重要组成部分，是反映各方面的要求和意见，向政府提出建议的重要形式。政协工作有会议的形式，有调研形成调研报告的形式，还有提案的形式等。党的十八大以来，以习近平同志为核心的党中央高度重视人民政协工作，对推动人民政协事业发展作出一系列重要部署，对人民政协通过提案履行职能提出新的要求。全国政协与各有关方面坚决贯彻党中央决策部署，大力推进提案工作创新，提案质量和提案办理质量不断提高，提案工作取得了新的成绩。

本届全国政协以来，共收到提案 2.4 万多件，每次会议的提案都很多，在4000—5000 件左右，都是全国政协委员撰写的，这反映了全国政协委员强烈的责任感。每年 5000 多件提案办起来很困难，提案的内容各种各样，有的是反映某种诉求，要求某方面的政策，办起来确实有难度。关于批评意见的办起来比较容易，有什么缺点就答复怎么改正。要钱要项目的也不少，办起来也比较有难度。承办单位都很有耐心，特别是承办量大的国家发展改革委和财政部，每年都 1000 多件，不认真不行。既要认真又要适度，答复得符合政策。获奖的先进承办单位，都付出了心血。今天还表彰了一批优秀提案，是好中选优，提案的针对性更强，提出的意见和建议更具备可采纳性。在此，我代表全国政协、各位副主席，向优秀提案工作者和先进承办单位的同志表示热烈祝贺，向所有为政协提案工作付出辛勤劳动的同志们表示诚挚的问候和衷心的感谢。

希望大家在今后的工作中，特别是下一届继续工作的同志们，在现有的基础上，把提案工作提高到一个新的水平。提案工作的关键不在数量而在质量。要把质量搞好，提案要紧紧围绕党和国家中心工作，既要符合国家大政方针，又要切中某些领域和工作中的薄弱环节；既要反映群众的需求，又争取有可操作性。希望同志们进一步提高提案水平，也希望承办单位像本届一样，耐心细致地做好提案工作。凡属合情合理的建议，都应该认真对待、认真解决，发挥好提案服务大局、改进工作的作用。不够合情合理的，因为政协是发扬民主的平台，也希望大家耐心答复，充分尊重委员们的民主权利。

党的十九大即将召开。我们要深入学习贯彻习近平总书记“7·26”重要讲话精神，认真贯彻落实党中央关于人民政协工作的决策部署，团结一致，共同努力，以良好的精神状态和优异成绩迎接十九大胜利召开。

在第四届中国经济社会理事会第四次全体会议上的讲话

（2017年6月19日）

杜 青 林

各位理事，同志们：

这次第四届中国经济社会理事会第四次全体会议的主要任务是，回顾总结四届三次会议以来主要工作，研究部署新一年度工作，并围绕“培育壮大新兴产业，改造提升传统产业”主题建言献策。

刚才，张玉台同志代表常务理事会作了工作报告。去年6月理事会四届三次会议以来，在全国政协直接领导下，在俞正声主席亲自指导下，在全体理事共同努力和各方面大力支持下，中国经济社会理事会坚持立足国内国际两个大局，紧紧围绕党和国家中心任务，主动对接服务全国政协重点工作，把准性质定位、突出特色优势，瞄准主攻方向、扎实履职尽责，各项工作都取得新的成效。

思想政治基础不断巩固，深入学习贯彻习近平总书记系列重要讲话精神和治国理政新理念新思想新战略，学习贯彻中共十八届六中全会精神，把坚持和发展中国特色社会主义作为巩固共同思想政治基础的主轴，增强同中共中央保持高度一致的思想自觉、行动自觉。

研究咨询工作成果丰富，聚焦供给侧结构性改革主线，围绕增强创新驱动力培育发展新动能、降低企业成本、打造众创空间、电商精准扶贫、清洁能源等重要问题，精心组织论坛、调研等活动，形成具有较强针对性、可行性的对策建议。

对外交流合作务实推进，拓展双多边交往平台，与科特迪瓦经济社会理事会实现两组织成立后的首次交往，打造中国—东盟产能合作论坛新平台，加强同“一带一路”沿线国家相关机构联系交往，积极服务国家总体外交。

理事主体作用切实发挥，加强理事联络服务工作，充分发挥理事在专题调研、课题研究、会议研讨、对外交往中的主体作用，参加活动的覆盖面达93.9%，理事会工作日趋增强生机活力。

这些成绩的取得，是全国政协加强领导的结果，是各方面大力支持的结果，凝结着广大理事的智慧心血。在此，我代表俞正声主席和常务理事会，向大家、向关心支持理事会工作的社会各界和各方面朋友，表示衷心感谢和崇高敬意！

今年是实施“十三五”规划的重要一年和推进供给侧结构性改革的深化之年，中国共产党将召开第十九次全国代表大会。我们要以习近平总书记系列重要讲话精神和治国理政新理念新思想新战略为指导，进一步增强“四个意识”，牢固树立和贯彻落实新发展理念，坚持统筹推进“五位一体”总体布局和协调推进“四个全面”战略布局，紧扣推进“十三五”规划实施履职主线，聚焦稳增长、促改革、调结构、惠民生、防风险工作，更好发挥研究、咨询、服务、联络的功能作用，努力为党和国家事业发展作出新贡献，以优异成绩迎接中共十九大胜利召开。

下面，我主要就坚持以习近平总书记系列重要讲话精神和治国理政新理念新思想新战略为指导，全面提升理事会履职效能和工作水平，讲几点意见。

中共十八大以来，习近平总书记发表了一系列重要讲话，鲜明提出一系列治国理政新理念新思想新战略，全面系统地回答了新形势下建设什么样的党和国家、怎样建设党和国家等一系列重大理论和实践问题，反映了当代世界和中国发展变化对党和国家工作的新要求，深化了我们党对治国理政的规律性认识，实现了马克思主义中国化的又一次历史性飞跃。中共十八大以来丰硕的实践成果、生动的发展事实雄辩地证明，习近平总书记系列重要讲话精神和治国理政新理念新思想新战略具有强大的真理力量和实践力量，已经成为指导党和国家全部工作的强大思想武器。

中国经济社会理事会作为全国政协领导下的综合研究经济社会问题的全国性社团组织和高端智库，是经济社会理事会和类似组织国际协会的正式成员，一定要把深入学习贯彻习近平总书记系列重要讲话精神和治国理政新理念新思想新战略作为重大政治任务，深刻把握贯穿其中的立场观点方法，深刻领会其重大政治意义、理论意义、实践意义和方法论意义，以此指导做好理事会各项工作，更好发挥在服务党和国家工作大局中的重要作用。

第一，深入学习贯彻习近平总书记关于政治建设的重要思想，更加坚定地坚持中国共产党的领导。

中国共产党的领导是中国特色社会主义最本质的特征，是中国特色社会主义制度的最大优势，是我们战胜各种风险挑战、实现“两个一百年”奋斗目标和中华民族伟大复兴中国梦的根本保证。习近平总书记反复强调，办好中国的事情，关键在党；党政军民学，东西南北中，党是领导一切的，是最高的政治领导力量，各个领域、各个方面都必须坚定自觉坚持党的领导；坚持党的领导，首先要坚持党中央的集中统一领导，必须始终坚持党总揽全局、协调各方的领导核心地位。习近平总书记的这些重要论断，昭示了中国共产党的领导地位是历史的选择、人民的选择，坚持中国共产党的领导是当代中国最重大的政治原则。坚持中国共产党的领导，第一位的要求就是讲政治、顾大局，维护以习近平同志为核心的党中央权威，积极主动服务党和国家工作大局。经社理事会具有多重角色定位，需要在讲政治、顾大局上提出更高标准和要求。

坚持全国政协所属机构的属性，就要把坚持和发展中国特色社会主义作为巩固共同思想政治基础的主轴，坚持中国共产党领导的多党合作和政治协商制度，切实增强道路自信、理论自信、制度自信、文化自信，坚定不移走中国特色社会主义政治发展道路。

保持社团组织的性质，就要把党的领导与全面推进依法治国、依照理事会章程履职尽责统一起来，把自身发展与坚持中国特色社会主义方向结合起来，更好联系群众、服务群众、引导群众。

发挥高端智库的效能，就要坚持以人民为中心的研究导向，积极探索中国特色新型智库的组织形式和管理方式，更好为党和政府科学民主决策提供参考。

用好国际协会的平台，就要坚持服从服务于国家外交大局，积极参与经济社会理事会和类似组织国际协会的活动，加强与其成员组织及各国经济社会研究机构之间的交流与合作，为增进相互了解、促进共同发展作出贡献。

第二，深入学习贯彻习近平总书记关于经济建设的重要思想，更加主动地为促进经济平稳健康发展资政建言。

中共十八大以来，以习近平同志为核心的党中央作出经济发展进入新常态的重大判断，提出创新、协调、绿色、开放、共享的新发展理念，强调坚持稳中求进的工作总基调，形成以供给侧结构性改革为主线的政策框架。习近平总书记的这些重要论述，全面回答了我国经济发展怎么看、怎么干的重大问题，为中国经济发展标定了前行航向。经社理事会要深入学习把握习近平总书记关于经济建设的重要思想，围绕经济领域全局性、战略性、前瞻性重大理论和现实问题，特别是要聚焦深化供给侧结构性改革建言献策，重点在以下三个方面着力。

着眼政府职能与市场调节相结合贡献智慧力量。供给侧结构性改革不同于以往的增量式改革，而是对政府与市场关系进行重构的一场深层次、全方位变革。一方面，要坚持使市场在资源配置中起决定性作用，遵循市场规律、善用市场机制解决问题，增强企业对市场需求变化的反应和调整能力，提高企业资源要素配置效率和竞争力。另一方面，要更好发挥政府作用，持续推进简政放权，激发市场活力和创造力。中共十八大以来，国家取消和下放了40％的行政审批事项，终结了非行政许可审批，商事制度发生了根本性变革，市场主体大幅增加，新兴业态蓬勃发展，营商环境显著改善。同时需要创新和加强政府职能，提高政府服务效能，切实履行好宏观调控、市场监管、公共服务等基本职责，集中精力抓好市场管不了或管不好的事情。经社理事会要重点围绕处理好政府和市场的关系，着眼明确政府权力边界、加强监管制度顶层设计，开展深入调查研究，有针对性地提出高质量的意见建议，为使市场在资源配置中起决定性作用和更好发挥政府作用积极献计出力。

着眼供给侧管理与需求侧管理相匹配加强调查研究。供给侧结构性改革的最终目的是更好地满足需求。供给侧管理重在解决结构性问题，需求侧管理重在解决总量性问题，供给侧管理与需求侧管理相匹配，才能不断增强供给结构对需求变化的适应性和灵活性。经社理事会要重点围绕供给管理和需求管理，组织力量加强调研，着重就如何促进两者相结合、相匹配，研究提出新思路、新举措、新办法，助推供需平衡由低水平向高水平跃升。

着眼新兴产业与传统产业相协同积极资政建言。培育壮大新兴产业与改造提升传统产业是深入推进供给侧结构性改革的两大发力点。这两项任务双轮驱动、协同发力极为紧要。经社理事会要重点围绕新兴产业与传统产业协同发展，加强政策协同、创新协同、金融协同、区域协同等方面研究，强化协同的目标导向，构建协同的动力机制，探索协同的发展路径，因地制宜、因时制宜提出有价值的对策建议，为推动我国经济转型升级提供决策参考。

第三，深入学习贯彻习近平总书记关于社会建设的重要思想，更加积极地为推动民生改善献计出力。

习近平总书记多次强调，在整个发展过程中，都要注重民生、保障民生、改善民生；按照“守住底线、突出重点、完善制度、引导舆论”的思路做好民生工作，统筹解决好学有所教、病有所医、老有所养、住有所居等民生问题；针对贫困人口等特殊群体加强困难帮扶，努力保障基本民生；社会政策要托底，切实发挥“稳定器”“减震器”“调节器”作用。习近平总书记系列重要讲话，贯穿鲜明的以人民为中心的思想，强调最多的、最牵挂的是人民群众。习近平总书记始终把人民放在心中最高位置。经社理事会要以习近平总书记关于社会建设的重要思想为指导，紧扣保障和改善民生的瓶颈和短板问题出实招、献良策。

瞄准农村贫困人口脱贫短板聚力发力。前段时间，很多理事参与了全国政协“实施精准扶贫中存在的问题和建议”监督性调研，着力为农村扶贫破解难题、开出解决良方、推动问题解决，助推扶贫政策落实落地。经社理事会要进一步突出履职为民的鲜明导向，围绕农业产业扶贫、电商精准扶贫、绿色产业扶贫、金融扶贫等问题深入调研，多出解决问题的思路良方，多献务实可行的对策建议，用心用情助力打赢脱贫攻坚战。

紧扣事关人民群众切身利益的问题深入研究。把推动解决就业、教育、医疗、住房、社会保障等涉及群众利益的问题，列为经社理事会研究工作的重要内容，提高研究的针对性和实效性，努力提出推动解决问题的新思路、新举措、新机制。比如，贯彻落实习近平总书记关于“房子是用来住的、不是用来炒的”的重要思想，深入研究有利于房地产市场平稳健康发展的基础制度和长效机制。再比如，今年理事会开展的“网约自行车规范发展的主要问题和建议”课题研究，既要着眼推动社会治理创新、维护网约自行车运行秩序，又要坚持以人为本，从公众便捷、绿色出行的角度考虑问题。

注重立足社会主义初级阶段的基本国情。坚持一切从实际出发，牢牢把握社会主义初级阶段这个最大实际，正确认识社会主义初级阶段的主要特征，不回避问题，不超越阶段，防止一味吊高胃口、开空头支票，努力使提出的思路、对策和建议科学合理、切实可行。

第四，深入学习贯彻习近平总书记关于外交工作的重要思想，更加广泛地开展对外交往工作。

习近平总书记关于中国特色大国外交的重要思想，科学回答了新的历史条件下中国推动建设什么样的世界、构建什么样的国际关系以及中国需要什么样的外交、怎样办外交等重大问题，是对我国对外工作理论和实践创新的重大发展。其中，我们要特别注意把握好以下几个方面：以构建人类命运共同体为共同目标，从伙伴关系、安全格局、经济发展、文明交流、生态建设等方面作出努力，建设持久和平、普遍安全、共同繁荣、开放包容、清洁美丽的世界；以和平发展为战略选择，坚持和平发展道路，坚决维护我们的正当权益和国家核心利益；以合作共赢为基本原则，推动建立以合作共赢为核心的新型国际关系，坚持互利共赢的开放战略，把合作共赢理念体现到政治、经济、安全、文化等对外合作的方方面面；以建设伙伴关系为主要路径，在坚持不结盟原则的前提下广交朋友，形成遍布全球的伙伴关系网络；以践行正确义利观为价值取向，坚持义利相兼、以义为先，要讲信义、重情义、扬正义、树道义。尤其要深刻认识到，“一带一路”倡议是习近平总书记外交思想的集中体现，是中国特色大国外交的伟大实践。习近平总书记在“一带一路”国际合作高峰论坛上发表主旨演讲，强调坚持以和平合作、开放包容、互学互鉴、互利共赢为核心的丝路精神，明确提出要将“一带一路”建成和平、繁荣、开放、创新、文明之路，谱写共建人类命运共同体的新篇章。经社理事会要认真落实习近平总书记的外交思想，牢记外交大权在中央，坚持外交一盘棋，始终与国家总体外交保持同向共轨、同频共振，更好服务国家外交大局。

坚决维护国家利益。始终把坚决维护国家主权、安全、发展利益作为对外工作的出发点和落脚点，在涉及我国核心利益问题上坚持原则、亮明底线，进行针锋相对的斗争。2014 年以来，中国经社理事会针对欧盟经社委员会时任主席在涉藏问题上的错误行径，进行了有理有节的斗争，使欧方充分认识到涉藏问题是中国的核心利益所在。在欧方新任主席作出郑重承诺的前提下，我们于去年 5 月与欧方恢复了中断两年多的交往。在本月底召开的第 15 次中欧圆桌会议上，要始终坚定捍卫国家主权、安全和发展利益，坚决反对别有用心的人利用台湾、涉藏等问题干涉我国内政。

讲好中国故事。讲中国故事是时代命题，讲好中国故事是时代使命。国际社会越来越多地把目光投向中国，越来越关注中国、了解中国。《习近平谈治国理政》一书出版三年来，已被译成 20 个语种，发行到全球 100 多个国家和地区，创下近年来我国政治类图书海外发行量的最高纪录，这就是最好的例证。经社理事会要在对外交往中积极主动讲好中国故事，深刻阐释以习近平同志为核心的中共中央治国理政方略，深入宣介我国发展道路、发展理念、发展方式，广泛宣传中国梦、中国道路、中华文化，讲清楚我们的政治优势、制度优势、文化优势，讲明白"中国共产党为什么能"和"中国特色社会主义制度为什么管用"，积极引导国际社会增进对中国特色社会主义道路、理论、制度、文化的理解和认同。

不断扩大海外"朋友圈"。着力加强与"一带一路"沿线国家相关机构的交流合作，大力弘扬丝路精神，着眼于重点方向和重点国家集中发力，不断扩大"一带一路"朋友圈，积极推动"一带一路"国际合作高峰论坛成果落实。坚持不忘老朋友、结交新朋友，根据国家外交工作需要，有针对性地开辟一些新的交往渠道和平台，加强与外国智库的沟通交流，下半年将邀请美国等西方国家知名智库访华，推进智库交流机制化、常态化。

积极开展多边交流。经社理事会不仅是国际协会的正式会员，而且还是其领导机构管理委员会的成员。要把这个多边平台用好用足，加强同国外相关组织、重要智库、主流媒体等交流合作，促进与有关国家的务实合作和人文交流，在国际协会各项事务中发挥更多建设性和引领性作用，推动更多中国理念上升为国际共识、更多中国方案转化为国际行动。

第五，深入学习贯彻习近平总书记关于社会团体、智库建设的重要思想，更加自觉地加强理事会自身建设。

习近平总书记围绕智库建设发表一系列重要讲话、作出重要指示，强调智库建设要以服务党和政府决策为宗旨，以战略问题和公共政策研究为主攻方向，以完善组织形式和管理方式为重点，充分发挥资政建言、理论创新、舆论引导、社会服务等功能，为中华民族伟大复兴提供智力支撑。习近平总书记对包括社会团体在内的社会组织自身建设提出明确要求，强调要激发社会组织活力，健全社会组织自身建设长效机制，构建以章程为核心、权责明确的内部治理结构，提高社会组织自我管理、自我发展、自我约束能力。这些重要思想都对加强经社理事会自身建设提出了新的更高要求。经社理事会要深入贯彻习近平总书记这些重要思想，紧扣全国政协职能和理事会章程，突出研究、咨询、服务、联络功能，加强高端智库、咨询平台、桥梁纽带“三位一体”建设，不断提升履职能力和成效。

突出思想政治引领。切实把思想政治建设摆在理事会工作首位，着力增强“四个意识”和“四个自信”，自觉坚持中国共产党领导，坚持中国特色社会主义道路，始终确保正确政治方向。

注重运用科学方法。运用科学理论思维观察问题、分析问题、解决问题，善于从政治上研判形势、从战略上把握趋势、从全局上统筹谋划；增强战略定力，紧扣时代脉搏，突破思维定式，摒弃浮躁，排除干扰，研究新情况，解决新问题，把握好变与不变的关系，坚持稳中求进，推进改革创新；坚持实事求是、求真务实，注重加强调查研究，实现理论创新与实践创新良性互动，使对策建议更加符合实际、符合客观规律；强化问题导向，增强发现问题的敏锐、正视问题的清醒、解决问题的自觉，善于从纷繁复杂问题中把握事物的规律性、从苗头问题中发现事物的倾向性、从偶然问题中揭示事物的必然性，把解决问题贯穿研究工作全过程，以推动解决问题的实际成效来衡量研究工作质量。

聚焦研究能力建设。突出主责主业，对标高端智库，壮大专家队伍，积极开展前瞻性、针对性、储备性政策研究，提出专业化、建设性、实效强的政策建议，提供富有中国特色、中国风格、中国气派的对策方案，提升综合研判、战略谋划、决策咨询能力水平。

创新运行制度机制。遵循智库的特点规律，改进经社理事会组织管理、课题研究、成果评价和应用转化等制度，健全以质量为核心的正向激励机制，推进研究方法、运作方式、政策分析工具和技术手段创新，不断激发组织活力和发展动力。

加强联络服务工作。增强服务意识，提升服务能力，引导广大理事和经济社会界人士密切联系群众，切实在政策制定、制度设计上当好党和政府的参谋助手，在理念传播、民意表达上做好人民群众的桥梁纽带。

各位理事、同志们！

今年下半年，即将召开的中共十九大，是在我国全面建成小康社会决胜阶段召开的一次十分重要的大会，是今年党和国家政治生活中的头等大事，将为开创中国特色社会主义事业新局面绘就更加美好的蓝图，为实现“两个一百年”奋斗目标和中华民族伟大复兴的中国梦凝聚更加磅礴的力量。经社理事会一定要把迎接十九大、服务十九大、学习宣传贯彻十九大精神，作为贯穿全年的重大政治任务切实抓好，努力为十九大胜利召开作出应有贡献。

坚持正确的政治方向，着力做好统一思想、坚定信心、振奋精神的工作，更加广泛地凝聚发展共识、改革共识、法治共识、反腐败共识和价值观共识，不断增进共同的思想政治认同，努力为十九大召开营造良好思想政治环境。

把握正确的目标取向，加强对经济社会领域重大问题的研究，密切关注经济社会动态，积极资政建言、献计献策。要用好 9 月份中国经济社会论坛的载体平台，围绕经济社会发展重大问题议政建言。要就降低实体经济运行成本、农林产业发展、特色小城镇建设等问题开展课题研究，力求取得更多务实成果，为中心任务助力、为全局工作添彩。

树立正确的工作导向，坚持团结稳定鼓劲原则，围绕经济热点、民生话题、社会思潮正确运用话语权，多做研究宣传、解疑释惑、正面引导的工作，多提建设性的意见，努力为十九大召开营造良好社会氛围。十九大召开后，要及时组织学习十九大精神，把十九大精神贯彻落实到理事会工作各个方面。

各位理事、同志们，推进新的历史条件下的伟大斗争、伟大工程、伟大事业，实现"两个一百年"奋斗目标和中华民族伟大复兴的中国梦，经社理事会责无旁贷、大有可为！让我们紧密团结在以习近平同志为核心的中共中央周围，在全国政协直接领导下，勇于担当、开拓进取、扎实工作，不断开创理事会工作新局面，努力以优异成绩迎接中共十九大胜利召开！

在政协第十二届全国委员会优秀提案和先进承办单位表彰会上的讲话

（2017年9月6日）

杜　青　林

同志们：

在中国共产党第十九次全国代表大会即将召开之际，我们举行政协第十二届全国委员会优秀提案和先进承办单位表彰会，主要任务是深入学习贯彻习近平总书记7月26日在省部级主要领导干部专题研讨班上的重要讲话精神，回顾总结十二届全国政协提案工作的主要成绩和基本经验，交流探讨推进提案工作创新发展的科学思路和务实举措。

会前，俞正声主席亲切会见获奖代表并发表重要讲话，充分肯定了近年来提案工作在继承中发展、在发展中创新取得的显著成绩，高度评价了广大政协委员、参加政协各党派团体、政协各专门委员会通过提案积极履职尽责和各承办单位认真做好提案办理工作的担当作为，并对进一步做好提案工作提出了明确要求。我们要认真学习领会，抓好贯彻落实。在这里，我首先向受表彰的优秀提案者和先进承办单位表示热烈祝贺！刚才，优秀提案者代表和先进承办单位代表作了很好的发言。下面，我讲几点意见。

一、充分肯定成绩，不断增强做好提案工作的积极性和主动性

中共十八大以来，以习近平同志为核心的中共中央高度重视人民政协工作，中央政治局常委会议多次研究政协工作，对推动人民政协事业发展作出一系列重要决策部署，对人民政协通过提案履行职能提出新的更高要求。中共中央先后下发《关于加强社会主义协商民主建设的意见》《关于加强人民政协协商民主建设的实施意见》《关于加强人民政协民主监督工作的意见》等重要文件，对包括提案办理协商、提案监督在内的政协协商民主作出制度性安排。习近平总书记明确提出“提高提案质量和提案办理质量”的重要指示要求。李克强总理每年主持国务院常务会议听取提案办理情况汇报，作出专门部署。俞正声主席多次主持政协主席会议研究提案工作，提出具体要求。所有这些，都为我们做好新形势下提案工作，指明了前进方向，提供了基本遵循。

在中共中央坚强领导下，人民政协与各有关方面坚决贯彻落实中央重大决策部署和习近平总书记重要指示精神，始终坚持“围绕中心、服务大局、提高质量、讲求实效”提案工作原则，大力推进提案理论创新、实践创新、制度创新，提案工作呈现崭新局面。

一是提案质量不断提高。广大政协委员、参加政协各党派团体、政协各专委会坚持把提出提案建立在调查研究的基础之上，努力做到把情况摸清、把问题理透、把建议提实。提案工作机构严格立案标准，加大审查力度，加强重点提案遴选工作，注重把好立案关。几年来，政协提案主题更加鲜明、聚焦党和国家中心任务，内容更加精准、瞄向战略性前瞻性关键性问题，议题更接地气。抓住群众切实利益问题，展现出总体数量比较均衡，集体提案增加，质量水平改善，协商建言和监督议政作用增强的良好局面。

二是办理质量明显提升。中共中央办公厅、国务院办公厅、全国政协办公厅共同交办提案机制正在形成，提案交办工作更加科学规范。各提案承办单位坚持把提案办理作为常态化年度重点任务，加强组织领导，运用多种方式加强提案督办，逐级建机制、明责任、抓落实，办理力度进一步加大，积极促进办理质量提高和建议采纳落实。逐步扩大提案办理过程和办理结果的公开度，自觉接受群众监督，促进提案办理质量进一步提升。

三是办理协商深入开展。认真落实中共中央关于提案办理协商决策部署，积极推进理论研究、实践探索和制度建设。注重把协商贯穿于提案工作全过程，做好提案提出、立案、交办、经办、督办、反馈等全过程协商，推动了提案办理协商经常性、多层次、机制化开展。探索创新协商方式，运用新媒体加强线上线下沟通，注重办理协商同部门会议、调研紧密结合，提升了协商实效。通过深化提案办理协商，增进了沟通交流和相互理解，促进了提案工作和相关工作。

四是工作制度更加完善。按照中共中央加强协商民主建设部署要求，大力推进提案工作制度建设。国务院办公厅专门印发《关于做好全国人大代表建议和全国政协委员提案办理结果公开工作的通知》，各承办单位积极完善提案办理督查和信息反馈制度，不断规范办理工作。全国政协先后制定和修订提案办理协商办法、重点提案遴选和督办办法，目前正在研究修订提案审查工作细则等规章制度。提案工作制度体系日趋完善，制度化、规范化、程序化水平不断提高。

五是功能作用有效彰显。广大政协委员、参加政协各党派团体、政协各专委会围绕“十三五”规划制定实施、落实新发展理念、供给侧结构性改革、精准扶贫精准脱贫、行政审批制度改革、医药卫生体制改革、司法体制改革、城乡教育均衡发展、践行社会主义核心价值观、创新社会治理、建设生态文明等重大问题，提出提案29340多件，立案23950多件。经过办理，一大批意见建议有的逐步转化为具体政策决策，有的吸纳进发展规划、法律法规和制度文件，有的推动了部门工作及作风改进，有的增进了各方面思想共识，为促进改革开放和现代化建设事业发展发挥了重要作用。

二、深入总结经验，科学把握提案工作特点规律

五年来，提案工作凝结了政协委员的心血和智慧，提案办理承载了办理单位的责任担当和自觉奉献。在工作实践中我们积累了许多成功做法和有益经验，这是做好今后提案工作的重要基础和资源。

第一，坚持人民政协的性质定位是做好提案工作的重要基石。提案是履行政协政治协商、民主监督、参政议政职能的重要方式，是坚持和完善中国共产党领导的多党合作和政治协商制度、社会主义协商民主制度的重要载体。必须从发挥我国政治制度和政党制度优势特点、推进国家治理体系和治理能力建设的全局高度，强化政治意识、大局意识、核心意识、看齐意识，坚持中国共产党领导，坚持走中国特色社会主义政治发展道路，坚持长期共存、互相监督、肝胆相照、荣辱与共方针，坚持团结民主主题，在更好地体现我国基本政治制度的效能前提下推进提案工作创新发展。

第二，坚持聚焦重点是做好提案工作的重要原则。围绕中心、服务大局是人民政协

履行职能的基本准则，也是政协提案工作的重要遵循。提案工作只有紧密衔接人民政协工作整体部署、对接党和政府中心工作、融入党和国家发展大局，才能保持定力、发挥作用、开拓创新、与时俱进，为解决人心和力量问题做出贡献。必须聚焦经济社会发展重大问题、群众生产生活难点问题、社会普遍关注热点问题履职尽责，做到提出提案由此着眼，办理提案向此发力，评价提案与提案办理以此为根本标准，更好彰显提案在服务改革发展全局中的独特价值。

第三，坚持提高质量是做好提案工作的主攻方向。提案质量是基础，没有高质量的提案，办理就难以取得实效；办理质量是关键，没有高质量的办理，提案再好也难以落实，还会影响提案者的积极性和主动性；服务质量是保障，没有高质量的服务，提出提案和办理提案就难以顺畅有效运转。必须牢固树立质量意识，切实把提高质量摆在更加突出位置，坚持提案质量、办理质量、服务质量同向发力、整体推进，全面提升提案工作水平。

第四，坚持民主协商是做好提案工作的基本要求。提案工作涉及提案者、提案工作机构、承办单位等各方面，离不开联系沟通，协商交流贯穿提案工作全过程。提案工作中协商的过程是坚持协商民主理念、弘扬协商民主精神、开展协商民主实践的过程，是完善提案、办理提案、落实提案的过程。必须认真贯彻民主协商、平等议事、求同存异、体谅包容原则，切实把协商作为基本方法和必备技能，贯穿于提案提出、立案、交办、经办、督办、反馈各环节，需要丰富协商内容，完善协商形式，建立健全知情和反馈机制，构建讨论交流的平台和载体。做到遇事多沟通、多商量，努力在沟通交流中增进理解、凝聚共识、寻求对策、推动工作。

第五，坚持领导重视是做好提案工作的重要保证。提案工作事关大局，是各级领导的分内之事、应尽之责。从某种意义上说，提案工作的质量、办理的力度、落实的成效，取决于领导重视的程度。各级政协组织、参加政协各党派团体、政协各专委会和各承办单位坚持把提案工作纳入重要日程，与其他相关工作统筹谋划、统一部署，切实加强组织领导、科学安排、夯实工作责任，确保任务到岗、责任到人、知责明责、守责尽责，确保优质高效、有序有力做好工作，确保提案项项有着落、办理提案件件有质量。

三、坚持求真务实，努力开创提案工作新局面

当前，我们党和国家正处于全面建成小康社会决胜阶段、中国特色社会主义发展关键时期。我们要进行伟大斗争、建设伟大工程、推进伟大事业、实现伟大梦想，需要进一步巩固共同思想政治基础，壮大共同团结奋斗力量。提案工作要主动适应新形势新任务，把握发展大势和实践要求，立足党和国家事业全局，积极进取、求真务实、突出重点、抓住关键，努力提高提案质量，增强办理实效，创新运作机制，打造工作亮点，奋力开创提案工作新局面。

第一，提高政治站位，全面贯彻落实以习近平同志为核心的中共中央关于提案工作重大决策部署。学习好、贯彻好、落实好中共中央关于提案工作重大决策部署，是做好新形势下提案工作的根本保证。中共十八大以来，提案工作之所以取得可喜成绩，归根结底是在以习近平同志为核心的中共中央坚强领导下，在中央关于提案工作重要指示指引下，各单位、各个方面共同努力的结果。要进一步抓好学习，认真学习习近平总书记系列重要讲话精神和治国理政新理念新思想新战略，学习中共中央关于协商民主建设系

列文件，特别是中央关于提案办理协商部署要求、提高提案质量和办理质量指示精神，强化“四个意识”，切实把思想统一到中央精神上来。要进一步深化认识，真正把提案工作摆在重要位置、纳入重要日程，进一步增强责任意识，强化使命担当，充分认识提案工作作为一项特色鲜明、影响深远的经常性、全局性工作的重要意义，切实增强做好提案工作的自觉性和创造性。要进一步推进落实，坚持用中央精神指导实践、推动工作，花更多心思、下更大气力解决工作中存在的实际问题，努力把中央重大决策部署转化为做好提案工作的有效成果。

第二，聚焦中心任务，紧扣“五位一体”总体布局和“四个全面”战略布局履职尽责。坚持把促进“十三五”规划实施作为提案工作主线，把推进“五位一体”总体布局和“四个全面”战略布局作为工作重点，为推进中国特色社会主义伟大事业增添强大力量。要紧紧围绕全局提出提案，牢牢把握我国发展阶段性特征，围绕统筹推进经济、政治、文化、社会和生态文明建设重大部署的重点难点议题，聚焦全面建成小康社会、全面深化改革、全面依法治国、全面从严治党战略布局的重大任务，针对人民群众对美好生活向往的瓶颈短板问题，精准选题、深入调研，努力形成一批高质量、高水准提案，充分发挥决策咨询、资政建言作用。要切实立足全局办理提案，强化问题导向，突出办理重点，着力抓好事关重大关键改革、经济平稳较快发展、社会和谐稳定、保障和改善民生等重点提案的办理，切实把提案办理和经济社会发展重点工作紧密结合起来，促进有效转化为稳增长、促改革、调结构、惠民生、防风险政策举措，努力推动解决经济社会发展重大问题、深化改革难点问题、创新创造关键问题、群众关切实际问题。

第三，扭住关键环节，不断提高提案工作质量水平。认真贯彻习近平总书记关于提案不在多而在精、办理提案要实事求是等指示精神，努力把提案工作质量提升到新水平。要正确处理提案质量数量关系，引导委员坚持注重质量，着力在精心选题、调查研究、务实建言上下功夫，务求提出提案符合实际、反映情况全面客观、分析问题深入透彻、提出建议具体可行，努力做到提一件是一件。要切实坚持提案立案标准，坚持质量优先、标准至上、力求过得硬，规范审查程序、加大审查力度，杜绝“关系案”“人情案”，不搞“凑数案”，真正把选题准、情况明、建议实的提案立起来，努力做到成一件立一件。要探索掌握提案办理规律，注重精细化分类、全过程协商、个性化答复、协同式办理，坚持重点提案重点办理、时效性提案及时办理、重复性提案“了断式”办理、综合性提案协同办理、“回娘家”提案妥善办理，切实把每件提案办好办实办到位，努力做到办一件成一件。要扎实做好提案服务，既搞好事务性服务，又搞好政务性服务，把服务贯彻于提案工作全过程，不断提高服务专业化、精细化、精准化水平，努力做到服务一件做实做亮一件。

第四，发展协商民主，充分发挥提案独特重要作用。按照中共中央关于加强协商民主建设部署要求，进一步探索提案在加强政协协商民主建设中的有效方法途径。要深入开展提案办理协商，建立健全协商制度机制，重点完善交办环节的共同交办机制，做好落实责任的协商；完善办理环节的联系沟通、办理询问机制，做好解决问题的协商；完善督办环节的跟踪督查、成果反馈机制，做好转化落实的协商，不断提高提案办理协商实效。要注重提案办理协商同其他协商形式密切配合，搞好提案办理协商同政协专题议政性常委会议、专题协商会、双周协商座谈会等议题间的有效衔接，搞好专题协商、界别协商、对口协商、提案办理协商等形式间的统筹协调，推动政协协商广泛多层制度化发展。要重视发挥提案监督作用，认真贯彻落实中共中央加强人民政协民主监督工作的意见，增加重点提案中监督性提案的比重，加强对提案办理情况督查检查，探索开展提案办理评议，积极通过提案加大民主监督力度，推进从工作制度、运行机制上保障和完善民主监督。

第五，加强统筹协调，努力形成提案工作整体合力。提案工作是复杂的系统工程，必须发挥集成效应，做到既各司其职，又密切配合，形成工作合力。要明确职责任务，广大政协委员、参加政协各党派团体、政协各专委会要集中智力资源研究提出高质量提案，并积极参加提案选题、交办、督办等活动；提案承办单位要努力构建领导重视、责任落实、措施有力、制度健全的办理工作格局，不断提高提案办理成效；政协提案工作机构要认真做好组织服务等方面的工作。要强化协作配合，各有关部门及承办单位、提案者等有关方面要加强联系沟通，探索建立工作会商机制，共同研究推进提案选题论证，共同交办、办理协同督查，提案内容复文同步公开等项工作，认真落实好主办、会办、分办、督办等任务，确保工作无缝对接、承转顺畅。

同志们，做好新形势下提案工作，责任重大、使命光荣！让我们更加紧密团结在以习近平同志为核心的党中央周围，锐意进取，扎实工作，不断把提案工作推向前进，切实发挥提案在履行人民政协职能、发扬社会主义民主、助推党和政府科学决策、广泛凝聚智慧力量方面的功能作用，努力为实现“两个一百年”奋斗目标、实现中华民族伟大复兴的中国梦，提供广泛力量支持，以优异成绩迎接党的十九大胜利召开！

推进“一带一路”建设促进经济社会繁荣发展

——在2017年中国经济社会论坛上的主旨讲话

（2017年9月21日）

杜 青 林

各位理事，各位嘉宾，同志们：

在中国共产党第十九次全国代表大会即将召开之际，我们相聚上海，出席中国经济社会论坛，是一件很有意义的事情。首先，我谨代表全国政协和俞正声主席，代表中国经济社会理事会，对各位理事和嘉宾的到来表示诚挚欢迎，对为本次论坛提供大力支持的上海市委、市政府、市政协表示衷心感谢！

中共十八大以来，以习近平同志为核心的党中央统筹国内国际两个大局，着眼实现“两个一百年”奋斗目标和中华民族伟大复兴的中国梦，作出推进“一带一路”建设的重大战略决策。中共十八届三中全会、五中全会对“一带一路”建设作出重要部署，中共中央、国务院先后印发“一带一路”建设战略规划、共建“一带一路”愿景与行动等重要文件，召开推进“一带一路”建设工作座谈会。今年5月，“一带一路”国际合作高峰论坛在北京成功举办，习近平主席发表重要讲话，深刻阐述了以和平合作、开放包容、互学互鉴、互利共赢为核心的丝路精神，提出建设和平之路、繁荣之路、开放之路、创新之路、文明之路的美好愿景，为深入推进“一带一路”建设指明方向，谱写了共建人类命运共同体的新篇章。

本次论坛以“推进‘一带一路’建设，促进经济社会繁荣发展”为主题，旨在深入贯彻落实习近平总书记关于推进“一带一路”建设的重要指示精神，积极推动“一带一路”国际合作高峰论坛成果落实。刚才，上海市委副书记、市长应勇同志代表市委、市政府发表了热情洋溢的致辞，使我们对上海市服务国家“一带一路”建设的情况有了深入了解，上海取得的显著成就令人欢欣鼓舞、积累的实践经验弥足珍贵；10位理事和专家从不同角度、不同侧面作了主题发言，提出许多有价值、有分量的意见建议。

各位理事、各位嘉宾！

推进“一带一路”建设，顺应和平、发展、合作、共赢的时代潮流，注重我国发展同沿线国家发展、中国梦同沿线各国人民的梦想紧密结合，将擘画出一幅通天下、利全球的宏伟蓝图。

从国内看，推进“一带一路”建设，有利于构筑对外开放新格局，推动我国对外开放从沿海、沿江向内陆、沿边不断延伸，形成陆海统筹、内外联动、东西互济、面向全球的开放新格局；有利于开拓区域发展新空间，通过扩大开放，打造内陆开放型经济新高地，有力促进东中西部协同联动发展；有利于打造经济转型升级新引擎，依托更大范围、更高水平、更深层次的区域合作，进一步拓展我国发展空间，发挥我国比较优势，加快经济发展方式转变和产业结构调整。昨天，我和潘立刚、吴志明同志到上海自贸区调研了解到，上海自贸区大力推进制度创新，突出改革系统集成，激发市场活力和发展动力，在上海以1/50的面积创造了1/4的生产总值；去年进出口总额1.17万亿元人民币，占全市进出口总额的40%，使自贸试验区建设更好融入“一带一路”建设。

从国际上看，推进“一带一路”建设，为世界经济增长注入新动能，在全球经济复苏乏力的背景下，支持沿线国家推进工业化、现代化和提高基础设施水平，对于激发各国内生发展动力、打造新的经济增长点具有重要意义；“一带一路”为经济全球化开辟新路径，针对一些国家保护主义和内顾倾向明显的情况，为各方搭建起开放高效、优势互补、联动发展的合作平台，维护全球自由贸易体系和开放型世界经济，推动建设开放、包容、普惠、平衡、共赢的经济全球化；“一带一路”为全球治理体系变革提供新方案，面对和平赤字、发展赤字、治理赤字等严峻挑战，各方秉持共商共建共享原则，必将推动建立更加均衡普惠的治理模式和规则，为全球治理注入强大中国力量。

各位理事，各位嘉宾!

4年来，“一带一路”建设从理念转化为行动，从愿景转变为现实，成果丰硕喜人。实践证明，“一带一路”适应发展规律，符合人民利益，已成为世界繁荣发展的时代选择，是一条希望之路、共赢之路。

——“一带一路”彰显道义担当，具有强大感召力。“一带一路”致力打造政治互信、经济融合、文化包容的利益共同体、命运共同体和责任共同体，弘扬和平、发展等全人类共同价值，维护以联合国宪章宗旨和原则为核心的国际关系基本准则，体现了中国面向全球提出的共同、综合、合作、可持续的安全观，义利相兼、以义为先的义利观，占据人类道义和时代发展的制高点，成为增进各国友谊的桥梁、推动人类社会进步的动力、维护世界和平的纽带。

——“一带一路”蕴含内生动能，具有旺盛生命力。“一带一路”覆盖全球经济增长最活跃的多个国家和地区，是世界上跨度最长、最具发展潜力的经济合作带。沿线大多是新兴经济体和发展中国家，市场规模和资源禀赋优势明显、互补性强。中国成为拉动世界经济增长的重要引擎，同时也是一些沿线国家的最大贸易伙伴、最大出口市场和最主要投资来源地。未来5年，我国将进口8万亿美元商品，吸收6000亿美元外国投资，对外投资7500亿美元。中国的发展将为更多国家提供更加广阔的发展空间，实现协同发展和联动增长。

——“一带一路”秉持开放包容，具有独特吸引力。“一带一路”源自中国，属于世界。“一带一路”建设跨越不同地域、不同发展阶段、不同文明，是多方参与、共同推进的合作体。它以政府间合作为主渠道，同时鼓励地方、企业、金融机构、国际组织、非政府组织积极参与。它积极利用而不是替代现有双边、多边合作机制，与现有机制互为补充、相得益彰。截至目前，已有100多个国家和国际组织积极支持和参与，70多个国家和国际组织与我国签署合作协议，“一带一路”建设内容已纳入联合国大会、联合国安理会重要决议。

——“一带一路”促进共同发展，具有巨大凝聚力。“一带一路”契合沿线国家追求发展进步的迫切愿望，为各国实现合作共赢搭建起新平台，致力打造命运相连、发展进步的共同体。2014年至2016年，我国同沿线国家贸易总额超过3万亿美元，对沿线国家投资累计超过500亿美元；中国企业在沿线20多个国家建起56个经贸合作区，为东道国创造近11亿美元税收和一些就业岗位，给沿线国家和人民带来实实在在的好处。“一带一路”国际合作高峰论坛取得5大类、76大项、270多项具体成果，还将为促进世界经济复苏和各国共同发展带来更多红利。前天去浙江义乌调研了解到，义乌作为世界小商品之都、全球产品的集散地，积极融入“一带一路”建设，开通从义乌直达马德里的中欧班列，全程1.3万公里，途经8个国家，辐射34个国家，横贯整个欧亚大陆。截至今年8月，累计往返运行228次，运送1.8万个标准集装箱，涵盖近2000种中国商品，打造了“一带一路”互联互通的战略枢纽，被习近平总书记称为“连接亚欧大陆互联互通重要桥梁和‘一带一路’建设早期成果”。

各位理事，各位嘉宾！

目前，“一带一路”建设已站在新起点上，进入全面推进、务实合作的新阶段。我们要深入贯彻落实中共中央关于推进“一带一路”建设的重大决策部署，提高政治站位，增强责任担当，一步一个脚印推进实施，一点一滴抓出成果，推动“一带一路”建设行稳致远，更好造福各国人民。

第一，始终坚持正确理念，牢牢把握前进方向。

“一带一路”以打造人类命运共同体为最高目标，也是通向人类命运共同体的现实路径。要在构建人类命运共同体的大愿景下谋划和推进“一带一路”建设。坚持以伙伴关系为主要途径，构建以合作共赢为核心的新型国际关系，打造对话不对抗、结伴不结盟的伙伴关系，拓展“一带一路”朋友圈；坚持以共同安全为重要保障，树立正确的安全观，营造共建共享的安全格局，打造和平丝绸之路；坚持以合作共赢为基本原则，聚焦发展这个根本，积极发展开放型经济，坚持创新驱动，打造繁荣、开放、创新丝绸之路；坚持以文明交流为桥梁纽带，传承弘扬丝路精神，精耕细作人文合作，打造文明丝绸之路。

第二，不断强化战略布局，努力扩大务实成果。

增强战略思维，保持战略定力，坚持需求导向和目标导向相结合、长期任务和近期工作相结合，推动“一带一路”建设不断取得新进展。要瞄准重点取向，明确战略走向和主体框架，陆上依托国际大通道共建经济合作走廊，海上以重点港口为节点共建运输大通道。要突出重点国家，既与沿线各国平等互利合作，也要结合实际与一些国家率先合作，打造战略支点，争取示范效应。要加强重点领域，以政策沟通、设施联通、贸易畅通、资金融通、民心相通为重要内容，突出互联互通和产能合作主线，既推进“陆、海、空、网”四位一体的“硬联通”，又加强政策、规则、标准三位一体的“软联通”。我们在杭州跨境电商综合试验区下城园区了解到，这个2.9平方公里的跨贸小镇聚集了200多家跨境电商，打造了大数据通关服务、跨境智能物流、跨境电商孵化、跨境生活体验为一体的跨境电商服务平台，努力实现轻松“买全球”“卖全球”。去年跨贸小镇累计通关进出口货物5000多万件，进出口额近30亿元人民币，业务遍布全球180多个国家和地区，推动更多中国制造走出国门、更多人享受地球村生活。要抓好重点项目，优先支持基础设施互联互通、能源资源开发利用、经贸产业合作区建设、产业核心技术研发支撑等战略性项目，高度重视和建设一批民生项目。

第三，注重做好统筹协调，持续形成强大合力。

坚持稳中求进工作总基调，兼顾各方利益诉求，构建协同联动、互补互促的工作格局，有力有序有效推进“一带一路”建设。要正确处理我国利益和沿线国家利益的关系，坚持政策沟通为先，找准规划对接契合点，发现更多利益交汇点，统筹共同利益和具有差异性的利益关切，深化利益融合，拉紧利益纽带。正确处理政府、市场、社会的关系，发挥政府在宣传推介、组织协调、机制构建等方面的主导性作用，不断完善以市场为基础、企业为主体的合作机制，引导更多社会力量参与，形成政府主导、企业参与、民间促进的立体运行格局。正确处理经济合作与人文交流的关系，坚持两方面有机结合、共同推进，着力打造一批相互支撑的旗舰项目，形成民心相通为经贸合作提供民意保障、经贸合作为民心相通提供物质基础的良性互动态势。正确处理国家总体目标和地方具体目标的关系，实现优势互补，形成全国一盘棋，在国家总体框架下准确定位，发挥各自特点和优势，同时加强地区间横向交流协作。正确处理走出去和引进来的关系，既卓有成效走出去，又高水准引进来，规划好进出重点产业，把握好进出节奏力度，形成双向流动的差异互补，防止因进出失衡而引发产业空心化。

第四，着力推进机制建设，切实强化支撑保障体系。

加强对国际合作机制和国内推进机制的设计研究，加大政策支持和服务保障力度，努力营造公平公正、开放透明的发展环境。要完善政策协调对接机制，加强经贸、投资等领域宏观政策协调，加强与地区国家及区域组织发展战略对接，形成规划衔接、发展融合、利益共享局面。昨天我们看到，上海电子口岸探索实施国际贸易“单一窗口”管理制度。这个“单一窗口”覆盖9项功能模块，涉及23个口岸和贸易监管部门，服务20万家企业，支撑全国28%的进出口贸易量。进出口货物整体通关申报时间由1天压缩到半小时，查验时间由2天压缩到1天。海运货物船舶申报时间由2天压缩到2小时，离港办理时间从1天压缩到以秒计算。上海国际贸易“单一窗口”具有世界一流水准、国际先进水平，有效促进了贸易便利化。要优化人文交流机制，开拓更多平台和渠道，促进民心相通建设的常态化、机制化，在沿线国家民众中形成相互鉴赏、相互理解、相互尊重的人文格局。要构建金融保障体系，创新投融资模式，建设多元化融资体系和多层次资本市场，形成长期、稳定、可持续的金融服务网络。要健全风险防控体系，加强对全球政治经济形势、行业发展态势、国际规则变化趋势的综合研究，推进风险评估、监测预警和应急处置机制建设，营造安全稳定的发展环境。

第五，用心讲好丝路故事，主动传播中国声音。

弘扬丝路精神，传播好丝路声音，增进国际社会的理解和支持，为“一带一路”建设夯实民意和社会基础。把握正确导向，坚持团结鼓劲、凝心聚力，坚持主动发声、积极引导，既接地气、又聚人气，增强工作前瞻性、战略性和实效性。明确重点内容，深入诠释什么是“一带一路”、为什么建设“一带一路”、怎样推动“一带一路”建设等重大问题，充分挖掘典型重点项目、企业和个人身上的故事，积极宣传成功案例和务实成果，增强说服力、亲和力、感染力。创新方式方法，采用融通中外的概念、范畴和表述，将中国表达与国际通行的认知和规范对接，与对象国的文化传统和社会习俗对接，找准与沿线国家民众思想认识共同点、情感交流共鸣点、利益关系交融点，增强沿线民众对“一带一路”的认知度、接受度。拓展渠道载体，广泛动员企业、智库、社会组织等各类主体进行宣传，有效运用各类对话交流平台，用好影视、书籍、美术、音乐等手段形式，加强中外媒体交流合作，更好发挥新媒体的作用。

各位理事，各位嘉宾！

中国经社理事会是全国政协领导下的社团组织和高端智库，也是经济社会理事会和类似组织国际协会的成员，具有位置超脱、智力密集、联系广泛的特点，在“一带一路”建设中优势独特。经社理事会作为全国政协所属机构，要发挥好促进协商、增进共识作用。积极宣介社会主义协商民主，讲好人民政协在推动民主协商中的责任担当和功能作用，推动共商共建共享理念深入人心，坚定沿线国家与我国共建“一带一路”的信心和决心。经社理事会作为高端智库，要发挥好决策咨询、资政建言作用。深入研究“一带一路”建设规律，积极探索“一带一路”合作治理新模式，综合分析沿线国家各种信息，在规划衔接、政策沟通、机制设计等方面成为党和政府的得力参谋助手。经社理事会作为社团组织，要发挥好联系民众、服务社会作用。深刻阐释“一带一路”倡议的精神实质和丰富内涵，推动理念传播、政策解读、民意通达，激发各方参与热情和动力，为“一带一路”建设聚众智、汇合力。经社理事会作为国际协会成员，要发挥好沟通协调、桥梁纽带作用。加强与沿线国家经社理事会及类似机构的友好交往，推动政府间政策协调和规划对接，在投资开发、项目评估、法律服务、风险防范等方面为双方企业提供支持，助力打造更为紧密的伙伴关系网络。希望大家以这次论坛为契机，统一思想、提高认识，求真务实、开拓创新，为“一带一路”建设贡献更多智慧力量，以良好精神状态和优异工作成绩迎接中共十九大胜利召开！

最后，预祝论坛取得圆满成功！

谢谢大家。

责无旁贷做好党外知识分子工作

（2017 年 3 月）

韩　启　德

习近平总书记在民进、农工党、九三学社委员联组会上的重要讲话，对于民主党派做好各项工作，具有重要指导意义。特别是总书记对知识分子给予充分肯定、寄予殷切希望，回应了知识分子的关切，道出了知识分子的心声，为进一步团结广大知识分子、做好知识分子统战工作、充分调动广大知识分子积极性提供了基本遵循，意义十分重大。讲话使九三学社广大社员和所联系知识分子倍感振奋、备受鼓舞，同时也深感肩上责任重大。

第一，凝聚思想共识，团结引导广大成员做社会主义核心价值观的模范践行者。思想共识，是社会协调稳定与持续发展的根本条件，是一切事业顺利推进的重要前提。当前，我们凝聚思想共识的任务比以往更加艰巨。国际局势风云变幻，多元文化激荡交融；我国社会深刻变革，各种矛盾相互叠加，社会意识显著分化。要实现“两个一百年”奋斗目标和中华民族伟大复兴的中国梦，必须凝聚人心，取得高度社会共识。古人说：“得士者强，失士者亡。”我国党外知识分子有 9000 万人，占总数四分之三。他们不仅在社会各领域发挥着不可取代的重要作用，而且是影响乃至引领社会舆论、传播价值观念的重要社会群体。党外知识分子能否在坚持中国共产党领导和中国特色社会主义这个核心问题上取得共识，对整个当代中国社会能否形成思想共识、凝聚人心，具有极其重要的影响，事关中国共产党执政地位的巩固，关系实现“两个一百年”奋斗目标和中华民族伟大复兴的中国梦的成败。习近平总书记关于知识分子的讲话，具有很强的现实针对性和深远的战略意义。

做好党外知识分子工作，凝聚党外知识分子的思想共识，民主党派责无旁贷。与科技界知识分子联系密切，是九三学社在长期实践中形成的界别特色和突出优势。我们要充分发挥优势，结合履行参政党职责和自身建设，依靠真理、真情和正确的方法，有针对性地做好所联系知识分子的思想工作。我们要以学习教育活动和履职尽责为牵引，引导他们不断增强中国特色社会主义道路自信、理论自信、制度自信、文化自信，身体力行带动全社会遵循社会主义核心价值观。充分相信、依靠和服务社员，尊重他们的志向，呼应他们的诉求，反映他们的愿望，帮助他们解决实际问题，维护他们的合法权益，增强他们的信任感和获得感。要以各种方式，尽力发挥他们的智慧和才能，使他们成长有机会、干事有舞台、发展有空间，将个人事业和国家发展融为一体，努力把他们团结在中国共产党周围，为坚持和发展中国特色社会主义而共同奋斗。

第二，强化担当意识，为实施国家创新驱动发展战略、建成创新型国家贡献力量。正如习近平总书记所强调的那样，我国知识分子历来有浓厚的家国情怀，有强烈的社会责任感，重道义、勇担当。“先天下之忧而忧，后天下之乐而乐”“为天地立心、为生民立命、为往圣继绝学、为万世开太平”“士不可不弘毅”等思想，无一不为真正的知识分子所尊崇。追溯历史，抗日战争后期，九三学社诸位先贤创建九三学社，也同这种家国情怀和担当意识密不可分。

历史经验证明，创新始终是一个国家、一个民族发展的重要推动力。国家要强，人民群众生活要好，必须要有强大的科技创新能力。没有强大的科技创新能力，就不可能有强大的国家和较高的国际地位。目前我国科技创新能力，特别是原始创新能力，与发达国家还有很大差距，亟须迎头赶上。在这种情况下，作为以科技界知识分子为主体的参政党，九三学社只有敢于担当、主动作为，为实施国家创新驱动发展战略、建成创新型国家作出重大贡献，才算真正担负起时代赋予的光荣任务，才算真正为维护我国的政党制度与基本政治制度作出了贡献，才能真正体现出与中国共产党肝胆相照、荣辱与共的关系。我们要充分发挥组织优势，通过参政议政、民主监督、参加中国共产党领导的政治协商，对国家创新驱动发展战略和科技体制改革的总体思路、实现路径、方针政策等方面提出我们的意见和建议，助推实现习近平总书记提出的加快形成有利于知识分子干事创业的体制机制的要求。要鼓励和支持九三学社所联系的科技工作者，勇于追求原始创新，善于进行集成创新，敢于摆脱束缚、打破框框，在自己的岗位上更加努力工作，为推进国家科技创新事业建功立业。要积极倡导科学方法、传播科学思想、普及科学知识，持之以恒、久久为功，真正让科学理念、科学精神在人民群众心里扎下根来，不断提高全民科学文化素养，激发全社会创新创造活力，为建成创新型国家提供有力支撑。

第三，加强自身建设，着力提升履职能力和水平。习近平总书记的重要讲话，对民主党派履职能力和自身建设提出了新的更高要求。我们要全面深刻学习领会总书记重要讲话精神实质，紧密结合九三学社实际，认真予以贯彻落实。我们要以高度的责任感、使命感升高标杆，不断加强思想、组织、制度特别是领导班子建设，努力提高政治把握能力、参政议政能力、组织领导能力、合作共事能力和解决自身问题能力。扎实抓好九三学社中央和省级组织换届工作。在推进新老交替的同时，传承弘扬九三学社爱国民主科学的优良传统，深化政治交接，努力换出新干劲、换出新气象、换出新面貌。进一步提高民主监督本领，发动九三学社组织整体力量，着力做好对陕西脱贫攻坚的民主监督工作。紧扣“十三五”规划实施和经济社会发展目标建诤言、献实策。要像总书记所要求的那样，抓住关键领域、重要环节、人民群众关心的重大问题，深入调查研究，提出务实管用的对策建议，为保持经济平稳健康发展和社会和谐稳定作出应有的贡献。

在中国宗教界和平委员会第四届第四次全体会议上的讲话

（2017年3月13日）

帕巴拉·格列朗杰

各位委员，同志们、朋友们：

今天上午，政协十二届五次会议胜利闭幕，在这振奋人心的时刻，中国宗教界和平委员会召开四届四次全体会议。首先，我谨向“中宗和”全体委员及在座所有关心、支持“中宗和”工作的朋友们致以诚挚的问候！同时，对此次会议审议通过的常务副主席、副主席和新任命的副秘书长表示祝贺！

2016年是中华民族伟大复兴征程中十分重要的一年。中共中央团结带领全国各族人民，把握国内国际两个大局，开启全面建成小康社会决胜阶段的伟大进军，推进经济建设、政治建设、文化建设、社会建设、生态文明建设和党的建设取得新成绩。2016年也是我国宗教工作极为重要的一年，党中央、国务院召开全国宗教工作会议，习近平总书记发表重要讲话，深刻阐述了宗教工作重大理论和实践问题，为做好宗教工作提供了根本遵循。全国政协主席俞正声在会上做了总结讲话，指出要深入领会习近平总书记关于宗教问题的新思想新观点新要求，切实把思想和行动统一到讲话精神上来。

过去的一年，“中宗和”认真学习贯彻党的十八大和十八届三中、四中、五中、六中全会精神，学习习近平总书记系列重要讲话精神和俞正声主席对“中宗和”工作重要指示精神。在全国政协领导下，紧紧围绕国家外交大局和全国政协中心工作，圆满完成各项任务。出席“亚宗和”成立40周年纪念研讨会和领导层会议，与参会代表广泛交流，达到了“坚持原则、正面宣传、扩大交流、增进友谊”的良好效果。通过接待“亚宗和”“韩宗和”、印度伊斯兰教代表团访华，组织代表团访问巴基斯坦、孟加拉等一系列“请进来、走出去”活动，宣介我国“一带一路”倡议，进一步巩固和促进了中国宗教界与其他国家宗教界的友好交流，扩展了“中宗和”在世界宗教领域的交往范围。参与“亚宗和”“世宗和”框架内各项会议活动，主动发声，积极宣介中国宗教政策和宗教信仰自由真实状况，展现“中宗和”在促进宗教团结合作和开展对外友好交往中所发挥的不可替代的积极作用。

2017年中共十九大将要召开，这是党和国家政治生活中的一件大事。2017年也是实施“十三五”规划的重要一年，是推进供给侧结构性改革的深化之年，今年的“两会”对2017年我国总体工作做出部署。“中宗和”委员大部分是全国人大代表和全国政协委员，大家要主动宣传介绍“两会”精神，要积极建言献策、真抓实干、服务社会，团结带领广大信教群众积极投身于中国特色社会主义建设事业，积极参与全面建成小康社会的伟大实践。

在新的一年里，在全国政协的领导下，在有关部门、各宗教团体和各位委员的大力支持下，“中宗和”一要按照统筹推进“五位一体”总体布局和协调推进“四个全面”战略布局要求，引导宗教界人士和信教群众紧密团结在以习近平同志为核心的党中央周围，坚持党的宗教工作基本方针，贯彻全国宗教工作会议精神，坚持我国宗教中国化方向和提升宗教工作法治化水平。二要继续坚持正确的政治方向，发扬爱国爱教传统，紧紧围绕国家总体外交工作大局和全国政协中心工作，发挥全国政协对外交往重要平台优势，在国际上发出中国宗教界的声音，展现中国宗教界良好形象，讲好中国宗教界的故事。三要不断加强自身建设，进一步提升工作成效和履职水平。为促进民族团结、宗教和睦、社会稳定和祖国统一，切实维护国家核心利益，抵御境外势力利用宗教渗透，不断推动世界的和平、稳定与发展作出新贡献，以优异成绩迎接中共十九大胜利召开。

中国梦　侨海情

（2017 年 2 月）

万　钢

神猴辞岁，金鸡迎春。刚刚过去的 2016 年，面对错综复杂的国内外形势，以习近平同志为核心的中共中央团结带领全国各族人民，把握国内国际两个大局，开启全面建成小康社会决胜阶段的伟大征程，打响供给侧结构性改革的攻坚之战，吹起脱贫攻坚战的冲锋号，团结一心，攻坚克难，推动经济建设、政治建设、文化建设、社会建设、生态文明建设和党的建设取得新的成绩，实现了“十三五”良好开局。

能用众力，则无敌于天下；能用众智，则无畏于圣人。当前，我们正处在协调推进“四个全面”战略布局、奋力实现“两个一百年”奋斗目标的关键阶段，正在进行着具有许多新的历史特点的伟大斗争，比以往任何时候都更接近中华民族伟大复兴的目标。越是任务繁重艰巨，越需要共同团结奋斗。中共十八大以来，我国多党合作事业蓬勃发展，特别是中央统战工作会议的召开，在我国统一战线历史上具有里程碑的意义。习近平总书记在会上所作的重要讲话，科学回答了新形势下需不需要统一战线，需要什么样的统一战线，以及怎样巩固和发展统一战线等重大问题，是指导统一战线事业发展的纲领性文献。《中国共产党统一战线工作条例（试行）》的颁布，使统一战线工作更有政治保障、组织保障和法制保障。

同心同德，桴鼓相应。2016 年，致公党聚焦“十三五”规划提出的目标任务，紧扣创新、协调、绿色、开放、共享五大发展理念凝心聚力，围绕“致力为公、侨海报国”奋发有为，各项工作取得了可喜成绩，为促进深化改革开放、社会和谐稳定作出了积极贡献。一年来，全党把思想建设摆在突出位置，以坚持和发展中国特色社会主义学习实践活动为主线，深化宣传教育，不忘合作初心，继续携手前进；围绕“十三五”规划，深入开展调查研究，全面提高政党协商的能力和水平，参政履职工作实现新发展；以精准扶贫、精准脱贫工作为主线，探索实施脱贫攻坚民主监督工作，拓展社会服务工作外延，服务全面建成小康社会能力和水平显著提高；继续发挥“侨”“海”优势，持续拓展联络平台，继续传承和深化与侨界的传统友谊，公共外交工作实现新突破，服务国家外交大局的能力和水平明显提升；继续实施“人才兴党”战略，加强组织和机关建设，切实转变作风，扎实推进内部监督，严格换届纪律，营造风清气正的换届环境，着力推进本党事业健康发展。

2017 年，是我国实施“十三五”规划的重要一年，也是推进供给侧结构性改革的深化之年。这一年，致公党将深入贯彻落实中共十八大和十八届三中、四中、五中、六中全会精神，深入贯彻习近平总书记系列重要讲话精神和治国理政新理念新思想新战略，围绕统筹推进“五位一体”总体布局、协调推进“四个全面”战略布局，以加强政治交接为主线，以增强“四个意识”为抓手，扎实做好各项工作，努力在服务大局上有新作为，在自身建设上有新进展，以优异的成绩迎接中国共产党第十九次全国代表大会和致公党第十五次全国代表大会的胜利召开。

作为主要联系海外华侨华人和留学人员的民主党派，新的一年，我们将继续秉持为侨服务的宗旨，不断搭建为侨服务的新平台，不断拓展为侨服务的新领域，携手奋进，共同书写中华民族发展的时代新篇章。

又是春潮拍岸时。站在新的历史起点上，让我们更加紧密地团结在以习近平同志为核心的中共中央周围，不忘合作初心，继续携手前进，为实现“两个一百年”奋斗目标和中华民族伟大复兴的中国梦作出新的更大贡献！

不忘初心行与思

（2017 年 11 月 20 日）

罗　富　和

2017 年底，各民主党派中央将进行换届。光阴似箭，转眼到民进中央领导岗位上工作已经十年了。回首这十年，一张张慈祥亲切的民进脸还历历在目，一件件亲身经历的民进事还记忆犹新。

我的人生历程有两个意外：年少时喜欢机械，理想的职业是做一名机械工程师，但是命运安排我进了农学院林学系；青年时要求进步，写的第一份申请书是志愿加入中国共产党，但是命运却导引我跨入了中国民主促进会的大门。

我出生在 1949 年，与共和国同龄。我们这一代人有着相同的人生经历：下放当知青，在逆境中努力磨炼，考上大学，通过刻苦学习、艰苦奋斗走上教学科研道路。

1968 年，我随着广州大规模下乡的知青队伍，到了海南岛白沙县，成为广州军区生产建设兵团的一员。那时候的海南是遥远的，从广州坐轮船到海口需要一天多。搭茅棚住下，开荒、炸树头、挑水、育苗、伐木、炸石头、建房，还自己建小水电站发电，时常一个月都吃不上一口肉，在这样艰苦的环境下，一干就是 5 年。这 5 年给我的人生留下了不可磨灭的烙印，对中国的社会基层有了深刻的体验和了解，同时也得到了意志的磨炼。不仅学会做事，更重要的是在那扎根一辈子的退伍老兵和老工人教会了我应该如何做人。

1973 年，我参加“文革”开始后第一次恢复的高考，在层层选拔中以优良的成绩争取到读大学的机会。记得当时省招生办有人来问我对高考交白卷事件的态度，我认为在推荐的基础上通过考试选拔招生没有错。后来我才知道，虽然在全团考生中我的成绩名列前茅，可能就是认识有问题未能被录取到心目中理想的大学和向往的机械专业，最后进了广东农林学院（今华南农业大学）林学系。这是我上大学的唯一机会，虽然遗憾，但别无选择。农林学院毕业后，我留校当上了助教。1978 年，通过了“文革”后全国首次选送公派留学生的考试，得到公派留学的机会去了芬兰，在赫尔辛基大学林学院森林经理系进修学习。

在芬兰令我感受最深的是教授们一天到晚都扑在实验室里、实验林里，那种专心致志、兢兢业业，对事业的执着追求，令我深受教育。我的导师对我说：“芬兰也不是所有人都能读大学，我们腾出学位给发展中国家的学子，让他们学成回国，为自己的国家作贡献。如果他们学完了，都留在芬兰，那是我们的失败。”导师的这种胸怀和境界给我深刻的影响，坚定了我为祖国发展贡献力量的信念。我把几乎所有的时间都泡在实验室和计算机房里，孜孜不倦地学习。

1983年，我获得了赫尔辛基大学农林学院硕士学位。回国后，陆续主持一批科研项目，发表十多篇论文，获得3项省部级以上科技奖励和一项国家专利，被破格从助教直接晋升为副教授。

1985年我加入了中国民主促进会，入会介绍人是华南工学院、华南农学院的教授。他们在“文化大革命”中都受到冲击，然而我从未听到过他们的半句抱怨，而是看到他们珍惜改革开放的春天，日夜操劳在教学科研第一线，业余还积极认真地参加民进的各项活动。民进人这种“老实党”的品格深深地烙在我的脑海里，从而不断地激励着自己投身中国特色社会主义参政党建设的实践与思考。

担任华南农业大学副校长后，我走上了领导岗位。领导工作其实就是服务，当时我分管科研，十分留意科技人员有什么想法、有什么困难。学校科研条件很差，记得从国际水稻所回来的一位博士，他的实验室就是一个旧房间，满地摆放着装稻种的玻璃干燥皿，两个书架。科研人员在这种条件下有劲使不出的焦急可想而知。我们暗暗下定决心要改变这种状况，经过努力，争取到经费，建设起一个达到先进水平的实验中心，凝聚了科研人才。

1998年4月，我被任命为广东省科委副主任，2000年我任广东省科技厅副厅长；2001年起，担任广东省农科院院长。农科院是院长负责制，让我这个党外人士当一把手，这是中共党组织对我的信任。这也促使我在工作中更多地注意学习党的方针、政策，自觉接受党的领导，因为权力不是个人的，是组织授予的。要做好一把手，除了做好管理和服务外，更重要的是“做方案、抓实事、听意见”。重大决策时，我坚持先个别通气酝酿，严格遵循议事规则，实行民主集中制。特别是抓改革，发挥科研人员的积极性。在大家共同的努力下，广东省农科院改革发展势头迅猛，2007年在全国农业科技机构“十五”综合科研能力评估中，列全国省级农科院前茅。

作为一名民主党派成员，我的参政议政历经了3个阶段：第一是发牢骚的阶段。尤其是当年我刚从芬兰留学进修回来的时候，对学校和社会上的很多问题都看不惯，牢骚话说得比较多，但牢骚话不能解决问题，只是不负责任的宣泄。第二是提意见的阶段。学校党委和校领导请我参加座谈会，在会上提意见是负责任的，但欠缺建设性。第三是提建议的阶段。担任了大学、厅局和科研院所的行政工作，换位思考，在现有的条件下，如何提出建议推动工作的进展，就难多了。学习线性规划知道，目标函数只有一条，收益的最大化或成本的最小化。然而约束函数是个集，可能成百上千，要提出改进或突破某些约束条件，达到相对优化的目标效果，努力做经过努力能做到的事情。担任民进广东省委会副主委后，李金培主委多次带我出席中共省委召开的党外人士座谈会，让我代表民进发言。开始真觉得压力山大，只好认真学习党委政府的方针政策，多了解省委会的有关调研报告，多听取民进会员、学校老师、社会各界等方方面面的意见，在研究的基础上围绕座谈会的主题提出建议。只有提建议才是真正负责任而又富有建设性的，是参政议政的积极态度。就这样，先后有机会向5任省委书记提过建议。

2002年，我担任民进广东省委会主委，雷洁琼主席在她97岁高龄最后一次回广州的时候，我们广东民进第五届省委会领导班子集体向她汇报工作，我们觉得要弘扬民进老一辈的光荣传统。她当时鼓励我们，光荣属于年青一代，年青一代要在老一辈的基础上，创造出新的方法来发展民进。回北京后雷老为“以党为师，立会为公，参政为民，服务为本”这16个字题词亲笔签名，是她对广东民进的谆谆教诲。民进广东省委会的新班子就广东民进今后5年自身建设、领导班子建设的总体思路达成了共识，即：以党为师，立会为公，参政为民，服务为本。弘扬民进的光荣传统，以中国共产党提出执政为民为榜样，以参政兴国作为参政党的第一要务，坚持为党和政府的中心工作服务、为基层组织服务、为人民服务。在北京召开的民进中央工作会议期间，我们向许嘉璐主席汇报广东民进的工作进展，许主席为广东民进成立20周年题词：“南巡谆谆音容在，‘代表’黄钟振聩鸣，粤土腾腾春雨早，我侪能不效群英。”广东民进牢记民进历代领导人的教诲，矢志不渝地坚持、传承、弘扬民进的优良传统。在民进广东省第六次代表大会上，代表们提议并一致赞同将这16个字工作总思路提升为广东民进健康发展的核心价值，使之成为凝聚和号召全体会员的一面旗帜。

2007年12月，我被推选出任民进中央常务副主席，自觉是德才不备、拉牛上树，唯有笨鸟先飞，以勤补拙。始终不忘“服务为本”和“效群英”的教诲，为民进、为会员努力工作。严隽琪主席提出了“有思有行，集智聚力，顺势而为，开拓创新”的工作思路，我们在工作中认真贯彻，积极履行参政议政、民主监督、参加中国共产党领导的政治协商的基本职能。我们完善了人才队伍，创新了课题申报、提案形成、成果奖励等工作机制，共建了中国教育政策研究院等合作平台，开通了网上参政议政、信息报送等信息平台，紧紧围绕党和国家的中心工作，主动加强同政府部门、社会团体、高校、科研院所的联系，在参与教育修法、促进教育均衡发展、加强乡村教师队伍建设、构建现代公共文化服务体系、可持续发展中的资源节约和环境保护、经济转型、反腐倡廉、社会建设、科技创新、区域发展等方面提出很多意见建议。

参政议政是我分管（后改为协管）的主要工作之一。我认为，只有当你把参政议政视作历史和人民赋予你的使命，才会“提出高水平的建议”。如果言之无物，泛泛而谈，那是对参政议政的不负责任。

2010年起，民进中央筹办新疆少数民族校长班，我们注意到双语教学中的“汉语”教学混淆了“汉语”与“普通话”的区别。“汉语”不是汉族的语言，在维语、藏语、蒙语等民族语言中都翻译成“汉族语言”，在民族地区提倡学好汉语就会造成要学习另一个民族语言的曲解，不利于民族团结。新闻出版、广播电视和对外交往的很多场合也经常出现将“汉语”与“普通话”混淆使用。为此，民进中央多次提出提案建议，按照中华人民共和国宪法第十九条规定，“国家推广全国通用的普通话”，建议规范国家通用语言文字的表述。同时《教育法》第十二条“汉语言文字为学校及其他教育机构的基本教学语言文字”亟须进行修订。在2010年至2017年间，我们先后向中共中央、国务院报送5份建议、向全国政协提出2份提案。为了准备这些建议和提案，我们收集了近1.2亿古今中外的文字、图像和影音资料，得到了西藏政协、新疆政协、内蒙古政协，教育部语信司、中国教育政策研究院，民进广东省委会、新疆区委会、北京市委会、内蒙古区委会，首都师范大学、新疆师范大学等单位的帮助。我们体会到，要像做科研那样做提案，深入调查研究发现问题，认真辨思查找原因，换位思考提出建议。我们还多次参加全国推广普通话的活动，赴西藏、新疆、内蒙古、云南、广西等地调研，宣传推广普通话对于维护民族团结、国家统一，促进经济发展、社会进步的重要意义。结果令人欣慰：2015年12月27日，第十二届全国人大常委会第十八次会议表决通过了关于修改教育法的决定，2016 年 6 月 1 日起施行的新修订《教育法》第十二条中，“汉语言文字为学校及其他教育机构的基本教学语言文字”修改为“国家通用语言文字为学校及其他教育机构的基本教育教学语言文字”。

社会服务工作是我长期分管的另一项工作。十年来，民进坚持政治性、公益性、组织性、实效性原则开展社会服务，集中全会力量组织开展以教育帮扶为重点的“同心·彩虹行动”，通过多种形式的全方位服务彰显参政党的社会责任。

说起我对社会服务工作的理解和认识，有件事带给我很大启发。民进中央原副主席冯骥才在汶川地震后，努力抢救独具特色和魅力的羌族文化遗产，后来，他成为统一战线唯一一名受到国家表彰的抗震救灾先进个人。这说明，民主党派社会服务工作不是比钱比物，比的是爱心和特色。要积小善为大善，各自的精彩汇集在一起就是民进全会的精彩。此外，在参加社会服务工作时，还要把社会服务的过程作为调查研究的过程，与参政议政和其他各项工作结合起来，就能把工作做得更好。在实践中我们提高认识，转变观念，把“帮扶”转为“参与”，参与中国特色社会主义建设；把“施予”转为“收获”，收获了人民群众的认可和赞许，也收获了全面建成小康社会、实现中华民族伟大复兴的信心。

回首过去倍感欣慰，展望未来信心满怀。我们将始终牢记马叙伦等创会老一辈的政治嘱托，跟着中国共产党在正道上行，撸起袖子加油干，为实现“两个一百年”奋斗目标、实现中华民族伟大复兴的中国梦而努力奋斗。

第三期“澳门大学生天津学习交流计划”结业式演辞

（2017 年 6 月 25 日）

何 厚 铧

女士们、先生们，同学们：

大家上午好！很高兴出席今天的结业式。首先，我对第三期“澳门大学生天津学习交流计划”的成功举办表示热烈的祝贺！向为此项活动付出辛勤劳动的全国政协港澳台侨委员会、澳门中联办、天津市政协、天津南开大学、澳门基金会、澳门旅游学院等各有关方面负责同志和工作人员表示衷心的感谢！向参加学习交流计划的同学们致以诚挚的问候！

“澳门大学生天津学习交流计划”是在“一国两制”条件下，为在澳门本地就读的大学生提供一个兼顾专业教育、历史教育和国情教育的系列培训计划，加强对培养澳门青年人才的积极探索。学习交流计划开展三年来，在各主办方的共同推动下，参与范围不断扩大，学习内容不断丰富，取得了良好的成效。本次学习交流计划，在总结过去两届成功经验的基础上，安排了更多参观考察内容，更加符合澳门大学生的特点和需求。刚刚，我听了各组同学的专题汇报，大家在两周的时间里，既了解到天津的历史沿革与文化特色，也领略到国家改革开放和现代化建设的发展成果；既学习了国家政策、文化保育等理论知识，也亲身参与了实习实践；既增长了见识，也增进了与内地同学的友谊。大家都有所见、有所思、有所悟、有所得，半个月的时间不长，但相信这段经历给大家留下难忘的记忆，为各位同学的人生道路增添新的动力。

南开大学是一所百年名校，周恩来总理曾经在这里留下了青春的印记。周总理在南开时，与在座各位同学年龄相仿。过去，周总理在中华民族处于生死存亡的紧要关头，立志“为中华之崛起而读书”，一生奋发图强，建立了不朽的功勋。今天，中华民族处在伟大复兴的历史节点，各位同学拥有着成长成才的优越条件和施展抱负的广阔空间。希望同学们牢记习近平主席、李克强总理、张德江委员长视察澳门时对澳门青少年学生提出的殷切期望，以周恩来总理为榜样，立报国兴澳之志，勤奋学习，增强才干，牢牢把握时代赋予的大好时机，自觉地将个人命运与国家和澳门的发展结合起来，在祖国繁荣、澳门发展的过程中，发挥自身价值，努力做“一国两制”事业的建设者和接班人。

天津和澳门都是中西交融的沿海开放城市，有着良好的合作基础，助力国家“一带一路”战略、京津冀协同发展及粤港澳大湾区建设，两地的合作前景十分广阔。希望“澳门大学生天津学习交流计划”不仅搭建起津澳两地年轻人交流交往的平台，也为进一步加强两地交流合作提供新的契机，为两地在经贸、旅游、文化、人才培养等领域开辟更多的合作空间。

最后，再次对参与学习交流计划的各个单位所付出的辛勤汗水和卓有成效的工作表示感谢。希望大家继续紧密合作，携手将“澳门大学生天津学习交流计划”越办越好，培养更多的爱国爱澳优秀青年人才，确保“一国两制”事业后继有人、爱国爱澳主流价值薪火相传，为使澳门继续当好“一国两制”成功实践的榜样作出我们应有贡献。

谢谢大家！

在中国人民政协理论研究会2017年度人民政协理论研讨会上的讲话

（2017年9月17日）

张庆黎

在党的十九大即将胜利召开之际，我们召开以“党的十八大以来人民政协的创新实践”为主题的理论研讨会。会议的主要任务是，深入学习贯彻习近平总书记关于人民政协工作的重要思想，总结交流党的十八大以来人民政协工作的创新实践，进一步深化对人民政协工作规律性的认识，部署迎接十九大、学习宣传贯彻十九大精神中的人民政协理论研究工作。在这里，我代表全国政协和俞正声主席，对大家一年来在人民政协理论研究工作中付出的辛勤努力，表示衷心的感谢并致以崇高的敬意！对广西壮族自治区党委、政府、政协对我们这次会议的重视支持表示衷心的感谢！

今年是十二届全国政协任期的最后一年。习近平总书记年初在中央政治局常委会会议研究全国政协常委会工作报告时强调：“对十二届全国政协的工作要认真梳理总结、加强提炼归纳，为今后人民政协事业发展提供有益借鉴。”俞正声主席在全国政协十二届五次会议上要求：“认真总结中共十八大以来人民政协事业在继承中发展、在发展中创新的宝贵经验，深化规律性认识，推进理论创新、实践创新、制度创新。”我们这次会议，就是贯彻落实习近平总书记重要指示精神，贯彻落实俞正声主席部署要求的一项具体举措。

下面，我讲三点意见。

一、深入学习贯彻习近平总书记关于人民政协工作的重要思想

党的十八大以来，习近平总书记多次就政协工作发表重要讲话、作出重要指示，总结我们党已有的实践和理论，对人民政协事业发展各个方面都作了深刻阐发，形成一系列重大理论创新成果，提出一系列新的任务和要求，科学回答了人民政协事业发展中的一系列重大理论和实践问题，内涵丰富、思想深刻，是习近平总书记系列重要讲话精神和党中央治国理政新理念新思想新战略的重要组成部分，也是政协篇，为做好新形势下人民政协工作提供了行动指南和重要遵循。总结党的十八大以来人民政协工作的创新实践，首先要学习好、领会好习近平总书记关于人民政协工作的重要思想。

（一）深刻理解把握关于坚持中国共产党对人民政协事业领导的重要思想。高度重视加强党对政协工作的领导，是以习近平同志为核心的党中央推进人民政协事业发展的一个鲜明特点。习近平总书记指出，中国共产党的领导是包括各民主党派、各团体、各民族、各阶层、各界人士在内的全体中国人民的共同选择，是中国特色社会主义最本质的特征，也是人民政协事业发展进步的根本保证。人民政协要沿着正确方向发展，就必须毫不动摇坚持中国共产党的领导。他强调，党中央作出的决策部署，党的组织、宣

传、统战、政法等部门要贯彻落实，人大、政协、法院、检察院的党组织要贯彻落实，事业单位、人民团体等的党组织也要贯彻落实，党组织要发挥作用。各方面党组织应该对党委负责，向党委报告工作。这些重要论述，既是重大原则，也是必须遵守的政治纪律和政治规矩。坚持党的领导，根本的是牢固树立政治意识、大局意识、核心意识、看齐意识，坚决维护习近平总书记核心地位，坚决维护党中央权威和党中央集中统一领导，把党的路线方针政策和重大决策部署，不折不扣地贯彻落实到政协工作各方面和全过程。

（二）深刻理解把握关于坚持人民政协性质定位的重要思想。准确把握性质定位是做好人民政协工作的基石。习近平总书记指出，做好人民政协工作，必须坚持人民政协的性质定位，人民政协是统一战线的组织，是多党合作的重要机构，是人民民主的重要实现形式，不属于权力机关；人民政协不是参议院，不是西方那种分权机构，也不是反对党发出不同声音的地方，而是社会主义协商民主的重要渠道和专门协商机构，是各党派团体和各族各界人士发扬民主、参与国是、团结合作的重要平台。这些重要论述，在新的时代条件下深化和拓展了人民政协性质定位的内涵，深刻揭示了中国特色社会主义制度的鲜明特点，阐明了我国政治制度区别于西方的特色和优势，是人民政协理论创新的最新成果，为人民政协更好履行职责、发挥作用提供了新的理论依据。

（三）深刻理解把握关于加强团结联谊的重要思想。习近平总书记指出，人心向背、力量对比是决定党和人民事业成败的关键，是最大的政治。统战工作的本质要求是大团结大联合，解决的就是人心和力量的问题。人民政协作为最广泛的爱国统一战线组织，要强化统战意识，协助党和政府做好协调关系、增进团结、凝聚人心的工作，努力寻求全社会意愿和要求的最大公约数，画出民心民愿的最大同心圆，最大限度为党和国家事业发展凝聚共识、凝聚智慧、凝聚力量。要注重把中国共产党的先进性和民主党派进步性统一起来，把统一战线内部的一致性和多样性结合起来，在包容多样基础上不断增进一致，夯实团结奋斗共同思想基础。要坚持和完善中国共产党领导的多党合作和政治协商制度，为民主党派和无党派人士在政协更好发挥作用创造条件。要着眼经济社会发展和统一战线内部结构变化，不忘老朋友，结交新朋友，扩大团结面，增强包容性，健全同党外知识分子、非公有制经济人士、新的社会阶层人士的沟通联络机制，畅通表达渠道，把更多的人团结在党的周围。他强调，民主党派包括各界代表人士参加政协的活动，都是协商对话和加强联系，主要目的是凝聚共识，做到求同存异、和而不同、和平共处。这些重要论述，进一步明确了政协工作的根本任务和评价尺度，对于人民政协坚持正确处理一致性与多样性关系的方针，最大限度调动一切积极因素，团结一切可以团结的人，汇聚起共襄伟业的磅礴力量，具有重要指导意义。

（四）深刻理解把握关于人民政协要围绕党和国家中心任务献计出力的重要思想。习近平总书记指出，人民政协要坚持议大事、抓大事，自觉立足大局，紧紧围绕大局，聚焦“五位一体”总体布局，协调推进“四个全面”战略布局，紧扣党和国家中心工作履职尽责，做到政治协商聚焦大事、参政议政关注实事、民主监督紧盯难事，建真言、谋良策、出实招。坚持把围绕“十三五”规划实施建言献策作为履行职能的主线，着眼经济社会发展重大问题和全面建成小康社会的重点难点问题，就落实五大发展理念、促进经济平稳健康发展、推进供给侧结构性改革、加强生态文明建设等，深度调研、重点攻关、集中议政，努力提出针对性、前瞻性、可操作性强的对策建议，帮助党和政府增强决策科学性和施策有效性。贯彻落实习近平总书记的重要要求，要围绕中心、服务大局，自觉服从服务于全面建成小康社会这个最大的大局，使各项履职活动更加契合中心任务，更加符合决策需要，更加体现人民心声，更加彰显人民政协在服务改革发展稳定全局中的独特价值。

（五）深刻理解把握政协工作要实现好维护好发展好最广大人民根本利益的重要思想。以习近平同志为核心的党中央提出以人民为中心的发展思想，彰显了人民至上的价值取向。习近平总书记强调，人民对美好生活的向往，就是我们的奋斗目标。人民政协要把实现好、维护好、发展好最广大人民根本利益作为一切工作的出发点和落脚点，坚持以人民群众利益为重、以人民群众期盼为念，真诚倾听群众呼声，真实反映群众愿望，真情关心群众疾苦。要通过多种途径、多种渠道、多种方式就改革发展稳定重大问题，特别是事关人民群众切身利益问题进行广泛协商，既尊重多数人的意愿，又照顾少数人的合理要求，广纳群言、广聚群智，增进共识、增强合力。这些重要论述，是以人民为中心的发展思想在政协工作领域的集中反映。坚持以人民为中心的发展思想，就要发挥政协优势，深入界别群众和基层群众，帮助群众排忧解难、解疑释惑，维护群众切身利益，使广大群众真正感受到政协离自己很近、政协委员同自己很亲，切实做到人民政协为人民。

（六）深刻理解把握关于发挥人民政协在社会主义协商民主建设中重要作用的重要思想。以习近平同志为核心的党中央把党的人民民主理论同我国协商民主实践结合起来，创造性地提出了社会主义协商民主理论，对加强社会主义协商民主建设作出战略部署。习近平总书记强调，社会主义协商民主是我国社会主义民主政治的特有形式和独特优势，是党的群众路线在政治领域的重要体现，是独特的、独有的、独到的民主形式，是中国共产党执政和决策的重要方式。习近平总书记高度重视政协协商民主在发展我国社会主义协商民主中的作用，要求把政协协商民主纳入社会主义民主政治总体布局中谋划和推进，明确指出人民政协是社会主义协商民主的一个重要平台，是社会主义协商民主重要渠道和专门协商机构。要适应推进国家治理体系和治理能力现代化的要求，坚持改革创新精神，把协商民主贯穿履行职能全过程，推进政治协商、民主监督、参政议政制度建设，不断提高人民政协协商民主制度化、规范化、程序化水平。要认真制订实施年度协商计划，拓展协商领域、丰富协商形式、增加协商密度、营造协商氛围、提升协商质量、提高协商实效，为社会主义民主政治发展注入新的活力。这些重大观点、重大论述，是对党的政治建设理论、民主政治理论的重大创新，也是人民政协理论的重大创新，为人民政协事业发展开辟了更加广阔的前景。

（七）深刻理解把握关于加强和改进政协民主监督工作的重要思想。习近平总书记强调，政协民主监督是我国社会主义民主政治的一项重要制度安排，是社会主义监督体系中的一种重要形式。政协开展监督是以提出意见、批评、建议的方式进行的，不具有强制约束力，是一种协商式监督。党抓什么，政协就可以配合抓什么，目的是协助党和政府解决问题、改进工作、增进团结、凝心聚力，重点是党和国家重大方针政策和重要决策部署的贯彻落实情况。中国共产党要主动接受、真心欢迎民主党派和无党派人士监督，容得下尖锐批评，有则改之，无则加勉；各民主党派和无党派人士要真实反映群众心声，敢于讲真话、讲逆耳之言，知无不言、言无不尽。要积极探索、不断完善民主监督的组织领导、权益保障、知情反馈和沟通协调机制，确保履行民主监督职能有制可依、有规可守、有章可循、有序可遵，开展民主监督有计划、有题目、有载体、有成效。要从政治上把握好监督方向和原则、节奏和力度，始终保持清醒头脑，增强政治敏锐性，严格防范、坚决杜绝打着民主监督的旗号，发表攻击党的领导和我国政治制度、政党制度的言论。党委要加强对民主监督工作的领导，把政协民主监督纳入工作总体部署，将重点监督议题纳入年度协商计划，听取政协民主监督情况汇报。这些重要思想，是对共产党与民主党派互相监督，主要是执政的共产党要接受监督这一马克思主义政党理论的继承和发展，也说明我们党对政协民主监督的重大理论和实践问题，认识得越来越深刻，讲得越来越具体、清晰，为我们做好新形势下的政协民主监督工作进一步指明了方向。

（八）深刻理解把握关于推进政协履职能力建设的重要思想。习近平总书记指出，人民政协是国家治理体系的重要组成部分，要适应全面深化改革的要求，以改革思维、创新理念、务实举措大力推进履职能力建设，努力在推进国家治理体系和治理能力现代化中发挥更大作用。政协委员要提高政治把握能力、调查研究能力、联系群众能力、合作共事能力，懂政协、会协商、善议政，守纪律、讲规矩、重品行，做到建言建在需要时、议政议到点子上、监督监在关键处。要坚持严格教育、严格要求、严格管理、严格监督，从严要求政协委员和政协机关中的中共党员，抓好政协委员和机关干部两支队伍建设。这些重要论述，进一步明确了人民政协履职能力建设的内容和要求，要深入领会，抓好落实。

二、深入总结人民政协工作创新的主要成就

党的十八大以来，全国和地方各级政协坚决贯彻落实以习近平同志为核心的党中央关于人民政协工作的重大决策部署，坚持用新理念谋划工作，靠新思路解决问题，以新机制推动发展，政协工作取得显著成绩，一些方面发生带有转折性的变化。这里，我以全国政协为主，结合地方政协工作，对五年来人民政协工作的一些创新亮点作一个初步梳理。

（一）完善党在政协的领导体制，把党中央的集中统一领导落实到政协工作各方面和全过程。一是明确了全国政协党组对机关党组和专委会分党组的领导。过去全国政协党组与机关党组不是领导关系，是指导关系，现在明确了领导与被领导的关系。全国政协党组定期听取机关党组和专委会分党组工作汇报，并委托机关党组指导专委会分党组工作，从组织体系、制度机制上确保党的集中统一领导得到落实。二是在9个专委会分别设立分党组并接受全国政协党组领导，各专委会分党组每年向全国政协党组报告本年度工作完成情况和下一年度工作计划，并及时请示汇报重要工作、自身建设中的重要问题、执行全国政协党组重要指示和决定的情况，保证了党的路线方针政策和决策能够得以在政协无缝隙、全覆盖的落实。三是落实全国政协党组向党中央请示报告制度。党的十八大以来，党中央每年至少研究三次政协工作，全国政协党组每年至少向党中央作一次全面工作报告，对召开重要会议、传达中央重要决策部署、执行中央重要决定等情况专题报告，遇有重大问题及时请示报告。

（二）打造人民政协协商议政格局，充分发挥社会主义协商民主重要渠道和专门协商机构作用。五年来，全国政协积极探索发挥社会主义协商民主重要渠道和专门协商机构的有效形式，在实践中形成了以全体会议为龙头，以专题议政性常委会议和专题协商会为重点，以双周协商座谈会、对口协商会、提案办理协商会等为常态的协商议政格局，从根本上改变了“年委员、季常委、月主席，剩下的时间都是自己的”的现象。

第一，充分发扬民主。坚持民主协商、平等议事、求同存异、体谅包容。建立健全制订年度协商计划工作制度和机制，协商议题广泛征求全体委员、各民主党派中央和全国工商联、省级政协等方面意见，并报党中央批准。互动交流成为协商活动的重要环节和常态化制度化安排，弘扬了民主精神，践行了协商理念。无论是双周协商座谈会还是专题协商会、议政性常委会，既有中央部门负责同志针对委员发言的回应，又有委员之间的交流、争论，还有委员们听完中央领导报告后的提问，气氛活跃，效果很好。

第二，增加协商密度。专题议政性常委会议由每年一次增加到两次，专题协商会由每年一次增加到至少两次。创设双周协商座谈会制度，以专题为内容、以界别为纽带、以专委会为依托、以座谈为方法，每次选取一个切口小、专业性强、接地气的具体问题，以小题目做大文章，邀请20位左右委员、专家以及党政有关部门负责同志参加，组织委员与有关部门互动交流。截至目前已举办73次。各方面反映，双周协商座谈会已成为政协协商民主的一个亮点，也是一个重要品牌。我认为主要有以下十个特点：一是过去座谈会主要是听取意见，现在是通过座谈进行民主协商，提出帮助党委、政府改进工作的意见和建议；二是过去没有具体的协商计划，现在每年提前制订协商计划，做到一年早知道；三是协商议题在广泛征求意见的基础上进行遴选，经主席会议研究，最后报党中央审定；四是会议议题都围绕经济社会发展中的重点问题、人民群众生产生活中的难点问题和社会普遍关注的热点问题，切口较小，容易议深议透；五是每次会议都建立在深入调查研究的基础上，情况吃得透、问题找得准、建议提得实；六是参加会议的除了熟悉本议题的政协委员，还邀请专家和有关部门的负责同志参加，并与委员互动交流，回应提出的问题；七是每次座谈会中央电视台都在《新闻联播》中播报，《人民日报》都刊发消息；八是会后都要向党中央、国务院报送信息，将委员的意见建议原汁原味反映上去，中央领导和有关部门高度重视这些意见，有的做出批示，有的部门将落实和改进的意见措施书面反馈政协办公厅；九是每年确定的协商计划一般不做调整，体现了计划的严肃性；十是每次会议都由俞正声主席主持，根据大家的发言，即席总结讲话，既体现了全国政协主要领导的重视，也增强了权威性和影响力。

第三，拓宽协商领域。协商范围从经济社会领域拓展到政治领域，内容涉及“五位一体”总体布局和“四个全面”战略布局各个方面。2014年首次将党风廉政建设列为重点协商议题，在国企改革、精准扶贫脱贫等调研议政活动中就加强党的组织建设务实提出意见建议。支持委员就全面从严治党有关问题开展调查研究，及时向有关部门报送各级政协组织和委员关于加强从严治党等方面的意见建议。

第四，增强协商实效。进一步规范协商内容，增强协商主体的代表性、包容性，提高协商能力，强化协商成果的运用和反馈，切实做到协商于决策之前和决策实施之中，协商议题和协商形式相统一。

各地政协结合自身实际，探索开展了各种协商活动。一些地方政协在党委领导下出台规范性文件，就有关地方性法规和政府规章进行协商，推动参与立法协商制度化、常态化。有的建立“政协移动网络议政平台”，开通官方微博微信，有序开展网络议政、远程协商，实现了“面对面”和“端对端”协调互补。

（三）加强和改进民主监督工作，协助党和政府改进工作、解决问题。推动人民政协更好履行民主监督职能是十八大以来党中央发挥政协作用的重要着力点。全国政协充分发挥协商式监督的优势和特色，准确定位，从政治上把握监督方向和原则、节奏和力度，围绕党和国家重大方针政策和重要决策部署贯彻落实，着力通过调研察看发现问题、围绕履责不力提出批评、针对存在不足督促改进。一是抓住重点问题专题监督。比如，持续关注农村贫困人口脱贫，年年聚焦，接力建言，五年来涉及扶贫问题的视察调研遍及17个省区市，实现脱贫攻坚主战场全覆盖。连续两年围绕精准扶贫问题召开专题议政性常委会议，重点议题重点议政，常议常新步步深入。今年召开的“实施精准扶贫中存在的问题和建议”专题议政性常委会议前，组织了大规模深入扎实的调研，分别由杜青林等6位副主席带队，101名委员、50多名专家参加，组成44个调研小组，先后赴15个省区市、75个贫困县调研，涵盖集中连片特困地区、革命老区、民族和边境地区。调研突出政治站位、强化问题意识、坚持问题导向、创新监督方式。调研组改变那种层层听汇报、蜻蜓点水的做法，在省、市两级不停留，直接到县，进村入户，走访104个村、600多个农户，召开300多场基层干部群众座谈会，访谈2000多人次，完成1053份调查问卷，形成了有分量的报告。这次调研可以说规模最大、时间最长、深入度最高，效果很好。在对腾格里沙漠污染治理等问题上，整合力量，深入一线摸准情况，明查与暗访相结合，持续关注，追踪监督，推动整改。二是全面增加监督性议题比重。政协的三项职能中民主监督一直是弱项、短腿，明知道应该加强但是又感到很困惑，硬了不行，软了不行；多了不行，少了不行；真监督不行，假监督也不行，左右为难。十八大以来党中央高度重视政协的民主监督工作，习近平总书记多次做出指示，中央专门印发文件，为政协开展民主监督指明了方向、提供了遵循。近年来，全国政协组织开展的各类视察调研活动中，监督性议题逐年增加，2015年为12项、2016年为18项、2017年为20项。在政协重点提案中注重增加民主监督性提案，加强重点提案督办，探索建立与中央办公厅、国务院办公厅联合开展提案办理督查工作机制，推进提案内容和办理情况公开。三是综合运用多种监督形式。着力把民主监督贯穿到履职工作全过程，集成运用各种民主监督形式，寓监督于协商会议、视察、提案、专题调研、大会发言、反映社情民意等活动之中，注意结合实际积极探索创新民主监督方式方法，切实增强监督实效。此外，全国政协还积极探索创新更加灵活、更加经常地开展民主监督的方式方法，如在视察调研工作中强化成果跟踪落实，通过社情民意信息进行监督，试行政协全会大会发言网络直播等。

各级政协组织在民主监督方面也进行了积极的探索。有的地方组织专项监督，紧扣重点问题，综合运用提案、社情民意信息以及会同政府现场调研等方式促进解决。有的地方设立财政预算、新闻舆论、城市管理和法制建设等民主监督组，通过情况通报、专项视察和日常监督等方式对有关部门工作进行监督。还有的地方探索政协民主监督与其他监督形式的结合，如与当地媒体合作开办栏目，联合行政监察机关开展督查检查等，都取得较好效果。

（四）强化制度建设，不断提高政协工作制度化、规范化、程序化水平。全国政协围绕推进政治协商、民主监督、参政议政制度化、规范化、程序化，共制定制度11项，修订制度8项，立起了重点工作基础性制度的四梁八柱，构建了结构合理、层次清晰、科学规范的人民政协制度体系。一是加强政协协商民主制度建设。制定和修订专题协商会工作办法、双周协商座谈会工作规则等制度文件，进一步明确政协协商内容、协商形式、协商程序、成果运用以及加强与党政工作衔接等，推动政协协商更加规范有序开展。二是完善各项具体工作制度。包括修订委员履职、专委会工作、提案办理协商、委员视察考察、专题调研和反映社情民意信息相关制度，9个专委会分别制定《专门委员会工作指南》。三是加强党组工作制度建设。修订《中共政协全国委员会党组工作规则》《中共政协全国委员会机关党组工作规则》，制定《中共政协全国委员会各专门委员会分党组工作规则》。各地政协针对政协全体会议、常委会会议、主席会议、专题协商会、提案办理协商会、民主监督等制定专项工作办法，完善相关制度，还普遍对贯彻落实中央八项规定精神出台文件，强化了政协协商的作风保障。这些都是打基础、管长远的重要工作。

（五）狠抓政协委员和机关干部两支队伍建设，为做好各项履职工作夯实组织基础。全国政协坚持两支队伍建设统一部署、统一落实，严格执行中央八项规定精神，严肃会纪，改进会风，政协委员和政协干部队伍精神面貌焕然一新，履职能力迈上新的台阶。一是按照懂政协、会协商、善议政和守纪律、讲规矩、重品行的要求，切实加强和改进委员学习培训管理，丰富委员学习形式，创立了人民政协讲坛，将学习讲座列入常委会议议程，增强学习内容的政策性、时事性、知情性、知识性。二是为改善委员参加全国政协活动少的状况，以加强与非中共委员、京外委员、港澳委员等联系为重点，健全完善主席会议成员、专委会、政协机关等多层次联系服务委员制度，建立政协领导到地方调研时与驻在地全国政协委员座谈交流制度、向京外委员和港澳委员通报工作制度等，坚持到地方开展视察调研工作邀请当地政协委员参加，充分调动了广大委员履职积极性。三是狠抓机关干部队伍建设，严格落实全面从严治党主体责任，严肃党内政治生活，严守党的政治纪律和政治规矩。支持中央巡视组对全国政协机关党组的巡视，针对巡视反馈的问题，找出症结，剖析原因，提出整改意见，认真扎实进行整改。围绕孙怀山案件进行警示教育，肃清其恶劣影响。开展“庸懒散松”专项集中整治，推进机关“两学一做”学习教育常态化制度化。支持中央纪委驻政协机关纪检组工作，加强执纪监督问责，建设干干净净的政协机关，建设干干净净的政协干部队伍。各地政协也普遍加强委员和机关干部队伍建设，取得突出成效。

（六）推进经常性工作创新，不断提高政协工作科学化水平。全国政协坚持以改革创新精神做好经常性工作，各种履职活动更加活跃、深入、有序。一是改进视察调研工作。坚持以调研促进协商质量提高、以协商促进调研成果转化。在调研中注重整合资源，以委员为主体、吸收有关专家学者参加，形成专业结构优化、研究能力互补的调研队伍。注重深入一线，沉到基层，选好样本“解剖麻雀”，抓住关键环节，深度调研、集中攻关，用事实说话，用数据说话。二是切实提高提案质量。认真研究梳理提案工作中存在的问题，专门制定提案办理协商办法，着力破解“你提的不是我要的，我要的你没有提”和“你办的不是我想的，我想的你没有办”的突出矛盾。引导委员准确把握党和国家方针政策，深入了解人民群众需求，注重形成合力、增加集体提案比重。认真研究提案办理工作规律，形成方法原则，坚持重点提案重点办理、时效性提案及时办理、重复性提案“了断式”办理、综合性提案合力办理、“回娘家”提案妥善办理，做到办一件成一件，办好一件、受益一片。三是完善大会发言遴选机制。修订《大会发言工作规则》，探索依托专门委员会做好界别大会发言工作，重视从委员小组讨论和双周协商座谈会发言中产生大会发言。2016 年，首次特邀地方政协委员参加会议并在大会发言，引起强烈反响。本届以来的大会发言，尤其是监督性议题的发言，都是在调研基础上形成的，坚持强化问题意识、突出问题导向，突出重点，简明扼要，直奔主题，就一两个方面讲深讲透，不面面俱到，问题点得准、原因分析得透、建议提得实。四是强化社情民意信息舆情汇集和民意表达功能。修订社情民意信息工作条例，完善信息特邀委员和联系点制度，履职“直通车”优势进一步体现。各地政协在做细做实提案、大会发言、视察调研、反映社情民意信息、文史资料、学习和新闻宣传等经常性工作上下了很大功夫，提升了工作科学化水平。

五年来，在以习近平同志为核心的党中央坚强领导下，在俞正声主席主持和带领下，全国政协坚持在继承中发展、在发展中创新，把握新形势、研究新情况、解决新问题，开创了人民政协事业蓬勃发展的生动局面，探索和积累了宝贵经验，形成了一些规律性认识。比如，坚持党的领导，维护党中央权威，是人民政协事业发展的方向要求和根本经验；坚持人民政协性质定位，走中国特色社会主义政治发展道路，是人民政协发挥独特作用的前提和做好一切工作的基石；坚持大团结大联合，画出最大同心圆，是人民政协的根本任务和衡量政协工作成效的重要标准；围绕中心、服务大局，始终做到谋划工作在大局下思考、推动工作在大局下行动、检验工作用服务大局的实际成效来衡量，是人民政协的重要履职原则和发挥作用的基本路径；发挥政协委员主体作用，充分调动每位委员的积极性、主动性、创造性，是人民政协发展的动力源泉和必须始终抓好的基础工程；等等。这些规律性认识是人民政协事业的宝贵财富，要深入总结，深化升华，更好地指导实践。

三、以迎接和学习宣传贯彻党的十九大为契机把人民政协理论建设提高到新水平

再过一个月，党的十九大就要召开了。这是在全面建成小康社会决胜阶段、中国特色社会主义发展关键时期，召开的一次十分重要的大会。7 月 26 日，习近平总书记在省部级主要领导干部专题研讨班上发表重要讲话，为党的十九大做了重要的思想动员和理论准备。深入学习贯彻习近平总书记“7·26”重要讲话，迎接十九大、学习宣传贯彻十九大精神，是当前和今后一个时期全党的重大政治任务，也是人民政协的重大政治任务。这是人民政协理论工作的重大机遇，也提出了新的更高要求。同志们要抓住机遇，不负使命，乘势而上，推动人民政协理论建设在新的历史起点上实现新进步、迈上新台阶，更好地服务人民政协履职实践。

（一）要认真学习领会党的十九大精神。党的十九大承担着谋划决胜全面小康社会、深入推进社会主义现代化建设的重大任务，将制定适应时代要求的行动纲领和大政方针。人民政协必须为党的总路线、总任务、总方针、总政策服务。十九大召开前，政协理论工作要把学习宣传阐释习近平总书记“7·26”重要讲话作为重大任务，推动讲话精神和党中央重大决策部署在政协工作中的贯彻落实，以优异成绩迎接十九大胜利召开。十九大召开后，人民政协要迅速兴起学习宣传贯彻十九大精神的热潮。政协理论工

作者要争当排头兵，把学习领会好十九大精神作为首要政治任务，以饱满的热情，先学一步、深学一层，学深学透、入脑入心、融会贯通。要发挥理论专长和优势，撰写理论文章，深入学习宣传十九大的鲜明主题、重大理论观点和重大战略部署，深入学习宣传习近平总书记系列重要讲话精神和党中央治国理政新理念新思想新战略，深入学习宣传党的十八大以来以习近平同志为核心的党中央团结带领全党全国各族人民坚持和发展中国特色社会主义的历史进程和宝贵经验，深入学习宣传十九大对当前国际国内形势的分析判断，深入学习宣传十九大关于社会主义政治建设、社会主义协商民主建设和人民政协工作的重要论述，并通过宣讲会、讨论会、座谈会以及研讨班、培训班等形式，推动广大委员和各界人士增强政治意识、大局意识、核心意识、看齐意识，把思想和行动统一到十九大精神上来，把十九大提出的重大思想、重大观点、重大判断、重大战略、重大举措等学深学透弄懂，加强理论武装，提高政治站位，明确方向、目标、任务，打牢团结奋斗的共同思想政治基础。

（二）要在新的历史起点上加强对政协工作重大问题的研究。党的十八大以来，在新中国成立，特别是改革开放以来我国发展取得的重大成就基础上，党和国家事业发生历史性变革，我国发展站到了新的历史起点上，中国特色社会主义进入了新的发展阶段。要按照十九大精神，从历史和现实、理论和实践、国际和国内等的结合上，从我国社会发展的历史方位上，从党和国家事业发展大局出发，思考和把握人民政协未来发展面临的一系列重大问题，在理论上作出新概括、提出新阐释。一是要系统研究人民政协理论的形成基础。深入研究马克思列宁主义的统一战线理论、政党理论和民主政治理论与人民政协理论的关系，深入研究中国革命史、建设史、改革史，深入研究中国共产党关于人民政协的思想史，理清楚人民政协理论的基本框架和主要内容，理清楚政协理论与相关学科的互动关系及其在哲学社会科学体系中的定位，切实加强人民政协基础理论研究。二是要深入研究十九大重大理论观点与人民政协性质、主题、任务、原则等关系。如坚持和发展中国特色社会主义与人民政协；巩固党执政的社会基础与人民政协工作；人民政协在国家治理体系中的地位以及与其他机构的关系；在决胜全面建成小康社会和 2020 年全面建成小康社会后踏上建设社会主义现代化国家新征程的历史条件下，履行人民政协三大职能；等等。三是要研究十九大重大理论观点对指导人民政协理论研究的方法论意义。习近平总书记强调，认识和把握我国社会发展的阶段性特征，要坚持辩证唯物主义和历史唯物主义的方法论。这是总的要求。同时，贯穿十九大报告的重大思想、重大观点、重大判断、重大战略、重大举措同样带有方法论意义，要站在大局的高度上将其作为政协理论研究立论的基础和依据。

（三）要做好人民政协理论同实践相结合的文章。理论指导实践、理论来自实践、理论呼唤实践。实践是第一位的，实践高于理论。始于问题，源于实践，是马克思主义理论创新的规律。马克思主义理论创新以实践发展为基础、以回应和解决问题为导向，理论的每一步创新，又指导和带动了实践的发展。这就是马克思主义理论必须同实践相统一的观点。开展理论研究要以问题为导向，以正在做的事情为中心，以解决实际问题为根本追求。我们要立足新的实际，探索总结新的经验，用党的最新理论成果，指导和推动实践实现新发展。要深入全面建成小康社会的火热生活，把握我国仍处于社会主义初级阶段这个最大国情、把握我国发展的阶段性特征、把握人民群众对美好生活的向往、把握统筹推进“五位一体”总体布局和协调推进“四个全面”战略布局的历史进程，推动人民政协的工作实践。习近平总书记强调，要在继续推动经济发展的同时，更好解决我国社会出现的各种问题，更好实现各项事业全面发展，更好发展中国特色社会主义事业，更好推动人的全面发展、社会全面进步。人民政协工作要围绕中心、服务大局，这“四个更好”当然也应成为人民政协工作的重要任务。要深入到政协工作中去，吃透政协是什么、政协工作怎么干、政协的话怎么说、政协的文章怎么做。对实践得来的材料进行总结，在总结的基础上作出新的概括，使理论研究既有高度，又接地气。如此往复循环以至无穷的过程，就是理论同实践相统一的过程。把这篇结合的文章做好了，人民政协理论研究才能不断与时俱进。

（四）要进一步加强人民政协理论阵地建设。阵地建设是理论建设的一项基础性工作。人民政协理论建设，同样离不开阵地建设。研究会是从事人民政协理论研究的专门学术团体，是人民政协理论研究的主力军。成立 11 年来，研究会队伍不断发展壮大。今年，西藏自治区政协成立研究会的有关手续已经有关部门批准，这样全国所有省和副省级市就都有了人民政协理论研究会。有了研究会，就要建设好研究会，切实发挥作用。要加强思想政治建设，旗帜鲜明讲政治，在思想上政治上行动上同以习近平同志为核心的党中央保持高度一致。要加强队伍建设，积极培养政协系统的理论工作者，广泛吸收社会科学领域的专家学者，用好内力，借助外力，形成合力，努力建设一支高素质的人民政协理论研究队伍。要加强制度建设，完善各项工作制度和会员产生管理制度，推动工作不断规范化。各级政协要重视和支持研究会工作，为研究会机构设置、人员配备、经费管理等创造有利条件。要加强理论宣传阵地建设，做好《中国政协·理论研究》会刊、研究会网站和论文集编辑工作，努力提高办刊、办网和编辑水平。《人民政协报》《中国政协》杂志、全国政协门户网站和地方政协网站、报纸、刊物，要增强阵地意识，加强人民政协理论的宣传，为人民政协事业发展创造良好社会环境。要把人民政协理论研究的创新成果，及时纳入培训教材。各级政协要认真学习贯彻落实党中央有关部署要求，把对人民政协的宣传列入各级党委宣传部门的工作计划，把人民政协理论列入各级党校、行政学院、干部学院、社会主义学院的教学计划。全国政协办公厅要组织好《人民政协协商民主理论教程》的编撰工作，努力编写一部内容全面、逻辑严密、文字简洁、反映最新理论成果的较高水平的教材。

同志们，新的历史起点、新的发展阶段，为人民政协理论研究工作开辟了更加广阔的前景。我们要在以习近平同志为核心的党中央坚强领导下，开拓创新、扎实工作，立时代之潮头，通古今之变化，发思想之先声，不断提高理论研究工作水平，以优异的成绩迎接党的十九大胜利召开，为实现“两个一百年”奋斗目标、实现中华民族伟大复兴的中国梦不断作出新的更大贡献！

在全国政协机关传达学习党的十九大精神会议上的讲话

（2017年10月27日）

张 庆 黎

举世瞩目的党的十九大刚刚胜利闭幕。这次大会高举旗帜、立论定向，团结奋进、开拓创新，吹响了胜利前进的时代号角，取得了永载史册的成果，在党、国家和中华民族历史上具有重要的里程碑意义。习近平总书记在党的十九届一中全会上对学习宣传贯彻十九大精神作出重要部署，党中央近日将专门下发决定。全国政协党组对学习贯彻十九大精神高度重视，俞正声主席昨天主持全国政协党组理论学习中心组学习会，传达学习贯彻十九大精神和十九届一中全会精神，并对全国政协机关学习贯彻十九大精神提出明确要求。今天我们召开机关全体党员干部大会，传达学习党的十九大精神，并对机关学习贯彻十九大精神进行部署。

刚才，潘立刚同志传达了党的十九大精神。这几天，机关广大党员干部通过多种形式进行了认真学习。下面，我就深入学习贯彻党的十九大精神，讲几点意见。

一、着力统一思想、提高站位，充分认识党的十九大的重大意义

党的十九大是在全面建成小康社会决胜阶段、中国特色社会主义进入新时代的关键时期召开的一次十分重要的大会，是全党全军全国各族人民政治生活中的大事喜事盛事。大会高举中国特色社会主义伟大旗帜，以马克思列宁主义、毛泽东思想、邓小平理论、“三个代表”重要思想、科学发展观、习近平新时代中国特色社会主义思想为指导，分析了国际国内形势发展变化，回顾和总结了过去五年的工作和历史性变革，作出了中国特色社会主义进入了新时代、我国社会主要矛盾已经转化为人民日益增长的美好生活需要和不平衡不充分的发展之间的矛盾等重大政治论断，深刻阐述了新时代中国共产党的历史使命，确立了习近平新时代中国特色社会主义思想的历史地位，提出了新时代坚持和发展中国特色社会主义的基本方略，确定了决胜全面建成小康社会、开启全面建设社会主义现代化国家新征程的目标，对新时代推进中国特色社会主义伟大事业和党的建设新的伟大工程作出了全面部署。这是一次不忘初心、牢记使命、高举旗帜、团结奋进的大会，是一次迈向新时代、开启新征程、续写新篇章的大会。大会通过了党的十八届中央委员会报告、十八届中央纪律检查委员会工作报告、党章修正案，选举产生了以习近平同志为核心的新一届中央委员会，选举产生了中央纪律检查委员会。我们完全拥护习近平总书记代表党的十八届中央委员会所作的报告和大会通过的各项决议，衷心拥护党的十九大和十九届一中全会选举产生的以习近平同志为核心的新一届中央领导集体。十九大的重大成果和历史性贡献主要体现在四个方面：

一是习近平总书记所作的大会报告。这是十九大精神最集中的体现。报告高屋建瓴、主题鲜明，思想深邃、内涵丰富，气势恢宏、催人奋进，科学回答了新时代坚持和

发展中国特色社会主义的一系列重大理论和实践问题，深刻阐明了未来一个时期党和国家工作的大政方针和战略部署，创造性地提出了一系列新的重要思想、重要观点、重大判断、重大举措，是中国共产党团结带领全国各族人民在新时代坚持和发展中国特色社会主义的政治宣言和行动纲领，是马克思主义的纲领性文献。

二是确立了习近平新时代中国特色社会主义思想的指导地位。这是十九大最重要的历史贡献。习近平新时代中国特色社会主义思想，系统回答了新时代坚持和发展什么样的中国特色社会主义、怎样坚持和发展中国特色社会主义这个重大时代课题，是对马克思列宁主义、毛泽东思想、邓小平理论、“三个代表”重要思想、科学发展观的继承和发展，是马克思主义中国化最新成果，是党和人民实践经验和集体智慧的结晶，是中国特色社会主义理论体系的重要组成部分，是全党全国人民为实现中华民族伟大复兴而奋斗的行动指南。

三是审议通过了《中国共产党章程（修正案）》。修改后的党章充分体现了党的理论创新、实践创新、制度创新成果，体现了党的十九大确立的重大理论观点和重大战略部署，对于统一全党意志、集中全党力量，深入推进全面从严治党、推进党的事业和党的建设，必将产生巨大的规范和指导作用。

四是选举产生了以习近平同志为核心的新一届中央领导集体。充分显示出我们党坚强有力、朝气蓬勃，显示出中国特色社会主义事业兴旺发达、充满活力。我们坚信，有习近平总书记的领航掌舵，中国特色社会主义道路一定会越走越宽广，中华民族伟大复兴的中国梦一定能实现！

学习好、贯彻好、落实好党的十九大精神，事关党和国家工作全局，事关中国特色社会主义事业长远发展，事关最广大人民根本利益，对于广泛团结动员全党全国各族人民在以习近平同志为核心的党中央坚强领导下，高举中国特色社会主义伟大旗帜，为决胜全面建成小康社会、夺取新时代中国特色社会主义伟大胜利、实现中华民族伟大复兴的中国梦、实现人民对美好生活的向往而继续奋斗，具有重大现实意义和深远历史意义。

二、坚持突出重点、把握精髓，全面准确学习领会党的十九大精神

学习十九大精神，重在掌握要义、学深悟透、融会贯通，切实用大会精神武装头脑、统一认识、指导实践。要着重把握以下几个方面：

一是深刻领会十九大的主题。不忘初心，牢记使命，高举中国特色社会主义伟大旗帜，决胜全面建成小康社会，夺取新时代中国特色社会主义伟大胜利，为实现中华民族伟大复兴的中国梦不懈奋斗。68 个字的大会主题，高度概括、言简意赅、非常鲜明，我们要充分认识和深刻理解这个主题的内涵，充分认识和深刻理解我们党在新时代举什么旗、走什么路，以什么样的精神状态、担负什么样的历史使命、实现什么样的奋斗目标这一关系党和国家事业发展全局的重大问题，以永不懈怠的精神状态和一往无前的奋斗姿态，坚定不移朝着实现中华民族伟大复兴的宏伟目标奋勇前进。

二是深刻领会过去五年的历史性变革。充分认识和深刻理解过去五年是党和国家发展进程中极不平凡的五年，以习近平同志为核心的党中央以巨大的政治勇气和强烈的责任担当，推动党和国家事业取得全方位、开创性的历史性成就，发生深层次、根本性的历史性变革，对党和国家事业发展具有重大而深远的影响。

三是深刻领会中国特色社会主义进入了新时代。充分认识和深刻理解作出中国特色社会主义进入了新时代的重大政治判断，是一项关系全局的政治考量，是改革开放以来我国发展进步的必然结果，牢牢把握我国发展新的历史方位，在新的历史起点上把中国特色社会主义事业不断推向前进。

四是深刻领会我国社会主要矛盾的变化。充分认识和深刻理解我国社会主要矛盾已经转化为人民日益增长的美好生活需要和不平衡不充分的发展之间的矛盾，这是关系全局的历史性变化，对党和国家工作提出了许多新要求。

五是深刻领会新时代中国共产党的历史使命。充分认识和深刻理解实现中华民族伟大复兴是近代以来中华民族最伟大的梦想，准确把握伟大斗争、伟大工程、伟大事业、伟大梦想紧密联系、相互贯通、相互作用的辩证关系，更好肩负起新时代党的历史使命。

六是深刻领会习近平新时代中国特色社会主义思想。充分认识和深刻理解习近平新时代中国特色社会主义思想的历史地位、丰富内涵、实践要求、精神实质，切实把习近平新时代中国特色社会主义思想作为学习贯彻十九大精神的重中之重，在新的广度和深度上提升认识，确立高度的政治认同、思想认同、理论认同、情感认同。

七是深刻领会新时代中国特色社会主义发展的战略部署。充分认识和深刻理解十九大提出在全面建成小康社会的基础上，分两步走建设社会主义现代化强国，并对社会主义经济建设、政治建设、文化建设、社会建设和生态文明建设等作出部署，必将极大地激励全党全国各族人民奋力谱写全面建设社会主义现代化国家新征程的壮丽篇章。

八是深刻领会发展社会主义民主政治的重要要求。充分认识和深刻理解我国社会主义民主是维护人民根本利益的最广泛、最真实的民主，必须坚持党的领导、人民当家作主、依法治国有机统一。协商民主是实现党的领导的重要方式，人民政协是社会主义协商民主的重要渠道和专门协商机构，必须聚焦党和国家中心任务，围绕团结和民主两大主题，把协商民主贯穿政治协商、民主监督、参政议政全过程，完善协商议政内容和形式，着力增进共识、促进团结。统一战线是党的事业取得胜利的重要法宝，必须长期坚持，要高举爱国主义、社会主义旗帜，牢牢把握大团结大联合主题，坚持一致性和多样性统一，找到最大公约数，画出最大同心圆。

九是深刻领会坚定不移全面从严治党的重大部署。充分认识和深刻理解十九大提出的新时代党的建设的总要求和对建设伟大工程作出的全面部署，突出了党的政治建设的统领地位，对于把党建设得更加强大，始终成为中国特色社会主义事业的坚强领导核心，具有十分重要的意义。

三、切实加强领导、精心组织，迅速兴起学习贯彻党的十九大精神的热潮

学习贯彻十九大精神，是当前和今后一个时期人民政协的首要政治任务。全国政协机关各级党组织和各部门各单位要保持高度自觉的政治意识、大局意识、核心意识、看齐意识，以强烈的政治责任感，立即行动起来，以有力有效的举措，迅速兴起学习热潮，并不断引向深入，切实把思想和行动统一到党的十九大各项决策部署上来。

第一，要原原本本地学。把党的十九大报告、党章和习近平总书记在党的十九届一中全会上的重要讲话作为重点，原汁原味地学，全面系统地学，突出重点，把握要义，加强对重大思想、重大观点、重大判断、重大战略、重大举措的理解，做到入脑入心、

学深学透、学懂弄通、融会贯通。既要掌握具体结论，也要掌握贯穿其中的世界观和方法论。

第二，要坚持理论联系实际。紧密结合政协工作和机关自身建设实际，着力在学用结合、学用相长、知行合一上下功夫，切实把党的十九大精神转化为做好政协工作的科学思路和务实举措，推动做好今年各项任务高质量高水平地完成，推动做好十二届全国政协工作总结，政协章程修改，协商计划制订，全国政协十二届第二十三次、第二十四次常委会议和政协十三届一次大会筹备等重点工作，以十九大精神指导具体工作落实，以具体工作成果检验学习贯彻实效。

第三，要加强党的政治建设。以加强党的长期执政能力建设、先进性和纯洁性建设为主线，把党的政治建设摆在首位，引导全体党员干部增强政治意识、大局意识、核心意识、看齐意识，坚持党中央权威和集中统一领导，坚定执行党的政治路线，严格遵守政治纪律和政治规矩，在政治立场、政治方向、政治原则、政治道路上同以习近平同志为核心的党中央保持高度一致。

第四，要强化组织领导。政协机关党组、各专委会分党组和机关基层党组织要切实把学习贯彻十九大精神紧紧抓在手上，确保抓到位、见实效。要结合中央即将开展的以学习实践习近平新时代中国特色社会主义思想为重点的“不忘初心、牢记使命”主题教育，抓好党员干部的系统培训。各党支部要通过“三会一课”等形式，把学习贯彻抓实、抓细、抓具体。党员领导干部要以身作则、以上率下，既要带头学习、作出表率，又要统筹抓好本部门本单位的学习贯彻，认真制订学习计划，明确学习时间、方式，一级抓一级，一级带一级，层层抓好落实。这里我特别强调，这一段时间，所有的学习活动都要向党的十九大精神聚焦，聚精会神、心无旁骛、确保实效。

在茶马古道文化遗产保护和利用专题调研四川段情况介绍会上的讲话

（2017 年 5 月 10 日）

李　海　峰

按照全国政协 2017 年度协商计划和工作部署，5 月下旬，全国政协将召开“坚定文化自信，讲好中国故事”为主题的专题协商会，这是全国政协今年一次重要的协商议政活动。围绕这次专题协商会主题，文史和学习委员会组织委员就茶马古道文化遗产的保护和利用来四川开展调研。为了帮助委员了解更多情况，使调研更有针对性，临行前，调研组专门邀请文化部、国家文物局、中国社会科学院有关负责同志和北京大学专家学者介绍茶马古道文化遗产保护利用情况。刚才四川省的领导同志和有关部门同志也介绍了相关情况，既有分析思考，也有解决问题的思路和建议。这些介绍为我们即将开展的调研活动提供了有价值的参考。

从介绍的情况看，四川省委省政府围绕茶马古道文化遗产保护和利用做了大量工作，取得了可喜的成果。如，结合第三次全国文物普查，对茶马古道沿线文物资源进行了梳理调查，促进了对非物质文化遗产的保护。通过补助开展国家级非物质文化遗产项目保护活动，茶马古道川藏线区域的非物质文化遗产传承条件不断改善，非物质文化遗产传承活动得以增强，成为地方文化建设和特色发展的重要基础。地方政协整理出版的有关茶马古道文史资料书籍，成为社会各界关注、认识、宣传和保护茶马古道的重要材料。

茶马古道是唐宋以来汉、藏及其他少数民族之间进行商贸往来的重要商道，主要分布在云南、四川、贵州、西藏、青海和甘肃等省区。茶马古道沿途各类遗存反映了古代当地居民生产生活方式和文化传统，见证了延续千年的马帮文化。茶马古道作为中央政府和内地人民与西南各民族之间的重要联系通道，在促进民族团结和边疆经济社会发展、弘扬少数民族传统文化方面发挥了巨大作用。茶马古道既是一条文明古道、经济通道、民族走廊，更是一条文化传播古道，承载着丰厚的历史文化资源，有源远流长的文化内涵和发展后劲。历经千年的历史演变，茶马古道文化遗产保护现状并不乐观。第一，管理职责不清晰，各地没有出台关于茶马古道文化遗产保护的地方专项法规，不利于保护工作的开展。第二，受到开发建设冲击，文化遗产的整体保存状况较差，特别是随着经济社会的发展和新型交通工具的引入，茶马古道沿线路段的传统功能和风貌有不同的变化，很多羊肠道逐渐消失，沿线各民族珍贵的传统文化受到外来文化的冲击，正逐渐失去应有的文化内涵。第三，存在认识不足、家底不清、机构不全、资金匮乏等实际困难，保护水平有待提高。我们希望通过这次调研，了解情况，提出建议，为推动茶马古道文化遗产更好地得到保护和利用建言献策。

因为中午刚到四川，还没有进行深入调研，只是根据刚才大家介绍的情况，谈点不成熟的思考，供大家参考。

一、充分认识茶马古道精神在坚定文化自信的重要地位

习近平同志指出，中华民族的优秀文化和光荣历史是中华民族的根和魂，是中华民族生生不息、薪火相传的内生力量。

茶马古道是一条历史上各民族进行商贸、文化和宗教等多元交流的通道，是不同民族文化圈之间的纽带，促进了区域间的民族认同，提升了代表中华民族的国家认同。相对于经济功能，茶马古道更深远的价值与意义在于精神。刚毅坚卓、自觉自信、和谐共荣，这种苦难中崛起的精神，也是茶马古道永恒的文化魅力。坚定的信念、顽强的意志、严格的纪律，已经成为中华民族的一项重要非物质文化遗产。茶马古道精神历久弥新。通过学习了解茶马古道的历史、传承祖先的成就与光荣，增强做中国人的骨气和底气，使我们的优秀文化和光荣历史更好地服务于中华民族伟大复兴事业。

我们要使中华民族最基本的文化基因与当代文化相适应、与现代社会相协调，以人们喜闻乐见、具有广泛参与性的方式，把跨越时空、超越国度、富有永恒魅力、具有当代价值的文化精神弘扬起来，把继承优秀传统文化又弘扬时代精神、立足本国又面向世界的当代中国文化创新成果传播出去。

二、进一步加强对茶马古道文化遗产保护的科学研究

最早提出茶马古道概念的是研究语言地理学的学者。茶马古道研究既是历史学研究，也是现代学研究，不仅需要深入历史的深层脉络中寻求它的内涵、成因、价值，也需要关注它在现实、未来中的地位、功能和意义。作为一条存在了上千年的文明古道，它沉默了太久，茶马古道研究只能说开了个头，它仍在路上。目前，对茶马古道作为文化遗产的科学研究还不够深入，对文物内涵的认识、对保护对象和范围的认知等方面存在较大差异，对遗产缺乏系统的调查和研究，对遗产没有统一的保护策略和总体的保护规划，对遗产保护的方式方法等没有提出针对性的技术要求。这些因素都制约着茶马古道文化遗产保护工作的推进。为进一步做好茶马古道文化遗产保护利用工作，我们应着力开展科学研究及相关工作。如，通过考古调查、科学勘察、资料梳理，全面摸清茶马古道的历史演变、路径、相关遗存分布，确定遗产构成名单。针对茶马古道文化遗产保护涉及的问题多、情况复杂等特点，可考虑设立整体保护、管理等综合研究课题，充分发挥科研院所的作用。加强对茶马古道沿线文化遗产、保护技术、管理体制和方式等问题的研究，为更好地保护利用茶马古道文化遗产奠定基础。茶马古道文化遗产保护和利用，需要各学科专家、学者群策群力、多提真知灼见，帮助地方政府解决相关问题和困难。这次调研组的成员对文化遗产保护工作都有极大的热忱，了解并熟悉相关工作。希望大家能够根据实地调研情况，充分发挥委员、专家的咨询作用，提出具有针对性、可行性和操作性的意见和建议，不断推进茶马古道文化遗产保护和利用工作。

三、充分发挥人民政协在茶马古道文化遗产保护利用中的作用

在正确处理好保护与发展关系的基础上，我们应着力于茶马古道沿线地区经济社会的发展。在打造川滇青藏品牌战略中，茶马古道可以成为这一地区文化保护旅游联动的最佳纽带。我们要注意以科学审慎的态度，保护和恢复茶马古道的原真性和完整性，保护文化多样性和非物质文化遗产，鼓励和引导更多的民众参与其中。同时，必须以保护

文化生态资源、保持人与自然的和谐统一作为开发利用的前提，树立适度开发的科学理念，防止过度开发和人造景观破坏茶马古道的原真性。使茶马古道这一中华民族珍贵的文化财富，在我们手中得到更有效的保护和发展。

人民政协人才荟萃，各级政协组织都拥有一批文化遗产和自然遗产领域的专家学者，更有一大批热心文化遗产保护的委员。希望通过这次调研，一方面听取多方意见，了解情况，对各地好的做法和经验，认真梳理、总结，进一步推广借鉴。另一方面要去实地考察，了解茶马古道文化遗产保护的现状，发现问题，发挥政协组织优势和人才优势，凝聚各界专家的智慧进行深入、系统的论证，向党中央、国务院提出建设性意见，推动茶马古道文化遗产保护、利用、管理、开发工作上一个新台阶。

四川省对本次调研高度重视，为我们的调研活动进行了周密安排，给予了大力支持。在此，我代表调研组向四川省委、省政府、省政协领导同志以及为保障本次调研顺利进行辛勤工作的各有关部门同志，表示诚挚的感谢！谢谢大家！

在政协“营改增执行情况和改进的建议”双周协商座谈会上的发言

（2017 年 8 月 24 日）

陈　元

按照主席会议要求，我和经济委员会一起研究“营改增执行情况和改进的建议”。6月份走了京津沪苏等几个地方，感觉很有收获。在很短的时间里，营改增试点在全国范围内迅速铺开，实现了比较平稳的过渡，这是非常了不起的，与财税部门的努力工作、纳税人的理解和支持密不可分。从一年多来的总体情况看，营改增在促进经济发展和经济转型过程中发挥了积极的作用，对我国税制的合理化、法制化、清晰化都有重大意义，这个成绩应该充分肯定。当然，调研过程中不少地方和行业也提出很多需要研究解决的问题，对这些问题要有所甄别，确实合情合理的要研究如何打上补丁，存在误解或者争议的要作一些解释澄清及纠偏，这可能是财税部门下一步工作的一个重点。

结合调研中的思考，我简单谈三点感受。

一、营改增试点有利于最大限度发掘增值税潜力。增值税从性质上说是链条税。它的最大潜力或者说独特优势，就是可以对经济结构发挥直接的调节作用。营改增打通了增值税链条，是扩展增值税范围、规范增值税税制的重要步骤，能使这个调节作用得到最大程度的发挥：在需要鼓励发展的环节适用低税率，需要有所抑制的环节适用高税率，从而在整体上提高经济运行效率，实现产业政策目标。从这个意义上说，全面推开营改增试点是完全必要的，也基本达到了预期效果。

二、改进营改增试点要尊重具体行业的特点和规律。从经济发展和技术进步的方向看，未来制造业的比重会继续降低，服务业的比重会不断提高。增值税既然有这么大的潜力，我们就希望它覆盖到经济生活的每一个角落，但是服务业中门类很多，金融业、建筑业、交通运输业、生活服务业等等，不同行业、不同部门的运营模式大相径庭。增值税是不是适应每一个行业的特点和规律，这应该在尊重客观实践的基础上进一步研究。税收的目标应该是促进效率和公平。我们要找到一些合适的办法实现对接，而不能强行移植，否则就有违税制改革的初衷。

举例来说，金融业的各个环节是不是都一定要纳增值税，这个可以考虑。有人说现在经济脱实向虚，金融企业收入远超制造业，其实是对这个问题有误解。我国金融业体量很大，一个重要因素是我国的贸易模式。我国长期存在贸易顺差，出口企业结汇之后就体现在外汇储备和外汇占款，表面上是财富沉淀在金融业，实际上是沉淀在企业和居民的存款里，并不是金融业滥发钞票、自我膨胀造成金融业体量很大。金融业有应该降低成本、减少环节的问题，但是作为财富的载体和分配的主体，必须也要着重提高它的效率。如果在金融业的每个环节都层层征税再搞抵扣，这个成本太过高昂，与金融业在整个经济中的功能是有矛盾的。

三、税制改革不应过多向短期目标妥协。税制改革的大方向应该更加简化、更加高效，有利于促进社会专业化分工，有利于优化调整经济结构调整，这就要求税制必须稳定、合理、可持续。现在有一个倾向，就是把减税和税制改革混为一谈，不减税好像就不是改革了。我认为，减税本质上是一项财政政策，只是宏观经济调控的阶段性要求，而税制改革是一个管长远的制度建设，与短期调控目标只能阶段性地契合，不能为了迎合眼前需要就去改变制度设计。具体到营改增来说，不要为减税目标而对税制做过多的局部调整，这样牺牲了税制的简洁性、统一性、长期性和规范化程度，不利于税收立法进程，这不是我们的目的。

财税体制改革是十八届三中全会提出的重点任务之一。对照深化财税体制改革总体方案，我们还有很多工作要做。希望财税部门一方面继续脚踏实地，研究解决好营改增试点过程中出现的问题；另一方面下大力气提高直接税比重、重建地方税体系、加强税收立法，进一步加快税制改革的步伐。

守住不发生系统性金融风险的底线

（2017 年 11 月 22 日）

周　小　川

金融是国家重要的核心竞争力，党中央高度重视防控金融风险、保障金融安全。党的十八大以来，在以习近平同志为核心的党中央领导下，面对国际金融危机持续影响和国内经济“三期叠加”的严峻挑战，金融系统大力推进改革创新，切实加强宏观调控和金融监管，金融机构实力不断上升，金融产品日益丰富，金融服务普惠性提高，多层次金融市场逐步健全，金融基础设施日趋完善，金融体系防控风险能力显著增强。党的十九大要求，“深化金融体制改革，增强金融服务实体经济能力，提高直接融资比重，促进多层次资本市场健康发展。健全货币政策和宏观审慎政策双支柱调控框架，深化利率和汇率市场化改革。健全金融监管体系，守住不发生系统性金融风险的底线”。这是习近平新时代中国特色社会主义思想在金融领域的根本要求，是金融发展一般规律与我国金融改革实践探索相结合的科学部署，是指导金融改革发展稳定的行动指南，是做好新时代金融工作的根本遵循。

一、主动防控系统性金融风险要靠加快金融改革开放

在今年 7 月召开的第五次全国金融工作会议上，习近平总书记对金融工作作出了一系列重大判断、重要决策和明确要求：“党的十八大以来，我国金融改革发展取得了新的重大成就。回顾改革开放以来我国金融业发展历程，解决影响和制约金融业发展的难题必须深化改革。”“不断扩大金融对外开放。通过竞争带来优化和繁荣。”“防止发生系统性金融风险是金融工作的根本性任务，也是金融工作的永恒主题。要把主动防范化解系统性金融风险放在更加重要的位置。”应对系统性风险，主题是防范，关键是主动。改革开放是主动防范化解系统性金融风险的历史经验和未来抉择。

（一）改革开放提高了金融体系的整体健康性。一是基本金融制度逐步健全。改革开放特别是党的十八大以来，我国的货币政策和金融监管制度立足国情，与国际标准接轨，探索构建宏观审慎政策框架，建立存款保险制度，防控系统性风险冲击的能力增强。股市、债市、衍生品和各类金融市场基础设施等“四梁八柱”都已搭建完成，市场容量位列世界前茅。

二是人民币国际化和金融业双向开放促进了金融体系不断完善。人民币加入国际货币基金组织特别提款权货币篮子，我国参与国际金融治理地位显著提升。一些国际金融机构参与我国金融业，促进了金融市场竞争，提升了国内金融机构经营水平和抗风险能力，国内金融机构“走出去”也取得积极进展，当前我国工农中建四大银行都是全球系统重要性金融机构，银行业较低的不良资产率、较高的资本充足率和盈利能力均处于世

界领先水平。

（二）改革开放促进了金融机构和市场的结构优化。金融体系践行创新、协调、绿色、开放、共享的发展理念，全面深化利率和汇率市场化改革，着力完善金融企业法人治理，积极稳妥鼓励金融机构组织体系、金融产品和服务创新，系统推进多层次资本市场建设，引进并培育多元化市场主体，服务实体经济效率和抗风险能力明显提升。社会融资规模存量从2011年的76.7万亿元增加到2016年的156万亿元，直接融资比例从15.9%提高到23.8%。当前存贷汇、债券交易等传统业务合规稳健，与改革开放初期金融业存在的账外经营、挪用客户资金、乱集资等混乱局面已不可同日而语，金融业已发展到了更高层次的市场准入，以及更广泛参与国际国内金融市场的阶段。

二、防止发生系统性金融风险是金融工作的永恒主题

（一）准确判断我国当前面临的金融风险。习近平总书记反复强调，“金融安全是国家安全的重要组成部分，准确判断风险隐患是保障金融安全的前提”。总体看，我国金融形势是好的，但当前和今后一个时期我国金融领域尚处在风险易发高发期，在国内外多重因素压力下，风险点多面广，呈现隐蔽性、复杂性、突发性、传染性、危害性特点，结构失衡问题突出，违法违规乱象丛生，潜在风险和隐患正在积累，脆弱性明显上升，既要防止“黑天鹅”事件发生，也要防止“灰犀牛”风险发生。

一是宏观层面的金融高杠杆率和流动性风险。高杠杆是宏观金融脆弱性的总根源，在实体部门体现为过度负债，在金融领域体现为信用过快扩张。2016年末，我国宏观杠杆率为247%，其中企业部门杠杆率达到165%，高于国际警戒线，部分国有企业债务风险突出，“僵尸企业”市场出清迟缓。一些地方政府也以各类“名股实债”和购买服务等方式加杠杆。2015年年中的股市异常波动，以及一些城市出现房地产价格泡沫化，就与场外配资、债券结构化嵌套和房地产信贷过快发展等加杠杆行为直接相关。一些高风险操作打着“金融创新”的幌子，推动泡沫在多个市场积聚。国际经济复苏乏力，主要经济体政策外溢效应等也使我国面临跨境资本流动和汇率波动等外部冲击风险。

二是微观层面的金融机构信用风险。近年来，不良贷款有所上升，侵蚀银行业资本金和风险抵御能力。债券市场信用违约事件明显增加，债券发行量有所下降。信用风险在相当大程度上影响社会甚至海外对我国金融体系健康性的信心。

三是跨市场跨业态跨区域的影子银行和违法犯罪风险。一些金融机构和企业利用监管空白或缺陷“打擦边球”，套利行为严重。理财业务多层嵌套，资产负债期限错配，存在隐性刚性兑付，责权利扭曲。各类金融控股公司快速发展，部分实业企业热衷投资金融业，通过内幕交易、关联交易等赚快钱。部分互联网企业以普惠金融为名，行庞氏骗局之实，线上线下非法集资多发，交易场所乱批滥设，极易诱发跨区域群体性事件。少数金融“大鳄”与握有审批权监管权的“内鬼”合谋，火中取栗，实施利益输送，个别监管干部被监管对象俘获，金融投资者消费者权益保护尚不到位。

（二）科学分析金融风险的成因。习近平总书记深刻指出：“透过现象看本质，当前的金融风险是经济金融周期性因素、结构性因素和体制性因素叠加共振的必然后果。”具体而言，当前的金融风险隐患是实体经济结构性失衡和逆周期调控能力、金融企业治理和金融业对外开放程度不足，以及监管体制机制缺陷的镜像反映。

一是宏观调控和金融监管的体制问题引致风险的系统性。在宏观调控上，对货币“总闸门”的有效管控受到干扰。在风险酝酿期，行业和地方追求增长的积极性很高，客观上希望放松“银根”，金融活动总体偏活跃，货币和社会融资总量增长偏快容易使市场主体产生错误预期，滋生资产泡沫。当风险积累达到一定程度，金融机构和市场承受力接近临界点，各方又呼吁增加货币供应以救助。宏观调控很难有纠偏的时间窗口。在监管体制机制上，在新业态新机构新产品快速发展，金融风险跨市场、跨行业、跨区域、跨境传递更为频繁的形势下，监管协调机制不完善的问题更加突出。监管定位不准，偏重行业发展，忽视风险防控。“铁路警察，各管一段”的监管方式，导致同类金融业务监管规则不一致，助长监管套利行为。系统重要性金融机构缺少统筹监管，金融控股公司存在监管真空。统计数据和基础设施尚未集中统一，加大了系统性风险研判难度。中央和地方金融监管职能不清晰，一些金融活动游离在金融监管之外。

二是治理和开放的机制缺陷引致风险的易发多发性。在公司治理上，国有金融资本管理体制仍未完全理顺，资本对风险的覆盖作用未充分体现；金融机构公司治理仍不健全，股东越位、缺位或者内部人控制现象较普遍，发展战略、风险文化和激励机制扭曲。在开放程度上，部分行业保护主义仍较流行，金融监管规制较国际通行标准相对落后，金融机构竞争力不足，风险定价能力弱，金融市场不能有效平抑羊群效应、资产泡沫和金融风险。境内外市场不对接，内外价差也造成套戥机会，一些机构倾向跨境投机而非扎实经营。

三、防控金融风险要立足于标本兼治、主动攻防和积极应对兼备

科学防控风险，处理好治标和治本的辩证关系，要把握 4 个基本原则：一是回归本源，服从服务于经济社会发展避免金融脱实向虚和自我循环滋生、放大和扩散风险。二是优化结构，完善金融机构、金融市场、金融产品体系，夯实防控风险的微观基础。三是强化监管，提高防范化解金融风险能力，将金融风险对经济社会的冲击降至最低。四是市场导向，发挥市场在金融资源配置中的决定性作用，减少各种干预对市场机制的扭曲。

（一）坚持问题导向，推进金融机构和金融市场改革开放。一是增强金融服务实体经济能力。金融和实体经济是共生共荣的关系，服务实体经济是金融立业之本，也是防范金融风险的根本举措。为实体经济发展创造良好货币金融环境。要着力加强和改进金融调控，坚持以供给侧结构性改革为主线，以解决融资难融资贵问题为抓手，加强货币政策与其他相关政策协调配合，在稳增长、促改革、调结构、惠民生、防风险等方面形成调控合力。回归金融服务实体经济本源。金融业要专注主业，注重发展普惠金融、科技金融和绿色金融，引导更多金融资源配置到经济社会发展的重点领域和薄弱环节。强化金融机构防范风险主体责任。既要塑造金融机构资产负债表的健康，也要促进公司治理、内控体系、复杂金融产品交易清算的健康。要严把市场准入关，加强金融机构股东资质管理，防止利益输送、内部交易、干预金融机构经营等行为。建立健全金融控股公司规制和监管，严格限制和规范非金融企业投资金融机构，从制度上隔离实业板块和金融板块。推进金融机构公司治理改革，切实承担起风险管理、遏制大案要案滋生的主体责任。

二是深化金融市场改革，优化社会融资结构。积极有序发展股权融资，稳步提高直

接融资比重。拓展多层次、多元化、互补型股权融资渠道，改革股票发行制度，减少市场价格（指数）干预，从根上消除利益输送和腐败滋生土壤。加强对中小投资者权益的保护，完善市场化并购重组机制。用好市场化法治化债转股利器，发展私募股权投资基金（PE）等多元化投资主体，切实帮助企业降低杠杆率，推动“僵尸企业”市场出清。积极发展债券市场，扩大债券融资规模，丰富债券市场品种，统一监管标准，更好满足不同企业的发债融资需求。深化市场互联互通，完善金融基础设施。拓展保险市场的风险保障功能，引导期货市场健康发展。

三是不断扩大金融对外开放，以竞争促进优化与繁荣。从更高层面认识对外开放的意义，坚持扩大对外开放的大方向，不断推动有关政策改革，更好实现“三驾马车”的对外开放：一是贸易投资的对外开放。二是深化人民币汇率形成机制改革，既要积极有为，扎实推进，又要顺势而为，水到渠成。三是减少外汇管制，稳步推进人民币国际化，便利对外经济活动，稳妥有序实现资本项目可兑换。同时，在维护金融安全的前提下，放宽境外金融机构的市场准入限制，在立足国情的基础上促进金融市场规制与国际标准进一步接轨和提高。

（二）坚持底线思维，完善金融管理制度。一是加强和改进中央银行宏观调控职能，健全货币政策和宏观审慎政策双支柱调控框架。随着我国金融体系的杠杆率、关联性和复杂性不断提升，要更好地将币值稳定和金融稳定结合起来。货币政策主要针对整体经济和总量问题，保持经济稳定增长和物价水平基本稳定。宏观审慎政策则直接和集中作用于金融体系，着力减缓因金融体系顺周期波动和跨市场风险传染所导致的系统性金融风险。

二是健全金融监管体系，加强统筹协调。中央监管部门要统筹协调。建立国务院金融稳定发展委员会，强化人民银行宏观审慎管理和系统性风险防范职责，切实落实部门监管职责。充分利用人民银行的机构和力量，统筹系统性风险防控与重要金融机构监管，对综合经营的金融控股公司、跨市场跨业态跨区域金融产品，明确监管主体，落实监管责任，统筹监管重要金融基础设施，统筹金融业综合统计，全面建立功能监管和行为监管框架，强化综合监管。统筹政策力度和节奏，防止叠加共振。中央和地方金融管理要统筹协调。发挥中央和地方两个积极性，全国一盘棋，监管无死角。中央金融监管部门进行统一监管指导，制定统一的金融市场和金融业务监管规则，对地方金融监管有效监督，纠偏问责。地方负责地方金融机构风险防范处置，维护属地金融稳定，不得干预金融机构自主经营。严格监管持牌机构和坚决取缔非法金融活动要统筹协调。金融监管部门和地方政府要强化金融风险源头管控，坚持金融是特许经营行业，不得无证经营或超范围经营。一手抓金融机构乱搞同业、乱加杠杆、乱做表外业务、违法违规套利，一手抓非法集资、乱办交易场所等严重扰乱金融市场秩序的非法金融活动。稳妥有序推进互联网金融风险专项整治工作。监管权力和责任要统筹协调。建立层层负责的业务监督和履职问责制度。

（三）加强党的领导，确保金融改革发展正确方向。党的十九大对金融改革开放和防范系统性风险明确了顶层设计。坚持党中央对金融工作的集中统一领导，增强“四个意识”，落实全面从严治党要求，确保国家金融安全。

一是按照党中央决策落实各项工作部署。树立全局观念，相互配合支持，坚决贯彻落实金融领域重大方针政策、重大改革开放战略及规划，精心组织实施金融监管改革、金融机构改革、金融市场改革和防控金融风险的各项措施。

二是加强金融系统党的领导和党的建设。党的领导同金融企业法人治理必须一体化，必须贯彻到公司治理全过程。二十国集团领导人安塔利亚峰会审议通过了《二十国集团/经济合作与发展组织公司治理原则》，我们有条件推进改革与创新，形成符合我国国情的金融企业公司治理机制。

三是贯彻党管干部原则，发挥党管人才优势。金融业是人才和智力密集的行业。有优秀的经营人才队伍，金融资源配置和风险管理效率就可以提高。有优秀的监管人才队伍，金融安全就能得到保障。建设好金融系统领导班子，建设一支政治过硬、作风优良、业务精通的高素质金融人才队伍。

站在新的历史起点上，金融系统要坚定贯彻党的十九大部署，更加紧密团结在以习近平同志为核心的党中央周围，全面落实党中央战略部署，遵循金融发展规律，深化金融改革，提高金融服务实体经济能力，促进经济和金融良性循环、健康发展，着力防范系统性金融风险。

在 2017 年科技工作情况通报会上的讲话

（2017 年 2 月 22 日）

王 家 瑞

各位委员，同志们：

刚才，我认真听了志刚同志的情况介绍和委员们的发言。大家讲得都很好，提出了很好的意见和建议。

去年 6 月，习近平总书记在全国科技创新大会、两院院士大会、中国科协第九次全国代表大会上发表重要讲话，强调实现“两个一百年”奋斗目标，实现中华民族伟大复兴的中国梦，必须坚持走中国特色自主创新道路，面向世界科技前沿、面向经济主战场、面向国家重大需求，加快各领域科技创新，掌握全球科技竞争先机。当前，我国正处于迎接新一轮科技革命和到 2020 年实现创新型国家目标的最关键时期。新形势下中央作出实施创新驱动发展战略的重大决策，就是要下决心转变跟踪模仿的发展方式，将创新的主动权即产业变革的机遇掌握在自己的手里。特别是面对“十三五”时期经济社会发展提出的需求和挑战，科技必须更好地发挥支撑、引领作用。

过去的一年，科协、科技界委员立足界别特点，发挥自身优势，认真履职尽责。大家积极参政议政，通过大会发言、提案、调研报告、信息、社情民意等形式，为深化科技体制改革、推进创新驱动发展建言献策。比如，围绕党和国家中心任务，科协、科技界委员提交提案 261 件；围绕“大力加强科普教育”和“国际科技合作与大科学计划”，分别召开了双周协商座谈会；开展了“互联网 + 推动企业科技创新”“发挥农业科技园在扶贫开发中的作用”“大科学装置在知识创新体系中的地位和作用”“国家实验室的现状和发展”等调研和考察。报送的调研报告、信息得到国务院有关领导的重视和批示。这些工作，成果显著，为推动科技进步、培育壮大新动能发挥了积极作用。

2017 年是实施“十三五”规划的重要一年，是推进供给侧结构性改革的深化之年。面对错综复杂的国内外形势和经济发展新常态，必须把创新摆在国家发展全局的核心位置，不断推进理论创新、制度创新、科技创新、文化创新等各方面创新，让创新贯穿党和国家一切工作，让创新在全社会蔚然成风。

十二届政协以来，王志刚同志等科技部领导和有关部门负责同志多次到政协机关介绍情况，与委员座谈交流、听取意见，受到委员们的欢迎和好评。全国政协教科文卫体委员会具有联系科协界、科技界的独特优势，希望把这种优势发挥好，把这种形式坚持下去，今后继续加强合作，积极推动我国科技水平提升，为实现“两个一百年”奋斗目标贡献智慧和力量。

习近平总书记在全国科技创新大会上明确提出了我国建设世界科技强国“三步走”战略，吹响了向世界科技强国进军的集结号。“夯实科技基础，在重要科技领域跻身世界领先行列”，这既是党和国家对科技创新的期待，又是对科技工作者的鞭策激励。希望大家发扬优良传统，发挥各自优势，在加快科技发展的同时，加大科技对经济社会发展的支撑引领作用，切实提高经济发展质量和效益，促进经济持续健康发展，努力为实现全年经济社会发展目标和任务作出贡献。

在全国政协第115期干部培训班开班式上的讲话

（2017年7月7日）

王　家　瑞

各位学员，同志们：

今天，我们举行全国政协第115期干部培训班开班式。首先，我代表全国政协对大家表示热烈的欢迎和亲切的问候！

重视学习是人民政协的优良传统。十二届全国政协以来，全国政协党组对学习培训工作高度重视，俞正声主席多次作出重要指示，专门视察培训中心。这次学习，干部培训中心按照全国政协党组和机关党组要求，做了认真准备，科学精细安排学习内容和组织管理工作。今天，我结合自身工作经历，主要就学习贯彻党中央关于人民政协工作的新思想新部署新要求、推进社会主义协商民主建设、加强和改进政协民主监督工作、提高履职能力等几个问题，同大家做个交流，也算是做个开班动员，供同志们参考。

一、深入学习贯彻以习近平同志为核心的党中央关于人民政协工作的新思想新部署新要求

党的十八大以来，以习近平同志为核心的党中央高度重视人民政协事业发展。习近平总书记在庆祝人民政协成立65周年大会、历次政协新年茶话会上，多次就政协工作发表重要讲话、作出重要指示，为新形势下人民政协事业发展指明了前进方向、提供了根本遵循。在座的各位都是省市级政协的领导同志，很多都是"资深的政协人"，我听工作人员讲，这里还有一部分参加工作不久的"新政协人"。将大家安排在同一个班里学习，同志们的学习需求会有所不同，侧重点也不太一样。但我想有一点是共通的，那就是大家都要把学习贯彻习近平总书记就人民政协工作发表的重要讲话和作出的重要指示作为这次学习的首要任务，原原本本地学、扎扎实实地学，掌握精神实质、提高思想认识，进而更好地做好我们所共同热爱而又十分光荣的人民政协各项工作。

一是深刻理解关于坚持党中央集中统一领导的重要思想。习近平总书记指出，中国共产党的领导是中国特色社会主义最本质的特征，也是人民政协事业发展进步的根本保证。习总书记多次强调，要增强"四个自信"，其中重要的一条就是要增强"制度自信"。我原来多年从事政党外交工作，世界上的政党接触多了，其他国家的政党政治和党派纷争看多了，给我的一个最大的感受和启发就是：之所以我们创造了举世瞩目的"中国奇迹"，用几十年的时间取得了西方国家上百年甚至几百年才能取得的巨大成就，一个根本原因就在于我们有中国共产党的正确领导，有一个坚强有力的领导核心，有中国共产党领导下的多党合作和政治协商制度。这一制度设计既不同于西方国家的两党制或多党竞争制，也有别于有的国家实行的一党制。它是在中国长期的革命、建设和改革实践中形成和发展起来的，汲取了中华民族优秀传统文化中崇尚和合、和衷共济等思想

养分，呈现出领导核心的一元性和党派构成的多元性特征，具有独特的制度优势。前几天我看《人民日报》，有一篇文章专门就这一制度的优势做了分析：一是具有强大的整合功能。这一制度将中国共产党的领导与民主党派、无党派人士的合作紧密结合起来，成为推进国家现代化、实现国家统一和人民团结、有效化解改革发展中各种矛盾、维护国家安全与社会和谐稳定的强大制度力量。二是具有独特的民主功能。民主的实现形式有很多种，并不是西方人讲的"一人一票"就是民主，如果从这个角度去理解，就把民主的内涵给理解偏了、理解小了。我们这一制度不仅很好地解决了政治参与问题，而且也为各阶层人士开辟了广阔的利益表达渠道，能够反映社会各方面的利益、愿望和诉求，为人民充分享有民主权利提供了坚实的制度支撑。三是具有良好的稳定功能。西方的党争导致内耗不断，最后遭殃受苦的还是人民。我们这种合作性的政党制度，能够有效避免政党对立、政党竞争造成的政治动荡和社会撕裂，防止政治力量之间的重大分歧和对抗，推动社会达成共识，降低社会运行成本，对政治稳定、社会稳定具有至关重要的作用。我刚才讲这些，主要是想说，作为"政协人"，我们首先要充分认识到我们所坚持的政治协商制度的优势，进而从心底切实增强"制度自信"，并为自己在人民政协系统工作而感到骄傲、自豪和重任在肩！特别是大家通过新闻媒体或到国外旅行感受到的西方的"黑天鹅"事件频出、民粹主义横行、政党攻讦不断，我们就更应该坚定我们坚持中国共产党领导的多党合作和政治协商制度的信心和决心！我们的各级人民政协都要坚定不移地走中国特色社会主义政治发展道路，充分认识中国共产党是中国特色社会主义事业的领导核心，引导参加政协的各党派团体和各族各界人士切实增强政治意识、大局意识、核心意识、看齐意识，坚决把党中央重大方针政策贯彻到政协工作中去。注重把中国共产党的先进性和民主党派的进步性有机统一起来，把统一战线内部的一致性和多样性有机结合起来，在包容多样基础上不断增进一致，夯实团结奋斗共同思想政治基础。充分发挥政协党组和机关党组、各专委会分党组作用，认真做好把方向、管大局、保落实的各项工作，确保党的领导落到实处。

二是深刻理解关于坚持人民政协性质定位的重要思想。习近平总书记强调，做好人民政协工作，必须坚持人民政协的性质定位。人民政协是统一战线的组织，是多党合作和政治协商的机构，是人民民主的重要实现形式，是适合中国国情、具有鲜明中国特色的制度安排，体现了中国特色社会主义制度的优势和特点。这些年来，随着我国综合实力的日益提升，中国道路、中国制度、中国方案的影响力和感召力日益增强，世界上越来越多的国家，特别是发展中国家羡慕我们、赞同我们，在此过程中，人民政协发挥了重要作用和影响力。我们不同于西方国家的参议院和众议院，西方的议员虽然也都是经过所谓的民主程序选出来的，但他们大多是代表特定阶层和自身选区选民的利益，是受身后的财团和利益集团驱使的。我们的人民政协不是权力机关，政协委员来自五湖四海，具有广泛的代表性，共同为实现最广大人民的最根本利益议政建言。同志们在工作中一定要准确把握人民政协性质、地位、职能和作用，在依照宪法法律和政协章程准确定位的基础上，大力推进自身各项工作和各项事业不断向前发展，把人民政协的工作做得更实、作用发挥得更大、优势体现得更明显。

三是深刻理解关于紧扣中心调研议政的重要思想。习近平总书记要求，人民政协要坚持议大事、抓大事，自觉立足大局，紧紧围绕大局，进一步围绕党和国家中心工作履职尽责。要自觉将政协工作置于党和国家工作大局中来谋划和部署，围绕事关全局的重大问题开展调研视察和协商议政，以务实的举措和成果，推动科学发展，促进社会和谐，使各项履职活动更加契合中心任务，更加符合决策需要，更加体现人民心声。要突出问题导向，强化短板意识，着眼经济社会发展重大问题和全面建成小康社会的重点难点问题，深入议政建言，努力提出有针对性的对策建议。

四是深刻理解关于推进政协协商民主建设的重要思想。习近平总书记强调，要充分发挥人民政协作为社会主义协商民主重要渠道和专门协商机构作用，把协商民主贯穿履行职能全过程。要扎实推进政协协商民主实践，不断发展完善协商议政格局，为构建程序合理、环节完整的协商民主体系作出贡献。认真制订实施年度协商计划，拓展协商领域、丰富协商形式、营造协商氛围、提升协商质量、提高协商实效，不断提高人民政协协商民主制度化、规范化、程序化水平，为社会主义民主政治发展注入新的活力。

五是深刻理解关于加强和改进政协民主监督工作的重要思想。习近平总书记强调，政协民主监督是我国社会主义民主政治的一项重要制度安排，是社会主义监督体系中的一种重要形式。政协民主监督是一种协商式监督，不具有强制约束力。要准确把握好监督的方向和原则，坚持平等协商、坦诚监督、求同存异，敢于讲真话、道实情、进诤言。突出政协民主监督重点，聚焦党和国家中心工作，围绕中央重大方针政策和改革举措贯彻落实，提出有情况、有分析、有对策的意见建议，帮助党和政府改进工作、解决问题。加强党对政协民主监督工作的领导，完善民主监督的组织领导机制，确保监督工作有力、有序、有效开展。

六是深刻理解关于加强团结联谊的重要思想。习近平总书记要求，做好人民政协工作，必须坚持大团结大联合。要把增进思想政治共识摆在突出位置，正确处理一致性和多样性关系，着重在道路、方向、目标上形成最大公约数，画出最大同心圆。及时掌握统一战线和人民政协内部思想动态，在一些敏感点、风险点、关切点上强化思想政治引领，引导委员增强政治敏锐性和鉴别力，真正做到站稳立场、敢于发声。发挥爱国统一战线组织作用，更好联系服务各族各界代表人士，协助党和政府多做解疑释惑、理顺情绪、化解矛盾的工作，促进政党关系、民族关系、宗教关系、阶层关系、海内外同胞关系和谐，维护安定团结政治局面。

七是深刻理解关于抓好政协自身建设的重要思想。习近平总书记强调，人民政协要适应全面深化改革的要求，以改革思维、创新理念、务实举措大力推进履职能力建设。要提高政治把握能力、调查研究能力、联系群众能力和合作共事能力，努力在推进国家治理体系和治理能力现代化中发挥更大作用。坚持严格教育、严格要求、严格管理、严格监督，抓好政协委员和机关干部两支队伍建设，落实委员履职工作规则。

二、深入推进人民政协协商民主建设

人民政协协商民主是社会主义协商民主的重要组成部分，推进人民政协协商民主建设，是党的十八届三中全会确立的全面深化改革的一项重点任务。2015 年 1 月党中央印发的《关于加强社会主义协商民主建设的意见》和 2015 年 6 月中办印发的《关于加强人民政协协商民主建设的实施意见》，都对人民政协协商民主作了重要部署。贯彻两个文件精神、推进政协协商民主发展，是我们当前的一项重要任务。对此，要着重从三个方面把握：

一要准确把握人民政协协商民主的原则要求。《关于加强人民政协协商民主建设的实施意见》强调，加强人民政协协商民主建设，必须坚持党的领导，坚定不移走中国特色社会主义政治发展道路；坚持宪法和政协章程确定的人民政协性质定位，始终围绕中心、服务大局；坚持协商于决策之前和决策实施之中，切实提高协商实效；坚持民主协商、平等议事、求同存异、体谅包容，努力营造良好协商氛围。这是推进人民政协协商民主发展必须把握的根本原则。具体工作中，还要注意做到三点：一是求真。就是真协商，大家到一起，彼此互动，充分讨论，态度真诚，议真问题，提真建议。二是求深。要寻求和增进共同点，做到尊重多数、照顾少数，通过讨论深化认识，在各种意见中找到解决问题的最大公约数。三是求实。要把握好协商边界和程序，使对策建议合法依章，符合客观实际和群众意愿，做到建言建在需要时、议政议到点子上、监督监在关键处。

二要不断丰富人民政协协商民主的实现形式。把协商民主贯穿于履行政治协商、民主监督、参政议政职能的全过程，不断提高制度化、规范化、程序化水平。要搭建好机制化、常态化的协商参与平台，进一步完善以全体会议为龙头，以专题议政性常委会议和专题协商会为重点，以双周协商座谈会、对口协商会、提案办理协商会等为常态的协商议政新格局，更为灵活、经常地开展专题协商、对口协商、界别协商、提案办理协商，在视察、考察、专题调研、反映社情民意信息等履职活动中广泛开展协商，同时积极探索网络议政、远程协商等新形式。

三要着力强化人民政协协商民主的成果运用。俞主席曾指出，“提高政协协商民主实效，科学选题是前提，调查研究是基础，互动交流是关键，成果转化是重点”。要进一步完善协商成果报送、采纳和反馈机制，通过专题报告、政协信息、新闻报道、大会发言等途径推动协商成果转化，一些重点协商活动成果可以采取综合报告与若干专题信息相组合的方式反映，以增强针对性。比如，“东北三省工业转型升级问题”专题调研，调研报告、专题协商会情况报告以及相关信息专报，得到了李克强总理，俞正声主席，张高丽、马凯副总理等领导同志共 13 次重要批示，许多意见建议被国务院采纳。

三、切实加强和改进人民政协民主监督工作

党的十八大以来，以习近平同志为核心的党中央对人民政协民主监督工作提出一系列新思想新观点新要求。党的十八届六中全会对支持和保证人民政协依章程进行民主监督作出部署，中办印发《关于加强和改进人民政协民主监督工作的意见》（以下简称《意见》）。这些在党的历史上都是第一次，为新形势下政协民主监督工作提供了基本遵循。俞正声主席在今年政协第十二届全国委员会第五次会议上所作的常委会工作报告中，围绕把握性质定位、突出监督重点、丰富方式方法、坚持党的领导等政协民主监督工作的重大问题作了重要阐述。我们要深入学习贯彻习近平总书记关于政协民主监督工作的新思想新观点新要求，按照俞正声主席要求，切实把党中央关于人民政协民主监督工作的部署落实到具体履职工作中。

（一）深刻认识和把握政协民主监督的独特优势。政协民主监督，源自中国共产党与各民主党派、无党派人士团结合作、互相监督的理论和实践，是我国社会主义民主政治的独特创造和一项重要制度安排。国外实行多党制的国家，在野党和执政党是对立关系，在野党对执政党的监督很多情况下是出于将执政党赶下台、自己上台的目的。因此这种监督首要考虑的是党派政治的私利，最后成为党派斗争的工具。而我们各民主党派与中国共产党是肝胆相照、荣辱与共的关系，来自民主党派的监督是为了让党和政府把工作做得更好，更有利于国家发展和增进人民福祉。人民政协民主监督具有其他监督形式不可替代的独特作用，与其他监督形式共同构成我国社会主义监督体系。

（二）始终坚持政协民主监督的正确方向。《意见》中提出人民政协民主监督工作要做到“四个坚持”，一是坚持中国共产党的领导，坚定正确的政治方向；二是坚持问题导向，深入调查研究，实事求是反映情况，务实提出建议；三是坚持平等协商，坦诚相见，畅所欲言，尊重不同意见表达，把协商民主贯穿于监督全过程；四是坚持增进团结，广泛凝聚共识、凝聚智慧、凝聚力量。这四项原则，进一步明确了政协民主监督工作的政治要求、思想方法、工作方法和目的要求，是做好民主监督工作的重要保证。其中，最关键的是要坚持党的领导，这是政治原则，也是政治规矩。政协民主监督工作安排应报党委纳入工作总体部署，重点监督议题应列入年度协商计划报党委批准实施，确保在党委集中统一领导下有力有序有效开展。政协党组必须担负起把方向、管大局、保落实的责任，把握监督的方向和原则、节奏和力度，确保党的领导落实到监督工作全过程和各方面。

（三）不断增强政协民主监督的实效。一要突出监督重点。要加强对中央重大改革举措、重要政策贯彻执行和重要约束性指标落实等情况的民主监督，坚持调研、协商、监督有机结合，推动中央决策部署贯彻落实。二要完善监督形式。把民主监督同履行政治协商、参政议政职能结合起来，坚持形式与内容相匹配，融协商、监督、参与、合作于一体，寓监督于协商会议、视察、提案、专题调研、大会发言、反映社情民意等活动之中努力做到发言说到点子上、批评点到关键处。三要推进制度建设。这些年，各级政协在这方面作了大量探索，有力促进了工作开展。有的以党委名义印发民主监督规范性文件，明确民主监督组织协调、沟通联系、知情反馈等实施步骤和委员权益保障等机制；有的在制定协商民主等有关文件时，设立专章专节对政协民主监督作出规定；有的还就民主评议等民主监督形式制定专门制度；等等。要积极探索、善于总结，把好的经验做法及时提炼为制度化成果，确保民主监督有制可依、有规可守、有章可循、有序可遵。

四、切实提高履职尽责的能力和水平

2015 年 3 月，习近平总书记在民革、台盟、台联委员联组会上的讲话中提出，政协委员要“懂政协、会协商、善议政”；在全国“两会”党员负责人会上强调，广大委员要“守纪律、讲规矩、重品行”。“懂政协、会协商、善议政，守纪律、讲规矩、重品行”，深刻回答了人民政协履行职能的方向、目标、原则、方法、途径、队伍建设等重大问题。认真贯彻这一重要思想，就要把这十八个字作为加强政协自身建设的重要标准和提高履职水平的重要途径，切实落实到思想和行动当中去。

一要提高政治站位。人民政协工作的政治性很强，强调“守纪律、讲规矩、重品行”，首先就是遵守政治纪律、政治规矩。在人民政协，最大的、第一位的政治，就是自觉践行政治意识、大局意识、核心意识、看齐意识，坚决维护习近平总书记的核心地位，自觉做到在思想上高度信赖、政治上坚决拥护、组织上自觉服从、行动上始终紧跟。党的领导是中国特色社会主义最本质的特征，也是人民政协事业发展进步的根本保证。谋划、部署、推动工作，都必须始终坚持中国共产党的领导，坚定不移贯彻执行党关于人民政协的方针政策，不讲条件、不打折扣、不搞变通，始终在党的领导下履行职责。

二要把握政协性质定位。“懂政协、会协商、善议政”，首先要对政协的性质定位有正确的认识和把握。一直以来，社会上包括政协内部有的同志对政协性质还存在一些模糊认识，认为人民政协架构大、权力小，与其在国家政治生活中的地位不相匹配，应该赋予更多的权力，等等。政协不是权力机关，不是决策机构，也不是协商主体和对象，而是中国人民爱国统一战线的组织，中国共产党领导的多党合作和政治协商的重要机构，各党派团体和各族各界人士发扬民主、参与国是、团结合作的重要平台，具有话语权、影响力，是不可替代的。对此，一定要准确把握，增强定力，决不能人云亦云。

三要坚持围绕中心服务大局。当前，“五位一体”总体布局和“四个全面”战略布局纵深推进，对人民政协履职尽责提出了新的任务和更高要求。要把围绕“十三五”规划实施建言献策作为工作主线，聚焦落实五大发展理念、促进经济平稳健康发展、推进供给侧结构性改革、保障和改善民生、加强生态文明建设等重大问题认真履行职责。要加强和改进调查研究，坚持问题导向，深入一线、沉到基层，深度调研、集中攻关，用事实说话，用数据说话，真正把问题找准、把原因厘清、把建议提实。

四要推进工作创新。要认真总结党的十八大以来人民政协事业在继承中发展、在发展中创新的生动实践和宝贵经验，深化规律性认识，推进理论创新、实践创新、制度创新。要加强理论研究，围绕事关人民政协事业发展的重大理论和实践问题，深入调研，努力取得一批有价值的成果，为人民政协事业发展提供理论支撑和智力支持，推动政协工作更加体现时代性、把握规律性、富于创造性。

五要保持清正廉洁。政协没有硬权力，但有话语权和影响力，政协机关决不是清水衙门，不是避风港，不是保险箱，廉政风险随时随处都依然存在，一旦放松自律，指针偏离，就可能越轨逾矩。习近平总书记“守纪律、讲规矩、重品行”的重要要求，具有很强的现实针对性。俞正声主席在全国政协十二届常委会第七次会议上强调，要从严要求干部，只有平时从严，才能长久平安，这也是对大家的关心爱护。在座的都是领导干部、关键少数，要在清正廉洁上做到以身作则、以上率下、严格自律，始终绷紧廉洁从政这根弦，常修为政之德，常思贪欲之害，常怀律己之心，以优秀品行和工作实绩，维护政协的良好形象。

同志们，大家平时工作都十分繁忙，这次集中学习培训机会十分难得，应当倍加珍惜。希望大家认真学习，深入思考，务求学有所获。同志们来到这里，身份就是学员，任务就是学习，要转变角色，服从管理要求，尊重课程安排，严守教学纪律，完成好各项学习任务。全国政协机关各相关部门和干部培训中心要认真做好组织服务工作，确保学习培训圆满成功。

最后，祝大家学习好、身体好、回去工作好！

在全国政协人口资源环境委员会第五次全体会议上的讲话

（2017年12月4日）

王　正　伟

同志们：

今天，我很高兴来参加全国政协人口资源环境委员会全体会议。刚才，贾治邦同志就委员会本届以来的工作作了一个很好的报告，讲得很全面，很好，我完全同意。五年来，人资环委员会在常委会议和主席会议的领导下，牢牢把握团结和民主两大主题，聚焦党和国家中心任务，紧扣人口资源环境领域重大问题，深入协商议政，切实开展监督，积极建言献策，各项工作有力有序、富有成效。比如，牵头组织服务“实施精准扶贫中存在的问题和建议”监督性调研。这次调研是在俞正声主席的具体指导下开展的，杜青林等6位副主席及有关专委会负责人分别带队，101位委员和50多位专家组成44个调研小组，分两轮先后赴15个省区市75个贫困县，进村入户，深入调研。调研的层次、规模、力度和覆盖面，开创了十二届全国政协之先，取得了重要履职成果。这次调研的成功与人资环委员会认真细致、扎实有效的组织服务工作是分不开的。俞正声主席多次对调研组工作表示肯定。还比如，委员会组织的“腾格里沙漠污染治理”监督性调研，不怕“碰钉子”，敢啃“硬骨头”，深入一线摸准情况，明查与暗访相结合，持续关注，追踪监督，推动整改，成为了全国政协民主监督工作的突出亮点。另外，委员会围绕加强草原生态系统保护和修复、建立和完善国家公园体制、青海湖水质保护、重点区域大气污染综合防治、治理过度包装、促进绿色生产消费等问题组织开展的视察调研和协商议政活动，都取得了突出的成效，一些意见建议已经转化为推动国家和地方经济社会发展的实际成果。我们要认真总结梳理本届以来委员会履职工作的创新实践，深化对新形势下做好委员会工作的规律性认识，推动委员会工作更加体现时代性、把握规律性、富于创造性。

学习宣传贯彻党的十九大精神是当前和今后一个时期人民政协的首要政治任务。俞正声主席在全国政协十二届常委会第二十三次会议上强调，人民政协要迅速兴起学习十九大精神的热潮，深刻领会、全面把握十九大精神实质和基本要求，坚持理论联系实际，不断把学习贯彻活动推向深入。我们一定要贯彻落实党中央决策部署和全国政协党组的要求，深入学习贯彻党的十九大精神，把坚持和发展中国特色社会主义作为巩固共同思想政治基础的主轴，把为决胜全面建成小康社会、夺取新时代中国特色社会主义伟大胜利献计出力作为工作主线，充分发挥思想引领、协调关系、汇聚力量、建言献策、服务大局的重要作用，进一步做好委员会各项工作。下面，我结合学习贯彻十九大精神和委员会工作实际，讲几点意见。

一、深入学习贯彻习近平新时代中国特色社会主义思想

五年来，在以习近平同志为核心的党中央领导下，党和国家各项事业发生历史性变革，取得历史性成就。这五年辉煌成绩的取得，最根本的原因，就是有以习近平同志为核心的党中央的坚强领导，有习近平新时代中国特色社会主义思想的科学指引。习近平总书记作为党中央的核心、全党的核心，以马克思主义政治家、理论家的深刻洞察力、敏锐判断力和战略定力，提出了一系列具有开创性意义的新理念新思想新战略，为新时代中国特色社会主义思想的创立发挥了决定性作用，作出了决定性贡献，是新时代中国特色社会主义思想的主要创立者。习近平新时代中国特色社会主义思想闪耀着马克思主义真理同中国哲学思想有机结晶的光辉，闪耀着科学社会主义500年发展史同中华民族5000年文明史交融相映的光辉，是解决当代中国问题和当今世界矛盾的工具箱，是改造共产党人主观世界和客观世界的方法论。学习贯彻党的十九大精神，最重要的就是要深入学习领会习近平新时代中国特色社会主义思想这个党的十九大的灵魂，用党的创新理论武装头脑、指导实践，全面准确贯彻落实，使之成为推动各项工作的强大思想武器和行动指南。

党的十八大以来，习近平总书记在不同重要会议和场合，多次就生态文明建设工作发表重要讲话，作出重要指示。党的十九大把坚持人与自然和谐共生作为新时代坚持和发展中国特色社会主义的基本方略之一，进一步明确了建设生态文明、建设美丽中国的总体要求。这些都集中体现了党中央推动生态文明建设的战略谋划，体现了习近平新时代中国特色社会思想的生态文明观，为我们做好新形势下的人口、资源、环境工作提供了基本遵循和科学指南，必须不折不扣地贯彻落实到委员会工作的各方面和全过程。

一是深刻理解把握关于像对待生命一样对待生态环境的思想。习近平总书记强调，生态兴则文明兴，生态衰则文明衰。保护自然环境就是保护人类，建设生态文明就是造福人类；生态环境问题是重大经济问题，也是重大社会和政治问题；要像保护眼睛一样保护生态环境，像对待生命一样对待生态环境。要清醒认识保护生态环境、治理环境污染的紧迫性和艰巨性，清醒认识加强生态文明建设的重要性和必要性，以对人民群众、对子孙后代高度负责的态度，加大力度，攻坚克难，全面推进生态文明建设。坚持把节约优先、保护优先、自然恢复作为基本方针，把绿色发展、循环发展、低碳发展作为基本途径，把深化改革和创新驱动作为基本动力，把培育生态文化作为重要支撑，把重点突破和整体推进作为工作方式，形成节约资源和保护环境的空间格局、产业结构、生产方式、生活方式，还自然以宁静、和谐、美丽。

二是深刻理解把握“绿水青山就是金山银山”的思想。习近平总书记指出，生态文明建设事关中华民族永续发展和“两个一百年”奋斗目标的实现，保护生态环境就是保护生产力，改善生态环境就是发展生产力。我们要建设的现代化是人与自然和谐共生的现代化，既要创造更多物质财富和精神财富以满足人民日益增长的美好生活需要，也要提供更多优质生态产品以满足人民日益增长的优美生态环境需要。要正确处理经济发展同生态环境保护之间的关系，更加自觉地推动绿色发展、循环发展、低碳发展，决不以牺牲环境、浪费资源为代价换取一时的经济增长。要协调推进新型工业化、信息化、城镇化、农业现代化和绿色化，走出一条经济发展和生态文明相辅相成、相得益彰的新发展道路，让良好生态环境成为人民生活质量的增长点，成为展现我国良好形象的发力

点，让老百姓切实感受到经济发展带来的实实在在的环境效益，为子孙后代留下可持续发展的“绿色银行”。

三是深刻理解把握以系统工程思路抓生态建设的思想。习近平总书记强调，环境治理是一个系统工程。要按照系统工程的思路，抓好生态文明建设重点任务的落实，切实把能源资源保障好，把环境污染治理好，把生态环境建设好，为人民群众创造良好生产生活环境。要牢固树立生态红线观念，设定并严守资源消耗上限、环境质量底线、生态保护红线，将各类开发活动限制在资源环境承载能力之内，不能越雷池一步。要优化国土空间开发格局，按照人口资源环境相均衡、经济社会生态效益相统一的原则，统筹人口分布、经济布局、国土利用、生态环境保护，科学布局生产空间、生活空间、生态空间。要全面促进资源节约，树立节约集约循环利用的资源观，推动资源利用方式根本转变，加强全过程节约管理，大幅提高资源利用综合效益。要推动形成公平合理、合作共赢的全球气候治理体系，深度参与全球气候治理，把绿色发展转化为新的综合国力和国际竞争新优势，为推动世界绿色发展、维护全球生态安全作出积极贡献。

四是深刻理解把握实行最严格的生态环境保护制度的思想。习近平总书记指出，只有实行最严格的制度、最严密的法治，才能为生态文明建设提供可靠保障。要深化生态文明体制改革，必须构建产权清晰、多元参与、激励约束并重、系统完整的生态文明制度体系，把生态文明建设纳入法治化、制度化轨道。要完善经济社会发展考核评价体系，把资源消耗、环境损害、生态效益等体现生态文明建设状况的指标，纳入经济社会发展评价体系，建立体现生态文明要求的目标体系、考核办法、奖惩机制，使之成为推进生态文明建设的重要导向和约束。要建立责任追究制度，坚持依法依规、客观公正、科学认定、权责一致、终身追究的原则，严格落实环境保护主体责任，建立健全生态环境损害评估和赔偿制度，落实损害责任终身追究制度。要建立健全资源生态环境管理制度，建立和完善自然资源资产产权制度、国土空间开发保护制度、空间规划体系、资源总量管理和全面节约制度、资源有偿使用和生态补偿制度等，推动生态文明体制改革搭好基础性框架。要加强生态文明宣传教育，增强全民节约意识、环保意识、生态意识，营造爱护生态环境的良好风气。

二、围绕建设美丽中国切实履职尽责

党的十九大对生态文明建设做出了重大部署，提出了加快生态文明体制改革、建设美丽中国的一系列重要论述，拓展了新格局、明确了新方针、部署了新任务，这也为委员会工作围绕中心、服务大局指明了着力重点和主攻方向。

一是紧扣推进绿色发展献计出力。绿色发展是建设美丽中国的重要基础。要深入贯彻绿色发展要求，重点围绕壮大节能环保产业、清洁生产产业、清洁能源产业，构建清洁低碳、安全高效的能源体系，推进资源全面节约和循环利用等问题广泛开展协商，积极建言献策，努力提出针对性、前瞻性、可操作性强的对策建议，为党和政府决策提供参考。广大政协委员要从自身做起，从自己的每一个行为做起，积极倡导简约适度、绿色低碳的生活方式，反对奢侈浪费和不合理消费，推动形成绿色发展人人有责、人人参与、人人共享的良好风尚。

二是瞄准解决突出环境问题开展监督。突出环境问题关系人民群众切身利益，关系全面建成小康社会的成效。党的十九大明确提出，要坚决打好防范化解重大风险、精准扶贫、污染防治的攻坚战。这其中污染防治与人口资源环境委员会的工作密切相关，是我们工作的着力点。长期以来，我们在生态环境方面的欠账太多，积累了大量问题，形成了明显短板，成为人民群众反映强烈的突出问题。特别是各类环境污染已经成为民生之患，民心之痛。习近平总书记指出："生态环境，特别是大气、水、土壤污染严重，已成为全面建成小康社会的突出短板。"我们要围绕打赢污染防治的攻坚战，抓住大气污染防治、水污染防治、土壤污染管控和修复等突出问题深入开展民主监督，坚持问题导向，找准存在的困难、短板和薄弱环节，实事求是反映情况，认真负责开展批评，努力推动党中央决策部署的贯彻落实。

三是围绕加大生态系统保护力度精准建言。加大生态系统保护力度是建设美丽中国的长远大计。要严格源头预防，不欠新账，多还旧账，加大力度，加快治理。这方面，山水林田湖草，一个都不能少。要就优化生态安全屏障体系，加强固体废弃物和垃圾处置，推进荒漠化、石漠化、水土流失综合治理，强化湿地保护和恢复，健全耕地草原森林河流湖泊休养生息制度，建立完善生态补偿机制等问题深入调查研究，积极建言献策，努力为切实改善生态环境质量作出贡献。

另外，我们还要围绕改革生态环境监管体制、推动人口与经济社会协调发展等重要问题开展视察调研，提出意见建议，切实履职尽责，积极推动形成人与自然和谐发展现代化建设新格局，为美丽中国建设贡献自己的智慧和力量。

三、切实加强和改进调查研究工作

调查研究是谋事之基、成事之道。调查研究也是人民政协履行职能的基础性工作，是做好工作基本功。习近平总书记在党的十九届一中全会上强调全党要大兴调查研究之风，各级干部特别是领导干部要积极开展调查研究，真正动起来、深下去，切实把存在的矛盾和问题搞清搞透，把各项工作做实做好。俞正声主席也高度重视调查研究工作，多次对加强调查研究工作作出指示。人民政协特别是各专门委员会都要认真贯彻落实习近平总书记、俞正声主席的指示要求，切实把调查研究工作一以贯之地抓紧抓好，抓出成效。

一是要进一步在全面上下功夫。搞好调查研究，首要任务是掌握全面翔实可靠的材料。在调研之前，就要储备好调研知识，围绕调研内容和具体任务，学习掌握党和国家的方针政策、基本的专业知识和背景资料等，努力做到对面上的情况了然于胸，对历史的来龙去脉全面把握。在调研过程中，要处处做"有心人"、时时做"录音机"，多层次、多方位、多渠道地收集捕捉各种信息资料，确保弄清事情前因后果和症结所在，使提出的意见建议建立在翔实充分的资料基础之上。在调查对象上，要注重坚持典型性与普遍性的统一，既要调查机关，又要调查基层；既要调查干部，又要调查群众；既要解剖典型，又要了解全局；既要到工作局面好和先进的地方去总结经验，更要到困难较多、情况复杂、矛盾尖锐的地方去研究问题，这样才能客观。俞正声主席曾讲过一个他如何选取调研点的例子。他在湖北工作时，围绕贯彻中央规范机关人员津补贴政策开展调研，分别选取了经济状况好的、中间的、差的四个县，每个县分别选取四个机关、四个事业单位、四个乡镇，然后用查账的办法弄清楚它们发放津补贴的具体情况。这样的调研才符合实际，才管用，为我们开展调研做出了榜样。当前在实际工作中，有时还存在着"调演""约研"的现象，即调查研究提前踩点、提前看路线、事先设计，看什么、怎么看、和谁谈，都是定好的，这样的调研的效果就很难保证。我们开展的“实施精准扶贫中存在的问题和建议”“腾格里沙漠污染治理”等调研之所以有成效，一个主要原因就是采取了进村入户、随机调研、明察暗访等多种方式，取得了翔实的材料。我们要按照中央八项规定精神，进一步改进调研方式，可以有“规定路线”，但还应有“自选动作”，力求准确、全面、深透地了解情况，避免出现“被调研”现象，防止调查研究走过场。

二是要进一步在深入上下功夫。习近平总书记强调，开展调查研究，要“扑下身子、沉到一线，迈开步子、走出院子，到车间码头，到田间地头，到市场社区，亲自查看，亲身体验”。搞好调查研究，一定要从群众中来、到群众中去，广泛听取群众意见。要坚持“一竿子插到底”，深入到问题的所在地和矛盾的症结处，真正掌握第一手材料，深刻了解事物的本来面目，不获实情不收兵、不得真理不甘心。特别是基层、群众、重要典型和困难的地方，应成为我们调研的重点，要花更多时间去了解和研究。只有这样去调查研究，才能获得在办公室难以听到、不易看到和意想不到的新情况，找出解决问题的新视角、新思路和新对策。要眼睛向下、甘当小学生，带着感情下去、带着责任下去、带着问题下去，不仅“身入”基层，更要“心到”基层，真心实意和群众交朋友、拉家常，这样才能调查出真情况来，才能真正了解群众所盼、所急、所忧、所怨。大的全局性问题都是由单个的具体问题组成的，要立足自身实际，切实发挥委员会专业性、领域性强的优势，注重抓一些小中见大的具体问题深入研究，进而推动全局性问题的研究和解决。

三是要进一步在求实上下功夫。调查研究必须坚持实事求是的原则，树立求真务实的作风，具有追求真理、修正错误的勇气。一切结论应当产生于调查情况的末尾，而不是在它的先头。要坚持从客观实际出发，不能预设框框，先入为主，带着事先定的调子去调研，对调查了解到的情况和问题，要敢于“较真”和“碰硬”，不粉饰太平，不掩盖矛盾，不怕得罪人，坚持有一是一、有二是二，既报喜又报忧，不唯书、不唯上、只唯实。调查研究，包括调查与研究两个环节。衡量调查研究搞得好不好，不是看调查研究的规模有多大、时间有多长，也不是光看调研报告写得怎么样，关键要看调研的成果和实效。从目前调研的情况看，有调查不够的情况，但主要是研究不够的问题，影响了调研的效果。一些调研虽然也进行了调查，却不愿对调查得来的材料和情况进行深入研究，以至于停留于表面，查不到问题、找不到对策，或者只是一些“大路货”，这样的调研既没有力度，也没有用处。要真正沉下心来、舍得时间、花费心血来深化研究，把零散的认识系统化，把粗浅的认识深刻化，由表及里、去粗取精、去伪存真，进行深入的理性思考，提炼出系统而不零碎、深刻而不肤浅、务实而不空泛的对策建议来，特别是着力从增强可操作性上下功夫，找到解决问题的正确办法。

同志们，中国特色社会主义进入新时代，人民政协工作也站在了新的历史起点上。面对新的形势和任务，我们要坚持以习近平新时代中国特色社会主义思想为指引，切实增强责任感和使命感，围绕党和国家工作大局，认真履行职责，积极议政建言，努力为实现“两个一百年”奋斗目标、实现中华民族伟大复兴的中国梦不断作出新的更大的贡献。

“推进养老服务供给侧改革，促进共享发展”专题调研座谈会讲话

（2017 年 4 月 13 日）

陈　晓　光

各位同志：

很高兴来到安徽，与省政府及有关部门负责同志就“推进养老服务供给侧改革，促进共享发展”问题进行座谈并交换意见。今年是实施“十三五”规划的重要一年，也是推进供给侧结构性改革的深化之年。今年 6 月，全国政协将召开“深化供给侧结构性改革，促进经济平稳健康发展”专题议政性常委会，“推进养老服务供给侧改革，促进共享发展”就是其中的议题之一。为做好会前准备工作，我们调研组一行在安徽省淮南市和阜阳市进行了两天半的实地调研，并听取情况介绍，也期待着为国家相关改革决策提供有价值、操作性强的参考意见。

当前，我国老龄化问题较为突出，截至 2016 年底，全国 60 岁以上老年人口已达 2.3 亿人，高龄化、空巢化、失能化等特征明显。近年来，我国加大了对养老服务业的扶持力度，促进养老服务业发展的政策体系逐步健全；各地方也日益重视老年福利制度建设，特别是养老服务体系的布局，正在由公益型的养老事业拓展到养老事业和养老产业并举。但我们也要看到，我国养老服务业发展相对滞后，已不能够满足越来越多的老年人的养老需求。这不仅造成了老年人生活质量下降，也影响了国民经济的持续增长和健康发展。

党中央、国务院高度重视养老服务工作。党的十八届三中全会提出，要“积极应对人口老龄化，加快建立社会养老服务体系和发展老年服务产业”。习近平总书记多次对养老工作作出重要指示。推进养老服务供给侧改革，是保障与改善民生的重要着力点，也是具有发展前景的经济新增长点，值得我们高度重视。从实地调研、座谈和调研组掌握的各地实际情况来看，我国养老服务还存在一些具有共性和普遍性的问题。

一是思想认识亟待提升。当前，有些地方对老龄化加速态势研判不足，对情况的复杂性认识不够，对养老服务业重视程度不一，既存在着一定程度的畏难情绪，也存在着地方政府大包大揽的片面做法；对民办养老产业认可度不够，对民办机构与公办机构支持力度不一，民办机构在优惠政策、要素保障、价格竞争等方面处于弱势地位；部分民营投资者认为养老产业投入大、产出少，投资风险大且退出较难，不敢或不愿投入；群众对民办养老服务业认可度不高，普遍存在观望、抵触心理，导致公办机构“一床难求”与民办机构“虚位以待”现象并存。

二是发展进度明显失衡。城乡之间、城市之间发展不均衡，农村老龄化明显高于城市，但农村养老服务业起步迟、发展慢、层次低，与实际需求存在着很大落差；各城市

之间差异也较明显，经济发达地区发展相对较快、水平较高，经济欠发达地区发展相对较慢、水平较低。居家养老服务发展相对滞后，城市社区居家养老设施功能尚不够完善、服务质量亟待提高；农村居家养老设施尚未实现全覆盖。不同类型养老床位之间发展不均衡，居养型机构床位发展相对较好，助养型、护理型床位不足，与失能、失智老人的实际需求差距较大。

三是要素保障支撑缺失。各地尚未形成规范有序的投入保障机制，民办养老机构存在融资难、贷款难的限制。各类养老机构集中反映存在着按机构性质而不按服务质量定价的情况，公办养老机构未按完全成本制定“福利价”，并对民办养老机构产生“比照效应”。缺乏医疗保障和保险机制，公立医疗机构不愿将有限的医疗资源投入养老服务，基层医疗机构支持养老服务的激励机制尚未建立。缺乏土地使用规划保障，是制约养老服务业发展的重要瓶颈，很多投资养老项目因无土地指标而搁浅。缺乏专业服务人才，养老护理员总量不足、素质不高和招聘难、留人难问题突出，严重影响了服务质量。

四是行业监管尚不规范。养老服务业目前主要接受民政部门管理指导，缺乏有力的监管机构和行业自我监管组织，普遍存在着重事前审批，轻事中、事后监管。评估体系缺失，目前对养老机构准入、经营管理、退出机制缺乏操作办法。专业化服务社会组织缺乏，公益性社会组织发展迟滞，政府购买养老服务往往难以找到相应的社会组织，政府有关部门、社区工作人员疲于应对、老年人实际需求难以满足的境况较为普遍。

五是敬老氛围不够浓厚。子女的敬老责任有待加强，不以照顾年迈父母为己任，过多地把责任推向政府、社会的现象屡有出现。邻里互助的社会运行机制尚不健全，邻里关系松散、戒备心理较重；大众媒体对传统“孝”文化倡导不够，不少人愿意助学而不愿意助老，担心助老风险大。志愿者队伍不足、专业性不强，从事养老志愿服务的队伍少之又少，且较难长期坚持。

努力推进养老服务是关乎千家万户幸福安康和社会和谐稳定大局的民心工程。中共十八届五中全会和“十三五”规划纲要提出要积极开展应对人口老龄化，推进养老服务业发展，并提出一系列具体措施和要求。针对调研中发现的问题，结合各位委员提出的意见建议，我们认为，推进养老服务供给侧改革应该放到全国层面，综合研究、统筹考虑。

一、加强顶层设计，统筹规划、积极引导，补齐养老服务发展滞后的“短板”

要将养老服务作为“老有所养”制度体系的支柱性项目，高度重视养老服务的制度建设，持续加大对养老服务的公共投入，尽快补上养老服务发展滞后的短板。在统筹规划产业发展和老龄事业的条件下，将养老服务作为基本公共服务的重点领域，采取相应的政策措施来引导、促进养老服务事业的发展。发展养老服务不仅能够保障与改善老年人的生活质量，还能够创造可观的就业岗位，是促进就业和优化经济结构的重要方面。在发展养老服务业时，要秉持多方力量相结合原则，维护与扶持家庭养老、邻里互助等传统，将关注的重点放在老年人中的弱势群体，如失能老人、空巢老人等，走出一条适合我国国情的养老服务发展道路。

二、采取有效措施，理顺关系、落实责任，切实做好推进养老服务各项具体工作

一是正确处理居家养老、社区养老和机构养老三者关系，形成最大合力。要以居家养老为基础，采取政府购买服务、培育服务机构、招募企事业单位和个体服务商等有效

措施，引导和鼓励各类实体进入居家养老服务领域，推动其向规模化和专业化方向发展，为老年人提供生活照料、家政服务、精神慰藉、护理康复、安全援助等多样化服务。要以社区养老为依托，培育社区养老服务组织，推动社区老年人照料中心建设，为有需要的家庭和老年人提供短期托养、日间照料、健康、娱乐等服务，为老年人在社区安心养老和安全养老创造条件。要以机构养老为补充，理性发展不同类型的养老机构，确保需要入住机构养老的老年人得到满足，同时还应避免布局失当、规模超大等现象。

二是要加快养老服务人才队伍建设。加强部门间的协调配合，认真解决养老服务人才队伍建设问题。要积极改善养老服务人员的工作条件，提高职工工资福利待遇。加强教育培训，提高养老服务人员素质，有计划地在高等院校和中等职业学校增设老年医学、护理、营养和心理等养老服务相关专业和课程。扩大人才培养规模，把养老服务人才的培养融合到社会教育系统中。充分依托院校和养老机构建立养老服务实训基地，加强养老服务人员专业培训，不断提高服务队伍的专业化水平。加快培育从事养老服务的志愿者队伍，形成专业人员引领志愿者的联动工作机制。

三是要加大宣传力度，营造浓厚的社会养老氛围。开展“老龄人口日”“社会养老宣传月”等形式多样的宣传教育活动，大力宣传国家有关社会养老的政策规定，营造浓厚的社会养老和“敬老、孝老、爱老”氛围。加大社会养老政策落实检查力度，定期对社会养老政策落实情况进行检查，对不执行国家有关优老惠老政策规定的，进行批评、教育、处罚，强化企业、单位和个人的社会责任感。

中国人民政治协商会议全国委员会常务委员会关于政协十二届四次会议以来提案工作情况的报告

——在政协第十二届全国委员会第五次会议上

（2017 年 3 月 3 日）

马　培　华

各位委员：

我代表中国人民政治协商会议第十二届全国委员会常务委员会，向大会报告四次会议以来的提案工作情况，请予审议。

一、提案办理情况

一年来，政协委员、政协各参加单位和各专门委员会，认真贯彻中共十八大和十八届三中、四中、五中、六中全会精神，紧密团结在以习近平同志为核心的中共中央周围，按照统筹推进“五位一体”总体布局和协调推进“四个全面”战略布局要求，贯彻落实新发展理念，围绕“十三五”规划的实施，深入调查研究，积极建言献策，提交提案 5769 件。经审查，立案 4279 件，转“意见和建议”1159 件，并案 230 件，撤案 101 件。

在经济建设方面，提出提案 1718 件。关于在供给侧结构性改革中化解过剩产能、鼓励大型国有企业兼并重组、妥善处理国有商业银行不良贷款资产、金融支持民营企业发展的建议，国家发展改革委、国务院国资委、财政部、中国银监会在完善企业退出机制、出台财政金融支持政策时予以采纳。关于加快推进“一带一路”建设的建议，中国贸促会等在建设“一带一路”国际信息共享平台、为企业走出去提供全方位信息服务工作中予以采纳。关于全面提升中国制造业竞争力、加快企业技术创新的建议，工业和信息化部等在《关于完善制造业创新体系，推进制造业创新中心建设的指导意见》中予以采纳。关于进一步防范化解金融风险、完善互联网金融准入管理、理顺网络借贷法律关系的建议，中国人民银行等在开展互联网金融风险专项整治、加强网络信贷信息中介机构管理中予以采纳。关于解决新型农业经营主体融资难的建议，农业部、中国农业发展银行在支持建立农业信贷担保体系工作中予以采纳。关于发挥电子商务在脱贫攻坚中作用的建议，国务院扶贫办、商务部等在《电子商务“十三五”规划》《关于促进电商精准扶贫的指导意见》中予以采纳。关于建立全国统一的市场主体信用信息共享平台的建议，工商总局等在深化商事制度改革中予以采纳。关于明确网约车服务标准、推动出租车行业改革的建议，交通运输部等在制定《网络预约出租汽车经营服务管理暂行办法》时予以采纳。

在政治建设方面，提出提案 322 件。关于制定《行政程序法》的建议，全国人大常委会法工委等正在组织有关方面研究论证。围绕深化行政审批制度改革、运用互联网和大数据技术推动政务改革的建议，中央编办等加快推进政府职能转变，推出让信息多跑路、让群众少跑腿的网上"一条龙"服务。关于治理懒政怠政、建立监督举报投诉制度的建议，中央纪委等以贯彻《中国共产党问责条例》为契机，加强制度建设，加大查处失职渎职、懒政怠政典型问题力度。关于推进社会主义核心价值观建设的建议，在中共中央办公厅、国务院办公厅印发的《关于进一步把社会主义核心价值观融入法治建设的指导意见》中得到体现。关于促进民族团结、维护社会和谐稳定、推动民族地区持续健康发展的建议，国家民委等在编制"十三五"促进民族地区和人口较少民族发展、兴边富民行动等规划中予以采纳。

在文化建设方面，提出提案460件。关于加强红军长征主题纪念设施保护和长征历史宣传的建议，中央宣传部在组织开展长征胜利80周年纪念活动中予以充分考虑。关于发挥科技在文化遗产保护中作用的建议，科技部、文化部、国家文物局等将此列入《"十三五"文化遗产保护与公共文化服务科技创新规划》。关于媒体要带头激活全民科技创新思维的建议，新闻出版广电总局等加强科技平台建设，推进科技、科普类视听节目的制作与传播。关于充分利用筹办冬奥会的历史机遇，推动冰雪运动及产业发展的建议，体育总局等在制定《群众冬季运动推广普及计划（2016—2020年）》时予以采纳。

在社会建设方面，提出提案1344件。关于做好化解产能过剩过程中人员安置工作的建议，人力资源社会保障部等在实施创业担保贷款支持就业、化解钢铁煤炭等过剩产能行业职工安置工作中予以采纳。针对解决好随迁子女入学的建议，教育部等将随迁子女义务教育纳入发展规划和财政保障范围，坚持以流入地政府为主、以公办学校为主接收随迁子女入学。关于建立新型社会化养老体系的建议，国家卫生计生委、住房城乡建设部、全国老龄办等完善居家养老支持政策，加快提升居家养老服务供给能力。关于加快食品安全监管体系建设的建议，食品药品监管总局等予以采纳，出台《食品生产经营日常监督检查管理办法》等5项规章制度。针对提案反映强烈的电信网络新型违法犯罪问题，公安部等开展专项打击行动。

在生态文明建设方面，提出提案303件。关于加强长江经济带生态保护区域合作、构建长效机制的建议，环境保护部等在编制《长江经济带生态环境保护规划》中予以采纳。关于推动节能减排、治理大气雾霾的建议，国家能源局等在推进燃煤发电清洁化、调整供热能源消费结构等工作中予以采纳。关于快递业包装减量化的建议，国家邮政局在推进快递业绿色包装工作中予以采纳。关于加强湿地保护的建议，水利部、国家林业局等在开展湿地保护修复等工作中予以采纳。关于修复和治理矿山地质环境的建议，国土资源部在加强矿山地质环境修复和综合治理中予以采纳。

一些提案还就贯彻"一国两制"方针、促进祖国和平统一、扩大对外交往等提出了意见和建议，有关单位高度重视，认真办理。

按照中共中央办公厅《关于加强人民政协协商民主建设的实施意见》要求，2016年提案交办会由全国政协办公厅联合中共中央办公厅、国务院办公厅共同召开，提案交由163家单位办理。提案承办单位切实把提高提案办理质量摆在更加突出位置，深入开展提案办理协商，取得积极成效。截至2017年2月20日，99.84%的提案已经办复。其中，已经解决或采纳的占17.17%，拟解决或拟采纳的占67.13%，作参考的占15.7%。

二、提案工作创新发展

中共中央、国务院高度重视政协提案工作，支持人民政协通过提案履行职能。一年来，按照习近平总书记关于不断提高提案质量和提案办理质量的重要指示精神，紧紧抓住质量这个关键，推动提案工作取得新成效。

（一）提案质量不断提高。积极引导广大政协委员在提出提案环节深入实际调查研究，广泛听取意见，增强提案意见建议的针对性和可行性。严格执行立案标准，规范审查工作程序，加强与提案者的沟通协商，做好转、并、撤工作，立案提案质量进一步提高。加强与各民主党派中央、全国工商联的协商交流，做好集体提案的统筹协调工作。政协各专门委员会充分发挥自身特色和优势，积极提出高质量的集体提案。

（二）办理协商更为深入。围绕全国政协年度协商计划和总体工作部署，抓好重点提案的遴选与督办工作。42 个重点提案中，有 14 个与议政性常委会议、专题协商会和双周协商座谈会议题相衔接，提案工作发挥了为政协重大协商活动服务的作用。同时，办理协商层次得到提升，“加强农作物秸秆综合利用”等重点提案，通过双周协商座谈会取得更好协商成效；提案承办单位切实将协商作为提案办理的必经环节加以规范，在“实施创新驱动发展战略，促进科技成果转化和技术转移”等重点提案办理过程中，相关承办单位主动走访提案者，组织联合调研，开展深度协商；更加注重协商实效，副主席带队走访承办单位，与承办单位主要负责同志面对面协商沟通，深化问题研究，促进科学决策。

（三）重点提案督办有力。主席会议审定重点提案题目，听取重点提案督办情况的汇报。以视察、调研和提案办理协商会形式督办的，多数由副主席带队。办公厅、各专门委员会对“大力发展老字号，提升中国文化软实力”“加强城市规划，推进城镇可持续发展”等 19 个提案进行视察、调研督办；对“进一步防范化解金融风险”等 7 个提案召开提案办理协商会进行督办；对“深化教育综合改革”等 16 个提案以《重要提案摘报》等形式进行督办。“运用生物技术发展优质安全农产品”提案，两次组织提案者深入田间地头调研，召开专题座谈会协商沟通；“打造滇桂黔民族文化旅游示范区”提案，在报送《重要提案摘报》后，又组织实地调研督办。“推动大别山革命老区振兴发展”提案，连续五年开展跟踪督办。

（四）制度建设积极推进。在调查研究、听取多方意见的基础上，修订形成《提案审查工作细则（征求意见稿）》。起草关于推进提案公开工作的意见，就公开程序、公开方式等与相关提案承办单位进行沟通协调，促进提案内容与办理结果同步公开。

提案工作取得成绩的同时，也存在一些不足。比如，在提案质量方面，有的提案建议滞后，有的提案过于笼统宽泛，建议不明确不具体；在提案办理方面，有的提案答复不直截了当，以工作情况介绍代替针对性答复；提案的民主监督作用有待进一步加强。

三、2017 年工作重点

2017 年，要认真贯彻中共中央的重大决策部署以及全国政协的年度工作安排，落实中央领导同志关于加强和改进提案工作的重要指示精神，主要从以下几个方面加大工作力度。

（一）坚持围绕中心服务大局。广大政协委员、政协各参加单位和各专门委员会要紧紧围绕统筹推进“五位一体”总体布局和协调推进“四个全面”战略布局中的重大问题，深入调查研究，为全面做好稳增长、促改革、调结构、惠民生、防风险各项工作，促进经济健康发展和社会和谐稳定积极建言献策；紧紧围绕关系人民群众切身利益的问题，深入了解情况，及时反映所联系界别群众的意愿和呼声。

（二）积极发挥提案在民主监督中的作用。落实中共中央关于加强人民政协民主监督工作的要求，更加重视政协委员和参加政协的各党派、各人民团体以及政协各专门委员会，通过提案提出意见、批评、建议，开展监督。在重点提案遴选与督办工作中，增加民主监督性提案比例，加强督办；选择需要持续推进的往年重点提案，对办理落实情况开展跟踪督办；规范走访提案承办单位工作，寓监督于协商之中。

（三）进一步推动提高提案办理质量。落实中共中央办公厅、国务院办公厅《关于加强人民政协提案办理工作的意见》，推动提案承办单位进一步健全提案答复机制、完善办理督查制度及考核评价机制，稳步推进提案办理结果公开。加大对优秀提案复文的宣传，增强提案答复的针对性，提高办理实效。

（四）深入推进提案工作理论研究和制度建设。加强提案工作理论研究，梳理本届政协以来的提案工作情况，总结、提炼实践经验，形成具有参考价值的工作规范。健全提案工作制度体系，完成《提案审查工作细则》修订，出台《关于推进提案公开工作的意见》并推动实施。开展每届一次的优秀提案和先进承办单位评选表彰。

各位委员，新的形势和任务对人民政协提案工作提出了更高的要求。让我们紧密团结在以习近平同志为核心的中共中央周围，团结进取，开拓创新，把人民政协提案工作提高到一个新水平，以优异成绩迎接中共十九大胜利召开！

学习贯彻全国两会精神　积极投身创新发展实践

（2017 年 3 月）

刘　晓　峰

今年全国两会，是在实施“十三五”规划关键阶段、迎接中共十九大胜利召开的重要时间节点上举行的一次重要会议，议题丰富，意义重大。会议期间，习近平总书记亲切看望民进、农工党、九三学社委员并发表重要讲话，让我们如沐春风、如饮甘霖，深切体会到中共中央对社会主义协商民主和多党合作事业的高度重视。我们以农工党中央名义向政协大会提交了 37 篇提案。其中，关于深化医学教育改革、完善我国特大疾病医疗救助制度、完善土壤污染防治基本法律制度等提案，成为全国两会委员和社会各界关注、讨论的热点。让我们感到高兴的是，李克强总理就政府工作报告征求各民主党派中央、全国工商联负责人和无党派人士代表意见建议时，我们提出的关于“完善大病保险制度，提高保障水平”、关于“促进优质医疗资源上下贯通，增强基层服务能力，方便群众就近就医”、关于“健全激励机制和容错纠错机制，鼓励改革创新、干事创业、勇于担当”等建议，在政府工作报告中得到一定程度的吸纳。特别是在美丽中国建设方面，我们提出的关于“加大对雾霾成因、成分分析及防治措施的科技攻关力度”“优先调度清洁能源上网，解决弃水、弃光、弃风问题”“在京津冀地区率先实行‘国六’标准”“北方地区实施煤改气、煤改电”等建议被政府工作报告吸纳。这让我们倍感振奋，备受鼓舞。农工党在全国两会上履职成果丰硕，也是农工党各级组织和广大党员大力支持的结果。

学习贯彻全国两会精神，特别是习近平总书记在民进、农工党、九三学社委员联组会上的重要讲话精神，是当前和今后一个时期的首要政治任务。农工党中央主席陈竺在农工党十五届十七次中央常务委员会上，对学习贯彻全国两会精神进行了部署。农工党中央也印发了相关的学习通知。我们要从坚持和发展中国特色社会主义、巩固和推动中国共产党领导的多党合作事业发展的政治高度，学习好贯彻好全国两会精神，特别是习总书记重要讲话精神。利用各种学习会、报告会、培训班、研讨班等深入系统地学习，进一步吃透精神内涵，把握核心要义，自觉用全国两会精神武装头脑、指导实践。要把学习全国两会精神与增进思想共识结合起来，与谋划发展思路结合起来，团结引领广大党员牢固树立“四个意识”，把思想和行动统一到中共中央对形势的分析判断和对工作的决策部署上来，自觉践行社会主义核心价值观，积极投身创新发展实践，以履职尽责的实际行动，为实施“十三五”规划、深化供给侧结构性改革作出新贡献。

切实加强思想政治建设，不断巩固多党合作共同思想政治基础

一是深入开展“不忘合作初心、继续携手前进”专题教育。农工党各省级组织要根据中央印发的相关工作计划，联系当地实际、工作实际、党员实际，讲求实效、灵活多样，努力将专题教育覆盖到每一个基层组织，深入到每一位党员中去。要广泛组织学习中共十八大和十八大以来历次全会精神、习近平总书记系列讲话精神，学习中共党史、多党合作历史、农工党党章党史，教育引导广大党员更好地传承弘扬农工党优良传统，更加自觉地坚持中国共产党的领导，更加坚定地维护中共中央的权威，更加紧密地团结在以习近平同志为核心的中共中央周围，自觉作践行社会主义核心价值观的模范，与中国共产党一道秉持共同理想、坚持共同奋斗，汇聚成坚持和发展中国特色社会主义、实现中华民族伟大复兴中国梦的磅礴合力。要做好学习实践活动总结表彰工作，注重梳理经验，巩固成果，扩大成效。

二是强化思想政治引导，协助中共中央做好意识形态工作。要切实提高思想认识，绷紧政治安全这根弦，看好自己的门、管好自己的人、带好自己的队伍，在关键时刻和重大政治问题上不能犯糊涂。农工党各级领导班子要从维护国家政治安全和意识形态安全的角度，充分认识做好网络舆情工作的极端重要性，组织专门力量，采取扎实举措，认真梳理排查网络隐患，建立健全网络突发舆情应急机制，做好动态监控，加强防范应对，确保正面发挥作用。要认真开展党员思想态势分析，做好节点分析和经常性分析，加强分类引导，帮助党员明辨是非、站稳立场。

三是加强思想宣传，积极正面发声。要围绕迎接中共十九大，搞好政治交接，做好换届工作，加大宣传力度。要善于通过网络和自有新媒体平台，用清新、生动的网言网语丰富话语表达，讲好多党合作和农工党故事。要引导推动各级组织领导班子成员、代表人士和专家学者等充分发挥自身专业和身份优势，弘扬主旋律，传播正能量，营造良好思想舆论氛围。

围绕中心、服务大局，充分履行参政党职能，为协调推进“四个全面”战略布局作出新贡献

参政议政方面，要紧扣“十三五”规划实施和全年经济社会发展目标，深入调查研究。受中共中央委托，今年农工党中央将以“服务国家‘一带一路’战略，推进‘健康丝绸之路’建设”为主题开展大考察。“一带一路”战略覆盖的省份，农工党各级组织要深入学习贯彻习总书记关于建设“健康丝绸之路”的有关精神和全国卫生与健康大会精神，配合农工党中央做好大考察工作。除大考察外，我们要关注药品供给体系改革、新人口政策下的儿童保障体系建设、“十三五”期间缓解因病致贫返贫、推进国家生态文明试验区建设等事关改革发展的重大问题，努力提出务实管用的高质量意见建议，提高议政建言实效。农工党中央机关各部门、各省级组织和中央各专门委员会要加强联动，努力实现调研报告、社情民意等资源和信息共享，形成全党全力参政议政的良好氛围。

社会服务方面，要持续聚焦精准扶贫精准脱贫。深入总结农工党东部十省市支持贵州省毕节市大方县精准扶贫工作的经验，不断探索工作模式，使帮扶资源与贫困地区资源精准对接，提高帮扶实效，帮助大方县顺利完成脱贫攻坚任务。继续推进“同心全科医生特岗人才计划”，推行农村家庭全科医生签约服务，总结成熟经验并向其他地方复制推广。集中力量做好健康扶贫跟踪调研，为解决我国农村地区因病致贫、因病返贫问题提供数据参考。继续做好“中国环境与健康宣传周”“国际科学与和平周”“杏林春雨行动”“同心圆工程”等各类社会服务品牌活动，不断提高社会服务工作影响力和辐射力。社会服务要与参政议政、民主监督等紧密结合起来，使各项工作相互促进、全面提高。

脱贫攻坚民主监督方面，要创新工作方式方法，在突出重点打造亮点提高实效上下功夫。要进一步提高政治站位，在深入总结前一阶段工作的基础上，突出年度工作重点，坚持点面结合，增强工作的主动性和预见性。充分利用科研院所的专业优势，建立科学的监督指标体系和评估机制，发挥南京邮电大学人口学院为农工党研究制定科学调研方案的作用，组织专家对 2016 年度摘帽贫困县开展评估工作，聚焦“直过民族”脱贫、易地搬迁脱贫、健康扶贫、旅游扶贫等问题，通过深入细致的调查研究和检查评估，查找存在的问题并提出合理化建议。同时，农工党中央各专门委员会要根据自身的特点和优势，参与到对口云南省脱贫攻坚民主监督中去。继续在云南省曲靖市会泽县进行健康扶贫方面的有益探索，争取形成可复制推广的经验。要进一步加大工作力度，督促指导已经确定对口监督云南省相关州市的 11 个东部较发达地区的农工党省市级组织，尽快建立工作机制，认真开展调查研究和监督工作。云南省共有 16 个贫困州市。要鼓励有条件的省市特别是 15 个副省级城市农工党组织积极参与进来，争取今年实现对口监督全覆盖，举农工党全党之力助力云南省打赢脱贫攻坚战。

搞好政治交接，做好换届工作，深入实施人才强党战略

一是坚决贯彻换届工作的指导思想、工作原则和具体政策。换届是一项政治性、政策性、程序性、时间性都很强的工作，农工党中央，尤其是组织部门要加强对省级组织换届的指导，严格把握换届政策，严格遵守工作程序，及时掌握各省级组织换届动态，积极协助解决换届中出现的问题。各省级组织和领导班子要以高度的政治责任感和饱满的工作热情，精心组织，集中精力开好省级代表大会。要坚持民主集中制和选人用人标准，引导代表正确行使民主权利，选优配强新一届领导班子和组织机构。

二是严肃换届纪律。农工党各级监督委员会要切实肩负起监督职责，把对换届纪律的监督作为党内监督工作的重点，加强对党员行为和换届程序的监督。抓住民主推荐、民主测评、人选考察、大会选举等关键步骤和环节，严格标准、严格程序、严肃纪律，对违反换届纪律的行为“零容忍”，一经发现严肃查处，绝不姑息，确保换届风清气正，真正换出新干劲、换出新作风、换出新气象。

三是以换届为契机，深入实施人才强党战略。换届是优化人才配置，改善班子结构，增强组织活力的重要契机。要认真总结农工党市级组织和省级组织换届工作的经验教训，加强代表人士队伍建设。在保持农工党界别特色优势的基础上，重点发展一批履行职能急需的代表人士，特别是吸收那些既有深厚专业造诣又有很强议政建言能力的高层次、高素质人才入党，为农工党事业长远发展提供人才支撑。加大后备干部培养力度，持续关注高校、科研院所、新的社会阶层和非公经济人士、青年党员等群体，引导他们“双岗立功”，为他们搭建成长成才的平台。要进一步强化农工党基层组织建设，在稳步增加数量的同时，更加注重质量的提高。农工党各级专委会也要全面加强履职能力建设，注意发挥集体智慧，为履行参政党职能提供智力支撑。

切实加强机关能力建设，提高服务保障能力

机关建设是参政党自身建设的重要组成部分，是提高参政党履职能力的重要保证。农工党各级机关干部尤其是专职干部，要严格要求自己，不断强化服务意识，善始善终、善作善成，做到讲政治、敢担当、强作风、重本领，切实发挥带头模范作用。同时，要带好队伍，进一步加强机关干部素质能力建设，组织部门要研究推动加大机关干部党内轮岗交流、挂职锻炼和培训力度，为机关干部尤其是年轻干部成长成才搭桥铺路。要推进机关制度建设，不断优化机关运行机制和工作流程，切实提高履职水平和成效。要进一步改进工作作风，把作风建设和纪律实施结合在一起，以作风转变促进工作提升。进一步规范机关的财务管理，严格执行中央有关财务管理政策，不断提高机关财务管理效能。进一步推动农工党机关信息化建设，做好统筹规划，确保信息安全，避免重复建设，更好地利用现代信息技术提高党务工作效能和质量。

在全国政协第114期干部培训班开班式上的讲话

（2017年6月23日）

王　钦　敏

各位学员，同志们：

今天，我们举行全国政协第114期干部培训班开班式。首先，我代表全国政协对参加培训的同志们表示热烈的欢迎和亲切的问候！

重视学习是人民政协的优良传统。长期以来，全国政协采取多种方式，组织和推动政协各参加单位、广大政协委员和各级政协机关干部广泛深入学习，对推动人民政协事业发展发挥了重要作用。十二届全国政协以来，全国政协党组对学习培训工作高度重视，俞正声主席多次作出重要指示，专门视察培训中心。这次学习，干部培训中心按照全国政协党组和机关党组要求，作了认真准备，科学精细安排学习内容和组织管理工作。今天，我主要就学习贯彻党中央关于人民政协工作的新思想新部署新要求、推进社会主义协商民主建设、加强和改进政协民主监督工作、提高履职能力等问题，谈几点意见，同大家交流。

一、深入学习贯彻以习近平同志为核心的党中央关于人民政协工作的新思想新部署新要求

党的十八大以来，以习近平同志为核心的党中央高度重视人民政协事业发展。党的十八届三中、四中、五中、六中全会和中央统战工作会议等都对政协工作作出重要战略部署，中央政治局常委会会议多次研究政协工作，党中央印发了《关于加强社会主义协商民主建设的意见》《中国共产党党组工作条例》《中国共产党统一战线工作条例（试行）》《关于加强人民政协协商民主建设的实施意见》《关于加强和改进人民政协民主监督工作的意见》等文件，对人民政协工作作出一系列重要制度性安排。习近平总书记在庆祝人民政协成立65周年大会、历次政协新年茶话会和全国“两会”党员负责人会等会议上，多次就政协工作发表重要讲话、作出重要指示。这些重要部署、重要制度安排、重要讲话、重要指示，为新形势下人民政协事业发展进一步指明了前进方向、提供了根本遵循。我们一定要认真学习、深入领会，用以统一思想、指导工作。这是做好人民政协工作的重要前提和基础。

一是深刻理解把握关于坚持党中央集中统一领导的重要思想。习近平总书记指出，中国共产党的领导是中国特色社会主义最本质的特征，也是人民政协事业发展进步的根本保证。人民政协要坚定不移走中国特色社会主义政治发展道路，充分认识中国共产党是中国特色社会主义事业的领导核心，引导参加政协的各党派团体和各族各界人士切实增强政治意识、大局意识、核心意识、看齐意识，努力把党中央重大方针政策贯彻到政协工作中去。注重把中国共产党的先进性和民主党派的进步性有机统一起来，把统一战

线内部的一致性和多样性有机结合起来，在包容多样基础上不断增进一致，夯实团结奋斗共同思想政治基础。要充分发挥政协党组和机关党组、各专委会分党组作用，认真做好把方向、管大局、保落实的各项工作，确保党的领导落到实处。

二是深刻理解把握关于坚持人民政协性质定位的重要思想。习近平总书记强调，做好人民政协工作，必须坚持人民政协的性质定位。人民政协是统一战线的组织，是多党合作和政治协商的机构，是人民民主的重要实现形式，是适合中国国情、具有鲜明中国特色的制度安排，体现了中国特色社会主义制度的优势和特点。人民政协不属于国家权力机关。要准确把握人民政协性质、地位、职能和作用，在依照宪法法律和政协章程准确定位的基础上，大力推进自身各项工作和各项事业不断向前发展。

三是深刻理解把握关于紧扣中心调研议政的重要思想。习近平总书记要求，人民政协要坚持议大事、抓大事，自觉立足大局，紧紧围绕大局，进一步围绕党和国家中心工作履职尽责。要自觉将政协工作置于党和国家工作大局中来谋划和部署，围绕事关全局的重大问题开展调研视察和协商议政，以务实的举措和成果，推动科学发展，促进社会和谐，使各项履职活动更加契合中心任务，更加符合决策需要，更加体现人民心声。要紧扣“五位一体”总体布局和“四个全面”战略布局，坚持把围绕“十三五”规划实施建言献策作为工作主线，突出问题导向，强化短板意识，着眼经济社会发展重大问题和全面建成小康社会的重点难点问题，深入议政建言，努力提出有针对性的对策建议。

四是深刻理解把握关于推进政协协商民主建设的重要思想。习近平总书记强调，要充分发挥人民政协作为社会主义协商民主重要渠道和专门协商机构作用，把协商民主贯穿履行职能全过程。要扎实推进政协协商民主实践，不断发展完善协商议政格局，为构建程序合理、环节完整的协商民主体系作出贡献。认真制订实施年度协商计划，拓展协商领域、丰富协商形式、营造协商氛围、提升协商质量、提高协商实效，不断提高人民政协协商民主制度化、规范化、程序化水平，为社会主义民主政治发展注入新的活力。

五是深刻理解把握关于加强和改进政协民主监督工作的重要思想。习近平总书记强调，政协民主监督是我国社会主义民主政治的一项重要制度安排，是社会主义监督体系中的一种重要形式。政协民主监督是一种协商式监督，不具有强制约束力。要准确把握好监督的方向和原则，坚持平等协商、坦诚监督、求同存异，敢于讲真话、道实情、进诤言。突出政协民主监督重点，聚焦党和国家中心工作，围绕中央重大方针政策和改革举措贯彻落实，提出有情况、有分析、有对策的意见建议，帮助党和政府改进工作、解决问题。加强党对政协民主监督工作的领导，完善民主监督的组织领导机制，确保监督工作有力有序有效开展。

六是深刻理解把握关于加强团结联谊的重要思想。习近平总书记要求，做好人民政协工作，必须坚持大团结大联合。要把增进思想政治共识摆在突出位置，正确处理一致性和多样性关系，着重在道路、方向、目标上形成最大公约数，画出最大同心圆。及时掌握统一战线和人民政协内部思想动态，在一些敏感点、风险点、关切点上强化思想政治引领，引导委员增强政治敏锐性和鉴别力，真正做到站稳立场、敢于发声。发挥爱国统一战线组织作用，更好联系服务各族各界代表人士，协助党和政府多做解疑释惑、理顺情绪、化解矛盾的工作，促进政党关系、民族关系、宗教关系、阶层关系、海内外同胞关系和谐，维护安定团结政治局面。

七是深刻理解把握关于抓好政协自身建设的重要思想。习近平总书记强调，人民政协要适应全面深化改革的要求，以改革思维、创新理念、务实举措大力推进履职能力建设。要提高政治把握能力、调查研究能力、联系群众能力和合作共事能力，努力在推进国家治理体系和治理能力现代化中发挥更大作用。坚持严格教育、严格要求、严格管理、严格监督，抓好政协委员和机关干部两支队伍建设，落实委员履职工作规则，引导委员懂政协、会协商、善议政，守纪律、讲规矩、重品行。认真做好十二届全国政协工作总结，对好的经验和做法提炼归纳，为今后政协事业发展提供有益借鉴。配合做好委员推荐工作，严明换届纪律，严格准入条件，真正选出政治素质硬、群众威信高、社会影响大、议政能力强的代表人士进入政协组织。

二、深入推进人民政协协商民主建设

社会主义协商民主是党的十八大以来我国政治体制改革的重要内容和重要成果，是党的群众路线在政治领域的重要体现。协商民主制度已成为我国国家治理体系的重要组成部分，与选举民主共同构成中国社会主义民主政治的制度特点和独特优势。协商民主实践广泛多层制度化发展，对巩固党的领导、实现人民当家作主、推动依法治国具有重要作用。

人民政协协商民主是社会主义协商民主的重要组成部分，推进人民政协协商民主建设，是党的十八届三中全会确立的全面深化改革的一项重点任务。2015 年 1 月，党中央印发的《关于加强社会主义协商民主建设的意见》和 2015 年 6 月中办印发的《关于加强人民政协协商民主建设的实施意见》，都对人民政协协商民主作了重要部署。贯彻两个文件精神、推进政协协商民主发展，是我们当前的一项重要任务。对此，要着重从四个方面把握。

一要充分认识人民政协是社会主义协商民主的重要渠道和专门协商机构。人民政协协商民主是社会主义协商民主的重要渊源，推进社会主义协商民主建设，人民政协有着重要的制度优势，也肩负义不容辞的重大政治责任。首先，人民政协是共产党与民主党派的重要协商平台。人民政协为中国共产党和各民主党派进行充分而广泛的协商提供了重要组织机构保证，通过政协这个平台，参政党可以就经济社会发展中的重大问题或涉及重大公共利益的民生问题，在决策前和决策实施过程中，同中国共产党进行广泛协商，充分反映所代表阶层的利益要求。其次，人民政协是党委政府科学决策民主决策的重要资政平台。政协人才荟萃、智力密集，政协委员通过人民政协同党政部门对话协商，就某一问题充分发表意见和观点，有助于党委政府多角度、深层次了解情况、作出判断。最后，人民政协是人民群众民主政治实践的重要参与平台。人民群众的广泛政治参与是我国协商民主的内在属性。政协委员作为人民政协工作的主体，经常深入基层、走进群众，在“问政于民”“问计于民”的基础上，通过政协反映社情民意，为广大人民群众参与民主政治实践，提供了重要渠道。

二要准确把握人民政协协商民主的原则要求。《关于加强人民政协协商民主建设的实施意见》强调，加强人民政协协商民主建设，必须坚持党的领导，坚定不移走中国特色社会主义政治发展道路；坚持宪法和政协章程确定的人民政协性质定位，始终围绕中心、服务大局；坚持协商于决策之前和决策实施之中，切实提高协商实效；坚持民主协商、平等议事、求同存异、体谅包容，努力营造良好协商氛围。这是推进人民政协协商民主发展必须把握的根本原则。具体工作中，还要注意做到三点：一是求真。就是真协商，大家到一起，彼此互动，充分讨论，态度真诚，不强加于人。尤其作批评时，要态度理性、注意分寸，既知无不言、言无不尽，又能使所讲真话、所道实情入耳入心。二是求深。要寻求和增进共同点，做到尊重多数、照顾少数，通过讨论深化认识，在各种意见中找到解决问题的最大公约数。三是求实。要把握好协商边界和程序，使对策建议合法依章，符合客观实际和群众意愿，做到建言建在需要时、议政议到点子上、监督监在关键处。

三要不断丰富人民政协协商民主的实现形式。把协商民主贯穿于履行政治协商、民主监督、参政议政职能的全过程，不断提高制度化、规范化、程序化水平。要搭建好机制化、常态化的协商参与平台，进一步完善以全体会议为龙头，以专题议政性常委会议和专题协商会为重点，以双周协商座谈会、对口协商会、提案办理协商会等为常态的协商议政新格局，更为灵活、经常地开展专题协商、对口协商、界别协商、提案办理协商，在视察、考察、专题调研、反映社情民意信息等履职活动中广泛开展协商，同时积极探索网络议政、远程协商等新形式。

四要着力强化人民政协协商民主的成果运用。俞主席曾指出，“提高政协协商民主实效，科学选题是前提，调查研究是基础，互动交流是关键，成果转化是重点”。成果运用既是协商民主的目的，也是协商民主不断发展的条件。要进一步完善协商成果报送、采纳和反馈机制，通过专题报告、政协信息、新闻报道、大会发言等途径推动协商成果转化，一些重点协商活动成果可以采取综合报告与若干专题信息相组合的方式反映，以增强针对性。比如，“东北三省工业转型升级问题”专题调研，调研报告、专题协商会情况报告以及相关信息专报，得到了李克强总理、俞正声主席、张高丽、马凯副总理等领导同志共13次重要批示，许多意见建议被国务院采纳。

三、切实加强和改进人民政协民主监督工作

人民政协民主监督是在坚持中国共产党的领导、坚持中国特色社会主义基础上，参加人民政协的各党派团体和各族各界人士在政协组织的各种活动中，依据政协章程，以提出意见、批评、建议的方式进行的协商式监督，是人民政协三大职能之一。党中央历来重视发挥人民政协民主监督的重要作用。1949年中国人民政治协商会议成立后，就把提出意见、建议和批评作为一项重要工作，作为中国共产党同各民主党派、无党派人士互相监督的重要平台。1954年，毛泽东同志指出，“提意见”是人民政协五大任务之一，明确肯定人民政协的监督作用。1982年12月，全国政协五届五次会议首次将民主监督写进《中国人民政治协商会议章程》。邓小平同志指出：“今后人民政协要广泛联系各界人士，充分发挥民主协商和监督的作用。”2006年2月，《中共中央关于加强人民政协工作的意见》进一步明确了人民政协民主监督性质，丰富了民主监督内涵，推进了人民政协民主监督制度化、规范化、程序化。

党的十八大以来，以习近平同志为核心的党中央对人民政协民主监督工作提出一系列新思想新观点新要求。党的十八届六中全会对支持和保证人民政协依章程进行民主监督作出部署，中办印发《关于加强和改进人民政协民主监督工作的意见》（以下简称《意见》）。这些在党的历史上都是第一次，为新形势下政协民主监督工作提供了基本遵循。俞正声主席在今年政协第十二届全国委员会第五次会议上所作的常委会工作报告中，围绕把握性质定位、突出监督重点、丰富方式方法、坚持党的领导等政协民主监督工作的重大问题作了精辟阐述，具有很强的理论性、针对性和指导性。我们要深入学习贯彻习近平总书记关于政协民主监督工作的新思想新观点新要求，按照俞正声主席要求，切实把党中央关于人民政协民主监督工作的部署落实到具体履职工作中。

（一）深刻认识和把握政协民主监督的独特优势。政协民主监督，源自中国共产党与各民主党派、无党派人士团结合作、互相监督的理论和实践，是我国社会主义民主政治的独特创造和一项重要制度安排。政协民主监督不同于人大的法律监督、政府的行政监督以及司法机关的司法监督，它是以政协章程为依据、以人民政协组织为载体、以批评和建议为主要方式进行的一种监督；不同于一般的社会监督、舆论监督、群众监督，它是一种体现团结、合作、协商精神的监督，是中国共产党领导的多党合作和政治协商的重要内容，是我国社会主义民主的重要形式；也不同于党内监督，它是参加人民政协的各党派团体和各族各界人士通过政协组织对国家机关及其工作人员的工作进行的监督，是中国共产党在政协中与各民主党派和无党派人士之间进行的互相监督。可见，政协民主监督具有其他监督形式不可替代的独特作用，与其他监督形式共同构成我国社会主义监督体系。

（二）始终坚持政协民主监督的正确方向。坚持正确方向是人民政协开展民主监督的首要前提。首先，要准确把握政协民主监督的性质。人民政协是统一战线性质的政治协商机关。这一性质决定了政协民主监督不是权力监督，没有法律约束力和强制性，但与其他监督形式一样，都具有对权力运行的制约和监督作用。有一种观点认为，政协民主监督是“软监督”，说了不一定算，要有刚性约束力。其实，“软”有“软”的优势，“软监督”更容易被接受，只要说得实、讲得准、提得对，“软监督”同样能够发挥“硬作用”。要树立“公、和、诚、实”的理念，开展监督必出于公，秉持公心才能坚持真理、敢于担当；必出于和，和合包容才能增进共识、凝心聚力；必出于诚，坦诚相见才能有效沟通、相互理解；必出于实，实事求是才能找准症结、破解问题。

其次，要切实贯彻落实政协民主监督的原则。《意见》中提出政协民主监督工作要做到“四个坚持”，一是坚持中国共产党的领导，坚定正确的政治方向，围绕中心、服务大局，依照宪法法律和政协章程有序开展；二是坚持问题导向，深入调查研究，实事求是反映情况，认真负责开展批评，务实提出建议，确保监督聚焦关键内容和环节；三是坚持平等协商，坦诚相见，畅所欲言，尊重不同意见表达，把协商民主贯穿于监督全过程；四是坚持增进团结，融协商、监督、参与、合作于一体，广泛凝聚共识、凝聚智慧、凝聚力量。这四项原则，进一步明确了政协民主监督工作的政治要求、思想方法、工作方法和目的要求，是做好民主监督工作的重要保证。其中，最关键的是要坚持党的领导，这是政治原则，也是政治规矩。政协民主监督工作安排应报党委纳入工作总体部署，重点监督议题应列入年度协商计划报党委批准实施，确保在党委集中统一领导下有力有序有效开展。政协党组必须担负起把方向、管大局、保落实的责任，把握监督的方向和原则、节奏和力度，确保党的领导落实到监督工作全过程和各方面。

最后，要始终把工作着眼点和落脚点放在推动改进工作、凝心聚力上。政协民主监督，重在通过促进工作来推动党的理论和路线方针政策的贯彻落实，目的是帮助党和政府解决问题、改进工作，增进团结、凝心聚力。确立监督议题，开展监督活动，一定要有利于推进党和政府科学决策、民主决策，有利于推动党和国家大政方针、重大改革举措和重要决策部署贯彻落实，有利于推动解决人民群众关心的实际问题，有利于加强中国共产党同各民主党派、各人民团体、各族各界人士的团结合作。如果偏离了这个方向，为监督而监督，甚至发牢骚、泄怨气，就会成为专挑毛病、评头论足的“负能量”。

（三）不断增强政协民主监督的实效。长期以来，民主监督一直是人民政协履行三大职能中的短板，要以深入贯彻落实《意见》为契机，切实加强领导、完善机制，精准发力、增强实效，推动政协民主监督工作实现突破性进展。

一要突出监督重点。要紧扣统筹推进“五位一体”总体布局和协调推进“四个全面”战略布局，加强对中央重大改革举措、重要政策贯彻执行和重要约束性指标落实等情况的民主监督，坚持调研、协商、监督有机结合，推动中央决策部署贯彻落实。相对于协商议政，民主监督要啃的是“硬骨头”，要聚焦最困难的领域、最突出的障碍，找准存在的困难、短板和薄弱环节，不流于现象表面，努力从大局上、根本上、长远上提出务实建议。

二要完善监督形式。把民主监督同履行政治协商、参政议政职能结合起来，坚持形式与内容相匹配，融协商、监督、参与、合作于一体，寓监督于协商会议、视察、提案、专题调研、大会发言、反映社情民意等活动之中。要通过扎实调查研究发现问题，善于用实例、数据等作支撑开展监督，力求避免没有调查研究就笼而统之地提出意见，努力做到发言说到点子上、批评点到关键处。要继续探索民主监督新形式新举措，加强与党委和政府监督机构的联系，切实形成监督合力。

三要推进制度建设。制度建设是加强和改进政协民主监督工作的重点，也是重要保障。要健全完善知情明政机制、协调沟通机制、办理反馈机制和权益保障机制等，进一步推进政协民主监督工作制度化、规范化、程序化。这些年，各级政协在这方面作了大量探索，有力促进了工作开展。有的以党委名义印发民主监督规范性文件，明确民主监督组织协调、沟通联系、知情反馈等实施步骤和委员权益保障等机制；有的在制定协商民主等有关文件时，设立专章专节对政协民主监督作出规定；有的还就民主评议等民主监督形式制定专门制度；等等。要积极探索、善于总结，把好的经验做法及时提炼为制度化成果，确保民主监督有制可依、有规可守、有章可循、有序可遵。

四要创造良好条件。习近平总书记强调，搞好民主监督要靠两方面一起努力，对中国共产党而言，要主动接受、真心欢迎民主党派和无党派人士监督，做到闻过则喜、坦然接受，有则改之、无则加勉；对各民主党派和无党派人士而言，监督要真监督，要讲真话、讲实话、讲管用的话，做到知无不言、言无不尽。贯彻这一重要要求，要坚持“不打棍子、不扣帽子、不抓辫子”，尊重和包容不同意见、逆耳之言和尖锐批评，提倡热烈而不对立的讨论、真诚而不敷衍的交流、尖锐而不极端的批评，营造畅所欲言、合法依章的民主氛围，让各方面的愿望呼声、意见建议在政协平台上得到充分反映、全面表达。要加强对政协民主监督的宣传，形成良好社会舆论环境。

四、切实提高履行职责的能力和水平

2015 年 3 月，习近平总书记在民革、台盟、台联委员联组会上的讲话中提出，政协委员要“懂政协、会协商、善议政”；在全国“两会”党员负责人会上强调，广大委员要“守纪律、讲规矩、重品行”。“懂政协、会协商、善议政，守纪律、讲规矩、重品行”，深刻回答了人民政协履行职能的方向、目标、原则、方法、途径、队伍建设等重大问题，是关于政协建设的重要思想，深化了我们对政协自身建设规律性的认识，对于促进人民政协事业健康发展、推进社会主义协商民主建设具有长远的指导意义。认真贯彻这一重要思想，就要把这十八个字作为加强政协自身建设的重要标准和提高履职水平的重要途径，切实落实到思想和行动当中去。

一要提高政治站位。人民政协是我国政治制度和政治体制的重要组成部分，是在我国政治生活中发挥重要作用的政治组织，工作政治性很强，强调“守纪律、讲规矩、重品行”，首先就是遵守政治纪律、政治规矩。在人民政协，最大的、第一位的政治，就是自觉践行政治意识、大局意识、核心意识、看齐意识，坚决维护习近平总书记的核心地位，自觉做到在思想上高度信赖、政治上坚决拥护、组织上自觉服从、行动上始终紧跟。党的领导是中国特色社会主义最本质的特征，也是人民政协事业发展进步的根本保证。谋划、部署、推动工作，都必须始终坚持中国共产党的领导，坚定不移贯彻执行党关于人民政协的方针政策，不讲条件、不打折扣、不搞变通，始终在党的领导下履行职责。

二要把握政协性质定位。政协性质定位事关我国政治体制和基本政治制度，是一个重大原则问题。“懂政协、会协商、善议政”，首先要对政协的性质定位有正确的认识和把握。一直以来，社会上包括政协内部有的同志对政协性质还存在一些模糊认识，认为人民政协架构大、权力小，与其在国家政治生活中的地位不相匹配，应该赋予更多的权力；认为既然选举和协商是两种民主形式，政协职权就应与人大一样，等等。政协不是权力机关，不是决策机构，也不是协商主体和对象，而是中国人民爱国统一战线的组织，中国共产党领导的多党合作和政治协商的重要机构，各党派团体和各族各界人士发扬民主、参与国是、团结合作的重要平台，具有话语权、影响力，是不可替代的。对此，一定要准确把握，增强定力，决不能人云亦云。

三要坚持围绕中心服务大局。这是人民政协履行职能必须始终遵循的原则，是人民政协事业发展的优良传统和宝贵经验，是“懂政协、会协商、善议政”的基本要求。当前，“五位一体”总体布局和“四个全面”战略布局纵深推进，对人民政协履职尽责提出了新的任务和更高要求。要把围绕“十三五”规划实施建言献策作为工作主线，聚焦落实五大发展理念、促进经济平稳健康发展、推进供给侧结构性改革、保障和改善民生、加强生态文明建设等重大问题认真履行职责。要加强和改进调查研究，坚持问题导向，深入一线、沉到基层，深度调研、集中攻关，用事实说话，用数据说话，真正把问题找准、把原因厘清、把建议提实。

四要推进工作创新。“懂政协、会协商、善议政”的落实，要体现在政协工作的创新和发展上。要努力适应新形势新任务的要求，进一步增强创新意识，不迷信本本、不盲从权威、不照搬经验，用新视角看问题、用新观念谋工作、用新思维想办法，积极开创工作新局面。要认真总结党的十八大以来人民政协事业在继承中发展、在发展中创新的生动实践和宝贵经验，深化规律性认识，推进理论创新、实践创新、制度创新。要加强理论研究，围绕事关人民政协事业发展的重大理论和实践问题，深入调研，努力取得一批有价值的成果，为人民政协事业发展提供理论支撑和智力支持，推动政协工作更加体现时代性、把握规律性、富于创造性。

五要保持清正廉洁。政协没有硬权力，但有话语权和影响力，政协机关绝不是清水衙门、不是避风港、不是保险箱，廉政风险随时随处都仍然存在，一旦放松自律，指针偏离，就可能越轨逾矩。习近平总书记“守纪律、讲规矩、重品行”的重要要求，具有很强的现实针对性。俞正声主席在全国政协十二届常委会第七次会议上强调，要从严要求干部，只有平时从严，才能长久平安，这也是对大家的关心爱护。在座的都是领导干部、关键少数，要在清正廉洁上做到以身作则、以上率下、严格自律，始终绷紧廉洁从政这根弦，常修为政之德，常思贪欲之害，常怀律己之心，严格遵守党纪国法、执行廉洁从政各项规定。要慎独慎微，以“祸患常积于忽微”之心对待小事、小节、小利，以优秀品行和工作实绩，维护政协的良好形象。同时，对干部要严格要求、严格教育、严格管理、严格监督，一旦出现问题，也不能袒护，坚决依法依纪严肃处理。

同志们，大家平时工作都十分繁忙，这次集中学习培训机会十分难得，应当倍加珍惜。希望大家认真学习，深入思考，务求学有所获。同志们来到这里，身份就是学员，任务就是学习，要转变角色，服从管理要求，尊重课程安排，严守教学纪律，完成好各项学习任务。全国政协机关各相关部门和干部培训中心要认真做好组织服务工作，努力创造良好学习环境，确保学习培训圆满成功。

最后，祝大家学习好、身体好、回去工作好！

决议、决定、公告、通知

关于召开中国人民政治协商会议第十二届全国委员会第五次会议的决定

（2017 年 2 月 28 日政协第十二届全国委员会常务委员会第十九次会议通过）

中国人民政治协商会议第十二届全国委员会常务委员会第十九次会议决定：中国人民政治协商会议第十二届全国委员会第五次会议于 2017 年 3 月 3 日在北京召开。建议会议的主要议程是：听取和审议中国人民政治协商会议全国委员会常务委员会工作报告和政协十二届四次会议以来提案工作情况的报告等；列席中华人民共和国第十二届全国人民代表大会第五次会议，听取并讨论政府工作报告及其他有关报告，讨论民法总则草案。

中国人民政治协商会议第十二届全国委员会第五次会议政治决议

（2017 年 3 月 13 日政协第十二届全国委员会第五次会议通过）

中国人民政治协商会议第十二届全国委员会第五次会议，于 2017 年 3 月 3 日至 13 日在北京举行。

会议期间，中共中央总书记、国家主席、中央军委主席习近平等党和国家领导同志出席会议并参加分组讨论，与委员们共商国是。委员们认真听取并讨论李克强总理所作的政府工作报告，听取并讨论最高人民法院工作报告、最高人民检察院工作报告，讨论民法总则草案及关于 2016 年国民经济和社会发展计划执行情况与 2017 年国民经济和社会发展计划草案的报告、关于 2016 年中央和地方预算执行情况与 2017 年中央和地方预算草案的报告，对上述报告和文件表示赞同，并提出意见建议。会议审议批准俞正声主席代表政协第十二届全国委员会常务委员会所作的工作报告，审议批准马培华副主席代表政协第十二届全国委员会常务委员会所作的提案工作情况报告。会议务实高效、风清气正，圆满成功，展现了广大政协委员意气风发的精神风貌、奋发有为的责任担当，是一次民主、团结、求实、奋进的大会。

会议认为，2016 年是中华民族伟大复兴征程中十分重要的一年。以习近平同志为核心的中共中央，勇于历史担当，保持战略定力，驾驭复杂局面，引领改革发展，团结带领全党全国各族人民，开启全面建成小康社会决胜阶段伟大进军，打响供给侧结构性改革攻坚之战，吹起脱贫攻坚战的冲锋号，社会主义经济建设、政治建设、文化建设、社会建设、生态文明建设和党的建设取得显著成就，实现“十三五”良好开局。政协全国委员会及其常务委员会认真贯彻落实中共中央决策部署，坚持团结和民主两大主题，围绕中心、服务大局，发挥社会主义协商民主重要渠道和专门协商机构作用，调查研究扎实深入，协商议政成果丰硕，民主监督实效增强，团结联谊广泛拓展，为党和国家事业发展作出新的重要贡献。

会议认为，中共十八届六中全会正式明确习近平总书记的核心地位，体现了党和人民根本利益，反映了全党全军全国各族人民共同心愿，对保证党和国家兴旺发达、长治久安，对确保实现“两个一百年”奋斗目标、实现中华民族伟大复兴的中国梦，具有十分重大而深远的意义。会议要求，人民政协各级组织、各参加单位和政协委员，牢固树立政治意识、大局意识、核心意识、看齐意识，更加自觉地维护以习近平同志为核心的中共中央权威和集中统一领导，更加紧密地团结在中共中央周围，更加坚定地贯彻落实中共中央重大决策部署。

会议强调，2017 年是党和国家历史上具有特殊重要意义的一年。中国共产党将召开第十九次全国代表大会，这是党和国家政治生活中的头等大事。要全面贯彻中共十八大和十八届三中、四中、五中、六中全会精神，深入学习贯彻习近平总书记系列重要讲话精神和治国理政新理念新思想新战略，统筹推进“五位一体”总体布局，协调推进“四个全面”战略布局，坚持稳中求进工作总基调，推动党和国家各项工作取得新进展。

会议认为，做好今年经济工作，保持经济平稳健康发展，要牢固树立和贯彻落实新发展理念，适应把握引领经济发展新常态，坚持以推进供给侧结构性改革为主线，深入推进“三去一降一补”，全面落实稳增长、促改革、调结构、惠民生、防风险的各项要求。委员们建议，创新和完善宏观调控，实施好更加积极有效的财政政策和稳健中性的货币政策，加强产业、区域、投资、消费、价格、土地、环保等政策协调配合，放大政策集成效应。综合运用市场、法治和行政等手段，坚定不移化解钢铁、煤炭、煤电等行业过剩产能。坚持住房的居住属性，合理引导预期，加强分类调控，重点解决三四线城市房地产库存过多问题。积极稳妥去杠杆，多措并举降成本，努力降低企业税费负担，使企业轻装上阵。建立监管协调机制，加强宏观审慎监管，防范和化解系统性风险。着力增强内生发展动力，深化财税、金融、国企国资、产权保护制度和社会体制、生态文明体制等改革，转变政府职能，落实支持非公有制经济发展政策措施。推进农业供给侧结构性改革，大力发展生态农业，增加绿色优质农产品供给，深化粮食等重要农产品价格形成机制和收储制度改革，促进农村一二三产业融合发展，推动农业稳定发展和农民持续增收。深入实施创新驱动发展战略，以创新引领实体经济提质增效升级，提升原始创新能力，培育壮大战略性新兴产业，用新技术新业态改造提升传统产业，持续推进“大众创业、万众创新”，弘扬“工匠精神”，打造“中国品牌”。深入实施京津冀协同发展、长江经济带发展、“一带一路”建设三大战略，扎实推进新型城镇化，坚持全方位对外开放，扩大发展新空间。

会议强调，要坚持以人民为中心的发展思想，更好保障和改善民生，不断推动改革发展成果更多更公平惠及全体人民。委员们建议，把深度贫困地区作为攻坚重点，突出产业扶贫，综合运用交通、水利、金融、教育、科技、医疗等扶贫手段，提高政策精准度，严格评估考核，确保脱贫实效。办好公平优质教育。大力推进健康中国建设，深化医药卫生体制改革，更好满足城乡居民的基本医疗卫生需求。统筹做好收入分配、社会保障等方面工作，有效解决去产能过程中职工就业再就业问题。高度重视解决突出环境问题。多措并举、多方联动推进雾霾综合防治，抓好土壤、水污染、农村环境等治理。加强社会主义精神文明建设，大力弘扬社会主义核心价值观，发展文化事业和文化产业，提高基本公共文化服务均等化水平。推动社会治理创新，提高人民群众安全感，维护国家安全和社会稳定。深入贯彻全面依法治国要求，尊崇法治、敬畏法律、依法办事。

会议认为，深入推进伟大事业、伟大工程、伟大斗争，必须坚持全面从严治党，深入贯彻落实《关于新形势下党内政治生活的若干准则》和《中国共产党党内监督条例》，营造风清气正的良好政治生态，建设忠诚干净担当的干部队伍，确保中国共产党始终成为中国特色社会主义事业的坚强领导核心。

会议认为，习近平总书记在民进、农工党、九三学社委员联组会上的重要讲话，立足党和国家事业发展全局，充分肯定我国知识分子为国家和人民所作的历史贡献，精辟论述尊重知识、尊重知识分子的重大意义，对广大知识分子更好地报效祖国、服务人民提出殷切希望和明确要求，必将进一步在全社会兴起识才、爱才、用才、容才、聚才的良好风尚，激发广大知识分子锐意创新、干事创业的蓬勃热情，切实形成人才辈出、人尽其才的生动局面。委员们表示，要深入学习贯彻习近平总书记重要讲话精神，以时不我待的紧迫感和舍我其谁的责任感，继承优良传统，秉持家国情怀，担当历史责任，坚持国家至上、民族至上、人民至上，坚守正道、追求真理，做践行社会主义核心价值观的模范。紧紧围绕经济竞争力的核心关键、社会发展的瓶颈制约、国家安全的重大挑战，积极作为、勤奋工作，自觉投身创新发展实践，努力提升创新能力，不断攀登创新高峰。

会议指出，人民政协要聚焦党和国家中心工作，坚持团结和民主两大主题，把坚持和发展中国特色社会主义作为巩固共同思想政治基础的主轴，把围绕“十三五”规划实施建言献策作为工作主线，把迎接十九大、服务十九大、学习宣传贯彻十九大精神作为贯穿全年的重大政治任务，认真履行政治协商、民主监督、参政议政职能，做好思想引导、协调关系、汇聚力量、议政建言、服务大局的各项工作，促进经济平稳健康发展和社会和谐稳定。要着力提高履职建言质量和成效，强化调查研究的基础性作用，努力做到建言有理有据、对策可行可用，为党和政府科学决策、精准施策提供参考。要坚持中国共产党领导的多党合作和政治协商制度，为各民主党派和无党派人士在政协更好发挥作用创造条件。进一步密切同少数民族界、宗教界代表人士和少数民族群众、信教群众沟通联系，促进民族团结、宗教和睦。加大对非公有制经济人士和新的社会阶层人士等工作力度。全面准确贯彻“一国两制”“港人治港”“澳人治澳”、高度自治方针，严格依照宪法和基本法办事，支持香港、澳门特别行政区行政长官和政府依法施政，坚决反对“港独”行径。以庆祝香港回归祖国20周年为契机，加强同港澳政团、社团及代表人士联系。坚持一个中国原则，维护“九二共识”共同政治基础，坚决反对和遏制任何形式的“台独”分裂活动，持续推进两岸经济社会融合发展，坚定不移推动祖国和平统一进程。加强与海外侨胞联谊交流。积极开展人民政协对外友好交往。

会议强调，中共十八大以来，以习近平同志为核心的中共中央高度重视发挥人民政协民主监督重要作用，提出一系列新思想新观点新要求，为人民政协开展民主监督作出制度安排，提供基本遵循。要认真学习贯彻《关于加强和改进人民政协民主监督工作的意见》，始终坚持中国共产党对政协民主监督的领导，准确把握协商式监督的性质定位，切实突出监督重点，有效运用监督方法，健全民主监督工作机制，讲真话、建净言，提意见、作批评，做到既畅所欲言、各抒己见，又理性有度、合法依章，更加自觉地推动中共中央重大方针政策和重要决策部署的贯彻落实，更加有效地协助党和政府解决问题、改进工作。

会议强调，今年是十二届全国政协工作的最后一年。要认真总结本届政协履职经验，从理论上加以概括提炼，从制度上加以规范完善，提高政协工作科学化水平。广大政协委员要用恪尽职守诠释担当、用勤勉务实回应期待、用奋发有为彰显价值，懂政协、会协商、善议政，守纪律、讲规矩、重品行，不辱使命、不负重托、不愧时代，共同为人民政协事业发展谱写新的篇章。

会议号召，人民政协各级组织、各参加单位和政协委员，更加紧密地团结在以习近平同志为核心的中共中央周围，高举中国特色社会主义伟大旗帜，不忘合作初心、继续携手前进，开拓创新、奋发有为，以优异成绩迎接中共十九大胜利召开，为实现“两个一百年”宏伟目标、实现中华民族伟大复兴的中国梦而努力奋斗！

中国人民政治协商会议第十二届全国委员会第五次会议关于常务委员会工作报告的决议

（2017 年 3 月 13 日政协第十二届全国委员会第五次会议通过）

中国人民政治协商会议第十二届全国委员会第五次会议，批准俞正声主席代表政协第十二届全国委员会常务委员会所作的工作报告。

中国人民政治协商会议第十二届全国委员会提案委员会关于政协十二届五次会议提案审查情况的报告

（2017 年 3 月 13 日政协第十二届全国委员会第五次会议通过）

政协第十二届全国委员会第五次会议期间，政协委员、政协各参加单位和各专门委员会，围绕统筹推进“五位一体”总体布局和协调推进“四个全面”战略布局，坚持稳中求进工作总基调，为全面做好稳增长、促改革、调结构、惠民生、防风险各项工作，促进经济平稳健康发展、维护社会和谐稳定，通过提案积极建言献策。

截至2017年3月7日17时，共收到提案5210件。根据《政协全国委员会提案工作条例》，经审查，立案4156件；对过于宏观、短期内难以落实或学术研讨性等提案，作为“意见和建议”送有关部门参考920件；对内容相同且符合立案标准的作并案处理110件；对建议滞后或推介相关产品、项目等提案，作撤案处理24件。在立案提案中，集体提案402件，占立案提案总数的9.67%。其中民主党派中央和全国工商联提案301件，人民团体提案36件，界别和小组提案54件，政协专门委员会提案11件。在立案提案中，经济建设方面的占34.72%；政治建设方面的占11.67%；文化建设方面的占7.99%；社会建设方面的占35.49%；生态文明建设方面的占10.13%。

本次会议，委员通过提案履职建言积极性高，共有1945名委员提出提案，占委员总数的88.41%。其中，以第一提案人名义提出提案的委员1526名，参与联名提案的委员419名。总体看，提案数量略有下降，质量有所提升。选题准、调研深、情况明、分析透、建议实的提案明显增多，例如就深入推进“三去一降一补”、深化重要领域和关键环节改革、促进农业稳定发展和农民持续增收、生态环境保护和污染治理、保障和改善民生等提出意见和建议，体现了围绕中心、服务大局，集中民智、反映民意。同时，还提交了一批监督性提案，例如有关脱贫攻坚、营改增执行情况等内容。

本次会议提案比较集中的建议主要有：严格执行环保、能耗、质量、安全等相关法律法规和标准，有效处置“僵尸企业”；建立和完善促进房地产市场平稳健康发展的长效机制；清理规范各类收费，切实降低企业非税负担；动员社会各界力量，齐心协力打赢脱贫攻坚战；细化营改增试点政策，促进实体经济健康发展；推动金融监管创新，规范互联网金融；推进农业供给侧结构性改革，加强有机农产品标准体系和生产体系建设；扎实推进“一带一路”建设，深化国际产能合作，带动企业走出去；围绕立德树人，深化教育改革；推进健康中国建设，深化公立医院综合改革；应对人口老龄化趋势，推进养老异地统筹；进一步把社会主义核心价值观融入法制类电视节目；完善政府购买服务机制，推动基层社会治理创新；加快转变政府职能，提高行政效能；落实全面从严治党要求，把党风廉政建设和反腐败工作不断引向深入。同时，一些提案围绕促进民族团结、宗教和睦，严格依照宪法和基本法办事、确保港澳繁荣稳定，维护“九二共识”共同政治基础、推动祖国和平统一进程，外交工作等提出了意见建议。

3月8日，提案委员会围绕“推进农业供给侧结构性改革，广辟农民增收致富门路”，召开提案办理协商会，民革中央、民进中央、致公党中央、九三学社中央、台盟中央，提案者代表及部分全国政协委员，与中央农办、国家发展改革委、农业部、国家旅游局、国务院扶贫办的负责同志沟通协商、共商对策，推动提案办理。

大会闭幕后召开提案交办会，将立案提案送交相关提案承办单位办理。同时，根据《政协全国委员会重点提案遴选与督办办法》的规定，按照立案提案1%的比例遴选重点提案，经主席会议审定后开展督办。

会议期间，委员们还对提案工作提出了加强和改进的意见建议，提案委员会将认真研究采纳。

本次大会提案截止日期以后收到的提案，作为平时提案及时审查，立案后送交相关提案承办单位办理。

以上报告，请予审议。

政协第十二届全国委员会关于表彰优秀提案和先进承办单位的决定

（2017 年 9 月 2 日）

各民主党派中央和全国工商联，有关人民团体，政协全国委员会各专门委员会，政协提案各承办单位：

政协第十二届全国委员会以来，以习近平同志为核心的党中央对人民政协工作以及政协提案工作作出一系列重要部署。广大政协委员、各民主党派中央和全国工商联，有关人民团体，政协各专门委员会坚持围绕中心、服务大局，通过提案认真履职建言，为统筹推进“五位一体”总体布局和协调推进“四个全面”战略布局发挥了积极作用。各提案承办单位贯彻落实中共中央办公厅、国务院办公厅《关于进一步加强人民政协提案办理工作的意见》精神，加强组织领导，健全工作机制，逐件推动落实，深入开展提案办理协商，稳步推进办理结果公开，取得显著成效。政协提案工作在继承中发展，在发展中创新，紧紧围绕提高提案质量和办理质量，严格立案审查，搭建协商平台，完善制度体系，提案工作的制度化、规范化、程序化水平不断提高。

为进一步发挥政协提案在建设中国特色社会主义伟大进程中的作用，按照《中国人民政治协商会议全国委员会提案工作条例》和《中国人民政治协商会议全国委员会优秀提案和先进承办单位评选表彰暂行办法》规定，政协第十二届全国委员会组织开展了优秀提案和先进承办单位评选工作，经推荐、初评，报主席会议审定，决定对《关于加强绿色农业发展的提案》等 240 件优秀提案、中共中央纪律检查委员会机关等 45 个先进承办单位予以表彰。

希望受表彰的优秀提案获得者和先进承办单位珍惜荣誉、再接再厉，为人民政协提案工作再创新业绩、再上新台阶作出新贡献。广大政协委员、各民主党派中央和全国工商联、有关人民团体、政协各专门委员会、各提案承办单位要以优秀和先进为榜样，始终坚持以提案质量和办理质量为关键，切实发挥提案在履行人民政协职能、发扬社会主义民主、助推党和政府科学决策、广泛凝聚智慧力量方面的功能作用，以优异成绩迎接中国共产党第十九次全国代表大会的胜利召开，在决胜全面建成小康社会、实现“两个一百年”奋斗目标、实现中华民族伟大复兴的中国梦的历史进程中，不断作出新的更大的贡献。

制 度 建 设

全国政协办公厅关于加强预算管理工作的意见

为进一步提高全国政协办公厅预算管理水平，强化预算编制的科学性、规范性，加强预算执行的约束力和有效性。深化财政预算改革，严肃财经纪律，健全预算工作事前、事中、事后监督管理机制，根据《中华人民共和国预算法》和《党政机关厉行节约反对浪费条例》等政策法规，结合工作实际，对进一步加强全国政协办公厅本级、直属各企事业单位及按照部门预算渠道管理的其他单位（以下简称“各二级预算单位”）预算管理工作提出以下意见。

一、总体要求和基本原则

（一）总体要求

加强全面预算管理，强化预算约束，提高资金使用效益。加强预算控制，强化绩效考核，合理控制运行成本。健全决算报告制度和监督检查制度，强化内部控制，完善单位内部控制体系。推进预算信息公开制度，强化各预算单位预算管理执行主体责任，规范预算单位经济活动。

（二）基本原则

合法性原则。严格执行国家有关法律、法规，切实落实依法理财。

效益性原则。坚持厉行节约，精打细算，提高资金使用效益。

真实性原则。完整反映预算收支情况，确保依据充分、目标明确、数据真实。

绩效性原则。树立绩效管理理念，健全绩效管理机制，加强绩效信息应用。

二、全面预算管理，严格预算编制

（一）全口径综合预算管理。各二级预算单位所有收入都要全部纳入预算管理，统筹用于安排各项支出。主要包括：上年结转、财政拨款收入、事业收入、事业单位经营收入和其他收入等。要全面反映各项收入，不得在部门预算之外保留其他收入项目。

（二）规范预算编制。各二级预算单位是中期支出规划和年度预算编制的责任主体，要按照工作要求，及时编制年度预算并报送机关事务管理局审核。项目预算编制要充分体现单位工作职能及事业发展规划，要规范项目立项程序，完善绩效目标和指标体系，细化充实项目信息，清晰反映项目内容、具体活动和支出需求，切实提高预算编制的科学性和准确性。

（三）强化基础管理。各二级预算单位应真实准确编报机构编制、人员、资产等基础信息。严格按照政府集中采购目录编制政府采购预算。凡购置车辆、租用土地、办公用房、业务用房以及达到规定金额标准的通用设备和专用设备，要编制新增资产配置预算，纳入部门预算管理。

（四）加强预算评审。机关事务管理局预算管理处组织对项目预算进行评审，各二级预算单位应主动配合。除按规定不纳入评审范围的项目以外，其他项目预算均须按照“先预算评审后安排预算”原则组织评审，评审通过委托中介机构和专家评审等方式组织，评审结果作为项目入库、预算申报、预算安排的重要依据。

（五）厉行勤俭节约。各二级预算单位要建立健全公务支出管理制度，严格控制会议、差旅、培训等一般性支出，“三公”经费支出要严格控制在批复的预算规模之内。

三、强化预算约束，规范收支管理

（一）各二级预算单位要严格执行年度预算，严禁无预算、超预算执行。基本支出要严格执行国家有关政策规定，不得擅自扩大开支范围或提高标准。项目支出要严格按批准的用途专款专用，不得随意调整、相互挤占。年度执行中新增的临时性、应急性等支出，需经机关事务管理局报请财政部批准后，通过机动经费、部门预算调剂以及财政拨款结转资金等渠道解决。

（二）严格执行国库集中支付制度。各二级预算单位根据批复预算，按照规定的资金范围划分标准，报送财政直接支付和财政授权支付用款计划。实行财政直接支付方式支付资金时，应按规定程序报送机关事务管理局审核。

（三）及时足额上缴非税收入。各二级预算单位依法取得的行政事业性收费、国有资产处置收入和出租出借收入等非税收入，按规定履行审批程序，足额上缴国库，确保应收尽收、应缴尽缴。

（四）健全内部控制体系。各二级预算单位要按照分事行权、分岗设权、分级授权和定期转岗的基本要求，加强内部控制体系建设，科学设置内设机构、管理层级、岗位职责权限，强化细化内部流程控制，建立内控报告制度，有效防控业务和管理风险。

（五）加强预算执行动态管理。进一步完善管理措施，落实预算执行定期报告制度、分析会议制度、沟通会商机制和与预算安排挂钩制度。各二级预算单位应按照《关于加强全国政协口预算执行管理的指导意见》，于每个季度终了5个工作日内，向机关事务管理局报送预算执行情况分析报告。机关事务管理局定期报告或通报各单位预算执行情况，提高预算执行水平。

四、健全决算报告制度，强化预算绩效管理

（一）各二级预算单位要全面清理核实收入、支出、资产、负债，在年度终了后，办理年终结账，在此基础上编制年度决算。编制决算必须符合法律、行政法规，做到收支真实、数额准确、内容完整、报送及时。

（二）各二级预算单位应加强对决算的分析利用。要以问题导向，通过对决算数据的分析研究，为改进预算和财务管理提供依据和对策，为单位经济业务活动服务。

（三）各二级预算单位应加强预算执行绩效指标体系建设，扩大绩效管理范围，创新绩效管理手段，按要求编制财政支出绩效报告。机关事务管理局在预算年度结束后，按照绩效评价工作程序，根据预算单位报送的绩效报告，组织实施年度重点绩效评价工作，并编制财政支出绩效评价报告。

（四）各二级预算单位要按照规定，随同部门决算向机关事务管理局报送本单位财政支出绩效报告、项目绩效目标自评工作报告和年度内部控制报告。

五、监督管理

（一）各二级预算单位要建立健全预算编制、审批、执行、决算、分析和绩效等相关制度，强化内部预算管理。推进单位内部财务信息按照有关规定在一定范围内公开，主动接受社会和内部职工监督。

（二）机关事务管理局强化对制度执行的监督检查，建立健全财务检查、专项检查、考核评比和预算执行通报工作机制，加强对重大资金和重点项目经费支出的跟踪评估，实现事前预算分配、事中预算执行、事后预算监督的资金运行全过程管理。加强各二级预算单位财务人员队伍建设，坚持财务人员定期集中培训制度，强化业务指导，提高信息化管理水平。

（三）机关事务管理局认真贯彻落实全国政协办公厅《关于加强全国政协机关所属企事业单位审计监督的意见》，加强对各二级预算单位财政财务收支、预算执行和决算情况的审计监督，审计监督应做到应审尽审、凡审必严，严肃责任追究。健全年度审计、经济责任审计、后续跟踪审计、专项审计等制度，完善审计结果运用和信息共享机制，各二级预算单位对审计发现的问题和审计建议，必须认真研究，及时整改，加强制度建设，发挥审计监督对预算和财务管理的规范促进作用。

全国政协十二届五次会议改进会风严肃会纪的措施

为开好全国政协十二届五次会议，进一步改进会风，严肃会纪，认真贯彻落实中央八项规定精神，确保会议风清气正，提出以下措施。

一、认真履职尽责。与会委员遵守中国人民政治协商会议章程和政协全国委员会委员履职工作规则，严肃政治纪律和政治规矩，增强政治意识、大局意识、核心意识、看齐意识，聚精会神开会，积极建言献策。大会工作人员专心致志，恪尽职守。

二、简化接待方式。机场、车站和委员驻地不安排迎送仪式，不挂标语横幅，不铺迎宾地毯、不献花。委员入住的房间不摆放鲜花。除工作需要外，出席在人民大会堂举行的全体会议，一律集体乘车往返。严格执行预算，严格控制计划外开支。会议驻地用房按政府采购价格支付租金，严禁超标使用住房。按会议标准安排自助餐，与会人员一律凭会议就餐卡用餐。

三、规范会场安排。全体会议会场主席台前简化绿植花草布置，报告席、发言席不摆放鲜花。小组会场不摆放绿植花草、不铺设迎宾地毯、不悬挂会标、不制作背景板。

四、改进文风会风。各种发言以及文件力求简明精练、观点鲜明。新闻报道突出政协特色，坚持团结稳定鼓劲，正面宣传为主，更多聚焦委员履职情况和工作成果。从严控制会议文件，根据实际需要确定印数和发放范围。严格控制非会议材料的发放，除经批准的报刊外，不接受向会议赠阅的其他图书、报刊、参考资料等。

五、严肃会议纪律。严格执行请假制度，对于未履行请假手续而不出席会议等情况予以通报，并反馈至本人所在单位；不在会场内接打电话或发微博微信；遵守会议各项制度；遵守有关保密规定，严防失、泄密事件发生；不组织委员参加未经大会秘书处批准的活动；严格核定工作人员总数，限定随员范围和数量；严格人员证件、车辆证件等管理。

六、严守廉洁纪律。不准与会人员彼此宴请、吃吃喝喝。不接受会外人员的宴请，个人不准酗酒。不准接受或赠送礼品、纪念品、土特产。不准借助委员的影响力办私事、谋私利。

七、禁止商业活动。规范会议各工作机构、政协机关所属单位、会议服务单位、与会人员和商品供应、服务保障企业的行为，不准借机开展宣传、促销活动。

会风会纪督查组进行实地督查，对违反相关规定的行为进行追究，严肃处理。

中国人民政治协商会议全国委员会提案审查工作细则

（2017 年 9 月 26 日政协第十二届全国委员会第六十四次主席会议通过）

第一条 为加强提案审查工作制度化、规范化、程序化建设，根据《中国人民政治协商会议全国委员会提案工作条例》，制定本细则。

第二条 提案审查工作是按照提案标准、原则、程序等确定提案是否立案及其处理方式的过程。提案审查工作遵循围绕中心、服务大局、提高质量、讲求实效的提案工作方针，严格立案标准，规范审查程序，提高审查质量，保障提案者通过提案履行职能的权利，充分发挥提案作用。

第三条 提案审查时依提交时间分为大会提案和平时提案。中国人民政治协商会议全国委员会全体会议（以下简称政协全体会议）开幕前 3 个月至政协全体会议规定的提案提交截止时间前提交的提案为大会提案，其他时间提交的提案为平时提案。

第四条 提案审查工作的主体。每届政协全国委员会第一次全体会议的提案审查工作由提案审查委员会负责，之后的提案审查工作由提案委员会负责。

提案审查的具体工作，在政协全体会议期间由大会秘书处提案组承担，在闭会期间由提案委员会办公室承担。

第五条 予以立案的提案，须符合下列基本条件。

（一）以个人或联名形式提出的提案，提案者应为本届全国政协委员；以集体形式提出的提案，提案者应为参加政协的各党派、人民团体，政协各专门委员会和政协全体会议期间各界别、小组或联组。

（二）提案内容围绕党和国家大政方针建言献策，包括“五位一体”总体布局和“四个全面”战略布局中的重要问题，人民群众普遍关心的实际问题，具有严肃性、科学性、可行性。

（三）提案一事一案，实事求是，简明扼要，内容完整，有情况、有分析、有具体建议。

第六条 有下列情形之一的提案，不予立案。

（一）与党的理论和路线方针政策不相符的。

（二）国家宪法和法律法规禁止的。

（三）涉及党和国家秘密的。

（四）与中国人民政治协商会议章程或政协全体会议决议、常务委员会会议决议相违背的。

（五）由委员中的中共党员提出的对党内有关组织、人事安排等方面有意见的。

（六）由委员中的民主党派和工商联成员提出的反映本组织内部问题的。

（七）进入诉讼程序或者行政复议、仲裁程序，尚未结案的。

（八）涉及执纪执法机关正在审查的涉嫌违纪违法问题的。

（九）超出人民政协履职范围，对国家机关及其工作人员要求进行质询或追责的。

（十）涉及举报单位和个人的。

（十一）单纯要求机构编制，或为具体项目争取资金的。

（十二）为本人或亲友解决个人问题的，或代转他人来信的。

（十三）宣传、推介具体作品、产品的。

（十四）属于纯学术讨论的。

（十五）所提问题已经得到解决的。

（十六）涉及香港特别行政区、澳门特别行政区自治范围内事务的。

（十七）提案审查委员会或提案委员会全体会议审定不予立案的其他情况。

第七条 大会提案的审查工作分为初分、初审、复审、终审四个环节。大会秘书处提案组进行初分、初审，提案审查委员会或提案委员会进行复审、终审。

平时提案的审查工作分为初分、初审、终审三个环节。提案委员会办公室进行初分、初审，提案委员会有关负责人进行终审。

第八条 初分。

（一）核对提案者资格。提案者的资格应符合第五条第（一）项的规定。以界别、小组或联组名义提交的纸质提案，须集体同意、组长签名；以党派、人民团体、政协专门委员会名义提交的纸质提案，须由该组织加盖公章；通过全国政协门户网站委员办公平台提交的提案，须以电子密钥为资格认证。

（二）核对提案是否有涉密内容。如有涉密应按保密规定处理。

（三）核对提案是否重复提交。如一个提案者重复提交相同提案，只保留一个提案。如不同提案者提交相同提案，保留第一个提案，之后提交的退回。

（四）提出是否立案的建议。对拟立案的提案，确定提案类别等；对拟不立案的提案，提出相应理由及初步处理建议。

（五）纸质提案接收、登记后录入提案管理系统，提案原件存档。通过全国政协门户网站委员办公平台提交的提案，打印后存档。

第九条 初审。

（一）审查提案的内容，视情做必要的文字整理。

（二）审查初分的提案内容是否涉密，如有涉密应按保密规定处理。

（三）填写主题词。

（四）不同意初分拟立案建议的，提出相应理由及处理建议，并退回初分环节。

（五）协商确定提案承办单位。对拟立案的提案，根据提案内容及提案者意向，与提案拟承办单位协商立案及主办、会办或分办等事项。对一个部门办理为主、需要其他部门协同的，应确定主办、会办单位；对涉及多个部门且不能明确牵头单位的，应确定分办单位。

第十条 复审。

初审后的大会提案目录，属于委员个人或联名提案，按委员小组分送在该小组的提案审查委员会或提案委员会委员复审；属于集体提案，送提案审查委员会或提案委员会主任、副主任复审。

（一）与提案者沟通协商，听取意见。

（二）对提案是否立案提出明确意见。

（三）对拟立案的提案，审查承办单位确定是否准确等。

（四）将复审意见反馈大会秘书处提案组。

复审中遇到的疑难提案，提交提案审查委员会或提案委员会主任会议研究。

第十一条 终审。

复审后的大会提案，提交提案审查委员会或提案委员会主任会议、全体会议审定。

初审后的平时提案，提交提案委员会有关负责人审定。

第十二条 在政协全体会议闭幕会上，提案审查委员会或提案委员会书面报告大会提案审查情况。

提案审查情况报告（草案）由大会秘书处提案组起草，内容包括提案审查基本情况、提案主要内容分类及提案交办等后续工作情况。提案审查情况报告（草案）由提案审查委员会或提案委员会主任会议、全体会议讨论，报经主席会议、常务委员会会议审议后，提交政协全体会议闭幕会通过。

第十三条 大会提案的预交办和调整。预交办主要是：将终审后的大会提案送交提案承办单位；承办单位进行核对，对提案审查有异议的，提出具体调整意见。调整主要是：在提案交办会上，相关承办单位进行协商，意见一致的，共同填写《提案承办单位调整申请单》，交大会秘书处提案组确认后调整；意见不一致的，由大会秘书处提案组协调一致后调整；经协调没有达成一致意见的，由提案审查委员会或提案委员会确定。

第十四条 提案的正式交办和处理。立案提案按程序正式交办。对符合立案标准，但反映同一问题、建议相似的，应与提案者沟通协商合并为一件提案，原第一提案者均并列为第一提案者，承办单位需同时答复全部第一提案者。提案合并情况应书面告知提案者。

对不予立案的提案，应视情分别处理。对属于第六条第（十四）（十六）项规定范围，但有参考价值的，以意见和建议形式转送有关部门；对其他具有一定参考价值，但不宜以提案形式处理的，以适当方式转送有关部门；对不需要作出任何处理的，应退回提案者。不予立案的提案，均应与提案者沟通协商并书面告知。

第十五条 本细则由政协全国委员会提案委员会负责解释，自主席会议通过之日起施行。

全国政协办公厅贯彻落实《十八届中央政治局关于改进工作作风、密切联系群众的八项规定》精神具体措施

为深入贯彻落实《十八届中央政治局关于改进工作作风、密切联系群众的八项规定》精神和中办、国办《贯彻落实〈十八届中央政治局关于改进工作作风、密切联系群众的八项规定〉实施细则》，更好地服务全国政协履职工作，结合办公厅工作实际，制定如下具体措施。

一、改进视察考察调研

1. 注重实际效果。视察考察调研选题要务实，内容要具体。组织服务工作要周密细致、注重实效，有利于深入到基层群众中了解真实情况，避免视察考察调研工作走形式、走过场，不深入、不扎实。视察考察调研开始时，请地方相关领导或部门介绍有关情况，结束时与地方相关领导或部门交换意见。

2. 控制团组规模。全国政协领导到地方视察考察调研，严格按照有关规定安排陪同人员；办公厅组织委员视察考察团，成员控制在25人以内（港澳委员视察考察团可适当放宽）；各专门委员会组织专题调研组，成员控制在20人以内；政协统战工作特殊需要的视情安排。随团组工作人员（不含在团组成员之内）本着精简原则按团组成员的15％安排；全国政协领导参加的视察考察调研，警卫、秘书不占随团组工作人员名额；视察团、考察团团长和专题调研组组长可带秘书，不占随团组工作人员名额；其他团组成员一般不带秘书。视察考察调研视情邀请省（自治区、直辖市）政协一位负责人陪同，不搞层层陪同。

3. 加强统筹协调。全国政协办公厅负责视察考察调研的统筹协调工作。每年年初对全国政协办公厅和专门委员会组织的视察考察调研进行统筹协调，形成安排计划，报主席会议（或主席办公会议）审定。要避免选题重复和时间、地点过于集中，避开相关地方和单位的工作繁忙时段。非经全国政协主要领导批准，不组织安排计划外其他视察考察调研。

4. 明确安排原则。视察考察调研不追求数量，着重在加强研究、提高质量和成效上下功夫。办公厅年度组织的视察考察一般不超过15项，委托地方政协组织的京外全国政协委员跨省考察一般不超过8项。每个专门委员会年度组织的调研考察一般不超过8项，工作涉及面较广的专门委员会不超过12项。一项视察考察调研一般安排在1－2个省（自治区、直辖市）进行，最多不超过3个省（自治区、直辖市），围绕全国政协年度协商计划开展的重点调研可根据需要适当增加。一个部门年度组织的视察考察调研，一般不重复去同一省（自治区、直辖市），确有必要时，一般应相隔2个月以上。全国政协办公厅和专门委员会全年赴同一省（自治区、直辖市）的视察考察调研总数一般安排在10次以内，每月安排一般不超过3次。视察考察调研题目相近又有必要分别进行的，一般不安排去同一省（自治区、直辖市）。视察考察调研开始前，如需召开会议听取有关部委介绍情况，邀请到会部委一般不超过3个。每个部门每年邀请同一部委

到会介绍情况不超过3次。确有必要的，可请相关部委提供书面介绍材料。

5. 简化接待工作。视察考察调研要按照中央八项规定精神简化接待工作。不张贴悬挂各类欢迎标语横幅，不打电子屏滚动标语，不安排群众迎送、铺设迎宾地毯、摆放花草、组织专场文艺表演、安排超标准住房、赠送各类纪念品或土特产，不安排宴请和高档菜肴。按照有关规定安排食宿，条件具备的，采取自助餐形式并注意节俭。除工作需要外，不安排到名胜古迹、风景区参观，一般不安排接见合影。视察考察调研需乘坐飞机的，应乘坐民航班机。

6. 重视成果运用。视察考察调研结束后，要及时形成精练、高质量的专题报告，或以政协信息、会议发言等形式，报送有关领导和部门参考。有条件的可以适当形式公开，促进成果共享。建立健全视察考察调研报告形成机制，重视源头质量，完善把关制度，加强总结交流，切实提高报告质量和水平。

二、精简会议活动

7. 明确精简原则。全国政协办公厅、专门委员会及办公厅所属各部门单位要本着务实高效的原则，严格规范、切实减少各类会议活动，能不开的坚决不开，可以合并的坚决合并。以全国政协名义召开的全国性会议和举行的重大活动，由全国政协办公厅统筹安排。全国政协办公厅和专门委员会召开全国性会议和举办重要活动，须提前2个月报批方案，方案内容须包括时间、地点、主题、规模、人员、经费来源、新闻报道等。涉外会议和重要活动须送中央外办、外交部审核。

未经中央或全国政协批准，不建议全国政协领导出席各类剪彩、奠基、首发首映式、颁奖、商业性节庆活动和庆祝会、纪念会、表彰会、博览会、研讨会及各类论坛等；不建议全国政协领导在活动中挂名任职、发贺信贺电、题词题字、为他人著作作序。

8. 规范邀请程序。中央和国家机关有关部门和单位、中央军委机关各部门、各人民团体邀请全国政协领导参加会议活动，提前1个月由省部级主管单位报全国政协办公厅按程序审批。各地方邀请全国政协领导参加会议活动，提前1个月由该省（自治区、直辖市）党委办公厅报全国政协办公厅按程序审批。全国政协办公厅、专门委员会及办公厅所属各部门单位邀请全国政协领导参加视察考察调研和会议活动（含京内京外），提前1个月按程序审批。

邀请全国政协领导参加会议活动的请示，要列明会议活动的具体时间、地点、主题、规模、人员、程序安排及新闻报道等事项。全国政协领导到地方参加会议活动，由秘书局提前7天汇总情况，统筹安排。

9. 加强外出管理。全国政协办公厅主要负责同志外出参加会议活动，向全国政协主要领导同志报告；机关领导班子成员和各部门单位主要负责人外出参加会议活动，报办公厅主要负责同志批准；机关其他局处级干部外出参加会议活动，报办公厅分管负责同志批准。加强对机关各级领导干部外出参加会议活动的管理工作，并定期督促检查。

10. 安排简约俭朴。全国政协办公厅、专门委员会及办公厅所属各部门单位举办的各类会议活动，尽量在机关内安排，未经批准不得在京外召开。严格控制各类会议活动的时间和规模，尽量减少参加人员。召开全国性会议只安排与会议内容直接相关的部门和人员参加，严格控制参加会议的人数，时间一般不超过2天，邀请全国政协领导出席须提前报批。

11. 提高会议成效。各种会议要精心设置议题，科学安排时间，提高会议质量；要体现平等协商精神，坚持说实情、讲真话、求实效，力戒空话、套话，提倡讨论发言不照读文稿；要充分运用现代信息技术手段改进会议形式，提高会议效率。

12. 严格控制经费。全国政协办公厅、专门委员会及办公厅所属各部门单位组织会议、视察考察调研和外事等活动，要严格执行有关规定，事先报预算安排，较大的项目应列入年度预算。要厉行节约，反对铺张浪费。严禁超标准安排会议用餐、住宿，尽量减少工作人员和会议用车，从严配备会务用品，严禁组织高消费娱乐、健身活动。会议活动现场布置要俭朴，工作会议一律不摆花草、不制作背景板。严禁以任何名义发放纪念品。

全国政协办公厅、专门委员会及办公厅所属各部门单位公务接待用餐，一律安排在全国政协机关内部餐厅。严格按照机关公务接待标准安排用餐，根据实际需要安排就餐人数，减少陪同人员。政协全体会议期间，秘书处各组及各驻地不安排招待宴请，一律安排自助餐。

三、控制文件简报

13. 减少文件简报。凡国家法律法规和党内法规、政协章程已作出明确规定的，一律不再制发文件。没有实质内容、可发可不发的文件简报，一律不发。政协全体会议、常委会议期间印发的各类文件，按照职责分工由相关部门审核把关，严控发放范围和数量。全国政协办公厅所属各部门单位未经办公厅批准，不得擅自增加文件种类和数量，不得变更发放范围。

全国政协办公厅上报党中央、国务院的简报资料控制在六种（即政协大会简报、政协常委会议简报、政协信息、重要提案摘报、政协大会快报、政协大会发言专报），所属各部门单位的各种简报资料（包括内部刊物）一律不报送。简报报告要精简篇幅，简报每期篇幅控制在3000字以内，视察考察调研报告一般不超过5000字，应有内容摘要并附团组成员名单。视察考察调研报告重点反映问题和建议，一般只报送相关领导同志和部门；全国政协主要领导同志批示的，可报送党中央、国务院。

14. 提高质量时效。全国政协办公厅严格按照有关要求，对文件和简报资料的报送程序和格式进行规范，加强综合协调和审核把关，切实提高质量。文件和简报资料要重点反映重要动态、经验、问题和意见建议等，不作一般性工作情况汇报。要加快推进机关信息化建设，探索建立提案、视察考察调研报告等电子数据库，积极推广电子公文和二维条码应用，逐步实现文件和简报资料网络传输和网上办理，减少纸质文件和简报资料，降低成本，提高效率。

15. 严格印制审批。全国政协办公厅所属各部门单位印制文件资料，须经本部门单位主要负责人审批签字后方可付印。可印可不印的文件资料一律不印，已经形成纸质文件资料的一般不再重复印刷，切实减少合订本、精华本、汇编本等的印制。各部门单位文件资料印制情况，每月在机关内网公布。

四、规范出访活动

16. 合理安排出访。围绕国家外交工作大局和政协事业需要合理制定全国政协年度出访总体方案。全国政协领导出访安排根据实际工作需要列入年度计划按程序报批。在社会组织兼职的副主席如以全国政协副主席名义出访，由主办单位提前会签全国政协办公厅后按程序报批。

17. 控制随行人员。根据有关规定和实际工作需要，合理安排陪同人员和工作人员。全国政协副主席率团出访总人数控制在16人以内。出席全球性和地区性会议、双边机制会晤活动，陪同人员根据实际需要经中央外办或外交部报中央批准。

18. 规范乘机安排。全国政协副主席出访，严格按照中央规定乘坐民航班机，一律不乘坐民航包机、私人包机、企业包机和外国航空公司包机。

19. 简化机场迎送。全国政协副主席、办公厅和专门委员会负责人出访抵离京时，不安排办公厅和专门委员会负责人到机场迎送，机关服务局及主办室局根据工作需要安排人员到机场做好服务工作。

20. 加强外事协调。全国政协办公厅外事局具体负责统筹协调全国政协外事出访工作。每年11月1日前，以全国政协办公厅名义向中央外办报送全国政协领导同志年度出访计划。获批准后，结合最新情况，提前两个月向中央外办预报下一个双月计划；获批复后，按计划执行。各专门委员会和其他出访，严格按照全国政协年度外事工作计划、中央外事主管部门和全国政协办公厅有关规定执行，实行总量控制和量化管理。加强对双跨团组的管理，严格按程序会签报批。严格按规定加强外事礼品和经费管理。各级别计划外出访活动须一事一报。

五、改进新闻报道

21. 简化领导报道。按照中央有关规定，结合政协工作实际，做好政协的新闻报道工作。遵循新闻规律，进一步优化报道内容和结构，突出民生和社会新闻，更多地反映领导同志深入基层、深入群众的内容，增强传播效果。

22. 精简会议新闻。全国政协副主席出席以全国政协名义召开的全国性会议和举行的重大活动，《人民政协报》进行报道，文字稿不超过500字；出席诞辰纪念活动、遗体告别活动，不作报道。全国政协办公厅、专门委员会及办公厅所属各部门单位召开的全国性会议和举行的重要活动，根据工作需要、新闻价值、社会效果决定是否报道。

23. 规范活动报道。全国政协领导参加视察考察调研的新闻报道工作，按中央规定办理，人民政协报可派1名文字记者随行报道。

24. 完善外事报道。全国政协主席出访，《人民政协报》按规定进行报道。全国政协副主席出访活动，《人民政协报》发1条不超过500字的综合消息。全国政协副主席同日会见多批外宾或多位副主席同日分别会见同一批外宾，可在《人民政协报》发一条综合消息，不单独报道每场会见。

25. 做好专项报道。全国政协副主席受全国政协委托到地方参与指导重大专项工作，可根据工作需要、新闻价值、社会效果在《人民政协报》报道。

26. 规范其他报道。经有关部门（重大革命和重大历史题材出版管理工作领导小组办公室）批准，全国政协副主席（含往届）出版著作等作品，在《人民政协报》发简短消息，不超过150字。除经全国政协批准的重大展览和演出活动外，全国政协副主席参观展览、观看一般性文艺演出以及其他文艺活动，一律不作报道；给地方政协的指示、批示等，一般不作报道。

27. 加强新闻统筹。全国政协办公厅新闻局负责统筹协调全国政协新闻报道宣传工作，督促指导全国政协所属报刊认真落实中央有关规定精神。涉及全国政协重要会议活动的新闻报道工作，经办公厅批准后由新闻局安排实施。如遇特殊情况，由新闻局请示中央宣传部协调解决。

六、加强督促检查

28. 改进工作作风、密切联系群众，关系党的形象，关系人民政协事业成败。全国政协各级领导干部要切实改进工作作风，深入基层调查研究，密切联系群众，解决实际问题。

29. 全国政协办公厅、专门委员会及办公厅所属各部门单位要严格执行本办法，每年年底对执行情况进行专项检查，并将检查结果分别报送中共中央办公厅、国务院办公厅。

30. 中央纪委驻全国政协机关纪检组、全国政协机关纪检委负责具体监督工作，定期督促检查，并将执行本办法情况向机关党组汇报；对违反规定的，建议有关部门进行处理。财务部门对各类经费支出严格审核把关。审计部门对全国政协办公厅、专门委员会及办公厅所属各部门单位会议活动等经费的使用情况进行审查。

31. 本办法由全国政协办公厅负责解释。

32. 本办法自公布之日起施行。

重要会议、活动

纪念王任重同志诞辰100周年座谈会 2017年1月13日，纪念王任重同志诞辰100周年座谈会在京举行。中共中央政治局常委、全国政协主席俞正声出席座谈会，并在会前会见了王任重同志亲属。

王任重同志曾担任国务院副总理，中央书记处书记，第六届全国人大常委会副委员长，第七届全国政协副主席，是中国共产党第八届中央候补委员，第十一、十二、十三届中央委员。

中共中央政治局委员、全国人大常委会副委员长李建国在座谈会上缅怀了王任重同志光辉的一生和卓越功勋，强调要学习他坚守信仰、不忘初心的崇高追求，一心向党、对党忠诚的坚强党性，胸怀全局、勇担重任的担当精神，实事求是、学以致用的优良学风，光明磊落、清正廉洁的政治本色，为实现“两个一百年”奋斗目标和中华民族伟大复兴的中国梦作出新的贡献。

中共中央政治局委员、国务院副总理马凯出席座谈会。全国政协副主席兼秘书长张庆黎主持座谈会。

政协第十二届全国委员会常务委员会第十九次会议 2017年2月27日至28日，政协第十二届全国委员会常务委员会第十九次会议在京召开。会议的主要议题是为全国政协十二届五次会议作准备。中共中央政治局常委、全国政协主席俞正声主持闭幕会并讲话，中共中央书记处书记、全国政协副主席杜青林主持开幕会。全国政协副主席出席会议并参加分组会议。

常委会组成人员出席会议。没有担任政协常委的全国政协副秘书长、机关党组成员、专门委员会副主任，中共中央统战部副部长，各省、自治区、直辖市和副省级市政协主席列席会议。中共中央办公厅、国务院办公厅负责人应邀参加会议。

27日上午举行开幕会，审议通过了关于召开政协第十二届全国委员会第五次会议的决定；听取了关于政协第十二届全国委员会第五次会议议程（草案）和日程（草案）的说明、关于政协全国委员会常务委员会工作报告（草案）起草情况的说明、关于政协十二届四次会议以来提案工作情况的报告（草案）起草情况的说明和关于人事事项的说明。全国政协副主席兼秘书长张庆黎，全国政协常务副秘书长潘立刚，中共中央统战部常务副部长张裔炯、全国政协提案委员会主任孙淦，分别就上述议题作了说明。经济委员会主任周伯华、人口资源环境委员会主任贾治邦、教科文卫体委员会主任张玉台、社会和法制委员会主任孟学农、民族和宗教委员会主任朱维群、港澳台侨委员会副主任杨衍银、外事委员会主任潘云鹤、文史和学习委员会主任王太华，分别汇报了本委员会2016年度工作情况。

27日下午和28日上午，举行分组会议。审议常委会工作报告草案、提案工作情况报告草案、有关人事事项和其他提请会议审议的文件。

28日下午举行闭幕会。全国政协主席俞正声在讲话中指出，全国政协要把迎接十九大、服务十九大、学习宣传贯彻十九大精神作为贯穿全年的重大政治任务，部署落实到履行职能、开展工作的全过程和各方面，为十九大胜利召开营造良好社会环境。一要始终坚持中国共产党的领导，坚持社会主义制度。牢固树立并切实增强“四个意识”，始终在思想上政治上行动上同以习近平同志为核心的中共中央保持高度一致，把中共中央的重大决策部署贯彻到人民政协全部工作中去。二要聚焦经济社会发展献计出力。自觉围绕党和国家中心工作，开展调研、研究问题力求深入，努力提出有价值的意见和建议。三要切实抓好民主监督。要准确把握政协民主监督的性质定位，突出政协民主监督的重点，加强组织领导。四要努力凝聚共识、增进团结。要拓展工作领域、搭建议政平台、畅通表达渠道，加强团结联谊，共同维护安定团结的政治局面。五要进一步提升政协工作科学化水平。要总结好本届政协工作，不断提升工作的制度化、规范化、程序化水平。严格遵守换届纪律，确保换届工作风清气正。六要集中精力开好全国政协十二届五次会议。要加强政治引导，坚持正确导向，营造良好氛围，严格遵守中央八项规定，保持良好会风，确保会议圆满成功。

会议通过了政协第十二届全国委员会第五次会议议程（草案）和日程，将提交全国政协十二届五次会议审议的政协全国委员会常务委员会工作报告和全国政协十二届四次会议以来提案工作情况的报告，政协第十二届全国委员会第五次会议秘书长、副秘书长名单。会议决定，增补尚福林、徐绍史、高虎城、梁振英为政协第十二届全国委员会委员；增补尚福林为经济委员会副主任，徐绍史为人口资源环境委员会副主任，张连珍为教科文卫体委员会副主任，徐敬业为社会和法制委员会副主任，高虎城为港澳台侨委员会副主任。会议追认了政协第十二届全国委员会第五十二次、五十四次主席会议分别作出的撤销黄红云、田伟、侯小勤政协第十二届全国委员会委员资格，免去郑立中政协第十二届全国委员会常务委员、港澳台侨委员会副主任职务，撤销其委员资格的决定。

常委会议期间举办了常委会第十五次学习讲座。外交部部长王毅应邀作了《当前国际形势与我国周边外交》的讲座。

政协第十二届全国委员会第五次会议

全国政协十二届五次会议于 2017 年 3 月 3 日至 13 日在北京举行。会议全面贯彻中共十八大和十八届三中、四中、五中、六中全会精神，以邓小平理论、“三个代表”重要思想、科学发展观为指导，深入学习贯彻习近平总书记系列重要讲话精神和治国理政新理念新思想新战略，按照中央确定的大会指导思想，组织引导广大政协委员围绕统筹推进“五位一体”总体布局和协调推进“四个全面”战略布局，紧扣党和国家中心工作，认真履职尽责，积极议政建言，广泛有效地凝聚共识、凝聚智慧、凝聚力量。在中共中央坚强领导和有关方面大力支持下，经过全体委员共同努力，会议开得务实高效、风清气正、圆满成功，是一次民主、团结、求实、奋进的大会。

一、会议基本情况

本次会议会期 10 天，共安排全体会议 5 次，小组会议 10 次，界别联组会议 1 次，主席会议 2 次，常委会议 1 次，列席十二届全国人大五次会议全体会议 2 次。中共中央、国务院 113 个部门和单位负责人列席全体会议和参加小组（联组）讨论。国务院、“两高”派员参加委员小组（联组）讨论，首次覆盖全部 58 个委员小组。会议期间安排 1 次新闻发布会，3 场记者会，近 700 家中外新闻媒体、3300 多名记者对大会进行宣传报道，海内外和社会各界反响良好。

会议于 3 月 3 日下午在人民大会堂开

幕，习近平总书记等党和国家领导同志出席，俞正声主席代表政协第十二届全国委员会常务委员会作工作报告，马培华副主席代表政协第十二届全国委员会常务委员会作提案工作情况的报告。会议期间，习近平总书记等中央领导同志深入19个界别看望委员，参加联组讨论，听取意见建议，实现了本届内中央政治局常委同志与34个界别委员共商国是全覆盖。习近平总书记在民进、农工党、九三学社委员联组会上发表的重要讲话，立足党和国家事业发展全局，充分肯定我国知识分子为国家和人民所作的历史贡献，精辟论述尊重知识、尊重知识分子的重大意义，对广大知识分子更好地报效祖国、服务人民提出殷切希望，全体委员倍感亲切和振奋，一致表示要深入学习贯彻习近平总书记重要讲话精神，继承优良传统，秉持家国情怀，担当历史责任，争做践行社会主义核心价值观的模范，努力提升创新能力，不断攀登创新高峰。会议听取并讨论李克强总理所作的政府工作报告，听取并讨论最高人民法院工作报告、最高人民检察院工作报告，讨论民法总则草案及其他报告，对上述报告和文件表示赞同，并提出意见和建议。3月13日下午，会议举行闭幕会，俞正声主席主持并讲话，会议增选梁振英为政协十二届全国委员会副主席，通过政协第十二届全国委员会第五次会议关于常务委员会工作报告的决议、政协第十二届全国委员会提案委员会关于政协十二届五次会议提案审查情况的报告和政协第十二届全国委员会第五次会议政治决议。

会议认为，中共十八大以来，以习近平同志为核心的中共中央团结带领全党全军全国各族人民，开创了中国特色社会主义伟大事业新局面，在改革发展稳定、内政外交国防、治党治国治军等方面取得一系列具有重大现实意义和深远历史意义的伟大成就，实现了党和国家事业的继往开来。广大政协委员对以习近平同志为核心的中共中央衷心拥护支持，对中共十八大以来党和国家事业发展卓著成就倍感振奋鼓舞，对中国特色社会主义伟大事业光明前景充满必胜信心。

会议期间，委员们认真学习习近平总书记在民进、农工党、九三学社委员联组会上发表的重要讲话。委员们一致认为，讲话立足党和国家事业发展全局，充分肯定我国知识分子为国家和人民所作的历史贡献，精辟论述尊重知识、尊重知识分子的重大意义，对广大知识分子更好地报效祖国、服务人民提出殷切希望。全体委员倍感亲切和振奋，一致表示要深入学习贯彻习近平总书记重要讲话精神，继承优良传统，秉持家国情怀，担当历史责任，争做践行社会主义核心价值观的模范，努力提升创新能力，不断攀登创新高峰。

委员们一致赞同李克强总理所作的政府工作报告，认为报告实事求是总结去年工作，深刻透彻分析当前形势，对今年经济社会发展作出全面部署，目标任务和工作举措明确务实，集中体现了以习近平同志为核心的中共中央治国理政新理念新思想新战略，是一个开拓进取、改革创新、鼓舞人心的好报告。委员们赞同民法总则草案，认为编纂民法典是贯彻落实中共十八届四中全会精神的重大举措，对于推进全面依法治国、维护广大人民群众切身利益具有重要意义。委员们赞同最高人民法院工作报告、最高人民检察院工作报告，赞同关于2016年国民经济和社会发展计划执行情况与2017年国民经济和社会发展计划草案的报告、关于2016年中央和地方预算执行情况与2017年中央和地方预算草案的报告。委员们对上述报告和文件提出一些意见和建议。

委员们对过去一年全国政协工作给予

充分肯定，一致认为，政协第十二届全国委员会及其常委会认真贯彻落实中共中央决策部署，围绕中心、服务大局，调查研究扎实深入，协商议政成果丰硕，民主监督实效增强，团结联谊广泛拓展，为实现“十三五”良好开局作出重要贡献。委员们一致赞同俞正声主席所作的常委会工作报告，认为报告总结去年工作客观全面、重点突出，部署今年工作思路清晰、措施可行，第三部分认真贯彻习近平总书记关于人民政协，特别是民主监督工作一系列新思想新指示新要求，贯彻中共中央办公厅《关于加强和改进人民政协民主监督工作的意见》精神，深入论述新形势下政协民主监督的性质定位、着力重点、优势特色、方式方法等重要问题，是一个集政治性、思想性、指导性和针对性于一体的好报告。会议审议批准了马培华副主席所作的提案工作情况报告。

二、会议主要特点

（一）中央领导坚强有力。中共中央高度重视开好全国两会，切实加强组织领导。习近平总书记多次主持召开中央政治局常委会会议，听取全国政协党组汇报，批准会议指导思想和工作方案，研究审议常委会工作报告等会议文件，强调开好会议要切实提高政治站位，积极营造民主氛围，有效加强舆论引导，始终保持良好会风。全国政协党组坚决贯彻党中央指示精神，把方向、管大局、保落实，确保会议在党中央坚强领导下有力有序有效推进。

（二）政治方向坚定正确。会议全面贯彻中共十八大和十八届三中、四中、五中、六中全会精神，贯彻落实习近平总书记系列重要讲话精神和治国理政新理念新思想新战略，着力引导广大委员切实增强政治意识、大局意识、核心意识、看齐意识，提高政治敏锐性、增强政治鉴别力，在方向性、原则性问题上自觉同中共中央保持高度一致。坚持团结稳定鼓劲，唱响主旋律、提振精气神、凝聚正能量。

（三）会议氛围民主活跃。中央领导同志带头践行协商民主理念，与委员们面对面讨论交流，认真听取意见建议，并一一作出回应，委员们深受感动，进一步激发了履职热情。会议始终坚持民主协商、平等议事的方针，鼓励委员在大会发言、小组讨论、界别协商等场合聚焦经济社会发展的重点问题、中央决策部署贯彻执行的难点问题和人民群众关心关注的热点问题，充分发表意见、深入协商议政、务实建言献策。会议现场讨论深入、互动频繁、气氛热烈，达到了既畅所欲言、各抒己见，又理性有度、合法依章的协商目的，有效发挥了人民政协作为社会主义协商民主重要渠道和专门协商机构的作用。

（四）会纪严明、会风良好。会议认真贯彻中央八项规定精神和习近平总书记关于开好全国两会的重要指示，制定包括认真履职尽责、简化接待方式、规范会场安排、改进文风会风、严肃会议纪律、严守廉洁纪律、禁止商业活动等 7 个方面改进会风严肃会纪的具体措施，坚决杜绝娱乐化和隐蔽性吃喝。继续由中央纪委驻全国政协机关纪检组进行全程督查，在相关各组和各驻地办事组设立会风会纪监督员，做到发现苗头性问题第一时间提醒纠正。委员们认真履职、严格自律，自觉践行文明风尚，集中精力开好会议，实现了违纪违规问题“零报告”和意见箱问题反映“零报告”。

三、会议主要成果

一是广泛凝聚了思想政治共识。会议坚持中共中央批准的大会指导思想，着力在提高政治站位、增进政治共识上下功夫。广大委员一致表示，中共十八届六中全会正式明确习近平总书记的核心地位，是党心所向、民心所向，是党和人民根本利益所在，对保证党和国家兴旺发达、长治久安，具有十分重大而深远的意义。要牢固树立政治意识、大局意识、核心意识、看齐意识，切实增强中国特色社会主义道路自信、理论自信、制度自信、文化自信，更加自觉地维护以习近平同志为核心的中共中央权威和集中统一领导，更加紧密地团结在中共中央周围，更加坚定地贯彻落实中共中央重大决策部署。委员们认为，深入推进伟大事业、伟大工程、伟大斗争，必须坚持全面从严治党，深入贯彻落实《关于新形势下党内政治生活的若干准则》和《中国共产党党内监督条例》，营造风清气正的良好政治生态，建设忠诚干净担当的干部队伍，确保中国共产党始终成为中国特色社会主义事业的坚强领导核心。

二是更加坚定了改革发展信心。委员们在讨论发言中一致认为，过去一年，在国内外诸多矛盾叠加、风险隐患交汇的严峻形势下，以习近平同志为核心的中共中央团结带领全国各族人民迎难而上、砥砺奋进，各项事业都取得显著成就。主要领域四梁八柱性质的改革主体框架基本确立，我国经济继续在世界主要经济体中名列前茅，人民生活持续改善，成绩来之不易、有目共睹，使人信心倍增、干劲更足。实践充分证明，中共中央作出的经济发展进入新常态的重大判断，形成的以新发展理念为指导、以供给侧结构性改革为主线的政策框架，提出的稳中求进工作总基调，符合实际，完全正确。委员们一致认为，有中共中央的坚强正确领导和路线方针政策指引，有广大人民群众万众一心、拼搏进取，今年经济社会发展目标任务一定能够圆满完成，全面建成小康社会奋斗目标一定能够如期实现。

三是切实提高了协商议政成效。会议收到提案5210件，经严格审查立案4156件。收到委员大会发言437篇，42位委员作了大会口头发言。收到反映社情民意信息102篇，转送相关部门59件。编发简报75期，收到委员和群众来信6348件，接待来访15批44人次，编发《信访动态》2期、《要信呈报》3期。委员们紧扣实施“三去一降一补”、打赢脱贫攻坚战、推进农业供给侧结构性改革、振兴实体经济、促进房地产市场平稳健康发展、有效治理大气污染、保障人民群众食品安全等重点问题，提出一些情况明、数据准、分析透、对策实的高质量意见建议，得到中央领导同志和有关部门的高度重视，为促进科学决策、民主决策提供了有益参考。

四是有效增强了委员责任担当。委员们在讨论中认为，今年是党和国家历史上具有特殊重要意义的一年，也是十二届全国政协履职最后一年，做好全年政协工作意义重大。要切实把坚持和发展中国特色社会主义作为巩固共同思想政治基础的主轴，把围绕“十三五”规划实施建言献策作为工作主线，紧扣经济社会发展重要问题，在深入调查研究的基础上，真诚协商、务实监督、深入议政，建净言、谋良策，推动中共中央大政方针落地见效，推动人民群众福祉不断改善。认真总结本届政协履职经验，从理论上加以概括提炼，从制度上加以规范完善，为政协事业长远发展提供有益借鉴。委员们一致表示，要倍加珍惜宝贵时间，倍加珍惜委员荣誉，认真履职、敬终如始，不懈怠、不放松、不停步，争做有定力、有情怀、有担当、有作为的政协委员，向党和人民交上合格答卷，以优异成绩迎接中共十九大胜利召开。

四、分组审议讨论情况

会议期间，委员们分组讨论政府工作报告、计划报告和预算报告、民法总则草案、“两高”工作报告，分组审议全国政协常委会工作报告、提案工作情况的报告和有关人事事项，提出了许多有价值的意见和建议。

（一）关于讨论政府工作报告。委员们一致认为，李克强总理的政府工作报告充分体现了中共十八大和十八届三中、四中、五中、六中全会精神，以统筹推进“五位一体”总体布局和协调推进“四个全面”战略布局为统领，以贯彻五大发展理念为目标，总结工作客观全面，分析问题深刻透彻，部署工作切实可行，注重用事实讲话，突出问题导向，具有很强的思想性、指导性、针对性和可操作性，是一个有高度、接地气、聚民心的报告，是一个求真务实、鼓舞人心、催人奋进的报告。委员们认为，中共十八大以来，以习近平同志为核心的党中央，坚持和发展中国特色社会主义，勇于历史担当，保持战略定力，驾驭复杂局面，引领改革发展，推进伟大事业、伟大工程、伟大斗争，开创了党和国家事业发展新局面，取得了历史性的巨大成就。一是决战全面小康稳扎稳打；二是全面深化改革蹄疾步稳；三是全面依法治国扎实推进；四是全面从严治党开创新局面；五是外交工作谱写崭新篇章。委员们指出，做好本届政府收官之年的工作，要以迎接、服务、学习宣传贯彻中共十九大作为工作主线，要把握稳中求进工作总基调，把五大发展理念落实好，把改革发展稳定各项工作做好，下决心解决政策不落地问题、少数干部不作为不会为乱作为问题、政策资金碎片化问题、农村基层留不住人才等问题。委员们认为，中国经济总量庞大、基数抬高，把 2017 年 GDP 增长预期目标定为 6.5%左右是科学审慎的，还应通过积极努力争取更好结果。委员们提出，要坚定不移实施创新驱动发展战略，着力在转型升级上取得实质性突破，注重用新技术新业态全面改造提升传统产业，推动战略性新兴产业蓬勃发展。委员们提出，要继续深化行政体制改革，以推动“放管服”改革持续转变政府职能，以清单管理推动简政放权；积极稳妥推进金融监管体制改革、国资国企改革、中央与地方财权与事权划分改革、大部制改革，完善跨部门统筹机制；牢固树立法治思维，建设诚信政府。委员们还对政府做好防范和化解金融风险、“一带一路”倡议、医疗体制改革、教育公平等工作提出了意见建议。

（二）关于审议政协常委会工作报告和提案工作情况报告。委员们高度评价全国政协 2016 年工作和俞正声主席所做的工作报告，一致表示中共十八大以来以习近平同志为核心的中共中央高度重视人民政协事业，进一步加强对人民政协的领导，对人民政协工作作出一系列重要论述、战略部署和制度安排，人民政协迎来了自身历史上又一个蓬勃发展的黄金期。一致认为，全国政协及其常委会认真贯彻落实以习近平同志为核心的中共中央决策部署，紧扣供给侧结构性改革调研议政，致力民生改善和社会建设履职尽责，有效发挥了社会主义协商民主重要渠道和专门协商机构作用，为实现“十三五”良好开局作出了重要贡献。委员们认为，中共中央办公厅印发《关于加强和改进人民政协民主监督工作的意见》，为新形势下政协民主监督工作提供了基本遵循。常委会工作报告首次对人民政协民主监督工作作出系统部署，明确了政协民主监督的性质定位、监督重点、方式方法和坚持中国共产党对政协民主监督的领导，人民政协各级组织、各参加单位和政协委员要认真学习领会、贯彻落实，尽快补齐政协民主监督短板，开创政协民主监督新局面。委员们提出，今年是十二届全国政协的最后一年，要认真总结中共十八大以来人民政协事业在党的领导下，在继承中发展、在发展中创新的宝贵经验，深化规律性认识，推进理论创新、实践创新、制度创新。委员们建议，要配合政协换届，研究根据社会结构变化科学设置人民政协界别，探索更好发挥界别作用的机制。委员们建议，尽快启动政协章程修改工作，更好地在政协工作中贯彻落实习近平总书记系列重要讲话精神和治国理政新理念新思想新战略。委员们建议，进一步强化政协各级组织、各参加单位和有关方面联系协作机制，形成多级联动、各方互动的履职格局。委员们还就深入开展调查研究以及提案、大会发言、反映社情民意信息、团结联谊、对外交往、新闻宣传等工作提出了意见建议。

（三）关于讨论计划报告和预算报告。委员们表示，计划报告和预算报告贯彻了中央稳中求进、坚定推进供给侧结构性改革的工作目标，政策方向正确，落实措施有力。委员们建议，政府部门应进一步压减一般性支出，降低制度性成本，切实为企业减税降负。委员们认为，国务院要加强对地方政府债务监管，建立债务应急管理机制，切实把债务风险关进笼子里。有委员建议，加快调整一般性转移支付和专项转移支付比重，增加对生态转移支付的倾斜力度。一些委员建议，进一步提高资金使用效率和效益，建立评估反馈机制，提高国有资本经营预算额度和对公共财政的贡献。委员们还建议将各类非税收入纳入预算，部门预算应涵盖所有非涉密部门。

（四）关于讨论民法总则草案。委员们一致认为，编纂民法典是十八届四中全会提出的重大立法任务，制定民法总则是编纂民法典的第一步。委员们认为，民法总则作为基本法律，要反映治国理政新理念新思想新战略，把握时代脉搏，体现法治精神，弘扬优秀传统文化，借鉴其他国家立法的成功经验。同时，制定民法总则不是简单修改民法通则，应注意将宪法保护私有财产、尊重保障人权等原则通过法律加以细化落实。一些委员提出，民法总则调节全社会方方面面的民事关系，要注意与其他相关法律法规的融合衔接，特别是协调与单行法之间的关系，确保社会主义法律体系的协调性和完整性。

（五）关于讨论关注的热点问题。本次大会继续专门安排半天讨论各委员小组关注的热点问题。58 个委员小组围绕非公经济健康发展、做好高校毕业生等重点群体就业工作、职业教育助力脱贫攻坚、促进中小微企业创新发展、两岸关系和平发展及涉台工作中的热点难点问题、加快推进全面阅读立法、体育改革发展、切实推进高校“双一流”建设、困难和特殊群体的养老问题、宗教人才培养等 56 个热点问题建言献策。委员们普遍反映，这一界别协商的新形式突出了政协的界别特色，有利于人民政协社会主义协商民主重要渠道和专门机构作用的更好发挥。

（六）关于讨论“两高”报告。委员们认为，“两高”工作报告客观总结了过去一年最高人民法院、最高人民检察院在维护社会大局稳定、建设公平规范的法治环境、深化司法体制改革等方面取得的显著成效，部署今年工作目标明确、措施有力，委员们表示赞同。委员们提出，国家监察体制改革对检察机关职能转变提出了新的更高要求，要切实增强大局意识，认真总结试点经验，尽快建立集中统一、权威高效的监察体系。一些委员提出，当前电信网络诈骗，窃取、泄露、买卖公民个人信息等网络犯罪案件层出不穷，给人民群众，特别是老年人带来很大隐患，要切实加大审判惩处力度，以司法的权威震慑犯罪分子的猖獗势头。委员们还就加快以审判为中心的刑事诉讼制度改革、推进司法人员分类管理、有效缓解案多人少矛盾等问题提出意见建议。

委员们认为，会议增选全国政协副主席，体现了中共中央对政协工作的高度重视，体现了中央对香港特别行政区地位和作用的高度重视，有利于“一国两制”方针的进一步实施，有利于香港繁荣稳定大局。

委员们对政府工作报告、政协常委会工作报告、“两高”工作报告、民法总则草案及各项决议草案等大会文件，均提出了若干具体修改意见建议。大会秘书处认真汇总后，已及时转送各有关文件起草组。各有关方面对委员们的意见建议高度重视，积极采纳，并感谢委员们的支持。

五、委员们重点关注的几个问题

会议期间，委员们聚焦统筹推进“五位一体”总体布局和协调推进“四个全面”战略布局，以及人民群众普遍关心的热点问题，提出了意见和建议。

（一）关于“三去一降一补”。委员们认为，适应把握引领经济发展新常态，必须认真做好“三去一降一补”各项重点工作，提高经济发展的质量和效益，实现低水平供需平衡向高水平供需平衡的跃升。一些委员提出，应切实做好化解过剩产能过程中职工安置工作，决不能让普通职工为去产能“买单”。有委员指出，国有企业杠杆率高的本质是资本金不足，建议政府切实履行出资人义务，建立常态化的国有企业资本金补充制度，降低国有企业杠杆率。有委员建议，要切实让市场在资源配置中起决定性作用，用市场手段去产能、去库存，去杠杆，处理“僵尸企业”，对民营企业放开市场准入，减少低效率的政府主导投资。部分委员建议，探索制定“涉企税费目录清单”，形成常态化动态化公示机制，清单之外的涉企收费一律取消，接受社会监督。有委员建议，将制造业增值税由目前的17%和13%逐步降至11%。一些委员建议，合理调整社保缴费水平，使“五险一金”保持在不超过工资总额30%的水平，缺口通过提高央企收益上缴比例和国资划拨社保账户补足，降低中小企业隐性用工成本。有委员建议，适应我国进入老龄化社会的新形势，引导社会力量兴办养老产业，配合全面两孩政策实施，大力发展妇幼保健和幼儿教育。

（二）关于脱贫攻坚。一些委员提出，这一轮脱贫攻坚政策力度强、资金规模大、任务要求高，要加强对扶贫资金使用和脱贫工作的监督考核，警惕用大量报表和总结把脱贫工作演变成形式主义的数字脱贫和跃进式脱贫。人民政协要按照中央要求，聚焦脱贫攻坚重大部署，搞好民主监督。有委员提出，对于“空心化”率较高的贫困村，不宜盲目上马规模浩大的基础设施工程，而应综合运用易地扶贫搬迁等手段改善存量人口的生活条件。有委员建议，建立从中央到地方层层辐射的文化扶贫机制，通过培养本地人才、送文化下乡等形式扶贫、扶智。一些委员建议，加大金融扶贫力度，建立政策性银行和农业保险机构，财政出资设立政策性担保机构和风险补偿机构，专责履行金融扶贫。有委员建议，加强贫困地区网络基础设施建设，降低网络资费，解决贫困地区信息鸿沟。有委员建议，分类制定并大幅提高贫困地区生均经费标准，出台贫困户子女从小学到大学专项资助政策。

（三）关于农业供给侧结构性改革。一些委员建议，实行“市场定价、价补分离”改革，把从价格中分离出来的补贴，以既符合国情又合乎世贸组织规则的方式支付给农民。一些委员指出，工商资本参与土地经营权流转中，“非粮化”“非农化”倾向明显，建议实行“负面清单”制度对其加以约束，同时引导其进入粮农领域，确保国家粮食安全。一些委员建议，改革简单以规模为导向的新型农业经营主体扶持政策，重点在标准化生产、农产品质量安全认证、品牌推广等方面给予支持。有委员提出，要大力发展农村电商、网购、乡村旅游等新业态，促进农民就业增收。有委员建议，高度重视农村基层组织建设和集体经济发展，落实集体经济法人地位，推进农村产权制度改革，盘活集体资产。有委员建议，对具备条件自愿退出农村土地承包权和宅基地使用权的进城农民，尽快研究制定补助和奖励政策，解决农民进城后土地撂荒、农房闲置问题。

（四）关于实体经济。委员们对一段时间以来出现的“办厂不如买房、投资不如投机”，工业投资特别是民间投资增速急剧下降、盈利能力弱化、人才严重流失等实体经济脱实向虚、空心化边缘化问题普遍表示关注，认为当前应该强化“实业立国”观念，注意防止工业在国民经济中占比下降过快，综合施策，着力振兴实体经济。委员们指出，以创新引领实体经济转型升级，关键是要强化企业创新主体地位、支持企业发展新技术新产品、开拓新市场，增强实体经济竞争力。针对企业融资难、融资贵，有委员建议拓宽企业直接融资渠道、允许企业在境内外发债筹资。委员们高度关注产权保护，建议加大执法力度，切实保护物权、债权、股权、知识产权和其他无形资产的产权，通过保护“恒产”培育全社会发展实体经济的“恒心”。有委员指出，当前制假售假横行，相关部门应联动执法，严厉打击侵犯商标、专利和著作权的犯罪行为，为实体经济发展创造良好法治环境。

（五）关于房地产市场。委员们高度认同“房子是用来住的、不是用来炒的”定位，建议相关部门综合运用提高存量住房转让税率、合理增加土地供应、调整用地结构等政策手段，降低投机收益预期和稳定群众房价预期。一些委员提出，要落实地方政府的“兜底”责任，加快棚户区改造和保障房建设，鼓励地方政府购买库存商品房用作拆迁、移民、农民工进城落户的安置房。有委员建议，特大型城市应通过疏解部分非核心功能来疏解人口，通过提供产业支撑、发展轨道交通和促进基本公共服务均等化，重点发展“核心城市+小城镇群”的网络型城市模式，促进职住平衡。有委员建议，探索建立房价异常波动的对冲机制，当住宅价格指数波动超过一定幅度时，自动触发购房首付率、房贷利率双率联动调节，实现及时、精细调控。有委员提出，应继续扎实开展房产税立法调研，加强对住房持有环节的税收调节。

（六）关于“蓝天保卫战”。委员们高度关注大气污染治理，建议尽快建立国家级雾霾防控联席会议制度，环保、能源、交通等多部门联动，共同把政府工作报告提出的各项治霾举措落到实处。有委员建议，完善环保财税激励政策，引导企业绿色生产、公民绿色消费。逐步扩大与环境相关的消费税征收范围，提高违法违规企业偷排成本。有委员提出，加强城市“双绿”建设，推广种植绿色灌木类植物，推广使用绿色建筑材料，提高对污染物的吸附力。有委员建议，加强环保科普教育和环境信息公开，重建群众对环保监测数据的信心，缓解空气环境质量恐慌。

（七）关于“舌尖上的安全”。有委员指出，基层食品监管人才匮乏，全国近半数检验机构未获资质，当前亟须从加强专业人才队伍建设、改善基层执法条件入手加强食品安全监管体系建设。一些委员建议，修订农产品质量安全法，建立农产品可追溯体系，加强上市前检测和上市后监管，加大对食品违法违规行为处罚力度。一些委员提出，近年来网购餐饮模式异军突起，无证经营、超范围经营、虚假宣传等问题频发，建议加强监管，落实入驻商户与平台的连带责任，确保这一新兴业态健康发展。有委员提出，当前食品行业已成谣言重灾区，饮食养生知识鱼龙混杂，相关部门应加强食品安全科普，引导社会树立科学理性饮食观。

分组会议讨论中，委员们还围绕培育大国工匠、“一带一路”建设、推进“双创”、完善“营改增”政策、发展中小城市、环境保护、法治建设、学生减负和校园欺凌、坚持文化自信、培育文化高峰、“三医联动”改革、净化网络空间、港澳台侨联谊、军民融合发展等经济、政治、社会、文化、生态文明和党的建设，以及外交、国防军队建设等方面的重要问题提出了意见建议。

政协第十二届全国委员会常务委员会第二十次会议 2017 年 3 月 10 日上午和 12 日下午，政协第十二届全国委员会常务委员会第二十次会议分别举行第一次全体会议和第二次全体会议。中共中央政治局常委、全国政协主席俞正声主持。

10 日上午举行第一次全体会议，通过了关于免去孙怀山政协第十二届全国委员会常务委员、港澳台侨委员会主任职务，撤销其委员资格以及撤销马世俠政协第十二届全国委员会委员资格的决定。

12 日下午举行第二次全体会议，通过了政协第十二届全国委员会第五次会议增选副主席选举办法、政协第十二届全国委员会增选副主席候选人名单、政协第十二届全国委员会第五次会议关于常务委员会工作报告的决议（草案）、政协第十二届全国委员会提案委员会关于政协十二届五次会议提案审查情况的报告（草案）、政协第十二届全国委员会第五次会议政治决议（草案）。会议决定，将增选副主席候选人名单和有关文件草案提请 3 月 13 日上午举行的全国政协十二届五次会议闭幕会审议。

常委会组成人员出席会议。没有担任政协常委的全国政协副秘书长、机关党组成员、专门委员会副主任，中共中央统战部有关副部长，各省、自治区、直辖市和副省级市政协主席，部分委员小组负责人列席会议。

“坚定文化自信，讲好中国故事”专题协商会 2017 年 5 月 23 日，全国政协在京召开“坚定文化自信，讲好中国故事”专题协商会。中共中央政治局常委、全国政协主席俞正声主持会议并讲话。中共中央政治局委员、中央书记处书记、中宣部部长刘奇葆出席会议并讲话。

刘奇葆同志在认真听取委员发言后说，坚定文化自信，讲好中国故事，是习近平总书记提出的重要思想，是时代赋予的重大课题。全国政协围绕这一主题开展专题协商，体现了真挚的文化情怀和自觉的文化担当。要礼敬客观科学地对待中华优秀传统文化，把握好坚持马克思主义指导地位和传承发展儒家思想、继承和创新、中华文化和外来文化等重大关系。要坚持创造性转化、创新性发展的基本方针，突出实践标准，推动优秀传统文化扬弃继承、转化创新。要把传承优秀传统文化与弘扬革命文化、发展社会主义先进文化贯通起来，举精神之旗，立精神支柱，建精神家园。要坚定讲好中国故事的信心和底气，创新方式方法、提高能力水平，塑造良好国家形象。

30 位委员和地方代表、专家学者在会上发言，对坚定文化自信、讲好中国故事提出意见建议。中宣部常务副部长黄坤明介绍有关情况。中央网信办、教育部、文化部、国家新闻出版广电总局等部门负责同志与委员互动交流。中共中央、国务院有关部门和单位的负责同志到会听取意见建议。

委员们认为，坚定文化自信、讲好中国故事，是以习近平同志为核心的中共中央着眼坚持和发展中国特色社会主义、实现“两个一百年”奋斗目标和中华民族伟大复兴中国梦提出的重大时代课题，对于激发全体人民增强自豪感和向心力，凝聚起共同推进伟大事业、伟大工程、伟大斗争的强大力量；对于向世界传播中国好声音，提升国家软实力，具有十分重要的意义。一些委员建议，一是突出时代主题，聚焦讲好中国特色社会主义和当代中国的故事；二是以社会主义核心价值观为引领，挖掘创作中国好故事；三是传承发展中华优秀传统文化，增强讲好中国故事的底色和底气；四是加强阵地和队伍建设，提升讲好中国故事的水平和传播能力；五是向世界讲好中国故事，塑造真实立体全面的国家好形象；六是加强制度机制建设，为讲好中国故事提供有力保障。

中共中央书记处书记、全国政协副主席杜青林主持上午的会议。全国政协副主席韩启德、林文漪、罗富和、何厚铧、张庆黎、卢展工、王正伟、马飚、陈晓光、刘晓峰出席会议。

政协第十二届全国委员会常务委员会第二十一次会议 2017年6月26日至28日，政协第十二届全国委员会常务委员会第二十一次会议在京召开。会议的主要议题是围绕“深化供给侧结构性改革，促进经济平稳健康发展”建言献策。共安排3次全体会议、2次专题分组讨论和1次常规分组讨论。中共中央政治局常委、全国政协主席俞正声主持开幕会、闭幕会并讲话。中共中央政治局常委、国务院副总理张高丽应邀出席会议并作报告。中共中央、国务院有关部门负责同志到会听取意见建议。

常委会组成人员出席会议。没有担任政协常委的全国政协副秘书长、机关党组成员、专门委员会副主任，中共中央统战部副部长，特邀信息委员和住地方全国政协委员，各省、自治区、直辖市和副省级市政协主席列席会议。

俞正声同志主持开幕会时指出，经济建设是党和国家的中心工作，以习近平同志为核心的中共中央提出了推进供给侧结构性改革的战略思想并作出全面部署。准确把握经济新常态的特点，紧紧围绕“深化供给侧结构性改革，促进经济平稳健康发展”建言献策，是发挥政协作为社会主义协商民主重要渠道和专门协商机构作用、履行政协职能的重要实践，希望常委会组成人员紧紧围绕会议议题，畅所欲言、各抒己见，提出意见建议，为深化供给侧结构性改革、促进经济平稳健康发展作出应有的贡献。

张高丽同志在报告中强调，推进供给侧结构性改革是以习近平同志为核心的中共中央作出的重大决策和战略部署。在各地区各部门各单位共同努力下，供给侧结构性改革取得初步成效。今年是供给侧结构性改革深化之年，要深入贯彻习近平总书记系列重要讲话精神和治国理政新理念新思想新战略，牢固树立新发展理念，切实增强“四个意识”，坚持稳中求进工作总基调，推动供给侧结构性改革取得新的成果。要深入推进钢铁、煤炭、煤电等重点行业化解过剩产能，妥善安置职工，稳妥处置企业债务。要坚持分类调控因城施策，稳步推进房地产去库存，促进房地产市场平稳健康发展。要推动市场化法治化债转股，强化企业自身债务约束，逐步降低企业杠杆率。要加大减税降费力度，完善收费目录清单管理制度，切实减轻企业负担。要聚焦精准脱贫等重点领域和薄弱环节，加快补上经济社会发展短板。要坚持“绿水青山就是金山银山”，推动形成绿色发展方式和生活方式。要推进农业供给侧结构性改革，优化农业产业体系、生产体系、经营体系。要深入实施创新驱动发展战略，持续推动大众创业、万众创新，大力振兴实体经济。要深入推进简政放权、放管结合、优化服务改革，深化财税、金融、国企等改革，不断增强内生发展动力。

会议期间，与会常委和列席人员围绕会议主题，结合张高丽同志所作报告，通过小组讨论、大会口头发言和书面发言等形式建言献策。常委们一致认为，推进供给侧结构性改革，是以习近平同志为核心的中共中央作出的切中时弊的重大战略决策。针对实体经济结构性供需失衡、金融和实体经济失衡、房地产和实体经济失衡的问题，必须从供给侧结构性改革上想办法、定政策，去除没有需求的无效供给，创造适应新需求的有效供给，实现供求关系新的动态平衡。

常委们围绕深化供给侧结构性改革、促进经济平稳健康发展提出意见建议。一是正确处理政府与市场的关系。要解决好市场自发性与生产消费社会性之间的矛盾，形成积极的市场导向，不能干预企业经营，同时也决不能放松政府的责任。政府要避免宏观决策、产业政策出现导向性失误，更好发挥政府作用。二是要更加注重补短板。重点是把我国制造业水平提高到世界先进水平。树立长期艰苦奋斗的思想，反对浮躁和急功近利。三是在改革上下功夫。通过深化体制机制改革，促进经济社会发展、持续改善民生。四是重视企业家的作用。要关心、爱护企业家，包括非公有制经济企业家，营造良好的企业家成长环境，造就优秀企业家队伍。

常委们表示，人民政协要广泛凝聚改革共识，多提意见建议，为党委和政府改进工作当好参谋。政协委员中的企业家要脚踏实地推动企业进步，促进供给侧结构性改革任务落实。

俞正声同志在闭幕会讲话中强调，推进供给侧结构性改革是以习近平同志为核心的中共中央作出的切中时弊的重大战略决策。当前和今后一个时期，我国经济发展面临的问题，供给和需求两侧都有，但矛盾的主要方面在供给侧。目前制约我国经济发展的因素，虽然有周期性、总量性因素，但根源是重大结构性失衡，主要表现为实体经济结构性供需失衡、金融和实体经济失衡、房地产和实体经济失衡。必须从供给侧结构性改革上想办法、定政策，去除没有需求的无效供给，创造适应新需求的有效供给，实现供求关系新的动态均衡。

俞正声同志强调，供给侧结构性改革是一项长期而艰巨的任务，要在认真总结以往工作的基础上，把握规律、乘势而上，扎实推进各项任务落实。一是正确处理政府和市场的关系。要解决好市场自发性与生产消费社会性之间的矛盾，形成积极的市场导向，让市场发挥在资源配置中的决定性作用。政府要承担起应有的责任，守土有责、守土尽责，积极作为、善于作为。要科学决策、民主决策，尽量避免和减少宏观决策、产业政策出现导向性失误。要把该管的管起来、该服务的服务好，依照职责权限创新监管方式、规范监管行为，营造公开透明的市场环境，积极帮助企业解决实际困难，但决不能直接干预企业经营。二是更加注重补短板。要下大力气抓好精准扶贫，推进各项政策举措落地生效。以百姓的需求为导向，切实抓好教育、卫生、养老等民生方面的补短板工作。要高度重视制造业，瞄准世界先进水平，树立长期艰苦奋斗的思想，心无旁骛、聚精会神、持之以恒、扎扎实实地抓下去，一项技术、一项技术，一个领域、一个领域地突破，决不能急功近利和投机取巧。三是在改革上下功夫。改革是由问题倒逼产生的，只有持续深化改革，才能找到出路。要敢于触碰矛盾，着力深化体制机制方面的改革，如住房制度改革，关键是地方政府要摆脱对土地财政的依赖。要通过改革激发活力、增强动力，促进经济社会发展和民生持续改善。四是重视发挥企业家的作用。企业家是经济活动的重要主体，推进供给侧结构性改革，很大程度上取决于人，特别是企业家队伍。要深度挖掘企业家精神特质和典型案例，弘扬企业家精神，发挥企业家示范作用，造就优秀企业家队伍。要真正关心、爱护、帮助企业家，包括非公有制经济企业家，激发企业家的事业心和责任感，营造良好的企业家成长环境，推动企业家队伍更加健康地成长。

俞正声同志要求，人民政协要为供给侧结构性改革积极献计出力。要通过广大委员向群众做好政策宣传工作，广泛凝聚改革共识。要坚持问题导向，围绕供给侧结构性改革重点任务落实中的薄弱环节和关键问题，通过扎实细致的调查和有理有据的分析，提出高质量的对策建议，为党委和政府改进工作当好参谋助手。要切实加强政协民主监督工作，聚焦政策举措落实的“最后一公里”提出意见建议，推动改革任务落实。政协委员中的企业家既要当好改革的促进派，还要当好改革的实干家，脚踏实地推动企业发展。要群策群力、各尽所能，为推进供给侧结构性改革任务落实作出应有贡献。

会议经过表决，增补李建华、杨小波、舒启明为第十二届全国政协委员；任命舒启明为第十二届全国政协副秘书长；增补杨衍银为港澳台侨委员会主任；任命李建华为提案委员会副主任，张秋俭为教科文卫体委员会副主任，杨小波为民族和宗教委员会驻会副主任；因年龄原因，张秋俭、林智敏不再担任第十二届全国政协副秘书长，晓敏不再担任民族和宗教委员会驻会副主任。会议追认全国政协第五十八次主席会议作出的关于撤销孔庆平第十二届全国政协委员资格的决定。

会议期间，常委们还就经济社会发展的有关问题积极反映社情民意，提出了一些意见和建议；并对提交会议书面审议的各项报告表示赞同。

常委会议期间举办了常委会第十六次学习讲座。华为公司高级顾问田涛应邀作《华为的制度创新和理念创新》的讲座，并与常委们互动交流。

“构建‘亲’‘清’新型政商关系，促进民营经济健康发展”专题协商会 7月18日，全国政协在京召开“构建‘亲’‘清’新型政商关系，促进民营经济健康发展”专题协商会。中共中央政治局常委、全国政协主席俞正声主持下午的会议并作总结讲话，中共中央书记处书记、全国政协副主席杜青林主持上午的会议，国务委员王勇出席会议并讲话。

31位委员和专家学者、企业家代表、地方代表在会上发言。国家发改委副主任张勇、工信部总工程师张峰分别介绍有关情况。最高人民检察院、国家税务总局、国家工商总局、银监会等部门负责同志与委员互动交流。中共中央、国务院有关部门和单位的负责同志到会听取意见建议。

委员们表示，全国政协十二届四次会议期间，习近平总书记在民建、工商联界委员联组会上发表重要讲话，用“亲”“清”二字概括了新型政商关系的内涵，意义十分重大。委员们认为，政商关系和政企关系是相互联系的，政企关系顺了，政商关系容易处理好。当前强调“亲”“清”政商关系对民营经济健康发展具有特殊意义。委员们认为，“亲”“清”关系中，“清”是基础和前提，领导干部、公务员要坦荡真诚地同民营企业家接触交往，不收礼、不吃请，积极作为、靠前服务。在“清”的基础上做到“亲”，才能促进民营经济健康发展。地方领导要有联系点，形成联系企业制度、座谈会制度和发挥工商联作用的制度，真心实意支持民营经济发展。委员们表示，反腐败斗争有利于净化政治生态，有利于净化经济生态，有利于理顺市场秩序，促进民营企业健康发展。

委员们建议，要解决好民营企业平等准入问题，加强产权保护，减少行政审批，减轻企业负担，特别要解决乱收费问题。要坚持公开透明，继续反腐倡廉，营造良好的舆论环境。民营企业要守法经营，民营企业家要加强自我学习、自我教育、自我提升，做合格的中国特色社会主义事业建设者。

王勇同志在认真听取委员发言后说，全国政协开展此次专题协商，对于各级政府积极构建新型政商关系、促进民营经济健康发展具有重要推动作用。要深入贯彻落实习近平总书记系列重要讲话精神，持续深化“放管服”改革，继续放宽市场准入，坚决打破各类“玻璃门”“旋转门”；着力解决民营企业融资问题，进一步降低税费负担，创造公平竞争营商环境；推进全面清单管理，健全政商关系规范，千方百计帮助企业排忧解难；加强产权保护，推进政府依法履职，激发和保护企业家精神，让民营企业家安心谋发展、专心干事业。

全国政协副主席韩启德、董建华、张庆黎、李海峰、陈元、王家瑞、齐续春、马培华、王钦敏、梁振英出席会议。

政协第十二届全国委员会常务委员会第二十二次会议 2017 年 8 月 28 日至 30 日，政协第十二届全国委员会常务委员会第二十二次会议在京召开。会议的主要议题是围绕“实施精准扶贫中存在的问题和建议”建言献策，共安排 3 次全体会议、2 次专题分组讨论和 1 次常规分组讨论。中共中央政治局常委、全国政协主席俞正声出席，主持闭幕会并讲话。中共中央政治局委员、国务院副总理汪洋应邀出席会议并作报告。中共中央书记处书记、全国政协副主席杜青林主持开幕会。中共中央、国务院有关部门负责同志到会听取意见建议。

常委会组成人员出席会议。没有担任政协常委的全国政协副秘书长、机关党组成员、专门委员会副主任，中共中央统战部副部长，特邀信息委员和住地方全国政协委员，各省、自治区、直辖市和副省级市政协主席列席会议。

汪洋同志在报告中指出，党的十八大以来，以习近平同志为核心的中共中央，把脱贫攻坚摆到治国理政的重要位置，动员全党全社会力量，打响了中国反贫困斗争的攻坚战。习近平总书记始终把脱贫攻坚挂在心上、抓在手上，体现了高度的政治责任感和历史使命感。各地各部门认真落实脱贫攻坚决策部署，围绕“扶贫工作必须务实”，进一步健全体制机制，强化制度政策供给；围绕“脱贫过程必须扎实”，进一步夯实精准基础，提高帮扶质量；围绕“脱贫结果必须真实”，进一步加强考核监督，强化实效导向。脱贫攻坚的伟大实践，彰显了中国共产党的执政宗旨和政治优势、制度优势，增强了当代中国的道路自信、理论自信、制度自信和文化自信，培养和锻炼了一大批优秀干部人才。

汪洋同志指出，脱贫攻坚举措落实、

政策见效正在过程之中，我们清醒认识到，成绩不能高估，困难不能低估，问题不能回避。当前脱贫攻坚存在的问题，突出表现为五个“不够”，即帮扶不够准，一些地方建档立卡不实不准，把低保和扶贫简单对立，帮扶措施一刀切；工作不够实，一些驻村干部不住村，帮扶政策停留在纸面上，存在“垒大户”“堆盆景”等形式主义问题；质量不够高，一些帮扶项目拍脑袋决策，缺乏科学谋划，影响实际成效；监管不够严，一些地方对财政扶贫资金缺乏有效整合，使用效益低，虚报冒领、贪占挪用现象时有发生；脱贫不够稳，稳定脱贫长效机制有待完善，如期解决区域性整体贫困难度大，推动重点贫困群体脱贫亟须破题。对于这些问题，必须正确看待、勇于面对、准确把握。我们拥有强大的政治和制度作保障，积累了丰富扶贫经验，国家正在提供更为充分的财力支持，地方政府解决问题的能力也正在增强，只要真正做到以问题为导向，千斤担子大家挑，就一定可以解决存在的问题。

汪洋同志强调，当前脱贫攻坚进入系统发力、重点突破、集中攻坚的关键阶段。下一步要继续强化问题意识，突出问题导向，扎实推进脱贫攻坚各项工作，不断提高脱贫质量和成效。一是坚持稳中求进工作总基调，坚持现有管理体制和工作机制，坚持现行标准和时限，努力在建立健全稳定脱贫长效机制上取得更大进展。二是坚持精准方略，狠下绣花功夫，继续瞄准建档立卡贫困人口加强动态管理，积极探索精准施策办法，着力解决“五个一批”重点难点问题。三是坚持突出重点，攻坚深度贫困，瞄准“三区三州”等重点区域以及贫困老年人、重病患者、残疾人等重点群体加大攻坚力度，同时高度重视非贫困县非贫困村脱贫攻坚工作。四是坚持求真务实，力戒形式主义，切实纠正不严不实不精准问题。五是坚持较真碰硬，从严考核监督，坚决打击扶贫领域资金违纪违规行为。六是坚持典型引路，总结推广经验，注意把可复制经验上升为政策措施，为好做法的推广创造良好环境。

会议期间，与会同志围绕会议主题，结合汪洋同志所做报告，通过小组讨论、大会口头发言和书面发言等形式开展协商讨论、监督议政。常委们高度评价以习近平同志为核心的中共中央推进脱贫攻坚所取得的重大成就，深入分析当前脱贫攻坚面临的形势任务，深刻剖析存在的困难短板和薄弱环节，积极提出意见、批评和建议。常委们一致认为，做好新形势下脱贫攻坚工作，必须认真贯彻落实习近平总书记关于精准扶贫、精准脱贫重要讲话精神，坚持目标导向和问题导向相结合，突出抓落实、强基础、补短板，以更大的决心、更明确的思路、更精准的举措、更有力的工作，切实做到扶贫扶到点上、扶到根上，努力创造经得起实践、人民、历史检验的实绩，确保到 2020 年打赢脱贫攻坚战。

俞正声同志在闭幕会讲话中指出，以习近平同志为核心的中共中央高度重视扶贫工作，把贫困人口脱贫作为全面建成小康社会的突出短板和底线目标，确立精准扶贫、精准脱贫基本方略，全面打响脱贫攻坚战。习近平总书记把脱贫攻坚紧紧抓在手上，主持制定重大政策举措，20 多次深入贫困地区调研，5 次召开脱贫攻坚座谈会听取意见，发表一系列重要讲话，为打赢脱贫攻坚战指明了前进方向，提供了根本遵循。在党中央坚强领导下，脱贫攻坚力度之大、规模之广、影响之深、实效之强前所未有，农村贫困人口不断减少，贫困发生率明显下降，贫困地区农民收入稳步增长，财政专项扶贫资金大幅增加，贫困地区经济社会状况发生显著变化。同时也要清醒看到，当前扶贫工作还面临不少困难和问题，如深度贫困问题凸显，贫困人口结构发生变化，扶贫资源缺乏整合统筹，一些地方重硬件轻软件，部分扶贫措施缺乏严谨论证等，都需要深入研究解决。

俞正声同志着重讲了三点意见。第一，脱贫攻坚是坚持党的宗旨、体现社会主义本质特征的重大举措。中国共产党代表中国最广大人民的根本利益，党的宗旨是全心全意为人民服务，党章明确提出鼓励一部分地区和一部分人先富起来，逐步消灭贫穷，达到共同富裕。社会主义和资本主义的一个重要区别，就是社会主义更加重视公平正义。我们要坚持社会主义本质特征，必须把减少贫富两极分化、实现共同富裕摆在非常重要的位置。城乡差距、地区差距是当前贫富差距中最大的问题，推动农村贫困人口脱贫是减少贫富差距最重要的措施。多年来，我们制定实施体现社会主义制度优越性的重大政策，加大扶贫工作力度，努力缩小城乡和地区差距。比如，深化财政体制改革，提高中央财政收入占比，增加中央财政转移支付支持贫困地区发展；加强东西部扶贫协作，加大对口帮扶力度，努力实现先富带后富。各地各部门应从发挥社会主义制度优越性的政治高度，充分认识脱贫攻坚重大意义，进一步加强经验总结，探索有效措施，确保打赢脱贫攻坚战。

第二，坚持实事求是做好脱贫攻坚工作的关键。实事求是是中国共产党的思想路线。脱贫攻坚中出现这样那样的问题，绝大多数是因为没有做到实事求是。必须毫不动摇坚持实事求是原则，充分认识扶贫工作的阶段性、反复性和曲折性，注重因地施策、因致贫原因施策，确保脱贫质量。比如，“两不愁、三保障”的脱贫目标中，实现基本医疗和住房安全有保障伸缩余地较大，目前相关政策明细度还不够，确定相关标准要从实际出发，不能过高，也不能偏低；新疆和内地、南疆和北疆、新疆和西藏、西藏和四省藏区等不同地区情况差异很大，必须因地制宜采取不同办法；实施产业扶贫、易地搬迁等措施，需要紧密结合本地实际，科学规划、合理布局，提高精准度和实效性；使用地方财力应量入为出、量力而行，不能不顾实际举债搞基础设施建设甚至形象工程；要正确处理长远利益和眼前利益，统筹兼顾，不能只顾眼前利益，忽视和损害长远发展。

第三，坚持群众路线是做好脱贫攻坚工作的根本方法。脱贫攻坚必须深入贯彻党的群众路线，坚持以人为本、以贫困群众为本。要密切联系贫困群众，全面了解群众意愿诉求，做到问计于民、问需于民。要认真研究贫困群众需求，想群众之所想、急群众之所急、解群众之所难，真正从群众需要出发制定针对性措施。要充分发动贫困群众参与，不断完善群众参与机制，广泛调动群众积极性、主动性、创造性，紧紧依靠群众，善于从群众实践中寻找脱贫有效办法，更好发挥贫困群众主体作用。

俞正声同志要求，各级政协组织和广大政协委员要积极响应中共中央号召，继续围绕脱贫攻坚重大问题深入调查研究，聚焦党中央精准扶贫决策部署贯彻落实开展民主监督，善于发现问题反映问题，勇于提出批评意见，帮助党和政府及时纠正偏差、改进工作；要通过多种方式身体力行参与产业扶贫、教育扶贫、健康扶贫、生态扶贫等行动，积极学习宣传许家印、党彦宝等委员的典型事例，鼓励支持各界委员为打赢脱贫攻坚战贡献智慧力量。要把迎接十九大、服务十九大、学习宣传贯彻十九大精神作为重大政治任务切实抓好，继续组织好重点调研和协商议政活动，扎实做好政协章程修改、五年工作总结和换届筹备等工作，认真起草好提交明年全会的常委会工作报告，敬终如始，以更加奋发有为的精神状态完成好全年各项履职工作，向中共中央交上十二届全国政协的优异答卷。

会议经过表决，通过关于接受李军请辞第十二届全国政协委员的决定。会议追认全国政协第六十三次主席会议作出的关于撤销阿布里米提·艾合买托合提第十二届全国政协委员资格的决定。

常委会议期间举办了常委会第十七次学习讲座，中国探月工程总设计师兼嫦娥四号任务总设计师吴伟仁应邀作《我国航天事业的发展现状及展望》的讲座，并与常委们互动交流。

政协第十二届全国委员会常务委员会第二十三次会议 2017 年 10 月 30 日至 11 月 1 日，政协第十二届全国委员会常务委员会第二十三次会议在北京召开。会议的主要任务是学习贯彻中国共产党第十九次全国代表大会精神，共安排 3 次全体会议、2 次分组讨论和 1 次主席会议。全国政协主席俞正声同志主持开幕会和闭幕会并讲话。中共中央政治局常委、中央书记处书记王沪宁同志作专题报告。

常委会组成人员出席会议。没有担任政协常委的全国政协副秘书长、机关党组成员、专门委员会副主任，中共中央统战部副部长，特邀信息委员，各省、自治区、直辖市和副省级市政协主席列席会议。

王沪宁同志重点讲了八个问题：

（一）关于十九大的特点。王沪宁同志指出，党的十九大开得非常成功，在国内外引起热烈反响，展现了党的代表大会的新风貌、中国共产党的新能量、中国人民的新精神、中国发展的新前景，是一次高度民主的大会，也是一次高度集中的大会，党内民主集中、思想统一达到了新的高度。

（二）关于习近平总书记的报告。王沪宁同志指出，习近平总书记所作的报告，是一篇高举旗帜、引领方向的报告，不忘初心、牢记使命的报告，引领时代、开辟未来的报告，具有很强思想性、理论性、科学性、时代性和实践性，充满着信仰感召力、理论说服力、思想穿透力、政治凝聚力和社会动员力，是光辉的马克思主义纲领性文献。习近平总书记为起草报告倾注了大量心血，亲自研究、组织讨论、反复斟酌每一个重要思想、重要观点、重大判断、重大举措，批转文件起草组研究的重要文件达 190 多份，先后近 40 次对报告稿进行仔细修改。报告起草过程中充分发扬民主，广泛征求意见，凝聚了全党全国各族人民的智慧。学习报告要带着感情学，带着责任学，从理性和感性上都要提高认识。

（三）关于习近平新时代中国特色社会主义思想。王沪宁同志指出，习近平新时代中国特色社会主义思想是系统全面的科学理论体系，主要内容是“八个明确”和“十四个坚持”。“八个明确”是重大、核心、起骨干作用的观点，“十四个坚持”是具有基础性和关键性意义的论断。要深刻把握习近平新时代中国特色社会主义思想的继承性、创新性、时代性和重大政治意义、历史意义、理论意义、实践意义，增进高度的政治认同、思想认同、理论认同、情感认同。

（四）关于中国特色社会主义进入了新时代。王沪宁同志指出，中国特色社会主义进入了新时代，这是我国发展新的历史方位。作出这一重大政治判断，主要基于三点考虑：一是十八大以来，党的理论、执政方式、执政方略和国家发展理念、发展方式、发展环境、发展条件发生了深刻变化；二是从十九大到二十大，是“两个一百年”奋斗目标的历史交汇期，我国将转入社会主义现代化建设的新阶段；三是我国社会主要矛盾发生了变化，体现了党和国家事业发展的客观要求和客观进程。

（五）关于十八大以来党和国家事业发生的历史性变革。王沪宁同志指出，过去五年很多领域的变化是根本性的。比如，党的领导和党的建设全面加强，粗放型发展方式得到扭转，全面深化改革先后出台1500多项举措，生态环境恶化趋势有效遏制，宣传思想文化工作切实加强，军队改革实现革命性重塑，党内政治生态发生根本性变化等。这些成就都是在以习近平同志为核心的党中央领导下取得的，是同习近平总书记的雄才大略、政治定力、战略谋划密切相关的。实践证明，确立习近平总书记为党中央的核心、全党的核心，符合党心民心，符合党和人民根本利益。

（六）关于“四个伟大”的关系。王沪宁同志指出，十九大报告对进行伟大斗争、建设伟大工程、推进伟大事业、实现伟大梦想都提出了明确要求。伟大斗争最早由毛泽东同志在战争年代提出，并随着时代发展不断呈现新的内涵，习近平总书记在主持起草十八大报告时，更加突出了要进行具有许多新的历史特点的伟大斗争；伟大工程源自毛泽东同志在延安时期提出党的建设伟大工程，党的十四届四中全会正式提出党的建设新的伟大工程；伟大事业是邓小平同志在十二大上发出的号召；伟大梦想是习近平总书记在十八大闭幕后、参观复兴之路展览时正式提出来的。“四个伟大”紧密联系、相互贯通、相互作用，是一个有机整体。

（七）关于我国社会主要矛盾变化。王沪宁同志指出，作出我国社会主要矛盾已经转化为人民日益增长的美好生活需要和不平衡不充分的发展之间的矛盾的重大政治判断，主要有四点考虑：一是讲的是我国社会的主要矛盾，而不是经济发展的主要矛盾；二是坚持历史唯物主义观点，从社会物质运动的客观实际出发；三是从大局考虑，各领域工作都要围绕解决这一主要矛盾共同努力；四是着眼党和国家事业长远发展，保持政策和工作的连续性。

（八）关于学习贯彻十九大精神。王沪宁同志指出，必须把习近平总书记提出的学懂弄通做实的重要要求落到实处。坚持读原著、学原文、悟原理，按中国的逻辑、中国的理论来理解。坚持联系地而不是孤立地、系统地而不是零散地、全部地而不是局部地把握重大思想观点，深化认识各项战略部署的整体性、关联性、协同性。坚持把学习效果落实到工作中，转化为推动党和国家事业发展的新成绩、保障改善民生的新成效。

王沪宁同志最后特别强调，维护习近平总书记党中央和全党的核心地位，不仅要放在当前党和国家工作大局中来认识，而且要放在党和国家事业长远发展中来认识；不仅要放在党和国家事业平稳发展的形势中来认识，而且要放在可能遇到各种风险挑战的形势中来认识；不仅要放在国内工作大局中来认识，而且要放在国际斗争大局中来认识；不仅要放在新的伟大斗争不断取得胜利的条件下来认识，而且要放在可能遇到曲折和挫折的情况下来认识，切实增强高度的政治自觉。

会议期间，与会同志认真学习领会中共十九大精神，联系实际深入思考，突出重点热烈讨论，相互交流深化认识，把握要义提高站位，围绕贯彻落实十九大确定的各项任务积极提出意见建议。会议完全拥护习近平总书记代表十八届中央委员会所作的报告和中共十九大通过的各项决议，衷心拥护十九大和十九届一中全会选举产生的以习近平同志为核心的新一届中央领导集体。

大家一致认为，中共十九大是在全面建成小康社会决胜阶段、中国特色社会主义进入新时代的关键时期召开的一次十分重要的大会。大会分析了国际国内形势发展变化，回顾和总结了过去五年的工作和历史性变革，作出了中国特色社会主义进入了新时代、我国社会主要矛盾已经转化为人民日益增长的美好生活需要和不平衡不充分的发展之间的矛盾等重大政治论断，深刻阐述了新时代中国共产党的历史使命，确立了习近平新时代中国特色社会主义思想的历史地位，提出了新时代坚持和发展中国特色社会主义的基本方略，确定了决胜全面建成小康社会、开启全面建设社会主义现代化国家新征程的目标，对新时代推进中国特色社会主义伟大事业和党的建设新的伟大工程作出了全面部署。这是一次不忘初心、牢记使命、高举旗帜、团结奋进的大会，是一次迈向新时代、开启新征程、续写新篇章的大会，在党、国家、中华民族历史上都具有重要的里程碑意义。

大家一致认为，习近平总书记所作的报告，站在历史和时代的高度，回答了新时代坚持和发展中国特色社会主义的一系列重大理论和实践问题，阐明了未来一个时期党和国家工作的大政方针和战略部署，提出了一系列新的重要思想、重要观点、重大判断、重大举措，是党团结带领全国各族人民在新时代坚持和发展中国特色社会主义的政治宣言和行动纲领，是马克思主义的纲领性文献。

大家一致认为，中共十八大以来的五年，是党和国家发展进程中极不平凡的五年。以习近平同志为核心的中共中央以巨大的政治勇气和强烈的责任担当，提出一系列新理念新思想新战略，出台一系列重大方针政策，推出一系列重大举措，推进一系列重大工作，解决了许多长期想解决而没有解决的难题，办成了许多过去想办而没有办成的大事，推动党和国家事业发生历史性变革。五年来的成就是全方位的、开创性的，五年来的变革是深层次的、根本性的。这些历史性变革，对党和国家事业发展具有重大而深远的影响，必将载入中华民族伟大复兴的光辉史册。

大家一致认为，中共十九大把习近平新时代中国特色社会主义思想确立为党必须长期坚持的指导思想，是重大历史性贡献。习近平新时代中国特色社会主义思想，系统回答了新时代坚持和发展什么样的中国特色社会主义、怎样坚持和发展中国特色社会主义这个重大时代课题，是对马克思列宁主义、毛泽东思想、邓小平理论、“三个代表”重要思想、科学发展观的继承和发展，是马克思主义中国化最新成果，是党和人民实践经验和集体智慧的结晶，是中国特色社会主义理论体系的重要组成部分，是全党全国人民为实现中华民族伟大复兴而奋斗的行动指南，对于在新的历史起点上进行伟大斗争、建设伟大工程、推进伟大事业、实现伟大梦想具有重大现实意义和深远历史意义。

大家一致认为，以习近平同志为核心的新一届中央领导集体，信仰坚定、勇于担当、经验丰富、值得信赖，充分显示出中国共产党坚强有力、朝气蓬勃，充分显示出中国特色社会主义事业兴旺发达、充满活力，一定能够不辱使命、不负重托，引领承载中国人民伟大梦想的航船驶向光辉未来。

俞正声同志在闭幕会讲话中指出，全面深入学习宣传贯彻中共十九大精神，是当前和今后一个时期人民政协的首要政治任务。要加强组织领导，制订学习计划，集中时间精力，迅速兴起学习热潮。要坚持理论联系实际，防止形式主义，把学习贯彻活动推向深入。全国政协党组、机关党组和各专委会分党组要担负起主体责任，领导干部要带头学习、作出表率，一级抓一级、一级带一级，层层抓好落实。俞正声同志就人民政协学习贯彻十九大精神提出六点要求。

（一）深刻领会习近平新时代中国特色社会主义思想。俞正声同志指出，习近平新时代中国特色社会主义思想是十九大精神的红线和灵魂。学习贯彻十九大精神，重中之重是学习贯彻习近平新时代中国特色社会主义思想。要深刻领会习近平新时代中国特色社会主义思想的丰富内涵、实践基础、理论渊源和时代特征，并作为政协思想政治建设的根本任务，强化理论武装，增强“四个自信”，进一步在道路、方向、目标上形成统一意志和步调，巩固团结奋斗共同思想政治基础。

（二）坚持党对人民政协的领导。俞正声同志指出，十九大提出的新时代中国特色社会主义基本方略，第一条就是坚持党对一切工作的领导。人民政协是实行中国共产党领导的多党合作和政治协商制度的重要政治形式和组织形式，是广泛的政治联盟，必须毫不动摇坚持中国共产党的领导。要引导参加政协各党派团体和各族各界人士，增强“四个意识”，坚持政协性质定位，坚定走中国特色社会主义政治发展道路，自觉维护党的领导核心地位。坚持把中共中央集中统一领导同人民政协依章程履行职能统一起来，完善人民政协党的领导体制，发挥政协党组及机关党组、专委会分党组把方向、管大局、保落实作用，确保政协工作正确方向。

（三）聚焦党和国家中心任务履职尽责。俞正声同志指出，十九大强调，人民政协工作要聚焦党和国家中心任务，这是对政协工作着力重点、主攻方向的明确要求。要紧紧围绕决胜全面建成小康社会，聚焦打好防范化解重大风险、精准脱贫、污染防治的攻坚战精准建言。围绕“五位一体”总体布局和“四个全面”战略布局，就建设现代化经济体系、发展社会主义民主政治、推动文化繁荣兴盛、加强和创新社会治理、建设美丽中国等调研议政。围绕实现第二个百年奋斗目标新的“两步走”战略，选择综合性、战略性、前瞻性议题资政建言。

（四）充分发挥协商民主重要渠道和专门协商机构作用。俞正声同志指出，十九大对人民政协协商民主作出重要部署，为做好新时代人民政协工作提供了重要遵循。要按照十九大部署要求，进一步加强协商民主建设，切实把协商民主落实到政治协商、民主监督、参政议政全过程。进一步完善以全体会议为龙头，以专题议政性常委会议、专题协商会为重点，以双周协商座谈会、对口协商会、提案办理协商会等为常态的协商议政格局。健全协商民主制度机制，制订实施年度协商计划，提高协商民主制度化、规范化、程序化水平。加强和改进政协民主监督工作，发挥协商式监督特色优势，重点监督党和国家重大方针政策和重要决策部署的贯彻落实。

（五）更好发挥统一战线组织功能作用。俞正声同志指出，十九大强调，统一战线是党的事业取得胜利的重要法宝，必须长期坚持。人民政协要积极协助党和政府做好协调关系、化解矛盾、凝聚共识、增进团结工作，促进党派、民族、宗教、阶层、海内外同胞等五大关系和谐。坚持长期共存、互相监督、肝胆相照、荣辱与共，加强同各民主党派和无党派人士合作共事。发挥民族宗教界委员作用，推动各民族交往交流交融，促进民族团结、宗教和睦。拓宽党外知识分子、新的社会阶层人士、非公有制经济人士参政议政渠道。加强同港澳台侨同胞团结联谊，动员全体中华儿女共圆中国梦。

（六）以增强履职本领为重点加强政协自身建设。俞正声同志指出，十九大对全面增强党的执政本领作出战略部署，强调既要政治过硬，也要本领高强，明确要求增强学习、政治领导、改革创新、科学发展、依法执政、群众工作、狠抓落实、驾驭风险等八个方面的本领。人民政协是国家治理体系的重要组成部分，全面增强执政本领也是对各级政协组织和广大政协委员的要求。要围绕新时代新任务新要求，进一步加强履职能力建设，增强履职本领，完善履职制度，提高履职实效。按照懂政协、会协商、善议政和守纪律、讲规矩、重品行要求，提高政治把握能力、调查研究能力、合作共事能力、联系群众能力。改进视察调研工作，完善政协制度体系，以党的政治建设为统揽加强机关建设。

会议通过了《关于学习贯彻中国共产党第十九次全国代表大会精神的决议》和《关于部分修改〈中国人民政治协商会议章程〉的决定》。会议要求以中共十九大精神为指导，总结好本届政协工作，做好全国政协十三届一次会议筹备工作。

新年茶话会 2017 年 12 月 29 日，全国政协在全国政协礼堂举行新年茶话会。党和国家领导人习近平、李克强、张德江、俞正声、张高丽、栗战书、汪洋、王沪宁、赵乐际、韩正等同各民主党派中央、全国工商联负责人和无党派人士代表、中央和国家机关有关方面负责人以及首都各族各界人士代表欢聚一堂，共迎 2018 年元旦。

中共中央总书记、国家主席、中央军委主席习近平在茶话会上发表重要讲话。他强调，新时代中国特色社会主义的航线已经明确，中华民族伟大复兴的巨轮正在乘风破浪前行。在这艘巨轮上，每一份力量都不可或缺。时间不等人！我们必须走在时间前面，成为时代的弄潮儿。我们坚信，有中国共产党掌舵领航，有中国改革发展的浩荡东风，有全国各族人民扬帆划桨，中华民族伟大复兴的巨轮一定能够抵达光辉的彼岸。

习近平代表中共中央、国务院和中央军委，向各民主党派、工商联和无党派人士、各人民团体，向全国广大工人、农民、知识分子、干部和各界人士，向人民解放军指战员、武警官兵和公安干警，向香港特别行政区同胞、澳门特别行政区同胞和台湾同胞以及广大侨胞，向关心和支持中国现代化建设的各国朋友，致以节日的问候和诚挚的祝福！

习近平指出，2017 年是党和国家发展进程中具有里程碑意义的一年，中国特色社会主义各项事业取得新的重大成就。我们坚持稳中求进工作总基调，贯彻新发展理念，统筹推进“五位一体”总体布局，协调推进“四个全面”战略布局，深入推进供给侧结构性改革，有力实施脱贫攻坚，经济建设、政治建设、文化建设、社会建设、生态文明建设、军队和国防建设等取得新进展。我们举行朱日和沙场点兵，庆祝中国人民解放军建军 90 周年。我们庆祝香港回归祖国 20 周年，鲜明宣示“一国两制”方针不会变、不动摇，“一国两制”实践不变形、不走样。我们坚持一个中国原则与和平统一，促进两岸交流交往，坚决反对“台独”。我们开展全方位外交，积极推动构建人类命运共同体。中国共产党坚持全面从严治党永远在路上，把政治建设摆在首位，思想建党、纪律强党、制度治党同向发力，反腐败斗争压倒性态势已经形成并不断发展巩固。

习近平强调，我们继续推进全面深化改革，完成 79 个重点改革任务，中央和国家机关有关部门完成 211 个改革任务，各方面共出台 399 个改革方案，改革继续呈现全面发力、多点突破、纵深推进的生动局面。

习近平指出，2018 年，我们要全面贯彻中共十九大精神，以新时代中国特色社会主义思想为指导，坚持稳中求进工作总基调，统筹推进稳增长、促改革、调结构、惠民生、防风险各项工作，促进经济社会持续健康发展。我们要以改革的实际行动庆祝改革开放 40 周年，继续沿着改革开放的康庄大道奋勇前进。我们要继续贯彻“一国两制”、“港人治港”、“澳人治澳”、高度自治的方针，维护香港、澳门长期繁荣稳定。我们要继续坚持一个中国原则，在“九二共识”基础上推动两岸关系和平发展，反对一切分裂国家的活动。我们要始终不渝走和平发展道路，推动建设持久和平、普遍安全、共同繁荣、开放包容、清洁美丽的世界，让世界各国人民共享人类文明进步成果。

习近平强调，2017 年，人民政协坚持团结和民主两大主题，聚焦党和国家中心任务，完善协商议政格局，强化民主监督职能，拓展团结联谊工作，加强履职能力建设，进一步开拓了团结民主、务实进取、蓬勃发展的新局面，为党和国家事业发展作出了重要贡献。新的一年，我们要坚持和完善中国共产党领导的多党合作和政治协商制度，巩固和发展最广泛的爱国统一战线。人民政协要充分发挥作为社会主义协商民主的重要渠道和专门协商机构作用，促进各党派团体、各族各界人士的大团结大联合，共同为实现中共十九大确定的目标任务而奋斗。

茶话会由全国政协主席俞正声主持。他指出，习近平总书记在讲话中回顾了 2017 年中共中央团结带领全国各族人民坚持和发展中国特色社会主义事业取得的新成就，对做好明年党和国家工作提出了重要要求。习近平总书记在讲话中充分肯定了人民政协一年来的工作，对巩固和发展最广泛的爱国统一战线和做好人民政协各项工作提出了新的希望和要求。我们一定要认真学习领会习近平总书记重要讲话精神，坚持团结和民主，坚持围绕中心、服务大局，把习近平新时代中国特色社会主义思想作为统揽人民政协各项工作的总纲，把坚持和发展中国特色社会主义作为巩固共同思想政治基础的主轴，把为决胜全面建成小康社会、夺取新时代中国特色社会主义伟大胜利献计出力作为工作主线，认真履行政治协商、民主监督、参政议政职能，以奋发有为的精神状态、脚踏实地的工作作风，积极投身到贯彻落实中共十九大决策部署的伟大实践中去。

农工党中央主席陈竺代表各民主党派中央、全国工商联和无党派人士讲话，表示将更加紧密地团结在以习近平同志为核心的中共中央周围，以习近平新时代中国特色社会主义思想为指导，不忘合作初心，继续携手前进，切实加强自身建设，自觉融入大局、服务大局、保障大局，为决胜全面建成小康社会、实现中华民族的伟大复兴贡献智慧和力量。

茶话会上，习近平等来到各界人士中间，同大家亲切握手，互致问候，共祝新年。部分全国政协委员和文艺工作者表演了精彩的节目。最后，全场高唱《歌唱祖国》，会场内洋溢着喜庆热烈的节日氛围。

在京中共中央政治局委员、中央书记处书记，党和国家有关领导同志，曾任全国政协副主席的在京老同志出席茶话会。

2017 年双周协商座谈会 全国政协 2017 年共召开 16 次（十二届全国政协第

六十一次至第七十六次）双周协商座谈会。中共中央政治局常委、全国政协主席俞正声主持会议。邀请委员和专家学者266人次出席并提出意见建议，邀请党政部门负责同志65人次到会并与委员互动交流。

各次双周协商座谈会具体如下：

1月12日召开第六十一次双周协商座谈会，议题为“提升中华老字号品牌质量”；

2月16日召开第六十二次双周协商座谈会，议题为“办好学前教育”；

3月30日召开第六十三次双周协商座谈会，议题为“优化电子商务监管”；

4月13日召开第六十四次双周协商座谈会，议题为“培养爱国爱教的宗教界中青年代表人士”；

4月27日召开第六十五次双周协商座谈会，议题为“《水污染防治法》的修订”；

5月11日召开第六十六次双周协商座谈会，议题为“加强垃圾无害化处理”；

5月25日召开第六十七次双周协商座谈会，议题为“完善住宅房地产调控，有序推进新型城镇化建设”；

6月8日召开第六十八次双周协商座谈会，议题为“无障碍环境建设”；

6月22日召开第六十九次双周协商座谈会，议题为“改进校园餐食管理”；

7月6日召开第七十次双周协商座谈会，议题为“重视去产能过程中职工就业再就业问题”；

7月20日召开第七十一次双周协商座谈会，议题为“改进和加强我国卫生援非工作”；

8月24日召开第七十二次双周协商座谈会，议题为“营改增执行情况和改进的建议”；

9月7日召开第七十三次双周协商座谈会，议题为“优化创新环境，改革科技评价体系”；

9月21日召开第七十四次双周协商座谈会，议题为“营造风清气正的网络空间”；

11月16日召开第七十五次双周协商座谈会，议题为“推进粮食定价机制、补贴政策和收储制度改革”；

12月7日召开第七十六次双周协商座谈会，议题为“少数民族戏剧的传承与发展”。

其中，以“无障碍环境建设”为议题的第六十八次双周协商座谈会在网络上录播。

经 常 性 工 作

【专门委员会】

提案委员会 2017 年，提案委员会在常委会和主席会议的领导下，在办公厅的统筹协调和各专委会等有关方面的支持帮助下，坚决贯彻落实中央重大决策部署和习近平总书记重要指示精神，紧紧围绕党和国家中心工作，凝心聚力，履职尽责，着力提高提案质量和提案办理质量，积极推进提案工作从理论到实践的创新发展。全国政协十二届五次会议以来，共收到提案 5612 件，其中大会提案 5210 件，平时提案 402 件。经审查，立案 4215 件，立案率为 75.11%。立案提案中委员提案 3809 件，各民主党派中央和全国工商联、政协各专门委员会等提出集体提案 406 件。截至 2018 年 2 月 20 日，已办复提案 4199 件，办复率为 99.62%。

参加国务院常务会议。2 月 3 日，国务院第 163 次常务会议听取 2016 年全国两会建议提案办理工作汇报。李克强总理在会上指出，要把建议提案办理作为常态化年度重点任务，强化督办考核，按时保质完成。对涉及情况复杂的建议提案，要深入研究，抓紧办理。通过在线调研、实地访谈等，加强与代表委员沟通。对建议提案的答复要摒弃空话套话，凡有承诺的都要确保落实。对涉及公共利益、社会广泛关注的建议提案，承办单位原则上都要公开答复全文，及时回应关切，接受群众监督。全国政协副秘书长常荣军、提案委员会驻会副主任田杰参加会议。

主席会议研究重点提案工作。3 月 28 日，第五十八次主席会议研究审定全国政协十二届五次会议重点提案题目和督办方式，确定 41 个重点提案。12 月 22 日，第六十八次主席会议听取重点提案督办情况的汇报，41 个重点提案所提意见建议，有关部门均不同程度予以采纳，有的已经落实，有的正在落实中。中共中央、国务院领导对有关重点提案督办调研报告、视察报告、《政协信息》《重要提案摘报》等作出批示 17 次。

全国政协领导出席的会议活动。9 月 6 日，政协第十二届全国委员会优秀提案和先进承办单位表彰会在全国政协机关举行。俞正声主席会见获奖代表并讲话，杜青林副主席出席表彰会并讲话，张庆黎副主席兼秘书长主持，李海峰、卢展工、陈晓光副主席出席。3 月 23 日，全国政协召开提案交办会，杜青林副主席出席并讲话，张庆黎副主席兼秘书长主持。中共中央办公厅副主任陈世炬、国务院副秘书长孟扬出席会议，介绍情况并对提案办理工作提出要求。全国政协副秘书长潘立刚、常荣军，提案委员会主任孙淦，各专门委员会负责同志，中央和国家机关有关部门负责同志，全国政协提案委员会部分委员、办公厅有关室局负责同志参加。1 月 5 日，提案委员会召开第 18 次全体会议，审议《中国人民政治协商会议全国委员会常务委员会关于政协十二届四次会议以来提案工作情况的报告（草案）》，总结 2016 年度工作。王家瑞副主席出席并讲话，孙淦主任主持。全国政协领导率队督办 6 个重点提案：李海峰副主席率队，就“加强海洋（水下）装备现代化建设，提高海洋经济开发能力”重点提案开展督办调研。王家瑞副主席率队，就“将建设大运河经济带上升为国家战略”重点提案开展督办调研。马飚副主席率队，就“关于在东北四省（区）交界带建设国家级生态经济区”“保护南方古村落，建设美丽乡村”重点提案开展督办调研，并出席“发挥高铁经济带作用，密切东西部合作，促进脱贫攻坚”提案办理协商会。马培华副主席率队，就“完善房地产调控，有序推进新型城镇化”重点提案开展督办调研。

召开5次分党组会议、7次主任会议和6次全体会议。分别就传达学习习近平总书记在中央政治局民主生活会上的重要讲话精神并通报有关文件、征求对中央有关文件的意见、传达学习贯彻党的十九大精神、审议提案工作情况报告（草案）、提案审查情况报告（草案）、十二届五次会议提案工作方案（草案）、重点提案建议题目、重点提案题目和督办方式（草案）、委员会2017年度工作计划（草案）等，召开第11至15次分党组会议、第28至34次主任会议和第18至23次全体会议。

督办重点提案30个。提案委员会围绕“推进体育产业改革发展，推动健康中国建设”“加快推进文物保护科技创新”“启动长江经济带生态修复工程”等开展重点提案督办调研；围绕“加快推动我国马产业转型升级”“降低实体经济成本”“发挥市场作用，推进农业供给侧结构性改革”“进一步完善政策，鼓励民间资本参与PPP”等召开提案办理协商会；围绕“完善我国环保技术专利制度”“完善我国高校科研和学科评价体系”等17个重点提案，以《重要提案摘报》形式报送党中央、国务院。此外，还对“加大对我国边境地区扶贫开发支持力度”往年重点提案开展跟踪督办。

加强提案工作制度建设。4月5日至7日，10日至14日，于以胜、王国卿副主任率“修订制定提案审查和提案公开的制度”专题组赴山西、湖南调研。7月27日，政协第十二届全国委员会第六十二次主席会议审议并通过政协全国委员会提案委员会工作指南。9月26日，政协第十二届全国委员会第六十四次主席会议审议并通过《中国人民政治协商会议全国委员会提案审查工作细则》。

不断开展联系交流。2月14日，组织召开各民主党派中央和全国工商联提案工作座谈会，通报提案办理情况，沟通交流在全国政协全体会议上拟提交提案的情况，并就加强和改进提案工作听取意见建议。11月14日，潘立刚副秘书长在深圳向港澳地区全国政协委员传达全国政协十二届常委会第二十三次会议精神，提案委员会赖明副主任通报十二届全国政协以来提案工作情况。此外，王国卿、徐辉、傅克诚、胡四一副主任等分别参加地方政协提案工作会议4次，传达中央领导同志对提案工作的指示精神，通报全国政协提案工作进展情况，对提案工作给予指导。

宣传和扩大提案工作社会影响。2月21日，提案委员会召开全国政协提案工作情况通气座谈会。孙淦主任通报全国政协十二届四次会议以来的提案工作情况。部分提案者、承办单位和新闻媒体代表就加强和改进提案工作进行交流。田杰驻会副主任主持，大会秘书处大会发言组组长吕忠梅出席并发言，王国卿、李宏、徐辉、傅克诚、赖明、胡四一副主任，大会秘书处提案组组长高波、丛兵出席。十二届五次全体会议期间，与人民日报社、中央人民广播电台、中央电视台等媒体单位合作，策划了一系列提案工作的深度报道。编辑出版《把握人民的意愿——政协提案及办理复文选（2017年卷）》。

经济委员会 按照政协常委会议、主席会议的要求和年度工作计划，经济委员会全面贯彻落实十八大、十九大精神，深入学习贯彻习近平新时代中国特色社会主义思想，围绕党和国家中心工作，团结依靠全体委员，参与了1次全国政协议政性常委会议，承办了1场专题协商会、3场双周协商座谈会，按照领导要求和委员会确定的重点专题开展了9项专题调研和考察，组织召开了4次宏观经济形势分析座谈会、10余次专题性座谈会。在此基础上，向中央报送调研报告2份、政协信息专报15份，充分发挥咨政建言作用，有效推动相关工作开展，为促进经济平稳健康发展作出了积极贡献。

一、参与组织全国政协议政性常委会议

积极做好以“深化供给侧结构性改革，促进经济社会平稳健康发展”为议题的第二十一次常委会议的组织筹备工作。在广泛征求意见的基础上，经济委员会围绕经济社会发展的关键领域，重点对4个专题进行实地调研，推荐了4位经济委员会委员在常委会上作大会发言，多位委员在专题分组上作了发言或提交了大会发言稿。

——“降低企业财务杠杆率，规范地方政府举债行为”专题。积极发挥政府规范举债对经济社会发展的支持作用，重点缓解企业融资难、融资贵的问题，调研组在江西、内蒙古调研的基础上，形成了《政府要有为，市场要有效，企业要担当》大会发言稿。

——“激发民间投资活力，促进投资主体多元化”专题。调研组由王钦敏副主席任顾问，围绕激发民间投资活力，支持实体经济发展的议题，调研组先后在广东、湖南调研。调研结束后，形成了《关于激发民间投资活力的几点建议》大会发言稿，并报送信息专报。

——“大力发展农村新产业新业态，增强农业发展新动能”专题。调研组在浙江、河南调研的基础上，关注乡村振兴发展问题，形成了《促进农村新产业新业态健康发展 推进农业供给侧结构性改革不断深化》大会发言稿。

——“推进金融体制改革，防范系统性金融风险”专题。调研组在辽宁调研的基础上，针对化解重点领域风险，着力完善金融安全防线和风险处置机制，科学防范金融风险，形成了《对防范金融风险的认识和建议》大会发言稿。

为了进一步搞懂、弄清实际情况，深化调研成果，调研组于9月上旬赴广东进行调研。根据实地调研情况，报送了信息专报《关于防范系统性金融风险的建议》。

二、承办全国政协专题协商座谈会

围绕构建“亲”“清”新型政商关系，聚焦体制性机制性重大问题，推动促进民营经济发展的各项政策措施贯彻落实，促进民营经济持续健康发展，深入开展调研，精心组织了“构建‘亲’‘清’新型政商关系，促进民营经济健康发展”专题协商会，做到聚焦改革、建言改革、服务改革。

经济委员会认真组织实施，扎实推进调研工作，成立了“构建‘亲’‘清’新型政商关系，促进民营经济健康发展”专题组，先后赴山东、福建、安徽三省实地调研。此次调研采取统分结合的方式，以分组调研为主，在调研城市集中召开部门座谈会后，分成3个小组，分别召开企业座谈会、走访企业解剖麻雀，增加调查研究的广度和深度，并在各省调研结束时均召开内部座谈会，专题研究协商会重点问题和发言方向。同时，委托吉林、浙江、湖北、广东、重庆等5省市政协开展协同调研。充分深入的调研为开好本次专题协商会奠定了坚实的基础，也为提高专题协商会上的发言质量做了充分的准备。

在专题协商会召开之后，以中共全国政协党组文件形式报送了《全国政协“构建‘亲’‘清’新型政商关系促进民营经济健康发展”专题协商会情况报告》，提出了优化政务服务，营造“亲”的氛围；推进反腐倡廉，守住“清”的底线；深化“放管服”改革，为民营企业“松绑解套”；加强法治建设，保障民营企业合法权益；引导民营企业守法经营，自觉履行社会责任等建议。同时，还将在调研中委员反映的有关减轻保洁行业负担的建议，通过政协信息专报的形式向国务院领导作了反映，得到领导批示。

三、承办全国政协双周协商座谈会

以双周协商座谈会为重要载体，围绕群众关注度高、社会影响大的领域，积极承办“优化电子商务监管”“营改增执行情况及改进的建议”“推进粮食定价机制、补贴政策和收储制度改革”等3场双周协商座谈会，着力提高协商实效，形成常态协商机制。为确保座谈会取得实效，经济委员会作出以下努力。

（一）大力争取领导支持。由陈元副主席担任“营改增执行情况及改进的建议”赴上海、江苏调研的专题组顾问，带队参加调研和座谈。

（二）充分做好基础性工作。围绕各项议题先后赴浙江、吉林、黑龙江、湖南、上海、江苏、北京、天津等地进行7次实地调研，并召开了多场前期交流座谈会，深入了解实际情况。

（三）突出协商议政特色。积极邀请熟悉情况的委员和专家学者参会，营造多向沟通协商环境，提高会议质量和实际效果，获得了全国政协领导的充分肯定。

（四）注重座谈会成果反映。会后分别上报了3篇政协信息专报，其中《关于推进粮食定价机制、补贴政策和收储制度改革的建议》获得中央领导的肯定，张高丽副总理、王勇国务委员作出批示，部分建议被中央农村工作会议文件吸收。

四、及时召开专题性会议

经济委员会围绕中心工作召开专题性会议，通过多种方式扩大委员参政议政的渠道和途径，进一步发挥委员履职的积极性。

（一）宏观经济形势分析座谈会。每季度召开1场宏观经济形势分析座谈会，分析研判经济形势，围绕经济运行的突出问题议政建言。为增强针对性，在召开座谈会之前，精心组织委员赴地方调研宏观经济运行情况，了解经济运行的实际情况和突出问题，为召开座谈会做好充分准备。会议提出的完善近期宏观经济政策的有关建议，通过中央财经领导小组《经济要情》进行了反映。此外，在推动国务院开展民间投资问题督查、防范化解金融风险等方面起到了积极作用。

（二）全国政协暨地方政协经济（农业）委员会工作会议。12月份，经济委员会召开了全国政协暨地方政协经济（农业）委员会工作会议，与各省、自治区、直辖市政协经济（农业）委员会有关同志一起，学习贯彻中共十九大精神，学习贯彻习近平新时代中国特色社会主义思想，总结交流全国政协和地方政协经济（农业）委员会工作经验，研究探讨提高履职能力和水平的思路和举措，推动经济（农业）委员会工作不断开创新局面，取得了良好效果。

（三）中美经贸关系发展态势专题研讨会。年初，美国新总统当选后，美国内外政策发生了较大调整和变化，对世界经济政治格局造成了一定程度的冲击。为有效应对局势的变化，经济委员会召开专题座谈会，就中美经贸关系发展态势进行深入分析，报送了《全国政协经济委员会“中美经贸关系发展态势”研讨会情况反映》。

五、认真完成其他方面工作

（一）切实抓好重点提案督办工作。针对《关于进一步深化国有企业混合所有制改革》，通过在北京走访、调研、座谈的方式进行督办，组织提案人与国家发改委、财政部、人社部等有关提案办理单位面对面沟通交流，增强了提案办理实效，并按要求将督办情况向提案委员会办公室进行了反馈。

（二）做好规范性文件草案的意见征询工作。分别针对《关于提供起草中央农村工作会议文件有关材料的函》《农作物病虫害防治条例（征求意见稿）》《关于申请设立“中国农民丰收节”的请示》《关于营造企业家健康成长环境　弘扬企业家精神　更好发挥企业家作用的意见（修改稿）》《新时期产业工人队伍建设改革方案》等中央、国务院有关部门征求意见建议的来函及拟出台的规范性文件，组织相关委员、专家学者进行研究，向有关部门反馈了意见建议。

（三）组织外事出访活动。经济委员会代表团赴古巴、墨西哥、巴西访问，重点就建立国际产能长期合作机制的思路和措施进行研究，并与有关机构和组织建立了友好关系，形成了《全国政协经济委员会代表团访问古巴、墨西哥、巴西情况报告》。

（四）联合举办和应邀参加相关活动。9月，经济委员会与辽宁省政协共同举办了“辽宁沿海经济带（葫芦岛）政协研讨会”，为加快辽宁沿海经济带开发开放和推动辽宁新一轮振兴发展发挥了重要作用；12月，经济委员会与上海市政协共同举办“推动上海品牌建设”专题研讨会，并考察上海市企业品牌建设情况。同时，多位委员应邀参加中央、国务院及有关部门组织的会议，并多次参加地方政协组织的会议活动。

（五）组织讨论部分修改政协章程意见建议座谈会。根据全国政协办公厅通知要求，经济委员会召开专题座谈会，研究讨论部分修改政协章程的意见建议，报送书面情况报告。

（六）着力加强自身建设。着眼于提高专委会办公室工作质量，在转变工作作风、提升干部队伍素质、提高工作效能等方面下功夫。健全委员会分党组工作机制，认真履行职责，加强工作创新，在提高履职水平、发挥委员作用方面下功夫。制定《全国政协经济委员会工作指南》，推进履职制度化、规范化、程序化，进一步推动委员会工作开展。

六、工作特点和体会

2017年，经济委员会创新思路、扎实工作，团结依靠全体委员群策群力，顺利完成了各项工作任务，主要特点和体会有以下三个方面。

（一）紧密围绕中心工作，服务改革发展大局。始终把围绕中心、服务大局作为重要遵循，以事关经济社会发展全局的重大问题、人民群众普遍关心的热点问题为重点，积极开展协商议政活动，力求做到参政参到点子上，建言建到关键处。特别是注重发挥委员的主体作用，丰富知情问政平台，积极扩大委员参政议政的参与面，集中反映委员声音，使委员参加调研、提交提案、反映社情民意、参与大会发言等履职活动的热情普遍高涨，参政议政的水平得到提高。

（二）坚持创新发展，切实提升履职科学化水平。在新形势下，政协工作面临着与时俱进的新要求。经济委员会积极运用创新思维开展工作，不断改进工作方式方法，特别是深入挖掘调研深度，结合课题多、时间紧、任务重的特点，适时调整调研模式。比如，“构建‘亲’‘清’新型政商关系，促进民营经济健康发展”重点调研课题。在调研之前，我们就分别组织召开有关部门和专家学者座谈会，共同研究调研方向和重点，力求准确把握关键点。在调研中，坚持问题导向，通过闭门会议、与一线职工座谈等方式，察准实情，努力使建言献策切中要害。

（三）积极构建多方联动机制，不断拓宽政协工作的广度和深度。一方面，不断加强与国务院相关部委的工作联系，在开展专业性、针对性较强的调研、考察和座谈会时，积极邀请相关部委参加，有效增强了活动的实效性。比如，在召开宏观经济形势分析座谈会时，除了邀请国家发改委和国家统计局介绍经济运行情况，还扩大参与面，邀请工信部、财政部、商务部、中国人民银行等部门负责同志与会听取委员意见，进行互动交流。另一方面，加强与地方政协经济委员会的合作交流，围绕重点调研课题，委托地方政协开展协同调研，并联合地方政协共同举办了“辽宁沿海经济带政协论坛”“推动上海品牌建设”等活动，构建上下联动、协调配合、优势互补的工作格局，拓展了工作的深度和广度。

人口资源环境委员会 2017 年，人口资源环境委员会在全国政协常务委员会和主席会议的领导下，认真学习贯彻党的十八大、十九大精神，深入学习贯彻习近平新时代中国特色社会主义思想，积极落实全国政协领导有关指示精神，紧紧围绕全国政协工作总体布局，统筹兼顾、积极进取，有效发挥人民政协作为协商民主重要渠道和专门协商机构的作用，积极履职尽责、贡献智慧力量。委员会分党组在中共全国政协党组领导和机关党组指导下，切实发挥领导核心作用，着力推动委员会自身建设，为顺利完成委员会年度各项工作任务提供了坚强保证。

一、主要工作情况

一年来，委员会共牵头承办全国政协专题议政性常委会议 1 次，承办全国政协双周协商座谈会 1 次，开展专题调研 5 项、出国考察 1 项，举办会议活动 7 项，每次专题调研和会议活动都形成了协商议政成果，得到中央领导和有关部门的高度重视。

（一）全力做好第二十二次常委会议有关筹备组织工作，牵头组织“实施精准扶贫中存在的问题和建议”监督性调研。俞正声主席亲自提议并经中央批准，全国政协把“实施精准扶贫中存在的问题和建议”作为第二十二次常委会议主题。委员会高度重视，与民宗委密切配合，全力做好有关筹备组织工作。完成常委会议 6 个专题 31 个分题目的专题设置，做好相关调研统筹协调、综合文稿起草等项工作，并承担了第五专题“全面统筹扶贫资源，健全稳定脱贫长效机制”讨论的组织服务工作。

为配合常委会议主题，3 月至 7 月，全国政协组织开展了“实施精准扶贫中存在的问题和建议”监督性调研，由委员会与民宗委牵头负责做好协调组织服务。俞正声主席亲自指导并多次作出重要批示，杜青林副主席作动员部署、全程组织并多次主持听取汇报。杜青林、罗富和、李海峰、王正伟、马飚、马培华 6 位副主席分别率队，101 位委员和 50 多位专家组成 44 个调研小组，先后赴 15 个省区市 75 个贫困县调研，并委托 7 省区开展协同调研。综合采取进村入户、随机调研、明察暗访等多种方式，解剖麻雀，一竿子插到底，共走访 104 个村、600 多农户，召开 300 多场基层干部群众座谈会，访谈 2000 多人次，完成 1053 份调查问卷。调研过程中，多次邀请有关部门介绍情况，并请财政部对部分贫困县扶贫资金使用情况开展专题调研，还请专业机构对调查问卷进行了专业分析。本次调研的层次、规模、力度和覆盖面前所未有，调研的广度、深度和参与程度都创本届政协新高。两轮调研中，委员会组织完成1篇综合调研报告、44篇分报告、2篇专题报告，提交了10篇大会发言，为本次常委会议提供了大量协商议政成果。俞正声、汪洋、杜青林等中央领导同志对此次专题议政性常委会议、民主监督性调研和报送的综合调研报告给予了高度评价。

（二）积极做好全国政协第六十六次双周协商座谈会筹备组织工作。按照全国政协2017年协商工作计划，承办了以“加强垃圾无害化处理”为议题的双周协商座谈会，办公室积极协助委员会做好各项筹备组织。会前，组织委员开展专题调研，形成发言材料；会上，组织委员和专家学者，围绕议题充分发表不同意见，广泛凝聚智慧、增进共识；会后，及时起草报送了政协双周协商会信息专报，得到中央和有关部门的充分肯定。

（三）按计划做好委员会其他专题调研工作。委员会围绕“治理过度包装、促进绿色生产消费”“完善能源政策机制，促进清洁能源发展”开展专题调研，积极建言献策。每次调研力争把问题研究透彻、分析清楚，调研后呈报的《重要提案摘报》、大会发言等材料中所提意见建议，得到有关部门的重视采纳，有力推动相关工作。“治理过度包装、促进绿色生产消费”调研后，形成的大会提案被评为十二届全国政协优秀提案。按要求完成委员会代表团赴瑞士、荷兰、俄罗斯考察国际水资源综合管理体制建设情况有关组织服务工作。

（四）认真做好委员会各项专题会议的筹备组织工作。委员会还就人口资源环境领域中的重要问题，通过举办专题会议等形式，与民主党派、有关部门合作，搭建多种协商议政平台建言献策。先后组织召开第五次人口与发展座谈会、第十届中国人口资源环境发展态势分析会；应邀出席鄂豫皖三省政协主席座谈会和京津冀政协主席联席会议；与国家林业局等部门联合开展关注森林活动，举办“放眼绿水青山　喜迎十九大生态文化书画摄影展”；组织召开全国暨地方政协人资环委工作研讨会、委员会第五次全体会议；及时以政协信息专报、情况报告等形式反映会议成果。

二、工作主要特点

（一）坚持党的领导，强化“四个意识”，是人资环委有效履职的根本保证。做好专委会工作，最根本的是要坚持中国共产党的领导。委员会分党组切实发挥领导核心作用，着力推动委员会自身建设。深入学习贯彻习近平总书记系列重要讲话精神，及时传达学习中央会议精神，增强“四个意识”，坚定理想信念，强化党性修养，自觉同以习近平同志为核心的党中央保持高度一致。坚定不移贯彻党的理论和路线方针政策，围绕党中央重大决策部署和全国政协党组工作部署谋大事、议大事，为顺利完成委员会工作任务提供了坚强保证。

（二）坚持围绕中心、服务大局，是人资环委有效履职的关键所在。委员会围绕全国政协专题议政性常委会议、专题协商会和双周协商座谈会议题，研究人口资源环境重要问题，以小切口体现大战略，选取中央关注、人民期盼的题目，组织专题调研和协商议政，取得很好成效。

（三）坚持创新探索，统筹协调推动，是人资环委有效履职的重要方法。委员会完善优化选题机制、加强和改进调研工作，积极探索监督性调研方式，密切同民主党派、有关部门和地方政协的合作，注重统筹协调，形成工作合力。比如，在加强垃圾无害化处理调研中，委托区市政协协同调研，取得较好成效。

（四）注重发挥委员主体作用和办公室参谋助手作用是人资环委有效履职的重要保障。委员会积极探索委员参加调研和会议活动的统筹协调机制，明确专题牵头人，建立专家库，动态调配参加人员，充分调动委员积极性。委员们热爱政协事业，责任感强，认真履行职能，为圆满完成委员会工作任务作出了积极贡献。委员会领导关心办公室建设，办公室人员加强学习，努力提高为委员会履职服务的能力和水平，较好地发挥了参谋助手和服务保障作用。

教科文卫体委员会 2017 年，教科文卫体委员会在常委会议和主席会议领导下，在政协机关党组和办公厅的支持下，认真学习贯彻党的十八大和十九大精神，认真学习习近平新时代中国特色社会主义思想和关于人民政协工作的重要论述，深入贯彻落实俞正声主席关于做好政协工作和专委会工作的一系列重要指示，在继承中发展，在发展中创新，紧扣党和国家中心任务履行政治协商、民主监督、参政议政职能，立足特点，发挥优势，围绕我国经济社会发展全局的重要问题和事关人民群众切身利益的问题议政建言，为推动教科文卫体领域改革发展与人民政协事业创新发展作出了积极贡献。

一、主要工作

（一）发挥分党组领导核心作用，把坚持正确政治方向摆在首位。委员会分党组自 2015 年成立以来，牢固树立政治意识、大局意识、核心意识、看齐意识，切实发挥领导核心作用，着力强化理论学习，加强思想政治建设，在思想上、政治上、行动上同以习近平同志为核心的党中央保持高度一致。贯彻落实全国政协党组重大决策部署，先后召开分党组（扩大）会议 20 次，专题学习 14 次，把坚持党的领导、发扬民主和依法依规履行职责的要求落到实处，增进委员会政治把握能力、调查研究能力、联系群众能力、合作共事能力，为委员会履行职能提供了有力保障。召开主任会议 15 次，专委会主任及各位副主任分别听取办公室工作汇报 200 余次，认真研究部署重点工作，结合新形势新任务新要求提出改进创新的思路和措施，确保各项工作扎实推进。

（二）坚持围绕中心服务大局，务实推进协商民主实践。委员会参与承办全国政协重要协商议政会议，议题包括“深化供给侧结构性改革，促进经济平稳健康发展”“实施精准扶贫中存在的问题和建议”2 次专题议政性常委会；承办“坚定文化自信，讲好中国故事”专题协商会；承办 4 次双周协商座谈会，议题包括“优化创新环境，改革科技评价体系”“改进校园餐食管理”“办好学前教育”“少数民族戏剧的传承与发展”等，形成双周协商座谈会信息专刊（报）4 篇。组织科协界、科技界委员自 2014 年起，每年围绕“基础研究与创新驱动发展战略”持续开展界别协商，这项协商议政活动作为全国政协推进人民政协协商民主发展内容，入选为迎接党的十九大胜利召开举办的“砥砺奋进的五年”大型成就展。

（三）探索开展监督性调研，拓展政协民主监督新途径。委员会按照俞正声主席指示要求，认真贯彻全国政协党组重要部署，相继组织开展了一系列富有成效的监督性调研，选题包括“国家重大科技专项‘十二五’执行情况及‘十三五’时期相关建议”“加强财政科技资金的有效管理”“实施全面两孩政策后医疗卫生服务面临的挑战与配套政策”等。围绕“学前教育三年行动计划”、国务院《关于加快发展体育产业促进体育消费的若干意见》、国办《关于加快发展健身休闲产业的指导意见》实施情况开展调研。基于这些调研提出的意见建议积极回应了民声民意，得到有关部门肯定并吸收，切实推动了相关工作改进和政策制定。

（四）深度聚焦持续推动，紧扣重点工作调研议政。委员会对五年工作整体谋划，明确工作思路和选题方向，持续跟踪我国改革发展中教科文卫体领域面临的综合性、战略性、前瞻性问题和与人民群众切身利益密切相关的问题，采取多种议政建言形式，形成议政合力，多项成果被国务院和有关部门采纳，推动了相关政策贯彻落实。

教育方面，继续聚焦高等教育发展与创新创业教育，开展“深化教育综合改革，推进产学研用紧密结合”专题调研。科技方面，继续聚焦创新驱动发展战略实施，开展“人工智能的发展与对策”“深化科技体制改革，促进科技成果转化”2项专题调研，并结合重点提案“提升原始创新能力，加快推进国家实验室建设”开展督办调研。文化方面，围绕推动学习贯彻习近平总书记在文艺工作座谈会上的讲话精神，组织委员就“坚定文化自信，讲好中国故事”“提升茶文化，扶植茶产业”“少数民族戏剧传承与发展”等开展调研议政。医药卫生方面，深度聚焦深化医药卫生体制改革，开展“医学生物技术的临床转化与规范”专题调研。并围绕“实施全面两孩政策后，医疗卫生服务面临的挑战与配套政策”“京津冀医疗卫生协同发展现状及问题”等专题开展2项民主监督性调研考察。体育方面，持续聚焦构建多元化全民健身公共服务体系，持续关注体育产业，特别是健身休闲产业发展，开展“发展健身休闲产业，促进全民健身”专题调研。

（五）充分发挥委员会联系界别优势，积极探索履职建言新方式。委员会努力适应新形势新任务，以界别委员需求为导向，拓展渠道、搭建平台，进一步发挥界别的独特优势和作用。**一是**创立召开季度座谈会。2017年起每季度召开一次，不设定议题，围绕教科文卫体事业发展某一领域，以问题为导向，就委员们所见、所闻、所想反映社情民意，提出意见建议，取得较好成效。**二是**召开界别协商座谈会与对口协商座谈会。“基础研究与创新驱动发展战略”界别协商每次设定一个分议题，持续推动研究有关问题与对策。**三是**开展界别考察与在京委员活动日，围绕“促进民办教育健康发展”“发挥农业科技引领作用，推动黄三角国家农高区创建工作”“京津冀医疗卫生协同发展现状及问题”“以筹备2022年冬奥会为契机，促进冰雪运动发展”等主题开展近20次活动。**四是**将组织界别委员推荐协商议题、调研选题作为“规定动作”纳入年度计划，列入议事日程，进一步发挥界别委员作用。

（六）将调研考察与服务基层群众相结合，扎实开展教师节慰问和“下基层”活动。委员会继承传统，坚持务实为民，牢固树立群众观念和为民情怀，立足自身特点优势，组织委员深入贫困山区、革命老区、少数民族地区开展教师节慰问与送科技、文化、卫生、体育“下基层”活动，共捐赠物资300余万元，举办知识讲座、技能培训10余场，慰问演出4场，义诊会诊等300余人次，通过多种形式为基层群众送去真情关怀，进一步创新载体、丰富内容、深化内涵，将专题调研考察与“下基层”服务群众相结合，发挥委员联系群众的桥梁纽带作用，送关爱送到需要处，助推基层社会事业发展，让人民群众感到政协委员很亲，政协离自己很近。俞正声主席四次在有关活动简报上作出批示，给予肯定。

（七）借鉴国外教科文卫体事业发展经验，务实开展对外交往。组织委员就“加强体育社会组织建设”赴瑞典、瑞士开展调研考察，多方面了解这些国家在体育事业发展的成绩和经验，积极对外宣传人民政协的地位和作用，宣传中国协商民主建设所取得的成就。按照办公厅部署，组织全国政协文化交流团赴挪威、奥地利、克罗地亚访问，与来访的意大利众议院社会事务常务委员会代表团、国际护士会主席朱迪思一行、柬埔寨参议院第八委员会围绕有关议题深入座谈。

（八）认真完成有关重要工作。一是筹备组织全国政协新年茶话会文艺演出。在全国政协办公厅支持下，与文化部配合完成演出策划组织工作，得到中央领导同志充分肯定和全国政协参会常委、委员广泛好评。二是组织委员就政策法规草案提出修改意见。应国务院法制办要求，就促进科技成果转化法、图书馆法、中医药法、残疾人教育条例等 14 项法律法规提出修改意见。按照国家教育体制改革领导小组办公室要求，对“中国教育现代化 2030”“关于深化体制机制改革加快推进教育治理现代化的意见”提出修改意见。按照教育部要求，对《加快发展民族教育的决定》提出修改意见。三是积极参与组织文化交流活动。继续协助台盟中央举办“海峡两岸君子之风——梅兰竹菊艺术雅集”文化交流活动。四是开展工作交流和研讨。组织召开全国地方政协教科文卫体委员会工作会议，交流心得体会，总结工作经验，探讨创新思路。每季度编印《教科文卫体委员会通讯》，作为委员之间，委员会与地方政协对口专委会之间加强学习、交流、研讨的平台和渠道。

二、主要工作体会

（一）全国政协领导高度重视专委会建设，是委员会工作创新发展的前提。十二届政协以来，俞正声主席多次在政协、常委会议、主席会议上的讲话中就专委会工作创新发展作出明确指示。为着力推进专委会能力建设，全国政协党组将编制各专委会工作指南作为 2017 年重点工作，要求对专委会工作规律和经验进行总结提炼、完善流程。委员会对此高度重视，通过深入学习理论政策、认真梳理相关资料、系统总结工作经验、积极探索和把握工作规律，认真完成指南编制工作。

（二）紧紧围绕党和国家工作大局开展工作，是增强履职尽责实效的关键。委员会坚持把握政协性质定位，坚持与党和国家的中心任务方向一致、目标一致、工作一致，把落实好全国政协常委会、主席会议部署作为工作重心，把承办议政性常委会、专题协商会、双周协商座谈会作为工作重点，协商议政实效不断加强。

（三）拓展委员履职平台、丰富委员履职方式，是发挥委员会作用的基础。委员会坚持发挥委员主体作用，不断创新工作内容和方式，拓宽委员议政建言领域和渠道，力促委员在守纪律、讲规矩、重品行的同时懂政协、会协商、善议政。

（四）加强自身建设，是提高委员会工作水平和成效的保障。委员会始终把讲政治放在首位，夯实委员们团结奋斗的共同思想政治基础，积极探索新形势下政协专委会的工作特点和规律，推进工作制度化、规范化、程序化建设，在工作实践中逐步构建形成了统筹协调、多方联动的工作机制。

社会和法制委员会 2017 年，社会和法制委员会在常委会和主席会议领导下，认真贯彻落实习近平新时代中国特色社会主义思想，围绕深化改革、依法治国、保障民生，扎实组织开展协商议政活动，推动人民政协作为协商民主重要渠道和专门协商机构的作用发挥。

一、围绕党和国家中心任务履职建言取得新成果

（一）紧盯民生领域重大问题持续发力

社法委按照全国政协“坚持履职为民”的工作要求，充分发挥联系界别优势，组织委员们持续关注民生问题，为“病有所医、劳有所得、老有所养、弱有所扶”建言献策。一是持续助推社会建设健康发展。自2013年起持续跟踪建筑工人工伤维权问题，通过双周协商座谈会、监督性调研、联合督察等方式，推动4000多万元建筑业农民工按项目参加工伤保险制度于2017年底如期实现全覆盖。二是积极参与精准扶贫精准脱贫工作。组织委员对全国政协机关定点扶贫区安徽省阜阳市颍东区进行考察、帮扶，捐赠了价值200余万元的物品；与农工党中央合作，通过中国初级卫生保健基金会为颍东区争取到总价值2240万元的医疗设备，用于服务基层。

（二）聚焦全面推进依法治国的难点问题协商议政

社法委充分发挥政协协商民主的组织优势与专业人才荟萃的智力优势，切实推动法治国家、法治政府、法治社会建设。承办“《水污染防治法》的修订”立法协商双周协商座谈会，会议成果得到李克强、张德江、俞正声等同志重要批示，相关意见建议在法律法规制定修改过程中得到吸纳。发挥委员会法律专业人才荟萃的优势，通过多种形式对《国歌法》《信访法》等法律法规的修订征求意见，促进了科学民主立法。

二、推进协商议政工作创新取得新突破

2017年，在俞正声主席领导下，通过继承发展创新，形成协商议政新格局。社法委将工作放在全国政协整体格局中加以思考和谋划，切实发挥专委会基础性作用，努力提高议政建言实效。

（一）协商议题不断丰富

社法委承担的协商议题涉及社会发展和法治建设的方方面面，涵盖工人、农民、退役士兵、老年人、残疾人、司法从业人员等各类群体。比如，“营造风清气正的网络空间”双周协商座谈会聚焦网络综合治理体系建设，为牢牢掌握意识形态工作主导权建言献策。

（二）协商基础进一步夯实

专题调研是专委会工作的基础。一方面，加强和改进调研形式。坚持问题导向，让委员提前熟悉情况，增强调研针对性。在调研过程中既注重了解全面情况，也总结专项经验；既注重政策研讨，也关注技术探究；既把握工作整体，也分析微观数据。另一方面，将协商贯穿于调研全过程。调研座谈会邀请相关各方座谈，充分表达观点；适当邀请部委同志参加，共同深入基层，广泛听取意见，及时交流讨论；调研报告充分吸纳委员意见，反复协商、凝聚共识，确保报告质量。

（三）协商平台更加多样

社法委在承办协商任务过程中，通过界别座谈会、与界别开展联合调研、联合提交提案等协商形式，发挥界别协商作用。以议题为纽带，加强与对口部门的交流合作，提升对口协商效能。强化提案办理协商，一方面将调研成果转化为提案，另一方面将提案督办作为促进协商议政工作的有效途径，以座谈会、专题调研等多种方式督办重点提案，促进提案得到实质性答复。

（四）协商成果转化取得实效

按照中央提出的对协商成果要实行“跟踪问效”促“落地”的要求，社法委

依托政协履职平台打好“组合拳”。积极探索以领导批示、出台政策法规、媒体宣传等多种形式推动协商成果落地。创新宣传工作方式，与媒体提前沟通，做好宣传策划，加强全过程宣传，推动成果转化。如在筹备“无障碍环境建设”双周协商座谈会时，《人民政协报》对调研作系列报道，央视《焦点访谈》专题报道，产生了很好的社会反响。

三、强化自身建设取得新进展

社法委立足工作实际，积极探索新时期政协工作、专委会工作的特点和规律，构建提高专委会工作水平长效机制。

（一）工作制度进一步完善

按照全国政协领导指示，率先编写专委会工作指南。指南体现了十二届全国政协的理论创新、制度创新和实践创新成果，对社法委承担的主要工作的流程进行梳理，对现有工作制度予以细化，对实践经验提炼规律、规范流程，推动了专委会工作制度化、规范化、程序化。

（二）联系协作机制进一步健全

与民革中央、农工党中央等党派建立协作机制，为提高协商议政质量搭建平台；与总工会、共青团、妇联、残联等团体建立经常性联系机制，为界别协商创造条件；积极组织开展社会科学界的协商活动；定期走访“两高”、司法部、国务院法制办、中国法学会、公安大学等单位加强合作交流，获得智力支持；注重发挥媒体，特别是新媒体作用，不断加强宣传工作。创建全国政协社委会微信公众号，截至 2017 年 11 月底，共推送 941 条信息，累计浏览人次达到 30 余万，为“讲好政协故事，发出政协好声音”做出贡献。

（三）队伍建设进一步加强

按照习近平总书记“懂政协、会协商、善议政”的要求，依托双周协商座谈会、专题调研等履职平台，利用全委会、分党组会议、主任会议等专门会议，运用委员微信群、委员会公众号等形式，组织委员深入学习习近平新时代中国特色社会主义思想，宣传贯彻国家大政方针政策、统一战线理论和人民政协理论，牢固树立“四个意识”，坚决维护中央权威和集中统一领导，巩固团结合作的共同思想政治基础。

（四）办公室工作能力迈上新台阶

积极提升办公室干部政治素质和业务能力，确保办公室为委员会各项工作顺利开展做好服务保障工作。

2017 年，社法委认真履职，圆满完成各项工作。这些工作成绩的取得，离不开全国政协党组的坚强领导，离不开俞正声主席和各位副主席的关怀支持，离不开委员们的积极参与，离不开相关部门的协作配合。主要有以下几点体会。

一是切实加强党的领导。习近平总书记在庆祝中国人民政治协商会议成立 65 周年大会上指出：“做好人民政协工作，必须坚持中国共产党的领导。”社法委分党组成立以来，在全国政协党组领导下，狠抓政治学习，强化理论武装，深入学习习近平新时代中国特色社会主义思想，自觉与以习近平同志为核心的党中央保持一致。把坚持和加强中国共产党的领导、坚持人民政协性质定位贯彻落实到履职工作各方面，推动各项工作围绕全国政协党组的统筹安排有序开展，发挥了专委会的领导核心作用。

二是牢牢把握社法委工作政治性强的特点。社法委工作领域广，法治领域涉及上层建筑，社会及民生领域群众关注度高，具有很强的政治性、政策性。在组织立法协商等法治领域参政议政活动时，在坚持把握正确的政治方向的基础上，让委员在政协协商议政平台上有针对性地畅所欲言。在开展社会和民生领域参政议政活动时，坚持广开言路，既突出反映人民群众关心的热点难点问题，又把握导向，切实增强意见建议的可行性和可操作性。

三是着力发挥委员主体作用。社法委为委员履职搭好平台，让委员唱“主角”，让尽可能多的委员参与进来，参与到议题选择、工作计划，协商议政、专题调研，撰写报告、成果转化的全过程，把委员的专业知识、经验和智慧转化为专委会的工作优势，推动形成更高水平工作成果。委员们的参政议政积极性高涨，政协凝聚力、影响力大大增强。

四是注重总结规律开拓创新。社法委通过实践不断探索规律、创新方式方法，逐渐总结出一些工作经验。在制订调研计划、研究重点问题、邀请委员专家、转化会议成果等工作流程与重点环节，形成制度化、规范化、标准化运作，促使调研题目转化为实实在在的参政议政成果。

民族和宗教委员会 全国政协民族和宗教委员会在常委会和主席会议领导下，认真学习和贯彻落实党的十八大、十九大以及中央民族工作会议、中央统战工作会议、全国宗教工作会议等一系列重要会议精神，服务国家改革发展稳定大局，聚焦民族宗教领域重大问题开展工作，抓紧学习不放松、把握方向不动摇、履职尽责不懈怠、主动外宣不失声。

一、主要工作

（一）聚焦短板，为民族地区全面建成小康社会献计出力

——紧扣国家扶贫攻坚整体战略部署，助推集中连片特困地区精准扶贫精准脱贫。围绕常委会议议题，会同人口资源环境委员会，组织委员赴15个省区市75个贫困县，就“实施精准扶贫中存在的问题和建议”进行监督性调研，形成45篇调研报告和1篇总报告，17篇大会发言，俞正声主席对调研成果给予充分肯定，习近平、汪洋、刘云山、刘延东等领导对关于重视普通话扶贫等建议作出批示。

——就民族地区发挥生态优势、实现绿色发展提出建议。就“发挥民族地区生态优势、发展健康养老产业”进行专题考察，推动落实习近平总书记提出的“绿水青山就是金山银山”的发展理念，就支持民族地区发展健康养老产业、尽快将生态优势转换为产业和发展优势、实现持续稳定脱贫提出建议：建立由政府牵头的联席会议制度；引导用足用好现有政策；提升公共服务水平；发挥财政资金的引导作用，激发社会资本活力；发展医药事业，推动医养结合；为健康养老产业提供人才支持；设立养老产业发展综合示范区。张高丽副总理作出批示。

（二）持续用力，引导宗教与我国社会主义社会相适应

——就坚持我国宗教中国化方向、积极引导宗教与社会主义社会相适应持续开展调研。就“基层贯彻落实全国宗教工作会议精神情况”进行监督性调研，提出坚持我国宗教中国化方向不动摇、进一步夯实基层工作基础、抓好新修订《宗教事务条例》学习贯彻工作、加强宗教团体建设和宗教人才培养工作等建议，推动中央关于宗教工作重大决策部署的贯彻落实。

——推动解决维护宗教界合法权益问题，引导宗教界更好地发挥积极作用。组织“宗教活动场所文物保护和管理”调研，提出把保护和抢救放在突出位置，防止人为和自然因素破坏；加大投入，理顺关系，落实文物保护责任；充分考虑宗教活动场所文物保护管理的特殊性，尊重宗教界意见并发挥其积极作用；重视宗教文物合理利用，引导各宗教在新的历史条件下继续坚持走中国化道路等建议。

——服务“一带一路”建设和兴边富民行动，为维护国家安全和边防稳固积极建言。就“东北边境地区民族宗教有关情况”开展联合调研，针对边境农村特别是民族村镇最突出的人口流失问题，提出高度重视东北边境地区农村人口流失问题，从国家层面制定、完善长远发展战略；认真贯彻落实中央对民族地区、边境地区的各项政策；将边境地区农村交通、教育、医疗、文化等基础设施建设作为“戍边工程”切实加大支持力度；在财政转移支付、小城镇规划、边民补贴、人才引进、口岸建设等方面给予边境地区适当倾斜；以农业和旅游业为抓手，转变经济发展方式，进一步调整和优化产业布局；完善优惠政策，鼓励和引导社会力量兴办企业，创造就业机会，吸引人力资源回流等对策建议。俞正声、汪洋等领导作出批示。

——在改革开放新的历史条件下促进各民族交往交流交融。就“内地高校西藏新疆少数民族大学生培养问题”赴北京、上海、浙江调研，针对学生学习和校园生活融入困难、就业竞争力不强等问题，提出坚持长期做好教育援疆工作；抓紧配齐配强专职少数民族辅导员；有针对性地帮助解决少数民族学生困难；强化培养目标，努力把少数民族大学生培养成为民族地区发展的骨干力量；时刻警惕敌对势力渗透校园的危险，构建严密的防范体系等建议。

——深入研究西藏新疆民族宗教领域关键问题，推动落实中央治藏治疆方略。开展“新疆民族团结和交往交流交融”专题调研，针对新疆特别是南疆地区经济社会发展和反分裂斗争中的现实情况，提出坚决打击暴力恐怖活动，维护团结稳定大局；引导富余劳动力转移就业，扩大各民族群众交流空间；坚定不移推行国家通用语言文字教育，增强中华民族凝聚力；推动建立嵌入式社会结构和社区环境，打造各族群众共居的社会条件；打赢脱贫攻坚战，切实解决突出的民生问题等建议。

（三）认真履职，就民族宗教方面有关法律文件的制定和修订提出意见建议

针对民族宗教方面有关法律法规、文件政策的制定和修订提出意见建议，是民宗委履行职能的重要内容。一年来，以中央关于民族宗教工作的方针政策和最新精神为指导，结合社会发展新要求，对中央《关于加强和改进少数民族流动人口服务管理工作的意见》征求意见稿进行研究，提出 13 条意见建议，12 条被采纳。对公安部《治安管理处罚法（修订公开征求意见稿）》进行研究，就有关民族宗教内容提出意见，俞正声、郭声琨等领导作出重要批示。认真研究国务院法制办《政府信息公开条例（修订草案征求意见稿）》，函复意见，提出妥善处理涉民族宗教内容等建议。就宁夏《清真食品管理条例》函复意见，所提意见基本都被采纳。

（四）搭建平台，为加强团结联谊、做好反映社情民意工作创造条件

民宗委进一步将界别反映社情民意座谈会这一工作制度化，召开 2 次少数民族界、宗教界委员反映社情民意座谈会，发挥政协作为协商民主重要渠道和议政建言平台作用，扩大有序政治参与。许多委员自觉主动地通过调查研究收集信息，及时反映民族宗教领域苗头性、倾向性、预警性的重要情况。全年共报送政协信息 25 件，获中央领导批示 15 次，其中，习近平总书记、汪洋同志对关于重视普通话扶贫的建议作出重要批示。

多次与中央统战部等部门共同举办民族宗教方面的重要庆典、纪念、联谊活动；坚持在重大节日期间走访慰问全国性宗教团体和宗教界人士，通报工作、征求意见；在日常工作过程中注意加强与少数民族界、宗教界委员的联系，及时沟通情况、凝聚共识。

（五）主动发声，在对外友好交往中积极宣传中国民族宗教真实情况，维护国家利益

按照中央外交工作总体部署，发挥自身特色和优势，务实开展对外交往。组团访问俄罗斯和以色列，与两国议会机构、政府部门、智库、主流媒体进行广泛接触和深度交谈，利用多种场合主动宣介中国民族宗教政策和治国理政经验，提出坚定不移走中国特色解决民族宗教问题的正确道路；加强各民族交往、交流、交融是实现民族团结的必由之路；加强对宗教问题的研究；进一步发挥人民政协在开展民族宗教对外交往中的优势和作用等建议。

（六）加强联系，以内地和港澳宗教界沟通为平台，积极发挥落实“一国两制”、促进港澳人心回归的独特作用

首次组织五大宗教代表人士访问香港、澳门。全国政协副主席董建华、何厚铧和香港特首林郑月娥、澳门特首崔世安分别会见代表团成员。通过与特区相关职能部门座谈、走访社会慈善机构、各宗教团体和宗教活动场所等形式多样的调研考察，针对港澳宗教界的特点，提出加强思想沟通，进一步支持港澳宗教界致力于落实“一国两制”和促进人心回归；借鉴有益经验，提高内地宗教界开展公益慈善事业的社会效益和管理水平；把握“两制”区别，不断提高内地宗教事务管理法制化水平；健全交流机制，进一步增进对港澳宗教界的影响力；注重高端往来，进一步加强政协民宗委与港澳宗教界的交流等建议。

二、工作体会

（一）牢牢把握政协民宗委履行职责的政治方向。民族宗教工作在党和国家工作全局中具有特殊重要性，是党治国理政的重要方面。政协民宗委要在充分发挥分党组核心领导作用的基础上，强化政治意识、大局意识、核心意识、看齐意识，提高政治站位，强化责任担当，及时学习掌握中央关于民族宗教工作的新精神，自觉把思想和行动统一到中央的各项决策部署上来。在全面贯彻党的民族宗教方针政策基础上，坚持把民族工作的侧重点定在各民族交往、交流、交融上，把宗教工作的侧重点定在宗教的中国化上。努力发挥好协调关系、汇聚力量、建言献策、服务大局的作用。

（二）准确定位政协民宗委各项工作。政协民族宗教工作是党的民族宗教工作重要组成部分，要准确把握人民政协性质定位，紧扣党和国家的民族宗教工作部署谋划，找准工作题目和切入点、发力点。统筹考虑民族宗教领域具有战略性、宏观性、前瞻性重大问题，社会关注的热点难点问题，同时又是政协有条件做好的问题进行科学选题，坚持问题导向，通过深入调查研究，形成有分量的意见建议，使政协民宗委工作与党和国家民族宗教重点工作同频共振、密切配合。

（三）努力发扬勇于担当的工作精神。民族宗教领域复杂敏感问题多，社会上乃至有关部门对如何贯彻党的民族宗教工作方针政策也有一些不同理解和看法。在政协民族宗教工作中，特别是在发生涉藏涉疆等事关国家利益重大敏感事件的关键时刻，要敢于坚持原则，敢于直面问题，充分发挥民族宗教界委员代表性，利用政协组织的社会影响力感召力，及时正面发声，旗帜鲜明地表明态度，反对民族分裂主义和宗教极端主义，维护国家统一、民族团结和宗教和谐。

（四）加强同党政部门和社会各方面的合作与配合。要加强与党政有关部门、各民主党派中央、全国性宗教团体、专家智库的沟通联系合作，集思广益、优势互补、形成合力，提高履职建言的质量和水平。加强与地方政协民宗委工作联系，对涉及国家和地方民族宗教方面的重大议题，开展多种形式的联合调研或专题研讨，共同拓展工作的广度和深度。

（五）营造和谐包容的工作氛围。民宗委既有民族宗教界代表人士，又有长期从事统战民宗工作的领导干部和不同党派的专家学者，要充分调动全体委员参政议政积极性，发挥委员履职的主体作用。要正确看待在民族宗教问题上的不同意见甚至分歧，坚持民主协商、平等议事、求同存异、体谅包容，鼓励大家讲真话、道实情，各抒己见，畅所欲言。委员会主任和中共党员副主任，尤其要注意养成民主作风，真诚团结民族宗教界人士共同致力于实现新时代中国特色社会主义奋斗目标。

（六）注重调研成果的转化和宣传。在政协全体会议、常委会议、专题协商会、双周协商座谈会各类会议上，主动争取大会发言；对于各项调研和协商议政活动提出的有价值的意见建议，除了上报中央和送有关部门，还要通过多种渠道、多种形式促进履职成果的转化，提高参政议政效能；通过举办专题讲座、研讨会等方式向社会推介参政议政成果；通过报纸、杂志、网站、微信等媒体和平台，扩大正面宣传，主动解疑释惑，促进全社会加深对党的民族宗教政策的认识和理解，消除偏见和神秘感，促进民族团结、宗教和谐、社会稳定。

港澳台侨委员会 2017 年，港澳台侨委员会在常委会和主席会议领导下，以习近平新时代中国特色社会主义思想为指导，坚持分党组发挥领导核心作用与委员会依法依章履职相统一，立足职责使命，强化统筹谋划，推进自身建设，扩大团结联谊，各项工作取得新进展。

一、坚持思想政治建设，切实以习近平新时代中国特色社会主义思想武装头脑、指导实践、推动工作。召开分党组会议、主任会议、全体会议，举办学习讲座，围绕贯彻落实习近平总书记系列重要讲话精神、党的十八届六中全会和十九大精神、中央对台工作会议精神，组织学习研讨。强化政治纪律和政治规矩，牢固树立政治意识、大局意识、核心意识、看齐意识，坚决维护以习近平同志为核心的党中央权威和集中统一领导。开展反腐警示教育，肃清令计划、苏荣，特别是孙怀山在政协机关的恶劣影响。举办“两会”前情况通报会、常委会议精神传达会，邀请有关负责同志和专家学者就“认识‘一带一路’倡议及港澳地区的作用”“中国的精准扶贫”“当前隐蔽战线的形势”等作专题讲座，向港澳委员通报十二届全国政协以来港澳委员提案工作情况，组织委员会委员集体参观香港回归祖国 20 周年成就展，切实按照“懂政协、会协商、善议政”和“守纪律、讲规矩、重品行”的要求，推动委员队伍建设取得新进展。

二、围绕统筹推进“五位一体”总体布局和协调推进“四个全面”战略布局，切实履行职能发挥作用。围绕“深化港澳与内地旅游合作”赴广东、上海开展调研，形成的调研报告得到汪洋同志重要批示。组织港澳委员围绕“生态旅游助推精准扶贫”“文化产业发展”“生态建设与可持续发展”等主题，分赴重庆、湖南、浙江考察，董建华、何厚铧、李海峰副主席带队，为港澳委员了解内地经济社会发展情况、深化港澳与内地合作提供坚实基础。结合重点提案督办，与民革中央、台盟中央联合就“关于支持台资企业积极融入‘一带一路’发展战略”问题赴广西、云南调研，提出意见建议。在西藏、云南、甘肃三个省区政协协同调研基础上，就做好西藏和四省藏区涉藏侨务工作赴四川、青海开展监督性调研，提出对策建议，推动有关问题解决。组织侨界委员赴吉林考察。组织海外侨胞中的专家学者围绕专题议政性常委会议主题建言献策。

三、注重加强港澳台青少年爱国主义教育，增强国家意识和爱国精神。围绕“体验中华文化、增进国家认同，体验科技创新、促进就业创业，体验社区服务、了解民众生活”主题，邀请以港澳全国政协委员为主导的青年社团代表赴内地开展体验式学习考察活动，10 个港澳青年社团近 100 人分赴内蒙古、黑龙江、青海三省区开展活动，激发港澳青年的爱国情怀。在认真总结以往工作经验的基础上，继续推进“澳门青年人才上海实践计划”“澳门社区工作者陕西体验式研修计划”和“澳门大学生天津学习交流计划”等澳门青少年赴内地交流培训活动，80 余人参加，学习实践效果不断提升。

四、深化联谊交流，加强同港澳台侨同胞的大团结大联谊。组织全国政协领导和办公厅、委员会领导赴港澳访问 9 次，参加港澳委员担任主要负责人的社团活动 12 场，接待港澳团组来访 10 次，广泛团结爱国爱港爱澳力量，支持引导港澳委员在特首选举等特区政治社会事务中发挥积极作用。俞正声主席亲切会见台湾民意代表参访团并讲话，着重介绍中共十九大精神，引起强烈反响。组织全国政协委员和台湾民意代表围绕“扩大民间交流，深化两岸融合”进行座谈研讨，为凝聚共识、深化两岸经济文化交流合作献计献策。接待台湾岛内 14 个团体 206 人次来访，围绕深化两岸经济文化合作、青年企业家创业创新等座谈交流。巩固以河洛文化为载体的对台交流平台，举办河洛文化研讨会，增进两岸血脉相连、文化同源的共识。支持举办“中山·黄埔·两岸情”论坛，发扬黄埔精神，努力做岛内统派力量的团结工作。邀请来自 30 个国家的 38 位海外侨胞列席全国政协十二届五次会议，海外侨胞列席工作的影响力持续显现。强化与列席侨胞的经常性联系，组织来自 16 个国家的 34 位曾列席会议的海外侨胞回国赴江西、北京考察，更加深入地了解国家经济社会发展情况，为地方发展建言献策、出资出力。组织委员会代表团赴巴西、阿根廷、智利、奥地利、塞尔维亚、意大利等国访问，了解侨情、慰问侨胞，并就发挥海外侨胞在“一带一路”建设中的独特作用等开展调研，有关报告得到杨洁篪同志批示。接待来访的海外侨胞团组 10 个近 200 人次，着力讲好中国故事、政协故事，传播中国声音。配合全民抗战爆发 80 周年纪念活动，支持曾列席会议的海外侨胞与文史馆联合举办《共同的抗战——海外侨胞征集援华抗战史料汇展》，产生广泛社会影响。

此外，我们围绕发挥港澳委员“双重积极作用”问题进行总结研究，形成的课题研究报告在政协理论研究会《理论研究》上发表，并在研究会年会上作主题发言。就推进与台湾民意代表机制化交流进行所做的工作总结，在向机关党组汇报后，受到机关党组成员的充分肯定；按照全国政协统一部署，研究制定委员会工作指南，进一步规范委员会工作。

回顾一年来的工作，还存在一些不足，如调查研究还不够深入，团结联谊方式方法需要不断创新，服务委员履职的质量和水平有待提高等。对这些问题，需认真研究解决。

党的十九大确立了习近平新时代中国特色社会主义思想作为党的指导思想的历史地位，对新时代推进中国特色社会主义发展作出了全面部署，进一步指明了党和国家事业的前进方向，同时也赋予了新时代人民政协更加重大的责任和使命。港澳台侨委员会要把学习贯彻落实党的十九大精神作为首要政治任务，以习近平新时代中国特色社会主义思想为指导，秉持高度的政治责任感和强烈的历史使命感，不忘初心、牢记使命，敬终如始、善作善成，继续做好建言献策、团结联谊、履职服务、自身建设等各项工作，向党和人民交出一份满意的答卷。

外事委员会 2017 年，外事委员会认真学习贯彻习近平新时代中国特色社会主义思想和中共十九大精神，在常务委员会和主席会议领导下，紧扣党和国家中心任务、全国政协重点工作履行职能，深入调研考察、积极议政建言、深化对外交往、加强自身建设，为营造有利于我国发展的良好外部环境、推动改革开放和社会主义现代化建设、促进人民政协事业发展作出了新的贡献。

一、主要工作

（一）开展专题调研，推进“一带一路”建设。 4 月中旬，外委会组织部分委员赴陕西、宁夏和云南，就“深化同‘一带一路’沿线国家人文合作”进行专题调研。调研组听取了外交部、教育部、文化部有关情况介绍并进行交流，分别与三省区党政部门负责同志、高校和研究机构的专家学者举行座谈，实地考察了当地有代表性的企业，提出在共建“一带一路”全局中谋划和推进人文合作；在双向需求对接中增强人文交流合作实效；形成政府主导、多方参与人文交流合作的格局和合力；加强对“一带一路”人文交流合作的舆论引导等建议，受到有关部门的重视。

（二）组织专项考察，助力引进外资工作。 9 月中下旬，外委会组织部分委员赴贵州、广西，就“加强西部地区引进外资工作”进行考察。考察组听取了国家发展和改革委员会、商务部有关部门负责同志情况介绍并进行交流，分别与两省区党政部门负责同志、外资企业代表、专家学者举行座谈，实地考察了贵阳、南宁等地企业和产业园区。根据考察情况，考察组提出了加大政策落实和支持力度，促进西部地区引进外资工作的精准化精细化；增强现有平台综合带动和服务能力，提升西部地区外资发展能级；深化“放管服”改革，营造良好营商环境；重视高端人才培养引进，为西部地区积极利用外资提供智力支撑；做好友城和侨务工作，拓宽西部地区招商引资渠道等建议，报送有关部门参考。

（三）深化对外交往，服务国家外交大局。 按照国家外交工作总体部署和全国政协对外交往计划，外委会先后组织 3 个代表团对罗马尼亚、以色列、塔吉克斯坦、缅甸、越南、菲律宾、美国、厄瓜多尔、秘鲁进行友好访问，并就推进“一带一路”建设、境外经贸合作区建设等进行调研。代表团分别与往访国家议会领导人及相关机构负责人举行会见会谈，与智库、企业界人士座谈，考察中资及外方企业，接受当地媒体采访。根据访问和调研了解的情况，代表团就深化双边关系、推进“一带一路”建设和境外经贸合作区建设、发挥人民政协在对外交往中的优势和作用等方面提出务实建议，报送有关部门参考。

邀请并接待爱沙尼亚议会外事委员会代表团访华。全国政协副主席陈元会见，外委会领导与代表团会谈，就加强双边关系、密切两机构交往以及“一带一路”建设等共同关心的问题进行交流。积极配合中国人民外交学会等部门外事工作，应约会见意大利参议员、意大利参议院外委会、欧洲议会、法国参议院等 4 批访华团组。

（四）讲好中国故事，凝聚共建人类命运共同体正能量。 在与外国议会及相关机构、对华友好小组、媒体智库交流中，外委会积极宣介习近平新时代中国特色社会主义思想，中国经济社会发展情况。开展治国理政经验和履职情况交流，详细介绍中国共产党领导的多党合作和政治协商制度、社会主义协商民主、人民政协性质定位和作用等。宣介中国在消除贫困、应对气候变化、平衡推进2030年可持续发展议程等方面做出的突出贡献，强调中国秉持对话不对抗、结伴不结盟原则，坚持以对话解决争端、以协商化解分歧，致力构建新型国际关系，愿与各国共享发展机遇，推动建设开放型世界经济，在共商共建共享中积极参与全球治理，尊重世界文明多样性，为推动构建人类命运共同体凝聚共识、贡献力量。

外委会还组织编印了《中国人民政治协商会议简介》中英文版，促进外方更好更准确了解人民政协。

（五）召开国际形势分析座谈会，为做好对外工作献计献策。根据国际形势发展变化，举办1次国际形势分析座谈会。王家瑞副主席出席，外委会领导和9位担任驻外大使的委员参加。会议认真学习习近平外交思想，围绕国际形势深入研析讨论、建言献策，从做好我国外交工作、处理好与大国和周边国家关系等方面提出富有针对性的意见建议，报送有关方面参考。

（六）承办双周协商座谈会，推动我国卫生援非工作。按照全国政协统一安排，外事委员会以“改进和加强我国卫生援非工作”为题，与农工党中央联合承办第七十一次双周协商座谈会。5月上中旬，外委会组成调研组赴北京、上海开展“改进和加强我国卫生援非工作”专题调研。加强与农工党中央、有关部委的沟通联系，在认真学习领会相关政策文件、深入调研的基础上制定会议方案，综合考虑委员专长、关注点和发言材料质量拟定参会人选，努力使发言内容各有侧重、观点鲜明、建议精到。会议成果通过综合信息和信息专报形式报送，李克强、刘延东等领导同志分别作出重要批示，推动相关工作得到改进和加强。

（七）强化自身建设，提高履职能力和水平。外事委员会分党组切实发挥领导核心作用，召开8次分党组会议，及时传达学习习近平总书记重要讲话精神，学习中共十九大精神及其他中央重要会议、文件精神，坚定不移把党中央的决策部署和全国政协党组的指示要求贯彻落实到位。强化党的创新理论武装，组织委员参加学习会、研讨会、报告会，编印学习文选和各类参阅材料，帮助委员更好知情明政、履行职责。编印《外事委员会工作指南》，健全外委会分党组会议、主任会议、全体会议等制度，完善工作运行和协调机制，为有效履行职责提供制度保障。坚持全面从严治党，坚决拥护中央对违纪违法委员的处理，以孙怀山案件为反面教材开展警示教育。严格执行中央八项规定精神和全国政协有关规定，进一步规范和改进外委会调研考察、出访和来访接待等工作，引导外委会委员进一步严格要求自己，切实当好界别群众的代表、本职工作的模范、政协履职的主体。

二、工作体会

（一）必须坚持中国共产党的领导。坚持党的领导是人民政协必须恪守的最重大的政治原则。必须牢固树立“四个意识”，坚定“四个自信”，坚决维护以习近平同志为核心的党中央权威和集中统一领导，更加自觉地在政治立场、政治方向、政治原则、政治道路上同党中央保持高度一致；必须坚定走中国特色社会主义政治发展道路，坚持中国共产党领导的多党合作和政治协商制度，准确把握人民政协性质定位，把握专委会工作的正确政治方向；

必须坚定不移把党中央的重大决策部署和全国政协党组的指示要求贯彻到外委会工作的全过程和各方面，使中国共产党的主张成为委员会开展工作的共识和自觉行动。

（二）必须围绕中心、服务大局。只有紧扣中心任务、自觉服务大局，才能明确专委会工作的主攻方向，突出专委会工作的重点任务，激发专委会工作的奋进动力，体现专委会工作的意义价值。这是专委会履行职能必须遵循的原则，也是衡量工作成效的重要标准。外委会始终把工作放在党和国家工作大局、全国政协工作总体部署中谋划和推进，统筹安排调研考察、对外交往、国际形势分析座谈会等履职活动，取得了明显成效。

（三）必须统筹兼顾、内外结合。坚持统筹国内国际两个大局，坚持理论武装和建言研讨、“走出去”和“请进来”、兼顾全面和突出重点、开展相关机构友好往来和推进公共外交、外委会委员作用和对外友好界委员作用、专题调研和委员考察相结合，既依靠委员会集体的智慧和力量，又搭建有利展示委员个人专长的平台，既重视对外交往紧密联系服务国内工作需要开展机构友好交流，又带着问题调研，努力做到内外兼顾、互相促进，形成服务全国政协工作全局的合力，形成发挥委员会整体作用的合力。

（四）必须发挥优势、开拓进取。准确把握性质定位，挖掘和利用好自身优势，才能更好展现自身的功能作用。外委会注重运用委员外交外经外宣外事工作经验丰富的人才优势、界别构成优势、公共外交资源优势、人民政协履职平台优势，推动对外交往和履职建言实现了新发展。注重把握时代脉搏，秉持改革创新精神，在履职方式、履职能力建设等方面进行了有益探索和创新，如在调研中专门安排时间召开组内研讨会、根据来访团组情况有针对性地邀请外委会委员参加会见会谈、召开小型专题性国际形势分析座谈会等，都起到了提高履职水平、增强履职实效的积极作用。

文史和学习委员会　2017 年，全国政协文史和学习委员会在常委会和主席会议领导下，以习近平新时代中国特色社会主义思想为指引，以中共中央对人民政协工作的重要指示为根本遵循，按照俞正声主席对人民政协工作的要求和全国政协的总体工作部署，务实进取、开拓创新，认真组织委员履职尽责，不断推动各项工作取得新成绩。

一、文史工作取得新成绩

在香港回归祖国 20 周年之际，编辑出版《紫荆花开映香江——香港回归 20 周年亲历记》图书并召开出版座谈会，首次在内地和香港同时出版发行简体、繁体两个版本。全书收录政协委员及各界人士回忆文章 78 篇，从不同角度展示了香港回归祖国的光辉历程，记录了各界人士积极参与香港发展的经历和感悟，为“一国两制”、“港人治港”、高度自治生动实践积累了丰富多彩的“三亲”史料。该书既是庆祝香港回归祖国 20 周年的献礼，也是向世界展示香港风采，讲好中国故事、传播中国声音的一项举措。

编辑出版保安族、裕固族、朝鲜族等 7 个少数民族百年实录图书。完成 200 万字《藏族百年实录》稿件征编和定稿工作，拟于近期出版。

组织推动北京、天津、河北、湖北、陕西、河南六省市政协协作开展南水北调中线一期工程史料征集工作。

编辑出版《西安事变历史资料汇编》图书，共 8 卷本，400 多万字，并召开出版座谈会暨赠书仪式。该书的出版是对以爱国主义为核心的民族精神的又一次继承和发扬，对于更加紧密地团结全国各族人民和海内外同胞，进一步凝聚各方面的智慧和力量，推动两岸关系和平发展、推进祖国和平统一进程、共同致力于实现中华民族伟大复兴中国梦起到了积极的作用。中共中央统战部、中央文献研究室、中央党史研究室、中央档案馆、国家新闻出版广电总局、国务院台湾事务办公室、民革中央、民盟中央、农工党中央、国家图书馆、中央文献出版社等单位有关部门负责同志出席。向中央党史研究室、中央档案馆和国家图书馆赠书。新华社、人民日报（海外版）、中央电视台（四套）、中新社等媒体对会议进行了报道。

二、学习工作呈现新局面

完成常委会第十五次、第十六次学习讲座组织工作。内容分别为“当前国际形势与我国周边外交”和“不在非战略机会点上消耗战略竞争力量——华为的制度创新和理念创新”。2017 年常委会学习讲座选题面向常委会全体组成人员征集，并由主席会议审议通过。使得选题更加科学合理，更能体现委员意愿和要求。学习讲座紧密结合国际国内形势发展变化和各界委员普遍关注的热点问题设计内容、安排人选，并加强常委们与主讲人的现场交流，呈现出畅所欲言、生动活泼的学习氛围。

完成在京委员学习报告会组织工作。由中科院“一带一路”战略研究中心主任刘卫东作《“一带一路”：引领包容性全球化》报告。李海峰、王正伟、齐续春副主席出席，报告会现场座无虚席，委员积极参与互动，会场气氛热烈，反响良好。

完成每周向准予接收信息的 2060 名全国政协委员编发“政协委员手机报”工作，形成了政协委员学习组织工作的常态化与长效化。

三、大会发言工作再上新台阶

圆满完成全国政协十二届五次会议大会发言组织服务工作。编阅大会发言稿件 437 篇，安排 42 位委员作大会口头发言，报送《政协大会发言专报》42 篇。至此，在本届政协内，实现了 34 个界别、9 个专门委员会都有代表在全体会议上作大会口头发言。习近平总书记对《政协大会发言专报》作出重要批示，李克强、张德江、张高丽、马凯、刘延东、刘奇葆、汪洋、杨洁篪等党中央、国务院领导同志也分别作出批示。央视网、人民网、新华网、中国政协网等媒体对三场大会发言作了视频直播。俞正声主席在会议期间即指示将部分发言材料转送国务院主要领导同志和有关方面参阅。张庆黎副主席兼秘书长指出，大会发言选题好、内容好，发言人选得好、讲得好，三场发言一场比一场精彩。

完成第二十一次、第二十二次、第二十三次常委会议大会发言组织服务工作。编阅大会发言稿件篇，安排 42 位委员作大会口头发言，报送《政协大会发言专报》28 篇。俞正声主席在第二十一次常委会闭幕会讲话中对大会发言给予好评。张高丽、马凯、汪洋等党中央、国务院领导同志对专报作出批示。

四、调研考察形成新成果

围绕“坚定文化自信，讲好中国故事”专题协商会议题，就“海上丝绸之路文化遗产保护和利用”专题组织委员赴福建、广东调研。形成《以海丝申遗促文明交流互鉴，助力“一带一路”战略实施》政协信息。陈建功常委、王怀超委员代表调研组向“坚定文化自信，讲好中国故事”专题协商会提交了大会发言材料。

围绕“坚定文化自信，讲好中国故事”专题协商会议题，李海峰副主席率队就“茶马古道文化遗产保护和利用”专题组织委员赴四川、西藏调研。形成《加快茶马古道文化遗产保护工作》政协信息专报，报送中央有关领导同志和相关部门研究。

围绕“深化供给侧结构性改革，促进经济平稳健康发展”常委会议议题，就“推进文博创意产业发展”专题组织委员赴江苏、陕西调研。形成《推进文创领域供给侧改革迫在眉睫》发言稿件，提交常委会议，为深化供给侧结构性改革建言献策。

围绕“少数民族戏剧的传承和发展”双周协商座谈会议题，组织委员赴贵州、广西调研，龙倩委员、聂震宁委员分别就“传承民族戏剧，守护精神家园”和“切实做好少数民族戏曲传承人工作”在会议上作发言。

完成长城保护监督性调研。长城保护监督性调研列入今年常委会工作报告，是今年委员会重点工作之一。委员会领导高度重视，6 月 16 日上午，委员会副主任、调研组组长卞晋平和陈惠丰驻会副主任召集调研组部分委员专家，召开长城保护监督性调研筹备工作座谈会，研究调研报告起草工作，部署调研安排并提出要求。7 月 10 日至 14 日，17 日至 21 日分别赴山西、辽宁实地调研。同时，邀请河北、内蒙古、陕西政协协同开展调研。形成《关于长城保护情况的调研报告》报送中共中央办公厅、国务院办公厅。刘延东副总理作出重要批示，国家文物局部署安排了下一阶段相关工作。

赴美国、意大利就“文化遗产保护与文创产业发展”进行调研，为推动文明交流互鉴、助推“一带一路”建设、促进我与两国文化遗产保护与文创产业共同发展建言献策，形成《全国政协文史和学习委员会代表团访问美国、意大利情况的报告》报送中共中央办公厅、国务院办公厅。

五、界别活动展现新亮点

坚持以常委会学习讲座内容为主题开展界别活动，组织委员会和新闻出版界委员就“华为的制度创新和理念创新”赴华为技术有限公司北京研究所实地学习考察。这种主题突出、鲜活生动、时效性强的活动方式受到委员欢迎和好评，成为委员拓展视野、加强联谊、增进共识的新渠道。

六、完成委员会工作指南编制工作

按照俞正声主席指示要求，委员会认真总结十二届政协以来各项工作，梳理好的经验和做法，形成制度规范和工作指南，为下一届政协开展工作提供参考。

七、自身建设不断加强

按照全国政协党组统一部署，委员会分党组先后召开 4 次分党组会议、3 次委员会主任会议、2 次全体会议，学习中央精神，积极履行分党组职责，认真落实“一岗双责”，不断提高履职能力和水平，保障党的建设和委员会履行职能各项工作相互结合、协调促进。

八、经验体会

（一）始终坚持以党的领导为统领，准确把握人民政协的性质定位。我们认识到坚持党的领导就是要把习近平总书记新时代中国特色社会主义思想，尤其是其中关于人民政协工作的重要思想作为长期坚持的行动指南，始终准确把握人民政协性质定位，高举爱国主义、社会主义旗帜，突出团结和民主两大主题，依照宪法法律和政协章程开展工作，把党中央大政方针和全国政协党组的部署不折不扣落实到委员会履行职能的各项工作中。委员会按照俞正声主席重要指示精神，注重以文史资料为载体，正面反映、阐发党的主张。组织委员集中学习，举办在京委员报告会、常委会学习讲座、专题研讨班，广泛宣讲我国从站起来、富起来到强起来的辉煌成就，帮助委员更加准确理解人民政协在国家治理体系中的地位作用，做到懂政协、会协商、善议政。在全国政协和办公厅领导的直接指导下，精心组织大会发言，努力把党的指导思想和党的主张转化成为参加人民政协各党派团体和各族各界人士的自觉行动。

（二）立足自身特色，着力巩固团结奋斗的思想政治基础。切实贯彻俞正声主席反复强调的，把坚持和发展中国特色社会主义作为巩固共同思想政治基础的主轴，确保人民政协事业始终沿着正确方向前进。一年来，委员会通过组织各级政协委员及其所联系的社会各界人士，撰写真实生动的“三亲”史料，通过香港回归20周年史料征集等工作，反映中国共产党领导统一战线各方面人士风雨同舟、砥砺前行、追梦圆梦的光辉历程，坚定统一战线各方面人士听党话、跟党走的决心和信心。注重强化政治引领，通过组织新闻出版界委员开展界别考察、界别座谈，引导委员增强“四个自信”，积极投身到实现中华民族伟大复兴的伟大征程中。

（三）紧紧围绕全国政协的重点任务发力，积极推进委员会工作创新。专委会是政协工作的重要基础，只有专委会工作搞好了，整个政协的履职水平才会提高。一年来，委员会积极创新工作方式，紧紧围绕常委会议、专题协商会议、双周协商座谈会主题，认真组织各项履职活动。按照中共中央关于加强和改进人民政协民主监督工作的要求，在二十二次常委会议大会发言工作中，突出问题导向，组织围绕“实施精准扶贫中存在的问题和建议”进行监督性发言，切实履行了民主监督职能。同时，围绕“长城保护情况”开展监督性调研，把重点提案督办、协商议政与民主监督相结合，组织长城沿线省区开展协同调研，梳理出33项突出问题，真正做到了“监督监在关键处”。实践证明，委员会的创新性举措，得到了全国政协领导同志的肯定，得到了委员的认可，得到了社会各界的关注，取得较好成效。

【委员视察、考察、调研】

政协全国委员会办公厅关于十二届全国政协委员视察考察工作情况的报告 十二届全国政协以来，在中共全国政协党组和主席会议的领导下，全国政协办公厅认真学习贯彻中共十八大、十九大精神和习近平新时代中国特色社会主义思想，坚持围绕中心、服务大局，全面落实全国政协各项工作部署和要求，切实履行政治协商、民主监督、参政议政职能，紧紧围绕协商计划，精心组织委员开展视察、考察活动，积极议政建言、献计出力，为促进党和国家科学民主决策以及决策有效执行作出积极贡献。现将主要工作情况报告如下。

一、基本情况

五年来，共组织25个视察团和52个考察团，15位全国政协领导同志43次率团视察、考察；累计参加视察、考察活动的常委、委员共1609人次；向中共中央、国务院办公厅报送22份视察报告、8份考察报告，收到中央领导同志批示74人次。主要内容有：

（一）紧扣全面深化改革的关键问题献良策

密切关注行政体制改革、供给侧结构性改革等重大举措中的关键问题，为推进全面深化改革献计出力。以“企业投资审批制度改革”这一重点问题作为视察行政审批制度改革情况的切入口，精心设计调研提纲，深入开展调查研究，认真进行座谈讨论，并将分析整理后的数百份调查问卷作为视察报告附件，报送中共中央、国务院办公厅，增强了意见建议的说服力。将“中华老字号品牌质量提升情况”这一课题，作为视察供给侧结构性改革的抓手，深入走访12家老字号企业，认真梳理企业生存现状，积极分析解决问题路径，从进一步加大法律保护力度、完善政策综合支持、帮助老字号企业培养人才等方面提出一系列意见建议，推动了《关于促进老字号改革创新发展的指导意见》的出台。

（二）围绕补齐民生短板出实招

贯彻以人民为中心的发展思想，在精准扶贫精准脱贫、提升教育公平和教育质量、实施健康中国战略、为特殊群体提供公共服务等方面，努力谋利民之策、献安民之计、促惠民之举。为推动贫困地区学生实现“吃得好”“吃得有营养”，通过视察农村义务教育学生营养改善计划贯彻落实情况，在实地调研和科学测算的基础上，提出了提高膳食补助标准的建议，被有关部门采纳，补助标准从每人每天 3 元提高至 4 元，惠及 3600 万名学生。为更好提出精准建议，“无障碍环境建设运行情况”视察团成员主动转换身份、换位思考，亲身试用 5 个城市 30 多个场所的无障碍设备，通过体验式视察，提出针对性和可操作性强的意见建议。相关部委高度重视，开展了《无障碍环境建设条例》联合执法检查，并在国家“十三五”旅游业、信息化、基本公共服务均等化等规划中进一步强化了无障碍环境建设要求，有力推动特殊群体融入社会生活。

（三）聚焦生态文明建设和环境保护中的重点问题建诤言

南水北调工程是国家战略性、历史性工程，水源地水资源质量是决定工程成败的关键。在南水北调中线工程即将正式通水、保护水质进入关键阶段之时，全国政协及时组团围绕“丹江口水源地水资源保护和利用”赴河南、湖北开展视察，实地查看工程现场、治污企业、移民新村，通过走访座谈、数据分析等方式，从历史、现实到未来，从经济、生态到民生，多角度观察、多层面了解，提出加快治理重污染河流、抓紧治理农业面源污染等建议，确保“一库清水永续北送”。“国家生态文明试验区建设情况”视察团直接走进农户家中，宣传“绿水青山就是金山银山”的理念，倾听老区群众在落实生态文明体制改革任务、转变生产生活方式方面遇到的主要困难，在此基础上，提出大力发展绿色产业、加强生态文明领域重大基础设施建设等建议，受到有关方面高度重视，为生态文明体制改革提供了智力支撑。

（四）着眼助推改革强军事业作贡献

紧盯强军兴军的全局性、战略性、前瞻性问题，围绕军民融合发展、文职人员队伍建设、退役军人管理保障等，会同中央军委政治工作部联合组织军队委员开展考察。把军民融合发展这一事关国家安全和发展战略全局的问题作为重点，先后考察“军民融合式科技创新发展”“基础设施建设军民融合深度发展”，提出的意见建议为相关文件的出台和有关机构的成立提供了参考，为推动军民融合深度发展战略落实作出了贡献。

（五）深化港澳地区与内地交流合作

委托港澳台侨委员会组织住香港、澳门全国政协委员赴内地考察。注重发挥港澳委员在促进内地经济社会发展中的积极作用，引导他们关心支持内地精准扶贫、美丽乡村建设等重点工作，提出建设性的意见建议，还通过捐款捐物等形式资助贫困地区发展社会事业；积极搭建港澳与内地交流交往桥梁，有效扩大经济合作和团结联谊，组织港澳委员考察特色鲜明的省份、差异性强的产业项目，发挥港澳资源丰富、人才集中、技术先进等优势，促进港澳与内地优势互补，实现互利共赢；促进港澳委员更加充分、更加深入地感受国家经济发展成就，增强“祖国好，港澳好”认识，坚定对“一国两制”成功实践和港澳长期繁荣稳定的信心。

此外，办公厅委托30个省（区、市）政协组织住当地全国政协委员进行跨省考察，445位委员参加，占京外委员总数（不含港澳委员）的44.37%。同时，各省级政协还按照办公厅统一要求，积极组织住当地全国政协委员围绕本地区经济社会发展情况进行就地考察，为地方经济社会发展贡献力量。

二、主要认识和体会

全国政协领导同志高度重视视察、考察工作，俞正声主席每年主持召开主席会议进行整体部署，杜青林副主席、张庆黎副主席兼秘书长等全国政协领导同志担任视察、考察团团长，对具体工作进行指导。五年来，在领导同志的亲力亲为和各方面的协调配合下，视察、考察工作在继承中发展、在发展中创新，取得了重要成果，积累了有益经验，形成了一些体会。

（一）要紧扣全国政协年度协商计划开展视察考察工作

坚持紧扣全国政协年度协商计划，始终把视察、考察工作摆在人民政协协商民主的大格局之中来谋划。围绕专题议政性常委会和专题协商会议题，精心选择关键环节、重点问题作为切入口进行视察、考察，并将成果转化到大会发言之中，提交“大力推进生态文明建设”“深化供给侧结构性改革，促进经济平稳健康发展”等专题议政性常委会和“积极稳妥推进城镇化，着力提高城镇化质量”“加快现代职业教育体系建设”等专题协商会。积极服务双周协商座谈会，“特殊教育发展和管理情况”“中华老字号品牌质量提升情况”和“无障碍环境建设运行情况”3项视察，被推荐为双周协商座谈会议题，多名参加视察的委员在座谈会上作重点发言，取得了以深入视察提高协商质量、以有效协商转化视察成果的实效。结合重点提案督办，每年与提案委员会联合组织视察，如“主体功能区规划建设情况”“健康产业发展情况”“劳动法律法规贯彻执行情况”“加快推动川藏大通道建设”等，邀请提案人、提案承办单位全程参与，在视察过程中充分互动交流，为提高提案办理成效开拓了新路。

（二）要重视发挥视察考察民主监督作用

把贯彻落实《关于加强和改进人民政协民主监督工作的意见》精神，发挥视察民主监督特色，作为视察工作的重要出发点和着力点。明确监督重点，围绕打赢脱贫攻坚战、深化国有企业改革等重大决策部署贯彻落实开展监督，促进相关政策规划更快落地、更好生根。找准监督依据，对照已出台的法律法规、政策规划，通过可量化的指标开展监督，如紧扣《医药卫生体制改革近期重点实施方案》开展“推进公立医院改革”“推进基本医保全国联网和异地就医结算”视察，切实发现问题、查找不足。增强监督实效，将监督与破解难题、推动落实相统一。视察小型农田水利建设情况提出的意见建议，得到有关部委积极回应，国家发改委专门回复《关于小型农田水利建设有关问题的报告》，水利部据此印发《关于做好农田水利维护养护工作的通知》，修改《农田水利条例》相关条款。

（三）要持续发力做实视察考察建言成果

坚持一以贯之、久久为功，就中央重大决策部署持续建言、持续推进。紧紧围绕打赢脱贫攻坚战这个战略部署，连续多年聚焦少数民族、边疆等深度贫困地区，先后赴湖南、贵州、西藏、宁夏、新疆等地视察、考察。委员们翻山越岭进村入寨，日夜兼程访贫问苦，用拉家常式的沟通、谈心，拉近与困难群众的距离，鼓励他们讲问题、提建议、说真话，确保察明实情、建出诤言。牢牢把握创新是引领发展的第一动力，从战略部署到产业发展，从区域创新到大众创业、万众创新，紧扣时代发展脉搏，连续四年从不同角度、不同侧面围绕新旧动能转换、创新驱动发展进行视察，一茬接着一茬研究，一棒接着一棒建言，累计百余人次委员参与到建言创新发展中来，提出了许多有价值的意见建议。

（四）要切实转变作风提高视察考察工作实效

视察、考察工作是全国政协开展的政治性很强的履职活动，必须牢固树立“四个意识”，把讲政治的要求贯彻落实到工作全过程。五年来，全国政协领导同志带头贯彻落实中央八项规定精神，以“严”的精神和“实”的作风，深入实际、深入基层、深入群众。有的团在 4 天时间里召开了 11 场座谈会，还利用晚上、飞机上、车上、餐桌上的时间交流讨论；有的团顶着酷暑烈日，在毫无遮挡的瓜田里与农民热切交谈，一谈就是几个小时；有的团不顾高原反应，到海拔近 5000 米的建设工地看望工人，使视察、考察工作真正接地气、察民情、谋良策、出实招。

回顾五年的工作，我们也看到，视察、考察工作仍存在一些不足，主要是：视察、考察工作规律把握不够；扩大委员参与面做得不够；视察、考察成果的运用、追踪不够，等等。这些问题都需要我们在今后的工作中加以改进和不断完善。

三、工作设想

中共十九大对决胜全面建成小康社会、夺取新时代中国特色社会主义伟大胜利作出全面部署，赋予人民政协更加重大的责任和使命。我们要认真贯彻落实中共十九大精神，深入学习贯彻习近平新时代中国特色社会主义思想，牢牢把握团结和民主两大主题，围绕统筹推进“五位一体”总体布局、协调推进“四个全面”战略布局，按照全国政协统一部署，积极开展协商议政，切实加强民主监督，认真做好委员视察、考察工作，为促进党和国家事业发展作出新的贡献。

（一）紧密围绕中心，谋划和组织委员视察考察工作

深入学习贯彻中共十九大新部署、新要求，结合全国政协年度协商计划，广泛征求各民主党派中央、委员及地方政协等方面意见，突出抓重点、补短板、强弱项，就建设现代化经济体系、发展社会主义民主政治、推动文化繁荣兴盛、加强和创新社会治理、建设美丽中国及“一带一路”建设等，优选题目、精选地点，扎实组织视察、考察活动。

（二）发挥协商式监督特色，着力增强民主监督实效

充分发挥视察监督作为人民政协开展民主监督重要形式的作用，牢固树立问题导向，围绕中共十九大重大方针政策和重要决策部署的贯彻落实情况，就防范化解重大风险、精准脱贫、污染防治等开展民主监督，深入实际、深入基层、深入群众，着重发现工作中的困难和不足，提出意见建议，推动党和政府决策部署的贯彻落实。

（三）深化研究论证，切实提高协商议政质量

坚持把协商民主贯穿履职全过程，通过深化研究论证提升议政建言水平。加强前期策划，广泛收集议题相关资料，采取“走出去，请进来”方式，加强与有关职能部门的联系，帮助委员更好知情明政。完善与各民主党派中央、政协各专门委员会的横向合作，进一步探索“交课题”等方式，加强与地方政协的纵向联动，实现同频共振、共同发力。

（四）推进改革创新，不断提升工作科学化水平

及时总结经验、把握规律，综合运用互联网技术和信息化手段，加强与委员的沟通联系，扩大委员参与面，更好发挥委员主体作用。进一步丰富视察、考察形式，灵活运用走访察看、分组调研、座谈交流、问卷调查等多种方式，不断拓展视察、考察工作广度和深度，完善成果转化运用和追踪反馈机制。

政协全国委员会办公厅2017年全国政协委员视察考察工作计划 为更好地履行政协职能，推进人民政协协商民主建设，做好视察、考察工作，特制订2017年全国政协委员视察考察工作计划。

一、指导思想

2017年全国政协委员视察、考察工作的指导思想是：全面贯彻落实中共十八大和十八届三中、四中、五中、六中全会精神，深入学习贯彻习近平总书记系列重要讲话精神和治国理政新理念新思想新战略，按照统筹推进“五位一体”总体布局和协调推进“四个全面”战略布局要求，围绕政协全国委员会2017年协商计划，着力强化民主监督职能，提高调查研究水平，以优异成绩迎接中共十九大胜利召开。

二、组团安排

2017年全国政协办公厅拟组织5个视察团，分别委托港澳台侨委员会和省区市政协组织8个考察团。

（一）常委视察团2个。4月，围绕“深化供给侧结构性改革，促进经济平稳健康发展”专题议政性常委会议，就“深入实施创新驱动发展战略”，与提案委员会联合组织特邀常委视察团赴浙江省进行视察。6月，围绕“实施精准扶贫中存在的问题和建议”专题议政性常委会议，就“少数民族地区精准扶贫”，组织特邀常委视察团赴宁夏回族自治区进行视察。

（二）委员视察团3个。6月，围绕“深化供给侧结构性改革，促进经济平稳健康发展”专题议政性常委会议，就“健康产业发展情况”，组织委员视察团赴青海省进行视察。9月，就“推进基本医保全国联网和异地就医结算”，组织委员视察团赴四川省进行视察。10月，就“国家生态文明试验区建设情况”，组织委员视察团赴江西省进行视察。

（三）港澳委员考察团3个。委托全国政协港澳台侨委员会组织港澳特邀界委员进行考察。

（四）京外委员跨省考察团5个。按照《政协全国委员会办公厅关于十二届全国政协京外委员跨省考察安排的意见》，分别委托内蒙古自治区、江苏省、宁夏回族自治区、辽宁省、陕西省政协组织住当地全国政协委员赴福建、云南、天津、甘肃、吉林进行跨省考察。

三、工作要求

2017年，全国政协委员视察、考察工作要认真贯彻落实党中央决策部署，自觉服从服务党和国家工作大局，落实《关于加强和改进人民政协民主监督工作的意见》，坚持“务实、高效、规范、协作”的原则，充分发挥自身优势和作用，为委员搭建优质履职平台。

（一）突出民主监督性质。视察监督是依据政协章程开展人民政协民主监督的重要形式。要精心组织视察活动，深入实际、深入基层、深入群众，听取情况介绍，实地察看，座谈讨论，着重发现工作中的问题和不足，与有关负责同志交换意见，提出批评和建议，努力协助党和政府解决问题、改进工作、增进团结、凝心聚力，真正做到在参与中支持、在支持中服务、在服务中监督。

**（二）围绕促进经济社会平稳健康发

展议政建言。2017 年是实施“十三五”规划的重要之年、推进供给侧结构性改革的深化之年。在今年的视察、考察工作中，要聚焦党和国家中心工作，针对“十三五”规划实施中的重点、热点、难点问题，组织政协委员就重大方针政策的贯彻落实、经济社会发展重大项目的规划建设、人民群众普遍关注的重要问题建言献策。

（三）认真总结工作经验。加强对视察、考察工作的研究，认真总结十二届政协以来积累的好做法好经验。深化对视察、考察工作的规律性认识，在丰富视察、考察手段和方式上下功夫，在深入调查和研究问题上下功夫，在成果转化和运用上下功夫，不断提升视察、考察工作实效。

2017 年全国政协委员视察、考察工作安排一览表

类别	委员所在地区	内容	时间	视察、考察地区	备注
特邀常委视察团	全国	深入实施创新驱动发展战略	4 月下旬	浙江	围绕专题议政性常委会，与提案委员会联合组织民主监督性视察
		少数民族地区精准扶贫	6 月下旬	宁夏	围绕专题议政性常委会开展民主监督性视察
委员视察团	全国	健康产业发展情况	6 月上旬	青海	围绕专题议政性常委会开展民主监督性视察
		推进基本医保全国联网和异地就医结算	9 月中下旬	四川	民主监督性视察
		国家生态文明试验区建设情况	10 月中旬	江西	民主监督性视察
委员考察团	香港	生态建设与可持续发展	5 月	浙江	委托港澳台侨委员会组织
	澳门	文化产业发展	9 月	湖南	委托港澳台侨委员会组织
	香港	生态旅游与扶贫开发	10 月	重庆	委托港澳台侨委员会组织
京外委员跨省考察团	内蒙古	沿海沿边开放及绿色发展	3 月下旬	福建	委托内蒙古自治区政协组织
	江苏	走出生态优先、绿色发展的路子	5 月	云南	委托江苏省政协组织
	宁夏	扩大开放，发展外向型经济的情况	7 月上中旬	天津	委托宁夏回族自治区政协组织
	辽宁	“一带一路”建设情况	8 月下旬	甘肃	委托辽宁省政协组织
	陕西	发挥生态资源优势，推进绿色发展	8 月	吉林	委托陕西省政协组织

2017年全国政协委员视察、考察有关情况统计表

序号	时间	委员所在地	视察、考察地区	视察、考察内容	人数	团队负责人	备注
1	4.20—4.26	全国	浙江	深入实施创新驱动发展战略	18	万钢	围绕专题议政性常委会，与提案委员会联合组织，民主监督性视察
2	5.30—6.3	全国	江西	国家生态文明试验区建设情况	16	张庆黎	民主监督性视察
3	6.5—6.10	全国	青海	健康产业发展情况	20	韩启德	围绕专题议政性常委会
4	7.10—7.14	全国	宁夏	少数民族地区精准扶贫	17	卢展工	围绕专题议政性常委会，民主监督性视察
5	9.21—9.28	全国	四川	推进基本医保全国联网和异地就医结算	17	刘晓峰	民主监督性视察
6	6.2—6.6	香港	重庆	生态旅游助推精准扶贫	52	董建华 李海峰	考察团，住香港委员参加
7	9.19—9.23	澳门	湖南	文化产业发展	22	何厚铧	考察团，住澳门委员参加
8	10.10—10.14	香港	浙江	生态建设与可持续发展	82	董建华	考察团，住香港委员参加
9	4.19—4.27	江苏	云南	走出生态优先绿色发展的路子	15	张连珍	住江苏全国政协委员赴云南
10	5.13—5.20	内蒙古	福建	沿海沿边开放及绿色发展	8	任亚平	住内蒙古全国政协委员赴福建
11	6.13—6.17	宁夏	天津	扩大对外开放，促进京津冀协同发展	12	齐同生	住宁夏全国政协委员赴天津
12	8.18—8.24	辽宁	甘肃	“一带一路”建设情况	15	夏德仁	住辽宁全国政协委员赴甘肃
13	9.14—9.20	陕西	吉林	发挥生态资源优势，推进绿色发展	10	马中平	住陕西全国政协委员赴吉林

2017年视察、考察、调研报告目录

1.《关于重视高水平医学院校建设和发展的调研报告》
2.《关于着力解决司法体制改革突出问题的调研报告》
3.《全国政协代表团访问马来西亚、越南情况的报告》
4.《关于加强教育信息化建设　推动义务教育均衡发展的调研报告》
5.《关于建立和完善国家公园体制的调研报告》
6.《关于地方政府权力清单运行情况的调研报告》
7.《关于全国政协社会和法制委员会代表团访问荷兰、英国情况的报告》
8.《关于加强土壤污染防治工作的调研报告》
9.《全国政协代表团访问古巴、乌拉圭情况的报告》
10.《关于深化同“一带一路”沿线国家人文合作的调研报告》
11.《关于加强长江经济带生态保护和修复的调研报告》
12.《关于深化港澳与内地旅游合作的调研报告》
13.《全国政协文史和学习委员会代表团访问美国、意大利情况的报告》
14.《全国政协外事委员会代表团访问罗马尼亚、以色列、塔吉克斯坦情况的报告》
15.《关于视察深入实施创新驱动发展战略情况的报告》
16.《关于视察国家生态文明试验区建设情况的报告》
17.《全国政协教科文卫体委员会代表团就发挥体育社会组织作用访问瑞典、瑞士情况的报告》
18.《关于视察健康产业发展情况的报告》
19.《全国政协“实施精准扶贫中存在的问题和建议”调研综合报告》
20.《关于加强宗教活动场所文物保护和管理的调研报告》
21.《关于加强装备建设提高海洋经济开发能力的调研报告》
22.《关于视察少数民族地区精准扶贫情况的报告》
23.《全国政协文化交流团访问挪威、奥地利、克罗地亚情况的报告》
24.《关于长城保护情况的调研报告》
25.《关于深化科技体制改革促进科技成果转化的调研报告》
26.《全国政协外事委员会代表团访问缅甸、越南、菲律宾情况的报告》
27.《关于发挥民族地区生态优势发展健康养老产业的考察报告》
28.《关于边疆少数民族地区公共文化服务情况的考察报告》
29.《全国政协提案委员会代表团访问英国、捷克、匈牙利情况的报告》
30.《关于提升茶文化内涵　助推茶产业扶贫的报告》
31.《关于视察推进基本医疗全国联网和异地就医结算情况的报告》
32.《全国政协人口资源环境委员会代表团访问瑞士、荷兰、俄罗斯情况的报告》
33.《全国政协代表团访问格鲁吉亚、波黑、黑山情况的报告》
34.《全国政协经济委员会代表团访问古巴、墨西哥、巴西情况的报告》
35.《关于实施全面两孩政策后医疗卫生服务面临的问题与挑战的调研报告》
36.《关于深化高等教育改革　推进产学研用紧密结合的调研报告》
37.《全国政协民族和宗教委员会代表团访问俄罗斯、以色列情况的报告》

38.《关于人工智能发展与对策的调研报告》
39.《关于新疆特色小城镇建设情况的考察报告》
40.《全国政协代表团访问荷兰、奥地利、法国情况的报告》
41.《全国政协外事委员会代表团访问美国、厄瓜多尔、秘鲁情况的报告》
42.《关于加快发展健身休闲产业的调研报告》
43.《关于内地高校西藏新疆少数民族大学生培养情况的调研报告》
44.《全国政协代表团访问伊朗、阿尔及利亚、保加利亚情况的报告》

【反映社情民意】

信息工作 十二届全国政协以来，反映社情民意信息工作按照全国政协的部署要求，围绕统筹推进“五位一体”总体布局和协调推进“四个全面”战略布局，服务改革发展，聚焦社会关切，反映情况问题、提出意见建议，为推动党和国家大政方针落实、促进重要问题解决发挥了积极作用。

五年来，共收到信息 49919 篇，精选整理后向中央领导同志报送信息 881 期，向有关部门转送信息 3589 篇。中央领导同志共对 345 期信息作出批示 608 人次。其中，中央政治局常委 241 人次，其他中央领导同志 367 人次；有关部门回函、回电答复 185 件次。经过五年努力，反映社情民意信息制度建设更健全，工作格局更完善，质量导向更明显，已成为人民政协发挥协商民主重要渠道和专门协商机构作用的有效形式、转化履职成果的重要载体、汇集社情民意的主要平台。

一、主要成果

五年来，我们坚持围绕改革发展稳定重大问题和涉及群众利益的实际问题，着力从五个方面反映社情民意。

（一）紧扣全面建成小康社会重大任务提出建议

重视反映重大战略规划制定实施中的情况。报送相关信息 33 期，收到批示 20 人次。围绕“十三五”规划制定实施、推进“一带一路”建设、京津冀协同发展、长江经济带建设等国家重大战略规划实施反映具体情况和建议。中央领导同志对有关信息作出批示，要求相关部门高度重视并有效应对。选编“东北三省工业转型升级问题”专题协商会信息 8 期，一些建议在国务院有关深入推进实施新一轮东北振兴战略的文件中得到体现。

跟踪反映精准扶贫精准脱贫有关情况。报送相关信息 12 期，收到批示 6 人次。连续两年以信息形式反映精准扶贫专题议政性常委会议上的重要意见。综合编报有关农村低保兜底政策执行情况的信息。许多意见建议在国家“十三五”脱贫攻坚规划中得到体现。

持续关注生态文明建设热点难点问题。报送相关信息 74 期，收到批示 56 人次。针对治理雾霾、三峡库区地质灾害隐患、南水北调中线工程对区域生态环境影响等问题反映情况。多位中央领导同志作出批示，要求有关部门重视解决。

（二）聚焦重大经济改革举措出台和贯彻实施

围绕贯彻新发展理念反映意见建议。报送相关信息83期，收到批示66人次。针对合理确定经济增速目标、促进制造业绿色改造升级、培育多元化农村产业融合主体等，反映情况问题和意见建议。选编宏观经济形势分析座谈会重要发言，报送信息13期，收到批示17人次。

围绕深化供给侧结构性改革任务反映意见建议。跟踪反映不同行业领域和地区在落实“三去一降一补”重点任务中遇到的具体情况和特殊问题，反映加快推进简政放权、加强权力清单制度顶层设计等有关“放管服”改革的建议，报送信息62期，收到批示19人次。

围绕财税、金融、价格等重点改革任务反映意见建议。报送信息46期，收到批示33人次。持续关注营改增试点，报送信息7期，收到批示4人次。银行业流动性管理、非法集资向新领域渗透等信息。反映取消对燃煤电厂超低排放电价补贴政策、优化自产粮食价格补偿机制等建议。中央领导同志对制造业绿色升级、通用航空发展、风险投资行业发展等信息作出重要批示。

（三）围绕保障和改善民生反映群众关切问题

针对教育、就业、医疗卫生、社会保障等问题，报送信息113期，收到批示85人次。其中，关于教育综合改革、学前教育、义务教育、高等教育、民办教育、特殊教育、科普教育等信息39期；关于医药卫生体制改革、药品价格、医疗机构、医卫人才等信息28期。中央领导同志高度重视信息反映的情况，对助学贷款政策执行中存在的问题作出批示，教育部及时跟进，推动了相关政策落实。

针对特殊群体和少数人群合理利益诉求，编报无障碍环境建设、退役士兵就业、农村留守儿童和留守老人扶助、农民工权益保护等信息。多位中央领导同志对某企业离退休人员生活困难问题作出批示，要求相关部门采取措施予以解决。

针对满足群众文化需求、促进公共文化发展，报送信息78期，收到批示31人次。围绕积极培育和践行社会主义核心价值观、管理网络新媒体、加强国民教育等问题编报信息。

（四）关注司法体制改革和法律法规的制定实施

在促进司法体制改革方面，编报完善司法责任制保证司法公正、确保依法独立公正行使审判权和检察权、明确财产保全期限等信息，提出推进法官检察官单独序列管理、设立巡回法庭等建议，有的在司法体制改革具体举措中得到体现。

在促进法律法规制定完善方面，就刑法、大气污染防治法、安全生产法等法律法规修订完善，以及社会组织、农村土地确权登记等领域立法反映意见建议。废除“嫖宿幼女罪”的信息得到有关方面高度重视，为最终废除该罪名发挥了积极作用。

在促进法律公正实施、保障公民合法权益方面，编报建筑工人工伤维权、无争议遗产继承权公证、职工合法权益维护等信息，中央领导同志作出批示，要求有关部门研究落实。

（五）针对促进社会稳定和维护国家主权安全反映情况

选摘国际形势分析座谈会重要发言编报信息，报送有关维护国家核心利益、营造和平稳定外部环境等信息163期，收到批示94人次。报送警惕新一轮“互保联保”危机防止实体经济倒闭潮等信息，为有关部门增强预判、主动作为提供重要参考。

摘编少数民族界、宗教界委员反映社情民意座谈会上的重要意见，报送信息48期，收到批示60人次。俞正声主席对改进民族地区电视节目译播工作、编印新疆外宣通俗读本等信息作出重要批示。

收集报送香港“占中”事件动态和立法会选情、台湾地区领导人选举和政局变化、港澳台青少年思想动向和利益诉求等方面的信息，及时向有关部门反映情况，提出意见建议。

二、主要措施

五年来，我们积极推动工作创新，完善工作机制，改进工作方法，在以下四个方面作出努力。

（一）围绕全国政协重要协商议政活动，突出信息工作重点

按照全国政协常委会工作报告、年度协商计划部署要求谋划开展工作，及时反映全体会议、专题议政性常委会议、专题协商会、双周协商座谈会、界别协商会等重要协商议政活动成果。创办双周协商座谈会信息专报，加大双周协商座谈会成果转化力度，成为反映社情民意信息的重要品牌。

（二）发挥政协组织优势，增强信息工作合力

立足“点多、线长、面广”的优势，注重发挥政协委员主体作用，强化委员专项培训，选聘37名信息特邀委员，为他们列席常委会议、开展活动做好服务保障。加强与民主党派中央、全国工商联工作联系，召开专题座谈会，各民主党派中央和全国工商联共报送信息13442篇，占来稿总数26.9%。强化与各专委会协同配合，注重通过政协信息反映形势分析座谈会、视察考察、专题调研、外事活动等成果。注重调动地方政协反映社情民意信息积极性，省级、副省级市政协和22个信息联系点政协共报送信息34247篇，占来稿总数68.6%。定期召开副省级市政协和信息联系点政协工作座谈会，加大对地方政协信息编报工作指导力度。

（三）把握信息编报重点环节，提升信息工作质量

紧扣中央重大决策部署和全国政协重点工作，按季度策划信息重点选题，加强对信息报送单位的分类指导，增强信息报送的预见性、针对性。规范选稿用稿程序，编制阅选工作流程图，坚持信息质量优先，落实工作责任，力争不漏掉一篇高质量来稿。严格信息编报标准，把好信息内容政治关、政策关、文字关，注重信息分析提炼，确保不出手一篇有瑕疵信息。

（四）加强制度机制建设，提高信息工作规范化水平

修订《中国人民政治协商会议全国委员会反映社情民意信息工作条例》，健全通报反馈制度，坚持月度、季度向报送单位通报来稿采用情况，及时向委员反馈用稿和部门回函情况。规范评选表彰制度，每两年通报表彰一次优秀社情民意信息、信息工作先进单位和个人，发挥评选表彰激励作用。

三、工作体会

五年来，我们在实践中探索积累了一些宝贵经验，深化了一些规律性认识，形成了五个方面工作体会。

（一）必须坚持把握大局、服务大局

反映社情民意信息工作政治性、政策性很强，在服务党和国家大局中承担着重要责任。要准确把握反映社情民意信息工作性质定位，找准围绕中心、服务大局的结合点和切入点，紧扣中央重大决策部署和全国政协重要协商议政活动开展工作，坚持察实情、讲真话、建诤言，广泛多层反映各方面意见、批评和建议。

（二）必须立足关注民生、反映民意

反映社情民意信息是人民政协贴近基层、贴近实际、贴近群众最直接、最有效的形式和渠道。要坚持为保障和改善民生服务，畅通群众在日常政治生活中广泛持续深入参与的渠道，积极反映群众普遍关心的热点难点问题，真正做到解民忧、纾民困、暖民心。

（三）必须注重反映问题、推动解决问题

反映党和国家重大方针政策和重要决策部署贯彻落实中存在的问题，是反映社情民意信息的重要内容和鲜明特点。要坚持问题导向，反映情况与提出问题并举、工作建议与监督批评相结合，积极反映涉及部门较多、综合性强、需要多方协调才能解决的问题，从大处着眼、小处着手，努力提出切实可行的意见建议。

（四）必须突出党派特色、界别特色

利用政协信息渠道反映各党派团体、各族各界人士的意见建议，要发挥各民主党派和界别在专业领域的特色和优势，把一个界别作为一条民意表达渠道，积极汇集分析反映社会舆情，既反映多数人的意见，又反映少数人的合理诉求，在尊重多样性中寻求一致性。

（五）必须发挥委员主动性、创造性

委员是反映社情民意信息的主体。加强与委员的联系沟通，注重发挥信息特邀委员骨干作用，带动更多委员参与到反映社情民意信息工作中来，依托各级政协组织协商议政活动主动收集反映委员意见建议，把反映社情民意融入到委员履职尽责各方面。

回顾五年的工作，存在的问题和不足有：对委员的积极性调动还不够，地方政协工作发展还不平衡，信息质量需要进一步提升等。对于这些问题，我们将继续深入研究，切实加以改进。

信访工作　2017 年，全国政协办公厅信访局共收到委员和社会各界人士来信 49759 件（其中，委员来信 62 件）；接待各级政协委员、统战人士和人民群众来访 84 批 230 人次。按照《信访条例》《中央和国家机关信访事项受理办理工作有关规定（试行）》及《全国政协信访工作规则（试行）》的有关规定，对委员和群众来信、来访进行了认真办理。编发《信访动态》3 期；《要信呈报》17 件；发出信访交办函 10 件，收到查报结果的回函 13 件。向有关部门报送敏感信息 8 件。来信反映较多的是各类人员待遇、揭发各级干部违法违纪、涉法涉诉、城镇拆迁安置、农村征地补偿、环境污染、历史遗留等问题。

2017 年，信访局向俞正声主席报送社会各界人士来信 90 件。强化政务性服务，对一些信件的相关背景材料和涉及有关法规以附件形式一并报送，为领导决策提供服务。张庆黎副主席兼秘书长及办公厅有关领导也多次对信访事项作出批示，一些信访事项在俞主席和政协有关领导的亲自批示下，得到了很好的解决。今年按照中央信访工作联席会议和政协领导的要求，圆满完成了“两会”、十九大期间、“一带一路”国际高峰论坛会议期间的信访维稳工作，对 4 批 20 人以上集体访进行了妥善处置，为维护社会和谐稳定发挥作用。

【对外交往】

俞正声主席访问巴基斯坦和斯里兰卡　4 月 5 日至 8 日，应巴基斯坦参议院主席拉巴尼和斯里兰卡议长卡鲁邀请，全国政协主席俞正声对上述两国进行正式友好访问。全国政协副主席林文漪，全国政协副主席兼秘书长张庆黎，全国政协常委、提案委员会主任孙淦，全国政协常委、文史和学习委员会主任王太华，全国政协副秘书长张秋俭，全国政协办公厅研究室主任舒启明和外交部副部长刘振民参加。全国政协副秘书长潘立刚到机场送迎。访问重点突出、务实高效、成果丰硕，达到预期目的，取得圆满成功。

访问期间，俞正声主席分别会见巴基斯坦总统侯赛因、总理谢里夫、国民议会代议长阿巴西、参议院主席拉巴尼，斯里兰卡总统西里塞纳、总理维克勒马辛哈、议长卡鲁，出席中斯建交60周年纪念活动，广泛接触两国各界人士，实地考察重点合作项目，同中资企业代表座谈，亲切看望我在两国人员，共出席20场正式活动。

此访恰逢巴基斯坦独立70周年、中斯建交60周年、“一带一路”高峰论坛召开在即，俞正声主席在访问中深入做高层工作，增进了我同两国的政治互信，坚定了两国对华友好的决心；高度评价我同两国共建“一带一路”丰硕成果，进一步推动了双边务实合作；密切开展人文交流，做两国各界友好工作，广泛撒播友谊的种子，夯实了两国友华民意基础；结合2017年全国“两会”情况，宣介以习近平同志为核心的党中央治国理政新理念新思想新战略以及我国发展巨大成就，推动全国政协同两国议会间的交流合作，增进了对方对我政治制度和发展道路的理解与认同。两国领导人感谢中方长期以来提供的帮助和支持，高度评价“一带一路”倡议，表示高度重视对华关系，愿与中方共建“一带一路”，进一步深化与中方在经济、人文等领域的交流合作，期待实现共同发展，将继续恪守一个中国原则，加强在国际和地区事务上的协调配合，推动双边关系不断取得新成果。

其他重要出访 5月7日至15日，应古巴全国人民政权代表大会和乌拉圭参议院邀请，全国政协副主席王正伟率全国政协代表团对上述两国进行友好访问。代表团主要成员有全国政协委员、甘肃省政协主席冯健身，全国政协副秘书长常荣军，全国政协常委、民建中央副主席兼秘书长吴晓青等。访问期间，王正伟副主席分别会见古巴全国人大主席拉索、副主席马查多，乌拉圭副总统兼国会主席、参议长森迪克，众议长马伊亚和外长尼恩，考察古巴基因工程和生物制药中心、古巴革命广场、何赛·马蒂纪念馆以及乌拉圭产业发展情况，出席力帆乌拉圭公司复产仪式并参观“人民之家”。此访贯彻落实以习近平同志为核心的党中央关于打造中拉命运共同体的战略部署，重点对外宣介我国政治制度和经济社会发展情况，进一步巩固了我与两国传统友谊和政治互信，推动了我与两国在重点领域的务实合作，深化了全国政协与两国机构的友好交流。

7月4日至13日，应比利时联邦参议长德弗莱涅、阿根廷共和国方案党和巴西民主运动党邀请，中共中央书记处书记、全国政协副主席杜青林率中共代表团对上述三国进行友好访问。代表团主要成员有全国政协副秘书长潘立刚，全国政协委员、福建省政协主席张昌平，中联部部长助理窦恩勇等。访问期间，杜青林副主席分别会见比利时联邦参议长德弗莱涅，前首相、法语社会党主席、蒙斯市长迪吕波；阿根廷代总统兼参议长米切蒂，共和国方案党总书记金塔纳；巴西参议长奥利维拉，民主工党总书记迪亚斯，民主运动党总书记洛佩斯。杜青林副主席还出席了阿众议院首届“国际关系与议会外交论坛”并作主旨演讲。杜青林副主席以宣介习近平主席治国理政新理念新思想新战略和人类命运共同体理念为主线，以巩固政治共识和推动合作共赢为核心，充分发挥政党外交联系面广、形式灵活、渠道畅通等特点，积极主动做外方工作，达到了“广泛接触、深入宣介、增进互信、加强合作”的预期目标。

8月31日至9月9日，应密克罗尼

西亚联邦国会、文莱政府和柬埔寨参议院邀请，全国政协副主席王家瑞率全国政协代表团对上述三国进行友好访问。代表团主要成员有全国政协委员、河北省政协主席付志方，全国政协副秘书长、民盟中央专职副主席徐辉，全国政协经济委员会驻会副主任侯建民等。访问期间，王家瑞副主席分别会见密克罗尼西亚联邦总统克里斯琴、副总统乔治、国会议长西米纳，文莱苏丹哈桑纳尔、外长林玉成，柬埔寨首相洪森、参议院主席赛冲、国会主席韩桑林，考察我援外项目，同柬埔寨民间组织座谈等。此访进一步增进了我与三国政治互信，坚定了三国同我发展友好关系的决心和信心，深化了我与三国的务实交流合作，加强了全国政协同三国相关机构的友好往来。访问达到了“巩固友好、夯实互信、体现支持、促进合作”的目的。

9月18日至27日，应格鲁吉亚议会、波黑议会民族院和黑山议会邀请，全国政协副主席马培华率全国政协代表团对上述三国进行友好访问。代表团主要成员有全国政协民族和宗教委员会副主任马铁山，全国政协教科文卫体委员会驻会副主任丛兵，全国政协外事委员会委员、中国人民外交学会会长吴海龙等。访问期间，马培华副主席分别会见格鲁吉亚议长科巴希泽、第一副总理兼财政部长库姆西什维利、执政党“梦想党”总书记卡拉泽，波黑主席团塞族成员伊万尼奇、部长会议主席兹维兹迪奇、议会代表院集体领导、议会民族院集体领导以及黑塞哥维纳—内雷特瓦州州长，黑山总统武亚诺维奇、总理马尔科维奇、议长布拉约维奇，与外方领导人共同举行4场记者集体见面会，实地考察由中方承建的黑山南北高速公路工地等。马培华副主席介绍了中国经济社会发展、“一带一路”倡议、人民政协等情况，在密切我与三国高层交往、增进政治互信、巩固传统友谊、推进务实合作方面发挥了积极作用。访问达到了“多做工作、巩固友好、增进互信、深化合作”的目的。

11月4日至13日，应荷兰议会一院、奥地利联邦议会和法国参议院邀请，全国政协副主席林文漪率全国政协代表团对上述三国进行友好访问。代表团主要成员有全国政协常委阳安江，全国政协提案委员会驻会副主任田杰等。访问期间，林文漪副主席分别会见荷兰议会一院议长克诺尔、副议长弗里尔曼，奥地利联邦议会议长迈耶尔、副议长温克勒，法国国民议会第一副议长博纳尔、参议院法中友好小组主席纪尧姆，考察教育、医疗、农业、文化等项目。林文漪副主席重点向三国介绍中共十九大精神和中国经济社会发展情况，宣传中国特色社会主义政治制度。此访进一步巩固了传统友谊，增强了政治互信，增进了外方对我理解与认同，加强了全国政协与三国议会等有关机构的交流合作。访问达到了“多做工作、巩固友谊、增进互信、深化合作”的目的。

11月25日至12月4日，应安提瓜和巴布达参议院、特立尼达和多巴哥参议院邀请，全国政协副主席马培华率全国政协代表团对上述两国进行友好访问并出席在乌拉圭举行的第十一届中国拉美企业家高峰会。全国政协提案委员会副主任王国卿陪同出访。访问期间，马培华副主席分别会见安提瓜和巴布达总督威廉斯、总理布朗，特立尼达和多巴哥参议长坎加卢，乌拉圭总统巴斯克斯，在中拉企业家高峰会开幕式发表主旨演讲并参观中拉贸易展。马培华副主席广泛接触三国各界人士，大力宣传中共十九大精神及“一带一路”倡议，推动我与三国发展战略对接，为促进中国与拉美和加勒比国家关系发展发挥了积极作用。访问达到了“巩固传统友谊、深化政治互信、推动务实合作、拉紧交流纽带”的目的。

11月30日至12月9日，应伊朗伊斯兰议会、阿尔及利亚民族院和保加利亚国民议会邀请，全国政协副主席陈元率全国政协代表团对上述三国进行友好访问。代表团主要成员有全国政协民族和宗教委员会副主任王学仁，全国政协经济委员会副主任石军、闫冰竹，全国政协外事委员会副主任韩方明等。访问期间，陈元副主席分别会见伊朗伊斯兰议会议长拉里贾尼、副议长穆塔黑里和央行行长赛义夫，阿尔及利亚民族院议长萨拉赫、国民议会议长布哈贾、总理乌叶海亚、财政部部长拉乌亚，保加利亚总统拉德夫、国民议会议长拉扬切娃、副议长赫里斯托夫和央行副行长斯托扬诺娃，实地考察中资企业承建项目工地等。陈元副主席积极评价我与三国关系，宣介中共十九大精神，推动“一带一路”等方面务实合作，推进全国政协与三国相关机构的友好交往。此访在巩固和发展传统友谊、深化合作、对外宣传中国、介绍全国政协等方面发挥了积极作用。

重要来访团组情况 1月9日至13日，应中国经济社会理事会（简称经社理事会）邀请，经社理事会和类似组织国际协会（简称国际协会）秘书长温杜里尼访华。全国政协副秘书长、经社理事会副主席张秋俭会见并宴请。温杜里尼访问了北京和贵州。

5月7日至11日，应俞正声主席邀请，比利时联邦参议长德弗莱涅率6人代表团访华。俞正声主席会见并宴请，全国人大常委会副委员长兼秘书长王晨、司法部部长张军分别会见。代表团访问了北京和西宁。

5月21日至25日，应全国政协外事委员会邀请，爱沙尼亚议会外事委员会主席米凯尔森率5人代表团访华。陈元副主席会见，外事委员会副主任蔡武与代表团会谈并宴请。代表团访问了北京和重庆。

5月22日至28日，应经社理事会主席杜青林邀请，科特迪瓦经济社会理事会主席迪比率10人代表团访华。全国政协副主席、经社理事会主席杜青林与迪比会谈并宴请，经社理事会理事、中国国际文化传播中心执行局主席龙宇翔与代表团座谈。代表团访问了北京和西安。

8月25日至30日，应中国宗教界和平委员会（简称“中宗和”）邀请，亚洲宗教和平会议（简称“亚宗和”）联合主席、世界宗教和平组织——日本分会主席庭野日旷率27人代表团访华。马飚副主席会见。代表团访问了北京和云南。

8月28日至9月1日，应全国政协教科文卫体委员会邀请，柬埔寨参议院卫生、社会事务、青年康复、劳工、职业培训及妇女事务委员会（第八委员会）主席棉森安率10人代表团访华。全国人大常委会副委员长沈跃跃、全国政协副主席王钦敏分别会见，全国政协教科文卫体委员会副主任张秋俭主持与代表团座谈，黄洁夫副主任宴请。代表团访问了成都和北京。

9月3日至9日，应俞正声主席邀请，布隆迪参议长恩迪库里约率7人代表团访华。全国人大常委会委员长张德江会见，俞正声主席会见并宴请。代表团访问了北京、温州和上海。

9月22日至27日，应全国政协邀请，越南祖国阵线中央委员会副主席张氏玉映率5人代表团访华。俞正声主席会见，马飚副主席与代表团会谈并宴请。代表团访问了苏州和北京。

9月24日至30日，应经社理事会秘书处邀请，法国经济社会环境理事会欧洲和国际事务部主任冈巴塞雷斯对华进行工作访问。经社理事会副主席王胜洪会见并宴请。冈巴塞雷斯访问了北京和上海。

11月30日至12月5日，应经社理事会邀请，希腊经济社会理事会主席韦尔尼科斯率9人代表团访华。全国政协副主席、经社理事会主席杜青林与代表团会谈并宴请。代表团访问了北京、西安和上海。

12月12日至16日，应经社理事会邀请，法国智库代表团一行7人访华。经社理事会副主席徐振寰主持与代表团座谈。代表团访问了北京和上海。

12月18日至22日，应俞正声主席邀请，摩洛哥参议长本希马率10人代表团访华。全国人大常委会委员长张德江会见，俞正声主席会见并宴请。代表团访问了北京和天津。

重要国际会议情况 5月18日至22日，由“中宗和”承办的“亚宗和”2017年度执委会会议在北京举行。来自“亚宗和”21个成员组织及世界宗教和平组织（简称“世宗和”）的约70名代表出席。中方组成7人代表团参会，全国政协民族和宗教委员会驻会副主任、“中宗和”顾问晓敏出席会议。会议审议了“亚宗和”各成员组织年度报告，讨论了“亚宗和”章程修改等议题。俞正声主席在机关会见出席会议的外方主要人员，张庆黎副主席兼秘书长陪同。张秋俭副秘书长在友谊宾馆会见并宴请出席会议的“世宗和”秘书长温德利一行。“中宗和”秘书处还与“亚宗和”秘书处以及其他有关成员组织座谈。

5月31日至6月4日，全国政协副主席、全国工商联主席王钦敏率团赴俄罗斯出席第21届圣彼得堡国际经济论坛。代表团主要成员有中央纪委驻全国政协机关纪检组组长周新建，全国政协委员、全国工商联副主席徐冠巨，全国政协委员、全国工商联常委郑跃文等。论坛以“寻求全球经济新平衡”为主题，邀请印度为主宾国。印度总理莫迪、奥地利总理克恩、摩尔多瓦总统多东、德国副总理兼外长加布里尔等30余位外国政要，以及联合国秘书长、国际原子能机构总干事等国际组织负责人出席。王钦敏副主席出席论坛全会，在“中小企业生态系统对世界经济的影响”分论坛上致辞，会见俄保护企业权力总统全权代表兼中俄友好、和平与发展委员会俄方主席季托夫和俄中实业家理事会主席季姆琴科。王钦敏副主席积极评价中俄关系，宣介我中小企业发展成就，助推我中小企业“走出去”，为加强中俄工商界交流合作、推动两国关系发展作出贡献。

6月29日至30日，第十五次中欧圆桌会议在北京全国政协礼堂举行，主题是“做增长伙伴，促互利文明”。全国政协副主席、经社理事会主席杜青林与欧盟经济社会委员会主席达希斯分别率团与会。全国政协主席俞正声在政协礼堂会见欧方代表团，经社理事会主席杜青林陪同。杜青林还出席了开幕式并作主旨演讲，全国政协副秘书长、经社理事会副主席潘立刚主持闭幕式并致辞。经社理事会副主席张秋俭、王胜洪、徐振寰出席。与会代表就“坚持创新驱动，增强经济活力”“坚持公平包容，增进人民福祉”和“坚持务实合作，实现互利共赢”三个专题进行了讨论。闭幕式上，经社理事会与欧盟经济社会委员会签署联合声明。

9月6日至13日，应国际协会主席科拉多以及美国美中政策基金会主席王冀邀请，经社理事会副主席张秋俭率经社理事会代表团赴多米尼加参加国际协会第15次全体会议并访问美国。此次会议是国际协会两年一度的换届大会，38个成员组织约88名代表与会，国际劳工组织代表应邀参会。会议通过了新一届国际协会领导机构管委会组成，推选罗马尼亚经济社会理事会主席巴休出任国际协会主席（2017—2019 年），任命冈萨雷斯为国际协会秘书长。会议期间，代表团积极参与各项议程，就重要议题介绍经验，阐明观点。访美期间，代表团与美中政策基金会、布鲁金斯学会会谈。

【学习培训】

常委会学习讲座 2 月 29 日，政协十二届全国委员会常务委员会第十四次会议期间举行了学习讲座。中国气候变化事务特别代表、全国政协人口资源环境委员会副主任解振华应邀作了《维护气候安全，保障生态文明》的讲座。全国政协副主席杜青林、韩启德、帕巴拉·格列朗杰、董建华、万钢、林文漪、罗富和、何厚铧、张庆黎、李海峰、陈元、卢展工、王家瑞、王正伟、马飚、齐续春、陈晓光、马培华、刘晓峰、王钦敏出席会议。

6 月 24 日，政协十二届全国委员会常务委员会第十六次会议期间举行了学习讲座。全国政协副主席杜青林、董建华、万钢、林文漪、罗富和、张庆黎、李海峰、卢展工、王家瑞、王正伟、马飚、齐续春、陈晓光、马培华、刘晓峰、王钦敏出席会议。

8 月 31 日，政协十二届全国委员会常务委员会第十七次会议期间举行了学习讲座。国家海洋局局长王宏应邀作了《我国海洋经济发展现状及展望》的讲座。全国政协副主席杜青林、韩启德、董建华、万钢、林文漪、罗富和、何厚铧、张庆黎、李海峰、陈元、卢展工、周小川、王家瑞、王正伟、马飚、齐续春、陈晓光、马培华、刘晓峰、王钦敏出席会议。

11 月 1 日，政协十二届全国委员会常务委员会第十八次会议期间举行了学习讲座。国家能源局负责人应邀作了《全球能源转型与中国能源革命》的讲座。全国政协副主席杜青林、韩启德、董建华、林文漪、何厚铧、张庆黎、李海峰、陈元、卢展工、王家瑞、王正伟、马飚、齐续春、陈晓光、马培华、刘晓峰、王钦敏出席会议。

全国政协干部培训班 第 112 期和第 116 期在山东省青岛市举办，第 113 至第 115 期在全国政协干部培训中心（北戴河）举办。培训对象为省、市级政协主席、副主席，秘书长、副秘书长，专委会主任、副主任和全国政协机关干部以及省、市级政协机关干部。全国政协副主席王家瑞、王正伟、马培华、王钦敏分别于第 115 期和第 116 期、第 113 期、第 112 期、第 114 期干部培训班看望全体学员，与学员合影留念，出席开班式并作动员讲话。在全国政协机关党组和分管领导的坚强领导下，干部培训中心坚持不折不扣地贯彻落实党中央决策部署，组织学员深入学习贯彻党的十八届三中、四中、五中、六中全会精神和十九大精神，把学习贯彻习近平新时代中国特色社会主义思想作为重中之重，着力在学懂弄通做实上下功夫，引导学员牢固树立政治意识、大局意识、核心意识、看齐意识，在政治立场、政治方向、政治原则、政治道路上同以习近平同志为核心的党中央保持高度一致，确保干部培训始终沿着正确政治方向前进。根据全国政协机关党组研究审定的 2017 年干部培训教学计划，干部培训中心着力提高培训工作质量，在培训对象、课程设置、师资建设、培训方式等方面进行优化调整。一是提高培训层次，调整培训对象，增强培训对象的针对性。二是针对地方政协集中换届后新到政协工作的领导干部和委员较多的情况，增设政协委员履职课程。三是优化以客座讲授为主体的兼职教师队伍。四是综合运用兼职教学、实地调研、座谈讨论、双重管理、总结交流等方式，组织学员深入学习研讨新时代人民政协理论和实践问题，广泛交流各地政协履职的好经验好做法。通过学习培训，切实提高了学员的政治把握能力、调查研究能力、联系群众能力、合作共事能力。

地方政协干部（委员）培训班 第95期至第110期以及第112期、第114期在全国政协干部培训中心（北戴河）举办，第111期、第113期在山东省青岛市举办。培训对象为地方政协机关干部和政协委员。

【新闻宣传】

2017年，全国政协办公厅新闻局认真组织政协全体会议、主席会议、常委会议、双周协商座谈会、专题协商会、新年茶话会等重要会议活动的宣传报道工作。全年共组织各类新闻报道活动100余场，撰写新闻报道稿件110余篇。

组织全国政协十二届五次会议宣传报道工作 大会秘书处新闻组组织了开幕会、闭幕会和其他全体会议，中央领导同志到委员小组参加讨论、共商国是活动，委员小组和联组讨论，以及常委会议、主席会议、提案办理协商会、俞正声主席看望参加大会报道的新闻工作者等大会期间各项会议活动的新闻报道工作。在人民大会堂举办“两会”首场新闻发布会。大会新闻发言人王国庆向中外媒体介绍了大会有关情况，并在84分钟内回答了中外记者提出的18个问题，参会记者504名，各方反应积极热烈。举办3场记者会，分别为“政协委员谈促进经济平稳健康发展”“政协委员谈坚定文化自信讲好政协故事”和“政协委员谈惠民生”，共有1100名记者到会采访。加强记者服务和管理，制定《全国政协十二届五次会议记者管理办法》，保障采访报道工作平稳有序开展，采访记者合计3336名，其中内地记者1808名，外国记者1177名，港澳台记者351名。精心做好对外宣传报道，积极展示大会风貌和良好国家形象。加强舆情分析研判，及时发现苗头性、倾向性问题，稳妥应对，措施果断，避免形成游离于大会主题之外的舆论热点。

组织实施全国政协重要会议活动的宣传报道工作 做好常委会议和专题协商会报道工作，在做好程序性报道基础上，根据各媒体不同特点提前策划沟通，鼓励创新报道内容和形式。在《人民日报》《光明日报》《人民政协报》上刊发大会发言摘登，中央电视台加大对大会发言和小组讨论的报道力度，新华社、《光明日报》、《人民政协报》等媒体增加现场报道内容。2017年新闻局共组织16次双周协商座谈会的宣传报道。继续探索报道方式的制度化、规范化、程序化，着力提高报道实效。根据会议主题和保密程度，制定相应报道方案，组织中央主要新闻媒体专题宣传双周协商座谈会，实现充分报道。完成了“无障碍环境建设”双周协商座谈会的网络录播工作，围绕符合网络新媒体传播规律、提高传播实效要求制作了委员发言小视频，为改进录播工作提供了宝贵经验。做好政协对外宣传工作，组织全国政协领导同志外事会见及港澳台交流活动等22场报道，坚持国家站位、树立全球视野，讲好政协履职故事，塑造人民政协良好形象，不断增强国际传播能力建设。做好政协委员典型事迹报道工作，落实全国政协领导指示精神，策划组织中央新闻媒体分别赴宁夏、贵州深入采访党彦宝委员和许家印常委在扶贫攻坚中的履职实践和积极成果。

组织实施第二十二届全国政协好新闻评选工作 第二十二届全国政协好新闻评选活动由全国政协办公厅主办，评选范围为2014年6月1日至2017年3月31日期间发表的以宣传统一战线和人民政协为主要内容的新闻作品。评选活动共收到57个参评单位推荐的213件作品。全国政协好新闻评选委员会按照评选办法和评选程序共评出获奖作品78件，3个参评单位获得组织奖。其中，特别奖作品1件，一等奖作品19件，二等奖作品30件，三等奖作品28件。获奖作品广泛深入地宣传了中国共产党领导的多党合作和政治协商制度，生动展现了人民政协围绕党和国家中心工作履行政治协商、民主监督、参政议政职能的生动实践和广大政协委员的履职风采，突出宣传了人民政协协商民主建设取得的丰硕成果。作品弘扬主旋律，释放正能量，突出政协特色，取得了良好的社会影响。

【社会团体】

中国经济社会理事会 一年来，中国经济社会理事会在全国政协直接领导下，在杜青林主席悉心指导下，在全体理事共同努力和各方面大力支持下，聚焦党和国家中心工作，着眼国内国际两个大局，积极发挥优势，认真履行章程，圆满完成各项任务，取得新的成绩和进步。

一、加强思想政治建设，把握正确的发展方向

坚持把学习贯彻习近平新时代中国特色社会主义思想和党的十九大精神作为首要政治任务，在学懂弄通做实上下功夫。旗帜鲜明讲政治，增强“四个意识”、坚定“四个自信”，自觉维护以习近平同志为核心的党中央权威和集中统一领导，进一步筑牢同以习近平同志为核心的党中央保持高度一致的思想根基，坚定自觉地把党中央决策部署落到实处。深入学习领会习近平总书记关于加强和改进人民政协工作的重要思想，切实贯彻到理事会工作的各方面和全过程，坚定不移走中国特色社会主义政治发展道路。牢固树立大局意识，自觉从政治上研究和把握问题、从党和国家工作全局分析思考问题，把十九大精神转化为做好工作的科学思路和务实举措。结合经社理事会实际，围绕习近平总书记关于经济建设、社会建设、生态建设和对外工作的重要思想确定年度重点任务，在对外交往中深入阐释“一带一路”、人类命运共同体理念，把习近平总书记关于做好调查研究、加强作风建设的要求切实转化为思想自觉和行动自觉。

二、积极议政建言，更好服务党和政府科学决策

坚持履职为民，强化问题导向，围绕坚决打好防范化解重大风险、精准脱贫、污染防治的攻坚战，围绕人民群众生产生活问题，围绕改革发展稳定问题，以提高建言质量为着力点，在提供切实、有效、管用的政策建议上下功夫、见实效。

（一）认真组织开展专题调研。2017年是实施“十三五”规划的重要一年和推进供给侧结构性改革的深化之年。经社理事会紧扣全国政协重点工作，在广泛征求理事意见的基础上确定了特色农产品优势区建设、破解实体经济运行成本过高、绿色金融推动农林产业发展、特色小镇建设、知识产权交易平台建设、网约自行车规范发展、民企参与国际产能合作等7项课题研究，共开展15次调研，召开49次座谈会，所提出的意见建议得到领导同志和有关部门的高度重视，有的建议已转化为实实在在的成果，为推动一些地方的经济发展和民生改善作出了积极贡献。

（二）成功举办“2017年中国经济社会论坛”。以“推进‘一带一路’建设，促进经济社会繁荣发展”为主题，与上海市政协共同主办年度论坛，杜青林主席出席并作主旨讲话，强调要深刻领会“一带一路”建设的重大意义，深入研究“一带一路”建设规律，促进务实合作，讲好丝

路故事，在规划衔接、政策沟通、机制设计等方面更好建言献策，积极推动“一带一路”国际合作高峰论坛成果落实，得到与会各方热烈反响。30多位理事、专家学者就绿色丝路、数字丝路、人文交流、企业主体作用、法治化建设等内容，从不同角度、不同侧面提出了许多有价值、有分量的意见建议。

（三）合作举办专题论坛。与国际清洁能源论坛在澳门合作举办“第六届国际清洁能源论坛”，就如何发挥澳门及粤港澳大湾区的特殊优势，推进绿色“一带一路”建设、推动清洁能源和节能环保等领域的国际合作进行研讨。理事会副主席出席并致辞，相关理事主持峰会或作主题发言，积极宣介习近平总书记生态文明建设重要思想，推动经社理事会与各方在绿色发展方面深化交流合作。

三、深化对外交往，更好服务国家外交大局

围绕国家外交工作总体部署，加强统筹谋划，精心组织实施，坚持双边交流与多边合作并进、请进来与走出去结合，对外交往活动日益活跃，不断向深度和广度拓展。

（一）积极开展双边交往。先后接待国际协会秘书长温杜里尼、科特迪瓦经济社会理事会主席迪比、法国经济社会环境理事会欧洲和国际事务部主任冈巴塞雷斯、希腊经济社会理事会主席韦尔尼科斯来访。在会见会谈中，理事会积极宣介十八大以来党和国家事业的历史性变革、历史性成就，介绍社会主义协商民主，增进国际社会对中国特色社会主义道路的理解和支持；交换对双边关系、国际形势和地区热点问题的看法，就深入推动“一带一路”建设和相关领域合作形成诸多共识，达到了增进了解友谊、促进共同发展的目的；介绍各自组织的职能定位，交流机构建设的经验做法，就经济社会理事会这一组织如何在促进国家发展和密切双边关系中更好发挥作用进行深入探讨，明确双方今后加强交流合作的主要方向和重点领域。

（二）稳步推进中欧圆桌会议机制。成功主办第十五次中欧圆桌会议，这是本届中国经济社会理事会和新一届欧盟经社委员会在中国举办的首次会议，又适逢圆桌会议机制启动10周年，具有重要意义。会议以“做增长伙伴，促互利文明”为主题，旨在落实中欧领导人达成的重要共识，推动中欧开放发展、创新合作和发展战略对接，并在英国脱欧的背景下发出保持中欧关系稳定发展并持续巩固的积极信号，给予欧方巨大支持。全国政协主席俞正声会见与会欧方代表，杜青林主席出席开幕式并发表主旨演讲。

（三）深化智库交流。深入学习贯彻习近平总书记关于人民政协对外工作的指示精神，大力推进智库交往。派代表团访问美国，与美中政策基金会、布鲁金斯学会等知名智库进行座谈，双方就中美关系交换意见，围绕“高端智库如何服务于国家战略，如何对国内和国际政策提供意见建议”议题深入交流。接待由法国6家知名智库组成的联合代表团访华，双方就企业和地方债务、人民币国际化、对外投资监管以及中欧关系、美欧关系等问题进行了互动交流。在座谈交流中，我们注重了解欧美智库的管理运行方式，借鉴其发展经验，为经社理事会高端智库建设提供参考。

（四）增强在多边组织内的话语权和影响力。理事会代表团出席国际协会第15次全体会议，通过有理有节的工作，再次当选新一届管委会成员，有效维护了我领导机构成员地位。与联合国经社理事会高层会面，围绕可持续发展议题和未来合作事宜深入交流，进一步丰富和完善多边合作架构。

理事会还注重做好公共外交工作，与教育部、上海市政协共同举办“犹太难民与上海史料展”北京高校巡展，向青年学生传播友善包容精神，搭建和平友谊的桥梁。

四、加强自身建设，努力提升工作质量和实效

一是落实全面从严治党要求，加强党的建设。坚持全国政协党组的领导，紧扣全国政协重点工作协商议政。发挥好理事会主席办公会议把方向、议大事、管大局的作用，不断增强工作的科学性、预见性、主动性。深入研究智库、社团组织党建工作规律，坚持党建工作和业务工作一起谋划、一起部署，在调研、接待来访、出访等工作团队中设立临时党小组，做到党的工作进展到哪里，党的组织就覆盖到哪里。加强作风建设和纪律约束，严格遵守中央八项规定和实施细则，提高工作制度化、规范化水平。

二是开好年度会议，加强工作统筹谋划。成功举办第四届中国经济社会理事会第四次会议。杜青林主席出席并作主旨讲话，对理事会四届三次会议以来的工作给予充分肯定，强调理事会要把深入学习贯彻习近平总书记重要讲话精神和治国理政新理念新思想新战略作为重大政治任务，要更加坚定地坚持中国共产党的领导，更加主动地为促进经济平稳健康发展资政建言，更加积极地为推动民生改善献计出力，更加广泛地开展对外交往工作，更加自觉地加强理事会自身建设，勇于担当，扎实工作，努力以优异成绩迎接中共十九大胜利召开。会议增补潘立刚同志为第四届中国经济社会理事会理事、常务理事、副主席，安排分组讨论和大会发言，并邀请相关理事就“世界经济发展大趋势及中国的作用”作学习讲座。

三是加强学习借鉴，不断提升履职能力和水平。深入学习贯彻习近平总书记关于社会团体、智库建设的重要思想，先后主动走访了商务部国际贸易经济合作研究院、中国民间组织国际交流促进会等单位，就如何加强智库建设、发挥社团组织作用、做好党建工作进行座谈交流，就双方可能开展的合作进行深入探讨。推动与政府部门、研究机构的机制化交流，加强信息共享和联合研究，进一步丰富工作成果。

四是规范宣传载体，不断扩大社会影响力。按照全国政协机关统一部署进行网站整合，与人民政协网已实现统一对外出口、统一后台管理、统一安全保障。进一步完善中国经社理事会网站的功能及内容，更加及时准确地宣传广大理事的研究成果，更加生动全面地展示理事会的工作全貌。进一步明确《中国经济社会论坛》杂志定位，坚持正确的办刊方向，加强审核把关和资源整合，努力提升办刊质量。

回顾一年来的工作，我们的体会是：做好理事会工作，必须坚持以政治建设为统领，把维护以习近平同志为核心的党中央权威和集中统一领导作为明确的政治准则和根本的政治要求，自觉在思想上、政治上、行动上同以习近平同志为核心的党中央保持高度一致。必须坚持围绕中心、服务大局，自觉在大局下想问题、做工作，围绕落实党中央提出的重大思想观点、重大战略部署、重大工作举措进行谋划部署，明确主攻方向，打造优势特色，彰显责任担当。必须立足自身功能定位，明确主责主业，聚焦重点领域、抓住关键环节，找准工作切入点和着力点，着力提升研究能力和水平，多建睿智有用之言。必须积极发挥理事主体作用，在严格按章程规范履职活动的同时，要更多了解每位

理事的特点和专长，把功夫更多用在平时，以更好为理事发挥作用提供平台。

我们也清醒认识到，理事会工作仍存在问题和不足，主要是调研质量和实效需进一步提升、联系和服务理事的办法还不够多、理事主体作用发挥不够等，都需要认真研究，并在今后工作中切实加强和改进。

2018 年，我们要坚持以习近平新时代中国特色社会主义思想为指引，以饱满的精神状态推动各项工作顺利进行，着力组织好“2018 年中国经济社会论坛”和六项调研活动，切实完成好出席国际协会年会、主办中非圆桌会议等重要任务，锐意进取、扎实工作，全面推动中国经济社会理事会事业再上新台阶，更好服务十三届全国政协工作大局，为实现“两个一百年”宏伟目标、实现中华民族伟大复兴的中国梦而努力奋斗！

中国宗教界和平委员会 2017 年，中国宗教界和平委员会（“中宗和”）全面贯彻中共十八大和十九大精神，深入学习习近平新时代中国特色社会主义思想，贯彻落实中央关于宗教工作重大决策部署和全国宗教工作会议精神，服务国家外交大局，围绕全国政协中心工作，在全国政协领导下，在党政有关部门及全国性宗教团体的支持下，在“中宗和”各位委员的辛勤努力下，积极促进各宗教团结和睦，发挥全国政协对外交往重要平台的作用，拓展与国际跨宗教和平组织的友好往来，提升在国际宗教领域的话语权和影响力，圆满完成了各项工作任务。

一、召开“中宗和”四届四次全体会议

2017 年 3 月，“中宗和”第四届第四次全体会议在北京召开。全国政协副主席、“中宗和”主席、中国佛教协会名誉会长帕巴拉·格列朗杰发表了书面讲话。会议审议通过了“中宗和”2016 年度工作总结及常务副主席、副主席调整事项，通报了 2017 年度工作要点及委员增补和副秘书长任免事项。全国政协民族和宗教委员会驻会副主任、“中宗和”顾问晓敏，全国政协外事委员会副主任、“中宗和”顾问王胜洪，以及中央统战部、国家宗教事务局有关部门负责人出席会议。会议由傅先伟主持，晓敏代表全国政协办公厅讲话。

二、在中日邦交正常化 45 周年之际，接待“日宗和”代表团访华

8 月，应“中宗和”邀请，世界宗教和平组织——日本分会（“日宗和”）主席庭野日旷率日本宗教界代表人士及“亚宗和”秘书长根本信博等一行 27 人的代表团访华，这是双方签署交流机制协议后的首次访问活动。

十二届全国政协副主席马飚会见“日宗和”代表团，强调 2017 年是中日邦交正常化 45 周年、2018 年是《中日和平友好条约》缔结 40 周年，这对中日关系而言既是回顾历史、总结经验教训的重要节点，也是继续改善和发展的重要机遇。两国关系长期稳定健康发展是两国民心所向，符合两国利益，对亚洲乃至世界和平稳定繁荣也具有重要意义，希望中日宗教界通过“中宗和”与“日宗和”的平台，弘扬传统友谊，加强交流，增进理解，促进两国人民世代友好。

“日宗和”主席庭野日旷及日方人员均表示，此次访华意义重大、收获颇丰、深受启发，对中国宗教信仰自由及多民族、多宗教和睦相处、团结交流的情况印象深刻，对中国经济社会迅速发展和文明程度感到钦佩，“日宗和”愿继承和发扬两国宗教界传统友谊，为推进两国关系友好发展及亚洲的和平稳定作出积极努力。

三、访问美国、秘鲁，与“世宗和”

高层深入会谈

3月，“中宗和”代表团访问美国、秘鲁。代表团与世界宗教和平会议（“世宗和”）高层就双方合作事宜深入会谈，广泛接触秘鲁宗教界人士，通过交流研讨，促进相互了解。

“世宗和”秘书长温德利表示原则同意中方对已有的《会议纪要》改为《谅解备忘录》的建议，并对“中宗和”希望加入“世宗和”世界理事会的愿望表示欢迎。代表团首访“拉美地区宗和”“秘鲁宗和”，介绍“中宗和”组织结构和开展促进各宗教团结和睦、对外友好往来等工作情况，走访多处宗教活动场所，与两组织主要成员举行研讨会，围绕反对宗教极端主义、可持续发展等议题阐述中国主张。

四、访问菲律宾、斯里兰卡

12月，以“中宗和”副主席傅先伟为团长，委员卓新平、明海等组成的代表团访问菲律宾、斯里兰卡，与“菲宗和”“斯宗和”领导层工作会谈，与两国佛教、伊斯兰教、天主教、基督教、印度教代表围绕不同文明和信仰间对话、促进社会和谐进行座谈，走访宗教活动场所、宗教院校和慈善机构，促进相互了解，深化传统友谊，为推动“中宗和”与两组织合作打好基础。

代表团重点宣介中共十九大精神，表示中国宗教界支持“一带一路”倡议和构建新型国际关系、共建人类命运共同体等理念，愿通过宗教文化交流、学术研究等促进各国人文交流、民心相通；善于发声，有理有据地针对外方提出的敏感问题答疑解惑，介绍我国民族构成、民族政策和民族区域自治制度。

五、出席东北亚和平国际研讨会、“亚宗和”妇女委员会会议

7月，“中宗和”副秘书长阿地里江·阿吉克里木、刘元龙等出席在韩国举行的东北亚和平国际研讨会。中方代表踊跃发言，重点介绍我国各宗教多元共存、和睦相处的良好局面，阐述中国对于化解危机、建立持久和平的理念。

同月，“中宗和”委员金蔚参加在菲律宾举行的“亚宗和”妇女委员会会议，介绍中国政府在打击贩卖人口方面的措施和取得的成就，获得与会者热烈反响。

六、倡议和平祈祷、加强委员联谊

在中国人民抗战胜利暨世界反法西斯战争胜利72周年之际，倡议各全国性宗教团体组织和平祈祷活动。全国性宗教团体积极响应，举行了不同形式的祈祷活动，弘扬爱国主义、倡导和平精神，展现了中国宗教界爱国爱教、维护世界和平的良好形象。

十二届全国政协副秘书长常荣军代表全国政协办公厅分别看望“中宗和”负责人和委员，交流学习贯彻中共十九大精神体会，听取对“中宗和”工作的意见和建议。

中国人民政协理论研究会 中国人民政协理论研究会在全国政协机关党组领导下，按照全国政协2017年度工作总体部署，制订并组织实施年度理论研究计划，开展人民政协理论宣传工作，扎实推进人民政协理论研究工作。

一、制订并组织实施2017年度理论研究计划

理论研究会围绕党和国家中心工作与全国政协的年度重点任务，制订《2017年度人民政协理论研究计划》，发布9项研究课题，引导和鼓励各会员单位和理事积极开展理论研究。其中，有4项课题被纳入国家社会科学基金项目2017年度课题指南。

全国政协机关党组进一步加强理论研究工作，首次制订并组织实施机关党组年度理论研究计划，从理论研究会年度计划

9项课题中选定6项课题，作为机关党组的年度理论研究课题。机关党组专门成立由全国政协副主席兼秘书长、机关党组书记张庆黎同志任组长的领导小组，组织机关领导班子成员和机关干部认领课题、参加理论研究。2017年末，机关党组6项研究课题按计划全部结题，研究成果编印全国政协机关党组2017年度人民政协理论研究计划成果汇编，收录研究报告、论文9篇，近8万字。全国政协机关党组制订并组织实施年度理论研究计划，有效推动了理论研究会年度理论研究计划的组织实施和理论研究工作。

二、举办2017年度理论研讨会

9月，理论研究会在广西壮族自治区南宁市举办2017年度人民政协理论研讨会，会议主题为“党的十八大以来人民政协的创新实践”。全国政协副主席兼秘书长、中国人民政协理论研究会会长张庆黎同志出席会议并讲话，就深入学习贯彻习近平总书记关于人民政协工作的重要思想，努力把人民政协理论建设提高到新水平提出要求。与会者紧紧围绕会议主题进行交流研讨，分享人民政协理论研究成果和创新实践经验。理论研究会副会长刘佳义、舒启明、卞晋平、陈惠丰、顾伯平、张宏志、杨克勤等7位同志，各省、副省级市政协主要负责同志及理论研究会部分理事、专家学者共150余人出席。会议共征集论文94篇，《人民日报》、新华社、《人民政协报》《中国政协》杂志等媒体对研讨会进行宣传报道。研讨会主要成果以综述形式报送全国政协领导参阅，优秀论文编入《中国政协·理论研究》和年度论文集。

11月，深圳市政协和人民政协报社在深圳市联合举办“学习贯彻党的十九大精神，总结推进政协工作实践创新”理论研讨会。理论研究会作为会议指导单位，委派副会长刘佳义、顾伯平同志出席会议。

三、做好人民政协理论宣传工作

编辑出版《中国政协·理论研究》4期，刊发53篇理论文章。编辑出版年度论文集（上、下篇），收录论文110篇。严把稿件的政治关和质量关，着力提高《中国政协·理论研究》办刊水平和年度论文集选编质量，努力打造宣传展示人民政协理论成果、总结交流人民政协履职经验的重要平台。加强与人民政协报社、中国政协杂志社、人民政协网等媒体的联系与合作，主动邀请有关媒体参加研究会活动，宣传报道研究会工作。及时更新研究会网站信息，推荐理论研究成果。加强对地方政协理论研究工作的指导，宣讲人民政协理论研究最新成果。

四、不断加强理论研究会自身建设

理论研究会始终把思想建设作为首要任务。把牢固树立“四个意识”，在思想上、政治上、行动上始终同以习近平同志为核心的党中央保持高度一致，作为研究会工作的根本遵循。

理论研究会把做好理事和会员单位的联系服务工作，作为加强自身建设的重要内容。在日常工作中，充分发挥理事作用，征求理事的意见，安排理事参加理论研讨活动、列席全国政协全体会议，为理事更好开展工作创造条件。编印《中国人民政协理论研究会通报》1期，及时向会员单位和理事通报会内重要情况和领导讲话精神。

五、2017年度人民政协理论研究计划课题清单

（一）中国人民政协理论研究会2017年度人民政协理论研究计划

1. 以习近平同志为核心的党中央关于人民政协的新思想新观点新举措研究

2. 中国共产党对人民政协领导的实

现形式研究

3. 准确把握人民政协性质定位研究

4. 人民政协依章程发挥民主监督作用研究

5. 人民政协协商民主实践创新研究

6. 人民政协与加强中国特色新型智库建设研究

7. 更好发挥人民政协界别作用研究

8. 人民政协履职工作创新实践研究

9. 人民政协思想史研究

（二）全国政协机关党组 2017 年度人民政协理论研究计划

1. 以习近平同志为核心的党中央关于人民政协的新思想新观点新举措研究

2. 中国共产党对人民政协领导的实现形式研究

3. 准确把握人民政协性质定位研究

4. 人民政协依章程发挥民主监督作用研究

5. 更好发挥人民政协界别作用研究

6. 人民政协履职工作创新实践研究

【重要活动】

承办“亚宗和”2017 年度执委会

2017 年 5 月，“中宗和”在北京承办并组团参加亚洲宗教和平会议（简称“亚宗和”）2017 年度执委会会议，这是“中宗和”继 2010 年后第二次承办该会，“亚宗和”21 个国家成员组织的执委或代表近 60 人与会。

十二届全国政协主席俞正声会见外方主要参会人员，介绍我国宗教信仰自由政策，高度重视发挥宗教界在促进经济社会发展中的积极作用，支持“中宗和”与世界性、区域性以及各国跨宗教和平组织的友好交往，希望“亚宗和”作为多宗教、多文化、多民族的平台，弘扬包容互鉴精神，广泛凝聚宗教智慧与力量，共同促进地区和世界和平与发展。全国政协领导的会见极大提升了会议政治规格、丰富了会议内涵。外方对中国领导人会见并亲自介绍有关情况感到十分荣幸和意义重大，认为这充分体现了中国政府对宗教界的重视、对宗教和平事业的支持。

“中宗和”代表团参与各项议程讨论，积极发言宣介我方观点，介绍我国宗教界在尊重宗教多样性、促进跨宗教交流、培养青年宗教界人士等方面的经验；与来华参会的“世宗和”秘书长温德利多次商谈，就加强双方合作进行沟通；与应邀列席会议的越南、老挝宗教界代表正式会谈，介绍“中宗和”参与“世宗和”历史、现行机制架构、工作情况和经验；进行多场双边工作会谈及交流，深化与有关组织的友好交往。作为“亚宗和”发展与环境委员会主席方，“中宗和”在执委会正式会议前举办了题为“环境保护与宗教界人士的责任”研讨会，丰富了执委会内容。“亚宗和”秘书处及与会外方代表一致表示此次会议规范有序、组织严谨、服务周到、气氛融洽、圆满成功。

组 织 情 况

中国人民政治协商会议第十二届全国委员会委员调整界别名单

（1人）

（2017年1月20日政协第十二届全国委员会第五十三次主席会议通过）

王志民由特别邀请人士界调整到特邀澳门人士界。

关于撤销黄红云、田伟、侯小勤中国人民政治协商会议第十二届全国委员会委员资格的决定

（2017年2月28日政协第十二届全国委员会常务委员会第十九次会议追认）

鉴于黄红云、田伟、侯小勤严重违纪，根据中共中央建议，依照《中国人民政治协商会议章程》和《政协全国委员会常务委员会关于授权主席会议对违纪违法政协委员及时作出处理的决定》，政协第十二届全国委员会第五十二次、五十四次主席会议分别作出了撤销黄红云和田伟、侯小勤中国人民政治协商会议第十二届全国委员会委员资格的决定，并已向社会公布，现予以追认。

中国人民政治协商会议第十二届全国委员会委员增补名单

（4人）

（2017年2月28日政协第十二届全国委员会常务委员会第十九次会议通过）

（按姓氏笔画排序）

尚福林　　徐绍史　　高虎城　　梁振英

中国人民政治协商会议
第十二届全国委员会专门委员会副主任增补名单

（5人）

（2017年2月28日政协第十二届全国委员会常务委员会第十九次会议通过）

增补：

尚福林同志为经济委员会副主任；

徐绍史同志为人口资源环境委员会副主任；

张连珍同志（女）为教科文卫体委员会副主任；

徐敬业同志为社会和法制委员会副主任；

高虎城同志为港澳台侨委员会副主任。

关于免去郑立中中国人民政治协商会议
第十二届全国委员会常务委员、港澳台侨委员会副主任职务，
撤销其委员资格的决定

（2017年2月28日政协第十二届全国委员会常务委员会第十九次会议通过）

鉴于郑立中严重违纪，根据中共中央建议，依照《中国人民政治协商会议章程》及有关规定，政协第十二届全国委员会常务委员会第十九次会议决定，免去郑立中中国人民政治协商会议第十二届全国委员会常务委员、港澳台侨委员会副主任职务，撤销其中国人民政治协商会议第十二届全国委员会委员资格。

关于免去孙怀山中国人民政治协商会议
第十二届全国委员会常务委员、港澳台侨委员会主任职务，
撤销其委员资格的决定

（2017年3月10日政协第十二届全国委员会常务委员会第二十次会议通过）

鉴于孙怀山涉嫌严重违纪，根据中共中央建议，依照《中国人民政治协商会议章程》及有关规定，政协第十二届全国委员会常务委员会第二十次会议决定，免去孙怀山中国人民政治协商会议第十二届全国委员会常务委员、港澳台侨委员会主任职务，撤销其中国人民政治协商会议第十二届全国委员会委员资格。

关于撤销马世侠中国人民政治协商会议第十二届全国委员会委员资格的决定

（2017 年 3 月 10 日政协第十二届全国委员会常务委员会第二十次会议通过）

鉴于马世侠涉嫌犯罪，根据中共中央建议，依照《中国人民政治协商会议章程》及有关规定，政协第十二届全国委员会常务委员会第二十次会议决定，撤销马世侠中国人民政治协商会议第十二届全国委员会委员资格。

中国人民政治协商会议第十二届全国委员会增选副主席名单

（2017 年 3 月 13 日政协第十二届全国委员会第五次会议选举）

梁振英

关于撤销孔庆平中国人民政治协商会议第十二届全国委员会委员资格的决定

（2017 年 6 月 28 日政协第十二届全国委员会常务委员会第二十一次会议追认）

鉴于孔庆平严重违纪，根据中共中央建议，依照《中国人民政治协商会议章程》和《政协全国委员会常务委员会关于授权主席会议对违纪违法政协委员及时作出处理的决定》，政协第十二届全国委员会第五十八次主席会议作出了撤销孔庆平中国人民政治协商会议第十二届全国委员会委员资格的决定，并已向社会公布，现予以追认。

中国人民政治协商会议第十二届全国委员会委员增补名单

（3 人）

（2017 年 6 月 28 日政协第十二届全国委员会常务委员会第二十一次会议通过）

（按姓氏笔画排序）

李建华　　杨小波　　舒启明

中国人民政治协商会议
第十二届全国委员会副秘书长任免名单

（3 人）

（2017 年 6 月 28 日政协第十二届全国委员会常务委员会第二十一次会议通过）

舒启明同志为政协第十二届全国委员会副秘书长；
张秋俭（女）、林智敏（女）同志不再担任政协第十二届全国委员会副秘书长。

中国人民政治协商会议
第十二届全国委员会专门委员会主任增补名单

（1 人）

（2017 年 6 月 28 日政协第十二届全国委员会常务委员会第二十一次会议通过）

增补：
杨衍银同志（女）为港澳台侨委员会主任。

中国人民政治协商会议
第十二届全国委员会专门委员会副主任任免名单

（4 人）

（2017 年 6 月 28 日政协第十二届全国委员会常务委员会第二十一次会议通过）

李建华同志为提案委员会副主任；
张秋俭同志（女）为教科文卫体委员会副主任；
杨小波同志为民族和宗教委员会驻会副主任；
晓敏同志（女）不再担任民族和宗教委员会驻会副主任。

中国人民政治协商会议
第十二届全国委员会专门委员会委员增补名单

（1人）

（2017年6月26日政协第十二届全国委员会第六十次主席会议通过）

增补：

晓敏同志（女）为民族和宗教委员会委员。

关于撤销阿布里米提·艾合买托合提中国人民政治协商会议第十二届全国委员会委员资格的决定

（2017年8月30日政协第十二届全国委员会常务委员会第二十二次会议追认）

鉴于阿布里米提·艾合买托合提涉嫌犯罪，根据中共中央建议，依照《中国人民政治协商会议章程》和《政协全国委员会常务委员会关于授权主席会议对违纪违法政协委员及时作出处理的决定》，政协第十二届全国委员会第六十三次主席会议作出了撤销阿布里米提·艾合买托合提中国人民政治协商会议第十二届全国委员会委员资格的决定，并已向社会公布，现予以追认。

关于接受李军同志请辞中国人民政治协商会议第十二届全国委员会委员的决定

（2017年8月30日政协第十二届全国委员会常务委员会第二十二次会议通过）

李军委员提出，因工作原因，请求辞去政协第十二届全国委员会委员。政协第十二届全国委员会常务委员会第二十二次会议根据政协章程第二十八条的规定，接受李军委员的请辞。

机　关　建　设

中央纪委驻全国政协机关纪检组工作 2017年，驻全国政协机关纪检组在中央纪委的直接领导和全国政协党组、机关党组的大力支持下，聚焦主责主业，扎实开展监督执纪问责工作，取得新进展新成效。

一、深入学习贯彻党的十九大精神，用习近平新时代中国特色社会主义思想武装头脑

将迎接十九大、学习宣传十九大作为重要政治任务。组织全体同志集中观看习近平总书记作十九大报告的现场直播，及时传达学习会议精神，制定《纪检组党支部关于学习贯彻党的十九大精神的工作方案》，对学习贯彻作出专门安排。一是原原本本学，把十九大报告、党章修正案、《习近平谈治国理政》第二卷和十八届中央纪委向党的十九大作的工作报告作为学习重点，读原著、学原文、悟原理。二是以上率下学，组长、副组长分别参加中央纪委、政协机关组织的集中封闭学习，他们回组内学习时，带头畅谈体会。三是集中脱产学，全组同志分成两批进行三天脱产集中学习。通过深入不断学习，切实提高了思想认识和理论水平，做到了入脑入心，有力指导了工作。

二、旗帜鲜明讲政治，进一步严明政治纪律和政治规矩

牢固树立“四个意识”，与以习近平同志为核心的党中央保持高度一致，坚决维护党中央权威和集中统一领导。全国政协原常委、港澳台侨委员会原主任孙怀山严重违纪违法，中央给予其开除党籍开除公职处分。通报下发后，全国政协党组、机关党组迅速组织传达学习，纪检组积极参与并督促做好有关工作。一是积极配合中央纪委专案组、检察机关做好谈话、查封扣押涉案物品、调查取证等工作。二是及时向机关党组提出工作建议，充分利用孙怀山反面典型，开展警示教育，达到分清是非、提高觉悟、肃清影响的目的，进一步严明政治纪律和政治规矩。三是认真传达学习中央关于孙怀山在党内搞团团伙伙问题及其教训警示的通报和处分决定，两次召开党支部专题组织生活会，从孙怀山案件中吸取经验教训，联系身边事、具体事，研究丰富监督手段、拓宽监督渠道，进一步提高派驻监督实效。

三、全程参与巡视整改，在参与中履职尽责

中央第五巡视组反馈巡视意见后，纪检组在认真履职的同时，全程参与政协机关巡视整改工作。一是认真办理巡视组移交的问题线索。对移交的77件信访件已办结72件，部分办结5件，办结率93.5%。二是全程参与巡视整改工作。直接参与政协机关清理经办企业脱钩工作。派一名副组长和一名局级干部参与其中，深入了解情况，全程进行监督，使脱钩工作规范有序推进。三是配合做好政协机关“庸懒散松”专项集中整治工作。派一名副组长参与其中，督促各部门进一步规范工作，改进工作作风。主动把自己摆进去，查摆本组在“庸懒散松”方面存在的问题和薄弱环节，明确整改措施、牵头人和进度要求，抓好工作落实，切实改进工作。

四、持之以恒纠正“四风”，确保中央八项规定精神落地生根

坚持经常抓、抓经常，久久为功，锲而不舍纠正“四风”。一是及时传达学习中办印发的总书记关于进一步纠正“四

风”、加强作风建设的重要批示，以“认真学习贯彻党的十九大精神和习近平总书记重要批示精神，提高政治站位，忠诚履职，严格监督执纪问责”为题召开工作务虚会，进一步拓宽工作思路。二是紧盯重要节点、关键岗位和重点工作，在元旦、春节等重要节点，会同机关党委、纪委在节前发通知提醒，节中抽查，节后督促自查。平时针对政协机关会议活动多、视察调研多、出国（境）团组多等特点，对关键岗位和重点工作早打招呼，加强监督。三是扎实开展“回头看”，走访政协机关有关部门，与部分同志进行个别访谈，深入了解中央八项规定精神落实情况、存在问题等，有针对性地制定防范措施。推动机关党组对落实中央八项规定精神实施细则进行第三次修订。

五、在政协大会期间认真履职，抓好会风会纪督查工作

全国政协十二届五次会议上，纪检组继续牵头组成会风会纪督查组，在大会秘书处统一领导下开展工作。一是严明纪律，完善机制。修订印发改进会风严肃会纪“七条措施”，特别是加上了会议期间不准酗酒的内容。在相关工作组和各委员驻地设立由局级干部担任的工作联络员，在政协机关和各驻地设置意见箱、公布举报电话，随时接受来信来电，开展全覆盖实地督查，实行每天“零报告”制度。督查员随身佩戴颜色醒目的工作证，到驻地督查时坚持听一场小组讨论、用一次驻地工作餐，让与会人员知晓督查员就在身边，近距离传导压力。二是动真格提醒通报。针对出席大会请假不及时、迟到、中途退场等违反会风会纪的情况，提醒 24 人，通报 21 人，产生了较大的警示作用，社会反响良好。三是及时处置苗头性问题。通过各方共同努力，大会自始至终风清气正。

六、强化监督执纪问责工作，切实发挥派驻监督作用

结合政协机关实际，夯实管党治党主体责任，不断提升派驻监督工作实效。一是推动政协机关把每年召开党风廉政建设工作会议上升为一项制度性安排。2017 年 4 月推动机关召开党风廉政建设工作会议，要求机关各基层党组织以更加坚决的态度、更加有力的措施，严格落实主体责任和监督责任。二是持续露面发声、传导压力。组领导利用出席秘书长碰头会、秘书长办公会、机关党组会、机关党委扩大会等机会，及时传达通报中央精神和中央纪委工作部署，对各室局党组织落实主体责任提出具体要求，层层传导压力。三是紧抓“关键少数”，强化日常监督。开展廉政谈话工作，重点与新任职、转任实职的局级干部谈话，根据干部的不同情况提出具体要求。全年谈话 44 人次，取得良好效果。严把干部政治关、廉洁关，回复政协机关出席党的十九大代表候选人和中直机关党代表推荐人选，以及政协机关干部任用、评选先进等事项廉政意见 84 人次，回复干部出国（境）廉政意见 25 人次，把监督责任落到实处。四是有效运用“四种形态”，做好执纪审查工作。准确把握“树木”与“森林”的关系，正确运用监督执纪“四种形态”。在执纪审查过程中，对严重违纪问题坚决查处、绝不放过，既追究当事人的直接责任，也对失职失责的党组织强化问责。同时充分体现党的政策，注重宽严相济、区别对待。五是督促抓好制度建设。2017 年政协机关共制定修订规章制度 62 项，进一步规范了主体责任。纪检组及时跟进，督促抓好落实，确保相关制度落地见效。

七、坚持抓班子带队伍，狠抓纪检组自身建设

认真落实中央和中央纪委要求，重视加强队伍建设。一是加强党支部建设。配

齐支委，成立两个党小组，完善组织架构。严格落实“三会一课”制度，举办1次题为“贯彻中央治藏方略，确保西藏长治久安”党课，开展2次党日活动。二是注重培养锻炼干部。根据中央纪委组织部工作安排，选派1名同志援疆挂职。选派干部18人次参加有关学习培训，选派1名干部参加中央两委换届考察，借调干部2人次到中央纪委机关帮助工作。举办3次纪检组组务会理论学习中心组集体学习、1次工作务虚会、3次读书会活动，定期开展业务学习，努力提高干部理论素养和业务水平。三是加强内部管理。坚持每周一例会制度，及时传达精神，研究安排工作。坚持按制度管人管事，进一步严格请示报告制度和组内保密、请休假、印章使用、经费使用等规定，加强考勤管理和离京报备工作。编制《纪检工作常用法规文件汇编》两册，制定《纪检组、机关人事局工作联系的暂行办法》《纪检组、机关纪委工作联系的暂行办法》，不断规范工作流程。

机关党建工作 2017年，全国政协机关党委在中直工委和机关党组的领导下，全面贯彻党的十八大、十九大精神，深入学习贯彻习近平新时代中国特色社会主义思想，认真落实党中央全面从严治党战略部署，把党的政治建设摆在首位，紧紧围绕“服务中心、建设队伍”两大任务，认真落实管党治党政治责任，持续加强机关党的建设，为推动政协机关建设和服务人民政协履职工作提供了坚强的政治保证和组织保证。主要工作情况如下：

（一）迅速兴起学习贯彻党的十九大精神热潮，着力在学懂弄通做实上下功夫

按照中直工委和机关党组部署要求，及时制定机关学习贯彻党的十九大精神方案，就学习重点、方式方法、基本目标、组织领导等提出具体要求，并以机关党组文件印发执行，一波接一波地密集行动，一步一个脚印地向前推进。一是集中学习形成声势。党的十九大后，立即举行机关全体党员会议，原原本本传达学习党的十九大精神。举行机关党组理论学习中心组集体学习，并将范围扩大到副处级以上干部。举办学习贯彻党的十九大精神专题学习班，组织机关领导班子成员、专委会驻会副主任、各室局和直属单位主要负责同志，用2天时间在中协宾馆进行封闭式学习。二是专题辅导掀起高潮。每10天一次专题报告会，既有全面辅导，又有专题解读。统一邀请中央宣讲团成员施芝鸿同志作辅导报告，全国政协副主席王钦敏同志作《学习贯彻党的十九大精神，建设数字中国，发展数字经济》专题报告，全国政协港澳台侨委员会副主任耿惠昌同志作《学习贯彻党的十九大精神，坚持总体国家安全观，增强国家安全意识》专题报告，请党的十九大代表、全国政协民族和宗教委员会驻会副主任杨小波同志到六局党支部和信息中心党支部作辅导报告。还将听取中直工委“一线代表亲历十九大”巡回宣讲范围扩大到机关各党支部委员。三是做在经常持续升温。以党支部为单位，组织收看习近平总书记作党的十九大报告，机关部级领导同志和部分党支部的党员干部在政协礼堂集中收看。领导干部参加所在支部学习研讨，既带头讲，又听大家讲。分批组织机关党员干部职工参观“砥砺奋进的五年”大型成就展。坚持问题导向，重点对照新时代党的建设总要求，对标对表认真审视找差距，着力抓好支部、打牢基础，突出党组织政治功能，提升组织力，更加及时经常地开展督导检查，狠抓党建工作责任制落实。通过一项举措一项举措细化落实，一个专题一个专题深入学习，一个节点一个节点往前推进，形成了用政治责任强力推进学习贯彻党的十九大精神这个首要政治任务的局面。

（二）深入学习贯彻习近平新时代中国特色社会主义思想，扎实推进机关党的思想政治建设

一是把思想政治建设作为机关党的建设的基本工程。始终把学习贯彻习近平新时代中国特色社会主义思想作为思想政治建设的主线，强化理论武装不放松，坚持用党的理论创新最新成果武装头脑，做到理论创新前进一步，理论学习跟进一步。通过组织服务机关党组理论学习中心组集中学、部级领导干部深入室局引领学、举办培训班脱产学、各单位集体学、党员干部自学等各种形式，推动理论学习广泛开展、深入进行，使得广大党员政治意识、大局意识、核心意识、看齐意识不断增强，坚持党中央权威和集中统一领导的思想自觉和行动自觉不断强化，始终在思想上、政治上、行动上同以习近平同志为核心的党中央保持高度一致。二是把推进“两学一做”学习教育常态化、制度化作为机关党的思想政治建设的有效载体。制定机关关于推进“两学一做”学习教育常态化、制度化实施方案，按照全覆盖、常态化、重创新、求实效的要求，突出“基础在学”，抓牢“关键在做”，深化学做结合，开展了内容丰富的推进思想政治建设的系列举措。组织服务机关领导班子成员、专委会驻会副主任深入所在党支部带头参加学习讨论，带头讲党课，带头推进各分管单位学习教育常态化制度化工作。要求各级党组织坚持把思想政治教育放在首位，充分利用“三会一课”、专题党课、主题党日、红色经典诵读、微信群学习等方式积极推动学习教育。开展“学习贯彻党的十九大精神，做合格党员”主题实践活动，组织引导广大党员结合自身实际，认真学习讨论合格党员应该是怎样的、怎样做到合格党员，积极立足岗位，创先争优，争做“四讲四有”合格党员。通过学习党章党规、系列讲话，坚持上下联动、全员参与，推进以知促行、学用相长，有效促进机关党员干部把提高思想认识、坚定理想信念、做“四讲四有”合格党员内化为精神追求和自觉行动，锲而不舍、持之以恒，不断取得新的成效。三是把多种形式综合运用作为机关思想政治建设的重要举措。协助机关党组充分发挥理论学习中心组学习的龙头作用，全年7次中心组学习都聚焦于习近平新时代中国特色社会主义思想和中央重大战略决策、重大会议精神等政治主题，引导机关持续深化政治学习。突出尊崇党章，继续开展“党章学习周”活动，引导广大党员自觉学习党章、遵守党章、贯彻党章、维护党章，牢固树立党章意识，把党章各项规定落实到具体行动上，运用到具体工作中。以庆祝“七一”党的生日、中国人民解放军建军90周年等为契机，举办专题讲座、诗歌征文、书画摄影展、参观主题展览等多种形式的活动，强化机关党员爱党爱国意识。组织观看《将改革进行到底》等系列专题政论片，进行集中学习交流并组织各级党组织开展专题讨论，教育引导广大党员深刻认识党的十八大以来党和国家事业发生的历史性变革，提高政治觉悟和政治能力，增强政治认同、思想认同、理论认同、情感认同。

（三）细化落实严明党的政治纪律和政治规矩的举措，拧紧强身健体的总开关

一是贯彻落实党中央各项规定，架起党的纪律的“高压线”。持续深化学习贯彻党的纪律处分条例、问责条例、新形势下党内政治生活的若干准则等党内规章，认真组织开展学习中央领导同志对政治纪律、政治规矩的重要论述，教育引导广大党员深刻认识遵守党的政治纪律、政治规矩的极端重要性和违反党的政治纪律、政治规矩的极端危害性，自觉严格遵守党规党纪，追求高线、严守底线、不越红线，深化对政协机关是政治机关的认识，做政治上的“明白人”。二是深入开展警示教育，拉响警钟长鸣的“警报器”。及时传达学习党中央关于孙政才等严重违法违纪通报。深入开展对发生在全国政协机关的孙怀山案件的警示教育。按照机关党组部署，结合党中央对孙怀山案件的两次通报，组织机关各级党组织召开两次专题组织生活会，要求全体党员干部职工“见人见事见思想见警示”，认真审视思想、工作和生活实际，全面深入查摆孙怀山在政治、思想、作风、为人做事等方面的严重危害、恶劣行径。通过集中深入的剖析反思，机关党员干部职工吸取了教训、亮明了态度，更加警醒起来，切实将思想和行动统一到党中央的决定上来，增强了时刻绷紧政治纪律和政治规矩这根弦的自觉性。三是优化完善制度体系，扎好制度的“防火墙”。结合巡视整改和“庸懒散松”专项集中整治工作，坚持“少而精”“务实管用”，对有关制度进行系统梳理、查遗补漏、优化完善，出台机关党组理论学习中心组学习实施办法、机关纪委全体会议制度、机关纪委信访办理工作规则、关于规范全国政协机关党员佩戴党员徽章的规定等，使得严明政治纪律和政治规矩制度的笼子越来越严密。四是加强遵规守纪情况监督考核，用好落实主责的“高压泵”。把党员遵守纪律规矩情况列为各单位领导班子和领导干部党建工作责任制检查考核的重要内容，要求在年度民主生活会和领导干部年终述职述廉时予以报告。运用谈话、通报、处分等多种方式，对已发生的问题严肃问责，对发现的苗头性、倾向性问题及时遏制，对查找出的薄弱环节坚决整改，强化对遵规守纪情况的检查和处理。把开展机关出席党的十九大代表候选人和中直机关党代会代表推选工作作为严明党的政治纪律和政治规矩的有力抓手，使代表推选过程成为严明党风党纪和党内政治生活的生动实践。

（四）加强基层组织建设，着力整治“灯下黑”

一是夯实组织基础。召开机关第十一次党员代表大会，回顾总结十届机关党委、纪委工作，明确今后努力方向，选举产生新一届党委委员、纪委委员，为进一步推进机关党的建设奠定良好基础。健全完善包括秘书支部在内的各单位党支部委员会和党小组设置，严格各级党组织按期换届制度，发挥党支部教育管理监督党员的主体作用，建立各级党组织和党员基本信息数据库，规范党费收缴等工作，建立起强化基层组织建设的工作基础。二是严肃党内政治生活。从支部抓起，深入贯彻落实新形势下党内政治生活的若干准则，组织并督促检查各级党组织严格执行党的民主集中制，提高“三会一课”和民主生活会、组织生活会质量，用好批评和自我批评的武器，不断提高党内政治生活的政治性、时代性、原则性、战斗性。三是强化落实“一岗双责”责任。通过换届、改选、补选等方式配齐党支部书记和党支部班子，明确党员行政负责人兼任党组织负责人，督促其认真落实“一岗双责”职责，明确抓好党建、建好班子、带好队伍的政治责任，有效发挥党建工作对中心工作的服务保障作用。四是有序推进党员发展、教育、管理、监督工作。落实“控制总量、优化结构、提高质量、发挥作用”的要求，统筹做好党员发展工作，严把党员入口关；瞄准做“四讲四有”合格党员要求，建立健全强化党支部政治功能、严格党的组织生活、加强党内监督、从严教育管理监督党员、保持党员队伍先进性纯洁性的长效机制；严肃查处党员违纪违法案件，及时给予纪律处分。一系列环环相扣、严实并举的举措，有效促进和加强了党员队伍建设。

（五）持续深化作风建设，有效解决“宽松软”问题

一是持续深化落实中央八项规定精

神。坚持不懈抓好重要节点提醒，继续紧盯元旦、春节、中秋、国庆等关键节点，聚焦具体问题。继续参与政协大会会风会纪督查组，坚持“严”字当头、“实”字托底、“督”在其中，敢于动真格，会议期间提醒和内部通报相关委员和工作人员40余人。结合机关会议多、视察调研多、外事活动多、出国（境）团组多等特点，要求相关职能部门定期开展自查，随机抽查基层党组织贯彻落实情况，对发现的薄弱环节和廉政风险督促抓好整改。二是持续巩固和深化巡视整改成果。持续深化巡视整改重点任务落实，通过严明规范、密切督导、明确责任，引导各级党组织和党员干部进一步统一思想、提升站位、强化落实，有效解决机关党建工作“上热下冷”、党建工作与业务工作“两张皮”等问题。三是专项集中整治“庸懒散松”不良作风。针对中央第五巡视组巡视反馈意见，组织开展为期半年的“庸懒散松”专项集中整治工作。坚持深挖细照，强化督查问责，突出从严从实，按照学习教育、查摆问题、整改落实三个阶段，循序渐进，一步不让，扎实抓好每一环节工作。学习教育阶段选取7家单位督查有关情况，强调旗帜鲜明讲政治，突出强化“四个意识”；查摆问题阶段逐一听取28家单位情况汇报，面对面点评，一对一查漏，坚持有什么问题就解决什么问题，什么问题突出就重点解决什么问题；整改落实阶段把各单位问题清单反馈给分管领导，压实各级党组织，特别是主要领导干部管党治党主体责任，确保不走过场、务求实效。通过开展专项集中整治，刹住了作风之弊的苗头，铲除了“庸懒散松”滋生的土壤，扎牢了遵规守纪制度的笼子，夯实了治理“庸懒散松”的长效机制，促进机关党员干部的理论素养、业务能力、责任意识、担当意识和组织性纪律性明显增强，机关服务人民政协履职各项工作的质量、效率和专业化能力进一步提高，机关整体面貌和工作面貌为之一新，为持续推进作风建设提供了坚实的思想保证、组织保证和制度保证。

（六）加强党的纪律建设，维护纪律的威严

一是坚持年度党风廉政建设工作会议制度。紧紧扭住主体责任“牛鼻子”，抓住“关键少数”，组织机关副局级以上党员领导干部参加会议，着重强化各级党组织主要负责同志全面从严治党的主体责任，确保党风廉政建设工作会议成为机关加强党的建设的重要举措。二是严肃查处违纪案件。坚持无禁区、全覆盖、零容忍，坚持重遏制、强高压、长震慑。一年来共查处违纪案件4起，给予党纪处分6人，诫勉谈话2人，批评教育25人，问责党支部支委会1个。对查处的违纪案件逐案通报，充分发挥警示教育的治本作用，教育引导广大党员干部知敬畏、存戒惧、守底线。三是运用好监督执纪“四种形态”。深入学习领会、认真梳理思考“四种形态”内涵、逻辑和实践方法，坚持纪严于法、纪在法前，对违纪党员绝不迁就、绝不护短、从严处理。同时，突出抓早抓小，将谈话、函询作为“防病于未萌，治病于初始”的有效举措。开展机关纪委书记与各级党组织主要负责同志廉政谈话，对廉政风险点较多的基层党组织负责同志进行提醒谈话，逐步将监督执纪由“惩治极少数”向“管住大多数”拓展。四是认真处理信访举报。严格按程序对信访线索逐一登记，认真分析研判，依法依规处置。一年中，共受理信访举报19起，处置线索24起，配合中央纪委驻机关纪检组处置线索2起，配合职能部门处置线索1起，切实做到“事事有着落，件件有回音”。五是加强纪检队伍建设。充实专职纪检干部力量，在机关党员人数较多的基层党组织设立二级纪委。进一步提升纪检干部政治素养、业务能力和遵规守纪意识，建设忠诚干净担当的纪检队伍。

（七）加强思想政治工作，推动机关干部职工队伍建设

一是强化思想引领，树立正确价值追求。围绕培育和践行社会主义核心价值观，广泛开展“家风家教家训”等群众性精神文明教育活动，强化情感认同和行为习惯。以文明单位创建工作为抓手，提振机关干部干事创业的精气神。创办“党建有约”系列讲座，组织开展红色经典诵读，编印 4 期《政协机关通讯》，充分发挥文化建设春风化雨、润物无声、潜移默化的作用，努力用文化的力量感染人心、凝聚人心。二是加强对群团工作领导，确保同向发力。进一步把群团建设纳入机关党建总体部署，定期召开党委群团工作联席会议，推动部分群团组织开展换届筹备。以加强群团工作的政治性、先进性、群众性为抓手，举办“金秋健步走”“恒爱行动”“文化艺术之旅”系列讲座等活动，丰富干部职工业余文化生活，更好发挥群团组织桥梁纽带作用，有效动员各自联系对象在本职岗位建功立业。三是坚持以人为本，多管齐下做好思想政治工作。及时了解党员干部思想动态，做好思想政治工作。充分利用老干部的重要资源和重要力量，弘扬政协机关的优秀传统。持续开展“送温暖”活动，将党组织的温暖及时传递到有实际困难的干部职工心中。立足新媒体时代客观要求，积极开辟微信群、公众号等学习宣传交流新阵地，“党建新视野”等微信群受到好评。努力做到机关干部职工在哪里，宣传动员的阵地就建到哪里，团结凝聚的工作就跟到哪里。

（八）层层压实责任，强化党建工作责任制落实

一是健全完善党建工作格局，形成齐抓共管局面。机关党委坚持在机关党组领导下，推动完善党组书记负总责、分管领导分工负责、机关党委具体抓落实、各室局主要负责同志“一岗双责”的党建工作格局。机关党委认真贯彻落实机关党组和中直工委部署要求，认真谋划和推进机关党的建设各项具体工作，同时注重教育引导各级党组织主要负责同志牢固树立抓好党建是本职、不抓党建是失职、抓不好党建是不称职的责任意识，努力做到党建工作与业务工作两手抓、两不误、两促进。二是筹备开展述职评议考核工作，强化结果运用。通过机关党委向中直工委述职、基层党组织向机关党委述职、机关各室局内设党组织述职三个层面的工作，严格述职评议考核并强化结果运用，同干部年度考核工作挂钩，强化党建工作责任制落实。三是深化党建理论研究和经验交流，把扛起责任和“充电”提高结合起来。积极组织开展党建调研、课题研究和成果交流，鼓励各级党组织和广大党员干部职工参与到党建理论研究中，学以致用、用以促学。机关党委和各级党组织在有关课题评选中荣获各类奖项 19 项。四是加强党务干部队伍建设，提升素质能力。通过培训、讲座、会议等多种形式，及时传达学习党中央有关精神和全国政协党组及机关党组、中直工委的指示要求，努力做到专兼职党务干部学习领会先一步、贯彻落实深一分。以学习贯彻党的十九大精神为主题，筹备举办机关党委委员、纪委委员、党支部书记学习班及组织委员、宣传委员、纪检委员、群团干部学习班。五是强化督促指导，讲求工作实效。对各级党组织开展“三会一课”情况和党费收缴情况分阶段进行检查，对督导各级党组织年度民主生活会和组织生活会作出安排，运用随机检查和重点督查的方式进一步强化党建工作的责任落实。

机关人事工作 2017 年，在机关党组坚强领导下，人事局深入学习贯彻习近平新时代中国特色社会主义思想，切实增强政治意识、大局意识、核心意识、看齐意识，提高政治站位，坚持党管干部原则，坚持新时期好干部标准，认真落实巡视整改工作，坚持从严治党和从严管理干部的要求，切实提高工作能力和水平，较好地完成了各项工作，努力为政协机关建设事业发展提供坚强有力的组织保障。

——**加强工作研究，稳步做好委员人事工作。**做好经常性委员人事事项工作，认真履行相关程序和手续，其中委员增补7人、请辞1人、撤销资格7人，增选副主席1人，常委免职2人，副秘书长增补1人、不再担任2人，专委会主任增补1人，免职1人，专委会副主任增补5人、免职1人，专委会委员增补1人、免职3人，委员调整界别1人，加强工作研究，根据领导指示精神，梳理政协界别有关问题，起草研究报告，提供有关方面参考。及时做好各类委员信息提供工作，为领导同志和常委会议、双周协商座谈会等工作提供委员信息服务1700余人次。认真做好2017年度和十二届全国政协五年委员履职统计工作。做好换届会议的有关委员人事方面的筹备工作。

——**坚持党管干部原则，进一步加强和改进干部选拔任用。**坚持好干部标准，严格执行新修订的《党政领导干部选拔任用工作条例》。严把程序关，严格履行选任工作程序，一步不少、一项不落，确保程序上经得起检验。严把审核关，坚持"凡提必审""凡提必核""凡提必听""凡提必查"。建立干部选拔任用全程纪实制度，对各个环节翔实记录，强化干部选拔任用责任追究。制定印发《全国政协机关秘书选拔任用试行办法》，秘书选拔任用工作更加规范更加有序。全年共提拔局级干部33名，处级干部54名，及时补充了空缺岗位，局级领导班子结构更加优化，处级干部队伍得到加强。局级非领导干部整改消化力度成效显著，提前3个月并且超额完成整改消化任务。进一步推动干部轮岗交流，共轮岗交流干部57名，其中局级20名、处级21名、科级16名，使干部队伍结构更加优化、配置更为合理，进一步激发了干部队伍的生机和活力。把好进人关，坚持优中选优，渠道多样，首次开展了从北京市公务员选调干部工作。

——**拓展渠道，积极做好干部挂职锻炼工作。**继续选派干部到村任第一书记、到国家信访局挂职。选派1名局级干部参加中央和地方双向挂职工作。结合政协机关特点首次从民主党派中央机关选派7名干部到机关挂职。注重基层锻炼和培养，选派2名安徽舒城、阜阳颍东等地区扶贫挂职。做好援藏、援疆等在外置干部的服务保障工作。重视与其他部委机关间的横向交流，有序开展了干部挂职锻炼或借调工作。继续推动全国政协机关与地方政协机关之间、与对口扶贫地区之间的干部交流，组织了24名地方政协干部和对口扶贫地区干部到全国政协机关挂职锻炼，加强统筹，调整了挂职时间和挂职安排。

——**突出政治引领，提升干部培训工作质量。**组织安排33名干部参加中央党校（中直分校）、国防大学、行政学院、干部学院等调训班次学习。选派25名干部参加北京大学、清华大学等7所院校组织的局级干部专题研修班。组织18名干部参加国家公务员局、国务院军转办等组织的初任培训和机关组织的初任培训。坚持问题导向，帮助机关干部正确把握政协性质定位，组织600余名干部参加"政协知识学习周"活动；帮助提高机关干部文字能力，举办提高干部文字能力专项培训班，共25名干部参加；依托井冈山干部学院，举办处级干部党性教育培训班，共33名学员参加。积极推进在线学习，组织35名局级干部参加中国干部网络学院学习，完善政协机关在线学习平台，设置专题404个，课程3125门，总课时5509小时，形成集中授课、实践锻炼、在线学习、交流座谈等线上线下联动的培训新格局。创新培训方式。通过专题辅导、实景演练、批改点评、交流发言等方式开展机关专门业务培训，紧贴工作实际，实操性、针对性强，效果好。通过课堂授课、现场教学、典型示范教育、探讨交流、音像教学等方法开展处级干部党性教育，把强有力的灌输教学与潜移默化的情感传输、悉心引导结合起来，增强教育的说服力、感染力。坚持从严治学，督促学员强化自律意识、自觉规范行为，形成“正学风、转作风”的新气象。

——坚持抓常抓细，强化干部日常监督管理工作。认真抓好领导干部个人有关事项报告工作。分类别举办说明会，帮助机关干部提高认识，熟悉政策。组织领导干部集中填报 462 人次，报告率达到 100%。认真开展查核工作，共查核 228 人次。用好查核结果，坚持严管和厚爱相结合，从严、适度做好查核结果认定和处理工作。对认定为漏报、瞒报的干部，经机关党组同意，及时做好批评教育、诫勉等处理工作，促进干部忠诚老实、严格自律，有效防止干部“带病提拔”。梳理并规范因私出国（境）审批程序，办理审批手续 202 人次，调整登记备案人员信息 163 人次。严把兼职资格条件关和审批程序关，共审核批准干部兼职 6 人次。开展退（离）休干部社会团体兼职情况自查，严格按规定做好相关规范整改工作。落实防微杜渐、抓早抓小的要求，结合纪检监察、个人有关事项报告查核、信访等方面情况，强化干部日常谈话工作，认真开展提醒函询诫勉工作，通过常态化的“咬耳扯袖”，让机关干部真切感到组织就在身边、监督就在眼前。理顺秘书管理体制，秘书日常管理调整为由人事局、秘书局和机关党委共同负责，秘书组织关系统一调整为由秘书第一支部或秘书第二支部管理，规范组织管理、强化自我管理。

——动态管理，提高机构编制管理工作精准性。坚持从实际工作出发，按照动态管理人员编制的思路，坚持大稳定小调整，进行机关内设机构和人员编制调整。为 5 个室局调整局级领导职数，为 7 个室局调整人员编制，为 2 个室局调整内设处级机构。做好服务开发中心和机关服务局合并的编制调整工作。印发了机关服务局“三定”方案，内设机构及岗位设置批复。为人民政协报社增设党群工作部，对中国文史出版社工作职责、机构设置进行了调整认定。认真开展机构编制统计工作。

——强化监管，加强直属单位人事管理。加强和规范直属单位人事事项备案审核工作，建立健全直属单位人事事项备案三级审核把关适度，共审核人事事项 120 余人次。修订直属单位人事管理办法，规范工作，落实从严管理精神。建立直属单位选人用人工作年度检查制度，有计划地组织开展直属单位选人用人专项检查，确保实现对直属单位选人用人工作监督检查的全覆盖。扎实开展直属单位“一报告两评议”工作，及时向评议单位反馈结果，督促制定整改措施。认真做好直属单位一把手履行干部选拔任用工作职责离任检查。建立和完善直属单位人事信息数据库，审核人员信息 12000 余项（条）并及时更新维护。加强指导，强化督查，扎实组织开展直属单位人事档案整理和审核工作。加强培训，深入开展《事业单位人事管理条例》《事业单位领导人员管理暂行规定》学习贯彻。督促个别事业单位抓紧解决了人事工作中的历史遗留问题。加强工作研究，规范直属社团人事工作。

——工资福利等各项工作有序开展。严格执行三级审核制度，核算各类工资变动 685 人次，做到工资统发工作无差错。稳步推进机关事业单位养老保险改革，完成 440 余名干部信息采集，做好中央国家机关事业单位养老保险和职业年金代扣工作。做好300余名退休人员养老金标准调整工作。2017年12月，在各中央国家机关事业单位中首批实现了退休人员待遇基金发放，307名退休人员待遇准确无误。同时做好直属事业单位参保工作的监督和指导。积极推进直属事业单位绩效工资管理工作。起草制定《全国政协办公厅直属事业单位绩效工资实施方案》。落实直属企业领导人薪酬管理工作。积极为机关干部解决夫妻两地分居问题，全年办理3人。做好机关集体户籍管理工作，在西城区实行人口疏解政策的大背景下，与辖区派出所积极沟通，全年共办理落户13人次。认真做好机关福利委员会工作。及时为机关精减下放职工、老临时工和老职工遗属发放生活费补助、调整生活费补助标准，为老临时工及老职工遗属发放春节困难补助费，体现组织的温暖。

——扎实做好大会和常委会会议组织服务。严谨做好会议委员人事工作。广泛征求意见，提出大会委员分组方案和小组召集人、党员编组负责人人选；精心核对委员变化情况，及时印发全体委员名单、委员分组名单、委员小组召集人名单、党员编组名单、党员负责人名单，为与会人员提供服务。科学调配工作力量。严格选配各工作组组长、副组长，精选工作人员1183名，坚持人岗相适，严把人员水平和数量关。坚持服务大会、方便工作、总量控制、从严办证，严把政审关，共审核办理大会工作证件2772个。精心组织“两会”党员负责人会议和文件传达会议的服务工作，确保及时传达总书记讲话和有关会议要求。做好全体会议现场管理工作。

——注重建章立制。提炼、固化、规范干部选拔任用、干部调配、干部考核、干部监督、干部培训、直属单位备案审核、委员人事工作、文件流转等各项业务工作流程，汇编人事局工作手册，使各项业务工作有据可依、有工作流程可供遵循。建立政协知识学习周制度，制定直属单位和社团选人用人检查办法、秘书选拔任用试行办法、机关选调公务员工作实施办法、加强秘书日常管理办法，并已经印发执行。完成《全国政协机关干部人事管理办法》《政协全国委员会办公厅事业单位人事管理暂行办法》初稿。制定局党支部关于规范和严格组织生活的办法、党费收缴办法，强化支部工作的严肃性、纪律性。对局集体学习、会议、保密、离京报告等工作进行规范，制定相关办法，强化制度约束、规范工作。

——凝心聚力抓党建，党建工作得到切实加强。及时充实党支部力量，合理改建党小组，夯实组织保障。强化制度落实、严格组织生活内容、规范组织生活程序、丰富组织生活形式。党小组学习活动常态化，支部学习活动制度化，支部战斗堡垒作用进一步得到体现。坚持民主集中制，健全局长办公会、局务会、全体会议制度。严明组织人事纪律，自觉把纪律和规矩挺在前面。严格落实中央八项规定精神，自觉融入各项工作、落实在日常生活中。狠抓思想建设，扎实推进“两学一做”学习教育常态化、制度化，干部理想信念更加坚定、党性更加坚强。认真开展“庸懒散松”专项集中整治，深挖根源在见实效上开方抓药，政治站位进一步提高，干部作风得到切实转变。

信息化建设

一、推进机关电子政务内网建设工作

按照国家电子政务内网建设总体规划，全国政协机关电子政务内网（以下简称“机关内网”）主要建设政协机关内部网络环境和基础设施，并实现与国家电子政务内网联网单位的互联互通。机关内网于2016年10月获批启动建设，2017年主要开展信息资源目录编制，办公区综合布线、改建机房施工、应用系统开发和安全密码设备配备等工作。按照计划，机关内网将于2018年底前建成。

二、开展机关互联网网站整合工作

为整治机关直属单位网站小、散、乱等问题，机关党组研究通过了《全国政协机关互联网网站整合方案》，确定了“一官一媒”（中国政协网和政协媒体网）的机关网站发展格局，并确立了内容管理和技术保障分工负责的网站运维机制。2017年12月，新改版的“中国政协网”官方网站上线运行。

三、高标准做好机关网络和信息安全保卫工作

严格落实中央网信办、公安部对网络安全保卫工作要求，采取有力重保措施，确保党的十九大、中央全会、金砖峰会等国家重大活动期间机关网络信息安全“零事故”；配合公安部、国家保密局等单位对全国政协机关网络和终端计算机进行信息安全检查；组织在全机关开展年度网络网站和重要应用系统安全自查及现场执法检查工作等。

文史工作

（一）全面启动“北上”项目

2017年，“民主人士北上，新政协筹备会及政协第一届全体会议”文史研究项目（简称“北上”项目）全面推开。上半年，“北上”项目工作组邀请中央党史研究室、中国社会科学院等单位的专家学者及部分民主人士后人，先后前往广东、山东、天津、河北、辽宁、吉林、黑龙江等地进行以史料征集为目的的调研活动，进展顺利，征集和发现了不少新的史料或史料线索。7月底，在哈尔滨召开“北上”项目阶段性成果总结会。

下半年，“北上”项目工作组在对前期史料征集情况加以梳理和分析的基础上，初步完成“北上”展览大纲起草工作，并于12月底召开审稿会，吸收相关专家学者的意见和建议。同时，《文史资料选辑》《文史学刊》“北上”专辑的稿件征集工作也基本完成，进入前期编辑阶段。

（二）打造多种形式的展示平台，推出《共同的抗战》等展览，充分发挥文史馆展示窗口作用

（1）完善和扩充基本陈列。2017年，基本陈列《人民政协光辉历程展》共接待观众近5000人次，提供讲解服务155次。根据基本陈列日常维护工作需要，完成《人民政协光辉历程展》亟需抢救的展品复制工作，包括党和国家领导人、民主人士、其他社会知名人士手稿41页，新政协筹备时期至四届政协的文件打印稿130页，1980年前的老报纸56页，老旧图书2本、旗帜、印章类器物4件。继续完成《中国京昆艺术展》展品、展具的补充购置工作。

（2）打造《共同的抗战》主题展览。2017年，在卢沟桥事变暨中国全民族抗战80周年之际，文史馆联合海外华人华侨在世界范围内征集抗战史料，特别是世界反法西斯战线的国家和人民共同支援中国人民抗日战争以及海外华人支援祖国抗战的史料、故事等，推出了《共同的抗战——海外列席侨胞征集援华抗战史料汇展》，展示美国、俄罗斯、加拿大、德国、泰国、新加坡等国华侨征集的海外援华抗战的珍贵图片和其他史料，当中不乏独家披露的一手资料。这是文史馆成功打造的又一大型主题展，从形式到内容及展览方式都是一次成功的探索和突破。开展当天还举办了“赤子情 中国心——海外侨胞征集援华抗战史料汇展”座谈会。《共同的抗战》展出后，社会反响热烈，多家媒体予以关注报道，《人民日报》海外版以大篇幅详细报道了《共同的抗战》从策划到展出的全部过程，深层次剖析了展览的时代背景及历史内涵。

（3）推出《国之瑰宝》大型展览。2017年6月至8月，文史馆与景德镇市

政协合作举办《国之瑰宝——中国景德镇陶瓷文化》大型主题展，展出大量不同时期、不同形式的陶瓷作品，当中不乏珍品。并配合景德镇市政协在展览期间举办10场艺术交流活动和陶瓷文化讲座，取得较好社会效益，得到各级领导和各界观众的高度评价。

（4）继续探索并扩大巡展模式。2017年“七一”“八一”前后，文史馆分别与广州市政协、江西省政协合作，在广州市图书馆、南昌新四军军部旧址陈列馆举办《红旗飘飘》巡展，累计展出时间两个多月，两地党政机关、事业单位、社会各界观众近500批次约20万人参观展览。两次巡展主题突出、条理清晰、实物丰富、互动性强，取得了很好的展示效果，产生了可观的社会效益。为进一步宣传人民政协历史、政协文化、政协理论，加强具有政协特色的党史国史红色主题展览工作积累了先进经验。此外，文史馆还在成都、长春、松原等地举办《共同的抗战》巡展，受到广泛关注，产生良好的社会效益。

（三）加强征集力度，馆藏数量和品种有所突破

2017年，文史馆在与各地政协建立广泛工作联系的基础上，进一步扩大征集范围，加大对文史资料及各类相关资料和文物的征集力度。全年共征集文史资料和相关图书14646册，馆藏图书已从开馆时的3.4万册增至6万余册，完成对副省级以上省市政协出版的《文史资料选辑》的完整收集；征集清末以来京剧、昆曲老唱片1536张，当中不乏珍品，包括我国最早的京剧名家唱片。2017年，文史馆接受贾庆林主席捐赠书法作品21件，郑万通副主席及其他机关领导同志捐赠的图书1901册。文史馆基础馆藏日具规模。

（四）扎实推进编研工作

2017年，文史馆编研工作除“北上”项目外，还编辑了《文史资料选辑》两辑、《文史学刊》两辑。继续扩大作者队伍，进一步加强与各地政协和相关学术单位的联系，加大策划力度，力求将两本文史读物容纳更丰富和更精彩的内容，不断扩大《文史资料选辑》《文史学刊》的影响力。

（五）推动文史资料工作的数字化进程

2017年，文史馆继续推进文史资料数字化建设。数据库平台开发工作基本完成；扫描图书1921册，为项目初验打下了基础。文史资料数据库将整合并盘活全国各级政协文史资料资源，保障文史资料永久保存和永续利用，以新的方式展现人民政协特有的工作成果。此外，文史馆在2017年还拍摄“讲述中国”口述史31人次；举办“文史大家谈”讲座6次；发布官微文章60篇，共900多张图片，13万多字，官微的点击率逐步提高，社会效益初显。

（六）打造书画艺术多功能展厅，作为与政协文化相适应的综合性展陈和活动场所

2017年，文史馆正式启动九层中厅改造工作，走访调研了本市和外省相关单位，形成较成熟的改造方案。目前改造工作进展顺利。书画艺术多功能厅将与京昆艺术多功能厅一道，成为文史馆两个能体现政协文化特色、丰富政协文化活动的亮点场所。

报 刊 社 论

为中国特色社会主义伟大事业凝心聚力

——热烈祝贺全国政协十二届五次会议开幕

早春时节，“两会时间”再度开启。随着来自各党派团体、各族各界的2000多名政协委员步入人民大会堂，全国政协十二届五次会议正式拉开帷幕。我们向大会的召开表示热烈祝贺！

过去一年，是中华民族伟大复兴征程中十分重要的一年。以习近平同志为核心的党中央团结带领全国各族人民，撸起袖子加油干，开启全面建成小康社会决胜阶段伟大进军，打响供给侧结构性改革攻坚之战，全面深化改革向纵深推进，“十三五”实现开门红。在党的领导下，人民政协全面贯彻中央精神，坚持团结和民主两大主题，紧扣供给侧结构性改革进行调研议政，致力民生改善和社会建设履职尽责，不断加强自身建设，提升履职水平，有效发挥了社会主义协商民主重要渠道和专门协商机构作用，为实现“十三五”良好开局作出了重要贡献。

“大厦之成，非一木之材也；大海之阔，非一流之归也。”今天的中国，正在进行具有许多新的历史特点的伟大斗争。目标越伟大，愿景越光明，使命越艰巨，责任越重大，我们越需要汇聚起全民族智慧和力量，越需要广泛凝聚共识、不断增进团结。作为人民民主重要形式，人民政协具有代表性强、联系面广、包容性大的优势。各位委员尽心履职，集思广益，汇集众智，努力寻求全民利益的最大公约数、画出民心民愿的最大同心圆，我们将为实现中华民族伟大复兴凝聚起强大正能量。

2017年，中国共产党将召开第十九次全国代表大会。加强政治引领，把坚持和发展中国特色社会主义作为巩固共同思想政治基础的主轴，牢固树立“四个意识”，增强“四个自信”，迎接十九大、服务十九大、学习宣传贯彻十九大精神，是人民政协贯穿全年的重大政治任务。2017年也是实施“十三五”规划的重要一年、推进供给侧结构性改革的深化之年。围绕“十三五”规划实施建言献策，是今年政协履职尽责的工作主线。聚焦中央重大战略部署、聚焦改革领域突出问题、聚焦群众关切热点难点，多进诤言、多谋良策、多出实招，为党和政府提供参考，为改革发展增添助力，相信人民政协一定能够做好思想引导、汇聚力量、议政建言、服务大局的各项工作。

民主监督是人民政协的重要职能，是人民政协服务党和国家全局工作的重要方面。

政协民主监督是在坚持中国共产党的领导、坚持中国特色社会主义基础上，依据政协章程，以提出意见、批评、建议的方式进行的协商式监督，协商是方式和原则，监督是手段和途径，协助党和政府解决问题、改进工作、增进团结、凝心聚力是目的。开展人民政协民主监督活动应坚持民主的方法、讨论的方法，设身处地多提建设性意见。不存旁观之心、不为敷衍之事，做到既畅所欲言、各抒己见，又理性有度、合法依章，我们一定能够在扎实推进民主监督中增进共识、凝聚人心、汇集力量。

这次会议是本届全国政协的最后一次全体会议。期待各位委员更加紧密地团结在以习近平同志为核心的党中央周围，再接再厉、不负重托、不辱使命，以积极向上的热忱、求真务实的态度，平等进行讨论、坦率提出意见，开好本次大会，发出更多中国好声音，为迎接中共十九大胜利召开，为实现“两个一百年”宏伟目标凝心聚力。

预祝大会圆满成功！

（2017 年 3 月 3 日《人民日报》社论）

奏响凝心聚力的新乐章

——热烈祝贺全国政协十二届五次会议开幕

柳芽新萌，玉兰初放。踏着春天的节拍，肩负时代的使命，2000 多名全国政协委员，从四面八方齐聚北京人民大会堂，出席全国政协十二届五次会议。我们向大会的召开表示热烈祝贺！

这次会议，是在中国共产党第十九次全国代表大会前召开的一次重要会议，对于广泛团结动员各党派团体和各族各界人士，更加紧密地团结在以习近平同志为核心的中共中央周围，开拓进取，凝心聚力，攻坚克难，保持经济平稳健康发展和社会和谐稳定，继续把改革开放和社会主义现代化建设事业推向前进，具有重要意义。

2016 年是中华民族伟大复兴征程中十分重要的一年。以习近平同志为核心的党中央，勇于历史担当，保持战略定力，驾驭复杂局面，引领改革发展，团结带领全党全国各族人民，开启全面建成小康社会决胜阶段伟大进军，打响供给侧结构性改革攻坚之战，“十三五”实现良好开局，我们朝着实现“两个一百年”奋斗目标又迈出新的坚实步伐。中共十八届六中全会深刻分析全面从严治党的形势和任务，就新形势下加强党的建设作出新的重大部署，是统筹推进“五位一体”总体布局和协调推进“四个全面”战略布局的关键举措。全会正式明确习近平总书记的核心地位，体现了党和人民的根本利益，对保证党和国家兴旺发达、长治久安，意义十分重大而深远。

过去的一年，人民政协深入学习贯彻习近平总书记系列重要讲话精神和治国理政新理念新思想新战略，坚持团结和民主两大主题，围绕中心、服务大局，发挥社会主义协商民主重要渠道和专门协商机构作用，调查研究扎实深入，协商议政成果丰硕，民主监督实效增强，团结联谊广泛拓展，为实现“十三五”良好开局作出重要贡献，写下了一个个精彩生动的政协故事。无论是围绕农村贫困人口脱贫这一突出短板发挥优势献计出力，还是针对“东北三省工业转型升级问题”“深化医药卫生体制改革”等重点难点问题沉到基层“解剖麻雀”；无论是完善以全体会议为龙头，以专题议政性常委会议和专题协商会为重点，以双周协商座谈会、对口协商会、提案办理协商会等为常态的协商议政新格局，还是纪念孙中山先生诞辰 150 周年系列活动在海内外引起热烈反响……在 92 项集中调研议政活动、18 项重点监督活动和 16 次双周协商座谈会的背后，凝结的是广大政协委员的心血和智慧，反映的是人民群众的愿望和呼声，彰显的是社会主义协商民主的生机和活力。实践充分证明，只要我们始终坚持党的领导，高举爱国主义、社会主义旗帜，坚持团结和民主两大主题，准确把握自身性质定位，就一定能够不断谱写人民政协事业新篇章，实现人民民主新发展。

2017 年是实施“十三五”规划的重要一年、推进供给侧结构性改革的深化之年，中国共产党将召开第十九次全国代表大会。人民政协要牢固树立政治意识、大局意识、核心意识、看齐意识，把迎接十九大、服务十九大、学习宣传贯彻十九大精神，作为贯穿全年的重大政治任务，把坚持和发展中国特色社会主义作为巩固共同思想政治基础的主轴，把围绕“十三五”规划实施建言献策作为工作主线，着力做好思想引导、汇聚力量、议政建言、服务大局的各项工作，促进经济平稳健康发展和社会和谐稳定，以优异成绩迎接党的十九大胜利召开。

中共十八届六中全会对支持和保证人民政协依章程进行民主监督作出部署，为新形势下政协民主监督提供了基本遵循。要始终坚持中国共产党对政协民主监督的领导，准确把握协商式监督的性质定位，切实突出政协民主监督重点，有效运用监督方法，敢于讲真话建净言，勇于提意见作批评，更加自觉地推动党中央重大方针政策和重要决策部署的贯彻落实，更加有效地协助党和政府解决问题、改进工作、增进团结、凝心聚力，更好体现中国共产党领导的多党合作和政治协商制度的特色和优势。

一年之计在于春，开好两会对顺利完成今年经济社会发展各项工作部署十分重要。期待政协委员珍惜民主权利，不负人民重托，围绕党和国家中心工作，直面广大群众关注热点，畅所欲言、各抒己见，言之有据、言之有理、言之有度、言之有物，用理性务实的协商讨论和精准到位的对策建议，努力寻求最大公约数、画出最大同心圆，广泛凝聚正能量，为迎接党的十九大胜利召开，为实现“两个一百年”宏伟目标贡献智慧和力量。

预祝大会圆满成功。

（2017 年 3 月 3 日《人民政协报》社论）

民主激发活力　团结共谱新篇

——热烈祝贺全国政协十二届五次会议胜利闭幕

聚精会神议大计，协力同心谋良策。3 月 13 日，全国政协十二届五次会议圆满完成各项议程，在北京胜利闭幕。我们对大会的成功表示热烈祝贺！

大会风清气正，讨论热烈，成果丰硕，催人奋进。连日来，习近平总书记等党和国家领导同志深入政协界别联组会议听取意见建议，与委员们共商国是、共谋未来。各位政协委员以高度的政治责任感和历史使命感，认真履职、勤勉尽责，听取审议了政协第十二届全国委员会常务委员会工作报告和提案工作情况报告，列席十二届全国人大五次会议，听取并讨论了政府工作报告及其他有关报告，深入讨论了民法总则草案，提出了很多真知灼见和宝贵建议。委员们认真履行政治协商、民主监督和参政议政职能，平等讨论、真诚沟通，努力寻求最大公约数、画出最大同心圆、汇聚改革正能量，充分体现了中国特色社会主义政治协商制度的强大生命力和政治优势。

民主激发活力，协商汇聚众智。会议期间，习近平总书记就广大知识分子要主动担当积极作为、为国家富强民族振兴人民幸福多作贡献发表重要讲话，对关心和尊重知识分子提出明确要求，充分体现了党中央对广大知识分子的高度重视和殷切期望。2000多位政协委员不回避问题、不掩盖矛盾，讲真话、道实情，言之有据、言之有理、言之有度、言之有物，用一份份饱含智慧的提案、一场场求真务实的讨论，为改革添柴加薪，为发展献计献策。大会的胜利召开，为迎接党的十九大、服务党的十九大凝聚了共识、汇集了力量。

“所当乘者势也，不可失者时也。”展望未来，时和势仍在我们这边。站在新的历史起点，抓住机遇、乘势而上，继续奋战“十三五”、深化供给侧结构性改革，更需要人民政协紧紧围绕团结和民主两大主题，充分发挥社会主义协商民主重要渠道和专门协商机构作用，把思想和行动统一到党中央对国际国内形势的判断上来，把智慧和力量凝聚到党中央的决策部署上来，同心同德、合力攻坚、砥砺前行。围绕党中央高度重视、社会各界普遍关注、基层群众最为关切的热点难点问题，深入调查研究、积极反映社情民意，谋利民之策、献安民之计，促进经济社会平稳健康发展、推动“十三五”规划实施迈上新台阶，广大政协委员重任在肩、责无旁贷。

人民民主是社会主义的生命。在人民政协开展民主监督工作，是我国社会主义民主政治的独特创造和重要制度安排，在国家政治生活中发挥着不可替代的作用。监督要真监督，监督应依章法。在思想上树立“公、和、诚、实”的理念，开展监督必出于公、必出于和、必出于诚、必出于实；在实践中突出重点、有的放矢，找准存在的困难、短板和薄弱环节，紧扣关键内容，精准聚力发力；在方法上注重从大处着眼、小处着手，坚持抓住关乎全局的主要问题，从党政所思、群众所盼、政协所能出发，融协商、监督、参与、合作于一体，做到在参与中支持、在支持中服务、在服务中监督，相信人民政协一定能更好协助党和政府解决问题、改进工作、增进团结、凝心聚力。

历史的地平线是由奋进者标定的。我们生活在一个伟大的时代，努力奋斗才能梦想成真。人民政协继续发扬民主优势、不断增进共识，各位委员继续保持昂扬斗志、激发进取精神，勇于担当、奋发有为、锐意开拓，始终紧密团结在以习近平同志为核心的党中央周围，始终把13亿多中国人民智慧和力量聚合在一起，我们的力量将无比强大，我们的事业将无往不胜。

（2017年3月14日《人民日报》社论）

谱写人民政协事业创新发展的精彩篇章

——热烈祝贺全国政协十二届五次会议胜利闭幕

纵论国计民生，畅议改革发展。伴着明媚的春光，带着人民的期待，全国政协十二届五次会议圆满完成各项议程，在北京胜利闭幕。我们对大会的成功表示热烈祝贺，向认真履职的2000多名全国政协委员致以崇高敬意！

这是一次发扬民主、共商国是的大会，是一次凝聚共识、增进团结的大会，是一次意气风发、奋发有为的大会。习近平总书记等党和国家领导同志出席会议并参加分组讨论，与委员共商国是，共议大计，生动展现了社会主义协商民主的生机活力。委员们以高度的政治责任感和历史使命感，认真讨论政府工作报告、最高人民法院工作报告、最高人民检察院工作报告和民法总则草案等重要文件，审议全国政协常委会工作报告和提案工作情况报告，围绕保持经济平稳健康发展和促进社会和谐稳定，建致用之言、议务实之政、谋克难之策，充分体现了为国为民、尽职尽责的执着追求。习近平总书记在民进、农工党、九三学社委员联组会上，就做好新形势下我国知识分子工作发表重要讲话，提出殷切希望和明确要求，给全体委员以极大鞭策和鼓舞，必将进一步在全社会兴起识才、爱才、用才、容才、聚才的良好风尚，激发广大知识分子锐意创新、干事创业的蓬勃热情，切实形成人才辈出、人尽其才的生动局面。

发扬民主、增进团结，是党和国家事业发展的需要，是人民政协活力迸发的象征和价值使命之所在。会议期间，委员们珍惜履职机会，珍视民主权利，坚持商以求同、协以成事，平等探讨问题、坦率提出意见，共识在深入交流中增进，智慧在同频共振中凝聚。11场分组讨论，437份大会发言和5000多件委员提案……既有关于国家大政方针的崇论宏议，更有关于促进经济社会发展的具体建议，思想观点在这里交融，民情民意在这里汇集。这些来自各党派团体和各族各界人士的“政协好声音”，必将有力凝聚改革正能量，提振发展精气神，唱响时代主旋律。打开“两会”这扇感知中国民主政治的重要窗口，我们欣喜地看到，人民政协这一植根于中国历史文化、产生于近代以后中国人民革命的伟大斗争、发展于中国特色社会主义光辉实践，具有鲜明中国特色的政治组织和制度安排，焕发出勃勃生机，彰显出我国社会主义政治制度的独特优势和魅力。

今年是实施“十三五”规划的重要一年、推进供给侧结构性改革的深化之年，中国共产党将召开第十九次全国代表大会。当前，我国正处在由第一个百年奋斗目标向第二个百年奋斗目标迈进的重要节点，经济发展进入新常态，改革进入深水区，形势错综复杂，任务光荣艰巨，更加需要发挥人民政协人才荟萃“智囊团”和统一战线“黏合剂”的重要作用，调动一切积极因素，团结一切可以团结的力量，努力为统筹推进“五位一体”总体布局和协调推进“四个全面”战略布局凝神聚气、凝心聚力。要牢固树立政治意识、大局意识、核心意识、看齐意识，把坚持和发展中国特色社会主义作为巩固共同思想政治基础的主轴，把围绕“十三五”规划实施建言献策作为工作主线，把迎接十九大、服务十九大、学习宣传贯彻十九大精神作为贯穿全年的重大政治任务，更加自觉地坚持中国共产党的领导，更加紧密地团结在以习近平同志为核心的中共中央周围。要聚焦党和国家中心工作，深入调查研究，多谋良策、多出实招，为党和政府科学决策、精准施策提供参考。要切实强化问题导向，把握政协性质定位，紧紧围绕中共中央重大决策部署的贯彻落实开展民主监督，讲真话、建诤言，作批评、提建议，协助党和政府更好地改进工作、解决问题。要更好发挥人民政协作为爱国统一战线组织作用，正确处理一致性与多样性关系，扩大团结面，增强包容性，努力画出最大同心圆，凝聚强大向心力，汇集更多同行者，形成广泛正能量。

今年是十二届全国政协工作的最后一年。希望广大政协委员倍加珍惜宝贵时间，倍加珍惜委员荣誉，继续保持锲而不舍的愚公志和奋发向上的进取心，不忘初心，牢记使命，敬终如始，始终心系国事、情牵民生、德润人心，模范践行社会主义核心价值观，做一个有定力、有情怀、有担当、有作为的政协委员，在时代发展大潮中和人民政协舞台上，定格人生奋斗坐标，留下生动政协故事，以新的业绩为人民政协事业增光添彩。

竹笋破土赖己力，大地律动是春声。我们坚信，响应伟大事业的召唤，回应亿万人民的期待，广大政协委员定将继承优良传统、秉持家国情怀、担当历史责任，不断谱写人民政协事业创新发展的精彩篇章，为坚持和发展中国特色社会主义、实现中华民族伟大复兴的中国梦，作出新的更大贡献。

（2017 年 3 月 14 日《人民政协报》社论）

2017 年大事记

1 月

3 日，副主席兼秘书长、机关党组书记张庆黎主持召开机关党组第 109 次会议，传达学习全国党内法规工作会议精神、全国老干部工作先进集体和先进工作者表彰大会精神。副书记潘立刚、仝广成，成员张秋俭、邓宗良、常荣军、刘佳义、周新建、舒启明出席。副秘书长刘家强列席。

5 日，全国政协副主席、中国经济社会理事会主席杜青林主持召开理事会第 11 次办公会议，总结理事会 2016 年下半年工作，研究部署 2017 年上半年工作和第 15 次中欧圆桌会议筹备工作。全国政协常务副秘书长潘立刚，全国政协副秘书长、理事会副主席张秋俭出席。

5 日，提案委员会召开第 18 次全体会议，审议政协十二届四次会议以来提案工作情况的报告（草案），总结委员会 2016 年度工作。王家瑞副主席出席并讲话，孙淦主任主持，田杰驻会副主任作工作报告，王国卿、李宏、徐辉、胡四一副主任出席。

5 日至 6 日，经济委员会“加强电子商务监管”专题组在北京调研。王钦敏副主席出席 6 日上午活动，经济委员会副主任石军、侯建民（驻会）全程参加。

9 日，已故知名人士和党外全国政协委员夫人（在京）2017 年春节茶话会在政协礼堂举行。全国政协主席俞正声，中央统战部部长孙春兰出席。全国政协副主席杜青林讲话，副主席兼秘书长张庆黎主持。副主席李海峰、陈晓光，副秘书长潘立刚、蒋作君、黄志贤、林智敏、何丕洁、朱永新、何维、邵鸿、邓宗良、常荣军、刘佳义、刘家强，机关领导班子成员仝广成、周新建，中央组织部副部长周祖翼，国家机关事务管理局局长李宝荣，全国妇联副主席张晓兰，全国老龄委办公室有关同志应邀出席。已故知名人士和党外全国政协委员夫人王定国等参加。

9 日，俞正声主席在人民大会堂会见乌拉圭众议长阿马里利亚。李海峰副主席参加，张秋俭副秘书长陪同。

9 日，万钢副主席在人民大会堂出席 2016 年度国家科学技术奖励大会。张秋俭副秘书长参加。

9 日，张庆黎副主席兼秘书长主持召开政协第十二届全国委员会第二十二次秘书长会议，审议政协十二届五次会议议程（草案）和日程（草案）；审议政协十二届五次会议委员小组召集人名单（草案）；审议政协十二届五次会议秘书处各组组长、副组长名单（草案）和各组工作职责（草案）；审议政协全国委员会常务委员会工作报告（草案）；审议政协全国委员会常务委员会关于政协十二届四次会议以来提案工作情况的报告（草案）；审议政协全国委员会 2016 年对外交往工作总结（稿）；审议政协全国委员会 2017 年对外交往计划（草案）；审议政协全国委员会办公厅关于 2016 年反映社情民意信息工作情况的报告（草案）；审议政协全国委员会办公厅 2016 年工作总结（稿）。潘立刚、蒋作君、黄志贤、何丕洁、徐辉、宋海、朱永新、何维、邵鸿、邓宗良、常荣军、刘佳义、刘家强副秘书长出席。机关党组成员仝广成、周新建、舒启明，专委会驻会副主任田杰、侯建民、高波、丛兵、吕忠梅、晓敏、吕虹、金学锋、陈惠丰，政协十二届五次会议秘书处各组及有关室局负责同志列席。

10日，杜青林副主席主持召开会议，研究《全国政协2017年扶贫监督工作方案（草案）》。民族和宗教委员会主任朱维群、驻会副主任晓敏，人口资源环境委员会驻会副主任高波及有关室局负责同志参加。

10日，中共中央政治局常委会议听取中共全国政协党组2016年主要工作情况汇报。全国政协党组书记俞正声出席，副书记杜青林代表党组向中央汇报工作，成员张庆黎、李海峰、陈元、卢展工、王家瑞、马飚列席。

11日，全国政协党组书记俞正声主持中共十二届全国政协党组理论学习中心组2017年第一次集体学习，学习贯彻习近平总书记在十八届中央纪委七次全会上的重要讲话和全会精神，学习贯彻习近平总书记在全国政协新年茶话会上的讲话精神。副书记杜青林，成员张庆黎、李海峰、陈元、卢展工、王家瑞、马飚出席。全国政协机关党组潘立刚、仝广成、舒启明，各专门委员会分党组孙淦、周伯华、吴双战、张玉台、孟学农、朱维群、孙怀山、潘云鹤、王太华列席。

11日，全国政协党组书记俞正声主持召开中共十二届全国政协党组第四十二次会议，研究政协全国委员会常务委员会工作报告（草案），审议中共政协全国委员会党组2017年工作要点（草案）。副书记杜青林，成员张庆黎、李海峰、陈元、卢展工、王家瑞、马飚出席。全国政协机关党组潘立刚、舒启明列席。

11日，副主席兼秘书长、机关党组书记张庆黎主持召开机关党组第110次会议，研究《全国政协机关党组中心组2017年度集体学习计划》和有关事项。副书记潘立刚、仝广成，成员张秋俭、邓宗良、常荣军、刘佳义、周新建、舒启明出席。

6日至11日，王正伟副主席作为国家主席习近平特使赴加纳出席阿库福—阿多总统就职仪式。

12日，政协第十二届全国委员会第六十一次双周协商座谈会在政协礼堂召开，围绕提升中华老字号品牌质量建言献策。俞正声主席主持并讲话，杜青林、韩启德、张庆黎、王家瑞、马飚副主席出席。刘凡、李玉光、张海涛常委，冯平、刘长庚、刘文伟、汪苹、张红力、张连起、张其成、张彦森、金建华、高鹰忠、黄淑和委员，专家学者张健、梅群发言。商务部副部长房爱卿介绍有关情况，文化部副部长项兆伦、工商总局副局长刘俊臣与委员们互动交流。常务副秘书长潘立刚，提案委员会主任孙淦，机关领导班子成员仝广成、常荣军、刘佳义、刘家强、舒启明，专委会驻会副主任田杰、丛兵出席。会前，常荣军副秘书长、田杰驻会副主任看望出席会议的京外委员。

13日，全国人大常委会办公厅、全国政协办公厅在人民大会堂举行纪念王任重同志诞辰100周年座谈会。中共中央政治局常委、全国政协主席俞正声，中共中央政治局委员、国务院副总理马凯出席，中共中央政治局委员、全国人大常委会副委员长李建国讲话，全国政协副主席兼秘书长张庆黎主持。中央党史研究室副主任张树军，中共湖北省委常委、宣传部部长梁伟年，全国政协常务副秘书长潘立刚，中共河北省委常委、宣传部部长田向利分别发言。全国政协机关党组副书记仝广成，副秘书长黄志贤、张秋俭、徐辉、常荣军，驻机关纪检组组长周新建，专委会驻会副主任侯建民、金学锋、陈惠丰，以及全国人大常委会办公厅、中央宣传部、中央党史研究室、各民主党派中央、全国工商联、中共河北省委、中共湖北省委有关方面负责同志和王任重同志亲属、生前友好和身边工作人员代表等约 200 人出席。

13 日，俞正声主席在京会见越共中央总书记阮富仲并共同出席中越建交 67 周年暨 2017 年迎新春友好活动。张庆黎副主席兼秘书长参加，张秋俭副秘书长陪同。

13 日，王家瑞副主席率部分委员赴北京体育大学，就创新培养体育人才情况进行考察。教科文卫体委员会副主任李卫红、马德秀、刘敬民、段世杰、丛兵（驻会），国家体育总局有关负责同志参加。

13 日，张梅颖同志在机关主持召开“压缩空气储能技术研发暨产业化”座谈会，听取发展改革委、能源局有关部门负责同志介绍情况。部分国务院参事和有关专家参加。

18 日，全国政协民族和宗教委员会与中共中央统战部、全国人大民族委员会、国家民族事务委员会、北京市人民政府在人民大会堂共同举办 2017 年首都各民族人士迎春茶话会。中央政治局委员、中央统战部部长孙春兰出席并讲话，全国人大常委会副委员长向巴平措主持。全国政协副主席王正伟、马飚、齐续春和白立忱、阿不来提·阿不都热西提同志出席。全国政协常务副秘书长潘立刚，民族和宗教委员会主任朱维群、驻会副主任晓敏和部分在京委员，少数民族界部分委员和各民族人士代表参加。

20 日，全国政协党组书记俞正声主持召开中共十二届全国政协党组第四十三次会议，传达学习习近平总书记近期在中央政治局常委会会议上关于全国政协工作的重要指示精神。副书记杜青林，成员张庆黎、李海峰、陈元、卢展工、周小川、王家瑞、王正伟、马飚出席。全国政协副主席韩启德、林文漪、罗富和、何厚铧、齐续春、陈晓光、马培华、刘晓峰、王钦敏，机关党组成员、副秘书长，专门委员会分党组负责同志、驻会副主任列席。

20 日，俞正声主席主持召开政协第十二届全国委员会第五十三次主席会议，通报中共政协全国委员会党组 2017 年工作要点，审议政协十二届五次会议议程（草案）和日程（草案），审议政协全国委员会常务委员会工作报告（草案），审议政协全国委员会常务委员会关于政协十二届四次会议以来提案工作情况的报告（草案），审议政协十二届五次会议各次全体会议执行主席和主持人名单（草案），审议政协全国委员会 2017 年对外交往计划（草案）；书面审议政协全国委员会 2016 年对外交往工作总结（稿）、办公厅 2016 年工作总结（稿）、关于 2016 年反映社情民意信息工作情况的报告（草案）、关于 2016 年全国政协委员视察考察工作情况的报告（草案）、各专门委员会 2016 年工作总结（稿）。副主席杜青林、韩启德、林文漪、罗富和、何厚铧、张庆黎、李海峰、陈元、卢展工、周小川、王家瑞、王正伟、马飚、齐续春、陈晓光、马培华、刘晓峰、王钦敏出席。副秘书长、机关党组成员、各专门委员会负责同志及驻会副主任，政协十二届五次会议新闻发言人，办公厅有关室局负责同志列席。

20 日，全国政协新老领导新春团聚活动在政协礼堂举行。俞正声主席主持并致辞。历届在京全国政协主席、副主席出席。

20日，陈元副主席在机关应约会见古巴新任驻华大使拉米雷斯。张秋俭副秘书长参加。

20日，全国政协2017年第一次宏观经济形势分析座谈会在政协礼堂举行。王钦敏副主席出席，经济委员会主任周伯华主持。发展改革委、统计局负责同志到会介绍2016年第四季度国民经济运行有关情况，部分委员和特邀学者发言。副秘书长刘家强，经济委员会副主任王永庆、闫冰竹、李克农、吴新雄、侯建民（驻会）出席。

20日，在京全国政协常委专题座谈会在机关举行，讨论《政府工作报告（征求意见稿）》。在京全国政协常委，全国政协副秘书长、机关党组成员、专委会驻会副主任和行政关系在全国政协机关的专委会副主任、委员出席。

24日，俞正声主席出席2017年全国政协机关新春团拜会，向机关干部职工和离退休老同志致以亲切问候和新春祝福。杜青林、韩启德、李海峰、卢展工、王家瑞、王正伟、马飚副主席出席，张庆黎副主席兼秘书长主持。机关离退休老同志代表和机关青年代表在会上发言。机关领导班子成员潘立刚、仝广成、张秋俭、邓宗良、常荣军、刘佳义、周新建、刘家强、舒启明，专委会驻会副主任田杰、侯建民、高波、丛兵、吕忠梅、晓敏、吕虹、金学锋、陈惠丰，行政关系在机关的退出机关领导班子尚在岗的部级领导孙怀山、杨崇汇、卢昌华、王胜洪、庄国荣、凌振国、顾伯平、马健，机关干部职工、部分离退休老干部参加。

26日，2017年春节团拜会在人民大会堂举行。俞正声主席，杜青林、韩启德、万钢、林文漪、罗富和、张庆黎、李海峰、陈元、卢展工、周小川、王家瑞、王正伟、马飚、陈晓光、马培华、刘晓峰副主席，王刚、张克辉、张怀西、阿不来提·阿不都热西提、黄孟复、张梅颖、张榕明、李金华同志，常务副秘书长潘立刚，机关党组副书记仝广成，副秘书长黄志贤、何丕洁、朱永新、何维等全国政协在京常委出席。

2月

10日，杜青林副主席主持召开会议，研究全国政协2017年扶贫监督性调研需要解决的主要问题，以及如何组织实施调研工作方案。副秘书长常荣军，经济委员会副主任陈锡文，人口资源环境委员会副主任李成玉、高波（驻会），民族和宗教委员会副主任杜鹰、晓敏（驻会），朱之鑫常委及有关委员参加。

10日，张庆黎副主席兼秘书长主持召开政协第十二届全国委员会第六十次秘书长办公会议，研究政协第十二届全国委员会常务委员会第二十一次会议和第二十二次会议参考专题及分题目设置（稿），研究全国政协2017年视察考察调研安排（稿），审议全国政协机关进一步提高报送公文质量工作办法（稿）。机关领导班子成员潘立刚、邓宗良、刘佳义、周新建、刘家强，专委会驻会副主任田杰、侯建民、丛兵、吕虹、金学锋、陈惠丰出席。办公厅有关室局负责同志列席。

13日，俞正声主席，杜青林、韩启德、万钢、罗富和、张庆黎、李海峰、陈元、卢展工、周小川、王家瑞、王正伟、马飚、齐续春、陈晓光、马培华、刘晓峰、王钦敏副主席在京出席省部级主要领导干部学习贯彻党的十八届六中全会精神专题研讨班开班式。潘立刚常务副秘书长全程参加研讨班。

15日，张庆黎副主席兼秘书长主持召开政协第十二届全国委员会第六十一次秘书长办公会议，研究政协第十二届全国委员会常务委员会第二十一次会议和第二十二次会议参考专题及分题目设置（稿），研究全国政协 2017 年视察考察调研安排（稿），审议全国政协机关书画藏品管理办法（稿）。机关领导班子成员张秋俭、邓宗良、常荣军、刘佳义、周新建、刘家强、舒启明，专委会驻会副主任田杰、侯建民、高波、丛兵、晓敏、吕虹、金学锋、陈惠丰出席。办公厅有关室局负责同志列席。

16 日，政协第十二届全国委员会第六十二次双周协商座谈会在政协礼堂召开，围绕办好学前教育建言献策。俞正声主席主持并讲话，罗富和、张庆黎副主席出席。王家瑞副主席，朱永新、卫小春、陈自力常委，卢天锡、刘淼、汤素兰、李卫红、杨文、杨建德、张杰庭、罗黎辉、胡卫、钟秉林、祝连庆、高美琴委员，专家学者李丁丁、庞丽娟发言。教育部副部长朱之文介绍有关情况，中央机构编制委员会办公室副主任李晓全、财政部副部长余蔚平与委员们互动交流。教科文卫体委员会主任张玉台，人力资源和社会保障部副部长邱小平，机关领导班子成员邓宗良、常荣军、刘佳义、刘家强、舒启明，教科文卫体委员会驻会副主任丛兵出席。

17 日，万钢副主席在京出席全国侨务工作会议第一次全体会议。港澳台侨委员会副主任赵阳全程参加。

17 日，张庆黎副主席兼秘书长主持召开政协十二届五次会议秘书处第二次筹备工作会议，听取大会各项筹备工作进展情况汇报，协调解决相关问题。张庆黎同志强调，大会筹备工作已进入临战状态，精力务必要高度集中，责任务必要扛在肩上，工作务必要精益求精，时间务必要切实抓紧，同时一定要进一步严肃会风会纪，一定要确保大会安全万无一失。副秘书长张秋俭、邓宗良、常荣军、刘佳义、刘家强，两会警卫组副组长张智文，政协会议秘书处各工作组组长周新建、舒启明、田杰、侯建民、高波、丛兵、晓敏、吕虹、金学锋、陈惠丰、范增顺、兰智奇，各工作组第一副组长、各委员驻地办事组组长出席。

15 日至 17 日，卢展工副主席率“无障碍环境建设”专题组在上海调研。社会和法制委员会副主任季允石任调研组组长。

15 日至 20 日，齐续春副主席率“《水污染防治法》的修订”专题组在湖北、广东调研。社会和法制委员会驻会副主任吕忠梅任组长。

22 日，张庆黎副主席兼秘书长在政协礼堂会见科技部党组书记、副部长王志刚一行并座谈交流。常务副秘书长潘立刚，教科文卫体委员会主任张玉台、驻会副主任丛兵参加。

22 日，卢展工副主席率“无障碍环境建设”专题组在京调研。社会和法制委员会副主任季允石任组长，副主任王新宪、吕忠梅（驻会）参加。

22 日，王家瑞副主席出席教科文卫体委员会举办的 2017 年科技工作情况通报会并讲话。科技部党组书记、副部长王志刚，副部长李萌介绍我国科技创新 2016 年主要进展和 2017 年工作重点，并与委员互动交流。委员会主任张玉台主持，副主任刘敬民、陈小娅、丛兵（驻会）、蔡赴朝，部分在京科协界、科技界委员和教科文卫体委员会委员参加。

23 日，俞正声主席主持召开政协第十二届全国委员会第 54 次主席会议，传达学习习近平总书记重要讲话精神，听取政协第十二届全国委员会第五次会议筹备工作情况的汇报，审议全国政协 2017 年视察考察调研安排（稿），审议有关人事事项。杜青林、韩启德、万钢、林文漪、罗富和、张庆黎、李海峰、陈元、卢展工、周小川、王家瑞、王正伟、马飚、齐续春、陈晓光、马培华、刘晓峰、王钦敏副主席出席。全国政协副秘书长、机关党组成员，各专委会负责同志、驻会副主任，中央统战部常务副部长列席。

27日，政协第十二届全国委员会常务委员会第十九次会议开幕会在常委会议厅举行。俞正声主席出席，杜青林副主席主持。会议的主要议题是：审议通过政协第十二届全国委员会常务委员会第十九次会议议程；审议通过关于召开政协第十二届全国委员会第五次会议的决定；听取关于政协第十二届全国委员会第五次会议议程（草案）和日程（草案）的说明；听取关于政协全国委员会常务委员会工作报告（草案）起草情况的说明；听取关于政协全国委员会常务委员会关于政协十二届四次会议以来提案工作情况的报告（草案）起草情况的说明；听取关于人事事项的说明；听取政协第十二届全国委员会专门委员会主任关于本委员会2016年工作情况的汇报。韩启德、帕巴拉·格列朗杰、董建华、万钢、林文漪、罗富和、何厚铧、张庆黎、李海峰、陈元、卢展工、周小川、王家瑞、王正伟、马飚、齐续春、陈晓光、马培华、刘晓峰、王钦敏副主席和常委共291人出席。中共中央办公厅、国务院办公厅负责同志，不是常委的地方政协主席、全国政协副秘书长、机关党组成员、各专门委员会负责人，中央统战部副部长列席。

开幕会后，杜青林副主席主持召开政协第十二届全国委员会常务委员会第十九次会议小组召集人会议。张庆黎副主席兼秘书长，潘立刚（常务）、常荣军副秘书长参加。

27日，杜青林、韩启德、董建华、万钢、罗富和、何厚铧、张庆黎、李海峰、陈元、卢展工、王家瑞、王正伟、马飚、齐续春、陈晓光、马培华、刘晓峰、王钦敏副主席分别到政协第十二届全国委员会常务委员会第十九次会议各小组参加讨论。

27日，王家瑞副主席在政协礼堂会见并宴请波兰副参议长兼波中议员小组主席柴莱伊一行。全国政协委员、北京市政协主席吉林，全国政协副秘书长张秋俭参加。

28日，政协第十二届全国委员会常务委员会第十九次会议闭幕会在常委会议厅举行。俞正声主席主持并作重要讲话。主要议题：通过政协第十二届全国委员会第五次会议议程（草案）和日程；通过政协全国委员会常务委员会工作报告；通过政协全国委员会常务委员会关于政协十二届四次会议以来提案工作情况的报告；通过政协第十二届全国委员会第五次会议秘书长、副秘书长名单；追认关于撤销黄红云、田伟、侯小勤政协第十二届全国委员会委员资格的决定；通过关于免去郑立中政协第十二届全国委员会常务委员、港澳台侨委员会副主任职务，撤销其委员资格的决定；通过政协第十二届全国委员会委员增补名单；通过政协第十二届全国委员会专门委员会副主任增补名单。杜青林、韩启德、帕巴拉·格列朗杰、董建华、万钢、林文漪、罗富和、何厚铧、张庆黎、李海峰、陈元、卢展工、王家瑞、王正伟、马飚、齐续春、陈晓光、马培华、刘晓峰、王钦敏副主席和常委共283人出席。中共中央办公厅、国务院办公厅负责同志，不是常委的地方政协主席、全国政协副秘书长、机关党组成员、各专门委员会负责同志，中共中央统战部副部长，社会主义学院副院长列席。

28日，政协第十二届全国委员会常

务委员会第十九次会议学习讲座（十二届总第十五次）在常委会议厅举行。外交部部长王毅作题为“当前国际形势与我国周边外交”的讲座，并与常委互动交流。俞正声主席主持，杜青林、韩启德、帕巴拉·格列朗杰、董建华、万钢、林文漪、罗富和、何厚铧、张庆黎、李海峰、陈元、卢展工、王家瑞、王正伟、马飚、齐续春、陈晓光、马培华、刘晓峰、王钦敏副主席出席。

28 日，杜青林副主席主持召开政协第十二届全国委员会第五十五次主席会议，听取政协第十二届全国委员会常务委员会第十九次会议各小组讨论情况的汇报。韩启德、帕巴拉·格列朗杰、董建华、万钢、罗富和、何厚铧、张庆黎、李海峰、陈元、卢展工、王家瑞、王正伟、马飚、齐续春、陈晓光、马培华、刘晓峰、王钦敏副主席出席。全国政协副秘书长、机关党组成员，各专门委员会负责同志、驻会副主任，政协十二届常委会第十九次会议各小组一位召集人和有关工作组负责同志列席。

28 日，罗富和、齐续春、陈晓光、马培华副主席分别到政协十二届常委会第十九次会议各小组参加讨论。

3 月

2 日，政协十二届五次会议新闻发布会在人民大会堂新闻发布厅举行。大会新闻发言人王国庆介绍本次会议的主要议程和日程并回答 18 位中外记者的提问。两会新闻报道组组长刘佳义主持，组长张秋俭参加。

3 日，政协第十二届全国委员会第五次会议开幕会在人民大会堂举行。俞正声主席代表政协第十二届全国委员会常务委员会作工作报告，马培华副主席代表政协第十二届全国委员会常务委员会作关于政协十二届四次会议以来提案工作情况的报告，杜青林副主席主持会议。韩启德、帕巴拉·格列朗杰、董建华、万钢、林文漪、罗富和、何厚铧、张庆黎、李海峰、陈元、卢展工、周小川、王家瑞、王正伟、马飚、齐续春、陈晓光、刘晓峰、王钦敏副主席和十二届全国政协委员共 2139 人出席。

党和国家领导人习近平、李克强、张德江、刘云山、王岐山、张高丽、马凯、王沪宁、刘延东、刘奇葆、许其亮、孙春兰、孙政才、李建国、李源潮、汪洋、张春贤、范长龙、孟建柱、赵乐际、胡春华、栗战书、郭金龙、韩正、赵洪祝、杨晶、王胜俊、陈昌智、严隽琪、王晨、沈跃跃、吉炳轩、张平、向巴平措、艾力更·依明巴海、万鄂湘、张宝文、陈竺、常万全、杨洁篪、郭声琨、王勇、周强、曹建明，中共中央办公厅、全国人大常委会办公厅、国务院办公厅负责同志在主席台就座，祝贺大会召开。中共中央和国务院 47 个部门和单位负责同志、部分海外侨胞列席。外国驻华使节、新闻官旁听。

4 日，中共中央总书记、国家主席、中央军委主席习近平，中共中央政治局常委、全国政协主席俞正声到北京会议中心参加民进、农工、九三委员联组讨论、共商国是。习近平总书记作重要讲话。中共中央书记处书记、全国政协副主席杜青林，全国人大常委会副委员长严隽琪、陈竺，全国政协副主席韩启德、罗富和、张庆黎、刘晓峰，政协十二届五次会议副秘书长潘立刚、常荣军，文件起草组组长舒启明陪同。中共中央政治局委员、中央政策研究室主任王沪宁，中共中央政治局委员、中央书记处书记、中央办公厅主任栗战书，中共中央统战部常务副部长张裔炯随同参加。

4日，中共中央政治局常委、国务院总理李克强到北京铁道大厦参加经济、农业界委员联组讨论、共商国是活动并作重要讲话。全国政协副主席陈元、周小川、马培华、王钦敏，政协十二届五次会议副秘书长黄志贤、张秋俭，简报组组长侯建民、提案组组长高波陪同。中共中央书记处书记、国务委员兼国务院秘书长杨晶，国务院常务副秘书长丁学东、发展改革委主任何立峰、财政部部长肖捷、住房城乡建设部部长陈政高、农业部部长韩长赋、商务部部长钟山、知识产权局局长申长雨、国务院研究室主任黄守宏随同参加。

4日，中共中央政治局常委、全国人大常委会委员长张德江到北京贵宾楼饭店参加香港、澳门委员联组讨论、共商国是活动并作重要讲话。中共中央政治局委员、中央统战部部长孙春兰，全国政协副主席董建华、何厚铧、李海峰，政协十二届五次会议副秘书长宋海、邓宗良、邓声明，联络组组长吕虹陪同。全国人大常委会副秘书长、港澳基本法委员会主任李飞，国务院港澳办主任王光亚，中央政府驻香港联络办主任张晓明，中央政府驻澳门联络办主任王志民，全国人大常委会副秘书长韩晓武随同参加。

4日，中共中央政治局常委、全国政协主席俞正声到鸿府大厦参加社会科学、新闻出版界委员联组讨论、共商国是活动并作重要讲话。全国政协副主席杜青林、张庆黎、卢展工，政协十二届五次会议副秘书长潘立刚、常荣军，文件起草组组长舒启明陪同。中共中央宣传部常务副部长黄坤明，新闻出版广电总局副局长吴尚之，中国社科院副院长、党组副书记王京清随同参加。

4日，中共中央政治局常委、中央书记处书记刘云山到北京会议中心参加文化艺术界委员联组讨论、共商国是活动并作重要讲话。全国政协副主席帕巴拉·格列朗杰、卢展工、马飚，政协十二届五次会议副秘书长何丕洁、刘佳义，提案组组长田杰、丛兵陪同。

4日，中共中央政治局常委、中央纪委书记王岐山到昆泰酒店参加共青团、青联、总工会、妇联界委员联组讨论、共商国是活动并作重要讲话。全国政协副主席林文漪、王正伟、陈晓光，政协十二届五次会议副秘书长徐辉、刘家强，会风会纪督查组组长周新建，大会发言组组长吕忠梅、晓敏陪同。

4日，中共中央政治局常委、国务院副总理张高丽到京东宾馆参加致公、侨联、对外友好界委员联组讨论、共商国是活动并作重要讲话。全国政协副主席万钢、王家瑞、齐续春，政协十二届五次会议副秘书长蒋作君、林智敏、王国庆，文件起草组组长金学锋、大会发言组组长陈惠丰陪同。发展改革委副主任、国家统计局局长宁吉喆，商务部国际贸易谈判代表兼副部长傅自应，国务院侨办副主任李刚，国务院副秘书长丁向阳、彭树杰，国务院研究室副主任韩文秀，对外友好协会会长李小林随同参加。

5日，十二届全国人大五次会议开幕会在人民大会堂举行，国务院总理李克强做政府工作报告。中共中央政治局常委、全国政协主席俞正声，中共中央书记处书记、全国政协副主席杜青林，全国政协副主席韩启德、帕巴拉·格列朗杰、董建华、万钢、林文漪、罗富和、何厚铧、张庆黎、李海峰、陈元、卢展工、周小川、王家瑞、王正伟、马飚、齐续春、陈晓光、马培华、刘晓峰、王钦敏，常务副秘书长潘立刚在主席台就座。全国政协委员列席。

6日，中共中央政治局常委、全国政协主席俞正声到民盟、无党派人士界委员联组参加讨论、共商国是。中共中央书记处书记、全国政协副主席杜青林，全国人大常委会副委员长、民盟中央主席张宝文，全国政协副主席兼秘书长张庆黎，全国政协副主席、民盟中央常务副主席陈晓光，政协十二届五次会议副秘书长潘立刚、徐辉、常荣军，文件起草组组长舒启明陪同。中共中央政治局委员、中央统战部部长孙春兰，中央统战部副部长戴均良随同参加。

7 日，中共中央政治局委员、中央军委副主席许其亮，全国政协副主席兼秘书长张庆黎到华北宾馆驻地参加特邀人士（55、56 组）委员联组讨论。大会副秘书长邓宗良陪同。

7 日，中共中央书记处书记、全国政协副主席杜青林，全国政协副主席马培华到北京京海大厦驻地参加民建委员联组讨论。大会副秘书长潘立刚，文件起草组组长舒启明、简报组组长侯建民陪同。

7 日，全国政协副主席韩启德、王家瑞到华北宾馆驻地参加教育界委员联组讨论。提案组组长丛兵陪同。

7 日，全国政协副主席万钢到京东宾馆驻地参加致公党委员小组讨论。大会副秘书长常荣军陪同。

7 日，全国政协副主席林文漪到北京会议中心驻地参加台盟、台联委员联组讨论。联络组组长吕虹陪同。

7 日，全国政协副主席罗富和到北京会议中心驻地参加民进委员小组讨论。会风会纪督查组组长周新建陪同。

7 日，全国政协副主席陈元到昆泰酒店驻地参加工商联委员联组讨论。大会发言组组长陈惠丰陪同。

7 日，全国政协副主席卢展工到北京会议中心驻地参加文艺界委员联组讨论。港澳台侨委员会副主任卢昌华陪同。

7 日，全国政协副主席周小川到北京友谊宾馆驻地参加中共（1 组）委员小组讨论。提案组组长田杰陪同。

7 日，全国政协副主席王正伟到北京友谊宾馆驻地参加中共（2 组）委员小组讨论。提案组组长高波陪同。

7 日，全国政协副主席马飚到北京友谊宾馆驻地参加宗教界委员小组讨论。大会发言组组长晓敏陪同。

7 日，全国政协副主席齐续春到北京会议中心驻地参加民革委员联组讨论。大会副秘书长刘家强陪同。

7 日，全国政协副主席陈晓光到华北宾馆驻地参加民盟委员联组讨论。文件起草组组长金学锋陪同。

7 日，全国政协副主席刘晓峰到北京会议中心驻地参加农工党委员小组讨论。大会发言组组长吕忠梅陪同。

7 日，全国政协副主席王钦敏到北京会议中心驻地参加科技界委员联组讨论。外事委员会副主任王胜洪陪同。

8 日，十二届全国人大五次会议在人民大会堂举行第二次全体会议，听取全国人大常委会委员长张德江作常务委员会工作报告。全国政协主席俞正声，副主席杜青林、韩启德、帕巴拉·格列朗杰、万钢、罗富和、张庆黎、李海峰、陈元、卢展工、周小川、王家瑞、王正伟、马飚、齐续春、陈晓光、马培华、刘晓峰、王钦敏，常务副秘书长潘立刚在主席台就座。

9 日，政协第十二届全国委员会第五次会议第二次全体会议在人民大会堂举行。中共中央政治局常委、全国政协主席俞正声，中共中央书记处书记、全国政协副主席杜青林出席。刘晓峰副主席主持。李守镇、刘继贤、陈锡文、迟福林、郑惠强、朱维群、张泓铭、郝明金、傅成玉、朱保成、张近东、许家印、蓝逢辉、徐晓兰委员先后围绕经济建设和生态文明建设主题作大会发言。副主席韩启德、帕巴拉·格列朗杰、万钢、林文漪、罗富和、何厚铧、张庆黎、李海峰、陈元、卢展工、周小川、王家瑞、王正伟、马飚、齐续春、陈晓光、马培华、王钦敏和十二届全国政协委员共 2061 人出席。中共中央政治局委员、国务院副总理汪洋，中共中央和国务院 44 个部门的负责人应邀参加会议。

9 日，政协十二届五次会议举行小组会议，讨论民法总则草案。

10 日，政协第十二届全国委员会第五次会议第三次全体会议在人民大会堂举行。中共中央政治局常委、全国政协主席俞正声，中共中央书记处书记、全国政协副主席杜青林出席。陈晓光副主席主持。高洪波、朱专兴、刘长乐、刘长铭、李卫、赵晓勇、陈自力、彭钊、曹鸿鸣、龙墨、袁慧琴、周新生、潘建伟、姚明委员先后围绕社会建设和文化建设主题作大会发言。副主席韩启德、帕巴拉·格列朗杰、董建华、万钢、林文漪、罗富和、何厚铧、张庆黎、李海峰、陈元、卢展工、周小川、王家瑞、王正伟、马飚、齐续春、马培华、刘晓峰、王钦敏和十二届全国政协委员共 2061 人出席。中共中央政治局委员、中央书记处书记、中央宣传部部长刘奇葆，中共中央和国务院 45 个部门的负责人应邀参加。

10日，俞正声主席在机关主持召开政协第十二届全国委员会第 56 次主席会议，审议政协第十二届全国委员会第五次会议增选副主席选举办法（草案）；审议政协第十二届全国委员会增选副主席建议名单（草案）；审议关于免去孙怀山政协第十二届全国委员会常务委员、港澳台侨委员会主任职务，撤销其委员资格的决定（草案）和关于撤销马世侠政协第十二届全国委员会委员资格的决定（草案）。杜青林、韩启德、帕巴拉·格列朗杰、董建华、万钢、林文漪、罗富和、何厚铧、张庆黎、李海峰、陈元、卢展工、王家瑞、王正伟、马飚、齐续春、陈晓光、马培华、刘晓峰、王钦敏副主席出席。政协十二届五次会议副秘书长、全国政协机关党组成员、各专委会负责同志，中共中央统战部有关负责同志列席。

10 日，政协第十二届全国委员会常务委员会第二十次会议第一次全体会议在常委会议厅举行。俞正声主席主持。主要议题是：审议政协第十二届全国委员会第五次会议增选副主席选举办法（草案）；审议通过政协第十二届全国委员会增选副主席建议名单；审议通过关于免去孙怀山政协第十二届全国委员会常务委员、港澳台侨委员会主任职务，撤销其委员资格的决定；审议通过关于撤销马世侠政协第十二届全国委员会委员资格的决定。杜青林、韩启德、帕巴拉·格列朗杰、董建华、万钢、林文漪、罗富和、何厚铧、张庆黎、李海峰、陈元、卢展工、王家瑞、王正伟、马飚、齐续春、陈晓光、马培华、刘晓峰、王钦敏副主席和常委共 297 人出席。不是常委的大会副秘书长、机关党组成员、专委会副主任、中央统战部副部长、地方政协主席、部分委员小组负责人列席。

10 日，政协十二届五次会议举行小组会议，围绕《关于加强和改进人民政协民主监督工作的意见》学习讨论，结合常委会工作报告和政协全国委员会 2017 年协商计划讨论政协工作。

11 日，政协第十二届全国委员会第五次会议第四次全体会议在人民大会堂举行。中共中央政治局常委、全国政协主席俞正声，中共中央书记处书记、全国政协副主席杜青林出席。陈元副主席主持。吉林、印红、黄方毅、刘凡、高友东、蔡达峰、刘晓庄、江利平、赵阳、王冬胜、班禅额尔德尼·确吉杰布、廖泽云、格桑卓嘎、马国超委员先后围绕政治建设和统战政协工作主题作大会发言。副主席韩启德、帕巴拉·格列朗杰、董建华、林文漪、罗富和、何厚铧、张庆黎、李海峰、卢展工、周小川、王家瑞、王正伟、马飚、齐续春、陈晓光、马培华、刘晓峰、王钦敏和十二届全国政协委员共 2041 人出席。中共中央政治局委员、中央统战部部长孙春兰，中共中央和国务院 46 个部门的负责同志应邀参加。

11 日，俞正声主席，杜青林、张庆黎、王正伟、马飚副主席在人民大会堂出席“十二届全国人大五次会议、全国政协十二届五次会议少数民族代表、委员茶话会”。大会副秘书长潘立刚、常荣军，民族和宗教委员会主任朱维群，副主任马英林、马铁山、王正福、王学仁、白玛、华士飞、傅先伟、杜鹰、晓敏（驻会）、杨松参加。

11 日，政协十二届五次会议举行分组会议，审议人事事项，围绕本小组关注的热点问题议政建言。中共中央政治局委员、国家副主席李源潮，中共中央书记处书记、全国政协副主席杜青林，国务委员杨洁篪，全国政协副主席韩启德、董建华、林文漪、罗富和、何厚铧、陈元、卢展工、王家瑞、王正伟、马飚、齐续春、陈晓光、马培华、刘晓峰、王钦敏分别参加科协（23 组）、中共（1 组）、对外友好界（47 组）、九三学社（12 组）、特邀香港人士（53 组）、台盟（13 组）、民进（9 组）、特邀澳门人士（54 组）、经济界（34 组）、文艺界（26 组）、文艺界（28 组）、体育界（43 组）、少数民族界（49 组）、民革（3 组）、民盟（6 组）、民建（8 组）、农工党（10 组）、社会福利和社会保障界（48 组）委员小组会议，万钢副主席陪同李源潮同志参加科协（23 组）委员小组会议。有关大会副秘书长、秘书处各工作组组长陪同参加上述活动。

12 日，十二届全国人大五次会议第三次全体会议在人民大会堂举行，听取最高人民法院院长周强作最高人民法院工作报告、最高人民检察院检察长曹建明作最高人民检察院工作报告。中共中央政治局常委、全国政协主席俞正声，中共中央书记处书记、全国政协副主席杜青林，全国政协副主席韩启德、帕巴拉·格列朗杰、董建华、万钢、罗富和、何厚铧、张庆黎、李海峰、陈元、卢展工、周小川、王家瑞、王正伟、马飚、齐续春、陈晓光、马培华、刘晓峰、王钦敏，常务副秘书长潘立刚在主席台就座。全国政协委员列席。

12 日，俞正声主席在机关主持召开政协第十二届全国委员会第五十七次主席会议，审议政协第十二届全国委员会第五次会议政治决议（草案）；听取关于政协第十二届全国委员会第五次会议情况的综合汇报；审议政协第十二届全国委员会第五次会议增选副主席选举办法（草案）和增选副主席候选人名单（草案）；审议政协第十二届全国委员会第五次会议关于常务委员会工作报告的决议（草案）；审议政协第十二届全国委员会提案委员会关于政协十二届五次会议提案审查情况的报告（草案）。杜青林、韩启德、帕巴拉·格列朗杰、董建华、万钢、林文漪、罗富和、何厚铧、张庆黎、李海峰、陈元、卢展工、周小川、王家瑞、王正伟、马飚、齐续春、陈晓光、马培华、刘晓峰、王钦敏副主席出席。政协十二届五次会议副秘书长、全国政协机关党组成员、各专委会负责同志列席。

12 日，政协第十二届全国委员会常务委员会第二十次会议第二次全体会议在常委会议厅举行。俞正声主席主持。主要议题：通过政协第十二届全国委员会第五次会议增选副主席选举办法；通过政协第十二届全国委员会增选副主席候选人名单；通过政协第十二届全国委员会第五次会议关于常务委员会工作报告的决议（草案）；审议通过政协第十二届全国委员会提案委员会关于政协十二届五次会议提案审查情况的报告（草案）；通过政协第十二届全国委员会第五次会议政治决议（草案）。杜青林、韩启德、帕巴拉·格列朗杰、董建华、万钢、林文漪、罗富和、何厚铧、张庆黎、李海峰、陈元、卢展工、周小川、王家瑞、王正伟、马飚、齐续春、陈晓光、马培华、刘晓峰、王钦敏副主席和常委共281人出席。不是常委的全国政协副秘书长、机关党组成员、专委会副主任、中央统战部副部长、地方政协主席、部分委员小组负责人列席。

12日，政协十二届五次会议举行分组会议，审议各项决议草案，讨论"两高"工作报告。最高人民法院、最高人民检察院有关同志列席。

13日，政协第十二届全国委员会第五次会议闭幕会在人民大会堂举行。俞正声主席主持并讲话。会议增选政协第十二届全国委员会副主席；通过政协第十二届全国委员会第五次会议关于常务委员会工作报告的决议；通过政协第十二届全国委员会提案委员会关于政协十二届五次会议提案审查情况的报告；通过政协第十二届全国委员会第五次会议政治决议。杜青林、韩启德、帕巴拉·格列朗杰、董建华、万钢、林文漪、罗富和、何厚铧、张庆黎、李海峰、陈元、卢展工、周小川、王家瑞、王正伟、马飚、齐续春、陈晓光、马培华、刘晓峰、王钦敏、梁振英和十二届全国政协委员共2104人出席。

党和国家领导人习近平、李克强、张德江、刘云山、王岐山、张高丽、马凯、王沪宁、刘延东、刘奇葆、许其亮、孙春兰、孙政才、李建国、李源潮、汪洋、张春贤、范长龙、孟建柱、赵乐际、胡春华、栗战书、郭金龙、韩正、赵洪祝、杨晶、王胜俊、陈昌智、严隽琪、王晨、沈跃跃、吉炳轩、张平、向巴平措、艾力更·依明巴海、万鄂湘、张宝文、陈竺、常万全、杨洁篪、郭声琨、王勇、周强、曹建明，中共中央办公厅、全国人大常委会办公厅、国务院办公厅负责同志参加闭幕会并在主席台就座。中共中央和国务院46个有关部门负责同志、部分海外侨胞列席。外国驻华使节、新闻官旁听。

13日，政协十二届五次会议秘书处总结会在政协礼堂召开。张庆黎副主席兼秘书长出席并讲话，回顾总结大会秘书处工作，一是着力贯彻落实大会指导思想，会议活动组织顺利圆满；二是着力强化履职服务保障，委员聚焦主轴主线议政建言成果丰硕；三是着力形成统一安排、分工负责、密切配合的机制和合力，工作运转和推进有力有序有效；四是着力严肃会风会纪，大会自始至终风清气正。他强调，在今后的工作中，一定要围绕核心、维护核心，用以习近平同志为核心的党中央的部署要求统一思想和行动；一定要不畏硬仗、敢打硬仗，着力锤炼顽强拼搏的品质和作风；一定要精诚团结、精诚协作，依靠集体的智慧和力量办好事办成事；一定要勤于总结、善于总结，通过深化规律性认识提高做好工作的能力和水平。大会副秘书长潘立刚主持。公安部常务副部长、两会警卫组组长傅政华，大会副秘书长，各工作组组长、副组长和各驻地办事组负责同志出席。

15日，十二届全国人大五次会议在人民大会堂举行闭幕会。全国政协主席俞正声，副主席杜青林、韩启德、万钢、林文漪、罗富和、张庆黎、李海峰、陈元、卢展工、周小川、王家瑞、王正伟、马飚、齐续春、陈晓光、马培华、刘晓峰、王钦敏、梁振英，常务副秘书长潘立刚在主席台就座。

20日，杜青林副主席主持召开会议，研究扶贫监督性调研有关组织筹备工作。人口资源环境委员会主任贾治邦、民族和宗教委员会主任朱维群，副秘书长常荣军，人口资源环境委员会驻会副主任高波、民族和宗教委员会驻会副主任晓敏，以及办公厅有关室局负责同志参加。

22日，杜青林副主席在政协礼堂会见巴西民主运动党众议院党团领袖罗西率领的干部考察团。

23日，全国政协十二届五次会议提案交办会在政协礼堂举行。杜青林副主席出席并讲话，强调要深入贯彻以习近平同志为核心的中共中央关于提案工作的重要指示精神，着力提高提案质量，进一步精细做实提案办理工作；要注重精细化分类，加强全过程协商，推进协同式办理，增强答复的针对性；要探索建立相关承办单位工作会商机制、督办机制，形成提案办理工作合力。张庆黎副主席兼秘书长主持。中共中央办公厅副主任陈世炬、国务院副秘书长孟扬出席并对各承办单位提出工作要求。全国政协副秘书长潘立刚（常务）、常荣军，提案委员会主任孙淦，各专门委员会有关负责同志王国卿、李宏、赖明、田杰、李克农、高波、丛兵、刘敬民、季允石、杨衍银、蔡武、翟卫华，中央和国家机关有关部门负责同志，全国政协提案委员会部分委员、办公厅有关室局负责同志参加。会后，与会承办单位相关负责同志集中调整和交办全国政协十二届五次会议提案。

23日，马培华副主席在人民大会堂会见玻利维亚争取社会主义运动副主席加西亚率领的干部考察团。

27日，俞正声主席在京出席各民主党派中央开展脱贫攻坚民主监督工作座谈会并讲话。杜青林、韩启德、万钢、林文漪、张庆黎、马培华副主席出席，人口资源环境委员会主任贾治邦、民族和宗教委员会主任朱维群参加。

28日，俞正声主席主持召开政协第十二届全国委员会第五十八次主席会议，研究全国政协十二届五次会议重点提案题目和督办方式（草案）；审议关于撤销孔庆平政协第十二届全国委员会委员资格的决定（草案）。杜青林、韩启德、万钢、林文漪、罗富和、张庆黎、李海峰、陈元、周小川、王家瑞、王正伟、马飚、齐续春、陈晓光、刘晓峰、王钦敏副主席出席。全国政协副秘书长、机关党组成员，各专委会负责人，中共中央统战部负责人列席。

27日至29日，马培华副主席率“完善房地产调控，有序推进新型城镇化”专题组在上海调研。提案委员会副主任傅克诚、田杰（驻会）参加。

30日，政协第十二届全国委员会第六十三次双周协商座谈会在政协礼堂召开，围绕“优化电子商务监管”建言献策。俞正声主席主持并讲话，杜青林、张庆黎、陈元、王钦敏副主席出席。徐一帆、程红常委，石军、刘平均、杨志明、陈健、陈小平、骆沙鸣、徐向东、徐晓兰、梅兴保、曾蓉、谢渡扬、蓝逢辉委员，专家学者马云、刘强东、徐显明发言。国家工商总局副局长甘霖介绍有关情况，中央网信办副主任庄荣文、商务部副部长房爱卿、国家税务总局副局长孙瑞标、国家质检总局副局长孙大伟与委员们互动交流。常务副秘书长潘立刚，经济委员会主任周伯华，机关领导班子成员常荣军、刘家强、舒启明，专委会驻会副主任侯建民、吕虹、金学锋出席。

29日至30日，全国政协“实施精准扶贫中存在的问题和建议”调研动员会在机关举行。

31日午，全国政协机关在京开展以“弘扬生态文明、建设美丽北京”为主题的义务植树活动。罗富和、张庆黎、陈元、王家瑞、马飚副主席，机关领导班子成员潘立刚、邓宗良、常荣军、刘家强、舒启明，专委会驻会副主任田杰、侯建民、高波、吕忠梅、晓敏、吕虹、金学锋、陈惠丰，行政关系在机关的已退出领导班子尚在岗的部级干部卢昌华、凌振国及机关干部职工参加。

4月

1日，张庆黎副主席兼秘书长主持召开政协第十二届全国委员会第六十二次秘书长办公会议，研究“坚定文化自信，讲好中国故事”专题协商会方案（草案）；审议政协第十二届全国委员会常务委员会第二十一次会议议程（草案）和日程（草案）；审议政协全国委员会双周协商座谈会工作规则（草案）；研究全国政协办公厅承办全国政协十二届五次会议提案工作方案（稿）；研究全国政协十二届五次会议期间委员对政协工作的意见和建议。机关领导班子成员潘立刚、邓宗良、常荣军、刘家强、舒启明，专委会驻会副主任田杰、侯建民、高波、吕忠梅、晓敏、吕虹、金学锋、陈惠丰出席。办公厅各室局负责同志列席。

3月27日至4月1日，卢展工副主席率“坚定文化自信，讲好中国故事”专题组在广西、山东调研。教科文卫体委员会主任张玉台参加在山东的调研，副主任胡振民、马德秀、丛兵（驻会），部分全国政协常委、委员及中宣部、文化部有关负责同志参加。

7日，王家瑞副主席在京会见并宴请泰国公主诗琳通。

5日至8日，俞正声主席对巴基斯坦和斯里兰卡进行正式友好访问。林文漪、张庆黎副主席，提案委员会主任孙淦、文史和学习委员会主任王太华，副秘书长张秋俭、办公厅研究室主任舒启明，外交部副部长刘振民参加。常务副秘书长潘立刚到机场送迎。

12日，陈元副主席在政协礼堂会见尼日尔争取民主和社会主义党主席、内政国务部长巴祖姆一行。

13日，政协第十二届全国委员会第64次双周协商座谈会在政协礼堂召开，围绕“培养爱国爱教的宗教界中青年代表人士”建言献策。俞正声主席主持并讲话，张庆黎、王家瑞、马飚副主席出席。帕巴拉·格列朗杰副主席会前提交书面发言。朱维群、马英林、学诚、珠康·土登克珠、傅先伟常委，王学仁、刘元龙、李光富、杨松、杨发明、张风雷、罗一民、程振山、雷春美委员，专家学者王驰、董美琴发言。贺军科常委作书面发言。中共中央统战部常务副部长张裔炯介绍有关情况，教育部副部长李晓红、财政部副部长胡静林、国家宗教事务局局长王作安与委员们互动交流。机关领导班子成员潘立刚、邓宗良、刘佳义、周新建、刘家强，专委会驻会副主任田杰、晓敏、吕虹、金学锋出席。

10日至14日，韩启德副主席率“改进校园餐食管理”专题组在云南调研。副秘书长、九三学社中央常务副主席邵鸿，教科文卫体委员会副主任李卫红任组长。教育部有关部门、有关人民团体负责同志参加。

14日，张庆黎副主席兼秘书长在机关会见人民日报社副总编辑谢国明一行。副秘书长刘佳义陪同，并于会见后继续与谢国明同志座谈交流，新闻局、人民政协报社负责同志参加。

10 日至 14 日，卢展工副主席率“坚定文化自信，讲好中国故事”专题组在新疆调研。教科文卫体委员会副主任胡振民任组长，副主任马德秀、王全书、丛兵（驻会）、张连珍参加。

下午，俞正声主席在人民大会堂会见越南副总理兼外长范平明。张庆黎副主席兼秘书长参加，张秋俭副秘书长陪同。

9 日开始近一周，杜青林副主席率“实施精准扶贫工作中存在的问题和建议”专题组第一组在湖南调研。民族和宗教委员会副主任杜鹰任组长，社会和法制委员会副主任张世平、全国政协常委徐一帆任副组长。副秘书长常荣军、人口资源环境委员会驻会副主任高波参加。

10 日至 16 日，马培华副主席率“实施精准扶贫工作中存在的问题和建议”专题组第六组在贵州调研。提案委员会主任孙淦任组长，经济委员会副主任王永庆、提案委员会委员钟攸平任副组长。

17 日，杜青林副主席在机关主持召开会议，研究全国政协“实施精准扶贫工作中存在的问题和建议”调研有关工作。副秘书长常荣军参加。

17 日，张庆黎副主席兼秘书长主持召开政协第十二届全国委员会第二十三次秘书长会议，审议政协第十二届全国委员会常务委员会第二十一次会议议程（草案）和日程（草案）；研究政协第十二届全国委员会常务委员会第二十一次会议参考专题和分题目（稿）；研究全国政协“坚定文化自信，讲好中国故事”专题协商会方案（草案）；审议政协全国委员会双周协商座谈会工作规则（草案）；通报全国政协近期重点工作。副秘书长潘立刚（常务）、蒋作君、黄志贤、张秋俭、林智敏、徐辉、朱永新、邓宗良、常荣军、刘佳义、刘家强出席。机关党组成员周新建、舒启明，专委会驻会副主任田杰、侯建民、丛兵、吕忠梅、晓敏、吕虹、金学锋、陈惠丰，办公厅有关室局负责同志列席。

17 日，全国政协 2017 年第二次宏观经济形势分析座谈会在政协礼堂举行。周小川副主席出席并发言，王钦敏副主席出席，经济委员会主任周伯华主持。厉以宁、尚福林、李毅中、刘遵义等委员和专家学者发言。国家发展改革委、统计局负责同志到会介绍 2017 年第一季度国民经济运行有关情况。机关领导班子成员邓宗良、刘佳义、周新建、刘家强，经济委员会副主任王永庆、石军、闫冰竹、项宗西、彭小枫、侯建民（驻会）、吴新雄参加。

18 日，卢展工副主席在机关出席“坚定文化自信，讲好中国故事”专题调研座谈会。教科文卫体委员会副主任胡振民主持。教科文卫体委员会副主任李从军、丛兵（驻会），港澳台侨委员会副主任吕虹（驻会），外事委员会副主任蔡武，部分全国政协常委、委员，中宣部、文化部有关负责同志参加。

11 日至 18 日，罗富和副主席率“实施精准扶贫中存在的问题和建议”专题组第二组在四川调研。全国政协常委朱之鑫任组长，提案委员会副主任傅克诚、全国政协常委云公民任副组长。

21 日，马飚副主席在政协礼堂会见应中国共产党邀请访华的哥伦比亚执政联盟两党干部考察团。

17 日至 21 日，马培华副主席率“完善房地产调控，有序推进新型城镇化”专题组在重庆调研。提案委员会副主任赖明、田杰（驻会）参加。

14 日至 19 日，马飚副主席率“实施精准扶贫中存在的问题和建议”专题组第五组在湖北调研。经济委员会副主任陈锡文任组长，民族和宗教委员会副主任杨松、经济委员会副主任岳福洪任副组长。

14日至20日，民族和宗教委员会主任朱维群率“实施精准扶贫中存在的问题和建议”专题组第八组在云南调研。提案委员会副主任胡四一、副秘书长宋海任副组长。

8日至22日，王钦敏副主席率“构建‘亲’‘清’新型政商关系，促进民营经济健康发展”专题组在山东调研。经济委员会主任周伯华任组长，副主任李克农、尚福林和部分委员参加。

23日，全国政协副主席、京昆室主任卢展工在武汉出席纪念京剧一代宗师谭鑫培诞辰170周年活动。京昆室副主任刘家强、杨承志等参加。

22日上午、24日下午，“实施精准扶贫中存在问题和建议”专题调研组第六组组长孙淦分别召集工作人员会议，研究修改贵州省习水县扶贫监督性调研报告，并对下一步工作提出要求。

23日至26日，韩启德副主席率全国政协教科文卫体委员会和九三学社中央联合调研组，在宁夏就“改进校园餐食管理”开展专题调研。全国政协教科文卫体委员会副主任李卫红任组长，全国政协副秘书长、九三学社中央常务副主席邵鸿，九三学社中央副主席赖明，全国政协教科文卫体委员会副主任马德秀任副组长。部分政协委员、教育部有关部门和有关团体负责同志参加。

20日至26日，万钢副主席率全国政协“深入实施创新驱动发展战略”特邀常委视察团在浙江视察。人口资源环境委员会副主任齐让、教科文卫体委员会副主任陈小娅任副团长，提案委员会副主任王国卿任秘书长。

20日至26日，王家瑞副主席率全国政协“将建设大运河经济带上升为国家战略”重点提案督办调研组在江苏、山东调研。提案委员会副主任于以胜任组长，副主任李宏任副组长。委员会部分委员，提案者代表及国家发展改革委、环境保护部、水利部、住房城乡建设部等提案承办单位有关负责同志参加。

27日，政协第十二届全国委员会第65次双周协商座谈会在政协礼堂召开，围绕“《水污染防治法》的修订”建言献策。俞正声主席主持并讲话，杜青林、张庆黎、卢展工、陈晓光副主席出席。杨天怡、周健民、郑心穗常委，王俊峰、吕忠梅、朱专兴、朱征夫、李原园、汪利民、沈奎林、陈星莺、施中岩、高吉喜、程萍、温香彩委员，专家学者汪劲、郑丙辉发言。国务院法制办副主任刘炤介绍有关情况，环保部副部长黄润秋、水利部副部长陆桂华、农业部副部长张桃林与委员们互动交流。社会和法制委员会副主任陈冀平，机关领导班子成员潘立刚、常荣军、刘佳义、刘家强、舒启明，外事委员会驻会副主任金学锋出席。

28日，机关召开党风廉政建设工作会议，副主席兼秘书长、机关党组书记张庆黎出席并讲话，从深入学习贯彻中央决策部署，切实提高抓好党风廉政建设的政治站位和政治自觉；肯定成绩、正视不足，机关党风廉政建设永远在路上；狠抓党风廉政建设关键环节，确保全面从严治党落实落细落具体；压实“两个责任”、切实加强党风廉政建设工作的组织领导等四个方面，分析形势，指出问题，提出举措，作出部署。机关党组副书记、常务副秘书长潘立刚主持。机关党组成员、驻机关纪检组组长周新建出席并讲话。研究室理论局党支部、秘书局党总支、文史和学习委员会办公室党支部、人民政协报社第四党支部负责同志作交流发言。机关领导班子成员、专委会驻会副主任、行政关系在机关的已退出领导班子尚在岗的部级干部、机关副局级以上党员干部参加。

24日至28日，王钦敏副主席率“激发民间投资活力，促进投资主体多元化”专题组在广东调研。经济委员会副主任李毅中任组长，副主任王永庆参加。

5月

2日，杜青林副主席主持召开会议，传达俞正声主席关于“实施精准扶贫中存在的问题和建议”民主监督性调研的重要批示精神，研究部署第二轮调研有关工作。人口资源环境委员会主任贾治邦，副主任徐绍史、高波（驻会），民族和宗教委员会主任朱维群、副主任杜鹰，经济委员会副主任陈锡文，副秘书长常荣军，办公厅研究室主任舒启明及调研组有关同志参加。

3日，王正伟副主席在机关会见古巴驻华大使拉米雷斯。常荣军副秘书长参加。

4日，俞正声主席在人民大会堂会见日本自民党副总裁、众议员高村正彦率领的日本日中友好议员联盟代表团。张庆黎副主席兼秘书长参加，张秋俭副秘书长陪同。

4日，全国政协副主席、中国经济社会理事会主席杜青林主持召开理事会第12次主席办公会议，研究第四届中国经济社会理事会第四次会议和第15次中欧圆桌会议方案。全国政协常务副秘书长潘立刚，全国政协副秘书长、理事会副主席张秋俭出席。

5日，中共中央政治局常委、全国政协主席俞正声在京出席中华职业教育社成立100周年庆祝大会并讲话。全国政协副主席、中华职业教育社副理事长马培华出席。教科文卫体委员会驻会副主任丛兵参加。

5日，全国政协副主席、台盟中央主席、中国和平统一促进会副会长林文漪在机关会见法国中国和平统一促进会访问团一行。全国政协港澳台侨委员会副主任喻林祥、台盟中央副主席杨健出席。

5日，王家瑞副主席在机关出席“改进和加强我国卫生援非工作”专题调研座谈会。外交部、财政部、商务部、卫生计生委、中央军委后勤保障部有关部门负责同志到会介绍情况并座谈交流。外事委员会委员、调研组组长陈健主持，外事委员会驻会副主任金学锋、部分外事委员会委员和农工党中央有关同志参加。

7日，俞正声主席在人民大会堂会见并宴请比利时联邦参议长德弗莱涅。张庆黎副主席兼秘书长参加，副秘书长张秋俭陪同。

8日，马培华副主席在青岛出席全国政协第112期干部培训班开班式，看望全体学员并作动员讲话。常务副秘书长潘立刚主持。

8日至10日，俞正声主席在宁夏回族自治区调研。民族和宗教委员会主任朱维群参加。

9日，韩启德副主席率“改进和加强我国卫生援非工作”专题组在北京调研，听取北京市卫生计生委等相关单位负责同志介绍情况，并与有关医院、援非医疗队负责人及专家学者座谈。外事委员会委员陈健任组长，外事委员会副主任韩方明、金学锋（驻会）、王胜洪及部分委员参加。

10日，马飚副主席在湖北十堰出席第四届国际道教论坛开幕式。民族和宗教委员会驻会副主任晓敏参加。

11日，政协第十二届全国委员会第66次双周协商座谈会在政协礼堂召开，围绕“加强垃圾无害化处理”建言献策。

俞正声主席主持并讲话，万钢副主席出席并发言，罗富和、张庆黎副主席出席。张基尧、关凯、王尚旭、叶惠丽、朱奕龙、孙朝晖、杜时贵、杨兴平、张茵、陶夏新、黄国柱、梁平、梁伟华、董配永委员，专家学者吕彩霞、刘建国、沈国军发言。住房城乡建设部部长陈政高介绍有关情况，国家发展改革委副主任张勇、住房城乡建设部副部长倪虹、环境保护部副部长赵英民到会听取意见建议并与委员们互动交流。机关领导班子成员潘立刚、邓宗良、周新建，专委会驻会副主任高波，仝广成常委出席。

7日至11日，王家瑞副主席率“深化高等教育综合改革，推进产学研用紧密结合”专题组在浙江调研。教科文卫体委员会副主任马德秀任组长。

12日，俞正声主席在人民大会堂会见越南国家主席陈大光。张庆黎副主席兼秘书长参加，张秋俭副秘书长陪同。

7日至12日，卢展工副主席率“重视去产能过程中职工就业再就业问题”专题组在山西、河北调研。社会和法制委员会主任孟学农，副主任宋育英、陈学亨、吕忠梅（驻会）参加。

8日至12日，王钦敏副主席率“构建‘亲’‘清’新型政商关系，促进民营经济健康发展”专题组在福建调研。经济委员会主任周伯华任组长，副主任李克农、侯建民（驻会）、尚福林任副组长。

9日至11日，杜青林副主席率“实施精准扶贫中存在的问题和建议”专题组在四川调研。

15日，张庆黎副主席兼秘书长主持召开第67次双周协商座谈会筹备工作会议，听取提案委员会驻会副主任田杰关于有关情况的汇报并提出要求。办公厅研究室和国土资源部、住房城乡建设部相关部门负责同志参加。下午，田杰驻会副主任召集提案委员会办公室相关同志会议，研究落实张庆黎副主席兼秘书长提出的要求。

7日至15日，王正伟副主席率全国政协代表团对古巴和乌拉圭进行友好访问。甘肃省政协主席冯健身，全国政协副秘书长常荣军，全国政协常委、民建中央副主席兼秘书长吴晓青等陪同。

10日至14日，李海峰副主席率“茶马古道文化遗产保护和利用”专题组在四川调研。文史和学习委员会副主任孙庆聚任组长，副主任陈光林、周国富、翟卫华、陈惠丰（驻会）参加。

11日至15日，“实施精准扶贫中存在的问题和建议”第二轮调研第二专题组组长李冬玉率队在湖南调研。人口资源环境委员会主任贾治邦出席15日召开的座谈会。

16日，俞正声主席在人民大会堂会见柬埔寨首相洪森。张庆黎副主席兼秘书长参加，副秘书长张秋俭陪同。

16日，李海峰副主席在机关会见中国宋庆龄基金会名誉理事、孙中山先生曾长孙孙国雄先生一行。港澳台侨委员会驻会副主任吕虹参加。

16日，王家瑞副主席在钓鱼台国宾馆会见并宴请缅甸国务资政昂山素季。

17日，王家瑞副主席在钓鱼台国宾馆会见并便宴朝鲜对外经济相金英才。

18日，俞正声主席主持召开政协第十二届全国委员会第五十九次主席会议，审议政协第十二届全国委员会常务委员会第二十一次会议议程（草案）和日程（草案）；审议政协第十二届全国委员会委员增补名单（草案）；审议政协第十二届全国委员会专门委员会副主任增补名单（草案）；审议政协全国委员会双周协商座谈会工作规则（草案）。杜青林、韩启德、万钢、林文漪、罗富和、张庆黎、李海峰、陈元、卢展工、周小川、王家瑞、王正伟、马飚、齐续春、陈晓光、马培华、刘晓峰、王钦敏副主席出席。副秘书长、机关党组成员、各专门委员会负责同志和中央统战部负责同志列席。

19日，俞正声主席在机关会见来华出席“亚宗和”2017年度执委会会议的外方主要人员。张庆黎副主席兼秘书长参加。副秘书长潘立刚（常务）、张秋俭，外交部副部长李保东，“中宗和”常务副主席、代表团团长学诚，代表团成员黄信阳、杨发明、马英林、傅先伟等陪同。

18日至22日，由“中宗和”承办的“亚宗和”2017年度执委会会议在北京举行，来自“亚宗和”21个成员组织及“世宗和”的约70名代表出席。

12日至18日，由民族和宗教委员会主任朱维群任组长的“实施精准扶贫中存在的问题和建议”第二轮调研第一专题组，分别由朱维群同志率队到内蒙古自治区调研（15日至18日），由罗黎明委员率队到河南省调研（12日至16日）。

11日至17日，“实施精准扶贫中存在的问题和建议”第二轮调研第四专题组组长徐绍史率队在湖北、安徽调研；15日至20日，副组长黄康生率队在青海调研。

22日，全国政协副主席、中国经济社会理事会主席杜青林在政协礼堂与科特迪瓦经济社会理事会主席迪比会谈，并为迪比一行访华举行欢迎宴会。全国政协副秘书长、中国经济社会理事会副主席张秋俭，全国政协外事委员会副主任、中国经济社会理事会副主席王胜洪等参加。迪比一行是应中国经济社会理事会主席杜青林邀请访华的。

22日，陈元副主席在机关会见爱沙尼亚议会外事委员会代表团，就加强两机构交往、推动中爱和中欧友好合作进行交流，并就“一带一路”倡议、国际和地区有关热点问题等交换意见。外事委员会副主任蔡武、爱沙尼亚驻华大使高马腾参加。该团是应全国政协外事委员会邀请访华的。

14日至21日，“实施精准扶贫中存在的问题和建议”民主监督性调研第二轮调研第五专题组在贵州调研。组长杜鹰，副组长宋海、薛亮分别率队。

23日，全国政协围绕“坚定文化自信，讲好中国故事”议题在政协礼堂召开专题协商会。俞正声主席出席全天会议，主持下午会议并作总结讲话。中共中央政治局委员、中央书记处书记、中央宣传部部长刘奇葆出席全天会议并讲话。杜青林副主席出席并主持上午会议。韩启德、林文漪、罗富和、何厚铧、张庆黎、卢展工、王正伟、马飚、陈晓光、刘晓峰副主席出席。杨胜群、曹育民、厉以宁、翟惠生、樊锦诗、李滨生、王兴东、朱永新、陈际瓦、卢文端、吴江、苏士澍、包明德、冯双白、朱乐耕、刘兰芳、海霞、袁慧琴、徐玖平、张国立、马德秀、单霁翔、雪克来提·扎克尔、刘雅煌、于海、田青、陈凯歌、张廷皓、刘宇一、胡振民等30位委员、专家学者和地方负责同志发言。中共中央宣传部常务副部长黄坤明介绍有关情况。中共中央网络安全和信息化领导小组办公室副主任任贤良、教育部副部长田学军、文化部副部长丁伟、新闻出版广电总局副局长田进等作互动发言。中共中央办公厅副主任孟祥锋、国务院副秘书长彭树杰、中共中央宣传部副部长庹震、中共中央对外联络部副部长徐绿平、中国文学艺术界联合会副主席郭运德、中国作家协会副主席何建明、教育部副部长杜占元、人力资源和社会保障部副部长张义珍、国务院侨务办公室副主任谭天星、国务院港澳事务办公室副主任黄柳权、中国社会科学院副秘书长韩大川到会听取意见。全国政协办公厅、各专门委员会负责同志，各民主党派中央和全国工商联有关负责同志参加。会前，副秘书长张秋俭、邓宗良、常荣军，港澳台侨委员会驻会副主任吕虹分别看望出席会议的京外委员。

17日至23日，“实施精准扶贫中存在的问题和建议”民主监督性调研第二轮调研第六专题组在广西、宁夏调研。提案委员会主任孙淦、副主任傅克诚率队。

25日，政协第十二届全国委员会第67次双周协商座谈会在政协礼堂召开，围绕“完善住宅房地产调控，有序推进新型城镇化建设”建言献策。俞正声主席主持并讲话，杜青林、张庆黎、马培华副主席出席。梁振英副主席，许家印、赖明常委，王滨、王文娅、王济光、刘世锦、刘红宇、闫冰竹、徐玖平、徐念沙、徐钧健、郭允冲、蔡玲委员，王石、辜胜阻同志发言。住房和城乡建设部部长陈政高介绍有关情况，财政部部长助理戴柏华、国土资源部副部长赵龙、中国人民银行行长助理张晓慧与委员们互动交流。提案委员会主任孙淦，机关领导班子成员潘立刚、邓宗良、常荣军、周新建、刘家强、舒启明，专委会驻会副主任田杰、高波、金学锋，全国政协常委仝广成，住房和城乡建设部副部长陆克华出席。

25日，李海峰副主席在机关会见全国政协委员、世界华商联合促进会会长、庄士集团主席庄绍绥和全国政协委员、张学良将军之女张闾蘅一行。

26日，李海峰、王正伟、齐续春副主席在机关出席在京政协委员学习报告会。中科院“一带一路”战略研究中心主任刘卫东作《“一带一路”：引领包容性全球化》报告，并与委员互动交流。文史和学习委员会主任王太华主持。部分在京全国政协委员、各民主党派中央和全国工商联有关负责同志及北京市政协委员约300人参加。

27日，董建华副主席在人民大会堂出席纪念中华人民共和国香港特别行政区基本法实施20周年座谈会，梁振英副主席出席并作为香港特别行政区行政长官发言。港澳台侨委员会驻会副主任吕虹参加。

24日至27日，卢展工副主席率“推进海洋救助保障体系建设”专题组在浙江、上海调研。社会和法制委员会副主任王巨禄任组长，副主任宋育英、徐敬业、甄砚、吕忠梅（驻会）参加。

24日至27日，陈晓光副主席率“优化创新环境，改革科技评价体系”专题组在上海调研。教科文卫体委员会主任张玉台任组长，副主任陈小娅、程津培、丛兵（驻会）参加。

6月

2日，俞正声主席在人民大会堂会见匈牙利国会主席格维尔·拉斯洛。王正伟副主席参加。张秋俭副秘书长陪同。

5月31日至6月3日，张庆黎副主席兼秘书长率“国家生态文明试验区建设情况”委员视察团在江西视察。人口资源环境委员会副主任徐绍史、解振华，提案委员会副主任傅克诚，关凯常委任副团长。副秘书长邓宗良任视察团秘书长。顾伯平委员等参加。

5月31日至6月4日，全国政协副主席、全国工商联主席王钦敏率团在俄罗斯出席第21届圣彼得堡国际经济论坛。驻机关纪检组组长周新建等陪同。

2日至6日，董建华、李海峰副主席率住香港全国政协委员一行52人，围绕“生态旅游助推精准扶贫”在重庆考察。伍淑清常委任团长，港澳台侨委员会副主任杨衍银、吕虹（驻会）参加。

7日，机关召开副处级以上党员干部大会，传达中央纪委办公厅有关文件精神。副主席兼秘书长、机关党组书记张庆黎出席并讲话，指出党中央关于给予孙怀山开除党籍开除公职处分的决定，是继党中央对政协机关党组进行政治巡视后，加强政协机关党风廉政建设和党的建设的又一重大举措，机关全体党员干部一定要旗帜鲜明讲政治，切实把思想和行动统一到党中央决定精神上来；一定要以孙怀山案件为反面教材，全面集中进行党内警示教育；一定要以对孙怀山案件警示教育为契机，切实推进机关巡视整改任务落实。机关党组副书记、常务副秘书长潘立刚传达中央纪委办公厅《关于给予孙怀山开除党籍开除公职处分的决定》。机关领导班子成员、专委会驻会副主任、已退出机关领导班子尚在岗的部级领导同志出席。机关行政室局副处级以上和直属单位部门负责同志以上党员领导干部，离退休副处级以上党员老同志、老干部，正厅级以上非中共领导干部400余人参加。

8日，政协第十二届全国委员会第68次双周协商座谈会在政协礼堂召开，围绕“无障碍环境建设”建言献策。俞正声主席主持并讲话，杜青林、林文漪、张庆黎、卢展工、陈晓光副主席出席。王天戈、张海迪、邵琪伟、姜伟新、彭雪峰、蔡达峰、王新宪、龙墨、刘雅煌、江利平、李书福、沈瑾、张泽熙、郑广台、彭开宙、薄绍晔委员，专家学者庄惟敏、江涛发言。住房城乡建设部副部长倪虹介绍有关情况。工业和信息化部副部长陈肇雄，交通运输部副部长刘小明，中国残联党组书记、理事长鲁勇到会听取意见建议并与委员们互动交流。全国政协副秘书长潘立刚（常务）、常荣军，社会和法制委员会驻会副主任吕忠梅，全广成常委；台盟中央专职副主席杨健出席。会前，驻会副主任吕忠梅看望出席会议的京外委员。

5日至9日，陈元副主席率“营改增执行情况和改进的建议”专题组在上海、江苏调研。经济委员会副主任尚福林、吴新雄参加。

5日至9日，王家瑞副主席率“优化创新环境，改革科技评价体系”专题组在四川调研。教科文卫体委员会副主任程津培、陈小娅任组长，部分科协界、科技界委员参加。

9日，王正伟副主席在北戴河出席全国政协第113期干部培训班开班式，看望全体学员并作动员讲话。常务副秘书长潘立刚主持。

5日至10日，韩启德副主席率“健康产业发展情况”委员视察团在青海视察。教科文卫体委员会副主任刘敬民、段世杰，全国政协委员刘佩智任副团长。副秘书长刘家强任视察团秘书长。

10日，刘晓峰副主席在成都出席第六届中国成都国际非物质文化遗产节开幕式。

12日，李海峰副主席在机关会见欧洲华人华侨妇女联合总会访问团一行。

13日，全国政协党组书记俞正声主持召开中共十二届全国政协党组第46次会议，征求对中央有关文件的意见。党组副书记杜青林，党组成员张庆黎、李海峰、陈元、卢展工、周小川、王家瑞、王正伟、马飚出席。机关党组成员潘立刚、舒启明列席。

13日，副主席兼秘书长、机关党组书记张庆黎主持召开机关党组第126次会议，征求对中央有关文件的意见。党组副书记潘立刚，党组成员张秋俭、邓宗良、常荣军、周新建、舒启明出席。

14日，全国政协副主席、中国经济社会理事会主席杜青林主持召开理事会第

13次主席办公会议，研究第四届中国经济社会理事会第四次会议日程、议程等事项。全国政协常务副秘书长潘立刚，全国政协副秘书长、理事会副主席张秋俭参加。

14日，陈元副主席在京出席“营改增执行情况和改进的建议”专题组与有关企业、行业协会的座谈会并讲话。全天，专题组在京调研。经济委员会副主任尚福林带队，副主任许荣茂参加。

14日，王正伟副主席在京出席庆祝中国与格鲁吉亚建交25周年招待会。

15日，俞正声主席在人民大会堂会见巴基斯坦参联会主席祖拜尔上将一行。张庆黎副主席兼秘书长参加，张秋俭副秘书长陪同。

16日，陈元副主席在吉林临江出席“四保临江”战役胜利70周年纪念大会。

15日至16日，经济委员会副主任尚福林率“营改增执行情况及改进的建议”专题组在天津调研。驻会副主任侯建民参加。

12日至17日，卢展工副主席率“提升文化内涵，助推产业扶贫——茶乡行”专题组在贵州、湖南调研。教科文卫体委员会副主任马德秀任组长。农业部、文化部有关负责同志参加。

17日下午，王家瑞副主席率全国政协访问斯洛文尼亚、捷克和波兰代表团主要成员赴北京市怀柔区调研，推动上述三国与北京市开展务实合作。北京市政协主席吉林、全国政协副秘书长张秋俭等参加。

12日至18日，港澳台侨委员会副主任耿惠昌率“做好西部地区少数民族侨务工作”专题组在青海调研。委员会副主任赵阳等参加。

16日至18日，俞正声主席在福建厦门出席第九届海峡论坛并调研。林文漪副主席出席论坛。

19日，第四届中国经济社会理事会第四次会议在京西宾馆举行。全国政协副主席、中国经济社会理事会主席杜青林出席并讲话，强调要深入学习贯彻习近平总书记关于政治建设、经济建设、社会建设、外交工作、社会团体和智库建设的重要思想，要讲政治、顾大局、高标准、严要求；要紧紧围绕五大发展理念，围绕经济领域全局性、战略性、前瞻性重大问题，特别是聚焦深化供给侧结构性改革，紧扣保障和改善民生瓶颈和短板提出思路、对策和科学合理的政策性建议；要更加广泛地开展对外交往工作，在多边与双边的交往中积极发声，引导国际社会增进对中国的了解和理解，不断扩大经社理事会的国际影响；要突出研究、咨询、服务、联络功能，加强高端智库、咨询平台、桥梁纽带“三位一体”建设，切实在政策制定、制度设计上当好党和政府的参谋助手。理事会副主席潘立刚作总结讲话，副主席张玉台代表常务理事会作工作报告，副主席贾治邦、杨崇汇分别主持开、闭幕会，副主席张秋俭作有关人事事项的说明，副主席周伯华、臧献甫、徐敬业、王胜洪、徐振寰及130余位理事出席。会议增补全国政协常务副秘书长、机关党组副书记潘立刚为理事会副主席、理事、常务理事；接受4位理事请辞；免去孙怀山理事会副主席、常务理事职务，撤销理事资格。8位理事作大会发言。丁一凡理事就“世界经济发展大趋势及中国的作用”作专题讲座。

会前，理事会主席杜青林分别主持召开主席会议和常务理事会议，研究并通过有关事项。

20日，俞正声主席在政协礼堂会见古巴全国人民政权代表大会主席拉索。张庆黎副主席兼秘书长参加，张秋俭副秘书长陪同。

20日，马培华副主席在青海西宁出席第十八届中国·青海绿色发展投资贸易洽谈会。

21日，张庆黎副主席兼秘书长在机关会见司法部部长张军一行，并就有关工作座谈交流。潘立刚常务副秘书长出席，机关有关室局负责同志参加。

14日至21日，“加强海洋（水下）装备现代化建设，提高海洋经济开发能力”重点提案督办调研组在海南、福建调研。李海峰副主席率队参加福建段调研。提案委员会主任孙淦任组长。委员会副主任傅克诚、田杰（驻会），工业和信息化部、海洋局等提案承办单位相关负责同志全程参加。12日，调研组在机关召开组团会，孙淦、田杰同志参加。

22日，政协第十二届全国委员会第69次双周协商座谈会在政协礼堂召开，围绕“改进校园餐食管理”建言献策。俞正声主席主持并讲话，韩启德副主席出席并发言，杜青林、张庆黎、陈元、卢展工副主席出席。刘长铭、戴德丰、马德秀、孙惠玲、李卫红、肖新月、张雪、张大方、周锋、屈谦、胡卫、胡万宁、柯杨、梁伟华、董小平、戴晓雁委员，专家学者陈伟力发言。教育部副部长朱之文介绍有关情况，财政部副部长余蔚平、卫生计生委副主任金小桃、国家食品药品监管总局副局长焦红到会听取意见建议并与委员们互动交流。机关领导班子成员潘立刚、常荣军、舒启明，教科文卫体委员会主任张玉台、驻会副主任丛兵，外事委员会驻会副主任金学锋，九三学社中央专职副主席赖明出席。

会前，教科文卫体委员会副主任李卫红看望出席会议的京外委员。

22日，陈元副主席在人民大会堂出席国家副主席李源潮为加纳副总统巴武米亚访华举行的欢迎仪式和欢迎宴会。

22日，王家瑞副主席在甘肃天水出席2017（丁酉）年公祭中华人文始祖伏羲大典。

19日至22日，王正伟副主席率“加快发展健身休闲产业”专题组在海南调研。教科文卫体委员会副主任段世杰任组长，副主任刘敬民、丛兵（驻会）任副组长。部分体育界委员参加。

23日，俞正声主席在人民大会堂会见加纳副总统巴武米亚。张庆黎副主席兼秘书长参加，张秋俭副秘书长陪同。

23日，王钦敏副主席在北戴河出席全国政协第114期干部培训班开班式，看望全体学员并作动员讲话。潘立刚常务副秘书长主持。

24日下午，副主席兼秘书长、机关党组书记张庆黎在政协礼堂出席中央直属机关“不忘初心、继续前进”红色经典诵读活动。机关党组副书记、常务副秘书长潘立刚，副秘书长、机关党委书记张秋俭，机关有关室局主要负责同志和部分党员干部参加。

25日上午，何厚铧副主席在天津出席第三期“澳门大学生天津学习交流计划”结业式。港澳台侨委员会驻会副主任吕虹参加。结业式后，与会人员还视察了澳门和葡语系国家商品（天津）展销中心，听取展销中心基本情况汇报。

26日，俞正声主席主持召开政协第十二届全国委员会第六十次主席会议。主要议题为：审议政协第十二届全国委员会委员增补名单（草案）；审议政协第十二届全国委员会副秘书长任免名单（草案）、专门委员会主任增补名单（草案）、专门委员会副主任任免名单（草案）和专门委员会委员增补名单（草案）。杜青林、董建华、万钢、林文漪、罗富和、何厚铧、张庆黎、李海峰、陈元、卢展工、王家瑞、王正伟、马飚、齐续春、陈晓光、马培华、刘晓峰、王钦敏、梁振英副主席出席。全国政协副秘书长、机关党组成员、各专委会负责同志，中共中央统战部负责同志，政协十二届常委会第二十一次会议有关工作组负责同志列席。

26 日，政协第十二届全国委员会常务委员会第二十一次会议开幕会在京举行。俞正声主席主持。会议审议通过政协第十二届全国委员会常务委员会第二十一次会议议程。中共中央政治局常委、国务院副总理张高丽作“深化供给侧结构性改革，促进经济平稳健康发展”的报告。杜青林、韩启德、董建华、万钢、林文漪、罗富和、何厚铧、张庆黎、李海峰、陈元、卢展工、王家瑞、王正伟、马飚、齐续春、陈晓光、马培华、刘晓峰、王钦敏、梁振英副主席和常委共 278 人出席。国务院办公厅、国家发展改革委、教育部、科技部、工业和信息化部、财政部、人力资源社会保障部、国土资源部、环境保护部、住房城乡建设部、农业部、商务部、人民银行、国资委、质检总局、国务院研究室、银监会负责同志，不是常委的全国政协副秘书长、机关党组成员、各专门委员会负责同志，地方政协负责同志，信息特邀委员和特邀列席委员列席。

开幕会后，杜青林副主席主持召开政协第十二届全国委员会常务委员会第二十一次会议小组召集人会议并讲话。张庆黎副主席兼秘书长，潘立刚（常务）、常荣军副秘书长和各组召集人参加。

26 日，俞正声主席，杜青林、董建华、何厚铧、梁振英副主席在京参观香港回归祖国 20 周年“同心创前路　掌握新机遇”成就展。上午，梁振英副主席出席成就展开幕式并致辞，港澳台侨委员会驻会副主任吕虹参加。

27 日，政协第十二届全国委员会常务委员会第二十一次会议第二次全体会议在京举行。李海峰副主席主持。主要议题：一、大会发言；二、听取关于撤销委员资格决定和委员增补名单草案的说明；三、听取关于副秘书长任免名单（草案）、专门委员会主任增补名单（草案）和专门委员会副主任任免名单草案的说明。朱之鑫、彭小枫、兰云升、厉以宁、刘明康、李毅中、陈锡文、程红、张帆、李朋德、赖明、张基尧、钱克明常委和徐绍史委员共 14 位同志作口头发言。

俞正声主席，杜青林、韩启德、董建华、林文漪、何厚铧、张庆黎、陈元、卢展工、王家瑞、王正伟、马飚、齐续春、陈晓光、马培华、刘晓峰、王钦敏副主席和常委共 249 人出席。国家发展改革委、教育部、科技部、工业和信息化部、财政部、人力资源社会保障部、国土资源部、环境保护部、住房城乡建设部、农业部、商务部、人民银行、国资委、质检总局、银监会负责同志，不是常委的全国政协副秘书长、各专门委员会负责同志，地方政协负责同志，信息特邀委员和特邀列席委员列席。

27 日，马培华副主席在京出席庆祝中国与圭亚那建交 45 周年招待会。张秋俭副秘书长参加。

28 日，政协第十二届全国委员会常务委员会第二十一次会议闭幕会在京举行。俞正声主席主持并作重要讲话。主要议题：追认关于撤销孔庆平政协第十二届全国委员会委员资格的决定；通过政协第十二届全国委员会委员增补名单；通过政协第十二届全国委员会副秘书长任免名单；通过政协第十二届全国委员会专门委员会主任增补名单；通过政协第十二届全国委员会专门委员会副主任任免名单。杜青林、韩启德、董建华、万钢、林文漪、罗富和、何厚铧、张庆黎、李海峰、卢展工、王家瑞、王正伟、马飚、齐续春、陈晓光、马培华、刘晓峰、王钦敏副主席和常委共253人出席。中共中央办公厅、国务院办公厅、国家发展改革委、教育部、科技部、工业和信息化部、财政部、人力资源社会保障部、国土资源部、环境保护部、住房城乡建设部、农业部、商务部、人民银行、质检总局、银监会负责同志，不是常委的全国政协副秘书长、机关党组成员、各专门委员会负责同志，地方政协负责同志，信息特邀委员和特邀列席委员列席。

26日，政协第十二届全国委员会常务委员会第二十一次会议学习讲座（十二届总第十六次）在常委会议厅举行。华为公司高级顾问田涛作题为“不在非战略机会点上消耗战略竞争力量——华为的制度创新和理念创新”的讲座，并与常委互动交流。俞正声主席主持，杜青林、韩启德、董建华、万钢、林文漪、罗富和、何厚铧、张庆黎、李海峰、卢展工、王家瑞、王正伟、马飚、齐续春、陈晓光、马培华、刘晓峰、王钦敏副主席出席。

28日，杜青林副主席主持召开政协第十二届全国委员会第六十一次主席会议。主要议题：听取政协第十二届全国委员会常务委员会第二十一次会议各专题组讨论情况的汇报；听取政协第十二届全国委员会常务委员会第二十一次会议关于人事事项讨论情况的汇报。韩启德、董建华、万钢、林文漪、罗富和、何厚铧、张庆黎、李海峰、卢展工、周小川、王家瑞、王正伟、马飚、齐续春、陈晓光、马培华、刘晓峰、王钦敏副主席出席。副秘书长、机关党组成员、各专委会负责同志，政协十二届常委会第二十一次会议各小组召集人及相关工作组负责同志列席。

28日，全国政协副主席、中国经济社会理事会主席杜青林在京会见宴请出席中欧圆桌会议第十五次会议的欧盟经济社会委员会主席达希斯和欧方全体与会代表。理事会副主席潘立刚、张秋俭、王胜洪、徐振寰以及外交部、欧盟驻华代表等参加。

28日，张庆黎副主席兼秘书长在机关会见监察部副部长邹加怡一行。副秘书长常荣军、驻机关纪检组组长周新建出席。随后，邹加怡同志一行到驻机关纪检组调研，听取意见建议，并提出要求。

29日，俞正声主席在政协礼堂会见出席中欧圆桌会议第十五次会议的欧盟经济社会委员会主席达希斯和欧方全体与会代表。全国政协副主席、中国经济社会理事会主席杜青林，理事会副主席潘立刚、张秋俭、王胜洪、徐振寰参加。

29日，韩启德副主席在京出席中国芬兰商业峰会并致辞。

29日，“实施精准扶贫中存在的问题和建议”民主监督性调研秘书组组长徐绍史在机关主持召开会议，研讨综合报告初稿。秘书组成员范小建、舒启明、高波、刘克崮出席。

29日至30日，中欧圆桌会议第十五次会议在政协礼堂举行，主题是“做增长伙伴，促互利文明”。全国政协副主席、中国经济社会理事会主席杜青林出席开幕式并作主旨演讲，全国政协常务副秘书长、中国经济社会理事会副主席潘立刚主持闭幕式并致辞。理事会副主席张秋俭、王胜洪、徐振寰出席。与会代表就“坚持创新驱动，增强经济活力”“坚持公平包容，增进人民福祉”和“坚持务实合作，实现互利共赢”三个专题进行讨论。会后，中国经济社会理事会与欧盟经济社会委员会签署联合声明。

30日，陈元副主席出席“营改增执行情况和改进的建议”专题调研总结会并讲话。经济委员会副主任尚福林主持，副主任侯建民（驻会）、吴新雄出席。

30日，卢展工副主席率文史和学习委员会及新闻出版界部分在京委员赴华为技术有限公司北京研究所学习考察。文史和学习委员会副主任孙庆聚、翟卫华、陈惠丰（驻会）、李冰、李家祥，外事委员会副主任王国庆、金学锋（驻会）参加。

7月

3日，张庆黎副主席兼秘书长主持召开政协第十二届全国委员会第二十四次秘书长会议，审议政协第十二届全国委员会常务委员会第二十二次会议议程（草案）和日程（草案）；研究政协第十二届全国委员会常务委员会第二十二次会议参考专题和分题目（稿）；研究全国政协“构建‘亲’‘清’新型政商关系，促进民营经济健康发展”专题协商会方案（草案）；通报全国政协近期重点工作。副秘书长潘立刚、蒋作君、黄志贤、何丕洁、徐辉、何维、邵鸿、邓宗良、常荣军、刘家强、舒启明出席。机关党组成员周新建，专委会驻会副主任田杰、侯建民、高波、吕忠梅、杨小波、吕虹、金学锋、陈惠丰，办公厅有关室局负责同志列席。

会前，张庆黎副主席兼秘书长介绍了近期全国政协副秘书长和有关专门委员会负责人调整情况。教科文卫体委员会副主任张秋俭、民族和宗教委员会委员晓敏到会并发言。

5日，卢展工副主席在机关出席全国政协“少数民族地区精准扶贫”特邀常委视察团组团会议并讲话。国家民委、交通运输部和国务院扶贫办有关部门负责同志介绍情况。朱之鑫、杨崇汇、何丕洁常委等视察团成员参加，凌振国委员主持。

5日，全国政协副秘书长常荣军在机关出席中国宗教界和平委员会代表团参加“2017年东北亚和平国际研讨会”行前组团会议，并对参会工作提出要求。全国政协委员、“中宗和”副秘书长、中国伊斯兰教协会副会长阿地里江·阿吉克力木，全国政协委员、“中宗和”副秘书长、中国天主教爱国会副主席兼秘书长刘元龙等出席。

6日，政协第十二届全国委员会第70次双周协商座谈会在政协礼堂召开，围绕重视去产能过程中职工就业再就业问题建言献策。俞正声主席主持并讲话，张庆黎、卢展工、马飚、王钦敏副主席出席。徐振寰常委，王玉锁、王美华、付志方、白鹤祥、李建明、迟福林、张文学、张复明、施杰、徐念沙、傅军、管飞、颜辉委员，杨槐、程维同志发言。人力资源社会保障部副部长吴道槐介绍有关情况，国家发展改革委副主任王晓涛、工业和信息化部副部长辛国斌、财政部副部长史耀斌、国资委副主任孟建民与委员们互动交流。机关领导班子成员常荣军、周新建、舒启明，专委会驻会副主任吕忠梅、杨小波、金学锋，全国政协常委仝广成出席。会前，吕忠梅驻会副主任看望出席会议的京外委员。

6日，马飚副主席在机关会见由协会主席佩鲁弗率领的意大利议会“中国之友”协会代表团。

7日，张庆黎副主席兼秘书长在京出席纪念全民族抗战爆发80周年仪式并参观“举国抗战　伟大壮举——纪念全民族抗战爆发80周年主题展览”。邓宗良副秘书长参加。

7日，李海峰副主席在机关会见港澳青年社团代表内地学习考察团并讲话。港澳台侨委员会主任杨衍银，副主任侯树森、楼志豪、赵阳、华建、卢昌华、吕虹（驻会）参加。会见后，委员会负责同志继续与学习考察团座谈交流。

7日，王家瑞副主席在北戴河出席全国政协第115期干部培训班开班式，看望全体学员并作动员讲话。刘家强副秘书长主持。

7日，王正伟副主席在中国政协文史馆接见出席“共同的抗战——海外侨胞征集援华抗战史料汇展”开展活动的列席政协全体会议海外侨胞代表，并观看展览。副秘书长常荣军、港澳台侨委员会副主任焦焕成、国务院侨务办公室副主任谭天星参加。

3日至7日，教科文卫体委员会主任张玉台率“人工智能的发展与对策”专题组在辽宁调研。副主任陈小娅、丛兵（驻会）参加。

7日，社会和法制委员会驻会副主任吕忠梅率“营造风清气正的网络空间”专题组在中央网信办调研，并主持召开座谈会。中央网信办副主任庄荣文、社会和法制委员会副主任甄砚出席，中央网信办、工业和信息化部、公安部、文化部、新闻出版广电总局等部门相关同志介绍有关情况。

10日，张庆黎副主席兼秘书长率队走访民革中央、民建中央机关，沟通了解工作，听取意见建议。民革中央主席万鄂湘，副主席齐续春、郑建邦、李惠东；民建中央主席陈昌智，副主席马培华、郝明金、张少琴、辜胜阻、吴晓青分别出席相关活动。全国政协机关领导班子成员常荣军、周新建、舒启明，民族和宗教委员会驻会副主任、秘书局局长杨小波参加。

12日，张庆黎副主席兼秘书长率队走访农工党中央、九三学社中央机关，沟通了解工作，听取意见建议。农工党中央主席陈竺，副主席刘晓峰、何维、曲凤宏；九三学社中央主席韩启德，副主席邵鸿、赖明、丛斌、印红分别出席相关活动。全国政协机关领导班子成员常荣军、周新建、舒启明，民族和宗教委员会驻会副主任、秘书局局长杨小波参加。

12日，王家瑞副主席在成都出席“2017金砖国家友好城市暨地方政府合作论坛”开幕式并作主旨发言。

9日至12日，王正伟副主席率“治理过度包装，促进绿色生产消费”重点提案督办调研组在浙江调研。人口资源环境委员会副主任吴双战任组长，驻会副主任高波以及国家发展改革委、商务部、国家邮政局有关同志参加。

13日，俞正声主席在人民大会堂会见赤道几内亚副总统曼格。张庆黎副主席兼秘书长参加，常荣军副秘书长陪同。

10日至14日，卢展工副主席率“少数民族地区精准扶贫”特邀常委视察团在宁夏视察。朱之鑫、杨崇汇常委和何丕洁副秘书长任副团长，凌振国委员任视察团秘书长。

4日至13日，杜青林副主席率中共代表团访问比利时、阿根廷和巴西，潘立刚常务副秘书长参加。

9日至14日，提案委员会副主任干以胜率调研组就“把社会主义核心价值观融入法治建设”重点提案在新疆、陕西开展跟踪督办调研。委员会副主任王国卿、田杰（驻会）和部分委员，提案者代表，以及中共中央宣传部、中央政法委、国务院法制办有关部门负责同志参加。

14日至15日，全国金融工作会议在京召开。俞正声主席，杜青林、万钢、陈元、周小川、王钦敏副主席，潘立刚常务副秘书长，经济委员会副主任刘明康分别出席相关会议。

10日至15日，文史和学习委员会副主任卞晋平率“长城保护”专题组在山西调研。副主任孙庆聚、周国富、陈惠丰（驻会）、李家祥参加。

12日至15日，陈晓光副主席率“营

造风清气正的网络空间”专题组在山东调研。社会和法制委员会副主任陈冀平任组长。10日至12日，专题组在上海调研，社会和法制委员会驻会副主任吕忠梅任组长，副主任甄砚参加。

17日，全国政协2017年第三次宏观经济形势分析座谈会在政协礼堂举行。张庆黎、马飚、王钦敏副主席出席，经济委员会主任周伯华主持。厉以宁、李毅中、刘明康、陈锡文、林毅夫等委员和专家学者发言。国家发展改革委、统计局负责同志到会介绍2017年第二季度国民经济运行有关情况。副秘书长刘佳义，驻机关纪检组组长周新建，仝广成常委，经济委员会副主任王永庆、石军、闫冰竹、岳福洪、项宗西、彭小枫、董大胜、侯建民（驻会）、尚福林出席。

18日，全国政协围绕“构建‘亲’‘清’新型政商关系，促进民营经济健康发展”议题在政协礼堂召开专题协商会。俞正声主席出席全天会议，主持下午会议并作总结讲话。杜青林副主席出席并主持上午会议。国务委员王勇出席全天会议并讲话。韩启德、董建华、张庆黎、李海峰、陈元、王家瑞、齐续春、马培华、梁振英副主席出席。王钦敏副主席和尚福林、张昌平、林毅夫、袁亚非、周新生、陈志列、余竹云、卢中原、刘迎秋、申长友、刘纪鹏、王小兰、汤黎路、董晓莉、戴忠俊、赵晓勇、余渐富、黄淑和、方方、庄聪生、黄尔梅、王鹤龄、金建华、甘连舫、刘身利、李勇库、杨天怡、王计、杜婕、李钺锋、刘遵义等30多位委员、专家学者、企业代表和地方负责同志发言。发展改革委副主任张勇，工业和信息化部党组成员、总工程师张峰分别介绍有关情况。最高人民检察院检察委员会副部级专职委员兼反贪污贿赂总局局长卢希，税务总局副局长孙瑞标，工商总局副局长王江平，银监会党委委员、副主席王兆星等作互动发言。中共中央办公厅副主任陈世炬，中共中央统战部副部长徐乐江，国务院副秘书长孟扬，监察部副部长崔鹏，财政部部长助理、党组成员许宏才，商务部副部长王受文，国资委副主任黄丹华到会听取意见。全国政协办公厅、各专门委员会负责同志，各民主党派中央和全国工商联有关负责同志参加。

12日至18日，民族和宗教委员会主任朱维群率“新疆民族团结和交往交流交融”专题组在新疆调研。副主任马铁山、王学仁、白玛、华士飞、杨松参加。

18日，陈晓光副主席在京出席“廉政文化与中国梦高峰论坛”。

12日至19日，罗富和副主席率“边疆少数民族地区公共文化服务情况”无党派人士界委员考察团在西藏、云南考察。王梅祥常委任副团长。

19日，马飚副主席在机关出席“发挥高铁经济带作用，密切东西部合作，促进脱贫攻坚”提案办理协商会并讲话。提案委员会主任孙淦主持。副主任王国卿、罗平飞、胡四一、田杰（驻会），提案者代表及国家发展改革委、交通运输部、海关总署、国务院扶贫办、国家旅游局、中国铁路总公司等提案承办单位有关部门负责同志参加。

19日，受张庆黎副主席兼秘书长委托，潘立刚常务副秘书长率队走访民盟中央、全国工商联机关，沟通了解工作，听取意见建议。民盟中央主席张宝文，副主席陈晓光、张平、徐辉；全国工商联主席王钦敏，副主席樊友山、谢经荣分别出席相关活动。全国政协副秘书长邓宗良、刘佳义、刘家强，民族和宗教委员会驻会副主任、秘书局局长杨小波参加。

19日，马飚副主席在机关出席“发挥高铁经济带作用，密切东西部合作，促进脱贫攻坚”提案办理协商会并讲话。提案委员会主任孙淦主持。副主任王国卿、罗平飞、胡四一、田杰（驻会），提案者代表及国家发展改革委、交通运输部、海关总署、国务院扶贫办、国家旅游局、中国铁路总公司等提案承办单位有关部门负责同志参加。

19 日，受张庆黎副主席兼秘书长委托，潘立刚常务副秘书长率队走访民盟中央、全国工商联机关，沟通了解工作，听取意见建议。民盟中央主席张宝文，副主席陈晓光、张平、徐辉；全国工商联主席王钦敏，副主席樊友山、谢经荣分别出席相关活动。全国政协副秘书长邓宗良、刘佳义、刘家强，民族和宗教委员会驻会副主任、秘书局局长杨小波参加。

19 日，教科文卫体委员会主任张玉台率“人工智能的发展与对策”专题组在京开展调研暨科协界、科技界界别委员活动日。副主任马德秀、陈小娅、丛兵（驻会），人口资源环境委员会副主任齐让参加。

20 日，政协第十二届全国委员会第 71 次双周协商座谈会在政协礼堂召开，围绕“改进和加强我国卫生援非工作”建言献策。俞正声主席主持并讲话，杜青林、韩启德、张庆黎、刘晓峰副主席出席。王家瑞副主席，何维、于文明、刘晓榕、郑小燕、焦红、王宇、王启仪、艾平、任国胜、花亚伟、陈健、凌锋、蔡建国委员，专家学者刘培龙、吴晓东、鲁新发言。国家卫生计生委副主任崔丽介绍有关情况。外交部副部长张明、财政部副部长胡静林、商务部副部长钱克明到会听取意见建议并与委员们互动交流。全国政协机关领导班子成员潘立刚、常荣军、刘佳义、周新建、刘家强、舒启明，外事委员会主任潘云鹤、驻会副主任金学锋，教科文卫体委员会驻会副主任丛兵，民族和宗教委员会驻会副主任杨小波，仝广成常委出席。

21 日，俞正声主席，杜青林、韩启德、万钢、罗富和、李海峰、陈元、卢展工、王家瑞、王正伟、马飚、齐续春、陈晓光、马培华、刘晓峰、王钦敏副主席在中国人民革命军事博物馆参观“铭记光辉历史　开创强军伟业——庆祝中国人民解放军建军 90 周年主题展览”。上午，张庆黎副主席兼秘书长出席展览开幕式并参观展览。

17 日至 21 日，文史和学习委员会副主任卞晋平率“长城保护”专题组在辽宁调研。副主任龙新民、孙庆聚、周国富参加。

24 日，张庆黎副主席兼秘书长主持召开秘书长碰头会，通报和部署近期工作，并传达中央有关文件精神。

24 日，陈元副主席在京出席亚洲金融合作协会成立仪式。

24 日，陈元副主席在京会见应全国对外友协邀请访华的俄联邦委员会议员、俄中友协主席梅津采夫。

24 日，港澳台侨委员会副主任刘凡在机关会见世界知名台商大陆参访团一行，围绕深化两岸经贸文化合作、共同参与“一带一路”建设等座谈交流。

25 日，王家瑞副主席在机关会见“爱我中华”海峡两岸和港澳青年大会聚火车团代表一行，向港澳台和内地青年介绍人民政协有关知识和国家经济社会发展情况，勉励青年了解历史、面向未来，不断增强国家意识和民族认同，为实现中华民族伟大复兴中国梦贡献力量。港澳台侨委员会副主任华建参加。

26 日，俞正声主席，杜青林、张庆黎、李海峰、陈元、卢展工、周小川、王家瑞、王正伟、马飚副主席在京出席省部级主要领导干部“学习习近平总书记重要讲话精神，迎接党的十九大”专题研讨班开班式。韩启德、万钢、林文漪、齐续春、陈晓光、马培华、刘晓峰、王钦敏副主席列席。

26日，卢展工副主席出席社会和法制委员会召开的“加强自闭症患者教育康复工作”重点提案办理协商会。社会和法制委员会副主任甄砚主持。提案委员会驻会副主任田杰、社会和法制委员会驻会副主任吕忠梅、提案者代表以及中国残联、教育部、财政部、人力资源社会保障部、国家卫生计生委等提案承办单位有关负责同志参加。

27日，俞正声主席主持召开政协第十二届全国委员会第六十二次主席会议。主要议题为：审议政协第十二届全国委员会常务委员会第二十二次会议议程（草案）和日程（草案）；审议政协全国委员会各专门委员会工作指南（稿）；听取关于全国政协2017年上半年主要工作情况的汇报。韩启德、万钢、林文漪、罗富和、何厚铧、张庆黎、李海峰、陈元、卢展工、周小川、王家瑞、王正伟、马飚、齐续春、陈晓光、马培华、刘晓峰、王钦敏副主席出席。副秘书长、机关党组成员、各专委会负责同志及办公厅有关室局负责同志列席。

22日至29日，提案委员会“关于在东北四省（区）交界带建设国家级生态经济区”重点提案调研组赴吉林、内蒙古督办调研。马飚副主席率队参加吉林段调研。提案委员会主任孙淦任组长，副主任王国卿、李宏，国家发展改革委、环境保护部、国家林业局相关负责同志参加。

29日，万钢副主席在内蒙古鄂尔多斯出席第六届库布其国际沙漠论坛。人口资源环境委员会副主任吴双战、教科文卫体委员会副主任张秋俭参加。

31日，俞正声主席，杜青林、张庆黎副主席在人民大会堂出席庆祝中国人民解放军建军90周年招待会。潘立刚常务副秘书长参加。

31日，张庆黎副主席兼秘书长主持召开秘书长碰头会，通报和部署近期工作。

31日，张庆黎副主席兼秘书长在机关看望驻全国政协机关武警部队官兵，祝贺八一建军节，并充分肯定驻机关武警官兵为机关安全保卫工作作出的贡献，勉励大家在各个方面做出新的成绩。副秘书长潘立刚（常务）、邓宗良、舒启明，民族和宗教委员会驻会副主任杨小波，武警北京市总队二师及有关室局负责同志参加。

8月

1日，俞正声主席，杜青林、韩启德、万钢、林文漪、罗富和、张庆黎、李海峰、陈元、卢展工、周小川、王家瑞、王正伟、马飚、齐续春、陈晓光、马培华、刘晓峰、王钦敏副主席在人民大会堂出席庆祝中国人民解放军建军90周年大会。机关领导班子成员潘立刚、邓宗良、常荣军、刘佳义、周新建、刘家强、舒启明，专委会驻会副主任吕忠梅、杨小波参加。

2日，王钦敏副主席在江苏连云港出席第五届中国—中亚合作论坛开幕式并作主旨发言。开幕式前，分别会见乌兹别克斯坦第一副总理拉马托夫、塔吉克斯坦副总理伊布拉西姆。

7月24日至8月4日，民族和宗教委员会主任朱维群率“东北边境地区民族宗教有关情况”专题组在辽宁、吉林、黑龙江调研。副主任马英林、马铁山、华士飞、傅先伟参加。

3日至10日，提案委员会“加快推进文物保护科技创新”重点提案督办调研组在西藏调研。孙淦主任任组长，傅克诚、田杰（驻会）副主任，委员会部分委员、提案者代表以及科技部、国家文物局有关负责同志参加。

7日至11日，俞正声主席、王正伟副主席在内蒙古出席内蒙古自治区成立70周年庆祝活动。民族和宗教委员会主任朱维群参加。

14日，教科文卫体委员会副主任程津培率“优化创新环境，改革科技评价体系”专题组在国家自然科学基金委员会调研，并与基金委副主任高文、高瑞平座谈。委员会办公室有关同志参加。

15日至17日，韩启德副主席在西安出席六盘山片区政协精准扶贫交流推进会。提案委员会副主任徐辉、经济委员会副主任项宗西参加。

16日，周小川副主席在京会见尼日利亚传统领袖卡诺埃米尔萨努西二世。

17日，马培华副主席在钓鱼台国宾馆出席全国对外友协举办的中国—哥斯达黎加建交10周年招待会。

21日，张庆黎副主席兼秘书长主持召开政协第十二届全国委员会第二十五次秘书长会议，审议政协全国委员会提案审查工作细则（修订草案）和全国政协办公厅关于做好提案公开工作的意见（草案）；审议政协第十二届全国委员会优秀提案和先进承办单位名单（草案）。副秘书长潘立刚、蒋作君、黄志贤、徐辉、宋海、朱永新、邵鸿、邓宗良、常荣军、刘佳义、刘家强、舒启明出席。机关党组成员周新建，专委会驻会副主任田杰、侯建民、高波、丛兵、杨小波、吕虹、金学锋、陈惠丰，办公厅有关室局负责同志列席。

22日，俞正声主席在京接见国务院侨办专家咨询委员会大会全体代表。下午，万钢副主席出席大会并作专题报告。

22日，马培华副主席在青海格尔木出席2017柴达木循环经济绿色发展论坛开幕式。

23日，卢展工副主席出席社会和法制委员会在机关召开的“无障碍环境建设”双周协商座谈会成果转化情况介绍会。社会和法制委员会驻会副主任吕忠梅参加。

24日，政协第十二届全国委员会第72次双周协商座谈会在政协礼堂召开，围绕“营改增执行情况和改进的建议”建言献策。俞正声主席主持并讲话，杜青林、韩启德、张庆黎、王钦敏副主席出席。陈元副主席，傅成玉常委，王小兰、王志雄、朱成钢、庄聪生、苏华、杨凯生、宋兰、尚福林、周桐宇、赵海英、曹德旺、蓝逢辉委员，刘桓、许善达、张和平同志发言。财政部副部长史耀斌介绍有关情况，国家发展和改革委员会副主任连维良、国家税务总局局长王军与委员们互动交流。经济委员会主任周伯华，机关领导班子成员潘立刚、邓宗良、常荣军、刘佳义、周新建、刘家强，专委会驻会副主任侯建民、丛兵、杨小波，全国政协常委仝广成出席。

25日，全国政协副主席、京昆室主任卢展工主持召开京昆室主任会议并讲话。会议听取京昆室上半年主要工作完成情况和下阶段重点工作，研究有关工作。京昆室副主任仝广成、刘家强、叶少兰、杨承志、吴江出席。

28日，俞正声主席主持召开政协第十二届全国委员会第六十三次主席会议，主要议题为：审议关于撤销阿布里米提·艾合买托合提政协第十二届全国委员会委员资格的决定（草案）和关于接受李军同志请辞政协第十二届全国委员会委员的决定（草案）；审议政协第十二届全国委员会优秀提案和先进承办单位名单（草案）。杜青林、韩启德、万钢、林文漪、罗富和、何厚铧、张庆黎、李海峰、陈元、卢展工、周小川、王家瑞、王正伟、马飚、齐续春、陈晓光、马培华、刘晓峰、王钦敏、梁振英副主席出席。全国政协副秘书长、机关党组成员、专门委员会负责同志和中央统战部有关负责同志列席。

28 日，政协第十二届全国委员会常务委员会第二十二次会议开幕会在京举行。杜青林副主席主持。会议审议通过政协第十二届全国委员会常务委员会第二十二次会议议程。中共中央政治局委员、国务院副总理汪洋作“强化问题意识　坚持问题导向　稳中求进抓好脱贫攻坚”的报告，并回答朱永新、李崴、田震、王文彪常委的提问，进行互动交流。俞正声主席，韩启德、万钢、林文漪、罗富和、何厚铧、张庆黎、李海峰、陈元、卢展工、周小川、王家瑞、王正伟、马飚、齐续春、陈晓光、马培华、刘晓峰、王钦敏、梁振英副主席和常委共 275 人出席。中央纪委、中央办公厅、中央组织部、中央宣传部、发展改革委、教育部、国家民委、民政部、财政部、人力资源社会保障部、环境保护部、农业部、商务部、卫生计生委、国务院扶贫办负责同志，不是常委的全国政协副秘书长、机关党组成员、各专门委员会负责同志，地方政协负责同志，中央统战部副部长，中央社会主义学院副院长，信息特邀委员和特邀列席委员列席。

开幕会后，杜青林副主席主持召开政协第十二届全国委员会常务委员会第二十二次会议小组召集人会议并讲话。张庆黎副主席兼秘书长，潘立刚（常务）、常荣军副秘书长，民族和宗教委员会驻会副主任、秘书局局长杨小波和各组召集人参加。

俞正声主席，杜青林、韩启德、董建华、万钢、罗富和、何厚铧、张庆黎、李海峰、陈元、卢展工、王家瑞、王正伟、马飚、齐续春、陈晓光、马培华、刘晓峰、王钦敏、梁振英副主席分别到各专题组参加讨论。

29 日，政协第十二届全国委员会常务委员会第二十二次会议第二次全体会议在京举行。陈元副主席主持。会议的主要议题是：一、大会发言；二、听取关于撤销委员资格和接受委员请辞事项的说明。徐绍史、田岚、何维、黄康生、郑建闽、吴双战、陈锡文、宋海、王新宪、朱维群、朱之鑫、孙淦、贾治邦等常委、委员和韩勇同志作口头发言。俞正声主席，韩启德、董建华、罗富和、何厚铧、张庆黎、李海峰、卢展工、周小川、王家瑞、王正伟、马飚、齐续春、陈晓光、马培华、刘晓峰、王钦敏、梁振英副主席和常委共 267 人出席。中央纪委、国家发展改革委、教育部、国家民委、民政部、人力资源社会保障部、环境保护部、农业部、商务部、卫生计生委、国务院扶贫办负责同志，不是常委的全国政协副秘书长、各专门委员会负责人，地方政协负责同志，中央统战部副部长，信息特邀委员和特邀列席委员列席。

29 日，杜青林、董建华、林文漪、罗富和、陈元、齐续春、马培华、刘晓峰、王钦敏副主席分别到政协第十二届全国委员会常务委员会第二十二次会议各专题组参加讨论。

29 日，王家瑞副主席在机关听取全国政协代表团访问密克罗尼西亚联邦、文莱和柬埔寨筹备工作情况汇报。经济委员会驻会副主任侯建民主持，河北省政协主席付志方等参加。

29 日，马飚副主席在机关会见世界宗教和平组织——日本分会（“日宗和”）主席、日本立正佼成会会长庭野日旷一行。全国政协副秘书长常荣军，“中宗和”

常务副主席、中国佛教协会会长学诚等参加会见。

学诚主持“中宗和”与庭野日旷一行会谈。中国伊斯兰教协会会长杨发明、中国天主教爱国会主席房兴耀、中国基督教三自爱国运动委员会主席傅先伟等“中宗和”副主席出席。

“日宗和”代表团应“中宗和”邀请于8月25日开始访华。

30日，政协第十二届全国委员会常务委员会第二十二次会议闭幕会在京举行。俞正声主席主持并作重要讲话。会议主要议题为：追认关于撤销阿布里米提·艾合买托合提政协第十二届全国委员会委员资格的决定；通过关于接受李军同志请辞政协第十二届全国委员会委员的决定。杜青林、韩启德、董建华、林文漪、罗富和、何厚铧、张庆黎、李海峰、陈元、卢展工、周小川、王家瑞、王正伟、马飚、齐续春、陈晓光、马培华、刘晓峰、王钦敏、梁振英副主席和常委共275人出席。中央纪委、中央办公厅、中央组织部、国家发展改革委、教育部、民政部、财政部、人力资源社会保障部、环境保护部、农业部、商务部、卫生计生委、国务院扶贫办负责同志，不是常委的全国政协副秘书长、机关党组成员、各专门委员会负责人，地方政协负责同志，中央统战部副部长，信息特邀委员和特邀列席委员列席。

30日，政协第十二届全国委员会常务委员会第二十二次会议学习讲座（十二届总第十七次）在常委会议厅举行。中国探月工程总设计师、中国工程院院士吴伟仁作题为“我国航天事业的发展现状及展望”的讲座，并与常委互动交流。俞正声主席主持，杜青林、韩启德、董建华、林文漪、罗富和、何厚铧、张庆黎、李海峰、陈元、卢展工、周小川、王家瑞、王正伟、马飚、齐续春、陈晓光、马培华、刘晓峰、王钦敏、梁振英副主席出席。

31日，张庆黎副主席兼秘书长接见地方政协及帮扶地区来机关挂职干部并与大家合影。潘立刚（常务）、邓宗良副秘书长参加。之后，人事局召开挂职干部总结座谈会，挂职干部所在室局有关负责同志参加。

31日，王正伟、马飚副主席在京出席中国伊斯兰教协会2017年古尔邦节招待会。民族和宗教委员会主任朱维群、驻会副主任杨小波参加。

31日，全国政协副主席、中国人民争取和平与裁军协会副会长马飚出席“和裁会”代表团访问波兰、拉脱维亚、匈牙利行前会。

31日，王钦敏副主席在政协礼堂会见柬埔寨参议院第八委员会主席棉森安一行。会后，教科文卫体委员会副主任张秋俭主持与棉森安一行的座谈，副主任黄洁夫、刘敬民参加。

31日，张秋俭副主任还参加了全国人大常委会副委员长、全国妇联主席沈跃跃会见棉森安一行活动。

棉森安一行应全国政协教科文卫体委员会邀请于8月28日开始访华。

9月

1日，俞正声主席在人民大会堂会见应国家主席习近平邀请来华出席金砖国家领导人第九次会晤并进行国事访问的巴西总统特梅尔。张庆黎副主席兼秘书长参加，常荣军副秘书长陪同。

1日，张庆黎副主席兼秘书长在人民大会堂出席国家主席习近平为巴西总统特梅尔访华举行的欢迎仪式和欢迎宴会。

4日，韩启德副主席在常委会议厅为机关干部作“我的几个医学观点”专题报告。张庆黎副主席兼秘书长主持，王正伟、王钦敏副主席出席。机关领导班子成员、专委会驻会副主任、已退出机关领导班子尚在岗的部级领导同志，机关行政室局和直属单位近400人参加。

5日，俞正声主席在政协礼堂会见并宴请布隆迪参议长恩迪库里约。张庆黎副主席兼秘书长参加，常荣军副秘书长陪同。

6日，俞正声主席在机关接见政协第十二届全国委员会优秀提案和先进承办单位表彰会与会代表并作重要讲话。杜青林、张庆黎、李海峰、卢展工、陈晓光副主席出席。中共中央办公厅副主任陈世炬、国务院副秘书长孟扬，机关领导班子成员潘立刚、邓宗良、常荣军、刘佳义、周新建、刘家强、舒启明参加。

6日，政协第十二届全国委员会优秀提案和先进承办单位表彰会在机关举行。杜青林副主席出席并讲话，张庆黎副主席兼秘书长主持，李海峰、卢展工、陈晓光副主席出席。提案委员会主任孙淦宣读《政协第十二届全国委员会关于表彰优秀提案和先进承办单位的决定》，共表彰优秀提案240件、先进承办单位45个。与会领导同志为优秀提案和先进承办单位获奖代表颁奖。全国政协常委、民进中央副主席、宁夏回族自治区政府副主席姚爱兴，财政部副部长胡静林分别代表获奖提案者、承办单位发言。中共中央办公厅副主任陈世炬、国务院副秘书长孟扬，机关领导班子成员潘立刚、邓宗良、常荣军、刘佳义、周新建、刘家强、舒启明，各专门委员会负责同志，各民主党派中央和全国工商联负责同志，政协第十二届全国委员会优秀提案和先进承办单位获奖代表，部分全国政协委员及机关各室局负责同志等470余人参加。

7日，政协第十二届全国委员会第73次双周协商座谈会在政协礼堂召开，围绕“优化创新环境，改革科技评价体系”建言献策。俞正声主席主持并讲话，杜青林、张庆黎、陈晓光副主席出席。万钢副主席，王光谦、田刚、陈群、郑兰荪、程津培、干勇、刘永、朱星、杨玉成、沈保根、罗永章、胡刚、高文、顾行发、唐明、蒋华良委员，专家学者郭雷、梅永红发言。科技部党组书记、副部长王志刚介绍有关情况。中央组织部副部长周祖翼、教育部副部长杜占元、国家自然科学基金委员会主任杨卫到会听取意见建议并与委员们互动交流。机关领导班子成员潘立刚、常荣军、刘佳义、刘家强，教科文卫体委员会主任张玉台及副主任陈小娅、丛兵（驻会），提案委员会驻会副主任田杰，民族和宗教委员会驻会副主任杨小波，全国政协常委仝广成出席。中国科学院、中国工程院有关负责同志参加。

会前，教科文卫体委员会驻会副主任丛兵看望出席会议的京外委员。

4日至7日，陈元副主席应邀在香港出席“展望香港下一个二十年暨‘一带一路’倡议与香港机遇”高端论坛并作主旨演讲。在港期间，先后看望董建华、梁振英副主席，拜访林郑月娥特首，就学习贯彻国家主席习近平视察香港系列重要讲话精神及一些香港重大问题交换意见，并与香港中华总商会及部分企业代表座谈交流，走访部分在港的全国政协常委、委员和有关团体。

8日，俞正声主席在人民大会堂会见来华出席中日邦交正常化45周年纪念招待会的日方主要代表。张庆黎副主席兼秘书长参加，常荣军副秘书长陪同。

8日，俞正声主席在人民大会堂会见缅甸联邦议会人民院议长温敏。张庆黎副主席兼秘书长参加，常荣军副秘书长陪同。

8日，王钦敏副主席在西安出席第二

届丝绸之路工商领导人（西安）峰会暨丝绸之路国际文化周活动。

8 月 31 日至 9 月 9 日，王家瑞副主席率全国政协代表团对密克罗尼西亚联邦、文莱和柬埔寨进行友好访问。河北省政协主席付志方、民盟中央专职副主席徐辉、全国政协经济委员会驻会副主任侯建民等参加。

11 日，张庆黎副主席兼秘书长主持召开政协第十二届全国委员会第六十五次秘书长办公会议，审议政协第十二届全国委员会常务委员会第二十三次会议议程草案和日程草案。副秘书长潘立刚、邓宗良、常荣军、刘佳义、刘家强、舒启明，专委会驻会副主任田杰、侯建民、吕忠梅、吕虹、金学锋、陈惠丰出席。机关有关室局负责同志列席。

8 日至 11 日，卢展工副主席率教科文卫体委员会教师节慰问组在贵州开展慰问活动。委员会主任张玉台任组长，副主任李卫红、马德秀任副组长。

11 日，王正伟副主席在政协礼堂会见阿拉伯农工商会总联盟名誉主席、黎巴嫩法兰萨银行集团董事长卡萨一行。常荣军副秘书长参加。

12 日，王正伟副主席、白立忱同志在政协礼堂参观由全国政协书画室、云南省政协联合举办的“云南风　民族情——云南省政协特聘艺术家优秀书画作品展”。提案委员会主任孙淦，副秘书长常荣军、刘家强，教科文卫体委员会副主任陈小娅，杨崇汇、仝广成、顾伯平同志参加。展览持续至 14 日。

13 日，全国政协副主席、京昆室主任卢展工在京出席纪念谭鑫培先生 170 周年诞辰系列演出活动。京昆室副主任仝广成、刘家强、杨承志参加。

4 日至 13 日，全国政协副主席、中国人民争取和平与裁军协会副会长马飚率“和裁会”代表团访问波兰、拉脱维亚、匈牙利。

14 日，全国政协副主席、民进中央第一副主席罗富和，全国政协副秘书长、民进中央副主席朱永新，台盟中央副主席杨健，分别在民进中央机关、台盟中央机关会见前来沟通了解工作、听取意见建议的全国政协常务副秘书长潘立刚一行。全国政协副秘书长邓宗良、刘佳义、刘家强参加。

14 日，陈元副主席在机关出席“强化航空发动机关键工艺攻关专项支持政策”座谈会并讲话。教科文卫体委员会主任张玉台主持。部分委员、专家学者，有关单位负责同志参加。

14 日，齐续春副主席在湖南长沙出席 2017 中国食品餐饮博览会。

15 日，张庆黎副主席兼秘书长主持召开政协第十二届全国委员会第二十六次秘书长会议，主要议题是：传达学习习近平总书记有关重要讲话精神；审议政协第十二届全国委员会常务委员会第二十三次会议议程（草案）和日程（草案）。副秘书长潘立刚、蒋作君、黄志贤、何丕洁、徐辉、朱永新、何维、邓宗良、常荣军、刘家强、舒启明出席。专委会驻会副主任田杰、侯建民、高波、吕忠梅、杨小波、吕虹、金学锋、陈惠丰，办公厅有关室局负责同志列席。

15 日，马培华副主席在钓鱼台国宾馆出席全国对外友好协会主办的庆祝中国与巴巴多斯建交 40 周年招待会。

15 日，马培华副主席在机关出席全国政协代表团赴格鲁吉亚、波黑、黑山三国访问筹备工作汇报会。代表团成员、教科文卫体委员会驻会副主任丛兵主持，民族和宗教委员会副主任马铁山等代表团成员出席。

11 日至 15 日，韩启德副主席在四川成都出席第十六届中国西部海外高新科技人才洽谈会开幕式，并在自贡、宜宾开展“长江上游生态保护与流域城市绿色发展”课题调研。

11日至15日，经济委员会“推进金融体制改革，防范系统性金融风险”专题组在广东调研。副主任刘明康任组长，副主任项宗西任副组长。

17日至18日，中国人民政协理论研究会在广西南宁召开2017年度理论研讨会，主题是“党的十八大以来人民政协的创新实践”。全国政协副主席兼秘书长、中国人民政协理论研究会会长张庆黎出席并讲话。广西壮族自治区党委副书记孙大伟到会讲话。中国人民政协理论研究会副会长刘佳义、张宏志，全国政协港澳台侨委员会驻会副主任吕虹，北京市政协主席吉林、湖北省政协主席张昌尔、吉林省政协副主席金振吉、浙江省政协副主席孙文友、山东省政协副主席许立全、新疆维吾尔自治区政协副主席白志杰等15位同志作大会交流发言。中国人民政协理论研究会副会长舒启明、陈惠丰、卞晋平、顾伯平、杨克勤，部分省级和副省级市政协主席、副主席、理论研究会或研究室负责人及专家学者共150余人参加。

16日上午，李海峰副主席在京出席第八届“和平的旗帜”世界儿童呼唤和平系列活动。

16日晚，卢展工副主席在内蒙古呼和浩特出席第26届中国金鸡百花电影节闭幕式。

15日至19日，卢展工副主席率“少数民族戏剧的传承与发展”专题组在内蒙古、青海调研。教科文卫体委员会副主任胡振民任组长。委员会副主任王全书，部分委员、专家，国家民委、文化部有关部门负责同志参加。

19日，齐续春副主席在京出席大健康论坛暨中国健康文化大会。

19日，陈晓光副主席在人民大会堂出席国务院总理李克强为新加坡总理李显龙访华举行的欢迎仪式和欢迎宴会。

21日，政协第十二届全国委员会第74次双周协商座谈会在政协礼堂召开，围绕“营造风清气正的网络空间”建言献策。俞正声主席主持并讲话，张庆黎、李海峰、卢展工、陈晓光副主席出席。陈冀平、朱永新常委，马利、王长江、王继亮、龙宇翔、白岩松、刘春、严望佳、李忠杰、张灼华、郝振省、贺强、高美琴、潘晓燕委员，马化腾、曹诗权同志发言。中央网信办副主任任贤良介绍有关情况，工业和信息化部副部长陈肇雄、公安部部长助理王俭、文化部副部长项兆伦、国家新闻出版广电总局副局长田进与委员们互动交流。社会和法制委员会主任孟学农，机关领导班子成员常荣军、刘佳义、刘家强、舒启明，专委会驻会副主任吕忠梅、金学锋出席。

21日，中共中央书记处书记、全国政协副主席、中国经济社会理事会主席杜青林在上海出席由中国经济社会理事会和上海市政协联合主办的“2017年中国经济社会论坛——推进‘一带一路’建设，促进经济社会繁荣发展”并讲话。上海市市长应勇致辞。理事会副主席吴志明主持开幕会，副主席王胜洪、徐振寰分别主持专题讨论会，副主席潘立刚作会议总结。王战、郭涛、曹明德、刘迎秋等22位理事和专家学者在会上发言，并与参会人员交流互动。理事会副主席张玉台、杨崇汇、吉林、张秋俭，全国政协港澳台侨委员会驻会副主任吕虹，上海市政协副主席姜平出席。

论坛前，杜青林同志还实地考察了浙江杭州、义乌和上海部分企业、园区参与“一带一路”经贸合作、互联互通建设等情况。潘立刚、吴志明同志陪同。

21日，罗富和副主席在京出席第十五届中国国际农产品交易会开幕式。

21日，陈元副主席在西安出席2017欧亚经济论坛开幕式暨全体大会、2017欧亚经济论坛金融分会并致辞。

21日，刘晓峰副主席在四川绵阳出席2017中国（四川）电子商务发展峰会开幕式。

22日，李海峰副主席在政协礼堂与回国赴江西考察的2017年全国政协海外列席侨胞一行餐叙并讲话。港澳台侨委员会副主任喻林祥、焦焕成、陈丽华、赵阳、吕虹（驻会）出席。

15日至22日，马飚副主席率提案委员会“保护南方古村落，建设美丽乡村”重点提案督办调研组在江西、浙江调研。委员会主任孙淦任组长，副主任王国卿、傅克诚参加。

25日下午，俞正声主席，杜青林、林文漪、李海峰、卢展工、马飚、陈晓光副主席在京参观“砥砺奋进的五年”大型成就展。上午，张庆黎副主席兼秘书长出席成就展开幕式并参观展览。

24日晚，王正伟副主席在江西抚州出席汤显祖国际戏剧交流活动开幕式并致辞。

19日至23日，何厚铧副主席率澳门特别行政区全国政协委员考察团，在湖南围绕“文化产业发展”进行考察，并就深化湘澳文化产业合作、推进湖南文化产业“走出去”等进行座谈交流。全国政协常委廖泽云、颜延龄，港澳台侨委员会副主任马有礼、文史和学习委员会副主任梁华任副团长。港澳台侨委员会副主任华建参加。

23日上午，陈元副主席在京出席阎宝航先生纪念墓碑揭幕仪式。文史和学习委员会驻会副主任陈惠丰参加。

22日至25日，齐续春副主席率“特色小城镇建设情况”考察团在新疆考察。全国政协常委彭雪峰任副团长，委员凌振国参加。26日至29日，考察团继续在新疆考察。

26日，俞正声主席主持召开政协第十二届全国委员会第六十四次主席会议，审议政协第十二届全国委员会常务委员会第二十三次会议议程（草案）和日程（草案）；审议政协全国委员会提案审查工作细则（修订草案）。杜青林、韩启德、林文漪、罗富和、张庆黎、李海峰、卢展工、王家瑞、王正伟、马飚、齐续春、陈晓光、王钦敏副主席出席。全国政协副秘书长、机关党组成员、各专门委员会负责同志列席。

26日，俞正声主席在政协礼堂会见越南祖国阵线中央委员会副主席张氏玉映，张庆黎副主席兼秘书长参加。随后，马飚副主席在政协礼堂与张氏玉映会谈并举行欢迎宴会。副秘书长常荣军、外事委员会驻会副主任金学锋参加上述活动。

张氏玉映一行是应全国政协邀请于22日抵达上海开始访华的。

22日至26日，“喜迎十九大”全国政协机关老干部书画摄影展在机关举办。俞正声主席，杜青林、韩启德、林文漪、罗富和、张庆黎、李海峰、卢展工、王家瑞、马飚副主席，李蒙、李兆焯同志，机关领导班子成员潘立刚、常荣军、刘佳义、周新建、刘家强、舒启明，专委会驻会副主任田杰、侯建民、高波、吕忠梅、杨小波、金学锋、陈惠丰分别参观展览。展览共展出作品103幅。

26日，齐续春副主席在机关出席全国政协第十届中国人口资源环境发展态势分析会并讲话。会议围绕“加强饮用水水源地保护”建言献策。人口资源环境委员会驻会副主任高波主持，副主任张基尧、李成玉、钱冠林、解振华、徐绍史出席，国家发展和改革委员会、环境保护部、水利部以及北京、江苏有关部门负责同志到会介绍情况。

27日，俞正声主席在人民大会堂接见全国少数民族国庆参观团。民族和宗教委员会副主任杨松陪同。

27日，韩启德副主席在京出席2017年“文化中国·全球华人音乐会”。港澳台侨委员会驻会副主任吕虹参加。

27日，副主席兼秘书长、机关党组书记张庆黎出席机关“庸懒散松”专项集中整治工作总结大会并讲话，指出机关“庸懒散松”专项集中整治工作坚持全面从严，取得阶段性重大成果；强调要认真总结经验，努力探索持续推进机关作风建设的有效途径，进一步巩固整治成果，着力提高机关作风建设能力和水平。机关全体党员干部职工一定要强化理论武装，筑牢思想堤坝；一定要严明纪律规矩，保持警钟长鸣；一定要全力乘势而上，严防死灰复燃；一定要提高能力素质，争做“行家里手”；一定要聚焦主责主业，争创一流业绩。常务副秘书长、机关党组副书记潘立刚主持，机关领导班子成员、专委会驻会副主任、行政关系在机关的已退出领导班子尚在岗的部级干部出席。机关行政室局全体干部、直属单位副处级以上干部430余人参加。

27日，张庆黎副主席兼秘书长在政协礼堂出席“倾注三农　决胜小康”喜迎党的十九大胜利召开主题晚会。副秘书长常荣军、教科文卫体委员会驻会副主任丛兵参加。

27日，王家瑞副主席在山东济宁出席2017中国（曲阜）国际孔子文化节开幕式暨第十二届“联合国教科文组织孔子教育奖”颁奖典礼。

18日至27日，马培华副主席率全国政协代表团访问格鲁吉亚、波黑、黑山。教科文卫体委员会驻会副主任丛兵、民族和宗教委员会副主任马铁山参加。

28日，俞正声主席在人民大会堂接见中国海外交流协会第六次会员大会全体与会代表并合影，韩启德副主席参加。上午，韩启德副主席出席大会开幕式。

28日，俞正声主席，杜青林、韩启德、林文漪、罗富和、张庆黎、李海峰、卢展工、王家瑞、王正伟、马飚、齐续春、陈晓光、王钦敏副主席在人民大会堂出席由全国政协办公厅、中央统战部、国务院侨办、国务院港澳办、国务院台办共同举办的2017年国庆招待会。机关领导班子成员，港澳台侨委员会主任、副主任，专委会驻会副主任，行政关系在机关的已退出领导班子尚在岗的部级干部和部分老同志参加。

28日，王家瑞副主席在山东济宁出席丁酉年祭孔大典。

21日至28日，刘晓峰副主席率“推进基本医保全国联网和异地就医结算”委员视察团在四川视察。全国政协常委杨崇汇、委员胡晓义任副团长，港澳台侨委员会副主任卢昌华参加。

29日，罗富和副主席在机关出席人口资源环境委员会第五次人口与发展座谈会并讲话。会议围绕“当前我国养老领域的问题和对策”建言献策。委员会副主任马大龙主持，副主任齐让、潘贵玉、周生贤、高波（驻会）参加。民政部副部长高晓兵、人力资源和社会保障部副部长游钧到会介绍情况。

29日，张庆黎副主席兼秘书长在机关会见山东省东营市政协主席陈泽浦一行并座谈交流。副秘书长刘家强、经济委员会副主任石军参加。

24日至29日，陈元副主席作为国家主席习近平特使在安哥拉出席洛伦索总统就职仪式。

29 日，刘晓峰副主席在四川德阳出席 2017 四川（德阳）国际航空航天展览会开幕式。

30 日，俞正声主席，杜青林、韩启德、张庆黎、李海峰、王正伟、陈晓光副主席在天安门广场出席烈士纪念日向人民英雄敬献花篮仪式。常务副秘书长潘立刚参加。

30 日，俞正声主席，杜青林、韩启德、万钢、林文漪、罗富和、张庆黎、李海峰、陈元、卢展工、王家瑞、王正伟、马飚、齐续春、陈晓光、马培华、王钦敏副主席，王刚、杨汝岱、宋健、胡启立、李贵鲜、郝建秀、张怀西、李蒙、白立忱、阿不来提·阿不都热西提、李兆焯、张梅颖、张榕明、孙家正、李金华、郑万通、陈宗兴、王志珍同志在人民大会堂出席 2017 年国庆招待会。常务副秘书长潘立刚，外事委员会副主任金学锋（驻会）、蔡武参加。

30 日，机关召开副局级以上干部会议，传达学习中共中央关于孙政才严重违纪案件有关问题情况的通报。副主席兼秘书长、机关党组书记张庆黎出席并讲话，指出在党的十九大前及时发现并彻底查处孙政才严重违纪问题，充分表明了以习近平同志为核心的党中央坚持党要管党、全面从严治党的坚强意志和鲜明态度。机关广大党员干部一定要旗帜鲜明讲政治，充分认识查处孙政才严重违纪案的重大意义，切实把思想和行动统一到党中央的决定上来；常抓不懈讲学习，进一步坚定理想信念；严字当头讲纪律，以孙政才严重违纪案为反面教材深入开展警示教育；言行一致讲忠诚，坚决维护以习近平同志为核心的党中央权威和集中统一领导。常务副秘书长、机关党组副书记潘立刚传达中央通报。机关党组成员邓宗良、刘佳义、周新建、舒启明，专委会驻会副主任侯建民、高波、吕忠梅、杨小波、吕虹、金学锋、陈惠丰，行政关系在机关的已退出领导班子尚在岗的部级干部卢昌华、王胜洪、王国卿、石军、凌振国、顾伯平、马健出席。机关行政室局和直属单位副局级以上干部近 110 人参加。

会后，机关各室局召开会议，传达学习中央关于孙政才严重违纪案件有关问题情况的通报和张庆黎副主席兼秘书长在机关副局级以上领导干部会议上的讲话精神，开展警示教育。机关领导班子成员、专委会驻会副主任等分别参加相关室局会议。

10 月

10 日，由全国政协人口资源环境委员会与国家林业局、河北省政府、经济日报社等共同主办的 2017 全国森林城市建设座谈会在河北承德召开。王刚同志发来贺信，人口资源环境委员会主任贾治邦作关注森林活动工作报告，驻会副主任高波宣读王刚同志贺信，国家林业局局长张建龙主持，河北省副省长沈小平、省政协副主席卢晓光出席。

10 日至 13 日，刘晓峰副主席率社会和法制委员会、农工党中央“环境与健康制度的法治保障”联合调研组在云南调研。全国政协副秘书长、农工党中央专职副主席何维任组长，全国政协社会和法制委员会驻会副主任吕忠梅参加。

10 日至 13 日，教科文卫体委员会主任张玉台率“加快发展健身休闲产业”专题组在四川调研。副主任段世杰、刘敬民，体育界部分委员，国家体育总局有关部门负责同志参加。

12 日至 13 日，民族和宗教委员会主任朱维群率“内地高校西藏新疆少数民族大学生培养”专题组在北京调研。副主任马铁山、白玛、杨松、杨小波（驻会）参加。

16日，张庆黎副主席兼秘书长主持召开政协第十二届全国委员会第二十七次秘书长会议，主要议题是：传达学习中共十八届七中全会精神；审议关于部分修改《中国人民政治协商会议章程》的决定（草案）；传达中央新疆工作协调小组有关文件精神；安排部署近期工作。副秘书长潘立刚、黄志贤、何丕洁、徐辉、朱永新、何维、邓宗良、常荣军、刘佳义、刘家强、舒启明出席，机关党组成员周新建，专委会驻会副主任田杰、侯建民、高波、丛兵、吕忠梅、杨小波、吕虹、金学锋、陈惠丰，办公厅有关室局负责同志列席。

10日至14日，董建华副主席率港区全国政协委员考察团围绕“生态建设与可持续发展”主题在浙江考察。刘汉铨常委任团长；外事委员会副主任卢文端，经济委员会副主任许荣茂，教科文卫体委员会副主任吴良好，社会和法制委员会副主任周安达源、廖长城，文史和学习委员会副主任王国强、谭锦球任副团长。港澳台侨委员会副主任楼志豪、吕虹（驻会）参加。

11日至14日，李海峰副主席应邀在香港出席世界客属第二十九届恳亲大会开幕式、世界华商联合促进会执委会就职仪式暨成立十周年庆典等活动并致辞。在港期间，先后看望董建华、梁振英副主席，拜访林郑月娥特首，就学习贯彻国家主席习近平视察香港系列重要讲话精神及一些香港重大问题交换意见，走访中央政府驻港联络办，看望部分在港的全国政协常委、委员和有关侨界社团领袖并座谈交流。

19日，全国政协2017年三季度宏观经济形势分析座谈会在政协礼堂举行。陈晓光副主席出席，王钦敏副主席讲话，经济委员会主任周伯华主持。厉以宁、朱之鑫、王新奎等委员和专家学者发言，国家统计局负责同志到会介绍2017年第三季度国民经济运行有关情况。机关领导班子成员邓宗良、刘佳义、周新建、刘家强，经济委员会副主任王永庆、石军、闫冰竹、许荣茂、岳福洪、项宗西、董大胜参加。

19日，张梅颖同志在机关出席新安江流域生态补偿试点运行情况座谈会。人口资源环境委员会驻会副主任高波、委员会办公室负责同志及安徽省黄山市人民政府有关负责同志参加。

20日，林文漪副主席在机关听取全国政协代表团访问荷兰、奥地利和法国筹备工作情况汇报。副秘书长常荣军主持，提案委员会驻会副主任田杰等参加。

23日，张庆黎副主席兼秘书长主持召开第二十三次常委会议大会发言选稿会。机关领导班子成员潘立刚、邓宗良、常荣军、刘佳义、周新建、刘家强，专委会驻会副主任田杰、侯建民、高波、丛兵、吕忠梅、杨小波、吕虹、金学锋、陈惠丰出席。有关工作组、机关有关室局负责同志参加。会后，文史和学习委员会驻会副主任陈惠丰召集大会发言组工作会议，研究落实选稿会精神。

23日，应故宫博物院邀请，部分在京全国政协委员自行参观故宫博物院相关展览。

25日，万钢副主席在京出席何梁何利基金2017年度颁奖大会并致辞。

22日至25日，教科文卫体委员会副主任段世杰率部分体育界委员和体育工作者在湖南省茶陵县、炎陵县考察群众体育健身设施建设情况并开展“送体育下基层”活动，向基层中小学校、社区捐赠运动器材，就体育教学和运动健身提供指导。副主任刘敬民参加。

27 日，副主席兼秘书长、机关党组书记张庆黎主持召开机关传达学习党的十九大精神会议并讲话。指出，党的十九大高举旗帜、立论定向，团结奋进、开拓创新，吹响了胜利前进的时代号角，取得了永载史册的成果，在党、国家和中华民族历史上具有重要的里程碑意义。完全拥护习近平总书记代表党的十八届中央委员会所作的报告和大会通过的各项决议，衷心拥护党的十九大和十九届一中全会选举产生的以习近平同志为核心的新一届中央领导集体。坚信有习近平总书记的领航掌舵，中国特色社会主义道路一定会越走越宽广，中华民族伟大复兴的中国梦一定能实现。要着力统一思想、提高站位，充分认识党的十九大精神的重大意义；要坚持突出重点、把握精髓，全面准确学习领会党的十九大精神；要切实加强领导、精心组织，迅速兴起学习贯彻党的十九大精神的热潮。常务副秘书长、机关党组副书记潘立刚传达党的十九大精神。机关领导班子成员邓宗良、常荣军、刘佳义、周新建、刘家强、舒启明，专委会驻会副主任田杰、侯建民、高波、丛兵、吕忠梅、杨小波、吕虹、金学锋、陈惠丰，行政关系在机关的已退出机关领导班子尚在岗的部级干部杨崇汇、仝广成、卢昌华、王胜洪、张秋俭、王国卿、石军、庄国荣、凌振国、顾伯平、晓敏、马健出席。机关各行政室局和直属单位全体党员、离退休党员共 800 余人参加。

30 日，俞正声主席主持召开政协第十二届全国委员会第六十五次主席会议，主要议题为：审议关于学习贯彻中国共产党第十九次全国代表大会精神的决议（草案）；审议关于部分修改《中国人民政治协商会议章程》的决定（草案）。杜青林、韩启德、董建华、万钢、林文漪、罗富和、何厚铧、张庆黎、李海峰、陈元、卢展工、周小川、王家瑞、王正伟、马飚、齐续春、陈晓光、马培华、刘晓峰、王钦敏、梁振英副主席出席。全国政协副秘书长、机关党组成员、各专门委员会负责同志列席。

30 日，政协第十二届全国委员会常务委员会第二十三次会议开幕会在京举行。俞正声主席主持。会议审议通过政协第十二届全国委员会常务委员会第二十三次会议议程。中共中央政治局常委、中央书记处书记王沪宁作关于中共十九大会议情况和会议精神的报告。杜青林、韩启德、董建华、万钢、林文漪、罗富和、何厚铧、张庆黎、李海峰、陈元、卢展工、周小川、王家瑞、王正伟、马飚、齐续春、陈晓光、马培华、刘晓峰、王钦敏、梁振英副主席和常委共 291 人出席。不是常委的全国政协副秘书长、机关党组成员、各专门委员会负责同志，地方政协负责同志，中央统战部副部长，中央社会主义学院有关负责同志，信息特邀委员列席。

开幕会后，杜青林副主席主持召开政协第十二届全国委员会常务委员会第二十三次会议小组召集人会议并讲话。张庆黎副主席兼秘书长出席，潘立刚、常荣军副秘书长和各组召集人参加。

30 日，俞正声主席，杜青林、韩启德、董建华、万钢、罗富和、何厚铧、张庆黎、李海峰、卢展工、王家瑞、王正伟、马飚、齐续春、陈晓光、马培华、刘晓峰、王钦敏、梁振英副主席分别到各小组参加讨论。

31 日，政协第十二届全国委员会常务委员会第二十三次会议第二次全体会议在京举行。卢展工副主席主持。会议的主要议题是大会发言。施芝鸿、郑建邦、徐辉、李说、蔡达峰、何维、李卓彬、邵鸿、杨健、茅永红、林毅夫、傅成玉、林树哲和居来提·买买提明共14位常委、委员作口头发言。俞正声主席，杜青林、韩启德、董建华、万钢、林文漪、罗富和、何厚铧、张庆黎、李海峰、陈元、周小川、王家瑞、王正伟、马飚、齐续春、陈晓光、马培华、王钦敏、梁振英副主席和常委共280人出席。中共中央办公厅负责同志，不是常委的全国政协副秘书长、机关党组成员、各专门委员会负责同志，地方政协负责同志和特邀列席委员列席。

31日，杜青林、韩启德、董建华、万钢、罗富和、陈元、卢展工、王家瑞、王正伟、马飚、齐续春、陈晓光、马培华、刘晓峰、王钦敏、梁振英副主席分别到政协第十二届全国委员会常务委员会第二十三次会议各小组参加讨论。

31日，俞正声主席主持召开政协第十二届全国委员会第六十六次主席会议。主要议题为：一、听取政协第十二届全国委员会常务委员会第二十三次会议分组会议学习讨论情况的综合汇报；二、研究关于学习贯彻中国共产党第十九次全国代表大会精神的决议（草案）的讨论意见；三、研究关于部分修改《中国人民政治协商会议章程》的决定（草案）的讨论意见。杜青林、韩启德、董建华、万钢、林文漪、罗富和、何厚铧、张庆黎、李海峰、陈元、卢展工、周小川、王家瑞、王正伟、马飚、齐续春、陈晓光、马培华、王钦敏、梁振英副主席出席。全国政协副秘书长、机关党组成员、各专门委员会负责同志，政协第十二届全国委员会常务委员会第二十三次会议各小组召集人及相关工作组负责同志列席。

11月

1日，政协第十二届全国委员会常务委员会第二十三次会议闭幕会在京举行。俞正声主席主持并作重要讲话。会议主要议题为：通过关于学习贯彻中国共产党第十九次全国代表大会精神的决议；通过关于部分修改《中国人民政治协商会议章程》的决定。杜青林、韩启德、董建华、万钢、林文漪、罗富和、何厚铧、张庆黎、李海峰、卢展工、周小川、王家瑞、王正伟、马飚、齐续春、陈晓光、马培华、王钦敏、梁振英副主席和常委共284人出席。中共中央办公厅、国务院办公厅负责同志，不是常委的全国政协副秘书长、机关党组成员、各专门委员会负责同志，地方政协负责同志，中央统战部副部长，信息特邀委员列席。

2日，张庆黎副主席兼秘书长主持召开全国政协2018年新年茶话会文艺演出筹备工作会议并讲话，强调组织好新年茶话会文艺演出责任重大、任务艰巨、使命光荣，要认真贯彻落实党的十九大精神，以习近平新时代中国特色社会主义思想为指导，各有关方面密切配合，举办一台充分体现政治性、艺术性、观赏性、参与性、合作性、节俭性的精彩文艺节目。常务副秘书长潘立刚，教科文卫体委员会副主任丛兵（驻会）、张秋俭，文化部副部长董伟，文艺节目主创团队成员出席。文化部艺术司、教科文卫体委员会办公室有关同志参加。

3日，2017年全国政协机关重阳茶话会在政协礼堂三楼大厅举行。张庆黎副主席兼秘书长出席并讲话。潘立刚常务副秘书长主持。机关领导班子成员邓宗良、常荣军、刘佳义、周新建、刘家强，机关老同志朱训、张国祥、范康、卢之超、张洽、张道诚，离退休老同志，机关各室局负责同志，机关党委以及工、青、妇等部门负责同志约210人参加。

6日，全国政协副主席、中俄友协会长陈元在全国对外友协出席庆祝俄中友协成立60周年招待会。

7日，俞正声主席在政协礼堂会见台湾民意代表交流参访团一行。张庆黎副主席兼秘书长、李海峰副主席参加。中共中央台湾工作办公室、国务院台湾事务办公室主任张志军，全国政协常务副秘书长潘立刚，港澳台侨委员会主任杨衍银、副主任喻林祥、吕虹（驻会）陪同。

7日，机关学习贯彻党的十九大精神报告会在常委会议厅举行。副主席兼秘书长、机关党组书记张庆黎出席，副主席王钦敏为机关干部作“学习贯彻十九大精神，建设数字中国，发展数字经济”专题报告。常务副秘书长、机关党组副书记潘立刚主持。机关领导班子成员、专委会驻会副主任、行政关系在机关的已退出机关领导班子尚在岗的部级干部出席。机关各行政室局全体干部和直属单位副处级以上干部近500人参加。

7日，张庆黎副主席兼秘书长在政协礼堂宴请台湾民意代表交流参访团一行并致辞。常务副秘书长潘立刚，港澳台侨委员会主任杨衍银、副主任喻林祥、吕虹（驻会）出席。部分全国政协委员、国务院台办有关局室负责人和台湾民意代表交流参访团成员参加。

9日，副主席兼秘书长、机关党组书记张庆黎主持机关党组理论学习中心组2017年度第七次（扩大）集体学习。学习贯彻党的十九大精神中央宣讲团成员、全国政协社会和法制委员会副主任施芝鸿围绕学习贯彻党的十九大精神作专题辅导报告。张庆黎同志强调，深入学习贯彻党的十九大精神是当前和今后一个时期的首要政治任务，一定要坚持领导带头、以上率下，把学习党的十九大精神作为政治必修课，同时抓好本单位本部门的学习贯彻；一定要坚持系统全面、融会贯通，切实把学懂弄通做实的要求落到实处；一定要坚持学以致用、推动工作，把党的十九大精神转化为共同认识和坚定行动，落实到人民政协工作和机关工作的各方面、全过程。机关领导班子成员潘立刚、邓宗良、常荣军、周新建、刘家强、舒启明，专委会驻会副主任侯建民、高波、杨小波、吕虹、金学锋、陈惠丰，行政关系在机关的退出机关领导班子尚在岗的部级干部仝广成、卞晋平、卢昌华、王胜洪、王国卿、石军、庄国荣、凌振国、顾伯平、晓敏、马健出席。机关各行政室局副处级以上干部和直属单位副局级以上干部近300人参加。

9日，陈元副主席应约与新加坡驻华大使罗家良在清华大学餐叙。

9日至10日，全国地方政协教科文卫体委员会工作座谈会在京召开。王正伟副主席出席开幕会并讲话。会议邀请学习贯彻党的十九大精神中央宣讲团成员、国务院发展研究中心副主任王一鸣作“迈向新时代 开启新征程”专题辅导报告。教科文卫体委员会主任张玉台出席并讲话，副主任马德秀、王全书、刘敬民、李卫红、陈小娅、段世杰、高敬德、丛兵（驻会）、张秋俭出席。地方政协有关专委会及办公室负责同志参加。

12日，全国政协在北京市中山公园中山堂举行仪式，纪念孙中山先生诞辰151周年。王家瑞副主席主持纪念仪式，王正伟副主席代表政协全国委员会，全国人大常委会副委员长、民革中央主席万鄂湘代表民革中央，中共中央统战部副部长戴均良代表中共中央统战部，北京市副市长王宁代表北京市人民政府分别向孙中山先生像敬献花篮。齐续春副主席，何鲁丽、周铁农同志，全国政协副秘书长常荣军、教科文卫体委员会副主任张秋俭、社会和法制委员会委员顾伯平等部分在京全国政协常委、委员和有关人士，部分民革中央在京领导同志、常委、委员及北京市各界人士代表出席。

12日上午，提案委员会副主任王国卿在北戴河为全国政协第112期地方政协干部（委员）培训班作“人民政协提案工作的几个问题”辅导讲座。

2日至12日，社会和法制委员会主任孟学农率团对埃塞俄比亚、坦桑尼亚、纳米比亚进行访问，考察海外中资企业发展建设情况。

8日至12日，应港澳台侨委员会邀请，以饶颖奇为团长的台湾民意代表交流参访团一行在福建参访。委员会副主任梁绮萍、侯树森陪同。8日，驻会副主任吕虹到机场送行。

4日至13日，林文漪副主席率全国政协代表团对荷兰、奥地利和法国进行友好访问。全国政协常委阳安江，提案委员会驻会副主任田杰等陪同。

12日至13日，全国政协机关党的十九大精神专题学习班在京举行。张庆黎副主席兼秘书长和机关领导班子成员潘立刚、邓宗良、常荣军、刘佳义、周新建、刘家强、舒启明，专委会驻会副主任侯建民、高波、丛兵、吕忠梅、杨小波、吕虹、金学锋、陈惠丰，办公厅研究室和各局级单位主要负责同志参加。12日上午，张庆黎副主席兼秘书长主持召开开班动员会并作动员讲话。会后，全体参加人员集中自学。13日全天，张庆黎副主席兼秘书长主持学习交流并发言。机关领导班子成员、专委会驻会副主任和秘书局、人民政协报社主要负责同志发言。办公厅研究室和各局级单位主要负责同志提交书面发言。

16日，政协第十二届全国委员会第七十五次双周协商座谈会在政协礼堂召开，围绕推进粮食定价机制、补贴政策和收储制度改革建言献策。俞正声主席主持并讲话，杜青林、张庆黎、陈元、梁振英副主席出席。陈锡文、刘晓庄、杨维刚、王国发、朱家媛、杜鹰、李世杰、李成贵、张全国、尚福林、胡汉平、柯炳生、薛亮、霍学喜、戴公兴委员，专家学者叶兴庆、韩福春发言。国家发展和改革委员会副主任王晓涛介绍有关情况。财政部副部长刘伟、农业部副部长屈冬玉、国家粮食局副局长卢景波到会听取意见建议并与委员们互动交流。全国政协机关领导班子成员潘立刚、常荣军、刘佳义、刘家强、舒启明，经济委员会主任周伯华、驻会副主任侯建民，提案委员会驻会副主任田杰，常委仝广成出席。

会前，经济委员会驻会副主任侯建民看望出席会议的京外委员。

15日至16日，罗富和副主席在京出席全国暨地方政协人口资源环境委员会工作研讨会并讲话。会议围绕学习贯彻落实党的十九大精神，进一步提高人口资源环境委员会履职能力和实效进行交流研讨；邀请学习贯彻党的十九大精神中央宣讲团成员、全国政协社会和法制委员会副主任施芝鸿作专题辅导报告，邀请中国工程院院士王浩作“绿水青山的国家战略——我国生态流域建设”专题讲座。全国政协人口资源环境委员会主任贾治邦作委员会五年工作报告，驻会副主任高波作总结讲话，副主任王国发、庄国荣、齐让、李成玉、吴双战、钱冠林、徐绍史及委员凌振国出席。全国和各省、自治区、直辖市及副省级市政协人口资源环境委员会和办公室负责同志100余人参加。

16日，副主席兼秘书长张庆黎主持

召开政协第十二届全国委员会第六十六次秘书长办公会议，研究政协全国委员会 2018 年协商计划（草案）。机关领导班子成员潘立刚、邓宗良、常荣军、刘佳义、周新建、刘家强、舒启明，专委会驻会副主任田杰、侯建民、高波、吕忠梅、吕虹、金学锋、陈惠丰出席。办公厅有关室局负责同志列席。

14 日至 16 日，王正伟副主席率教科文卫体委员会“京津冀医疗卫生协同发展”专题组在北京、河北、天津考察。委员会副主任黄洁夫任组长，副主任张秋俭参加，驻会副主任丛兵参加 14 日的活动。

10 日至 16 日，提案委员会围绕“加大对我国边境地区扶贫开发和基础设施支持力度”重点提案在云南开展跟踪督办调研。孙淦主任任组长，干以胜副主任、部分委员及水利部、国务院扶贫办等提案承办单位有关同志参加。

17 日，罗富和副主席在广东出席第三届世界广府人恳亲大会暨 2017 中国侨都（江门）华人嘉年华活动开幕式。

16 日至 17 日，马飚副主席在贵州贵阳出席全国暨地方政协民族和宗教委员会工作交流会并讲话。全国政协民族和宗教委员会主任朱维群作工作交流报告，副主任王正福作会议总结，贵州省政协主席王富玉出席并致辞。全国政协民族和宗教委员会副主任马英林、马铁山、王学仁、白玛、任法融、华士飞、傅先伟、杜鹰、杨松、杨小波（驻会），贵州省政协常务副主席蒙启良，广西壮族自治区政协副主席李康，宁夏回族自治区政协副主席田成江，31 个省（区、市）、15 个副省级市政协民族和宗教委员会负责同志参加。

15 日至 17 日，卢展工副主席率队在云南开展考察基层公共文化建设暨送文化下基层活动。教科文卫体委员会主任张玉台，副主任胡振民、丛兵（驻会）参加。活动持续至 19 日。

18 日，齐续春副主席在湖南长沙出席中国中部（湖南）农业博览会开幕式。

20 日，俞正声主席主持召开政协章程修改征求意见座谈会，征求各民主党派中央、全国工商联负责同志意见建议。全国政协副主席杜青林、韩启德、万钢、林文漪、齐续春、陈晓光、马培华、刘晓峰、王钦敏，副秘书长常荣军、舒启明参加。

20 日，俞正声主席主持召开政协章程修改征求意见座谈会，征求北部省区市政协负责同志意见建议。全国政协副主席韩启德、张庆黎、李海峰、王家瑞、马培华、王钦敏，副秘书长潘立刚、常荣军、舒启明，地方政协主席吉林、臧献甫、付志方、薛延忠、任亚平、夏德仁、黄燕明、杜宇新、刘伟，副主席童怀伟、张广智参加。

20 日，教科文卫体委员会围绕基础研究与创新驱动发展战略，就“如何促进重大原始创新产生”召开界别协商座谈会。程津培副主任主持。张玉台主任、丛兵驻会副主任和人口资源环境委员会副主任齐让、自然科学基金会主任杨卫出席。部分科协界、科技界委员，教育部、科技部、中科院、自然科学基金会有关同志参加。

21 日，俞正声主席主持召开政协章程修改征求意见座谈会，征求有关人民团体负责同志和专家学者意见建议。全国政协副主席杜青林、张庆黎，副秘书长潘立刚、常荣军、舒启明，有关人民团体负责同志邓凯、贺军科、宋秀岩、怀进鹏、李卓彬、纪斌和有关专家学者参加。

21 日，俞正声主席主持召开政协章程修改征求意见座谈会，征求西部省区市政协负责同志意见建议。全国政协副主席杜青林、万钢、张庆黎、王正伟、齐续春、刘晓峰，副秘书长潘立刚、常荣军、舒启明，地方政协主席徐松南、柯尊平、罗正富、冯健身、仁青加、努尔兰·阿不都满金，副主席陈海峰、高扬、祝列克、崔波参加。

21日，马培华副主席在钓鱼台国宾馆出席全国对外友协举办的中国—牙买加建交45周年招待会。

22日，俞正声主席主持召开政协章程修改征求意见座谈会，征求东南部省区市政协负责同志意见建议。全国政协副主席杜青林、林文漪、罗富和、张庆黎、卢展工、马飚、陈晓光，副秘书长潘立刚、舒启明，地方政协主席吴志明、蒋定之、张昌平、黄跃金、张昌尔、李微微、王荣、于迅，副主席王建满、黄道伟参加。

22日，林文漪副主席在全国对外友协出席中国—荷兰建交45周年招待会。提案委员会驻会副主任田杰参加。

22日，王家瑞副主席在青岛出席全国政协第116期干部培训班开班式，看望全体学员并作动员讲话。全国政协副秘书长刘家强主持，山东省政协副主席雷建国出席，青岛市政协主席杨军致辞。

13日至22日，应美中政策基金会、厄瓜多尔国民议会国际关系委员会、秘鲁国会外事委员会邀请，外事委员会副主任周文重率委员会代表团对三国进行友好访问。副主任马中平、常委刘晓榕等参加。

23日，马培华副主席在机关听取全国政协代表团访问安提瓜和巴布达、特立尼达和多巴哥并赴乌拉圭出席第十一届中国拉美企业家高峰会筹备工作情况汇报。提案委员会副主任王国卿主持。

23日，马培华副主席在京出席第十三届中国·企业社会责任国际论坛。

24日，马培华副主席在机关听取全国政协代表团访问安提瓜和巴布达、特立尼达和多巴哥并赴乌拉圭出席第十一届中国拉美企业家高峰会筹备工作情况汇报。提案委员会副主任王国卿主持。

24日，马培华副主席在京出席第十三届中国·企业社会责任国际论坛。

25日午，陈元副主席应邀出席新加坡驻华大使罗家良为新加坡财政部长王瑞杰访华举行的欢迎宴会。

27日，俞正声主席主持召开政协章程修改工作小组会议，研究中国人民政治协商会议章程修正案（草案）稿。杜青林、张庆黎副主席出席，潘立刚、舒启明副秘书长参加。

27日，俞正声主席在人民大会堂会见塞尔维亚议长戈伊科维奇。张庆黎副主席兼秘书长参加。常荣军副秘书长陪同。

27日，韩启德、李海峰、刘晓峰副主席，李蒙、陈宗兴同志在人民大会堂出席中国农工民主党第十六次全国代表大会开幕会。会前，陪同中央领导同志会见与会代表并合影。社会和法制委员会驻会副主任吕忠梅参加会议。

28日，俞正声主席主持召开政协章程修改征求意见座谈会，征求各专门委员会主任意见建议。副主席杜青林、张庆黎，副秘书长潘立刚、舒启明，专委会主任孙淦、周伯华、贾治邦、张玉台、孟学农、朱维群、杨衍银、潘云鹤、王太华参加。

28日，张庆黎副主席兼秘书长主持召开政协第十二届全国委员会第六十七次秘书长办公会议，审议政协第十二届全国委员会常务委员会第二十四次会议议程（草案）和日程（草案），审议关于召开政协第十三届全国委员会第一次会议的决定（草案），研究政协第十三届全国委员会第一次会议委员界别及工作机构驻地安排（草案），审议政协第十三届全国委员会第一次会议秘书处组织机构及各工作组组长、第一副组长名单（草案），审议列席政协第十三届全国委员会第一次会议海外侨胞建议名单，审议政协全国委员会办公厅关于十二届全国政协委员视察考察工作情况的报告（草案），审议政协全国委员会办公厅关于十二届全国政协反映社情民意信息工作情况的报告（草案），审议 2018 年全国政协常委会学习讲座参考选题（草案），听取关于全国政协近期重点工作安排的汇报，听取关于机关经办企业撤销脱钩总体进展情况的汇报。机关领导班子成员潘立刚、邓宗良、常荣军、刘佳义、周新建、刘家强、舒启明，专委会驻会副主任田杰、侯建民、高波、丛兵、杨小波、吕虹、金学锋、陈惠丰出席。机关经办企业撤销脱钩专项工作小组组长仝广成、副组长石军，办公厅各室局负责同志列席。

28 日，办公厅组织在京全国政协委员赴北京展览馆参观“砥砺奋进的五年”大型成就展。

29 日，李海峰副主席在人民大会堂出席 2017 世界公益慈善论坛开幕式并致辞。

26 日至 29 日，卢展工副主席率“推进国家海洋救助保障体系建设”专题组在海南调研。社会和法制委员会副主任宋育英任组长，副主任王巨禄、徐敬业、张世平、甄砚参加。

26 日至 29 日，全国政协副主席、人民银行行长周小川陪同国务院总理李克强在匈牙利布达佩斯出席第六次中国—中东欧国家领导人会晤。

30 日，社会和法制委员会在京召开全国地方政协社会和法制委员会工作座谈会。围绕学习贯彻党的十九大精神，进一步提高社会和法制委员会履职能力和实效交流研讨。全国政协社会和法制委员会主任孟学农主持并讲话，副主任陈冀平、季允石、王旭东、宋育英、朱孝清、王新宪、张世平、甄砚、徐敬业出席。各省、自治区、直辖市及副省级市政协社会和法制委员会及办公室负责同志参加。

12 月

1 日，全国政协副主席、中国经济社会理事会主席杜青林在政协礼堂与希腊经济社会理事会主席韦尔尼科斯会谈，并为韦尔尼科斯一行举行欢迎宴会。全国政协常务副秘书长、中国经济社会理事会副主席潘立刚参加。韦尔尼科斯是应中国经济社会理事会主席杜青林邀请于 11 月 30 日抵京开始访华的。

1 日，罗富和、张庆黎副主席，张怀西同志在京出席民进第十二次全国代表大会开幕会。潘立刚常务副秘书长参加。会前，陪同中央领导同志会见与会代表并合影。

11 月 27 日至 12 月 1 日，王家瑞副主席作为国家主席习近平特使在肯尼亚出席肯雅塔总统就职仪式。

11 月 30 日至 12 月 1 日，“认真学习宣传贯彻十九大精神　做好新时代人民政协新闻宣传工作”专题培训班在京举办。副秘书长刘佳义、刘家强分别出席并讲话。十九大文件起草组成员任珑，全国政协委员翟惠生、王怀超分别为培训班作辅导报告。办公厅所属新闻出版单位编辑、记者和机关各室局新闻联络员参加。

2 日，万钢、卢展工副主席在人民大会堂出席致公党第十五次全国代表大会开幕会。林文漪副主席，港澳台侨委员会主任杨衍银出席并致辞。会前，陪同中央领导同志会见与会代表并合影。

2 日上午，齐续春副主席在福建莆田出席第二届世界妈祖文化论坛。

3 日上午，韩启德、王正伟副主席，王志珍同志在京西宾馆出席九三学社第十一次全国代表大会开幕会。会前，陪同中央领导同志会见与会代表并合影。

4日，王正伟副主席在机关出席人口资源环境委员会第五次全体会议并讲话。会议学习贯彻党的十九大精神和十二届全国政协第二十三次常委会议精神，总结十二届全国政协人口资源环境委员会工作，交流履职经验体会。人口资源环境委员会主任贾治邦作工作报告，驻会副主任高波主持。副主任庄国荣、齐让、李成玉、吴双战、张基尧、秦大河、钱冠林、徐德明、陶武先、周生贤、解振华、徐绍史，委员凌振国出席。下午，与会委员到通州区考察北京城市副中心建设中生态环境保护有关情况。

4日，王钦敏副主席在人民大会堂会见阿根廷布宜诺斯艾利斯省省长维达尔一行。

11月25日至12月4日，马培华副主席率全国政协代表团对安提瓜和巴布达、特立尼达和多巴哥进行友好访问并赴乌拉圭出席第十一届中国拉美企业家高峰会。提案委员会副主任王国卿参加。

5日，林文漪、马飚副主席，张克辉同志在人民大会堂出席台盟第十次全国代表大会开幕会。会前，陪同中央领导同志会见与会代表并合影。

5日，张庆黎副主席兼秘书长主持召开政协第十二届全国委员会第六十八次秘书长办公会议，审议政协十三届一次会议议程（草案）和日程（草案）；审议政协十三届一次会议秘书处各组组长、副组长名单（草案）和各组工作职责（草案）；审议政协全国委员会常务委员会工作报告（草案）；审议政协全国委员会常务委员会关于提案工作情况的报告（草案）；审议政协第十二届全国委员会对外交往工作总结（稿）；审议政协全国委员会2018年对外交往计划（草案）；审议政协全国委员会办公厅五年工作总结（稿）；传达有关文件精神。机关领导班子成员潘立刚、邓宗良、常荣军、刘佳义、周新建、刘家强、舒启明，专委会驻会副主任田杰、侯建民、高波、丛兵、吕忠梅、杨小波、吕虹、金学锋出席。办公厅研究室和各局级单位负责同志列席。

6日，王家瑞、陈晓光副主席在人民大会堂出席民盟第十二次全国代表大会开幕会。会前，陪同中央领导同志会见与会代表并合影。

6日，外事委员会副主任蔡武在机关应约与法国参议院外事、防务和武装力量委员会副主席阿利扎尔一行会谈，就中法和中欧关系、“一带一路”建设、两机构交流交往等议题交换意见。驻会副主任金学锋及委员会部分委员参加。

7日，政协第十二届全国委员会第76次双周协商座谈会在政协礼堂召开，围绕少数民族戏剧的传承与发展建言献策。俞正声主席主持并讲话，杜青林、张庆黎、卢展工、王家瑞副主席出席。李羚、吴江常委，王全书、乌恩、艾克拜尔·米吉提、龙倩、田青、杨承志、张建国、侯露、袁慧琴、聂震宁、郭瓦·加毛吉、曹育民委员，专家学者王馗、谭志湘发言。文化部副部长董伟介绍有关情况，中宣部副部长、国新办副主任崔玉英，国家民委主任巴特尔，财政部副部长张少春，国家新闻出版广电总局副局长田进与委员们互动交流。教科文卫体委员会主任张玉台、副主任胡振民，文史和学习委员会主任王太华，机关领导班子成员潘立刚、常荣军、周新建、刘家强、舒启明，专委会驻会副主任田杰、丛兵、吕虹、陈惠丰出席。会前，丛兵、陈惠丰驻会副主任看望出席会议的京外委员。

8日，副主席兼秘书长张庆黎出席全国政协2018年新年茶话会协调会，听取有关单位和部门关于筹备工作情况的汇报，并对做好筹备组织工作提出明确要求。常务副秘书长潘立刚主持。副秘书长何维、邓宗良、常荣军，教科文卫体委员会驻会副主任丛兵参加。

8日，马飚副主席在政协礼堂会见出席2017年鲁迅文化论坛的与会人员代表并合影。

8日至9日，王钦敏副主席在福建福州出席全国暨地方政协经济（农业）委员会工作会议并讲话。会议深入学习贯彻党的十九大精神，总结十二届全国政协经济委员会暨地方政协经济（农业）委员会工作经验。全国政协经济委员会主任周伯华作工作报告，副主任彭小枫作会议总结，副主任陈锡文、尚福林等4位专家委员作辅导报告，福建省政协主席张昌平出席并致辞。全国政协经济委员会副主任王永庆、许荣茂、岳福洪、项宗西、侯建民（驻会）、吴新雄及部分委员，31省（区、市）、15个副省级市政协经济（农业）委员会及办公室负责同志参加。

11月30日至12月9日，陈元副主席率全国政协代表团对伊朗、阿尔及利亚和保加利亚进行友好访问。民族和宗教委员会副主任王学仁，经济委员会副主任石军、闫冰竹，外事委员会副主任韩方明等参加。

11日，张庆黎副主席兼秘书长主持召开政协第十二届全国委员会第二十八次秘书长会议，主要议题是：审议政协第十二届全国委员会常务委员会第二十四次会议议程（草案）和日程（草案）；审议关于召开政协第十三届全国委员会第一次会议的决定（草案）；审议政协全国委员会常务委员会工作报告（草案）；审议政协全国委员会常务委员会关于提案工作情况的报告（草案）；审议中国人民政治协商会议章程修正案（草案）；审议政协全国委员会2018年协商计划（草案）；研究政协第十三届全国委员会第一次会议委员界别及工作机构驻地安排（草案）；书面通报全国政协近期重点工作情况。副秘书长潘立刚、蒋作君、黄志贤、何丕洁、徐辉、邵鸿、邓宗良、常荣军、刘佳义、刘家强、舒启明出席，机关党组成员周新建，专委会驻会副主任田杰、侯建民、高波、丛兵、吕虹、金学锋、陈惠丰，办公厅研究室和各局级单位负责人列席。

11日，张庆黎副主席兼秘书长主持召开秘书长碰头会，传达学习中央有关文件精神，通报和部署近期工作。

11日，李海峰副主席在京会见中国侨商投资企业协会会长、泰国正大集团董事长谢国民先生一行。

12日，全国政协党组书记俞正声主持召开中共十二届全国政协党组第五十次会议，研究政协全国委员会常务委员会工作报告（草案）和全国政协党组2017年主要工作情况汇报（稿）；书面听取机关党组和专委会分党组2017年主要工作情况汇报。党组副书记杜青林，党组成员张庆黎、陈元、卢展工、周小川、王家瑞、王正伟、马飚出席。机关党组成员潘立刚、邓宗良、常荣军、刘佳义、周新建、舒启明，专门委员会分党组成员孙淦、周伯华、吴双战、张玉台、孟学农、杨衍银、王太华、金学锋列席。

8日、12日，董建华、何厚铧副主席分别在香港、澳门会见民族和宗教委员会代表团。

10日至12日，王钦敏副主席在香港出席旅港福建商会100周年庆典。在港期间，与部分港区全国政协委员座谈。

13日，党和国家领导人在南京出席南京大屠杀死难者国家公祭仪式。俞正声主席出席并讲话，刘家强副秘书长参加。

6日至13日，民族和宗教委员会主

任朱维群率五大宗教代表人士组成的代表团就“宗教事务管理和宗教界开展公益慈善事业情况”在香港、澳门参访交流。副主任马英林、任法融、杨小波（驻会）参加。

12 日至 14 日，卢展工副主席率“《慈善法》贯彻实施过程中的问题和建议”专题组在湖北调研。社会和法制委员会副主任宋育英任组长，副主任王新宪、吕忠梅（驻会）参加。

15 日，俞正声主席主持召开政协第十二届全国委员会第六十七次主席会议，审议政协第十二届全国委员会常务委员会第二十四次会议议程（草案）和日程（草案）；审议政协全国委员会常务委员会工作报告（草案）；审议中国人民政治协商会议章程（修订草案）；审议政协全国委员会 2018 年协商计划（草案）。杜青林、韩启德、董建华、万钢、林文漪、罗富和、张庆黎、李海峰、陈元、卢展工、王家瑞、王正伟、马飚、齐续春、陈晓光、刘晓峰、王钦敏副主席出席。副秘书长、机关党组成员，各专门委员会负责同志，办公厅有关室局负责同志列席。

15 日，张庆黎副主席兼秘书长主持召开政协第十二届全国委员会第二十九次秘书长会议，审议政协第十三届全国委员会第一次会议议程（草案）和日程（草案）；审议政协第十三届全国委员会第一次会议秘书处各组组长、副组长名单（草案）和各组工作职责（草案）；审议政协全国委员会办公厅关于十二届全国政协委员视察考察工作情况的报告（草案）；审议政协全国委员会办公厅关于十二届全国政协反映社情民意信息工作情况的报告（草案）；审议政协全国委员会 2018 年对外交往计划（草案）；审议政协第十二届全国委员会对外交往工作总结（稿）；审议政协全国委员会办公厅五年工作总结（稿）；审议 2018 年全国政协常委会学习讲座参考选题（草案）。副秘书长潘立刚、黄志贤、何丕洁、邓宗良、常荣军、刘佳义、刘家强、舒启明出席；机关党组成员周新建，专委会驻会副主任田杰、侯建民、高波、丛兵、杨小波、吕虹、金学锋、陈惠丰，有关民主党派中央负责同志，全国政协十三届一次会议秘书处有关工作组负责同志列席。

15 日，副主席兼秘书长、机关党组书记张庆黎主持召开中共政协第十二届全国委员会机关党组会议，传达学习俞正声主席关于学习贯彻习近平总书记关于进一步纠正“四风”、加强作风建设重要批示精神的讲话，征求对中央有关文件的意见。机关党组成员潘立刚、邓宗良、常荣军、刘佳义、周新建、舒启明出席，副秘书长黄志贤列席。

15 日上午，李海峰副主席在京会见印度尼西亚三林集团总裁林逢生一行。

16 日上午，陈元、马培华副主席，张榕明同志在人民大会堂出席民建第十一次全国代表大会开幕会。会前，陪同中央领导同志会见与会代表并合影。常务副秘书长潘立刚出席。

18 日，何厚铧副主席在上海出席第六期“澳门青年人才上海学习实践计划”结业式。港澳台侨委员会驻会副主任吕虹参加并讲话。

19 日，俞正声主席在政协礼堂与摩洛哥参议长本希马举行会谈，并宴请代表团一行。张庆黎副主席兼秘书长参加，民族和宗教委员会主任朱维群、副秘书长常荣军、外事委员会副主任王胜洪陪同。本希马是应俞正声主席邀请于 18 日抵京开始访华的，外事委员会副主任王胜洪到机场迎接并陪同访问。

19 日，王家瑞副主席在人民大会堂会见应全国人大常委会邀请访华的越南国会副主席杜伯巳。

19日，李海峰副主席在机关会见香港合兴集团总裁、中国侨商投资企业协会副会长洪明基一行。

18日至20日，杜青林、万钢、张庆黎、陈元、周小川副主席在京出席中央经济工作会议。常务副秘书长潘立刚，提案委员会主任孙淦、经济委员会主任周伯华、人口资源环境委员会主任贾治邦、教科文卫体委员会主任张玉台、社会和法制委员会主任孟学农、民族和宗教委员会主任朱维群、港澳台侨委员会主任杨衍银、外事委员会主任潘云鹤、文史和学习委员会主任王太华参加。

20日，万钢、李海峰、齐续春副主席在人民大会堂出席民革第十三次全国代表大会开幕会。会前，陪同中央领导同志会见与会代表并合影。副秘书长刘家强参加会议。

21日，教科文卫体委员会召开第六次全体会议，学习贯彻党的十九大精神、中央经济工作会议精神，贯彻落实俞正声主席关于政协工作的重要讲话精神，总结十二届政协以来委员会工作，对今后工作提出建议。万钢副主席出席并讲话。委员会主任张玉台作工作报告，驻会副主任丛兵主持，副主任马德秀、王全书、刘敬民、李卫红、陈小娅、胡振民、段世杰、高敬德、程津培、蔡冠深、李从军、张秋俭参加。

21日，副主席兼秘书长、机关党组书记张庆黎主持召开中共政协第十二届全国委员会机关党组会议，传达学习中央经济工作会议精神，研究有关事项。机关党组成员潘立刚、常荣军、刘佳义、周新建、舒启明出席。专委会驻会副主任田杰、丛兵、吕忠梅、吕虹、金学锋、陈惠丰，行政关系在机关的已退出领导岗位尚在职的部级干部全广成、卞晋平、卢昌华、张秋俭、王国卿、石军、庄国荣、凌振国、晓敏列席。

21日，马培华副主席在人民大会堂会见应外交学会邀请访华的格鲁吉亚议会外事委员会主席卡察拉瓦一行。

21日，马培华副主席在人民大会堂出席国家主席习近平为冈比亚总统巴罗访华举行的欢迎仪式和欢迎宴会。

22日，俞正声主席主持召开政协第十二届全国委员会第六十八次主席会议，传达中央经济工作会议精神，审议关于召开政协第十三届全国委员会第一次会议的决定（草案），审议政协第十三届全国委员会第一次会议议程（草案）和日程（草案），审议政协全国委员会常务委员会关于提案工作情况的报告（草案）并听取关于政协全国委员会2017年重点提案工作情况的汇报，审议政协全国委员会2018年对外交往计划（草案），审议2018年全国政协常委会学习讲座参考选题（草案），审议关于授权主席会议审议政协第十二届全国委员会常务委员会第二十四次会议未尽事宜的决定（草案），书面审议政协第十二届全国委员会对外交往工作总结（稿）、政协第十二届全国委员会各专门委员会工作总结（稿）、政协全国委员会办公厅五年工作总结（稿）、政协全国委员会办公厅关于十二届全国政协委员视察考察工作情况的报告（草案）、政协全国委员会办公厅关于十二届全国政协反映社情民意信息工作情况的报告（草案）。杜青林、韩启德、万钢、林文漪、罗富和、何厚铧、张庆黎、李海峰、陈元、卢展工、周小川、王家瑞、王正伟、马飚、陈晓光、马培华、刘晓峰、王钦敏、梁振英副主席出席。副秘书长、机关党组成员、各专委会负责同志，办公厅有关室局负责同志列席。

22日，俞正声主席，杜青林、韩启

德、万钢、林文漪、罗富和、张庆黎、李海峰、陈元、卢展工、王家瑞、王正伟、马飚、陈晓光、马培华、刘晓峰、王钦敏、梁振英副主席在政协礼堂出席全国政协2018年新年茶话会有关筹备活动。教科文卫体委员会副主任张秋俭主持。副秘书长潘立刚、常荣军，教科文卫体委员会驻会副主任丛兵，部分全国政协委员参加。

22日，罗富和副主席在京出席全国对外友协举办的庆祝中国与马拉维建交10周年招待会。

22日，马培华副主席在京出席第三届中国品牌论坛开幕式。

25日，副主席兼秘书长、机关党组书记张庆黎主持召开座谈会，征求各民主党派中央、全国工商联负责同志对中共全国政协党组和机关党组工作的意见。各民主党派中央和全国工商联负责同志郑建邦、曹卫星、李世杰、高友东、何维、曹鸿鸣、邵鸿、李钺锋、王永庆，全国政协副秘书长刘家强、社会和法制委员会驻会副主任吕忠梅参加。

25日，杜青林副主席主持召开座谈会，征求机关党组成员、专门委员会分党组负责同志和党员驻会副主任对中共全国政协党组工作的意见。机关党组潘立刚、邓宗良、常荣军、刘佳义、周新建，专委会分党组孙淦、周伯华、张玉台、陈冀平、朱维群、喻林祥、刘鹏、李家祥和党员驻会副主任田杰、侯建民、高波、杨小波、金学锋、陈惠丰出席。

26日，李海峰副主席在中国政协文史馆参观丝路工匠——2018迎新春当代艺术家书画摄影作品展。

26日，副主席、书画室主任马飚在机关主持召开全国政协书画室主任会议，学习贯彻党的十九大精神，总结十二届政协以来的工作，研究2018年工作。全国政协副秘书长、书画室副主任刘家强，书画室副主任王成喜、苏士澍、张海、刘大为、赵学敏、覃志刚、唐勇力、许钦松出席。

27日，张庆黎副主席兼秘书长出席全国政协互联网新版门户网站开通仪式并正式启动门户网站。机关领导班子成员潘立刚、邓宗良、常荣军、刘佳义、周新建、刘家强、舒启明，专委会驻会副主任田杰、高波、丛兵、吕忠梅、杨小波、金学锋、陈惠丰，全国政协互联网门户网站建设领导小组成员和央视网相关负责同志参加。

28日，王家瑞副主席在京出席“习近平新时代中国特色社会主义思想研讨会——2017第四届国家治理高峰论坛年会”。

29日，全国政协举行2018年新年茶话会。中共中央总书记、国家主席、中央军委主席习近平发表重要讲话，全国政协主席俞正声主持，农工党中央主席陈竺代表各民主党派中央、全国工商联和无党派人士讲话。全国政协部分常委、委员及文艺工作者表演文艺节目。演出最后，习近平总书记与全场合唱《歌唱祖国》，俞正声主席率21位全国政协副主席登台参加演唱。演出结束后，习近平总书记与演出人员握手并合影。党和国家领导同志李克强、张德江、张高丽、栗战书、汪洋、王沪宁、赵乐际、韩正、丁薛祥、马凯、王晨、刘鹤、刘延东、许其亮、孙春兰、李源潮、杨洁篪、杨晓渡、张又侠、陈希、范长龙、胡春华、郭声琨、黄坤明、蔡奇、尤权、王胜俊、陈昌智、严隽琪、万鄂湘、张宝文、陈竺、杜青林、韩启德、董建华、万钢、林文漪、罗富和、何厚铧、张庆黎、李海峰、陈元、卢展工、周小川、王家瑞、王正伟、马飚、齐续春、陈晓光、马培华、刘晓峰、王钦敏、梁振英，曾任全国政协副主席的在京老同志王刚、司马义·艾买提、何鲁丽、周铁农、杨汝岱、张怀西、李蒙、白立忱、陈奎元、阿不来提·阿不都热西提、李兆焯、黄孟复、张梅颖、张榕明、孙家正、李金华、郑万通、陈宗兴、王志珍，全国政协在京常委、副秘书长、机关领导班子成员、专委会驻会副主任和部分委员，各民主党派中央、全国工商联负责人和无党派人士代表，中央和国家机关有关方面负责人及首都各界代表等共约 300 人出席。

会后，张庆黎副主席兼秘书长现场慰问演职人员和工作人员。副秘书长邓宗良、常荣军，教科文卫体委员会副主任张秋俭、丛兵（驻会）参加。

29 日，俞正声主席，杜青林、卢展工副主席在京观看 2018 年新年戏曲晚会。全国政协常委、京昆室副主任仝广成参加。

28 日至 29 日，万钢、陈元、周小川副主席在京西宾馆参加中央农村工作会议。范小建委员代表经济委员会全程参加。

地方委员会篇

政协北京市委员会

【全体委员会议】

十二届五次会议 于2017年1月12日至17日召开。会议审议批准了吉林主席代表常务委员会所作的工作报告，审议批准了唐晓青副主席代表常务委员会所作的提案工作报告。与会委员列席了北京市第十四届人民代表大会第五次会议开幕会，听取并讨论了蔡奇同志所作的《政府工作报告》，讨论了其他报告。委员们以高度的政治责任感和强烈的使命感，积极协商建言、广聚共识，圆满完成各项任务。

会议认为，2016年，中共北京市委团结带领全市人民，深入贯彻习近平总书记视察北京重要讲话精神，认真落实《京津冀协同发展规划纲要》，牢固树立新发展理念，坚持稳中求进工作总基调，坚持首都城市战略定位，着力推进供给侧结构性改革，保持了经济社会平稳健康发展，实现了“十三五”良好开局。市政协十二届常委会团结带领全体委员，认真贯彻落实中共中央大政方针和中共北京市委决策部署，坚持团结和民主两大主题，充分发挥爱国统一战线组织作用，充分发挥协商民主重要渠道和专门协商机构作用，协商议政成果丰硕，民主监督实效增强，团结联谊广泛拓展，理论研究深入推进，为首都经济建设、政治建设、文化建设、社会建设、生态文明建设贡献了智慧和力量。2017年，市政协要深入学习贯彻中共十八大和十八届三中、四中、五中、六中全会和习近平总书记系列重要讲话精神，全面贯彻中共中央治国理政新理念新思想新战略，以习近平总书记视察北京重要讲话精神为根本遵循，把坚持和发展中国特色社会主义作为巩固共同思想政治基础的主轴，把围绕“十三五”规划实施建言献策作为工作主线，在中共北京市委领导下，紧紧围绕落实首都城市战略定位，认真履行政治协商、民主监督、参政议政职能，为把北京建设成为国际一流的和谐宜居之都作出新的更大贡献。

会议期间，委员们认真履职、积极建言。大会开幕会委员应到767人，实到706人。会议共收到大会发言稿82篇，15位委员作大会发言。治环境补短板提高城市规划建设管理水平、疏功能转方式深入推进供给侧结构性改革2个专题座谈会，共有543位委员参加，44位委员作专题发言。5场联组讨论会，共有542位委员参加，94位委员作会议发言。大会期间共收到提案1023件，立案967件。对开幕会、大会发言等6场活动进行网络直播，委员直播访谈248次。中共北京市委、市政府领导及有关委、办、局负责人出席大会开幕会、闭幕会和专题座谈会、小组讨论会，听取委员们的意见。市政协主席吉林作闭幕讲话。

【常务委员会会议】

第30次会议 1月10日召开。市政府秘书长李伟通报市政府关于市政协十二届四次会议以来提案办理工作情况。听取各专门委员会工作总结报告，审议通过市政协十二届五次会议选举办法、委员分组办法和各组召集人名单，书面通报市政协各民主监督组监督报告。审议通过有关人事事项。市政协主席吉林出席。副主席赵文芝、陈平、傅惠民、王永庆、马大龙、蔡国雄、闫仲秋、李长友，秘书长周毓秋出席会议。会议应到141人，实到109人。

第31次会议 1月16日召开。听取市政协十二届五次会议各小组讨论酝酿人事事项情况汇报，审议人事文件（草案），听取各小组讨论各项报告的情况汇报，审议通过十二届市政协2017年工作要点，审议大会各项决议（草案）。市政协主席吉林出席并讲话。副主席赵文芝、唐晓青、傅惠民、葛剑平、王永庆、马大龙、闫仲秋、李长友，秘书长周毓秋出席会议。会议应到141人，实到116人。

第32次会议 1月17日召开。审议通过十二届市政协常委会关于马玉萍等8名同志不再担任委员的决定、关于任免专门委员会主任的决定。市政协主席吉林出席并讲话。副主席赵文芝、唐晓青、傅惠民、葛剑平、王永庆、马大龙、闫仲秋、李长友，秘书长周毓秋出席会议。会议应到141人，实到125人。

第33次会议 4月13日至14日召开。围绕“加强和改进政协民主监督”协商议政。传达学习《中共中央国务院关于设立河北雄安新区的通知》和全国政协十二届五次会议精神，听取关于政协民主监督的专题辅导报告，讨论委员履职工作规则。8位委员进行大会发言，81位委员在小组讨论中发言。市政协主席吉林出席并讲话。副主席赵文芝、唐晓青、傅惠民、葛剑平、马大龙、蔡国雄、闫仲秋、李长友，秘书长周毓秋出席会议。部分在京全国政协委员列席会议，来自北京市中小学翱翔计划“模拟政协”实践基地的师生观摩会议。会议应到141人，实到95人。

第34次会议 6月5日至6日召开。围绕“进一步深化服务业供给侧改革，不断提升生活性服务业品质”协商议政。听取专题辅导报告和协商议题前期调研情况及若干问题建议的说明。9位常委、委员和专家学者进行大会发言，52位委员在小组讨论中发言。市政协主席吉林出席并讲话。副主席赵文芝、傅惠民、葛剑平、王永庆、马大龙、蔡国雄、闫仲秋、李长友，秘书长周毓秋出席会议。副市长程红到会听取意见建议。部分在京全国政协委员列席会议。会议应到141人，实到102人。

第35次会议 6月26日召开。传达学习中共北京市第十二次代表大会精神，审议通过《政协北京市委员会关于深入学习落实中共北京市第十二次代表大会精神的通知》。市政协主席吉林出席并讲话。副主席赵文芝、葛剑平、马大龙、蔡国雄、闫仲秋、李长友，秘书长周毓秋出席会议。会议应到141人，实到88人。

第36次会议 9月21日至22日召开。围绕“加大水污染治理力度，不断改善生态环境质量”协商议政。听取专题辅导报告和专题调研情况及意见建议说明。14位全国、市、区政协委员和民主党派成员进行大会发言，51位委员在小组讨论中发言。市政协主席吉林出席会议并讲话。副主席赵文芝、傅惠民、葛剑平、马大龙、闫仲秋、李长友，秘书长周毓秋出席会议。副市长卢彦到会听取意见建议。会议应到141人，实到91人。

第37次会议 11月2日至3日召开。专题学习贯彻中共十九大精神。中共十九大代表、北京市委副书记景俊海到会宣讲十九大精神。传达《中共北京市委关于认真学习宣传贯彻党的十九大精神的实施意见》，审议通过《关于学习贯彻中国共产党第十九次全国代表大会精神的决议》。13位常委、委员进行大会发言。市政协主席吉林出席并讲话。副主席赵文芝、傅惠民、葛剑平、王永庆、马大龙、闫仲秋、李长友，秘书长周毓秋出席会议。会议应到141人，实到107人。

第38次会议 12月26日召开。审议通过关于召开十三届市政协第一次会议的决定，听取十二届市政协常委会工作报告（草案）的说明、提案工作报告（草案）的说明、各专门委员会2017年工作总结报告，书面通报财政预算民主监督组对北京市2017年预算执行情况和2018年预算草案的意见建议及城市管理民主监督组、新闻舆论民主监督组、法治建设民主监督组、民生建设民主监督组2017年工作报告。市政协主席吉林出席并讲话。副主席赵文芝、傅惠民、葛剑平、王永庆、马大龙、蔡国雄、闫仲秋，秘书长周毓秋出席会议。会议应到141人，实到94人。

【专门委员会工作】

提案委员会 共收到提案1062件，经审查立案1004件。全会期间提案1023件，闭会期间提案39件；8个民主党派市委、市工商联提案18件，人民团体提案7件，界别提案34件，政协专门委员会提案9件，委员提案936件。实现对750件提案和答复意见全文公开，实现628件提案互评。面向社会公开征集提案线索，40个党政部门提供167条提案选题参考。协助中共北京市委办公厅出台《关于加强政协提案办理协商工作的意见》。中共北京市委、市政府相关领导和市高级人民法院、市人民检察院主要领导领衔办理10件重点提案。召开“长城、运河、西山文化带保护利用”提案办理协商会。首次将“推进本市养老服务供给”“进一步加强我市少数民族低收入村、户帮扶”作为监督性提案进行重点检查督促办理。开展提案评优表彰工作，评选出60件年度优秀提案，授予王以新等10位委员十二届北京市政协提案突出贡献奖。编辑出版《建真言　谋良策　出实招——北京市政协提案工作一览》。

文史和学习委员会 共组织各项活动80余次，委员和各界人士参加活动3800余人次，其中委员1600余人次；征编文史资料、编发《学习》内刊、撰写各类文字材料总计100余万字。举办2017年新任委员培训班、委员暑期读书班、10次“政协报告厅”学习报告会，组织退出现职局级中共党员委员学习3次。组织全体委员集中收看中共十九大开幕会、参观“砥砺奋进的五年”大型成就展，举办学习贯彻中共十九大精神宣讲报告会。开展“加强历史文化遗产保护，推进历史文化名城建设”“长城、运河、西山三条文化带保护和利用”调研。与通州区政协联合开展城市副中心历史文化遗产保护和利用监督性视察。《关于加强北京市传统村落保护的调研报告》《关于保护北京中轴线的调研报告》获十二届市政协优秀调研成果奖。开展新闻舆论民主监督组活动。征编出版《北京文史资料》第83辑。完成全国政协协作项目《蒙古族百年实录》征编出版工作。推进全国政协协作项目南水北调中线一期工程史料征集工作。《日伪统治下的北平》等6部书入选全国政协《文史资料百部经典文库》并再版。

经济委员会 共组织各项活动113次，委员及党派成员参加活动1300余人次。完成“进一步深化服务业供给侧改革，不断提升生活性服务业品质”专题协商调研，形成若干问题的建议报送中共北京市委、市政府决策参考。围绕“加强老字号品牌传承保护与创新发展”开展界别协商。财政预算民主监督组3次与市人大财经委共同听取市级财政预决算和预算执行情况等并提出意见建议，组织委员参与2018年市级项目支出事前评估工作，编辑出版《财政预算民主监督二十年》，承办市政协2017年上半年、全年经济形势分析座谈会。召开“促进本市房地产业健康发展专题座谈会”。举办“促进电商智慧物流新业态健康发展”“老字号传承保护与创新发展”2期委员沙龙。组织委员参与《北京市旅游条例》和《北京市社会救助实施办法》立法协商活动。围绕北京新机场建设及临空经济区发展、完善食品安全监管体系等组织界别委员开展考察视察活动。编印《这五年我们一起走过》委员履职纪实。

科技委员会 共组织各项活动62次，

1350人次参加，其中委员及民主党派成员参加835人次。编印《十二届市政协科技委委员履职纪实画册》。围绕“以‘三城一区’建设为抓手，推进全国科技创新中心建设”开展协商议政。围绕“深化首都军民融合创新发展”开展专题调研并形成调研报告。就科技创新与首都经济发展的关系问题开展研究并形成具体建议。围绕“优化北京科技金融生态体系”开展联合调研，形成专委会提案。由科技委委员组成“优化首都科技金融生态体系”代表团，赴香港出席第21届京港洽谈会开幕式。与港澳台侨和外事委员会共同举办“科技金融助力大众创业万众创新”分论坛。举办“干细胞基础研究与转化进展”“中国新一代人工智能”2次科技讲堂活动。完成“中关村口述史”一期的拍摄工作，编辑出版《中关村创业史话》。

城建环保委员会 共开展各项活动59次，1281人次参加。编印《十二届市政协城建环保委员会履职纪实》《十二届市政协城建环保委员会履职成果》。围绕“加大水污染治理力度，不断改善生态环境质量”“关于《北京城市总体规划(2016—2030年)(草案)》”“加强静态交通治理，缓解城区交通拥堵”开展专题协商调研，分别形成具体意见建议。围绕“京津冀水资源协同保护与利用”开展专题协商调研。围绕“促进快递服务业健康发展”开展协商恳谈活动。就“关于加强北京城市副中心污水处理和水环境治理”“关于充分发挥‘绿道’健身休闲、景观、生态功能”提案办理情况进行检查督促。就《北京市机动车停车管理条例（草案送审稿)》等3个文件征求委员意见。

教文卫体委员会 开展各项活动121次，1205人次参加。完成“优化完善医疗服务体系，有效实施分级诊疗”调研。成立“北京市政协民生建设民主监督组”，围绕本市第二期学前教育三年行动计划实施情况组织开展专项民主监督并形成监督工作报告。围绕本市医药分开综合改革实施情况和本市高招录取工作开展监督性视察。召开“预防与治理校园欺凌”专题座谈会。召开“发挥中医药在基层医疗服务中的作用”远程协商会。参与《北京市旅游条例（草案)》《北京市社会救助实施办法（草案)》的立法协商活动。创办“文化讲堂”，到首都博物馆聆听专家讲座、参观文物展览。举办第31届北京卢沟桥醒狮越野跑活动、第六届“兰亭杯”北京中小学生书法大赛、2017京港青少年科技创新交流活动、京港姊妹校结对交流活动。联合北京国际城市发展研究院和门头沟等六区政协，编辑出版北京长城文化带丛书《长城踞北》。

社会和法制委员会 共组织各项活动76次，777人次参加。完成《北京市旅游条例》立法协商工作。开展《北京市社会救助实施办法》《北京市政府2017年立法工作计划》等2项立法协商。围绕“加大统筹力度，疏解中心城区人口”开展专项监督工作，形成监督报告。开展《北京市实施〈居住证暂行条例〉办法》监督性视察。完成本市人民调解工作监督性调研，形成专项监督报告。围绕“关于落实职工带薪年休假制度的提案”“关于调整北京市供暖时间的提案”“关于推进‘社区儿童之家’建设的提案”“关于进一步推进公共场所母婴设施建设的提案”开展提案办理协商。

民族和宗教委员会 围绕促进北京市民族事务依法治理和推动宗教事务纳入社会治理开展调研、提出建议。围绕《关于进一步加强我市少数民族低收入村、户帮扶的提案》，进行现场督办和实地视察。召开“关于将宗教团体‘经租产’纳入本市棚户区改造统筹安排并制定相应政策”

“关于加强首都民族平等团结教育”“关于改善东岳庙宗教办公及生活条件”提案办理座谈会。调研了解西什库天主教堂、道教立马关帝庙和佛教拈花寺房产落实政策情况，追踪广化寺放生池、基督教船板胡同2号院等宗教房产落实政策的进展情况。举办市政协民族和宗教界代表人士暑期学习班。召开本市五大宗教团体秘书长座谈会、市区政协民宗委工作交流座谈会。启动《北京市政协委员中民族宗教代表人物传略》编撰工作。

港澳台侨和外事委员会 共组织各项活动60次，420人次参加。赴港召开2017年市政协情况通报会。在澳门召开澳门委员座谈会。参加第21届京港洽谈会，协助科技委举办“科技金融助力大众创业万众创新”分论坛。组织港澳委员和港澳台侨工作顾问就“疏解非首都功能，推动京津冀协同发展”来京进行专项视察考察。组织召开港情、台情通报会。在京举办首届“三年百人计划——香港青年学生北京社会实践活动”。举办第三届“京港澳青少年中华文化体验营”活动。组织委员、港澳台侨工作顾问和海外侨胞出席建国68周年庆祝活动。举行2017年市政协港澳台侨胞中秋联谊会。举办庆香港回归20周年“2017香港时尚产品博览北京工展会”。

【重要会议、活动】

组织实施市政协2017年协商工作计划 根据中共北京市委办公厅印发的市政协2017年协商工作计划，召开议政性常委会议3次，围绕“加强和改进政协民主监督工作”“进一步深化服务业供给侧改革，不断提升生活性服务业品质”“加大水污染治理力度，不断改善生态环境质量”开展协商；召开议政性主席会议2次，围绕“加大统筹力度疏解中心城区人口”开展民主监督，围绕“保护北京中轴线，推进历史文化名城建设”开展协商；联合中共北京市委统战部召开议政会2次，围绕“以‘三城一区’建设为抓手，推进全国科技创新中心建设”“加强静态交通治理，缓解城区交通拥堵”，组织各民主党派市委、市工商联及无党派人士开展协商；围绕《北京市旅游条例（草案）》制定开展立法协商。根据中共北京市委部署，召开议政性主席会议，就《北京城市总体规划（2016—2030年）（草案）》文本和规划编制工作开展协商。

委员暑期读书班 7月18日至21日举办。中共北京市委书记蔡奇出席并讲话，市政协主席吉林作结业讲话。中共北京市委常委、秘书长崔述强，市政协副主席赵文芝、唐晓青、王永庆、闫仲秋、李长友，秘书长周毓秋出席相关活动。160余位委员参加学习。读书班上，委员们认真学习习近平总书记系列重要讲话精神和治国理政新理念新思想新战略、习近平总书记对北京重要讲话精神、市第十二次党代会和市委十二届二次会议精神等，听取辅导报告，开展读书自学、讨论研讨和大会发言，并参加有关视察活动。

新任委员培训班 3月21日至23日举办。市政协主席吉林作开班动员和辅导报告，副主席赵文芝作结业讲话。29位新任委员、23位区政协新增补驻会副主席参加学习，13位新进市政协机关干部和工作人员旁听学习。培训期间，委员们听取关于统一战线与人民政协、人民政协调查研究工作、市政协有关履职工作等辅导报告和情况介绍。

“两学一做”学习教育常态化制度化工作会议 5月8日召开。学习贯彻中共中央和北京市委决策部署，安排部署市政协机关推进“两学一做”学习教育常态化制度化工作。市政协党组书记、主席吉林出席并讲话；党组副书记、副主席赵文芝，党组成员、副主席李长友出席。党组成员、秘书长周毓秋主持会议。机关全体党员参加会议。

年度主题研讨会　12月14日，北京市人民政协理论与实践研究会召开四届六次理事大会暨“学习贯彻中共十九大精神，推进人民政协工作创新实践”主题研讨会。市政协主席、研究会会长吉林出席会议并讲话。全国政协副秘书长、中国人民政协理论研究会副会长刘佳义作辅导报告。副主席、研究会顾问赵文芝，副主席、研究会顾问唐晓青，副主席李长友，秘书长周毓秋，研究会副会长、理事会、监事会成员、部分专家学者和论文作者等150余人参加会议。6位同志围绕研讨主题作大会发言。

【重要文件】

常委会工作报告（2017年1月12日在市政协十二届五次会议上）（摘要）

一、2016年工作回顾。常委会从注重凝聚思想共识引领政治方向、注重围绕大事要事履职尽责、注重改革创新提高履职实效、注重制度建设完善工作机制四个方面谋划和重点推进工作。（一）深入协商建言，为首都改革发展添助力增合力。围绕城市管理、服务业扩大开放综合试点通过议政性常委会议进行协商。针对城市副中心建设、京津冀产业对接、全面放开“二孩”后政策衔接通过议政性主席会议进行协商。针对空气重污染、交通拥堵等“大城市病”治理难题，与中共北京市委统战部联合召开议政会。就年度经济形势、供给侧结构性改革、城市公共空间设施管理、全国文化中心建设等召开协商恳谈会11次。研究制定政协提案办理协商实施意见。市领导主持召开党派提案交办会，首次领衔办理9件重点提案。召开2次提案办理协商会，推动雾霾治理、医养结合方面35件重点提案的办理落实。积极开展立法协商。就全民健身条例修订在各界别委员中开展协商，参与的委员共632人次，形成主要意见建议48条。就政府规章制定办法、实施《居住证暂行条例》办法等4部政府规章草案在有关专委会开展协商。（二）加强民主监督，进一步完善监督工作体系。围绕政协民主监督职能建设，深入开展实践总结和理论研讨，形成专项研究报告。认真开展专项监督，财政预算民主监督组深入调研地方债务化解问题，关注中期预算规划管理，参与市级项目事前评估。城市管理民主监督组围绕城市副中心污水处理设施建设、中心城区市容环境综合整治，组织视察、考察和研讨。法治建设民主监督组针对行政诉讼中反映出的法治政府建设问题提出建议。新闻舆论民主监督组与有关部门建立沟通协调机制，持续关注媒体融合发展问题。积极推进特约监督，124名委员担任14个部门的特约监督员。组织委员参加市级行政机关和区政府述职述廉考评、巡视组座谈、“三严三实”专题教育情况通报等监督评议性会议12次，参与委员达110余人次。（三）积极参政议政，为推动经济社会发展献计出力。以推进京津冀全面创新改革试验为主题，主办京津冀政协主席联席会议第二次会议，提出意见建议，形成专题报告和三地部分全国政协委员联名提案。开展知识产权服务业高端化发展调研，关注怀柔科学城建设，举办第六届首都学研产高层论坛。举办科技讲堂。定期召开经济形势分析座谈会。关注电商企业信用体系建设、专业批发市场转型升级、智能制造产业发展等，举办“一带一路”情况通报座谈会。开展长城文化带、运河文化带、西山文化带建设专题调研。就京张铁路历史遗迹保护、“冰蹴球”保护推广进行协商座谈。围绕学前教育改革、非急诊全面预约挂号、北京冬奥会冬残奥会筹办等开展视察考察。关注企业疏解转移过程中的劳动关系、公共场所设立母婴室、低收入农户增收解困、无障碍设施建设、青年婚恋等问题，积极反映界别群众意愿和诉求。（四）广泛凝心聚力，切实发挥爱国统一战线组织作用。贯彻落实中共中央和北京市委统战工作会议精神，围绕发挥政协作为爱国统一战线组织作用，举办年度主题研讨会深入研讨，召开议政性常委会议进行专题协商，制定《关于进一步发挥政协作为爱国统一战线组织重要作用的意见》。健全全体会议大会发言选题机制和党派提案办理机制。召开纪念孙中山先生诞辰150周年座谈会，举办图片展等系列活动。举办民族宗教界委员暑期读书班，开展少数民族低收入村户帮扶调研，推动宗教房产落政，出版《北京民族宗教史话》。组织港澳委员和港澳台侨顾问来京视察，在重要时间节点赴港通报情况、开展工作，精心组织京港澳台和海外华裔青少年科技文化交流联谊活动。完善市政协外事工作职能，将港澳台侨委员会调整为港澳台侨和外事委员会。举办委员活动日，开展纪念“五一口号”长走、醒狮越野跑等富有政协特色的联谊交友活动。（五）夯实履职基础，各项经常性工作协调推进。加大网络议政、远程协商力度，开展议政协商活动14次，委员参与达190余人次。创办委员沙龙。探索设立社区调研议事平台，就城市管理、文物保护等面对面听取群众意见。全年共报送《诤友》等信息341件，被全国政协、中共北京市委、市人民政府信息刊物采用或得到有关领导批示331件次。重印《北京文史资料》，完成孙中山生平事迹史料征编、《中关村口述史》一期编辑拍摄，参与南水北调、蒙古族百年实录等全国政协文史资料协作项目。赴党校、高校、中学等举办“人民政协与协商民主”专题报告，支持大中学校开展“模拟政协”活动，邀请中学师生观摩政协会议，出版《人民政协理论体系初探》。加强政协机关建设。

二、2017年主要任务。（一）坚持突出重点，着力提高协商成效。（二）坚持履职为民，着力促进改革发展和民生改善。（三）坚持问题导向，着力加强和改进民主监督。（四）坚持团结民主，着力巩固壮大爱国统一战线。（五）坚持求真务实，着力做好基础性经常性工作。（六）坚持继承创新，着力探索政协工作规律。

三、奋发有为 继续开创政协工作新局面。（一）牢牢把握正确的政治方向。（二）围绕首都改革发展凝聚智慧和共识。（三）广泛汇聚团结和谐稳定的正能量。（四）以奋发有为的精神状态履职尽责。

政协北京市委员会贯彻落实《关于加强和改进政协民主监督工作的实施意见》的实施办法（京协发〔2017〕12号）（略）

政协北京市委员会关于印发《政协北京市委员会委员履职工作规则（试行）》的通知（京协发〔2017〕13号）（略）

政协北京市委员会印发《关于学习贯彻中国共产党第十九次全国代表大会精神的决议》的通知（京协发〔2017〕18号）（略）

中共北京市政协党组关于围绕《北京城市总体规划（2016—2030年）（草案）》开展专题协商情况及意见建议的报告（京协党文〔2017〕16号）（略）

中共北京市政协党组关于开展《北京市旅游条例》立法协商工作情况及委员主要意见建议的报告（京协党文〔2017〕20号）（略）

中共北京市政协党组关于市政协围绕加强和改进政协民主监督工作开展专题协商情况的报告（京协党文〔2017〕21号）（略）

中共北京市政协党组关于围绕以“三城一区”为抓手推进全国科技创新中心建设开展专题协商情况及意见建议的报告（京协党文〔2017〕23号）（略）

中共北京市政协党组关于围绕“进一步深化服务业供给侧改革不断提升生活性服务业品质”开展专题协商情况及意见建议的报告（京协党文〔2017〕28号）（略）

中共北京市政协党组关于就加大统筹力度疏解中心城区人口开展专项监督情况及意见建议的报告（京协党文〔2017〕34号）（略）

中共北京市政协党组关于围绕加强静态交通治理缓解城区交通拥堵开展专题协商情况及意见建议的报告（京协党文〔2017〕39号）（略）

中共北京市政协党组关于围绕保护北京中轴线推进历史文化名城建设开展专题协商情况及意见建议的报告（京协党文〔2017〕42号）（略）

中共北京市政协党组关于围绕“加大水污染治理力度不断改善生态环境质量”开展专题协商情况及意见建议的报告（京协党文〔2017〕44号）（略）

【组织概况】

不再担任副主席名单（1人）

（2017年1月10日政协北京市第十二届委员会常务委员会第三十次会议通过）

陈　平

增补常委名单（8人）

（2017年1月10日政协北京市第十二届委员会常务委员会第三十次会议通过）

王洪涛　刘江平　闫满成

杨静慧（女）　张　庆　周正宇

赵会民　柯文进

不再担任常委名单（9人）

马玉萍（女）　王孝东

王荔茹（女）　刘永富　吴玉华

吴世民　段桂青（女）

黄克瀛（女）　梅宁华

区政协主席变动情况

东城区　宋甘澍

西城区　章冬梅（女）

朝阳区　陈　涛

海淀区　傅首清

丰台区　刘　宇

石景山区　吴克瑞

门头沟区　张　冰（女）

房山区　赵佳琛（女）

通州区　赵玉影

顺义区　周颖博

昌平区　张晓兰（女）

大兴区　吴问平

怀柔区　武占刚

平谷区　闫维洪

密云区　王稳东

延庆区　陈合安

北京市各级政协组织和委员数

（截至2017年年底）

项目＼级别	直辖市	市辖区	县	合计
组织数	1	16		17
委员数	757	4181		4938

（贾海菊　**编写**　陈　煦　**审稿**）

政协天津市委员会

薛进文 副主席

【全体委员会议】

十三届五次会议 2017 年 1 月 14 日至 18 日在天津礼堂大剧场举行。市政协副主席刘长喜主持开幕式，市政协主席臧献甫主持闭幕式并讲话。市委书记李鸿忠等市领导同志应邀出席开、闭幕式。

会议听取并审议了市政协主席臧献甫代表市政协常务委员会所作的工作报告、市政协副主席李文喜代表市政协常务委员会所作的提案工作情况报告。与会成员列席了市十六届人大六次会议，听取并讨论了市政府工作报告及其他重要报告。

委员们围绕贯彻落实市委十届十次、十一次全会精神，为促进天津经济持续健康发展和社会和谐稳定、全面建成高质量小康社会协商议政、建言献策。

会议审议通过政协天津市第十三届委员会第五次会议政治决议；审议通过政协天津市第十三届委员会第五次会议关于常务委员会工作报告的决议；审议通过政协天津市第十三届委员会提案委员会关于市政协十三届五次会议提案审查情况的报告。会议补选了中国人民政治协商会议天津市第十三届委员会副主席和常务委员。会议共收到提案 917 件，立案 895 件，提交大会发言 157 篇。

【常务委员会会议】

第 19 次会议 1 月 5 日召开。市政协主席臧献甫主持会议并讲话。会议听取市政协各专门委员会 2016 年度工作情况汇报和市政协 2016 年度委员学习培训情况汇报。审议通过市政协十三届五次会议有关事项，审议通过有关人事事项。

第 20 次会议 1 月 16 日至 17 日召开。市政协主席臧献甫主持会议。市委副书记怀进鹏代表中共天津市委作有关人事事项说明。会议审议通过政协天津市第十三届委员会第五次会议关于常务委员会工作报告的决议（草案）、政协天津市第十三届委员会提案委员会关于市政协十三届五次会议提案审查情况的报告（草案）、政协天津市第十三届委员会第五次会议政治决议（草案），审议通过政协天津市第十三届委员会第五次会议选举办法，审议通过政协天津市第十三届委员会第五次会议监票人名单，审议通过人事事项。

第 21 次会议 5 月 17 日至 18 日召开。围绕“全面落实京津冀协同发展重大国家战略，深入推进滨海新区改革开放”建言献策。市政协主席臧献甫出席会议并讲话。市委副书记怀进鹏应邀出席会议，并就京津冀协同发展与我市产业发展作专题报告。会议审议通过政协天津市第十三届委员会专门委员会副主任任免名单，书面审议市政协专门委员会赴外省（区、市）学习考察情况报告。

第 22 次会议 9 月 25 日至 26 日召开。围绕“加强垃圾减量化、资源化、无害化处理，促进生态环境建设”建言献策。市政协主席臧献甫出席会议并讲话。副市长孙文魁应邀出席会议，并作关于我市加强垃圾“三化”处理工作情况专题报告。会议对市政协十三届三次、四次和五次会议的183件优秀提案进行表彰。会议审议通过政协天津市第十三届委员会不再担任专门委员会副主任名单，书面审议市政协专门委员会赴外省（区、市）学习考察情况报告。

第23次会议 11月8日召开。学习贯彻中共十九大精神和全国政协十二届常委会第二十三次会议、市委十一届二次全体会议精神。市政协主席臧献甫主持会议并讲话。民革市委会、市工商联、市侨联有关负责同志代表本市各民主党派和有关人民团体，围绕学习贯彻中共十九大精神进行发言。

【专门委员会工作】

提案委员会 全年共提交提案939件，立案916件，全部办复完毕。制定《政协天津市委员会提案审查工作细则》，加强对提案进行综合分析，为委员提出高质量提案提供依据。召开提案通报会，加强与市委、市政府有关部门和单位的协商沟通，推动提案办理落实。制定《2017年市政协领导领衔促办重点提案工作安排》，召开办理座谈会，促进重点提案办理落实。完善《评选表彰优秀提案实施办法》，开展优秀提案评选活动，对2015年度、2016年度、2017年度共183件优秀提案名单进行表彰。与广播电台合作推出《政协民心桥》节目，营造关注支持提案的良好氛围。围绕专题议政性常委会议议题，组织委员深入实地调研，积极建言献策。围绕“优化城市空间布局，科学合理使用土地资源”“重视品牌建设，提升老字号、创建新名牌”，召开双周协商座谈会、对口协商会，提出意见建议。

经济委员会 组织开展各项调研、视察、座谈等活动70次，完成专题调研报告6篇，政协信息专报和情况报告4篇。围绕专题议政性常委会议开展调研，形成3篇发言材料。围绕“深化改革、优化环境、下功夫培育民营企业家，促进民营经济健康发展”召开双周协商座谈会，提出有针对性的意见建议。围绕“深化国有企业改革，推进混合所有制经济发展”召开专题协商会，就推动国企转型发展、鼓励民营企业参与混改、金融创新助力混改等方面提出意见建议，形成综合报告报送市委、市政府。围绕“提高我市农民收入水平”“我市生产性服务业发展问题”“促进自贸区加快发展”等课题开展调查研究，形成3篇调研报告，报送市委、市政府。围绕《关于在天津建立环渤海冻品交易中心和发展冷链物流产业的建议》《关于尽快建立完善京津冀水污染防治联动协作机制的建议》两项重点提案，召开提案协商促办座谈会，促进提案办理落实。组织界别委员深入滨海—中关村产业园、东疆保税港区等基层一线主动建言献策。组织委员赴浙江、重庆等地学习考察先进经验，做好外省市考察团来津调研的接待工作。

科技教育委员会 组织开展履职活动61项，形成调研报告8篇、委员发言21篇，报送信息专报2篇。召开双周协商座谈会，形成《关于深化体制机制改革释放科技人员创新活力的建议》，市委书记李鸿忠作出重要批示。市委办公厅、市政府办公厅印发《关于深化体制机制改革释放科技人员创新活力的意见》（津党办发〔2017〕44号），吸纳了委员建议。筹备2次专题议政性常委会议，形成5篇调研成果。召开专题协商会，形成《关于加快大数据产业发展，提升天津信息化水平的建议》，报送市委、市政府。围绕市委重点研究课题，组织委员深入调查研究，形成

《发挥天津职业教育优势，服务天津实体经济》专题报告，在市委《内部研究》发表。推动重点提案协商办理，围绕群众普遍关心的问题，开展专题视察和监督性调研活动，促进问题解决。

人口资源环境和城市建设委员会 组织开展各项活动36次，向市委、市政府报送情况报告2篇，围绕专题议政性常委会议形成调研报告4篇。召开“京津冀水资源协同保护与利用”双周协商座谈会，形成13篇调研材料，以综合报告形式向市委、市政府提出意见建议，得到市主要领导的高度重视。承办第三次京津冀政协主席联席会议，围绕京津冀水资源协同保护与利用深入协商议政，从建立宏观统筹机制、区域协调联动机制、提高全民生态文明意识等方面提出意见建议，向全国政协提交联名提案，向国家有关部委提出建议，推进京津冀协同发展。举办知情报告会，帮助委员知情明政。组织委员开展“海洋环境保护”专题调研和环境保护监督性视察，提出意见建议。围绕“关于开展地下综合管廊规划建设的建议”和“关于加强农村环境治理和美丽乡村建设的建议”两件重点提案，开展调研座谈，促进提案办理落实。联合社会公益组织开展助学助困公益活动，与特困单亲母亲结成帮扶对子，资助自强学子，传递社会正能量。

医卫文体委员会 开展调研、考察、视察等活动58次（项），完成调研报告22篇。围绕专题议政性常委会议议题，开展重点协商议政，形成4篇调研报告。以“深化公立医院改革，推进分级诊疗实施”召开双周协商座谈会，以“上足上好中小学体育课，增强青少年体制”召开专题协商会，提出意见建议，得到市政府领导高度重视。做好《关于在我市建立长期护理保险制度的建议》和《上好体育课增强中小学生体质健康的建议》重点提案办理协商。聚焦第十三届全运会筹备工作，开展专项监督性调研议政活动，委员围绕加快场馆及配套设施建设、全民共建共享全运会等方面提出意见建议，助力办好全运会，推动全民健身事业发展。组织文艺界委员深入社区，开展“文化进社区”活动，组织医药卫生界委员下基层，服务百姓健康生活，积极履职为民。

社会和法制委员会 深入开展学习交流、调研视察、民主监督等活动，不断提高委员履职能力。围绕2次专题议政性常委会议议题开展联合调研，组织委员深入工厂、乡村实地考察，积极献计出力。围绕“净化互联网环境，保障网络安全”召开专题协商会，提出关于构建网管新格局的意见建议，《人民政协报》整版刊发本次专题协商成果，在“天津市网络安全建设实施意见”中予以采纳。围绕“加强优质绿色农产品供给与质量监管，保证吃得安全吃得放心”召开双周协商座谈会，提出对策建议。开展“新社会阶层人士状况”专题调研，为科学设置界别提供有益参考。组织参与推动立法协商，在提升政府立法科学化和民主化水平上发挥人民政协优势作用。突出界别特色，组织召开对口界别工作座谈会，积极建言献策。推动《关于全面提升出租车行业管理和服务水平的建议》和《关于成立青年思想政治教育导师团的建议》重点提案办理协商，促进工作落实。

民族和宗教委员会 组织开展调研、座谈、考察等活动80余次，形成调研报告6篇，情况专报2篇，学习考察报告2篇。围绕“解决学龄前儿童入园难问题”组成课题组，深入河西、南开、东丽等区调研座谈，召开双周协商座谈会，形成《关于解决学龄前儿童入园难问题的建议》，在市政府出台的《关于进一步加强学前教育的实施意见》中充分吸纳，提升了我市基础教育公平普惠水平。围绕“加强少数民族流动人口服务与管理”召开专题协商会，提出意见建议，得到市政府重视。围绕专题议政性常委会议议题开展视察调研，提出对策建议。促进《关于推动农民市民化、共享改革发展成果的建议》和《关于支持民营企业参与标准化建设的建议》重点提案办理协商落实落地。围绕加快我市少数民族乡村经济建设与社会发展、依法管理宗教事务等方面召开反映社情民意座谈会，建言献策。促进民族团结和宗教和睦，支持举办“开斋节”等活动，走访慰问少数民族界、宗教界委员，汇聚正能量。加强考察交流，学习借鉴外省市工作经验做法，提升工作水平。

文史资料委员会 召开主任会议、全体会议、文史工作会议、专题协商会议、对口协商会议等10余次，开展专题调研活动13次，提交调研报告、考察报告、大会发言、提案等20多件。征编出版《津盟往事》《风雨同舟六十载 不忘初心谱新篇》《近代天津名厨师》等文史书籍，共90万字。配合全国政协完成“纪念香港回归20周年”“南水北调中线一期工程”等史料征集工作，报送史料14篇。围绕专题议政性常委会议议题，提交发言材料4篇。做好《关于“活化”我市历史文化街区的建议》和《关于加强天津地区性民俗文化产业化的建议》重点提案促办工作。围绕“加强我市工业遗产保护和利用”和“挖掘历史文化资源，讲好天津故事”组织委员、专家学者80余人次，深入有关企事业单位和有关省市进行调研，分别召开专题协商座谈会和对口协商座谈会，提出意见建议。围绕“加快我市现代公共文化服务体系建设”、《博物馆条例》落实情况开展监督性视察。举办区政协文史工作培训班，密切同各民主党派交流合作，做好全国政协、外省市区政协接待工作。

港澳台侨和外事委员会 组织调研考察活动18次，形成发言材料36篇，撰写调研报告18篇。围绕专题议政性常委会议议题组织委员深入实地开展调研考察，反复研究论证，积极建言献策。召开“发挥港澳委员‘双重积极作用’，团结壮大爱国爱港爱澳力量”双周协商座谈会和“完善社会志愿服务体系”对口协商会，形成信息专报，上报市委、市政府，得到市领导高度重视。组织第三期澳门大学生来津开展学习交流活动，签署津港青年交流协议，推动澳门及葡语系国家商品（天津）展销中心建设，促进务实交流合作。参与承办第十届津台投资合作洽谈会，推进津台联系交流。参与举办“2017中国·天津华侨华人创业发展洽谈会暨世界侨商项目与商品博览会”，扩大同世界各地交流交往，不断拓展对外友好工作新局面。倡导制定了京津冀政协港澳台侨和外事委员会联席会议制度，为京津冀协同发展贡献智慧和力量。

【重要会议、活动】

市政协党组2016年度民主生活会 1月22日召开。市政协党组书记、主席臧献甫主持会议并讲话。臧献甫代表市政协党组作对照检查，通报了市政协党组2015年度民主生活会整改落实情况和征求意见情况，带头作了对照检查。党组各位同志以黄兴国案为反面教材，认真对照《准则》《条例》要求，进行深刻自我剖析，开展了严肃认真的批评与自我批评。

元宵节座谈会 2月10日，各族各界委员代表、部分在津全国政协委员等欢聚一堂，共庆传统佳节，共话天津发展未来。市政协主席臧献甫出席并致辞。与会委员表示，要切实按照中央和市委部署要求，进一步增强责任感和使命感，自觉坚持围绕中心、服务大局，充分发挥优势，积极建言献策，努力提高履行职责的能力和水平，以优异成绩迎接中共十九大和市第十一次党代会胜利召开。

住津全国政协委员会前集中考察活动 2月20日至21日，市政协组织住津全国政协委员开展全国政协十二届五次会议前集中考察。住津全国政协委员活动组召集人、市政协主席臧献甫参加考察活动、出席座谈会并讲话。委员就深入推进京津冀协同发展、加快供给侧结构性改革、实施创新驱动发展战略等提出意见建议。

区政协主席和秘书长学习研讨班 4月12日至14日举办。市政协主席臧献甫出席开班式并作动员讲话。市政协副主席李文喜主持开班式并作总结讲话。通过辅导报告、自学和交流讨论等形式，深入学习习近平总书记系列重要讲话精神和治国理政新理念新思想新战略，深刻领会以习近平同志为核心的党中央对人民政协事业发展提出的新部署新要求，进一步深化了认识，形成了共识，拓宽了思路，掌握了方法，增强了责任感和自觉性。

京津冀政协主席联席会议第三次会议 6月9日在天津召开。天津市政协主席臧献甫主持会议并作总结讲话。国家发展改革委、环保部、水利部有关负责同志介绍了京津冀水资源保护、利用、开发取得的成效，存在的主要问题和推动建设的思路举措。与会政协委员、专家学者深入交流协商，提出意见建议。

政协委员民主监督视察活动 8月4日开展。市政协组织部分市政协委员，围绕落实第十三届全运会誓师动员大会部署要求，到全运会场馆进行监督性视察调研活动。市政协主席臧献甫参加并主持召开座谈会。组委会有关负责同志介绍了相关情况。政协委员分别就进一步细化赛事安全保障应急预案、营造公正公平的比赛氛围、提供安全服务保障、精心打造突出天津特色的开幕式等提出意见建议。

党的十九大精神宣讲活动 11月14日，市政协主席臧献甫赴天津光电集团有限公司光电科技园宣讲党的十九大精神。与企业党员干部、职工交流互动，推动十九大精神在基层落地生根。企业负责同志和6名员工代表先后发言，畅谈学习体会。

双周协商座谈会 全年围绕“深化改革、优化环境、下功夫培育民营企业家，促进民营经济健康发展”“京津冀水资源协同保护与利用”“解决学龄前儿童入园难问题”“深化体制机制改革，释放科技人员创新活力”“深化公立医院改革，推进分级诊疗实施”“加强绿色优质农产品供给与质量安全监管，保证吃得安全吃得放心”“优化城市空间布局，科学合理使用土地资源”“发挥港澳委员‘双重积极作用’，团结壮大爱国爱港爱澳力量”等议题，召开8次双周协商座谈会，提出意见建议，供市委、市政府决策施策参考。

【重要文件】

中国人民政治协商会议天津市第十三届委员会常务委员会工作报告（2017年1月14日）（摘要）

2016年工作回顾。一、加强思想政治建设，始终保持人民政协正确的政治方向。组织政协委员深入学习贯彻习近平总书记系列重要讲话精神，深入学习贯彻中共十八届六中全会精神，坚定不移走中国特色社会主义政治发展道路；认真学习贯彻市委十届十次、十一次全会和市委政协工作会议精神；切实发挥政协党组把方向、管大局、保落实作用。二、紧扣中心建言献策，为改革发展贡献智慧和力量。围绕京津冀协同发展、供给侧结构性改革、创新驱动发展、法治天津建设、城市治理现代化、改善民生协商议政。三、强化民主监督职能，促进市委重大决策部署的落实。组织政协常委围绕生产安全、工程质量安全、公共服务安全等工作，深入开展监督性视察活动，提出意见建议；围绕事关群众切身利益的实际问题，开展监督性协商活动；加强对重点提案办理落实的监督，推动重点难点问题的解决。加强和改进人民政协民主监督工作。四、发挥团结统战功能，广泛凝聚改革发展强大合力。充分发挥各民主党派、工商联和无党派人士在政协工作中的作用；促进民族团结、宗教和睦；加强同港澳台侨同胞大团结大联合和对外友好交流。五、坚持务实创新，不断增强政协履职实效。加强和改进调查研究，着力提高建言献策水平；加强委员服务管理，着力提高履职能力；加强社情民意信息工作，着力反映群众意愿诉求。六、统筹推进经常性基础性工作，努力提高政协工作水平。密切同各级政协组织的联系；推动经常性工作创新；加强政协机关建设。

回顾一年来的工作，主要有以下体会：一是坚持中国共产党的领导，在不断看齐中坚定正确政治方向。二是坚持政协性质定位，在发展社会主义民主政治中发挥作用。三是坚持大团结大联合，在中华民族伟大复兴事业中凝聚力量。四是坚持推进政协协商民主，在创新发展中永葆生机活力。

2017 年工作安排。市政协工作的总体要求是：全面贯彻落实中共十八大和十八届三中、四中、五中、六中全会精神，深入学习贯彻习近平总书记系列重要讲话精神，特别是视察天津时提出的“三个着力”重要要求，牢固树立和贯彻落实新发展理念，把坚持和发展中国特色社会主义作为巩固共同思想政治基础的主轴，把围绕“十三五”规划实施建言献策作为工作主线，为促进天津经济社会发展、全面建成高质量小康社会贡献智慧和力量。一是深入学习贯彻中共十八届六中全会和习近平总书记系列重要讲话精神。二是围绕京津冀协同发展和推进供给侧结构性改革深化等重大任务议政建言。三是加强民主监督推动市委重大决策部署贯彻落实。四是为天津经济社会发展凝聚强大正能量。五是不断推进政协工作创新发展。六是进一步加强政协自身建设。

《中国人民政治协商会议天津市委员会常务委员会关于十三届四次会议以来提案工作情况的报告》（2017 年 1 月 14 日）（略）

《中国人民政治协商会议天津市第十三届委员会第五次会议政治决议》（2017 年 1 月 18 日）（略）

《市政协主席臧献甫在市政协十三届五次会议闭幕会上的讲话》（2017 年 1 月 18 日）（略）

《中共政协天津市委员会党组 2017 年工作要点》（津协党发〔2017〕1 号）（略）

《关于印发〈政协天津市委员会 2017 年协商计划〉的通知》（津协发〔2017〕9 号）

《市政协党组贯彻〈中国共产党党委（党组）理论学习中心组学习规则〉的实施细则》（津协党发〔2017〕3 号）

《印发〈关于建立健全市政协推进工作落实长效机制的办法〉的通知》（津协厅发〔2017〕3 号）

《关于印发〈2017 年市政协委员外出考察调研计划〉的通知》（津协厅发〔2017〕5 号）

【组织概况】

副主席补选名单

（2017 年 1 月 18 日市政协十三届五次会议通过）

薛进文

副主席辞职名单

（2017年1月18日市政协十三届五次会议通过）

王治平　田惠光

常务委员补选名单

（2017年1月18日市政协十三届五次会议通过）

王玉英（女）　王伟生　王树华
王留之　冯雪飞　刘润忠　许焕通
李光照　李伟成　李树义　何　江
沈奎林　张晓雁　陈　强
金志毅（回族）　赵洪莉（女）
高从善　蔡明玉

常务委员辞职名单

（2017年1月5日市政协十三届十九次常委会议通过）

于树香　王二林　尹长明　朱　勇
李广文　李国林　李清涛　张中华
张同庆　张金钟　陈　江　陈宗胜
柴中达　钱长龙　滕锦然

免去常务委员职务、撤销委员资格名单

（2017年1月5日市政协十三届十九次常委会议通过）

舒长云

专委会主任、副主任名单

（2017年1月5日市政协十三届十九次常委会议通过）

张晓雁同志为政协天津市第十三届委员会经济委员会主任

何江同志为政协天津市第十三届委员会社会和法制委员会主任

刘民选同志为政协天津市第十三届委员会民族和宗教委员会主任

周剑琴同志为政协天津市第十三届委员会科技教育委员会副主任

韩宏范同志为政协天津市第十三届委员会社会和法制委员会副主任

（2017年5月17日市政协十三届二十一次常委会议通过）

李立勇同志任政协天津市第十三届委员会提案委员会副主任

王宏同志任政协天津市第十三届委员会文史资料委员会副主任

靳和连同志任政协天津市第十三届委员会港澳台侨和外事委员会副主任

王之音同志任政协天津市第十三届委员会科技教育委员会专职副主任

汤洪同志任政协天津市第十三届委员会文史资料委员会专职副主任

金超同志任政协天津市第十三届委员会港澳台侨和外事委员会专职副主任

区政协主席

滨海新区　韩远达
和平区　徐　军
河东区　刘树增
河西区　李耀进
南开区　于茂东
河北区　燕连玉
红桥区　杨　焕
东丽区　钟书明
西青区　苑树发
津南区　吴庆云
北辰区　王亚令
武清区　乔金生
宝坻区　李维怀
静海区　窦双菊
宁河区　高宝江
蓟州区　卢金生

天津市各级政协组织和委员数

（截至 2017 年年底）

级别 项目	直辖市	市辖区	合计
组织数	1	16	17
委员数	776	3718	4494

（郭玉树 **编写** 王赤涛 **审稿**）

政协河北省委员会

孙瑞彬　副主席

许　宁　副主席

姜德果　副主席

【全体委员会议】

十一届五次会议　1月7日至11日上午在石家庄举行。应出席委员768名，实际出席729名。省委书记赵克志出席开幕会并发表讲话。会议听取并审议了省政协十一届常务委员会工作报告和省政协十一届常务委员会提案工作情况的报告。与会委员列席了河北省十二届人大五次会议，听取并讨论了省长张庆伟所作的政府工作报告和会议期间的其他重要报告。会议审议通过了《政协河北省第十一届委员会第五次会议政治决议》《政协河北省第十一届委员会第五次会议关于常务委员会工作报告的决议》《政协河北省第十一届委员会第五次会议关于常务委员会十一届四次会议以来提案工作情况报告的决议》和《政协河北省第十一届委员会提案委员会关于第五次会议提案审查情况的报告》。会议补选了十一届省政协副主席。会议期间，提案委员会共收到提案568件，符合立案条件的562件，占提案总数的98.94%，未予立案的6件，占提案总数的1.06%。会议印发157份书面发言，12位委员作了口头发言。省委、省人大、省政府领导出席开、闭幕会，听取大会发言，深入到小组与委员们交流讨论，商讨改革发展大计，促进形成共识。会议结束时，省政协主席付志方讲话。

【常务委员会会议】

第20次会议　1月5日下午在石家庄举行。应出席常务委员会组成人员149名，实际出席136名。会议审议通过了关于召开政协河北省第十一届委员会第五次会议的决定，政协河北省第十一届委员会第五次会议议程、日程，政协河北省第十一届委员会常务委员会工作报告及报告人名单，政协河北省第十一届委员会常务委员会关于十一届四次会议以来提案工作情况的报告及报告人名单，政协河北省第十一届委员会各专门委员会2016年工作总结（书面）和有关人事事项。

第21次会议　1月9日晚在石家庄举行。应出席常务委员会组成人员147名，实际出席139名。省政协主席付志方主持会议。会议审议通过了有关人事事项，政协河北省第十一届委员会第五次会议选举办法（草案），总监票人、监票人建议名单，政协河北省第十一届委员会第五次会议政治决议（草案）、政协河北省第十一届委员会第五次会议关于常务委员会工作报告的决议（草案）、政协河北省第十一届委员会第五次会议关于常务委员会十一届四次会议以来提案工作情况报告的决议（草案）、政协河北省第十一届委员会提案委员会关于第五次会议提案审查情况的报告（草案）。

第22次会议　4月24日在石家庄举

行。应出席常务委员会组成人员159名，实际出席150名。会议的主要议题是围绕大力改善营商环境议政建言。省政府副省长王晓东应邀出席开幕会，就改善营商环境问题作专题报告，并与与会常委开展交流互动。会议印发书面发言材料75份，6位同志作了口头发言。会议结束时，省政协主席付志方讲话。

第23次会议 7月26日在石家庄举行。应出席常务委员会组成人员158名，实际出席137名。会议主要围绕推动“三去一降一补”议政建言。省委常委、常务副省长袁桐利应邀出席开幕会，作了关于推动“三去一降一补”有关情况的报告，并与与会常委开展交流互动。会议听取了秘书长郭大建关于人事事项的说明，并审议通过了有关人事事项。会议共印发书面发言材料84份，6位同志作了口头发言。会议结束时，省政协主席付志方讲话。

第24次会议 11月3日在石家庄举行。应出席常务委员会组成人员158名，实际出席143名。会议的主要议题是围绕推进清洁取暖、改善大气环境质量议政建言。省政府副省长李谦到会作了关于推进清洁取暖、改善大气环境质量有关情况的报告，并与与会常委开展交流互动。省政府副秘书长于清华作了关于省政府系统办理省政协十一届五次会议以来提案工作进展情况的报告。会议审议通过了有关人事事项。听取了“1号提案”主办单位办理情况的汇报，评议“1号提案”办理情况。会议共印发92篇书面发言材料，7位同志作了大会口头发言。会议结束时，省政协主席付志方讲话。

【专门委员会工作】

提案委员会 全年共收到提案661件，经审查立案，交有关单位办理的648件，占提案总数的98%。将民革河北省委提交的《推进清洁取暖 改善大气环境质量》提案作为1号提案，进行重点督办。举办提案工作培训班暨2016年度《河北提案工作》表彰会议，总结2016年度办刊工作，交流各单位提案工作好的经验和做法。及时召开重点提案协调会，听取协调重点提案办理情况，提高办理质量。开展评选表彰十一届以来优秀提案、先进承办单位和优秀提案工作者活动，进一步增强了广大委员、承办单位做好提案工作的积极性和主动性。

人口资源环境委员会 围绕“高碑店市国家中小城市综合改革试点”“迁西县三屯营镇行政管理体制改革开展重点调研”。围绕“滥挖山体河道问题”开展专项监督，通过走访座谈、专题调研、召开座谈会等，创新民主监督方式。在多方收集资料的基础上，撰写京津冀政协主席联席会第三次会议主旨发言——《京津冀水资源协同保护与利用刻不容缓》。负责省政协第二十四次常委会大会发言、专题协商、电视议政等相关工作，会后，根据形成《关于推进农村清洁取暖 改善大气环境质量若干问题的建议》，报送省委、省政府。

文史资料委员会 编辑出版《数风流人物——群星河北》，一馆、一苑、一刊、一网四大平台功能不断完善，作用得到进一步发挥。就“全力创建国家级全域旅游示范县”“路南区创新‘村转社区’工作模式”“乐亭县创新基层党组织服务模式”进行重点调研，就保持传统村落赴井陉县开展专题调研。协助中国政协文史馆“北上”项目工作组到河北省进行史料征集活动。召开人民政协报社专访座谈会，并在《人民政协报》头版刊发了题为“河北政协文史工作的故事”长篇通讯。召开全省政协文史工作座谈会，总结交流了近年来全省各级政协文史资料工作经验。

财政经济委员会 承担二十三次常委

会重点调研及大会发言组织工作，并召开常委会建议案成果转化协商会议，做好后续跟踪工作。分别就“威县综合配套改革试点”“衡水市综合配套改革试点”“承德市政银企户保金融扶贫模式”开展重点调研。围绕河北省重大平台建设和历史性重大工程建设组织委员赴秦皇岛、沧州等市视察。召开全省政协经济委员会主任工作会议，总结经验，加强交流。接待全国政协经济委员会、中国经济社会理事会和北京市、湖南省等兄弟省（区、市）政协调研组来冀调研，组织委员赴四川、重庆等兄弟省市学习考察。

农业委员会 围绕“承德市双滦区农村集体经济股份权能改革”“隆尧县供销合作社创新发展搞改革”“平山县葫芦峪探索农业开发新模式”开展重点调研。就特色小镇建设开展专题调研，起草《关于推进特色小镇建设的建议》报送省委、省政府。就现代农业园区建设进行专题调研，并召开现代农业园区专题论坛。赴云南、浙江、甘肃、宁夏等省区学习考察，接待山东、西藏、云南、内蒙古等省区政协到河北省交流学习，加强与兄弟政协的交流。

教科文卫体委员会 围绕“莲池区奋力打造创新发展先行区”“肃宁县打造四级网上审批便民服务系统”“阜平职教中心助力脱贫攻坚”开展重点调研。就优秀传统文化进校园、留守儿童教育、民族地区传统文化生活开展专题调研。持续推进“烛光计划”，并以此为平台，对全省部分师生进行免费培训。围绕考察地铁运行情况、河北新宇宙电动车有限公司、正定古城恢复建设和文物保护等开展委员活动日。做好全国政协教科文卫体委员会赴冀调研陪同，加强与兄弟省市政协的沟通联系。多次召开工作会议和主任工作会议，加强对省内各市政协对口委员会的联系指导。

社会和法制委员会 完成五次全会和十一届二十二次常委会议发言工作，做好常委会建议案转化落实。就“医药卫生体制改革”“建立‘大民调’机制多元解决矛盾纠纷”“积极探索社区治理和服务创新新路径”开展重点调研。围绕新区建设赴浙江舟山群岛新区、湖南湘江新区和湖北武汉东湖高新区考察调研。就《河北省营商环境促进条例（征求意见稿）》《河北省专业技术人员继续教育规定（征求意见稿）》等开展立法协商。召开委员会全体（扩大）会议暨全省政协社法委学习和工作经验交流会。做好全国和兄弟省政协来河北调研工作，增进交流互联。

民族和宗教委员会 就“衡水市桃城区以改革思路破解城市拆迁难题”“大厂回族自治县综合配套改革”“霸州市探索新形势下农村集体经济发展模式”开展重点调研。就少数民族特色村镇建设情况到石家庄市藁城区进行视察。受全国政协民族和宗教委员会委托，就“加强宗教活动场所文物保护和管理”进行调研。举办省政协民宗委全体（扩大）会议暨全省政协民宗委学习和工作经验交流会。围绕宗教活动场所文物保护等课题赴青海、甘肃调研，接待贵州政协民宗委来冀交流考察。

港澳台侨和外事委员会 围绕“廊坊经济开发区”“河北国控”“滦平县异地搬迁”开展重点调研。参与并办理赴港澳和海外国家访问团组7批次，协助举办第六期省政协系统香港培训班。全会期间，协助安排省领导与港澳委员和海外列席人士会见会和晚餐会。促成香港仁善扶贫基金会支持隆化县产业扶贫项目资金200万元。做好北京、天津、广东、辽宁等省市政协对口委员会赴冀考察调研的接待工作，协助组织天津市政协香港委员考察团赴北戴河新区和雄安新区考察交流。定期组织召开全省政协系统港澳台侨和外事委员会工作会议。

【重要会议、活动】

重点课题调研 组织力量就全面深化改革开展重点调研，通过发现典型、总结经验，弘扬改革创新主旋律，汇聚改革发展正能量，为全省改革发展提供可资学习的榜样。认真遴选典型，多次征求省深改办等省直部门和各市政协的意见，从全省各方面推荐的290个典型中，经反复比较筛选，确定35个单位作为重点调研对象。深入调查研究，组成17个调研组，由省政协副主席、各民主党派主委带队，下沉到典型单位，采取召开座谈会、个别座谈、现场察看、翻阅有关资料等形式，了解情况、解剖麻雀。精心提炼经验，组织相关专家学者、研究机构和党政部门，对调研报告进行协商论证、修改完善，最后形成35篇调研报告，总计17万多字。省委常委会听取了省政协汇报，并对省政协重点调研工作和提炼总结的7条经验启示给予高度评价。省政协还将调研报告汇编成《中流击楫 浪遏飞舟——河北全面深化改革典型集锦》一书正式出版，并举办新闻发布会公开推介。省内外新闻媒体对重点调研情况和调研成果作了深入报道，引发了社会各界对河北省全面深化改革的关注，增强了全社会深化改革的信心和决心。

1号提案督办 省政协将民革河北省委提交的《推进清洁取暖 改善大气环境质量》提案作为1号提案，进行重点督办，付志方主席领衔督办，各位副主席专题督办。联合省委、省政府办公厅，将1号提案督办纳入省委、省政府督查工作计划，定期督查，联合调度。建立1号提案承办工作联席会议制度，制定详细的办理方案，按时召开会议交流办理最新进展情况，确保1号提案办理工作有序有效扎实深入推进。结合全国科普日开展科普宣传活动，以“推进清洁取暖 改善大气环境质量”为题，制作大型展板，在全省县乡级以下基层进行巡展，增强广大群众科学治霾意识，推动清洁取暖工作深入开展。

京津冀政协主席联席会第三次会议 2017年6月9日在天津召开，主题为“水资源保护与利用”。先后赴省水利厅、环保厅就水资源保护与利用进行座谈交流，收集相关资料，深入实地开展调研，掌握大量第一手资料，撰写《京津冀水资源协同保护与利用刻不容缓》专题报告，合理反映河北的愿望和诉求，并与京津政协会同国家有关部委、三省市相关部门负责人，在加强三地水源地保护、大力发展海水淡化、建立联系协作机制等方面，形成广泛共识。

【重要文件】

常委会工作报告（2017年1月7日）（摘要）

一、2016年工作回顾

（一）把握正确方向，围绕大局履职尽责。一是坚持以习近平总书记系列重要讲话精神引领航向。深入学习贯彻习近平总书记系列重要讲话和对河北工作重要指示精神，学习中共十八届五中、六中全会精神，增强政治意识、大局意识、核心意识、看齐意识。二是坚持与中共河北省委同心同向、同力同行。认真学习贯彻省第九次党代会精神，统一思想、凝聚力量。联系实际学习贯彻省委政协工作会议精神，充分发挥政协组织的作用。三是营造团结奋斗的浓厚氛围。加强同新闻媒体合作，宣传中国共产党领导的多党合作和政治协商制度的优越性，反映人民政协协商民主的生动实践，展示政协履行职能的丰硕成果。

（二）聚焦转型发展，扎实开展调查研究。一是精心遴选典型。从所推荐的475个典型中，围绕传统产业转型升级、培育新的经济增长点、创新发展和经济（高新技术）开发区建设等方面，遴选出45个作为重点调研对象。二是精细“解剖麻雀”。详细了解每个典型的发展路子、发展方式和发展业绩等，深入挖掘先进经验。同时，引导调研对象自我总结、自我提炼。三是精准提炼经验。在深入调研、反复论证的基础上，形成45份专题调研报告，展现出河北省经济转型发展的良好成效。省委常委会对重点调研高度重视，专门听取情况汇报。这批调研成果已汇编成《中流击楫　浪遏飞舟——河北经济转型发展典型集锦》正式出版。

（三）建言创新发展，促进新旧动能转换。围绕大众创业万众创新建言。省政协召开议政性常委会议，以大众创业万众创新为中心议题，探寻推动“双创”的方法和路径。会议提出的优化“双创”发展环境、抓好“双创”政策落实、激发“双创”主体活力、加强“双创”平台建设、推动小微企业持续创业、实施“互联网+”行动计划等意见建议。协商推动京津冀全面创新改革。把京津冀全面创新改革试验作为去年三地政协主席联席会议的主题，在启动区域性立法、为协同创新提供法治保障，推进政策协同、开展政策先行先试，打造协同创新共同体，加强三地创新链、产业链、科技链建设等方面，达成一批共识。

（四）助力扶贫脱贫，探讨精准施策。召开常委会议献计。省政协召开议政性常委会议，以精准扶贫脱贫、补齐全面小康短板为议题，深入开展协商讨论。常委会议形成的建议案，提出建议60多条，其中不少建议被运用到各地脱贫攻坚的实践中。多渠道参政议政。召开促进农民专业合作社发展专题研讨会，为促进产业脱贫提供借鉴。围绕发展现代农业园区、推广农村电子商务、加强历史文化名村（镇）建设、发展旅游业等重大问题，有针对性地建言献策。与北京市政协开展联合视察，就深化京冀农业协作，推动农业协同发展提出建议。服务基层办实事。选派政协机关干部驻村扶贫，开展向灾区群众献爱心活动，开展智力扶贫，建立法治建设基层联系点，组织“烛光计划”大型书法公益活动。

（五）关注生命之源，参与美丽河北建设。强化1号提案督办。把省农工党提交的“加强水资源保护　改善生态环境”提案列为省政协2016年度1号提案，着力抓好督办工作。省政协主席会议多次组织视察，召开民主协商座谈会和界别协商座谈会，研究论证，精准建言。开展专题协商议政。围绕水资源保护与利用，省政协召开专题常委会议，协商讨论破解难题的办法，提出一批有针对性、可操作性的意见建议。省委书记赵克志、省长张庆伟对常委会建议案作出批示，给予充分肯定。

（六）团结各界人士，汇聚强大能量。深化与各党派团体的团结合作。走访省各民主党派和工商联，召开秘书长联席会议，通报工作情况，密切沟通交流。出台《省政协领导联系界别制度》，健全联系界别机制，更好地发挥界别作用。发挥文史资料团结育人功能。编辑出版《江山如此多娇——自然河北》，组织编撰《数风流人物——群星河北》和《燕赵人文丛书》。办好《文史精华》杂志，强化省政协文史馆、文史书苑的展示、交流和研究功能；举办书画展、文史百家谈等活动。做好民族宗教工作。围绕城市民族工作、民族地区企业发展、民族文化建设、教职人员养老、清真食品企业发展等问题，组织开展调研和协商，举办京津冀民族企业协同发展座谈会暨民族宗教界委员书画展。扩大海外联谊。组团访问香港、澳门，密切与港澳重要社团和各界人士的联系，着力团结港澳青年。组织河北杂技文化项目赴台交流，增进台湾同胞的文化认同。促进社会和谐稳定。全年向全国政协、省委省政府报送《社情民意》183期。推进立法协商机制建设，参与立法协商。重视群众工作，省政协领导同志参与信访包案督访、现场接访等工作。

（七）坚持改革创新，增强履职效能。促进成果转化落实。通过召开常委会建议案转化落实专题协商会、对协商议政重要成果落实情况开展跟踪问效、建立省领导批示意见向委员反馈机制等措施，促进常委会和各界人士提出的建议有着落、有回音。扩大议政建言影响。围绕大众创业万众创新、精准扶贫脱贫、水资源保护与利用、文化建设等议题，开展电视议政。扩充智力资源。制定加强政协智库建设的意见，组建政协智库，厚植智力基础。修订《政协专门委员会通则》，拓展委员参政议政的广度和深度。提高机关服务水平。组织机关工作人员认真学习党的路线方针政策和习近平总书记系列重要讲话精神，深入开展“两学一做”学习教育。开展机关作风整顿，加强制度建设和机关管理。

二、2017年工作部署

（一）增进团结奋斗的思想政治共识；

（二）围绕加快转型、绿色发展、跨越提升履行职能；

（三）汇聚建设经济强省美丽河北的强大力量；

（四）以改革创新精神提升履职水平；

（五）打造懂政协、会协商、善议政的政协队伍。

【组织概况】

副主席增选名单

（2017年1月11日政协河北省第十一届委员会第五次会议通过）

孙瑞彬　许　宁　姜德果

常务委员辞职名单

（2017年1月5日政协河北省第十一届委员会常务委员会第二十次会议通过）

王三堂　白　石　李　民（满族）
李同亮　张　军　张彦杰　周文夫
赵　新　温进坤

常务委员补选名单

（2017年1月11日政协河北省第十一届委员会第五次会议选举通过）

卢瑞卿　史建明　李红录　李剑方
张　宇　赵金平　侯　亮
袁克难（女）　贾红星

去世常委名单

丁万明

副秘书长任免名单

（2017年1月5日中国人民政治协商会议河北省第十一届委员会常务委员会第二十次会议通过）

陈书增任省政协常务副秘书长

韩龙任省政协副秘书长

兰保良不再担任省政协常务副秘书长职务

（2017年7月26日中国人民政治协商会议河北省第十一届委员会常务委员会第二十三次会议通过）

马誉辉任省政协副秘书长

郭士刚、韩龙不再担任省政协副秘书长职务

专委会主任任免名单

（2017年7月26日中国人民政治协商会议河北省第十一届委员会常务委员会第二十三次会议通过）

王静（女）任省政协文史资料委员会主任

郭翠朵（女）不再担任省政协文史资料委员会主任职务

市、县、区政协主席变动情况

石家庄市

市政协主席　刘明轩

晋州市　崔贞军
新乐市　张智琦
正定县　钟亚辉（女）
井陉县　毕元明
无极县　马孟军
深泽县　郭立辉
行唐县　盖义江
灵寿县　白东凤
平山县　郭双全
赵　县　张清华
元氏县　白兰怀
高邑县　宋英华
赞皇县　冯立业
井陉矿区　李进朝
长安区　鲁志强
桥西区　蒲建伟
新华区　张彩珍（女）
裕华区　纪英超
藁城区　张银侠
鹿泉区　李书海
栾城区　张军廷

承德市

市政协主席　刘文勤（满族）
双桥区　刘敏儒
双滦区　刘凤宇
营子区　蒋国成
围场满族蒙古族自治县　马玉文（满族）
丰宁满族自治县　郭锐（满族）
隆化县　刘殿民（满族）
承德县　李文水（满族）
平泉市　李勇（蒙古族）
滦平县　王海隆（满族）
宽城满族自治县　王玉荣
兴隆县　马建权

张家口市

市政协主席　王　江
桥东区　闫克俭
桥西区　裴国忠
宣化区　李贵宝
下花园区　孙建平
万全区　邹彦明
崇礼区　于有斌
怀来县　杨聚庭
赤城县　杨春霞（女）
涿鹿县　安　树
蔚　县　杜瑞明
阳原县　刘　锋
怀安县　武永祥
张北县　侯永龙
尚义县　史如江
沽源县　陈青山
康保县　田　明

秦皇岛市

市政协主席　郝占敏
海港区　杨永会
北戴河区　李韶云
山海关区　邵宏根
抚宁区　张　岐
卢龙县　方世宽
昌黎县　曹连波
青龙县　孟慧明

唐山市

市政协主席　曹征平（女）
路南区　贾向东
路北区　李季莲
开平区　褚兆利
丰润区　杨爱民
古冶区　王俊和
丰南区　才文举
遵化市　崔　明
迁安市　李维林
玉田县　王跃飞
迁西县　王　芳

滦　县　孙太和
滦南县　谢雪生
乐亭县　张国友
曹妃甸区　王晓谦

廊坊市
市政协主席　李　波
三河市　张晓明
大厂县　冯　幸
香河县　马文龙
广阳区　张宝兴
安次区　马崇浩
永清县　王玉柱
固安县　刘　军
霸州市　牛岳峰
文安县　张国校
大城县　张宝华

保定市
市政协主席　万书君
莲池区　李丽萍（女）
竞秀区　胡占房
满城区　贾玉兰（女）
清苑区　王振起
徐水区　田国清
顺平县　王若辉
安国市　刘子仁
望都县　何任道
高阳县　刘新桥
定兴县　傅　勤
涞水县　刘喜宗
涞源县　任生桥
涿州市　李建军
容城县　刘文中
阜平县　张新占
唐　县　杨马银
易　县　王占平
安新县　王景权
高碑店市　王瑞坡
蠡县　吴素杰
博野县　郭杏来
曲阳县　芮兰军
雄县　董贺群

沧州市
市政协主席　宋有洪
任丘市　冯好乾
河间市　叶连智
泊头市　马德华
黄骅市　贾兆德
肃宁县　魏建岭
献　县　任占旭
吴桥县　张清辉
东光县　李翔业
南皮县　李树东
青　县　陈建中
沧　县　董永盛
孟村回族自治县　刘国法（回族）
盐山县　吴忠孝
海兴县　刘国生
运河区　陈　宽
新华区　徐建伟

衡水市
市政协主席　李洪林
桃城区　张稳坐
冀州市　甄瑞杰
枣强县　张　英
武邑县　蔡保林
深州市　魏志春
武强县　于兰山
饶阳县　付占坡
安平县　刘　伟
故城县　史立朝
景　县　高文亮
阜城县　张向阳

邢台市

市政协主席 邱文双
桥西区 张建波
桥东区 张明耀
邢台县 颜泽夕
沙河市 周 勇
内丘县 常 青
临城县 赵建福
隆尧县 李炳春
任 县 孙密申
柏乡县 李明生
南和县 田玉成
宁晋县 李彩烈
巨鹿县 焦 璞
平乡县 霍志民
新河县 刘起超
广宗县 陈国平
南宫市 于幼民
威 县 孟祥义
临西县 张玉宝
清河县 牛洪奎

邯郸市

市政协主席 王进江
武安市 韩保魁
鸡泽县 董爱民
邱 县 石建华
曲周县 李占文
馆陶县 王延平
涉 县 孟凡哲
广平县 单树福
成安县 安跃兵
魏 县 苗俊岭
磁 县 董贵星
临漳县 王万录
大名县 巩建山
丛台区 赵永坤
复兴区 白建功
邯山区 田淑平（女）
峰峰矿区 段清峰
永年区 韩敬辉
肥乡区 王运成

定州市

李克明

辛集市

陈振居

河北省各级政协组织和委员数

（截至2017年年底）

级别 项目	省	设区的市	县（不设区的市、市辖区）	合计
组织数	1	11	168	180
委员数	762	5195	33095	39052

（范兆峰 **编写** 齐为民 **审稿**）

政协山西省委员会

王建明　副主席

【全体委员会议】

十一届五次会议　1月13日至17日在太原举行。省政协主席薛延忠，副主席朱先奇、卫小春、刘滇生、王宁、李悦娥、张友君、张璞、姜新文，秘书长阎根生出席。薛延忠代表政协第十一届山西省委员会常务委员会向大会报告工作，王宁向大会作省政协十一届四次会议以来提案工作情况报告。委员们列席了省十二届人大七次会议，深入协商讨论政府工作报告、省高级人民法院工作报告、省人民检察院工作报告以及其他报告。围绕全省改革发展稳定积极建言献策，提交发言材料86篇、提案751件，反映社情民意信息63篇。赵安泽等12位委员作大会发言。会议补选王建明为十一届省政协副主席；马天荣、马皖东、王蕾（女）、王建武、朱晓明、刘国庆为十一届省政协常务委员；通过了政协第十一届山西省委员会第五次会议政治决议、政协第十一届山西省委员会第五次会议关于常务委员会工作报告的决议、政协第十一届山西省委员会提案委员会关于省政协十一届五次会议提案审查情况的报告。薛延忠在闭幕大会上讲话。

【常务委员会会议】

第22次会议　1月10日至11日在太原举行。薛延忠主席主持，省委常委、常务副省长高建民，副主席朱先奇、卫小春、刘滇生、王宁、李悦娥、张友君、张璞，秘书长阎根生等常委会组成人员出席。会议听取了高建民就政府工作报告（征求意见稿）所作的说明；省高院和省检察院负责同志就法检两院工作报告（征求意见稿）所作的说明；朱先奇、王宁就政协常委会工作报告（讨论稿）、提案工作情况的报告（讨论稿）所作的说明；阎根生就有关人事事项所作的说明。省委、省政府办公厅通报了政协提案办理情况。与会常委协商讨论了政府工作报告，省法院、省检察院工作报告，发展计划和财政预算报告；审议通过了省政协常委会工作报告、提案工作情况报告；审议通过了省政协十一届五次会议议程（草案）、日程和秘书长、副秘书长名单。审议通过了有关人事事项。

第23次会议　1月14日晚、16日上午，分别于省政协十一届五次会议期间举行。薛延忠主席主持会议，省委组织部负责同志作有关人事事项的说明，副主席朱先奇、卫小春、刘滇生、王宁、李悦娥、张友君、张璞、姜新文，秘书长阎根生出席。会议审议通过了省政协十一届五次会议选举办法，监票人、总监票人名单，候选人名单，决定提请省政协十一届五次会议第三次全体大会对候选人进行选举。会议审议通过了政协第十一届山西省委员会第五次会议关于常务委员会工作报告的决议（草案），政协第十一届山西省委员会提案委员会关于省政协十一届五次会议提案审查情况的报告（草案），政协第十一届山西省委员会第五次会议政治决议（草案），决定提请省政协十一届五次会议第四次全体会议通过。

第 24 次会议 5 月 24 日至 25 日在太原举行。会议围绕实施创新驱动、转型升级战略，加快推进我省开发区建设协商议政，建言献策。薛延忠主席主持会议并讲话，副省长王一新应邀出席，副主席朱先奇、刘滇生、王宁、李悦娥、张友君、张璞、姜新文，秘书长阎根生等常委会组成人员出席。王一新作关于我省开发区建设情况的报告；张璞作关于省政协围绕加快推进我省开发区建设调研情况的报告；阎根生作有关人事事项说明。常委会举行了集体学习，听取合肥国家高新区工委书记、管委会主任宋道军作专题报告。高建生等 7 人作大会发言。会议审议通过了有关人事事项。

第 25 次会议 8 月 24 日至 25 日在太原举行。会议深入学习贯彻落实习近平总书记视察山西重要讲话精神和省委十一届四次全会精神，围绕推进农业供给侧结构性改革，大力发展功能农业、促进农业提质增效协商议政，建言献策。薛延忠主席主持会议，副省长郭迎光应邀出席，副主席朱先奇、卫小春、刘滇生、王宁、李悦娥、张友君、张璞、姜新文，秘书长阎根生等常委会组成人员出席。郭迎光作关于我省推进农业供给侧结构性改革，发展功能农业、促进农业提质增效情况的报告；朱先奇作围绕发展功能农业进行调研的情况报告；阎根生作关于人事事项的说明。常委会举行了集体学习，听取全国政协常委、全国政协经济委员会副主任陈锡文作专题报告。赵庆华等 6 人作大会发言。会议通过了《关于省政协调研室更名为调研和委员工作室的决定》，审议通过了有关人事事项。

第 26 次会议 11 月 8 日至 10 日在太原举行。会议落实中共中央和省委相关部署，深入学习贯彻中国共产党第十九次全国代表大会精神，围绕提升现代公共文化服务水平、加强社会主义核心价值观建设、推进文化繁荣兴盛协商议政。薛延忠主席出席会议并讲话，副省长张复明应邀出席，副主席朱先奇、卫小春、刘滇生、王宁、李悦娥、张友君、张璞、姜新文，秘书长阎根生等常委会组成人员出席。会议传达学习了省委十一届五次全会精神，听取了十九大精神宣讲报告，审议通过了《关于学习宣传贯彻中国共产党第十九次全国代表大会精神的决议》。张复明代表省政府通报相关工作进展情况，李悦娥就政协专题调研情况作报告，阎根生就有关人事事项作了说明。陈继光等 9 人作大会发言。会议通过了有关人事事项。

【专门委员会与调研和委员工作室工作】

提案委员会 一、全年征集提案 935 件，立案 830 件，确定承办单位办理提案 2000 余件次，协助推动承办单位全部办结。二、由办公厅和提案委统筹协调、九个专委会联动配合，协助各位副主席督办 8 个方面 83 件重点提案。三、起草报送主席会议和常委会审查、全会审议的提案工作报告和提案审查情况的报告。四、不断提高服务委员能力，积极为委员搭建提出提案平台，在全会召开前选择 73 个题目供委员作导向参考。五、配合媒体加强报道提案工作，增强调研督办重点提案工作的社会影响力，展现委员履职风采。

经济委员会 一、组织委员深入调研，形成《关于加快推进我省开发区建设意见建议的报告》，经省政协十一届二十四次常委会议审议修改后报省委、省政府。二、协助全国政协在我省开展调研，形成《山西省政协关于降低企业杠杆率和规范地方政府举债行为的调研报告》报送全国政协。三、组织部分委员、专家学者和相关职能部门，对我省食品药品安全监管工作和全省脱贫攻坚、能源革命等进行监督调研，形成调研报告。四、组织委员围绕发挥商会作用、民营资本融入军工产业、晋菜品牌、电子商务、体育经济、生物经济等专题开展调研，形成调研报告，《关于加快晋菜餐饮产业化发展的思考》的调研报告，得到省委、省政府领导批示。五、及时把调研中的好建议好意见转化成10余份提案或社情民意信息，供党政决策参考。六、组织委员就省政协十一届二十一次常委会议建议落实情况进行跟进调研，为山西旅游业快速发展起到促进作用。七、组织委员参与价格听证，对职能部门开展行业监督。

人口资源环境委员会 一、组织委员开展监督调研，形成《关于对朔州、太原两市“创新养老模式、健全养老服务体系”监督调研的情况报告》，为进一步促进我省养老服务业发展，实现老有所养献计出力。二、组织委员进行专题调研，形成《关于加大土壤污染防治力度的意见与建议》，组织召开省政协土壤污染防治专题议政会，所提意见与建议得到相关部门的重视，为破解土壤污染防治难题、加快我省生态文明建设步伐起到推动作用。三、组织委员围绕大气污染治理重点提案进行督办调研，会同提案委适时组织召开重点提案督办座谈会，在此基础上召开主席会议，围绕“关于综合施策，加强大气污染治理工作的建议”重点提案办理进行专题协商，省委、省政府领导同志高度重视，政府相关职能部门积极回应。四、组织委员围绕省委、省政府“两个实施意见”贯彻情况、脱贫攻坚“五个一批”和深度贫困县脱贫攻坚工作推进情况进行专项视察监督，形成《关于对运城市贯彻落实省委省政府脱贫攻坚系列决策部署落实情况的专项视察监督报告》。

农村委员会 一、组织委员深入调研，形成《关于推进农业供给侧结构性改革，加快发展功能农业、促进农业提质增效的建议》，经省政协十一届二十五次常委会议审议修改后报省委、省政府。二、组织委员围绕民生领域改革重要事项“提高农村低保标准，逐步实现低保线和贫困线‘两线合一’”专题进行监督调研并对应提出建议。三、组织委员深入调研，起草了《关于我省培育新型农业经营主体，健全农业社会化服务体系，实现小农户和现代农业有机衔接》的调研报告。四、深入深度贫困地区开展监督性调研，形成《关于忻州市贯彻落实省委省政府脱贫攻坚系列决策部署情况的视察调研报告》，并牵头承办省政协脱贫攻坚专项视察监督情况反馈协商会议。省直相关部门负责同志认真听取反馈意见，并就解决相关问题，改进工作积极回应。

教科文卫体委员会 一、组织委员实地调研，形成《关于提升现代公共文化服务水平，加强社会主义核心价值观建设调研情况的报告》报省政协十一届二十六次常委会议，会后对《报告》进行了充实完善。二、组织委员对我省脱贫攻坚情况开展视察监督，针对存在的问题撰写调研报告，提出6个方面的对策建议。三、组织委员围绕“统筹推进县域内城乡义务教育一体化改革”开展监督调研，针对存在的问题撰写建议报告，提出5项对策建议。四、围绕高考工作组织相关巡视活动。五、组织委员对“关于深化我省高校管理体制与机制改革的建议”重点提案进行督办，促进提案成果转化。六、围绕我省职业教育情况进行专题调研，撰写调研报告，提出5项对策建议。七、围绕“察情建言惠民行”活动，开展送科技、送体育、送医疗、送文化下基层活动。八、借助慰问活动倾听民声，凝聚民心。组织委员慰问紧张备战第十三届全运会的我省运动员、教练员，为其鼓劲。赴山西省实验小学慰问老师，致以教师节问候。

社会法制委员会 一、组织委员就我省“深化政府监管体制改革，优化投资营商环境”进行深入调研，提出建议。组织召开专题议政会，会后将委员发言和专题建议报送省政府主要领导和办公厅，并将委员发言要点在《山西日报》和《山西政协报》刊载。二、组织委员围绕“完善全面两孩政策体系”开展监督调研，针对存在问题提出对策建议。三、组织委员围绕“关于着力解决国企国资改革中拖欠工资和社会保险费的建议”重点提案进行督办，针对性提出建议和意见，维护职工合法权益。四、配合全国政协社法委就“重视去产能过程中职工就业再就业”专题进行调研，做了大量资料收集、数据核实等调研后续服务工作，得到全国政协副主席卢展工的充分肯定。五、继续开展政协委员参与人大立法协商及相关活动和参与政府重大决策协商。先后完成省委法治办、省政府办公厅、省人社厅等部门8份草案的征求意见工作。六、完成《山西省政协社会法制委员会资料汇编》约70万字的编纂工作。

民族和宗教委员会 一、组织委员赴少数民族政协委员企业开展调研，召开促进少数民族民营企业发展座谈会。二、以“宗教活动场所依法管理”为题组织委员开展实地调研，了解宗教活动场所依法管理的现状、取得的成绩、存在的困难和好的意见、建议，并向主席会议提交调研报告，提出加强宗教政策法规的宣传教育等对策建议。三、配合全国政协民宗委“宗教场所文物保护和管理”调研课题组织委员深入调研，并向我省11个地级市政协发函开展联动调研。在规定时间向全国政协民宗委提交调研报告。四、配合经济委开展“食品药品安全监管”调研，形成监督调研报告报省委。五、召开民族宗教界委员和代表人士学习贯彻习总书记视察山西重要讲话和省委十一届四次全会精神座谈会，统一思想，凝聚力量。六、持续关心山大附中西藏班学生的健康成长，在农历新年和藏历火猴新年前夕，参加了山西大学附中喜迎新年慰问活动。七、定期走访慰问宗教界代表人士并进行座谈，帮其解决困难和问题。

文史和学习委员会 一、举办了两次学习培训。4月在全国政协干部培训中心北戴河基地举办了全省市县政协主席培训班。我省11个市、119个县的130名政协主席参加了“全国政协第97期地方政协干部培训班”。11月在太原召开了省政协委员十九大精神培训班，邀请省政协常委、十九大代表、十九大精神省委宣讲团成员师帅为委员作《不忘初心、牢记使命，走好新时代的长征路——学习领会十九大精神》专题辅导，收到良好效果。二、协助全国政协调研组就我省长城保护工作进行监督性调研，同时对吕梁、临汾等地的长城保护情况进行扩展调研，提出加强研究与预测，统筹实施长城保护修缮工程，拓宽保护经费来源渠道，加大执法监督力度等意见建议，进一步充实了全国政协的调研成果。三、组织委员对全面推进公立医院改革，特别是取消药品加成情况进行监督调研，组织召开座谈会5场，发放调查问卷180份，形成《关于公立医院改革取消以药补医专项监督调研的报告》。四、坚持正确办刊方向，严把政治关，坚持高质量、高品位的办刊方针，努力提高《文史月刊》质量。

港澳台侨和外事委员会 一、及时给委员发布“2017年度提案和社情民意参考”，组织和引导委员结合各自优势和擅长领域撰写提案和社情民意。利用“华夏儿女”和“港澳委员”微信群，为委员知情明政提供服务。二、组织委员围绕“全面推开公立改革”“脱贫攻坚”专题进行调研视察，召开座谈会10多次，梳理出具体问题和困难10多个，提出建议对策9条。围绕“新侨海归创新创业”专题进行调研，与9个厅局单位负责人和31家新侨海归企业家、学者进行交流走访，形成4条建议和13条意见，供有关部门决策参考。三、编印《港澳台侨和外事工作重要讲话论述摘编》《“一带一路”参考资料》，供委员学习参考。四、补充完善《岗位责任制度》等13项规章制度。五、走访委员及企业，帮其协调解决困难及问题，协助港澳政协委员来晋进行项目考察、协调联系、部门对接。六、积极开展港澳台侨工作。在对港澳工作方面，省政协领导带队赴港澳进行了15场公务活动，拜访12个部门和社团，密切了与中联办、港澳省级政协委员联谊会等的联系；在对台交往方面，协助张学良基金会联系有关单位和部门提供台湾爱国人士资料，协助阎锡山后人回晋捐赠史料。

调研和委员工作室 一、文件起草工作。一年来共起草《2017年度政协协商工作计划》《关于完善工作机制、加强人民政协协商民主建设的意见》、省政协十一届五次会议系列文件和2017年党组工作要点、主要工作责任分工，十一届省政协五年工作总结、全省政协组织深入学习贯彻习总书记系列重要讲话精神做好政协工作经验交流会相关文稿等各类文稿120余件、近百万字，通过以文辅政的实际成效，为推进政协事业发展、服务全省工作大局作出贡献。二、社情民意信息工作。全年共收集社情民意信息8429篇，向全国政协、省委和省政府及有关部门报送重要信息230余篇。据不完全统计，全国政协办公厅采择上报中共中央、国务院领导同志或有关部委12篇，其中单篇信息1篇，综合稿件3篇，转送稿件8篇，《推进重点采煤沉陷区综合治理亟待重视的几个问题》信息被全国政协采用，汪洋、张高丽分别作出重要批示，国家发展改革委就领导批示进行了反馈；编印《政协社情民意》刊物38期，楼阳生等省领导分别作出10次重要批示。召开了全省政协反映社情民意信息工作表彰会，共表彰20篇优秀社情民意信息、45个反映社情民意信息工作先进单位和45名反映社情民意信息工作先进个人。培训基层委员和信息工作人员5000余人。政协反映社情民意信息工作连续16次荣获全国先进。三、委员管理工作。对委员履职情况进行汇总、考核，引导和激励委员充分发挥履职主体作用。完成《中国人民政治协商会议山西省委员会委员视察考察工作条例（送审稿)》的修订工作。完成部分委员换届的建议名单，提供有关部门参考。

【重要会议、活动】

全省市县政协主席培训班 4月21日至27日在全国政协干部培训中心北戴河基地举办。集中学习习近平总书记系列重要讲话精神和治国理政新理念新思想新战略，学习党关于人民政协的理论方针政策和省委决策部署。省政协主席薛延忠专程看望并与大家座谈，副主席姜新文出席开班式、结业式并讲话，秘书长阎根生主持座谈。130名市县政协主席参加学习培训。

省政协“深化政府监管体制改革，优化投资营商环境”专题议政会 4月26日举行。省政协主席薛延忠主持会议，省委常委、常务副省长高建民，副主席朱先奇、王宁，秘书长阎根生出席。高剑生等8名委员作议政发言。朱先奇综合政协调研情况，针对存在问题，就进一步深化政府监管体制改革，优化投资营商环境提出工作建议。高建民要求政府相关部门认真研究，吸纳委员意见建议，着力优化我省投资营商环境。

省政协“土壤污染防治”专题议政会 7月19日举行。省政协主席薛延忠主持会议并讲话，副省长贺天才出席。赵安泽等6人作议政发言。贺天才要求相关职能部门认真研究和吸纳委员建议，着力提升土壤污染防治水平，加快我省绿色发展步伐。

省政协助力民生领域改革事项落实监督调研情况反馈协商会议 7月31日举行。反馈围绕民生领域改革事项落实开展监督调研的情况，就转化调研成果、促进相关问题解决进行专题协商。薛延忠主席主持会议并讲话。省委常委、常务副省长高建民出席。省政协负责调研的各位副主席反馈通报了监督调研情况，提出工作建议。高建民要求省委、省政府相关职能部门认真研究，吸收采纳政协建议，进一步深化民生领域改革，抓好改革举措落实，更好服务人民群众。

省政协重点提案办理协商会议 8月16日举行，就大气污染治理重点提案办理进行协商。薛延忠主席主持会议并讲话，副省长张复明，副主席朱先奇、刘滇生、王宁、李悦娥、张璞、姜新文，秘书长阎根生出席。会议听取了省环保厅、经信委、住建厅承办政协提案，加强大气污染治理工作的情况汇报。提案者代表、基层代表和有关专家发表了意见。朱先奇、刘滇生、张璞作重点发言。张复明要求职能部门进一步办好政协提案，做好大气污染治理工作，加快我省生态文明建设步伐。

省政协深入学习贯彻习总书记系列重要讲话精神　做好政协工作经验交流会暨提案和反映社情民意工作表彰会 10月12日至13日举行。会议传达学习了省委深入学习贯彻习总书记系列重要讲话精神和治国理政新理念、新思想、新战略经验交流会和骆惠宁书记在十一届省委第44次常委会议上关于加强协商民主建设、做好政协工作的讲话精神，总结交流了全省政协组织学习系列重要讲话、推动政协事业发展取得的成就和经验，就贯彻省委部署，持续深化习总书记系列重要讲话学习贯彻、做好政协工作进一步作出部署。薛延忠主席出席会议并讲话。会议表彰了优秀提案、提案办理先进单位及个人和优秀社情民意信息、社情民意信息工作先进单位及个人。12个单位作大会发言，58个单位作书面交流。

省政协委员学习贯彻十九大精神培训班 11月24日举办，邀请我省党的十九大精神省委宣讲团成员师帅作《不忘初心、牢记使命，走好新时代的长征路——学习领会十九大精神》专题辅导。

省政协脱贫攻坚专项视察监督情况反馈协商会议 11月28日举行。会议反馈脱贫攻坚专项视察监督情况，就进一步落实省委、省政府相关决策部署、推进脱贫攻坚工作进行专题协商。薛延忠主席主持会议并讲话，副省长郭迎光应邀出席并讲话，副主席朱先奇代表省政协通报推进脱贫攻坚专项视察监督情况，提出进一步推进脱贫攻坚工作的建议。郭迎光要求省直相关职能部门认真研究，吸收采纳政协建议，落实责任、强化措施，着力解决突出问题，确保脱贫攻坚再战再胜。

【重要文件】

常委会工作报告（2017年1月13日）（摘要）

2016年工作回顾

一、加强思想引领，广泛凝聚团结奋斗的思想政治共识

常委会始终把思想政治建设放在首

位，自觉以科学理论武装头脑、引领事业，以中央大政方针和省委决策部署统一思想、汇聚力量。坚持中心组、常委会、委员学习相统筹，集体研读与个人自学、专题报告与座谈交流、集中培训与经常性教育相结合，组织中心组和常委会学习15次，开展座谈交流12次，集中培训政协委员和各级政协干部1400余人次，努力在融会贯通、学以致用上下功夫。

二、聚焦中心任务，积极致力经济稳步向好、构建良好政治生态

倾力服务实体经济发展。围绕深化行政审批制度改革、优化发展环境，组织专题常委会议，就协同推进简政放权、放管结合、优化服务、便利企业协商议政，提出增强放权的科学性和工作协同性、加强政务服务平台建设、提高行政效能、完善监管体系、创造公平竞争市场环境等建议，助力省委、省政府相关改革政策和支持企业发展的具体举措落实到位。积极落实省委“万名干部入企服务”的重大部署，主席班子成员带头深入联系企业，了解企业困难，积极帮助解决问题；组织近百名政协委员、专委会和政协机关干部参加入企服务工作，反映或协调解决问题956个，受到企业好评。坚持双岗履职、双岗奉献，广大委员一方面围绕发展建言献策，另一方面立足岗位奉献发展，特别是身处经济建设第一线的委员，面对经济下行压力，坚定信心、进取作为，为推动全省经济稳步向好作出了积极贡献。

助力创新驱动转型升级。围绕做强做大文化旅游产业，召开专题常委会议，提出加强规划引领、深化景区体制改革、创新旅游投融资模式、完善旅游产品体系等9方面建议；依托专委会就改造提升传统产业、发展高端装备制造业、推广应用新能源汽车、培育体育经济、加强老字号品牌建设和推进晋菜标准化生产等开展调研，为优化提升我省产业体系建言献智。围绕化解煤炭过剩产能，组织委员深入调研、协商议政，重点就强化企业主体责任、借力资本运营破解煤企困局、多措并举分流安置职工、推进煤炭安全清洁高效利用、实现煤炭产业新型化积极提出建议。围绕构建有利于大众创业、万众创新的体制机制，开展对口协商，就培优“双创”环境、促进科技创新券发展、科学构建容错纠错机制、激发“双创”活力等提出建议。围绕扩大对外开放，组织专题议政会议，就我省融入“一带一路”比较优势、战略对接、产能合作、组织协同、强化企业“走出去”支撑要素等提出建设性意见；抓住香港特别行政区全国政协委员考察团莅晋考察的机遇，大力宣传我省发展优势，主动推介招商引资项目，推动晋港深化交流合作。围绕“城镇化进程中的文化遗产保护利用”组织界别协商，开展农村污水厂建设专项视察调研，为促进协调发展咨政建言。

聚力推进脱贫攻坚事业。围绕精准扶贫、精准脱贫，深入开展调查研究，召开专题常委会议，提出健全帮扶对象识别管理体系、发挥农民主体作用、发展特色优势产业、健全生态补偿政策、加强基层组织建设等工作建议。针对基层群众所需，组织委员开展送科技、送医药、送文化下基层活动，惠及困难群众2000余人，受到群众欢迎和好评。动员政协各参加单位和广大委员，发挥自身优势，尽己所能、积极致力特色产业扶贫、基础设施改善、公共服务提升和扶贫济困，累计捐资3680多万元，为推进脱贫攻坚事业作出了政协贡献。

合力构建良好政治生态。组织委员参与6个法规草案和12个行政规章讨论，提出合理化建议。支持委员中的特约监督

员依法履行职责，旁听司法案件审理，助力公正司法。根据省委统一部署，组织委员和政协干部配合职能部门开展党风廉政、年度重点工作和领导班子、领导干部履职考核，积极为我省全面构建良好政治生态贡献力量。

一年来，省政协组织开展视察调研活动40余批次，组织召开重要协商会议13次，省委省政府领导、职能部门负责同志和政协委员、群众代表2100人次参加协商，互动交流、共商大计，委员的合理化建议得到积极回应和采纳，展现了协商民主的生机活力，凝聚了推进事业的强大合力。

三、发挥政协优势，促进民生改善、社会和谐稳定

努力畅通渠道、广泛汇集民愿。认真做好提案征集办理工作，一年来征集提案959件，立案办复862件，其中已经采纳和正在落实816件，省领导领办督办的8方面139件重点提案取得预期成效。不断提升政协社情民意信息工作质量，加强社情民意信息的汇总、分析、报送和跟踪反馈，努力为党政全面掌握基层情况、了解群众呼声提供助益，促进重点民生问题解决。一年来，收集社情民意信息4800余篇、编印专刊71期、采择上报216篇，其中26篇受到中央领导和省领导的高度重视。省政协机关蝉联全国政协系统信息工作先进单位。

践行协商于民、积极化解民忧。针对经济下行压力下的民生关切，通过主席会议等形式，就高校毕业生就业创业、困难企业职工收入、农民职业技能培训、特殊困难群体社会保障等事关民生的22件重要提案开展办理协商，引起职能部门高度重视，促进了相关问题解决。

发挥团结功能、促进社会和谐。切实加强同各民主党派、工商联和无党派人士的团结合作，主席班子成员与党派团体负责人座谈交流，听取工作意见建议。认真宣传贯彻党的民族宗教政策，就坚持宗教中国化方向、加强宗教界代表人士培养和宗教团体建设深入协商交流，围绕加快少数民族聚居村发展进行专题调研，着力促进民族团结、积极引导宗教与社会主义社会相适应。加强与非公经济组织、社会组织、新媒体代表人士等的沟通联系，积极促进社会各阶层关系和谐。更好发挥港澳委员积极作用，适时通报我省经济社会发展和政协工作情况，鼓励委员为我省改革发展建言献智、多作贡献；支持港澳委员坚定维护“一国两制”方针，积极参加爱国爱港活动，6位委员被港区省级政协委员联谊会授予“委员十年贡献奖”。挖掘我省丰富的文化资源，征集出版相关文史资料，以三晋优秀传统文化、深厚革命文化和社会主义先进文化激扬正气、凝聚民心。

四、加强民主监督，助力省委、省政府既定重大部署落实

牢牢把握监督要旨。我们牢牢把握民主监督的正向性、助力性，始终坚持党的领导、坚持法治精神、坚持服务大局、坚持为民宗旨、坚持求真务实、坚持团结民主，以提出意见、建议和批评的方式进行监督，积极倡导热烈而不对立的讨论、真诚而不敷衍的交流、尖锐而不极端的批评，做到增进团结、形成合力、促进问题解决，保证了民主监督工作的正确方向。

抓住重点实施监督。根据形势和需要，重点围绕省委、省政府关于民营经济发展重大部署贯彻落实情况，组织省、市、县三级政协联动，开展了专项视察监督活动。主席班子成员率相关常委、委员，分赴11市、38县（市、区）103户

民营企业，实地了解省委、省政府部署、举措在基层落实的情况，听取企业发展中面临的困难问题以及工作建议，属于市县层面研究解决的问题，及时向当地政府作了反馈；属于省级层面研究解决的问题，召开专题协商会，就基层反映的关于减轻企业负担、强化金融支持、落实相关政策、优化发展环境等 6 方面意见建议及 89 个具体问题，向省分管领导和相关职能部门进行了反馈。省领导和职能部门高度重视，及时进行研究，协调解决问题，促进了民营经济健康发展。

完善机制科学监督。为了提升民主监督科学化水平，我们结合实践，积极完善知情明政、沟通协调、办理反馈、权益保障、组织领导等 5 个方面的工作机制，做到了民主监督有计划、有题目、有载体、有成效。在全国政协召开的相关工作会议上，我省介绍了实施政协民主监督的情况、做法，受到全国政协领导同志充分肯定。

五、坚持严实精神，着力加强政协自身建设

以完善制度为重点推进履职工作科学化。制定委员履职工作规则，规范委员履职重点内容、原则遵循、方式方法，激励委员更好发挥在政协工作中的主体作用。修订专门委员会通则，明确专委会工作任务、组织原则、运行机制，专委会履行职能、团结界别、联系委员的功能进一步强化。探索主席会议成员联系界别、界别和委员依托专委会开展活动的机制和载体，创新了界别活动方式。加强对市县政协的指导，联动开展重大履职活动，进一步形成全省政协组织服务大局的工作合力。

以提升“四种能力”为重点加强委员队伍建设。加强委员集中培训，强化形势任务、理论政策、经济知识、法规制度等方面的学习教育，帮助委员知情明政、增强本领、提升境界，委员的政治把握、调查研究、联系群众、合作共事能力进一步提高。加强委员履职服务和管理，认真开展委员履职年度考核，激励委员认真履职、做好工作。实施信息化“1219”工程建设，建成和完善委员提案、社情民意、履职信息管理、手机 APP 等 9 大系统，拓展了委员履职平台，提升了为委员服务的水平。

以“两学一做”学习教育为抓手加强政协机关建设。认真落实十八届六中全会精神和全面从严治党的各项部署，深入开展“两学一做”学习教育，着力抓好党内政治生活、廉洁自律准则和监督、问责、纪律处分条例的学习贯彻，引导激励机关全体党员自觉践行“四讲四有”，机关思想政治、纪律作风、反腐倡廉、制度机制建设得到新的加强。大力支持、自觉接受省委巡视组专项巡视，认真对照反馈意见、逐条进行整改落实，不断提升机关工作层次和水平。切实加强干部教育、管理、选任、监督、考核等工作，干部队伍的能力素质得到提升、结构进一步优化、活力进一步增强，形成了风清气正、团结向上、积极工作的良好氛围。省政协机关蝉联“省直文明和谐单位标兵”、荣获“省文明单位”。

2017 年工作部署

2017 年政协工作的总体要求是：全面贯彻中共十八大和十八届三中、四中、五中、六中全会精神，深入学习贯彻习近平总书记系列重要讲话精神和治国理政新理念、新思想、新战略，坚持“五位一体”总体布局和“四个全面”战略布局，认真贯彻落实省委“一个指引、两手硬”重大思路和要求，省十一次党代会、省委十一届二次全会暨经济工作会议精神和各项决策部署，紧紧围绕全面建成小康社会目

标，凝聚思想政治共识，增强协商议政实效，强化民主监督职能，持续推进自身建设，为开创全省改革发展和各项事业新局面，不断塑造美好形象、逐步实现振兴崛起贡献智慧和力量，以优异成绩迎接中国共产党第十九次全国代表大会胜利召开。

一、深入学习贯彻习近平总书记系列重要讲话精神，始终坚持人民政协事业的正确方向

二、认真落实省十一次党代会精神和省委各项部署，为推进改革发展、实现全面建成小康社会目标积极贡献力量

三、对标一流，积极作为，奋力开创我省政协事业新境界

【组织概况】

副主席补选名单

（2017 年 1 月 17 日政协第十一届山西省委员会第五次会议通过）

王建明

常务委员补选名单

（2017 年 1 月 17 日政协第十一届山西省委员会第四次会议通过）

马天荣　马皖东　王　蕾（女）
王建武　朱晓明　刘国庆

常委、委员请辞名单

（2017 年 1 月 11 日政协第十一届山西省委员会常务委员会第二十二次会议通过）

因年龄原因：

刘致远　杜建荣　李福龙　张广慧　张并生

因工作变动：

冯改朵　安　华

副秘书长、专委会主任、副主任任免名单

（2017 年 1 月 11 日政协第十一届山西省委员会常务委员会第二十二次会议通过）

任命：

朱晓明同志任省政协经济委员会主任

王建武同志任省政协民族和宗教委员会主任

免去：

刘致远同志的省政协经济委员会主任职务

李福龙同志的省政协民族和宗教委员会主任职务

贾坚毅同志的省政协教科文卫体委员会副主任职务

（2017 年 5 月 25 日政协第十一届山西省委员会常务委员会第二十四次会议通过）

任命：

冉莉萍同志任省政协副秘书长

郭玉玺同志任省政协副秘书长

杨春明同志任省政协人口资源环境委员会副主任

高绍柱同志任省政协港澳台侨和外事委员会副主任

牛牧同志任省政协调研室副主任

免去：

郭玉玺同志的省政协人口资源环境委员会副主任职务

高璋同志的省政协农村委员会副主任职务

李全贵同志的省政协民族和宗教委员会副主任职务

郝本廉同志的省政协文史和学习委员会副主任职务

（2017 年 8 月 25 日政协第十一届山西省委员会常务委员会第二十五次会议通过）

任命：

郑丽君同志任省政协调研和委员工作室副主任

卢成同志任省政协调研和委员工作室副主任

免去：

郑丽君同志的省政协民族和宗教委员

会副主任职务

（2017 年 11 月 10 日政协第十一届山西省委员会常务委员会第二十六次会议通过）

免去：毛金明、巨宪华、杨晋生的经济委员会副主任职务。

市（区、县）政协主席变动情况

太原市政协

主　席　　张贵元（2017 年 3 月不再担任）

　　　　　张明星（2017 年 3 月补选）

阳曲县　　高保民（2017 年 12 月不再担任）

大同市政协

主　席　　柴树彬（2017 年 3 月不再担任）

　　　　　郜向华（2017 年 3 月补选）

阳泉市政协

主　席　　郃爱国（2017 年 3 月不再担任）

　　　　　杨永生（2017 年 3 月补选）

山西省各级政协组织和委员数

（截至 2017 年年底）

项目＼级别	省	地级市	县（县级区、市）	合计
组织数	1	11	119	131
委员数	577	3770	19415	23762

（周志清　**编写**　蒋福新　**审稿**）

政协内蒙古自治区委员会

王中和　副主席

符太增　副主席

【全体委员会议】

十一届五次会议　1月13日至17日在呼和浩特召开。开幕会议应出席委员515人，实到473人；闭幕会议应出席委员514人，实到450人。自治区政协主席任亚平主持闭幕大会，自治区政协副主席陈羽主持开幕大会。会议听取和审议了任亚平主席所作的政协内蒙古自治区第十一届委员会常务委员会工作报告，听取和审议了常海副主席所作的政协内蒙古自治区第十一届委员会常务委员会关于十一届四次会议以来提案工作情况的报告。与会人员列席内蒙古自治区第十二届人民代表大会第五次会议，听取并讨论政府工作报告及其他有关报告。会议审议通过了政协内蒙古自治区第十一届委员会常务委员会工作报告的决议、提案审查情况的报告、第五次会议政治决议，表彰2016年度自治区政协优秀提案，听取12名委员代表政协参加单位或个人作大会发言。

【常务委员会会议】

第18次会议　1月16日下午在呼和浩特召开。会议应出席常委112人，实到90人。自治区政协主席任亚平主持会议。会议审议了政协内蒙古自治区第十一届委员会第五次会议关于常务委员会工作报告的决议（草案）、政协内蒙古自治区第十一届委员会提案委员会关于十一届五次会议提案审查情况的报告（草案）、政协内蒙古自治区第十一届委员会第五次会议政治决议（草案）。会议还审议了政协内蒙古自治区第十一届委员会第五次会议选举办法（草案），政协内蒙古自治区第十一届委员会第五次会议选举总监票人、副总监票人、监票人名单（草案），以及有关人事事项等文件。

第19次会议　7月12日至13日在呼和浩特召开。会议应出席常委124人，实到87人。主要议题是围绕“促进龙头企业和农牧民利益联结机制建立与完善”进行专题协商议政。自治区政协主席任亚平、自治区副主席白向群出席会议并讲话。在听取调研报告的基础上，农业部专家、自治区政协委员、基层和企业代表、相关厅局负责同志围绕议题作了发言。会议审议通过了政协有关人事事项。7月13日上午，常委会还就人民政协民主监督理论与实践进行集体学习。

第20次会议　9月29日，自治区政协十一届二十次常委会议暨专题协商会议在呼和浩特召开，围绕“推进我区产业结构转型升级”建言献策。会议应出席常委124人，实到90人。自治区政协主席任亚平、自治区副主席艾丽华出席会议并讲话。在听取协商议题说明和政协经济委员会相关调研报告后，政协常委、委员和自治区有关委办厅局负责同志围绕议题讨论发言，从不同侧面分析了我区产业结构存在的问题，提出了有针对性的建议。会议还审议通过了政协有关人事事项。

【专门委员会工作】

提案委员会 构建了多层次提案办理协商体系。一是全力推进高层办理协商。二是全力推进联合办理协商。三是全力推进现场办理协商。四是全力推进公众办理协商。扎实推进重点提案督办，十一届政协期间共督办重点提案50余件，重要提案80余件。进一步完善了提案委员会工作简则、领导责任机制、意见反馈机制等制度。制定了《自治区政协重点提案遴选和督办办法》。

做好重点扶贫和界别小组活动服务工作。随常海副主席深入莫旗扶贫点进行扶贫工作，莫旗的铁路、公路、机场、灌区等重要基础建设项目均已落地，8519人实现了脱贫。助推界别活动在政协工作中发挥积极作用，无党派界别小组赴呼伦贝尔市考察呼伦贝尔农垦集团改革情况；社会福利界别小组赴乌海就社会保障、就业、创业问题开展了调研活动；共青团界别小组就青年成长问题赴呼和浩特市开展调研活动。

经济委员会 围绕中心，做好专题调研和专题协商。2013年，组织部分经济界委员实地考察了呼和浩特市等地的非公有制经济发展情况。2017年，召开民营经济发展情况及政策落实座谈会，会后向自治区党委提交了有关报告。2016年，先后三次组织委员、专家学者，深入内蒙古蒙草生态环境（集团）股份有限公司进行调研和座谈，形成的调研报告得到自治区党委书记李纪恒批示。2016年，围绕促进我区文化旅游和电子商务产业发展进行学习考察调研并开展专题协商。2016年，配合全国政协，就“东北三省工业转型升级问题”开展专题调研。7月19日，任亚平主席参加全国政协“东北三省等地区工业转型升级问题”专题协商会议，作了大会发言。2017年，就“推动我区军民深度融合发展”议题开展专题协商。2017年，围绕“着力推进我区产业结构转型升级”开展专题协商工作。

突出特色，组织开展界别活动。经济界委员就新兴产业和农牧业产业基地建设、加大金融对县域经济发展的服务与支持力度、金融助力企业创新转型发展、智慧城市建设和沙产业发展进行调研。2016年，围绕数字化城市建设、我区五大产业基地建设、精准扶贫工作开展调研。经济界委员还就我区草原文化、旅游观光基地建设情况、优化非公有制经济政策环境进行调研。

协助分管副主席做好定点帮扶和重点提案督办工作。多次深入包扶的开鲁县考察调研，督促落实扶贫攻坚规划，争取国家、自治区政策性项目和资金支持。五年来，协助分管副主席对“关于适应新形势，加快发展我区现代服务业的提案”“关于在经济新常态下支持民营经济发展的提案”和“关于加快能源产业转型升级，加强资源节约和管理，努力推动建设环境友好型和资源节约型社会的提案”等五个提案进行督办。

人口资源环境委员会 精选题目，认真开展专题调研。2016年，围绕“内蒙古绿色发展的对策和建议”专题协商议题进行调研。就珍稀、特有和濒危野生植物资源保护及沙地碳汇基地建设问题进行调研，于2013年12月5日组织召开专题协商会。与民盟内蒙古区委联合开展生物多样性保护系列调研，民盟中央以建议信形式将调研成果《关于推进内蒙古生物多样性保护工作的建议》上报国家后，国务院副总理张高丽作出批示。围绕大兴安岭国家公园体制建设组织专题协商。2017年7月组织自治区政协视察团，赴呼伦贝尔市就呼伦湖保护与治理进行民主监督性视察。

做好扶贫和重点提案督办联络服务工作。陪同董恒宇副主席多次赴克什克腾旗调研精准扶贫工作，与当地党委、政府共同研商扶贫发展规划。邀请自治区发改委、能源局、农牧业厅、地矿局、中信银行呼和浩特分行、蒙羊集团等部门到克旗进行扶贫项目对接。协调民盟资金 30 万元用于克旗同兴学校建设。协助董恒宇副主席就重点提案办理到呼伦湖、乌梁素海、达里湖和阿拉善盟进行现场督办。

认真开展界别活动。先后联系民盟、民建、工会、社会福利和社会保障界，就生物多样性保护、弘扬劳模精神、发展沙生产业、工业发展转型与草原保护、文化与旅游产业融合、农村饮用水安全和村卫生室建设、农村牧区养老等，分别在区内外进行调研和考察并提交调研报告。

教科文卫体委员会 组织专题议政协商调研。2013 年，与民建内蒙古区委联合组织科技界委员赴鄂尔多斯就“科学管理和现代科技手段提升非公有制经济传统产业竞争力”议题进行调研。2014 年，围绕“农村牧区中小学布局调整带来的问题”与自治区有关部门进行了专题协商。开展了“蒙中医药在健康养老、康复医疗、保健工作中发挥作用”和“我区国有文艺院团体制改革”的调研，形成了调研报告和提案。2015 年，围绕“博物馆、图书馆、文化馆免费开放后的续建和管理”议题组织专题协商议题。2016 年，围绕“深化旗县级公立医院改革”进行了调研协商。2017 年，围绕“蒙中药资源保护与可持续利用对策”和“推动我区特色博物馆建设与发展”两个议题开展协商议政。

做好界别活动服务工作。2014 年，科技界就“人畜布鲁氏杆菌疾病防控问题”组织调查，召开研讨会，并以提案的形式向自治区政府提出建议。医药卫生界牵头组织无偿献血活动，并提交了《关于蒙中医药扶持政策落实情况的调研报告》。体育界就“自治区体育社团组织发展现状和休闲体育发展及资源禀赋利用问题”进行调研。2015 年，教育界就“四少民族教育现状与民族文化传承”进行调研。科技界就“自治区政府财政资助类科研项目管理体制及政策”进行调研。医药卫生界组织医疗卫生专家级委员赴锡林郭勒盟苏尼特右旗开展“送医送药送健康”扶贫义诊活动。体育界就“自治区基层全民健身服务网络建设情况”进行了调研。2016 年，服务保障教育界别组就“职业教育现状与经验”进行调研。医药卫生界别组参加自治区政协组织的旗县级公立医院综合改革调研。体育界别组就“自治区体育品牌赛事情况”进行了调研。2017 年，科技界、教育界、医药卫生界、体育界分别就“科技企业创新与发展”“高等教育产学研用合作机制建立”“举办医疗扶贫知识讲座和义诊”“促进体育与旅游融合发展”等分别开展界别活动，并提交了学习考察报告、提案和社情民意。

做好重点提案的督办工作。2013 年，重点督办第 0011 号、第 0516 号两个重点提案。2014 年，就第 0791 号提案多次与承办单位沟通、督办，提案中提议的“尽快建立疾病应急救助制度的建议”得到落实。2016 年，完成分管主席督办的“关于进一步规范中小学生教辅市场管理”的重点提案。2017 年，采取调研、会议督办等形式，完成了王中和副主席督办的第 0330 号、第 0746 号两个重点提案的工作。

协助完成好脱贫攻坚工作。在分管主席的大力争取和协调下，西苏旗与西促会社会扶贫工作委员会签订了总投资 3172

万元的教育信息化项目。积极与西促会协调，牧区安全饮水工程建设和贫困牧户牲畜销路问题得以解决。

民族和宗教委员会 完成专题协商任务。五年来，就扶持人口较少民族发展、加大对民族医药发展的政策支持、办好宗教慈善事业、加强基层宗教事务管理等方面的协商议题先后提交了调研报告。

为推动我区各民族共同繁荣发展建言。就进一步促进少数民族相对聚居的边远农牧区加快县域经济发展的议题开展了专题调研。围绕我区职业教育发展情况，与教育厅及部分盟市政协开展了协作调研。就我区城镇化进程中的就业问题，与上下三级政协开展协同调研。以进一步优化民族聚居区产业布局为课题，开展了协作调研。

为构建我区和谐宗教关系尽责。与自治区各主要宗教团体组成联合调研组，深入盟市旗县及基层宗教场所，对国家五部局《关于妥善解决宗教教职人员社会保障问题的意见》贯彻落实情况开展调研，召开了专题界别协商会议。就加强我区农村牧区宗教事务管理工作组织了协作调研。围绕推动依法管理宗教事务的专题，开展了协同调研，向全国政协民宗委报送了《关于内蒙古自治区推动依法管理宗教事务的情况汇报》。

服务界别活动。几年来，妇女界别活动组围绕我区妇女儿童发展纲要各项目标的贯彻落实情况开展了视察调研；在内蒙古妇女儿童中心组织了爱心助学活动；参加了童心助力中国梦文艺展演活动。宗教界别活动组召开了教风建设座谈会，向常委会交送了发言材料。少数民族界别活动组分别就推动全国及全区民族工作会议精神贯彻落实、少数民族地区文化旅游事业发展、牧区扶贫工作、促进我区民族医药事业发展等课题，先后赴区内外相关地区开展调研。使用蒙古语发言组委员，就蒙古语言文字工作情况，赴区外进行了学习考察活动。

文史资料委员会 做好文史资料编辑出版工作。五年来，完成了《内蒙古文史资料》74—83 辑的出版发行工作。完成了全国、自治区和通辽市三级政协协作的《细菌战史料》一书。与锡林郭勒盟政协、苏尼特右旗政协合作编辑出版了反映当地历史文化沿革的《苏尼特右旗文物总集》。完成了《内蒙古文史资料集萃》12 卷的整理、编辑、出版工作。完成了《内蒙古文史资料》1—74 辑电子版制作工作。

认真组织专题协商。2014 年至 2016 年文史委先后围绕元上都遗址申遗后管理体制和法规建设问题、蒙古族源文化的研究、辽代上京城和祖陵遗址的保护管理及研究利用进行专题协商。组织相关委员、专家与自治区有关部门负责同志，在郑福田副主席的带领下，对三个议题分别深入实地调研。《关于元上都遗址申遗后管理体制和法规建设专题协商情况的报告》引起自治区主席巴特尔、政协主席任亚平高度重视，分别签署了批办意见。《关于进一步加强蒙古族源文化研究及成果转化工作专题协商情况的调研报告》得到了自治区政府重视，一些具体建议被采纳。《关于辽代上京城和祖陵遗址的保护管理及研究利用情况专题协商报告》得到有关方面积极回应，也引起社会的广泛关注。2017 年，就内蒙古民办高等教育发展现状与对策进行专题协商，形成的调研报告得到自治区党委书记李纪恒重视，批示分管领导和自治区高教工委研究有关具体事项。

积极开展界别活动。民进界以教育为重点关注内容，先后围绕推动教育资源向农村牧区和边远贫困山区倾斜、完善自主创业扶持政策、推动我区社会主义文化大发展大繁荣、蒙古族源文化、义务教育阶段学生法治教育情况、关于学前教育存在的主要问题及对策等专题开展调研，并分别形成调研报告。新闻出版界主要围绕媒体融合方面的问题开展界别活动，先后在区内组织了传统游牧文化的传承与保护、推进传统媒体和新媒体融合、关于我区报刊现状与发展的调研。文化艺术界主要围绕文化产业和传统文化项目的保护利用开展界别活动，先后组织了自治区文化产业重点扶持项目建设、辽上京和辽文化保护利用、辽代上京城和祖陵遗址申遗、内蒙古长城保护管理与研究利用等调研活动。

提案跟踪督办出成效。协助郑福田副主席完成了《关于加强“十个全覆盖”实施进程中文化遗产保护的提案》《关于加强呼和浩特市民族中小学教学质量，增加本地招生规模的提案》《关于建立我区期刊（杂志）数字化出版平台的提案》《关于辽代上京、辽祖陵遗址群申报世界文化遗产工作及保护与利用的提案》的督办工作，督促承办单位及时做出书面答复。

全力做好扶贫联系工作。协助郑福田副主席联系和推进乌拉特前旗的扶贫工作。对5户贫困户进行重点帮扶，为他们解决粮食、住房、医疗保险、子女上学、产业发展等存在的困难和问题。联系呼和浩特海关争取白彦花工业园区保税区纳入海关调研工作计划，争取自治区旅游局对公田村文化旅游项目的支持，协调自治区农业发展银行解决乌拉特前旗城市棚户区改造资金问题。指导编制了乌拉特前旗扶贫工作五年规划，督促和协调落实具体工作计划。

港澳台侨联络和外事委员会 深入考察调研，积极建言献策。2014年，围绕“促进自治区港澳台侨资企业发展”议题进行调研。2015年，围绕“深化中蒙务实合作，提高内蒙古沿边口岸经济发展水平”议题开展调研。2016年，围绕“深化内蒙古同港澳地区的合作交流”这一议题，在香港、澳门组织召开自治区政协港澳委员座谈会。2017年，围绕“充分发挥内蒙古籍华侨华人的桥梁纽带作用，为内蒙古全方位对外开放服务”协商议题，调查了解内蒙古华侨华人的基本情况和各地开展侨务工作的情况。

丰富活动载体，充分发挥界别的优势和作用。2017年7月，由自治区政协副主席符太增率委员们赴深圳、珠海与港澳委员开展座谈会，就“大数据产业发展及港澳现代服务合作建设”进行探讨。2014年、2016年，就推进军民融合发展深入连队、哨所、国门等地，与官兵代表展开座谈，形成调研报告。2015年，就“内蒙古地区抗日活动具有影响力的大青山抗日根据地、百灵庙暴动、察哈尔抗日武装革命老区建设情况”进行调研。2015年至2016年，举办了“俄蒙侨商——内蒙古行”活动。赴台湾开展“加强与台湾同胞联系，加强两地农牧业项目合作”考察学习交流活动。加强了自治区与港澳地区的经贸交流，邀请自治区政协（港澳）委员许文曲、施志伴和澳门闽台总商会一行45人来内蒙古考察交流。

提高提案质量，重点跟踪督办。五年来，重点跟踪督办了《关于改善农业生态环境和发展安全农产品的提案》《关于尽快完善内蒙古自治区公路旅游交通标示系统的提案》《关于设立内蒙古自治区蒙古族统一节日的提案》《关于加强自治区公共交通服务，减轻交通拥堵，增强首府人民幸福感的提案》等。

深入基层一线，重点扶贫帮困。在呼和浩特市清水河县开展扶贫攻坚工作期间，就生态移民住房、新农村改造建设情况、扶贫整村推进项目等20多个项目进行了调研。清水河县2015年底基本达到当年扶贫任务目标。2016年，在对赤峰市喀喇沁旗扶贫工作期间，协调自治区农牧业厅、林业厅、旅游局、国家开发银行内蒙古自治区分行等相关厅局部门，多次深入喀喇沁旗就脱贫攻坚和重点工作进行调研。动员香港企业家为帮扶户捐赠1.2万元作为扶贫启动资金。组织内蒙古医科大学医疗专家筹集7万元药品，为四个村的贫困群众开展送医送药活动。

社会和法制委员会 推动协商议政取得实效。五年来，围绕中小学法制宣传教育、居家养老服务业发展、加强行政执法监督、食品安全监管和执法检查以及完善依法行政制度体系、推进内蒙古法治政府建设等议题开展协商，通过专题协商、对口协商、月协商等形式议政建言，为党委政府科学决策提供参考。

开展民主监督工作取得实效。围绕相关法律法规的落实情况，围绕生产安全、食品药品安全等议题组织委员调研，有针对性地开展监督性视察活动。推荐有专业优势的政协委员担任自治区高级法官遴选（惩戒）委员会委员，积极参与司法体制改革工作；参加检察机关检察开放日活动，参与政府相关部门的检查评议工作。

参与立法协商工作取得实效。一是组织委员围绕《内蒙古自治区国有土地上房屋征收与补偿条例》（草案）、《内蒙古自治区食品小作坊和食品摊贩管理条例》（草案）、《内蒙古自治区公共安全视频图像系统管理办法》（草案）、《内蒙古自治区饮用水水源保护条例》《内蒙古自治区居家养老服务管理办法》（讨论稿）等十余部地方性法规开展立法协商。起草了《立法协商工作规则》和《立法协商实施办法》，进一步完善立法协商机制。

推动重点提案办理协商取得实效。五年来，协助分管副主席督办了《关于治理自治区首府标志性建筑周边环境脏乱差的提案》《关于保障不加碘盐供应的提案》《关于将农村养老互助“幸福院”建设作为内蒙古“十三五”扶贫开发重点实施项目的提案》等重点提案。

推动界别活动取得实效。五年来，所联系界别委员围绕广播电视上星落地全覆盖、行政执法监督、秸秆资源综合利用产业化、藏传佛教发展及依法治理宗教、哲学社会科学创新体系建设、知识产权保护和捐献血液、捐献造血干细胞、捐献人体器官组织等专题进行视察调研，形成了一批专业性较强的调研成果。

农牧业委员会 切实做好专题协商调研工作。一是关注我区农牧业现代化进程，助力农牧业供给侧结构性改革。先后就“农牧业科技体系建设情况”（2013年）、“促进我区草业发展”（2013年）、“农村土地经营权流转制度”（2015年）、“促进龙头企业与农牧民利益联结机制的建立与完善”（2017年）等议题开展专题协商调研。二是关注生态保护。2014年、2016年，农牧委分别就“进一步完善草原生态保护补奖机制”“加大林业生态保护建设力度”两项议题进行调研协商，形成了调研报告。

切实保障界别活动顺利开展。2013年至2014年，通过委员分组调研的形式完成了“关于发展河套农业高效节水情况的调研”“关于建立健全我区病死动物无害化处理长效机制的建议”“关于内蒙古旱作农业可持续发展的探讨”“关于进一步完善我区粮食主产区利益补偿机制”等13项调研任务。2015年至2017年，完成了“支持草业发展”“玉米秸秆转化再利用情况”“推进自治区无规定动物疫病区建设”“大力发展粮改饲草牧业，促进农牧民增收情况”等6项任务。先后联系工会界别活动组（2015年）、九三学社界别活动组（2016年、2017年）就“农牧民工维权问题”“九三学社社史教育及界别活动情况”“我区钢铁铝业产能过剩情况及应对措施”“推动我区发展特色小城镇建设”等4个调研议题进行调研，形成了调研报告。

配合省级领导做好各项工作。一是积极配合省级领导干部做好定点帮扶工作。2014年至2017年间，先后积极配合郭启俊副主席做好固阳县和巴林左旗定点帮扶的有关联络、服务工作。配合王焕承副主席做好巴林左旗扶贫工作。二是协助分管副主席落实重点提案督办工作。2015年协助郭启俊副主席赴乌兰察布就“关于在马铃薯主粮化背景下加强内蒙古马铃薯产业发展”进行督办。2016年9月协助罗志虎副主席就我区农畜产品生产监管的现状和《关于确保农畜产品质量安全，加强绿色农畜产品生产监管的提案》现场督办。

【重要会议、活动】

自治区政协十一届五次会议提案交办会 1月23日，由自治区党委、政府、政协共同召开，安排部署今年的提案办理工作。自治区党委常委、自治区常务副主席张建民，自治区政协副主席常海出席会议并讲话。自治区政协党组副书记、副主席符太增主持会议并讲话。会议总结了去年提案办理工作情况，部署今年提案办理工作。提案各承办部门和承办单位负责人参加了会议。

十一届五次会议期间，共收到提案708件，经审查立案666件，转社情民意信息和并案42件，共呈交87家承办单位办理。

自治区政协宣传工作座谈会 2月17日在呼和浩特召开。会议邀请自治区党委宣传部、部分中央住区新闻媒体、人民政协报社以及自治区主要新闻媒体的有关负责同志座谈协商，为加强和改进政协宣传工作“把脉开方”，为进一步提高政协新闻宣传的质量和水平出谋划策。自治区政协主席任亚平出席座谈会并讲话，自治区政协副主席符太增主持座谈。办公厅向新闻媒体通报自治区政协宣传工作情况及下一步工作思路。各有关新闻单位就如何做好政协宣传工作做了交流发言。

住我区全国政协委员和自治区政协委员在福建省考察 按照全国政协安排，5月13日至20日，部分住我区全国政协委员和自治区政协委员组成考察团，围绕对外开放、绿色发展和创新政协工作等主题，在福建省学习考察。考察团由自治区政协主席任亚平带队。考察团一行先后来到福州、平潭综合实验区、莆田、泉州、龙岩、厦门等地，考察福建省海上丝绸之路核心区和自由贸易区建设、对外开放历史文化遗迹保护利用、开放型企业发展、大数据开发建设，以及生态建设和绿色发展情况，与福建省政协座谈，与所到地区政协交流地方政协年度协商、民主监督等领域的创新履职情况。

中共政协内蒙古自治区委员会各专门委员会分党组成立大会 7月13日在呼和浩特召开。自治区政协提案委员会、经济委员会、人口资源环境委员会、教科文卫体委员会、民族和宗教委员会、文史资料委员会、港澳台侨联络和外事委员会、社会和法制委员会、农牧业委员会9个专委会分党组正式成立。自治区政协党组书记、主席任亚平主持成立大会并讲话。会上通过了《中共政协内蒙古自治区委员会各专门委员会分党组工作规则》。

全区盟市政协秘书长工作座谈会 10月23日在呼和浩特召开。会议深入学习了习近平总书记对人民政协提出的新理念新思想新战略，学习贯彻全国地方政协秘书长座谈会精神、自治区党委秘书长会议精神。各盟市政协，满洲里、二连浩特市政协和12个旗县（市、区）政协的秘书长（办公室主任），围绕政协机关履职中的经验、存在问题及改进建议畅所欲言，魏军秘书长作了总结讲话。座谈会召开前，魏军秘书长带领盟市政协秘书长赴河北省、河南省、湖北省、湖南省、广东省考察学习了政协和政协机关工作。

自治区政协喜庆十九大文艺演出 10月27日，以“建设亮丽内蒙古，共圆伟大中国梦”为主题的（内蒙古）自治区政协喜庆党的十九大文艺演出在呼和浩特举行。

内蒙古自治区政协主席任亚平，自治区政协副主席陈羽、王中和、常海、梁铁城、罗志虎及老领导云照光、奇英成、杨成旺一同观看演出。

本次文艺演出由自治区政协主办，演出任务主要由全区各级政协委员和政协机关干部职工承担。住呼全国政协委员、自治区政协委员，自治区区直机关、政协机关及呼和浩特市政协机关干部职工近400人观看了演出。

【重要文件】

常委会报告（摘要）

强化思想政治引领 坚持思想上的同心同德。政协机关年初以政治学习开篇，结合“两学一做”学习教育，由党内而党外，由机关而委员，开展多种形式的思想引导和形势教育。及时向委员传达中共中央、全国政协和自治区重要会议精神，组织学习习近平总书记庆祝中国共产党成立95周年、纪念长征胜利80周年、纪念孙中山先生诞辰150周年等重要讲话精神，增强委员走中国特色社会主义道路的自觉和自信。坚持目标上的同心同向。引导机关干部和委员学习领会自治区“十三五”规划，把握未来五年发展的目标要求和政策举措，把关注点凝结到决战决胜全面小康上来，把智慧和力量汇聚到推进供给侧结构性改革，实施“三去一降一补”，保持经济平稳健康增长上来，把协商建言的重点，集中到推进全方位对外开放，促进绿色发展，实施精准扶贫，发展教育文化医疗社会保障事业，增进群众福祉利益上来。坚持事业上的同心同行。引领委员认清职责使命，做懂政协的“明白人”，会协商的“领言人”，善议政的“有心人”，重品行的“正派人”。

围绕“十三五”规划实施议政建言 一年来，常委会围绕这条主线，召开协商会10次，交办提案774件，报送社情民意信息236期，开展界别活动60项。助推创新发展。立足提升工业层次，组织委员考察装备制造业和钢铁铝等产能过剩行业，就促进工业经济转型升级开展专题协商。助推服务业健康发展，围绕电子商务、智慧城市、房地产去库存、新媒体融合、文艺院团改制、高校科技创新等深入调研，就推动文化与旅游融合发展协商议政。助推协调发展。争取将东部五盟市列入全国政协东北老工业基地转型升级调研协商范围，深入开展调研，积极参与协商。围绕全面小康和城乡、区域均衡发展，就精准脱贫、农村牧区基本公共服务、自治区非公有制经济发展等课题，深入调研，积极建言。助推绿色发展。围绕绿色发展对策建议召开专题议政性常委会议，围绕林业生态保护建设开展专题协商座谈，围绕沙漠治理、草原生态系统修复调查研究。会同吉林省和黑龙江省政协，视察三省交界自然保护区，协同推动区域生态保护与建设。对加强岱海周边环境保护等提案进行重点督办。助推开放发展。借鉴广东、福建等沿海发达地区开发开放经验，围绕深化内蒙古同港澳地区的交流合作进行对口协商。组织委员赴蒙古国考察对接，以蒙古族源文化、马文化交流合作为纽带，推动自治区融入“一带一路”大局。协助自治区政府创办“阿尔山论坛”，打造国际交流新名片。助推共享发展。召开常委会就深化县级公立医院改革进行专题协商，为保障群众健康权益议政建言。围绕职业教育、大学生创业、养老产业发展、康复治疗旅游、减轻首府交通拥堵等群众关切的民生问题深入调研，咨政建言。选择同城同酬等提案开展办理协商，扩大民生议题的社会影响。主席会议成员继续联系自治区 10 个贫困旗县，协助精准脱贫。

深入推进政协协商民主建设 规范实施年度协商计划。广泛征集、精心选择党政关心、社会关注的协商议题，反复研究筛选后报自治区党委常委会议审定。组织相关界别委员、对口部门人员、业内专家学者开展深入调研，摸准情况，找准症结，开展专题议政、专题协商或对口协商，沟通交流，集思广益，形成对策建议，为实际工作提供参考，多份调研协商成果得到自治区党政领导关注与批示。努力推进制度贯彻落实。配合全国政协，对中共中央出台的关于加强人民政协协商民主建设的实施意见落实情况，开展调研，提出建议。协同自治区党委，对自治区出台的配套文件进行督查，提高盟市、旗县（市区）党委对社会主义协商民主建设的重视程度。召开盟市政协工作经验交流会，共同提高协商履职水平。会同党校和社会主义学院，推动人民政协协商民主制度和理论进头脑、进教材、进课堂。总结开展民主监督的经验。贯彻中共中央和自治区党委要求部署，把加强和改进民主监督、弥补履职短板提上重要工作日程。把民主监督作为人民政协协商民主的重要实现形式，贯穿到调研视察、协商议政和日常工作当中，在履职建言中体现民主监督。召开全区人民政协理论研讨会，专题研究政协民主监督，总结监督经验，探讨改进方向。

发挥团结合作优势 努力凝聚政协系统的力量。配合全国政协在我区开展视察调研活动，向国家提出了生态建设、扶贫脱贫方面的政策建议。协助全国政协完成住福建省全国政协委员来我区考察调研任务。协助兄弟省区市政协来我区调研考察 40 批次，组织委员走访新疆、湖北、广东等地政协，交流学习协商民主建设经验。动员全区 3 级政协组织，1.6 万名委员，分层开展精准扶贫攻坚等专题调研，形成履职合力。努力汇聚民族宗教界力量。贯彻落实中央统战工作会议精神，积极履行政协民族宗教工作领域的职责。关注少数民族经济、文化和卫生事业发展，就边远贫困牧区脱贫进行调研，围绕蒙医药和民族医药发展进行专题协商，增进民族团结。深入宗教协会和宗教场所视察调研，协助自治区党委举办全区佛教和伊斯兰教代表人士培训班，对加强宗教界人士培养的提案进行专门督办，促进宗教和谐。努力汇聚非公有制经济人士力量。落实习近平总书记构建“亲”“清”政商关系要求，就优化非公经济政策环境进行专题调研，了解企业实际困难，重点督办了在新常态下支持民营企业发展的提案，促进非公有制经济健康发展，引导非公有制人士健康成长。努力凝聚区外海外的力量。赴港澳地区走访企业，召开港澳委员座谈会，支持港澳委员发挥双重积极作用。广泛接触华人华侨、港澳企业家和知名人士，宣传内蒙古，推介内蒙古。接待全国政协海外列席侨胞考察团、闽台商会参访团，引导内蒙古籍海外侨胞、港澳台商界和青年观访洽商，展示内蒙古的形象和魅力。

加强自身能力建设 大兴学习之风。在井冈山和延安开展本届委员的整体轮训，激励委员履职尽责，不忘初心。推动委员和机关干部常态学习，设立政策理论、党风廉政、业务技能、文化修养的“大讲堂”，提升履职能力和履职热情。打造建言精品。把好立案审核关口，党派、界别等集体提案“分量”显著提升。高规格召开提案交办会议，强化领案办案责任。多层次开展办理协商，提高提案办理的满意水平。精心组织大会发言，邀请专家发声，体现专业水准。提升反映社情民意工作的政治性、敏感性和时效性，细分领域，精准报送，近1/5信息得到自治区党政领导批示回应。强化服务保障。健全制度保障体系，修订完善多项规章。提升会务、文稿、联络、协调能力，发挥机关服务委员履职的保障作用。体现专委会基础性作用，在业务上深钻细研、术业专攻，在履职中带动界别、带领委员、带活全局。加强宣传引导。利用国家传媒平台，精心策划、有效强化对我区协商民主、政协工作和委员履职的宣传。提升《同心》杂志品位，改进自主宣传。积极推进人民政协理论研究，精心编纂文史资料，筹建政协文史展馆。

【组织概况】

副主席补选名单

（2017年1月17日政协内蒙古自治区第十一届委员会第五次会议审议通过）

王中和　符太增

副主席辞职名单

（2017年1月17日政协内蒙古自治区第十一届委员会第五次会议审议通过）

杨成旺

副秘书长免职名单

（2017年7月12日政协内蒙古自治区第十一届委员会常务委员会第十九次会议审议通过）

梁耀君

副主任任免名单

（2017年7月12日政协内蒙古自治区第十一届委员会常务委员会第十九次会议审议通过）

免职：

刘淑芬：教科文卫体委员会副主任职务

撤职：

赵　锦：经济委员会副主任职务

任职：

尹立峰：经济委员会副主任

王　燕：教科文卫体委员会副主任

闫　敏：民族和宗教委员会副主任

张海容：文史资料委员会副主任

张俊生：社会和法制委员会副主任

贾付喜：农牧业委员会副主任

市、旗县主席变化名单

呼和浩特市

县（旗、区）政协主席

玉泉区　岳春光

托克托县　高巴图（蒙古族）

土左旗政协　荣院平（蒙古族）

包头市

县（旗、区）政协主席

东河区　白继文（回族）

九原区　张春霞（女）

达茂旗　苏德（蒙古族）

固阳县　曾宏斌

呼伦贝尔市

李　才

县（旗、区）政协主席

满洲里市　嘎拉扎布（蒙古族）

根河市　刘统文

鄂温克族自治旗　浩特勒（蒙古族）

新巴尔虎左旗　乌兰托娅（女，蒙古族）

兴安盟

尤国钧　蒙古族

通辽市

高　忱

县（旗、区）政协主席

开鲁县　姜晶莹（女）

科左中旗　张敬瑞

科左后旗　张大力

赤峰市

县（旗、区）政协主席

喀喇沁旗　马敬华

宁城县　谢小双

红山区　杜仕民

松山区　纪筑国

元宝山区　王振良

乌兰察布市

县（旗、区）政协主席

凉城县　袁　宽

锡林郭勒盟

县（旗、区）政协主席

二连浩特市　郁志云

苏尼特右旗　宝力德巴特尔（蒙古族）

镶黄旗　付志刚

正镶白旗　宝力格（蒙古族）

鄂尔多斯市

县（旗、区）政协主席

康巴什区　阿拉腾敖日格乐（蒙古族）

达拉特旗　刘永福

准格尔旗　王　源（蒙古族）

乌审旗　郝　伟

杭锦旗　乌力吉吉日嘎拉（蒙古族）

鄂托克前旗　高荣堂

巴彦淖尔市

县（旗、区）政协主席

乌拉特后旗　石振林

五原县　王介枫

杭锦后旗政协　张顺昌

乌海市

王　凤（女）

内蒙古自治区各级政协组织和委员数

（截至 2017 年年底）

级别 / 项目	自治区	盟（市）	县（旗、不设区市、市辖区）	合计
组织数	1	12	103	116
委员数	515	3287	14685	18487

（李海鑫　**编写**　魏军　**审稿**）

政协辽宁省委员会

辛桂梓 副主席

戴玉林 副主席

【全体委员会议】

十一届五次会议 1月15日至19日在沈阳召开。应出席委员805人，实到725人。省委书记李希、省长陈求发出席大会。刘国强副主席主持开幕大会。会议听取并审议了夏德仁主席所作的政协常务委员会工作报告、史桂茹副主席所作政协常务委员会关于提案工作情况的报告；列席了辽宁省第十二届人民代表大会第八次会议，听取和讨论了陈求发省长所作的政府工作报告和其他报告；审议通过了政治决议、关于常务委员会工作报告的决议、关于常务委员会提案工作情况报告的决议；听取并审议通过了关于提案审查情况的报告。有17位委员围绕深入贯彻落实中共十八届六中全会精神，紧扣省第十二次党代会确定的目标任务和全省中心工作，就事关我省经济、政治、文化、社会、生态文明建设的重大问题和人民群众普遍关心的问题进行大会发言。夏德仁主席在闭幕会上讲话。大会选举辛桂梓、戴玉林为政协辽宁省第十一届委员会副主席。

【常务委员会会议】

第18次会议 1月19日在沈阳召开。应出席常委203人，实到170人。夏德仁主席出席会议并讲话。会议审议通过了政协辽宁省第十一届委员会常务委员会2017年工作要点。

第19次会议 6月20日至21日在沈阳召开。应出席常委203人，实到160人。主要议题是围绕“学习贯彻习近平总书记参加十二届全国人大五次会议辽宁代表团审议时重要讲话精神，扎实推进辽宁振兴发展”建言献策。省委常委、常务副省长张雷通报了省政府学习贯彻习近平总书记重要讲话精神扎实推进振兴发展工作情况，并听取大会发言。会议征集大会发言57篇，调研报告20篇，有20位省政协常委、委员在全体会议上发言。省政协主席夏德仁出席会议并讲话。会议形成了《学习贯彻习近平总书记在参加辽宁代表团审议时重要讲话精神 扎实推进辽宁振兴发展的建议》报送省委、省政府。该《建议》从推进供给侧结构性改革、推进国有企业改革、推进干部作风转变和营商环境建设等三方面向省委、省政府提出了13条具体建议。时任省委书记李希、省长陈求发分别作出重要批示，要求各市政府、省政府各部门逐条逐项对照，认真研究吸纳。会议追认政协辽宁省第十一届委员会第四十三次主席会议作出的关于撤销包紫臣政协委员资格的决定。

第20次会议 9月19日至20日在沈阳召开。应出席常委203人，实到160人。主要议题是深入学习贯彻习近平总书记“7·26”重要讲话精神，总结十一届省政协五年工作，研究下一步工作。省委书记、省人大常委会主任李希出席会议并讲话，省政协主席夏德仁出席会议并讲话。省委常委、秘书长刘焕鑫出席会议。21位常委、委员代表省各民主党派和工商联、省政协各专门委员会、省政协界别组发言。在认真听取大家发言后，李希指出，五年来，省政协团结带领各参加单位和广大委员，高举爱国主义、社会主义旗帜，坚持团结和民主两大主题，围绕中心、服务大局，积极履行政治协商、民主监督、参政议政职责，为扎实推进辽宁振兴发展做出了重要贡献。他代表中共辽宁省委，向全省各级政协组织和广大政协委员，向各民主党派、工商联、无党派人士，向全体政协工作者，表示衷心的感谢和崇高的敬意。

李希强调，学习贯彻习近平总书记“7·26”重要讲话精神、迎接党的十九大胜利召开，是全省首要政治任务和头等大事。全省各级政协组织和广大政协委员要切实把思想和行动统一到总书记“7·26”重要讲话精神上来，统一到党中央各项决策部署上来，紧紧围绕全省中心工作，充分发挥人民政协的重要作用，团结一切可以团结的力量，凝聚一切可以凝聚的智慧，激发一切可以激发的活力，为扎实推进辽宁振兴发展、全面建成小康社会贡献力量，以实际行动迎接党的十九大胜利召开。会议增补杨冠兴、赵永清为政协辽宁省第十一届委员会委员。会议审议通过关于接受单伟同志请辞政协辽宁省第十一届委员会委员的决定、关于撤销金世国省政协委员资格的决定。

【专门委员会工作】

提案委员会　全年共提交提案693件，立案604件，立案提案当年全部办结。加强提案办理协商。着力完善服务机制，有效提高提案质量。搞好选题服务。提供撰写帮助。编发优秀提案和办理复文案例，坚持日常培训与个案指导服务相结合，为委员讲授撰写提案基本知识，为委员丰富知情形式。实行全会提案初审、争议提案二审和提案委员会终审的“三审”制度，使提案质量得到保证。抓好典型示范，每两年组织一次优秀提案、先进承办工作者和先进承办单位评选活动。五年来，共有96件提案、88名承办工作者和56家承办单位受到过表彰。注重集体提案引领作用，五年共征集集体提案127件，其中有51件被确定为重点提案、25件被评选为优秀提案。着力完善督办机制，不断提高办理实效。领导牵头督办促办，提案委委员参与促办，与专委会联合促办。疑难提案重点督办，切实增强了提案办理实效。着力完善保障机制，健全完善工作制度。2014年修订《提案审查工作细则》，2016年代为起草《辽宁省政协提案办理协商办法》已于2017年4月由省委办公厅、省政府办公厅联合转发。

经济委员会　承办1次专题议政性常委会议。围绕学习贯彻习近平总书记在参加辽宁代表团审议时重要讲话精神，扎实推进辽宁振兴发展建言献策。会议征集大会发言57篇，调研报告20篇，形成了《学习贯彻习近平总书记在参加辽宁代表团审议时重要讲话精神　扎实推进辽宁振兴发展的建议》提出了13条具体建议，报送省委、省政府。省委书记、省长分别作出重要批示。以“坚持稳中求进工作总基调切实提高我省经济发展质量和效益”“加快推进辽宁自由贸易试验区建设，进一步促进辽宁对外开放”“更好地激发民营经济投资活力，切实增加我省有效投资”为议题分别召开专题协商会，形成报告报省委、省政府。协调有关方面成立了政协委员企业家联盟，开展了与沈阳中德产业园项目对接、协助省经济合作办公室招商、参与京沈对口交流等一系列活动。

人口资源环境委员会 组织委员调研形成《关于我省秸秆资源化综合利用情况的调研报告》。组织委员到山西、河南学习考察，形成《关于我省国有旅游景区体制机制改革与创新的调研报告》，作政协常委会大会发言。组织委员调研形成《对放活景区门票价格管理的建议》《建议适度提高水资源费 对水源保护区实施生态补偿》《支持地源热泵供暖享受煤改电优惠电价的建议》等政协信息。就辽宁“辽建兴盛棚户区改造”项目回迁户超期安置问题，召开协调会议，解决了葫芦岛市和辽建工集团意见分歧。就落实《辽宁省环境保护督察方案（试行）》，推进中央第三环境保护督察组反馈问题整改，完成了对大连、营口市的环境保护督察工作。连续5年围绕大伙房水源保护区综合治理工作开展跟踪调研视察，促成了省政府启动大伙房水源保护区综合治理工作，制定了大伙房水源保护区综合治理五年行动计划，国家和省财政共投入各类保护资金13亿元。省政协先后提出有关方面调研视察报告5份，其中大多数已经转化为省委、省政府决策，为推动大伙房水源保护、水质显著改善发挥了重要作用。连续5年围绕推进煤改电供暖开展递进式系列调研视察，所提意见建议受到高度重视，省委、省政府作出了全省主城区全部拆除低效燃煤小锅炉的部署。截至2017年底，全省已累计拆除10吨以下燃煤小锅炉1.7万多台，实施煤改电供暖面积近1000万平方米，为防治大气污染作出了积极贡献。

教科卫体委员会 组织委员调研，召开“培养造就高素质人才队伍，充分发挥人才的第一资源作用”月度协商座谈会，形成报告。组织委员赴沈阳市就中德产业园发展建设情况开展调研，以点代面促进沈阳全面创新改革试验区建设。围绕省政协常委会议题，就我省实体经济发展存在的问题开展专题调研，形成《优化配置经济增长要素，支持实体经济发展》的发言材料。组织委员赴锦州、葫芦岛市就“切实改善营商环境”问题开展专项民主监督调研。坚持开展送教育和卫生下乡活动，赴阜新市彰武县丰田乡中心校，送去了价值5万余元的图书。

社会和法制委员会 承办专题议政性主席会议协商会2次，议题分别是“改善我省营商环境”“深化事业单位改革为辽宁振兴发展增强活力”，省政协主席会议成员与省政府主要领导面对面开展协商，会议形成《深化事业单位改革，为辽宁振兴发展增强活力的建议》报送省委、省政府。省委省政府主要领导对所提意见建议给予充分肯定，作出批示责成有关部门认真贯彻落实，助推了相关问题的解决。组织委员“构建‘亲’‘清’新型政商关系”开展专题调研。组织委员和有关部门围绕《辽宁省水路运输管理规定》《辽宁省规章制定程序规定》《辽宁省无障碍环境建设规定》《辽宁省建设项目安全设施监督管理办法（修订）》《辽宁省工伤保险实施办法（修订）》《辽宁省煤矿安全生产监督管理条例》等6部法规规章（草案）召开协商会，形成修改意见和建议，提供给省政府有关部门，促进了相关法规规章的完善。

民族和宗教委员会 组织部分委员赴贵州、云南两省学习考察中药材产业发展情况，形成《学习贵州、云南中药材产业发展的考察报告》。组织委员赴清原、新宾、桓仁等少数民族自治县就加强我省中药材产业发展进行专题调研，调研组在各自治县分别召开了政府相关部门负责人参加的座谈会，考察了部分中药材产业的种植加工场所。同时委员会与省中医药局负责同志沟通情况，深入开展座谈论证，提出具有较强针对性和可操作性的建议。形成《关于大力推动我省民族地区中药材产业发展的建议》。

港澳台侨外事委员会 组织委员调研，形成《辽宁应以香港为融入“一带一路”的重要桥梁》《关于加强推进我省设施园艺产业提质增效的几点建议》大会发言。完成4个省级领导团组出访安排。接待香港青少年夏令营赴辽宁交流活动。组织部分省内委员和港澳委员赴湖南、安徽省围绕开展协商民主、精准扶贫等工作内容开展调研和考察；组织委员赴湖北、河北两省围绕养老事业发展开展调研和考察。赴阜新、锦州、葫芦岛、鞍山、辽阳5个市的相关专门委员会开展工作调研。协调部分港澳委员和特邀列席人士落实彰武县丰田乡丰田村贫困户程燕江家猪舍建设项目，捐资15万元人民币。

文化和文史资料委员会 组织委员赴江苏、江西、湖北、贵州、安徽等省学习考察，召开以“加强历史文化名村镇和特色小镇建设”月度协商座谈会。形成《关于加强我省特色小镇建设的建议》，报送省委、省政府。与省文化交流协会、省社科联等单位共同主办了辽宁家文化建设研讨会。接待全国政协文史和学习委员会长城保护工作监督性调研组到鞍山、丹东、锦州、葫芦岛等市的调研。围绕“十四年抗战”概念的提出，组织省内部分文史专家学者与人民政协报社“春秋”周刊主编进行了座谈研讨。会后形成《从“八年抗战”到“十四年抗战”——辽宁省政协文史人探寻抗日救亡历史实记》，报省委、省政府，并被《人民政协报》“春秋”周刊发表。参与了辽宁政协文史馆（书画院）的申请立项和选址工作。

委员工作委员会 为落实《辽宁省政协特约监督员工作办法（试行）》，筹备召开了应邀派出特约监督小组会议，向省高法、省检察院、省教育厅等10个单位派出特约监督小组。在北京大学举办2期委员培训班共60人参加。组织在辽全国政协委员赴甘肃省考察。围绕政协换届有关工作，起草《关于做好省政协换届委员人事安排工作的建议》上报省委，对委员五年来履职情况进行考核，提出了委员退留的建议。研究制定了专委会委员组成办法、兼职副主任产生办法和界别组划分办法。组织委员到中国航发606所和410厂调研，向全国政协提交了促进我省燃气轮机产业发展的提案。会同省政府有关部门举办了“推进军民深度融合　发展燃气轮机产业2017院士辽宁行”活动，会后将《关于加快辽宁燃气轮机产业发展的建议》报送省委省政府。组织委员调研形成了《关于推进从事生产经营活动事业单位转企改制的调研报告》《关于内蒙古自治区畜牧业全产业链发展情况的考察报告》报送省委省政府。围绕省级营商环境建设开展专项民主监督，召开全省优化营商环境情况通报会，组织三级政协委员反映营商环境建设情况。制定了《委员会工作规则》。

市县政协工作联络指导委员会 根据省政协《关于加强对市县政协工作联系指导的意见》成立了委员会。制定制度。组织市县政协干部参加全国政协干部培训班，有4名省政协机关厅级干部，7名市政协主席和副主席，16名市政协秘书长、副秘书长等分别参加了北戴河、青岛培训基地的培训。在大连理工大学举办省市县政协干部专题培训班，全省14个市政协的秘书长，41个县（市）政协的主席等共60人参加了培训。与北京大学、厦门大学、中国浦东干部学院、古田干部学院等进行了沟通，初步建立起学习培训合作机制。围绕全省营商环境建设情况，组织省、市、县三级政协联合开展专项民主监督，编发了《全省营商环境建设情况专项民主监督工作简报》16期。开展问卷调查，形成《辽宁营商环境评估报告》。筹备召开了省市政协工作座谈会。创办了委员会工作简报，共发 6 期。完成了省政协司法厅特约监督小组派遣工作。完成了《省政协年鉴》各市政协稿件的收集任务。

【重要活动】

全省优化营商环境建设年情况通报会 2 月 22 日在省政协举行。传达全省优化营商环境建设年电视电话会议精神，对省政协贯彻落实会议精神作出部署。省政协常务副主席辛桂梓主持会议。省政协主席夏德仁出席会议并讲话。夏德仁指出，优化营商环境任务繁重，需要综合治理和全社会共同努力。今年，省政协将围绕切实改善我省营商环境，联合各市、县（市、区）政协组织开展监督性重点视察。省政协有关部门和各市、县（市、区）政协要积极行动，做到三级政协上下联动，形成合力，确保民主监督取得实效。各市、县（市、区）政协要针对电视电话会议精神落实情况组织视察和调研，促进各地区营商环境进一步优化。

各市政协负责同志，省政协经济领域委员，省政协办公厅、研究室、各专委会负责同志及机关干部参加会议。

省定点帮扶彰武县工作总结会议召开 2 月 24 日省定点帮扶彰武县工作总结会议在彰武县召开。全面总结了 2016 年省定点帮扶彰武县工作，交流帮扶工作经验，研究部署 2017 年定点帮扶工作。省政协主席夏德仁出席会议并讲话，省政协秘书长李树民主持会议。2016 年，18 家帮扶单位共为彰武县协调投入帮扶资金近 1.06 亿元，协调贷款 500 万元，实施帮扶项目 81 项。彰武县建档立卡贫困人口中 11416 人实现稳定脱贫，25 个贫困村摘帽，脱贫攻坚取得新成效。

应邀派出特约监督小组工作会议 4 月 6 日在省政协举行。省政协主席夏德仁出席会议并讲话。省政协常务副主席辛桂梓主持会议。此次，省政协共向省高级人民法院、省人民检察院、省教育厅等 10 家邀请单位派出 10 个特约监督小组、共 70 名特约监督员。会上，省政协领导向特约监督员颁发了证书，邀请单位和特约监督员代表作了发言。

营商环境专项民主监督特邀信息委员培训班 5 月 5 日在省政协举办。省政协副主席孙远良出席并讲话。经省委同意，省政协联合市、县政协，以三级政协联动的形式，围绕优化全省营商环境建设情况开展专项民主监督。在省市县三级政协委员中邀请 160 多名委员担任信息委员，反映我省营商环境建设情况是优化营商环境专项民主监督工作的重要组成部分。省营商环境建设监督局局长赵连生介绍了我省开展营商环境建设相关情况。

辽宁沿海经济带政协论坛 9 月 12 日在葫芦岛市举行。全国政协常委、经济委员会主任周伯华，省政协主席夏德仁出席论坛并讲话。省海洋与渔业厅、省发改委、省环保厅以及大连、丹东、锦州、营口、朝阳、盘锦、葫芦岛七市政协先后发言。论坛形成了《关于进一步推动辽宁海岸带保护和利用的建议》。

切实改善全省营商环境专题议政性主席会议 12 月 15 日在省政协举行。省委副书记、代省长唐一军出席会议并讲话。省政协主席夏德仁主持会议。省委常委、常务副省长张雷出席会议。辛桂梓代表主席会议作中心发言。薛恒、孙远良、滕卫平、李晓安、唐建武、王松、史桂茹、戴玉林分别围绕议题作专题发言，结合调研、视察情况提出建议。省政府相关部门负责同志到会听取意见。

【重要文件】

常务委员会工作报告（摘要）

2016 年工作回顾：全年组织重要协

商活动24次，调研视察考察85次，参加调研视察考察和各种协商议政活动的省政协委员达到3500余人次，形成各类重要协商成果近百项，有62件次得到省委、省政府领导批示。

一、深入学习贯彻习近平总书记系列重要讲话精神，始终保持人民政协正确的政治方向。组织和推动政协委员深入学习贯彻中共十八大和十八届三中、四中、五中、六中全会精神，深入学习中国特色社会主义理论体系、统一战线理论和人民政协理论，不断增强道路自信、理论自信、制度自信、文化自信，进一步夯实各族各界人士团结奋斗的共同思想政治基础。

始终坚持党的领导，重大事项及时向省委请示报告，定期向省委常委会汇报工作，重要协商议题主动征求省委、省政府意见，重点协商计划和重点视察计划经省委常委会议审议批准实施。充分发挥省政协党组把方向、管大局、保落实的领导核心作用，坚决把中央的重大决策及省委的部署要求贯彻到政协工作中，始终保持人民政协正确的政治方向。一年来，组织理论学习中心组和常委会集体学习9次，组织党组（扩大）会议学习10次，培训委员700余人次。按照中央的决策部署及省委要求，扎实开展“两学一做”学习教育，全力抓好中央第三巡视组巡视“回头看”反馈意见的整改落实。

二、聚焦振兴发展，积极履职建言。以“大力推动‘大众创业、万众创新’，培育经济增长新动力”为议题召开了省政协十一届十五次常委会议。会议形成的《关于大力推动“大众创业 万众创新”，培育经济增长新动力若干问题的建议》，提出21条意见建议，得到省委、省政府主要领导充分肯定。省政府认真吸纳省政协的意见建议，成立了辽宁省推进大众创业万众创新工作领导小组，全力推进我省“双创”工作。以“加强我省供给侧结构性改革，提高经济增长的质量和效益”为议题召开了省政协十一届十六次常委会议。会前，与省政府联合举行专题报告会，省政府和省政协领导班子成员、有关部门负责同志、省政协常委等1500余人参加报告会，各市、县（市、区）政府、政协领导班子成员及各部门、各单位主要负责同志在分会场参加报告会。会议形成的《关于加强我省供给侧结构性改革的建议》，提出21条建议，得到省委、省政府主要领导的高度评价，要求有关部门认真研究采纳，着力破解推进供给侧结构性改革中遇到的突出问题，坚定不移打好我省经济转型升级攻坚战。

积极协同全国政协“东北三省工业转型升级问题”专题调研。调研组深入省内10个城市，形成了《增强辽宁工业竞争力的措施与建议》，由省政协主要领导在全国政协专题协商会上作了重点发言。全国政协向党中央、国务院报送的专题协商会情况报告和调研报告中的一些意见建议被国务院《关于深入推进实施新一轮东北振兴战略 加快推动东北地区经济企稳向好若干重要举措的意见》采纳，为辽宁扎实推进振兴发展提供了有力支持。开展我省上半年和全年经济形势分析调研，参与筹办辽宁沿海经济带政协论坛。

围绕加强我省软环境建设等省委重大决策的落实情况开展民主监督。加大重点视察工作力度，由主席、副主席带队围绕简政放权后各级政府保留的行政审批权力、我省精准脱贫情况等开展5次重点视察。其中，《关于全省各级政府简政放权后保留的审批权力情况的视察报告》得到省委、省政府主要领导高度重视。制定了《辽宁省政协特约监督员工作办法》并经省委办公厅转发。加强政协民主监督理论研究，组织召开了人民政协民主监督理论与实践研讨会。

三、坚持为民宗旨，助推民生改善。围绕分级诊疗体系建设、推进文博事业发展、推进宜居乡村建设、环卫工人的权益保障等问题开展调研视察和协商座谈，助推了一些群众关心的热点、难点问题的解决。煤改电清洁供暖既是有效消纳过剩电能的经济问题，更是治理雾霾改善大气质量的重大民生问题，我们持续予以关注，开展递进式系列调研视察，提出的“大力推进煤改电供暖工程”建议被列入省委常委会议和省政府常务会议专题研究，省政府已作出全省主城区全部拆除低效燃煤小锅炉的部署，对实施煤改电供暖实行优惠电价和各级财政给予专项补贴等提出了明确意见。目前，全省主城区已拆除低效燃煤小锅炉近 6000 座，已建和在建煤改电供暖面积 300 万平方米。同时，我们的建议作为全国政协十二届四次会议提案得到国家能源局的高度重视和积极采纳，出台了煤改电供暖相关政策措施，将沈阳市列为全国试点市。

充分发挥提案和社情民意信息在保障和改善民生中的重要作用。涉及民生问题的提案 179 件，占比达 29%，办理效果明显好于往年。坚持围绕关注民生、体察民情征集社情民意信息，全年共编报涉及民生方面的信息 48 期。其中，《我省食用盐品种单一应引起高度关注》等信息提出的问题得到了省委、省政府领导的高度重视，要求有关部门和地区认真研究解决。

四、积极发挥团结统战功能，凝聚改革发展合力。全年省各民主党派、工商联和无党派人士参与协商活动 217 人次，报送社情民意信息 658 篇，提交提案 52 件，作大会发言 27 次。召开了非公有制经济人士委员专题研讨会。促进民族团结宗教和谐。在深入调研基础上形成的《关于加强宗教事务管理的调研报告》得到省委主要领导的高度重视，报告中许多意见建议在我省出台的《关于加强和改进新形势下宗教工作的实施意见》中被采纳。切实加强港澳台侨联谊和对外友好交往。组织召开港澳委员培训和座谈会，帮助港澳委员解决在辽投资创业中遇到的实际困难和问题。组织港澳委员赴新疆就“一带一路”建设学习考察。积极推动我省与港澳青少年间交流，接待香港青少年夏令营来辽宁交流活动。组团出访美国、加拿大、埃及和港澳地区，接待来自港澳、非洲、欧洲等地区重要来访团组 12 批、87 人次。

充分发挥文史工作存史资政团结育人作用。围绕九一八事变 85 周年和西安事变 80 周年召开“勿忘九一八·弘扬抗战精神”和“铭记功臣·促进国家团结统一”座谈会。开展《辽宁现代文化名人》《辽宁家训文化》等史料专辑的征集工作。积极参加全国政协组织的少数民族百年实录史料征集工作。编辑出版了《忠诚典范——纪念李荒同志》一书，并召开首发座谈会。着力改进和加强政协新闻宣传工作，全年共刊发各类新闻报道稿件 836 篇。

五、完善协商格局，加快协商民主广泛多层制度化建设。积极开展高层协商。以深化行政管理体制改革，加快转变政府职能为议题召开专题议政性主席会议，省政协主席会议成员与省政府主要领导面对面开展协商，会议形成的《关于深化行政体制改革加快转变政府职能的若干建议》省委、省政府主要领导对所提意见建议给予充分肯定，省政府已将意见建议梳理形成清单，组织有关部门逐项整改，深入吸纳落实，并融入具体工作中。

广泛开展专题协商。选取党委政府关注、人民群众关心、政协委员关切的议题开展专题协商。其中，《充分发挥消费对我省经济增长的重要拉动作用专题协商会情况报告》得到省委、省政府高度重视，省政府召开专题会议听取有关部门汇报，要求认真研究吸纳，提出推进意见。关于加快我省旅游产业体制机制改革与创新的一系列意见建议，省委主要领导先后两次作出重要批示，要求认真研究吸纳，支持我省旅游业做大做强。加强提案办理协商。完善提案工作机制，制定了《辽宁省政协提案办理协商办法》。全年共提交提案720件，立案616件，立案提案当年全部办结。其中，关于建设服务型政府、改善政务环境的提案，省委、省政府高度重视，在推进软环境建设工作中认真吸纳落实。省政府专门组建了软环境建设领导机构和工作体系，下发了进一步加强软环境建设工作的相关文件。关于支持薄弱乡镇卫生院室建设的提案，省政府高度重视，积极筹措8012万元资金，改善了26个乡镇卫生院室的基础医疗条件。积极参与立法协商。围绕《辽宁省法律援助条例》《辽宁省优化营商环境条例》等7部法规规章草案开展立法协商，整理和形成150多条修改意见和建议，提供给省政府有关部门，促进了相关法规规章的完善。

着力促进协商成果落实。始终关注大伙房水源保护问题，持续开展调研视察，从建立完善生态补偿机制、明确治理与保护经费来源等5个方面提出10条具体建议，省政府有关部门逐条研究、吸纳、落实。经多方努力，大伙房水源水质已有了较大好转。为落实2015年工业互联网专题协商会取得的协商成果，开展跟踪调研，会同省政府有关部门启动全省工业互联网应用推广培训计划，对1000多家企业组织开展多场培训，与工业互联网第三方公共服务平台达成合作协议，成立了辽宁省工业互联网产业联盟，全产业链服务我省工业企业，为提升企业核心竞争力，培养壮大我省工业互联网产业作出了积极贡献。

六、加强委员队伍和机关建设，不断提高履职能力。充分发挥委员主体作用。制定《省政协委员工作两年推进计划》，进一步提高了委员工作的预见性、计划性。举办新任委员学习培训班。省政协主席、副主席带队先后到所联系市走访看望委员，并召开座谈会听取意见建议。建立了省政协委员专家库，发挥委员的专家智囊作用。

进一步深化与各级政协组织的联系交流。主动争取全国政协业务指导和工作支持，配合全国政协21个团组来我省调研考察。加强同兄弟省（市、区）政协的沟通交流，接待32个省级政协调研考察团组。深入贯彻落实省委政协工作会议精神，推动全省政协工作创新发展，由省政协主席、副主席带队赴全省14个市开展回访工作调研，从规范政治协商的内容和程序、不断加大民主监督的力度、着力提高参政议政的实效性等方面加强指导，推动全省各级政协组织形成整体合力，进一步提升了政协履职工作的整体水平。通过召开省市政协秘书长会议、专委会工作会议等方式，加强对市、县政协工作的联系和指导。

切实加强机关自身建设。切实加强干部队伍建设，形成了风清气正、团结干事的工作氛围，工作效能显著提高。

2017年工作安排：一、深入学习贯彻中共十八届六中全会精神，认真落实省第十二次党代会精神。二、紧密围绕我省扎实推进振兴发展履职尽责。三、进一步做好团结联谊工作。四、切实加强履职能力建设。

【组织概况】

副主席补选名单

（2017年1月19日政协辽宁省第十一届委员会第五次会议通过）

辛桂梓　戴玉林

委员增补名单

（2017 年 9 月 20 日政协辽宁省第十一届委员会常务委员会第二十次会议通过）

杨冠兴 赵永清

【辽宁省各级政协领导人变动名单】

沈阳市和平区政协主席变动情况

厉 馨（女）（2017 年 12 月补选 ）

孙源志（2017 年 12 月不再担任）

沈阳市沈河区政协主席变动情况

王顺成（2017 年 12 月补选）

李晓东（2017 年 12 月不再担任）

沈阳市皇姑区政协主席变动情况

林学家（2017 年 12 月补选）

张黎光（2017 年 12 月不再担任）

沈阳市于洪区政协主席变动情况

赵胜龄（2017 年 12 月补选）

姜 雷（2017 年 12 月不再担任）

沈阳新民市政协主席变动情况

王宏伟（2017 年 12 月补选）

吕建伟（2017 年 12 月不再担任）

法库县政协主席变动情况

刘连恒（2017 年 12 月补选）

苗初印（2017 年 12 月不再担任）

大连市中山区政协主席变动情况

吕连军（2017 年 12 月补选）

衣庆盛（2017 年 12 月不再担任）

大连市普兰店区政协主席变动情况

王继晓（2017 年 12 月补选）

阎德深（2017 年 12 月不再担任）

大连庄河市政协主席变动情况

于德才（2017 年 12 月补选）

沙志华（2017 年 12 月不再担任）

大连市长海县政协主席变动情况

史 良（2017 年 12 月补选）

李春水（2017 年 12 月不再担任）

鞍山海城市政协主席变动情况

蒋华柄（2017 年 12 月补选）

李安悦（2017 年 12 月不再担任）

岫岩满族自治县政协主席变动情况

孔 华（女）（2017 年 12 月补选）

李晓东（2017 年 12 月不再担任）

鞍山市铁东区政协主席变动情况

吴炎平（2017 年 12 月补选）

李淑英（2017 年 12 月不再担任）

鞍山市铁西区政协主席变动情况

许久品（2017 年 12 月补选）

姜洪潮（2017 年 12 月不再担任）

鞍山市立山区政协主席变动情况

李全乐（2017 年 12 月补选）

贾海军（2017 年 12 月不再担任）

鞍山市千山区政协主席变动情况

孙 勃（2017 年 12 月补选）

李玉洪（2017 年 12 月不再担任）

清源满族自治县政协主席变动情况

郝先兵（2017 年 12 月补选）

周国尧（2017 年 12 月不再担任）

抚顺县政协主席变动情况

鄂 英（女）（2017 年 12 月补选）

崔长仁（2017 年 12 月不再担任）

抚顺市顺城区政协主席变动情况

朱绍清（女）（2017 年 12 月补选）

张 鑫（2017 年 12 月不再担任）

丹东市振安区政协主席变动情况

单志明（2017 年 12 月补选）

纪凤霞（女）（2017 年 12 月不再担任）

丹东东港市政协主席变动情况

陈福利（2017 年 12 月补选）

刘俊江（2017 年 12 月不再担任）

丹东凤城市政协主席变动情况

卢学坤（女）（2017 年 12 月补选）

周春彪（2017 年 12 月不再担任）

宽甸满族自治县政协主席变动情况

王敬德（满）（2017 年 12 月补选）

徐 敏（2017 年 12 月不再担任）

黑山县政协主席变动情况

张 涛（2017 年 12 月补选）

金福顺（2017 年 12 月不再担任）

锦州北镇市政协主席变动情况

陈宝江（2017 年 12 月补选）

姜连华（2017 年 12 月不再担任）

义县政协主席变动情况

何绍文（2017 年 12 月补选）

叶文旭（2017 年 12 月不再担任）

锦州太和区政协主席变动情况

李广贺（2017 年 12 月补选）

蔡汝莉（女）（2017 年 12 月不再担任）

营口市站前区政协主席变动情况

王文良（2017 年 12 月补选）

刘庆忠（2017 年 12 月不再担任）

营口市西市区政协主席变动情况

陈洪海（2017 年 12 月补选）

刘宝军（2017 年 12 月不再担任）

营口市老边区政协主席变动情况

崔艳君（女）（2017 年 12 月补选）

邓世安（2017 年 12 月不再担任）

营口市鲅鱼圈区政协主席变动情况

姜兴业（2017 年 12 月补选）

闵忠贵（2017 年 12 月不再担任）

营口大石桥市政协主席变动情况

于志军（2017 年 12 月补选）

田宝哲（2017 年 12 月不再担任）

阜新市海洲区政协主席变动情况

董文海（2017 年 12 月补选）

洪　毅（2017 年 12 月不再担任）

铁岭市铁岭县政协主席变动情况

马庆军（2017 年 12 月补选）

姜英男（女）（2017 年 12 月不再担任）

铁岭市清河区政协主席变动情况

黄　涛（2017 年 12 月补选）

蔡满良（2017 年 12 月不再担任）

辽阳市白塔区政协主席变动情况

楚俊生（2017 年 12 月补选）

陈世民（2017 年 12 月不再担任）

辽阳市文圣区政协主席变动情况

曲志海（2017 年 12 月补选）

王庆斌（2017 年 12 月不再担任）

昌图县政协主席变动情况

田志会（2017 年 12 月补选）

李富志（2017 年 12 月不再担任）

凌源市政协主席变动情况

乔子峪（2017 年 12 月补选）

刘振斌（2017 年 12 月不再担任）

朝阳县政协主席变动情况

张国金（蒙古族）（2017 年 12 月补选）

陈胤彪（2017 年 12 月不再担任）

朝阳市双塔区政协主席变动情况

孙德才（2017 年 12 月补选）

徐凤滨（2017 年 12 月不再担任）

盘山县政协主席变动情况

辛荣啸（2017 年 12 月补选）

李品朝（2017 年 12 月不再担任）

大洼县政协主席变动情况

王彦龙（2017 年 12 月补选）

田顺凤（2017 年 12 月不再担任）

盘山市双台子区政协主席变动情况

李晓秋（女）（2017 年 12 月补选）

丛连希（2017 年 12 月不再担任）

兴城市政协主席变动情况

李　肖（2017 年 12 月补选）

崔海明（2017 年 12 月不再担任）

绥中县政协主席变动情况

李昱生（2017 年 12 月补选）

江　山（2017 年 12 月不再担任）

葫芦岛市连山区政协主席变动情况

李　岩（2017 年 12 月补选）

刘玉安（2017 年 12 月不再担任）

葫芦岛市龙港区政协主席变动情况

杜　刚（2017 年 12 月补选）

付海忠（2017 年 12 月不再担任）

辽宁省各级政协组织和委员数

（截至 2017 年年底）

级别 / 项目	省	副省级市	设区的市	县（不设区的市、市辖区）	合　计
组织数	1	2	12	100	115
委员数	604	1059	3756	19715	25134

（胡　青　编写）

政协吉林省委员会

金振吉　副主席

【全体委员会议】

十一届五次会议　1月14日至18日在长春举行。会议应出席委员589人，开幕会实到523人，闭幕会实到511人。省政协副主席刚占标主持开幕会。省委书记、省人大常委会主任巴音朝鲁，省委副书记、代省长刘国中等省领导到会祝贺，并分别参加了联组讨论，听取委员发言。省政协主席黄燕明主持闭幕会并在闭幕会上讲话。会议审议通过《中国人民政治协商会议吉林省第十一届委员会第五次会议决议》，听取并审议批准了黄燕明代表十一届省政协常务委员会所作的工作报告和王尔智代表十一届省政协常务委员会所作的提案工作报告，听取、讨论并赞同刘国中所作的政府工作报告，听取、讨论并赞同省高级人民法院工作报告、省人民检察院工作报告及其他报告，补选金振吉为副主席，补选尹爱群等5人为常委。会议期间，举行了大会发言和联组讨论，与会委员围绕长白山特产资源品牌建设、为振兴实体经济提供更好的法治环境、发挥地方金融法人机构在振兴吉林中的作用、我省红色旅游发展、加强中药材质量监管、加快推进省属国资国企改革、促进吉林省特殊教育发展等多方面问题献计献策。

【常务委员会会议】

第17次会议　1月18日在长春召开。本次会议应出席常委116人，实到86人。会议审议通过政协吉林省第十一届委员会第五次会议决议（草案）、政协吉林省第十一届委员会常务委员会2017年工作要点及有关人事选举事项。

第18次会议　6月22日至23日在长春召开。本次会议应出席常委116人，实到98人。会议审议通过《关于深入推进全省农业供给侧结构性改革的建议案》及有关人事事项。会议期间，副省长隋忠诚作专题报告，并就省政协常委及委员的现场提问进行作答。与会常委分别围绕调减玉米面积和粮食价格的调整对我省粮食总产和农民收入的影响、如何利用深加工企业来化解我省玉米过剩、加快专用型玉米生产基地建设、农机补贴政策、土地流转等问题提出了意见建议。

第19次会议　9月21日至22日在长春召开。本次会议应出席常委116人，实到85人。会议审议通过《关于振兴实体经济加快我省制造业发展的建议案》及有关人事事项。会议期间，副省长金育辉出席会议并作《认清形势，明确任务，全力推进我省制造业加快发展》专题报告。与会常委分别围绕努力提高企业创新能力、积极改善融资环境、重点培育百户“小巨人”企业、扎实推进吉浙对口合作等方面提出了意见建议。

第20次会议　11月6日在长春召开。本次会议应出席常委116人，实到87人。会议审议通过《关于学习贯彻中国共产党第十九次全国代表大会精神的决议》。会议期间，省政协副主席金振吉传达了中共十九大精神。与会常委一致表示，完全拥护习近平总书记代表中共十八届中央委员会所作的报告，完全拥护中共十九大各项决议，完全拥护中共十九大和十九届一中全会选举产生的以习近平同志为核心的新一届中共中央领导集体。

第21次会议 12月20日在长春召开。本次会议应出席常委116人，实到81人。会议审议通过《加强诚信吉林建设，营造良好发展环境的建议案》及有关人事事项。会议期间，省委常委、常务副省长林武就加强诚信吉林建设，营造良好发展环境作了专题报告。与会常委分别围绕深化“放管服”改革、构建“亲”“清”新型政商关系、建立健全信用评价体系、全面加强个人诚信建设等方面提出意见建议。

【专门委员会工作】

提案委员会 十一届五次会议以来，共收到提案336件，其中，委员提案和委员联名提案241件，省级民主党派、工商联提案90件，界别4件，专委会提案1件。经审查，立案280件，未立案的提案作为参阅件转有关部门参考。至2017年底，全部提案基本办复。一年来，提案委全面贯彻中央关于提案办理协商的决策部署，积极开展提案办理协商工作。一是围绕党委、政府中心工作和人民群众关心关注的热点难点问题进行重点提案遴选，经提案委员会主任会议审议，最终确定振兴发展、产业升级、生态保护、民生等方面的5件提案委重点提案。二是加大重点提案督办力度。省政协主席会议专门听取重点提案办理情况汇报和省政府系统提案办理情况汇报。省政协领导亲自领办督办部分重点提案，高位推动重点提案办理工作。王尔智副主席带领调研组前往白城市就“西部低平原盐碱地保护与开发治理”重点提案进行实地调研，现场督办，推动提案成果落实。三是3月22日，承办了省政协首次民生专题协商议政会。省政协副主席王尔智主持会议。省政协主席黄燕明出席会议并讲话。省政府办公厅、省发改委、省教育厅、省公安厅等10个省政府相关部分负责同志出席会议。四是10月23日，组织召开“促进药食同源类保健食品产业发展”咨政协商座谈会，黄燕明主席出席会议并讲话，王尔智副主席作总结性发言。

经济科技委员会 一、围绕中心，开展调查研究。一是2月下旬至3月上旬，分别在黄燕明主席和别胜学副主席的带领下，先后赴长春、辽源、通化、吉林、延边以及北京、深圳等地就“加强我省双创平台建设”开展视察活动，形成的《提升双创平台质量，打造健康生态环境——关于加强我省双创平台建设的视察报告》经省政协十一届五十次主席会议审议通过后报送省委、省政府。二是5月上旬和中旬，在别胜学副主席的带领下，赴白山、延边两地以及四川、湖北两省，就培育我省旅游产业成为新的支柱产业开展专题调研，形成的《关于率先把旅游业建设成我省新的支柱产业的调研报告》经省政协十一届五十二次主席会议审议通过后报送省委、省政府。刘国中省长作出了批示。三是3月下旬，受全国政协经济委员会委托，围绕“构建‘亲’‘清’新型政商关系，促进民营经济健康发展”进行专题调研，形成的调研报告报送全国政协。四是4月上旬，围绕“依托吉林动画学院‘动漫小镇——创意创业硅谷’，建立我省文化创意产业创新创业核心区”开展专题调研，形成的《政协信息专报》报送隋忠诚副省长。二、精心安排，组织座谈研讨。一是3月22日，邀请省发改委、省工信厅、省人社厅、省金融办、省国资委、长春新区管委会等相关部门负责同志，就我省贯彻落实国务院 62 号文件情况进行座谈，别胜学副主席主持会议，黄燕明主席出席会议并讲话。二是 9 月 20 日，组织召开“加快我省医药健康产业发展”咨政协商座谈会，黄燕明主席主持会议，别胜学副主席作总结性发言。与会委员提出的意见建议以《政协信息专报》的形式报送省政府有关领导参阅。金育辉副省长作出了批示。

人口资源环境委员会 一、组织好调研视察。一是 6 月下旬，由别胜学副主席带队，赴通化、白山等地开展“推进我省东部绿色转型发展”专题调研，形成的《关于我省东部绿色转型发展情况的调研报告》经省政协十一届五十四次主席会议审议通过后报送省委省政府。二是 9 月下旬，由别胜学副主席带队，会同省安监局，对我省部分企业安全生产工作情况进行了视察。二、承办好会议座谈。一是 4 月 26 日，在延边州珲春市召开以“东北虎豹国家公园体制试点”为主题的咨政协商座谈会，将有关意见和建议以《政协信息专报》的形式报省委、省政府，隋忠诚副省长作出了批示。二是 11 月下旬，承办了“矿泉水资源合理开发与保护利用”咨政协商座谈会，将有关意见和建议以《政协信息专报》的形式报送省委、省政府。三、完成好环保督察。一是起草了《中共政协吉林省委员会党组关于落实省委常委会有关中央环保督察的工作方案》。二是联系承办“生态惠民、绿色环保”委员学习讲座。三是在黄燕明主席带领下，到白山市靖宇县实地督办中央第一环保督察组重点移交案件。四是陪同薛康副主席赴松原市开展环保宣讲，做环保实事。五是组织部分委员到朝阳区湖西街道进化社区开展环保宣传，推进节约型公共机构单位创建工作。

文化教育卫生委员会 一、围绕中心开展调研视察。一是从 6 月份开始，分别由黄燕明主席和支建华副主席带队，先后赴广西、吉林、长春及梅河口等地，就“加强诚信吉林建设，营造良好发展环境”进行调研，形成的《加强诚信吉林建设，营造良好发展环境的建议案》经省政协十一届二十一次常委会议审议通过后报送省委省政府。二是 4 月 19 日，由黄燕明主席带队，赴省社科院就我省在历史文化传承与保护的情况进行调研。三是 12 月 21 日，由黄燕明主席带队，赴吉林文化大厦就我省在推动公共文化建设发展的情况进行调研，形成的意见建议以《政协信息专报》的形式报送省政府有关领导。四是 5 月 9 日，赴辽源市东丰县就省内中药生产企业发展情况进行调研，形成了《关于扶持省内中药生产企业发展的提案》。二、依托平台服务委员履职。一是 8 月 24 日，联合省九三学社承办了“加快我省民营文化企业健康快速发展”咨政协商座谈会，形成的《关于加快我省民营文化企业健康快速发展的建议》以《政协信息专报》的形式报送省委省政府。二是 12 月 19 日，承办了“基层卫生机构全科医疗专业本科生培育问题”咨政协商座谈会，形成的《关于基层卫生机构全科医疗专业本科生培育问题的建议》以《政协信息专报》的形式报送省委、省政府。三是 5 月 19 日，邀请文教委委员、心理学专家陈晓东到北部开发区的新苑社区，为社区备战高考的孩子和家长们上了一堂考前心理辅导课。

社会法制委员会 一、服务发展大局。一是 4 月下旬和 7 月中旬，分别由黄燕明主席和刘丽娟副主席带队，赴辽源、长春两地和重庆、贵州两省市就“推进我省中小制造业企业发展”开展专题调研，形成的《关于振兴实体经济加快我省制造业发展的建议案》经省政协十一届十九次常委会议审议通过报送省委省政府。刘国中省长作出了批示。二是8月29日至9月1日，由刘丽娟副主席带队，赴延边、白山两地就“我省服务业发展政策落实情况”开展监督性视察，形成的《关于我省服务业发展政策落实情况的视察报告》经省政协十一届五十六次主席会议审议通过报送省委省政府。三是1月10日，承办了以“提升律师服务经济社会发展的能力”为主题的咨政协商座谈会，形成的《提升律师服务经济社会发展的能力的建议》以《政协信息专报》的形式报省委省政府。四是5月12日，就“加强公安机关执法规范化建设”赴长春市交警支队、南关区交警大队开展专题调研，随后于6月21日召开了“加强公安机关执法规范化建设”咨政协商座谈会，形成的《加强公安机关执法规范化建设的建议》，以《政协信息专报》的形式报省委、省政府。二、服务委员履职。一是按照依法治省领导小组办公室要求，推荐省政协委员张嘉良为“七五”普法讲师团讲师。二是6月6日，协助省政协委员袁振江、李铁顺、孟其人等委员到吉林警察学院就“加强公安机关执法规范化建设”开展调研。三、开展立法协商。通过座谈会、电子邮件、电话问询等方式，征求委员对《吉林省法律援助条例（征求意见稿）》《吉林省统计管理条例（修订草案）》《关于推进安全生产领域改革发展的实施意见》《关于推行法律顾问制度和公职律师公司律师制度的实施意见（代拟稿）》等法律法规的意见，共提出30余条建议，并以书面形式反馈相关部门。

文史资料委员会 一、存史咨政。一是编辑出版《铁证——日本侵华老兵口述证言》，以录像和口述史的方式，公开披露当年日本侵略者烧杀淫掠罪行。二是编辑出版《冯占海抗战纪实》，翔实记录冯占海将军及所部将士共赴国难、浴血奋战、视死如归的抗战历史。三是编辑《刘敬之纪念文集》，目前前期工作都已做完，正在国家新闻出版总署审稿，审完后即可公开出版。四是编辑《读史》，重点编发了一些能够廓清历史发展脉络和详情本末的“三亲”史料。五是为配合全国政协征集《朝鲜族百年实录》《回族百年实录》《蒙古族百年实录》工作，较为全面地反映朝鲜族、回族、蒙古族百年来的发展历程、重大事件和重要人物。根据全国政协征编方案文史委参照征编大纲相关内容进行征稿。二、服务履职。一是以中东铁路历史文化遗产保护和利用为主题，分别到德惠市、公主岭市对现存中东铁路建筑遗迹实地开展专题调研，并组织召开了咨政协商座谈会。二是组织开展关于我省红色革命遗址保护和利用情况调研，形成的《关于我省红色革命遗址保护和利用情况的调研报告》经省政协十一届五十三次主席会议审议通过后报送省委、省政府。

港澳台侨和外事委员会 一、做好委员履职服务工作。一是3月下旬至4月中旬，在黄燕明主席和王尔智、张晓霈副主席的带领下，围绕“关于加快我省农业供给侧结构性改革”专题，先后赴四平、通化、松原、长春等地开展调研，并赴河南、山东实地考察，形成的《关于推进全省农业供给侧结构性改革的建议案》经省政协十一届十八次常委会议审议通过报送省委省政府。隋忠诚副省长作出了批示。二是2月22日，承办了“加快推进长白山人参品牌建设”咨政协商座谈会，形成的《关于加快推进长白山人参品牌建设的建议》以《政协信息专报》的形式报送省委省政府。三是7月26日至28日，在深圳组织召开“发挥港澳委员招商引资作用，进一步促进吉林省经济社会发展”的咨政协商座谈会，听取港澳委员的意见和建议，向港澳委员推介我省的重点招商引资项目，宣传我省的招商引资政策。二、做好港澳委员来我省投资、洽谈的服务工作。一是4月19日，香港委员王金狮投资30亿元建设的30万吨二氧化碳基生物降解塑料和30万吨纳米基高活性硅土项目在吉林市奠基。二是6月1日，在委员会的大力协助下，旨在促进吉港两地共同发展的吉林省港资企业协会在长春成立，共有7位省政协香港委员在协会中担任要职，其中王金狮委员被选举为协会首任会长。三是6月2日至3日，首届吉港澳文化交流洽谈会在长春召开，协调黄燕明主席、张晓霈副主席分别会见了与会的港澳地区委员和嘉宾。四是6月2日，澳门闽台总商会吉林捐资助学活动在我省举行，商会向蛟河市漂河镇二十家子村小学捐赠20万港币，澳门委员柯天从向该校捐赠5万元港币。五是澳门委员王民星向白山市浑江区河口小学捐款10万元。

民族宗教委员会 一、开展调研视察。一是在黄燕明主席和金振吉、刚占标副主席的带领下，于4月起分赴延边、通化、白山3个市（州）的边境乡村和云南、广西边境地区的乡村进行深入翔实的调查研究和学习考察，形成的《关于我省边境地区乡村发展情况的报告》经省政协十一届五十四次主席会议审议通过报送省委、省政府。省委书记巴音朝鲁、省长刘国中、省委副书记高广滨、常务副省长林武都作出了批示。二是10月下旬，在刚占标副主席的带领下，赴前郭县、伊通县和延边朝鲜族自治州，就少数民族文艺团体发展情况开展了视察，形成的视察报告报送省委、省政府。三是开展“看发展、看变化”活动，在刚占标副主席的带领下，组织宗教界、少数民族界委员到吉林市，对高新北区创新科技城、职教园区、吉林化纤股份有限公司进行了视察。二、开展咨政协商。5月31日，承办了“城市少数民族人口服务管理”咨政协商座谈会，形成的《省政协“城市少数民族人口服务管理”咨政协商座谈会中设立长春市少数民族群众文化活动中心建议的情况专报》报送相关领导。会前，在刚占标副主席的带领下，赴吉林、长春两地对我省城市少数民族人口服务管理情况开展了调研，为委员进一步了解情况、发现问题、提出建议创造了条件。

【重要会议、活动】

省政府领导与省政协委员及省级各民主党派、工商联负责人议政协商会 1月6日在长春召开。省委副书记、代省长刘国中通报了2016年全省经济社会发展情况并听取与会委员和省级各民主党派、工商联负责人对《政府工作报告（征求意见稿）》的意见和建议。省政协主席黄燕明主持会议。部分与会代表分别就推进农业供给侧结构性改革、建设服务型政府、发展国有资本投资运营公司、大力发展民营经济、推动农业现代化建设、提高省属高校教学科研水平等方面建言献策。副省长高广滨、隋忠诚、胡家福、李晋修，省政协副主席刚占标、别胜学、赵吉光、支建华、王尔智、刘丽娟、张晓霈、张伯军，省政府秘书长刘喜杰，省政协秘书长阿汝汗出席会议，省直有关部门负责同志参加会议。

省政协各参加单位负责人座谈会 2月14日在长春召开。省政协主席黄燕明出席会议并讲话。省政协副主席刚占标主持会议，省政协副主席别胜学、赵吉光、支建华、王尔智、张晓霈、张伯军，秘书长阿汝汗出席会议。省政协副秘书长、办公厅主任肖模文通报了省政协2017年全年工作、重点工作、调研视察活动安排。省政协各参加单位负责人结合各自单位实际，围绕搭建平台、参政议政、创新履职等方面进行了交流讨论，对省政协今年工作提出了具有针对性和可操作性的意见和建议。

【重要文件】

常务委员会工作报告（2017年1月14日）（摘要）　一、2016年工作回顾。一年来，省政协常委会立足大局、把握大势，协商谋得新发展、工作迈上新台阶。领导高度重视政协工作，俞正声主席专门到省政协看望机关全体干部并作重要讲话，省委召开政协工作会议，省委书记巴音朝鲁、时任省长蒋超良在会上作了重要讲话；服务大局展现新作为，聚焦加快我省工业转型升级、促进服务业大提升大发展、突出发展民营经济三项重要议题，召开三次常委会议协商建言，助力省委、省政府攻坚破难；协商民主建设取得新进展，首次实行省委常委或省政府分管领导领办督办协商计划议题，并出席重要协商会议；委员主体作用发挥再上新台阶，全年，委员参加咨政协商座谈会204人次，个人和联名提案312件，反映社情民意信息123件，自发开展视察调研等活动20余次；协商建言成效显示新提升，全年报送建议案3份、调研视察报告6份、信息专报16份，提案立案342件，编转发、专报社情民意信息131期，重要建言成果，省领导都作了重要批示，许多建议进入党政决策。过去一年，常委会紧扣“四个全面”战略布局和“十三五”规划实施，认真履行职能，主要做了以下工作。（一）加强思想理论学习，坚定正确政治方向。召开党组（扩大）会和理论学习中心组（扩大）学习会，积极引导政协各参加单位和广大政协委员深入学习习近平总书记系列重要讲话特别是视察吉林重要讲话精神，深入学习中共十八大和十八届三中、四中、五中、六中全会精神，在学习中深刻领会把握习近平总书记治国理政新理念新思想新战略和中央各项决策部署，切实增强“四个自信”；深刻认识中共十八届六中全会明确习近平总书记的核心地位，正式提出“以习近平同志为核心的党中央”的重大意义，牢固树立“四个意识”；深刻认识中国共产党为中华民族作出的伟大历史贡献，坚定不移地走中国特色社会主义道路。（二）紧扣“十三五”规划实施深入协商议政，助力吉林创新转型。围绕推进我省开发区转型升级与创新发展，开展深入调研协商；组织召开推动吉林省科技创新座谈会和深入实施创新驱动发展战略座谈会；就加快发展无公害绿色有机农产品、城市地下综合管廊建设、我省非物质文化遗产保护与传承情况等进行调研协商；首次纳入协商计划的重点提案《关于深入推进我省房地产去库存的建议》，分管省领导亲自领办，开展高端协商。（三）积极参与扶贫攻坚，关注群众福祉。为定点帮扶的贫困村和贫困户协调投入各类扶贫项目资金3000余万元，17项具体脱贫项目进展顺利；召开加强电梯安全监管咨政协商座谈会，围绕慢性病综合防治示范区建设、特色现代职业教育情况等进行调研协商，持续关注大学生就业创业问题；17位委员围绕长春净月国家高新技术产业开发区道路建设与交通管理，开展大量调研统计，以社情民意信息形式提出了5条行之有效的意见建议，受到省领导和有关部门的高度重视。（四）坚持大团结大联合，促进社会和谐。积极支持省级各民主党派、工商联发挥作用，奏响团结协作更强和弦；认真落实中央民族工作和全国宗教工作会议精神，积极促进民族团结、宗教和睦；积极拓宽对外及港澳台地区交流交往；组织开展纪念建党95周年、红军长征胜利80周年、孙中山先生150周年诞辰、王希天烈士120周年诞辰和吉粤两地助力扶贫攻坚书画作品展。（五）加强自身建设特别是党的建设，提高履职能力。把加强党的建设摆在重要位置，扎实开展“两学一做”学习教育，把全面从严治党落实到每个支部、每名党员，体现到党的建设各个方面，切实增强“四个意识”和政治把握能力、联系群众能力、调查研究能力、团结合作能力。二、2017 年工作安排。（一）进一步夯实团结奋斗的共同思想政治基础。进一步坚定“四个自信”，更加自觉地将思想和行动统一到“五位一体”总体布局、“四个全面”战略布局上来，统一到吉林新一轮振兴发展和全面决胜小康社会各项目标任务上来。（二）突出吉林经济振兴协商建言。聚焦深入实施“三个五”发展战略、创新驱动战略，统筹“三大板块”建设，突出供给侧结构性改革主线。（三）围绕保障改善民生建言出力。围绕边境地区乡村经济社会发展情况、城市少数民族人口服务管理、基层卫生机构全科医疗专业本科生培育问题等，深入调研协商。（四）积极做好团结联谊、凝心聚力工作。把加强大团结大联合摆在更加突出的位置，不断扩大团结面，凝聚振兴发展强大正能量。（五）扎实推进政协协商民主建设。进一步提升专题协商的质量，扩大协商参与面，加强提案办理协商，更加积极地推进对口协商、界别协商。（六）进一步加强政协自身建设。认真落实党风廉政建设责任制，把全面从严治党向纵深推进；加强对委员的服务管理和培训，强化委员的法律意识和政治约束、道德自律；着力改进政协调研工作，更加注重深度调研和后续协商；切实发挥人民政协理论研究会作用，搭建课题引领、项目带动、成果展示的平台。

政协吉林省第十一届委员会第五次会议决议 （2017 年 1 月 18 日）（摘要） 会议认为，过去一年，省政协及其常委会坚决维护以习近平同志为核心的中共中央权威，在中共吉林省委的领导下，坚持团结和民主两大主题，围绕省委、省政府中心工作，认真履行政治协商、民主监督、参政议政职能，各项工作取得新进展，为全省改革发展稳定作出新贡献。会议对过去一年省政协常委会工作给予了充分肯定。会议强调，2017 年是实施好“十三五”规划、决胜全面小康的重要一年，是供给侧结构性改革的深化之年，并将迎来中共十九大的胜利召开。全省各级政协组织、政协各参加单位及广大政协委员要深入学习贯彻习近平总书记系列重要讲话特别是视察吉林重要讲话精神，全面贯彻中共十八大和十八届三中、四中、五中、六中全会以及中央经济工作会议精神，认真落实中共吉林省委十届七次、八次全会和省经济工作会议部署，充分发挥政协协商民主重要渠道作用和大团结大联合组织作用，为吉林振兴发展和决胜全面小康聚智凝心汇力。要把推动发展作为履职第一要务，为吉林经济振兴协商建言；把改善民生作为履职的出发点和落脚点，为改革发展成果更多更公平地惠及全省人民献计出力；把加强大团结大联合摆在更加突出的位置，为振兴发展凝聚强大正能量；把落实中央和省委关于人民政协协商民主建设的要求作为重要任务，为社会主义协商民主广泛多层制度化发展贡献力量。

关于学习贯彻中国共产党第十九次全国代表大会精神的决议 （2017 年 11 月 6 日）（摘要） 政协吉林省第十一届委员会常务委员会第二十次会议于 2017 年 11 月 6 日在长春举行，会议的主要任务是学习贯彻中国共产党第十九次全国代表大会精神。会议完全拥护习近平同志代表中共十八届中央委员会所作的报告，完全拥护大会通过的各项决议，衷心拥护中共十九大和十九届一中全会选举产生的以习近平同志为核心的新一届中共中央领导集体。会议指出，全面深入学习宣传贯彻落实中共十九大精神是全省各级政协组织当前和今后一个时期首要政治任务。党政军民学，东西南北中，党是领导一切的。要牢固树立政治意识、大局意识、核心意识、看齐意识，坚决同以习近平同志为核心的中共中央在思想上政治上行动上保持高度一致，坚决维护以习近平同志为核心的中共中央权威，坚决服从中共中央集中统一领导，确保人民政协事业沿着正确的政治方向前进。全省各级政协组织要以高度的政治责任感和使命感，把广大政协委员、政协各参加单位的思想和行动统一到中共十九大精神上来，把中共十九大对人民政协提出的新理念新思想作为政协工作的重要遵循，把学习宣传贯彻落实中共十九大精神不断引向深入。会议认为，要把学习宣传贯彻落实中共十九大精神与贯彻落实省十一次党代会精神结合起来，与人民政协工作的实际结合起来。全面贯彻党的基本理论、基本路线、基本方略，坚定"四个自信"，贯彻新发展理念，围绕"五位一体"总体布局和"四个全面"战略布局，就深化供给侧结构性改革、加快经济转型升级、实施创新驱动战略、打好"三大攻坚战"、促进区域协调发展、加强生态文明建设、着力保障和改善民生等各项重点工作，认真履行政治协商、民主监督、参政议政职能，发挥人民政协人才荟萃的智力优势、联系广泛的资源优势，多建务实之言、多献睿智之策。

【组织概况】

副主席补选名单

（2017 年 1 月 18 日政协第十一届吉林省委员会第五次会议通过）

金振吉（朝鲜族）

常委补选名单

（2017 年 1 月 18 日政协第十一届吉林省委员会第五次会议通过）

尹爱群　吕忠诚（满族）　刘　浩

袁玉树　崔国光

常委辞免名单

（2017 年 12 月 20 日政协第十一届吉林省委员会第二十一次常委会议通过）

张　军（满族）

市（州）政协主席情况

长春市政协（副省级）

主　席　綦远方（女）

副主席

孙丰月　张红星　侯治富　李维斗

何泉秀　孙英利　张宝琦

吉林市政协

主　席　　崔振吉

四平市政协

主　席　杨　枫

辽源市政协

主　席　　张　炜

通化市政协

主　席　　纪凯平

白山市政协

主　席　　裘会文

松原市政协

主　席　　金国学

白城市政协

主　席　张　馨

延边州政协

主　席　　韩兴海

县（市、区）政协主席变动情况

长岭县

谷青山（2017 年 12 月 24 日当选）

张志岭（2017 年 12 月 24 日不再担任）

吉林省各级政协组织和委员数

（截至 2017 年年底）

级别 / 项目	省	副省级市	设区的市（自治州）	县（市、区）	合计
组织数	1	1	8	60	70
委员数	587	510	2789	13982	17868

（夏　禹　**编写**　程　铭　**审稿**）

政协黑龙江省委员会

黄建盛　副主席

【全体委员会议】

十一届五次会议　1月15日至17日在哈尔滨召开。会议应出席委员709人，实到委员596人。开、闭幕会分别由省政协副主席赵克非、省政协主席杜宇新主持。会议听取并审议杜宇新代表常务委员会所作的工作报告和省政协副主席于莎燕所作的提案工作报告，列席省十二届人大六次会议，听取并协商政府工作报告。省委书记、省人大常委会主任王宪魁，省委副书记、省长陆昊等省领导列席开、闭幕会，并参加联组讨论和小组讨论，听取大会发言。大会共收到139份发言材料，9名委员就优化发展环境、调整农业发展模式、农村垃圾治理、我省“中华老字号”企业创新发展、人才发展战略等问题作了大会发言。会议选举黄建盛同志为政协黑龙江省第十一届委员会副主席。举办省政协第四届政协工作创新奖颁奖仪式；表彰优秀提案；表彰2016年履职优秀委员。会议期间，共征集委员提案517件。会议号召，全省各级政协组织、政协各参加单位和广大政协委员，要更加紧密地团结在以习近平同志为核心的中共中央周围，在中共黑龙江省委的领导下，主动作为，履职尽责，为奋力开创黑龙江振兴发展新局面贡献智慧和力量，以优异成绩迎接中共十九大和省第十二次党代会胜利召开。

【常务委员会会议】

第16次会议　1月14日下午在哈尔滨召开。会议应出席141人，实到102人。省政协主席杜宇新出席会议并讲话。会议审议通过了第十一届委员会第五次会议召开的时间和议程、日程、十一届五次会议秘书长和副秘书长名单、十一届五次会议小组划分原则和召集人名单；审议通过了常委会工作报告和报告人、提案工作报告和报告人；通过了表彰2016年履职优秀委员的决定和有关人事事项。

第17次会议　1月17日下午在哈尔滨召开，会议应出席126人，实到103人。听取并审议通过了省政协十一届五次会议有关人事事项和决议（草案）。审议通过了候选人名单、选举办法（草案）、总监票人和监票人名单（草案），并提交省政协十一届五次会议第二次全体会议审议；听取并审议通过了省政协十一届五次会议决议（草案），并提交省政协十一届五次会议闭幕会审议；听取并审议通过了省政协十一届五次会议关于提案情况的报告。省政协主席杜宇新主持会议。

第18次会议　7月4日在哈尔滨召开。会议应出席144人，实到138人。会议以“降低企业成本，振兴实体经济”为议题开展专题协商。省政协经济委员会主任闫永华作《关于降低企业成本、振兴实体经济的调研报告》。部分常委做大会发言并与政府有关厅局领导就有关问题进行现场互动协商，省政府副省长毕宝文同志讲话。通过有关人事事项。省政协主席杜宇新出席会议并就学习十八大以来习近平总书记关于政协工作的系列论述作了重要讲话。

第 19 次会议 9 月 22 日在哈尔滨召开。会议应出席 144 人，实到 138 人。会议以“推进健康龙江行动”为议题开展专题协商。省政府副省长吕维峰作了推进健康龙江行动的情况通报，省政协副秘书长何伟志代表省政协专题调研组作关于推进“健康龙江行动”的调研报告。部分常委做大会发言并与政府有关厅局领导就有关问题进行现场互动协商，通过有关人事事项。省政协党组书记、副主席黄建盛出席会议并讲话。

【专门委员会工作】

提案委员会 共收到提案 594 件，经审查立案 565 件。其中，政协委员提案 482 件，党派团体提案 81 件，界别提案 1 件，专委会提案 1 件，于 2017 年 10 月末全部办理完毕。省政协十一届五次会议，有关党派、政协委员就调整哈尔滨市冬季供暖期分别提交了提案。《关于“舌尖上的安全”打造食品安全城的建议》等有关食品安全及监管方面的重点提案全部得到落实。3 月下旬，就《关于整合发展我省地理标志商标的建议》组织政协委员和省财政厅、省工商局等相关部门负责人赴广东、福建考察调研，向省政府提交调研报告，为我省加快由农业大省向农业强省转变提出了有价值、有分量的意见和建议。2017 年 8 月 9 日召开了提案办理协商座谈会。9 月 6 日，郝会龙副省长主持召开专题会议，研究哈尔滨市提前供暖工作。9 月 15 日，哈尔滨市政府向省政协报送工作报告，确定在今年供热期，通过提前 10 天开展供热系统热态调试运行的方式解决提前供热问题。开展加强秸秆综合利用工作的调研，调研报告得到了省委书记和主管副省长的批示，省农委采纳了相关建议。围绕生态文明建设，配合省政协农业委就畜禽粪便处理与资源化利用进行深入调研，配合全国政协重点提案调研组在我省就“推进体育产业发展，推动‘健康中国’建设”重点提案进行督办调研。省政协原副主席、抗联老战士李敏先后委托全国政协委员陶夏新、洪袁舒等人向全国政协提交“关于尽快将中国十四年抗日战争历史写入中小学教科书”的提案。教育部下发文件，将中国“八年抗战”改为“十四年抗战”写入全国中小学教材。

文史和学习委员会 共编辑发行《资政文史》31 期，其中《中东铁路述略》《不为大众熟知的抗联英烈》《哈尔滨近代建筑风格》《哈尔滨近代宗教建筑》《哈尔滨领事馆建筑》《哈尔滨圣伊维尔教堂》，先后被《奋斗》《哈尔滨日报》杂志全文转发，社会反响较好。邀请著名京剧表演艺术家黄丽珠作了题为“京剧艺术”的专题讲座。为迎接十九大胜利召开，2017 年 10 月，与革命领袖视察黑龙江纪念馆合作，在省政协机关大楼布置毛泽东家风展，广大机关干部以及部分委员观展后深受感染和教育。组织相关委员赴河北、天津、北京，就历史文化遗产保护、文史馆建设等方面进行了学习、考察、调研，形成了《关于赴河北等地调研历史文化遗产保护及政协文史馆建设情况的报告》，对黑龙江省政协文史室和数字文史馆建设提出了具体建议。开展《十一届省政协委员履职感言》等资料的征集编辑工作，以新媒体发展情况及管理为议题开展界别协商。

经济委员会 承办了省政协十一届十八次常委会议，以“降低企业成本，振兴实体经济”为议题开展专题协商。分别围绕降低实体经济成本和创新贸易方式开展调研和协商活动，形成和报送调研报告部分意见建议已转化为黑龙江改革发展的实际成果。坚持问题导向，补强民主监督短板，围绕依法保护产权、优化发展环境开展民主监督活动，重点联系一家企业，帮助其协调解决了一项拖延多年的“执法难”问题，并以此为典型案例提出了进一步优化发展环境的意见建议。围绕“民企龙江行”签约项目落实情况、哈尔滨重点项目推进情况、生态农业发展情况、加快旅游产业体系建设情况开展视察活动，视察报告形成后，主动征询被视察单位的意见，所提建议更具建设性和可操作性。开展关于“我省医药工业发展情况”的调研。省工信委和省食药监局提出了12条采纳建议。开展关于“加快我省装备制造产业转型升级”的调研，省工信委提出了6条采纳建议。开展关于“促进三江连通工程实施，助推黑龙江省民生改善”的对口协商，协商建议得到有关部门采纳。开展关于“活跃金融服务，促进实体经济发展”调研报告得到省委省政府的高度重视，省委副书记、省长陆昊就落实委员建议作出批示。开展黑龙江外贸转型升级情况调研，所提建议被相关部门采纳。配合全国政协和兄弟省市政协开展了4项调研活动。以创新贸易方式，推进“龙江丝路带”建设为议题开展对口协商。

科教文卫体委员会 承办了省政协十一届十九次常委会议，以推进“健康龙江行动”为议题开展专题协商，调研报告得到了省委书记的批示。围绕“三高”病防治问题开展调查研究，针对创业园和科技孵化器作用发展情况开展专题调研。关于推进健康龙江行动的调研报告被省健康龙江行动联席会议办公室进行了任务分解，并责成各成员单位拿出具体落实意见。以开展“黑龙江马拉松”赛事活动带动相关产业为议题开展界别协商，关于促进“黑马”系列赛带动相关产业发展的调研报告得到省委、省政府主要领导重视，要求省体育局根据相关建议提出明确意见，同时将报告批转至相关市地分管领导参阅；省体育局深入研究后，向省政府提交了关于反馈省政协视察“黑马”系列赛举办情况的报告。关于加快我省体育产业发展的建议得到省政府主要领导和分管领导的认可，要求省体育局阅研并改进工作，同时要求省体育局牵头会同相关部门，结合全省体育产业大会工作部署，择时召开专题会议，邀请调研组政协委员参加。举办“黑龙江优秀书法提名展”，与河南省政协联合举办书画作品展，举办“第三届全省农村中小学生美术作品展评活动”。

社会和法制委员会 开展黑龙江省健康养老情况的调研，调查报告得到了省委书记和省长的批示，省民政厅和省卫计委在推动相关工作时吸纳了省政协的建议。对黑龙江口岸建设情况开展调查。积极开展协商议政，为推进社会和法治建设建言献策。以法治扶贫为切口，围绕增强法制观念、推进政务公开、加强对贫困人口的法律知识普及、开展法律培训等内容开展调研和协商。紧紧围绕与人民群众利益相关的问题开展调研视察，协商议政。针对黑龙江省提出如期实现脱贫的目标，开展了法治扶贫调研和法治扶贫“回头看”调研，积极开展协商议政，为推进社会和法治建设建言献策。以法治扶贫为切口，积极为贫困户、养老院、中小学送温暖，利用到贫困县调研时机积极组织爱心人士捐赠。《黑龙江信息》将省政协报送的《法治扶贫工作面临的问题及建议》上报中央办公厅信息工作部门，《黑龙江新闻联播》分3次播出省政协法治扶贫内容，《黑龙江日报》也全文登载了省政协关于我省法治扶贫的报道，2017年8月24日，《人民政协报》在头版报道黑龙江省政协“回头看”法治扶贫一年间，《用法治思维完善精准扶贫工作流程》，《关于我省法治扶贫“回头看”情况的调研报告》报送省委后，省委书记和省长分别作出批示，一些建议被省扶贫办采纳。

民族和宗教委员会 围绕提升城市少数民族流动人口服务管理水平开展调研，并同省教育厅、省民委（宗教局）、省公安厅、省民政厅、省卫计委、省工商局等六部门进行了界别协商，形成《关于加强城市少数民族流动人口服务管理工作的协商报告》。着力党和国家政策、决策部署的贯彻落实，积极履行民主监督职能，历时三个月，重点围绕各级党委政府民族宗教工作机构设立、工作机制完善、工作措施落实、岗位责任及分工等情况，组织开展了监督性专题调研，并形成专题报告报省委省政府。抓住少数民族地区经济发展中关键问题，积极为少数民族地区经济发展建言献策，两年就少数民族地区人才培养、加强少数民族人才基地建设开展了跟踪式调研。先后多次同省民委（宗教局）、省教育厅、省人力资源和社会保障厅、省民族职业学院等多个部门沟通协商，形成了《关于建立“黑龙江省少数民族人才培养基地”的跟踪调研报告》，建议得到相关部门的高度重视。针对我省少数民族特色旅游滞后于南方民族地区特色旅游业发展的问题，组织委员深入到我省民族地区调查研究。围绕提升服务保障水平，对我省宗教活动场所综合服务保障情况进行专题视察。为进一步了解我省宗教活动场所综合服务保障情况，积极帮助宗教界解决实际困难。

台港澳侨联络和外事委员会 通过召开港澳委员深圳座谈会、组织调研视察以及解决投资创业中的实际问题，引导港澳海外委员发挥作用，加强同港澳台同胞、海外侨胞团结联谊工作。以促进记忆遗产保护工作为议题开展对口协商，以黑河跨境经济合作区建设为议题开展界别协商，围绕保护企业产权优化发展环境开展民主监督，对石墨行业发展情况开展视察。开展用开放创新思维打造哈尔滨新区调研，关于哈尔滨新区建设情况的调研报告得到了哈尔滨市委市政府的高度重视，认真研究并采纳有关建议。关于加快推进黑河—布市跨境经济合作示范区建设调研报告得到了省委书记的批示，一些建议被省发改委、商务厅、“一带一路”办公室采纳。组织港澳海外委员积极参与“哈洽会”，并协助省政府做好接待服务工作。调动委员投资热情，积极支持黑龙江省经济建设和公益事业发展。关心委员的生活，密切与委员的联系，真诚地帮助他们发展企业。多次深入港澳海外委员在我省投资企业实地考察，就其在省内投资情况、企业经营现状、遇到的实际问题进行认真调研，对他们提出的意见建议进行认真梳理形成调研报告报送省政府，并多次协调省政府有关部门帮助委员解决了企业经营中面临的很多实际困难。积极为多位委员在黑龙江省投资或引进资金事宜进行联络接洽。对委员的真诚帮助，极大地调动了他们投资龙江的积极性，截至2017年年末，有24人在黑龙江省投资61家企业，有39位港澳委员、特邀代表参与黑龙江省各类公益事业捐款5661.04万元人民币，为黑龙江的经济社会发展做出了重要贡献。

人口资源环境委员会 围绕黑龙江省野生鱼类资源保护利用等课题开展调查研究活动，向省委省政府报送调研报告得到了省委省政府领导的肯定和批示。2015年至2017年，从切实保障人民群众生命健康的角度出发，连续3年围绕群众反映强烈的大气污染问题，组织召开专题协商座谈会，在深度解析我省重度污染天气成因的基础上，提出治理燃煤污染和推动优化供热能源结构的具体对策，报送的建议既得到了省委省政府领导的批示，也得到了相关部门的采纳和认同，省环保厅将“控制燃煤消费总量”等建议吸纳到出台的政策文件当中，为推动实现我省环境空气质量总体改善提供了智力支持。就黑龙江省农业节约水资源工作情况开展专项视察和联合视察，视察报告得到了省委省政府领导的批示和关注。密切配合全国政协办理重点提案。2017 年，驻吉、黑、蒙、辽的 145 名全国政协委员联名提交的《关于东北四省（区）交界带建设国家级生态经济区的提案》被列为全国政协重点提案，综合起草了《关于在东北四省区交界带建设国家级生态经济区有关情况的汇报》，提出建设国家级生态经济区的七点建议，赵雨森副主席同吉林省、辽宁省、内蒙古自治区政协的领导到全国政协，向中共中央政治局常委、全国政协主席俞正声做了汇报。

农业和农村工作委员会 一是圆满完成四项调研协商任务。《关于我省“黑土地保护”问题专题调研报告》《关于我省蔬菜产业发展的调研报告》《农产品市场化的新动能调研报告》《关于加快我省畜禽粪污资源化利用的调研报告》均得到省委书记、省长的批示，并将有关建议批转相关部门阅研。二是积极履行民主监督职能。先后组织部分委员到哈尔滨肉联食品有限公司、九三粮油公司、哈尔滨良大实业集团、黑龙江省乳家农业科技有限公司等实地调研了解情况，并分别形成建议，还持续关注督促某企业反映的政府诚信案例。三是促进对内对外联系。加强与委员和基层的联系。组织到部分委员所在的企业调研，还组织 30 多人次委员参与了十多次的下基层调研活动。组织委员开展一次思想和科技扶贫活动。组织部分农村基层党建、水稻种植、畜牧养殖等方面农业界专家、委员到泰来县政协扶贫的和平镇建设村开展科普指导等活动。接待了全国政协经济委陈锡文副主任带队的粮食价格调整、补贴和收储问题的调研团和重庆市政协陈贵云副主席带队的农业生产社会化服务建设学习考察团，组织了赴新疆和甘肃的学习考察，促进了上下级政协和兄弟省区政协的交流和沟通。四是强化办公室建设。按时编撰完成委员会十年履职汇编《情系三农聚力建言》一书，选用照片 100 张，文字编辑近 28 万字。

【重要会议、活动】

2016 年度“政协工作创新奖”评选活动 2017 年 1 月 17 日下午，在省政协十一届五次会议闭幕会上，对 2016 年度“政协工作创新奖”获奖单位和个人进行表彰奖励，有六个项目获奖，一等奖 1 名，二等奖 2 名，三等奖 3 名。哈尔滨市政协荣获一等奖；望奎县政协、民盟黑龙江省委员会荣获二等奖；鹤岗市政协、佳木斯市政协、大庆市政协荣获三等奖；省工商联、省政协委员焦红瑞、哈尔滨市香坊区政协、绥芬河市政协社会法制联络委员会、明水县政协、哈尔滨市呼兰区政协、省政协社会和法制委员会、抚远市政协、牡丹江市政协、哈尔滨市道里区政协等 10 个单位和个人荣获提名奖。

省政协机关组织党支部书记集中学习培训 4 月 12 日，省政协机关党委利用一天时间，组织换届选举后的党支部书记、副书记和支部委员进行一次集中学习培训。培训会上，机关党委办公室三名同志分别就《中国共产党党和国家机关基层组织工作条例》、围绕“三会一课”如何落实党支部日常工作及如何做好会议记录等主要内容和要求作了讲解介绍。

省人民政协理论与实践研究会召开专

题研讨会　6月20日，省人民政协理论与实践研究会一届五次理事会暨“完善政协委员产生和退出机制”专题研讨会。围绕规范政协委员产生的领导机制、协商环节、具体程序、退出的具体办法等各抒己见、建言立论，提出了一些有价值的意见建议，省政协主席杜宇新讲话。

省政协举办“欢度国庆节喜迎十九大”联谊歌会　9月26日下午，省政协“欢度国庆节，喜迎十九大”联谊歌会在哈尔滨举办。联谊会上，军乐阵阵、歌声嘹亮。老兵军乐队演奏的《人民军队忠于党》《鲜红的太阳永不落》，春之声合唱团演唱的《在灿烂的阳光下》《中央大街之歌》，雪之韵女子合唱团演唱的《洪湖水浪打浪》，东北抗联精神文工团演唱的《露营之歌》《哈尔滨英雄的城市》，政协之友合唱团演唱的《前进吧，中国共产党》《我的祖国》等歌曲，充分抒发了对党和祖国的热爱之情。

省政协机关开展学习贯彻十九大精神体会交流活动　11月16日，根据省政协党组安排，省政协机关开展第一次学习贯彻十九大精神体会交流活动。本次交流活动围绕“学习领会十九大报告中关于人民政协的新论断新要求”这一主题，采取自愿报名和组织安排相结合的方式，以支部为单位推荐一名代表进行发言交流。机关11名同志，围绕主题，从不同侧面交流了自己学习十九大精神的感想和体会，与大家分享了自己的认识理解。省政协主席杜宇新，省政协党组书记、副主席黄建盛出席。

省政协机关开展学习贯彻十九大精神体会交流活动　12月15日上午，根据省政协党组安排，省政协机关开展第二次学习贯彻十九大精神体会交流活动。本次交流活动围绕“人民日益增长的美好生活需要与不平衡不充分发展之间的矛盾问题”这一主题，以支部为单位推荐一名代表进行发言交流。省政协党组书记、副主席黄建盛出席。

【重要文件】

常务委员会工作报告（2017年1月15日）（摘要）　一、2016年工作回顾。（一）突出改革发展，围绕转方式调结构议政建言。省政协十四次常委会议就推进我省老工业基地振兴和工业转型升级问题进行了专题协商，集中围绕医药工业、石墨产业、农产品加工和装备制造业转型升级等4个专题建言献策。其中10项建议被省科技厅、工信委等部门采纳。同时，省政协积极配合参与全国政协“东北三省工业转型升级”调研活动，就黑龙江省装备制造、石化工业、煤炭森工以及民营经济、新兴产业、金融人才等情况开展专题调研，在全国政协“东北三省工业转型升级问题”专题协商会上，就促进黑龙江食品工业发展问题作了大会发言。围绕发展体育、旅游、文化、医养等新兴产业开展专题调研，对实体经济融资难、民营经济弱化、黑龙江省体育改革发展“十三五”规划和冰雪体育发展规划提出了意见建议，为推动黑龙江省经济转型发展，增添动能提供了有益参考。（二）着眼夯实农业基础，围绕现代农业建设出谋献策。助推农业生产提质增效，提出了发展生物酵素产业的建议，在全国政协专题座谈会上受到肯定。就优化种植结构、秸秆资源综合利用开展调查研究。（三）关注“龙江丝路带”建设，围绕形成对外开放新格局献计出力。就推动黑龙江省哈欧哈俄班列运营发展进行集中调研，提出的建议得到省领导同志的重视。省政府召开专题会议进行研究，省丝路带建设领导小组办公室对采纳建议情况专门作出回复。围绕推进跨境基础设施多点对接和互联互通、加快黑瞎子岛国际公路客运口岸建设、加大绥芬河综合保税区支持力度、支持黑河市跨境电商发展、扩大中俄教育交流与合作、提升对俄投资合作层次等开展专题调研视察，提出的一些建议得到国家相关部委和省直有关部门的采纳。举办港澳委员座谈会、召开“龙江丝路带”建设论坛、参加澳区委员联谊会成立大会、拜访港澳中联办、组织港澳委员视察境外园区、走访外商投资企业等方式，扩大了黑龙江省的对外影响力。（四）遵循绿色发展理念，围绕生态环境保护集思广益。与吉林、内蒙古政协合作，组织部分委员对大兴安岭南麓三省接合部开展调研视察，向全国政协提出加强区域湿地保护和生态建设的建议。就燃煤污染治理、草原保护和建设等问题开展调研，还为省政府相关部门制定《关于严厉打击草原违法犯罪行为的指导意见》提出了建议。由政协委员赞助，省政协与教育厅、团省委共同举办了第二届大学生再生资源创意竞赛，在全省高校中进一步营造了创新和绿色发展理念。（五）聚焦法治环境建设，围绕优化发展环境开展民主监督。在全省政协系统以“优化发展环境，促进经济发展”为主题，组织各级政协发挥民主监督职能，深入企业一线，助推各级党委政府及时发现和解决发展环境中存在的突出问题。省政协在汇总梳理市地政协意见建议的基础上，提出了强化主体责任、继续简政放权、健全服务机制、完善监管体系、加大扶持力度、优化引资环境等 6 个方面建议。省政府专门召开常务会议，听取专题汇报，明确要求相关部门及市地政府限期集中整治、逐项答复。省政府企业和创业投诉中心对问题进行了调查核实，并将处理意见给予反馈。我们还走访了 54 家外资企业，集中反映了损害投资环境的 9 起事例，引起省委主要领导同志的重视，指示省政协组成调研组，再深入一步，拿出具体典型案例，由省委、省政府整治办跟踪依法依规查办，向社会公开整改情况。就创新大众创业机制、减轻民营企业缴纳养老保险负担、建立企业个人信用体系等 10 余项专题，开展了提案和立法协商。（六）坚持以人为本，围绕民生重点问题履职尽责。省政协十五次常委会议就脱贫攻坚问题开展了专题协商。会前，着重围绕精准扶贫、法治扶贫、少数民族扶贫问题开展深入调研，会议协商形成的一些意见得到省直有关部门的采纳。中央和省内多家媒体对黑龙江法治扶贫活动作了跟踪报道。还选择舆论热点和民生重点问题，依托专门委员会开展人口发展趋势、贯彻道路交通安全法、缓解城区交通拥堵、宗教活动场所治理整顿、打击防范非法集资和电信金融诈骗、食品安全监管、禁毒戒毒、“失独”家庭关怀等多项专题调研视察。由省政协领导督办的儿科医生紧缺、治理校园暴力等 10 件提案，在社会上产生了较大反响。省政协机关、协力扶贫基金会和联谊会结合对口帮扶，深入农村开展扶贫捐助、医疗义诊等活动，受到当地群众的好评。港澳委员为哈尔滨儿童医院捐款 100 万元，为黑龙江大学满族文化遗产保护和研究项目追加捐款 500 万元。（七）持续推进作风建设，在履职实践中不断提高素质能力。以开展“两学一做”学习教育为契机，组织政协各参加单位和政协常委深入学习十八大以来中共中央有关治国理政的新理念、新思想、新战略和习近平总书记系列重要讲话精神，统一思想、形成共识，确保中共中央和省委各项重大决策部署贯彻实施。认真履行党要管党主体责任，注重发挥共产党员和领导干部的表率作用，着力建设高素质的政协委员和机关干部队伍。制定政协主席联系界别、政协委员履职工作等规定，开展“改进政协民主监督”专题研讨，规范履职程序，探索履职方式。举办省情和历史文化系列讲座、金代书法研讨会、书画作品系列展览，编辑《黑龙江音乐史》《研究报告》等史料和咨询报告，开展政协工作创新奖评比表彰，持续营造重视学习、鼓励创新、倡导俭朴、积极务实的良好氛围。二、2017年工作安排。（一）服务发展大局，开展协商议政。（二）紧扣民生热点，积极参政议政。（三）突出法治环境，强化民主监督。（四）提高履职能力，加强自身建设。

【组织概况】

副主席增补名单

（2017年1月17日省政协十一届五次会议第二次全体会议通过）

黄建盛

副主席免职名单

（2016年1月29日省政协十一届四次会议第二次全体会议通过）

何小平　陶夏新　李继纯　郭小华

常务委员补选名单（按姓氏笔画排序）

（2016年1月29日省政协十一届四次会议第二次全体会议通过）

于凤荣　于金才　王　法　王志鹏
毕卫星　刘　丽　闫　岩　杜　军
张　岭　张立君　张振伟　周　玉
钟志林　姜国文　郭占力　黄迎新
梅殿龙

常务委员免职名单（按姓氏笔画排序）

（2017年1月17日省政协十一届五次会议第二次全体会议通过）

于佩常　王凤春　丛祥荣　孙建平
李英瑞　李桂春　张贵海　杨健平
邱奎忠　周景隆　高　民　耿意志
姜　明　赵桂英　黄福清　曹力伟

兼职副秘书长任职名单

（2017年1月14日省政协十一届十六次常委会议通过）

张　岭

专职副秘书长免职名单

（2017年1月14日省政协十一届十六次常委会议通过）

付晓波

兼职副秘书长免职名单

（2017年7月4日省政协十一届十八次常委会议通过）

康凤英
肖建敏

专委会专职主任副主任免职名单（按姓氏笔画排序）

（2017年1月14日省政协十一届十六次常委会议通过）

于佩常同志为省政协农业和农村工作委员会主任

郑建强同志为省政协人口资源环境委员会主任

（2017年9月22日省政协十一届十九次常委会议通过）

赵学礼同志为省政协科教文卫体委员会主任职务

张兰同志为省政协文史和学习委员会副主任职务

专委会兼职副主任免职名单

（2017年1月14日省政协十一届十六次常委会议通过）

张金锋同志为省政协提案委员会副主任

刘延平同志为省政协文史和学习委员会副主任

丛国璋同志为省政协经济委员会副主任

魏兆胜同志为省政协科教文卫体委员会副主任

赵江平同志为省政协社会和法制委员会副主任

师伟杰同志为省政协民族和宗教委员

会副主任

王东航同志为省政协台港澳侨联络和外事委员会副主任

杨再兴为省政协社会和法制委员会副主任

韩贵清、潘忠同志为省政协科教文卫体委员会副主任

专委会专职主任任职名单

（2017年1月14日省政协十一届十六次常委会议通过）

付晓波同志为省政协农业和农村工作委员会主任

专委会兼职副主任任职名单

（2017年1月14日省政协十一届十六次常委会议通过）

董爱民同志为省政协提案委员会副主任

曲振涛同志为省政协经济委员会副主任

何颖同志为省政协科教文卫体委员会副主任

孙邦男同志为省政协社会和法制委员会副主任

袁纲同志为省政协台港澳侨联络和外事委员会副主任

李英瑞同志为省政协农业和农村工作委员会副主任

（2017年9月22日省政协十一届十九次常委会议通过）

李雅勃同志为省政协台港澳侨联络和外事委员会副主任

陆兵同志为省政协农业和农村工作委员会副主任

谭谋同志为省政协民族和宗教委员会副主任

黑龙江省各级政协组织和委员数

（截至2017年年底）

项目＼级别	省	副省级市	地级市	县（市、区）	合　计
组织数	1	1	12	132	146
委员数	722	630	4042	23352	28746

（袁德山　**编写**）

政协上海市委员会

姜　平　副主席　　赵　雯　副主席

【全体委员会议】

十二届五次会议　1月14日至18日在上海世博中心大会堂举行。中共中央政治局委员、中共上海市委书记韩正等市领导出席开幕和闭幕会议，并分别参加专题会议，听取大会发言。市委书记韩正在闭幕会议上讲话，市政协主席吴志明致闭幕词。

会议审议通过吴志明主席代表常务委员会所作的工作报告、蔡威副主席代表常务委员会所作的提案工作情况的报告，讨论市政协2017年度工作要点和2017年度协商计划。与会委员列席上海市第十四届人民代表大会第五次会议，讨论并赞同市政府工作报告、市发展改革委关于上海市2016年国民经济和社会发展计划执行情况与2017年国民经济和社会发展计划草案的报告、市财政局关于上海市2016年预算执行情况和2017年预算草案的报告，讨论并赞同市高级法院工作报告、市检察院工作报告。与会委员围绕进一步做好市政协工作，提出不断提高协商议政实效、切实加强民主监督职能、发挥优势增进广泛团结、持续提高提案工作水平等意见建议，围绕2017年政府工作，提出发挥自贸试验区的示范引领作用、全面推进科技创新中心建设、深化供给侧结构性改革、保障和改善民生、创新社会治理和城市管理、深入推进城乡发展一体化、繁荣发展社会主义先进文化、加大生态建设和环境治理力度、全面加强政府自身建设等意见建议。会议审议通过市政协十二届五次会议决议。会议决定姜樑不再担任市政协副主席，王禄宁等11人不再担任市政协常务委员，增选姜平、赵雯为市政协副主席，增选万敏、马建勋、王国平、方莉萍、李卫东、何品伟、闵卫星、赵丹妮、盖国平为市政协常务委员。会议期间，共收到提案708件，经审查立案682件。

【常务委员会会议】

第32次会议　1月15日举行，应出席158名，实到145名。会议审议通过市政协常务委员会部分组成人员离任名单（草案）和增选建议人选名单，审议通过选举办法（草案）和总监票人、监票人名单（草案）。会议决定，将上述离任名单（草案）、增选建议人选名单、选举办法（草案）和总监票人、监票人名单（草案）提请市政协十二届五次会议分组会议审议。吴志明主席主持会议。

第33次会议　1月17日举行，应出席158名，实到136名。会议审议通过市政协常务委员会部分组成人员离任名单（草案）和增选候选人名单（草案），审议通过选举办法（草案）和总监票人、监票人名单（草案），审议通过市政协十二届五次会议决议（草案）。会议决定，将上述离任名单（草案）、选举办法（草案）、总监票人名单（草案）和决议（草案）提请市政协十二届五次会议全体会议通过，将上述增选候选人名单（草案）提请市政协十二届五次会议全体会议选举。会议听取市政协十二届五次会议分组会议审议和讨论的情况汇报。吴志明主席主持会议。

第 34 次会议 1 月 18 日举行，应出席 158 名，实到 141 名。会议审议通过十二届市政协委员调整名单，王禄宁等 11 人不再担任市政协委员。会议决定，肖堃涛任市政协教科文卫体委员会主任，何品伟任市政协社会和法制委员会主任，闵卫星任市政协民族和宗教委员会主任，马建勋任市政协文史资料委员会主任，市政协区县政协联络指导组更名为市政协地区政协联络指导组。会议决定，姜樑不再担任市政协学习委员会主任，薛沛建不再担任市政协教科文卫体委员会主任，缪晓宝不再担任市政协社会和法制委员会主任，曹斌不再担任市政协民族和宗教委员会主任，冯小敏不再担任市政协文史资料委员会主任。吴志明主席主持会议。

第 35 次会议 3 月 29 日举行，应出席 157 名，实到 118 名。会议围绕“着力推动实施具有全球影响力的科技创新中心建设国家战略”开展专题协商议政，市委常委、常务副市长周波通报本市“着力推动实施具有全球影响力的科技创新中心建设国家战略”有关情况，与会委员从激发全社会创新活力、强化企业主体地位、建设科创中心功能性平台、培养创新创业人才、推动科技成果转化等方面提出意见建议。方惠萍副主席主持会议。

第 36 次会议 5 月 24 日举行，应出席 157 名，实到 115 名。会议围绕“建设市民满意的食品安全城市”开展专题协商议政，副市长许昆林通报“建设市民满意的食品安全城市”有关情况，与会委员从强化法治保障、强化责任落实、强化科技支撑、强化社会共治、发挥行业协会自律作用、完善食品安全信息追溯体系等方面提出意见建议。会议决定，姜平任十二届市政协学习委员会主任。姜平副主席主持会议。

第 37 次会议 7 月 19 日举行，应出席 157 名，实到 126 名。会议围绕“对照最高标准，深入推进上海自贸试验区建设”开展专题协商议政，市委常委、浦东新区区委书记翁祖亮通报“对照最高标准，深入推进上海自贸试验区建设”有关情况，与会委员从“大胆试、大胆闯、自主改，深入推进上海自贸试验区建设”、完善上海自贸试验区制度创新与法治环境、打造服务国家“一带一路”倡议和推动市场主体“走出去”的桥头堡、改革完善浦东体制机制、破解上海自贸试验区准入易经营难、进一步提高口岸便利化等方面提出意见建议。会议审议通过政协上海市委员会专门委员会工作条例（修订草案）。会议同意吴建中辞去十二届市政协常委、委员职务。姜平副主席主持会议。

第 38 次会议 11 月 2 日举行，应出席 157 名，实到 111 名。会议围绕“完善城市风险管理体系”开展专题协商议政，市公安局党委书记、局长龚道安通报“完善城市风险管理体系”有关情况，与会委员从完善上海城市风险管理体系建设的基本思路和框架、提高高层建筑消防风险防范和应急处置、电梯安全运行和风险防控、完善本市自然灾害风险管理法律体系与标准规定、发挥“气象预报”在城市风险管理中的重要作用等方面提出意见建议。会议书面听取市政协十二届五次会议以来提案办理主要情况的汇报。姜平副主席主持会议。

第 39 次会议 12 月 22 日举行，应出席 157 名，实到 122 名。市长应勇到会通报上海经济社会发展情况。会议审议通过《上海市政协常委会关于深入学习和贯彻落实中国共产党第十九次全国代表大会精神的决议》。会议协商决定十三届市政协第一批822名委员名单。会议审议通过关于召开市政协十三届一次会议的决定（草案）、会议议程（草案）和日程（草案）。会议决定，市政协十三届一次会议于2018年1月22日至27日召开，会期6天，21日下午召开预备会议；会议议程（草案）和日程（草案）提请市政协十三届一次会议预备会议审议。会议审议通过市政协常务委员会工作报告（送审稿）和关于提案工作情况的报告（送审稿），提请市政协十三届一次会议审议。会议审议通过上海市政协2018年度协商计划（送审稿）和上海市政协2018年工作要点（送审稿），提交市政协十三届一次会议讨论。会议书面听取市政协2017年反映社情民意信息工作情况的报告。吴志明主席主持会议。

【专门委员会工作】

学习委员会 传达学习全国“两会”精神和习近平总书记在“两会”党员负责人干部会议、界别委员联组会、全国人大上海代表团会议上的重要讲话。认真学习《中国共产党党委（党组）理论学习中心组学习规则》，组织中心组（扩大）学习会，请中央宣讲团成员、全国政协社会和法制委员会副主任施芝鸿作“学习贯彻党的十九大精神”专题报告，请市委副书记尹弘作“学习贯彻中共上海市第十一次代表大会精神情况”专题报告，请市政协常委、学习委员会常务副主任王国平作“认真学习习近平总书记省部级主要领导干部专题研讨班重要讲话，深入贯彻十八届六中全会精神”专题报告。结合专题议政性常委会议主题组织4次专题学习会，邀请专家学者围绕“国家大战略：打造具有全球影响力的科技创新中心”“保障‘舌尖上的安全’建设市民满意的食品安全城市”“从第三方评估视角看自贸试验区”“搞好风险管控，确保安全生产”作专题报告。紧密结合热点开展4次学习研讨活动，联合举办“‘一带一路’与上海”“推进军民深度融合发展情况”“十月革命与中国特色社会主义”“朝鲜半岛安全局势与我国的应对”学习研讨会。举办市政协第七期、第八期委员专题学习研讨班，96名市政协常委、委员参加。推进人民政协理论“三进”工作。开展“上海制造业的定位与布局”专题视察和“创新国资管理，推动国企改革发展”年末视察。组织委员开展科创中心建设、“互联网+”时代的媒体变革和融合发展情况等调研活动。编印《学习参考资料》6期，编发《学习资讯》12期，《常委会学习资料》4期。

提案委员会 做好市政协十二届五次会议提案分理交办工作，参与组织上海市人大代表建议和政协提案办理工作会议，将全会提案及时送交97家承办单位办理。遴选并报请主席会议审议“加快海洋科技发展”等市政协主席会议成员重点协商办理提案专题11个、专门委员会（指导组）重点协商办理提案专题4个。做好市政协主席会议成员重点协商办理提案专题系列座谈、视察等活动的组织服务工作。与市政府办公厅联合召开市政府系统部分承办单位办理工作例会，举办党派团体参政议政部负责人座谈会、承办单位提案办理工作人员培训会。召开“关于建立商务印书馆旧址纪念馆”等提案办理协商会，开展提案办前协商或提案跟踪促办活动，推进提案建议的采纳和落实。组织委员开展“关于加快老旧住房综合改造”等提案知情考察、调研活动。协同开展“城乡中小河道综合整治”专项民主监督，对松江等地区中小河道整治重点区域开展专项监督。会同市政府办公厅等，系统梳理本届以来提案办理工作的成效，开展提案“回头看”工作。征集市政协十三届一次会议提案，编印八个方面 89 项提案征集参考选题。召开各民主党派、人民团体提案工作座谈会，就优化提案选题开展协商。做好市政协优秀提案评选表彰工作，58 件提案被授予优秀提案奖，15 件提案被授予优秀提案特别奖。

经济委员会 牵头做好市政协十二届三十七次常委会议“对照高标准，深入推进自贸试验区建设”专题协商议政的组织工作。开展专题调研，形成《上海自贸试验区主攻方向和突破重点》专题报告，报送市委、市政府；开展“以‘补短板’为重点，深化供给侧结构性改革”“上海新农村建设中需要关注的若干问题”课题调研，形成专题报告，报送市委、市政府。与对外友好委员会联合召开“特朗普新政对中国未来发展的影响及新机遇”专题研讨会，邀请委员和专家学者从国际关系、经济、文化、外交等角度交流探讨。召开“推动上海品牌建设”专题座谈会，开展实地调研，承办全国政协经济委员会与上海市政协联合举办的“推动上海品牌建设”研讨会。对本市 2017 年经济运行状况进行评估分析，邀请专家和相关行业企业的委员进行座谈研讨，形成专题报告。围绕“本市 2016 年市本级决算和 2017 年上半年预算执行情况”开展监督评议，开展“上海市创业投资引导基金”专项资金投入、管理及使用情况专题视察，牵头承办“深化预算编制和管理改革”专题协商会上。

人口资源环境建设委员会 牵头做好市政协十二届三十八次常委会议“完善城市风险管理体系”专题协商议政的组织工作。深化会议筹备工作，请市住房城乡建设管理委等部门通报有关情况，请国家安监总局原领导作关于城市风险管理专题学习辅导报告，开展“综合交通体系构建情况”等专题考察，围绕“推进建立基于大数据的城市突发震动灾害监控体系的建议”“老旧住房综合改造”等专题开展协商座谈，开展“完善城市风险管理体系”“加强住宅小区运行风险管理，提升社会治理精细化水平”专题调研，形成《关于完善城市风险管理体系若干建议》专题报告，报送市委、市政府。牵头开展专项民主监督，会同其他专委会（指导组），联合相关区政协、党派界别，开展“本市城乡中小河道综合整治”专项民主监督，形成《市政协“本市城乡中小河道综合整治”专项民主监督报告》，报送市委、市政府。召开专题协商（通报）会，请市委、市政府领导通报本市城乡中小河道整治督查落实、高水平高质量地推进崇明世界级生态岛建设、本市城市总体规划调整、本市民生保障待遇标准调整、本市商业办公项目清理整顿、本市生态保护红线划定并严守方案编制、本市探索建立长期护理保险制度、本市第七轮环保三年行动计划编制等工作情况。围绕“加强土壤污染预防和修复”“推进城乡中小河道综合整治”“上海北横通道建设情况”“再生资源回收利用情况”“养老服务信息化及长期护理保险试点情况”等专题组织视察考察活动。组织委员对《上海市残疾人就业办法（草案）》提出意见建议。

教科文卫体委员会 牵头组织市政协十二届三十五次常委会议“着力推动科创中心建设的国家战略实施”专题协商议政的组织工作。召开“有效破解基础教育课外校外补课顽症”专题协商会。会同提案委重点协商办理“整顿规范教育培训市场秩序”提案专题。围绕社会热点，组织“努力把上海建设成为文艺创作高地”“着力推动科创中心建设国家战略实施”“人工智能的未来发展方向”海聊座谈会。围绕建设科创中心国家战略开展专项调研，形成《着力推动实施具有全球影响力的科技创新中心建设国家战略》专题报告，报送市委、市政府；围绕“红色一平方公里”开展深入调研，形成《聚焦中共建党百年诞辰，以一大会址为核心建设“红色源头”历史文化风貌区专题调研报告》，报送市委、市政府；围绕本市文艺原创能力建设开展调研，形成《面向国际文化大都市的宏伟目标，将上海建设成为优秀文艺作品重要原创基地》专题报告，报送市委、市政府。围绕“本市高考阅卷情况”“发展健康服务业，优化社会办医政策环境”“建设张江科学城，加快推进科技创新中心建设”等专题，开展视察考察。支持上海科技成果转化促进会举办系列讲座。支持都江堰市北街小学援建工作。支持市政协书画院开展工作，组织“万紫千红——喜迎党的十九大胜利召开诗书画印创作展”，出版《万紫千红》诗书画印创作集。

社会和法制委员会 牵头做好市政协十二届三十六次常委会议“建设市民满意的食品安全城市”专题协商议政的组织工作。与市食品药品监管局开展联合调研，形成《关于“建设市民满意的食品安全城市”的若干建议》专题报告，报送市委、市政府。承办“贯彻中共十八届六中全会精神，推进全面从严治党工作情况”“本市推进市场监管分类综合执法改革试点的实践和思考”专题通报会。配合做好《上海市高级人民法院工作报告（征求意见稿）》《上海市人民检察院工作报告（征求意见稿）》专题通报会相关工作。积极探索深化市政协委员参与立法协商工作，以座谈会、市政协网站和书面征询等形式组织委员就《上海市居民委员会工作条例（草案）》《上海市水资源管理若干规定（草案）》等12件（次）法规规章提出修改意见，经归纳整理函复市人大常委会法工委、市政府法制办参考。配合全国政协社法委开展“上海自闭症儿童权益保护的研究”专题调研，形成专题报告报送全国政协社法委。开展“道路交通违法行为大整治工作情况”监督性视察活动和“中小河道综合整治”专项民主监督。开展“规范发展本市快递行业”年末委员视察。重点协商办理“切实加强食品安全监督”提案专题。

民族和宗教委员会 举办“本市民族宗教工作情况”“宗教工作及相关政策”专题报告会。举办“护城兴市、济世度人——城隍信仰与上海城隍庙”“佛教文化常识”专题讲座。协助完成全国政协民宗委“内地高校西藏新疆少数民族大学生培养”调研组来沪调研工作。开展“宗教人才培养”课题调研，形成《关于宗教人才培养的若干建议》专题通报，报送市委、市政府。召开“新疆少数民族来沪务工经商情况”专题座谈会。重点协商办理“关于进一步加强本市宗教文化遗产保护、开发和利用的若干建议”和“关于进一步做好在沪内地新疆中职班（内职班）教育管理工作的建议”提案专题。结合“委员界别活动日”，组织委员赴青浦区考察“回民公墓二期建设进展情况”，赴闵行区视察“宗教场所合理布局”，赴崇明区视察“宗教场所合理布局”。承办市政协主要领导走访宗教活动场所活动，就宗教界关心的问题与宗教界代表人士座谈交流。春节及高温日走访慰问民族宗教界委员和代表人士30余人次。

文史资料委员会 继续围绕上海改革开放、对口支援、“我与上海”3个系列开展文史资料征集和编辑出版工作。与中共上海市委党史研究室等单位合作编辑出版《上海文史资料选辑（情牵天山南北

一、二、三、四、五)》第166—170辑，《上海文史资料选辑(口述上海·国资国企改革)》第171辑，《上海文史资料选辑(雪域高原的格桑花——第七批援藏干部“三亲”史料专辑)》第172辑，《上海文史资料选辑(口述上海·对口援三峡)》第173辑。开展“上海出版改革40年”“海派文化”“上海收藏”口述史料征编工作。承办“传承城市历史文脉，推进上海国际文化大都市建设”专题通报会。重点协商办理“重视历史建筑风貌区保护”提案专题。开展“城市历史风貌保护利用”专题调研。组织“促进上海互联网文化出版业健康发展”专题视察。参与举办海派文化研讨会和收藏论坛。做好《浦江纵横》杂志的编辑出版工作，指导发挥上海市文史资料研究会的交流研究作用。

港澳台侨委员会 开展《进一步支持上海市政协港澳委员在香港澳门地区发挥积极作用》专题调研，形成专题报告，报送市委、市政府。举办专题通报会，邀请市委统战部部长沙海林通报“香港地区有关形势和近期工作”，邀请市政府港澳办、侨办、台办负责人通报工作情况。召开市政协台胞联络组成员专题座谈会，听取在沪台商对“新形势下如何加强两岸民间交流交往”的意见建议。重点协商办理“加快社会养老体系建设”提案专题。专题视察《上海市华人华侨权益保护条例》落实情况。做好市政协代表团赴香港、澳门访问的服务组织工作，举办港澳地区市政协委员座谈会，走访港澳地区市政协委员，组织港澳委员与内地委员跨界别交流活动。承办第六期澳门青年人才上海学习实践活动，赴京向全国政协汇报“澳门青年人才上海学习实践计划”工作。做好全国政协港澳台侨委员会在上海召开的五方工作会议组织工作。与上海社科院港澳研究中心、香港明天更好基金联合举办“沪港合作与发展论坛——香港回归20周年”。与市侨办联合举办“华侨华人经理人座谈会”。与文史委联合举办“金耀基八十书法展”。共同开展“走近政协”活动，接待“2017共创未来香港青年内地交流计划”考察团、2017香港“未来之星”港澳青年访沪团。支持港澳委员参与香港回归祖国20周年庆祝活动。举办市政协领导率港澳委员赴广西学习考察并捐资助学活动。

对外友好委员会 举办“依托‘世界城市日’‘一带一路’等平台载体，推进上海建设卓越的全球城市”专题协商会，召开“海内外人才引进政策落实情况”专题通报会。开展专题学习，邀请上海国际问题研究院院长陈东晓、吉林大学东北亚研究院国际政治所所长巴殿君作关于“中美关系”和“朝鲜半岛安全局势与我国的应对”专题报告，邀请外交部原新闻发言人孙玉玺作“金砖合作，扬帆远航”专题报告会。举办品牌活动，举办“中国企业走进金砖国家和新兴经济体”研讨会、“一带一路”倡议与公共外交为主题的第五届公共外交对话会，参与筹办“2017年中国经济社会论坛”。以专题协商、提案办理协商推动建设“上海国际友好城市公园”项目。重点协商办理《努力办好“世界城市日”，推动上海建设卓越的全球城市》提案专题。开展课题调研，形成《充分发挥留学回国人员作用，推动卓越全球城市建设》《2016年上海对外友好交往概览》《在沪外籍人士对上海满意度》专题报告。组织“国际组织落户上海情况”“自贸区金融改革”专题视察。助推公共外交，开展“欧亚新丝路自驾友谊之旅”“犹太难民与上海”史料展北京高校巡展活动。协助全国政协外事委员会“改进和加强我国卫生援非工作”课题组来沪调研、中国经济社会理事会“网约自行车规范发展的主要问题和建议”课题组来沪调研等工作。

地区政协联络指导组 与奉贤区政协联动，聚焦中小河道综合治理开展专项民主监督，形成监督报告。开展“地区政协协商式监督的探索与实践”重点课题调研。重点协商办理“加快建设美丽宜居乡村”提案专题，形成《市郊农村完善粮食茬口布局，地区政协积极推动初见成效》工作简报，报送市委。与学习委员会共同承办“深入实施军民融合发展战略”专题学习会。组织委员参与《市农村集体资产监督管理条例（草案）》征求意见工作。配合举办“外籍人士走进黄浦区政协”活动。团结联系特邀界别委员，形成每月一次调研考察、定期走访界别委员的工作制度，打造“军营一日”界别活动工作品牌。举办第二期区政协常委赴井冈山干部学院培训班，全年共组织31名区政协干部分5批参加全国政协干部培训班。定期召开各区政协主席例会、秘书长例会，促进各区政协工作交流。

【重要会议、活动】

学习宣传贯彻中共十九大精神 10月29日，市政协机关召开传达学习中共十九大精神会议；11月27日，市政协召开理论研讨会，围绕学习贯彻中共十九大精神和习近平总书记关于加强和改进人民政协工作的重要思想、推动新时代政协工作创新发展等交流研讨；12月18日，市政协十二届三十九次常委会议审议通过了上海市政协常委会关于深入学习和贯彻落实中国共产党第十九次全国代表大会精神的决议。决议号召，市政协各参加单位和广大市政协委员，更加紧密地团结在以习近平同志为核心的中共中央周围，高举中国特色社会主义伟大旗帜，以习近平新时代中国特色社会主义思想为指导，在中共上海市委领导下，拥抱新时代、谋求新作为，为实现中华民族伟大复兴的中国梦、实现人民对美好生活的向往继续奋斗！

开展专项民主监督 4月至9月，市政协首次以专项民主监督的形式，就“本市城乡中小河道综合整治”情况开展监督。市政协主席会议审议通过专项民主监督工作方案，人口资源环境建设委员会牵头，会同提案委员会、经济委员会、社会和法制委员会以及地区政协联络指导组，成立5个专项民主监督工作小组，分别由吴志明主席和相关副主席带队，相关党派成员、区政协委员共同参与，对松江、金山、杨浦、宝山、崇明、奉贤等6个区中小河道整治的重点区域、重点条段开展监督。其间查看中小河道23批次（明察14次，暗访9次），召开专题座谈会38次，400余人次参与，反映意见建议300余条，编发各类简报8期，召开“本市城乡中小河道整治督查落实情况”专题通报会，市委常委、市委秘书长诸葛宇杰通报有关情况。形成《市政协“本市城乡中小河道综合整治”专项民主监督报告》，提出研究制定中小河道治理的五年行动规划、打好河道整治攻坚战、建立可持续的资金投入保障机制、完善“河长组织体系”、建立有效社会参与机制五个方面的意见建议，报送市委、市政府。

举行十二届市政协委员大会总结五年履职工作 11月8日，市政协在上海展览中心举行十二届市政协委员大会，总结十二届市政协履职工作。市政协主席吴志明作总结报告，市委副书记尹弘出席并讲话，市委常委、统战部部长施小琳，副市长许昆林出席。会议总结了本届市政协在探索推进政协协商民主建设方面的经验，五年来，在中共上海市委领导下，市政协深入贯彻落实以习近平同志为核心的中共中央对人民政协工作、对上海工作的指示要求，勤勉履职，务实建言，凝心聚力，为上海经济社会发展和民主政治建设作出积极贡献，市委、市政府领导共出席市政协各类履职活动140余次，市政协举办专题议政性常委会议20次，召开专题协商会和专题通报会186次，组织委员视察130多次，开展专题调研近600项，报送调研报告100余篇，制定和修订常委会议要则、专门委员会工作条例、委员履职工作规则等20多项制度。会议总结了十二届市政协工作的五点体会：努力处理好自觉接受领导和工作主动作为的关系、政协平台上求同与存异的关系、履职建言数量和质量的关系、工作传承和实践创新的关系、委员主体和机关服务的关系。

【重要文件】

常务委员会工作报告 （2017年1月14日）（摘要）2016年主要工作回顾。（一）加强理论学习，凝聚思想共识。以学习贯彻中共十八届五中、六中全会精神为重点，深刻把握以习近平同志为核心的中共中央治国理政的新理念新思想新战略，贯彻落实创新、协调、绿色、开放、共享的发展理念，牢固树立政治意识、大局意识、核心意识、看齐意识，更加自觉地在思想上政治上行动上同以习近平同志为核心的中共中央保持高度一致。召开弘扬社会主义核心价值观专题通报会。把学习贯彻中共中央重要会议精神与上海实际结合起来，积极主动贯彻落实中共上海市委各项决策部署。认真学习贯彻习近平总书记对政协工作提出的新思想新部署新要求，围绕发挥协商民主重要渠道和专门协商机构作用，按照懂政协、会协商、善议政的要求，组织中心组学习，举办两期委员专题学习研讨班和系列学习报告会。举办系列通报会，邀请市领导就全国宗教工作会议精神、对台工作情况、党风廉政建设、执行八项规定精神长效机制、基层党建工作等通报情况。（二）紧扣中心工作协商议政，推动创新发展。深入建言科创中心建设，聚焦制约科技成果产业化和人才集聚的制度性障碍、企业主体地位不突出等关键问题，深入调研考察，了解短板瓶颈。以“坚持创新发展，增强企业在科创中心建设中的主体作用”为主题，召开专题议政性常委会议，着重从加强创新政策宣传、培育创新型“引擎”企业、集聚创新创业人才、建立以企业为主导的产学研协同创新平台等方面提出建议，积极推动具有全球影响力的科技创新中心建设。着力推动城市可持续发展，贯彻落实中央城市工作会议精神，坚持绿色、协调发展理念，针对上海城市建设发展中的突出问题，组织开展学习考察、调研视察、座谈研讨等系列履职活动40余次，300余人次参加。围绕推动城市可持续发展，召开常委会议专题协商议政，提出促进城乡一体化发展、建设城市管理综合预警系统、构建城市管理“大数据”平台、保护城市历史文脉等意见建议。积极参与讨论《上海市城市总体规划（2016—2040）》编制，为建设卓越的全球城市凝聚共识。加强经济形势分析与对策研究，聚焦经济运行中的热点难点问题，围绕供给侧结构性改革、证券市场健康发展、本市房地产业发展形势等召开系列座谈会，举办保持经济持续健康发展、促进体育产业与体育消费等专题协商会，为推动经济持续健康发展等建言献策。（三）聚焦改革攻坚咨政建言，促进改革开放。推动上海自贸试验区建设，开展“发挥自贸试验区制度创新引领作用，推进改革开放新突破”专题调研，深入学习考察深圳前海自贸片区建设的做法和经验，提出深化上海自贸试验区制度创新和开放发展的对策建议，配合中国经社理事会举办“2016自贸区论坛”。以“坚持开放发展，构建更高层次的开放格局”为主题，召开常委会议专题协商，提出完善国际营商环境、深化“一带一路”背景下的双向开放合作等建议。聚焦上海国际大都市建设开展专题协商，就开放城市外事资源、提高国际文化传播水平等议政建言。紧扣群团、司法、国资国企、教育、医药卫生体制改革等全市重大改革任务，积极开展专题协商、对口协商、界别协商、提案办理协商等，提出完善群团管理体制和运行机制、优化司法资源配置、强化国企分类管理、推动民办教育改革创新、推进分级诊疗制度建设等重要建议。结合全国政协来沪调研，深入了解本市优化金融服务支持创业创新、涉税专业服务法治保障、文艺繁荣发展、慈善组织发展等情况。（四）关注群众期待，促进民生改善。大力推动共享发展，以“坚持共享发展、促进社会和谐”为主题，召开专题议政性常委会议，围绕完善共享发展制度安排、提高公共服务共建能力和共享水平、收入分配制度改革等，就社会各界普遍关心的养老服务、旧区改造、小区安全、医疗卫生、雾霾防控、托育服务、残疾儿童康复等提出有针对性的对策建议。持续关注民生热点，就健全住宅物业管理法规和规章、落实全面“二孩”政策、对口支援和扶贫帮困、完善职业教育等开展专题协商。聚焦“补短板”重点工作，围绕道路交通违法行为大整治开展专题协商，推动建立常态化长效化管理机制。选取水环境治理、生活垃圾处理、老旧住房安全、高层建筑消防安全、电信网络新型违法犯罪治理、儿科医生队伍建设等组织视察调研，提出意见建议。通过特邀监督员开展信访工作专题督察等，进行民主监督，促进民生改善。（五）发挥独特优势，增进广泛团结。深化同各党派团体和各界别的联系合作，重视党派提案，优先安排大会发言，为各民主党派、工商联和无党派人士发挥作用搭建平台，完善界别活动召集人制度。贯彻落实中央民族工作会议精神和全国宗教工作会议精神，坚持以“阳光育人”计划、在沪少数民族新疆班为载体，协助做好少数民族人口服务管理工作。举办宗教文化讲座、论坛，围绕宗教活动场所法人地位与管理体制等开展课题调研，组织恳谈会、谈心会和走访慰问，加强与少数民族界、宗教界委员交心交流。注重与港澳地区委员的联络沟通，组织港澳地区委员赴宁夏、福建、浙江等地学习考察，举办第十一次沪港合作与发展研讨会，办好第五期“澳门青年人才上海学习实践”活动，加强与在沪台商的联系交往，举办第十一届华侨华人经理人座谈会。做好文史资料工作，编辑出版《雪域情愫——老西藏精神代代相传》等一批口述历史资料，围绕红色文化资源整合、石库门保护利用等课题，深入调研献计出力。加强与外国议会及类似组织的友好往来，接待波黑、柬埔寨等国家议会代表团，出访澳大利亚、印度尼西亚等国家，在奥地利、捷克、德国、俄罗斯等国家有关城市开展中外文化对话交流，邀请外籍专家和留学生代表走进市政协和长宁区政协，举办“中国企业走进非洲”研讨会，召开第四届“公共外交对话会”，有序开展公共外交和人文交流。（六）坚持改革创新，提升履职能力。着力提高提案质量，严格立案审查，全年收到提案892件，立案850件，办复838件，选取核电技术发展、社区及居家养老等专题，深入开展提案办理协商，运用信息化手段推进提案内容和办理信息向本市党政部门公开。强化政协信息舆情汇集和民意表达功能，全年综合编报《社情民意》《建言》《挚友诤言》等1450余期，其中91期得到中央和市领导的批示。积极探索参与立法协商、开展预算协商，研究制定了《市政协委员参与立法协商工作规程》和《市政协开展预算协商实施办法（试行）》，对参与立法协商、开展预算协商的原则、机制、内容、形式和程序等作出规定。就本市推进国际航运中心建设条例、道路交通管理条例等 32 件（次）法规规章，提出意见建议。围绕市本级 2015 年决算、2016 年预算执行、2017 年预算编制，开展监督评议和专题协商。持续加强“两个能力”建设。结合协商议题，举办各种形式的委员学习讲座、学习报告，帮助委员拓宽视野、知情明政；坚持问题导向，深入开展调研，使对策建议更加符合实情、反映民意、有助决策；强化委员在政协工作中的主体地位，拓展委员履职平台，开展不设主题的“海聊”，推动跨界交流。加强统筹协调，改进会议活动组织工作；始终坚持正确舆论导向，加强政协新闻宣传；加强政协理论研究，编纂出版《上海市政协的组织架构和运作程序》。支持政协之友社等发挥优势，开展工作。以开展“两学一做”学习教育为契机，切实加强政协自身建设，严格贯彻执行中央八项规定精神，持续改进工作作风，推进机关各项建设。加强联络指导，促进区县政协工作交流联系，指导服务换届工作。

【组织概况】

增选副主席名单

（2017 年 1 月 18 日市政协十二届五次会议通过）

姜　平　赵　雯（女）

不再担任副主席名单

（2017 年 1 月 18 日市政协十二届五次会议通过）

姜　樑

增选常务委员名单

（2017 年 1 月 18 日市政协十二届五次会议通过）

万　敏　马建勋　王国平

方莉萍（女）　李卫东　何品伟

闵卫星　赵丹妮（女）　盖国平

不再担任常务委员名单

（2017 年 1 月 18 日市政协十二届五次会议通过）

王禄宁（女）　冯小敏　张国发

林　野　林尚立　徐　达　徐凤建

曹　斌　程九龙　缪晓宝　薛沛建

（2017 年 7 月 19 日常务委员会第 37 次会议通过）

吴建中

区政协主席名单

浦东新区　严　旭

黄浦区　左　燕（女）

徐汇区　胡　敏

长宁区　温新华（女）

静安区　陈永弟

普陀区　钱城乡

虹口区　石宝珍（女）

杨浦区　郃　荀

闵行区　祝学军

宝山区　丁大恒

嘉定区　刘海涛

金山区　王美新（女）

松江区　邵林初

青浦区　李华桂（女）

奉贤区　陈勇章

崇明区　邹　明

上海市各级政协组织和委员数

（截至 2017 年年底）

级别 项目	直辖市	市辖区	合计
组织数	1	16	17
委员数	813	4605	5418

（李　颖　**编写**　贝晓曦　**审稿**）

政协江苏省委员会

蒋定之　主席

阎　立　副主席

【全体委员会议】

十一届五次会议　2月5日至9日在南京举行。会议应出席委员754人，实到694人。中共江苏省省委书记李强在会议开幕时作了题为《凝心聚力推进“两聚一高”新实践》的讲话。委员们认为，讲话回顾总结了2016年我省经济社会发展取得的新成绩，科学分析了面临的形势和任务，明确提出了做好今年工作的重大举措，对于动员全省上下坚持稳中求进工作总基调，牢固树立和贯彻落实新发展理念，适应把握引领经济发展新常态，坚持提高发展质量和效益，推进供给侧结构性改革，聚力创新、聚焦富民，高水平全面建成小康社会，具有重要指导意义。会议听取、审议并同意省政协主席张连珍所作的常务委员会工作报告和省政协副主席徐鸣所作的关于提案工作情况的报告。委员们列席了省十二届人大五次会议，听取、讨论并赞同省长石泰峰所作的政府工作报告和其他有关报告。省委、省政府领导及有关部门负责同志分别听取委员大会发言。会议通过了省政协十一届五次会议决议和提案初步审查情况报告，选举蒋定之为主席，阎立为副主席，会议同意张连珍辞去省十一届政协主席职务，同意杨新力、罗一民辞去省十一届政协副主席职务。蒋定之致闭幕词。会议号召，全省各级政协组织、各参加单位和广大政协委员，紧密团结在以习近平同志为核心的中共中央周围，高举中国特色社会主义伟大旗帜，坚持以邓小平理论、“三个代表”重要思想、科学发展观为指导，深入贯彻习近平总书记系列重要讲话精神，在中共江苏省委领导下，不忘初心、继续前进，为开创我省政协工作新局面、谱写好中国梦的江苏篇章而努力奋斗，以优异成绩迎接中共十九大胜利召开！

【常务委员会会议】

第16次会议　1月17日在南京举行。会议应出席148人，实到105人。会议审议通过了省政协常委会工作报告和提案工作情况报告、关于召开省政协十一届五次会议的决定、省政协十一届五次会议议程（草案）和日程、省政协常委会工作报告和提案工作情况报告报告人名单、省政协十一届五次会议秘书长和副秘书长名单、省政协十一届五次会议选举办法和选举监票人建议名单（草案），审议通过了有关人事事项，省政府办公厅书面通报了省政协十一届四次会议以来提案办理的情况。张连珍主持会议并在结束时发表讲话。

第17次会议　2月9日在南京举行。会议应出席146人，实到132人。会议审议并原则通过了《中国人民政治协商会议江苏省第十一届委员会2017年工作要点》。蒋定之主持会议并在结束时发表讲话。

第 18 次会议 5 月 22 日至 23 日在南京举行。会议应出席 146 人，实到 103 人。会议听取了省委常委、常务副省长黄莉新关于加强创业就业培训、促进富民增收的情况通报，并进行协商讨论。蒋定之在会议结束时发表讲话。会议收到发言材料 59 篇，有 22 名委员作了大会发言。会后，向省委、省政府报送《关于聚焦富民持续提高城乡居民收入水平的建议案》。李强、代省长吴政隆对建议案作出批示。

第 19 次会议 9 月 27 日至 28 日在南京举行。会议应出席 143 人，实到 103 人。会议听取了黄莉新关于推进苏北生态优先绿色发展的情况通报，并进行协商讨论。蒋定之在会议结束时发表讲话。会议收到发言材料 49 篇，有 22 名委员作了大会发言。会后，向省委、省政府报送《关于坚持生态优先绿色发展加快苏北转型升级的建议案》。李强、省长吴政隆对建议案作出批示。

【专门委员会工作】

提案委员会 共收到提案 717 件，立案 655 件并全部办复。摘编 46 件重点提案报请省委、省政府领导阅批。选择 16 件提案，整合为推进精准扶贫、保护长江生态环境、推进特色小镇建设、加强社会组织建设、推动中医药发展、发展学前教育、促进经济开发区转型升级 7 个专题，分别由主席会议集体督办和主席、副主席领衔督办。

学习委员会 举办 1 期委员学习研讨班，2 期全省市县政协新任主席、副主席培训班，1 期全省市县政协新任秘书长、办公室和研究室主任培训班，协助新疆伊犁州政协举办少数民族政协委员专题培训班。编发《学习资料》12 期，增刊 2 期，围绕议政性常委会议主题，编发《学习资料汇编》2 本。组织学习委员会委员和社科界委员考察调研。

文史委员会 编辑出版《钟山风雨》杂志 6 期。编纂完成《江苏省志丛书·政协志》《江苏省志·政协志》。开展《我与南京长江大桥的故事·亲历者口述实录》征集采访工作。联合举办首届中国传统村落保护论坛。

经济委员会 参与承办省政协十一届十九次常委会议和十一届四十五次主席专题协商会议，承办推进宁镇扬一体化发展委员集中视察；就构建绿色金融体系助推苏北产业发展、深入实施精准扶贫精准脱贫、推进特色小镇建设、传统工业领域供给侧结构性改革进行调研，就水利重大工程及技术、休闲观光农业开展界别活动，积极提出建议。

科学技术委员会 就苏北地区深循环地下水科学开发利用、科技支撑特色小镇创新发展等开展专题调研，就加快建设产业创新中心、农业科技创新、创业孵化器建设等开展界别活动，形成建言成果。

人口资源环境委员会 就入海口水域环境保护、长江江苏段水环境保护、京杭运河船舶排放污染问题等开展专题调研，形成调研报告。

教育文化委员会 承办进一步繁荣发展文艺事业委员集中视察、省各界人士新年茶话会文艺演出、省政协庆祝第三十三个教师节走访慰问活动、全省政协庆祝建军 90 周年书画展。就教育系统党风廉政建设、精准扶贫富民增收、贫困地区中小学师资队伍建设、加快发展现代职业教育等进行调研，并形成调研报告。

医卫体育委员会 参与承办省政协十一届四十三次主席专题协商会议，组织委员和所在医院团队下基层开展扶贫义诊活动。就推进健康江苏建设、医疗卫生服务优化行动、医用机器人系统使用、肿瘤治疗、全民健身行动计划实施、体育在推进

“健康中国”建设中的作用、第十九届省运会筹备情况、六合水上训练基地建设等开展调研，并形成调研报告。

社会法制（民族宗教）委员会 参与承办省政协十一届十八次常委会议，参与主办社会爱心人士赴省未成年犯管教所开展“家的呼唤，爱的希望”主题帮教活动。就加强创业就业培训促进增收富民、农村基层社会治理、贯彻宗教工作会议精神加强基层宗教工作、推进经济薄弱民族村精准扶贫工作等开展调研，形成调研报告，提交社情民意信息、专委会集体提案等。

港澳台侨（外事）委员会 组织港澳委员赴常州、泰州考察。协助香港学生领袖考察团、澳苏大学生阳光成长文化交流团、香港宝血会教育交流团等来江苏进行体验式学习考察。接待台湾新北议会代表团、泰国台商代表团、柬埔寨政府访问团、越南祖国阵线代表团等。围绕江苏企业“走出去”风险管控、推进台资制造业优化升级、新侨回国创新创业、在苏台生就读就业情况开展专题调研。

【重要会议、活动】

举行全省各界人士新年茶话会 12月27日，省政协在南京举行全省各界人士新年茶话会。省委书记娄勤俭发表讲话指出，2017年江苏上下紧紧围绕迎接十九大和学习贯彻十九大精神，以习近平新时代中国特色社会主义思想为指导，自觉践行新发展理念，坚持稳中求进工作总基调，全面落实省第十三次党代会确定的各项目标任务，推动“强富美高”新江苏建设取得新的进展。2018年是全面贯彻落实十九大精神的开局之年。要全面贯彻十九大精神，以习近平新时代中国特色社会主义思想为指导，按照总书记视察江苏重要讲话要求和中央经济工作会议部署安排，坚持稳中求进工作总基调，坚持新发展理念，紧扣社会主要矛盾变化，按照高质量发展的要求，统筹推进“五位一体”总体布局和协调推进“四个全面”战略布局，深入推进“两聚一高”新实践，统筹做好稳增长、促改革、调结构、惠民生、防风险各项工作，积极进行基本现代化建设新探索，把“强富美高”新江苏建设不断推向前进。吴政隆出席，蒋定之主持，省政协副主席、农工党江苏省委主委周健民代表省各民主党派、工商联和各界人士讲话。

举行全省市县政协主席座谈会 11月9日至10日，省政协在扬州召开全省市县政协主席座谈会，认真学习贯彻中共十九大精神，以习近平新时代中国特色社会主义思想为指导，交流工作、总结经验，努力做好新时代的政协工作。娄勤俭对会议召开作出批示，希望大家认真学习领会中共十九大精神，深刻把握习近平新时代中国特色社会主义思想，在学懂、弄通、做实上下功夫，进一步增强“四个意识”，进一步增强做好新时代政协工作的责任感使命感，进一步增强履职尽责的能力和水平，为推进“两聚一高”新实践、建设“强富美高”新江苏作出新的更大贡献。蒋定之为与会人员宣讲中共十九大精神，并在会议结束时讲话。他指出，学习宣传贯彻中共十九大精神，是当前和今后一个时期的首要政治任务。全省各级政协组织和广大政协委员必须始终坚持党的领导不动摇，必须准确把握政协性质定位，必须紧紧围绕中心服务大局履行职能，必须切实贯彻以人民为中心的发展思想，必须牢牢把握团结和民主两大主题，必须注重发挥委员主体作用。13个设区市及6个县（市、区）政协负责同志作了交流发言。

举行住苏全国政协委员座谈会 8月23日，省政协在徐州举行住苏全国政协委员座谈会，围绕“坚持生态优先绿色发展、加快苏北转型升级”进行视察，开展协商议政。蒋定之主持并讲话。全国政协教科文卫体委员会副主任张连珍参加视察。9名住苏全国政协委员在座谈会上发言。

【重要文件】

常委会工作报告（2017年2月5日）（摘要） 一、2016年工作回顾。(一) 强化理论学习，始终保持正确政治方向。认真学习习近平总书记系列重要讲话特别是视察江苏重要讲话精神，坚定中国特色社会主义道路自信、理论自信、制度自信、文化自信。坚持思想建党和制度治党紧密结合，制定《中共政协江苏省委员会党组工作规则》。积极协助省委召开全省政协工作会议、出台《关于加强和改进人民政协工作的意见》。及时召开各设区市、县(市、区) 政协主席座谈会。(二) 聚焦中心任务，紧紧围绕“十三五”开局起步协商议政。召开十一届十四次、十五次常委会议，分别围绕推进创新驱动发展、积极培育发展新动能和大力实施民生共享战略、提升人民群众幸福感和满意度进行协商讨论。召开十一届三十二次、三十五次主席会议，分别围绕着力提高城市发展持续性宜居性和加强养老服务体系建设议题开展专题协商。牵头召开连云港石梁河库区整体帮扶工作协调会。全年收到大会发言材料269篇，79人次作大会发言。报送建议案、专项建议和调研视察报告17篇，省委书记李强、省长石泰峰等分别作出批示。(三) 突出团结民主，认真做好凝心聚力工作。积极搭建党派合作平台，各民主党派省委、省工商联提交的59篇大会发言材料、提出的151件提案、报送的42篇社情民意信息，都得到充分反映和及时办理。努力促进民族团结、宗教和睦，围绕加强城市民族工作、培养宗教界中青年代表人士、宗教事务依法管理和宗教场所文物保护情况等开展考察调研。广泛开展同港澳台同胞、海外侨胞的团结联谊。(四) 把握正确导向，精心组织纪念孙中山先生诞辰150周年系列活动。隆重举行江苏省暨南京市纪念孙中山先生诞辰150周年大会、海外侨胞纪念孙中山先生诞辰150周年大会暨主题论坛、省暨南京市各界人士谒陵仪式及大型报道等系列活动。(五) 坚持改革创新，切实提高政协工作成效。做好政协各项经常性工作，推动政协工作更加活跃、深入。抓好政协自身建设，不断夯实履行职能的基础。一年来，各界别共开展各类活动42次，487人次参加。着力推进“学习型、文化型、健康型”机关建设。积极支持省委第一巡视组对省政协机关的专项巡视。二、2017年主要工作。(一) 深入学习贯彻中共江苏省第十三次代表大会精神，努力在凝聚共识、汇聚力量上取得更大成效。(二) 充分发挥政协协商民主重要渠道和专门协商机构作用，努力在服务大局、助推发展上发挥更大作用。(三) 以求真务实的作风加强自身建设，努力在强基固本、提高能力上迈出更大步伐。

【组织概况】

选举主席名单

（2017年2月9日省政协十一届五次会议通过）

蒋定之

主席辞职名单

（2017年2月9日省政协十一届五次会议通过）

张连珍（女）

选举副主席名单

（2017年2月9日省政协十一届五次会议通过）

阎　立

副主席辞职名单

（2017 年 2 月 9 日省政协十一届五次会议通过）

杨新力　罗一民

选举常务委员名单

（2017 年 2 月 9 日省政协十一届五次会议通过）

于爱荣　王咏红（女）　王金陵

严　明　沈　健　张　勤（女）

蒋　敏（女）　游庆仲　谢　波

薛金楼

常务委员辞职名单

（2017 年 1 月 17 日省政协十一届十六次常委会议通过）

周建强　杨湘宁　胡金波　王　伟

缪志红（女）　黄　健　张颢瀚

唐立鸣　李志宏　刘国中　佘义和

（2017 年 5 月 23 日省政协十一届十八次常委会议通过）

孙燕丽（女）　徐　立　李多宽

（2017 年 9 月 28 日省政协十一届十九次常委会议通过）

王　虹（女）　朱华仁

各设区市、县（市、区）政协主席变动情况

南京市（副省级市）

政协主席　刘以安

政协副主席　胡勤刚　李　奇

吴卫国　黄　河　陈发喜

朱晓琳（女）　杨　平　王汝成

玄武区　邱小凡

秦淮区　邵　强

建邺区　庄　立

鼓楼区　周文中

雨花台区　黄唯佳（女）

江宁区　刘　玲（女）

栖霞区　杨白英（女）

浦口区　邓　林

六合区　楚琢玉

溧水区　朱克成

高淳区　史剑波

无锡市

政协主席　周敏炜

江阴市　徐冬青

宜兴市　梅中华

梁溪区　陈锡明

锡山区　章红新

惠山区　陈　燕（女）

滨湖区　刘洪兴

新吴区　刘蓓红（女）

徐州市

政协主席　王　昊

丰　县　徐国良

沛　县　郝敬彬

睢宁县　陈　良

邳州市　孙　强

新沂市　郑彦芳

铜山区　白有庆

贾汪区　吴振成

鼓楼区　杨大平

云龙区　李学东

泉山区　王晓龙

常州市

政协主席　俞志平

金坛市　刘国新

溧阳市　狄立新

武进区　江建文

新北区　薛建南

天宁区　魏　敏

钟楼区　韩　军

苏州市

政协主席　周伟强

张家港市　黄雪元

常熟市　韩卫兵

太仓市　邱振德

昆山市　冯仁新
吴江市　李　斌
吴中区　张建祥
相城区　陈建国
姑苏区　相　炎
虎丘区　王蔼先（女）

南通市

政协主席　黄巍东
海安县　李春旺
如东县　陈建华
如皋市　张元健
海门市　陆一飞
启东市　孙建忠
通州区　陈艳梅（女）
崇川区　俞汉林
港闸区　曹金海

连云港市

政协主席　张同生
东海县　何东明
灌云县　王庆嘉
灌南县　杨以波
赣榆区　刘洪卫
海州区　汤成元
连云区　李军生

淮安市

政协主席　王维凯
涟水县　蒋东明
盱眙县　胡启新
金湖县　罗金昌
洪泽区　陈继信
清江浦区　梁学文
淮安区　关晓卫
淮阴区　张在明

盐城市

政协主席　李　驰
响水县　裴彦贵
滨海县　姚兆春
阜宁县　吴晓飞
射阳县　邱德兵
建湖县　俞进虎
东台市　鲍　宇
大丰市　袁国萍（女）
盐都区　张建洋
亭湖区　孙红艳（女）

扬州市

政协主席　朱民阳
宝应县　陈金荣
高邮市　徐永宝
仪征市　邵　卫
江都区　曾庆玲（女）
邗江区　陈佳宏
广陵区　刘春晓

镇江市

政协主席　李国忠
丹阳市　张仁海
句容市　章壮钧
扬中市　施健华
丹徒区　徐新祥
京口区　孙国平
润州区　蔡文龙

泰州市

政协主席　卢佩民
靖江市　范　敏（女）
泰兴市　丁　亚
兴化市　沙顺喜
海陵区　季玉平
高港区　韩　亚
姜堰区　钱　娟（女）

宿迁市

政协主席　王　益

沭阳县　丁晓平（女）
泗阳县　郑干先
泗洪县　刘加利
宿豫区　仲　林
宿城区　朱振方

江苏省各级政协组织和委员数

（截至2017年年底）

项目＼级别	省	副省级市	设区市	县（市、区）	合　计
组织数	1	1	12	96	110
委员数	746	523	5268	25649	32186

（陈　宏　管忠超　**编写**　金建明　**审稿**）

政协浙江省委员会

郑继伟　副主席

张鸿铭　副主席

【全体委员会议】

十一届五次会议　2017 年 1 月 15 日至 19 日在杭州举行。会议应出席委员 737 名，实到 709 人。开幕会由省政协副主席陈加元主持，闭幕会由省政协主席乔传秀主持。省委书记夏宝龙、代省长车俊等省领导出席开、闭幕会，参加联组、分组讨论，与委员们共商我省改革发展稳定大计。夏宝龙在闭幕会上作重要讲话。

会议审议通过了省政协主席乔传秀代表省政协常委会所作的工作报告、省政协副主席吴晶代表省政协常委会所作的关于十一届四次会议以来提案工作情况的报告。委员们列席了浙江省第十二届人民代表大会第五次会议，听取并讨论了代省长车俊所作的《政府工作报告》和其他报告。委员们围绕《政府工作报告》深入协商讨论，以界别名义提出集体协商意见，形成省政协全体会议《关于〈政府工作报告〉的协商纪要》。大会共收到 123 篇发言材料，23 名委员分别就加快发展我省创投产业、实施创新驱动发展战略、整合社会求助制度等问题作大会发言或即席发言。会议通过了省政协提案委员会关于十一届五次会议提案审查情况的报告；通过了省政协十一届五次会议决议。会议强调，今年是十一届省政协任期最后一年，省政协各参加单位和全体政协委员要更加紧密地团结在以习近平同志为核心的中共中央周围，在中共浙江省委坚强领导下，牢牢把握正确政治方向，紧紧围绕我省高水平全面建成小康社会献计出力，持续深化“系列民生”履职工作，广泛汇聚强大正能量，不断推动政协工作改革创新，坚持更高标准从严加强自身建设，不忘初心、继续前进，敬终如始、担责尽职，以优异成绩迎接中共十九大和省第十四次党代会的胜利召开！

【常务委员会会议】

第 20 次会议　1 月 3 日至 4 日在杭州举行。会议应出席 121 人，实到 110 人。会议审议通过关于召开省政协十一届五次会议的决定及会议议程（草案）和日程、省政协常委会工作报告及报告人和提案工作情况的报告及报告人，协商讨论《政府工作报告》（征求意见稿），审议通过有关人事事项。

第 21 次会议　1 月 16 日在杭州举行。会议审议通过省政协十一届五次会议常务委员会组成人员选举办法（草案）和有关人事事项（草案）。

第 22 次会议　1 月 19 日在杭州举行。会议审议通过省政协十一届五次会议常委会组成人员选举办法和大会总监票人、监票人名单。审议通过十一届省政协提案委关于十一届五次会议提案审查情况的报告（草案）和省政协十一届五次会议决议（草案）。审议通过了有关人事事项。

第 23 次会议 3 月 28 日在杭州召开。会议应出席 124 人，实到 106 人。会议传达贯彻全国政协十二届五次会议精神和省委部署要求，学习贯彻中共中央办公厅《关于加强和改进人民政协民主监督工作的意见》，审议通过了有关人事事项。

第 24 次会议 4 月 15 日在杭州召开。会议审议通过有关人事事项。

第 25 次会议 5 月 18 日至 19 日在杭州召开。会议应出席 119 人，实到 100 人。会议围绕省第十四次党代会重大决策开展专题政治协商。省委书记车俊出席会议并讲话，省委常委、秘书长陈金彪到会听取大会协商并讲话。会上，省第十四次党代会报告起草组负责人汇报了报告起草情况，省政协常委围绕省党代会报告（征求意见稿）进行讨论建言。

第 26 次会议 8 月 23 日至 24 日在杭州召开。会议应出席 116 人，实到 93 人。会议围绕“加快推进供给侧结构性改革、促进实体经济健康发展”开展专题政治协商。省委常委、常务副省长冯飞和省直有关部门负责人到会听取意见。审议通过有关人事事项。

第 27 次会议 11 月 13 日在杭州召开。会议应出席 116 人，实到 99 人。会议专题学习贯彻中共十九大精神和省委十四届二次全会精神，审议通过《关于学习贯彻中国共产党第十九次全国代表大会精神和中共浙江省委十四届二次全体会议精神的决议》。

【专门委员会工作】

提案委员会 承办“发展职业教育，助推制造业转型升级”第 35 次浙江政协民生论坛。全年经审查立案 775 件，经并案处理后为 739 件。开展重点提案遴选推荐，确定 25 个方面 37 件重点提案。主动协商推进重点提案领导责任落实到位，认真做好重点提案督办调研服务。开展提案办理网络直播，通过浙江在线点播和“浙江新闻”手机客户端观看达 12.1 万人次。编辑重要提案摘编 20 期报送省委、省政府。开展重点提案办理落实情况“回头看”，采取网络问卷方式开展提案办理民主评议。认真修订提案审查立案实施细则，起草《省政协提案内容公开办法（试行）》。开展省政协十二届一次会议提案征集工作。

委员工作委员会 承办“加快推进城乡危旧房改造”第 37 期民生论坛。牵头开展“最多跑一次”改革举措落实情况专项集体民主监督，开展“农村垃圾分类处理落实情况”和“巩固提升 G20 峰会成果、提升城市管理水平”委员集中视察，组织住浙全国政协委员赴义乌、舟山、宁波实地考察。召开省市政协委员工作交流研讨会，开展省政协“六送下乡”“两走进”活动月优秀委员评选表彰，做好届末委员履职综合考评。实现三级政协委员工作机构全覆盖，开展历届委员基本信息数据库建设、十一届省政协委员人事信息维护和履职信息数据录入管理工作。服务做好省政协换届和五次会议选举工作。

经济委员会 承办以“促进快递业规范发展”为主题的第 33 次民生论坛。组织召开调研座谈会、情况交流会、报告讨论会等 26 场次，开展全省“降成本”大调研和“金融两链风险问题”调研，形成《以创新为重点深化供给侧结构性改革 促进实体经济健康发展》调研总报告。围绕加快发展虚拟现实产业、进一步推动农产品品牌提升发展、促进智慧物流体系建设、“一带一路”中如何发挥自贸港作用等选题，做实季度经济专题分析。

农业和农村工作委员会 承办以“完善农村生活污水处理设施运维长效机制”和“现代农业科技推广与应用”主题的第 30 次、第 36 期民生论坛。牵头负责聚焦全面剿灭劣Ⅴ类水，深化开展“三级政协联动、万名委员同行、助推‘五水共治’决战治污水、大战防洪水排涝水”专项集体民主监督。到建德市和松阳县开展了两场“送科技下乡”活动，签署29项科技合作协议，落实支持项目115个、项目资金6.3亿元。开展深化我省农村“三权”改革调研，开展“推进‘一打三整治’专项行动，修复振兴浙江渔场”监督调研。

人口资源环境委员会 承办以“完善农村生活污水处理设施运维长效机制”的第30次民生论坛和以“加强近岸海域污染治理”为主题的第39次“浙江政协·民生论坛”。围绕小城镇环境综合整治行动开展民主监督，做好“两路两侧”“四边三化”整治整改民主监督“回头看”，开展“城乡生活垃圾分类处置情况”监督调研，深入瓯江流域开展调研。组织开展“加强地质灾害防控”委员考察，推进我省地质灾害防控工作。

科技教育委员会 承办以“规范发展学前教育”为主题的省政协第32次民生论坛。与省教育厅、省财政厅、省人力社保厅就加快我省高水平高校建设开展对口协商。开展送教育下乡、送科技下乡，举办23场科教专题讲座，开展由9位名师带领其团队为两地骨干教师专题辅导、杭城6所名校与两地相关学校结对并签订长期帮扶协议，建立5个实体和网络名师工作室，受惠师生达2.8万人次。开展“加快省首批重点建设高校发展”考察，开展“促进科技成果转化”专题调研。

文化卫生体育委员会 承办以“保护和发展传统地方戏剧”为主题的第40次民生论坛。开展“深化‘三医联动改革’、推进健康浙江”重点课题调研，就“完善我省家庭责任医生签约服务机制”“推进我省影视产业发展”“我省体育竞技、休闲产业发展情况”等专题开展调研视察。开展送文化、卫生、体育下乡服务，活动覆盖6个县（区），共完成文艺会演、书画笔会、体育表演与竞赛、专家义诊等服务活动60余场次，受益基层群众1.4万余人次。发挥文艺社团作用，筹办浙江省2018年各界人士迎新茶话会文艺演出等，举办省第五届“兰亭奖”中小学生书法大赛。

社会法制委员会 承办以“切实保护残疾人合法权益”为主题的第31次“浙江政协·民生论坛”。做好丽水市遂昌县“送法律下乡”工作。开展“老旧小区住宅加装电梯”课题调研。完成《浙江省最低生活保障办法》等3部政府规章的立法协商任务。助推我省法院在全国率先实现基本解决“执行难”问题，助推提升行政执法检察监督、行政诉讼监督的质量和效果。

民族和宗教委员会 承办以“完善网约消费监管机制”为主题的第34次“浙江政协·民生论坛”。就城市少数民族流动人口服务管理工作情况开展专题调研并形成调研报告。对修订《浙江省宗教事务条例》提出具体建议并形成调研报告。举办“全省政协民族宗教干部培训研讨班”。促进我省少数民族乡村发展。

文史资料委员会 承办以“促进全民阅读、建设书香社会”为主题的崇学讲坛第50讲和以“破解城镇停车难”为主题的第41次民生论坛。挖掘丝绸和青瓷两个浙江传统文化资源，助推我省文化特色小镇建设。积极助推良渚遗址申遗工程和我省大运河文化带建设。持续开展我省徐霞客标志地寻找与认证行动，开展“万里绿道建设与文化融合”课题调研，举办“展文史资料丰硕成果，迎党的十九大胜利召开”全省政协系统文史资料图书展示活动。

港澳台侨和外事委员会 承办以“加

强社区文化建设”为主题的第38次民生论坛。组织港澳华侨委员、港澳台侨和外事委特邀委员视察我省特色小镇建设情况，开展“借鉴国际成熟经验，推进城市生活垃圾处理‘三化’工作”课题调研。召开“庆祝香港回归祖国20周年”政协委员座谈会、网络视频座谈会，参加“鱼跃香江——香港特别行政区成立20周年志庆音乐会”活动。

【重要会议、活动】

全省政协主席读书会 8月1日至2日在杭州举行。会议深入学习贯彻习近平总书记系列重要讲话精神和治国理政新理念新思想新战略特别是“7·26”重要讲话精神，深入学习贯彻省第十四次党代会精神，听取省委副书记、省长袁家军关于全省经济社会发展形势报告，11个设区市政协和5个县（市、区）政协负责人作大会交流发言，17个县（市、区）政协作书面交流。省政协主席乔传秀主持会议并讲话，强调要坚持坚决维护核心、紧紧围绕中心、倾力服务大局、真情服务群众，以优异履职成绩助力省第十四次党代会精神贯彻落实、迎接党的十九大胜利召开。省政协副主席，秘书长出席会议。各市、县（市、区）政协主席，省政协副秘书长，各专委会主任、机关副厅以上干部，各设区市政协秘书长等参加读书会。

【重要文件】

常委会工作报告（2017年1月15日）（摘要）

一是强化思想理论武装，牢固树立政治意识大局意识核心意识看齐意识。召开党组会议、主席会议等，及时组织学习贯彻习近平总书记在庆祝中国共产党成立95周年大会、中共十八届六中全会上的重要讲话精神等；举办全省三级政协主席读书会，专题认真学习领会、坚定贯彻落实习近平总书记关于发挥政协统一战线组织团结联谊功能的重要讲话精神；全年共举行10次党组会议、3次常委会学习讲座、12次“浙江政协·崇学讲坛”，向中共浙江省委报送履职工作请示报告36份，向省委省政府报送协商纪要19份、调研监督报告21份。党组和主席会议成员积极完成中共浙江省委安排联系负责的有关专项任务。

二是充分发挥优势，积极助力G20杭州峰会成功筹办。组织34名委员专题开展峰会交通建设与管理情况实地视察监督，提出加强交通违法整治、建立跨区域跨部门综合协调机制等15条意见建议，得到中共杭州市委市政府的重视和采纳。举行“助力G20杭州峰会”委员约谈会，组织开展“我为护航G20杭州峰会献计献策”活动，围绕完善重污染天气监测预警机制开展专题调研，报送专题信息24期。向港澳华侨委员和特邀委员致信倡议讲好中国故事、讲好浙江故事。共有119名委员直接参与峰会服务保障工作，10名委员获评浙江省G20杭州峰会工作先进个人。

三是着力提升协商议政质量，聚焦我省高水平全面建成小康社会建言献策。根据中共浙江省委关于查找我省各项事业发展短板的部署要求，迅即研究安排开展专项调研，提出835条意见建议。围绕中共浙江省委十三届九次全会关于补短板重大决策，召开专题议政性常委会议，提出38条意见建议，19条被省委文件直接吸收，有些意见被吸收到有关工作部署中。围绕中共浙江省委十三届十次全会关于认真学习贯彻中共十八届六中全会精神，从严加强干部队伍建设重大决策，召开专题议政性常委会议，提出28条意见建议，全部被省委文件吸收采纳。围绕“一府两院”报告和“十三五”规划纲要等开展全体会议政治协商，提出138条意见建议，

83条被采纳。围绕省政府有关重要法规规章制定及修订等10个议题开展对口协商，提出建议177条。围绕有序推进高校异地办学等26个议题进行界别协商，提出建议143条。开展综合行政执法改革、进一步繁荣发展我省哲学社会科学等33件重点提案办理协商，组织发展乡村旅游等6件提案现场办理协商，网络直播拓展大病保险报销病种重点提案办理协商，探索开展提案办理工作网络民主评议。围绕全省经济发展和供给侧结构性改革战略性前瞻性问题调研议政。开展加强杭州湾、象山港、三门湾、台州湾、乐清湾、瓯江口等保护和开发的专题调研，并召开专题议政性常委会议，提出26条协商意见，19条被采纳。开展加快发展我省民宿经济重点课题调研，提出19条建议，全部被采纳。开展发展我省历史经典产业重点课题调研，提出17条建议，13条被采纳。坚持季度经济专题分析，提出18条建议，11条被采纳。组织特色小镇建设委员视察，提出15条建议，11条被采纳。开展加强高层次人才队伍建设、省股权交易中心改革发展等专题调研。

四是切实增强民主监督实效，持续用力助推打好经济转型升级系列组合拳。聚焦完善和落实长效机制建设，持续深化开展“三级政协联动、万名委员同行、助推‘五水共治’”专项集体民主监督。三级政协22000多名委员共同参与，派出小分队2700多支，明查暗访1100多个乡镇（街道）、14700多个村（社区）、700多个产业集聚区（开发区、工业园区）、8300多家企业、42800多公里江（河、溪），发现并反映问题7606个，已整改6453个；提出意见建议7163条，党委政府采纳5470条。继续跟进开展“两路两侧”“四边三化”整治整改情况专项集体民主监督。聚焦重点难点和遗留问题，组织对全省公路两侧、铁路沿线3539个问题点位整治整改情况进行“回头看”，紧盯不放，推动了69个久拖不决问题整改；全面完成全省高速公路沿线广告牌整治工作专项督查，助推“蓝色屋面”专项整治。按照中共浙江省委部署要求，组织5个督察组、21名委员，分赴11个市和22个县（市、区）开展全面推进户籍制度改革专项督查，提出完善配套政策等意见建议15条，助推改革进程加快。组织3个督察组、56名委员，分三个阶段对43所高校寝室卫生情况进行实地查访，列出问题清单，提出加强寝室卫生硬件设施建设、健全监管机制等意见建议135条，128条被采纳。

五是选准重点切入点，把“系列民生”履职工作朝深处推往实处做。把“浙江政协·民生论坛”纳入中共浙江省委、省政府、省政协年度协商工作计划，共有383人次政协委员、122人次界别群众代表和69人次省直部门负责人参加，提出意见建议213条。中央媒体9次予以专题报道，省级媒体刊发18期议政建言专版。持续提高“六送下乡”“两走进”活动月活动实效。“送文化、送卫生、送体育”下乡中，免费为867名患者、高龄老人、老党员和老劳模提供优质诊疗和保健服务，建立2个医疗专家工作站；开展文艺汇演、运动技能培训、捐赠体育器材等服务活动22场次；“送科技”下乡中，落实89个支持项目，签订28项合作协议，开展农村电商、水产养殖等23项实用技术培训，组织38支科技小分队深入种植养殖基地等进行技术指导；“送教育”下乡中，促成杭州4所名校与当地结对帮扶，建成5个拓展性创新实验室、3个名师工作室。“送法律”下乡中，以视频会议形式将法律知识讲座开到乡镇（街道）、村（社区），推动基层建立“法治文化基地”。

围绕省政府加强农村惠民服务民生实事实施情况开展专项集体民主监督，提出意见建议34条。开展城乡社区居家养老服务照料中心建设委员视察，提出加快实现设施全覆盖、服务保基本等意见建议16条，全部被采纳。围绕“网约车”发展情况、古村落保护与利用、农村低收入人群帮扶等开展调研。全年共编发政协信息233期，其中报送全国政协140期，采用33期。

六是强化团结联谊工作，广泛凝心聚力。加强参加政协的各党派团体合作共事，认真听取和充分吸收其意见建议，重点安排其参加履职活动、优先发表意见。围绕有关加快民族乡（镇）经济社会发展政策意见落实情况开展民主监督。开展我省在校大学生宗教信仰情况专题调研，相关建议得到充分采纳。组织港澳华侨委员和特邀委员开展我省国际产业合作园、浙台（玉环）经贸合作区等调研视察。举办纪念孙中山先生诞辰150周年网络视频座谈会，推出孙中山与浙江纪念专刊。注重香港委员联谊会、澳门委员联络处和华侨委员联络处工作指导。加强政协新闻宣传，严守政治纪律，把牢正确导向，发挥联谊报、省政协门户网站等作用。完成《浙江通志·人民政协卷》（初稿）编纂任务，征编出版《委员一事——治水故事》《浙商传奇》专辑。支持省政协之友社、诗书画之友社、企业家之友社和长三角（浙江）民营经济研究会、茶文化研究会、省戏剧发展促进会等开展团结联谊活动。支持浙江树人大学完成新校区一期建设，并按期投入使用。

七是坚持严字当头实处着力，进一步夯实履职基础。全面深入查找政协履职和自身建设短板，研究落实补齐短板具体措施。制定出台省政协党组工作规则，切实加强对机关党组的领导，支持巡视组专项巡视工作，支持省纪委派驻省政协机关纪检组履行职责。省政协办公厅会同中共浙江省委组织部、中共浙江省委统战部联合制定出台《关于健全省政协委员退出机制的若干规定（试行）》和《关于“暂停履行委员职责”协商备忘录》；举办委员轮训班，基本完成集中轮训一遍任务；落实走访委员、委员年度述职等制度，开展履职优秀委员评选，探索委员菜单式履职和委员微信建言；配合中共浙江省委组织部、中共浙江省委统战部指导市、县（市、区）严格把好委员人选政治关等。主席办公会议于年中和年底2次专门听取专委会工作情况汇报。加强政协机关思想作风和干部队伍建设，提高服务保障水平。

2016年工作部署 一是筑牢团结奋斗的共同思想政治基础。二是积极服务助推我省干在实处走在前列勇立潮头。三是持续提升“系列民生”履职工作针对性和实效性。四是进一步汇聚我省高水平全面建成小康社会合力。五是坚定推动政协工作改革创新继续前进。六是坚持以更高标准从严加强自身建设。

【组织概况】

副主席补选名单

（2017年1月19日政协第十一届浙江省委员会第五次会议通过）

郑继伟　张鸿铭

副主席请辞名单

（2017年3月28日政协第十一届浙江省委员会常务委员会第二十三次会议通过）

陈加元　姚　克　汤黎路

常务委员增选名单

（2017年1月19日政协第十一届浙江省委员会第五次会议通过）

（按姓氏笔画为序）

刘希平　李　杭　陈德喜　尚　清

金延锋（女） 夏海伟 潘海生

常务委员辞职名单

（2017年1月19日政协第十一届浙江省委员会常务委员会第二十二次会议通过）

沈敏光 张建武 铁建设 徐志平
盛继芳 韩新民

（2017年3月28日政协第十一届浙江省委员会常务委员会第二十三次会议通过）

陈清玲（女）

（2017年4月15日政协第十一届浙江省委员会常务委员会第二十四次会议通过）

张苗根

专委会主任任免名单

（2017年4月15日政协第十一届浙江省委员会常务委员会第二十四次会议通过）

免去张苗根同志的人口资源环境委员会主任职务。

专委会部分副主任任免名单

（2017年3月28日政协第十一届浙江省委员会常务委员会第二十三次会议通过）

任免（按专门委员会排序）

陈德喜同志为科技教育委员会副主任

李杭同志为社会法制委员会副主任

潘海生、金延锋（女）同志为文史资料委员会副主任

高乙梁、陈石同志不再担任经济委员会副主任职务

韩新民同志不再担任人口资源环境委员会副主任职务

徐志平同志不再担任文史资料委员会副主任职务

铁建设、陈清玲（女）不再担任港澳台侨和外事委员会副主任职务

（2017年5月19日政协第十一届浙江省委员会常务委员会第二十五次会议通过）

任免（按专门委员会排序）

吴水霖同志为经济委员会副主任

陈长兴同志为农业和农村工作委员会副主任

俞流传同志为社会法制委员会副主任

张雪樵同志不再担任社会法制委员会副主任

市、县（市、区）政协主席

杭州市（副省级）

市政协主席

潘家玮

政协副主席

翁卫军 汪小玫（女） 叶鉴铭
陈永良 王立华（女） 周智林
胡 伟 冯仁强

上城区 占仁义
下城区 杨国琴（女）
江干区 黄爱芳（女）
拱墅区 周志辉
西湖区 叶伟平
滨江区 俞少平
萧山区 洪松法
余杭区 阮文静（女）
富阳区 陆洪勤
临安区 张金良
桐庐县 王金才
淳安县 刘小松
建德市 吴铁民

宁波市（副省级）

市政协主席

杨戍标

政协副主席

林静国 张明华 崔秀玲（女）
郁伟年 陈安平 陈为能 叶双猛
叶正波

秘书长

陈文祥

海曙区 毕东华

江北区 邹宇明
镇海区 胡祖友
北仑区 陈召华
鄞州区 郑坤法
奉化区 王德彪
余姚市 陈长锋
慈溪市 李兴达
宁海县 尤玲娟（女）
象山县 俞 骏

温州市

市政协主席 余梅生
鹿城区 徐 强
龙湾区 徐国信
瓯海区 林宝新
洞头区 王文胜
乐清市 潘云夫
瑞安市 管秀云（女）
永嘉县 陈建良
文成县 刘金红（女）
平阳县 曾上俊
泰顺县 卢 嫦（女）
苍南县 陈国苗

湖州市

市政协主席 杨建新
吴兴区 潘 华
南浔区 孙根祥
德清县 张林华
长兴县 潘华明
安吉县 叶海珍（女）

嘉兴市

市政协主席 高玲慧（女）
南湖区 赵建峰
秀洲区 滕根林
嘉善县 何全根
平湖市 徐春林
海盐县 蔡志昌
海宁市 周红霞（女）
桐乡市 蒋惠玲（女）

绍兴市

市政协主席 魏 伟
越城区 金百富
柯桥区 孟柏干
上虞区 顾世明
诸暨市 郭浩良
嵊州市 孙海荣
新昌县 罗国安

金华市

市政协主席 陶诚华
婺城区 张茹先（女）
金东区 王瑞海
兰溪市 徐建祥
东阳市 卜亚男（女）
义乌市 葛国庆（女）
永康市 朱世道
浦江县 朱受明
武义县 何俊有
磐安县 陈剑波

衢州市

市政协主席 吴国升
柯城区 徐连土
衢江区 赵建新
龙游县 洪一舟
江山市 王水亮
常山县 林红汉
开化县 华寿军

舟山市

市政协主席 江建国
定海区 车志宽
普陀区 张禾波
岱山区 陈雅君（女）
嵊泗县 狄承勇

台州市

市政协主席　陈伟义

椒江区　严灵章

黄岩区　柯善辉

路桥区　戴冬林

临海市　张招金

温岭市　黄海斌

玉环市　林成辉

天台县　陈政明

仙居县　朱永兵

三门县　吴善灵

丽水市

市政协主席　陈瑞商

莲都区　谷江南

龙泉市　刘赤波

青田县　李飞林

云和县　王新荣

庆元县　叶丽娅（女）

缙云县　刘旭标

遂昌县　华治武

松阳县　毛建南

景宁县　张　峰

浙江省各级政协组织和委员数

（截至2017年年底）

项目＼级别	省	副省级市	地级市	县（市、区）	合计
组织数	1	2	9	89	101
委员数	731	989	3555	20537	25812

（陈光廉　**编写**　帅燮琅　**审稿**）

政协安徽省委员会

徐立全　主席

【全体委员会议】

十一届五次会议　1月15日至20日在合肥举行。会议听取并赞同李国英代省长所作的政府工作报告，听取并赞同省高级人民法院工作报告、省人民检察院工作报告以及其他有关报告。会议审议批准徐立全副主席代表政协第十一届安徽省委员会常务委员会所作的工作报告，审议批准李修松副主席代表政协第十一届安徽省委员会常务委员会所作的提案工作情况的报告。会议号召，全省各级政协组织、政协各参加单位和广大政协委员，更加紧密地团结在以习近平同志为核心的中共中央周围，在中共安徽省委的坚强领导、省人民政府的大力支持下，和衷共济，携手共进，为奋力谱写中华民族伟大复兴中国梦的安徽篇章作出新的更大贡献。会议补选徐立全为十一届省政协主席，补选曹征海为十一届省政协副主席，补选许苏跃、李奎、李永胜、沈性善、殷光临、高海建、程桦、戴克柱为十一届省政协常务委员。

【常务委员会会议】

第20次会议　1月3日在合肥召开。会议通过提交省政协十一届五次会议审议的省政协常务委员会工作报告和提案工作情况报告，关于召开省政协十一届五次会议的决定，省政协十一届五次会议议程（草案）、日程，省政协十一届五次会议选举办法（草案）和关于授权主席会议审议省政协十一届二十次常委会议未尽事宜的决定。会议听取全省经济社会发展通报和政府工作报告起草情况，关于十一届省政协有关人事调整、增补问题的说明，关于省政协十一届五次会议秘书长、副秘书长名单（草案）的说明和十一届省政协有关人事任免名单（草案）的说明。

第21次会议　1月19日在合肥召开。会议通过省政协十一届五次会议选举办法，人事事项，总监票人、监票人名单；听取大会秘书处关于省政协十一届五次会议情况的综合汇报；通过省政协十一届五次会议决议（草案），省政协提案委员会关于十一届五次会议提案审查情况的报告（草案）。会议决定将上述有关文件草案提请1月20日上午举行的省政协十一届五次会议闭幕会审议。

第22次会议　暨“推进创新平台建设，加快科技成果转化”资政会。5月26日至27日在合肥召开。省委书记李锦斌出席会议并讲话。省委常委、省委秘书长唐承沛，省政府副省长李建中出席会议。会议通过《关于推进创新平台建设加快科技成果转化的建议案》和有关人事事项。

第23次会议　暨“加快构建多层次养老服务体系专题协商会”。8月24日至25日在合肥召开。省委副书记、省长李国英出席会议并讲话。省政府副省长谢广祥、方春明、李建中、张曙光出席会议。会议通过《关于加快构建多层次养老服务体系的建议案》《中国人民政治协商会议安徽省委员会委员履职工作规则（试行）》和有关人事事项。

第24次会议 11月18日在合肥召开。会议集中传达学习中国共产党第十九次全国代表大会、全国政协十二届二十三次常委会议、中共安徽省委有关会议精神；通过《关于学习贯彻中国共产党第十九次全国代表大会精神的决议》《关于政协第十二届安徽省委员会组成若干问题的决议》和有关人事事项。

【专门委员会工作】

提案委员会 2017年共收到提案942件，立案836件，所有提案均已办复。围绕“做大做强茶产业，助推我省山区脱贫攻坚”“加强自然保护区建设与管理，促进创新性生态强省建设”主题，承办重点提案办理专题协商会，组织委员视察和特邀界委员活动。组织十一届省政协优秀提案、先进承办单位和先进承办个人评选表彰活动。召开全省政协提案工作座谈会、重点提案办理督办会、党派团体和省政协机关提案工作联席会。赴省直5家承办单位开展调研督办。加强提案工作宣传，推进提案工作信息化建设，健全提案工作制度。

经济委员会 2017年围绕“全面振兴县域经济”“促进实体经济健康发展”和“激发社会投资活力”等协商课题，组织委员开展调研、考察、视察等活动10余次，承办各类会议20余场，参加委员达260人次，征集编校大会发言109篇，形成了2份建议及6篇调研考察报告，得到省委、省政府和有关部门的重视和采纳。筹备鄂豫皖三省政协主席座谈会第六次会议，会议情况专报获省委主要领导同志批示。助推民生工程精准实施，组织省政协委员赴亳州、淮南市就农村“三大革命”等开展监督性视察。

教科文卫体委员会 2017年承办“推进创新平台建设，加快科技成果转化”常委会暨资政会、“加强普惠性幼儿园建设”专题协商会、“加快发展健身休闲产业”界别协商会。围绕“发挥科协学会优势，助力创新驱动发展”“实施高层次人才扶持计划，加速科技成果转化”“普惠性幼儿园建设与发展”“推广医养结合”“革命文物保护与利用”“利用旅游资源发展健康产业”开展六次界别活动。聚焦“我省轨道交通产业发展情况”，组织开展委员视察。着眼打造特色履职品牌，组织开展“健康基层行”活动，举办“皖北薄弱学校信息技术应用能力提升培训班”。

社会和法制委员会 2017年组织承办“加快构建多层次养老服务体系”专题常委会、“防范和打击电信网络新型违法犯罪”专题协商会。开展“建立重性精神障碍患者长效服务管理体制”监督性协商、“脱贫攻坚”监督性调研，配合全国政协先后开展两轮“扶贫”监督性调研。组织工会、妇联、社会福利和社会保障3个界别的委员，围绕养老、扶贫等主题开展3次界别调研。立足法治特色，打造工作品牌，围绕《安徽省司法鉴定管理条例》等5部法规规章和规范性文件分别与省人大法工委、省政府法制办等开展立法协商，组织开展“政协委员听庭审”活动。报送的相关建议，得到省政府领导批示4次，相关建议内容分别转化为改革举措、规范性文件和工作方案。

民族和宗教委员会 2017年承办“推进农业供给侧结构性改革，促进农民持续增收”专题协商会和“宗教文化建设与人才培养”界别协商会。组织委员就“农业产业化联合体建设情况”赴宿州视察，围绕“推进少数民族乡村精准扶贫精准脱贫”赴颍上县赛涧乡开展专项民主监督。组织民宗委委员、部分少数民族界和宗教界委员学习中共十九大精神，举办专题培训。元旦春节期间，走访慰问少数民族和宗教界代表人士。组织委员赴寿县陶店乡开展“送医送药送爱心冬衣”活动。

文史资料委员会 2017年承办“保存城市文脉，培育特色文化”专题协商会，会议共征集大会发言52篇，会后报送的《关于保存城市文脉培育特色文化建议》得到省政府主要领导同志批示。积极探索民主监督形式，围绕农村饮水安全巩固提升工程开展监督性调研，推动民生工程相关政策的落实。召开全省政协文史委主任座谈会。结合中国人民解放军建军90周年、中国人民抗日战争全面爆发80周年等重大历史事件，全年共征集史料200万字，出版《江淮文史》6期。编纂出版十一届省政协委员大会发言精选《资政建言》。

港澳台侨和外事委员会 2017年参与筹备召开“推进农业供给侧结构性改革，促进农民持续增收”专题协商会。围绕“发挥侨胞优势、服务开放发展”组织召开专题座谈会。就新侨在皖创业、合肥中欧货运班列运行组织开展专题调研，围绕合肥侨梦苑建设、特色小镇建设组织委员视察和专题考察，相关建议得到省委、省政府领导9件（次）批示。组织港澳委员赴云南考察文化旅游产业发展。赴港澳走访看望委员，征求意见，成功组织安庆再芬黄梅戏剧院赴港举行庆祝香港回归20周年演出。接待港澳委员率领的港澳社团百余人次来皖参访考察。邀请20位台胞和海外侨胞代表列席政协全会，组织2017海外侨胞故乡行暨专题座谈等活动。完成3个省级团和3个厅级团的组织服务工作。

人口资源环境委员会 2017年承办“推进乡村旅游创新发展”专题协商会、“加快建设技工大省”专题协商会、“加强湿地保护修复”界别协商会，征集大会发言材料70多篇，向省委、省政府提出《建议》3篇。加强湿地保护修复的建议被《安徽省湿地保护修复制度实施方案》吸纳6条；加快建设技工大省的建议被省人社厅吸纳5条；推进我省乡村旅游创新发展的建议得到省政府主要领导批示。注重创新形式，赴石台县开展的扶贫监督性专题调研组分3个小组，走访6个村、36户贫困户，形成专题监督性调研报告报省政府。

【重要会议、活动】

“加强湿地保护修复界别协商会” 4月14日在黄山市召开。会上，委员们围绕加强湿地资源保护与利用、实施河湖休养生息、发挥湿地生态功能、健全湿地保护机制、构建湿地水位调控机制等方面建言献策。

“做大做强茶产业助推我省山区脱贫攻坚”重点提案办理协商会 6月5日在合肥召开。会上，提案者代表及部分茶叶专家、茶企代表围绕茶产业政策扶持、主体培育、品牌建设、产业融合等内容进行了互动交流，并提出建议。

“加快建设技工大省”专题协商会 7月21日在合肥召开。会上，省政协委员和有关专家学者围绕创新技工大省建设动力机制、建立健全现代职业教育体系、进一步提高技能人才综合待遇、加强民营企业技工队伍建设、进一步深化校企合作等踊跃建言。

“全面振兴县域经济”专题协商会 7月27日在合肥召开。会上，省政协委员和专家学者踊跃发言，介绍了外省“放管服”改革经验，围绕推动产业集群专业镇建设、增强招商引资实效、创新县域投融资模式等主题建言献策。

“保存城市文脉，培育特色文化”专

题协商会 7月27日在合肥召开。会上，省政协委员和专家学者围绕传承历史文化、强化规划引领、加强“非遗”和工业遗产保护、挖掘名人和地名资源等主题积极建言，并提出意见建议。

“加快发展健身休闲产业”界别协商会 8月3日在合肥召开。会上，省政协委员和省辖市政协负责同志围绕推动我省健身休闲产业提质增效、增强经济发展新动能积极建言献策。

“加强自然保护区建设与管理，促进创新型生态强省建设”重点提案办理协商会 8月10日在合肥召开。会上，提案者围绕打造生态文明安徽样板、建设绿色江淮美好家园、促进我省自然保护区建设与管理再上新水平、创新型生态强省建设取得新成效积极建言献策。

“推进农业供给侧改革促进农民增收”专题协商会 9月6日在合肥召开。会上，省政协委员和专家学者围绕进一步拓宽农民增收渠道、推进农业产业转型升级、培育农业农村发展新动能等主题积极建言献策，提出了意见建议。

“促进实体经济健康发展”专题协商会 9月29日在合肥召开。会上，省政协委员和专家学者围绕促进实体经济健康发展主题，从降低企业成本、完善金融服务、加大扶持力度、优化发展环境等方面提出意见建议。

“防范和打击电信网络新型违法犯罪”专题协商会 11月3日在合肥召开。会上，政协委员、专家学者和群众代表围绕增强技术防范能力、提升司法机关打击质效、阻断电信网络诈骗犯罪资金流和信息流、帮助易受骗群体提高免疫能力等方面积极建言献策。

“加强普惠性幼儿园建设”专题协商会 11月7日在合肥召开。会上，政协委员和专家学者分别发言，针对当前普惠性幼儿园建设和管理中存在的问题、加强普惠性幼儿园建设、大力发展学前教育提出意见建议。

“宗教文化建设与人才培养”界别协商会 11月14日在合肥召开。会上，政协委员和专家学者围绕我省宗教文化建设和人才培养方面存在的相关问题、助力解决宗教文化建设与人才培养的重难点问题积极建言献策。

大别山革命老区鄂豫皖三省政协主席座谈会第六次会议 9月12日在金寨县召开。省政协主席徐立全主持会议，省委副书记信长星致辞，省委常委、六安市委书记孙云飞，省政协副主席李卫华；湖北省政协主席张昌尔，副主席肖旭明；河南省政协主席叶冬松，副主席史济春，以及三省政府、政协有关部门负责同志出席会议。全国政协人口资源环境委员会副主任吴双战、提案委员会委员黄文平和国家财政部、水利部、林业局等有关部委同志应邀到会指导。会议围绕推进《大别山革命老区振兴发展规划》贯彻落实，重点就建立大别山区生态综合补偿机制有关问题座谈交流，推动在国家及三省层面促进大别山区振兴发展。

政协工作决策部署贯彻落实情况监督性调研 8月2日至21日，受省委委托，按照李锦斌书记“总结经验、探索规律、注重创新、提升水平”的批示，省政协主席徐立全和副主席张学平、邵国荷、童怀伟分别率队赴16个省辖市及部分县区，对全省各地贯彻落实中央及省委关于政协工作决策部署情况开展监督性专题调研，并形成监督性调研专题报告报省委，推进了各项政策举措的贯彻执行。

省辖市政协秘书长暨办公室研究室主任座谈会 4月20日至21日在寿县召开。会议主题是加强委员履职服务和管理，提升委员履职能力、充分发挥委员主体作用。会议交流了市县区政协在委员履职服务和管理方面的做法和经验，并就做好 2017 年全省政协工作提出意见建议。

政协江淮行 4 月 24 日至 5 月 5 日，“政协江淮行”新闻采访团组织 26 家中央驻皖新闻媒体和省主要新闻媒体，赴合肥、滁州、安庆、芜湖及金寨等地对参加省政协的各民主党派和工商联进行为期 12 天的新闻采访。活动期间，发刊播稿件 168 篇，并编印了报道作品集。

政协论坛 围绕促进科技成果转化、金融科技创新、构建养老服务体系和反电诈 4 个主题，邀请相关省政协委员及专家参加访谈，制作《政协论坛》4 集，在安徽卫视播出。

【重要文件】

常委会工作报告 （2017 年 1 月 15 日）（摘要） 报告分为三个部分：第一部分，围绕中心服务大局取得新成效。一、加强学习，团结奋斗的共同思想政治基础更加牢固。深入学习中共十八届六中全会精神、习近平总书记系列重要讲话特别是在庆祝人民政协成立 65 周年大会和视察安徽重要讲话精神，认真学习省第十次党代会和省委十届二次全会精神，作出《关于学习贯彻中国共产党安徽省第十次代表大会精神的决议》。二、服务发展，民主协商活动务实有效。认真落实省委和省政府、省政协共同制订的《2016 年度政协民主协商计划》，精心承办 20 项协商活动。（一）聚焦经济发展领域的重要问题协商议政。围绕推进战略性新兴产业集聚发展，召开常委会议暨资政会。就推进皖南国际文化旅游示范区建设、加快淮河流域旅游产业发展，发展专用品牌粮食，加强口岸建设、拓展提升口岸功能等深入调研议政。（二）聚焦全面深化改革的难点问题协商议政。紧扣推进高校产学研合作、服务全省系统推进全面创新改革试验，传统产业改造升级。建言农村土地改革与金融服务，推进农村宅基地制度改革工作。就安徽省旅游条例修订举行立法协商，围绕新型城镇化进程中农民工市民化问题调研协商。（三）聚焦事关民生改善的突出问题协商议政。围绕坚决打赢脱贫攻坚战，召开常委会议暨专题协商会。围绕加快推进水污染防治、推动城乡建设绿色发展，推进农村基本公共文化服务标准化均等化，加强农村道路交通安全，严重精神障碍患者救治救助和服务管理等群众关切的民生问题深入协商议政。在开展民主协商过程中，省委、省政府领导 29 人次参加情况通报会和协商会；省政协委员共计有 660 多人次参加协商会议，各方面共提交 540 篇发言材料、45 篇调研和考察报告，形成 18 件建议案和建议报送省委、省政府，14 位领导同志作了 20 次批示。三、统筹推进，经常性工作规范有序。开展“加强电梯安全监管”“推进文学原创繁荣发展”重点提案办理协商，充分发挥“抓重点、带全面、促提升”的作用。四次会议以来，共收到提案 1036 件，审查立案 1011 件，全部办复完毕。精心谋划信息选题，拓宽信息收集渠道，全年共收到各类信息来稿 2549 条，编发社情民意信息 321 期，其中省领导批示 28 期，全国政协采用 30 期，在全国政协系统排名跃升至前列。围绕实施智力扶贫工程、关爱留守儿童、产能过剩企业职工生产生活状况、百家民企进皖西、创客空间建设、地方戏曲传承与创新、校园足球开展情况、提升县域医疗服务能力等内容，组织开展了 29 次界别活动。四、团结合作，爱国统一战线不断巩固。充分发挥省各民主党派、工商联和无党派人士在政协工作中的重要作用，通过主席会议、秘书长会议沟通情况，研究确定在政协重大活动中加强协作的重要事项。一年来，提交提案

191件，占提案总数的19%；反映社情民意信息1782条，占信息总数的70%。认真贯彻全国宗教工作会议精神，助推宗教场所规范管理。积极参与徽商大会筹备，积极推进人民政协对外友好交往。五、从严要求，自身建设扎实有力。出台关于深入推进全面从严治党的实施意见，扎实开展“两学一做”学习教育和“讲看齐、见行动”学习讨论，确保党的理论路线方针政策及省委决策部署在政协工作中得到全面落实。修订和制定省政协党组工作规则、机关党组工作规则、专门委员会分党组工作规则，政协党的领导体制进一步完善。召开全省政协工作经验交流会和省辖市政协秘书长座谈会，健全调研统筹、信息共享的协调联动机制。抓好机关建设，努力打造工作一流的政协机关。支持省纪委派驻纪检组认真履行监督责任，扎实抓好巡视整改工作。

第二部分，进一步提高履职能力和水平。一、坚定正确方向，进一步提高凝聚共识的能力和水平。二、积极建言献策，进一步提高协商议政的能力和水平。三、全面履职尽责，进一步提高民主监督的能力和水平。四、加强自身建设，进一步提高党派合作、界别活动、委员履职的能力和水平。五、完善制度机制，进一步提高组织开展经常性工作的能力和水平。

第三部分，为建设五大发展美好安徽而努力奋斗。一、团结一致、努力奋斗，需要把握大局、融入大局。二、团结一致、努力奋斗，需要立足岗位、建功立业。三、团结一致、努力奋斗，需要和衷共济、凝心聚力。共识引领人心，团结才有力量。

关于加强和改进人民政协民主监督工作的实施意见（2017年9月14日）为深入贯彻落实《中共中央办公厅印发〈关于加强和改进人民政协民主监督工作的意见〉的通知》，中共安徽省委办公厅印发《关于加强和改进人民政协民主监督工作的实施意见》。一、准确把握人民政协民主监督总体要求。二、明确人民政协民主监督主要内容。三、完善人民政协民主监督形式。（一）会议监督。（二）视察监督。（三）提案监督。（四）专项监督。（五）社情民意信息监督。（六）特约（邀）监督。（七）民主评议监督。（八）其他形式监督。四、规范人民政协民主监督工作程序。五、健全人民政协民主监督工作机制。六、加强党对人民政协民主监督工作的领导。

关于进一步支持省政协履行职能的通知（2017年6月2日）为认真贯彻落实中央和省委关于人民政协工作的新部署新要求，进一步支持省政协履行政治协商、民主监督、参政议政职能，安徽省政府印发《安徽省人民政府关于进一步支持省政协履行职能的通知》。一、进一步支持省政协开展各项民主协商活动。（一）支持省政协全体会议协商。（二）支持省政协常务委员会会议协商。（三）支持省政协开展专题协商。（四）支持省政协开展对口协商和界别协商。（五）支持省政协开展提案办理协商。二、进一步加强政府重大事项决策中的政协协商。三、进一步支持省政协开展民主监督。四、进一步健全知情明政制度。五、进一步完善省政协履职成果运用工作。六、进一步为省政协履行职能提供坚实保障。

【组织概况】

主席补选名单

（2017年1月20日省政协十一届五次会议通过）

徐立全

副主席补选名单

（2017年1月20日省政协十一届五次会议通过）

曹征海

副秘书长任免名单

免去：

（2017年5月27日省政协十一届二十二次常委会议通过）

沈性善　李　奎

任命：

（2017年5月27日省政协十一届二十二次常委会议通过）

许　晨　高泽海

常务委员补选名单

（2017年1月20日省政协十一届五次会议通过）

许苏跃　李　奎　李永胜　沈性善

殷光临　高海建　程　桦　戴克柱

不再担任常务委员名单

（2017年1月4日省政协十一届二十次常委会议通过）

刘　杰　邱江辉（女）　程传如

魏志光　孙建新　仲兆宁　汪景宁

周建强

（2017年8月26日省政协十一届二十三次常委会议通过）

徐业志　陆勤毅　王首萌　杨玉华

朱德祥

（2017年11月8日省政协十一届二十四次常委会议通过）

刘自林

去世常委名单

朱文根　齐玉龙

专委会主任、副主任任免名单

免去：

（2017年1月4日省政协十一届二十次常委会议通过）

仲兆宁，省政协提案委员会副主任

程传如，省政协提案委员会副主任

汪景宁，省政协经济委员会副主任

魏志光，省政协经济委员会副主任

周建强，省政协教科文卫体委员会副主任

孙建新，省政协社会和法制委员会主任

石德和，省政协社会和法制委员会副主任

邱江辉，省政协人口资源环境委员会副主任

（2017年5月27日省政协十一届二十二次常委会议通过）

许　晨，省政协文史资料委员会主任

金启建，省政协提案委员会副主任

陆勤毅，省政协文史资料委员会副主任

（2017年8月25日省政协十一届二十三次常委会议通过）

王首萌，省政协经济委员会主任

杨玉华，省政协教科文卫体委员会副主任

朱德祥，省政协港澳台侨和外事委员会副主任

（2017年11月8日省政协十一届二十四次常委会议通过）

刘自林，省政协人口资源环境委员会主任

张学军，省政协教科文卫体委员会副主任

撤销：

（2017年1月4日省政协十一届二十次常委会议通过）

詹云超，省政协文史资料委员会副主任

任命：

（2017年1月4日省政协十一届二十次常委会议通过）

姜宗亮，省政协港澳台侨和外事委员会副主任

李永胜，省政协港澳台侨和外事委员会副主任

（2017年5月27日省政协十一届二十二次常委会议通过）

金启建，省政协社会和法制委员会主任

朱新中，省政协提案委员会副主任

张　杰，省政协提案委员会副主任

沈性善，省政协经济委员会副主任

赵　勤，省政协经济委员会副主任

陶方启，省政协经济委员会副主任

龚明珠，省政协社会和法制委员会副主任

王　信，省政协港澳台侨和外事委员会副主任

吴向明，省政协港澳台侨和外事委员会副主任

高雪松，省政协港澳台侨和外事委员会副主任

李　奎，省政协人口资源环境委员会副主任

万以学，省政协人口资源环境委员会副主任

罗　宏，省政协人口资源环境委员会副主任

程中才，省政协人口资源环境委员会副主任

专委会专职副主任任免名单

免去：

（2017年1月4日省政协十一届二十次常委会议通过）

周德义，省政协民族和宗教委员会专职副主任

（2017年5月27日省政协十一届二十二次常委会议通过）

高泽海，省政协教科文卫体委员会专职副主任

市（区、县）主席变动情况

合肥市

庐江县　林冬生（2017年8月22日不再担任）

亳州市

涡阳县　刘　峰（2017年12月10日不再担任）

宿州市

埇桥区　王宗杰（2017年1月24日当选）

徐苏北（2017年1月24日不再担任）

砀山县　朱建设（2017年1月23日当选）

萧县　杨洪军（2017年1月24日当选）

朱新奇（2017年1月24日不再担任）

泗县　王春峰（2017年1月23日当选）

孙茂盛（2017年1月23日不再担任）

阜阳市

阜阳市　李志伟（2017年2月8日当选）

耿　玲（女）（2017年2月8日不再担任）

颍上县　马　建（2017年6月10日当选）

海　阔（2017年6月10日不再担任）

阜南县　陈建华（2017年6月6日当选）

梅奎万（2017年6月6日不再担任）

颍州区　赵学民（2017年1月10日当选）

朱　霞（女）（2017年1月10日不再担任）

颍泉区　孙朝阳（2017年1月21日当选）

陈　雷（2017年1月21日不再担任）

颍东区　王　建（2017年1月17日

当选）

孙　杰（2017 年 1 月 17 日不再担任）

界首市　冯　飞（2017 年 1 月 19 日当选）

王子臣（2017 年 1 月 19 日不再担任）

淮南市

寿县　孙业成（2017 年 1 月 17 日当选）

戴克奎（2017 年 1 月 17 日不再担任）

凤台县　马士平 女（2017 年 1 月 14 日当选）

乔云林（2017 年 1 月 14 日不再担任）

田家庵区　邱昌玖（2017 年 1 月 19 日当选）

王德华（2017 年 1 月 19 日不再担任）

谢家集区　张海虹（2017 年 1 月 19 日当选）

潘国平（2017 年 1 月 19 日不再担任）

八公山区　史太胜（2017 年 1 月 19 日当选）

方谦贵（2017 年 1 月 19 日不再担任）

潘集区　孟　沙（2017 年 1 月 19 日当选）

江天保（2017 年 1 月 19 日不再担任）

滁州市

南谯区　陈东风（2017 年 1 月 6 日当选）

尹　虹（女）（2017 年 1 月 6 日不再担任）

琅琊区　王定军（2017 年 1 月 6 日当选）

林长源（2017 年 1 月 6 日不再担任）

凤阳县　王从尚（2017 年 1 月 4 日当选）

钱家广（2017 年 1 月 4 日不再担任）

六安市

六安市　付新安（2017 年 2 月 8 日当选）

王　胜（2017 年 2 月 8 日不再担任）

霍邱县　孙玉俊（2017 年 2 月 18 日当选）

刘恒滨（2017 年 2 月 18 日不再担任）

金寨县　王际洲（2017 年 1 月 9 日当选）

张平生（2017 年 1 月 9 日不再担任）

霍山县　尹如江（2017 年 1 月 19 日当选）

李玉武（2017 年 1 月 19 日不再担任）

舒城县　赵　强（2017 年 1 月 12 日当选）

孙　燕（女）（2016 年 10 月不再担任）

叶集区　张成民（2017 年 1 月 11 日当选）

芜湖市

无为县　陶光晓（2017 年 3 月 14 日当选）

吴文斌（2017 年 3 月 14 日不再担任）

铜陵市

枞阳县　何正清（2017 年 2 月 10 日当选）

胡海峰（2017 年 2 月 10 日不再担任）

义安区　陆　峰（2017 年 2 月 10 日当选）

杨春明（2017 年 2 月 10 日不再担任）

池州市

贵池区　吴　波（2017 年 2 月 27 日当选）

操礼旺（2017 年 2 月 27 日不再担任）

东至县　刘社教（2017 年 2 月 23 日当选）

朱福民（2017 年 2 月 23 日不再担任）

石台县　戈卫民（2017 年 2 月 23 日当选）

李文志（2017 年 2 月 23 日不再担任）

安庆市

桐城市　雷建鸣（2017 年 12 月 18 日当选）

徐家涛（2017 年 12 月 18 日不再担任）

潜山县　郭玉晟（2017 年 12 月 18 日当选）

刘东贤（2017 年 1 月 17 日不再担任）

岳西县　王彰平（2017 年 1 月 24 日当选）

储诚根（2017 年 1 月 24 日不再担任）

太湖县　赵福南（2017 年 1 月 23 日当选）

聂万健（2017 年 1 月 23 日不再担任）

迎江区　叶进明（2017 年 1 月 20 日当选）

汤传新（2017 年 1 月 20 日不再担任）

大观区　方　波（2017 年 1 月 19 日当选）

江天曙（2017 年 1 月 19 日不再担任）

宜秀区　汪龙生（2017 年 1 月 22 日当选）

刘　华 女（2017 年 1 月 22 日不再担任）

黄山市

屯溪区　吴友训（2017 年 1 月 9 日当选）

张旦星（2017 年 1 月 9 日不再担任）

祁门县　陈亚亭（2017 年 1 月 11 日当选）

王　震（2017 年 1 月 11 日不再担任）

安徽省各级政协组织和委员数

（截至 2017 年年底）

项目＼级别	省	设区的市	县（不设区的市、市辖区）	合计
组织数	1	16	105	122
委员数	721	6311	21260	28292

（叶柯霖　**编写**　张启明　**审稿**）

政协福建省委员会

张昌平　主席

张爕飞　副主席

刘可清　副主席

张　帆　副主席

郑兰荪　副主席

陈荣凯　副主席

李　红　副主席

杨根生　副主席

陈绍军　副主席

薛进文　副主席

陈义兴　副主席

秘书长：(无)

【全体委员会议】

十一届五次会议　1月17日至21日在福州举行。会议应出席委员704人、特邀委员39人，实到委员665人、特邀委员33人。省委书记、省人大常委会主任尤权，省委副书记、省长于伟国等领导列席开、闭幕会，并参加分组讨论，听取大会发言。会议听取并审议了省政协主席张昌平代表常务委员会所作的十一届省政协常委会工作报告和省政协副主席张帆所作的提案工作情况的报告。委员们列席了省十二届人大五次会议，听取并讨论省政府工作报告，省法院、省检察院工作报告以及计划和预算报告。会议选举李红为十一届省政协副主席，叶木凯、陈必滔、陈晓波、钟维平、姜榕兴、姚火照为十一届省政协常务委员。会议还听取了提案审查情况的报告，审议并通过省政协十一届五次会议决议。十一届省政协各专门委员会向大会提交了书面工作报告。会议期间，共收到提案928件，经审查立案884件；收到大会发言材料136篇，18位委员围绕推动少数民族乡村精准扶贫、构建“亲”“清”新型政商关系、加快我省现代物流发展、补齐我省技术市场发展“短板”等方面作了大会发言。省政协主席张昌平主持闭幕会并讲话。

【常务委员会议】

第23次会议 1月15日在福州召开。省政协副主席张燮飞主持会议。副省长黄琪玉在会上作政府工作报告起草情况及主要内容的说明，通报省政府系统办理省政协十一届四次会议提案的情况。会议传达学习了省委书记尤权近期到省政协机关调研时对政协工作的指示要求；审议了十一届省政协常委会工作报告（讨论稿）、关于十一届四次会议以来提案工作情况的报告（讨论稿）和省政协十一届五次会议议程（草案），决定一并提交省政协十一届五次会议审议；审议通过了省政协十一届五次会议日程、执行主席日程安排、秘书长、副秘书长名单、各组召集人名单、列席人员范围；审议通过了十一届省政协不再担任常务委员、委员职务名单，不再担任委员名单，增补委员名单，部分专门委员会主任、副主任任免名单；审议通过了中国人民政治协商会议福建省委员会委员履职工作规则（试行）。

第24次会议 1月18日第一次全体会议在福州召开。省政协副主席郑兰荪主持会议。会议审议通过了省政协十一届五次会议选举办法（草案），省政协十一届五次会议选举工作总监票人、监票人名单（草案），十一届省政协副主席候选人建议人选名单（草案），十一届省政协常务委员候选人建议人选名单（草案），决定提交省政协十一届五次会议分组审议。1月20日第二次全体会议在福州召开。省政协副主席陈荣凯主持会议。会议审议通过了省政协十一届五次会议选举办法（草案）和选举工作总监票人、监票人名单（草案），决定提交省政协十一届五次会议第三次全体会议审议；审议通过了十一届省政协副主席候选人名单、常务委员候选人名单，决定提交省政协十一届五次会议第三次全体会议选举；审议通过了省政协十一届五次会议决议（草案），决定提交省政协十一届五次会议第四次全体会议通过；审议通过了关于同意郭振家、陈向先同志不再担任十一届省政协副主席、委员职务的决定；通过了十一届省政协部分专门委员会主任、副主任任免名单。

第25次会议 4月18日在福州召开。省政协主席张昌平主持会议。省委常委、常务副省长张志南出席会议并讲话。会议通过了有关人事事项；围绕“集中力量扶持龙头企业科技创新”开展专题协商。

第26次会议 6月21日在福州召开。省政协主席张昌平主持会议。副省长李德金出席会议并讲话。会议通过了有关人事事项；围绕“推进我省交通物流融合发展”开展专题协商。

第27次会议 8月7日在福州召开。省委书记尤权出席会议并讲话。省政协主席张昌平主持。会议审议通过了关于设立中国人民政治协商会议福建省委员会平潭综合实验区工作委员会的决定，通过中国人民政治协商会议福建省委员会平潭综合实验区工作委员会工作规则和主任、常务副主任、副主任名单，通过政协第十一届福建省委员会不再担任秘书长、委员职务名单。会议围绕“推动社区物业管理规范化”开展专题协商。副省长洪捷序就推动社区物业管理规范化作了讲话。

第28次会议 9月20日在福州召开。省委副书记、省长于伟国出席会议并讲话。省政协主席张昌平主持会议。会议通过了有关人事事项；围绕“提升我省水产品食品安全保障水平”开展专题协商。

第29次会议 11月28日在福州召开。省政协主席张昌平主持会议。会议认真传达学习了中国共产党第十九次全国代表大会、中共福建省委十届四次全会和全国政协十二届常委会第二十三次会议精神。会议完全拥护习近平同志代表中共十八届中央委员会所作的报告和大会通过的各项决议，衷心拥护中共十九大和十九届一中全会选举产生的以习近平同志为核心的新一届中共中央领导集体，坚决拥护把习近平新时代中国特色社会主义思想确立为我们党必须长期坚持的指导思想。会议完全赞同中共福建省委十届四次全会和全国政协十二届常委会第二十三次会议决议。

【专门委员会工作】

提案委员会 召开省市政协提案委员会第十三次联席会议。全年共收到提案980件，立案929件。经99个承办单位办理，已全部办复。共收到2104份提案者的反馈意见，反馈率为91.96%，均表示满意或基本满意。呈报《重要提案摘报》27期，省领导批示65件（次）。省政协副主席会同省政府副省长共同督办重点提案11件，形成10份重点提案督办调研报告和1份建议案，6位省委、省政府领导对督办调研报告和建议案做出7件（次）批示。

经济委员会 承担省政协常委会专题协商课题“提升我省水产品食品安全保障水平”，召开38场座谈会，现场查看73个调研点，不打招呼、不设路线、媒体全程参与，开展民主监督性质的协商活动，形成调研报告和建议案报送省委省政府，省海洋与渔业厅等部门专门召开会议落实有关建议。围绕去年农村“两权”抵押贷款试点重点提案督办协商成果开展“回头看”活动，推动试点各项工作取得积极进展。承办全国政协暨地方政协经济委员会工作座谈会。组织开展“降低企业制度性交易成本，促进民营经济转型升级”对口协商、“加快我省特色小镇建设”专题调研，协调开展3次界别协商活动，走访工作在一线、在基层的省政协委员24人次，多次走访慰问对口扶贫村。

人口资源环境委员会 召开省市政协人口资源环境委员会工作座谈会。承担省政协常委会专题协商课题“推进我省交通物流融合发展”，形成的建议案得到省委于伟国书记、张志南常务副省长批示，促成省政府出台《关于进一步降低实体经济企业成本的若干意见》，省经信委、发改委、交通厅、商务厅联合出台《加快我省物流园区发展促进物流业供给侧结构性改革指导意见》，推动有关问题解决。牵头开展“关于创新机制推进我省农村污水治理的建议”重点提案督办。委员会3位负责人担任省环保督察组组长，深入厦门、漳州、莆田开展环保督察活动，推进中央环保督察组反馈问题整改到位和地市环保目标责任制落实。组织九三学社界别开展“加快福州内河整治”界别协商和“推进自然保护区建设”调研活动；组织科协界别开展“创新驱动——推进院士专家工作站建设”和“加强太阳能在美丽乡村建设中的运用与推广”调研活动；组织特邀界别开展“加强温泉资源的保护与利用”调研活动。为对口挂钩扶贫县连城积极协调落实帮扶项目、帮扶资金，助推脱贫致富。

教科文卫体委员会 召开全省政协教科文卫体委员会工作座谈会。开展“关于加强我省地方戏曲保护与传承的建议”重点提案督办，调研报告得到杨贤金副省长批示。开展“提高我省公立医院医疗水平”“加强农业文化遗产保护，助推城乡旅游业发展”“进一步完善我省高校毕业生就业创业扶持政策”“加强我省全民健身体育设施建设”“促进我省与一带一路国家科教文卫体事业交流合作”等7个课题调研。编辑出版《天有丰年——福建农业文化遗产综览》。积极开展医卫界委员进基层义诊咨询服务活动，累计诊治患者4600多人次，发放应急爱心药包1400多个，赠送药品价值10余万元。

社会和法制委员会 召开全省政协社会和法制工作座谈会。承担省政协常委会专题协商课题“推动社区物业管理规范化”和主席会议专题协商课题“推进军民融合产业发展”。开展“加强我省青少年毒品预防教育构建无毒社区”重点提案督办。组织召开“加大产权保护力度，推进产权保护法治化”对口协商会。开展“法律进宗教活动场所”专题调研。与省司法厅联合开展省委省政府《法治福建建设纲要（2014—2020年）》相关调研视察活动。开展“保障性住房建设”“解决城市停车难”“实施助残工程”三个为民办实事项目民主监督。协助召开省“两院”及依法治省工作情况通报会。参与对平潭综合实验区2017年党政领导综治责任书落实情况考评督导。积极配合省民主法制领域改革领导小组做好民主法制领域改革工作。联合妇联等界别开展4场专题调研和慰问活动。

民族和宗教委员会 召开省市政协民宗委工作座谈会。开展“关于推动我省少数民族乡村精准扶贫的建议”重点提案督办。组织召开“推进少数民族特色村寨建设”对口协商座谈会，调研报告得到洪捷序副省长批示。紧密团结联系宗教界代表人士，通过开展爱国爱教宗教人才培养专题调研、跟踪推进宗教活动场所文物保护长效机制建设等，有力推动宗教场所用地、文物保护、管理权属等问题的解决。继续开展少数民族贫困大学生助学活动、为少数民族乡困难群众送医送药活动，共筹措帮扶资金10万元、诊治患者近500人次。

港澳台侨和外事委员会 召开全省政协港澳台侨和外事工作座谈会，协办港澳地区闽籍人大代表、政协委员和省海联会理事座谈会。承担省政协常委会议专题协商课题“集中力量扶持龙头企业科技创新”，协商成果以建议案形式报送省委省政府，省长于伟国、常务副省长张志南作出批示。开展“加快平潭国际旅游岛建设”对口协商，形成送阅件，李德金副省长作出批示。开展“闽台生物科技产业合作”专题调研。举办香港青年“八闽文化之旅”夏令营活动，让更多的香港青年了解祖国、了解福建，共筑闽港两地联络联谊的桥梁。组团赴菲律宾、柬埔寨和缅甸开展友好访问，重点考察海外侨情、华文教育和“一带一路”侨企对接等内容。组织港澳委员和特邀委员赴浙江、辽宁等地学习考察。联合对口界别开展4场专题调研活动。配合做好《关于加快构建我省多元化养老格局的建议》重点提案督办工作。配合全国政协港澳台侨委做好台湾民意代表交流参访团来闽考察的接待服务工作。先后5次赴周宁县开展扶贫开发调研、走访慰问困难群众，协调安排50万元用于挂钩扶贫点东升村帮扶工作。

文史和学习委员会 征编出版《邮票上的人民军队》《履职故事》，完成全国政协文史和学习委《蒙古族百年实录》和《紫荆开花映香江——香港回归二十周年亲历记》的三亲史料征集工作。开展“完善妇幼健康服务体系保障全面两孩政策实施”重点提案督办、“《八闽文库》出版工作”对口协商活动以及“红色文化遗址保护与利用”“雕版印刷资源的保护传承”专题调研。承办省政协书画室揭牌仪式、全体会议和“丹青绘八闽、喜迎十九大”书画展。承办 2017 年省政协读书会和连任省政协委员培训班。

【重要会议活动】

省政协委员暨市县政协主席培训研讨班 7 月 24 日至 26 日在福州举办。省政协主席张昌平出席开班式并讲话，副主席张燮飞、张帆、陈荣凯、李红、杨根生、陈绍军、薛卫民、陈义兴，秘书长刘明出席。开班式上，福州市市长尤猛军、厦门市政协副主席高玉顺、三明市委书记杜源生、诏安县政协主席陈一森、惠安县政协主席蔡荣清、莆田城厢区政协主席黄志强、建瓯市副市长王杨、龙岩新罗区区委书记何明华、古田县委书记钟昌华等 9 位同志先后进行了交流发言。张昌平认真听取发言后指出，当前，我省政协协商多方联动、生机盎然的协商格局正在形成，“四个共同”的协商机制逐步完善，各具特色的协商形式不断呈现，汇聚共识的协商成果更具实效，政协协商在促进党政科学决策、民主决策中作用越来越显著，在推动经济社会发展、促进民生改善上扮演了越来越重要的角色。张昌平要求，推进政协协商民主深入发展，要把握好政协协商与党的领导的关系，始终坚定正确的政治方向；要把握好协商载体与协商主体的关系，正确认识政协协商的性质定位；要把握好协商民主与政协履职的关系，明确履职方式方法。下一阶段，我省政协协商工作要争取在民主监督上有所突破、成果落实上有所推进、制度机制上有所完善，更好地为“再上新台阶、建设新福建”作贡献。

“丹青绘八闽喜迎十九大”书画展 9 月 28 日在福州于山堂开幕。省政协主席张昌平，省政协副主席张燮飞、刘可清、陈荣凯、李红、杨根生、陈绍军，老同志游德馨、陈增光、潘心城等出席开幕式。画展展出作品 249 幅，以带着强烈的新时代气息的作品，歌颂伟大的中国共产党，表达人民政协对实现“两个一百年”奋斗目标和中华民族伟大复兴中国梦的美好祝愿。

【重要文件】

常委会工作报告（2017 年 1 月 17 日）（摘要）第一部分 2016 年工作回顾：**一、着力发挥政协协商民主的平台作用。**围绕“十三五”规划实施，群策群力推进重大决策部署贯彻落实。选择了加强国家生态文明示范区建设、推动自贸区创新发展、加快福州新区建设、深化以东盟国家为支点的“海丝”传统合作等议题，组织常委会议专题协商、开展重点提案办理协商，为用好用活中央赋予的“六区叠加、先行先试”政策，增创发展新优势议政建言。在开展打造文化与生态相融合的大武夷旅游圈专题协商时，根据福建主体功能区规划定位，着眼于把生态环境优势转化为经济增长的优势、转化为百姓的财富增收，邀请省内外有关部门、专家学者和业界人士实地考察、共商发展，协商对话从武夷山向周边拓展、从省内向省际延伸，推动形成了闽浙赣皖协同建设“最美高铁风光带”的发展共识，并被列入国家“十三五”旅游规划。**聚焦创新驱动和供给侧结构性改革，同心勠力推进重点改革攻坚。**开展了推进 PPP 模式在基础设施和公共服务领域应用的专题协商，共同破解项目落地率低、运行机制不完善、民间资本参与难等亟待解决的现实问题。从 885 件委员提案中遴选了化解过剩产能和房地产高库存风险等作为重点提案，由省政协副主席会同省政府副省长共同协商督办。召开常委专题会议，定期听取省高级法院、省检察院工作通报，围绕实施全面依法治省、推进司法体制改革积极建言。选择降低企业社会负担、推动企业兼并重组、营造众创空间、加强政府性债务管理监督等开展对口协商。把创新驱动的对口协商会开到高新企业现场和高校科研院所，以利于企业家、科技人员和政府部门领导直接协商对话。这些协商活动的成果，有的纳入我省战略性新兴产业专项规划，有的成为化解过剩产能实施方案的重要内容。**紧扣保基本保重点兜底线，齐心协力推进重大民生工程建设。**分别邀请23位扶贫县搬迁户代表、16位河段长参与贫困人口移民搬迁造福工程和小流域水质监测与治理专题协商，在政协协商平台上和书记、省长“零距离”对话交流，现场谈感受，当面提建议，引起积极反响。关于优化安置方式、提高补助标准等协商共识，直接转化为省政府加快推进造福工程搬迁的九条政策措施，小流域综合治理列入了省委省政府为民办实事项目。福州、漳州、莆田市政协通过开展百名委员视察福州地铁建设、海岸带保护开发与管理、城市绿心保护等调研协商活动，推动民生项目落地，努力扩大人民群众获得感。**二、着力彰显委员履职为民的主体作用。**广大委员走进基层听民意汇民愿。在酝酿提案过程中，委员们围绕群众反映迫切的提高户籍人口城镇化率、实行分级诊疗制度改革、优化高校办学软环境、推进文艺精品创作和体育拔尖人才培养、改善归侨侨眷民生、发展农村电子商务等问题深入基层，问政于民，踊跃提交民生类提案673件，占提案总数的71%。在反映社情民意中，委员们通过政协信息“直通车”，积极反映医疗救助、征地拆迁、就学就业等方面信息638件，被全国政协采用23件（次），得到中央和省领导同志批示106件（次）。其中，关于完善“营改增”税收办法、加强中介组织管理服务、重视农村水环境整治等建议，引起了中央和省领导同志的高度重视。在委员们共同努力下，我省社情民意信息工作继续保持全国领先。**广大委员依托界别聚民智集民力。**省民建、民进、台盟和无党派人士建言的降低生产生活物流成本、推动台湾青年到大陆创业就业、发挥妈祖文化影响；省民盟、民革、工商联举办的“一带一路”研讨会、两岸乡村农田水利建设交流会、“亲”“清”政商关系系列宣教活动；省农工党、致公党、九三学社开展的促进两岸医药合作、加快传统书院保护开发、城乡居民饮用水安全等专题调研，发挥了党派作用，展现了积极作为。工会、共青团、妇联界委员汇集群团界别合力，围绕加强农民工权益保障、保护儿童权益、反对家庭暴力等方面积极反映诉求，维护了弱势群体权益。民族宗教界委员在宗教场所文明管理和文物保护、落实宗教房产政策，以及少数民族村精准扶贫等方面的经验做法，得到全国政协民宗委的肯定和推广。港澳委员讲政治、顾大局、比奉献、敢担当，引导闽籍乡亲为维护港澳地区长期繁荣稳定、密切闽港澳互融互通作出了新贡献。尤其是港区委员团结闽籍社团，在关系国家统一、关系祖国荣辱、关系“基本法”实施的大是大非面前，旗帜鲜明、正义凛然，支持人大释法，维护一国两制，赢得了人心，被驻港中联办誉为“铁军”。特邀委员以建设“一带一路”战略支点为己任，密切联系侨团侨社和友好人士，加强往来，扩大共识，广泛宣传家乡改革发展新成就，促进了福建对外经贸文化合作交流。**广大委员立足岗位察民情解民忧。**委员们带着问题、带着感情、带着责任，围绕我省年度重点工程和22项为民办实事项目的落实，对实施临时救助制度、农村危房改造、加快避风渔港建设等组织专项监督；就饮用水水源地保护、公共基础设施更新改造等社会关注度高的民生提案开展专题调研；委员小组充分发挥专业优势，瞄准中医药事业发展、工业废水处理利用等问题，通过专项视察等方式，帮助协调解决项目推进中的实际困难，在服务中加强监督，在监督中推动工作。一年来，政协委员赴山区和少数民族地区开展扶贫扶智、科技咨询、送医送药活动 4600 多人次，定期组织巡回义诊、资助贫困大学生和孤寡老人活动。主席会议成员深入联系点挂钩帮扶，经济界委员中的企业家与贫困村结成对子精准扶贫，落实项目 240 多个、扶持资金 3.1 亿多元。全省各级政协委员还带头弘扬乐善好施的传统美德，积极参与社会慈善事业。**三、着力提升服务政协履职的保障作用。**加强学习夯实思想基础。着力增强政协委员的政治意识、大局意识、核心意识、看齐意识，扎实开展“两学一做”学习教育，切实把思想和行动统一到中央和省委的决策部署上来，不断增强贯彻落实的思想自觉和行动自觉。开展本届委员第二轮学习培训、组织常委读书班和情况通报会，进一步提升对社会主义民主政治的理论自信和制度自信。**创新制度规范履职活动。**以贯彻落实省委《关于加强人民政协协商民主建设的实施意见》为契机，制定了委员履职工作规则，完善了提案立案细则和办理协商办法，修订了社情民意信息工作条例和主席会议议事规则。出台落实党风廉政建设主体责任和监督责任的实施意见，针对省委巡视工作中发现的机关苗头性、倾向性问题，查漏补缺、整改落实。加大机关中青年干部培养、交流和使用力度，营造服务委员、风清气正、干事创业良好氛围。**扩大宣传优化工作环境。**积极宣传新形势下协商民主理论与实践，以互联网新媒体为平台，扩大协商公开度，发出政协好声音。政协“两微一站一刊”宣传委员履职事迹 1300 多人次，门户网站的点击量年增长 34.5%。在《福建日报》开设“政协视点”专题专栏、推送委员履职纪事、开展政协好新闻评选，省内外主流媒体报道政协履职 1400 多篇，系统宣传重要履职活动，反映委员履职实践，提升了社会关注度。首次向社会公布年度协商计划，邀请提案承办部门主要负责同志在政协全会上介绍办理情况。编纂出版《福建辛亥革命图略》《文脉流芳——福建文化遗产保护读本》和《大儒世泽——朱子传》，整理出版《福建官箴》等文史丛书，发挥了存史资政、教化育人的功能。第二部分 2017 年工作意见：要一以贯之深化协商民主实践，积极为“再上新台阶、建设新福建”奋发有为；要一以贯之做好凝心聚力工作，努力在增进大团结大联合中展现优势作用；要一以贯之推进制度机制创新，不断夯实服务委员服务群众服务社会的履职基础。

【组织概况】

省级政协组织情况

副主席补选名单

（2017 年 1 月 21 日 政协第十一届福建省委员会第五次会议第三次全体会议通过）

李　红*

不再担任副主席名单

（2017 年 1 月 20 日 政协第十一届福建省委员会常务委员会第二十四次会议第二次全体会议通过）

郭振家　陈向先

不再担任秘书长名单

（2017 年 8 月 7 日 政协第十一届福建省委员会常务委员会第二十七次会议通过）

刘　明

常务委员增选名单

（2017 年 1 月 21 日 政协第十一届福建省委员会第五次会议第三次全体会议通过）

（按姓氏笔画排序）

叶木凯　陈必滔　陈晓波　钟维平

姜榕兴　姚火照

不再担任常务委员名单

（2017 年 1 月 15 日 政协第十一届福建省委员会常务委员会第二十三次会议通过）

（按姓氏笔画排序）

马承佳　林文杰　盛炳荣

（2017 年 4 月 18 日 政协第十一届福建省委员会常务委员会第二十五次会议通过）

罗　健

不再担任副秘书长名单

（2017 年 4 月 18 日 政协第十一届福建省委员会常务委员会第二十五次会议通过）

陈　巧*　江荣全　郑家建

（2017 年 11 月 28 日 政协第十一届福建省委员会常务委员会第二十九次会议通过）

黄树清

专委会主任、副主任增补名单

（2017 年 1 月 15 日 政协第十一届福建省委员会常务委员会第二十三次会议通过）

增补：

姜榕兴为经济委员会主任

李福生为教科文卫体委员会主任

（2017 年 1 月 20 日 政协第十一届福建省委员会常务委员会第二十四次会议通过）

增补：

张立先为提案委员会主任

叶木凯为人口资源环境委员会主任

不再担任专委会主任、副主任名单

（2017 年 1 月 15 日 政协第十一届福建省委员会常务委员会第二十三次会议通过）

免去：

林文杰，提案委员会主任职务

马承佳，人口资源环境委员会主任职务

马照南，提案委员会副主任职务

丁学辉，人口资源环境委员会副主任职务

彭照杉，民族和宗教委员会副主任职务

（2017 年 1 月 20 日 政协第十一届福建省委员会常务委员会第二十四次会议通过）

免去：

张立先、叶木凯，经济委员会副主任职务

（2017 年 4 月 18 日 政协第十一届福建省委员会常务委员会第二十五次会议通过）

免去：

林鸿坚，提案委员会副主任职务

罗　健，文史和学习委员会副主任职务

（2017 年 9 月 20 日 政协第十一届福建省委员会常务委员会第二十八次会议通过）

免去：

叶文华，提案委员会副主任职务

李良顺，人口资源环境委员会副主任职务

陈　奇，文史和学习委员会副主任职务

（2017 年 11 月 28 日 政协第十一届福建省委员会常务委员会第二十九次会议通过）

免去：

车达卫、张建生，社会和法制委员会副主任职务

专委会专职副主任任免名单

（2017 年 11 月 28 日 政协第十一届福建省委员会常务委员会第二十九次会议通过）

任命：

高扬增为人口资源环境委员会专职副主任

市、县、区政协主席变动情况

省政协平潭综合试验区工委主任

林江铃* （2017 年 8 月 7 日当选）

注：* 为女同志。

（名单由省政协办公厅委员工作室、人事处提供）

福建省各级政协组织和委员数

（截至 2017 年年底）

项目＼级别	省	副省级市	地级市	县（市、区）	合　计
组织数	1	1	9	84	95
委员数	694	389	3068	16186	20337

（吴育文　**编写**　陆开锦　**审稿**）

政协江西省委员会

蔡晓明　副主席

陈俊卿　副主席

【全体委员会议】

十一届五次会议　1月15—18日在南昌举行。省委书记鹿心社、省长刘奇、省委副书记姚增科等领导同志出席开、闭幕会，并参加联组讨论和小组讨论，听取大会发言。会议审议批准省政协主席黄跃金同志代表政协江西省第十一届委员会常务委员会所作的工作报告，审议批准省政协副主席刘晓庄同志代表政协江西省第十一届委员会常务委员会所作的提案工作情况报告。举行了两次大会发言，增补蔡晓明、陈俊卿同志为十一届省政协副主席；增补王萍、左和平、朱来友、刘定明、肖礼庆、汪忆新、傅卓成等同志为十一届省政协常务委员。全会审议通过了省政协十一届五次会议决议；通过了省政协十一届五次会议关于提案初步审查情况的报告。

【常务委员会会议】

第22次会议　1月14日在南昌召开，省政协主席黄跃金主持并讲话，省委常委、省委统战部部长陈兴超在会上作有关人事事项说明，省政协副主席姚亚平、钟利贵、李华栋、汤建人、刘晓庄、郑小燕、胡幼桃、孙菊生，省政协秘书长肖为群出席会议。会议通过江西省政协十一届五次会议选举办法（草案）和总监票人、监票人名单（草案），决定提交十一届五次会议讨论表决通过；通过江西省政协十一届五次会议大会秘书处秘书长、副秘书长名单。会议审议通过了人事事项。

第23次会议　1月17日在南昌召开。省政协主席黄跃金主持会议。省政协副主席姚亚平、钟利贵、李华栋、汤建人、刘晓庄、郑小燕、胡幼桃、孙菊生，秘书长肖为群出席会议。省委统战部负责人在会上作有关人事事项的情况汇报。

第24次会议　3月20日在南昌召开，传达学习全国政协十二届五次会议精神，部署我省政协贯彻落实工作。省政协副主席姚亚平主持。黄跃金传达全国两会期间习近平总书记就人民政协工作、尊重知识、尊重知识分子、增进民族团结等重大问题发表的一系列重要讲话精神，传达李克强总理作的政府工作报告和俞正声主席作的政协常委会工作报告、闭幕会上的讲话精神。

第25次会议　7月3日至4日在南昌召开。会议传达学习全国政协十二届第二十一次常委会议精神；围绕“加强地方金融体系建设，推动实体经济发展”进行专题协商；部署加强人民政协民主监督工作。省政协主席黄跃金出席并讲话，省委常委、常务副省长毛伟明出席并介绍情况。省政协副主席蔡晓明就《关于“加强地方金融体系建设，推动实体经济发展”的调研报告》起草情况作说明，赵波、朱力群、孙东、彭道宾、陈晓明、陈晓娟等省政协常委、委员作大会发言。会议审议通过了人事事项。

第26次会议 9月11日至12日在南昌召开。会议传达学习了全国政协十二届第二十二次常委会议精神，围绕“进一步加快赣江新区发展”进行专题协商。省政协主席黄跃金，省政府副省长吴晓军出席并讲话。省政协副主席姚亚平作《关于进一步加快赣江新区发展的调研报告》起草情况说明，汪忆新、徐良平、罗莹、李秀香、凌云、杨西等省政协常委、委员作大会发言。会议通过了有关人事事项。会议对省政协十一届三次会议以来的优秀提案、先进承办单位和2016年度优秀建言献策成果进行了书面通报表扬。

第27次会议 11月6日在南昌召开，会议深入学习中共十九大精神，对全省政协系统学习贯彻中共十九大精神进行动员部署。省政协主席黄跃金出席并讲话，省政协副主席姚亚平主持，省政协副主席蔡晓明、汤建人、刘晓庄、郑小燕、胡幼桃、孙菊生、陈俊卿，秘书长肖为群出席。

第28次会议 11月27日至28日在南昌召开，会议学习贯彻中共十九大精神，围绕“加快我省国家生态文明试验区建设”协商议政。省政协主席黄跃金，副省长郑为文出席并讲话，省政协副主席姚亚平、蔡晓明、李华栋、汤建人、刘晓庄、胡幼桃、孙菊生、陈俊卿，秘书长肖为群出席。孙菊生介绍了调研情况、调研报告起草的背景、主要内容和意见建议。朱来友、任江南、肖礼庆、王东林、李秀香、郭英荣作大会发言。会议还审议通过了有关人事事项。

【专门委员会工作】

提案委员会 提案办理质量持续提高，今年共交办提案559件，涉及承办单位82个，全部提案办复率100%，22件重点督办提案办理效果良好。选择委员关注度高的“助推我省中医药发展”问题，精心组织“会中办案”，邀请省政府有关部门负责人与提案者面对面进行协商，省委常委、常务副省长毛伟明同志到会听取意见，并就办理好提案、认真落实好提案建议提出要求。牵头组织“降成本、优环境、促发展”专项民主监督活动，组织中共、经济、特邀（省直）界别调研组分别赴景德镇、宜春、鹰潭市开展调研，社会科学界别调研组赴抚州市开展调研，工商联界别组织各设区市、省直管县市工商联开展问卷调查，形成了《关于“降成本、优环境、促发展”专项民主监督报告》并报送省委、省政府供决策参考。开展我省“特色小镇”建设专题调研和提案办理协商活动，形成专题调研报告报省委、省政府。

经济委员会 围绕“加强地方金融体系建设，推动实体经济发展”主题，深入南昌、九江、赣州等地进行实地调研，并赴外省开展学习考察，先后组织召开了银行业、非银行金融业、金融相关行政监管部门等15次分类座谈会，形成了四份学习考察报告和一份专题调研报告，筛选出六份常委会议发言材料，经省政协常委会审议通过后报送省委省政府。对全省特别是上饶市的棚户区改造工作进行了专题调研，形成了《做好“四篇文章”，推动棚改工作——上饶及全省棚户区改造的调研及建议》专题报告，并以《建言献策》的形式报送省委省政府办公厅。围绕“扶贫专项资金使用情况”主题，组织经济、工商界别委员开展民主监督活动。组织开展“智能电网如何支撑新能源发展”“把握物联网发展机遇”和“江西水利资源考察”界别活动；赴宜春开展“降成本、优环境、促发展”专项民主监督活动和“促进锂电产业发展”界别视察活动，向省委、省政府提出《关于促进我省抽水蓄能电站持续健康发展的建议》。

人口资源环境委员会 围绕“加快我省国家生态文明试验区建设”开展议政性常委会专题调研协商活动，形成《关于加快我省国家生态文明试验区建设的建议案》。围绕“推进城乡环卫一体化工作体系建设”，先后赴抚州、鹰潭、南昌、九江等4市8县（市、区）开展专题调研，召开对口协商座谈会，形成《关于推进城乡环卫一体化工作体系建设的建议》，提出营造全民参与的浓厚氛围，强化体制机制建设，强化规划设施建设，强化法规政策建设，强化垃圾分类处理体系建设等5个方面建议。组织农业界别委员就“海绵城市建设”专题开展视察，形成“关于进一步加大海绵产业支持力度促进海绵城市建设的建议”，作为建言献策信息报送省政府。组织妇联界别就“免费婚检工作”开展视察活动，提出免费婚检需要财政给予更多支持，要进一步扩大省级免费婚检项目试点县范围，将所有县区纳入免费婚前医学检查省级补助范围等建议。

教科文卫体委员会 围绕“大力推进脱贫攻坚”开展专题协商活动，先后到兴国县、安远县、寻乌县实地调研，召开专题协商座谈会，形成《关于进一步推进我省教育扶贫的若干建议》报送省委、省政府。开展“社区文化建设”专题界别协商活动，先后前往宜春市、抚州市、九江市、南昌市、新余市等设区市调研，形成《关于“社区文化建设”的调研报告》。开展“医疗卫生资源‘下沉’”专题调研，挑选吉安、萍乡、赣州、抚州若干个不同模式、不同类型的基层医疗机构深入调研，以案例分析的方法逐个剖析，以小见大、举一反三，为省委、省政府决策提供较好的参考。与萍乡市政协就“汉冶萍历史文化的发掘与利用”开展省市联合调研。组织教育界别委员开展“大力推进教育扶贫”界别活动；组织科技、民进界别委员开展“窄带物联网”主题界别活动；组织文艺、体育界别委员开展“特色小镇建设”界别视察活动；组织科协界别委员赴赣州市开展调研，赴赣州市有关企业考察指导科技平台建设，并发挥界别优势，深入会昌县开展精准扶贫对接考察，帮助解决科技器材和办公用品总计100多万元。

社会和法制委员会 围绕“依法建立农民工工资保障机制”开展专题调研活动，先后赴九江、景德镇开展调研，向省委、省政府报送《关于依法建立农民工工资保障机制的调研报告》，提出加快出台我省农民工权益保障条例、完善欠薪纠纷处置机制、加大对违法违规行为的惩处力度、规范建筑市场管理等8条建议。开展“未成年人司法保护及犯罪预防”专题调研，先后赴上饶、鹰潭、抚州开展实地调研，形成《关于未成年人司法保护及犯罪预防调研报告》，提出进一步加强组织领导和制度保障、健全现有法律法规体系、完善司法保护和帮教体系、营造良好的社会环境等四个方面10条建议。开展“经营类事业单位改革情况”民主监督视察活动，先后赴省交通科学研究院、省建筑设计研究总院，深入了解中央文件精神贯彻落实情况、改革进行情况、改革中遇到的困难和问题、改制单位对改革的诉求，提出民主监督意见。

民族和宗教委员会 围绕“我省民间信仰情况”开展专题调研，先后深入到萍乡市湘东区、芦溪县，赣州市赣县区、兴国县等地调研，提出完善管理、推动创新，加强宣传、正面引导等建议。开展“促进我省少数民族地区特色旅游发展”的专题调研，先后赴吉安峡江县、永丰县，抚州乐安县、资溪县实地走访部分民族乡、民族村、特色旅游景区、集镇等地，提出针对性的对策和建议。开展我省部分宗教活动场所管理情况的视察活动，先后组织视察了上高县九峰禅寺、都昌县元辰庙、老爷庙等寺庙，提出要强化宣传意识，改变“养在深闺人不识”的状况；强化统筹规划，继续加强宗教场所保护、修缮、开发工作；“走出去”，借鉴广东、浙江、福建等地的先进经验，加强宗教人才引进和人才队伍建设等建议。

港澳台侨和外事委员会 就进一步提升绿发会、赣港会、赣台会、瓷博会、药交会五大开放平台品牌影响力，在省内及港澳地区开展实地调研和互动交流，召开对口协商座谈会，形成建议案报送省委省政府及相关部门。协助做好第十六届赣港经贸合作活动的服务工作，超额完成省政府下达的重要客商邀商任务，实际邀商人数达到了 26 人，推动有关合作项目的落实，被评为全省开放型经济工作先进单位。组织召开了江西省政协海外扶贫基金会理事大会；协助海外代表董淑贞女士赴宜丰、修水等地开展捐资助学公益行动；与省侨联联合召开省法院、省税务系统支持侨资企业发展座谈会；与省侨联、南昌市侨联联合举办“侨联四海、情满赣鄱”座谈交流会；与澳区省政协委员及澳门科技大学联合就中医药产业发展情况开展调研和项目合作；协助海外扶贫基金会做好帮扶贫困生项目的有关工作。

文史和学习委员会 围绕“古镇的保护及利用开发”开展专题协商调研活动，先后深入景德镇、上饶等地的历史文化名镇进行实地调研，并赴山东、江苏开展学习考察。召开“古镇的保护及利用开发”专题协商座谈会进行协商讨论。围绕“大力推进我省大遗址保护和利用工作”开展专题调研，先后赴景德镇市御窑遗址，吉安市新干大洋洲镇牛头城遗址，宜春市樟树山前乡吴城商代遗址、大桥乡筑卫城遗址，南昌市新建区海昏侯墓遗址，九江市瑞昌夏畈镇铜岭铜矿遗址等省内主要大遗址开展调研视察。组织委员就“持续推动徐霞客游线文化旅游发展”开展专题视察界别活动，深入吉安市永新县、安福县，抚州市黎川县，实地调查当地徐霞客游线文化遗存，并就进一步加强徐霞客游线文化遗存的保护和利用、推动徐霞客游线文化旅游发展、如何申报全国徐霞客游线标志地提出意见和建议，推动安福县、黎川县成功申报为全国第三批徐霞客游线标志地。开展铁柱万寿宫遗址视察活动，深入到南昌市西湖区铁柱万寿宫遗址现场进行界别视察，专家组成员提出了相关保护建议，上报专题视察报告。做好文史资料征编工作，征集、出版《江西省政协委员履职实录》；抓好《文史大观》的史料征集和编辑工作，积极探索文史资料工作为现实服务的新途径。

【重要活动】

《红旗飘飘——中国共产党党旗诞生历程珍贵档案展》在南昌展出 7 月 14 日，由中国政协文史馆、江西省政协办公厅主办的《红旗飘飘——中国共产党党旗诞生历程珍贵档案展》在南昌新四军军部旧址陈列馆展出，该展览以中国共产党党旗的诞生历程为主题，通过大量珍贵的历史照片及档案资料，展示了中国共产党自诞生至今近一个世纪里的各个重要历史节点上的党旗样貌。省领导黄跃金、赵力平、周萌、李贻煌、姚亚平、蔡晓明、李华栋参观展览。

对优秀建言献策成果和优秀提案进行通报表扬 9 月 11 日，在省政协十一届二十六次常委会议上，省政协对《关于加快推进我省城乡供水一体化建设的建议》等 152 篇 2016 年度优秀建言献策成果和省政协十一届三次、四次、五次会议的 60 件优秀提案及省委组织部等 22 个省政协提案先进承办单位进行了书面通报表扬。

举办“喜迎十九大　委员在行动”履职成果报告会　9月21日，省政协召开“喜迎十九大委员在行动”本届履职成果报告会。省政协副主席陈俊卿主持并讲话。这是省政协首次以成果报告会的形式，组织住赣全国政协委员、省政协常委、委员和各民主党派、工商联、党外知识分子联谊会以及省政协办公厅、各专委会负责人、干部职工，一起深入交流探讨、互相学习借鉴，认真总结和提炼十一届省政协以来的履职实践、主要成果和经验做法。

【重要文件】

常务委员会工作报告（2017年1月15日）（摘要）

第一部分：2016年工作回顾。

（一）强化理论武装，不断夯实共同思想政治基础。始终把坚持和发展中国特色社会主义作为巩固共同思想政治基础的主轴，深入学习贯彻中共十八大和十八届三中、四中、五中、六中全会精神，深入学习贯彻习近平总书记系列重要讲话精神和治国理政新理念新思想新战略，特别是对江西工作提出的“新的希望、三个着力、四个坚持”重要要求，组织收看学习习近平总书记在庆祝中国共产党成立95周年大会、纪念红军长征胜利80周年大会上的重要讲话，专题学习贯彻中共十八届六中全会精神，认真学习贯彻全国政协十二届四次会议精神，把握政协工作的新要求、新任务。及时学习贯彻中共江西省委十三届十三次、十四次全会和省第十四次党代会等重要会议精神，确保始终围绕中心、服务大局建言献策。（二）围绕实施“十三五”规划协商议政，助推经济平稳健康发展。围绕“着力加强供给侧结构性改革，培育和壮大新兴消费”“实施创新驱动发展战略，推动产业转型升级”“优化农产品有效供给，建设现代农业强省”开展3次专题议政性常委会议协商，所提意见建议得到省委省政府主要领导的充分肯定，有关部门认真吸纳，推动了相关工作落实。按照“三办”联合印发的年度协商工作计划，还开展了形式多样的协商活动31次。其中，就“推进城市管理综合执法”“国有文艺院团转企改制”“提升森林质量”“推进民办教育改革与发展”“大力帮扶实体经济”“县域宗教文化资源保护”“加强我省仲裁工作”“传统媒体和新兴媒体融合发展”等召开协商座谈会；就“资源枯竭型城市产业结构调整与优化”等召开18次提案办理协商座谈会；就“进一步提高省财政预算制定与执行的科学化水平”“市县落实‘河长制’的情况”开展了民主监督活动；并就“进一步完善我省平安景区创建及高速公路服务区安全防范工作”“金融业发展”“赣江新区建设”开展了委员视察活动，协商质量和效果不断提升。比如，傅克诚等住赣全国政协委员就《国务院关于支持赣南等原中央苏区振兴发展的若干意见》贯彻落实情况深入调研，调研成果形成了全国政协委员联名提案，并确定为2016年全国政协重点督办提案，全国政协领导率队来赣调研，召开国家有关部委参加的重点督办提案办理协商座谈会，进一步推动了苏区振兴发展。（三）坚持正向激励和履职反馈，发挥委员主体作用。坚持正向激励、强化引导，开展优秀建言献策成果评选活动，在省政协常委会议上通报表彰了优秀会议发言、建议案、调研视察报告、社情民意信息等160篇，反映社情民意信息工作先进单位22个、先进个人41名。加强委员履职统计、反馈，对委员参加会议、提交提案、反映社情民意信息、会议发言、撰写调研视察报告等7个方面情况进行登记，半年一统计，全年一汇总，履职情况既向委员个人书面反馈，也向委员所在单位和省委有关部门通报，增强委员履职责任感和使命感。（四）以纪念孙中山先生诞辰150周年为契机，扩大同心圆、拓宽团结面。组织开展孙中山先生诞辰150周年纪念活动，收听收看习近平总书记在纪念孙中山先生诞辰150周年大会上的重要讲话，认真落实省委对学习贯彻习近平总书记重要讲话精神的要求。与民革中央、民革江西省委会共同举办了纪念孙中山先生诞辰150周年书画展，与南昌市政协共同举办了纪念孙中山先生诞辰150周年图片展，进一步学习弘扬了孙中山先生与时俱进、坚韧不拔、献身祖国的崇高风范和天下为公、心系民众的博大情怀。深化团结联谊工作，组织港澳委员和特邀代表就我省高新产业发展情况开展返赣视察。协助省委省政府做好2016赣港经贸合作活动、第四届"绿发会"等外联内引工作。配合做好以港澳全国政协委员为主导的港澳青年社团代表访赣活动，扩大赣港澳青年交流，举办港澳委员活动日、报告会等，受到港澳人士的高度评价。发挥省政协海外扶贫基金会助力公益慈善事业的作用，引导各界人士捐资助学、扶贫济困，全年共筹集资金3754.2万元，其中联合赣商总会筹资3217万元。向养老院、村级活动室、残障人士、特困学生等捐资728.1万元，资助了15个县（市、区）1562名贫困学生。捐资2650万元，正在全省完善1060个标准化村卫生计生服务室，为各界人士服务社会提供了广阔的舞台。（五）不断加强制度建设，提高履职科学化水平。制定了大会发言工作规则和重点工作督查办法，修订了省政协反映社情民意信息工作条例，完善了服务政协调研和协商会议工作机制、重大会议活动牵头协调机制等10多项制度，涉及会议协商、委员服务与激励、经常性工作、自身建设等内容。另外，注重抓好各项制度的贯彻执行。强化制度观念和规则意识，加大制度落实力度，提高制度执行力，推动制度的有效实施。比如，认真落实《委员履职情况登记反馈办法（试行）》，加强委员履职统计、反馈工作。认真实施《省政协优秀建言献策成果评选办法》，开展了优秀建言献策成果评选表彰活动。

第二部分：2017年主要工作。

（一）深入学习贯彻中共十八届六中全会和省第十四次党代会精神。（二）聚焦建设富裕美丽幸福江西建言献策。（三）不断巩固和拓展最广泛的爱国统一战线。（四）充分发挥委员主体作用。（五）进一步提升自身建设水平。

第三部分：加强和改进人民政协民主监督工作。

【组织情况】

副主席补选名单

蔡晓明　陈俊卿

（2017年1月18日政协十一届江西省委员会第五次会议通过）

副主席辞职名单

钟利贵

（2017年1月18日政协十一届江西省委员会第五次会议通过）

副秘书长任免名单

肖礼庆（3月19日起任）

杨木生（9月12日起任）

徐良平（任至7月4日）

杨春燕（女，任至9月12日）

常务委员增补名单

王　萍　左和平　朱来友　刘定明

肖礼庆　汪忆新　傅卓成

（2017年1月18日政协十一届江西省委员会第五次会议通过）

（按姓氏笔画排序）

不再担任常务委员名单

常务委员辞职名单

徐效钢　陈守国

（2017 年 1 月 14 日省政协十一届二十二次常委会通过）

冷芬俊

（2017 年 7 月 4 日省政协十一届二十五次常委会通过）

龚林儿　陈智祥　杨　斌　王际民

（2017 年 9 月 12 日省政协十一届二十六次常委会通过）

陈绵水

（2017 年 11 月 28 日省政协十一届二十七次常委会通过）

常务委员免职名单

卢志鹏

（2017 年 11 月 28 日省政协十一届二十七次常委会通过）

专委会主任、副主任增补名单

（2017 年 1 月 14 日省政协十一届二十二次常委会通过）

增补：

朱来友、汪忆新为经济委员会副主任

刘定明为人口环境资源委员会副主任

傅卓成为社会和法制委员会副主任

刘金炎为港澳台侨和外事委员会副主任

（2017 年 9 月 12 日省政协十一届二十六次常委会通过）

增补：

杨春燕为教科文卫体委员会主任

辜　清为港澳台侨和外事委员会主任

专委会专职副主任任免名单

（2017 年 3 月 19 日通过）

任命：

招则庆为教科文卫体委员会专职副主任

（2017 年 9 月 12 日省政协十一届二十六次常委会通过）

免去：

辜　清，社会和法制委员会专职副主任职务

江西省各级政协组织和委员数

（截至 2017 年年底）

级别 项目	省	地级市	县（市、区）	合计
组织数	1	11	100	112
委员数	682	4087	18897	23666

（张时栋　**编写**　叶　舟　**审稿**）

政协山东省委员会

吴翠云　副主席

赵润田　副主席

【全体委员会议】

十一届五次会议　2月5日至10日在济南举行。会议应出席委员925名，实到委员896名。会议听取并审议了刘伟主席所作的省政协常委会工作报告和赵家军副主席所作的提案工作报告，审议批准了2017年协商工作计划、省政协提案委员会关于十一届五次会议提案审查情况的报告。与会委员列席了山东省第十二届人民代表大会第六次会议，听取并讨论了省政府工作报告，讨论了2016年国民经济和社会发展计划执行情况与2017年计划草案的报告、2016年预算执行情况和2017年预算草案的报告，听取了省高级人民法院工作报告和省人民检察院工作报告。大会共收到提案739件、经审查立案706件，收到大会发言材料152份，16位委员作了大会口头发言。委员们围绕提升推进现代农业与互联网深度融合发展、建立地方文化资源评估系统、修补城市水环境水生态、打造多元化规范化的高效融资平台、整治高校“校园贷”等问题，进行了议政建言。会议选举吴翠云、赵润田为第十一届山东省政协副主席，补选了48名省政协常务委员。大会审议通过了省政协十一届五次会议各项决议。大会闭幕时，省政协主席刘伟作了讲话。

【常务委员会会议】

第23次会议　2月3—4日在济南召开。省政协主席刘伟主持会议并作闭幕讲话。时任省委常委、常务副省长孙伟代表省政府作关于《政府工作报告（征求意见稿）》起草情况的说明。会议听取了省政协秘书长张心骥关于省政协十一届五次会议筹备工作情况的汇报；听取了省委统战部有关负责同志关于省政协十一届五次会议人事事项的说明；听取了省政协机关负责同志关于省政协各工作机构2016年度工作任务完成情况的综合汇报。省政协副主席王乃静、陈光、许立全、郭爱玲、孙继业、翟鲁宁、赵家军出席会议。

第24次会议　2月9日在济南召开。省政协主席刘伟主持会议。会议听取了大会秘书长张心骥关于委员各组讨论情况的综合汇报；审议了省政协十一届五次会议关于常委会工作报告的决议（草案）、提案工作报告的决议（草案）和省政协2016年协商工作计划执行情况和2017年协商工作计划安排报告的决议（草案）；审议了十一届省政协提案委员会关于省政协十一届五次会议提案审查情况的报告（草案）；审议了省政协十一届五次会议政治决议（草案）；审议通过了有关人事事项。会议决定将上述审议事项提交省政协十一届五次会议全体会议审议决定。省政协副主席雷建国、王乃静、陈光、许立全、郭爱玲、孙继业、翟鲁宁、赵家军出席会议。

第 25 次会议 3 月 23—24 日在济南召开。省政协主席刘伟主持会议并作闭幕讲话。省政协副主席雷建国传达了习近平总书记在全国两会期间重要讲话、李克强总理参加山东代表团审议时重要讲话和十二届全国人大五次会议精神；省政协副主席赵家军传达了全国政协十二届五次会议精神；传达了省委常委扩大会议精神；浪潮集团首席科学家、执行总裁、中国工程院院士王恩东围绕“互联网和人工智能对工作生活的影响”作专题讲座。下午，常委会组成人员围绕贯彻落实全国两会精神和省委常委扩大会议精神进行了分组学习讨论，审议了有关事项。省政协副主席吴翠云、陈光、赵润田、许立全、郭爱玲、孙继业、翟鲁宁，秘书长张心骥出席会议。各民主党派省委、省工商联负责同志列席会议。

第 26 次会议 6 月 19—20 日在济南召开。省政协主席刘伟主持会议并作闭幕讲话。省委副书记、济南市委书记王文涛传达省第十一次党代会精神并作专题辅导。常委会组成人员围绕学习贯彻省第十一次党代会精神进行分组讨论，审议有关建议案和人事事项。省政协副主席吴翠云、王乃静、陈光、许立全、郭爱玲、孙继业、翟鲁宁、赵家军，秘书长张心骥出席会议。各民主党派省委、省工商联负责同志列席会议。

第 27 次会议 9 月 15—16 日在济南召开。省政协主席刘伟主持会议并作闭幕讲话。会议传达了全国政协十二届常委会第二十二次会议精神；听取了省政协“关于采取稳定脱贫措施，建立扶贫长效机制”调研组关于调研、协商及建议案起草情况的说明；听取了省扶贫办主要负责同志关于我省脱贫攻坚工作情况的通报。下午，与会人员进行了分组讨论，审议了《关于采取稳定脱贫措施，建立扶贫长效机制的建议案（草案）》和有关人事事项。省政协副主席雷建国、吴翠云、王乃静、陈光、赵润田、许立全、郭爱玲、孙继业、翟鲁宁、赵家军和秘书长张心骥出席会议。省有关部门负责同志列席会议听取常委们意见建议。

第 28 次会议 11 月 3—4 日在济南召开。省政协主席刘伟主持会议并作闭幕讲话。省政协副主席雷建国传达了中国共产党第十九次全国代表大会精神，省政协副主席吴翠云传达了全国政协十二届常委会第二十三次会议精神和省委十一届二次全会、省委常委会议、全省领导干部会议精神；审议了《政协山东省委员会关于深入学习宣传贯彻中国共产党第十九次全国代表大会精神的决议（草案）》。下午，常委会组成人员进行了分组学习讨论。省政协副主席王乃静、陈光、赵润田、许立全、郭爱玲、孙继业、翟鲁宁、赵家军，秘书长张心骥出席会议。各民主党派省委、省工商联有关负责同志列席会议。

【专门委员会工作】

提案委员会 一是制定《提案征集暂行办法》，改进提案征集方式，由考核提交提案数量改为考核立案提案数量，增加重点提案的赋分权重，引导提案由“数量型”向“质量型”转变。二是改革提案审查方式，加大提案审查力度，制定提案《审查工作指引》，建立联合交办机制，对此，中办秘书局《秘书工作》刊发了简讯，对相关做法给予肯定。三是建立了省委、省政府、省政协主要领导阅批督办，省政协副主席领办督办重点提案制度，促进办理成果转化落实。四是出台《政协山东省委员会提案办理协商办法》，组织开展了 4 项协商活动，召开了全省政协提案办理协商工作座谈会，总结交流提案办理协商工作的经验。五是深入开展提案办理协商工作的理论研究，《贯穿协商民主精神，推动提案工作改革创新》的工作经验，在《改革情况交流》上刊登，并报送中央改革办及省委常委。

经济委员会 围绕“降低企业成本，着力振兴实体经济”开展专题调研、专题协商，形成了《建议案》，以省政协党组文件报省委、省政府。刘家义书记、龚正省长分别作出批示。10月12日，组织召开专题协商会，就促进《建议案》相关成果转化情况，与省有关职能部门进行协商。就“加快推进农业供给侧结构性改革”、加强乡村环境整治工作等开展调研、召开协商会。全力服务省政协全委会和常委会大会发言组织服务工作，组织修改口头发言40篇、书面发言148篇，20多个省直有关部门负责同志应邀到会听取发言。组织召开全省政协经济委员会工作会议，总结工作、交流经验、互促共进。承担刘家义书记交办的“培育山东白酒骨干企业和知名品牌”专题调研，参与省委统战部牵头的《省委、省政府关于支持非公有制经济发展的意见》的调研起草工作。

人口资源环境委员会 开展“加快推进我省煤炭清洁高效开发利用”对口协商和“关于我省农产品质量安全存在的问题与建议”提案办理协商。就“加强我省城市黑臭水体治理”“加快完善我省生育保障机制”开展深度调研，开展“国家森林城市创建”视察考察，做好《关于妥善解决基层计生专职干部养老保障的建议》重点提案督办落实，围绕石墨烯应用技术及产业发展，开展界别活动。建立全省政协人资环委系统信息反映渠道和覆盖专委会全体委员的信息收集渠道。为全国政协“加强垃圾无害化处理”专题调研组提供服务保障工作。与省林业厅等部门联合开展“关注森林”活动，联合下发《森林城市创建办法》《成立“关注森林”组委会的通知》等文件。

科教文卫体委员会 做好“积极推动实施优秀传统文化传承与创新工程”对口协商工作，省委宣传部在制定《山东省传承发展中华优秀传统文化工作方案》时充分予以吸收采纳。围绕“推进分级诊疗制度建设”开展调研，就“关于加快我省医药产业创新发展的建议”重点提案进行办理协商。组织各界别组结合自身特色和委员专长，就“优化济南市中小学资源配置”“推进企业开展国际科学技术合作”“推进我省马业发展情况”“我省小学素质教育开展情况”开展界别活动。就“关于加强中小学生法制和道德教育的建议”重点提案督办，有效促进了提案的办理落实。组织召开全省政协科教文卫体委员会工作座谈会，回顾总结本届各级政协科教文卫体委员会工作经验做法，研究探讨做好政协专委会工作的意见措施。

港澳台侨和外事委员会 围绕“整合资源打造为侨服务综合平台”“进一步加强我省与港澳地区青少年文化交流”“解决涉侨诉讼执行难问题”进行专题调研、开展协商活动。围绕《关于推动山东企业加快融入“一带一路”战略的建议》《关于鲁澳合作推动“一带一路”发展的建议》两个重点提案进行协商，就“助推健康与养老产业发展”进行调研。组织部分工作顾问、侨商调研省政协机关派驻“第一书记”帮扶工作，现场捐款22万元。举办庆祝香港回归祖国20周年系列庆祝活动，赴港澳开展了中秋联谊走访活动。积极开展与台湾的双向交流活动，接待台湾中华孔子学堂学会来鲁考察团一行。举行增补工作顾问聘任仪式，工作顾问人数增加到36人。不断适应侨务工作新变化，拓展山东“五侨同心联谊平台”微信群联络联谊海外侨团的覆盖面，提高政协涵养侨务资源的能力和团结统战的实效。

社会法制委员会 完成“采取稳定脱

贫措施，建立扶贫长效机制”建议案调研协商任务，向省委、省政府提出了十六条长效机制建设建议。刘家义书记、龚正省长分别作出批示。围绕社会法治领域相关问题开展调研协商，就“关于支持人民法院基本解决执行难问题”开展专题调研和对口协商，就“关于我省残疾儿童康复工作情况”开展视察，就“关于加强互联网监管工作的建议”进行提案办理协商，就“加强孕前优生健康检查，切实降低出生缺陷发生率”重点提案进行督办，就“推进家庭教育法制化建设”开展界别活动。在全国地方政协社会和法制委员会工作座谈会上，作了“围绕中心谋协商，服务大局创精品”的书面发言。

民族和宗教委员会 召开特聘专家座谈会，举办全省政协民族和宗教工作培训班，围绕新修订的《宗教事务条例》召开学习研讨会，召开全省政协民族和宗教委员会工作会议，进一步统一思想、凝聚共识。围绕“我省宗教活动场所管理及教职人员教育培养”“全省民族团结进步创建活动进学校情况”开展专题调研。围绕“进一步规范宗教活动场所管理”开展对口协商，围绕“重视外来务工人员子女入学问题”开展界别协商，围绕“稳定企业家投资预期，促进中小民营企业转型升级”开展重点提案办理协商。深化以“看发展、看变化，强责任、强素质、强能力”为主题的“两看三强”活动，引导委员增进共识，提升境界，增强政治认同，激发履职热情。

文史资料委员会 就“加强地名文化遗产保护”开展对口协商，就“加强工业文化遗产保护”开展界别协商，就“关于对我省文化产业园区建设的建议”重点提案进行调研督办，就“关于重视齐鲁文化与‘一带一路’相关问题研究的思考与建议”重点提案进行调研。组织委员就我省文化设施建设与利用情况、加强历史文化遗产保护和改革开放以来史料征集工作进行调研。顺利完成了《记忆山东》系列丛书征集出版，丛书共有 9 个专题、300 万字。全面完成《春秋》杂志交接工作，24 年来累计出版 136 期，发表文史资料 1400 万余字、珍贵历史图片 3000 余幅。完成了“北上”项目的史料征集和《中国少数民族近代百年史料》有关山东的回族、蒙古族、满族等少数民族史料征集任务。积极推动山东文史文献数字化项目列入国家“数字图书馆推广工程”，完成 10 万页文史资料的数字化加工，建立《山东省文史资料数字文献资源库》。

委员联络工作委员会 就基层政协工作深入各市进行调研，形成调研报告，组织全省基层政协工作座谈会。认真组织“关于进一步规范我省城乡居住区配套幼儿园建设管理”重点提案办理协商、“推动山东省公共数据统一开放平台建设”界别协商和“规范完善涉纪涉法委员处理”对口协商，围绕“关于加强近海渔业资源保护，建设海洋强省的提案进行督办调研，组织界别组委员就“济南近郊旅游产业发展情况”“现代农业发展情况”“邮政数据和物流产业发展情况”开展调研。圆满完成住鲁全国政协委员参加全国政协全体会议、常委会议、协商会议等各类会议的服务保障工作。10 月，组织部分住鲁全国政协委员就“黄河故道生态修复”情况进行专题考察。组织省政协委员艺术团组织开展两次送文化下乡演出活动，做好委员和人民群众来信来访工作，受理委员、人民群众来信 176 件，接待委员和人民群众来访 62 批次。

【重要会议、活动】

全省基层政协工作座谈会 7 月11—12 日在德州召开。会议全面落实省第十一次党代会精神，总结基层政协工作经验做法，推动全省政协工作整体上水平、实现新发展。省政协主席刘伟出席会议并讲话，省政协副主席雷建国、许立全，秘书长张心骥，济南市政协主席雷杰、青岛市政协主席杨军等出席会议。

“采取稳定脱贫措施，建立扶贫长效机制”专题协商会 9月7日在济南召开。省政协主席刘伟、省政府副省长孙立成出席会议并讲话，省政协副主席翟鲁宁主持会议，秘书长张心骥出席会议。

华东六省一市政协第二十四次提案工作座谈会 9月13日在济南召开。会议深入学习贯彻习近平新时代中国特色社会主义思想，全面落实中央、全国政协关于加强和改进提案工作的部署要求，总结交流经验，研究探讨思路，推进提案工作上新水平。全国政协提案委员会副主任傅克成出席会议。省政协主席刘伟出席会议并致辞。

“加快智能制造发展，引领我省产业转型升级”专题协商会 9月19日在济南召开。省政协主席刘伟、副省长张务锋出席会议并讲话，省政协副主席雷建国、省政协秘书长张心骥出席会议，省政协副主席陈光主持会议。

“降低企业成本着力振兴实体经济”专题协商会 10月12日在济南召开。会议深入贯彻落实中央有关政策和省委、省政府部署，就促进省政协《关于降低企业成本着力振兴实体经济的建议案》成果转化进行协商交流，省政协主席刘伟、副省长王书坚出席会议并讲话，省政协副主席陈光主持会议，秘书长张心骥出席会议。

机关党员大会 10月27日在济南召开。会议传达学习党的十九大和十九届一中全会精神，传达学习省委常委会会议、全省领导干部会议精神，对学习宣传贯彻党的十九大精神工作作出部署。省政协主席刘伟主持会议并讲话。省政协副主席雷建国、王乃静、陈光、赵润田、许立全、郭爱玲、翟鲁宁、赵家军，秘书长张心骥出席会议，省政协机关260余名党员参加会议。

【重要文件】

常委会工作报告（2017年2月5日）摘要 **第一部分。**一年来，省政协常委会主要做了以下工作：（一）以习近平总书记系列重要讲话精神为统领深化理论学习。全年召开有学习任务的党组会议、主席会议、常委会议等31次，举办2期委员培训班。（二）深入贯彻落实中央、省委关于政协工作的决策部署。为推动有关文件和省委政协工作会议精神的贯彻落实，根据省委安排，省政协会同省委有关部门，分赴全省17个市全面总结经验，深入查找问题，提出工作建议，形成《督查报告》。（三）聚焦“十三五”良好开局议政建言。全年共收到提案958件，立案855件；向全国政协和省委、省政府报送反映社情民意信息642件；开展调研视察考察44次，形成调研视察报告37份。（四）规范推进年度协商计划实施。实行协商会议前置报备制度，完善报批程序，修订《协商工作规程》，制定《提案办理协商办法》，建立评估指标体系，启动协商自评和第三方评估。完成年初确定的30项协商议题。（五）创新开展各项经常性工作。制定《提案征集暂行办法》和《审查工作指引》，建立党委、政府、政协主要领导阅批、领办督办重点提案制度和三家办公厅联合交办机制。成立特聘专家团，聘任法律顾问，组建“专题智库”。举办孙中山先生诞辰150周年系列纪念活动，修订《反映社情民意信息工作考评办法》，建成覆盖省市县三级政协、各党派团体、政协委员的信息系统。（六）高标准严要求加强履职能力建设。制定《委员履职工作规则》，修订《党组议事规则》，扎实开展“两学一做”学习教育，深入推进党风廉政建设，严格落实中央八项规定精神和省委实施办法，召开全省政协机关建设座谈会。**第二部分。**2017 年是实施“十三五”规划的重要一年，是供给侧结构性改革的深化之年。主要做好以下工作：（一）用习近平总书记系列重要讲话精神武装头脑、指导实践。进一步增强“四个意识”，始终在思想上政治上行动上同以习近平总书记为核心的中共中央保持高度一致。扎实做好迎接中共十九大、省第十一次党代会的各项工作，中共十九大、省第十一次党代会召开后，迅速兴起学习贯彻热潮。（二）紧紧围绕实现走在前列协商议政。认真贯彻落实习近平总书记对山东工作走在前列的重要指示精神，着重就“采取稳定脱贫措施，建立长效扶贫机制”和“降低企业经营成本，大力振兴实体经济”进行专题协商和常委会专题议政；聚焦加快互联网 + 现代农业发展、煤炭清洁高效开发利用、实施优秀传统文化传承与创新工程等，开展好调研视察和协商活动。（三）切实加强和改进政协民主监督。着重围绕分级诊疗制度建设、外来务工人员子女入学、地名文化遗产保护等涉及面广、关注度高、解决难度大的问题，开展带有监督性的履职活动。（四）充分发挥团结统战功能。开展香港回归 20 周年系列活动，做好《记忆山东》编辑出版和《山东改革开放亲历记》史料征集工作。（五）认真做好反映民意、改善民生的工作。牢固树立履职为民理念，推动政协工作走进基层、走进群众。继续做好政协机关“第一书记”驻村帮扶工作。**第三部分。**中共十八届六中全会是在全面深化改革、决胜全面小康的关键时期召开的一次十分重要的会议。全会明确习近平总书记核心地位，专题研究部署全面从严治党，开启了党和国家事业发展新征程，也为人民政协加强自身建设提供了重要遵循。各级政协组织要：（一）坚决维护核心，始终做到“看齐”。要牢固树立“四个意识”，始终在思想上政治上行动上同以习近平总书记为核心的中共中央保持高度一致。（二）坚定政治自觉，增强“四个自信”。毫不动摇地坚持中国共产党的领导，把坚持和发展中国特色社会主义作为巩固共同思想政治基础的主轴，准确把握人民政协性质、地位、职能和作用，切实增强“四个自信”，自觉做中国特色社会主义事业的信仰者、实践者、捍卫者。（三）敬畏纪律规矩，严守边界底线。政协委员应当懂政协、会协商、善议政，也应当守纪律、讲规矩、重品行。政协委员和政协机关中的共产党员，要以更高的标准严格要求自己，做守纪律、讲规矩、顾大局的模范。（四）勇于担当责任，尽心尽力履职。要切实把责任扛在肩上，把事业放在心上，努力在本职岗位上建功立业，在政协工作中尽职尽责，在界别群众中示范引领。（五）加强品行修养，树立良好形象。要自觉践行社会主义核心价值观，认真贯彻落实中央八项规定精神，积极传播中华民族传统美德和社会主义先进文化，树立政协委员的良好形象。

【组织概况】

副主席补选名单

（2017 年 2 月 10 日政协第十一届山东省委员会第五次会议通过）

吴翠云（女） 赵润田

常务委员增补名单

（48 名，按姓名笔画为序排列，2017 年 2 月 10 日政协第十一届山东省委员会第五次会议通过）

于钦彦 王一君 王同洲 王凯祥
王效彤 王　博 卢保民 刘方会
刘成文 刘泽铭 刘　勇
刘喜欣（女） 孙广生 李百华
李传恒 李国红 吴立新 辛显明

张开兴　张兆明　张兴民　张松林
张　炜　张洪海　张铁柱
张雪燕（女）　陈月辉　陈向东
陈宝明　林凡儒　林殿玲（女）
周　杰　郇　梅（女）
郑　中（女）　赵庆忠　姜银浩
栾心勇　高峰岗　郭利民　常朝晖
崔建平　董天祥　董方军　董书华
蒋英建　程克红　潘振文　魏余秀

市（区、县）主席

济南市（副省级市）

（2017 年 4 月 12 日济南市政协十四届一次会议通过）

主　席：雷　杰
副主席：李好臣　段青英　崔大庸
金德岭　刘梦海　毕筱奇　李继民
王伯芝
平阴县：赵敬成
济阳县：任道胜
商河县：王玉忠
历下区：曹　辛
市中区：王其广
槐荫区：徐　宾
天桥区：樊　瑞
历城区：寇少杰
长清区：张昭森
章丘区：赵立元

青岛市（副省级市）

（2017 年 4 月 19 日青岛市政协十三届一次会议通过）

主　席：杨　军
副主席：杨宏钧　李众民　赵铁军
刘光烨　刘赞松　吴立新　姜巧珍
青岛市：任宝光
市北区：徐　光
李沧区：李桂锡
崂山区：赵　斌
黄岛区：于东明
城阳区：薛暖新
即墨市：于　澎
胶州市：杨　波
平度市：郭　萍
莱西市：邹学新

淄博市

（2017 年 2 月 25 日淄博市政协十二届一次会议通过）

主　席：丛锡钢
副主席：刘东军　董学武　达建文
蒲绪章　王济众　徐培栋　毕红卫
张店区：孙激波
淄川区：孙月东
博山区：刘承志
周村区：阚金智
临淄区：董红光
桓台县：高连义
高青县：高连家
沂源县：陈保华

枣庄市

（2017 年 2 月 21 日枣庄市政协十届一次会议通过）

主　席：孙欣亮
副主席：付廷安　黄　涛　艾百灵
杨家国　张永刚　张德琦
滕州市：宗大全
薛城区：张凤麟
山亭区：柴正民
市中区：徐　刚
峄城区：刘　永
台儿庄区：迟本用

东营市

（2017 年 3 月 25 日东营市政协八届一次会议通过）

主　席：陈泽浦
副主席：田青云　王吉能　生钦勇

杨同更　张义泉　张　敏　刘志坚
东营区：杨继红
河口区：田兵兵
垦利区：王玉忠
广饶区：孙翠秀
利津县：贾学坤

烟台市

（2017 年 4 月 19 日烟台市政协十三届一次会议通过）

主　席：朱秀香
副主席：田明宝　姜中二　秦　松
曲荣君　梁传松　王国伟　李京波
刘建峰
芝罘区：于立祝
福山区：于水泉
莱山区：殷广春
牟平区：王策铭
海阳区：于文兴
栖霞区：宋贤章
蓬莱市：曹乘华
长岛县：宋昌林
龙口区：吕卫东
招远市：郝永平
莱州市：韩国功

潍坊市

（2017 年 2 月 26 日潍坊市政协十三届一次会议通过）

主　席：苏立科
副主席：孙忠礼　李传恒　王贤臣
李士来　刘树亮　赵崇发　刘秀平
奎文区：刘良嘉
潍城区：秦保荣
坊子区：王希慧
寒亭区：赵　斌
青州市：刘永福
诸城市：孙利宝
寿光市：林立星
安丘市：李广庆
高密市：刘明伦
昌邑市：周　娟
临朐县：赵永娟
昌乐县：周保进

济宁市

（2017 年 2 月 27 日济宁市政协十三届一次会议通过）

主　席：张继民
副主席：戴伟娟　郭洪敏　李良品
陈希忠　倪丽君　王建华　班　博
任城区：蔡可强
兖州区：刘英会
曲阜市：孔令玉
泗水县：张林成
邹城市：李景鹏
微山县：韩瑞平
鱼台县：郭亚莲
金乡县：胡桂生
嘉祥县：王贤明
汶上县：闫　波
梁山县：楚宪海

泰安市

（2017 年 2 月 25 日泰安市政协十三届一次会议通过）

主　席：周桂萍
副主席：徐恩虎　张庆明　刘　君
王昌元　马纯勇　程　明　孙岱峰
泰山区：陈庆业
岱岳区：李效军
新泰市：韩学锋
肥城市：侯庆洋
宁阳县：侯　涛
东平县：刘祥涛

威海市

（2017 年 3 月 23 日威海市政协十三

届一次会议通过）

主　席：高旭光

副主席：李淑芳　戚建波　刘亚东

任慧春　徐东明　夏景华　陈伟胜

环翠区：连业礼

文登区：毕庶杰

荣成市：战大海

乳山市：王祥芹

日照市

（2017 年 2 月 27 日日照市政协十届一次会议通过）

主　席：王　斌

副主席：许传东　郇　梅　王坤英

董全宏　林玉营　丁　亮　王克军

东港区：毛维岗

岚山区：王聪儒

莒　县：匡立福

五莲县：马学生

莱芜市

（2017 年 2 月 25 日莱芜市政协十届一次会议通过）

主　席：张作平

副主席：董　杰　赵　涛　刘　静

吕凤华　刘安庆　李兴实

莱城区：冯美玲

莱芜市钢城区：李全义

临沂市

（2017 年 4 月 19 日临沂市政协十五届一次会议通过）

主　席：徐　涛

副主席：尹长友　王晓嫚　李凤兰

谭庆功　李宗涛　任兴业

兰山区：刘耀华

罗庄区：孙建中

河东区：李延杰

郯城县：宋玉智

兰陵县：崔玉才

沂水县：张道胜

沂南县：刘正生

平邑县：孙　伟

费　县：张效玺

蒙阴县：李友成

莒南县：张俊春

临沭县：钟　华

德州市

（2017 年 2 月 25 日德州市政协十四届一次会议通过）

主　席：翟长生

副主席：许绍华　康志民　马传先

王春利　崔书强　吕永忠　辛志才

德城区：徐世勇

陵城区：朱洪瑞

禹城市：刘东顺

乐陵市：王之祥

宁津县：张会利

齐河县：霍玉平

临邑县：马桂芳

平原县：肖文昌

武城县：王志强

夏津县：郭庆厚

庆云县：李　勇

聊城市

（2017 年 2 月 25 日聊城市政协十三届一次会议通过）

主　席：张旋宇

副主席：王广柱　葛敬方　马保杰

张金伦　黄　勇　马卫红　孙凌云

东昌府区：苗慧清

临清市：秦荣菊

冠　县：雷传波

莘　县：温振峰

阳谷县：朱炳立

东阿县：朱凤泽

茌平县：徐　莹

高唐县：臧立邦

滨州市

（2017 年 2 月 28 日滨州市政协十一届一次会议通过）

主　席：张兆宏

副主席：李维东　王方正　史　东　万永格　吴国瑞　赵建明　商玉昌　侯学锋

滨城区：唐志强

沾化区：王信峰

惠民县：于松利

阳信县：魏玉新

无棣县：张宝悦

博兴县：耿雨河

邹平县：闫士柱

菏泽市

（2017 年 2 月 24 日菏泽市政协五届一次会议通过）

主　席：尹玉明

副主席：付守明　张建新　黄秀玲　孙凤云　朱　斌　陶体华

牡丹区：宋茂民

定陶区：张　防

曹　县：马　勇

成武县：马崇峰

单　县：王瑞宇

巨野县：李　峰

郓城县：王秀忠

鄄城县：李长山

东明县：钟明伟

山东省各级政协组织和委员数

（截至 2017 年年底）

项目＼级别	省	副省级市	地级市	县（市、区）	合　计
组织数	1	2	15	137	155
委员数	926	1029	6108	33393	41456

（郝海峰　**编写**　魏余秀　**审稿**）

政协河南省委员会

张广智　副主席

【全体委员会议】

十一届五次会议　1月13日至19日在郑州召开。本次会议应出席委员896人，实到委员798人。会议听取并审议了叶冬松主席所作的省政协十一届常务委员会工作报告，审议了靳克文副主席代表省政协常委会所作的十一届四次会议以来提案工作情况报告。与会委员列席了河南省十二届人大七次会议，听取并讨论了陈润儿省长所作的政府工作报告和其他报告。中共河南省委、省政府及有关部门负责同志到会听取委员发言。会议审议通过了《政协河南省第十一届委员会第五次会议政治决议》《政协河南省第十一届委员会第五次会议关于常务委员会工作报告的决议》《政协河南省第十一届委员会第五次会议关于提案审查情况的报告》。会议同意接受靳绥东辞去政协河南省第十一届委员会副主席、郭俊民辞去政协河南省第十一届委员会秘书长的请求，同意接受王宏等6位同志辞去政协河南省第十一届委员会常务委员职务的请求。会议补选省政协副主席1名、秘书长1名、常务委员8名。叶冬松主席在闭幕会上作了讲话。

会议认为，过去一年，省委高度重视政协工作，切实加强对政协工作的领导，大力支持政协履行职能，印发了《关于进一步做好人民政协有关工作的通知》，为全省政协事业健康发展提供了重要指导。省政协常委会在省委的坚强领导下，高举爱国主义、社会主义旗帜，坚持团结民主两大主题，主动服务全省大局，扎实做好各项工作，为促进全省经济健康发展和社会和谐稳定作出了积极贡献。会议指出，2017年省政协工作的总体要求是：认真学习贯彻党的十八大，十八届三中、四中、五中、六中全会精神和习近平总书记系列重要讲话精神，全面贯彻落实省第十次党代会、省委十届二次全会和省委经济工作会议部署要求，牢牢把握正确政治方向，紧扣打好“四张牌”，聚焦建设经济强省、打造“三个高地”、实现“三大提升”，着力推进协商民主建设，着力发挥民主监督作用，更加注重服务大局、注重关注民生、注重团结民主，进一步加强党的建设、加强委员队伍建设、加强机关建设、加强对市县政协工作的联系指导，全面提升履行职能实效，努力为决胜全面小康、让中原更加出彩作出积极贡献。

【常务委员会会议】

第19次会议　1月3日至4日在郑州举行。会议应到175人，实到147人。会议认真学习了中共十八届六中全会、中央经济工作会议精神和省第十次党代会精神，传达学习了全国政协十二届十八次会议精神和省委十届二次全会、省委经济工作会议精神；听取了省政府领导同志关于我省经济社会发展情况的通报；听取了省政协十一届五次会议筹备工作情况的说明；听取了省政协办公厅、各专门委员会关于2016年工作情况和2017年工作初步打算的汇报（书面）；听取了住豫全国政协委员视察团、住省辖市省直管县（市）省政协委员考察团有关视察考察情况的报告（书面）。会议审议通过了关于召开省政协十一届五次会议的决定、会议议程（草案）和会议日程；审议通过了省政协十一届五次会议秘书长名单、副秘书长名单；审议通过了有关人事事项。审议通过了政协河南省专门委员会通则；审议并原则通过了政协河南省委员会常务委员会工作报告并推举报告人；审议并原则通过了政协河南省委员会常务委员会关于政协十一届四次会议以来提案工作情况的报告；会议表彰了省政协十一届四次会议以来优秀提案，2016年度优秀社情民意信息、反映社情民意信息工作先进单位和先进个人。叶冬松主席在会议结束时作了讲话。

第20次会议 1月18日在郑州举行。会议应到175人，实到155人。会议听取了省委副书记邓凯作关于十一届省政协常务委员会组成人员提请辞去职务及补选情况的说明；审议了政协第十一届河南省委员会第五次会议关于常务委员会工作报告的决议（草案）、政协第十一届河南省委员会提案委员会关于政协十一届五次会议提案审查情况的报告（草案）以及政协第十一届河南省委员会第五次会议政治决议（草案）；审议了政协河南省委员会常务委员会关于同意接受靳绥东辞去省政协副主席职务、郭俊民辞去省政协秘书长职务的决定（草案）和政协河南省委员会补选副主席、秘书长、常务委员候选人建议人选名单；审议通过了政协十一届河南省政协委员会副秘书长任命名单，专门委员会主任、副主任任免名单，以及会议选举办法（草案）、总监票人、监票人建议人选名单。会议还书面听取了委员审议和大会讨论情况的综合汇报。

第21次会议 3月23日在郑州举行。会议应到177人，实到157人。会议学习了习近平总书记在全国两会期间的重要讲话精神，传达学习了十二届全国人大五次会议和全国政协十二届五次会议精神，听取审议了《省政协2017年协商工作计划（草案）》，讨论通过了2017年省政协工作要点。叶冬松主席在会议结束时作了讲话。

第22次会议 7月5日至6日在郑州举行。会议应到177人，实到141人。会议传达学习了全国政协十二届二十一次常委会议精神，围绕“创新驱动发展”主题开展了专题议政。委员们围绕创新驱动发展，就推动产业技术创新、壮大创新主体、优化创新布局、推进开放式创新、健全创新体制机制和建设高水平人才队伍等方面提出了许多有价值的意见和建议。会议还听取了省政协常委视察团关于“推动我省全民健身和全民健康深度融合”视察情况的报告，审议通过了有关人事事项。叶冬松主席在会议结束时作了讲话。

第23次会议 9月26日至27日在郑州举行。会议应到177人，实到139人。会议传达学习了全国政协十二届二十二次常委会议精神，听取了住豫全国政协委员视察团视察报告和住省辖市省政协委员跨市考察团考察报告，就“产业转型升级”主题进行了专题协商议政，围绕建设先进制造业强省、建设现代服务业强省、建设现代农业强省和建设网络经济强省等方面提出了意见建议，共提交发言材料50份。会议还印发了省政协提案委员会关于政协十一届五次会议以来提案办理情况的报告和省政协2017年重点提案督办情况的报告，表彰了省政协十一届五次会议以来优秀提案和提案承办先进单位，审议通过了有关人事事项。叶冬松主席在会议结束时作了讲话。

第 24 次会议 11 月 23 日在郑州举行。会议应到 177 人，实到 152 人。会议传达学习了中共十九大精神、全国政协十二届二十三次常委会议精神和省委常委（扩大）会议精神，审议通过了《关于深入学习贯彻中国共产党第十九次全国代表大会精神的决议》。叶冬松主席在会议结束时讲了话。

【专门委员会工作】

提案委员会 认真抓好提案基础性工作。2017 年共收到提案 728 件，经审查立案 614 件、不立案 69 件、并案 35 件、撤案 10 件。主要做法是：1. 从严审查提案；2. 准确交办提案；3. 精心遴选重点提案；4. 认真督办提案；5. 做好评优表彰工作；6. 大力推进提案公开；7. 全面实行网上办公；8. 首次走访省各民主党派工商联；9. 加强提案业务培训指导。深入开展脱贫攻坚民主监督。先后组织开展两次专项视察和脱贫攻坚民主监督性协商座谈会，推动市县政协和政协参加单位深入开展脱贫攻坚民主监督。做好分管副主席联系贫困县的联络服务工作。认真做好社情民意信息工作，密切对外联系交流。

经济委员会 围绕大力发展智能制造，建设先进制造业强省，赴郑州、洛阳等地开展专题调研。筹办召开“数据资源开发共享”月协商座谈会和大别山革命老区鄂豫皖三省政协主席座谈会、“5 + 2”经济合作活动、第十二届豫商大会。引导委员积极参与脱贫攻坚工作，组织委员开展脱贫攻坚和国企改革专项民主监督活动。督办重点提案，推进提案办理落实。加强与全国政协及兄弟省区市政协经济委员会的联系。注重与省直相关部门和市县政协联系，进行经常性的工作沟通、信息交流和业务衔接。

农业委员会 围绕我省农业供给侧结构性改革专题进行调研，并召开专题协商座谈会。开展农村土地三权分置专题调研，召开民主监督性协商座谈会。分别围绕加速农业科技成果转化应用和都市生态农业发展进行调研。组织我省重大水利工程建设项目专题考察。筹备召开省辖市、省直管县政协农业工作座谈会。协助分管副主席做好定点扶贫的联系服务工作，做好农业委员会办公室党支部联系贫困群众的帮扶工作。完成全国政协及兄弟省市政协来豫调研的接待服务。协助完成重点提案督办和社情民意信息的收集上报。进一步密切与委员的沟通交流，加强与全国政协、省政府相关部门的联系。

人口资源环境委员会 组织委员就防治基本农田土壤污染和保证农产品质量安全进行专题调研，召开月协商座谈会。开展水污染防治攻坚专项民主监督。联合省辖市政协分别围绕省辖黄河、海河、淮河、长江流域水污染防治情况进行民主监督性调研。分别召开省政协水污染防治专项民主监督协商座谈会和水污染法治建设问题研讨会。组织委员赴郑州园博园开展调研并提出意见建议。召开人口长期均衡发展座谈会。赴平顶山市督办重点提案。赴广西、湖南两省学习考察。协助分管副主席做好扶贫联系点督导调研的联络和服务工作，做好生态保护扶贫工作，认真完成党支部认领贫困户的帮扶工作。

教科文卫体委员会 分别围绕自主创新示范区建设情况和贫困地区教师队伍发展现状进行调研。精心组织城市公立医院综合改革月协商座谈会。先后对推进全民健身和全民健康深度融合、郑州市 101 中学、郑州市二十四中考场考点和登封高招录取现场进行视察。助力脱贫攻坚，组织 10 余名医疗专家到周口市扶沟县包屯镇朱村岗村开展义诊讲学，发放常用药品及健康知识宣传资料，协调省农业厅土肥站无偿提供5吨优质小麦肥料。督办重点提案，做好反映社情民意信息工作。参加全国地方政协教科文卫体委员会工作座谈会，召开全省政协教科文卫体委员会工作座谈会。全力配合全国政协来豫调研活动。

社会法制委员会 组织召开城市执法体制改革月协商座谈会。就我省推进人才发展体制机制改革、推进我省医养结合发展、做好脱贫攻坚的法律服务问题开展专题调研。帮助驻村第一书记协调解决所住贫困村的辣椒销售、扶贫资金落实等问题。帮助分管副主席扶贫工作联系点镇平县争取国开行易地扶贫搬迁统贷统还资金，实施贫困村整村搬迁项目，动员政协委员中的企业家为镇平县60名肢体残疾的困难群众无偿捐赠假肢。先后协调省交通厅、林业厅等三个厅局和一家制衣企业赴镇平县就脱贫攻坚相关项目进行对接洽谈。撰写《河南省政协机关2017年法治建设工作要点》《省政协贯彻落实省依法治省领导小组全体会议精神情况的汇报》等文稿。推进重点提案协商办理。做好兄弟省政协社法委来豫考察接待工作。加强与省直对口单位的联系与协作。

民族和宗教委员会 围绕宗教活动场所的文物保护与管理，分赴省内外宗教活动场所开展专题调研。组织宗教界住豫全国政协委员和省政协委员考察我省经济社会发展新成就，到少数民族聚居区开展义诊讲学。对贫困县特色主导产业扶贫情况进行深入调研。协调4家省三甲医院，与贫困县联系点南召县的3家对口医院签订长期医疗对口帮扶协议，完成县人民医院病房医技楼扩建和县中医院整体搬迁二期扶贫项目。协调郑州安图生物工程有限公司在南阳医学高等专科学校设立“安图前进奖学金”，在南召县设立“安图前进老战士抚慰金”。发出致民族宗教界委员的一封信，向他们征集社情民意信息。加强与全国政协和省直有关部门的联系，争取工作指导，形成工作合力。

港澳台侨和外事委员会 激发港澳委员爱心义举，助推河南扶贫攻坚，45名港澳委员自愿捐款132万元，用于贫困村小学改建和村敬老院改建项目。召开港澳委员学习座谈会，组织港澳地区委员回豫视察调研。开展新侨和留学回国人员双创调研和专题协商议政。承办第十二次省五侨联席会议。围绕如何做好新形势下人民政协港澳台侨和外事工作、充分发挥港澳委员“双重作用”以及港澳地区委员管理等议题，先后赴广西、广东进行学习考察。参加香港特别行政区政府驻河南联络处揭牌仪式。做好重点提案督办和反映社情民意信息工作。

学习和文史委员会 编辑出版《河南文史资料》6辑、编印《学习参考资料》12期。报送社情民意信息14篇，编发政协工作简报12期。认真组织重大专项史料征编工作，编辑出版《青春记忆——我的知青岁月》并召开图书出版座谈会。做好全国政协南水北调中线一期工程史料协作征集编辑牵头工作，编辑出版我省《南水北调中线工程亲历记》史料图书，启动《改革记忆——河南改革开放40年》史料图书征编工作。组织委员围绕促进非国有博物馆健康发展和商丘古城的保护和利用进行专题调研。围绕推动文化产业园区提速增效发展开展调研并召开月协商座谈会。召开全省政协文史工作座谈会和全省政协文史资料撰稿员培训会。开展重点提案督办、做好脱贫攻坚工作。支持市县政协文史资料工作，重视与全国政协和各省级政协文史与学习工作的交流与协作。

市级政协工作委员会 组织委员对河

南省深石山区移民搬迁脱贫攻坚情况进行调研。组织省政协常委视察团就“加快建设郑州国家中心城市”进行视察。围绕“大力实施百城建设提质工程——提高人居环境质量，推动城镇健康发展”组织月协商座谈会。分别召开省辖市政协主席联席会、省直管县政协主席座谈会和省辖市市县区政协工作委员会主任座谈会。参与督办重点提案，报送社情民意信息 28 篇。就如何做好联系指导市县政协工作，赴广东省学习交流工作经验。加强对市县政协工作的联系指导。

【重要活动】

黄帝故里拜祖大典 3 月 30 日，由河南省人民政府、政协河南省委员会、国务院台湾事务办公室、中华全国归国华侨联合会、中华全国台湾同胞联谊会、中华炎黄文化研究会等联合主办，郑州市人民政府、政协郑州市委员会、新郑市人民政府承办的丁酉年黄帝故里拜祖大典在新郑市隆重举行。来自 40 多个国家和地区的华人华侨以及国内社会各界人士 8000 余人参加了拜祖大典。河南省政协主席叶冬松作了热情洋溢的致辞，中华全国台湾同胞联谊会党组书记、副会长苏辉主持，十届全国人大常委会副委员长、中华炎黄文化研究会会长许嘉璐恭读拜祖文。全国政协副主席、民建中央第一副主席马培华，中共中央台湾工作办公室、国务院台湾事务办公室副主任龙明彪，中华全国归国华侨联合会副主席、致公党中央副主席李卓彬，中华炎黄文化研究会特别顾问赵德润，中华炎黄文化研究会常务副会长张希清、常文光，中华炎黄文化研究会副会长任大援、杜汝波、梁枢；民革中央专职副主席郑建邦，民盟中央副主席龙庄伟，民建中央副主席兼秘书长吴晓青，民进中央副主席刘新成，农工党中央专职副主席兼秘书长曲凤宏，致公党中央副主席程津培，全国工商联副主席王志雄；全国政协文史和学习委员会副主任李家祥和国家机关、有关省市区领导及社会各界代表出席大典。中国国民党副主席陈镇湘，两岸和平发展论坛召集人、台湾劳动党主席吴荣元应邀出席大典。省领导谢伏瞻、陈润儿、翁杰明、赵素萍、任正晓、孔昌生、陶明伦、许甘露、马懿、穆为民、卢长健、蒋笃运、史济春、张广智、龚立群、梁静、张亚忠、高体健、靳克文、钱国玉以及全国政协教科文卫体委员会副主任王全书和中纪委委员尹晋华等参加了大典。

省辖市县区政协工作委员会主任座谈会 4 月 27 日，省辖市县区政协工作委员会主任座谈会在三门峡市召开。围绕如何做好县区政协委员会工作，各省辖市政协代表作了交流发言。省政协市级政协工作委员会主任朱孟洲提出，要充分认识联系指导县区政协工作的重要意义，认真贯彻落实中央和省委有关会议精神和习近平总书记系列重要讲话精神，把联系指导县区政协工作做好，把县区政协专委会作用发挥好，开拓创新，奋发有为，为决胜全面小康、让中原更加出彩作出新的更大贡献。

2017 年“5＋2”经济合作活动 4 月 27 日至 28 日，由河南省政协主办、信阳市人民政府和河南省豫商联合会承办的 2017 年“5＋2”经济合作活动在信阳市举行。来自北京、天津、浙江等 17 个省市的省级商会，深圳、广州、杭州等 18 个城市的市级商会以及广东省青年豫商精英代表团等 36 个豫商团体共计 300 多名客商参会。此次围绕“5＋2”经济合作平台，与会各方共达成合作项目 107 个，合同金额 517.23 亿元。合作项目呈现“单体规模大、合作层次高、发展前景好”等特点，为信阳厚植优势、倍增实力、加快发展积聚了动能。

省直管县（市）政协主席座谈会 5月16日，省直管县政协主席第四次座谈会在长垣县召开。省政协副主席靳克文和10个省直管县（市）政协主席共同就如何加强政协机关建设进行研究探讨。座谈会上，靳克文对10个省直管县（市）政协机关建设工作所取得的成绩表示肯定。针对如何进一步加强政协机关建设，靳克文提出了四点要求。

视察全民健身和全民健康深度融合 5月16日至17日，省政协副主席龚立群带领常委视察团先后赴三门峡、郑州两市就推进全民健身和全民健康深度融合进行视察。在郑州召开的座谈会上，省体育局、省卫计委和郑州、三门峡市政府等单位介绍了全民健身和全民健康深度融合工作开展情况，省政协常委、委员提出了很好的意见和建议。龚立群副主席强调，一要充分认识推进全民健身和全民健康深度融合的重要意义；二要以促进人民健康为中心，推动全民健身与全民健康深度融合；三要发挥政协优势，合力推进全民健身和全民健康深度融合。

第十二届豫商大会 8月28日，第十二届豫商大会在濮阳市开幕。这次会议的主题是“相聚濮阳，合作共赢”。来自海内外的147家豫商团组1700多位嘉宾会聚一堂，畅叙桑梓之情，共商发展大计。这次豫商大会还成功举办了主题论坛、分论坛、商务考察、项目签约等多项重大活动。共有135个项目成功签约，总投资962亿元，其中10亿元以上项目29个、5亿元至10亿元项目40个，项目涉及化工、装备制造、食品加工、新能源新材料、商贸物流等领域。战略新兴产业项目多、项目带动能力强、产业关联度大是这次签约项目的亮点。

鄂豫皖三省政协主席座谈会 9月12日，大别山革命老区鄂豫皖三省政协主席座谈会第六次会议在安徽省金寨县召开。安徽省政协主席徐立全主持会议并讲话，省委副书记信长星致辞。安徽省委常委、六安市委书记孙云飞，省政协副主席李卫华；湖北省政协主席张昌尔，副主席肖旭明；河南省政协主席叶冬松，副主席史济春出席会议。全国政协人口资源环境委员会副主任吴双战、提案委员会委员黄文平和国家财政部、水利部、林业局等有关部委同志应邀到会指导。与会同志围绕会议主题深入交流讨论，达成了广泛共识。会议就建立大别山区生态综合补偿机制提出进一步加强政策支持、强化推进措施、加大投入力度、探索多元补偿等建议，并要求三省政协在既往工作基础上，及时交流情况、共同探讨问题、联合提出建议，为进一步促进大别山区域合作与发展贡献力量。

住省直管县（市）省政协委员考察新型城镇化建设 9月13日至14日，住省直管县（市）省政协委员、政协主席视察团一行20余人莅临邓州市视察新型城镇化建设。视察团先后视察了雷锋广场、三水厂、湍河国家湿地公园、中医院、“四馆一中心”、团结中路棚户区改造项目、职业技术学院、第二污水处理厂、产业孵化园、谭庙水库、驰诚汽车文化公园等项目，听取相关情况介绍，重点了解邓州市新型城镇化建设情况。视察团对邓州市新型城镇化建设取得的成绩给予充分肯定，也提出了意见建议。

全省政协秘书长工作座谈会 9月19日，省政协在驻马店市召开全省政协秘书长座谈会第十四次会议。省政协副主席张广智出席会议并讲话，省政协秘书长王树山主持会议，驻马店市委副书记、市长陈星到会祝贺并致辞。省政协办公厅负责同志和驻马店市政协有关领导同志出席会议。会上，郑州、焦作、濮阳等市、县政协就加强政协机关作风建设和提高服务保障水平进行了经验交流。张广智副主席就进一步加强政协机关作风建设、提升服务保障水平提出了要求。

视察郑州国家中心城市建设 11月8日，省政协常委视察团围绕加快建设国家中心城市，在郑州进行视察并召开座谈会。省政协副主席史济春、靳克文参加视察。视察团先后到河南自贸试验区郑州片区综合服务中心、河南国家大数据综合试验区、上汽乘用车郑州基地进行调研考察。座谈会上，视察团听取了省发改委和郑州市的情况介绍，并进行了讨论交流。视察团指出，建设国家中心城市，为郑州提供了历史性机遇，开启了向城市体系中更高层级城市迈进的新征程。要坚持科学规划，以人民为中心，走好新型城镇化发展路子。要构建现代产业体系，扩大对外开放，提升枢纽优势，注重生态文明，努力满足人民日益增长的美好生活需要。

省辖市政协主席联系会议 11月9日至10日，河南省省辖市政协主席联系会第十九次会议在许昌市召开。省政协副主席靳克文讲话，许昌市市委书记武国定致辞，省政协市级政协工作委员会主任朱孟洲主持会议，许昌市有关领导和各省辖市政协主席参加会议。会上，许昌市、濮阳市、商丘市、信阳市、周口市、驻马店市、济源市等7个市先后作了大会发言，交流了各地政协5年来参政议政的经验、体会和成果。靳克文副主席就进一步学习、贯彻、落实中共十九大精神讲了六点意见。

【重要文件】

常委会工作报告 （2017年1月14日）（摘要）报告共分三个部分。

一、2016年工作回顾

2016年，省政协常委会在推进各项工作的基础上，着力抓了三项重点工作。第一，大力推进新形势下政协工作。深入学习贯彻党的十八届六中全会对政协工作提出的新要求、省第十次党代会对政协工作作出的新部署，积极推动省委政协工作会议精神和有关意见的贯彻落实。由省政协领导带队，分别赴10个市4个县深入调研，了解情况，总结经验，分析问题，提出建议，为省委进一步加强对政协工作的领导提供参考。召开市县政协工作座谈会，就做好新形势下政协工作进行深入研讨交流，推动全省政协整体工作水平提升。第二，围绕脱贫攻坚和供给侧结构性改革进行专题议政。把常委会议专题议政作为建言献策的重要平台，紧紧围绕省委省政府重大决策部署，组织各专委会、省各民主党派工商联、各市县政协和广大政协委员，开展深入调研，进行充分协商。省政协十七次、十八次常委会议，分别围绕省委关于脱贫攻坚和供给侧结构性改革的部署进行专题议政，从落实精准扶贫方略等4个方面和加快结构转型升级等5个方面，向省委省政府提出54条意见建议，为打赢脱贫攻坚战和推进供给侧结构性改革提供了智力支撑。第三，围绕大气污染防治攻坚等开展民主监督。注重发挥政协民主监督作用，围绕大气污染防治、提高律师辩护率、进城务工人员随迁子女就学、食品安全法律法规贯彻落实等，开展监督性协商活动，对改善民生政策措施的落实起到积极的促进作用。特别是省委省政府作出大气污染防治攻坚部署后，立即制定方案，召开会议，发出倡议，组织动员省市县三级政协和政协委员、省各民主党派工商联，围绕攻坚战确定的目标任务，开展视察调研、提案督办、协商座谈等监督性履职活动，为群众享有更多蓝天白云作出了应有贡献。在抓好三项重点工作的同时，省政协常委会有序推进其他各项工作，取得了明显成效。（一）始终坚持党对政协工作的领导，牢牢把握正确的政治方向。一是坚决维护中央权威。二是自觉接受省委领导。三是切实加强党的建设。四是不断巩固政治基础。（二）认真贯彻落实中央精神和省委要求，进一步加强政协协商民主建设。一是进一步增强协商规范性。二是进一步增强协商多样性。三是进一步增强协商实效性。（三）扎实推进经常性工作，全面提升履行职能的质量和水平。一是视察调研深入务实。二是提案工作规范有序。三是信息工作得到加强。四是文史资料工作扎实推进。五是理论研究和宣传工作取得成效。（四）牢固树立履职为民理念，积极为促进民生改善献计出力。一是倾情察民意。二是倾心解民忧。三是倾力纾民困。（五）注重加强团结联谊，努力为改革发展稳定大局凝聚正能量。一是充分发挥民主党派工商联无党派人士作用。二是广泛团结港澳台侨同胞。三是密切联系民族宗教人士。四是积极搭建合作交流平台。（六）主动适应新任务新要求，切实加强自身建设。一是加强委员学习管理。二是发挥专委会基础作用。三是强化政协整体合力。四是开展“两学一做”学习教育。五是增强机关工作实效。

二、2017 年主要任务

（一）切实打牢思想政治基础，始终坚持正确政治方向。一要坚决贯彻中央精神。二要坚决维护领导核心。三要坚决落实省委部署。（二）认真服务改革发展大局，全力助推中原更加出彩。一要围绕重点工作议政建言。二要围绕扩大开放搭建平台。三要围绕改善民生发挥作用。（三）深入推进协商民主建设，着力增强协商民主实效。一要精准选题。二要深入调研。三要改进方法。四要推动转化。（四）积极开展团结联谊合作，广泛凝聚改革发展合力。一要切实发挥民主党派工商联无党派人士作用。二要促进民族团结宗教和睦。三要加强与港澳台侨同胞的联络交流。四要密切与新的社会阶层等各方面人士的沟通联系。（五）全面加强政协自身建设，不断提升履职能力水平。一要进一步加强党的建设。二要进一步加强委员队伍建设。三要进一步加强机关建设。四要进一步加强对市县政协的联系指导。

三、更好发挥政协民主监督作用

（一）把握性质特点，坚持民主监督正确方向和原则。一要坚持党的领导。二要坚持问题导向。三要坚持平等协商。四要坚持增进团结。（二）紧扣中心工作，突出民主监督重点。一要紧扣党委政府工作重点。二要紧抓改革发展难点。三要紧盯群众关注的热点。（三）积极探索实践，增强民主监督实效。一要注重完善现有的民主监督形式。二要积极探索民主监督新形式新举措。密切与党政监督机构的联系，加强与其他监督的衔接配合。三要不断健全民主监督制度机制。（四）加强沟通协作，推动形成民主监督工作合力。一要争取党委政府重视支持。二要引导政协委员积极参与。三要推动社会各界关注。

叶冬松在政协第十一届河南省委员会第五次会议闭幕会上的讲话（摘要）（2017 年 1 月 9 日）　今年是党的十九大召开之年，是贯彻落实省第十次党代会决策部署的开局之年，也是十一届省政协任期的最后一年。希望全省各级政协组织和广大政协委员不忘初心、继续前进，牢记使命、勇担重任，在决胜全面小康、让中原更加出彩的新征程中作出新贡献。

——维护核心、坚定立场，政治站位再提高。认真学习贯彻党的十八大，十八届三中、四中、五中、六中全会和习近平总书记系列重要讲话精神，牢固树立“四个意识”特别是核心意识、看齐意识，自觉把维护习近平总书记的核心地位作为最大的政治、最重要的政治纪律和政治规矩，真正做到思想上深刻认同核心、政治上坚决维护核心、组织上自觉服从核心、行动上坚定紧跟核心，切实同以习近平同志为核心的党中央保持高度一致。

——领会精神、落实部署，履职重点再聚焦。深入贯彻落实省第十次党代会、省委十届二次全会、省委经济工作会议和省“两会”精神，准确把握打好“四张牌”的发展要求，准确把握建设经济强省，打造“三个高地”、实现“三大提升”的目标任务，准确把握“一坚持、三突出、五着力”的总体思路，准确把握经济社会发展的工作重点，切实把省委省政府决策部署转化为服务发展的能力、履行职能的动力、推动工作的活力。

——主动融入、积极作为，服务大局再发力。坚持议大事、攻难点，围绕重大问题开展深度研究；坚持谋长远、抓关键，围绕全局问题进行前瞻思考。切实发挥独特优势，通过更加充分的协商促进工作，通过更加有效的监督推动落实，通过更加广泛的联系搭建平台，立促进改革之论、献助推发展之策、建维护稳定之言，努力在服务全省大局中再立新业、再建新功、再创佳绩。

——履职为民、促进共享，宗旨意识再强化。牢固树立以人民为中心的发展思想，切实把人民对美好生活的向往作为履职尽责的出发点、落脚点。心中时刻装着群众，工作始终直通群众，在履职方法上注重亲民利民，在履职内容上聚焦民生福祉，真正做到建言为民分忧、议政为民解困、监督为民谋利，协助党委政府办好群众最在乎的事、最牵挂的事、最希望的事，让群众的生活更加幸福、更为美好、更有尊严。

——发扬民主、增进共识，团结合作再加强。扩大团结面，增强包容性，积极搭建畅所欲言、广开言路的协商平台，推动各党派、各团体、各民族、各阶层，在交融中加深理解，在交流中达成共识。大力宣传省委省政府政策主张，引导委员和群众切实把认识统一到决策部署上，步调统一到工作落实上，行动统一到任务完成上，唱响改革发展和声，汇集破难攻坚合力，画出最大同心圆，凝聚最强正能量。

——振奋精神、务实重干，工作水平再提升。始终保持“撸起袖子加油干”的精气神，自觉担当使命，倍加珍惜机遇，笃行不倦、勤勉不怠，用务实重干负起组织的重托，用奋发有为回应人民的期盼。大力弘扬“工匠精神”和“钉钉子”精神，拉高工作标杆，严格工作要求，努力把小事做精细、把虚事做实在、把难事做成功、把大事做出彩，以扎实的履职、良好的作风、明显的成效打造责任政协、为民政协、务实政协。

【组织概况】

省级政协组织情况

副主席补选名单

（2017 年 1 月 19 日河南省政协十一届五次会议通过）

张广智

秘书长补选名单

（2017 年 1 月 19 日河南省政协十一届五次会议通过）

王树山

常委补选名单

（2017 年 1 月 19 日河南省政协十一届五次会议通过）

孙荣洲　李文斌　张玉生　陈益民
赵淑红（女）　黄红霞（女）
章锦丽（女）　薛云伟

副主席辞职名单

（2017年1月19日河南省政协十一届五次会议通过）

靳绥东

秘书长辞职名单

（2017年1月19日河南省政协十一届五次会议通过）

郭俊民

常委辞职名单

（2017年1月19日河南省政协十一届五次会议通过）

王　宏　米剑锋　李新增　杨国功
吴宝志　邹文珠

专门委员会主任、副主任增补名单

（2017年1月18日河南省政协十一届二十次常委会议通过）

增补：

王建国为政协河南省委员会农业委员会副主任。

（2017年1月18日河南省政协十一届二十次常委会议通过）

增补：

于吉林为河南省政协社会和法制委员会主任，朱孟洲为河南省政协市级政协委员会主任，陈益民、孙荣洲、陈党义为河南省政协经济委员会副主任，李焕云（女）为河南省政协教科文卫体委员会副主任，张玉生、刘林为河南省政协社会和法制委员会副主任，王亚明为河南省政协学习和文史委员会副主任，吕彩霞为河南省政协市级政协委员会副主任。

（2017年7月6日河南省政协十一届二十二次常委会议通过）

增补：

李翔为政协河南省委员会社会和法制委员会副主任。

（2017年9月27日河南省政协十一届二十三次常委会议通过）

增补：

杨杰（女）为政协河南省委员会教科文体委员会副主任，杨京伟为河南省政协港澳台侨和外事委员会副主任。

（2017年1月18日河南省政协十一届二十次常委会议通过）

免去：

于吉林河南省政协提案委员会副主任职务，杨国功河南省政协社会和法制委员会主任职务，李新增河南省政协市级政协委员会主任职务，祝平球、计承江河南省政协经济委员会副主任职务，李中哲河南省政协教科文卫体委员会副主任职务，王宏河南省政协社会和法制委员会副主任职务，邹文珠河南省政协港澳台侨和外事委员会副主任职务，吴宝志河南省政协学习和文史委员会副主任职务。

专门委员会专职副主任任免名单

（2017年1月4日河南省政协十一届十九次常委会议通过）

任命：

姚励红（女）为市级政协委员会专职副主任。

（2017年7月6日河南省政协十一届二十二次常委会议通过）

任命：

高红（女）为河南省政协学习和文史委员会副主任。

（2017年1月4日河南省政协十一届十九次常委会议通过）

免去：

丁心娥市级政协委员会专职副主任职务。

市（县、区）政协主席变动情况

三门峡市义马市政协主席

尚会敏（2017年9月13日当选）

杨　彤（2017年9月13日不再担任）

三门峡市渑池县政协主席

郭艳华（2017年4月27日当选）

底长胜（2017 年 4 月 27 日不再担任）

三门峡市陕州区政协主席

潘新乐（2017 年 4 月 27 日当选）

曹海生（2017 年 4 月 27 日不再担任）

三门峡市灵宝市政协主席

段青菊（2017 年 4 月 26 日当选）

张成宝（2017 年 4 月 26 日不再担任）

周口市政协主席

牛越丽（2017 年 6 月 24 日当选）

穆仁先（2017 年 6 月 24 日不再担任）

周口市郸城县政协主席

姜永来（2017 年 5 月 27 日当选）

李建军（2017 年 5 月 27 日不再担任）

周口市太康县政协主席

王健林（2017 年 5 月 27 日当选）

董自生（2017 年 5 月 27 日不再担任）

周口市西华县政协主席

郭　峰（2017 年 5 月 27 日当选）

范庆云（2017 年 5 月 27 日不再担任）

南阳市邓州市政协主席

李锡强（2017 年 4 月 27 日当选）

杨震云（2017 年 4 月 27 日不再担任）

南阳市卧龙区政协主席

邵贺龙（2017 年 3 月 21 日当选）

王中华（2017 年 3 月 21 日不再担任）

南阳市淅川县政协主席

徐　虎（2017 年 3 月 24 日当选）

李廷伟（2017 年 3 月 24 日不再担任）

南阳市新野县政协主席

李占德（2017 年 3 月 21 日当选）

蒋从文（2017 年 3 月 21 日不再担任）

南阳市南召县政协主席

张智广（2017 年 3 月 19 日当选）

李　宁（2017 年 3 月 19 日不再担任）

南阳市内乡县政协主席

李　宁（2017 年 3 月 15 日当选）

曹春晓（2017 年 3 月 15 日不再担任）

南阳市西峡县政协主席

吴在明（2017 年 3 月 21 日当选）

郑州市巩义市政协主席

李占龙（2017 年 3 月 10 日当选）

谈得胜（2017 年 3 月 10 日不再担任）

郑州市二七区市政协主席

张全金（2017 年 3 月 16 日当选）

于广志（2017 年 3 月 13 日不再担任）

郑州市惠济区政协主席

张为民（2017 年 3 月 17 日当选）

肖国俊（2017 年 3 月 15 日不再担任）

郑州市登封市政协主席

杨戍超（2017 年 3 月 24 日当选）

孟永瑞（2017 年 3 月 22 日不再担任）

郑州市新密市政协主席

王鲁明（2017 年 3 月 13 日当选）

桑萌莉（2017 年 3 月 13 日不再担任）

郑州市新郑市政协主席

李志强（2017 年 3 月 14 日当选）

马国亮（2017 年 3 月 11 日不再担任）

郑州市中牟县政协主席

张书勤（2017 年 3 月 17 日当选）

李延中（2017 年 3 月 14 日不再担任）

许昌市政协主席

刘保新（2017年5月27日当选）

张宗保（2017年5月27日不再担任）

许昌市禹州市政协主席

赵书欣（2017年4月24日当选）

许昌市长葛市政协主席

寇永志（2017年4月25日当选）

李凤英（2017年4月25日不再担任）

许昌市襄县政协主席

宋留振（2017年4月23日当选）

吴习敏（2017年4月23日不再担任）

许昌市魏都区政协主席

杜晓辉（2017年4月24日当选）

丁全民（2017年4月24日不再担任）

许昌市建安区政协主席

牛建设（2017年4月24日当选）

葛连春（2017年4月24日不再担任）

濮阳市濮阳县政协主席

高政显（2017年4月9日当选）

杨理跃（2017年4月7日不再担任）

濮阳市清风县政协主席

吉合现（2016年7月15日当选）

孙建国（2016年7月13日不再担任）

濮阳市华龙区政协主席

孙福柱（2017年4月9日当选）

王立献（2017年4月9日不再担任）

鹤壁市政协主席

李　军（2017年3月2日当选）

张俊成（2017年3月2日不再担任）

鹤壁市浚县政协主席

岳朝亚（2017年3月15日当选）

李德文（2017年3月15日不再担任）

鹤壁市淇滨区政协主席

袁金虎（2017年3月18日当选）

孙金良（2017年3月18日不再担任）

鹤壁市山城区政协主席

谭北平（2017年3月15日当选）

信阳市罗山县政协主席

刘　耀（2017年5月26日当选）

江　力（2017年5月26日不再担任）

信阳市光山县政协主席

刘敬洲（2017年4月26日当选）

杨春来（2017年4月26日不再担任）

信阳市商城县政协主席

润道宏（2017年4月26日当选）

范东升（2017年4月26日不再担任）

商丘市梁园区政协主席

侯利明（2017年4月17日当选）

顾光勋（2017年4月17日不再担任）

商丘市民权县政协主席

周明河（2017年4月21日当选）

楚翠昕（2017年4月21日不再担任）

焦作市中站区政协主席

马建军（2017年3月8日当选）

崔思朝（2017年3月8日不再担任）

焦作市沁阳市政协主席

张承林（2017年3月7日当选）

张沁山（2017年3月7日不再担任）

焦作市温县政协主席

郑爱珍（2017年3月8日当选）

吴鸿升（2017年3月8日不再担任）

焦作市修武县政协主席

贯顺利（2017年3月7日当选）

李天会（2017年3月7日不再担任）

洛阳市新安县政协主席
樊栋梁（2017 年 2 月 15 日当选）
郭轩子（2017 年 2 月 15 日不再担任）

洛阳市嵩县政协主席
朱金斗（2017 年 2 月 27 日当选）

洛阳市洛宁县政协主席
卫万星（2017 年 2 月 23 日当选）

洛阳市瀍河区政协主席
冯景福（2017 年 2 月 27 日当选）
张聚民（2017 年 2 月 27 日不再担任）

洛阳市洛龙区政协主席
党建平（2017 年 2 月 27 日当选）

洛阳市吉利区政协主席
陆万强（2017 年 3 月 15 日当选）
李小斐（2017 年 3 月 15 日不再担任）

驻马店市政协主席
陈　锋（2017 年 6 月 16 日当选）
刘军甫（2017 年 6 月 16 日不再担任）

漯河市政协主席
吕　岩（2017 年 6 月 12 日当选）
张社魁（2017 年 6 月 12 日不再担任）

漯河市源汇区政协主席
齐春枝（2017 年 3 月 22 日当选）
闫金榜（2017 年 3 月 22 日不再担任）

平顶山郏县政协主席
张贯钊（2017 年 4 月 26 日当选）
王亚军（2017 年 4 月 26 日不再担任）

平顶山叶县政协主席
彭德惠（2017 年 4 月 27 日当选）
彭凤龄（2017 年 4 月 27 日不再担任）

平顶山湛河区政协主席
徐自乾（2017 年 4 月 27 日当选）
高国领（2017 年 4 月 27 日不再担任）

平顶山石龙区政协主席
赵国强（2017 年 4 月 27 日当选）
屈献民（2017 年 4 月 27 日不再担任）

开封市开封县政协主席
王建强（2017 年 3 月 24 日当选）
李振海（2017 年 3 月 24 日不再担任）

开封市杞县政协主席
尚文彦（2017 年 3 月 29 日当选）
王占超（2017 年 3 月 29 日不再担任）

开封市通许县政协主席
徐　俊（2017 年 3 月 22 日当选）
张继胜（2017 年 3 月 22 日不再担任）

开封市尉氏县政协主席
高　玲（2017 年 3 月 28 日当选）
吴六零（2017 年 3 月 28 日不再担任）

开封市兰考县政协主席
吴长胜（2017 年 3 月 21 日当选）
左宪安（2017 年 3 月 21 日不再担任）

开封市鼓楼区政协主席
王国强（2017 年 3 月 18 日当选）
李宪杰（2017 年 3 月 18 日不再担任）

开封市龙亭区政协主席
苏德超（2017 年 11 月 2 日不再担任）

开封市顺河区政协主席
付理明（2017 年 3 月 23 日当选）
白炳立（2017 年 3 月 23 日不再担任）

开封市禹王台政协主席

韩瑞军（2017 年 3 月 28 日当选）

杜祥斌（2017 年 3 月 28 日不再担任）

新乡市政协主席

邢亚平（2017 年 5 月 13 日当选）

刘建华（2017 年 5 月 13 日不再担任）

新乡市卫辉市政协主席

田　贞（2017 年 4 月 26 日当选）

张秀印（2017 年 4 月 26 日不再担任）

新乡市新乡县政协主席

赵茂林（2017 年 4 月 25 日当选）

韩喜斌（2017 年 4 月 25 日不再担任）

新乡市延津县政协主席

亢若敏（2017 年 4 月 23 日当选）

李兴根（2017 年 4 月 23 日不再担任）

新乡市原阳县政协主席

聂光营（2017 年 4 月 17 日当选）

万荫生（2017 年 4 月 17 日不再担任）

新乡市卫滨区政协主席

马春萍（2017 年 4 月 23 日当选）

李中民（2017 年 4 月 23 日不再担任）

新乡市红旗区政协主席

赵梅云（2017 年 4 月 24 日当选）

薛新宝（2017 年 4 月 24 日不再担任）

新乡市牧野区政协主席

刘剑锋（2017 年 4 月 24 日当选）

高建斌（2017 年 4 月 24 日不再担任）

安阳市安阳县政协主席

李红院（2017 年 4 月 28 日当选）

苏鸿莉（2017 年 4 月 28 日不再担任）

安阳市滑县政协主席

张绍体（2017 年 3 月 30 日当选）

陈俊江（2017 年 3 月 30 日不再担任）

安阳市内黄县政协主席

张庆伟（2017 年 4 月 27 日当选）

赵宪法（2017 年 4 月 27 日不再担任）

安阳市汤阴县政协主席

姚晓林（2017 年 4 月 28 日当选）

高　峰（2017 年 4 月 28 日不再担任）

安阳市文峰区政协主席

张卫东（2017 年 4 月 29 日当选）

张建军（2017 年 4 月 29 日不再担任）

安阳市殷都区政协主席

韩俊波（2017 年 4 月 28 日当选）

王红先（2017 年 4 月 28 日不再担任）

河南省各级政协组织和委员数

（截至 2017 年年底）

项目＼级别	省	设区的市	县（市、区）	合计
组织数	1	18	159	178
委员数	896	7391	33674	41961

（牛海棠　**编写**　张丛乐　**审稿**）

政协湖北省委员会

许克振　副主席

【全体委员会议】

十一届五次会议　1月14日至20日在武汉举行。中共湖北省委书记蒋超良，省委副书记、代省长王晓东，省委副书记、武汉市委书记陈一新等省领导出席会议。蒋超良书记代表中共湖北省委作开幕会致辞，听取大会发言，参加联组讨论，与委员共商湖北改革发展大计。会议审议批准张昌尔同志所作的常委会工作报告，审议批准张柏青同志所作的提案工作情况的报告。28位委员作了大会发言。会议对2016年省政协工作作了总结，对2017年省政协工作进行了部署。会议指出，今年是实施“十三五”规划的重要一年，也是供给侧结构性改革的深化之年。全省各级政协组织、广大政协委员要深入学习贯彻中共十八大和十八届三中、四中、五中、六中全会精神，以习近平总书记系列重要讲话精神和治国理政新理念新思想新战略为统领，坚持维护核心、围绕中心、凝聚人心，坚持省委省政府的工作推进到哪里、省政协的工作就跟进到哪里，始终与省委省政府同心同德、同向同行，与人民群众面对面、手拉手、心连心，凝心聚力画出最大同心圆，齐心协力共圆全面小康梦。会议期间，共收到提案659件，经审查立案598件。会议补选许克振同志为十一届省政协副主席、丁贵桥等15名同志为十一届省政协常务委员。

【常务委员会会议】

第18次会议　4月25日至26日在武汉召开。会议传达学习全国政协十二届五次会议精神，省委常委、纪委书记王立山、省委组织部副部长蔚盛斌就我省深入贯彻落实党的十八届六中全会精神、推进全面从严治党分别作专题报告，并现场互动交流。会议围绕全面从严治党和人民政协民主监督工作开展了协商讨论。会议通过了有关人事事项。省政协主席张昌尔主持开幕会并在闭幕会上讲话，强调要认真贯彻以习近平同志为核心的党中央全面从严治党的决策部署，深刻把握我省全面从严治党面临的新形势新任务新要求，充分发挥政协民主监督作用，纵深推进全面从严治党在省政协落地生根，全力推动中央和省委决策部署贯彻落实，以新的业绩迎接党的十九大和省第十一次党代会召开。

第19次会议　7月26日至27日在武汉召开。会议传达学习省第十一次党代会精神，听取省政府副省长郭生练所作的情况通报。武汉大学教授、博士生导师伍新木作专题讲座。10位常委、委员和民主党派代表围绕“深化供给侧结构性改革，着力振兴实体经济”主题作大会发言，参会人员进行了分组讨论。会议决定，免去刘善桥政协第十一届湖北省委员会副主席职务、撤销其省政协委员资格。会议还审议通过其他人事事项。省政协主席张昌尔主持开幕会并在闭幕会上讲话，强调要以高度政治自觉深入学习贯彻省第十一次党代会精神，紧紧围绕深化供给侧结构性改革，促进实体经济发展务实建言，努力为实现省第十一次党代会确立的各项目标贡献智慧和力量，以良好的精神状态和优异的工作成绩迎接中共十九大胜利召开。

第 20 次会议　11 月 8 日至 9 日在武汉召开。会议专题学习中共十九大精神，聚焦“保护城市内湖、共建美丽家园”协商讨论。全国政协副秘书长刘佳义作“学习贯彻中共十九大精神，推进人民政协工作”专题辅导报告。副省长曹广晶到会听取大会发言，并互动交流。参会人员进行了分组讨论，8 位常委、委员和民主党派代表作大会主题发言。会议审议通过了《政协湖北省第十二届委员会委员名额及界别设置的意见》及有关人事事项。省政协主席张昌尔主持开幕会并在闭幕会上讲话，强调要深刻领会十九大和习近平新时代中国特色社会主义思想的政治意义、历史意义、理论意义、实践意义，带着政治的深度、实践的力度、感情的温度，深学细研、学思践悟，在学懂、弄通、做实上狠下功夫，达到政治认同、思想认同、情感认同，坚决维护以习近平同志为核心的中共中央权威和集中统一领导，努力在学习宣传贯彻十九大精神上展现政协新作为。

【专门委员会工作】

提案委员会　五年来，提案委员会始终坚持围绕中心、服务大局这个基本方针，把搞好服务、做好引导作为重要前提，以提高质量、增强实效为主攻方向，以注重协商、增进共识为有效方法，以完善机制、形成合力为重要保障。共收到提案 4183 件，审查立案 3885 件。服务省委书记领衔督办《湖北长江经济带落实生态优先、推动绿色发展的对策建议》等省政协重点提案。推动实现全省所有市、县（区）党政主要领导督办重点提案工作全覆盖。推动出台《省政协关于加强重点提案策划工作的意见》等文件。服务住鄂豫皖三省全国政协委员提出联名提案，助推国家出台《大别山革命老区振兴发展规划》。开展提案办理“回头问效”。承办 2 次月度协商座谈会。

经济委员会　五年来，经济委员会坚持把维护核心围绕中心凝聚人心作为政治担当，把维护最广大人民的根本利益作为光荣使命，把服务湖北经济社会科学发展作为核心任务，把发挥委员主体作用界别作用作为履职的重要基础，把推进工作创新作为履职的活力源泉。共承办 3 次议政性常委会议、3 次常委专题协商会、5 次经济形势分析座谈会、2 次界别协商座谈会、1 次月度协商座谈会、1 次大别山革命老区鄂豫皖三省政协主席座谈会。围绕“增强我省农村金融服务能力”等开展调研、视察。“农村饮水安全”月度协商座谈会相关成果被省政府《关于巩固提升农村饮水安全工作的意见》吸纳。打造省政协经济形势分析座谈会、助推大别山革命老区振兴发展等工作品牌，积极推动大别山革命老区鄂豫皖三省政协主席座谈会协商平台建设。

人口资源环境委员会　五年来，人口资源环境委员会自觉坚持党对专委会工作的领导，坚持重要工作由分党组集体研究决定，不断提高政治站位、突出自身特色、坚持履职为民、发挥委员主体作用、加强系统联动、坚持创新思维，履职成效显著。组织委员开展学习、视察、调研、考察和团结联谊活动 71 次，提交和报送视察调研考察报告 61 份、提交集体提案 16 份、报送社情民意信息 26 篇。就人口事业难点等问题组织调研论证并提出提案；就“加快推进我省社会养老服务体系建设”等开展调研视察；围绕矿产资源保护利用、“十三五”污染防控等建言献策；围绕湿地保护、汉江流域生态保护等问题加强与外省政协及市州政协的联合联动；加强委员培训、服务与管理。

教科文卫体委员会 五年来，充分发挥专委会分党组的领导核心作用，做到党建工作和业务工作一起谋划、一起落实。共组织委员开展各种专题调研、视察考察、界别活动95次，提交调研、视察报告和其他建议材料62份，组织督办重点提案8件。承办1次常委专题协商会、2次月度协商座谈会。围绕“长江经济带及长江中游城市群建设问题”课题及其四个子课题开展跟踪调研、协作调研；就“深化文艺院团改革”开展深入调研；认真组织教育、科技、文化、体育界委员开展界别活动；组织开展“生态长江翰墨情”主题书画展活动；组织委员开展“两送一惠”活动（送健康送智慧惠民生活动）；加强与全省各级政协相关专委会的系统联动、与职能部门的合作，切实增强工作合力。

社会和法制委员会 五年来，委员会坚持政治引领，坚持创新发展、系统联动、加强自身建设，围绕中心、服务大局取得实效。组织协商、调研、视察、考察、提案办理、界别活动和其他活动178次，形成正式建言成果64件，提交集体提案和委员提案370余件，大会发言33件，开展立法协商40余次，承办3次界别协商座谈会、1次月度协商座谈会。就“集体合同和集体工资协商制度”、《刑事诉讼法》（2012年修订）等贯彻实施情况开展调研视察；就建筑工人工伤维权问题开展调研、协商；就社会组织建设与管理开展省、市州政协社法委联合调研；就《湖北省优化经济发展环境条例》等开展专题调研和对口协商；就梁子湖生态环境保护立法工作开展系列调研和专项民主监督；做好省政协律师顾问组、法律顾问组服务保障工作。

民族和宗教委员会 五年来，委员会坚持围绕中心、科学选题，加强联系合作、形成工作合力。组织委员开展专题调研20多次、视察5次、考察10多次，举办委员主题活动4次，形成各类参政议政材料及经验交流材料等80余件。组织委员就“十三五”期间加快我省民族地区经济社会发展等四个专题进行调研；组织召开“湖北武陵山试验区政协主席座谈会”；承办月度协商座谈会，助推省政府出台《关于加快发展民族教育的实施意见》；组织委员就“城乡少数民族散杂居和流动人员服务管理工作”与省直部门负责同志开展协商座谈；就“城市民族工作情况”、《宗教事务条例》贯彻实施情况等开展调研、视察；在《湖北画报》上开辟“省政协民宗专题系列报道”栏目；承办省政协“打造鄂东禅宗文化旅游品牌”常委专题协商会；就湖北道教文化的传承与发展开展联合研究。

文史和学习委员会 五年来，委员会坚持围绕省委、省政府中心工作以及省政协的重点工作履职尽责，加强统筹谋划，发挥委员主体作用，切实加强文史工作者队伍建设。共完成省内调研33次，省外考察6次，界别活动5次，委员活动日5次，提交提案近300件，编辑出版《建言立论》（2016年、2017年）专题图书两本、《学习与思考》21期，承办2次月度协商座谈会。围绕基层公共文化服务体系建设、全省文庙保护与利用、随州大遗址保护工作等热点难点问题形成一批有质量的调研成果；就改善武汉城市交通现状、天门石家河遗址的保护与利用等开展视察调研；召开界别协商座谈会，助推武汉抗战纪念馆建馆方案落地；征集史料900余万字，编辑出版各类文史资料图书（刊物）15部，共计570余万字；举办6期省政协委员专题培训班、1期全省政协主席培训班、1期新疆农五师双河市政协委员培训班、5场学习传达全国“两会”精神报告会、10场常委会专题辅导报告会。

港澳台侨和外事委员会 五年来，完成专题调研26项，服务保障港澳台交流40余次，对外交往和看望海外侨胞38次，组织督办重点提案8件。组织港澳常委、委员参加政协常委会议、全会，服务好省委、省政府、省政协领导与港澳常委、委员座谈交流；组织好港澳委员视察、考察、调研活动；承办好每年省政协住港澳委员中秋茶话会；每年组织邀请优秀中小学教师和先进医务工作者赴澳门学习交流；连续3年与香港湖北联谊会共同组织会员骨干到省内参访；协调服务赴台交流团组18批，接待台湾电力工会等10多批次来鄂参访、交流的台湾团组；围绕我省台资、台企发展情况和台生学习生活状况开展专题调研3次；做好省政协领导出国访问和省政协领导会见外国来访政要等外事活动的服务工作；就“发展乡村旅游，建设生态文明”等26个议题，组织委员开展调研、视察。

委员工作委员会 五年来，以推进委员履职能力建设为主轴，不断加强委员队伍建设，强化委员履职服务管理，推进委员工作制度体系建设。推动各专委会设立分党组；调整优化专委会组成人员结构；完成237人次委员届中调整和专门委员会主任、副主任任免工作；将省政协32个界别整合为30个活动小组；组织省政协委员参加学习培训5000余人次；起草省政协《关于加强委员履职能力建设的意见（试行）》等制度文件10多个；开展本届“全省优秀政协委员”评选表彰活动，建立针对委员履职情况的函询、约谈和劝退制度，本届省政协依规依章程撤销18名违纪违法委员的省政协委员资格，商省委相关部门对履职不积极的14名委员进行约谈，劝退2名不能履职委员；坚持邀请不是常委的各专门委员会副主任和相关委员、专家列席议政性常委会议工作机制；初步建立委员个人信息档案、委员人事任免等电子档案系统；做好委员履职考勤统计通报工作；设立“主席信箱”；推荐省政协委员400多人次参加省纪委行风评议等活动；举办“政协委员情系灾区”等主题委员活动日；围绕农村面源污染治理等议题组织开展调研考察；承办2次月度协商座谈会。

【重要会议、活动】

走访省各民主党派和工商联机关 2月3日，省政协主席张昌尔走访省各民主党派和省工商联机关，看望干部职工并召开座谈会。张昌尔指出，今年将召开中共十九大和省第十一次党代会，做好今年的政协工作，意义重大。希望大家认真学习贯彻十八届六中全会精神特别是习近平总书记重要讲话精神，学习中央和省委关于统战工作的决策部署，学习蒋超良同志在政协全会上的讲话精神，牢固树立“四个意识”，不断增强“四个自信”，加强政治引领，更加自觉地维护以习近平同志为核心的中共中央的权威，进一步巩固团结奋斗的共同思想政治基础，努力画出服务发展大局的最大同心圆。希望大家在新的一年，围绕中心、服务大局，把推进供给侧结构性改革作为履职主线，聚焦创新驱动、绿色发展、“多极”发展、脱贫攻坚、民生改善等重点问题，积极建言献策，开展民主监督，做好群众工作，为我省改革发展稳定大局贡献智慧和力量。希望大家把政协工作摆在更加突出位置，对接省政协年度工作要点和协商计划，充分发挥自身优势，进一步加强自身建设，不断提升履职能力，履职尽责，担当作为，在人民政协这个重要平台上展现新作为，作出新贡献。省政协常务副主席陈天会参加走访并主持座谈会。省政协秘书长翟天山，省委统战部有关负责人参加走访座谈。

2017 年建议提案交办会 2 月 22 日，省人大常委会、省政府、省政协在武汉联合召开。对今年省“两会”1297 件建议提案进行交办，并对办理工作进行部署。省委常委、省委秘书长、省人大常委会党组书记、常务副主任傅德辉，省委常委、常务副省长黄楚平，省政协常务副主席陈天会出席会议并讲话。会议要求，各承办单位要进一步加强领导，切实增强提案办理实效；要把提案办理工作与部门业务工作一同谋划、一同部署、一同推进；要坚持提案办理的全程协商；要开诚布公做好提案答复工作；要打通办理成果转化“最后一公里”；要统筹解决提案反映的同类问题。

全省市州政协主席培训班 5 月 10 日至 12 日在武汉举行。全省各市（州）县政协主席、秘书长和 2016 年以来省政协新任专委会负责人共 280 人参加培训。武汉大学教授虞崇胜、宜昌市政协原主席李亚隆，全国政协文史和学习委员会副主任卞晋平、全国政协提案委员会驻会副主任田杰、省政协秘书长翟天山、十堰市张湾区政协主席官开意分别作专题报告。省政协主席张昌尔作主题报告，强调政协主席是政协事业的领头雁，要切实肩负起推进政协事业发展的崇高使命，带头落实主体责任，发挥党组领导核心作用，把方向、管大局、保落实，谋大事、打基础、管长远，奋力谱写政协事业新篇章。

全省市州政协主席座谈会 6 月 7 日在武汉召开，专题研究部署加强和改进我省政协民主监督工作。各地交流了开展政协民主监督的经验做法，并就即将出台的“实施意见”提出建议。省政协主席张昌尔主持会议并讲话。会议强调，要加强和改进政协民主监督工作必须始终坚持党的领导；要紧扣党政关注、群众关切的重大问题，找准监督着力点；要深化会议监督、视察监督、提案监督，加强专项监督，探索其他监督形式；要规范监督程序、健全工作机制、提升监督能力。

纪念中国共产党成立 96 周年大会 6 月 30 日在武汉召开。会议传达学习省第十一次党代会精神。会议要求，省政协要把学习贯彻党代会精神作为当前首要任务；要聚焦党代会目标任务建言献策、凝心聚力；要发挥政协民主监督职能，助推党代会确定的重大决策部署落实落地。省政协党组书记、主席张昌尔出席会议并讲话。省政协党组副书记、常务副主席陈天会主持会议。

“推动创新驱动政策落地，促进经济转型升级”常委专题协商会 7 月 10 日在武汉召开。8 位省政协委员、市县政协代表、业界代表就推动政策落地、支持成果转化、完善创新链条等提出建议。省直有关部门负责人现场回应。省政协主席张昌尔主持会议并讲话。副省长郭生练出席会议并讲话，对委员建言给予肯定，表示将充分吸收会议成果，坚持问题导向，完善政策措施，加大工作力度，努力推动创新驱动政策落地，加快我省经济转型升级步伐。

“加快县域金融创新，推动县域经济发展”常委专题协商会 9 月 21 日在武汉召开。省政协常委、委员和市县政协代表等 11 位同志先后发言，就普惠金融发展、中小微企业融资难融资贵等提出建议。省直有关部门、部分金融机构负责同志现场回应。省政协主席张昌尔主持会议并讲话。

省政协传达学习中共十九大精神会议 10月27日在武汉举行。省政协党组书记、主席张昌尔传达中共十九大精神。会议强调，学习宣传贯彻十九大精神，要学深悟透学以提能、学以致用；要紧扣十九大确立的目标任务，在履职尽责上奋发有为；要准确把握政协性质定位，在发挥社会主义协商民主重要作用上奋发有为；要坚持把政治建设摆在首位，在推进政协党的建设上奋发有为。

全省各界人士迎新年茶话会 12月27日在武汉举行。受省委书记蒋超良委托，省委常委、组织部部长于绍良致辞。省政协主席张昌尔主持茶话会。全国政协社会和法制委员会副主任宋育英、全国政协民族和宗教委员会副主任杨松，正省级老领导蒋祝平、王生铁，与全省各界人士代表欢聚一堂，叙友情、商国是、话发展，喜迎新年。省农工党主委杨玉华、省总工会常务副主席董永祥发言。省委、省人大常委会、省政府、省政协、省军区、省高级人民法院、省人民检察院、武警湖北省总队领导同志，省老领导，出席茶话会。省各民主党派和省工商联负责同志，无党派人士，省各人民团体和省直部门有关负责同志，以及各界人士代表，参加茶话会。

【重要文件】

政协第十一届湖北省委员会常务委员会工作报告（2017年1月14日）（摘要）

一、2016年工作回顾。（一）坚持政治引领，引导各参加单位和全体政协委员坚持中国特色社会主义政治发展道路，更加坚决地维护以习近平同志为核心的中共中央的权威；坚决落实省政协党组的政治领导，支持党组发挥“把方向、管大局、保落实”的作用；切实严格政治标准，强化委员的纪律意识和规矩意识。（二）坚持围绕“十三五”规划实施建言献策。围绕创新驱动发展、绿色发展、长江经济带“共抓大保护，不搞大开发”召开议政性常委会议、常委专题协商会；持续助推《大别山革命老区振兴发展规划》实施和秦巴山区、武陵山区交通基础设施互联互通；召开经济形势分析座谈会，围绕应对经济下行压力、供给侧结构性改革等问题资政建言；就“宜新欧”国际物流通道建设、做大做强铁路“底盘”、促进资本市场健康发展等课题组织专题调研。（三）坚持履职为民，促进民生改善和社会和谐稳定。聚焦农村饮水安全、民族地区基础教育等深入开展协商议政；就农村城镇化、基层社会管理、社区矫正等问题开展专题调研和提案督办；向省委省政府及有关部门编报社情民意信息1200余篇次；扎实做好省政协联系点精准扶贫脱贫工作；举办“政协委员情系灾区”主题活动日。（四）坚持构建协商新格局，推进人民政协协商民主。组织动员住鄂全国政协委员就长江流域水环境保护、大别山革命老区振兴发展等重要问题，深入调研并向全国政协提交10件提案；省委书记领衔督办长江经济带绿色发展提案，实现了提案工作的新突破；围绕大别山区精准扶贫等8个重点选题，组织委员开展视察；打造月度协商座谈会品牌，带动市、县两级政协的协商平台建设。（五）坚持大团结大联合，凝心聚力画出最大同心圆。制定出台省政协副主席联系界别制度；协助省委省政府做好民族和宗教工作；举办住港澳省政协委员中秋茶话会，密切同台湾政团社团和各界人士交往。（六）坚持加强自身建设，不断提升履职能力水平。出台省政协议政性常委会议组织实施办法，提升会议质量和水平；加强委员队伍建设，建立健全激励约束机制，会同相关部门对不履行职责、不遵守委员管理规定的及时作出相应处理；制定出台委员履职统计制度、委员履职考评办法等；加强与界别委员的联系和服务；增强省政协机关服务保障能力；制定出台有关党组会议、协商平台等制度规章 20 多项。二、2017 年工作部署。（一）深入学习贯彻中共十八届六中全会精神。开展好委员分批次集中学习培训；把学习中共十八届六中全会精神与推进履职实践相结合。（二）紧紧围绕“十三五”规划实施建言献策。（三）深入推进人民政协协商民主。进一步健全全体会议、常委会议、常委专题协商会、月度协商座谈会等协商平台，推进专题协商、对口协商、界别协商、提案办理协商蓬勃开展；在利用互联网开展网络议政、推进人民政协协商进基层方面积极探索、实现突破；进一步提升调查研究能力；进一步强化协商成果转化；进一步完善省委、省政府、省政协领导领办督办重点提案工作格局；配合省委就相关文件贯彻落实情况开展督查。（四）大力加强人民政协民主监督工作。创新监督方式，将政协的会议、视察、提案、调研、社情民意信息等各项工作与民主监督有机结合。召开监督性常委专题协商会；研究制定我省加强和改进人民政协民主监督工作的有关文件。（五）充分发挥人民政协大团结大联合优势。加强对各党派团体参加政协共同性事务的协商；加强同党外知识分子、少数民族人士、宗教界人士、港澳台同胞和海外侨胞等的团结联谊，密切与非公有制经济人士、新的社会阶层人士、出国和归国留学人员等联系沟通；组织好港澳委员学习考察和港澳社团、湖北乡亲回鄂参访活动，举办港澳委员中秋茶话会；对民族地区医疗问题开展重点督查调研。三、以改革创新精神加强履职能力建设。（一）以改革创新增强政治引领能力。落实好重大事项向省委汇报制度，积极支持省政协党组落实全面从严治党主体责任，支持省政协各专委会分党组发挥作用。（二）以改革创新增强服务履职的能力。打造协商民主品牌；创新履职信息公开工作；探索“互联网＋”新模式；强化创新考核；加强对市县政协工作的指导。（三）以改革创新增强队伍战斗力。完善常委会各项工作运行机制；优化专委会委员结构；强化对委员的政治监督和履职考评；做好省政协换届中的委员服务管理有关工作；深化“一流机关”创建。

中共湖北省委关于加强和改进人民政协民主监督工作的实施意见（2017 年 7 月 17 日）（摘要）　一、把握人民政协民主监督总体要求。（一）总体要求。人民政协民主监督是在坚持中国共产党的领导、坚持中国特色社会主义基础上，参加人民政协的各党派团体和各族各界人士在政协组织的各种活动中，依据政协章程，以提出意见、批评、建议的方式进行的协商式监督，是我国社会主义监督体系的重要组成部分，是社会主义协商民主的重要实现形式。要以党和国家重大方针政策以及党委和政府重要决策部署贯彻落实情况为重点，把协商民主贯穿于人民政协民主监督全过程。二、加强党对人民政协民主监督工作的领导。（二）加强党委统一领导。要把坚持党的领导作为人民政协民主监督的首要原则。（三）发挥政协党组领导核心作用。各级政协党组要切实履行政治责任，加强对民主监督工作的研究和统筹安排。三、明确人民政协民主监督主要内容。（四）人民政协民主监督主要内容。国家宪法法律法规在我省的贯彻实施情况和地方性法规、政府规章及规范性文件的实施情况；党和国家大政方针、重大改革举措、重要决策部署在我省的贯彻执行情况，省委和省政府关于全省改革发展稳定重要决策部署的贯彻落实情况等。四、完善人民政协民主监督形式。（五）深化会议、视察、提案监督。政协全体会议的大会发言应增加监督性内容比重，政协常务委员会会议、主席会议等，应安排监督性议题。开展监督性视察。重点提案中应有监督性提案。（六）加强专项监督。每年确定重点专项监督议题，纳入政协年度协商计划。要把党委和政府主要负责同志领衔督办的政协提案列入重点专项监督范围。（七）探索完善其他形式监督。完善特约监督；根据党委和政府的统一部署，开展常态化监督；探索完善社情民意信息监督；重视发挥委员来信来访、委员举报和民主评议等在民主监督中的作用，积极探索运用信息技术开展民主监督工作。五、规范人民政协民主监督工作程序。（八）确定监督议题。人民政协民主监督议题可由党委和政府提出，也可由政协广泛多渠道征求意见提出，经充分协商后提交政协主席会议研究，其中重点监督议题纳入政协年度协商计划，征求政府意见后，报党委确定。（九）组织监督活动。政协办公厅（室）研究提出监督工作安排，经政协主席会议审议通过后实施。（十）报送监督意见。探索运用建议案报送监督意见。（十一）办理监督意见。对于政协主席会议审议后报送的监督意见报告，党委和政府应专题研究，形成办理意见；对于政协其他监督报告，党委和政府可专题研究，或交有关部门办理；对于提案、社情民意信息中的监督性意见，按规定程序办理。六、健全人民政协民主监督工作机制。（十二）知情明政机制。（十三）协调落实机制。（十四）办理反馈机制。（十五）权益保障机制。（十六）联动联合机制。七、切实提升人民政协民主监督效能。（十七）加强学习培训。（十八）加强统筹协调。（十九）强化督办考核。

【组织概况】

增补副主席名单

（2017 年 1 月 20 日政协第十一届湖北省委员会第五次会议通过）

许克振

免去副主席名单

（2017 年 7 月 27 日政协第十一届湖北省委员会常务委员会第十九次会议通过）

刘善桥

增补常务委员名单

（2017 年 1 月 20 日政协第十一届湖北省委员会第五次会议通过）

丁贵桥　马忠星　王中桥　王忠法
刘永泽　刘良谋　杨世友　杨朝中
肖安民　吴　静（女）　张　晋
张　澍　贺方红　徐雁冰　郭志高

不再担任常务委员名单

（2017 年 4 月 26 日政协第十一届湖北省委员会常务委员会第十八次会议通过）

毛凤藻　蔡藻鲜

（2017 年 7 月 27 日政协第十一届湖北省委员会常务委员会第十九次会议通过）

余立国　柳望春　晏蒲柳（女）

（2017 年 11 月 9 日政协第十一届湖北省委员会常务委员会第二十次会议通过）

应代明　张忠宝　曾成贵　陈绪群
李　华（女）

委员增补名单

（2017 年 4 月 26 日政协第十一届湖北省委员会常务委员会第十八次会议通过）

李　辉　杨延昭

（2017 年 7 月 27 日政协第十一届湖北省委员会常务委员会第十九次会议通过）

孙荣洲

不再担任委员名单

（2017 年 4 月 26 日政协第十一届湖

北省委员会常务委员会第十八次会议通过）

毛凤藻　蔡藻鲜　陈大林

（2017 年 7 月 27 日政协第十一届湖北省委员会常务委员会第十九次会议通过）

余立国　柳望春　晏蒲柳（女）

陈吉学　余胜伟　许　儒

（2017 年 11 月 9 日政协第十一届湖北省委员会常务委员会第二十次会议通过）

应代明　张忠宝　曾成贵　陈绪群

李　华（女）　王　虹（女）

谭文骄

湖北省各级政协组织和委员数

（截至 2017 年年底）

级别 / 项目	省	副省级市	市级（含自治州、省直管市、神农架林区）	县（市、区）	合计
组织数	1	1	16	99	117
委员数	721	552	5700	22369	29342

（宋士琼　**编写**　翟天山　**审稿**）

政协湖南省委员会

戴道晋　副主席

胡旭晟　副主席

【全体委员会议】

第十一届五次会议　2017 年 1 月 13 日至 17 日在长沙举行。会议应到委员 729 人，实到 694 人，符合《政协章程》规定的有效人数。会议听取并审议了李微微主席代表常委会所作的《政协湖南省第十一届委员会常务委员会工作报告》，赖明勇副主席所作的《政协湖南省第十届委员会常务委员会关于政协十一届四次会议以来提案工作情况的报告》。与会委员列席了湖南省十二届人民代表大会第七次会议，听取并协商讨论了许达哲省长所作的政府工作报告和其他报告。中共湖南省委书记、省人大常委会主任杜家毫等党政领导以及省直有关部门负责人到会听取委员们的意见和建议。会议通过了《中国人民政治协商会议第十一届湖南省委员会第五次会议政治决议》《中国人民政治协商会议第十一届湖南省委员会第五次会议关于政协湖南省第十一届委员会常务委员会工作报告的决议》《中国人民政治协商会议第十一届湖南省委员会第五次会议关于十一届四次会议以来提案工作情况报告的决议》。会议同意辞免刘晓同志十一届省政协副主席、委员职务、袁新华十一届省政协秘书长职务，选举戴道晋、胡旭晟为十一届省政协副主席，卿渐伟为十一届省政协秘书长，王玉立、邓三龙、李微、邹东仁、陈三新、罗琼、谈敬纯为第十一届湖南省政协常务委员。部分驻湘全国政协委员、省参事室部分参事、省文史馆部分馆员和不是省政协委员的县（市、区）政协主席应邀列席会议。

【常务委员会议】

第 21 次会议　1 月 12 日在长沙召开，会议应到 127 人，实到 116 人。省政协主席李微微主持会议，省委常委、省委统战部部长黄兰香和省政协副主席兼秘书长袁新华分别作了有关人事事项的说明。常委分组审议了相关人事事项，会议听取了各组讨论情况的汇报，通过了《政协湖南省第十一届委员会第五次会议关于人事任免的表决和选举办法（草案）》《政协湖南省第十一届委员会第五次会议总监票人、监票人名单（草案）》，协商通过了有关人事事项。

第 22 次会议　1 月 16 日在长沙召开，会议应到 121 人，实到 116 人。省政协主席李微微出席会议，省委常委、省人民政府常务副省长陈向群代表中共湖南省委、省人民政府作了讲话。会议听取了各组对政府工作报告和其他报告协商讨论情况，以及对人事事项、各项决议协商讨论情况的综合汇报。省委常委、省委组织部部长王少峰和省直有关部门负责同志应邀到会听取意见。会议协商通过了《政协湖南省第十一届委员会第五次会议关于常务委员会工作报告的决议（草案）》《政协湖南省第十一届委员会第五次会议关于十一届四次会议以来提案工作情况报告的决议（草案）》《政协湖南省第十一届委员会提案委员会关于十一届五次会议提案审查情况的报告（草案）》《政协湖南省第十一届委员会第五次会议政治决议（草案）》和有关人事事项，同意提请政协湖南省第十一届委员会第五次会议协商。

第23次会议 3月27日在长沙召开，会议应到129人，实到107人。会议传达了全国“两会”精神和中共湖南省委政协工作会议精神，常委们听取了政协湖南省委员会关于开展“助推新发展，建设新湖南”活动的意见（草案）的说明、湖南省发展开放型经济领导小组办公室牵头起草的开放崛起“3+5”实施方案（审议稿）和有关人事事项说明，省商务厅负责同志就湖南开放崛起发展战略作了专题讲座。省政协主席李微微讲话，会议协商通过了政协湖南省委员会关于开展“助推新发展，建设新湖南”活动的意见（草案）和有关人事事项。

第24次会议 6月19日至20日在长沙召开，第一次大会应到129人，实到110人。省委书记、省人大常委会主任杜家毫出席会议并讲话，省政协主席李微微主持第一次大会，省委常委、省委秘书长、副省长谢建辉，副省长何报翔与省直有关部门负责同志应邀到会听取委员意见建议。会议听取了关于“实施开放崛起战略，建设开放强省”课题调研工作及向中共湖南省委、省人民政府的建议案（草案）的说明。会议运用政协云开展远程协商，吴金明等8名委员在主会场作口头发言，刘胜辉等4名委员在香港等远程协商视频连线点作场外口头发言。大会首次面向社会公众进行网络视频直播。第二次大会应到129人，实到110人。国务院发展研究中心原副主任刘世锦应邀向常委们作了经济形势与新增长动能专题报告。会议听取了有关人事事项说明。第三次大会应到129人，实到93人。会议协商通过了关于“实施开放崛起战略，建设开放强省”向中共湖南省委、省人民政府的建议案（草案）和有关人事事项。

第25次会议 9月13日至14日在长沙召开。第一次大会应到129人，实到96人。省政协主席李微微主持会议并讲话，省委副书记乌兰应邀出席会议听取委员意见建议并作回应讲话，省直有关部门负责同志应邀到会听取委员意见建议，省政协老委员咨询团部分成员应邀列席会议。会议听取了关于“推进我省教育扶贫”课题调研工作及建议案的说明。会议运用政协云开展远程协商，毛学军等8名省政协常委、委员在主会场作口头发言，卢迈等5名基层干部、教师和贫困群众代表在远程协商视频连线点作口头发言，大会发言面向社会公众进行网络视频直播。第二次大会应到129人，实到96人。常委们听取了省教育厅负责同志所作的关于我省教育情况的专题报告和有关人事事项说明，会议协商通过了关于“推进我省教育扶贫”向中共湖南省委、省人民政府的建议案（草案）和有关人事事项。

【专门委员会工作】

委员学习联络委员会 开展“我省历史建筑的保护与利用”调研与界别协商，组织委员持证视察，利用政协云开展远程协商；开展“我省专题性博物馆建设”调研；开展湖南“知青”文史资料征集工作；编辑出版《湖南老字号》和《湖南农业文化遗产》；组织开展“湖湘气派 濂溪一脉——周敦颐诞辰1000周年纪念系列活动”；组织和承办全省市县政协主席培训班。

提案委员会 2017年，共收到提案843件，经审查立案758件，立案率

89.9%。未立案的85件提案采取改、并、转、撤四种方式处理。截至2017年12月底，所有提案全部办结。所提建议已经落实或基本落实的416件，占54.9%；正在落实或列入计划落实的261件，占34.4%；暂时不能落实的81件，占10.7%；提案办理落实率比去年提高1.34%。出台《湖南省政协提案办理协商第三方评估暂行办法》，启动提案办理协商第三方评估工作；开展“互联网+智能机器人+居家养老”界别协商；对部分重点承办单位和重点提案还采取省人大联工委、省政府办公厅、省政协提案委三家联合督查、省市县三级政协会同督办等多种途径。

经济科技委员会 承办“实施开放崛起战略、建设开放强省”重点课题调研；开展“推进企业科技创新，促进供给侧改革深化”调研视察协商；赴娄底开展“精准扶贫、精准脱贫政策落实情况”专项民主监督；联合举办湖南省质量强省建设学术年会。

人口资源环境委员会 开展“加强长沙市饮用水安全保障”“推进政协协商民主”课题调研；开展“加快发展我省有色金属固废循环利用产业”调研和界别协商；参与《关于推进农村小河小溪治理工作的建议》《关于提升我省生活垃圾处理能力和水平的建议》重点提案办理；运用政协云开展“饮用水安全大家谈”“中央环保督察组长想听您说”“长株潭绿心保护诚邀您建言献策”话题关注，广泛征求委员、群众意见。

文教卫体和文史委员会 承办“推进我省教育扶贫”重点课题调研；开展“进一步加大武术、太极拳推广力度”“群众体育活动开展情况”调研；开展“对接‘一带一路’，加快湖湘文化走出去”调研和界别协商；开展“湖湘文化进三沙”调研和慰问活动。

社会和法制委员会 承办“优化非公经济发展法制环境”重点课题调研；开展“建立健全中小学法治教育机制”课题调研和界别协商；开展“加强和改进民主监督”专题调研；起草《中共湖南省委贯彻落实〈关于加强和改进人民政协民主监督工作的意见〉的实施意见》《政协湖南省委员会关于开展民主监督工作的操作办法》。

民族和宗教委员会 开展“我省宗教活动场所公共安全管理”课题调研和界别协商；举办“学习‘十九大’精神”专题讲座和“宗教文化与宗教中国化”研讨座谈会；组织“我省世界文化遗产土司文化保护与传承”“特色村镇建设”“我省宗教活动场所公共安全管理”界别委员调研视察；总结汇编本届工作资料《和谐共进》。

港澳台侨和外事委员会 参与“实施开放崛起战略、建设开放强省”重点课题调研，组织香港委员参加议政性常委会远程协商；组织港澳委员开展“共筑家园·情暖泸溪”回湘视察暨参与“三个一”扶贫行动；组织港澳委员“活动日”活动；筹建湖南发展海外顾问团；做新做活外事、对台工作；发挥侨界委员作用，认真做好涉侨工作；做好全国政协澳门代表考察团服务工作。

【重大会议、活动】

“实施开放崛起战略，建设开放强省”重点课题调研和远程协商 2月至5月，省政协主席会议成员带领省政协常委、委员，在全省开展融调研、协商、监督于一体，省市县三级政协组织联动的系统调研监督活动，并赴上海、江苏、安徽、河南、湖北等省市开展对比调研，赴法国、波兰、捷克及中国香港、澳门地区调研考察，形成了调研报告，在此基础上，召开第二十四次常委会议进行专题协商。省委书记、省人大常委会主任杜家毫出席会议并讲话，省委常委、省委秘书长、副省长谢建辉，副省长何报翔与省直有关部门负责同志应邀出席并协商交流。会议运用政协云开展远程协商，吴金明、徐新楚、彭继球、吴志良、蓝军、骆伟、李永迪、杨成英等 8 名委员在主会场作口头发言，刘胜辉、汪涵、胡野碧、刘佳媚等 4 名委员在香港等远程协商视频连线点作口头发言，会议首次面向社会公众进行网络视频直播。

“推进我省教育扶贫”重点课题调研和远程协商 2 月至 8 月，省政协调研组先后深入我省 7 个市州 20 个县市区的 50 余所职业学校、中小学校和幼儿园，以及部分建档立卡贫困家庭调研，对全省 51 个贫困县市区的乡镇级有关部门负责人进行问卷调查，利用“政协云”广泛听取社会各方面的意见建议，并赴宁夏回族自治区、内蒙古自治区、海南省等地进行对比调研。在调研过程中，坚持三级政协组织联动，全省 14 个市州也都成立了调研监督小组，边调研、边协商、边监督、边帮助推动相关问题的解决。在此基础上，省政协召开第二十五次常委会议开展专题议政协商，审议通过了《关于“推进我省教育扶贫”向中共湖南省委、省人民政府的建议案（草案）》。省委副书记乌兰应邀出席会议听取委员意见建议并讲话。省直相关部门负责同志应邀到会协商交流。省政协老委员咨询团部分成员应邀列席会议。大会运用政协云开展远程协商，毛学军、章洪、王键、陈建民、杨伟军、李评、童小娇、周育林等 8 名省政协常委、委员在主会场作口头发言，卢迈、贺志国、陶品儒、陈文生、向安菊等 5 名基层干部、教师和贫困群众代表在远程协商视频连线点作口头发言。大会发言面向社会公众进行网络视频直播。

“助推新发展，建设新湖南”活动 3 月 27 日，省政协常委会审议通过《政协湖南省委员会开展“助推新发展，建设新湖南”活动的意见》，助推新湖南活动在全省政协系统正式启动。全年，组织省市县三级政协委员先后围绕“实施开放崛起战略，建设开放强省”深入调研，召开专题议政性常委会，开展网络议政、远程协商，向省委、省政府报送建议案，省委书记杜家毫作出批示。围绕“优化非公经济发展法治环境”深入园区、企业开展调研，召开专题协商会议，省长许达哲带领省直有关部门负责同志到会进行协商交流，协商意见报送省委、省政府和有关部门参考。

全面开展政协委员“三个一扶贫”行动 2016 年 3 月，省政协常委会审议通过政协湖南省委员会关于开展“助力脱贫攻坚，全面建成小康社会”活动的意见及五年行动计划（2016—2020），同时启动政协委员“三个一扶贫”行动，倡导和组织全省各级政协委员，根据自身情况资助一名贫困家庭在校学生完成学业，结对一个贫困家庭增加收入充实家业，帮助贫困家庭一名成员解决就业。2017 年，省、市、县三级政协联合行动深入推进“三个一扶贫”行动，全省 3 万多名政协委员，共结对帮扶建档立卡贫困户 33285 户，围绕完成学业、实现就业、增加家业，千方百计为贫困家庭提供帮助。

“湖南政协云”上线运行 1 月，湖南省政协“政协云”成功上线运行，搭建了政协委员全天候履职平台，省政协组织的调研、协商、监督活动和相关重要会议可通过政协云发布、对接和开展，开辟了“微建议”板块，推动人民群众热点难点问题解决。实现网络议政、远程协商，全年 5 次政协重要会议面向社会公众进行网络视频直播，10 多场界别协商进行图文直播，近千万人次在线观看、评论。形成了省政协全媒体宣传矩阵，进一步整合了省政协宣传媒体资源，通过政协云联合举办了8期“政协主席走进红网”系列访谈，省市县三级政协主席在线与人民群众交流互动。构建了政协大数据资料库，建成了包括提案、社情民意、调研报告、理论研究等15大类7000多万字的资料数据库。

【重要文件】

常委会工作报告（2017年1月13日）（摘要） **2016年主要工作回顾：一、始终保持正确的政治方向，努力增进各界共识。**以中共十八届六中全会、习近平总书记系列重要讲话、中共湖南省第十一次代表大会精神为重点，组织推动全省各级政协组织、政协各参加单位、广大政协委员和政协工作者，认真学习贯彻中共中央和中共湖南省委重要会议、重要文件精神和重要决策部署。**二、以供给侧结构性改革为重点，围绕我省改革发展大局开展协商议政。**开展“推进我省供给侧结构性改革”重点调研协商。就公立医院改革、检察改革和司法公正、城乡公共法律服务体系建设、全面“二孩”政策实施等问题，组织开展委员视察。针对自主创新能力建设、房地产业持续健康发展等问题，组织开展多种形式的调研协商活动。围绕食品安全、学前教育、居家养老医疗服务、农业农村面源污染治理、农村自来水建设、建筑业农民工工伤保险等，组织开展多种形式的监督活动。出台《湖南省政协提案办理协商办法》。协助全国政协在湘开展精准扶贫、老字号品牌质量提升、食品安全等视察调研。**三、聚焦第一民生工程，全力助推脱贫攻坚。**实施“助力脱贫攻坚，全面建成小康社会”五年行动计划。重点就“我省精准扶贫、精准脱贫政策的落实与完善”开展调研，召开“我省精准扶贫、精准脱贫政策的落实与完善”专题议政性常委会议。许达哲省长率政府有关部门负责同志到会听取意见建议。会议首次开展了网络议政、远程协商。向省委、省政府报送了建议案，杜家毫书记作出重要批示，充分肯定省政协助力脱贫攻坚系列工作，要求省扶贫领导小组认真研究采纳。开展扶贫政策落实专项民主监督，向省委、省政府报送了专项民主监督报告，并送省纪委参阅。杜家毫书记充分肯定政协专项民主监督工作，认为发现的问题和提出的建议有很强的针对性，要求有关部门认真研究采纳。开展“三个一”扶贫行动。省、市、县三级政协联合行动，倡导和组织全省各级政协委员，根据自身情况资助一名贫困家庭在校学生完成学业，结对一个贫困家庭增加收入充实家业，帮助贫困家庭一名成员解决就业。一年来，已结对帮扶2万多名贫困户、近10万名贫困群众，社会反响强烈。**四、凝聚各方力量，增进社会团结。**深化党派合作共事。主席会议成员集体走访各民主党派省委、省工商联，就做好省政协工作听取意见建议。邀请各民主党派省委负责同志列席省政协主席会议，参加省政协集体学习。重视民主党派、工商联集体提案、大会发言、社情民意信息，共同开展调研、视察和界别协商活动，为履职尽责、发挥作用搭建更好平台。促进民族团结、宗教和睦。按照中共湖南省省委的安排，与新疆维吾尔自治区政协、新疆生产建设兵团，共同举办“芙蓉花开天山下——‘八千湘女’进疆66周年系列纪念活动”。积极关注民族地区发展，就交通建设、农村寄宿制学校建设、特色村镇发展、少数民族文艺发展等问题开展调研协商。组织宗教界委员开展宗教文化场所建设调研活动，积极反映宗教界委员和信教群众的利益诉求，着力促进宗教和睦。坚定维护国家统一。发挥港澳委员“双重积极作用”，旗帜鲜明地反对分裂国家、分裂民族的言论和行为。分别召开港澳湘籍代表人士座谈会，促进湖南与香港、澳门的交流合作。组织港澳委员开展“助力扶贫·情系湘西”调研暨参与“三个一”扶贫行动。协助香港媒体高层访问团深入我省贫困地区，报道精准扶贫的成果和经验。举办孙中山诞辰150周年系列纪念活动。做好文史资料征集和团结联谊工作。在酒泉卫星基地开展“湘女情长、牵手航天”军地青年联谊交友活动。在北京举办“潇湘灵韵·当代湖南国画作品展”。举办“和美潇湘、同舟圆梦”第二届主题摄影赛。**五、建设政协云，提升履职能力。**推进政协履职与互联网深度融合。全力建设上通全国政协，下联市州、县市区政协，对接省委、省政府工作部门及各民主党派省委、省工商联，面向全体政协委员和社会公众互联互通的政协云。政协云的建设，为全省各级政协组织履职提供了新的载体，为广大政协委员发挥主体作用提供了新的途径，为社会各界参与协商议政提供了新的渠道。健全完善规章制度。强化制度落实的督促检查，提高制度执行力。加强理论研究和新闻宣传工作。整合省内研究机构、市州政协理论研究会的力量，开展地方政协理论与实践研究。推动湘声报社、文史博览杂志社转型发展。组织开展“走进三山——政协人在行动”集中采访，邀请周边5省区市政协报刊，宣传政协助力脱贫攻坚的生动实践。加强政协委员和机关干部队伍建设。推动建立委员工作室、为民服务队。认真开展“两学一做”学习教育，不断提高省政协机关党组织战斗力凝聚力，发挥党员先锋模范作用。加强机关绩效考核管理。重视和支持省纪委派驻省政协机关纪检组开展工作，以巡视整改为契机，推进省政协机关全面从严治党。

2017年主要工作安排：一是紧紧围绕建设富饶美丽幸福新湖南目标愿景凝聚共识。二是始终聚焦创新引领、开放崛起战略履职尽责。三是不断推动新形势下政协事业创新发展。重点做好以下工作：**一、切实加强理论学习。**深入学习贯彻中共十八大，十八届三中、四中、五中、六中全会和中共十九大精神，学习贯彻习近平总书记系列重要讲话精神和治国理政新理念新思想新战略。加强对政协章程的学习，认真落实省第十一次党代会精神。省政协党组和常委会带头，通过多形式学习组织推动全省各级政协组织、政协各参加单位、广大政协委员和政协工作者，切实把思想和行动统一到中共中央和中共湖南省委的决策部署上来。**二、认真开展协商议政。**围绕省委工作大局，重点开展好三个方面的协商议政活动：一是“建设开放强省，促进开放崛起”的重点调研；二是“进一步推进我省教育扶贫”的重点调研；三是“优化非公经济发展法治环境”的重点调研。认真开展“助推新发展，建设新湖南”主题活动。持续推进“助力脱贫攻坚，全面建成小康社会”五年行动计划。围绕促进企业科技创新、助推供给侧结构性改革等课题，开展调研协商。**三、加强和改进民主监督。**聚焦履职重点工作，继续开展专项民主监督。坚持问题导向，将专项民主监督和重点调研、专题协商统筹谋划、整体推进。积极参与“走进省纪委”活动。就扶贫资金整合使用、我省政协协商民主建设实施办法贯彻落实情况等，开展具有监督性的履职活动。**四、着力促进各界团结。**密切与各民主党派省委、省工商联、无党派人士、各人民团体的联系合作，完善工作机制，促进合作共事。设立政协老委员联谊会，发挥老委员在服务经济社会发展中的作用。**五、提升政协履职水平。**出台规范委员履职的指导性意见，明确委员履职要求。按照省委要求，认真做好省政协换届时委员推荐提名相关工作。出台加强省、市、县三级政协联动的工作意见，加强对市州政协联系指导。加强地方政协理论和实践研究。发挥政协云的重要作用，做好培训、使用和推广工作。落实省政协党组和机关党组全面从严治党主体责任。严格执行各项党内法规，抓好政协各项规章制度的贯彻落实。支持省纪委派驻省政协机关纪检组开展工作，深入推进党风廉洁建设。

【组织概况】

副主席补选名单

（2017年1月17日省政协十一届第五次会议审议通过）

戴道晋　胡旭晟

副主席辞免名单

（2017年1月17日省政协十一届第五次会议审议通过）

刘　晓

秘书长补选名单

（2017年1月17日省政协十一届第五次会议审议通过）

卿渐伟

秘书长辞免名单

（2017年1月17日省政协十一届第五次会议审议通过）

袁新华

常务委员补选名单

（2017年1月17日省政协十一届第五次会议审议通过）

王玉立　邓三龙　李　微（女）
邹东仁　陈三新　罗　琼（女）
谈敬纯（女）

市（区、县）主席变动情况

长沙市

主　席　文树勋
芙蓉区　郑　明
天心区　夏艳兰（女）
岳麓区　袁精华
开福区　熊建伟
雨花区　冯聪龙
望城区　骆志平
长沙县　王益枝
浏阳市　李家喜
宁乡市　邓杰平

衡阳市

主　席　廖炎秋
衡南县　梁国雄
衡阳县　杨秋良（女）
衡山县　盛小平
衡东县　夏崇礼
祁东县　周艳春（女）
常宁市　王若君
耒阳市　张东辉
南岳区　周精华
雁峰区　周春华
石鼓区　王仲晓
珠晖区　梁璞存
蒸湘区　陈硕果

株洲市

主　席　蔡　溪
株洲县　王亚男（女）
醴陵市　江曙明
攸　县　吴爱清
炎陵县　欧阳鹏志
茶陵县　王友文
芦淞区　陈光国
天元区　谈志明
荷塘区　何恒仁
石峰区　颜曼文

湘潭市

主　席　周放良（女）
湘潭县　刘铁强

湘乡市　彭初阳
韶山市　张湘平
雨湖区　王振华
岳塘区　傅博华

邵阳市

主　席　鞠晓阳
邵阳县　李红平
邵东县　申桂荣
隆回县　黄和健
洞口县　孙立志
绥宁县　唐国瑚
城步县　黄进录（苗族）
武冈市　王小波
新宁县　蒋新雄
新邵县　陈军渝
大祥区　陆先宏
双清区　马新祥
北塔区　丁祖忠（苗族）

岳阳市

主　席　徐新楚
平江县　洪志凡
岳阳县　袁陆保
华容县　徐康荣
湘阴县　周义军（女）
临湘市　廖祯祥（女）
汨罗市　彭千红
岳阳楼区　彭端生
云溪区　蒋雄波
君山区　陈忠炎
屈原管理区政协工委　曾兰芝（女）

常德市

主　席　李爱国
武陵区　汤劲翔
鼎城区　韩才渊
汉寿县　解以刚
桃源县　童　婧（女）
临澧县　朱泽欣
津市市　姜正才
石门县　陈云谋（土家族）
澧　县　张晓莲（女）
安乡县　章绍君

张家界市

主　席　汪业元
慈利县　吴淑元（女，土家族）
桑植县　熊正元（白族）
永定区　欧湘云
武陵源区　佘开平（侗族）

益阳市

主　席　黄加忠
赫山区　杨柏森
资阳区　徐红军
安化县　王益文
桃江县　李质彬
沅江市　肖正军
南　县　童琼英（女）
大通湖　徐　鸿

郴州市

主　席　李　评
北湖区　黄晨峰
苏仙区　李明雄
资兴市　郑艾萍（女）
桂阳县　肖　晖
宜章县　黄志莲（女）
永兴县　曹武明
嘉禾县　何翔凤（女）
临武县　谭晓亮
桂东县　黄柱中
汝城县　邱文辉
安仁县　李久南

永州市

主　席　蒋善生

东安县　陈　军（女）
冷水滩区　秦少义
零陵区　李祥军（瑶族）
祁阳县　郑增啟
双牌县　唐　彦
道　县　蒋新祥
江永县　刘忠华（女）
江华县　陈槐权
宁远县　李苏昭
新田县　王佑生
蓝山县　唐志雄

怀化市

主　席　李　军（苗族）
沅陵县　黄忆钢（女，苗族）
辰溪县　张必忠
溆浦县　谌贻平
麻阳县　刘黔阳（苗族）
新晃县　潘世新（侗族）
芷江县　刘拥军
鹤城区　陈良鹏
中方县　谭平景
洪江市　钦黄有
洪江区政协工委　张义宝（瑶族）
会同县　李怀玉
靖州县　尹翠华（女）
通道县　赵宝平（女，侗族）

娄底市

主　席　姚　兵
娄星区　刘中生
冷水江市　罗中秋（女）
涟源市　贺顺清
双峰县　欧阳雄绪
新化县　杨韶红

湘西自治州

主　席　刘昌刚（苗族）
吉首市　陈　刚（苗族）
泸溪县　胡成平（苗族）
凤凰县　田茂君
花垣县　杨清泉（土家族）
古丈县　向加贸
保靖县　梁远新（苗族）
永顺县　曾维秀（女，土家族）
龙山县　吴少叶（苗族）

湖南省各级政协组织和委员数

（截至2017年年底）

项目＼级别	省	设区的市（州）	县（不设区的市、市辖区）	合计
组织数	1	14	123	138
委员数	725	5188	26617	32530

（王海波　**编写**　陈　艳　**审稿**）

政协广东省委员会

林　雄　副主席

【全体委员会议】

十一届五次会议　2017年1月17日至20日在广州举行。会议应出席委员969人，实到889人。会议审议通过了王荣代表十一届省政协常务委员会所作的工作报告、陈蔚文所作的提案工作情况报告和省政协十一届五次会议政治决议，讨论了省政府工作报告、省高级人民法院工作报告、省人民检察院工作报告及其他报告，选举林雄为政协第十一届广东省委员会副主席，增补刘悦伦等14位同志为政协第十一届广东省委员会常务委员会委员，同意陈蔚文、温兰子、唐豪因年龄原因辞去省政协副主席、委员职务，苏志佳等6人因年龄原因或工作岗位调整辞去省政协常务委员、委员职务；表彰了省政协2016年优秀提案33件。会议期间，共举行全体会议5次，小组讨论3次，列席人大全体会议1次，穿插安排1场委员专题座谈会和海外侨胞专题座谈会，召开1次主席会议和1次常委会议。大会共收到发言材料77篇，提案757件，立案585件。胡春华书记在科技、教育界委员联组讨论会上作了讲话，会见特约台胞代表人士、有关市台商投资企业协会会长和特约侨胞代表人士、海外华人华侨代表。大会严格会议纪律和各项规定，严肃会议请假制度，及时通报委员出席情况，大会到会率达91.74%。

【常务委员会会议】

第19次会议　1月10日在广州召开。会议应出席185人，实到162人。会议审议十一届省政协有关委员人事问题和部分专门委员会主任、副主任职务调整等问题。会议表决，增补熊志翔等74人为十一届省政协委员职务；同意吴昇文等43人因超过任职年限或离开原工作岗位等原因辞去十一届省政协委员职务；撤销杨满芳、谭少波十一届省政协委员资格。同意陈元胜任省政协提案委员会主任，免去其科教卫体委员会主任职务；詹思明任经济委员会主任，免去其外事侨务委员会副主任职务；胡社军任科教卫体委员会主任，免去其该委员会副主任职务；邓玉桂任社会和法制委员会主任；叶晓世任联络工作委员会主任；周高雄任提案委员会副主任，胡金木任经济委员会副主任，张渝任社会和法制委员会副主任，谭一鸣任港澳台委员会副主任。因超过任职年限或离开原工作岗位等原因，同意免去周義省政协提案委员会主任职务，罗继东省政协经济委员会主任职务；免去唐晓萍省政协提案委员会副主任职务，刘伟清省政协提案委员会副主任职务，幸晓维人资环委员会副主任职务。

第20次会议　1月19日在广州召开。会议应出席185人，实到168人。会议听取省委统战部负责同志作关于调整增补十一届省政协常务委员会部分组成人员的说明。审议了政协第十一届广东省委员会第五次会议决议（草案），选举办法及选举大会监票员名单（草案）。会议表决，同意增补林雄为政协第十一届广东省委员会委员，提名为政协第十一届广东省委员会副主席候选人。

第 21 次会议 6 月 29 日至 30 日在广州召开。会议应出席 191 人，实到 165 人。会议学习贯彻广东省第十二次党代会精神，围绕“提振实体经济，推动广东制造业加快迈向中高端水平”专题开展协商议政，提出了提升制造业产品附加值，推进传统制造业与信息化深度融合，加强制造业与生产性服务业联动，完善制造业区域分工与产业配套，进一步降低企业成本等 10 条建议。会议听取了中国科学院院士、中国科技大学郭光灿教授“量子信息发展现状与未来”专题讲座。表决同意刘毅辞去政协第十一届广东省委员会常务委员、委员职务，免去其政协第十一届广东省委员会联络工作委员会副主任职务；增补黄强为政协第十一届广东省委员会民族宗教委员会副主任，黄耿城为政协第十一届广东省委员会港澳台委员会副主任。撤销王检养、古少明、伍艳红、李旭亮政协第十一届广东省委员会委员资格。

第 22 次会议 9 月 27 日至 28 日在广州召开。会议应出席 190 人，实到 161 人。会议围绕“加快农村人居环境综合整治，推进美丽乡村建设”专题开展协商议政，提出了以众筹众享方式调动村民积极性，改革创新体制机制，科学编制村庄规划，提高农村环境污染治理实效，建立多元化投融资机制，动员社会力量共建美丽乡村等 8 条建议。会议听取了中国农业大学原校长柯炳生关于“我国的三农问题与美丽乡村建设”的专题讲座。会议表决同意巴宇、岑靖任政协第十一届广东省委员会副秘书长，熊水龙任提案委员会专职副主任，曾德明任经济委员会专职副主任，季海军任人口资源环境委员会专职副主任。会议免去叶晓世的政协第十一届广东省委员会副秘书长职务，黄小汕的人口资源环境委员会专职副主任职务，艾特莎的港澳台委员会专职副主任职务。撤销李泽中、姚康、曾庆荣的政协第十一届广东省委员会委员资格。

第 23 次会议 12 月 27 日至 28 日在广州召开。会议应出席 190 人，实到 163 人。会议听取了省委副书记、省长马兴瑞作《政府工作报告（征求意见稿）》的说明和政府部门 2017 年办理政协提案情况通报，吴伟鹏作政协第十一届广东省委员会常委会工作报告（稿）和提案工作情况报告（稿）起草情况的说明，召开政协第十二届广东省委员会第一次会议日期、议程和日程安排的建议的说明，以及有关人事事项的说明。听取并讨论了省纪委 2017 年全省反腐倡廉工作情况的通报；听取了省法院、省检察院 2017 年工作情况的通报。审议了政协第十一届广东省委员会常委会工作报告（稿）和提案工作情况报告（稿），各专门委员会 2017 年工作报告（书面）。会议决定，省政协十二届一次会议于 2018 年 1 月 23 日至 27 日在广州召开。会议审议通过有关人事事项。

【专门委员会工作】

提案委员会 全年共收到提案 866 件，立案 658 件，至年底，全部得到办理和答复。确定 7 件重点提案由省委书记、省长和政协主席会议督办，结合 7 件重点提案办理开展系列调研活动，为提高提案办理质量打下基础。围绕建设广东茂名粤桂经济合作区、发展高铁经济、加快推进宝钢湛江钢铁二期工程等提案办理落实情况赴全省各地开展实地调研，召开提案办理协商座谈会，进一步推动提案办理落实。围绕集中资源重点支持建设45家县级综合性医院开展专题视察，助力缓解我省基层医疗服务和项目建设难题。

经济委员会 就做好第一期“粤商·省长面对面协商会”准备工作，围绕“优化我省实体经济营商环境”主题深入开展调研座谈，撰写形成调研报告，为“粤商·省长面对面协商会”召开做好充分准备。围绕“促进我省电商经济健康发展”专题组织召开专题协商会座谈协商，为广东电商经济发展建言献策。围绕“关于促进我省房地产市场健康发展”课题开展专题调研，为更好地促进我省房地产市场健康有序发展咨政建言。围绕“加快推进我省高铁网建设”课题开展专题视察，为我省“十三五”规划中提出的2020年实现“市市通高铁”目标献计献策。

人口资源环境委员会 围绕第三季度省政协常委会议政“加强农村人居环境综合整治，推进美丽乡村建设”议题深入地市实地调研座谈，形成《加快农村人居环境综合整治，推进美丽乡村建设专题报告》和5份分报告报送省委省政府，为建设“美丽广东”凝聚智慧力量。召开“加强矿山石场复绿和管理，建设美丽广东”对口协商会，为解决矿山石场复绿问题提出真知灼见，共同推进矿山石场治理复绿进程。就“关于打造高水平国际航运中心，加快推进我省航运业发展”专题开展调研，助推广州建设高水平国际航运中心。继续开展“病死畜禽无害化处理机制建设”提案的督办调研，针对问题连续跟踪，促进广东病死畜禽无害化处理难题持续改善。

科教卫体委员会 围绕第二季度省政协常委会议政“提振实体经济，推动广东制造业加快迈向中高端水平”专题深入制造业企业一线调研，召开企业家和政府部门领导座谈会，形成《关于“提振实体经济，推动广东制造业加快迈向中高端水平”的意见建议》报送省委省政府，为推动我省制造业加快迈向中高端水平积极献计献策。开展“以教育信息化促进粤东西北义务教育优质均衡发展”专题进行对口协商，为加快补齐粤东西北义务教育信息化短板建言献策。围绕“加强全科医生队伍建设，提高粤东西北地区基层医疗卫生服务能力”课题开展专题调研，推动我省及时下达了全科医生培训经费，为经济欠发达地区培养了5080名全科医生。

文化和文史资料委员会 举办全省政协文史资料工作会议，深入学习贯彻习近平总书记系列重要讲话精神特别是对广东工作重要批示精神，总结交流文史资料工作经验，部署落实《广东省政协2017—2020年文史资料工作规划》。完成《广东省政协2017—2020年文史资料工作规划》的制定和印发工作，为服务“十三五”时期广东经济社会和政协事业发展发挥积极作用。开展“历史建筑的保护和利用”“非物质文化遗产的保护与利用”专题调研和“重要革命历史遗址的保护和利用”专题视察，形成相关报告提交有关部门，得到积极采纳，为建设文化强省献计献策。

社会和法制委员会 组织开展专题协商会“珠三角自主创新示范区研发投入情况”的调研座谈，为强化企业研发投入源头供给，提升珠三角自创区科技创新能力建言献策。针对群众来信反映民间融资与非法集资问题开展专题调研，推动群众关切转化成政府部门实际行动。针对王荣主席对群众来信给予异地代办婚姻登记有关批示要求，开展调研座谈，为推进我省异地婚姻登记工作鼓与呼。开展“推进我省养老护理工作”专题调研和“推进我省消防安全社区创建工作”专题视察，推动相关民生问题的解决。

民族宗教委员会 就“我省宗教院校与人才队伍建设情况”进行专题调研，提交的调研报告得到省委书记胡春华批示，省有关部门根据调研报告建议加快制定有关措施，推进我省宗教院校建设和人才队伍培养，缓解我省五大宗教代表人士、后备人才和高素质专门人才匮缺问题。就“抓住产业共建机遇，加快民族地区发展”开展专题视察，视察形成《我省民族地区推进产业共建的难点和建议》，得到省长马兴瑞等的批示，要求省有关部门根据视察报告建议提出具体工作方案，为促进少数民族地区经济发展，实现共同繁荣发展建言献策。

港澳台委员会 深化与港澳台同胞团结联谊，及时向港澳地区政协委员通报省委、省政府重要决策部署及省政协重点工作，组织他们在内地开展调研视察考察。围绕“让港澳居民便利乘搭高铁”提案办理情况调研，为方便港澳旅客乘坐内地火车出谋划策。就“深化粤台农业合作”专题开展调研，为推动海峡两岸农业合作不断向更全面更广泛更深入的方向发展积极建言。做好邀请30名在粤台商代表和8名港澳青年代表列席省政协十二届一次全会的协调工作，加强与台商协会、港澳爱国青年社团联络沟通，进一步拓展政协港澳台工作领域。

外事侨务委员会 开展“发挥公共外交在‘一带一路’建设中的作用”专题调研，促进全省公共外交资源合力推动“一带一路”建设。举办2017年春茗酒会暨音乐会，邀请50多家外国驻穗总领事馆官员出席。组织10个非洲国家的驻穗总领事和官员赴省中医院了解该院发展情况，加深他们对传统中医的认识和了解。举办“魅力广东·助我圆梦”“广东公共外交周”等活动，传播中华文化和岭南文化，讲好广东的故事。召开全省地级以上市政协外事侨务工作座谈会，总结交流新形势下人民政协外事侨务工作的新经验新举措，进一步推动我省政协外事侨务工作发展。

联络工作委员会 组织开展加强政协委员队伍建设和履职服务管理专题调研，了解掌握兄弟省市和我省各市政协解决政协委员履职服务管理遇到的新情况新问题。做好省政协换届配合工作，开展委员履职综合评价，配合省委做好省政协换届人事安排工作。做好省政协常委、委员调整增补等程序性工作，支持各地市政协成立委员联络机构。组织住粤全国政协委员围绕推进高铁规划建设、完善和构建“营改增”后地方税体系建设等课题赴省内外开展实地调研。

【重要会议、活动】

粤商·省长面对面协商座谈会 7月19日，省政府、省政协联合在政协机关召开2017年粤商·省长面对面协商座谈会，王荣主席主持会议，省长马兴瑞到会与27名知名粤商、政协委员、商会代表围绕“优化我省实体经济营商环境”议题进行面对面协商交流，聚焦优化营商环境、振兴实体经济凝聚共识。协商成果被吸纳到广东支持“实体经济十条”政策中，进一步提振粤商发展信心，形成企业家参与涉企政策制定机制，助力构建亲清新型政商关系。

“促进我省电商经济健康发展”专题协商会 9月21日，召开“促进我省电商经济健康发展”专题协商会，形成《关于促进我省电商经济健康发展的调研报告》，提出政策法规环境、政府服务监管、平台融合发展、配套支撑体系、人才引进培育等七方面意见建议，为促进我省电商经济发展建言献策。

“珠三角国家自主创新示范区企业研发投入情况”专题协商会 10月11日，召开“珠三角国家自主创新示范区企业研发投入情况”专题协商会，形成了《关于珠三角国家自主创新示范区企业研发投入情况的专题调研报告》，提出优化企业研发投入的制度供给、加大财政资金对企业研发资助的力度和精准度等7个方面的对策建议，推动有关部门出台加快广深科技创新走廊建设、完善企业研发投入的制度供给等实施方案及一系列相关配套政策。

“以教育信息化促进粤东西北义务教育优质均衡发展”对口协商会 8月29日，召开“以教育信息化促进粤东西北义务教育优质均衡发展”对口协商会，与会政协委员建议抓紧实施《广东省教育信息化发展“十三五”规划》，加快补齐粤东西北义务教育信息化民生短板，避免因新的“数字鸿沟”进一步扩大区域、城乡的优质义务教育差距。

“关于强力推进以制造业为重点的实体经济发展”系列提案督办 该系列提案由省工商联、农工党广东省委会、九三学社广东省委会等提出的8个独立提案组成，所提意见建议归纳为8个专题，并组成8个专题办理小组。省委书记胡春华牵头督办该系列提案，省委办公厅会同提案委制定印发了《关于强力推进以制造业为重点的实体经济发展系列提案办理工作方案》，省委常委、秘书长江凌和副省长袁宝成任提案办理工作协调小组组长，省委办公厅牵头、省经济和信息化委主办提案，省科技厅、财政厅、人力资源社会保障厅、商务厅、质监局、金融办等单位为各专题主办单位。通过办理，推动《广东省降低制造业企业成本支持实体经济发展若干政策措施》印发实施，预计2017—2020年可为企业累计新增减负2600亿元以上。根据委员所提建议，省委办公厅印发了《影响我省以制造业为重点的实体经济发展的关键问题及有关工作举措》，着力推动以制造业为重点的实体经济发展，加快建设制造强省。

“关于大力推进农业供给侧结构性改革”系列提案督办 该系列提案由民革广东省委会等提出的4件提案组成，省长马兴瑞牵头督办提案办理工作，省农业厅主办。马兴瑞审定办理工作方案，多次带队深入调研，召开座谈会听取办理情况汇报，研究部署工作举措。通过办理，推动出台了关于加快转变农业发展方式、完善“三权分置”、支持农业龙头业加快发展、推进农村一二三产业融合发展、林下经济发展、农村电子商务发展、普惠金融发展及创建社会主义新农村示范村等系列政策性文件。制定实施了荔枝产业保护条例、岭南中药材保护条例、食品安全条例等法律法规。推动现代农业功能区划的组织编制，筹建完成省农业供给侧结构性改革基金管理公司，落实母基金总规模440亿元。

省政协主席会议督办重点提案 主席会议重点督办“关于进一步实施精准扶贫，提高扶贫实效”“关于大力扶持我省新阶层组织发展，为加快创新驱动与转型升级再添新动力”“贯彻五大发展理念，促进特色小镇快速发展”“关于大力推进我省环境与健康的监测、调查和风险评估制度建设”“关于对我省古村落的保护和利用”等5件提案。主席会议重视提案督办工作，推动了相关意见建议转化为促进广东创新发展的具体举措。

全省政协工作座谈会 2月21日在广州召开。会议传达学习省委常委会议对省政协党组工作的指示精神，交流省市政协工作，探讨今年政协工作的新思路新举措。省政协主席王荣在出席会议时讲话指出，全省各级政协党组要认真学习贯彻省委常委会议对政协党组工作的指示精神，坚持抓好理论学习，始终坚持党的领导，准确把握政协性质定位，提升协商议政能力水平，加强委员队伍建设，推动人民政协事业不断开创新局面，以优异的成绩迎接党的十九大胜利召开。

举办4期“国是学堂” 3月27日、6月22日、9月21日、11月22日举办了4期“国是学堂”，分别是：第七期邀请中国人民大学国际关系学院副院长金灿荣教授作“当前我国安全形势分析”专题讲座；第八期邀请中国科学院地理科学与资源研究所研究员、“一带一路”战略研究中心主任刘卫东作“关于‘一带一路’战略发展现状和国际合作共赢及今后努力方向”专题讲座；第九期邀请中国社会科学院马克思主义研究院副院长金民卿作“关于中国特色社会主义文化自信问题”专题讲座；第十期“国是学堂”邀请第十九届中央委员、中央党史研究室主任曲青山作“不忘初心、牢记使命高举旗帜团结奋进——学习贯彻党的十九大精神”宣讲报告。省政协委员，部分市、县政协主席，省政协和省各民主党派机关干部等共1200多人参加。

市县（区）政协主席学习培训班 5月23日至27日，全省市县（区）政协主席学习培训班在广州开班，王荣主席出席结业仪式并讲话。全省21个地级以上市及县（市、区）政协的领导共141名学员参加培训。培训班重点学习习近平总书记系列重要讲话精神和治国理政新理念新思想新战略，尤其是对广东工作重要批示精神，学习贯彻省第十二次党代会精神。

省政协机关干部综合素质提升专题培训班 6月下旬至7月中旬，在四川大学举行3期省政协机关干部综合素质提升专题培训班。省政协机关、省各民主党派、工商联机关以及地级以上市政协的领导干部共210余人参加。通过培训，帮助政协系统干部更好地把握国情省情，把握中央和省委的部署要求，把握人民政协的性质地位，增强“四个意识”，坚定“四个自信”。

王荣率队出席香港广东各级政协委员联谊会举办的庆祝香港回归祖国20周年联欢晚会 7月10日，王荣主席率队赴香港出席由香港广东各级政协委员联谊会举办的庆祝香港回归祖国20周年联欢晚会。全国政协副主席董建华、梁振英，香港特区行政长官林郑月娥等出席。全省各市、县（区）政协和统战部领导，香港广东各级政协委员联谊会会员共1800人参加活动。“香港广东各级政协委员联谊会”于2006年6月成立，是全国首个在香港注册的省、市、县三级政协委员联谊会组织，充分发挥了港区委员在特区和内地的双重积极作用，逐步成为团结凝聚爱国爱港力量的重要载体，是广东扩大对外开放、深化粤港交流合作的好帮手。

海外侨胞列席广东省政协全体会议10周年座谈会 9月18日，“海外侨胞列席广东省政协全体会议10周年”座谈会在广州召开，25个国家和地区的44位海外侨胞参加。2007年，广东省政协率先在省级政协中探索邀请海外华侨华人列席省政协会议、聘请海外侨胞特约代表人士参加省政协活动，10年来共有来自59个国家和地区的215位海外侨胞和23位特约侨胞代表人士应邀列席省政协全体会议，为海外侨胞了解中国的政治生活、建言献策提供渠道。

省政协、省政府联合举办“2017粤商大会” 9月19日，“2017粤商大会”在广州举行。王荣主席主持大会。海内外1000多名粤商代表出席大会。大会现场签约惠州粤商总部基地、立白集团从化国际医药港基地及华南创新智能生产基地等23个项目，总金额约464亿元。大会还举行了“振兴广东实体经济”论坛、“粤商海外投资”论坛和广东自贸试验区投资推介会三场活动。

成立广东省政协研究咨询委员会 9月26日，广东省政协研究咨询委员会成立并召开第一次全体会议，王荣主席为首批获聘31名咨询委员颁发聘书。咨询委以服务政协党组和主席会议决策、常委会议议政为宗旨，以政协工作研究咨询为主攻方向，围绕省政协重点工作和我省经济社会发展重大问题开展研究咨询，是省政协为提升履职水平而建立的内设研究咨询机构。

【重要文件】

常委会工作报告（2017年1月17日）（摘要）

一、2016年工作回顾。（一）凝聚社会各界共识，坚决维护以习近平同志为核心的党中央权威和集中统一领导。召开党组扩大会议、理论中心组会议专题学习六中全会精神，对学习贯彻全会精神作出部署，准确把握全会的重大意义、精神实质和部署要求，更加紧密团结在以习近平同志为核心的党中央周围，更加坚定维护以习近平同志为核心的党中央权威。着力抓好委员集中学习，“国是学堂”成为政协重要学习品牌。全年举办3次常委会集体学习、1期提高政协委员参政议政能力培训班，组织6期各级政协干部参加全国政协培训班，总计2000人次。**（二）践行五大发展理念，为我省新常态下实现新发展增添助力。**全年共召开专题议政性常委会议3次，专题协商、对口协商9次，提案办理协商会20次，开展专题调研视察27次，提出提案872件，立案637件，省委、省政府领导批示67条次。**助力实施创新驱动发展战略。**省委书记胡春华领衔督办加快推进珠三角国家自创区建设重点提案，有力地推动了自创区建设相关工作的落实。省政协将珠三角国家自创区建设列入年度重点协商议题，召开常委会议进行广泛协商，提出9个方面较强针对性、可操作性的对策建议。围绕强化高校创新资源对创新驱动发展战略的服务支撑作用，开展了我省高水平大学建设专题调研和对口协商。**助力推动供给侧结构性改革。**选择促进民营经济发展、中小民营企业降成本、加快珠江西岸装备制造业发展、推动经济结构战略性调整等课题，进行专题调研、专题协商和提案督办。围绕推进我省产业转型升级，开展加快珠江西岸装备制造业发展专题协商，引领和支撑全省产业转型升级。**助力打赢脱贫攻坚战。**开展促进我省贫困人口相对集中地区经济发展专题议政和精准扶贫调研视察，为我省推进精准扶贫、贫困地区后续发展提供了重要决策参考。关于我省民族地区实施精准扶贫精准脱贫情况的调研报告，所提建议被吸纳到3年脱贫攻坚工作中。**助力促进绿色发展。**选择广东绿色发展、城市规划建设管理、提高林业四大重点生态工程建设质量等课题深入调研视察，为建设美丽广东、提升人居环境质量建言献策。**（三）聚焦民生关切履职，努力让人民群众有更多获得感。**把加强我省安全生产、沿江沿海危化品运输管理提案分别纳入主席会议和专委会督办的重点提案，由省政协领导牵头实地调研。开展加强农产品安全监管专题调研，组织全国、省、市三级政协委员围绕广深铁路沿线环境治理、茅洲河污染综合治理、农村生活垃圾治理、病死禽畜无害化处理等开展监督性调研视察，推动了人居环境改善。就补齐医疗卫生事业发展短板、公立医院改革和基层医疗机构能力建设情况、公共文化服务均等化、培育新型文化业态、广东名人故居及古村落保护利用、一村（社区）一法律顾问工作落实情况开展调研视察和协商议政，推动重要民生实事办实办好。全年共向省委报送政协信息221期、重要信息专报32期，为党委、政府决策的顺利实施提供民意基础。**（四）增进大团结大联合，凝聚起实现中国梦强大合力。**成功举办纪念孙中山先生诞辰150周年系列活动，精心筹划广东各界纪念大会、原创音乐会，举办历史档案图片展、书画展、学术研讨会、诗词征集等系列纪念活动。完成省民主党派大楼搬迁工作，着力改善各民主党派工作条件。组织开展加强基层宗教团体建设专题视察，提出4条意见建议，切实加强基层宗教团体建设。支持澳门委员牵头成立澳区省级政协委员联谊会，推动粤澳合作。精心组织港澳委员开展加强粤港澳合作、促进粤东西北振兴发展、推进“一带一路”建设等专题调研视察，为他们发展事业、参政议政搭建平台。组织开展构建广东对外开放新格局、《广东省华侨权益保护条例》实施情况等专题调研和视察，切实维护华侨合法权益。**（五）持续推进改革创新，政协工作科学化水平不断提高。**利用“互联网+”开展网络议政，开通“委员之家”网络互动平台移动版，开启政协委员“掌上履职”新时代。成立提案工作研究会，加强提案工作理论和实践研究。制定《广东省政协2017—2020年文史资料工作规划》，强化文史资料征编研究工作的指导性针对性。编辑出版《辛亥革命到国民革命——孙中山文史资料精编》《澳门回归经历十二篇》和《广东政协60年》图片册等文史资料丛书，铭记历史、烛照未来。成立联络工作委员会，制定实施政协委员履职工作规则，规范完善委员履职的激励约束机制。召开全省各级政协经验交流会、专门委员会会议，总结交流工作经验。全年共主办承办各种会议548场次，各种活动118场次，接待海内外来访团组214批2100人次，为政协各项履职工作的顺利开展提供了有力保证。

二、2017年工作部署。（一）深入学习贯彻中共十八届六中全会和中共十九大精神。（二）围绕率先全面建成小康社会建言献策。（三）切实提高民主监督组织化水平和实效。（四）进一步发挥政协做好团结统战工作的优势。（五）扎实推进政协履职能力建设。

【组织概况】

副主席补选名单

（2017年1月20日政协第十一届广东省委员会第五次会议通过）

林　雄

辞职名单

（2017年1月20日政协第十一届广东省委员会第五次会议通过）

陈蔚文　温兰子　唐　豪

常务委员增补名单

（2017年1月20日政协第十一届广东省委员会第五次会议通过，共14名，以姓氏笔画为序）

刘悦伦　李小琴　陈日远　陈茂辉
陈倩雯　罗伟其　徐建华　郭　俊
黄　强　黄耿城　黄惊雷　程　昆
鲁修禄　谭一鸣

常务委员辞职名单

（2017年1月20日政协第十一届广东省委员会第五次会议通过，共6名，以姓氏笔画为序）

江海燕　阳　烽　苏志佳　周　義
罗继东　唐晓萍

市（区、县）政协主席变动情况

广州市（副省级）

市政协主席

刘悦伦（2017年1月当选）
苏志佳（2017年1月辞职）

副主席

李　瑾（女，2017年1月当选）
张嘉极（2017年1月当选）
陈怡霓（女，2017年1月当选）
庾建设（2017年1月当选）

黄炯烈（2017 年 1 月当选）
姚建明（2017 年 1 月当选）
柯珠军（2017 年 1 月当选）
于欣伟（女，2017 年 1 月当选）
平欣光（2017 年 1 月辞职）
杨建城（2017 年 1 月辞职）
余明永（2017 年 1 月辞职）

深圳市（副省级）

龙华区政协主席 钟荫腾（2017 年 1 月当选）

坪山区政协主席 陈 主（2017 年 1 月当选）

珠海市

市政协主席 陈洪辉（2017 年 1 月当选）

汕头市

市政协主席 谢泽生（2017 年 1 月当选）

佛山市

市政协主席

熊志翔（2017 年 1 月当选）

韶关市

市政协主席

王青西（2017 年 1 月当选）

河源市

市政协主席

张丽萍（女，2017 年 1 月当选）

梅州市

市政协主席

陈建青（2017 年 1 月当选）
李金元（2017 年 1 月辞职）

梅县区政协主席

曾京铭（2017 年 10 月因病逝世）

惠州市

市政协主席

黄雁行（女，2017 年 1 月当选）
陈训廷（2017 年 1 月辞职）

汕尾市

市政协主席

郑 佳（2017 年 1 月当选）

陆河县政协主席

黄国生（2017 年 5 月辞职）

东莞市

市政协主席

姚 康（2017 年 1 月当选，2017 年 10 月免除市政协主席职务）

中山市

市政协主席

丘树宏（2017 年 1 月当选）

江门市

市政协主席

周伟万（2017 年 1 月当选）

湛江市

市政协主席

许 顺（2017 年 1 月当选）
邓碧泉（2017 年 1 月辞职）

茂名市

市政协主席

黄心强（2017 年 1 月当选）

肇庆市

市政协主席

孙　德（2017 年 1 月当选）

德庆县政协主席

陈　宁（2017 年 5 月因涉嫌严重违纪违法被免去主席职务）

云浮市

市政协主席

黄达辉（2017 年 1 月当选）

广东省各级政协组织和委员数

（截至 2017 年年底）

级别 / 项目	省	副省级市	设区的市	县（市辖区、不设区的市）	合计
组织数	1	2	19	121	143
委员数	789	1033	6707	26833	35362

（邱良明　**编写**　洪晓龙　**审稿**）

政协广西壮族自治区委员会

【全体委员会议】

十一届五次会议 1月12日在南宁召开。应出席703人，实到661人。自治区党委书记彭清华在开幕会上作了讲话。会议听取并审议了陈际瓦主席代表常委会所作的工作报告和李彬副主席所作的自治区政协十一届四次会议以来提案工作情况的报告。与会委员列席了自治区十二届人大五次会议，听取并讨论了自治区主席陈武所作的政府工作报告及其他有关报告。会议期间共收到提案546件，立案453件；收到大会发言材料99份，19名委员作了大会发言。委员们围绕经济发展新常态中的重要问题进行协商讨论，从大力推动实体经济发展和产业转型升级，深入实施精准扶贫、推进供给侧结构性改革，更好发挥改革牵引作用，改善投资环境、激活民间投资，拓宽开放合作、提高我区开放水平，加强环境保护和生态建设、共建广西美好家园等方面提出意见建议。会议审议通过了自治区政协十一届五次会议政治决议、自治区政协十一届五次会议关于常委会工作报告的决议、自治区政协提案委员会关于政协十一届五次会议提案审查情况的报告、自治区政协2017年度协商工作计划、自治区政协十一届五次会议政治决议；补选黄道伟、李康（女，壮族）为十一届自治区政协副主席。陈际瓦主席主持闭幕会并讲话。

【常务委员会会议】

第21次会议 1月11日在南宁召开，应出席131人，实到98人。陈际瓦主席主持会议并讲话。会议审议通过有关人事事项。

第22次会议 1月16日在南宁召开，应出席131人，实到120人。陈际瓦主席主持会议并讲话。会议听取自治区政协第五次会议小组讨论情况综合汇报；通过自治区政协委员履职工作规则（试行），通过自治区政协第五次会议关于常务委员会工作报告的决议（草案），通过自治区政协提案委员会关于政协十一届五次会议提案审查情况的报告、自治区政协十一届五次会议政治决议。通过有关人事事项。

第23次会议 4月17日在南宁召开，应出席132人，实到100人。自治区党委书记、自治区人大常委会主任彭清华出席并作报告，陈际瓦主持会议。彭清华宣讲了自治区第十一次党代会确立的奋斗目标和战略任务，介绍了自治区党委、政府对当前和今后一个时期全区经济社会发展工作的主要考虑和部署，着重从深化供给侧结构性改革、强化基础设施保障能力、坚决打赢扶贫攻坚战等方面，分析了广西经济社会面临的重点难点问题，对做好广西政协工作提出明确要求。还就金融扶贫、打造特色小镇等问题同与会政协常委进行了互动交流。本次会议主要议题是围绕“大力发展县域经济”议政建言。陈自力、戴红兵、钱学明、甘越帆、张泽等委员分别从加快县域产业园区发展、建设现代化农业、发挥“大交通”优势、破解县域经济“融资难、融资贵”、建立科学评价和激励机制等方面提出意见和建议。自治区党委秘书长王可，温卡华、李康、彭钊、刘正东、磨长英、高枫副主席，秘书长全桂寿出席会议。

第24次会议 10月10日在南宁召开，应出席131人，实到94人。陈际瓦主席主持会议并讲话。会议围绕“降低实体经济企业成本”议政建言。自治区党委常委、自治区常务副主席蓝天立应邀到会作报告，介绍了自治区党委、政府高度重视降低实体经济企业成本工作，出台系列政策措施，扎实推动实体经济“降本增效”的情况，分析了工作中存在的问题，提出了下一步工作安排，并就深化“放管服”改革、降低企业用工成本和金融中介服务收费等问题同与会政协委员进行了互动交流。自治区政协副主席彭钊作专题调研情况说明。陆崇友、梁咏诚、陈自力、卢秋凌、冯小华、吴华等6位常委、委员作了大会发言，分别围绕优化营商环境、降低实体经济企业成本、深化政府监管职能转变、降低"制度性交易成本"、增强民营企业政策获得感等方面提出意见建议。会议邀请工业和信息化部赛迪研究院工业经济研究所所长秦海林作《推进制造强国战略，探索实体经济企业降本增效新路径》专题报告。副主席沈北海、温卡华、黄道伟、彭钊、李彬、刘君、刘正东、磨长英、高枫，秘书长全桂寿出席会议。

第25次会议 11月8日在南宁召开，应出席131人，实到89人。自治区党委副书记孙大伟出席并作报告，副主席沈北海主持会议。会议的主要议题是学习贯彻中国共产党第十九次全国代表大会精神。孙大伟阐述了党的十九大的政治意义、历史意义、理论意义、实践意义和世界意义，详细介绍了十九大精神的深刻内涵、核心要义和精神实质。希望全区各级政协组织把学习好宣传好贯彻好中共十九大精神作为当前和今后一个时期的头等大事，始终以习近平新时代中国特色社会主义思想为统领，认真贯彻落实中央和自治区党委的决策部署，聚焦富民兴桂各项工作，建诤言、出实招、谋良策，以履职成效检验学习成果，共同为落实中共十九大确定的目标任务而奋斗。开幕会上，自治区政协副主席磨长英传达全国政协十二届二十三次常委会议精神。当天，与会人员围绕学习贯彻中共十九大精神进行了分组讨论。副主席黄道伟、李康、彭钊、李彬、高枫，秘书长全桂寿出席会议。

【专门委员会工作】

提案委员会 全年收到提案590件，立案488件。推动《关于加快粤沪桂黔滇高铁经济带建设，推进精准扶贫精准脱贫的建议》列为全国政协重点提案；通过提案督办，推动国家有关部委制定出台了支持粤沪桂黔滇高铁经济带发展的政策措施。进一步完善"六位一体"提案办理机制，形成多主体、多层次、全方位的重点提案办理格局。开展42场提案办理协商会，推动党政领导亲自督办的3件重点提案得到阅批落实。不断推进提案办理协商制度化、规范化、常态化建设，推动一批反映广西经济社会发展和重大民生问题列入广西"十三五"专项规划。

经济委员会 承担"大力发展县域经济"的专题议政性常委会议议题专题调研任务，为开好会议做充分准备，从努力培植县域财力、推进农业现代化发展、加快推进产城融合和新型城镇化、破解瓶颈激发县域经济发展动力等方面提出建议，为自治区党委、政府决策和全区县域经济发展大会提供参考。围绕"发挥两国双园优势，引导广西企业走出去"开展专题调研，从新形势下如何加快中马"两国双园"建设，构建我区开放发展新格局，带动更多广西企业走出去，在"一带一路"战略中实现更大作为等方面提出建议，召开界别协商会。围绕"广西糖料蔗生产情况"专题开展调研，从加快推进蔗糖产业转型升级，破解糖料蔗生产成本高、竞争力弱等难题，创新发展模式和业态，推动糖业健康可持续发展等方面提出建议，调研报告得到自治区副主席张秀隆批示。完成《珠江—西江经济带建设纪实（经济卷）》书稿报批征等工作。

农业委员会 承担"降低实体经济企业成本"的专题议政性常委会议议题调研任务，为开好会议做充分准备，从营造有利发展环境、促进物流业降本增效、推进金融供给侧改革、优化政府服务等方面提出建议。围绕“大力发展我区沿海近岸水产生态养殖”专题开展调研，召开对口协商会。围绕“加快推进我区树种结构调整”专题开展调研，召开界别协商会。围绕“推动六万大山区域生态文明经济带建设”专题开展调研，召开贵港、钦州、玉林有关市、县部门座谈会，形成调研报告报送自治区政府决策参考。充分发挥广泛联系农业企业的优势，积极参与扶贫攻坚，委员利用自身农业专业技术优势，形成《隆林各族自治县产业发展扶贫调研报告》，推动生态养殖精准帮扶工作。

人口资源环境委员会 配合全国政协调研组到广西开展扶贫监督性调研，全国政协副主席杜青林、李海峰在报送的《全国政协调研组在田阳县调研时农户反映问题解决情况的函》作了重要批示。自治区党委书记彭清华对报送的《关于全国政协“实施精准扶贫中存在的问题和建议”监督性调研组到广西调研情况的报告》作了重要批示。认真总结本届以来涉海调研建言情况，形成高质量专题汇报材料供国家海洋督察组参考借鉴。《关于自治区政协李彬副主席赴河池市金城江区督促检查扶贫工作情况的报告》，得到自治区党委书记彭清华重要批示。做好《广西绿色经典》文史丛书编纂和招标印刷工作和《广西环境年鉴（2017 卷）》组稿工作。

教科文卫体委员会 配合全国政协开展“坚定文化自信，讲好中国故事”的经验发言。围绕“推进义务教育均衡发展”专题，联合开展监督性视察，视察报告得到自治区黄伟京副主席批示，《人民政协报》头版刊登了“让农村孩子也敢于仰望星空”的报道。5 月 23 日，陈际瓦主席在全国政协专题协商会上作了题为“发挥与东盟陆海相连的独特优势讲好中国故事”的经验发言；5 月 25 日《人民政协报》第二版进行了报道。完成了《珠江—西江经济带建设纪实（文化卷）》征集、编审工作。

社会和法制委员会 配合全国政协民宗委“发挥民族地区生态优势，发展健康养老产业”专题调研组来桂考察调研服务工作。围绕“加快民族地区县域经济发展”开展专题调研，提出加强顶层设计、加大资金投入和政策扶持力度、优化民族地区县域投资营商环境等建议。围绕“加快少数民族文化旅游发展”开展专题调研，提出解决旅游交通“瓶颈”、加大旅游招商引资力度、实施少数民族文化旅游品牌发展战略、重视顶层设计等意见建议，得到自治区领导重要批示。围绕“加强我区宗教团体中的骨干人才队伍建设”开展专题调研，提出加大教育培养力度、营造良好的人才成长环境、加强宗教团体建设等意见建议供自治区党委政府参考。做好全国政协召开全区政协民族和宗教工作座谈会，副主席李康出席并讲话。

港澳台侨和外事委员会 在香港成功举办委员活动日活动。持续跟踪对接，协助相关方面与国家海关总署、商务部等部委做好政策咨询，率队实地查看，促使总投资 20 亿元、占地 150 亩的产业合作园区于 2017 年 10 月正式签约。组织委员围绕广西实施“十三五”规划、精准扶贫、加强桂港合作交流建言献策。积极走访调研南宁华南城、南宁培力药业公司、北海葡语国家产业园、钦州兴达石场、防城港七星顶旅游项目等委员投资企业、项目，扎实做好沟通联系、咨询协调以及有关投资项目的跟踪服务工作。在香港成功举办委员活动日活动。

文史和学习委员会 继续推进《广西政协文史丛书》征编出版工作，完成《广西北部湾经济区建设纪实》（4 册）、《珠江—西江经济带建设纪实》（2 册）、《广西绿色经典》《广西传统村落保护纪实》《柳州汽车工业发展纪实》《桂林石刻文化》《漓江画派中国画作品精选》《广西政协书画展作品精选》《十一届自治区政协委员履职风采》等。完成全国政协文史资料协作征编任务，包括壮族、仫佬族、毛南族、京族等特有少数民族百年实录史料征编送审工作。着力推进自治区、市、县三级政协文史馆体系建设，完善广西政协文史馆展陈内容，推进市、县政协文史馆体系建设，制定《关于构建全区政协文史馆体系的方案》，年内共有 2 个设区市政协和 13 个县级政协文史馆建成开馆，6 个设区市政协和 17 个县级政协文史馆建设按计划推进。加强对各级政协委员的培训，举办“自治区政协委员学习贯彻习近平总书记视察广西重要讲话精神研讨班”1 期、县（市、区）政协专委会主任培训班 1 期、“同心”讲座 4 期，编印《学习参考》资料 12 期近 80 万字。

【重要会议、活动】

专题协商活动　在南宁召开 2 次专题协商会。4 月 14 日，围绕“发展广西民族医药和健康产业”召开专题协商会，陈际瓦主席作讲话，自治区副主席张秀隆到会听取意见并讲话。8 位委员作了发言，从民族医药科技创新、壮瑶医质量标准体系建设、健康旅游、养老产业等方面提出意见建议。自治区卫生计生委等部门负责人作回应发言。10 月 13 日，召开“加强扶贫资金监督和管理，提高扶贫资金使用效益”专题协商会，陈际瓦出席会议并讲话。自治区副主席黄日波到会听取意见建议并讲话，要求政府相关部门认真研究采纳自治区政协和委员提出的意见建议，进一步推动和改进各项工作。刘慕仁、陈自力委员和地方代表莫前锋、黄云宏分别从提高扶贫资金使用效益、用好管好扶贫小额信贷、扶贫资金监管使用、易地扶贫搬迁资金监管使用等方面提出意见建议。自治区纪委、发改委等部门负责人作回应发言。沈北海、温卡华、黄道伟、彭钊、李彬、刘正东、高枫副主席，秘书长全桂寿出席会议。专题调研报告获自治区党委书记、自治区人大常委会主任彭清华等 10 位自治区党政领导批阅，同时提炼成《充分发挥扶贫小额信贷在产业扶贫中的作用》，由住桂全国政协常委在 2017 年 8 月召开的全国政协十二届二十二次常委会议上发言。

对口协商活动　在南宁召开 6 次对口协商会，彭钊、温卡华、高枫、李彬、磨长英副主席分别出席并讲话。4 月 26 日，召开“大力发展广西沿海近岸水产生态养殖”对口协商座谈会，自治区政协农业委员会与自治区水产畜牧兽医局等部门围绕议题从进一步理顺管理体制、提升产业发展环保意识、提高科技支撑能力等方面作了深入互动交流。5 月 8 日，自治区政协召开“大力推进‘三改’工程，促进宜居乡村建设”对口协商座谈会，自治区政协人口与资源环境委员会与自治区城乡住房建设厅等部门围绕议题从健全统筹管理机制、加强技术保障、探索多种模式等方面作了深入互动交流。7 月 27 日，召开“加强研判预测，维护社会稳定”对口协商会，自治区政协社会和法制委员会与自治区党委政法委、自治区公安厅、自治区信访局等部门围绕议题从防范隐患风险、夯实维护社会稳定根基、防控对策等方面作了深入互动交流。9 月 22 日，召开“加强体育后备人才培养，夯实竞技体育发展基础”对口协商会。自治区政协教科文卫体委员会与自治区体育局等部门围绕议题从进一步提高认识、建立成熟的领导机制和工作机制、形成健全的后备人才培养体系等方面作了深入互动交流。10

月20日，召开“加快推进我区生态环境监测网络体系建设”对口协商会，人口与资源环境委员会与自治区环保厅等部门领导围绕议题从顶层规划和实施方案、制度建设和工作机制、加大扶持推进生态环境监测网络体系建设等方面作了深入互动交流。11月15日，召开“推动CEPA项下桂港澳金融合作”对口协商会，自治区政协港澳台侨和外事委员会与自治区商务厅等部门围绕议题从进一步完善协调沟通协作机制、加快推进CEPA先行先试示范基地建设、加快推进重点领域合作取得新突破等方面作了深入互动交流。

界别协商活动 在南宁召开6次界别协商会。温卡华、沈北海、磨长英、黄道伟、彭钊、李康副主席分别出席并讲话。5月23日，召开“推进执行体制改革，基本解决法院执行难问题”界别协商会，民建界委员围绕议题从进一步巩固和发展基本解决执行难工作大格局、进一步推进基本解决执行难工作制度化规范化常态化、破解基本解决执行难工作中的重点难点问题等5个方面提出意见建议，形成综合调研报告报党委政府。5月24日，召开“树立有恒产者有恒心理念，依法加大保护民营企业产权力度”界别协商会，工商联界委员围绕议题从增强全社会产权平等保护意识、尽快出台自治区层面的实施意见和相关法规、建立全区民营企业产权保护联席会议制度等6个方面提出意见建议，形成综合调研报告报送自治区党委、政府。5月24日，召开“深化广西与东盟国家人才开发与合作机制”界别协商会，教育界委员围绕会议议题从深化人才开发与合作组织机制、完善人才培养与信息共享机制、深化人才开发与合作经费投入机制等八个方面提出意见建议，形成综合调研报告报送自治区党委、政府。6月27日，召开“加快推进我区树种结构调整”界别协商会，农业界委员围绕会议议题从制定和完善树种结构调整方案、制定和推动桉树种植技术标准、扶持桉树替代树种种植等4个方面提出意见建议，形成综合调研报告报送自治区党委、政府。8月23日，召开“挖掘广西民族文化资源，打造花山骆越文化品牌”界别协商会，文化界委员和专家学者围绕议题从围绕“一带一路”建设进行远景战略规划和顶层设计、坚持“大遗产”理念强化“大品牌”立场、建设国家级左江流域骆越—壮族文化生态保护实验区等6个方面提出意见建议，形成综合调研报告报送自治区党委、政府。8月30日，召开“发挥‘两国双园’优势，引导广西企业‘走出去’”界别协商会，从深化园区体制改革、提升产业合作层次、加大政策扶持力度等6个方面提出意见建议，形成综合调研报告报送自治区党委、政府。

提案办理协商活动 自治区党委书记彭清华督办《关于加快我区县域产业园区发展的建议》提案并作了批示，推动全区县域经济加快发展。自治区主席陈武督办《关于积极参与泛珠深化合作，大力培育我区经济发展新动力的几点建议》提案并作了批示，推动全区经济培育新动力。自治区政协主席、副主席领衔督办11件重点提案，分别开展督办调研、召开提案办理协商会。全年共督办重点提案57件，自治区党政领导对其中的17件重点提案作出了批示。自治区政协秘书长、副秘书长及各专委会共督办29件，全年共开展各类提案办理协商活动42场。

委员视察活动 组织6个视察团和15个考察团，其中特邀常委视察团1个、委员视察团5个，委托14个市政协组织就地考察团14个。4月24日至26日，李康副主席率团就“挖掘广西民族文化资源，打造花山骆越文化品牌”赴崇左市视察；5月22日至23日，黄道伟副主席率团就“深化广西与东盟国家人才开发与合作机制”赴钦州、南宁市视察。6月14日至16日，高枫副主席率团就“推进义务教育均衡发展”赴贵港市视察；8月28日至30日，李彬副主席率团就“加强海岸线保护与利用管理”赴防城港市视察；9月20日至22日，沈北海副主席率团就自治区政协领导督办的重点提案《关于加强传统村落建筑文化资源保护与利用的建议》落实情况赴桂林市视察；11月22日至24日，沈北海副主席率自治区政协特邀常委视察团就自治区政协领导督办的重点提案《把林下经济产业培育成为我区生态经济新的增长点》落实情况赴河池市视察。向自治区党委、政府报送6份视察报告。

全区市县政协工作经济交流会 12月1日在南宁召开。会议深入学习贯彻中共十九大精神，学习贯彻中共中央办公厅《关于加强和改进人民政协民主监督工作的意见》精神，总结交流政协工作的主要成效和经验做法，推进全区政协事业再上新台阶。受陈际瓦主席委托，沈北海副主席讲话，温卡华副主席介绍十一届自治区政协以来的主要工作情况。黄道伟、李康、李彬、磨长英、高枫副主席，秘书长全桂寿出席。14个市政协及7个县（市、区）政协主席先后介绍工作经验和体会。

政协“同心”讲座 4月27日第36期，自治区政协常委、广西戏剧家协会副主席、国家一级编剧、中国山水实景演出创始人梅帅元应邀就“刘三姐文化传承与发展”作专题讲座。7月13日第37期，自治区政协委员，广西博物馆研究馆员、副馆长熊昭明就“汉代合浦港考古与海上丝绸之路”作报告。9月6日第38期，广西优秀专家、广西壮学学会会长、中国西南民族研究学会常务副会长覃彩銮就“左江花山岩画与骆越文化”为题作报告。12月5日第39期，广西师范大学历史文化与旅游学院历史教育系教授谭肇毅就“历史悠久文化灿烂的南疆古城——南宁”作报告。

【重要文件】

常委会工作报告（2017年1月12日）（摘要）一、2016年工作回顾。（一）坚持正确的政治方向，夯实共同思想政治基础。深入学习贯彻习近平总书记关于人民政协的一系列新思想新部署新要求，切实抓好中共十八届六中全会精神的学习贯彻，坚决维护以习近平同志为核心的党中央权威和党中央集中统一领导。组织召开纪念孙中山先生诞辰150周年座谈会，认真学习贯彻自治区第十一次党代会精神，把党代会提出的发展思路、发展战略和重大举措贯穿到政协履职全过程。（二）紧扣中心任务，助推实现“十三五”发展良好开局。围绕供给侧结构性改革中的重点领域和关键环节，从创新驱动、三区统筹、生态文明建设、加强开放合作等方面提出意见建议。（三）聚焦精准扶贫、精准脱贫，助推打赢我区脱贫攻坚战。围绕积极探索扶贫搬迁的有效途径召开专题议政性常委会，围绕产业扶贫、教育扶贫提出意见和建议。（四）加强政协协商民主建设，努力提高协商议政成效。突出各类协商活动重点，开成不同层级相互衔接的综合协商机制。积极探索建立协商于决策之前的新模式，在完善履职上下功夫。（五）广泛开展团结联谊，扩大政协对外交流合作。开展桂港、桂澳中小学教育、青少年交流和文化艺术交流活动，香港广西贫困教育基金会和澳门乐善行等机构资助捐赠款物达900多万元。与全国政协书画室在北京联合举办的“广西是个好地方”书画展有10位党和国家领导人及1500多名社会各界人士到场观展。（六）坚持开拓进取，不断加强履职能力建设。加强和改进委员培训，完善委员管理。联合住内蒙古等8个省区的部分全国政协委员联名提交的关于加大对我国边境地区扶贫开发支持力度的建议的提案被列为全国政协重点提案。建立提案两次协商办理机制，全年办复提案550件，办复率100%。

二、2017年主要任务。（一）深入学习贯彻中共十八届六中全会和自治区第十一次党代会精神，进一步增强推进我区政协事业发展的使命感和责任感。（二）聚焦营造“三大生态”、实现“两个建成”目标建言献策，积极为我区改革发展贡献力量。（三）切实加强政协协商民主建设，推进协商民主广泛多层制度化发展。（四）加强和完善民主监督制度建设，进一步提高民主监督实效。（五）发挥政协大团结大联合作用，广泛汇聚各方面智慧和力量。（六）进一步加强自身建设，不断提高政协工作科学化水平。

自治区政协关于印发《中国人民政治协商会议广西壮族自治区委员会委员履职工作规则》的通知（桂协发〔2017〕13号）（略）

【组织概况】

副秘书长任命名单

（2017年1月3日政协第十一届广西壮族自治区委员会常务委员会第二十次会议通过）

李文杰

（2017年4月18日政协第十一届广西壮族自治区委员会常务委员会第二十三次会议通过）

班源泽

委员增补名单

（2016年12月24日政协第十一届广西壮族自治区委员会常务委员会第二十次会议通过）

（按姓氏笔画为序）

李　康（女，壮族）黄道伟　董　涛

（2017年1月11日政协第十一届广西壮族自治区委员会常务委员会第二十一次会议通过）

叶宗波

（2017年4月18日政协第十一届广西壮族自治区委员会常务委员会第二十三次会议通过）

（按姓氏笔画为序）

杨和荣　黄振东（壮族）黄著诚（壮族）

常务委员请辞名单

（2017年4月18日政协第十一届广西壮族自治区委员会第二十三次会议通过）

余兴祥

委员请辞名单

（2016年12月24日政协第十一届广西壮族自治区委员会常务委员会第二十次会议通过）

黄红光　孙志平　苏军良　胡昌苗　郭文强

（2017年4月18日政协第十一届广西壮族自治区委员会常务委员会第二十三次会议通过）

余兴祥　罗　迪

不再担任副秘书长名单

（2017年1月11日政协第十一届广西壮族自治区委员会常务委员会第二十一次会议通过）

吴俊明

撤销委员资格名单

（2016年12月24日政协第十一届广西壮族自治区委员会常务委员会第二十次会议追认）

容康社

（2017年4月18日政协第十一届广西壮族自治区委员会常务委员会第二十三次会议通过）

韦贵方

专委会主任任命名单

（2017年4月18日政协第十一届广西壮族自治区委员会常务委员会第二十三次会议通过）

杨和荣

专委会副主任增补名单

（2016年12月24日政协第十一届广西壮族自治区委员会常务委员会第二十次会议通过）

增补：

谢志刚为提案委员会副主任；

刘　智为人口资源环境委员会副主任。

（2017年1月11日政协第十一届广西壮族自治区委员会常务委员会第二十一次会议通过）

增补：

叶宗波为教科文卫体委员会副主任；

蒋克昌为社会和法制委员会副主任。

专委会主任、副主任请辞名单

（2016年12月24日政协第十一届广西壮族自治区委员会常务委员会第二十次会议通过）

黄红光

（2017年4月18日政协第十一届广西壮族自治区委员会常务委员会第二十三次会议通过）

余兴祥

专委会副主任任免名单

（2017年4月18日政协第十一届广西壮族自治区委员会常务委员会第二十三次会议通过）

黄振东（壮族）为人口资源环境委员会副主任（专职）；

黄著诚为教科文卫体委员会副主任；

黄锡玉（女）不再担任人口资源环境委员会副主任（专职）。

广西壮族自治区各级政协组织和委员数

（截至2017年年底）

级别 项目	自治区	地级市	县（市、区）	合计
组织数	1	14	110	125
委员数	704	4870	19042	24616

（王　莅　**编写**　班源泽　**审稿**）

政协海南省委员会

李富林　副主席

【全体委员会议】

六届五次会议　2017年2月19—23日在海口举行。此次会议应出席委员396名，实到370名。省政协副主席王应际主持开幕会，主席于迅主持闭幕会并讲话。省委书记、省人大常委会主任罗保铭，省委副书记、省长刘赐贵，省委副书记李军等省领导列席开幕会、闭幕会，并参加联组讨论和小组讨论，听取大会发言。会议听取并审议省政协主席于迅代表省政协常委会所作的工作报告、省政协副主席陈莉代表省政协常委会所作的关于提案工作情况的报告。与会委员列席了五届省人大五次会议，听取并讨论省政府工作报告及其他重要报告。政协委员就提升国际旅游岛的国际化水平，生态文明建设，供给侧结构性改革，教育医疗，全域旅游等方面作了大会发言；就启动岛屿承载力研究、吸引大企业子公司而非分公司、海口创建国家森林城市、发展休闲农业与乡村旅游、逐步建立网络发言人制度等问题作了联组讨论会发言。会议审议通过了省政协六届五次会议政治决议、省政协提案委员会关于六届五次会议提案审查情况的报告。会议选举李富林为政协海南省第六届委员会副主席，选举王雄为政协海南省第六届委员会秘书长，选举李立新、隋枝叶（女）为政协海南省第六届委员会常务委员。会议号召，全省各级政协组织、政协各参加单位和广大政协委员要更加紧密地团结在以习近平同志为核心的中共中央周围，在中共海南省委的领导下，不忘初心、继续前进、同心同德、开拓创新，为海南全面建设国际旅游岛、全面建成小康社会作出新的贡献，以优异成绩迎接中共十九大和省第七次党代会胜利召开！

【常务委员会会议】

第21次会议　1月17日在海口举行。会议应出席69人，实到51人。省政协主席于迅主持会议并讲话。会议传达学习贯彻全省经济工作会议精神（书面），协商海南省政府工作报告（征求意见稿），听取了海南省政府系统提案办理情况通报。会议审议通过关于召开政协海南省第六届委员会第五次会议的决定及政协海南省第六届委员会第五次会议有关文件；书面审议政协海南省第六届委员会各专门委员会2016年工作总结和2017年工作计划（书面）。会议还审议通过其他相关人事事项。

第22次会议（第一次全体会议）　2月22日上午在海口举行。大会应出席64人，实到58人。省政协主席于迅主持会议，会议审议通过了政协海南省第六届委员会第五次会议选举办法（草案）；审议通过了政协海南省第六届委员会第五次会议总监票人、监票人建议人选名单（草案）；审议通过了关于接受赵莉莎同志辞去政协海南省第六届委员会副主席职务请求的决定；审议通过了关于接受李言静同志辞去政协海南省第六届委员会秘书长职务请求的决定；审议通过了关于接受王雄等同志辞去政协海南省第六届委员会常务委员会委员职务请求的决定；审议通过了政协海南省第六届委员会专门委员会主任免职名单；审议通过了政协海南省第六届委员会副主席、秘书长和常务委员建议人选名单（草案）。

第 22 次会议（第二次全体会议） 2 月 22 日下午在海口举行。大会应出席 60 人，实到 54 人。省政协主席于迅主持会议，会议听取了各小组召集人汇报本小组讨论各项决议（草案）情况和酝酿候选人名单（草案）情况；审议通过了政协海南省第六届委员会第五次会议选举办法；审议通过了政协海南省第六届委员会副主席、秘书长和常务委员建议人选名单；审议通过了政协海南省第六届委员会第五次会议总监票人、监票人名单。会议审议通过了政协海南省第六届委员会第五次会议关于常务委员会工作报告的决议（草案）；审议通过了政协海南省第六届委员会提案委员会关于省政协六届五次会议提案审查情况的报告（草案）；审议通过了政协海南省第六届委员会第五次会议政治决议（草案）。会议同意将上述文件（草案）提交海南省政协六届五次会议第四次全体会议（闭幕会）审议。

第 23 次会议 3 月 30 日在海口举行。会议应出席 64 人，实到 53 人。省政协主席于迅主持会议并讲话。会议传达学习贯彻政协第十二届全国委员会第五次会议精神；传达学习贯彻政协第十二届全国委员会常务委员会第十九次会议精神；传达学习贯彻省委书记罗保铭在全省领导干部大会上的讲话精神；学习《中共中央办公厅印发〈关于加强和改进人民政协民主监督工作的意见〉的通知》；听取讨论政协海南省委员会 2017 年度协商工作计划；审议通过政协海南省第六届委员会委员增补名单。

第 24 次会议 5 月 5 日在海口举行。会议应出席 64 人，实到 56 人。省政协主席于迅主持会议并在闭幕会上讲话。会议传达了政协第十二届全国委员会常务委员会第十八次会议精神；听取了海南省委副书记李军同志作中国共产党海南省第七次代表大会情况和精神的报告。

第 25 次会议 7 月 18 日在海口举行。会议应出席 65 人，实到 51 人。省政协主席于迅主持会议并讲话。省委常委、常务副省长毛超峰到会通报海南 2017 年上半年经济运行情况。会议学习贯彻中共海南省委关于开展“深入学习贯彻习近平总书记视察海南时的重要讲话精神建设美好新海南”大研讨大行动活动重大部署，通报了省政协实施意见；书面传达了政协第十二届全国委员会常务委员会第二十一次会议精神；听取了《关于“探索社会治理新模式，提升我省城镇管理水平”的建议案（草案）》起草情况的说明，听取了《关于加快推进“大三亚”旅游经济圈建设调研情况的报告（征求意见稿）》起草情况的说明。

第 26 次会议 11 月 6 日在海口举行。会议应出席 65 人，实到 55 人。省政协主席于迅主持会议并讲话。省委常委、宣传部部长肖莺子到会，作关于中共十九大和中共海南省委七届三次全体会议情况和会议精神的报告。全国政协人口资源环境委员会副主任钟文等住琼十二届全国政协委员列席会议。会议传达学习了中共十九大精神和中共海南省委七届三次全体会议精神，传达贯彻了政协第十二届全国委员会常务委员会第二十三次会议精神，审议通过了政协海南省第六届委员会常务委员会第二十六次会议关于学习贯彻中国共产党第十九次全国代表大会精神的决议，听取了政协海南省第六届委员会常务委员会工作报告（征求意见稿）起草情况的说明，审议通过了有关人事事项。

第 27 次会议 12 月 28—29 日在海口举行。会议应出席 64 人，实到 52 人。省政协主席于迅主持会议并讲话。会议审议通过了政协第六届海南省委员会常务委员会第二十七次会议议程（草案）和日程；审议提交政协第六届海南省委员会常务委员会第二十七次会议审议的有关文件；审议通过了《关于表彰海南省政协六届一次会议以来优秀提案和先进承办单位、先进承办工作者的决定》；审议了政协第六届海南省委员会专门委员会五年工作总结（书面）。会议还审议了相关人事事项。

【专门委员会工作】

提案委员会 （1）认真开展提案征集、办理工作。省政协六届五次会议以来，共收到提案 408 件，其中大会提案 403 件，平时提案 5 件。（2）加强组织领导。落实与省委、省政府共同交办提案的工作制度，与省政府办公厅联合召开省政府系统提案交办会议，集中交办提案，送交至 87 个承办单位进行办理。（3）重点提案遴选工作。确定 8 件提案为 2017 年省政协领导督办重点提案。协助省政府办公厅进行省政府领导牵头督办重点提案遴选工作，确定 5 件提案为 2017 年省政府领导督办重点提案。（4）重点提案督办工作。参加省政府领导牵头的重点提案督办活动 2 次。参加省政协主席会议成员牵头的重点提案调研和督办活动 8 次。（5）根据《2017 年省政协督办重点提案及分工》，组成联合调研组赴海口、澄迈、定安、临高就第 0150 号提案《关于拉长农村教育短板促进教育均衡发展的建议》开展调研。

经济委员会 （1）全年完成调研报告 1 篇，大会发言 5 篇，提交提案 27 件，组织专题调研 4 次，报送《政协信息》6 份，参加有关部门及团体的活动 11 次，接待兄弟省（市、区）政协来琼考察团 6 批共 57 人次。（2）认真学习贯彻党的十九大精神，开展“深入学习贯彻习近平总书记视察海南时的重要讲话精神，建设美好新海南大研讨大行动”活动。（3）积极为促进国际旅游岛健康发展建言献策。组成专题调研组开展调研，形成《舌尖上的海南——我省茶产业发展调研报告》报送省委、省政府参考并得到省农业厅采纳吸收。（4）组织委员撰写提案和大会发言材料，全年共提交提案 27 件，5 位委员做了大会发言。（5）参加全国政协和省委、省政府及有关部门组织召开的各种会议 11 次，为政协委员更好履行职责创造条件。（6）做好配合全国政协经济委员会来琼考察调研工作。（7）学习借鉴兄弟省市的先进经验。（8）积极参与献爱心活动，为省政协定点扶贫的定安县安仁村产业发展基金捐款。

人口资源环境委员会 （1）组织开展“提高我省农副产品生产、加工和品牌建设水平，增加农民收入”调研活动，省委书记刘赐贵、省长沈晓明等领导分别对调研报告做出批示。（2）积极做好迎接中央第四环境保护督察组督察海南省政协环境保护工作的履职情况。（3）做好全国政协人口资源环境委员会来海南调研考察的服务工作。（4）围绕中心建言献策，全年提交提案 15 件，大会发言 3 篇，社情民意 1 件，报送政协信息 7 条。

教科文卫体委员会 （1）围绕中心，服务大局，根据省委书记刘赐贵交办的任务，开展“促进我省房地产市场平稳健康发展”专题调研，刘赐贵书记两次在调研报告上做出批示，省政府沈晓明代省长率政府班子有关成员亲临政协参加专题协商会。开展“大三亚旅游经济圈一体化建设”专题调研，省委书记、省人大常委会主任刘赐贵出席专题协商会听取意见建议并讲话。开展“我省文物保护利用工作情况”专题调研和“我省食品安全（食品加工小作坊）情况”的视察活动。（2）发挥政协委员主体作用，开展委员界别考察活动，紧贴民生、关注民情、认真履行职能。开展形式多样委员活动，积极为脱贫攻坚募捐。（3）加强沟通，配合全国政协及地方政协在琼活动。

社会和法制委员会　（1）组织委员学习贯彻中共十九大精神和省七次党代会精神。（2）参与省政协促进海南房地产业健康发展专题调研。（3）进一步开展提升我省城镇管理水平专题调研。（4）召开重点提案协商督办座谈会，对《加强城市基础设施建设，促进城市内河整治的建议》进行协商督办。（5）做好外省市政协来琼学习考察的接待工作。

民族和宗教委员会　（1）认真学习中共十八大、十八届历次全会、中共十九大、习近平总书记系列重要讲话精神和省第七次党代会精神。（2）开展“我省民族地区民宿产业发展情况”和“我省民间信仰活动情况”调研。（3）对提案进行协商督办，促进成果转化。（4）组织“我省民族地区民宿产业发展情况”专题协商，促进理论成果转化为实践效益。（5）全年提出提案16件，提交发言稿1篇、政协信息8条。（6）参加海南黎族苗族传统节日“三月三”活动、海口市“双创”活动、琼剧基金会的相关活动。（7）开展走访看望委员活动，鼓励委员立足岗位、建功立业，积极参与精准扶贫、社会公益等活动。（8）加强与全国政协民宗委，与省委、省人大、省政府、市县政协的民族宗教部门以及省相关民主党派、社会团体的合作交流。

文史资料委员会　（1）组织开展“大研讨大行动”活动。（2）做好《知青在海南史料选辑》征集编审出版发行，已完成700多篇、430多万字稿件（共10卷）的编审工作。（3）继续编纂出版《海南历史文化名人丛书》，助推海南文化发展繁荣。（4）完成出版《和平发展道路视角下中国南海海洋权益保护研究》《西沙群岛考古概略》等专著。（5）开展“在推进全域旅游和百千工程中保护利用传统村落”专题调研，调研报告得到省政府常务副省长毛超峰等省政府领导批示。（6）全年共提交提案11份。（7）指导市、县政协编审地方文史资料。（8）开展“委员活动日”和组织委员赴省外考察学习。

港澳台侨外事委员会　（1）组织召开港澳委员座谈会，学习党的十九大精神和省委七届三次会议精神。（2）开展华侨投资权益保护专题调研及对口协商。（3）组织港澳委员赴祖国内地开展国情教育。（4）组织召开港澳委员座谈会，为委员知情明政提供帮助。发动港澳委员参与我省精准扶贫工作。（5）动员和鼓励港澳委员积极开展琼港澳三地交流，促进海南建设发展。（6）省政协六届五次会议期间，委员会及委员共提交提案44件，大会发言8篇。做好提案和重点提案督办工作。

【重要会议、活动】

海南省港澳政协委员新春交流会在海口召开 于迅出席　2月20日晚，省政协、省港澳事务办公室、香港特区驻粤经贸办事处、港区政协委员联谊会在省政协六届五次会议驻地酒店联合举办2017年海南省港澳政协委员新春交流会。省政协主席于迅出席交流会，听取委员们意见建议。省政协副主席、省委统战部部长王勇出席交流会并讲话，省政协秘书长李言静出席。

促进房地产业健康发展专题调研协商会召开在海口召开 4月12日下午，省政府代省长沈晓明带队到省政协听取促进房地产业健康发展专题调研情况。省政协主席于迅出席会议并讲话。会议听取了省政协组织的专题调研情况及参与调研的政协委员、专家学者的意见建议，分析了我省房地产基本情况，并提出具体工作建议。

省委书记刘赐贵在省政协调研 5月23日上午，刘赐贵看望了省政协机关及各专委会工作人员，并召开座谈会，省政协主席于迅介绍了政协工作情况。省委副书记李军等参加会议。

阿斯塔纳世博会中国馆海南活动日闪亮登场 8月14日，以“美丽海南、健康之岛”为主题的2017阿斯塔纳世博会中国馆海南活动日在中国馆闪亮登场，省政协主席于迅，2017阿斯塔纳世博会中国馆政府代表、中国国际贸易促进委员会副会长王锦珍参加海南活动日开幕式并致辞。省政协秘书长王雄参加。

省政协加快推进“大三亚”旅游经济圈建设专题协商座谈会举行 9月20日上午在海口召开。省委书记、省人大常委会主任刘赐贵出席并讲话，省政协主席于迅主持会议。刘赐贵表示，省政协调研组围绕中心、服务大局，提出了很好的意见建议，也一针见血指出了问题和不足。省委、省政府和相关市县党委、政府要认真吸纳研究，加快推动“大三亚”一体化进程，形成带动全省旅游经济发展的“龙头”和新的增长极。省委常委、常务副省长毛超峰，省委常委、秘书长胡光辉出席会议。

省政府就政府工作报告向省政协和企业代表征求意见召开座谈会 12月22日在海口召开，省长沈晓明出席，省政协主席于迅主持省政协座谈会。沈晓明认真听取发言，不时与大家互动交流，表示将充分吸纳大家好的意见建议，修改好、完善好政府工作报告。省委常委、统战部部长张韵声，副省长、省财政厅厅长刘平治等参加会议。

【重要文件】

常委会工作报告（2017年2月19日）（摘要）

一、2016年工作回顾。一是通过常委会议、主席会议、理论中心组学习会及专题辅导报告等多种形式集体学习15次，组织各类学习培训800多人次。二是围绕全省工作大局开展调研协商，全面提高履行职能的质量和水平。常委会认真落实《政协海南省委员会2016年度协商工作计划》，聚焦我省医疗健康产业发展，积极推动“健康海南”王牌产业，高度关注“候鸟”人才问题，借智助力推动海南经济社会发展。三是牢固树立履职为民理念，更好发挥政协民主监督作用。通过重点提案督办推动相关工作开展，选取了5件省政府领导督办提案，9件省政协主席会议成员督办重点提案，以及29件省政协重点提案。发挥社情民意信息监督作用。四是积极促进大团结大联合，广泛汇聚各方面智慧和力量。一年来各党派团体提交大会发言材料47篇，集体提案107件，社情民意信息65条。主动参与扶贫开发各项工作，主席会议成员先后30多次下村调研考察。做好文史资料工作，出版《海南历史文化名人丛书》第三、四辑，启动《中国南海历史文化研究》部分课题。征集、审定《知青在海南史料选辑》稿件400多篇、200多万字，参与协作全国政协文史和学习委员会征编《回族百年实录》史料。五是深入开展对外联谊和交往，进一步推动海南与“一带一路”沿线国家和地区的经济文化交流。六是统筹推进履职能力建设，不断增强政协工作活力和成效。协调40多名省政协委员参与省高级人民法院、省人民检察院、省财政厅、共青团海南省委员会、省物价局等单位的活动13次，5名省政协委员作为社会评价代表全程参与了2016年党风政风行风建设社会评价现场直播活动。注重发挥住琼全国政协委员的作用，邀请他们参加省政协重要会议和协商活动，协调住琼全国政协委员48人次参加我省各类会议、活动11次，就海南省域“多规合一”改革试点工作，受邀在全国政协召开的第50次双周协商座谈会上作专题发言。一年来协调省内主要媒体报道560次、刊（播）发稿件2000余篇，在《人民政协报》发表66篇文章。

二、2017年工作安排。一是深入学习贯彻习近平总书记系列重要讲话精神和中央、省委决策部署，引领政协工作继续前进。二是紧扣改革发展重大问题议政建言，有序有效推进协商民主。三是积极推进政协民主监督，不断提高监督水平和实效。四是强化爱国统一战线组织作用，凝聚海南改革发展稳定正能量。五是发挥政协特色平台优势，为文化强省建设助力添彩。六是做好经常性工作，有效提升履职质量。七是着力加强自身建设，进一步增强履职能力。

【组织概况】

副主席补选名单

（2017年2月23日政协海南省第六届委员会第五次会议通过）

李富林

副主席辞职名单

（2017年2月22日政协海南省第六届委员会常务委员会第二十二次会议第一次全体会议通过）

赵莉莎（女）

秘书长补选名单

（2017年2月23日政协海南省第六届委员会第五次会议通过）

王　雄（黎族）

秘书长辞职名单

（2017年2月22日政协海南省第六届委员会常务委员会第二十二次会议第一次全体会议通过）

李言静

副秘书长辞职名单

（2017年7月19日政协海南省第六届委员会常务委员会第二十五次会议通过）

司迺超

常务委员补选名单

（2017年2月23日政协海南省第六届委员会第五次会议通过）

李立新　隋枝叶（女）

常务委员辞职名单

（2017年1月17日政协海南省第六届委员会常务委员会第二十一次会议通过）

王高海　徐刚　丁伯东　张晓川　尹炼

（2017年2月22日政协海南省第六届委员会常务委员会第二十二次会议第一次全体会议通过）

王　雄（黎族）　田德毅

专委会主任免职名单

（2017年1月17日政协海南省第六届委员会常务委员会第二十一次会议通过）

免去丁伯东提案委员会主任职务

（2017年2月22日政协海南省第六届委员会常务委员会第二十二次会议第一次全体会议通过）

免去王雄（黎族）人口资源环境委员会主任职务

市、县主席变动情况（届中）

保亭县

政协主席

郑金莲（女）（2017年8月25日不再担任）

海南省各级政协组织和委员数

（截至 2017 年年底）

级别 项目	省	地级市	县 （自治县、市）	合计
组织数	1	3	15	19
委员数	400	764	2161	3325

（廖文琼　编写　王春生　审稿）

政协重庆市委员会

徐松南　主席

燕　平　副主席

吴　刚　副主席

李建春　副主席

【全体委员会议】

四届五次会议　1月14日至18日举行。开幕会应出席委员851人，实到委员803人。会议听取并审议市政协主席徐敬业作的工作报告和市政协副主席谢小军作的提案工作情况报告；补选徐松南同志为政协重庆市第四届委员会主席，增选燕平、吴刚、李建春同志为政协重庆市第四届委员会副主席，补选秦敏同志为政协重庆市第四届委员会秘书长；列席重庆市第四届人民代表大会第五次会议第一次全体会议，听取并协商讨论市人民政府工作报告，协商讨论计划报告、财政报告和市高级人民法院工作报告、市人民检察院工作报告；审议通过政协重庆市第四届委员会第五次会议关于政协重庆市第四届委员会常务委员会工作报告的决议和政协重庆市第四届委员会第五次会议决议；其间，举行了联组讨论、大会发言、提案现场办理；邀请部分市民、台商、侨界人士和驻渝领事旁听会议；组织市政协港澳台侨特邀人士交流座谈。市委、市政府主要领导亲临大会发言现场，听取18位委员分别代表所在界别，围绕全市经济社会发展，建睿智之言，献务实之策。会议期间共收到提案1310件，其中集体提案184件，经审查立案871件。会议期间，委员们紧紧围绕全市2017年重点工作，就统筹推进“五位一体”总体布局和协调推进“四个全面”战略布局、加快建设内陆国际物流枢纽和口岸高地、加快重庆自贸试验区建设、深入实施创新驱动发展战略、决战决胜脱贫攻坚、全面依法治市、全面加强社会治理及加强政府自身建设等方面，认真协商议政监督，提出许多建设性的意见。会议号召，市政协各参加单位、全体政协委员、全市各级政协组织要更加紧密团结在以习近平同志为核心的党中央周围，在中共重庆市委坚强领导下，进一步增强紧迫感责任感使命感，更加自觉地把政协工作融入全市工作大局，同心同德、群策群力，开拓进取、砥砺前行，为推动重庆各项事业取得新的更大成就作出积极贡献，以优异的成绩迎接中国共产党第十九次全国代表大会、市第五次党代会胜利召开！

【常务委员会会议】

第 26 次会议 于 1 月 13 日召开，应出席常委 158 名，实到 145 名。会议审议通过有关人事事项；审议通过市政协常委会工作报告和提案工作情况报告及报告人名单；审议通过政协重庆市第四届委员会第五次会议各次大会执行主席名单和主持人名单。

第 27 次会议 于 1 月 14 日召开，应出席常委 158 名，实到 145 名。会议审议政协重庆市第四届委员会主席班子有关成员辞去相关职务的事项及政协重庆市第四届委员会第五次会议选举办法（草案）；审议通过补选增选政协重庆市第四届委员会常务委员会组成人员候选人建议名单，总监票人、监票人建议名单。

第 28 次会议 于 1 月 16 日召开，应出席常委 158 名，实到 145 名。会议听取大会秘书长秦敏关于政协重庆市第四届委员会第五次会议有关情况汇报；听取关于委员小组审议人事事项情况汇报；审议政协重庆市第四届委员会主席班子有关成员辞去相关职务的决定（草案）；通过政协重庆市第四届委员会第五次会议选举办法；通过补选增选政协重庆市第四届委员会常务委员会组成人员候选人名单；通过总监票人、监票人名单；审议政协重庆市第四届委员会第五次会议关于政协重庆市第四届委员会常务委员会工作报告的决议（草案）和政协重庆市第四届委员会第五次会议决议（草案）。

第 29 次会议 于 3 月 23 日召开，应出席常委 162 名，实到 135 名。会议传达学习全国政协十二届五次会议精神；听取市属国有重点企业改革情况通报、重庆市 2016 年重点民生实事进展及 2017 年重点民生实事计划情况通报、市政协四届五次会议提案审查情况的报告；审议通过《市政协 2017 年重点协商、通报、视察、调研计划》和《市政协 2017 年工作要点》，以及有关人事事项。

第 30 次会议 于 6 月 23 日召开，应出席常委 162 名，实到 133 名。会议传达学习市第五次党代会精神；围绕“加快重庆信息产业发展”开展专题协商；听取市国土房管局关于“重庆市国土资源促进新型城镇化情况”的通报，审议通过有关人事事项。

第 31 次会议 于 9 月 27 日召开，应出席常委 162 名，实到 138 名。会议听取市商委关于中国（重庆）自贸区建设情况的通报；围绕“加快重庆实施创新驱动发展战略”开展监督性协商；协商决定《政协重庆市第五届委员会委员规模、常委会规模和界别设置方案》，审议通过有关人事事项。

第 32 次会议 于 11 月 9 日召开，应出席常委 158 名，实到 140 名。市政协主席徐松南作学习贯彻党的十九大精神报告并讲话。会议审议通过《政协重庆市委员会关于认真学习宣传贯彻中共十九大精神的意见》；书面通报《市政协常委视察“全市重点改革任务推进情况”综合报告》。

第 33 次会议 于 12 月 28 日召开，应出席常委 158 名，实到 135 名。会议听取市委办公厅关于市级党群、法检系统办理四届市政协以来提案的情况通报，市政府办公厅关于市政府系统办理四届市政协以来提案的情况通报；听取市政协五届一次会议筹备情况汇报；审议通过召开市政协五届一次会议的决定；审议通过市政协五届一次会议议程（草案）、日程（草案）、委员报到及预备会议安排；审议通过市政协五届一次会议列席人员范围和提交审议的市政协《常委会工作报告》（草案）、《提案工作报告》（草案）。

【专门委员会工作】

提案委员会 全年共收到提案1350件，立案897件，并案后交办754件，全部在规定时限内办理完毕。一是提升提案质量。整理印发提案参考选题，强化服务引导；通过座谈交流、情况通报、调研考察等活动，促进提办对接；召开集体提案征集座谈会，推动履职成果与提案工作有机衔接，着力打造精品；实施提案“三审”制度，坚持数量服从质量的审查理念，严格执行审查标准；强化与提案者的审查沟通，做好提案“撤、并、转”工作，确保立案提案质量。二是强化沟通协商。建立提案者、承办单位、督察室、提案委四方沟通协商机制，坚持把民主协商理念贯穿提案提出、审查、交办、办理、督办等环节，促使一般提案沟通联系和重点提案面对面沟通协商基本实现全覆盖。三是加强重点督办。市委、市政府、市政协领导领衔督办重点提案21件，市政协领导跟踪督办上年度重点提案9件，市政协各专委会督办重点提案20件，继续推行市级提案办理单位主要领导牵头督办重点提案，不断扩大重点提案的督办面和参与面，重点提案工作示范引领作用充分体现。四是注重成果转化。围绕供给侧结构性改革、创新驱动发展、脱贫攻坚、主城交通建设等热点问题，形成4期《提案专报》报送市委、市政府主要领导和相关部门决策参考，得到唐良智等市领导批示。五是加大监督力度。市政协各位副主席率评议组，先后对市经济信息委等10家市级承办单位提案办理工作进行评议，并召开座谈会对相关提案质量开展评议。创新推行问卷调查、量化打分、现场反馈等评议方式。通过“双向评议”，促进提案办理质量和提案质量共同提高。

学习及文史委员会 一是征编出版“三亲”特色文史图书。完成全国政协文史委协作项目《回忆西部大开发（重庆卷）》征编出版发行工作；与大渡口区政协、重庆钢铁集团公司协作，完成《百年重钢记忆》文史图书；启动《回忆重庆直辖》史料征编工作；协调推进《重庆旅游文史丛书》巫山卷、彭水卷征编出版工作；与市党史学会三线建设分会等单位协作，征集《三线建设在重庆》史料。二是助力文化强市建设。向主席会议通报了重庆市“十三五”文化发展思路及开局之年的重要举措，组织委员专家为加快推进文化强市建设建言献策；专题调研《巴渝文库》编撰工作进展情况，并形成《进一步推动〈巴渝文库〉出版工作的建议》，得到相关市领导的肯定和支持；专题调研文艺组织及体制外文艺工作者发展现状，就规范、培育文艺组织和文化群体，整合各类文艺资源建言献策；就文化与旅游产业融合发展等开展实地调研并召开座谈会，为加快推进本市文化与旅游深度融合发展建言献策。三是积极开展委员传递正能量。就如何将渝东南生态保护发展区纳入全市休闲农业与乡村旅游重点区域建设等问题开展座谈，为扶贫攻坚建言献策，助力渝东南生态保护区发展；就我市大众创业万众创新工作情况开展视察，通过实地查看、情况通报、座谈交流等方式了解情况、发现问题、提出建议，取得了良好效果。

经济委员会 一是牵头组织“积极融入长江经济带建设”常委会重点协商，会同相关专委会、民主党派、界别及区县政协开展深入调研，形成34份调研材料。经济委及有关单位撰写的《坚持“一体化”发展，促进产业转型升级》等9篇调研材料在协商大会上进行了发言。会后，经济委整理成综合协商情况报告，报市委、市政府，得到市领导充分肯定。二是配合完成“加快建设国家重要功能性金融中心”主席会协商相关工作。先后召开了5次座谈会，实地走访27家相关部门、金融机构和企业，形成了《加快建设国家重要功能性金融中心的建议》，报市委、市政府，部分意见建议得到采纳。三是积极开展专项调研。先后组织开展了“助推中小企业‘新三板’上市”“我市服装产业发展情况”“我市新能源汽车发展情况”“规划建设白市驿机场航空物流中心融入中新（重庆）战略性互联互通示范项目建设”等专项调研，委员们在调研过程中，积极建言献策，为助推经济社会发展贡献智慧和力量。四是组织视察考察。先后参与组织了“我市规划建设与管理”“万众创业、大众创新”2次常委视察，“电子及智能制造产业发展”年终视察和5次专题考察。委员们在视察考察中提出了许多有针对性的意见建议，部分得到市级相关部门采纳。五是持续开展“委员传递正能量”履职实践活动。创新开展“助推中小企业融入资本市场行动”，印发了《市政协“助推中小企业融入资本市场行动”实施方案》，组建由相关市政协委员、部门分管领导组成的“助推服务团”，分别在主城、大足、黔江、万州召开启动会议和片区会议，积极开展“助推工作”。

农业委员会 一是围绕“全市脱贫攻坚工作”，深入开展调研，积极协调市扶贫办在市政协常委会上通报全市脱贫攻坚工作情况，常委会对全市脱贫攻坚工作所取得的成绩给予充分肯定。同时，配合常委会议主题，协调邀请国务院扶贫工作领导小组专家咨询委员会主任范小建作精准扶贫工作专题报告。二是开展“农村电子商务助农增收脱贫”界别协商，对农村电商在助农增收脱贫方面提出了许多有价值的建议意见。三是积极参与全国政协“实施精准扶贫、精准脱贫，提高扶贫实效”专题议政性常委会议调研工作，组织相关委员和专家赴渝东南各区县，就武陵山区精准脱贫工作开展调研，并向全国政协报送专题调研报告，充分反映了本市在该领域工作中的成绩和经验。四是完成“全市木本油料产业发展情况”专题调研。组织部分委员和有关专家深入合川、丰都、垫江和奉节等区县调研，并赴宁夏、广西、湖南、山东等地学习考察，形成高质量的调研报告报送市委市政府供决策参考。五是参与完成市政协“重庆城市规划建设管理情况”和“大众创业、万众创新”常委视察工作，提出的建议意见，得到市政府领导的好评。六是认真开展“建设高标准农田，发展适度规模经营”专题视察工作，为推动深化农业农村改革和农业现代化发展建言献策。七是扎实做好重点提案督办工作，督办的《关于促进我市农村集体建设用地流转的建议》等四个提案为全市农业农村改革和发展起到了有力的推进作用。八是发挥委员的行业和专业优势，深入农村基层，开展扶贫问苦、捐资助学、建桥修路、农技服务和专题讲座，不断将“委员传递正能量”履职实践活动推向深入。

人口资源环境建设委员会 一是做好重点调研工作。组织开展全市交通建设互联互通重点调研，在考察调研基础上，与湖北省政协联合形成了《关于推进秦巴山、武陵山集中连片特困地区交通基础设施建设互联互通的意见和建议》的报告，送全国政协人资环委和民宗委，引起高度重视。围绕我市全域旅游发展开展专题调研。形成《关于推进我市全域旅游创建工作的建议意见》建议报告，送市委、市政府及相关部门供决策参考。二是做好重点协商工作。组织承办了市政协“重庆休闲旅游和旅游休闲地产发展情况”对口协商会，收集到了七个方面33条意见建议，形成《重庆休闲旅游和旅游休闲地产发展对口协商会议意见建议》，报送市政府办公厅和相关部门，得到部分采纳。三是开展专题情况通报。协调市交委在四届五十三次主席会议上作“全市交通建设情况”的通报，组织委员听取市旅游局对“‘十三五’规划实施中我市休闲旅游发展情况”通报和市交委对“我市重点铁路项目规划与建设情况”专项通报，为委员更好参政议政、知情履职搭建了平台。四是开展好委员视察活动。通过组织开展“重庆城市规划建设管理情况”“大众创业、万众创新”常委视察活动和“全市重点铁路项目规划与建设情况”委员年度视察活动，搭建了委员发挥自身作用建言献策的平台，较好地引导委员利用自身专业优势、智力优势参与民主监督。

科教文卫体委员会　一是加强政治理论学习，坚定正确发展方向。组织委员举办“国学素养培训班”等活动，认真开展“两学一做”学习教育。二是聚焦重点任务，扎实开展协商议政。牵头做好“重庆大健康产业培育与创新”常委会议重点协商，形成10项专题报告和1篇综合报告提交常委会议协商，得到市委常委、常务副市长翁杰明的回应；深入开展“推进智慧城市建设”主席会议专题协商，深入考察宁夏回族自治区、合川区、渝北仙桃数据谷等相关建设情况，累计完成15份子报告和1份主报告，副市长陈绿平对协商工作给予肯定；扎实开展“重庆知识产权创新改革”主席会议专题协商，形成1份综合调研报告、1份通报材料、14份专题报告，7名委员上报建言材料提交主席会议协商。另外，围绕“推进普惠性学前教育工作”课题与市教委深入开展对口协商。三是紧扣“五大助力”，深入开展委员履职实践活动。与重庆医科大学联合举办了“第七期基层医师培训班”，与重庆医科大学儿童医院联合举办了“儿科医师培训班”，继续组织开展委员走进基层、走进校园等活动。四是认真组织视察考察，充分发挥委员主体作用，并依托委员小组，开展形式多样的调研考察活动，《人民政协报》以“春天里，智力小分队在行动”为题，对委员小组考察活动做了综合报道。五是围绕群众关心的热点问题，认真做好提案和反映社情民意信息工作，提交5件集体提案，其中4件被列为重点提案。提交社情民意信息13件，采用12件，政府部门回复4件。

社会法制委员会　一是开展协商议政活动。组织开展“我市多种形式消防队伍建设与发展”重点调研，形成调研报告报送市政府；组织开展重庆市规划建设管理、大众创业万众创新、群团改革工作、农村道路交通安全工作等9项视察考察活动，共有320余人次参加，提出建议意见210余条；组织开展“深化简政放权，方便群众办理车驾业务”对口协商；在四届四次全会上提交集体提案2件，引导委员提交提案32件，协助分管副主席督办提案2件，完成专委会督办提案。二是助力全面依法治市。参加地方法规论证会、征求意见座谈会；参加全市法官、检察官遴选委员会及惩戒委员会工作；会同党派团体和区县政协开展全市基层法律服务工作协商议政活动。三是推进民生改善。围绕残疾人权益保障、农村留守儿童关爱保护等献计献策，推动解决一批民生问题；组织分管副主席接待委员日、接访群众和走访委员活动，收集建议意见35条，提交社情民意19条，引导委员开展扶贫济困、捐资助学、结对帮扶、推荐就业等公益活动。四是开展委员履职实践活动。创新活动形式，分工会、青联、妇联、社会、法制五个小组开展活动，全年共开展调研视察活动 7 次，形成“集中活动 + 小组活动”的履职新格局。

民族宗教委员会 一是围绕中心、服务大局，认真开展专题调研和视察。开展“渝东南生态保护发展区脱贫攻坚”专题调研。就渝东南生态保护发展区脱贫攻坚的现状、问题及保障措施与政策支持等方面开展调研并与当地政府及相关部门交换意见，形成了《市政协民宗委关于渝东南生态保护发展区脱贫攻坚的调研报告》。开展少数民族地区教育问题视察。针对渝东南民族地区部分区县上学难、教育设施落后的实际情况，组织委员就渝东南民族地区基础教育薄弱的问题进行视察，为委员们在四届五次会议上积极建言献策提供了参考和帮助。二是献良策，办实事，深入推进委员传递正能量。联合重庆慈善总会，在石柱县举办了重庆市政协“委员传递正能量”慈善捐赠仪式，市慈善总会为石柱县大病救助基金捐款 500 万元，委员为石柱的困难家庭、敬老院、留守儿童捐赠 50 万元。截至目前，在“委员传递正能量”活动中，委员累积捐款、捐物共计 2000 余万元。三是抓好重点提案督办，积极反映社情民意。扎实做好重点提案督办工作，充分发挥少数民族界和宗教界委员作用，广泛收集社情民意信息，实事求是地反映少数民族群众及宗教界人士的意见和建议，为市委市政府领导决策提供参考。四是加强自身建设，不断提高为委员服务的能力和水平。切实增强“四个意识”，进一步打牢思想政治基础。注重建立健全规章制度，进一步推动专委会工作制度化、规范化、程序化建设。注重改进工作作风，进一步提高工作谋划和协调服务的能力。

港澳台侨和外事委员会 一是切实践行政协协商民主。深入开展“跨境电商”重点调研，形成并向市委、市政府报送了“进一步促进重庆跨境电子商务发展的对策研究”重点调研报告。精心组织五次视察活动，组织委员视察仙桃国际数据谷和江北嘴中央商务区、南彭公路保税物流中心建设等情况。扎实开展提案办理协商和反映社情民意，提交 25 件提案和社情民意，其中《关于加强渝港高等职业教育合作的建议》被列为市政协领导督办的重点提案。二是深入推进“委员传递正能量”活动。促成余彭年慈善基金会“彭年光明行动”健康扶贫项目进入重庆，投入 500 万元为万州、丰都 1000 名贫困白内障患者实施免费治疗。协调组织港澳委员在云阳视察期间举行了慈善扶贫捐赠仪式，向贫困学生、孤残老人爱心捐助 70 万元。协助市政协扶贫集团和市慈善总会，促成中国初级卫生保健基金会向云阳县基层医院捐赠数千万元医疗器材。三是维护“一国两制”正确方向。鼓励香港委员积极参与爱国爱港反港独行动，部分委员组织带领香港各界联合会、珠宝协会等 10 多个团体，积极参加“政改论坛”“保释签名”等活动，强烈谴责和反对“港独”分子“占中”、旺角暴乱等极端行为。引导澳门委员大力支持特区政府依法施政，部分委员带头支持依法实施行政长官选举和特区政府依法行政，积极参与促进澳门持续稳定发展。团结台湾同胞推动两岸和平发展，部分委员依托重庆市台湾同胞投资企业协会，积极参与岛内政治生活，为支持两岸和平发展的政党争取民意选票，呼吁民进党执政当局承认“九二共识”“一个中国”，坚决抵制和反对“台独”。

区县政协工作联络委员会 一是片区活动成效突出。组织六个片区 38 个区县政协和部分委员专家学者，围绕“缓解主城区停车难”“建立通畅高效的铁公水空物流联运”“深化‘万开云’板块一体化”等六个主题，在深入调研基础上，召开六次片区会议，与市级相关部门、区县党委政府领导等讨论协商，形成6份调研建言报告送市委、市政府及相关部门，其中，《关于缓解主城区停车难的建议》等四份报告，得到市领导重要批示，有的报告还被市委督察室专项督办。二是助力区县创新履职。邀请24名市政协委员专家学者，在徐敬业主席、彭永辉副主席率领下，走进合川区，助力合川钓鱼城申遗和旅游提档升级；走进綦江区，为綦江文旅、城旅、医旅、农旅、商旅融合发展把脉支招。三是“两班一会”务求实效。2016年6月，以“加强对政协委员的联络、服务与管理”为主题，本委承办了重庆市区县政协主席研究班。9月，以“‘委员传递正能量’履职实践活动的成效及影响”为主题，承办了重庆市区县政协工作经验交流会。收集整理汇编约20万字的材料。四是走进区县收集意见。结合全市区县政协面临换届的情况，走访、收集了38个区县政协对换届工作的上百条意见，形成了八个方面的情况报告，报送市政协党组和市政协机关党组。两级党组对报告十分重视，市政协党组领导与市委分管领导、市委组织部领导交换了意见，意见建议得到采纳。

【重要会议、活动】

重点协商“加快实施创新驱动发展战略” 2017年3月，市政协正式启动近年来规模最大，同时也是开展于决策实施之中的监督性协商工作。67家单位组成综合调研组和43个专题调研组，聚焦市委、市政府“创新45条意见”和124项任务分工，深入创新一线开展历时6个月的深入调研，对照监督相关文件的贯彻落实情况，提出247条建议，得到陈敏尔书记重要批示，并于市政协四届三十一次常委会议上进行了重点协商。针对创新基础存在差距、创新人才相对短缺、创新驱动体制机制不够完善等问题，与会的市政协常委们积极建言，直抒己见，提出推动创新成果转化，支持本土企业自主创新；整合政策资源，优化政策流程；强化政策导向，促进企业加大研发投入等建议。市委常委、市政府常务副市长吴存荣到会听取意见，并结合重庆加快实施创新驱动发展战略的情况，从政策、人才、体制机制等方面对委员们的意见建议一一给予回应，表示将认真研究、积极吸纳大家的真知灼见。

对口帮扶云阳县脱贫攻坚 按照市委、市政府的统一部署，重庆市政协办公厅扶贫集团以精准扶贫、精准脱贫为主线，注重产业发展与精准到户相结合，当期脱贫与巩固成果相结合，外部帮扶与内生动力相结合，全力助推云阳县决战决胜脱贫攻坚。2017年在定点包干深度贫困乡镇泥溪镇脱贫攻坚、结对帮扶贫困村整村脱贫摘帽和助力云阳县域经济社会发展中，深入云阳县贫困乡村调研286人次，召开帮扶工作协调会议4次，成立了泥溪镇脱贫攻坚指挥部和驻镇工作队，从各成员单位选派驻镇工作队员和驻村第一书记共8人，扎实推进深度贫困乡镇脱贫攻坚。扶贫集团成员单位结对帮扶12个贫困村脱贫摘帽，共落实资金1650万元，用于支持贫困村完善基础设施、巩固脱贫成果、发展特色产业和社会事业，捐赠65万元资助贫困大学生130名，协调资金200万元支持泥溪镇特色产业发展。充分发挥集团优势，组织协调市轨道交通集团、市水利局、市卫计委、市金融办、市移民局、市慈善总会等成员单位和市级有关部门，合力助推云阳县龙缸景区宣传推介、幸福水库建设、县医院创建三级甲等综合医院、盐化公司 IPO 上市、贫困农户产业扶持、滨江移民安置小区综合帮扶等 6 个重大项目发展。

【重要文件】

常委会工作报告（2017 年 1 月 14 日）（摘要）

2016 年，市政协常委会在中共重庆市委坚强领导下，高举爱国主义、社会主义旗帜，坚持团结和民主两大主题，引导广大政协委员紧紧围绕中心、服务大局，认真履行政治协商、民主监督、参政议政职能，广泛传递正能量，充分发挥协商民主重要渠道和专门协商机构作用，为全市“十三五”开好头起好步、为“科学发展、富民兴渝”作出了积极贡献。

过去的一年，市政协常委会充分发挥专门协商机构作用，紧扣全市中心工作，为“十三五”规划、供给侧结构性改革、创新驱动发展、内陆开放高地建设、民生民利改善、全面依法治市等协商议政监督。持续发力切实扩大履职成果，助力经济社会发展、心系群众排忧解难、奉献爱心扶贫济困，“委员传递正能量”履职实践活动不断深化。努力改进经常性基础性工作，政协履职制度化、规范化、程序化稳步推进。始终坚持问题导向精准施策，从严从实抓好党建，做好委员联系服务，务实加强机关建设，政协自身建设再上新台阶。

2017 年是实施“十三五”规划的重要一年，是供给侧结构性改革的深化之年，将迎来中国共产党第十九次全国代表大会，迎来市第五次党代会和重庆直辖 20 周年，做好全年各项工作意义重大。重庆市政协将更加紧密团结在以习近平同志为核心的党中央周围，在中共重庆市委坚强领导下，全面贯彻党的十八大和十八届三中、四中、五中、六中全会精神，深入贯彻习近平总书记系列重要讲话和治国理政新理念、新思想、新战略、视察重庆重要讲话精神，突出团结民主主题，围绕中心服务大局，落实五大发展理念，积极履行政协职能，推进政协协商民主，深化委员实践活动，为统筹推进“五位一体”总体布局和协调推进“四个全面”战略布局，为推动全市经济社会持续健康发展作出新贡献，努力开创政协工作新局面。

【组织概况】

主席补选名单

（2017 年 1 月 18 日政协重庆市第四届委员会第五次会议通过）

徐松南

副主席补选名单

（2017 年 1 月 18 日政协重庆市第四届委员会第五次会议通过）

燕　平　吴　刚　李建春

主席辞职名单

（2017 年 1 月 18 日政协重庆市第四届委员会第五次会议通过）

徐敬业

副主席辞职名单

（2017 年 1 月 18 日政协重庆市第四届委员会第五次会议通过）

谢小军　彭永辉　姜　平

秘书长

（2017 年 1 月 18 日政协重庆市第四届委员会第五次会议通过）

秦　敏

常务委员变动名单

（2017 年 1 月 18 日政协重庆市第四届委员会第五次会议通过）

王爱祖、刘宝亚、周　旭、夏永鹏、廖涛当选为常务委员。

（2017 年 3 月 23 日政协重庆市第四届委员会常务委员会第二十九次会议通过）

丁祥龙、苑鲁辞去常务委员。

（2017 年 6 月 23 日政协重庆市第四

届委员会常务委员会第三十次会议通过）

何蔼先辞去常务委员。

（2017年9月27日政协重庆市第四届委员会常务委员会第三十一次会议通过）

王泰来、严晓光、杨恩芳辞去常务委员。

区县（自治县、市）政协主席

万州区　罗能平
黔江区　夏于峰
涪陵区　徐志红
渝中区　陈大奎
大渡口区　张　琼
江北区　刘汉华
沙坪坝区　黎万宏
九龙坡区　郑和平
南岸区　甘联君
北碚区　周继超
渝北区　彭建康
巴南区　刘永全
长寿区　张　华
江津区　王君成
合川区　周立友
永川区　刘祥全
南川区　简支全
綦江区　母明江
大足区　陈廷剑
璧山区　向邦俊
铜梁区　严永超
潼南区　张　彬
荣昌区　陈　震
开州区　敖天才
梁平区　周仁胜
武隆区　潘晓成
城口县　何国兵
丰都县　王润侠
垫江县　杨　刚
忠　县　陈加义
云阳县　赖建彬
奉节县　向益平
巫山县　刘大勇
巫溪县　熊　莉
石柱县　孙开武
秀山县　周传明
酉阳县　庹汉兴
彭水县　谢　胜

重庆市各级政协组织和委员数

（截至2017年年底）

项目＼级别	直辖市	市辖区	县（自治县）	合计
组织数	1	26	12	39
委员数	847	7387	2910	11144

（龙玉蛟　**编写**　易炳翀　**审稿**）

政协四川省委员会

崔保华　副主席

刘　捷　副主席

邓　川　副主席

【全体委员会议】

十一届五次会议　1月14日至18日在成都召开。会议应出席委员876人，实到843人。会议听取并审议通过了李登菊同志代表省政协十一届常务委员会所作的工作报告；听取并审议通过了赵振铣同志代表省政协十一届常务委员会所作的提案工作情况的报告。与会委员列席了四川省第十二届人民代表大会第五次会议，听取并讨论了政府工作报告，计划、预算报告和省高级人民法院、省人民检察院工作报告。会议补选崔保华、刘捷、邓川为政协四川省第十一届委员会副主席，补选马小彬等15位委员为省政协常委。会议还审议通过了省政协十一届委员会第五次会议决议和提案审查情况的报告。中共四川省委书记王东明、省政协主席柯尊平出席会议并讲话。

【常务委员会会议】

第17次会议　1月13日至18日在成都举行。会议审议通过了《政协四川省委员会2017年工作要点》；听取了省政协十一届委员会第五次会议秘书长关于委员小组审议和讨论情况的报告；审议通过了省政协十一届委员会第五次会议决议和提案审查情况的报告，提请大会通过；审议通过了有关人事事项，提请大会选举。

第18次会议　6月6日在成都举行。会议传达学习中国共产党四川省第十一次代表大会精神，围绕“推进供给侧结构性改革，促进转型升级”开展专题协商。省政府副省长、省政协副主席刘捷代表省政府通报全省经济社会发展和推进供给侧结构性改革有关情况；受省政协主席柯尊平委托，省政协副主席李登菊在会上讲话。会前邀请中国农业大学校长柯炳生以“农业供给侧结构性改革：目标、挑战、创新、前景”为题作辅导报告。

第19次会议　9月26日在成都举行。会议围绕“深入推进脱贫攻坚，进一步增强困难群众获得感”开展专题协商。中共四川省委副书记、省长尹力代表省政府通报全省脱贫攻坚工作情况；省政协主席柯尊平出席会议并讲话。会议补选向友国同志为政协四川省第十一届委员会副秘书长。会前邀请国家行政学院经济学部副主任、中国乡村文明研究中心主任张孝德作“绿色发展与乡村文明复兴的新机遇、新挑战”专题辅导报告。

第20次会议　11月16日在成都举行。会议专题传达学习中共十九大精神和全国政协十二届常委会第二十三次会议精神，审议通过了《政协四川省第十一届委员会常务委员会关于认真学习贯彻中国共产党第十九次全国代表大会精神的决议》。省政协主席柯尊平出席会议并讲话。各民主党派省委、省工商联和工会、经济、科技、社科界别代表分别作大会发言。

【专门委员会工作】

提案委员会 一、全年征集提案1053件，立案提案929件，办复929件，遴选10件重点督办提案。二、承办省政协十一届五次会议提案交办会。三、组织承办全省政协提案工作座谈会。四、采取实地调研与座谈协商相结合，督办《关于推动凉山现代烟草产业发展助农增收的建议》重点提案。五、开展“助推凉山精准脱贫攻坚系列活动”，选取涉及凉山州教育扶贫的5件提案赴凉山州开展实地调研和协商办理，并联合省新闻出版广电局等有关部门向凉山州贫困县学校捐赠书籍和电教设备，引导委员开展捐资助学活动。

经济委员会 一、承办“加快构建西部金融中心”界别协商会，会议成果得到省委书记王东明批示。二、围绕“推进供给侧结构性改革，促进转型升级”联合省发展改革委、省经济和信息化委、省国资委等单位开展调研，牵头承办“推进供给侧结构性改革，促进转型升级”专题议政性常委会议大会发言工作；就“加快构建西部金融中心”开展调研，调研报告得到省委书记王东明批示。三、围绕“我省智能制造领先示范企业发展情况”组织委员视察。四、组织委员赴成都蛟龙港学习考察，视察我省食品饮料产业发展情况。五、督办《关于我省贫困“摘帽县”脱贫后可持续发展问题》重点提案。六、参加省政协“助推凉山脱贫攻坚”系列活动。

人口资源环境委员会 一、围绕“工业固体废物综合利用”开展重点调研，报告得到省委书记王东明，省长尹力批示。二、调研大熊猫国家公园体制试点工作，报告得到省委书记王东明批示。三、围绕“页岩气开采利用”开展重点视察，围绕“泸沽湖生态环境保护和旅游资源开发”开展联合视察，视察成果得到省委书记王东明批示。四、围绕“岷江水环境综合治理”开展专题协商会，会议成果得到省委书记王东明批示。五、组织无党派、特邀界别赴成都市视察锦江生态带建设情况，赴泸州市视察特色小镇建设情况。六、组织委员参加“我为扶贫攻坚做件事”活动，共捐助资金2164万元，协调社会资金4498.6万元、银行资金10.95万元、财政资金80万元。

科技委员会 一、履行省政协全面创新改革领导小组办公室职责，全省政协各级组织和广大委员聚焦“9张任务清单”开展各类协商119次、调研758次、视察222次，提交提案826件，反映社情民意628条；全省各级政协委员立足岗位直接参与全创2341人，通过政协履职参与全创7497人次。在我省已报的42条经验中，有10条源于政协组织大力推动和委员创新实践，得到省委主要领导肯定性批示。二、围绕“构建成德绵协同创新体系，推进军民融合”开展重点调研和学习考察，召开专题协商会。三、就“推进高校、科研院所科技人员激励政策落实”开展重点视察，召开对口协商会。四、组织部分住川全国政协委员和省政协九三、科技、科协界别委员及帮扶企业代表，前往雷波县开展“助推凉山精准脱贫攻坚系列活动”暨九三学社、科技、科协界别活动，捐款捐物共计56万元。

教育委员会 一、重点调研“高职院校产教合作培养技能人才情况”，调研报告得到省委书记王东明批示。二、视察丘陵人口大县基础教育发展情况，视察报告得到省委书记王东明批示。三、开展“推进教育信息化，促进教育均衡发展的建议”重点提案督办。四、参与“助推凉山精准脱贫攻坚系列活动”，组织教育委委员、教育专家和省级示范学校的教师赴布拖县开展“同课异构”支教活动。五、赴简阳市开展儿童节慰问活动，赴甘洛县开展教师节活动。

农业委员会 一、围绕“大力发展农村电子商务，助推四川由农业大省向农业强省跨越”开展重点调研，报告得到省委书记王东明批示。二、围绕“推进农业供给侧结构性改革，实现四川由农业大省向农业强省跨越”开展重点视察。三、组织农业、合作社、工商联界别就“培育‘川字号’特色农产品品牌，助推县域经济发展”开展视察。四、调研“脱贫攻坚中的新情况新问题”。五、督办《关于推动农业供给侧结构性改革的建议》重点提案。六、开展“加强都江堰水利资源统一管理”“我省林下经济发展情况”专题调研。七、组织委员参与“我为扶贫攻坚做件事”活动，涉及帮扶项目50余项、资金8.12亿元。

文体医卫委员会 一、开展“注重生态文旅融合，推动美丽村镇建设”重点调研。二、督办《关于我省出生人口缺陷预防与对策建议》重点提案。三、组织委员就食品安全生产、海绵城市建设、我省体育健身休闲产业发展情况进行视察。四、承办“守墨鼎新——四川省政协书画研究院作品展”。五、就食药监管体制改革和自贡彩灯文化“走出去”战略实施情况开展专题调研。六、参与“我为扶贫攻坚做件事”活动，开展送文化下乡活动。

社会法制委员会 一、召开“推进以审判为中心的刑事诉讼制度改革”对口协商会。二、就“我省供给侧结构性改革下企业职工分流安置情况”开展重点调研。三、就“我省居家和社区养老服务政策体系建设及贯彻落实情况”开展重点视察。四、督办《关于加快推进我省农民工返乡创业的建议》重点提案。五、就“综合行政执法体制改革情况”“电商和竹编产业发展情况”“司法所规范化建设”开展专题调研。六、赴山西、宁夏开展《女职工劳动保护特别规定》具体实施办法立法调研。七、开展立法协商工作，组织委员就《四川省环境保护条例》（修订草案）等10件地方性法规（草案）和政府规章（草案）提出意见建议119条。八、组织委员参与“我为扶贫攻坚做件事”活动，共42名委员，68人次参与“我为扶贫攻坚做件事”活动，其中个人捐款6.16万元，协调社会资金218.5万元，帮扶群众3565人。

民族宗教委员会 一、组织出席省政协十一届五次会议的藏传佛教界委员视察天府新区。二、邀请有关专家为民族地区、革命老区2000余名农村妇女进行脱贫致富实用技能培训，为少年儿童组织捐赠价值30余万元的图书和文体用品。三、赴全国政协参与并完成《藏族百年实录》资料编审、定稿等相关工作。四、督办《推动城市湿垃圾资源化利用促进绿色发展的建议》重点提案。五、重点视察民族特需用品生产流通服务。六、开展藏传佛教界和民族宗教界委员培训。七、组织部分省政协委员赴凉山州喜德县、木里县开展脱贫帮扶等活动，协调解决喜德县贫困村基础设施建设项目资金共计103万元。

文史资料和学习委员会 一、继续征编《巴蜀民风民俗》大型文史丛书。二、编辑出版《四川政协》杂志。三、就“我省旅游商品和购物发展情况”开展视察，就“强化创新 创意设计，提升我省旅游商品品位和文化内涵”开展调研，并召开界别协商会。四、举办省政协助推凉山脱贫攻坚的文化帮扶项目——凉山州文史干部工作培训会；联系新华发行集团为凉山州冕宁县大桥镇大桥村捐赠价值5万元的电脑、图书、桌椅等物资开办“农家书屋”。

港澳台侨和外事委员会 一、组织开展“推进中国（四川）自由贸易试验区建设”重点调研，并召开专题协商会，调研报告得到省委书记王东明批示。二、开展“发挥港澳委员作用，积极助推凉山精准脱贫攻坚”重点调研，调研报告得到省委书记王东明批示。三、在省政协十一届五次会议期间，组织港澳委员和列席侨台胞赴眉山市开展专题视察。四、组织港澳委员赴西藏、青海、宁夏考察学习。五、督办《关于深化供给侧结构性改革，推动民营经济转型发展的建议》重点提案。六、根据《四川省邀请外国驻华领馆官员旁听省人大、政协有关会议管理办法》，完成首次邀请外国驻蓉领馆官员旁听省政协全会工作。七、开展侨资企业经营发展和环境保护工作情况专题调研。八、组织委员参与“我为扶贫攻坚做件事”活动，累计捐款捐物、捐资助学200余万元，开展技能培训百余人次。

地方政协联络委员会 一、承办“我为扶贫攻坚做件事”活动办公室日常工作，服务保障全国政协来川开展两轮扶贫监督性调研，召开全省政协“我为扶贫攻坚做件事”工作推进片区会，编发“我为扶贫攻坚做件事”活动简报。参与助推凉山州脱贫攻坚系列活动，组织委员捐赠现金73.8万元、物资价值44.5万元，支持产业扶贫项目7个、开展专题技术培训5期。二、重点视察彝族妇女在脱贫攻坚中作用发挥情况。三、与达州市政协联合调研“深入推进脱贫攻坚，进一步增强困难群众获得感”。四、组织驻川部队、妇女、特邀界别委员视察扶贫攻坚和退役军人安置工作情况。五、在北戴河、青岛成功举办全国政协第99期、第108期、第111期地方政协干部（委员）培训四川专班。六、支持协调并积极参加川南“7+3”城市政协“生态文化绿色发展调研座谈会”“绿色发展、共建共享”等地方政协片区联席会。

【重要会议、活动】

全省地方政协联络工作座谈会 4月21日在泸州召开。会议传达学习全国两会精神、《深入贯彻落实中央省委关于脱贫攻坚工作最新决策部署和王东明书记重要指示精神扎实推进“我为扶贫攻坚做件事”活动的六条措施》《政协四川省委员会关于进一步大力推进“我为扶贫攻坚做件事”活动有关工作通知》，探讨交流政协履职工作经验，研究部署推进“联络、联系、联动”和“我为扶贫攻坚做件事”活动等相关工作。省政协副主席高烽出席会议并讲话。

省政协党风廉政建设工作会议 5月18日在成都召开。会议深入学习贯彻十八届中央纪委七次全会、省纪委十届六次全会，特别是全国两会期间习近平总书记在参加四川代表团审议时的重要讲话精神，结合省委第四巡视组巡视办公厅党组反馈意见，安排部署省政协党风廉政建设和反腐败斗争工作。受省政协党组书记、主席柯尊平委托，省政协党组副书记、副主席李登菊出席会议并讲话。省政协党组成员、副主席邓川主持会议。

全省政协提案工作座谈会 6月30日在成都召开。会议围绕进一步提高提案质量、增强办理实效开展交流；强调全省政协各级组织引导广大政协委员紧扣中心大局，深入调查研究，多提“说得对、用得上”的提案，多提措施实、办法好的提案；健全完善提案办理协商制度机制，进一步完善督查和评估机制；注重协同式办理，着力增强提案办理成果的转化实效。省政协副主席崔保华出席座谈会并讲话。

省政协“我为扶贫攻坚做件事”工作推进片区会 7月25日至26日在阿坝州召开。会议总结交流帮扶经验，研究部署下一步推进工作。省人大常委会副主任、阿坝州委书记刘作明出席会议并致辞，省政协副主席高烽出席会议并讲话，省政协秘书长王建军主持会议，4 个市（州）、县（市、区）政协和 6 名政协委员作大会交流发言。

省政协学习会 8 月 29 日至 31 日在成都召开。与会人员通过大会交流、学习讲座、小组讨论等方式，深入学习领会习近平总书记在省部级主要领导干部专题研讨班开班式上的重要讲话、在深度贫困地区脱贫攻坚座谈会上的重要讲话精神，全面贯彻落实习近平总书记对四川工作的重要指示，紧扣省第十一次党代会部署要求，结合政协实际，深入学习研讨。省政协主席柯尊平出席会议并讲话。

全省政协工作经验交流会 9 月 27 日在成都召开。会议深入学习贯彻习近平总书记系列重要讲话精神和治国理政新理念、新思想、新战略，认真贯彻落实省第十一次党代会精神，总结交流近年来全省政协工作的主要成效和经验做法，推进全省政协事业再上新台阶。省政协主席柯尊平出席会议并讲话。12 个市（州）、县（市、区）政协作大会交流发言。

全省政协信息宣传工作会议 10 月 16 日在成都召开。会议深入学习贯彻习近平总书记系列重要讲话特别是习近平总书记在省部级主要领导干部专题研讨班开班式上的重要讲话精神，总结交流全省政协信息宣传工作经验，研究改进工作的思路和措施，部署学习宣传贯彻党的十九大精神有关工作。自贡、泸州、遂宁、眉山市政协，民盟四川省委，省政协经济委员会，南江、宣汉、松潘县政协先后作交流发言。省政协副主席李登菊出席会议并讲话。

四川省人民政协理论与实践研究会工作会议 10 月 17 日在成都召开。会议通报表扬了 2017 年度优秀论文，与会人员围绕创新载体，提升民主监督实效、加强政协界别履职能力建设等内容进行交流发言。省政协副主席李登菊出席会议并讲话。

第三届中国康养产业发展论坛 12 月 9 日至 10 日在攀枝花举行。论坛由民革中央、四川省政协主办，四川省攀枝花市和河北省秦皇岛市承办。论坛主题为“康养攀枝花·东方太阳谷”，主要活动分为系列论坛、成果展览、产业推介三大板块。全国政协副主席、民革中央常务副主席齐续春出席论坛并作主旨演讲。论坛举办期间，还举行了“国家战略资源创新开发试验区·全国阳光康养旅游目的地”产业投资推介会。签约项目共 77 个，投资总额约 648.73 亿元。来自国内外的 600 多名专家、学者和相关人士参加论坛。

2018 年新年茶话会 12 月 28 日在成都举行。省政协主席柯尊平主持，省委副书记邓小刚受省委委托出席并讲话。省政协副主席，民进中央副主席、四川省委主委张雨东代表各民主党派省委、省工商联、无党派人士致辞。省党政军有关领导，省老同志，省政协老领导，部分在蓉两院院士、全国政协委员和省政协常委，各民主党派省委、省工商联、无党派人士和省级有关人民团体、省直有关部门负责人，以及各族各界代表人士出席茶话会。

【重要文件】

常委会工作报告（2018 年 1 月 24 日）（摘要） 一、过去五年工作的回顾。一是强化政治引领，坚决维护以习近平同志为核心的中共中央权威和集中统一领导。把坚持和发展中国特色社会主义作为巩固共同思想政治基础的主轴，把学习贯彻中共十九大精神作为首要政治任务，按照中共十九大对政协工作作出的新部署和省委对政协工作的新要求，履职尽责、献计出力，为建设美丽繁荣和谐四川共同奋斗。二是发挥政协优势，积极助推脱贫攻坚和全面创新改革。在全省政协系统开展“我为扶贫攻坚做件事”活动，截至2017年底，全省7.03万名政协委员参加活动、参与率99.7%，联系帮扶贫困村9340个、贫困户64375户，做好事实事33万件。坚持把创新作为引领发展的第一动力，发挥政协独特优势，助推全面创新改革“一号工程”取得突破，全省25000余名政协委员参与全创，在我省已报的42条经验中，有10条源于政协组织大力推动和委员创新探索。三是践行新发展理念，协力加快经济强省建设。坚持以新理念引领新发展，把助推“十三五”规划编制和实施作为履职主线，保持转型发展战略定力，协力供给侧结构性改革，践行“绿水青山就是金山银山”重要思想，助推美丽四川建设。四是坚持履职为民，着力促进民生改善。贯彻以人民为中心的发展思想，助解事关人民群众切身利益的现实问题；坚持“治蜀兴川重在厉行法治”，促进提升社会治理法治化水平；积极参与文化惠民工程，宣传和践行社会主义核心价值观。五是强化统战职责，为推进治蜀兴川各项事业凝聚力量。坚持和完善中国共产党领导的多党合作和政治协商制度，贯彻落实《中国共产党统一战线工作条例(试行)》和四川《实施细则》，省政协领导定期联系各参加单位和界别；关注民族地区发展，引导宗教与社会主义社会相适应，促进民族团结、宗教和睦；广泛开展联谊交往，不断扩大团结面。六是弘扬民主精神，增强政协协商民主实效。认真落实推进协商民主广泛多层制度化发展重大战略任务，推进政治协商、民主监督、参政议政制度建设，把协商民主贯穿履职全过程，完善协商议政格局，坚持协商式监督原则，不断改进民主监督工作。七是加强自身建设，不断提升政协工作科学化水平。落实全面从严治党要求，理直气壮抓党建；深入贯彻懂政协、会协商、善议政和守纪律、讲规矩、重品行的重要思想，加强政协委员和机关干部队伍建设；加强经常性工作创新，推进各项履职活动更加活跃有序。回顾五年的工作，我们也清醒认识到一些不足。比如，有的调查研究深入基层不够，有的意见建议针对性和操作性还需要增强；一些协商活动的形式有待创新，协商成果的采纳落实和反馈机制还不够健全；民主监督工作还需进一步加强；发挥界别优势作用不够充分；服务委员、调动委员履职积极性的工作有待进一步加强；经验总结和理论探索有待提升。二、过去五年工作的体会。一是必须毫不动摇坚持中国共产党领导。二是必须坚持省委中心工作推进到哪里、政协履职就跟进到哪里。三是必须坚持人民至上的价值追求。四是必须坚持大团结大联合。五是必须注重协同互动推进工作。六是必须注重发挥委员作用。三、今后工作的建议。一是深入学习贯彻中共十九大和省第十一次党代会精神。二是紧扣建设美丽繁荣和谐四川献计出力。三是积极推进政协协商民主发展。四是更好发挥政协作为统一战线组织重要作用。五是大力推进履职能力现代化建设。

【组织概况】

副主席补选名单

(2017年1月18日政协四川省第十一届委员会第五次会议选出)

崔保华　刘　捷　邓　川

常务委员补选名单

(2017年1月18日政协四川省第十一届委员会第五次会议选出)

马小彬　朱　冬　朱　玲（女）

向　秋（藏族）　刘国强　刘德福

肖　雷　吴显奎　何　健　邹吉祥

陈莉萍（女）　欧阳泽华　姚　斌

窦志民　戴　震

副秘书长增补名单

（2017年9月26日政协四川省第十一届委员会常务委员会第十九次会议通过）

向友国

不再担任副秘书长名单

（2017年1月13日政协四川省第十一届委员会常务委员会第十七次会议通过）

刘全胜

（2017年6月6日政协四川省第十一届委员会常务委员会第十八次会议通过）

何顺洪

不再担任常务委员名单

（2017年1月13日政协四川省第十一届委员会常务委员会第十七次会议通过、1月14日政协四川省第十一届委员会第五次会议确认）

王　平　刘云夏　刘凤成　李发强
李树海　杨占昌　肖天任　何大新
宋光齐　张晓梅　罗雪松　黄锦生
蒋东生　谭志昕

市（州）、县（市、区）政协主席变动情况

成都市政协

副主席

郝康理（2017年1月7日当选）

刘　仆（2017年1月7日当选）

攀枝花市政协

主　席

李群林（2017年2月9日当选）

单　荣（2017年2月9日不再担任）

泸州市政协

主　席

田亚东（2017年1月8日当选）

喻　双（2017年1月8日不再担任）

德阳市政协

主　席

张万平（2017年1月11日当选）

刘　哲（2017年1月11日不再担任）

宜宾市政协

主　席

吕晓莉（2017年1月10日当选）

葛燎原（2017年1月10日不再担任）

广安市政协

主　席

肖　雷（2017年1月6日当选）

刘凤成（2017年1月6日不再担任）

巴中市政协

主　席

朱　冬（2017年1月8日当选）

李树海（2017年1月8日不再担任）

资阳市政协

主　席

陈莉萍（2017年1月9日当选）

罗雪松（2017年1月9日不再担任）

阿坝州政协

主　席

尼玛木（藏族）（2017年1月9日当选）

吴泽刚（藏族）（2017年1月9日不再担任）

甘孜州政协

主　席

向　秋（藏族）（2017年1月8日当选）

易　凡（藏族）（2017年1月8日不再担任）

凉山州政协

主　席

杨文泉（2017年2月17日当选）

邓显祥（2017年2月17日不再担任）

四川省各级政协组织和委员数

（截至2017年年底）

级别 项目	省	副省级市	地级市（州）	县（县级市、区）	合计
组织数	1	1	20	183	205
委员数	875	628	7402	35178	44083

（王彦均 **编写** 杜兰举 曾秀琼 徐建军 **审稿**）

政协贵州省委员会

黄家培　副主席

周建琨　副主席

【全体委员会议】

十一届五次会议　2017年1月15日至20日在贵阳举行。会议审议批准班程农同志受政协第十一届贵州省委员会常务委员会委托所作的工作报告，审议批准谢晓尧同志受政协第十一届贵州省委员会常务委员会委托所作的提案工作情况报告。会议表决同意孙国强、班程农不再担任政协第十一届贵州省委员会副主席职务，补选黄家培、周建琨为政协第十一届贵州省委员会副主席，补选了常务委员会组成人员。

与会委员列席了十一届省人大五次会议，对孙志刚省长所作的《政府工作报告》及会议其他有关报告进行协商讨论。

省委书记陈敏尔在开幕会上作《走好新的长征路　迎接党的十九大》讲话，省委书记陈敏尔、省长孙志刚、省委副书记谌贻琴等省委、省政府领导同志到会听取委员大会发言，参加委员联组讨论。

会议期间共收到提案647件，经审查后立案622件。

省政协主席王富玉在闭幕会上作了题为《践行懂政协会协商善议政思想　推动人民政协事业创新发展》的重要讲话，对本次会议进行了全面总结，对省政协2017年的工作进行了全面部署。

【常务委员会议】

第24次会议　2017年1月4日至5日召开。听取《政府工作报告（征求意见稿）》说明，审议通过《政协贵州省委员会常务委员会工作报告》并推选报告人；审议通过《省政协十一届四次会议以来提案工作情况的报告》并推选报告人；审议通过省政协十一届五次会议有关文件、名单（草案）；听取省政协各专门委员会关于2016年工作情况的汇报；审议通过省政协十一届常委会关于调整专门委员会设置的决定，决定合并省政协科技教育委员会和省政协文化卫生体育委员会，设置省政协教科文卫体委员会，增设省政协农业农村委员会；审议通过有关人事事项。

第25次会议　2017年1月16日召开。会议审议了有关人事事项；审议通过了省政协十一届五次会议选举办法（草案），省政协十一届五次会议选举总监票人和监票人名单（草案）。同意按程序提交省政协十一届五次会议审议。

第26次会议　2017年1月18日召开。会议审议通过省政协十一届五次会议决议（草案），省政协十一届五次会议提案审查情况报告（草案）。听取组织组负责人关于各小组对有关人事事项、选举办法（草案）、总监票人和监票人名单（草案）讨论情况的汇报，并对以上事项进行了表决，同意将以上事项提交省政协十一届五次会议审议。

第27次会议　2017年3月21日召

开。会议传达学习全国政协十二届五次会议、十二届全国人大五次会议精神；听取并讨论全省县域经济发展情况；审议通过有关人事事项。

第 28 次会议 2017 年 7 月 31 日至 8 月 1 日召开。会议分组学习全国政协十二届常委会第二十一次会议精神；听取并讨论贵州省上半年经济社会发展情况和下半年工作安排；审议通过《中国人民政治协商会议贵州省委员会专门委员会通则》（修订稿），审议通过有关人事事项和有关建议案。

第 29 次会议 2017 年 11 月 14 日召开，全面贯彻党的十九大和省委十二届二次全会精神，围绕精准脱贫开展协商议政。会议传达学习了中共十九大精神、中共贵州省委十二届二次全会精神，书面传达了全国政协十二届二十三次常委会议精神；审议通过了《政协第十二届贵州省委员会组成方案》；听取我省精准脱贫工作情况通报并开展协商议政；听取各专门委员会五年工作情况汇报。

【专门委员会工作】

提案委员会 编制提案征集提纲，召开知情座谈会，认真组织审查立案和交办，遴选确定四类重点提案共 51 件进行多形式督办，全年共征集到提案 746 件，立案 714 件，办复率 100%。就“加快黔菜品牌打造宣传，助力贵州大旅游服务体系建设”课题深入开展调研。开展提案办理工作情况及主要航道过船设施和码头基础建设专项视察。赴吉林省开展特色农产品及高端旅游产业发展情况考察。到基层政协开展提案工作培训指导 15 次。

经济委员会 开展贵州省沿边县域经济发展情况调研、特色小城镇建设情况调研（报告作为省政协主席会议建议案）、脱贫攻坚投资产业子基金使用情况调研。充分发挥专家库作用，就全省经济形势进行调研，并召开全省经济形势分析会。开展贵州省交通物流运行情况视察、黔西南州扶贫工作监督性视察。组织委员赴福建等省，就特色小城镇建设情况进行考察。督办“禁塑令”及“冷链物流企业用电调整”有关提案。组织召开 2017 年全省市（州）政协经济委员会工作会议，积极参加全国政协暨地方政协经济（农业）工作会议。组织委员参加高速铁路安全管理条例、安全生产条例等 4 部法规草案立法协商。

人口资源环境委员会 就贵州省农村垃圾综合治理情况进行调研，报告作为常委会议建议案。就黔中水利枢纽工程进程及沿线环境保护情况开展跟踪调研。开展贵州城市（镇）公园建设情况视察，两次赴黔南州开展扶贫工作监督性视察。督办农村闲置土地盘活、农村生活垃圾处理等 5 个重点提案。组织召开省政协关于贵阳市打造国际旅游目的地的研讨会，协调推进新型垃圾处理装置的检测试验工作。参与贵州省中央环境保护督查工作领导小组有关督查工作。赴京参加全国暨地方政协人口资源环境委员会工作研讨会。组织委员到福建考察生态文明建设情况。参与水污染防治条例、大气污染防治条例、土壤污染防治条例、环境噪声污染防治条例等 7 部法规草案立法协商。

科教文卫体委员会 对贵州省推进县域经济发展中文化遗产保护情况开展调研，就高校推进一流大学和一流学科建设情况开展调研。对六盘水市扶贫攻坚工作开展监督性视察，对贵州落实全民健身实施计划情况进行视察。督办健康扶贫有关重点提案。组织委员赴陕西、湖南等地考察文化遗产保护工作。组织召开贵阳市和织金县学校对口支持交流座谈会。视察 2017 年普通高考评卷工作，参加对省属普通本科高校、高职院校年度目标考核工作。增补省政协书画院顾问、画师等，举办省政协书画院纪念中国共产党建党96周年书画展暨六省区市书画艺术座谈会。赴黔西南州开展“下基层、送文化、促发展”全省行活动。

社会与法制委员会 围绕戒毒场所管理和社会戒毒社区康复工作、贵州省城市综合执法情况分别开展专题调研。对黔东南州扶贫攻坚工作开展监督性视察，对留守儿童关爱保护工作情况开展委员视察。开展“司法体制改革工作”协商活动；组织部分委员和有关立法协商专家赴黔南州对《贵州省高速铁路安全管理规定（征求意见稿）》开展专题调研。参加贵州省预算审查监督条例、茶树保护条例等多个地方性法规草案的立法协商和征求意见工作。督办白酒产业知识产权保护有关重点提案。参加“法治毕节”创建有关工作。组织委员赴云南、四川省考察戒毒场所管理和社区康复工作；赴青海、西藏考察立法协商工作；赴山西、宁夏考察综合行政执法改革工作。

民族与宗教委员会 围绕打造“黔系列”民族文化产业品牌开展调研，就推动我省内陆开放式扶贫试验区建设进行视察。配合全国政协民宗委办好“全国暨地方政协民族和宗教委员会工作交流会”。组织部分委员赴河北省考察民族宗教文化发掘、保护与传承工作。督办天主教房产问题有关提案。赴云南、广西两省（自治）区考察研讨滇桂黔三省区文化、旅游、医药、扶贫工作。参加贵州省创建宗教和谐示范区推进会，参与宗教领域深化改革工作。参加《贵州省民族乡保护和发展条例（草案）》立法协商。

文史与学习委员会 完成《贵州省志·政协（1978—2010）》（70万字）编纂工作。出版文史资料专辑《毕节试验区建设纪实》。7篇稿件被宁夏回族自治区牵头征编的《回族百年实录》采用。启动文史资料专辑《四在农家 美丽乡村》征集工作。组织委员围绕贵州导游人才队伍建设情况开展调研，对贵州“老字号”食品发展情况进行视察。就“贫困地区现代公共文化服务体系建设”提案进行督办。组织委员赴黑龙江、辽宁考察学习抗战遗址保护工作和文史资料工作经验。

港澳台侨与外事委员会 对贵阳、贵安综保区和遵义综合保税区建设情况进行调研。对“贵州山地旅游及户外运动项目推进情况”进行视察。调研茶产业发展状况，牵头打造“贵州茶云”——贵州茶产业官方大数据平台，并在纳雍县、黎平县完成茶云物联网示范点建设工作。组织委员考察内蒙古自治区、天津市大数据产业发展情况。督办水东文化建设有关重点提案。做好省政协领导同志访问港澳有关服务工作，在港举办黔东南旅游推介活动、“黔茶出山”贵州茶产业香港推介会，考察港澳贵州商会、联谊会等，服务澳门委员来黔投资。对安顺市扶贫攻坚工作开展监督性视察。调研高等院校对外开放工作，调研教育精准扶贫工作，协助推进捐资助学项目。为港澳及国际人士来黔访问做好服务工作。

农业农村委员会 2017年初成立，由27名委员组成，制定《贵州省政协农业农村委员会工作规则（试行）》；围绕产业扶贫基金使用情况开展调研，报告作为主席会议建议案。围绕农业供给侧结构性改革开展调研。就遵义市精准扶贫和异地扶贫搬迁工作开展监督性视察。就贵定“中华农耕文明园”建设进行调研。就贵阳市南明河综合治理进行五次专题协商，并开展提案督办，就发展农产品产业链有关提案进行督办。做好全国政协三批次赴贵州进行精准扶贫监督性调研服务协调工作。参加省动物防疫条例和农业合作社法等法规草案的立法协商；组织委员赴四川学习考察精准扶贫和农业产业发展工作。

【重要会议、活动】

省长与委员座谈会 7月31日，省委书记、省长孙志刚出席省长与省政协委员座谈会，听取16位委员对脱贫攻坚、教育医疗、环境治理、社会保障、社会管理、降低企业成本等的意见建议，与委员们进行深入交流探讨。孙志刚强调，省委、省政府将高度重视、深入研究，充分吸纳委员们提出的意见建议，坚持全心全意为人民服务的宗旨，扎实做好民生保障各项工作，更好满足人民群众多样化、多层次、多方面的需求。王富玉主席指出，全省各级政协组织和广大政协委员，要围绕民生工作深入开展监督性调研视察，为全省经济社会快速健康发展增添新动力。

常委专题协商会 9月26日，省政协在贵阳召开“推进农村环境综合整治”常委专题协商会。副省长刘远坤代表省政府通报全省农村环境综合整治情况。10位委员在会上围绕推进农村环境综合整治发言。省发展改革委、省财政厅、省环境保护厅等11个部门负责同志到会听取意见建议。

调研活动 按照省政协政治协商议题计划和《2017年省政协专门委员会视察、调研、考察和其他重要工作安排》，省政协围绕农村垃圾综合治理、产业扶贫子基金推进情况、黔菜品牌打造宣传、特色小城镇建设、旅游人才队伍建设、综合保税区建设、县域经济发展中文化遗产保护、戒毒场所管理等重要课题开展专题调研。以省政协常委会议名义向省委、省政府提出《关于贵州省特色小城镇建设情况的建议案》和《关于我省农村垃圾综合治理的建议案》，以省政协主席会议名义向省委、省政府提出《关于我省产业扶贫子基金推进情况的建议案》《关于“加快黔菜品牌打造宣传，助力贵州大旅游服务体系建设”的建议案》《关于贵州省特色小城镇建设情况的建议案》，为省委省政府决策提供重要参考，推动相关工作落实。

视察活动 全年共开展各种视察活动24次。省政协主席会议视察团赴铜仁、遵义就茶产业转型升级推进情况进行视察；赴贵阳、遵义就我省城镇规划建设管理情况进行视察。省政协常委视察团赴贵阳、铜仁、黔东南视察大健康医药养生基地建设情况；赴贵阳、贵安新区视察内陆开放性经济试验区建设情况。视察工作开始前，在省内主要媒体发布视察公告，广泛征集意见建议，发挥视察监督作用，提高视察监督实效。首次由省政协主席、副主席分别带队深入9个市（州），对全省脱贫攻坚工作开展监督性视察。专委会组织委员就“老字号”品牌发展、航道码头基础设施建设、内陆开放式扶贫试验区建设、交通物流运行情况、城市公园建设、山地旅游及户外运动发展、全民健身计划落实情况、农村留守儿童关爱与保护等问题广泛开展视察。

协商民主建设 继续深化协商民主专题改革，推动出台《关于加强人民政协协商民主建设的实施意见》，牵头起草《关于加强和改进人民政协民主监督工作的实施意见》。赴贵阳市观山湖区、南明区实地调研基层推进政协委员有效履职的生动实践。赴安徽省、福建省，就加强和改进人民政协民主监督等相关工作进行调研。认真开展2017年省委全面深化改革重大问题调研课题“基层政协委员联络制度”创新研究，总结基层政协“建立委员联络机构、完善委员联络制度”的新鲜经验。

委员履职服务管理工作 贯彻落实《贵州省政协委员履职管理暂行办法》《贵州省政协委员履职工作规则》，对年度省政协专门委员会、界别活动小组、省政协委员履职情况进行通报，加强委员参加会议的出勤考核工作。为提高委员工作的科学化、信息化水平，加强政协与委员、政协与群众、委员与群众之间的沟通联系，探索开发贵州省政协委员履职服务工作网络平台。召开全省推进政协委员履职经验交流会，总结交流提高政协委员履职水平的工作经验。各专委会组织政协委员开展界别活动、委员活动 24 次。

帮扶工作和智力支边活动 积极落实大扶贫战略行动，省政协主席、副主席开展集团帮扶，多次深入帮扶点调研，加快 10 个扶贫开发重点县脱贫致富、同步小康的步伐。扎实推进榕江县定威水族乡定点包干脱贫攻坚工作，进一步加强黎平县五个村对口帮扶工作，认真开展同步小康驻村工作，结对帮扶 153 户贫困户，明确“1244 精准扶贫工程”10 项具体措施，落实项目资金 162 万元。

2017 年，省智力支边办依托各民主党派、工商联积极开展智力支边工作，开展科技咨询、专题讲座和文化卫生科技“三下乡”活动 90 余次，完成各类支边项目 471 个，协助引进资金 50 余亿元，举办各类讲座、培训班 127 期，受训人员达 30700 名。

其他特色工作 牵头举办以“真材实料·贵州味道”为主题的“大美黔菜”展示品鉴推广活动，协调省商务厅、各市（州）政协和地方商务部门组织 9 场市（州）菜品展示活动，评选出 402 道“最受欢迎菜品”，制作黔菜宣传短片，为传承黔菜精华、弘扬黔菜文化、提升黔菜品牌、打造黔菜产业、推动黔货出山贡献力量。

参与组织全省秋季斗茶赛，省政协领导带队开展“黔茶飘香”茶产业推介活动，组建专家团队建立“贵州茶云”大数据平台。参与推进贵商大会、民博会等，推动召开“中国赤水河流域保护治理发展协作推进会”，为助推有关产业发展和生态建设作出积极贡献。

组织 18 个县（市、区）政协承办 36 期《政协委员话贵州》专栏，采用电视访谈、广播、网络、报纸等形式展示委员履职风采。编辑出版《紧扣“三点一线”讲好政协故事——2016 年贵州省政协工作新闻选编》。配合人民政协报社在黔召开 2017 年“人民政协报新闻舆论工作研讨会”。

“贵州省政协反映社情民意信息工作网络系统（一期）”通过专家验收评审正式上线运行，获得国家版权局颁发的著作权证书，并代表省政协机关获得“2017 年省级机关目标绩效管理创新项目”。

召开贵州省人民政协理论研究会 2017 年学术年会，以加强新时期人民政协民主监督为主题开展学术研讨，编发理论研究会会刊《贵州政协理论与实践》。

【重要文件】

常委会工作报告（摘要）（2017 年 1 月 15 日）

2017 年省政协工作的总体要求是：全面贯彻中共十八大和十八届三中、四中、五中、六中全会精神，深入贯彻习近平总书记系列重要讲话精神，按照“五位一体”总体布局和“四个全面”战略布局，自觉践行五大新发展理念，在中共贵州省委领导下，团结引导参加省政协的各党派团体和各族各界人士，着力增强协商民主实效，着力强化民主监督职能，围绕省委、省政府中心工作积极议政建言，努力为实现后发赶超、同步小康凝聚共识、汇聚力量。

（一）深入学习贯彻中共十八届六中全会精神，坚决拥护习近平总书记的核心地位。

（二）紧紧围绕中心工作履行职能，

努力提高政协履职工作实效。一要按计划开展政治协商。围绕县域经济发展和脱贫攻坚开展常委会议协商，围绕改善民生开好省长与委员座谈会，围绕农村环境综合治理开展常委专题协商。积极开展提案协商、专题协商、对口协商、界别协商，探索协商新形式，广泛多层灵活地开展协商。二要依章程加强民主监督。围绕“两条底线”“两大战略行动”“三块长板”“三块短板”“三大试验区”等，重点对群众普遍关心的问题、反映强烈的问题、期盼解决的难题，通过多种形式、多种手段，掌握实际情况，反映实际问题，提出建设性批评意见，推动党委政府重大决策部署有效贯彻落实。三要盯重点进行参政议政。紧紧围绕省委省政府的重点工作部署，组织委员调研，积极参政议政，努力形成一批有力度、有分量的调研议政成果，提出有价值、操作性强的意见建议。

（三）全面加强政协自身建设，切实维护政协组织和政协委员良好形象。一要从严加强党的建设，严肃党内政治生活，加强党内监督，增强政协党组织的创造力、凝聚力和战斗力。二要继续深化作风建设，不断提升履职能力和工作效率，始终保持忠诚干净担当的良好形象。三要切实加强委员队伍建设，改进委员学习培训，加强委员服务，加强委员管理。四要注重加强机关建设。继续创建学习型、效能型、服务型、廉洁型政协机关，努力提高机关精细化管理水平，切实发挥好综合协调、服务保障作用。五要加强新闻宣传工作，进一步加强人民政协理论研究工作，扩大新闻宣传覆盖面，提高政协话语权和影响力。

【组织概况】

专委会设置调整

（2017年1月5日政协第十一届贵州省委员会常务委员会第二十四次会议通过）

合并省政协科技教育委员会和省政协文化卫生体育委员会，设置省政协教科文卫体委员会；增设省政协农业农村委员会。

补选副主席名单

（2017年1月19日政协第十一届贵州省委员会第五次会议选举产生）

黄家培（彝族）　周建琨

不再担任副主席名单

（2017年1月19日政协第十一届贵州省委员会第五次会议通过）

孙国强　班程农（布依族）

副秘书长任命名单

（2017年1月5日政协第十一届贵州省委员会常务委员会第二十四次会议通过）

王进江

补选常委名单

（2017年1月19日政协第十一届贵州省委员会第五次会议选举产生）

李尚宽　金小麒

不再担任常委名单

（2017年1月5日政协第十一届贵州省委员会常务委员会第二十四次会议通过）

王世杰　卢守祥　赵　强　唐福金

专委会主任、副主任任免名单

（2017年1月5日政协第十一届贵州省委员会常务委员会第二十四次会议通过）

任　命：

李尚宽：政协第十一届贵州省委员会提案委员会主任

李碧川：政协第十一届贵州省委员会教科文卫体委员会主任

金小麒：政协第十一届贵州省委员会农业农村委员会主任

陈凌华（女）、季森：政协第十一届贵州省委员会提案委员会副主任

张如飞（土家族）：政协第十一届贵州省委员会经济委员会副主任

杨兴举（苗族）：政协第十一届贵州省委员会人口资源环境委员会副主任

赵　鹰：政协第十一届贵州省委员会教科文卫体委员会专职副主任

陆洪光、石京山（侗族）、张光奇、伍鹏程、蔡国祥、许　明（女）、傅迎春：政协第十一届贵州省委员会教科文卫体委员会副主任

王　伟、邹碧声：政协第十一届贵州省委员会社会与法制委员会副主任

李存雄为政协第十一届贵州省委员会文史与学习委员会副主任

张　智：政协第十一届贵州省委员会农业农村委员会专职副主任

张　建、李小建、胡德怀、陈　石、刘作易、韦　林（布依族）、邓惠宾：政协第十一届贵州省委员会农业农村委员会副主任

免　去：

赵　强　政协第十一届贵州省委员会提案委员会主任职务

唐福金：政协第十一届贵州省委员会科技教育委员会主任职务

李碧川：政协第十一届贵州省委员会文化卫生体育委员会主任职务

修耀华、王传福：政协第十一届贵州省委员会提案委员会副主任职务

卢守祥：政协第十一届贵州省委员会经济委员会副主任职务

熊　宇：政协第十一届贵州省委员会人口资源环境委员会副主任职务

赵　鹰：政协第十一届贵州省委员会科技教育委员会专职副主任职务

吴廷述、张　建、封孝伦、李小建、陆洪光、伍鹏程：政协第十一届贵州省委员会科技教育委员会副主任职务

张忠敏（女）：政协第十一届贵州省委员会文化卫生体育委员会专职副主任职务

石京山（侗族）、胡德怀、张光奇、陈　石、蔡国祥、许　明（女）：政协第十一届贵州省委员会文化卫生体育委员会副主任职务

王泽洪（布依族）、傅迎春：政协第十一届贵州省委员会社会与法制委员会副主任职务

刘庆鹰：政协第十一届贵州省委员会文史与学习委员会副主任职务

张燕玲（女）：政协第十一届贵州省委员会港澳台侨与外事委员会副主任职务

（2017 年 8 月 1 日政协第十一届贵州省委员会常务委员会第二十八次会议通过）

免　去：

陈卫国：政协第十一届贵州省委员会提案委员会专职副主任

市县级政协主席

市（州）政协主席

贵阳市　王保建（2017 年 2 月 19 日连任）

遵义市　陈凌华（女）（2017 年 1 月 9 日卸任）

徐光华（仡佬族）（2017 年 1 月 9 日当选）

六盘水市　杨宏远（侗族）（2017 年 2 月 21 日连任）

安顺市　韦　林（布依族）（2017 年 1 月 8 日卸任）

杨华昌（侗族）（2017 年 1 月 8 日当选）

黔东南州　文松波（2017 年 2 月 17 日当选）

黔南州　魏明禄（2017 年 2 月 18 日当选）

黔西南州　陈国芳（2017 年 1 月 1 日当选）

县（市、区）政协主席

贵阳市云岩区

田儒雄（2017年1月8日卸任）

张　洪（2017年1月8日当选）

贵阳市南明区

高　蓉（女）（2017年1月7日卸任）

罗　俊（2017年1月7日当选）

贵阳市花溪区

谌业华（2017年1月8日卸任）

宋　力（2017年1月8日当选）

贵阳市乌当区

马定武（2017年1月6日连任）

贵阳市白云区

卢瑞礼（2017年1月8日卸任）

阮晓燕（女）（2017年1月9日当选）

贵阳市观山湖区

刘建才（2017年1月8日卸任）

刘光祥（2017年1月8日当选）

贵阳市清镇市

胡体华（2017年1月9日连任）

贵阳市修文县

王世利（2017年1月7日连任）

贵阳市息烽县

王永平（2017年1月8日连任）

贵阳市开阳县

马跃进（2017年1月6日卸任）

方玉明（2017年1月6日当选）

毕节市七星关区

吴贤耀（彝族）（2017年6月8日因公牺牲）

毕节市大方县

葛传彦（2017年8月11日免职另任）

黔东南州雷山县

陈正锋（苗族）（2017年8月11日免职另任）

韦通贤（苗族）（2017年8月11日当选）

黔南州惠水县

王正祥（布依族）（2017年1月7日卸任）

黄俐伶（女，苗族）（2017年1月7日当选）

黔南州长顺县

陈祥斌（布依族）（2017年1月6日卸任）

万红梅（女，布依族）（2017年1月6日当选）

黔南州荔波县

董豫黔（2017年1月7日卸任）

韦鸿敏（布依族）（2017年1月7日当选）

黔南州平塘县

张建海（苗族）（2017年1月4日当选）

黔南州罗甸县

蓝康力（苗族）（2017年1月7日当选，2017年12月19日卸任）

贵州省各级政协组织和委员数

（截至2017年年底）

级别 / 项目	省级	市级	县级	合计
组织数	1	9	88	98
委员数	594	3446	16284	20324

（杨曦东　施　维　**编写**　任湘生　王晓林　杨沛源　**审稿**）

政协云南省委员会

李　江　副主席　　黄　毅　副主席

【全体委员会议】

十一届五次会议　1月14日至20日在昆明举行。会议应到委员634名，开幕大会实到582名，闭幕大会实到577名。省政协主席罗正富主持开幕会。省政协副主席李江主持闭幕会。会议听取并审议省政协常务副主席白成亮代表常务委员会所作的《中国人民政治协商会议云南省第十一届委员会常务委员会工作报告》和副主席喻顶成代表常务委员会所作的《中国人民政治协商会议云南省第十一届委员会常务委员会关于十一届四次会议以来提案工作情况的报告》。与会委员列席了云南省第十二届人民代表大会五次会议，协商讨论了《政府工作报告》、"两院"工作报告及其他有关报告并表示赞同。中共党员委员参加了省委中共党员大会。会议审议并通过了《中国人民政治协商会议云南省第十一届委员会第五次会议关于政协云南省第十一届委员会常务委员会工作报告的决议》《中国人民政治协商会议云南省第十一届委员会第五次会议决议》《中国人民政治协商会议云南省第十一届委员会提案委员会关于十一届五次会议提案审查情况的报告》。会议选举李江、黄毅同志为政协云南省第十一届委员会副主席。会议通过有关人事事项。住滇全国政协常委和委员，中共云南省委、省政府有关部门，省属企事业单位，中央及省外驻滇单位负责人应邀列席会议。中共云南省委书记陈豪，副书记、代省长阮成发等省委、省人大、省政府领导出席开幕、闭幕大会。会议结束时，省政协常务副主席白成亮作闭幕会讲话。

【常务委员会会议】

第19次会议　1月12日在昆明举行。应到会117人，实际到会99人。省政协主席罗正富主持会议；常务副主席白成亮，副主席马开贤、曾华、罗黎辉、倪慧芳、丁绍祥、王承才、喻顶成、杨嘉武，秘书长刘建华出席会议。会议通过了有关人事事项。

第20次会议　3月24日在昆明举行。应到会126人，开幕会实际到会99人，闭幕会实际到会103人。开幕会由省政协主席罗正富主持。闭幕会由省政协党组书记、副主席李江主持，罗正富主席在闭幕会上作总结讲话。省政协常务副主席白成亮，副主席马开贤、曾华、罗黎辉、黄毅、倪慧芳、丁绍祥、王承才、喻顶成、杨嘉武，秘书长刘建华参加会议。会议传达学习了全国政协十二届五次会议精神，与会常委围绕贯彻落实全国两会精神进行分组讨论。会议审议并通过《政协云南省委员会2017年重点工作安排意见》和有关人事事项。

第21次会议　7月3日至4日在昆明举行。应到会126人，开幕会实到108

人，闭幕会实到100人。开幕会由省政协主席罗正富主持，闭幕会由省政协党组书记、副主席李江主持，罗正富主席在闭幕会上作总结讲话。省政协常务副主席白成亮，副主席马开贤、罗黎辉、黄毅、倪慧芳、王承才、喻顶成、杨嘉武，秘书长刘建华出席会议。省委常委、常务副省长宗国英到会通报了我省2017年以来经济运行情况，副省长陈舜到会听取意见建议并讲话。会议围绕“提升城乡人居环境，建设美丽幸福家园”的主题开展协商议政。审议通过《政协云南省第十一届委员会常务委员会关于设立省政协委员联络委员会的决定》和有关人事事项。

第22次会议 9月21日至22日在昆明举行。应到会125人，开幕会实到101人，闭幕会实到92人。开幕会由省政协主席罗正富主持，闭幕会由省政协党组书记、副主席李江主持，罗正富主席在闭幕会上作总结讲话。副主席马开贤、曾华、罗黎辉、黄毅、倪慧芳、丁绍祥、王承才、喻顶成、杨嘉武，秘书长刘建华出席会议。副省长张祖林到会听取意见并作讲话。农业厅、发改委、财政厅等16个省级部门负责人到会听取意见建议。会议围绕“推进农业供给侧结构性改革，大力发展云南高原特色现代农业”的主题开展协商议政。常委分四个小组围绕“深化农村综合改革，激活农业农村内生发展动力”等4个专题开展协商讨论，9位常委作大会发言。会议通过有关人事事项。

【专门委员会工作】

提案委员会 对《关于推进现代职业教育体系建设和发展的建议》《关于推动云南航空业发展的建议》《关于进一步加大打击走私冷冻肉品犯罪活动的建议》等提案开展办理调研。对《关于云南航空业发展的建议》《关于切实推动我省酒产业发展》等提案进行督办调研。配合全国政协完成《打造滇桂黔民族文化旅游示范区》提案督办调研。组织召开《坚持政府主体 整合各方资源 完善脱贫攻坚投入机制》专题协商会，提案承办工作座谈会和全省政协第25次提案工作座谈会暨研讨会。到省级相关部门、民主党派及基层政协进行提案工作指导和提案知识讲座，培训各级政协提案工作人员744人次。制定《政协云南省委员会提案办理协商实施办法》。修订《重点提案遴选与督办办法》。编印《重要提案摘报》79期，《政协专报》5期。

经济委员会 组织开展“加快云南高原特色现代农业产业发展”重点调研和“云南特色小镇建设情况”重点视察。举办全省政协经济委员会联系会议和2017年委员会全体委员会议。开展“加强农产品安全体系建设”专题协商和“进一步加强民营企业产权、合法权益保护”重点监督协商。在省政协第十一届第五次会议提出《关于构建生物医药和大健康产业全产业链生态系统的提案》。督办《关于进一步加强我省基层农技推广体系建设的提案》。组织经济界别工业小组委员围绕“食品（酒类）加工产业发展”、农业界别委员围绕“生物科技助推高原农业特色发展”、经济界别金融小组委员围绕“金融业支持高原特色现代农业产业发展”开展界别活动。

人口资源环境委员会 开展“进一步加强金沙江流域生态环境保护与绿色发展”“云南省人均预期寿命情况”“云南文山丘北辣椒产业发展情况”调研。联合社法委开展“云南省贯彻实施《中华人民共和国环境保护法》情况”视察。联合四川省政协开展“泸沽湖生态环境保护和旅游资源开发情况”视察。组织开展“提升城乡人居环境，建设美丽幸福家园”专题议政性协商活动。承办省政协“进一步加强金沙江流域农村饮用水水源地保护”专题协商会。组织开展长江水系（云南段）河长制督察督导工作。完成省委、省政府第三环境保护督察组工作任务。提交《进一步加强我省生物物种资源保护与开发利用的建议》《加快推进我省生态文明先行示范区建设的建议》《进一步做好我省人口生殖健康工作的建议》《关于建立云龙水库石板河生态功能区的提案》4 件集体提案。完成省政协重点提案《关于进一步加强我省土壤环境保护的建议》督办工作。组织召开全省政协系统人口资源环境委员会工作座谈会、省政协人口资源环境委员会全体委员会议。配合贵州、四川省政协完成“云贵川三省政协助推赤水河流域生态经济发展协作协议书”制定工作，建立三省合作机制。

教科文卫体委员会 开展“云南省教育精准脱贫的现状及对策”“云南省医养结合工作推进情况”调研。开展“在民族文化强省建设中云南文艺院团发展情况”视察。开展“云南省农业科技创新及推广情况”“推进科技创新，为产业发展提供科技支撑”“着力推进现代农业建设，促进高原特色农业提质增效”专题协商。提交《关于加强滇越铁路文化遗产保护与利用工作的提案》《关于进一步加强我省民族文化博览馆建设的提案》2 件集体提案。组织召开全省教科文卫体委员会工作座谈会。为全国政协到云南开展“送科技下基层”“送文化下基层”“卫生三下乡”等活动做好协调服务工作。组织委员对高考评卷和高考录取工作开展现场视察，组织开展省政协新年茶话会文艺演出、教师节联谊活动。

社会和法制委员会 开展“云南省青年双创活动开展情况”调研。开展云南省贯彻实施《中华人民共和国环境保护法》视察、《女职工劳动保护特别规定》贯彻执行情况专题视察、信访工作专题视察。组织召开“云南省旅游市场规范与监督”重点协商会。对昆明、保山、普洱、怒江环保工作进行督查。组织委员对 16 件（次）法律法规、规范性文件进行协商讨论。与云南政协报社联合举办“议政建言”系列讨论会五期。组织“工会”与“团委妇联青联”两个界别小组开展界别小组活动。组织召开全省政协社会和法制委员会工作座谈会。与浙江大学合办“立法协商”专题培训班，共 70 人次参训。

民族和宗教委员会 开展“云南宗教界中青年代表人士培养”“云南民族团结进步示范区建设推进情况”调研。参与组织“重点提案办理情况”视察工作。配合全国政协民宗委赴滇开展“藏传佛教的有关问题”“云南边境地区精准扶贫”等专题调研活动。组织民族和宗教界委员赴宁夏、甘肃等省（自治区），就“民族宗教管理、人才培养，民族文化保护”进行学习考察。与民革云南省委在昆联合召开民主监督协商会，专题协商云南省“直过民族”地区农村公路建设情况。参加省祝贺团赴各民族自治州、自治县庆典活动 4 次，宗教寺庙及场所落成典礼等宗教活动 6 次，看望慰问民族和宗教界人士 30 余人次。

港澳台侨和外事委员会 开展“围绕辐射中心建设，加快云南教育‘走出去’进程”重点调研，“特色小镇建设”“外来投资企业发展情况”重点视察。组织召开“关于强化我省农产品安全体系建设的对策建议”专题协商会。提交《关于创新云南沿边开放体制机制的提案》《关于加快推进云南与周边国家互联互通建设的提案》2 件集体提案。组织部分港澳委员赴浙江、上海考察特色小镇建设情况。配合省台办接待台湾地区台东县议会民意代表和乡里长代表滇访问交流。与台盟云南省委共同组织开展2017云台两地少数民族文面文化交流活动。组织开展好“话友谊、促合作、云南行”系列活动。接待境外来访团组20多个，200余人次。推动世界500强、华商500强企业重大投资项目落户云南，持续跟进联想（佳沃）集团投资曲靖蓝莓产业项目，推进泰国TCC集团投资云南咖啡、国际物流、啤酒等产业。协助香港“岭东英才奖助学金”资助被国内重点院校录取的贫困家庭应届高中毕业生，香港“林君瑾慈善基金会”组织云南青少年赴北京开展文化科技交流夏令营活动，香港“无止桥慈善基金”在文山修建桥梁，香港凤凰慈善基金会到昭通市彝良县荞山镇开展捐赠活动。

文史委员会 组织开展“挖掘徐霞客游线旅游文化价值，提升云南旅游文化品位”重点调研和“在民族文化强省建设中云南文艺院团发展情况”重点视察。开展徐霞客游线标志地寻找与论证工作，召开“徐霞客游线”申遗暨标志地论证会议。参与全国政协文史工作会和培训，组织召开委员会全体会议、“倡导文明新风、构筑和谐幸福家园”专题协商会议、“挖掘徐霞客游线旅游文化价值，提升云南旅游文化品位”重点协商工作。组织社会科学界、新闻出版界委员开展了界别小组活动。向省政协十一届五次会议提交“建议设立云南非物质文化遗产传习学院”“建议将拓东体育馆建成全省全民健身中心”“关于参加徐霞客游线标志地认证和申遗工作”等提案。完成《新中国云南人才建设史料》征编出版工作。完成《徐霞客游记之云南篇》征编及《百万大裁军中的昆明军区纪实》《华侨华人和归侨投身云南建设心路历程》的前期工作。向全国政协报送《蒙古族百年实录》史料，对《回族百年实录》《藏族百年实录》中云南稿件进行修改、补充。

委员联络委员会 完成云南省政协委员联络委员会筹建工作。组织召开全省政协系统委员工作座谈会。组织开展“完善委员联络机构、加强委员服务管理工作”学习考察。做好住滇全国政协委员参加全国政协十二届五次会议服务保障工作，征集提案线索49件。做好省政协十一届五次全体会议的服务保障工作。做好住滇全国政协常委参加全国政协常委会议和省政协常委参加省政协常委会议服务保障工作。组织部分住滇全国政协委员开展“发展高原特色农业、推动现代农业庄园经济发展”视察。做好住苏全国政协委员考察团、住闽全国政协委员考察团来滇考察活动服务保障工作。推荐住滇全国政协委员参加财政部与全国人大代表、全国政协委员沟通交流座谈会、最高人民法院第五巡回法庭开庭旁听庭审活动。推荐省政协委员参加2016年食品药品目标责任考核。组织协调迪庆州相关部门与住滇全国政协委员、省政协委员进行提案面商。办理《关于尽快全力推动，把“三个定位”上升为国家战略、转化为国家行动方案计划》《关于建议设立国家纪念馆的提案》2件提案。

【重要会议、活动】

2017年新年茶话会 2016年12月30日省政协2017年新年茶话会在昆明召开。省委书记陈豪出席茶话会并致辞。省委副书记、代省长阮成发，省委副书记李秀领，全国政协民族和宗教委员会副主任王学仁等出席。省委常委，省人大常委会、省政府、省政协领导，在昆中直机关领导，省高级人民法院、省人民检察院领导，驻滇部队领导，在昆副省级以上离退休老领导，在昆省政协常委，省级各民主党派、工商联和人民团体负责人，民族、宗教和港澳台侨、无党派代表人士等出席。省级各民主党派、工商联、人民团体代表罗黎辉，民族宗教界代表廖东明和港澳台侨人士代表李红红发言。

各专门委员会分党组成立会议 5月12日下午，中共政协云南省委员会各专门委员会分党组成立大会在昆明召开，省政协提案委员会、经济委员会、人口资源环境委员会、教科文卫体委员会、社会和法制委员会、民族和宗教委员会、港澳台侨和外事委员会、文史委员会8个专委会分党组正式成立。省政协主席罗正富出席会议并讲话，省政协党组书记、副主席李江主持会议。省政协党组副书记、常务副主席白成亮宣读了中共云南省委组织部《关于同意设立中共政协云南省委员会提案委员会党组等8个专门委员会党组的批复》及《中共云南省政协委员会各专门委员会分党组成员任职的通知》。省政协党组成员、副主席黄毅、丁绍祥、王承才、杨嘉武，省政协党组成员、秘书长刘建华以及省政协全体干部职工参加会议。

全省政协系统秘书长办公室主任会议 7月6日至7日在昆明召开。会议传达学习了省委书记陈豪在省委办公厅“两学一做”学习教育专题党课上的讲话和全省党委系统秘书长办公厅（室）主任会议精神，回顾总结全省政协系统党建工作成效，交流经验做法，并对深入推进“两学一做”学习教育常态化制度化作出安排部署。省政协常务副主席白成亮出席会议并讲话。省政协秘书长刘建华主持会议。省政协副秘书长丁仕凯主持会议，副秘书长马孝初、陈云生、黄玲、周胡荣、杨华英，省纪委派驻省政协机关纪检组长孙文忠出席会议。

省政协特聘艺术家优秀书画作品展 9月12日，由全国政协书画室、云南省政协共同主办的“云南风　民族情——云南省政协特聘艺术家优秀书画作品展”在北京举办。全国政协副主席王正伟，十一届全国政协副主席白立忱参观展览。全国政协办公厅及有关专委会领导常荣军、刘家强和孙淦、杨崇汇、陈小娅，全国人大有关专委会领导徐荣凯，云南省政协党组书记、副主席李江，副主席杨嘉武、秘书长刘建华参观作品展。

【重要文件】

常委会工作报告（2017年1月14日在政协云南省第十一届委员会第五次会议上）（摘要）**一、2016年工作回顾。**2016年是我省与全国同步全面建成小康社会决胜阶段的开局之年，也是推进结构性改革的攻坚之年。在中共云南省委的坚强领导下，省政协常委会高举中国特色社会主义伟大旗帜，以马克思列宁主义、毛泽东思想、邓小平理论、“三个代表”重要思想、科学发展观为指导，全面贯彻中共十八大和十八届三中、四中、五中、六中全会精神，深入贯彻习近平总书记系列重要讲话和考察云南重要讲话精神，按照统筹推进“五位一体”总体布局和协调推进“四个全面”战略布局要求，牢固树立和贯彻落实新发展理念，紧紧围绕“三大战略定位”，坚持团结民主两大主题，自觉服务决战脱贫攻坚、决胜全面小康、实现跨越式发展目标，发挥优势、主动作为，全面履行政治协商、民主监督、参政议政职能，为促进我省经济平稳健康发展和社会和谐稳定作出了重要贡献。

过去的一年，常委会坚持在继承中发展、在发展中创新，开展工作有重点、履行职能有成效，突出表现在四个方面。一是中共云南省委高度重视支持政协工作。省委站在发挥我国政治制度的优势和特点、协调推进“四个全面”战略布局的高度，总揽全局、协调各方，把政协工作放在全省工作的重要位置，高度重视和大力支持政协依法遵章履职。省委常委会议专题研究省政协协商工作计划和省政协常委会工作报告。二是全面推进人民政协协商民主建设。深入贯彻落实中共中央、中共云南省委关于加强人民政协协商民主建设的实施意见，在制订协商计划、丰富协商内容、规范协商形式、完善协商机制、增强协商实效、提升协商能力等方面充分体现中共中央、中共云南省委的要求，有效发挥了人民政协作为社会主义协商民主重要渠道和专门协商机构的作用。协商程序更加规范。协商形式不断完善。协商机制注重创新。协商质量不断提升。三是服务全面深化改革。把服务全面深化改革作为履行职能的主线，充分发挥人民政协位置超脱、联系广泛、人才荟萃、智力密集的优势，动员社会各方力量，围绕我省全面深化改革议政建言。四是发挥优势助推脱贫攻坚。深入学习贯彻习近平总书记扶贫开发战略思想，把助推贫困地区脱贫致富作为一项重大政治责任，把推动打赢脱贫攻坚战作为履行职能的重点，为我省扶贫开发倾注真心真情、作出积极努力。

一年来，常委会主要开展了六个方面的工作。（一）坚持思想引领，在增进共识上实现新提升。常委会把坚持中国特色社会主义作为人民政协巩固共同思想政治基础的主轴，毫不动摇地坚持中国共产党的领导，自觉把中共中央、中共云南省委的决策部署贯彻到政协工作中，确保人民政协事业沿着正确方向前进。增强政治定力。突出大局观念。强化责任担当。（二）坚持围绕中心，在服务大局上作出新贡献。常委会紧紧抓住云南经济发展的重大问题，调查研究，议政建言，为促进我省跨越式发展提供及时有效的决策支持。聚焦“十三五”规划重点加强协商监督。紧扣产业转型升级献计出力。紧盯绿色发展建言献策。（三）坚持团结民主，在汇聚合力上迈出新步伐。常委会牢牢把握团结民主两大主题，充分发挥人民政协作为爱国统一战线组织的重要作用，进一步密切与各族各界群众的联系，为推动我省经济发展社会和谐凝心聚力。营造合作共事良好氛围。促进民族团结宗教和顺。推动海内外同胞更加同心。（四）坚持履职为民，在促进民生改善社会和谐上取得新成效。常委会坚持共享发展理念，把以人为本贯穿履职全过程，围绕人民群众最关心最直接最现实的利益问题贴心建言，人民政协联系群众、团结各界的桥梁纽带作用得到进一步巩固。倾心服务民生改善。倾情回应群众关切。倾力促进法治云南建设。（五）坚持求真务实，在做好经常性工作上展现新作为。常委会主动适应人民政协协商民主发展的新形势新要求，坚持以改革创新精神做好经常性工作。调研视察工作更加深入扎实。提案工作更加富有成效。文史工作更加贴近实际。新闻宣传和理论研究工作更加规范务实。联系协作更加密切有效。（六）坚持探索创新，在自身建设上呈现新亮点。常委会坚持按照人民政协事业的内在规律推进政协工作，积极探索加强自身建设的新载体、新途径和新方法，不断提高履职能力和水平。注重服务委员履职。注重发挥专委会和界别作用。注重加强机关建设。

二、2017 年工作部署。（一）着力夯实共同思想政治基础。（二）围绕改革发展大局协商议政。（三）全力助推民生改善脱贫攻坚。（四）认真做好凝心聚力工作。（五）切实提高民主监督实效。（六）推进政协工作创新发展。

【组织概况】

副主席补选名单

（2017 年 1 月 20 日政协云南省第十一届委员会第五次会议选举）

李　江（女）

黄　毅（景颇族）

副秘书长任免名单

(2017 年 3 月 24 日政协云南省第十一届委员会常务委员会第二十次会议通过)

阎　堃　免去省政协副秘书长（兼）职务

(2017 年 7 月 4 日政协云南省第十一届委员会常务委员会第二十一次会议通过)

颜希权　免去省政协副秘书长职务

陈俊骢　任省政协港澳台侨和外事委员会副主任，免去省政协副秘书长（兼）职务

徐　宁　免去省政协副秘书长（兼）职务

王　宏　免去省政协副秘书长（兼）职务

黄　玲　任省政协副秘书长（正厅级）

常务委员补选名单

(2017 年 1 月 20 日政协云南省第十一届委员会第五次会议通过)

马继延　李　雄（白族）　何玉林　宋嘉林（苗族）　张登亮　高天森　高德明　董礼书

不再担任常务委员名单

(2017 年 7 月 4 日政协云南省第十一届委员会常务委员会第二十一次会议通过)

苏洪涛

专委会主任、副主任任免名单

(2017 年 1 月 12 日政协云南省第十一届委员会常务委员会第十九次会议通过)

杨　超　免去省政协人口资源环境委员会副主任职务

潘光宪　免去省政协民族和宗教委员会副主任职务

曾　军　任省政协研究室副主任

(2017 年 3 月 24 日政协云南省第十一届委员会常务委员会第二十次会议通过)

伊继东　免去省政协教科文卫体委员会副主任职务

李　明　免去省政协教科文卫体委员会副主任职务

祝武世　免去省政协文史委员会副主任职务

(2017 年 7 月 4 日政协云南省第十一届委员会常务委员会第二十一次会议通过)

周发洪　免去省政协社会和法制委员会副主任职务

彭　兵　免去省政协教科文卫体委员会副主任职务

陈　麟　免去省政协文史委员会副主任职务

张红苹　任省政协社会和法制委员会副主任（正厅级）

杨　娟　任省政协港澳台侨和外事委员会副主任

(2017 年 9 月 22 日政协云南省第十一届委员会常务委员会第二十二次会议通过)

熊胜祥　免去省政协民族和宗教委员会副主任职务（正厅级）

田成有　免去省政协提案委员会副主任职务

李红民　任省政协民族和宗教委员会副主任（正厅级）

关于设立专门委员会的决定

(2017 年 7 月 4 日政协云南省第十一届委员会常务委员会第二十一次会议通过)

根据《中国人民政治协商会议章程》规定，结合省政协工作需要，经云南省机构编制委员会批复同意，政协云南省第十一届委员会常务委员会第二十一次会议决

定设立省政协委员联络委员会（正厅级）。

市（县、区）政协主席变动情况

昆明市

熊瑞丽（2017 年 3 月 22 日任职）

昭通市

成联远（2017 年 3 月 23 日任职）

昭通市巧家县

毛玖明（2017 年 10 月任职）

楚雄州

杨　静（2017 年 3 月 23 日任职）

楚雄州楚雄市

吴永祥（任职至 2017 年 2 月）

马子才（回族，2017 年 2 月任职）

楚雄州双柏县

李雪峰（彝族，任职至 2017 年 2 月）

王景书（2017 年 2 月任职）

楚雄州南华县

肖　志（任职至 2017 年 2 月）

叶忠华（2017 年 2 月任职）

楚雄州姚安县

华　成（任职至 2017 年 2 月）

昝丕政（2017 年 2 月任职）

楚雄州大姚县

马跃云（任职至 2017 年 2 月）

沈克敏（2017 年 2 月任职）

楚雄州永仁县

殷加林（彝族，任职至 2017 年 2 月）

吴玉斌（2017 年 2 月任职）

楚雄州元谋县

兰　松（任职至 2017 年 2 月）

高发银（彝族，2017 年 2 月任职）

红河州

李保文（任职至 2017 年 2 月 24 日）

聂　明（2017 年 2 月 24 日任职）

文山州

黎家松（壮族，2017 年 3 月 23 日任职）

文山州文山市

何海波（2017 年 2 月 22 日任职）

文山州砚山县

陈太红（任职至 2017 年 2 月 10 日）

何　江（2017 年 2 月 24 日任职）

文山州麻栗坡县

项廷超（任职至 2017 年 2 月 24 日）

赵时跃（2017 年 2 月 24 日任职）

文山州丘北县

赵廷跃（任职至 2017 年 2 月 26 日）

赵敏建（2017 年 2 月 26 日任职）

文山州广南县

李红虹（2017 年 2 月 23 日任职）

西双版纳州

玉香伦（女，傣族，2017 年 3 月 24 日任职）

大理州

李　雄（任职至 2017 年 12 月 13 日）

大理州漾濞县

李华荣（2017 年 2 月任职）

大理州宾川县

陈　源（2017 年 2 月任职）

大理州弥渡县

罗鸿文（2017 年 2 月任职）

大理州剑川县

王梅芳（2017 年 2 月任职）

怒江州

陈建平（白族，任职至 2017 年 3 月）

怒江州泸水市

杨绍红（傈僳族，2017 年 12 月任职）

怒江州兰坪县

李双玉（女，白族，任职至 2017 年 12 月）

怒江州福贡县

封志诚（傈僳族，任职至 2017 年 1 月）

迪庆州

杜永春（藏族，2017 年 3 月 29 日任职）

云南省各级政协组织和委员数

（截至2017年年底）

级别 项目	省	州（设区的市）	县 （市辖区、不设区的市）	合计
组织数	1	16	129	146
委员数	639	5421	24754	30814

（饶　松　**编写**　刘建华　**审稿**）

政协西藏自治区委员会

旦 科 副主席

【全体委员会议】

十届五次会议 1月9日至14日在拉萨召开。大会应到委员563人，实到462人，符合政协《章程》规定。全国政协副主席、自治区政协主席帕巴拉·格列朗杰主持开、闭幕会，并作闭幕总结讲话。区政协副主席李素芝主持第二次全体会议，区政协副主席洛桑久美主持选举大会。

与会委员认真听取并审议了区政协副主席高扬所作的常委会工作报告和区政协副主席白玛朗杰所作的提案工作情况报告；党员委员参加了自治区“两会”党员大会；与会委员列席了自治区十届人大五次会议相关大会，听取和讨论了洛桑江村主席所作的《政府工作报告》，听取和讨论了计划报告和预算报告及“两院”报告；深入学习了党的十八届六中全会、全国经济工作会议和自治区第九次党代会、全区经济工作会议等精神；召开了区政协十届21次常委会和第47次主席会议；会议补选旦科同志为政协第十届西藏自治区委员会副主席；会议通过了政治决议、常委会工作报告决议、提案工作情况报告决议和提案审查情况报告。

会议期间，吴英杰书记等自治区党政军领导同志出席开、闭幕会，并分别深入各界别亲切看望与会委员，参加小组讨论，与委员们广泛协商交流，共商改革发展稳定大计，充分体现了区党委对政协工作的高度重视，对广大委员的政治信任，使委员们备受鼓舞，产生了良好政治效果。区党委常务副书记、区政协党组书记邓小刚出席会议各次大会和召集人会议，并深入宗教等界别小组听取委员讨论。自治区副主席甲热·洛桑丹增和自治区有关委、办、厅、局负责同志应邀出席大会第二次全体会议，听取委员大会发言。

【常务委员会会议】

第20次会议 1月4日在拉萨召开。全国政协副主席、自治区政协主席帕巴拉·格列朗杰主持开、闭幕会。区政协党组副书记、副主席李素芝主持第二次大会。区政协副主席高扬、策墨林·单增赤列、白玛朗杰、洛桑久美、宗洛·向巴克珠、金世洵、索朗仁增、阿旺、参木群、阿沛·晋源、次旺多布杰和秘书长雷桂龙出席。会议听取了区政协各专门委员会2016年工作情况报告，研究了区政协十届五次会议有关事宜。

第21次会议 1月13日在拉萨召开。全国政协副主席、自治区政协主席帕巴拉·格列朗杰主持会议。区政协副主席李素芝、高扬、策墨林·单增赤列、白玛朗杰、洛桑久美、宗洛·向巴克珠、萨龙·平拉、金世洵、索朗仁增、阿旺、参木群、阿沛·晋源、次旺多布杰和秘书长雷桂龙出席会议。会议审议通过了提交区政协十届五次会议的有关事项。

第 22 次会议 4 月 6 日在拉萨召开。受全国政协副主席、自治区政协主席帕巴拉·格列朗杰的委托，区党委常委，区政协党组副书记、副主席，区党委统战部部长旦科主持会议并讲话。区政协副主席高扬、白玛朗杰、珠康·土登克珠、洛桑久美、萨龙·平拉、金世洵、索朗仁增、阿旺、参木群、阿沛·晋源和秘书长雷桂龙出席。会议传达学习了全国政协十二届五次会议精神和中办印发的《关于加强和改进人民政协民主监督工作的意见》，审议通过了人事事项。

第 23 次会议 6 月 29 日在拉萨召开。受全国政协副主席、自治区政协主席帕巴拉·格列朗杰的委托，区党委常委，区政协党组副书记、副主席，区党委统战部部长旦科主持会议。区党委常委、区纪委书记王拥军作了党风廉政建设辅导报告。区政协副主席李素芝、高扬、白玛朗杰、策墨林·单增赤列、洛桑久美、宗洛·向巴克珠、萨龙·平拉、金世洵、索朗仁增、阿旺、参木群、阿沛·晋源、次旺多布杰和秘书长雷桂龙出席会议。会议传达学习了区党委九届二次全会和自治区党代表会议及全区第二次非公有制经济发展大会精神；听取了区党委组织部关于人事事项的说明；审议通过了《政协西藏自治区委员会关于进一步巩固共同思想政治基础迎接党的十九大胜利召开的决议》；审议通过了人事事项。

第 24 次会议（议政性常委会议） 8 月 9 日至 10 日在拉萨召开。全国政协副主席、自治区政协主席帕巴拉·格列朗杰主持开幕会。区党委常委，区政协党组副书记、副主席，区党委统战部部长旦科主持闭幕会并讲话。区政协党组副书记、副主席，机关党组书记高扬主持大会发言。自治区副主席坚参应邀出席会议并作了“西藏农牧业供给侧结构性改革”情况的报告。区政协副主席珠康·土登克珠、洛桑久美、金世洵、索朗仁增、阿旺、参木群、阿沛·晋源、次旺多布杰和秘书长雷桂龙出席会议。会议期间，12 位与会人员作了大会发言，20 个部门单位提交了书面发言材料。分组讨论会上大家畅所欲言，民主协商，建睿智之言、献务实之策。区直有关部门负责同志参加大会和小组讨论，主动回应有关问题。

第 25 次会议 11 月 16 日在拉萨召开。全国政协副主席、自治区政协主席帕巴拉·格列朗杰主持开幕会，区党委常务副书记、区政协党组书记丁业现作专题辅导报告。区党委常委，区政协党组副书记、副主席，区党委统战部部长旦科出席开幕会，区政协党组副书记、副主席白玛朗杰主持闭幕会。区政协副主席策墨林·单增赤列、洛桑久美、萨龙·平拉、索朗仁增、参木群、阿沛·晋源、次旺多布杰和秘书长雷桂龙出席。会议讨论并审议通过了《西藏自治区政协常委会关于学习贯彻党的十九大和自治区党委九届三次全会精神的决议》和有关人事事项。

【专门委员会工作】

提案委员会 一是提高提案质量。通过各种途径，向委员介绍通报经济社会发展情况，为委员知情明政、提出有分量的提案创造条件。发出提案征集公开信和提案须知、提案参考选题等，就提高提案质量提出明确要求。选择质量较高、办理效果较好的提案编入《提案办理情况选编》印发，发挥示范带动作用。全年共收到提案 410 件，立案 404 件。二是提高办理质量。围绕党和政府中心工作及政协常委会重点工作，确定 9 件重点提案，由政协副主席分别领衔督办。协调党政督查部门将答复不认真的提案退回重办，对办理缓慢的部门进行催办。各提案承办单位加强组织领导、完善工作机制、创新办理形式、注重办理落实，扎实做好提案办理工作，使提案的价值和委员们的履职成果切实得以体现。截至10月底，404件提案已全部办复，答复率100%，委员对办理结果的满意和基本满意率达到98%以上。三是开展提案办理协商。将协商贯穿于提案工作各环节始终，推动各方面之间充分协商，深化对提案建议的再认识，有效促进了提案办理的责任落实、问题解决和协商成果转化。例如，自治区交通运输厅与提案者召开座谈会，就提案问题进行充分协商，深度沟通，并组织有关委员赴拉萨、林芝、山南等地实地考察交通重大工程建设项目，进一步增进了共识。全年召开提案办理协商会6次。四是成功召开提案表彰会。召开自治区政协提案表彰会，表彰了35件优秀提案、20个提案办理先进单位和30名提案办理先进工作者，总结工作、交流经验、激励先进。

民族和宗教委员会 7月至9月，分成两个视察调研组，分别深入山南、林芝、拉萨、日喀则等市、那曲地区就我区“传承发展藏医药，助推健康西藏建设情况”和“贯彻落实全国、全区宗教工作会议精神情况”进行了实地视察调研。并形成了视察调研报告上报有关部门。为视察调研成果转化，7月14日在区政协召开了“合理利用、保护我区具有特殊疗效的传统温泉水资源”专题协商座谈会。积极协助全国政协民宗委的调研工作，协调区党委统战部就我区境外藏胞工作情况，形成材料上报全国政协。为了总结工作，交流经验，形成了政协第十届西藏自治区委员会民族和宗教委员会履职尽责的五年工作汇编，以资后鉴。

社会法制外事委员会 一、抓调研，为我区推进跨越式发展建言献策。一是草原生态补助奖励政策落实情况专题调研。4月17日至24日，会同区农牧厅组成调研组，深入那曲地区那曲县、聂荣县、班戈县的6个乡镇、6个行政村和拉萨市当雄县，开展专题调研。形成了《关于我区草原生态补助奖励政策的落实情况的调研报告》。二是新时期安边固边兴边政策落实情况专题调研。会同自治区商务厅组成联合调研组，于5月至6月，先后前往林芝市墨脱、察隅、米林县，山南市错那、隆子县，日喀则市亚东、定结、吉隆县和阿里地区普兰、札达、噶尔县的25个边境乡（镇）、2个边境口岸及4个边民互市贸易点，深入了解（藏党发〔2012〕2号）文件贯彻落实情况，形成了《关于进一步加强安边固边兴边工作的调研报告》。二、抓重点，积极开展民主协商。8月11日，召开了区政协“进一步加强安边固边兴边工作”专题协商会。本次会议的通报和发言聚焦主题，就边境地区的维稳管控、基础设施建设、民生改善、产业发展、基层政权建设等方面提出了一些务实管用的对策建议。

文史资料学习委员会 一、重点做好《藏族百年实录》的定稿出版工作。6月5日至7日，全国政协文史委在北京召开《藏族百年实录》定稿会，与会领导和专家一致同意《藏族百年实录》通过审查。定稿会后，文史委全力做好出版前的准备工作，并赴京与出版社对接具体事宜。二、协助全国政协文史和学习委员会“茶马古道文化遗产保护和利用”调研工作。5月，协助全国政协文史委，赴昌都、拉萨等地，圆满完成了“茶马古道文化遗产保护和利用”专题调研活动。三、帮助地市政协做好文史资料工作。6月和8月，文史委应拉萨市政协、那曲地区政协之邀作文史资料工作讲座。9月份，主动联系那曲地区政协，协调专家学者，完成了《羌塘，神奇的聚宝盆》系列丛书之《部落简史》《语言文字》《传统藏医药》等5本图书的审定工作。

科教文卫体委员会 一、加强政治理论学习。一是坚持抓好委员会干部理论学习、思想建设。把学习贯彻党的十九大、习近平新时代中国特色社会主义理论、自治区第九次党代会议精神作为首要政治任务。二是加强专委会自身思想、作风、业务建设。学习涉及科教文卫体方面的政策法规，业务知识，进一步提高履职能力和水平。三是积极参加机关“学习年”活动。二、认真开展调研，积极建言献策。一是重点开展了我区大学生就业工作视察调研，围绕我区基层藏药使用和普及情况与民族和宗教委员会联合调研。二是组织有关单位和界别委员赴广东、福建两省考察学习。学习两省政协开展专题协商会经验和做法；了解两省食品药品、畜产品质量监督机构体制机制建设情况；学习两省卫生事业发展和人均期望寿命等情况。三、做好本届委员会总结工作。对本届以来的五年工作情况进行整理、总结、汇编工作。四、其他工作。一是协助做好全国政协教科文卫体委员会、兄弟省市政协赴藏考察、调研等工作。二是积极完成区政协党组和常委会安排的其他工作。

经济人口资源环境委员会 一是开展了以“推进西藏农牧业供给侧结构性改革面临的相关问题和建议”为主题的专项调研工作。二是为协助全国政协做好“实施精准扶贫中存在的问题和建议”监督性调研工作，组织委员赴区扶贫办进行监督性调研，提出了对推进我区精准扶贫，研究制定相关优惠政策等6个方面的建议，为党中央国务院及国家相关部委指导深度贫困地区扶贫攻坚提供了决策参考，为今后我区各级政协开展民主监督性工作提供了良好示范。三是组织部分住藏全国政协委员和区政协常委、经济界部分委员赴拉萨、林芝、山南三市围绕川藏铁路拉林段、西电东送林芝、山南段发电及输变电项目、拉林高速公路、拉萨—山南快速通道等重大项目进行视察。四是组成考察组赴广西、云南考察特色产业发展和口岸自贸区建设情况，认真学习相关省市“精准扶贫、特色产业发展和口岸自贸区建设”方面的好经验、好做法，为我区“精准扶贫、特色产业发展和口岸自贸区建设”提出了意见建议。五是高度重视各类资料的收集、整理、录入、储存等基础性工作，录入了十届政协经济人口资源环境方面的资料100万余字，收集文字资料90余册、录音资料60余小时，进一步加强了文档规范化，为工作的科学性、连续性、规范性奠定了良好的基础。

【重要会议、活动】

专题协商会 7月14日，区政协围绕“合理利用、保护我区具有特殊疗效的传统温泉水资源”召开专题协商座谈会。区政协副主席策墨林·单增赤列、洛桑久美出席会议。区政协民族和宗教委员会主任德青旺姆主持会议。区政协民族和宗教委员会副主任昌达介绍了“合理利用、保护我区具有特殊疗效的温泉水资源”专题视察调研情况，与会人员就议题积极建言献策。区人大民族宗教外事侨务委员会，区政府办公厅，区政协办公厅、民族和宗教委员会，区国土资源厅、地勘局、卫计委、环保厅、旅发委、水利厅和藏医院等部门相关负责人参加座谈。

8月11日，区政协“进一步加强安边固边兴边工作”专题协商会议在拉萨召开。会议深入贯彻落实党中央关于兴边富民的决策部署和自治区党委、政府关于边境地区发展稳定的安排意见，重点围绕新时期安边固边兴边政策落实情况协商座谈、建言献策。区政协副主席次旺多布杰主持会议，自治区政府党组成员、主席助理罗梅出席会议并讲话，区政协党组成员、秘书长雷桂龙出席会议。区发改委、教育厅、公安厅、财政厅、交通运输厅和日喀则、山南、林芝、阿里四市（地）政协负责同志作了大会发言。部分政协委员与相关厅局负责同志进行了互动交流。

专题调研 4月至7月，在区政协副主席阿旺的具体指导下，由科教文卫体委员会牵头，区人社厅、教育厅参与，组织涉及调研区域的自治区 、地（市）、县三级教育界政协委员，围绕我区大学生就业情况，先后深入拉萨、林芝、山南、日喀则4个市，12个县（区）；西藏大学、西藏民族大学、西藏藏医学院、西藏农牧学院4所高校；4家国有企业和2家民营企业开展了不同形式的实地调研活动。通过走访调研和问卷座谈，掌握了较全面的第一手材料，对我区大学生就业现状和取得的成就及存在的问题有了较全面的了解，为党委、政府建言献策提供了较可靠的参考依据。

5月2日至5月24日，由区政协副主席金世洵率队，区政协办公厅、经济人口资源环境委员会有关负责同志和区农牧科学院专家组成的联合调研组，先后赴日喀则、昌都、那曲，就“补齐我区重点农牧业科技成果转化工作对策建议”开展实地调研。调研组先后赴三地市、15个县区，实地查看了具有代表性和典型性的企业、项目基地、现代农牧业示范区、种养植基地、易地搬迁点、旅游产业扶贫点、蔬菜公司、专业合作社、羊草牧业生产基地、牦牛肉加工厂、糌粑加工厂、扶贫劳动技能培训基地等43个考察点。

5月30日至6月3日，自治区政协党组副书记、副主席，机关党组书记高扬率自治区政协提案委员会调研组，赴林芝市及米林县、墨脱县，借现场协商办理重点提案之机，就藏药材资源保护研究进行专题调研，形成了《关于藏药材资源保护研究及科学开发的调研报告》，报告提出了打造藏药材资源保护研究的良好环境、加大藏药材资源的保护力度、加强藏药材资源可持续利用研究、有序推进藏药材产业开发、为藏药材资源保护研究提供基本保障等意见建议。

5月至6月，区政协副主席次旺多布杰率队，区政协社会法制外事委员会会同自治区相关部门组成联合调研组，围绕新时期安边固边兴边政策落实情况，历时一个多月时间，先后前往林芝市墨脱、察隅、米林县，山南市错那、隆子县，日喀则市亚东、定结、吉隆县和阿里地区普兰、札达、噶尔县共11个边境县的25个边境乡（镇）、20多个边境一线村和2个边境口岸及4个边民互市贸易点进行实地调研。在各地市政协密切配合下，走村入户、听取汇报、座谈讨论、提问题等形式，与边民面对面交流，召开座谈会16次，深入了解新时期安边、固边、兴边政策的落实情况，特别是自治区党委、政府出台的《关于进一步加强边境地区发展稳定工作的意见》贯彻落实情况，全面了解边境地区经济发展和边防巩固、边防稳定工作中取得的成绩及面临的困难和问题，共同探讨了推进边境地区发展稳定的对策建议。

7月25日至8月17日，9月5日至12日，区政协副主席策墨林·单增赤列带队，区政协民族和宗教委员会联合科教文卫体委员会组成联合调研组，以“传承和发展民族藏医药，助推健康西藏建设”为课题，围绕对各地学习贯彻落实区党委、政府关于藏医药发展的有关政策和措施落实情况、培养藏医药人才及藏药材种植等情况，深入山南、林芝、拉萨、日喀则等市的措美、米林、尼木、仲巴等23个县（区）的藏医院（科、部），15个乡镇卫生院，7处藏药材种植基地，日喀则市职业技术学校、米林曼隆宇妥藏医学校、林芝奇正藏药厂、雍布拉康藏药厂以及林芝、山南医院制剂和工布江达、措美等县级制剂室开展了实地调研。

2017年8月15日至18日，自治区政协党组副书记、副主席，机关党组书记高扬率调研组，就日喀则市设立乡镇（街道办事处）政协委员联络办公室及工作开展情况，深入日喀则市谢通门、定日、吉隆县及有关乡镇（街道办事处）开展调研，并与区、市、县三级政协委员座谈。据调研了解，2017年4月，日喀则市在全市各乡镇（街道办事处）设立政协委员联络办公室，形成了“有办公场所、有人做事、有钱办事、有制度管事、有活动载体、有台账明事”的工作格局，为基层委员的联络服务工作提供了有力保障。

11月12日至14日，自治区政协党组副书记、副主席白玛朗杰率调研组深入墨脱县门珞文化历史博物馆、德兴乡小康示范村、擦曲卡茶厂等，围绕墨脱县边境小康示范村建设、军民融合发展战略推进实施情况、边民守边固边情况，开展专题调研，通过采取赴合作社和企业等实地考察、查阅资料、召开座谈会等形式，详细了解了该县依托特色优势资源带动群众增收致富、固边守边方面采取的有效措施等，同时也对进一步做大做强特色优势产业、进一步增进军民融合发展等提出了建议。

民主监督 围绕我区“实施精准扶贫中存在的问题和建议”开展民主监督。4月28日至5月24日，区政协副主席金世洵率部分在藏全国政协委员、自治区政协委员和区政协相关负责同志一行，先后赴自治区扶贫办和日喀则、昌都、那曲，就我区“实施精准扶贫中存在的问题和建议”开展监督性调研。调研组建议，要加大我区精准扶贫优惠政策落实力度；要加大普惠金融，创新金融扶贫机制；要加强东西部合作，充分发挥非公经济在扶贫工作中的重要作用；要更加重视医疗、教育、文化扶贫；要妥善处理易地搬迁中的各类关系；要重视生态保护与建设，发展生态产业。

围绕拉萨市脱贫攻坚工作情况开展民主监督。7月1日，区政协副主席、区党委老干部局局长参木群带队，全国政协委员、自治区政协副主席萨龙·平拉出席，住藏全国政协委员和区政协常委共30人，围绕拉萨市脱贫攻坚工作开展联合视察。视察组一行采取听取情况介绍、实地查看、集中座谈等方式，深入拉萨市柳梧新区柳梧乡达东村扶贫综合（旅游）开发项目等地开展视察调研。

围绕残疾人救助、“双创”工作、推动特色农牧产业开发开展民主监督。7月28日，区政协党组副书记、副主席，机关党组书记高扬带领区政协科技、教育、文化、卫生、体育等界别部分委员及部分区政协老领导在自治区残疾人康复服务中心、拉萨市科技众创空间、蔡公堂乡白定村“高标准奶牛养殖中心”视察并召开座谈会。参加视察活动的有区政协副主席次旺多布杰，自治区老领导桑珠、巴桑顿珠、次仁卓嘎、加保、罗松多吉等。在听取有关部门工作情况汇报后，视察组强调，各级各部门要在思想上引起高度重视，行动上加大投入力度，多关心支持我区残疾人救助工作；做大、做优、做强“双创”工作；进一步推动特色农牧产业开发。

就我区重点建设项目完成情况开展民主监督。8月17日至20日，由区政协党组副书记、副主席白玛朗杰任团长，区政协副主席金世洵，全国政协委员、区政协经济人口资源环境委员会主任索朗多吉任副团长，部分住藏全国政协委员、区政协常委，经济界部分委员，区政协原党组书记、副主席巴桑顿珠同志为成员的视察团赴西藏林芝市、山南市就重点建设项目的完成情况开展视察调研活动。林芝、山南两市相关负责同志以及自治区交通厅、民航西藏区局、西藏电力有限公司、青藏铁路公司等与重点项目有关的单位负责人共同参加了视察活动，并召开了专题汇报会。

就自治区信息化工程和重点项目开展民主监督。9 月 15 日，区政协副主席阿旺、次旺多布杰带领区政协中共、科技、农业、教育、宗教界部分委员在拉萨市开展视察活动。视察团一行前往自治区工业和信息化厅、中国铁塔股份有限公司西藏自治区分公司、鹏矗生态园、环城路，围绕“自治区信息化工程和重点项目”课题，采取实地参观、召开座谈会、查阅资料等方式进行了视察。

围绕日喀则市生态建设、灾后重建、农牧业产业发展开展民主监督。9 月 18 日至 19 日，自治区政协党组副书记、副主席，机关党组书记高扬，自治区政协副主席萨龙·平拉、参木群率领自治区政协部分常委赴日喀则市，就南木林县生态示范区建设和人工种草工作、桑珠孜区江当乡郭家新村和江当特色光伏小镇、桑珠孜区边雄乡甲根村灾后重建项目、白朗县万亩枸杞生态观光产业园项目和中农圣域生态农业园项目等进行视察调研。常委们实地查看了日喀则市生态安全屏障建设和民生工作的情况，充分肯定了所取得的成绩，结合全区实际，提出了许多好的意见和建议。

就我区企业职工“五险一金”工作落实情况开展民主监督。9 月 27 日，区政协副主席，区总工会主席洛桑久美率领部分住藏全国政协委员，自治区工会界、工商界、经济界政协委员及区政协老领导在拉萨市开展视察活动。视察团前往西藏高争建材股份有限公司、西藏天路股份有限公司、西藏达氏集团，围绕“我区企业职工‘五险一金’工作落实情况”，采取实地参观、听取汇报、召开座谈会等方式进行了视察。自治区人社厅、住建厅、国资委、总工会、工商联有关负责同志参加了视察活动。区政协原副主席罗松多吉出席。

提案工作 4 月 21 日，区政协党组副书记、副主席，机关党组书记高扬主持召开由采守宽委员提出的《关于规范西藏旅游消费土特产市场、着力打造旅游品牌提升旅游服务质量的建议》重点提案办理协商会。提案人、区政协委员采守宽，区政协办公厅、提案委员会有关负责同志，提案承办单位区旅发委，会办单位区食药局、区质监局、区工商局相关负责同志参加协商会。

5 月 4 日，区政协副主席白玛朗杰主持召开由洛色委员提出的《关于制定出台扶持在藏毕业生和小微企业创新创业优惠政策指导性意见的提案》办理协商会。区政协办公厅、提案委员会有关负责同志，提案主办单位区工信厅和提案会办单位区财政厅、区人社厅及拉萨市政府相关负责同志参加协商会。

5 月 30 日至 6 月 3 日，自治区政协党组副书记、副主席，机关党组书记高扬带领提案者、部分区政协委员、藏医药专家和区政协提案委、区发改委、区工信厅、区政府督查室相关人员，赴林芝市围绕“藏药材资源保护研究”开展调研，并现场召开提案办理协商会。

7 月 10 日，区政协副主席金世洵在人民银行拉萨中心支行主持召开重点提案办理座谈会。会上，人民银行拉萨中心支行行长郭振海就西藏普惠金融发展基本情况及西藏普惠金融发展过程中遇到的困难、取得的经验及下一步对普惠金融发展目标作了详细的汇报。区政协办公厅、经济人口资源环境委员会有关负责同志及相关厅局负责人参加会议。

外事出访 11月11日至18日，应南澳洲议会和新西兰惠灵顿政府的邀请，自治区政协副主席高扬率中国西藏自治区政协友好代表团访问了澳大利亚、新西兰。出访期间，代表团以座谈、交流和实地考察等形式进行了相关活动。先后与南澳洲议会、南澳洲政府办公厅和新西兰惠灵顿政府，我国驻澳大利亚墨尔本、阿德莱德总领事馆和驻新西兰大使馆，惠灵顿、奥克兰总领事馆进行了座谈、交流和餐叙。同时考察了南澳洲艺术中心、阿德莱德大学、新西兰国家博物馆和新西兰奥克兰牧场。代表团还分别向南澳洲议会和新西兰惠灵顿政府，以及我国驻两国的部分总领事馆，赠送了自治区外宣办制作的美丽西藏光盘等涉藏外宣制品，增强和提高了出访宣传效果。代表团利用各种机会，宣传了西藏、表明了立场、增强了自信、介绍了政协、增进了互信、展望了合作。

《藏族百年实录》在京审定通过 6月6日至8日，《藏族百年实录》定稿会在北京召开。这次会议是第一个由全国政协文史委在京举办的少数民族百年实录定稿会。全国政协文史委卞晋平、陈惠丰副主任出席会议并分别讲话。西藏、四川、云南、甘肃、青海五省（区）政协文史委及办公室负责同志，以及国家民委、中国藏学研究中心、中央民族大学出版社、中国藏学出版社、社会科学文献出版社等部门的领导和专家参加会议。全国政协文史委副主任龙新民主持会议。会上，西藏自治区政协副主席参木群代表西藏自治区政协通报了《藏族百年实录》征编工作情况。与会领导和专家在认真审读的基础上，一致同意《藏族百年实录》通过审查，同时对后续工作提出了一些意见建议。全国政协文史委副主任卞晋平、龙新民、陈惠丰以及与会的专家学者在讲话中指出，藏族是国际社会广泛关注的中国少数民族，西藏自治区政协文史委主动认领编纂《藏族百年实录》的任务，克服时间紧、任务重、人员少等实际困难，只用了短短两年多时间，就把《藏族百年实录》（送审稿）呈现在大家面前，实属不易！西藏的同志为此做了大量卓有成效的工作，付出了大量的心血，令人钦佩！这部鸿篇巨著从文史资料的角度充分展现了一百年来藏民族从封建农奴社会到社会主义社会的历史跨越，特别是在中国共产党领导下由封建落后走向繁荣发展的恢宏画卷，对于巩固边疆稳定，维护国家统一和民族团结，具有深远的历史意义和重大的现实意义，可以说是功在当代，利在后世。全书“三亲”特色突出、篇章安排合理、历史脉络清晰、史料价值极高，是传播中国好声音、讲述西藏好故事的一部不可多得的文史精品力作。希望西藏自治区政协文史委认真吸纳定稿会上专家学者的意见建议，抓紧做好后续工作，倒排工作时间，力争6月底向全国政协报送最终定稿，确保尽快出版。

自治区政协提案表彰大会 11月17日上午，自治区政协召开优秀提案和提案办理先进单位、先进工作者表彰大会，回顾总结十届自治区政协提案工作的主要成绩和经验，研究探索做好新时代政协提案工作的新思路、新方法、新举措。区党委常务副书记、区政协党组书记丁业现出席并讲话，区党委常委、区政协党组副书记、副主席，区党委统战部部长旦科主持。自治区副主席石谋军出席，自治区政协副主席白玛朗杰宣读表彰决定。自治区政协副主席策墨林·单增赤列、萨龙·平拉、索朗仁增、参木群、阿沛·晋源、次旺多布杰和秘书长雷桂龙出席。会议强调，提案办理工作是各级党政部门一项严肃的政治任务。一要充分认识做好提案办理工作的重要意义，广纳群言、广集众智、广谋良策，最大限度地激发和释放正能量。二要高度重视提案办理，加强领导明确责任，努力推动政协提案办理工作迈上新台阶。三要切实提高政治站位，把提案办理作为增强政治互信、肝胆相照、同心同德，围绕中心、服务大局的重要载体。四要履职尽责、锐意进取，认真负责地做好提案办理工作。五要总结好成功经验，为做好今后提案办理工作提供参考和借鉴，为决胜全面建成小康、夺取新时代中国特色社会主义伟大胜利凝聚共识、凝聚智慧、凝聚力量。受表彰的优秀提案者、提案办理先进单位和先进工作者代表在大会上作了交流发言。

【重要文件】

常委会工作报告（2017年1月9日）（摘要）　2016年工作回顾。一、坚定立场、凝聚共识，牢牢把握正确政治方向。深入学习贯彻党的十八届六中全会精神，牢固树立“四个意识”，在思想上拥戴核心，在政治上信赖核心，在组织上忠诚核心，在行动上捍卫核心。始终把学习贯彻以习近平同志为核心的党中央治国理政新理念新思想新战略“政协篇”作为重要政治任务，用马克思主义中国化最新成果统一思想、凝聚共识。一年来，举办全区政协干部理论培训班1期，组织主席会成员集中学习16次、常委会集体学习5次、专题辅导报告会3场（次），印发学习资料2400余册。二、围绕中心、议政建言，全力助推经济社会发展。坚决贯彻习近平总书记“发展是解决西藏所有问题的关键”重要指示，把政协工作放到经济社会发展大局中谋划和推进。围绕推进实施“十三五”规划协商议政，组织开展视察调研11次，形成视察调研报告9份，提出意见建议63条。深入基层察民情、听民声，谋良策、献良计。三、团结包容、凝心聚力，同心共促社会和谐稳定。坚持把维护社会稳定作为履职首要政治任务，充分发挥政协独特优势作用。在重大节庆期间和重大敏感节点，8位副主席带领工作组进驻重点地区、重点寺庙和“两边一线”督导维稳工作。深入开展解疑释惑、化解矛盾、凝聚人心、增进团结的工作。全面贯彻党的民族政策，引领广大委员投身民族团结进步创建活动。相关副主席率领宗教界委员开展寺庙法制宣传教育、爱国爱教宣传服务下乡活动，围绕“藏传佛教寺庙管理长效机制建设”深入调研。做好信访工作。扩大对外交往。四、尊重自然、保护生态，助推建设美丽西藏。尊重自然、顺应自然、保护自然，为建设国家生态安全屏障竭智尽力。助力生态文明建设决策的贯彻落实，围绕“积极落实国家生态综合补偿机制”等视察调研、建言献策。助力生态功能区和自然保护区建设，召开《羌塘高原国家生态文明建设区总体规划》咨询会。助力城市转型和环境优化工作。五、保障民生、凝聚人心，切实促进发展成果共享。牢牢把握改善民生、凝聚人心这个出发点和落脚点，紧扣办好利民惠民、利寺惠僧“十件实事”等民生问题视察调研。召开“围绕精准脱贫，提高西藏人均期望寿命”专题协商会。扎实开展创先争优强基础惠民生活动。六、规范有序、注重实效，统筹推进经常性工作。加强提案工作。全年收到提案489件，经审查立案479件，提案所提建议已被采纳的228件、占48%，已列入计划解决或采纳的170件、占35%。加强文史资料工作。出版《亲历西部大开发（西藏卷）》，推进《藏族百年实录》史料征集工作，做好《西藏自治区志·政协志》编纂等工作。加强团结联谊和信息宣传工作。七、继往开来、创新实践，全面加强自身建设。把能力建设贯穿于“四位一体”建设全过程。重视党的建设和机关思想、组织、作风、制度、反腐倡廉建设。扎实开展“两学一做”学习教育。2017 年工作要点。总体要求是：坚持以邓小平理论、“三个代表”重要思想、科学发展观为指导，深入贯彻落实党的十八大，十八届三中、四中、五中、六中全会和中央第六次西藏工作座谈会精神，贯彻落实习近平总书记系列重要讲话精神和治国理政新理念新思想新战略，贯彻落实习近平总书记治国必治边、治边先稳藏重要战略思想和加强民族团结、建设美丽西藏的重要指示，贯彻党的治藏方略，按照自治区第九次党代会的决策部署和全区经济工作会议精神，树牢新理念、适应新常态、引领新发展，坚决维护核心、始终围绕中心、牢牢把握履职重心，认真履行职能，充分发挥作用，为推进落实“十三五”规划、精准脱贫、全面建成小康社会、谱写好中华民族伟大复兴中国梦的西藏篇章而不懈奋斗。一、坚持党的领导，夯实共同思想政治基础。毫不动摇坚持党的领导，牢固树立“四个意识”，坚决维护以习近平同志为核心的党中央权威。把坚持和发展中国特色社会主义作为巩固共同思想政治基础的主轴，切实把思想和行动统一到中央的决策部署上来。二、坚持靠前履职，助推西藏改革发展稳定。按照区党委部署要求，靠前履职尽责，贡献政协智慧和力量。把维护祖国统一、加强民族团结作为履行职能的着眼点和着力点。把深入开展反分裂斗争作为履职硬任务。把助推经济社会发展作为履行职能的第一要务。把助力建设美丽西藏作为履行职能的光荣使命。把改善民生、凝聚人心作为履行职能的出发点和落脚点。三、坚持创新发展，推进政协协商民主建设。坚决贯彻落实《关于加强人民政协协商民主建设的实施意见》等精神，加强政协制度建设，创新履职方法，提高履职成效。四、坚持示范带动，形成风清气正政治生态。坚持政协党组发挥领导核心作用与支持依法依章程履行职责相统一，深入学习贯彻习近平总书记关于正确处理“亲”“清”的新型政商关系重要指示精神，发挥政协在推进我区民主政治建设进程中的示范带动作用。五、坚持强基固本，加强政协自身建设。继续加强常委会建设，不断提高政治把握、调查研究、联系群众、合作共事能力。发挥委员主体作用、界别特殊作用、政协机关“五个服务”作用。

【组织概况】

副主席补选名单

（2017 年 1 月 14 日政协第十届西藏自治区委员会第五次会议通过）

旦　科

委员辞职名单

（2017 年 4 月 6 日政协第十届西藏自治区委员会常务委员会第二十二次会议通过）

马全平　王万林　韩文贞　黎德勇

撤销委员资格名单

（2017 年 4 月 6 日政协第十届西藏自治区委员会常务委员会第二十二次会议通过）

许志山

专门委员会副主任任免名单

（2017 年 4 月 6 日政协第十届西藏自治区委员会常务委员会第二十二次会议通过）

免去：

黎德勇的自治区政协经济人口资源环境委员会副主任（正厅级）职务

王万林的自治区政协文史资料学习委员会副主任（正厅级）职务

任命：

格桑平措为自治区政协提案委员会副主任（正厅级）

李宝海为自治区政协经济人口资源环境委员会副主任（正厅级）

贝西为自治区政协经济人口资源环境委员会副主任（正厅级）

黄建国为自治区政协科教文卫体委员会副主任（正厅级）

徐敏为自治区政协社会法制外事委员会副主任（正厅级）

次仁罗布为自治区政协文史资料学习委员会副主任（正厅级）

副秘书长任免名单

（2017 年 6 月 29 日政协第十届西藏自治区委员会常务委员会第二十三次会议通过）

免去：

陈海的自治区政协副秘书长职务

任命：

王新会为自治区政协副秘书长

专门委员会副主任增补名单

（2017 年 6 月 29 日政协第十届西藏自治区委员会常务委员会第二十三次会议通过）

增补：

布其格为自治区政协社会法制外事委员会副主任

副秘书长免职名单

（2017 年 11 月 16 日政协第十届西藏自治区委员会常务委员会第二十五次会议通过）

免去：

李映洲的自治区政协副秘书长职务

专门委员会副主任增补名单

（2017 年 11 月 16 日政协第十届西藏自治区委员会常务委员会第二十五次会议通过）

增补：

洛桑佳措为自治区政协提案委员会副主任（正厅级）

琼巴为自治区政协民族和宗教委员会副主任（正厅级）

图嘎为自治区政协民族和宗教委员会副主任（正厅级）

李映洲为自治区政协文史资料学习委员会副主任

西藏自治区各级政协组织和委员数

（截至 2017 年年底）

级别 / 项目	省	设区的市（自治州）	县（市、区）	合计
组织数	1	7	74	82
委员数	558	1128	5117	6803

（达　嘎　格桑央吉　彭毛太　央金卓玛　**编写**　布　嘎　**审稿**）

政协陕西省委员会

陈　强　副主席

祝列克　副主席

【全体委员会议】

十一届五次会议　1月14日至19日在西安举行。应出席委员647人，实到572人。会议听取和审议了《政协第十一届陕西省委员会常务委员会工作报告》《政协第十一届陕西省委员会常务委员会关于十一届四次会议以来提案工作情况的报告》。全体委员围绕陕西省“十三五”规划实施和“一府两院”工作报告，通过小组讨论、联组讨论、大会发言等形式建言献策，形成了90篇大会发言、1000多条意见建议，并对《政府工作报告》提出15条具体修改意见。会议选举陈强、祝列克为政协第十一届陕西省委员会副主席，选举王成文、白宜勤、刘玉明、张雷、胡小平、龚汉江、梁倩为政协第十一届陕西省委员会常务委员；接受刘新文因年龄原因辞去政协第十一届陕西省委员会副主席职务，接受史健生、黄建军、辛栓明、詹德旺、刘碧芳、刘自成因年龄原因辞去政协第十一届陕西省委员会常务委员职务。会议通过了政协第十一届陕西省委员会第五次会议关于常务委员会工作报告的决议、政协第十一届陕西省委员会提案委员会关于十一届五次会议提案审查情况的报告、政协第十一届陕西省委员会第五次会议政治决议；表彰了省十一届政协四次会议优秀提案、先进承办单位和办理工作先进个人，以及2016年优秀社情民意信息、先进集体和先进工作者。

【常务委员会会议】

第23次会议　1月11日在西安举行。韩勇主席，各副主席及秘书长出席会议，全国政协委员、省委常委、省委统战部部长陈强列席会议。省政府秘书长陈国强通报了省政府系统政协第十一届陕西省委员会第四次会议以来提案办理情况；省政协秘书长闫超英做了政协第十一届陕西省委员会常务委员会工作报告（草案）和中国人民政治协商会议陕西省委员会委员履职工作规则（草案）起草情况的说明；省政协提案委员会主任杨志刚做了政协第十一届陕西省委员会常务委员会关于十一届四次会议以来提案工作情况报告（草案）起草情况的说明；省委统战部副部长张雷作有关人事事项的说明。会上，省十一届政协各专门委员会主任还作了各专委会2016年度工作情况的汇报。

第24次会议　第一次全体会议于1月16日在西安举行。韩勇主持。会议听取了省委常委、省委组织部部长张广智关于人事安排的说明。会议审议通过了政协第十一届陕西省委员会第五次会议选举办法（草案）、政协第十一届陕西省委员会第五次会议关于常务委员会工作报告的决议（草案）、政协第十一届陕西省委员会提案委员会关于十一届五次会议提案审查情况的报告（草案）、政协第十一届陕西省委员会第五次会议政治决议（草案）、有关人事事项，提交省十一届政协五次会议讨论。

第二次全体会议于1月18日在西安举行。韩勇主持。会议通过了政协第十一届陕西省委员会第五次会议选举办法（草案），提交政协第十一届陕西省委员会第五次会议第三次全体会议通过；通过了总监票人、副总监票人、监票人建议名单；通过了政协第十一届陕西省委员会第五次会议关于常务委员会工作报告的决议（草案）、政协第十一届陕西省委员会提案委员会关于十一届五次会议提案审查情况的报告（草案）、政协第十一届陕西省委员会第五次会议政治决议（草案），提交政协第十一届陕西省委员会第五次会议闭幕大会通过。会议还通过了有关人事事项。

第25次会议 3月23日在西安举行。韩勇出席并讲话，9位副主席和闫超英出席会议。孙其信和李晓东先后传达了十二届全国人大五次会议精神和全国政协十二届五次会议精神。韩勇在闭幕会上作重要讲话。他要求，全省各级政协组织和广大政协委员，要认真学习习近平总书记在全国两会上的重要讲话，深刻领会李克强总理所作的政府工作报告和俞正声主席所作的政协工作报告，下功夫学习和掌握中共中央《关于加强和改进人民政协民主监督工作的意见》的精神，要通过学习两会精神统一思想，下功夫推进全年各项工作任务落实。

第26次会议 6月21日至22日在西安举行。会议围绕“推进我省农业供给侧结构性改革”进行专题性议政协商。韩勇出席会议，省委常委、省委统战部部长、副省长姜锋应邀出席开幕会。闫超英就有关人事事项作说明。8位常委围绕“推进我省农业供给侧结构性改革”作了大会发言。韩勇作闭幕会讲话，他要求，全省各级政协组织和广大政协委员要深刻认识脱贫攻坚工作的重要性和紧迫性，进一步增强责任感和使命感，积极探索助推精准扶贫、精准脱贫的方法和路径，要发挥“第三方”作用，做好组织评估工作；要发挥调研协商作用，为脱贫攻坚献计出力；要发挥民主监督作用，推动各项扶贫政策措施落到实处；要动员政协委员和机关干部投身脱贫攻坚战役，汇聚起推进农业供给侧结构性改革的强大合力。会议还通过了有关人事事项。

第27次会议 10月27日至28日在西安举行。会议传达学习中国共产党第十九次全国代表大会精神，就陕西省各级政协组织和政协委员的学习贯彻工作作出安排部署。同时围绕“坚定文化自信，做大做强陕西文化产业”进行了协商。韩勇出席并讲话。省委常委、省委宣传部部长庄长兴应邀出席第二次全体会议并通报了我省文化产业情况。省委常委、省委统战部部长、副省长姜锋出席闭幕会。韩勇指出，要认真学习贯彻落实十九大精神，深刻认识会议将习近平新时代中国特色社会主义思想确立为中国共产党指导思想的重大现实意义和深远历史意义，准确把握中国特色社会主义进入新时代的重大判断、我国社会主要矛盾发生变化的新特点、全面建设社会主义现代化国家的奋斗目标和新时代党的建设新要求，切实把思想和行动统一到十九大精神上来。陕西省各级政协组织和政协委员要认真学习贯彻十九大关于人民政协工作的重大部署和要求，毫不动摇坚持中国共产党的领导，正确认识人民政协的性质定位，牢牢把握大团结大联合的主题，紧紧围绕中心献计出力，始终秉持以人民为中心的思想，不断推动政协协商民主建设，切实加强和改进政协民主监督工作，大力推进政协履职能力建设，不断将人民政协事业推向前进。

【专门委员会工作】

提案委员会 一、各项工作。1. 截至11月30日共征集提案793件，审查立案交有关部门办理700件提案。2. 坚持与省政府督察室联动，对提案进行全程、实时监控督办。3. 首次实施省委主要领导领衔督办重点提案。39件重点提案全部办复。4. 确定13件提案作为各专委会重点督办的提案。二、调研和月度协商。1. 围绕无定河综合治理情况开展带案专题调研，围绕“做好进城务工人员随迁子女就学工作”开展调研并组织召开月度协商座谈会，形成报告，得到省上领导批示。2.2017年陕西省安排了11.12亿元用于解决义务教育“城区挤”的问题。3. 报送信息56篇，办公厅采纳4篇，批示1篇。

经济委员会 一、调研和月度协商。(一) 完成“农村集体产权制度改革”和“六盘山片区产业精准扶贫”调研，有报告得到批示。(二) 月度协商。就“我省综合交通建设情况”进行专题调研，提出了对策建议，得到批示。3月30日组织召开了月度协商会议。共征集稿件18份，大会发言7份。二、信息编报。共收集信息20篇，被采用11篇。三、六盘山片区四省（区）精准扶贫交流推进会第三次会议。做好联络、协调及材料撰写工作，并将会议成果及时报送国家相关部委。

人口资源环境委员会 一、全年5次调研，形成5份调研报告，其中3份得到6人次批示。报送社情民意信息38条，省委办公厅采用2条、省政协办公厅采用10条。二、全力为委员履职搞好服务，全年委员参加活动242人次，4件提案被表彰为优秀提案，新报送提案立案54件，1件被娄勤俭确定为重点督办提案。加强与5件集体提案办理单位的联系、协商、沟通、回复、落实。参加全国暨地方政协人资环委工作研讨会并作了交流。三、组织月度协商，聚焦“加大治霾力度再现陕西蓝天”深入探讨，搭建省政协人口资源环境发展态势分析会新的协商平台，上报了《“和谐陕西——人口可持续发展”——省政协第二次人口资源环境发展态势分析会情况报告》。

科技委员会 一、调研。2个调研，一是以科技创新为引领，以地标产品为抓手，提升农产品品牌和质量课题；二是加强传统媒体与新兴媒体深度融合发展课题，分别展开调研并形成调研报告。二、月度协商。围绕军民科技融合创新发展的月度协商课题开展调研考察，于8月23日召开了月度协商座谈会。情况报告得到省上领导批示。三、提案和社情民意工作。督办完成省政协十一届五次会议第56号提案，将一件调研成果转化为提案。共提交信息35篇，办公厅采纳5篇。

医药卫生体育委员会 一、调研和月度协商。一是围绕“推进医养结合，发展养老服务业”组织召开了月度协商座谈会。二是围绕“改善供给结构，建立和完善医联体制度”“推进陕西六盘山片区健康扶贫工作”“弘扬中医药文化，振兴中医药发展”进行了3个专题调研。三个调研报告得到省上领导的批示。二、提案和信息。围绕第90号、91号等7个提案，召开2次提案办理协商会。共上报信息81篇。办公厅采用13篇，省委采用5篇。三、交流联系。参加全国政协教科文卫体委员会在北京举办的座谈会。四、创新工作。一是发动政协委员和企业家开展帮扶工作。为佛坪县申请壹基金公益项目——“温暖包”300个，总价值10.95万元；协调下达佛坪县涉农整合资金2833万元，争取佛坪县塘湾村交通道路项目183万元、袁家庄农贸市场建设资金100万元，累计投入520万元；成立了塘湾村扶贫互助合作社，投入21.5万元用于该村产业发展。二是出席省安委会组织的2017年食品安全宣传周主场活动。三是举办第四届陕西省医药（医疗器械）博览会。

社会和法制委员会 一、调研。分别围绕省十一届政协第26次、第27次常委会专题协商内容，就陕西省农产品质量安全问题和陕西省文化产业发展情况进行专题调研，形成了《关于我省农产品质量安全问题的调研报告》和《关于加快我省文化产业发展的对策建议》，均得到省上领导的批示。就陕西省规范市场秩序情况专题调研，形成了报告。二、月度协商。6月20日，组织召开了"关于我省（大西安）现代物流业发展与管理"月度协商座谈会。会后形成了情况报告。三、社情民意信息和提案。上报信息共32篇，办公厅采用5篇。省十一届政协五次会议期间提交2篇提案。四、推进"法治陕西"建设。全年组织委员48人次列席会议活动40余次。就《陕西安全生产条例》等组织召开委员征求意见建议座谈会，提出意见建议40余条。组织委员参加了全省监狱系统执法督察员督察巡视，第二批全省员额法官、检察官资格审查，入额法官、检察官面试及遴选工作。组织推荐陕西省公安边防总队执法监督员4名。

民族和宗教委员会 一是视察调研。组织委员就"推动少数民族特色餐饮业发展""加强宗教活动场所文物保护和管理""关于发挥宗教文化在我省文化产业发展中积极作用"开展调研，形成了调研报告。二是月度协商。10月组织召开了"推动少数民族特色餐饮业发展"月度协商座谈会。三是提案工作。共提交集体提案4件。召开提案办理协商会3次，为省宗教团体增加经费100万元。四是社情民意报送。报送信息10篇，3篇被采用。五是密切与委员联系，落实委员会主任、常委联系委员制度。组织委员活动日3次。六是参加全国暨地方政协民族和宗教委员会工作交流会。

港澳台侨和外事委员会 （一）完成港澳台侨人士出席省十一届政协五次会议、港澳常委出席常委会议，以及省委、省政府、省政协领导在全会期间会见港澳台侨人士的各项组织协调服务工作。（二）调研工作。首次联合"五侨部门"，就"做好我省困难归侨侨眷扶贫工作"进行了专题调研。围绕"推进我省农业供给侧结构性改革"议题，就陕西省农业"走出去"进行了专题调研，形成调研报告。（三）组织召开"加快培育外贸竞争新优势，拓展陕货境外市场"月度协商座谈会。（四）组织港澳委员赴新疆就丝绸之路经济带情况进行了考察。（五）报送信息32篇，被采纳3篇，1篇得到批示。（六）完成韩勇、郑小明赴港澳工作访问的组织协调服务工作。首次在香港、澳门召开了省情通报会。组织协调省政协领导会见了出席省海外联谊会的省政协委员和港澳侨爱国人士。参加了中国侨联法顾委来陕调研座谈会并通报了专委会近年来的侨务工作情况。出席了省侨联2017侨界新春联谊会和香港特区政府驻成都经贸办在西安举行的驻陕西联络处开幕典礼暨庆祝香港特别行政区成立二十周年大会，协助香港特区政府驻成都经贸办在全会期间举办了港澳委员联谊活动。（七）完成了科特迪瓦经济社会理事会主席迪比来陕访问的外事接待工作。（八）组织座谈会，了解和协调省政协澳门委员在陕西省西咸新区泾河新城、泾阳县有关项目的投资问题。

文史和学习委员会 （一）调研和月度协商。1. 对我省唐代十八座帝陵的保护和利用情况、陕西省长城保护与利用工作开展情况、陕西省沿黄公路经济带文化遗产保护利用情况进行了调研，形成调研报告。2. 与全国政协联合开展“推进文博创意产业发展”专题调研，向省委、省政府报送了调研报告，得到省上领导批示。3.5 月组织召开“南水北调中线水资源保护”月度协商座谈会。形成情况报告。（二）文史资料。一是完成《陕西文史资料》第三十六辑的史料征编出版工作。二是向全国政协报送了《回族百年实录》29 万字史料。三是完成《南水北调中线一期工程史料》协作征编工作。四是合作完成约 13 万字的《陕西老同志回忆录》（省级卷）的史料征编工作。（三）召开全省文史工作会议。（四）举办第二次政协文史资料传播与利用研讨班。（五）启动“陕西省政协文史馆”筹备工作。

【重要会议、活动】

全省各市政协主席座谈会 1 月 13 日在西安召开，韩勇主持并讲话。郑小明、刘新文、李晓东、李冬玉、周卫健、千军昌、冯月菊、张社年和闫超英出席。在听取了西安、宝鸡等 10 个市政协及杨陵区、韩城市政协介绍交流 2016 年工作亮点和经验后，韩勇指出，在全面谋划今年工作之际，要充分认识总结经验的重要意义，通过互相交流、学习、借鉴，把过去的经验总结好、推广好、运用好，推动政协工作深入开展。加强政协组织的上下联动是做好政协工作的重要方法和途径。全省各级政协组织要在交流合作中增进感情，在影响带动中形成合力，共同推动政协工作再上新台阶，为我省经济社会发展实现追赶超越作出新的贡献。

省十一届政协第 63 次主席会议 2 月 22 日韩勇主持召开。会议学习了习近平总书记在省部级主要领导干部专题研讨班上的讲话精神，研究了政协陕西省委员会 2017 年协商工作计划、视察调研安排和六盘山片区政协精准扶贫交流推进会安排意见。会议决定，省十一届政协第二十五次常委会议于 3 月中下旬在西安召开。

十一届五次会议党群系统提案交办会 3 月 2 日召开，安排部署省委、省人大、省政协、省法院、省检察院和省级有关人民团体等单位的提案交办工作。省政协提案委员会主任杨志刚出席并讲话。

精准扶贫工作调研 3 月 27 日至 28 日，韩勇深入咸阳北部山区，就精准扶贫工作进行调研。他先后到淳化、旬邑、长武、彬县等地查看易地搬迁、产业扶贫等情况，对各地扶贫攻坚所取得的成效给予充分肯定。韩勇强调，应尽快拓宽医疗救助范围，完善大病保险制度，用活专项因病救助基金，尽力减少因病致贫、因病返贫现象，不能让一个贫困群众在全面小康的进程中掉队落伍。韩勇还瞻仰了马栏革命纪念馆，对习仲勋等老一辈革命家始终保持与老百姓的血肉联系、把人民利益放在第一位深有感触。

大西安调研 4 月 10 日、12 日和 13 日，韩勇在西安市调研时指出，西安作为丝绸之路经济带的新起点，一定要立足大西安，建设大西安，全力推进国家中心城市建设，发挥好引领带动作用，为全省实现追赶超越作出更大贡献。省委常委、西安市委书记王永康，西安市市长上官吉庆和西安市政协主席岳华峰分别陪同。闫超英等参加调研。

全省市县（区）政协新任领导干部培训班 4 月 17 日至 21 日在西安举办。韩勇出席开班仪式并作首场专题讲座。他指出，全省各级政协组织要深刻理解、准确把握习近平总书记关于人民政协的新思想新部署、新要求，坚持人民政协性质定位，努力做到习近平总书记要求的“懂政协、会协商、善议政”。郑小明主持专题讲座。会议还邀请了全国政协提案委员会副主任王国卿就人民政协提案工作，全国政协文史和学习委员会副主任卞晋平就人民政协的历史发展和经常性工作，中共陕西省委党校段鹏飞教授就党的十八届六中全会精神分别作专题辅导。

宝鸡调研脱贫攻坚工作 7月5日至6日，韩勇在宝鸡市千阳县调研脱贫攻坚工作。韩勇一行对张家塬镇移民搬迁安置小区进行了实地考察，并随机深入草碧镇龙槐塬村、水沟镇纸坊沟村、南寨镇南寨村张利峰、雷银珠、杨金芳等贫困户家中，详细了解他们生产生活、产业发展、家庭收入、医疗救助及帮扶责任人、帮扶措施等情况。调研期间，利用晚上时间，韩勇还就健康扶贫、兜底脱贫问题与市、县及有关部门负责同志进行了座谈交流。他强调，要始终坚持问题导向，精准分析、深入研究，找准“穷根”、对症下药，真正扶到点上、扶到根上，确保如期实现脱贫攻坚目标。省政协秘书长闫超英等陪同调研。

六盘山片区政协精准扶贫交流推进会 8月15日至17日在西安召开。全国政协副主席韩启德出席并讲话，陕西省委书记、省人大常委会主任娄勤俭致辞，陕西省委副书记、省长胡和平，全国政协经济委员会副主任、宁夏回族自治区政协原主席项宗西，甘肃省政协主席冯健身，青海省政协主席仁青加，陕西省政协主席韩勇等出席并讲话。全国政协提案委员会副主任徐辉，国务院扶贫办副主任欧青平，陕西省委副书记毛万春，陕西省委常委、省委秘书长钱引安，甘肃省政协副主席欧阳坚、李沛文，宁夏回族自治区政协副主席崔波、张乐琴，青海省政协副主席张守成，陕西省政协副主席郑小明、陈强、祝列克、李晓东、李冬玉、千军昌、冯月菊、张社年，国家部委有关司局负责人，陕甘青宁四省区政府、政协相关部门负责人以及六盘山片区相关市州县政协负责人出席会议。会议书面通报了六盘山片区政协精准扶贫交流推进会第二次会议有关情况。韩勇、冯健身、仁青加、崔波代表四省区政协作交流发言。会议审议通过了《六盘山片区政协精准扶贫交流推进会会议纪要》，形成了《六盘山片区打赢精准脱贫攻坚战现状分析及对策建议》和《推进六盘山片区精准扶贫精准脱贫拟向国家部委报送的重大项目及工作建议》。会议商定，六盘山片区政协精准扶贫交流推进会第四次会议于2018年在青海省召开。会上，还召开了国家部委及四省区政府部门参会人员座谈会。

全省政协文史工作会议 11月17日在西安召开。会议传达学习了中共十九大精神，总结了省十一届政协文史工作，表彰了省十一届政协以来全省政协系统优秀文史资料图书、文史工作先进集体和先进个人。陈强、李晓东出席并讲话。

【重要文件】

在政协第十一届陕西省委员会第五次会议上的工作报告（2017年1月14日）（摘要）

2016年工作回顾

一、坚定正确政治方向。深入学习贯彻中共十八大和十八届三中、四中、五中全会精神，突出抓好十八届六中全会和习近平总书记系列重要讲话精神的学习，积极引导各党派团体和各族各界人士，自觉拥护中国共产党的领导，坚决维护习近平总书记的核心地位，进一步增强中国特色社会主义道路自信、理论自信、制度自信、文化自信，确保人民政协事业沿着正确政治方向继续前进。

二、协商议政更富成效。全体会议协商。十一届四次会议期间，聚焦“十三五”规划，围绕加强和改进政府工作，全体委员积极建言献策，形成了 64 篇大会发言、1000 多条意见建议。常委会议协商。第二十一次常委会议就陕西省精准扶贫、产业扶贫、攻坚政策落实、支持延安脱贫攻坚等问题，深入基层、深入贫困群众进行调研，形成调研报告 8 份、大会发言 40 多篇，提出 21 条建议。第二十二次常委会议围绕“加强城市发展规划管控，提高城市管理水平”议题，形成了关于城市公共服务设施建设、数字信息管理平台建设、风道绿道建设等 9 份调研报告，40 篇大会发言及多件提案、社情民意信息。实施月度协商。全年围绕建立“众创基金”、农村留守儿童教育关爱保护、陕西古村落保护利用、教科企业融合发展、城市生活垃圾分类处理、农村面源污染治理、依法管理宗教事务、校园食品安全、重大文化产业项目建设和省级重点示范镇建设等问题，召开 10 次月度协商座谈会，共有 300 多名委员和专家学者，多位省政府领导，80 多名政府部门负责同志参加会议。多种形式协商。召开省政府省政协第十四次联席会议。召开省政协第二次人口资源环境发展态势分析会。

三、调查研究成果丰硕。一年来，围绕构建“亲”“清”新型政商关系、建立健全我省国有企业激励机制和容错纠错机制、聚焦“十三五”时期重点工作和规划落实、六盘山片区脱贫攻坚等课题共组织开展调研 60 次，形成调研报告 37 份，其中 25 份报告得到省级领导批示。全年两次对全省政协系统的优秀调研成果进行表彰奖励，评选表彰省、市、县各级优秀调研报告 45 篇，推动调查研究工作水平大幅提升。

四、民主监督稳步推进。积极开展视察活动。组织住陕全国政协委员视察西安汉长安城遗址保护工作及国家自主创新示范区建设，对陕南移民搬迁工作进行视察，省政协委员围绕推动中国西部电影转型升级进行视察。及时反映社情民意。修订了《反映社情民意信息工作条例》。增设《政协委员重要建议专报》。一年来，共收集社情民意信息 3000 多条，编报 137 期，其中报省委、省政府领导的《政协委员重要建议专报》12 期。24 条信息被全国政协和省委、省政府采纳。发挥委员在民主监督中的重要作用。围绕全省司法体制改革、法治政府建设等工作，组织委员参加我省法官检察官遴选、监狱系统执法督察巡视等会议活动 40 余次。围绕制定实施《陕西省地方立法工作规程》《陕西省深化律师制度改革的实施意见》，向省人大、省高院等部门提出意见建议 30 余条。推荐 6 批次 50 多位政协委员走进我省高考评卷工作现场，参加质监系统重要会议活动。

五、提案工作水平持续提升。制定了《提案办理协商办法》《专门委员会参与提案工作办法》。坚持省级领导领衔督办重点提案工作机制，省政府、省政协 18 位领导领衔督办 34 件重点提案。积极组织开展带案调研。完善网上办理系统，对提案办理进行全程追踪。召开全省政协提案办理协商工作座谈会。十一届四次全会以来，共收到提案 824 件，立案 734 件，办复率达到 100%，其中集体提案 110 件，比上年增加 12%。关于加强我省陕西丝绸之路经济带建设中引领作用的提案，提出的建议在陕西省推进建设“一带一路”的实施意见中得到采纳。

六、汇聚发展强大合力。坚持邀请民主党派有关负责人列席全体会议、常委会议和各类协商会，同民主党派联合开展视察调研，坚持从党派提案中筛选重点提案和社情民意信息。一年来，省级各民主党派、工商联提交大会发言 54 篇、提案 89 件，反映社情民意信息 1846 条，参与开展调研视察30多次。认真贯彻全国宗教工作会议精神，坚持在少数民族传统节日和重要宗教活动期间，走访慰问宗教团体和民族宗教界人士，发挥民族宗教界委员的桥梁纽带作用，积极宣传中共中央关于民族宗教工作的大政方针。为推动召开“汉传佛教祖庭文化国际学术研讨会”发挥了积极作用。围绕少数民族聚居区精准扶贫、加快发展我省外向型企业等问题开展调研，及时反映少数民族群众生产生活中的困难。组织港澳委员就对外开放和文化生态旅游情况进行调研考察，走访慰问在香港的省政协委员，鼓励他们为陕西发展做出更多贡献。住港委员在反“港独”、支持全国人大释法的关键问题上积极发声，旗帜鲜明地和中共中央保持高度一致，展现了强烈的爱国意识、大局意识。出访巴西、阿根廷、智利、巴基斯坦、孟加拉国和南非等国家，积极宣传陕西省历史文化和改革发展成就，全力助推陕西省对外开放和国际交流。加强文史资料工作，举办全省首届政协文史资料利用与传播研讨班，对市县（区）政协文史工作者进行了培训。征编出版了《西部大开发（陕西卷）》《陕西文史资料》第三十五辑，完成《陕西新闻摄影图片史料选》征集工作。

七、委员主体作用充分彰显。制定省政协《委员履职工作规则》，进一步明确委员履职内容、规范委员履职方式、强化履职管理和保障。制定了《委员视察工作条例》。积极组织常委和委员参加政情通报会、专题讲座、政协大讲堂等学习活动。建立委员履职档案，严格考评委员履职情况。认真落实委员联络制度，省政协领导带头走访联系委员，与委员进行交流座谈，听取委员的意见建议，及时为新增补委员配备了法律顾问。一年来，共有434位委员1560人次参加协商、调研、视察等活动，参加人数占委员总数的65.7%。

2017年工作安排

2017年是实施“十三五”规划的重要一年，是供给侧结构性改革的深化之年。我们将迎来中国共产党第十九次全国代表大会和省第十三次党代会。今年省政协工作的总体要求是：全面贯彻中共十八大和十八届三中、四中、五中、六中全会及省委十二届十一次全会精神，深入学习贯彻习近平总书记系列重要讲话特别是来陕视察重要讲话，紧扣追赶超越定位和“五个扎实”要求，牢固树立和贯彻新发展理念，着力发挥委员主体作用，有效履行政治协商、民主监督、参政议政职能，为我省同步够格全面建成小康社会作出新的贡献。

【组织概况】

陕西省政协变动情况

副主席补选名单

（2017年1月19日省政协十一届五次会议第三次全体会议通过）

陈　强　祝列克

副主席辞职名单

（2017年1月19日省政协十一届五次会议第三次全体会议通过）

刘新文

（10月28日省十一届政协二十七次常委会议接受）

孙其信

常务委员增补名单

（2017年1月19日省政协十一届五次会议第三次全体会议通过）

王成文　白宜勤　刘玉明　张　雷

胡小平　龚汉江　梁　倩

常务委员辞职名单

（2017年1月12日省十一届政协常委会第23次会议接受，提请省十一届政协五次会议备案确认）

李向柱　郭新明　尚　军

(2017年1月18日省十一届政协常委会第24次会议接受)

史健生　黄建军　辛拴明　詹德旺

刘碧芳　刘自成

市（区、县）主席变动情况

西安市：岳华峰（2017年2月19日当选）

宝鸡市：白升安（2017年2月当选）

金台区：毛秋梅（女）（2017年1月当选）

渭滨区：刘新安（2017年1月当选）

陈仓区：惠军岐（2017年1月当选）

凤翔县：鲁　立（2017年1月当选）

岐山县：巨文利（2017年1月当选）

扶风县：李拴锁（2017年2月当选）

眉　县：杜勇社（2017年1月当选）

凤　县：辛元平（2017年1月当选）

千阳县：牛宏劳（2017年1月当选）

陇　县：陈爱珍（女）（2017年1月当选）

麟游县：王中选（2017年1月当选）

太白县：秦　斌（2017年1月当选）

咸阳市：贺书田（2017年3月当选）

秦都区：梁昕泉（2017年1月当选）

渭城区：邢晓明（2017年1月当选）

兴平市：侯仲垠（2017年1月当选）

武功县：张永亮（2017年1月当选）

乾　县：巨振宏（2017年1月当选）

礼泉县：陈展望（2017年1月当选）

泾阳县：刘　辉（2017年1月当选）

三原县：周新合（2017年1月当选）

永寿县：燕志平（2017年1月当选）

彬　县：池军旺（2017年1月当选）

长武县：杨　骥（2017年1月当选）

旬邑县：燕三全（2017年1月当选）

淳化县：武冬莉（2017年1月当选）

铜川市：张惠荣（2017年2月13日当选）

耀州区：赵乃玲（2017年1月当选）

王益区：张都喜（2017年1月当选）

印台区：陈家奎（2017年1月当选）

宜君县：王　东（2017年1月当选）

渭南市：

临渭区：陈根许（2017年1月当选）

华州区：王强国（2017年1月当选）

华阴市：李成民（2017年当选）

潼关县：燕德民（2017年当选）

大荔县：张　锋（2017年当选）

澄城县：许拴锁（2017年当选）

合阳县：张永利（2017年当选）

白水县：李全海（2017年当选）

富平县：金爱莲（2017年当选）

延安市：薛海涛（五届一次全会当选）

宝塔区：朱国龙（十四届一次会议当选）

安塞区：高志斌（九届一次会议当选）

吴起县：高凤舞（九届一次会议当选）

志丹县：李　璇（九届一次会议当选）

子长县：李宏宇（九届一次会议当选）

延川县：张振宏（九届一次会议当选）

延长县：张生元（九届一次会议当选）

甘泉县：白延东（九届一次会议当选）

富　县：苏合玲（九届一次会议当选）

洛川县：王建斌（九届一次会议当选）

宜川县：康双全（九届一次会议当选）

黄陵县：赵建忠（九届一次会议当选）

黄龙县：申　龙（九届一次会议当选）

汉中市：王隆庆（五届一次会议当选）

留坝县：胡全德（九届一次会议当选）

镇巴县：田代禹（九届一次会议当选）

洋　县：陈三荣（九届一次会议当选）

南郑区：郑汉生（十届一次会议当选）

勉　县：黄昕君（十届一次会议当选）

佛坪县：鲁晓芳（九届一次会议当选）

汉台区：赵建武（十五届一次会议当选）

城固县：肖万朋（十二届四次会议当选）

西乡县：王　琳（十三届一次会议当选）

略阳县：李亨明（十三届一次会议当选）

宁强县：张　钧（十届一次会议当选）

安康市：陈　勇（四届一次会议当选）

商洛市：高　健（四届一次会议当选）

商州区：李崇军（四届一次会议当选）

洛南县：张岳峰（九届一次会议当选）

丹凤县：周建政（九届一次会议当选）

商南县：李桂芳（九届一次会议当选）

山阳县：黄朝庆（九届一次会议当选）

镇安县：陈正斌（九届一次会议当选）

柞水县：王立栋（九届一次会议当选）

杨陵区：常青海（九届一次会议当选）

韩城市：冯双民（十三届一次会议当选）

陕西省各级政协组织和委员数

（截至 2017 年年底）

级别 项目	省	副省级市	设区的市	县（市辖区、不设区的市）	合计
组织数	1	1	9	107	118
委员数	647	569	3143	17738	22097

（刘　璐　**编写**）

政协甘肃省委员会

欧阳坚　副主席

郝　远　副主席

【全体委员会议】

十一届五次会议　1月7日至12日，政协第十一届甘肃省委员会第五次会议在兰州举行。会议应出席委员585名，实到委员526名。会议听取并审议省政协主席冯健身代表省政协常务委员会所作的工作报告、省政协副主席黄选平代表省政协常务委员会所作的提案工作情况的报告；审议通过政协第十一届甘肃省委员会第五次会议政治决议、政协第十一届甘肃省委员会第五次会议关于常务委员会工作报告的决议、政协第十一届甘肃省委员会第五次会议提案委员会关于提案审查情况的报告。会议期间，委员们认真审议了常委会工作报告和提案工作报告，听取并讨论了政府工作报告及其他报告，并通过大会发言、专题协商议政会、小组讨论和提交提案等方式，积极协商议政、建言献策。大会共收到提案792件，立案757件，占总数的95.6%。收到委员发言材料131篇，2名市委书记和33名省政协委员作了专题协商议政会和大会口头发言。省委副书记、省长林铎出席"着力发展非公有制经济，壮大县域经济整体实力"专题协商议政会，与委员们深入交流。省政协主席冯健身主持闭幕会议并发表讲话。省党政军领导应邀出席开、闭幕大会。住甘第十二届全国政协委员，不是省政协委员的省政协各部门负责同志，省委统战部副部长，各市州政协主席、各市州委统战部部长和部分县（市、区）政协主席列席会议。

【常务委员会会议】

第17次会议　1月5日在兰州召开。会议应出席111人，实到97人。会议审议通过了《关于召开政协第十一届甘肃省委员会第五次会议的决定》；审议通过了政协第十一届甘肃省委员会第五次会议议程（草案）和日程；审议通过了《政协第十一届甘肃省委员会常务委员会工作报告》及报告人；审议通过了《政协第十一届甘肃省委员会常务委员会关于十一届四次会议以来提案工作情况的报告》及报告人；审议通过了政协第十一届甘肃省委员会第五次会议分组办法和小组召集人名单；通过了有关人事事项。通报了省政府关于省政协十一届四次会议以来提案及2016年省政府领导批示的省政协建议案、调研视察报告办理情况；省委常委、省委统战部部长王玺玉到会作有关人事事项的说明。书面通报了省委办公厅关于2016年党委部门办理政协提案和省委领导批示情况。省政协主席冯健身主持开幕会并在闭幕会上发表讲话，副主席刘立军主持闭幕会。

第18次会议　1月11日在兰州召开。会议应出席111人，实到95人。会议审议通过了政协第十一届甘肃省委员会第五次会议选举办法（草案）；审议通过了政协第十一届甘肃省委员会第五次会议选举大会总监票人、副总监票人名单（草案）；审议通过了政协第十一届甘肃省委员会第五次会议选举副主席、补选常务委员候选人名单（草案）；审议通过了政协第十一届甘肃省委员会第五次会议政治决议（草案）；审议通过了政协第十一届甘肃省委员会第五次会议关于常务委员会工作报告的决议（草案）；审议通过了政协第十一届甘肃省委员会提案委员会关于政协第十一届甘肃省委员会第五次会议提案审查情况的报告（草案）。省政协主席冯健身主持会议，省委常委、省委统战部部长王玺玉到会作了有关人事事项的说明。

第19次会议 7月17日至18日在兰州召开。会议应出席119人，实到82人。会议审议通过了省政协《关于打造特色优势产业发展壮大县域经济的建议案》；审议通过了《关于学习贯彻中国共产党甘肃省第十三次代表大会精神的决议》；通过了有关人事事项。省委常委、常务副省长黄强代表省政府通报了我省1—6月份经济社会发展情况，并作了题为“深入贯彻省第十三次党代会精神坚决打赢止滑稳增攻坚战”的专题辅导报告；省政协副主席李沛文就《关于打造特色优势产业发展壮大县域经济的建议案》起草情况作了说明。会议收到发言材料46篇，程剑、张怡静等12位同志作了大会发言。省政协主席冯健身主持会议并讲话。省委常委、省委统战部部长马廷礼应邀出席会议。

第20次会议 9月28日在兰州召开。会议应出席110人，实到76人。会议审议通过了省政协《关于省委〈进一步加强政协工作推进人民政协协商民主建设的意见〉贯彻落实情况的督查视察报告》，通过了有关人事事项。省政协副主席李沛文就省政协督查视察组《关于省委〈进一步加强政协工作推进人民政协协商民主建设的意见〉贯彻落实情况的督查视察报告》起草情况作了说明。贠建民、郭智强等10位市州和县区党委、政协负责同志围绕省委《关于进一步加强政协工作推进人民政协协商民主建设的意见》贯彻落实情况，提出意见和建议。省政协主席冯健身主持会议并讲话。省委常委、省委统战部部长马廷礼应邀出席会议。副省长、省政协副主席郝远代表省政府出席会议并听取意见建议。

第21次会议 11月12日在兰州召开。会议应出席107人，实到86人。会议专题学习贯彻中国共产党第十九次全国代表大会精神。全国政协委员、中共中央党校原副教育长、中国科学社会主义学会会长王怀超教授应邀作了中国共产党第十九次全国代表大会精神的辅导报告。会议审议通过了政协第十一届甘肃省委员会常务委员会第二十一次会议《关于学习贯彻中国共产党第十九次全国代表大会精神的决议》。省政协副主席黄选平、周晓红等7位省政协常委、委员和省级民主党派、省工商联、市州政协代表，交流了学习的体会、落实的措施和取得的成效。省政协主席冯健身主持会议并讲话，省委副书记孙伟出席闭幕式。

【专门委员会工作】

提案委员会 加强基础性工作，提案质量明显提高。全年共收到提案827件，审查立案789件并全部办复完毕；加强多层次督办，重点提案办理示范效应更加显著。全年共督办重点提案97件；制定出台甘肃省政协《提案办理协商实施办法》，完善提案工作保障机制；表彰60件优秀提案的单位和个人、12个先进提案承办单位；开展《中共甘肃省委关于进一步加强政协工作推进人民政协协商民主建设的意见》贯彻落实情况的督察视察调研。开展“加快兰州新区建设发展”调研，形成

《关于加快兰州新区发展的调研报告》，省委省政府主要领导作出批示；加强民主监督，创新提案工作方式。2017 年将全部提案向政协委员和政协组成单位公开，并将集体提案在省政协门户网站上向全社会公开。对省政协十一届四次会议的 53 件“B”类提案进行跟踪梳理，在省直单位开展了“B”类提案“回头看”活动，将 20 件提案由“B”类转化为“A”类，推动承诺解决问题的落实。在陇西县召开“全省政协提案交流培训会”，共商提案创新务实之策；认真开展西和县洛铭文为峪镇关坝村精准扶贫工作。

社会和法制委员会 组织召开全省农村留守儿童关爱保护工作月协商座谈会，向省委省政府报送调研报告，省委常委、政法委书记马世忠作出批示。开展《省委关于进一步加强政协工作推进人民政协协商民主建设的意见》贯彻落实情况督查视察，形成了督查视察报告。协助农业和农村工作委员会，开展加快甘肃省现代农业发展调研。参加全国地方政协社会和法制委员会工作座谈会，介绍工作经验。相继完成哈尔滨、安徽、湖北、山东、广东、辽宁等省市政协相关委员会在甘肃考察调研的联络接待工作。积极开展立法协商。对国务院法制办拟出台的法律、法规（草案）征求意见稿，提出具体修改意见和建议，上报国务院法制办。对省法院、省人大、省政府、省综治办送交的 13 项法律、法规、制度，组织委员协商座谈，并及时反馈意见建议；开展以“学习贯彻党的十九大精神，维护宪法权威”为主题的宪法宣传活动；开展多种形式的委员活动，不断增强委员的凝聚力、担当意识和履职能力；开展“访贫入户全覆盖”“互帮互促”等活动，扎实做好脱贫攻坚工作。

文史资料和学习委员会 组织召开“加快我省中医药产业发展”月协商座谈会，形成《关于加快我省中医药产业发展的建议》报省委省政府，得到高度重视。就“弘扬中华传统文化促进文史工作发展”，开展了“文史工作进院校”学习考察和委员界别活动。完成《回族百年实录·甘肃卷》《藏族百年实录·甘肃卷》和《蒙古族百年实录》三部文史资料的征集动员、协调对接和汇稿工作。出版印发《黄河铁桥的故事》《中国西北戏剧经典唱段》11—15 卷、《裕固族百年实录》《陇史撷英》《东乡族百年实录》和《保安族百年实录》。完成《甘肃非物质文化遗产名录》史料征集编校和甘肃政协志征编大纲、文字图片资料收集和人员培训工作。7 月，“甘肃政协文史馆”正式开馆运行，制定印发《甘肃政协文史馆馆藏资料图书管理办法》和《甘肃政协文史馆管理办法》。发挥学习职能，拓展创新《学习参考资料》的服务功能。与吉林、云南、辽宁三省政协等专题调研考察组进行学习交流；完成西和县洛峪镇清水村脱贫攻坚进村入户对接等工作。

经济委员会 组织开展“打造特色优势产业发展壮大县域经济”专题调研，起草《关于平凉市、庆阳市“打造特色优势产业发展壮大县域经济”的调研报告》。组织召开“装备制造和军民融合产业转型升级步伐”月协商座谈会，形成《关于加快我省装备制造和军民融合产业转型升级步伐的建议》，上报省委省政府决策参考；以推进“三去一降一补”、防范和化解甘肃省金融风险、如何推动重大项目落地和固定资产投资为主题召开经济形势协商座谈会，会议成果以社情民意信息和专项建议向省委省政府上报；积极主动，认真完成委员会日常工作。做好主席会议成员重点提案督办工作。全年提交集体提案 4 件，报送 6 篇社情民意信息，其中，对《关于促进我省非公经济发展的几点建议》

省委副书记、省长唐仁健作出重要批示。认真做好广东、上海、浙江三省市政协来甘肃调研的协调服务工作；聚集精准，扎实开展脱贫攻坚帮扶工作。深入调研走访对接，强化政策宣传教育，开展支部共建活动，扎实落实扶贫措施。

人口资源环境委员会 开展“推动我省国家生态安全屏障建设加快生态治理”专题调研，组织召开“关于加强国家生态安全屏障建设建立生态补偿机制”专题协商会议，向省委省政府报送《关于加快我省生态治理的建议》和调研报告，省委书记林铎、省长唐仁健分别作出批示。开展“关于祁连山生态保护与综合治理情况”调研，召开省政协祁连山生态保护专题座谈会。开展关于军民融合、创新发展的重大项目和加快我省轨道交通装备制造产业发展视察工作，提出《关于与航天科技集团开展重大项目合作的建议》《关于支持中车兰州公司加快高端装备制造发展的建议》。圆满完成全国政协开展的“城乡垃圾无害化处理”协作调研，向全国政协上报《甘肃垃圾无害化处理情况调研报告》。完成全国政协在甘开展的“精准扶贫监督性调研”，向省委省政府报送《关于落实好全国政协扶贫监督性调研反馈意见的建议》；做好陕西、湖南、云南等省区政协来甘学习考察服务保障工作；积极开展脱贫帮扶工作。积极联系对接，落实帮扶任务和责任。突出抓好重点，协调发展设施蔬菜、绿色生态有机中药材等优势主导产业。

科教文卫体委员会 组织召开“我省科技创新如何突破”月协商座谈会，形成《我省科技创新如何突破的建议》，报送省委省政府。组织开展“打造特色优势产业发展壮大县域经济”专题调研，形成调研报告。组织开展“我省电大远程教育发展情况”的视察，形成《关于我省广播电视大学远程教育发展情况的调研报告》，意见建议被省上相关部门采纳。协助全国政协教科文卫体委员会赴甘开展“全国政协精准扶贫监督性专题调研”，并组织召开甘肃省情况座谈会，汇集整理全国政协调研组提出的问题和意见建议，报送省委省政府办公厅。就有关部门提交省委改革领导小组会议的《关于调整完善城乡居民大病保险相关政策的意见》《关于深化文化市场综合执法改革的实施意见》《甘肃省文联深化改革方案》等16份征求意见稿、代拟稿，组织相关界别的政协委员进行学习讨论，提出56条意见建议。参加全国地方政协教科文卫体委员会工作座谈会。参加省直对口部门邀请的全省项目观摩督查、高招巡视、专利奖评审、慈善等会议及视察考察活动；加大沟通协调力度，扎实开展精准扶贫帮扶工作。

民族和宗教委员会 开展我省城市少数民族流动人口服务管理工作调研，向省委省政府报送《我省城市少数民族流动人口服务管理工作调研报告》。开展我省民族地区旅游业发展专题调研，形成《关于我省民族地区旅游业发展情况的调研报告》。组织召开“建设旅游强省”月协商座谈会，向省委省政府报送《关于建设旅游强省的建议》，省委省政府主要领导作出批示；运用提案、社情民意信息渠道履职建言。提交《关于解决好农村幼儿教师短缺问题的提案》《将肃北县蒙古族学校教师蒙古语专业培训纳入“国培”和“省培”计划实施范围的提案》；走访省级宗教团体，看望宗教界委员和有关代表人士，做好团结联谊工作。做好全国政协民宗委在甘“扶贫监督性调研”、云南、河北、西藏三省区政协民宗委考察的接待服务工作。组织民族宗教界部分委员赴浙江、湖南两省学习考察。参加全国暨地方政协民族和宗教工作交流会，学习兄弟省市区做法与经验。开展精准脱贫帮扶工作，为联系村脱贫致富献计出力。

港澳台侨和外事委员会 围绕我省现代物流业发展进行调研，形成《发挥丝绸之路甘肃段区位优势 打造现代商贸物流中心》调研报告。组织部分省政协委员，对省政协（港澳）委员在甘投资项目进行多次重点视察，与香港巨联投资管理有限公司达成“大型客机改货机项目”投资，于8月全面开工建设。组织召开“发挥区位优势 打造‘一带一路’现代商贸物流中心”月协商座谈会，形成《关于加快建设现代商贸物流中心的建议》的建议案，呈报省委省政府。加强与省政协（港澳）委员、委员会委员的联系交流，积极为委员履职搭建平台。特别是省“两会”期间，组织他们赴相关部门和地区考察，调研和了解我省经济社会发展情况；以集体提案形式提交《关于建立甘肃省商贸与物流大数据服务平台的提案》《关于全力推动绿色生态有机农业健康发展的提案》《关于培养国际型人才服务我省外向型积极发展的提案》；加强交流合作，接待全国政协港澳委、外事委领导、兄弟省政协、港区广东省政协委员赴甘考察。通过组织干部多次走访帮扶村、采集贫困户信息资料、动员政协委员助推扶贫等方式，做好脱贫攻坚工作。

农业和农村工作委员会 牵头组织“打造特色优势产业发展壮大县域经济”常委会调研工作，起草《打造特色优势产业发展壮大县域经济建议案》，报省委省政府决策参考。组织召开“加快我省现代农业发展”协商座谈会，形成《关于用示范园区建设引领现代农业发展的建议》，省委书记林铎作出批示。扎实筹备六盘山片区政协精准扶贫交流推进会第三次会议，积极协调省扶贫、发改、水利、交通、林业、旅游等部门整理和挖掘我省需要向国家反映争取的政策和建议，提高会议实效；组织部分农业界委员赴武威市及农垦集团黄羊河农场，开展委员界别活动，考察农业生产基地建设、园区信息化运用、科技成果转化、农产品深加工及仓储物流等情况；积极与相关部门协商沟通，努力抓好重点提案督办工作。动员政协委员围绕我省“三农”工作重点开展调研，反映社情民意，全年收到委员调研材料10篇；扎实开展帮扶，助力脱贫攻坚。先后7次深入菜花村、林口村、杨魏村开展调研对接，探讨脱贫计划和措施，协商帮办实事和项目。

【重要活动】

住辽全国政协委员来甘考察“一带一路”建设 8月18日至24日，按照全国政协办公厅统一安排，以全国政协委员、辽宁省政协主席夏德仁为团长的住辽全国政协委员考察团来我省，就推进“一带一路”建设情况进行考察。在甘期间，考察团一行深入兰州新区、嘉峪关、张掖、武威等地开展实地考察。考察结束时，省政协主席冯健身和夏德仁代表两省政协共同签署了《甘肃省政协辽宁省政协关于加强合作交流的协议》。省政协副主席黄选平、张世珍、李沛文、秘书长陈伟，出席座谈会或陪同考察。

开展打造特色优势产业发展壮大县域经济重点调研 3月至4月，黄选平、栗震亚、张世珍、李沛文四位副主席分别带领4个调研组，深入平凉、庆阳、白银、临夏、定西、天水、武威和张掖8个市（州）10多个县区，就“打造特色优势产业发展壮大县域经济”进行调研，同时委托其余6个市（州）政协就地开展调研，并赴宁夏、山西学习考察，形成了4份专题调研报告和建议案草案并召开省政协十一届十九次常委会议进行专题研究讨论。经会议审议形成省政协《关于发展壮大县域经济的建议案》，从建立一套有利于县域经济发展的干部体制、科学制定县域经济发展规划、突出特色优势做大做强主导产业、全力以赴抓好招商引资、大力支持推动非公经济发展、营造良好的县域经济发展环境等6个方面提出21条具体意见建议。

开展《中共甘肃省委关于进一步加强政协工作推进人民政协协商民主建设的意见》贯彻落实情况重点视察 8月下旬至9月上旬，由省政协主席会议成员带队，省委督察室参加，组成4个督查视察组深入14个市州和部分县（市、区），就《中共甘肃省委关于进一步加强政协工作推进人民政协协商民主建设的意见》贯彻落实情况开展督查视察，形成视察报告并召开省政协十一届二十次常委会议进行专题研究讨论。经会议审议形成省政协《关于中共甘肃省委进一步加强政协工作推进人民政协协商民主建设的意见贯彻落实情况的督查视察报告》，从进一步提高政治站位、进一步增强政协协商民主的实效、进一步加强和改进政协民主监督工作、进一步加强对政协委员的培训管理、进一步加强政协自身建设等5个方面提出21条具体意见建议。

组织开展专题调研 省政协各专门委员会分别围绕加快兰州新区建设发展、加快我省中医药产业发展、甘肃现代农业发展、加快我省装备制造和军民融合产业转型升级步伐、加快我省生态治理、祁连山生态保护与综合治理情况、我省科技创新如何突破、我省城市少数民族流动人口服务管理工作、建设旅游强省、加快我省轨道交通装备制造产业发展等课题开展专题调研，提出意见建议。协助全国政协开展城乡垃圾无害化处理调研和精准扶贫监督式调研，反映甘肃省突出困难和问题，争取国家重视和支持。

举办全省政协系统领导干部专题培训班 6月12日至16日，全省政协系统领导干部第五期专题培训班在兰州举办。重点就党的十八届六中全会、省第十三次党代会精神、坚定理想信念、增强“四个意识”，中国特色社会主义的形成和发展以及人民政协理论等内容，以讲授式、案例式、研讨式、现场观摩式等教学方法进行培训。省政协副主席李沛文出席开班式并讲话。

举办西和县脱贫攻坚驻村帮扶工作专题培训班 9月21日，由省政协办公厅牵头、西和县主办的西和县2017年脱贫攻坚驻村帮扶工作专题培训班在西和县开班。培训班邀请西和县分管精准扶贫的负责同志就中央有关方针政策和省委决策部署进行了深入解读；县扶贫办、农经局、林业局、农牧局、统计局等部门主要负责人，分别就精准扶贫精准脱贫有关政策、发展农村集体经济、花椒产业培育、脱贫攻坚考核指标体系、农村统计口径和统计方法等内容进行了专题培训。省直贫困村驻村帮扶工作队队长、贫困村村支部书记、乡镇包片负责人，洛峪镇、蒿林乡、十里镇、大桥镇、太石河乡主要负责人，省政协机关各处室负责人及省环保厅、农业银行甘肃省分行、省人民医院、省电力公司、长风公司等帮扶西和县的省直部门负责同志共130余人参加了培训。

提高月协商座谈会实效 会前深入调查研究，会上积极互动交流，会后及时报送意见建议，收到良好效果。全年分别围绕加强我省农村留守儿童关爱保护工作、加快我省装备制造和军民融合产业转型升级步伐、加快中医药产业集群发展、科技创新如何突破、建设旅游强省、加强国家生态安全屏障综合试验区建设建立生态补偿机制和长效机制、打造‘一带一路’现代商贸物流中心、加快我省现代农业发展等召开月协商座谈会，形成的8份专项建议得到省委省政府领导的重视和批示，相关意见建议得到较好的借鉴和落实。

全力助推脱贫攻坚 省政协分别召开党组会议、主席会议、机关党组会议和秘书长办公会议，深入学习习近平总书记在深度贫困地区脱贫攻坚座谈会上的重要讲话精神和全省脱贫攻坚推进大会精神，专题研究脱贫攻坚帮扶工作；主席会议成员深入一线查实情、解难题、办实事，分别召开脱贫攻坚帮扶工作推进会17次，多方协调争取项目资金；研究制定“五规则一办法”（《联系帮扶西和县省直组长单位工作规则》《省政协脱贫攻坚领导小组办公室工作规则》《省政协机关各部门帮扶贫困村工作规则》《省政协机关干部联系贫困户工作规则》《省政协机关派驻西和县驻村帮扶工作队队长工作规则》《省政协机关派驻西和县驻村帮扶工作队队长考核管理办法》），编印《甘肃省政协脱贫攻坚帮扶项目推介活动项目册》《省政协脱贫攻坚帮扶工作实用手册》，帮助制定“两方案”（西和县脱贫攻坚规划实施方案2018—2020年和洛峪镇、蒿林乡脱贫攻坚规划实施方案2018—2020年），共同研究制订“四个计划”（帮扶村年度脱贫计划、帮扶部门年度帮扶计划、建档立卡贫困户脱贫计划、帮扶责任人年度帮扶计划）；选派1名副厅级领导和6名机关干部到帮扶县、帮扶村挂职和担任驻村帮扶工作队队长；深入贫困村户开展支部书记讲党课、帮扶干部大走访等活动；161名机关干部帮扶388户建档立卡贫困户。

【重要文件】

常委会工作报告（2017年1月7日）（摘要） 一、2016年工作回顾。（一）坚定四个意识，始终坚持正确政治方向。常委会深入贯彻习近平总书记和中共甘肃省委关于做好理论武装和思想政治工作的要求，通过党组理论中心组、主席会议、常委会议、委员培训班等多种形式，强化政治理论学习，切实坚定“四个意识”。（二）坚持围绕中心，紧扣经济社会发展重要问题建言献策。全年共开展28项调研视察活动，省委省政府领导对建议案和调研视察报告作出49次批示。围绕民营企业发展面临的突出问题开展重点调研，召开常委会议进行专题研究讨论，向省委省政府报送了《关于加快全省民营企业发展有关问题的建议案》，有关部门充分吸纳了所提意见建议；积极参与省委重大督查调研。主席会议成员积极参与全省“3341”重大项目观摩活动。就我省工业企业结构调整、法院执行难问题、食品安全问题和监管工作等课题进行调研，形成专题调研报告。围绕加强和改进政协工作开展督查调研，形成了《中共甘肃省委关于进一步加强政协工作推进人民政协协商民主建设的意见》；认真组织开展专题调研。专委会分别就推动甘肃中药材产业“十三五”提速发展、民族地区乡村教师队伍建设等课题开展专项调研视察，提出意见建议。协助全国政协就集中连片特困地区贫困人口易地搬迁、脱贫攻坚和文化产业发展等课题开展调研视察，反映我省突出困难和问题，争取国家重视和支持。（三）聚焦“一号工程”，全力助推脱贫攻坚。以重点视察助推脱贫攻坚。围绕全省“1+17”精准扶贫精准脱贫工作方案贯彻落实情况开展视察，并向省委省政府报送视察报告；以区域合作助推脱贫攻坚。成功承办六盘山片区政协精准扶贫交流推进会；以双联行动助推脱贫攻坚。坚持驻村帮扶，再次选派14名优秀干部担任驻村工作队队长和村党支部第一书记。（四）推进协商民主，发挥重要渠道作用。提高月协商座谈会实效。全年围绕推进新能源产业可持续发展、绿色生态有机农业发展等召开7次月协商座谈会，形成的专项建议得到省委省政府领导的重视和批示；广泛开展对口协商。就法治政府建设实施方案、“十三五”教育事业发展规划等近30份征求意见的文件，召开座谈会协商建言；组织开展民主评议活动。（五）坚持改革创新，着力强化经常性工作。探索和创新提案工作，推进提案内容和办理结果公开。强化政协信息舆情汇集和民意表达功能，全年编报信息73期。着眼建设“智慧政协”，制定《利用互联网平台开展协商民主工作的实施意见》。加强党派合作共事，为党派参加政协活动搭建平台、创造条件。召开部分少数民族和宗教界委员专题座谈会，学习贯彻全国宗教工作会议精神。制定《委员履职工作规则》和《委员视察考察工作简则》，完善委员服务管理工作机制。完成《裕固族百年实录》《东乡族百年实录》等文史资料专辑的征编出版工作。（六）坚持强基固本，切实提升履职能力。深入开展“两学一做”学习教育。党组书记带头讲党课，党组其他成员在联系县和各支部讲党课。开展4次学习研讨和4次专题辅导讲座。坚持问题导向，召开专题民主生活会，深入开展批评和自我批评；大力推进机关作风建设。签订党风廉政建设目标责任书。深入贯彻《关于新形势下党内政治生活的若干准则》和《中国共产党党内监督条例》。坚决贯彻落实中央八项规定和省委“双十条”规定精神。建立工作台账、秘书长例会等制度，推动工作落实；加强对市县政协工作的指导。先后组织6批全省各级政协干部参加全国政协干部培训，举办2期全省政协系统领导干部专题培训班。二、2017年工作部署。（一）深入学习贯彻中共中央和中共甘肃省委重大决策部署，不断夯实共同思想政治基础。（二）准确把握稳中求进总基调，围绕新常态下全省改革发展的重要问题议政建言。（三）贯彻落实共享发展理念，持续促进民生改善。（四）积极完善制度机制，切实增强民主监督实效。（五）不断加强自身建设，着力提升履职科学化水平。

中国人民政治协商会议甘肃省委员会提案办理协商实施办法（2017年3月31日）（摘要） 第三条 提案办理协商的主体是政协组织、提案者和提案承办单位。第四条 提案办理协商的内容和形式。第五条 提案形成过程中的协商引导。第六条 提案立案审查协商。第七条 提案交办协商。第八条 重点提案遴选督办协商。第九条 提案办理专题协商。第十条“B”类提案跟踪督办协商。第十一条 提案办理网络协商。第十二条 提案办理结果反馈协商。第十三条 提案工作的协商监督。第十四条 提案办理协商的考核。第十五条 提案办理协商成果的采纳运用。第十六条 提案办理协商的组织领导。

【组织概况】

副主席补选名单

（2017年1月12日政协第十一届甘肃省委员会第五次会议通过）

欧阳坚（白族） 郝 远

不再担任副主席名单

（2017年1月12日政协第十一届甘肃省委员会第五次会议通过）

刘立军 张津梁 张景辉

常务委员补选名单

（2017年1月12日政协第十一届甘肃省委员会第五次会议通过）

丁军年 王代喜 刘维忠 邵 明

张正锋 张国斌 钟进良（女）

侯文彬 俞建宁

不再担任常务委员名单

（2017年7月18日政协第十一届甘肃省委员会常务委员会第十九次会议通过）

马艾武 李玉梅 张 翀 张余胜

南明法　高清和　黄周会　薛陇平

（2017 年 9 月 29 日政协第十一届甘肃省委员会常务委员会第二十次会议通过）

赵祥明　马湘贤　何水清

常务委员辞职名单

（2017 年 7 月 18 日政协第十一届甘肃省委员会常务委员会第十九次会议通过）

石卫东

市州（区、县）主席变动情况

兰州市

市政协主席　俞敬东（2017 年 4 月不再担任）

县（市、区）政协主席

西固区　徐春花（女，2017 年 12 月当选）

王克胜（2017 年 12 月不再担任）

武威市

县（市、区）政协主席

凉州区　张立元（2017 年 12 月当选）

王秀丽（女，2017 年 12 月不再担任）

平凉市

市政协主席　王大睿（2017 年 12 月当选）

丁巨胜（2017 年 4 月不再担任）

县（市、区）政协主席

灵台县　杜晓荣（2017 年 12 月当选）

边安玉（2017 年 12 月不再担任）

酒泉市

县（市、区）政协主席

金塔县　鲍尔剑（哈萨克族，2017 年 12 月当选）

孙向明（2017 年 12 月不再担任）

阿克塞县　蔡俊堂（2017 年 12 月当选）

李春林（2017 年 12 月不再担任）

甘肃省各级政协组织和委员数

（截至 2017 年年底）

项目＼级别	省	地级市	县（市、区）	合计
组织数	1	14	86	101
委员数	583	4007	12387	16977

（秦跟平　王植本　**编写**　张晓军　杨维军　**审稿**）

政协青海省委员会

王晓勇　副主席

【全体委员会议】

十一届五次会议　1月14日至19日在西宁举行。会议听取并审议了仁青加主席代表政协第十一届青海省委员会常务委员会所作的工作报告和罗朝阳副主席代表政协第十一届青海省委员会常务委员会所作的十一届四次会议以来提案工作情况的报告；列席了青海省第十二届人民代表大会第六次会议；听取并讨论了王建军代省长所作的《政府工作报告》以及计划、财政和“两院”报告；审议通过了大会政治决议、关于常委会工作报告的决议和关于省政协十一届五次会议提案审查情况的报告；会议增选王晓勇同志为政协第十一届青海省委员会副主席、路光勇同志为政协第十一届青海省委员会常务委员；会议共收到提案359件，委员提交书面发言30篇，13位委员作了大会发言。省政协主席仁青加在闭幕会上讲话。

【常务委员会议】

第23次会议　1月13日在西宁举行。会议通过政协第十一届青海省委员会常务委员会第二十三次会议议程；审议通过《关于肖阳忠、胡佩杰同志不再担任政协第十一届青海省委员会常务委员、委员的决定》；审议通过《关于莫平、谢双亭同志不再担任政协第十一届青海省委员会委员的决定》；审议通过《关于路光永、肖阳忠同志职务任免的决定》；审议通过《关于增补政协第十一届青海省委员会委员名单》；审议通过《关于增选政协第十一届青海省委员会副主席候选人建议名单》；审议通过《关于增选政协第十一届青海省委员会常务委员候选人建议名单》。

第24次会议　1月18日在西宁举行。会议通过了选举办法草案，总监票人、监票人名单草案和两项决议草案及提案审查情况的报告草案，会议增选王晓勇同志作为政协第十一届青海省委员会副主席候选人，增选路光永同志作为政协第十一届青海省委员会常务委员候选人。

第25次会议　3月16日在西宁举行。会议传达学习了全国政协十二届五次会议精神；审议通过了青海省政协十一届二十五次常委会议议程和政协第十一届青海省委员会常务委员会2017年工作要点。

第26次会议　6月14日至15日在西宁举行 。会议围绕“加强政协民主监督工作”开展专题议政。省政协主席仁青加主持开幕会并在闭幕会讲话。省委常委、副省长王予波应邀出席开幕会并通报省政府支持政协开展民主监督工作的情况，省政协副主席罗朝阳作了《发展社会主义民主政治切实推进政协民主监督工作》的报告，10位常委、委员、相关同志代表省政协有关专委会、各民主党派省委和基层政协作大会发言。

第27次会议　9月27日至28日在

西宁举行。会议围绕“提高全民健康素养”开展专题议政。省政协主席仁青加主持开幕会并在闭幕会上讲话。省政府副省长高华应邀出席开幕会并通报提高全省健康素养工作情况。省政协副主席鲍义志作《提高全民健康素养，推进健康青海建设》的报告，10 位常委、委员、相关同志代表省政协有关专委会、各民主党派省委和基层政协作大会发言。

【专门委员会工作】

提案委员会 加强重点提案督办工作。继续坚持省政协副主席领衔督办、各专委会协助督办、委员参与跟踪督办的重点提案督办机制。以重点提案办理为引领，把督办提案与调研、视察活动有机结合起来，围绕大力发展青海省盐湖锂产业、关于完善物业管理制度，强化弃管小区管理、巩固南北山绿化工程，造福青海人民，建设宜居的高原花园城市等提案开展提案办理协商 19 次。举办党派团体提案工作座谈会 1 次，将征集到的 60 个提案选题在党派团体提案工作座谈会上予以印发，供参考。对省政协十一届三次、四次、五次会议期间的 55 件优秀提案，22 个先进提案承办单位，20 位先进提案工作者和 15 位优秀联络员进行表彰。主办青海省政协第四次双月协商座谈会，对省政协确定的重点提案“加快青海锂产业发展”进行专题协商。对重要提案进行精心选编并按要求向省委和省政府报送《重要提案摘报》34 期，促进了提案的有效办理。

经济委员会 围绕脱贫攻坚战略问题建言议政。围绕“发挥产业在扶贫脱困中的支撑作用”课题向省委、省政府报送了《发挥产业在扶贫脱困中的支撑作用的调研报告》，得到省委书记王国生的批示。精心组织双月协商座谈会，助推我省民间投资健康发展。紧扣经济发展的热点问题献计出力，深入西宁（国家级）经济技术开发区南川工业园区对我省锂产业及下游产业的发展情况开展视察，了解园区及企业在延伸产业链和转型升级中遇到的困难和问题，提出了促进锂产业健康发展的意见建议。关注生态产业发展，通过重点提案督办开展民主监督。协同提案委员会对省政协十一届五次会议上委员提交的“加快生态经济林建设，发展‘高原沙棘’产业”和“关于依托资源优势加快打造黄河特色产业经济带”重点提案进行督办，提出了督办建议，推动了提案的办理落实。

人口资源环境委员会 紧扣生态主题，调研成果转化显著。一是以“高度重视林下经济，促进我省生态林产业发展”为题召开双月协商座谈会，形成调研报告，上报省委省政府，省政府出台了《青海省 2018 年林下经济发展专项资金实施方案》，2018 年划拨专项财政补助资金 6000 万元，用于扶持我省林下经济的发展。二是根据《关于对都兰金辉矿业有限公司绿色矿山建设情况的视察报告》中的意见建议，省国土资源厅联合 12 个部门印发了《青海省绿色矿山建设实施方案》。三是根据《关于我省“坡改梯”农田建设和小流域综合治理情况的调研报告》，省水利厅进行专题研究，形成文件，对进一步做好“坡改梯”工作进行了全面安排部署。四是报送的《关于对社会力量投资，推进我省养老产业发展情况的视察报告》，得到省政府主要领导批示，推动了相关工作。五是就瓦里关中国大气本底基准观象台在大气本底监测、应对气候变化及有关气象部门在生态文明气象服务、气象防灾减灾与公共气象服务等方面工作进行了视察。

教科文卫体委员会 着眼民生开展调研视察，为民生改善献计出力。全年围绕基础教育办学情况、全民科普开展情况、文艺院团改革及演艺市场情况开展了3次调研视察。其中，省政府还专门围绕“全面科普”和“文艺院团改革”召开了专题会议，切实推动了有关问题的落实。以双月协商座谈会为载体，搭建建言献策平台，承办了“传统村落的保护与利用”双月协商座谈会，会后形成了双月协商报告呈送省委省政府。依托专题议政常委会，推进协商民主实践，承担了“提高全民健康素养”专题议政常委会，得到了党政领导的高度重视并做出批示。做好重点提案督办等活动，发挥委员会主体作用，对《关于完善物业管理制度，强化弃管小区管理的提案》和《关于在“健康青海”建设中加强基层疾病预防控制工作的提案》进行督办。

民族和宗教委员会 围绕“促进民族团结进步创建”开展双月协商，承办了以“促进民族团结进步创建”为主题的省政协2017年第五次双月协商座谈会，“加强和改进伊斯兰教事务管理工作”开展了专题调研。围绕打赢意识形态领域主动仗深入开展正向宣传教育。仁青安杰副主席利用出席各市州有关县、乡镇、村社宗教活动开光法会、典礼仪式的机会，向广大僧俗群众大力宣讲社会主义核心价值观、党的民族宗教政策等内容，累计受教育僧俗群众达5万余人次。马长庆副主席也多次利用主麻日、古尔邦节、尔德节等穆斯林节日讲“瓦尔兹”的时机，向穆斯林聚礼群众大力宣传党的十九大和省十三次党代会精神，宣讲党的民族宗教方针政策，受教育穆斯林群众达10余万人次。宗康副主席经常在寺院利用各种法会等形式向僧俗群众宣传党的方针和宗教政策，受到僧俗群众欢迎。

港澳台侨和外事委员会 突出履职为民，持续助推民生改善。把关心鳏寡孤独、无劳动能力的残疾人、特困群众、大学生创业作为重点工作来抓。总投资849万余元，共办理了7件实事，受助群众达4000余人；发挥港澳委员双重作用，帮助港澳委员知情明政，夯实履职基础。配合全国政协港澳台侨委员会调研组赴我省黄南、玉树两州围绕“做好涉藏侨务工作”进行调研；组织委员赴海东市、黄南州县乡村围绕“我省基层医疗队伍建设情况”深入调研，形成报告报省委、省政府；配合全国政协为港澳青年社团来青开展体验式考察，增强了爱国爱港的热情；接待比利时联邦参议长率团来青访问工作，周密安排、精心协调服务，比利时联邦驻华大使馆和全国政协办公厅专门来信表示赞扬；对台、侨务和外事工作有序开展，实现组团赴台湾围绕“中小企业培育发展”进行参访，积极参加以台湾民间组织来青开展的“以孝治家感恩联谊会”，加强与台湾民间组织的联系，传播中华民族优良传统。

社会和法制委员会 搭建平台、发挥优势，深入开展立法协商。及时召开2017年立法协商联系工作会议，与省人大常委会法工委、省政府法制办共同研究制订年度协商计划。组织召开省政协立法协商座谈会，为今后工作打下了良好基础。突出重点、精准选题，承办省政协2017年第三次双月协商座谈会，围绕“促进《青海省未成年人保护条例》贯彻落实”专题协商、建言献策，有效推动了未成年人保护工作相关问题的解决。关注民生、聚焦法制，深入开展调研视察。围绕“大学生就业创业”“群团组织发挥自身优势促进就业工作”“健全完善政府法律顾问制度”“各级法院‘基本解决执行难’问题”等内容开展专题视察。发挥作用、履职监督，积极参政议政。纪仁凤副主席领衔督办“关于提高青海省最低工资标准的提案”，及时提交省政府有关会议研究并予以解决。

学习和文史委员会 史料征编工作稳步推进，完成《藏族百年实录》《回族百年实录》《蒙古族百年实录》等史料专辑征集、审核和报送任务。举办政协讲坛，着眼提高素质、开拓视野、增长知识的需要，在省政协办公厅的支持下，举办了4期政协讲坛。认真组织学习培训。鉴于市（州）、县（市、区）政协换届选举的实际，在浙江大学举办了市（州）、县（市、区）政协新任主席、副主席培训班，共培训80人。印发学习资料。以宣传党的大政方针和强化人民政协理论为主线，以国内外时事动态、社会热点透视、深化改革探讨、社会现象观察为主要内容，全年印发学习资料4期共26万余字，2400余册。

【重要会议、活动】

召开“双月协商座谈会” 4月21日，围绕“我省传统村落保护利用问题”召开2017年第一次双月协商座谈会。鲍义志就我省传统村落保护利用专题调研及协商座谈会准备情况进行了介绍，9位省政协委员及专家学者围绕主题，从思想重视、保护资金投入、人才队伍建设等不同角度各抒己见，坦诚建言。

6月1日，围绕“释放民营资本的投资活力”召开2017年第二次双月协商座谈会。张守成副主席通报了座谈会前期调研情况，对调研中委员和民营企业反映的突出问题进行了总结、分析，提出了应着力解决的问题。8位委员、专家学者从民营资本参与PPP项目、创新融资担保模式、发挥区域股权市场功能、民营资本投资健康产业等方面作了发言。

7月6日，围绕“促进《青海省未成年人保护条例》贯彻落实”召开2017年第三次双月协商座谈会。纪仁凤副主席简要介绍了前期调研情况。9名同志从切实提高未成年人保护工作水平、关注未成年人心理健康、加强特殊群体社会救助与保护、净化未成年人成长环境等不同角度作了发言，就进一步重视和加强未成年人保护工作提出了意见建议。

8月1日，围绕“加快青海锂产业发展”召开2017年第四次双月协商座谈会。罗朝阳副主席介绍了前期调研情况。9位委员从加强顶层设计，成立专门机构、盐湖锂资源可持续利用与环境保护协调发展、综合布局下游产业，促进锂产业上下游产业链融合，推动产业链延伸、谋划建立废旧锂电池回收加工再利用体系，进一步加大对锂产业技术研发的支持力度等提出了意见建议。

9月6日，围绕“促进民族团结进步创建”召开2017年第五次双月协商座谈会。仁青安杰副主席简要介绍了会议前期调研和准备情况。8位委员从不同侧面、不同角度，分析了当前我省创建工作中存在的主要困难和问题，有针对性地提出了意见建议。

10月10日，围绕“高度重视林下经济，促进我省生态林产业发展”召开2017年第六次双月协商座谈会。马志伟副主席简要介绍了选题背景及调研情况。9位委员从科技支撑弱、社会化服务体系不完善，产品优势难以发挥，融资难等坦诚指出了我省林下经济发展中存在的突出问题，并提出了意见建议。

举办“政协讲坛” 2月22日举办第十五期“政协讲坛”，邀请著名军事专家、海军网络安全和信息化专家咨询委员会主任、研究员尹卓围绕《我国周边安全形势及对策》作专题讲座。

5月8日举办第十六期“政协讲坛”，邀请全国政协委员、中央党校原副教育长、一级教授、博士生导师、中国科学社会主义学会会长王怀超教授作辅导授课。

8月7日举办第十七期“政协讲坛”，邀请全国政协委员、文史和学习委员会副主任、原国家宗教事务局局长、中央社会主义学院党组书记叶小文同志作辅导授课。

10月26日举办第十八期“政协讲坛”，邀请全国政协常委、民革中央专职副主席郑建邦围绕“当前台湾形势及其成因和对两岸关系的影响”作专题讲座。

11月13日举办第十九期“政协讲坛”，邀请全国政协委员、天津财经大学近现代法研究中心主任、博士生导师侯欣一教授围绕“依法治国的理想与现实”作辅导讲座。

开展立法协商　组织委员、立法协商智库专家先后围绕《三江源国家公园条例（试行）（草案）》《青海省非物质文化遗产保护办法（草案）》《青海省行政审批事项监督管理条例（送审稿）》《青海省实施〈中华人民共和国献血法〉（草案）》《青海省测绘地理信息市场管理办法（送审稿）》《青海省行政执法监督检查条例（征求意见稿）》《青海省行政许可监督管理条例（草案）》《青海省实施〈中华人民共和国村民委员会组织法〉办法（草案修改稿）》等9部法律法规开展立法协商11次，提出220余条修改意见，采纳率达30%以上。

召开提案交办会　2月16日召开建议提案交办会，就省政协十一届五次会议立案的298件提案，分别交付相关地区和部门办理。青海省政协十一届五次会议期间，大会共收到提案359件，经审查，立案298件，并案6件，立案率为83%，其中集体提案立案114件，经济建设方面的提案120件，教科文卫体方面的提案70件，社会法制方面的提案36件，群众生活方面的提案38件，生态保护方面的提案29件。

召开优秀提案、先进提案承办单位、先进提案工作者和优秀联络员表彰会　1月12日，省委办公厅、省政府办公厅、省政协办公厅联合召开省政协十一届三次、四次、五次会议优秀提案、先进提案承办单位、先进提案工作者和优秀联络员表彰大会。会议充分肯定了提案在推动我省经济社会发展中起到的积极作用。55件优秀提案，22个先进提案承办单位，20位先进提案工作者和15位优秀联络员受到了表彰。三位受到表彰的代表从如何提出高质量的提案，推动提案办理质量逐年提升，提高提案的办理协商服务质量等方面，分别作了大会交流发言。

省政协党组专题传达学习省第十三次党代会精神　5月27日，省政协党组召开（扩大）会议，专题传达学习省第十三次党代会精神，重点传达学习王国生书记在省第十三次党代会上所作的工作报告和在省委十三届一次全会上的讲话精神。会议要求，全省各级政协组织和政协委员要把学习省第十三次党代会精神与推进“两学一做”学习教育常态化制度化融合起来，与贯彻省委部署要求结合起来，全面深入系统地学习报告原文，着力在学深学透上下功夫，不断把思想行动统一到省委决策部署上来。

配合全国政协调研组开展调研　6月5日至10日，全国政协副主席、九三学社中央主席韩启德带领2个调研组，分别就我省柴达木地区生态综合治理与绿色发展和健康产业发展进行调研。省政协主席仁青加、副主席鲍义志和教科文卫体委员会负责同志陪同韩启德一行先后赴西宁市、海西蒙古族藏族自治州、海南藏族自治州、海东市等地深入基层一线开展调研并向调研组提出了意见建议。

9月17日至19日，全国政协副主席卢展工率全国政协科教文卫体委员会调研组来青就少数民族戏剧传承与发展开展专题调研。省政协主席仁青加和教科文卫体委员会负责同志陪同卢展工一行深入青海省藏剧团、同仁县江什加村等地进行调研，并向调研组提出了意见建议。

省政协党组传达学习贯彻中共第十九次全国代表大会精神 10月27日，省政协党组召开（扩大）会议，传达学习贯彻中国共产党第十九次全国代表大会精神。会议全文学习了《中国共产党第十九次全国代表大会关于十八届中央委员会报告的决议》《关于十八届中央纪律检查委员会工作报告的决议》和《关于中国共产党章程（修正案）的决议》；简要传达了王国生书记、王建军省长在省委常委会学习宣传贯彻党的十九大精神时的讲话精神；王小青、李选生、纪仁凤、王进交流了学习十九大精神的感受和体会。

召开政情通报会 2017年11月27日召开政情通报会，省发展和改革委员会、省经济和信息化委员会、省教育厅、省民政厅、省人力资源和社会保障厅、省农牧厅、省卫生和计划生育委员会、省扶贫开发局8个单位负责同志围绕当前主要工作开展情况和明年工作思路向各民主党派省委、省工商联及政协委员做了通报。

举办新年茶话会 2017年12月29日，举行新年茶话会，省党政领导同各族各界代表人士欢聚一堂，喜迎新年。受省委书记王国生、省长王建军委托，省委副书记刘宁在茶话会上讲话。省政协主席仁青加主持茶话会。省政协副主席鲍义志代表省垣各民主党派、工商联、无党派人士和社会各界在茶话会上发言。

【重要文件】

常委会工作报告（2017年1月14日）（摘要）2016年省政协常委会以邓小平理论、“三个代表”重要思想、科学发展观为指导，深入学习贯彻习近平总书记系列重要讲话精神，全面贯彻党中央治国理政新理念、新思想、新战略，在中共青海省委的领导下，高举爱国主义、社会主义旗帜，坚持团结和民主两大主题，按照“四个扎扎实实”的要求和省委工作部署，认真履行政治协商、民主监督、参政议政职能，紧扣改革发展大局议政建言，围绕新青海建设凝心聚力，着眼民生改善积极作为，突出改革创新加强自身建设，人民政协工作取得新成效，为推进全省各项事业发展贡献了政协智慧和力量。一是加强理论武装，牢牢把握正确政治方向。二是突出协商重点，紧扣改革发展大局议政建言。三是广泛凝心聚力，发挥优势促进和谐青海建设。四是强化履职为民，在推动民生改善中彰显作为。五是坚持改革创新，不断推进工作的科学化水平。2017年是实施“十三五”规划、全面建成小康社会承上启下的重要一年。省政协及常委会工作总体要求是：高举中国特色社会主义伟大旗帜，以邓小平理论、“三个代表”重要思想、科学发展观为指导，深入学习贯彻习近平总书记系列重要讲话精神，在中共青海省委的领导下，动员和组织参加人民政协的各党派团体和各族各界人士，牢牢把握团结和民主两大主题，紧紧围绕“四个扎扎实实”重大要求、省委提出的实现“四个转变”治青理政新的工作思路，在统筹推进“五位一体”总体布局和协调推进“四个全面”战略布局、持续推进“三区”建设中，切实履行政治协商、民主监督、参政议政职能，充分发挥协调关系、汇聚力量、建言献策、服务大局的作用，不断推动协商民主广泛多层制度化发展，为建设富裕文明和谐美丽新青海而努力奋斗。一要坚持不懈学习贯彻习近平总书记视察青海时的重要讲话精神。二要坚持不懈围绕改革发展重要问题建言献策。三要依照章程充分履行民主监督职能。四要坚持不懈促进团结和谐。五要坚持不懈抓好自身建设。

提案工作报告（2017 年 1 月 14 日）（摘要）十一届四次会议以来，政协委员、政协各参加单位和各专门委员会，围绕全省经济、政治、文化、社会建设和生态文明建设，通过提案积极履行职能，提交提案 410 件。经审查，立案 323 件，立案率为 78.8%。截至 2016 年底，全部提案已经办结。其中，所提建议已经解决或采纳的占 26.6%，列入计划解决或拟采纳的占 67.2%，留作参考的占 6.2%。一年来，常委会认真贯彻《关于加强人民政协协商民主建设的实施意见》，加强对提案工作的领导，把民主协商精神贯穿于提案工作全过程，狠抓提案质量、办理质量和服务质量的提高，深入推进提案办理协商工作。一是以提高提案质量为中心，加强提案征集工作；二是以提高办理质量为重点，加强提案办理协商；三是以提高服务质量为抓手，加强信息化制度化建设；四是以提高服务质量为抓手，加强信息化制度化建设。2017 年提案工作要全面贯彻中共十八大和十八届三中、四中、五中、六中全会和省委十二届十三次全会精神，深入贯彻习近平总书记视察青海的重要讲话精神，聚焦“四个扎扎实实”的重大要求，把握“四个转变”的目标和“六个着力”的任务，坚持“围绕中心，服务大局，提高质量，讲求实效”的工作方针，充分发挥政协提案作为社会主义协商民主重要形式的作用，积极建言献策，深化办理协商，进一步提升提案工作科学化、规范化水平。一要围绕全省经济社会发展大局建言献策。二要深入推进提案办理协商。三要进一步加强提案工作规范化建设。四要总结经验推动工作。

省政协主席仁青加在省政协十一届二十六次常委会议上的讲话（2017 年 6 月 14 日）（摘要）　政协民主监督是我国社会主义监督体系的重要组成部分，是社会主义协商民主的重要实现形式。政协的监督是协商式监督，不具有硬性约束力，是通过政协组织的政治影响力和政协委员的话语权进行监督。要准确把握政协民主监督的性质，认真开展集协商、监督、参与、合作于一体的“协商式监督”，切实提升监督水平。人民政协政治协商、民主监督、参政议政三项职能是相互渗透、相辅相成、不可分割的有机整体，各职能在内容、目的、形式、程序等方面，都是相互联系、相互作用的，因工作重点和选题研究角度不同，而各有所侧重，会议协商中有民主监督的内容，在开展民主监督时，也包含着政治协商，要深刻理解和准确把握三项职能的辩证关系，突出人民政协的性质特点，科学运用好政协特有的监督形式，开展好民主监督。要在推进民主监督中始终坚持党的领导，民主监督的重要议题和重要情况及时向党委请示汇报，积极承接党委交办的监督任务，争取党委对政协工作的领导和指导。党政领导要有纳谏如流的政治智慧和胸怀，自觉支持和接受监督；监督主体要进一步提升开展监督的能力，提出的意见建议，要有内容、有分析、有见解，要反映客观现实，同时，还要具备善于监督的方法和敢于监督的勇气，确保民主监督有序开展。

省委常委、统战部部长公保扎西在省政协十一届二十六次常委会议上的讲话（2017 年 6 月 14 日）（摘要）　围绕“加强人民政协民主监督工作”开展专题议政，符合中共十八届六中全会要求，符合全国政协十二届六次会议的部署，也符合省第十三次党代会精神。会议对促进我省各级政协依章程开展民主监督，努力实现省第十三次党代会提出的“一个同步、四个更加”奋斗目标必将产生积极的、良好的作用。就进一步做好政协民主监督工作他提出四点意见。一要进一步增强对政协民主监督工作重要性的认识。二要切实加强党对政协民主监督工作的领导。三要切实贯彻落实省第十三次党代会精神，认真开展政协民主监督工作。四是各级政协要围绕监督议题组织相关委员认真学习党和国家重要决策部署，了解情况、把握形势、掌握政策，提高履行民主监督职责的能力和水平，努力形成“党委领导有力，政府支持到位，政协主动作为，部门积极落实”的民主监督工作格局。

【组织概况】

副主席增选名单

（2017 年 1 月 19 日政协第十一届青海省委员会常务委员会五次全体会议通过）

王晓勇

常务委员辞职名单

（2017 年 1 月 13 日政协第十一届青海省委员会常务委员会第二十三次会议通过）

（按姓氏笔画排序）

肖阳忠　胡佩杰

（2017 年 6 月 15 日政协第十一届青海省委员会常务委员会第二十三次会议通过）

马德良

（2017 年 9 月 28 日政协第十一届青海省委员会常务委员会第二十三次会议通过）

熊敦邦

常务委员增选名单

（2017 年 1 月 19 日政协第十一届青海省委员会常务委员会五次全体会议通过）

路光勇

委员辞职名单

（2017 年 1 月 13 日政协第十一届青海省委员会常务委员会第二十三次会议通过）

（按姓氏笔画排序）

肖阳忠　胡佩杰　莫　平　谢双亭

委员增选名单

（2017 年 1 月 13 日政协第十一届青海省委员会常务委员会第二十三次会议通过）

王晓勇　路光勇

市（区、县）主席变动情况

格尔木市

政协副主席

赵绪成（2017 年 11 月 14 日不再担任）

青海省各级政协组织和委员数

（截至 2017 年年底）

级别 项目	省	地级市（州）	县（县级市、区）	合计
组织数	1	8	43	52
委员数	396	1825	4261	6482

（吕玉明　**编写**　赵长生　**审稿**）

政协宁夏回族自治区委员会

崔　波　副主席

【全体委员会议】

十届五次会议　1月9日至13日，中国人民政治协商会议宁夏回族自治区第十届委员会第五次会议在银川举行。大会应出席委员431人，开幕会实到392人，闭幕会实到373人。自治区政协主席齐同生主持闭幕会并致闭幕词，自治区政协副主席蔡国英主持开幕会。会议审议通过了齐同生主席代表政协宁夏回族自治区第十届委员会常务委员会所作的工作报告和刘小河副主席所作的提案工作情况的报告；审议通过了《自治区政协2017年协商工作计划》和《自治区政协提案委员会关于十届五次会议提案审查情况的报告》。委员们列席自治区十一届人大七次会议开幕会，听取并讨论了自治区主席咸辉所作的政府工作报告，分组讨论了《自治区2016年国民经济和社会发展计划执行情况与2017年国民经济和社会发展计划草案的报告》、自治区“两院”工作报告以及其他报告，对上述报告表示赞同，并提出意见和建议。会议选举崔波为自治区政协十届委员会副主席，增补了12名自治区政协常委。会议期间，李建华、咸辉等自治区党政领导同志出席政协开幕和闭幕会议，听取委员大会发言，并参加联组讨论，与委员们共商改革发展大计。委员们以饱满的政治热情和高度负责的精神，深入协商议政，积极建言献策。会议期间共收到提案554件，经审查立案485件。会议民主氛围浓厚、节俭务实高效，是一次提气鼓劲、凝心聚力、推动改革发展的大会，是一次求真务实、民主和谐、开拓奋进的大会。

【常务委员会会议】

第27次会议　1月4日召开，研究自治区政协十届五次会议有关事宜，审议相关工作报告。自治区政协主席齐同生出席会议并讲话，自治区副主席马力通报自治区政协十届四次会议以来提案办理情况，自治区政协副主席蔡国英主持会议，自治区政协副主席张乐琴、安纯人、刘小河、田成江、张学武、张守志、洪洋和秘书长刘卉参加会议。会议审议通过关于召开自治区政协十届五次会议的决定、议程、日程；审议通过常委会工作报告（草案）及报告人建议名单、提案工作报告（草案）及报告人建议名单、列席人员范围、分组办法、小组召集人名单；审议通过自治区政协2017年协商工作计划（草案）；审议通过自治区政协2016年协商工作计划执行情况报告、自治区政协各专委会2016年工作总结和2017年工作要点；通过自治区政协十届委员会有关人事事项。

第28次会议　1月11日召开。自治区政协主席齐同生主持会议，自治区政协副主席蔡国英、张乐琴、安纯人、田成江、张学武、张守志、洪洋和秘书长刘卉出席会议。会议应到常委会组成人员 110 人，实到 90 人，符合规定人数。会议听取自治区党委组织部关于增选自治区政协十届委员会常务委员会组成人员建议名单的说明；审议通过增选自治区政协十届委员会常务委员会组成人员名单（草案），提交各组讨论；审议自治区政协十届五次会议选举办法（草案），提交各组讨论。

第 29 次会议 1 月 12 日召开。受自治区政协主席齐同生委托，自治区政协副主席蔡国英主持会议，自治区政协副主席张乐琴、安纯人、刘小河、田成江、张学武、张守志、洪洋和秘书长刘卉出席会议。会议应到常委会组成人员 110 人，实到 94 人，符合规定人数。会议通过自治区政协 2017 年协商工作计划（草案）；通过自治区政协提案委员会关于十届五次会议提案审查情况的报告（草案）；通过自治区政协十届五次会议决议（草案）；通过自治区政协十届五次会议选举办法（草案）；通过增选自治区政协十届委员会常务委员会组成人员候选人名单，提交大会选举；审议通过自治区政协十届五次会议选举大会监票人、总监票人名单。

第 30 次会议 1 月 13 日召开。自治区政协主席齐同生主持会议，自治区党委副书记、自治区政协副主席崔波，自治区政协副主席蔡国英、张乐琴、安纯人、刘小河、田成江、张学武、张守志、洪洋和秘书长刘卉出席会议。会议应到常委会组成人员 123 人，实到 106 人，符合规定人数。会议听取自治区党委组织部有关人事事项说明。

第 31 次会议 3 月 21 日召开，传达学习贯彻全国两会精神和全区领导干部大会精神。自治区政协主席齐同生出席会议，自治区党委副书记、自治区政协副主席崔波主持会议。受齐同生委托，自治区政协副主席蔡国英作了会议讲话，自治区政协副主席安纯人传达了全国政协十二届五次会议精神，介绍了 16 位住宁全国政协委员的履职情况。会议围绕贯彻全国政协十二届五次会议精神进行分组讨论；通报党风廉政建设和反腐败工作情况；审议通过有关人事事项。自治区政协副主席张乐琴、刘小河、田成江、张学武、张守志、洪洋和秘书长刘卉，办公厅主任蔡明出席会议。

第 32 次会议 5 月 24 日召开。自治区政协主席齐同生主持会议。自治区党委常委、自治区常务副主席张超超通报了我区发展混合所有制经济情况。自治区政协副主席崔波、蔡国英、张乐琴、安纯人、刘小河、田成江、张学武、张守志、洪洋和秘书长刘卉出席会议。会议传达了中共中央政治局常委、全国政协主席俞正声在宁视察重要讲话精神，就我区“积极推进国有企业改革，发展混合所有制经济”作专题报告。政协调研组和常委们围绕此次会议议题作了大会发言。会议还通过了有关人事事项。

第 33 次会议 8 月 24 日召开。自治区政协主席齐同生出席会议并讲话。自治区党委常委、自治区副主席马顺清代表自治区政府通报我区水资源保护情况。自治区政协副主席崔波、蔡国英、张乐琴、安纯人、刘小河、张学武、洪洋和秘书长刘卉出席会议。自治区政协副主席张守志主持会议。会上，自治区政协调研组就我区“构建水资源管理联动协同机制，促进水资源保护”作专题报告；自治区各民主党派负责人和常委代表们作大会发言。会议还审议通过了有关人事事项。

第 34 次会议 11 月 3 日召开。自治区政协主席齐同生主持会议并讲话。自治区政协副主席崔波、蔡国英、张乐琴、安纯人、刘小河、田成江、张学武、张守志、洪洋和秘书长刘卉出席会议。会议学习贯彻中国共产党第十九次全国代表大会精神，传达学习全国政协十二届二十三次常委会议精神，审议通过自治区政协《关于学习贯彻中国共产党第十九次全国代表大会精神的决议》，印发自治区政协党组《关于学习贯彻党的十九大精神的意见》，对学习贯彻十九大精神作了全面动员部署。通过会议精神传达和学习讨论，进一步统一了思想，增进了共识。

【专门委员会工作】

提案委员会 十届五次会议以来，提案委共收到提案579件，其中，各民主党派、工商联和政协专门委员会提案171件，委员提案408件。经审查立案509件，将22件内容相近提案并案为9件，不予立案57件。与自治区党委、政府办公厅协商，遴选确定由自治区党委、政府、政协领导督办的14件重点提案。对民主党派、工商联提案进行筛选，确定7件提案报自治区党委领导阅批。筛选20件事关全区经济社会发展的提案，编辑《重要提案摘报》报送自治区党委、政府领导批示办理，领导批示办理5件。加强制度建设，制定《政协宁夏回族自治区委员会提案办理“双向评议”办法（试行）》，使“双向评议”工作更加规范化、制度化，强化对评议结果的运用，促进提案质量和办理质量的“双提高”。通过报纸、网络等媒体，刊发了十届五次会议提案综述，选择部分提案和提案办理结果在宁夏电视台、宁夏政协网、《华兴时报》等媒体上公开报道，增加了提案工作透明度；对自治区领导督办重点提案、提案现场协商办理、提案跟踪办理等活动及时组织新闻媒体进行宣传报道。对全区提案工作中的先进典型、优秀成果和市、县（区）提案工作的亮点通过《华兴时报》等新闻媒体组织采访和广泛宣传报道；总结梳理十届政协提案工作，编辑出版《十届自治区政协提案工作纪实》。参与组织召开十二届全国政协五次会议提案素材征集座谈会，邀请自治区有关部门和五市政府、政协负责同志通报情况、提出建议。完成全国政协十二届五次会议提案素材的征集工作，为住宁全国政协委员征集五市、厅局提案素材60余件。住宁全国政协委员共向大会提交提案88件。其中《关于支持西部云基地建设一体化国家军民融合大数据中心先行示范区的提案》被全国政协列入重点提案。该提案还被全国政协评为优秀提案。

经济委员会 牵头组织“积极推进国有企业改革，发展混合所有制经济”政协常委会议政专题调研，以政协建议案的形式报送自治区党委。党委石泰峰书记批示，“建议很好，请区政府认真研究”，党委办公厅要求相关部门研究提出办理意见。组织召开了民营企业参与国企改革暨转型升级座谈会，鼓励民营企业参与国有企业混合所有制改革。协助全国政协经济委围绕“实施精准扶贫中存在的问题和建议”议题，开展调研。根据主席会议要求，就我区深度贫困问题进行了调研，形成了《关于支持宁夏深度贫困地区脱贫攻坚工作的建议》。配合陕西省政协召开六盘山片区四省区政协精准扶贫交流推进会第三次会议，向自治区党委报送了《关于六盘山片区政协精准扶贫交流推进会第三次会议情况的报告》。就“我区空间规划（多规合一）开展情况”进行专题监督。就“农村生活垃圾处理情况”开展视察监督。形成三份信息专报《关于撤销中宁黄河大桥收费站的建议》《关于支持宁夏康亚药业有限公司研发国家一类新药“达瑞司他钾”的建议》《关于支持宁夏西部创业实业股份有限公司健康发展的建议》，得到了政府、政协领导的重视和批示。其中《关于撤销中宁黄河大桥收费站的建议》，推动全区25个政府还贷普通公路收费站分两批撤销。向政协会议提交提案2件，其中《关于加快我区医药工业发展的提案》被确定为自治区领导督办的重点提案。反映社情民意信息2期，其中《部分企业不接纳回族务工群众的情况亟待解决》得到马力主席的批示和政府办公厅的回复。被自治区政协评为2013—2017年度反映社情民意信息工作先进单位，《关于解决我区招标采购中本土品牌产品中标难题的建议》被评为优秀社情民意信息。解方委员代表经济委员会政协十届五次全委会上作了《关于促进我区物流业健康发展的建议》的大会发言。一年来，组织委员先后到力成电气、宁夏地质局水环院青铜峡项目部、银川市兴泾镇和镇北堡镇、兴庆区花溪谷和国际鲜花港进行了视察；组织侨联界别和经济界别委员对银川市城市地下综合管廊及智慧城市建设进行了视察；到中卫市兴海村、夏华产销合作社、文昌镇民族巷社区等基层联系点入户走访交流。接待了新疆、甘肃、内蒙古、四川、上海、河北等省（直辖市、自治区）政协来宁考察团，介绍了宁夏情况，相互交流了经验，增进了友谊。

人口资源环境委员会 以银川市“入黄排水沟水污染防治”和石嘴山市“重点湖泊水环境治理”为切入点开展监督性调研，围绕“构建水资源管理联动协同机制，促进水资源保护”协商议政。聚焦我区大气污染防治工作开展监督性视察。实地查看我区煤改电、煤改气、燃煤锅炉拆除和企业异味治理等情况，与相关部门负责人座谈交流，就整改落实情况提出监督意见，形成《关于对中央第八环保督察组督查反馈意见整改情况的监督性视察报告》报自治区党委、政府。并针对调研中发现的具体问题，报送《关于支持煤改电储热式电锅炉优惠电价的建议》。现场督办《关于加强担保公司、小额贷款公司、投资公司监管力度》提案。专题调研畜禽养殖废弃物污染治理和资源化利用。召开情况通报会，深入银川、吴忠，与有关部门、企业进行座谈沟通，提交调研报告。组织委员参与政府法制办关于《宁夏回族自治区大气污染防治条例》《宁夏回族自治区实施〈农田水利条例〉办法（送审稿）》修改工作。组织相关领域专家针对《宁夏大气污染防治条例（草案）》开展自治区政协三级委员立法协商调研。联合民革宁夏区委会，深入了解我区在社区矫正法律体系建设中遇到的问题，形成了提交全国“两会”的提案材料。围绕发展农村集体经济、促进环保产业发展、垃圾分类处置等方面，动员并组织本委委员深入调研，共提交25件提案、6份社情民意，社情民意反映数量位居专委会第2名。委员会机关工作人员深入永宁县紫金花造纸厂，调研秸秆综合利用情况，形成了《关于支持打造农作物秸秆综合利用产业园区的建议》，在自治区政协十届5次会议上做书面发言。并受齐同生主席委托，对我区医疗垃圾管理处置开展调研，报送了《关于加强我区医疗废物处置管理的建议》。与有关部门跟踪第368号《关于推广钙果（欧李）种植，促进压砂地后续产业发展的建议》的提案办理工作，较好地推动了中卫市硒砂瓜接替产业的落实。组织委员参加乡村建设专题讲座、“六五”环境日宣传、环保公众开放日、保护黄河万里直播行动、宁夏金融改革创新高层讲座等活动。积极参加青铜峡市政协委员基层联系点和宁夏众一集团、永宁县中医院基层服务点活动。联系自治区住建厅，帮助协调解决政协定点帮扶单位同心县预旺镇土峰村510户居民农村环保厕所建设项目。在办公厅的协助下，接待新疆、广西等省区来宁考察组，帮助兄弟省区政协人资环委关于生态文明和美丽乡村建设等情况视察调研。

教科文卫体委员会 围绕“关于促进我区民办学历教育健康发展”课题进行了认真的调研，形成《关于促进我区民办学历教育健康发展的调研报告》。按照齐同生主席的批示，分赴银川、石嘴山、吴忠三市，就食品药品安全工作进行视察并召开座谈会，向自治区党委、政府提交了《关于我区食品药品安全工作情况的视察报告》。视察我区健康产业发展情况，分别召开座谈会 2 次。安纯人副主席带队对《关于通过提升职业教育来巩固脱贫成果的建议》（16 号）《关于提高我区农村贫困妇女文化素养及职业技能水平的建议》（114 号）提案进行督办。结合 5·12 护士节，组织部分医疗卫生界委员和自治区、市部分医院 13 名优秀护士代表，视察了森淼现代林业科技园、国家重点实验室。结合 9·10 教师节，组织文化艺术界和教育界别委员开展“书法进课堂活动”。组织 18 名委员视察我区高考录取工作。在党的十九大召开之际，组织部分委员会同宁夏政协、石嘴山市政协、乌海市政协书画院部分成员三地书法家进行笔会交流活动。联系深圳政协教科卫体委员会，两地三级政协委员到基层联系点视察、了解脱贫致富发展情况，并看望了基层点一所小学和一所养老院，深圳政协为小学和养老院捐款近 4 万元。配合办公厅圆满完成外省政协来宁考察接待任务。先后接待了全国政协副主席韩启德带队调研“校园餐食管理”，广东、湖北、江苏、湖南、江西政协考察团来宁考察等工作。组织部分委员，赴青海、四川考察少数民族地区民办教育情况。积极参加全国政协教科文卫体会议，交流材料被选为大会口头发言。严格按照自治区政协要求，采取多种形式，组织委员认真学习，着力提升委员“懂政协、会协商、善议政”的能力和水平。根据自治区纪委巡视组巡视反馈意见，结合委员会实际制定了建立全面从严治党“三个清单”和《教科文卫体委员会治理“庸懒散松”问题清单及整改措施》，进一步提高了工作效率和质量。结合“文明处室”创建活动，把“文明处室”创建和效能建设计划贯穿到办公室日常工作及委员会履行职能的各项活动中，做到责任明确，运转有序，为委员履行职能提供良好的服务和保障。

社会和法制委员会 组织委员认真学习了中共十九大和自治区十二次党代会精神。举办了行政执法及行政诉讼等 8 次情况通报会。建立了委员履职档案和考核登记制度。围绕行政执法及行政诉讼情况开展专题民主监督调研，形成调研报告，报送自治区党委。自治区党委、政府主要领导分别作了批示，并被自治区党委办公厅评为“2017 年第三季度优秀调研报告”。围绕社区矫正工作开展专题调研，形成了《关于我区社区矫正工作的调研报告》，报送自治区党委办公厅。围绕利通区全域旅游工作开展专题调研。就利通区全域旅游发展情况进行了专题调研，形成了《关于打造利通区休闲农业和乡村旅游产业观光带的建议》，报送自治区政府。先后对大气污染防治等 3 部《条例（草案）》开展专题调研，并分别形成了《条例（草案）》主要修改意见，报送自治区人大常委会。自治区人大采纳反馈意见建议 30 多条。起草《政协宁夏回族自治区委员会组织委员参与立法协商实施办法（试行）》《政协宁夏回族自治区委员会立法协商实施办法（试行）》。自治区党委办公厅印发自治区人大常委会、政府、政协党组，区直有关部门（单位）党组（党委），各地级市党委。先后组织委员对《关于推行法律顾问制度和公职律师公司律师制度的实施意见》等8部法规文件提出修改意见建议。就我区家庭教育指导服务、红十字应急救护、城市二次供水安全等工作情况进行视察。就“关于促进我区青年创业发展的对策建议”进行现场督办，并形成自治区政协“专题会议纪要”。承办了宁夏政协“兴华爱心基金重特大疾病救助资金”发放工作，向60名患者发放救助资金238万元；完成了广东狮子会“星火计划”分配给我区20名小学骨干教师培训任务。全年上报各类提案和社情民意15篇。《关于供水企业统一接管二次供水设施的建议》等2篇提案被列为重要提案摘报。全区政协社情民意信息工作会议上进行口头发言，并荣获“2013—2017年度反映社情民意信息工作优秀单位”。应邀参加党政机关相关部门、直属事业单位等会议、活动16次。认真处理群众来信来访，共收到群众来信来访2件（次），及时转送有关部门办理。加强与兄弟省（区、市）政协的联系。加强与对口单位、各民主党派及基层政协的联系。邀请相关单位、各民主党派、各市县（区）政协对口专委会负责同志共同开展调研视察。

民族和宗教委员会 开展自治区民族宗教网络舆情工作专题调研，形成《关于加强网络舆情正确引导 巩固我区民族团结成果的协商报告》报自治区党委，在党委办公厅复函逐项答复落实后，自治区党委下发了《关于加强网上涉宁民族宗教舆论引导和舆情管控工作的意见》。随后，我区和甘肃省就涉民族和宗教问题网络舆情管控建立了联动机制。在石嘴山市举办全区宗教界和散居少数民族界政协委员培训班并开展实地考察活动。组织五大宗教负责人及宗教界人士代表一行9人，赴广西和安徽学习考察宗教界加强自身建设和管理等情况。自治区政协副主席田成江带领民族和宗教委员会负责人、部分政协委员对中卫市海原县、固原市泾源县回族优秀文化遗产传承与创新工作进行了视察。2月、6月，赴西夏区贺兰山西路办事处基层联系点开展活动、协助分管副主席赴同心县河西镇上河湾村开展联系点活动。8月上旬，联系香港福建希望工程基金会捐资120余万元，在固原市举办仪式，奖励全区“最美乡村教师”168名。9月中旬，配合分管领导对“关于促进社区服务业发展的建议”重点提案进行了督办，同时，对2016年重点提案“关于帮扶我区生态移民村发展设施农业的建议”开展了跟踪督办“回头看”。密切联系民族和宗教界人士代表。在春节等重要节日，到宗教界人士代表家中看望慰问，祝贺节日。在政协召开全委会和常委会之际，主动与党委统战部和民委（宗教局）加强交流联系，了解情况，互通信息。参与做好内蒙古、安徽、重庆、河南、深圳5地政协来宁调研考察工作。围绕“落实民族宗教政策”“宗教活动场所保护”“少数民族文化发展”等内容与他们进行座谈交流，并提供相关调研材料。推进“两学一做”学习教育常态化制度化，组织党员深入学习十八大、十九大精神、《党章》《廉洁自律准则》《纪律处分条例》等，争星创优，着力推进服务型党组织建设。

文史和学习委员会 牵头征编《回族百年实录》大型丛书。一年来，委员会面向全国各地广泛征稿，共收到来自21个省（区、市）的供稿1174篇、610余万字文史资料。先后召开三次编审会议，邀请自治区民委、宁夏大学、北方民族大学等单位有关专家、学者对回族史料进行审稿，最终采用318篇、150万字、分三册，拟于2018年上半年交付全国政协出版发行。继续征编出版《宁夏文史资料》第31辑。目前，该专辑共采用文史资料

73篇、35万字，已送出版社进行编审，计划于2018年上半年出版发行。组织委员就我区文化产业发展情况进行了专题协商调研。形成的《关于促进全区文化产业发展的专题协商报告》，就我区文化产业在科学规划、加大扶持、整合资源、培育龙头、打造品牌等方面提出了建议。调研报告报送自治区党委、政府后，受到了多位领导同志的充分肯定和批示，同时被编入《2018年宁夏文化蓝皮书》。组织科协界别委员就我区科普基地建设情况进行了视察。组织社科界别委员开展了宁夏大数据发展情况专题讲座，为委员拓展视野、知情议政积极创造条件。对自治区政协十届五次会议第58号重点提案《关于加强涉尘企业农民工职业健康监护力度，推进农民工职业健康检查工作的建议》进行了督办。在组织调研、座谈、视察活动时，注意挖掘社情民意线索，及时将调研成果转化为社情民意，相互促进、相得益彰。一年来，委员会共提出社情民意9件。其中《关于加大对我区文化产业扶持资金投入力度的建议》《关于加强我区学前教育教师队伍建设的建议》等受到了自治区分管领导的高度重视，促进了相关工作的顺利开展。本委员会被评为“2013—2017年度反映社情民意信息工作先进单位”。争取全国政协文史和学习委员会的工作指导。加强与兄弟省区政协的工作交流。促进与对口单位及各市县（区）政协的工作协作。联合媒体发挥文史宣传作用。以弘扬中华民族优秀传统文化为历史使命，在《华兴时报》“宁夏政协网”等报刊媒体上开办了“宁夏文史”“文史园地”等专栏专版，连续刊载政协委员、文史专员的优秀稿件，使文史资料面向社会、面向群众，进一步扩大了政协文史工作的社会影响力。一年来，累计精选刊载文史资料和交流文章39篇22万字，文史资料的育人作用得到了充分发挥。

港澳台侨和外事委员会 4月中旬，配合做好全国政协外事委员会副主任王国庆带领的全国政协调研组就宁夏同“一带一路”沿线国家人文交流合作情况进行专题调研。4月下旬，组织港澳台侨和外事委员会部分委员和相关人员赴台湾考察访问，重点围绕台湾养老服务产业和文化旅游产业发展情况进行了考察学习。达成了两个意向：一是自治区政协常委柯允君所属的宁夏日盛精细化工集团公司与台湾海峡两岸社区产业养老照顾发展协会达成了养老服务合作意向。二是永宁县与台湾逸欢旅游集团、台北鹏展旅行社就永宁三沙源生态旅游项目进行了深度对接，双方对合作开发台湾至宁夏永宁三沙源生态旅游项目至甘肃敦煌文化旅游线路初步达成了意向。积极做好港澳委员来宁考察接待工作，接待了“香港一带一路商务考察团”来宁考察。5月至8月，围绕我区全域旅游发展情况进行了调研视察。形成了调研报告，上报了自治区党委、政府，党委书记石泰峰、政府主席咸辉圈阅了报告。7月4日，自治区政协在广东省珠海市举办了2017年宁夏政协港澳委员活动日。活动日期间，结合专题协商议题就“进一步发挥港澳委员双重作用”召开了港澳委员座谈会，传达学习了习近平总书记来宁视察重要讲话精神；俞正声主席视察宁夏时的重要讲话精神及自治区第十二次党代会精神；通报了宁夏政协2017年上半年主要工作进展情况和港澳台侨和外事委员会2017年上半年主要工作任务完成情况及下半年工作要点及措施。港澳委员围绕如何进一步发挥港澳委员双重作用，贯彻落实“一国两制”方针、传承和发扬爱国爱港精神，发挥港澳委员主体作用，促进宁港澳三地交流合作等内容进行了交流座谈。港区委员许蔚萱在座谈会上承诺向宁夏政协兴华爱心基金捐款10万元。根据宁夏政协2017年协商工作计划安排，围绕“进一步探索发挥港澳委员双重作用的方式，为宁夏经济社会发展献计出力”主题进行了专题协商调研。根据自治区党委办公厅、政府办公厅、政协办公厅《关于督办自治区政协十届五次会议重点提案的通知》精神，对自治区政协十届五次会议第432号重点提案《关于加强困境儿童保障工作的建议》进行了督办。

【重要文件】

常委会工作报告（2017年1月9日）（摘要）一、2016年工作回顾：（一）坚持党的领导，牢牢把握政协事业正确方向。引导各党派团体和各族各界人士更加紧密地团结在以习近平同志为核心的中共中央周围，更加坚定地贯彻落实中央精神和自治区党委的决策部署，更加自觉地在思想上政治上行动上同中共中央和自治区党委保持高度一致。全年共组织政协常委会、政协党组学习会12次。深入开展“两学一做”学习教育。精心组织庆祝中国共产党成立95周年和红军长征胜利80周年纪念活动，通过举办报告会、重温入党誓词、爱国主义教育课等方式，铭记革命先辈丰功伟绩，传承伟大长征精神，引导大家不忘初心、继续前进，共同推进中国特色社会主义伟大事业。（二）聚焦中心任务，紧扣改革发展议政建言。住宁全国政协委员3件提案列入全国重点提案，其中，关于出台煤制油品相关税收政策、推进煤炭清洁高效利用的建议，得到国务院和有关部委高度重视，相关政策有望出台，有力促进了我区煤制油重大项目建设进程。围绕“提升企业科技创新能力”召开专题议政常委会，围绕“农业科技管理机制创新”和“发挥科技社团在科技创新中的作用”开展专题协商，围绕“企业职工技术创新”开展界别视察。着眼加快同城化建设进程，推进空间发展战略规划实施，开展调研视察，就建立区域协调机制、加快农村城镇化步伐等问题深入协商议政。围绕推进供给侧结构性改革和“三去一降一补”重点任务，促进产业优化升级，选取电力体制改革、奶产业发展、完善农业科技管理机制、农业社会化服务体系建设等关键领域议题，统筹社会各界和专家力量，提出了一系列有价值的意见建议。（三）完善协商机制，大力推进民主法治建设。深入开展大走访、大调研，围绕加强社会主义民主政治建设，认真倾听各界意见，努力为自治区第十二次党代会的胜利召开凝聚最广泛的智慧和力量。以“加强刑罚执行监督工作”“缓解城市交通拥堵”开展协商。对自治区养老服务促进条例、消费者权益保护条例、水资源管理条例等法律法规草案提出意见。加强对基层司法所干部队伍建设、“七五”法制宣传教育、律师制度改革等问题的调研协商。关注全面放开“二孩”政策，围绕计划生育服务管理和配套措施建设，深入一线了解情况，推动政策落地。全年共开展专题协商会议12次，收到领导批示、办理回复80余条。（四）回应民生关切，促进发展成果共建共享。召开“精准脱贫攻坚”专题议政常委会。加强六盘山片区四省区政协合作交流。开展“艾依河污染治理”提案回头看，围绕城乡垃圾处理、湿地产权确权、防治雾霾污染、高效节水农业发展、饮用水水源地保护、农村污水处理设施运行等热点问题，广泛协商座谈，共商应对之策。紧扣教育、医疗、就业、文化、体育等热点问题开展视察调研，就农村学前教育、促进全民健身、创新人才培养、光伏产业精准扶贫、支持众创空间发展、发展特殊教育等献计献策。关注弱势群体，加强对农村“三留守”人员的关爱帮扶，深入农村一线，反映群众诉求。

统筹慈善公益力量，募集资金930万元，设立宁夏政协大病救助扶贫基金。完善政协委员基层联系点制度，不断延伸服务群众触角。（五）发挥团结统战功能，广泛汇聚改革发展合力。加强同各民主党派、工商联和无党派人士的团结合作，通过主动交换工作意见、优先安排大会发言、联合开展调研等，积极为他们搭建更多更广的协商议政平台。贯彻落实中央民族工作会议和全国宗教工作会议精神，开展“依法加强基层宗教事务管理”专题协商，举办散居少数民族和宗教界三级政协委员学习培训，组织五大宗教团体主要负责人外出学习考察，积极引导宗教界人士和信教群众拥护中国共产党的领导，坚定走中国特色社会主义道路。发挥港澳委员双重积极作用，召开宁夏港区政协委员座谈会，支持港澳委员为国家经济社会发展和港澳长期稳定发挥作用，动员港澳委员为深化宁港澳交流合作献计出力。开展“民族文化产业发展”专题协商，举办宁夏民族文学作品、新边塞诗研讨会，围绕“农家书屋”建设、农村电影放映、非物质文化遗产传承保护等议政建言，讲好宁夏故事、传播宁夏声音。隆重纪念孙中山先生诞辰150周年，举办书画展览、学术研讨等系列活动。（六）坚持改革创新，加强履职能力建设。健全体制机制，制定或修订政协党组工作、常委会工作、专题协商、大会发言、委员履职管理与考核等13项制度。创新提案工作，开展“双向评议”，全年开展各种形式的提案督办活动47次，全年提案办复率达到99%，政协提案的社会影响进一步提升。聘任专家学者担任文史专员，召开“首届宁夏文史类期刊联席会议”，启动《回族百年实录》征编工作，精选精编闽宁合作专题、文史专员说宁夏、西部大开发等内容的文史资料115篇82万字。发挥政协理论研究会作用，广泛征集论文，围绕“加强政协自身建设”召开研讨会，以理论创新推动工作发展。完善政协委员数据库，拓展委员履职平台，组织培训全区各级政协委员及干部500余人。不断推进八项规定精神落地生根，突出问题导向，认真查纠整改。二、2017年工作部署：（一）在创新发展上求突破，更好地为促进经济繁荣建言献策。各级政协组织和广大委员要牢记习总书记嘱托，全面认识和把握新常态，主动协助党委、政府破解发展难题、增强发展动能、厚植发展优势。（二）在和谐稳定上下功夫，更好地为维护民族团结凝心聚力。深刻把握人心是最大的政治、团结是永恒的主题，巩固发展民族团结、宗教和顺、社会稳定的大好局面。（三）在绿色发展上用实招，更好地为实现环境优美尽责尽力。坚持绿色富区、绿色惠民，持续关注生态文明建设，不断推进绿色发展。（四）在共享发展上见成效，更好地为增进人民富裕献计出力。坚持以百姓之心为心，真诚倾听群众呼声，助力富民共享战略。（五）在自身建设上强根基，更好地为政协事业发展增添活力。主动适应新形势新任务，以改革思维、创新理念、务实举措大力推进履职能力建设。

【组织情况】

副主席补选名单

（2017年1月13日政协第十届宁夏回族自治区委员会第五次会议通过）

崔　波

不再担任副主席名单

李淑芬　（2017年1月退休）

常务委员补选名单

（2017年1月13日政协第十届宁夏回族自治区委员会第五次会议通过）

马希荣　王　波　王天林　王海鹏
田　桦　许　兴　李学明　张道洋
秦亚兵　徐占海　高振宇　蒋永忠

常务委员辞职名单

（2017年5月24日政协第十届宁夏自治区委员会第32次常委会会议通过）

王永忠

（2017年8月24日政协第十届宁夏自治区委员会第33次常委会会议通过）

彭晓川

市、县（市、区）政协主席名单（2016年底前完成换届）

银川市政协主席 马　凯（回族）

兴庆区政协主席 杜曼九

金凤区政协主席 张学东

西夏区政协主席 裴建宁

永宁县政协主席 段伏林（回族）

贺兰县政协主席 恩建国（满族）

灵武市政协主席 杨文炯（回族）

石嘴山市政协主席 马平安（回族）

大武口区政协主席 吴振华

惠农区政协主席 谢海燕（女，回族）

平罗县政协主席 毛精明

吴忠市政协主席 孙　瑛（女，回族）

利通区政协主席 赵　峰

青铜峡市政协主席 王　洋

同心县政协主席 田成川（回族）

盐池县政协主席 贺满文

红寺堡区政协主席 蔺保飞

固原市政协主席 马玉芳（女，回族）

原州区政协主席 何　锟（回族）

西吉县政协主席 马天英（女，回族）

泾源县政协主席 胡秀德（回族）

隆德县政协主席 王　升

彭阳县政协主席 冶三奎（回族）

中卫市政协主席 罗成虎（回族）

沙坡头区政协主席 刘希宁

中宁县政协主席 叶进宝

海原县政协主席 郭吉武

宁夏回族自治区各级政协组织和委员数

（截至2017年年底）

级别 项目	省	设区的市	县（不设区的市、市辖区）	合　计
组织数	1	5	22	28
委员数	419	1252	3077	4748

（马贵琳　**编写**　张树仁　**审稿**）

政协新疆维吾尔自治区委员会

马敖·赛依提哈木扎　副主席

【全体委员会议】

十一届五次会议　2017 年 1 月 8 日至 12 日在乌鲁木齐举行。会议应出席政协委员 479 名，实到委员 429 名。会议听取并审议通过了自治区十一届政协常务委员会工作报告和提案工作情况的报告；通过了关于常委会工作报告的决议、提案审查情况的报告和政治决议。列席自治区十二届人大五次会议，听取并讨论了政府工作报告及其他报告。经过充分协商，增补选举马敖·赛依提哈木扎为自治区政协副主席，韩军为自治区政协秘书长。会议共收到大会发言材料 123 份，20 名委员分别代表民主党派、人民团体和各族各界作了大会发言。会议共收到委员提案 830 件，经审查立案 756 件。大会期间，自治区党委书记陈全国，自治区党委副书记、自治区主席雪克来提·扎克尔等自治区党政军和新疆生产建设兵团领导同志莅会指导，听取大会发言，参加联组讨论。自治区政协主席努尔兰·阿不都满金在会议闭幕时讲话。

【常务委员会会议】

第 17 次会议　1 月 11 日在乌鲁木齐召开。会议应出席 108 人，实到 100 人。自治区政协主席努尔兰·阿不都满金主持会议。会议听取了自治区党委组织部关于选举人事事项说明，自治区政协副主席白志杰作的常委会有关人事事项说明；审议通过了人事事项；审议通过了选举办法（草案）和总监票人、监票人名单（草案），审议通过了政协新疆维吾尔自治区第十一届委员会第五次会议关于常务委员会工作报告的决议（草案），审议通过了政协新疆维吾尔自治区第十一届委员会提案委员会关于政协十一届五次会议提案审查情况的报告（草案），审议通过了政协新疆维吾尔自治区第十一届委员会第五次会议政治决议（草案）。

第 18 次会议　5 月 18 日至 19 日在乌鲁木齐召开，围绕“紧紧围绕总目标，巩固和发展民族团结”开展专题议政。会议应出席 109 人，实到 91 人。自治区政协主席努尔兰·阿不都满金主持会议。自治区党委副书记、教育工委书记李鹏新就学习贯彻社会稳定和长治久安总目标作了专题报告。自治区副主席赵青到会听取大会发言。会议就“加强意识形态领域工作，筑牢民族团结的思想基础”“深化宣传和创建工作，丰富民族团结的内容形式”“凝聚各族群众智慧和力量，夯实民族团结的基层基础”“推进惠民工程，促进各民族共同团结进步共同繁荣发展”4 个专题进行分组讨论和大会发言。会议通过了《政协新疆维吾尔自治区委员会常务委员会关于坚决维护民族团结坚决反对民族分裂的决议》和有关人事事项。

第 19 次会议　9 月 13 日至 14 日在

乌鲁木齐召开，围绕“紧紧围绕总目标，加快推进城镇化建设”开展专题议政。会议应出席 108 人，实到 89 人。自治区政协主席努尔兰·阿不都满金主持会议。自治区副主席吉尔拉·衣沙木丁，新疆生产建设兵团党委副书记、副政委孔星隆到会听取大会发言。会议就“统筹规划引领、完善体制机制”“优化城镇布局、推进产城融合”“完善城镇功能、提升城镇品质”“促进人文和谐、推进社会建设”4 个专题进行分组讨论和大会发言。会议通过了有关人事事项。中国城市规划设计研究院副院长王凯应邀做了“新时期新疆城镇化的思考”专题讲座。

【专门委员会工作】

提案委员会 五年来，共收到提案 4921 件，审查立案 4295 件，办结率 100%。其中，已经解决或采纳的 1131 件，占 26.3%；列入计划拟解决或采纳的 2362 件，占 55%；留作参考的 802 件，占 18.7%。自治区政协十一届五次会议以来，收到提案 901 件，经审查立案 643 件（其中并案 23 件），立案率 71.4%。截至 2017 年 10 月底，立案的 643 件提案经 89 家提案承办单位认真办理，全部办理完毕。共确定重点提案 32 件。年初为住疆全国政协委员参加全国政协十二届五次会议征集提案线索 85 件，为自治区政协委员参加自治区政协十一届五次会议征集提案选题参考 320 条。主要工作：一是筹办“进一步完善和落实对口协作扶贫机制”月度协商座谈会，形成协商建议。二是到喀什、和田等地，就贯彻落实《自治区政协提案办理协商办法》工作情况、存在的问题及在加强提案工作方面的意见建议进行调研，提出指导性意见建议。三是改进和优化提案网络系统，着力加大提案网络系统的推广应用，引导和帮助委员通过提案网络系统提交提案、承办单位通过提案网络系统处理提案，完善提案网上提交查询系统，建立提案办理结果网上发布制度，提高提案者和承办单位对提案网络办公平台的应用水平，推进提案工作的规范化、信息化步伐。

经济委员会 五年来，经济委员会共举办了 2 场金融论坛，承办了 6 次协商座谈会，开展了 32 项专题调研，组织了 17 次考察视察，召开了 8 次经济形势分析和 90 余次座谈会，连续 4 年参加了自治区“访惠聚”驻村工作，提交了 62 份调研报告、意见建议、委员建言等。主要工作：一是举办了“新疆政协金融创新与实践论坛——2013 银企交流与合作专题”和“新疆政协金融创新与实践论坛——推动新疆资本市场与民营企业发展专题”两场论坛，先后承办了新疆物流业基础设施现代化建设、新疆清洁能源建设、农田残膜污染问题、工业园区建设中污水处理等月度协商会。二是就《新疆特高压电网建设和电力消纳》进行了专题对口协商，向自治区提交了《全区钢铁、水泥、煤炭产能过剩问题及对策建议》《关于新疆“特高压电网建设及电力消纳”的建议》，就新型城镇化建设、社区配套建设与服务能力、牧民定居、新疆特色小城镇发展等专题，赴内地考察学习和疆内调研视察，形成了《坚持市场主导，突出产业特色，推动新疆特色小镇健康发展》《关于自治区新型城镇化建设若干问题的建议》等调研报告，积极配合《南疆四地州培育 100 个特色城镇规划》编制工作。三是围绕简政放权转变政府职能，对自治区五个委厅简政放权和权责清单工作开展情况进行了民主监督，提出了改进建议。四是召开 6 次支持“访惠聚”驻村工作协调会，落实 10 项委员帮扶项目，委员捐赠和帮助协调的资金近 175 万元，委员捐赠 6000 余件衣物、音响设备、文具等物品。

农业委员会 成立两年来的主要工作：一是承办自治区政协十一届十五次常委会议，就“坚决打赢脱贫攻坚战，增强贫困群众脱贫致富能力”议题，围绕4个专题进行调研，形成自治区政协常委会建议案，报自治区党委政府决策参考。二是组织委员和有关部门同志分两批围绕我区高寒、边境、特困山区精准脱贫，贯彻“六个精准”工作情况以及南疆四地州精准脱贫“六个精准”落实情况深入南北疆进行调研，了解在实施脱贫攻坚过程中，体制机制存在的问题，农牧民在脱贫致富奔小康前行中遇到的困难和诉求，形成专题调研报告，提出了加快贯彻落实“六个精准”的10条具体意见建议，报送自治区政协党组供研究参考。三是协助全国政协在疆开展扶贫监督性专题调研任务，向全国政协提供了新疆深度贫困问题及政策建议、南疆四地州精准脱贫基本情况报告及材料，以期通过更高层面反映新疆脱贫攻坚的基本情况、存在的问题，提出需要国家给予支持和帮助的方面。四是承办“青年就业创业，加强职业教育”专题协商会，承办“推动新疆马产业发展”月度协商会。五是赴阿勒泰地区就“设立青河县边境经济合作区、规划建设中蒙俄跨境铁路、建立阿格达拉镇”等三个问题进行实地专题调研，撰写专题调研报告，促进问题解决。六是形成走访活动制度化，委员会走访有关厅局和各民主党派机关活动，形成了“三走访”工作机制。七是做好督办九三学社新疆区委会提交的《关于实施精准扶贫，实现同步小康》和由民革新疆区委会提交的《关于推进我区农业供给侧结构性改革》两项重点提案服务工作。

民族和宗教委员会 五年来，共参加会议、调研视察、“民族团结一家亲”联谊等各类履职活动1201人次，提交提案125件，大会发言材料41份，反映社情民意信息22条。主要工作：一是召开“遏制宗教极端思想向妇女渗透”“创新重点特殊人群帮教转化方式维护社会和谐稳定”等内容的月度协商座谈。召开“民族宗教界委员和宗教人士发声亮剑”座谈会，先后两次征集委员发声亮剑文章，在报刊集中发表，充分发挥委员模范引领作用。二是围绕“紧紧围绕总目标，进一步巩固发展民族团结”“以现代文化为引领，进一步深化各民族交往交流交融”主题组织召开两次专题议政常委会。就“进一步深化‘民族团结一家亲’活动”“民族团结宣传教育‘八进’工作落实情况”等内容开展专题调研和视察，协同配合全国政协民族和宗教委员会开展了“新疆民族团结和交往交流交融”的专题调研。三是召开“用社会主义核心价值观引领宗教”，“坚持伊斯兰教中国化方向”等内容的专题座谈会。组织开展“去宗教极端化存在的薄弱环节”“推进‘去极端化’工程情况”等内容的专题调研。深入开展“发挥驻村管寺管委会作用”等内容的专题调研。加强对爱国宗教人士的关心和关爱，落实政协领导、专委会领导定期走访慰问爱国宗教人士制度，进一步密切联系。以改善民生和凝聚人心为根本，做好群众工作。四是就“自治区农村学前三年免费教育”“全民健康免费体检”等内容开展专题调研和视察，做好《在南疆地区发展现代庭院经济促农增收的建议》等重点提案的督办工作，加大跟踪落实力度，切实达到惠及群众的目的。

教科文卫体委员会 五年来，开展各类活动124项（次），参加活动的委员1200余人次，形成调研报告16份，完成考察、视察报告7份，46名委员积极发声亮剑。主要工作：一是扎实开展“访惠聚”和“民族团结一家亲”活动，协调捐赠药品、体育用品等累计23万余元，协调捐赠鸡苗等扶贫物资22万余元。五年来累计救治107名各族贫困家庭患儿，累计救助金额近400万元。二是组织承办了“促进我区职业教育发展”“推进我区食品药品安全监管体制改革”“新疆民族医药事业发展”3次月度协商会。三是围绕“政府职能部门在加强和完善运动员文化教育管理体制、运行机制和社会保障政策支持”等方面开展协商议政活动。四是发挥各界别活动小组自身优势，充分开展界别协商。教育界别活动小组以“我区高校人才培养及人才队伍建设”“推进我区学前双语教育”等为主题，科技界别活动小组以“设立新疆奇台110米射电望远镜无线电宁静保护区”“关于加强我区科研院所基础设施现代化建设”等为主题，文化艺术界别活动小组以“关于加强和促进我区文化产业发展”“创新管理模式，充分发挥社区、村文化阵地作用”等为主题，医药卫生界别活动小组以“关于加强我区基层医院远程医疗网络化建设”“促进我区医养结合型养老护理机构建设”等为主题，持续不断地开展界别协商。2013—2015年，连续三年围绕我区卫生人才发展规划课题开展调查研究，获得2016年度自治区科技进步二等奖。五是与全国政协教科文卫体委员会协同开展了“西部高校人才培养情况”等5次专题调研活动，与兄弟省区市政协协助开展了“革命传统教育及民族文化的传承与弘扬”等6次考察调研。六是制定了《教科文卫体委员会调研工作规则》《教科文卫体委员会委员履行职责规定》。

人口资源环境委员会 五年来，共承办自治区政协专题议政性常委会1次、专题协商会1次、月度协商会5次，举办座谈会、调研视察活动100余次，编印15个工作文集，共计400余万字。主要工作：一是组织“美丽新疆·中国梦——提高全民生态文明建设意识座谈会”。承办“洁净新疆建设”专项任务并提交《关于加强洁净新疆建设的指导意见》。二是围绕建立新疆北疆国家公园体制，联合民革新疆区委会及有关部门召开座谈会，赴内地考察，配合完成全国政协来疆调研任务，举办专题协商会。三是分别以政协主席重点提案督办、召开首次月度协商会、连续跟踪调研视察等方式协商监督，推动自治区建立了天山一号冰川保护区域，并在新疆生态脆弱冰川实施禁游。四是持续监督工业领域节能减排和废旧铅酸蓄电池污染治理，推广利用生物可降解产品，助推新材料产业振兴，围绕水资源“三条红线”管控，依托民主党派和委员单位连续调研。五是在全疆首提并推进康养产业发展，推动自治区发布《新疆维吾尔自治区康养旅游产业发展实施意见》。六是承办“紧紧围绕总目标，加快推进城镇化建设”专题议政性常委会，征集63篇大会发言，编辑30余万字的专题资料汇编。筹备召开“加快电化新疆建设，促进电力产业健康发展”的月度协商座谈会，推动《2017年自治区城乡居民生活用电同网同价改革实施方案》等政策的出台。

社会法制和港澳台侨外事委员会 五年来，提交提案279件，反映社情民意69条，组织开展10次专题调研。主要工作：一是筹办了建设沿边经济带、推进“走出去”战略、发挥村规民约在社会治理中的作用、促进边境旅游发展、加强与新疆周边国家华侨华人文化交流5次月度协商座谈会；就促进民族团结进步、打击暴力恐怖犯罪、加强宗教事务管理、去极端化、全面推进依法治疆等20项地方立法进行了协商；组织失独家庭社会保障、居民护照管理、外宣品制作、海外留学生工作等对口协商。二是就推进丝绸之路经济带核心区建设、加强口岸基础设施建设、加快自贸区和保税区建设、创新社区管理、重视法治文化等内容进行实地调研；对环境保护法、禁毒法、残疾人保护法贯彻落实情况进行视察，推动有关法规落到实处。三是围绕海外涉疆侨务工作，深入调查摸底，反复协商完善，提出推进实施的具体方案。完成3次领导小组全体会议的筹备工作，召开6次领导小组办公室协调会议。组织考察组前往周边国家了解侨胞情况，与部分海外华人侨社建立联系，落实政协领导会见海外华侨华人代表制度，加强与海外侨胞的联系。

文史资料和学习委员会 五年来的主要工作：一是筹办“丝绸之路文化遗产保护”“传统村落保护”“促进传统媒体与新媒体融合发展”“提升主流舆论媒体传播力”等4次月度协商会。与农业委员会配合筹办“围绕青年就业创业，加强职业教育”专题协商会。二是就环境保护工作中关于“生态补偿机制”“南疆防沙治沙专项治理”等进行专题调研，积极组织委员参与全国政协开展的“丝绸之路保护申遗工作”“人口较少民族的文化传承发展”“草原文化传承与保护”等专题调研组在疆调研工作。三是召开两次全区政协文史工作座谈会，讨论并通过了《自治区十一届政协文史工作规划》。四是专门设立了《访惠聚驻村工作实录》《政协委员民族团结亲历记》《边民守边护边纪实》等专题，编辑出版了《父辈那代人》《在边境线上：新疆夏尔西里》《新疆名村名镇——巴里坤卷》《半个世纪的记录》《天津儿女在新疆》《西北有浮云》等具有新疆特色文史资料专题丛书30余册，部分图书填补了新疆史料空白。五是完成了《亲历西部大开发·新疆卷》的史料征集、编纂出版工作，真实和全面地反映了我区西部大开发各方面取得的成就。配合全国政协纪念抗日战争胜利70周年活动，收集新疆有关抗战史料，完成了《新疆抗战编年纪事》编辑出版工作，填补了新疆抗战史料的空白。完成《中国少数民族百年实录·新疆卷》柯尔克孜、锡伯、塔塔尔、塔吉克、蒙古、回等6个少数民族新疆卷的稿件征集编辑工作。六是专项课题“吐鲁番社会变迁史”研究项目取得重大成果，编撰并出版《吐鲁番的远古记忆》《吐鲁番壁画佛经故事》等系列图书。七是编印《学习参考资料》20期，给委员和基层政协发放。制定了《委员履职管理办法》《自治区政协文史资料图书征集审读办法》等八项制度，编印了《自治区政协文史资料和学习委员会规章制度汇编》。成立“自治区政协文史资料图书审读领导小组”，制定《关于进一步做好政协文史资料审读工作的意见》。

【重要会议、活动】

专门委员会工作交流会 3月29日在乌鲁木齐召开，总结交流专委会工作经验做法，进一步研究部署专委会工作，通过有效发挥专委会在政协工作中的基础性作用，促进自治区政协履职制度化、规范化、程序化，为实现社会稳定和长治久安总目标作出更大贡献。自治区政协主席努尔兰·阿不都满金主持会议并讲话。自治区政协8个专门委员会负责人交流了工作中的做法和经验，并围绕2017年政协党组工作要点和协商计划，提出了工作思路和措施。

第25次月度协商座谈会 4月25日在乌鲁木齐召开，围绕“加强与新疆周边国家华侨华人文化交流”座谈协商，提出了加强统筹协调、品牌建设、文化产业发展、文化研究与交流等意见建议。自治区外（侨）办、自治区文化厅负责同志对与会同志的意见建议进行回应。

第26次月度协商座谈会 6月14日

在乌鲁木齐召开，围绕“关于加快电气化新疆建设，促进电力产业健康发展”座谈协商，提出了深化电力体制改革、加强电网基础设施建设、大力推动疆电外送、打造低电价工业集聚区等意见建议。自治区经信委、发改委有关负责同志对与会同志的意见建议进行了反馈和回应。

第 27 次月度协商座谈会 7 月 18 日在乌鲁木齐召开，围绕“提升新疆主流舆论媒体传播力”座谈协商，提出了加强顶层设计、加大资金投入力度、改进发行模式等意见建议。自治区党委宣传部有关负责同志对与会同志的意见建议进行了反馈和回应。

第 28 次月度协商座谈会 7 月 25 日在乌鲁木齐召开，围绕“进一步完善和落实对口协作扶贫机制”座谈协商，提出了加强顶层设计和协调联动，整合用好各类资源；加大产业带动力度，增强贫困地区和贫困群众自我发展能力；建立和完善劳务输出对接机制，提高劳务输出脱贫的组织化程度等意见建议。自治区扶贫办、发改委有关负责同志对与会同志的意见建议进行了反馈和回应。

加强职业教育专题协商会 8 月 16 日在乌鲁木齐召开，就“围绕青年就业创业，加强职业教育”专题协商，提出了高度重视职业教育工作、努力提高职业教育质量、重视解决职业教育观念问题等意见建议。

第 29 次月度协商座谈会 11 月 28 日在乌鲁木齐召开，就“推动新疆马产业发展”座谈协商，提出了加快建设现代马产业发展示范区、全力推进现代马产业发展、打造旅游新业态、加快马的良种繁育和促进马文化发展等意见建议。自治区发改委、自治区畜牧厅有关负责同志对与会同志的意见建议进行了回应。

【重要文件】

常委会工作报告（2017 年 1 月 8 日）（摘要） 2016 年工作回顾。一年来，政协常委会在工作中突出重点、体现特色，主要表现在：**一是创新平台更好发挥学习引领作用。**创立了“新疆政协·雨露讲坛”、道德讲堂、专题讲座三大学习平台，举行了 24 次党组和常委会集体学习、23 期系列讲座，共 5100 多人次参加。**二是完善协商民主机制增强协商议政实效。**坚持把制订实施协商计划作为贯彻落实党委工作部署的重要方式，坚持和完善全体会议、常委会议、专题协商会、月度协商座谈会制度，健全了宽领域、多层次、常态化的协商议政格局。一年来，除完成全年协商计划外，还开展了 91 项视察调研活动、153 次协商活动，406 位委员、1073 人次参加，占委员总数的 79%。**三是健全工作机构提升履职实践能力。**成立了委员联络机构，出台了《委员履职管理办法》，建立了全体会议、常委会议会风会纪督查制度。修订了《政协专门委员会通则》，增设了农业委员会。**四是坚持问题导向强化民主监督职能。**围绕民族团结、社会稳定、改革发展、民生建设、精准脱贫等重要举措的落实，组织专题视察组就农村学前三年免费双语教育、全民健康体检、乌鲁木齐南山片区矿产资源开发和生态治理、伊犁州霍城县战备沟水库建设和移民搬迁等开展专项视察。围绕工业领域节能减排、冰川资源保护、南疆防沙治沙、校园足球事业发展以及《食品安全法》《自治区民族团结进步工作条例》《自治区宗教事务条例》等法律法规实施情况，开展了 21 项监督性强的调研议政活动，认真负责地提出意见建议。一年来，围绕中心、服务大局，认真履行职能，主要开展了以下工作：**（一）加强思想建设，夯实共同思想政治基础。**深入学习贯彻中共十八大和十八届三中、四中、五中、六中全会精神，学习贯彻习近平总书记系列重要讲话精神、特别是在第二次中央新疆工作座谈会上的重要讲话和视察新疆时的重要讲话精神，学习贯彻党中央关于人民政协工作的新思想新部署新要求和全国政协十二届四次会议精神。深入学习把握以习近平同志为核心的党中央治疆方略，学习贯彻自治区第九次党代会精神，坚决把思想和行动统一到社会稳定和长治久安总目标上来，统一到自治区第九次党代会决策部署上来，自觉把党中央关于新疆工作的大政方针融入履职实践，主动把履职工作同自治区党委的部署要求结合起来，牢固树立政治意识、大局意识、核心意识、看齐意识，始终在思想上政治上行动上同以习近平同志为核心的党中央保持高度一致。**（二）团结汇聚力量，努力促进社会和谐稳定。**以“促进各民族交往交流交融”为主题，就深化民族团结宣传教育、增进民族感情、推进各民族共同创业共同奋斗共同发展进行专题议政；围绕充分发挥妇女在民族团结中的特殊作用进行提案办理协商，就创新重点特殊人群帮教转化方式、发挥村规民约在社会治理中的作用进行月度协商；针对积极引导宗教与社会主义社会相适应开展调研座谈，配合全国政协就培养宗教界中青年代表人士开展平行调研；围绕加快法治政府建设、加强基层法律服务人才培养等提出建议，就自治区《实施〈中华人民共和国反恐怖主义法〉办法》《去极端化条例（草案）》等开展立法协商。结合开展“民族团结一家亲”和联系服务群众等活动，深入社区、学校、企业、农牧区和清真寺等地，扎实做好慰问交流、政策宣传、化解矛盾、协调关系等工作，最大限度调动一切积极因素，不断巩固维护祖国统一和促进民族团结进步基础。我们着力推进海外涉疆侨务工作，加大侨情调研力度，加强与海外各界人士和社团组织的交往交流，积极宣传新疆的巨大变化，展示了新疆的良好形象。我们坚持把开展“访惠聚”驻村工作作为落实总目标的重要举措，一年来全区各级政协组织共有 412 名干部、1448 名委员到 1092 个村开展工作，广泛深入宣传政策、注重教育发动群众、协调落实惠民工程、助力扶贫减贫脱贫、推进美丽乡村建设，完成了 18 个软弱涣散村摘帽、24 个贫困村摘帽。**（三）牢记履职为民，助力改革发展和民生改善。**累计开展 43 次调研视察和协商议政活动，围绕钢铁水泥煤炭行业去产能、特高压电网建设及电力消纳、非公有制经济发展、自贸区和保税区建设、现代畜牧业发展、兵地融合发展、中俄蒙通道建设等进行调研议政。围绕传统村落保护、边境旅游发展开展月度协商。就协调新疆用水总量控制指标向全国政协提出建议。围绕废旧铅酸蓄电池污染治理与回收利用进行月度协商，就建立国家公园体制、绿色低碳发展、生物可降解地膜推广应用、清洁能源发展与绿色农业等开展对口协商和界别协商，协调召开了康养旅游产业发展座谈会、“健康新疆——康养旅游产业发展”专家咨询会，积极探索健康产业发展模式。赴周边国家就加强丝绸之路经济带框架下科技、环保、资源等领域合作进行考察，助力“一带一路”国家战略实施。全区各级政协班子成员和委员中的领导干部联系了 268 个贫困村、1080 户贫困群众。以“围绕坚决打赢脱贫攻坚战，增强贫困群众脱贫致富能力”为主题开展专题议政，就落实“六个精准”、提高脱贫成效等提出意见建议。积极协助全国政协就“一带一路”建设、农村电商发展、农牧业产业升级、马产业发展、沙漠治理与精准扶贫、草原生态系统保护、少数民族地区戏曲艺术传承和发展、人口较少民族文化保护和传承、国际传播能力建设等课题开展视察调研。

围绕传统媒体与新兴媒体融合发展进行月度协商，就推进大众创业万众创新、完善农村科技服务体系、提升“一带一路”文化传播力影响力、发挥村级社区文化阵地作用、提升社区配套建设和服务功能、加强草原文化传承与保护、运用PPP模式助推民营医院发展等开展调研议政。组织委员和专家深入基层开展“送医送药行”活动，通过物资捐赠、专家义诊、落实“健康快车”医疗项目等形式，为各族群众送上真情关爱。**（四）坚持改革创新，不断提高工作科学化水平。**坚持和完善“四审”立案协商制度，积极推进提案“三个转变”，出台了《提案办理协商办法》，坚持联合督办重点提案，全年开展提案办理协商活动52次。重点征集出版少数民族百年实录、新疆名村名镇、边境文史等史料，其中《亲历西部大开发·新疆卷》填补了我区西部大开发史料空白，《丝绸之路文化汇集》是第一部反映丝绸之路经济带核心区文化建设的史料。制定了《反映社情民意信息工作办法》，健全社情民意信息分析报送机制。创新政协新闻宣传平台，加大视察调研工作统筹力度，改进会议活动组织工作，完善大会发言遴选机制，首度邀请城乡居民代表、海外侨胞列席政协重要会议活动。高度重视基层政协工作，加强工作经验交流。与湖南省政协联合举办了“八千湘女”进疆66周年系列纪念活动，积极推动两省区合作交流、团结共进。**（五）注重学做结合，着力加强自身建设。**按照党中央关于开展“两学一做”学习教育的总体部署，认真落实自治区党委的要求，把思想政治建设放在首位，自觉尊崇党章、遵守党章、维护党章，认真学习贯彻中国共产党廉洁自律准则、党内政治生活若干准则、纪律处分条例、问责条例和党内监督条例，深入学习领会习近平总书记系列重要讲话的核心要义，切实增强“四个意识”，守纪律、讲规矩、重品行，践行“四讲四有”标准。政协班子成员坚决贯彻中央八项规定，严格落实自治区党委关于加强领导班子建设的“九点要求”“约法十章”，深入各地州市走访调研，以学促做、知行合一，不断增强履职实效。坚持把解决问题贯穿学习教育全过程，着眼加强委员、界别、专委会、政协机关“四位一体”建设，认真开展作风建设“三项治理”，着力解决“四风”及隐形变异“四风”和机关干部不作为、不会为、不善为等问题，进一步强化反分裂斗争纪律，努力打造忠诚干净担当的政协委员和政协机关队伍。严肃党组织生活，严格党员管理，各级政协班子成员坚持双重组织生活制度，以普通党员身份参加所在支部的组织生活；组织委员和机关干部开展庆“七一”主题党日、“弘扬长征精神·传承红色记忆”主题教育、共建“委员林”、深入艰苦地区走访体验等活动，重温入党誓词、缅怀革命先烈、参与社会实践，使各族各界委员和政协干部受到了教育、增强了责任意识。

【组织概况】

副主席增补名单

（2017年1月12日自治区政协十一届五次会议通过）

马敖·赛依提哈木扎

秘书长增补名单

（2017年1月12日自治区政协十一届五次会议通过）

韩　军

新疆维吾尔自治区各级政协组织和委员数

（截至2017年年底）

级别 项目	自治区	设区的市 （自治州）	县 （不设区的市、市辖区）	合　计
组织数	1	14	105	120
委员数	473	2377	12173	15023

（肖　俏　**编写**）

地方各级政协组织和委员数统计表（截至 2017 年底）

	省（自治区、直辖市）		副省级市		设区的市（州、盟、地区）		县（不设区的市、市辖区）		合计	
	组织数	委员数	组织数	委员数	组织数	委员数	组织数	委员数	组织数	委员数
北京	1	757			16	4181			17	4938
天津	1	776			16	3718			17	4494
河北	1	762			11	5195	168	33095	180	39052
山西	1	577			11	3770	119	19415	131	23762
内蒙古	1	515			12	3287	103	14685	116	18487
辽宁	1	604	2	1059	12	3756	100	19715	115	25134
吉林	1	587	1	510	8	2789	60	13982	70	17868
黑龙江	1	722	1	630	12	4042	132	23352	146	28746
上海	1	813			16	4605			17	5418
江苏	1	746	1	523	12	5268	96	25649	110	32186
浙江	1	731	2	989	9	3555	89	20537	101	25812
安徽	1	721			16	6311	105	21260	122	28292
福建	1	694	1	389	9	3068	84	16186	95	20337
江西	1	682			11	4087	100	18897	112	23666
山东	1	926	2	1029	15	6108	137	33393	155	41456
河南	1	896			18	7391	159	33674	178	41961
湖北	1	721	1	552	16	5700	99	22369	117	29342
湖南	1	725			14	5188	123	26617	138	32530
广东	1	789	2	1033	19	6707	121	26833	143	35362

续表

	省（自治区、直辖市）		副省级市		设区的市（州、盟、地区）		县（不设区的市、市辖区）		合计	
	组织数	委员数	组织数	委员数	组织数	委员数	组织数	委员数	组织数	委员数
广西	1	704			14	4870	110	19042	125	24616
海南	1	400			3	764	15	2161	19	3325
重庆	1	847			26	7387	12	2910	39	11144
四川	1	875	1	628	20	7402	183	35178	205	44083
贵州	1	594			9	3446	88	16284	98	20324
云南	1	639			16	5421	129	24754	146	30814
西藏	1	558			7	1128	74	5117	82	6803
陕西	1	647	1	569	9	3143	107	17738	118	22097
甘肃	1	583			14	4007	86	12387	101	16977
宁夏	1	419			5	1252	22	3077	28	4748
青海	1	396			8	1825	43	4261	52	6482
新疆	1	473			14	2377	105	12173	120	15023
合计	31	20879	15	7911	398	131748	2769	524741	3213	685279

图书在版编目（CIP）数据

中国人民政治协商会议年鉴．2017／夏宝龙主编
．--北京：中国文史出版社，2020.12
ISBN 978-7-5205-2694-4

Ⅰ．①中… Ⅱ．①夏… Ⅲ．①中国人民政治协商会议-2017-年鉴 Ⅳ．①D627-54

中国版本图书馆CIP数据核字（2020）第245410号

责任编辑：胡福星

出版发行：**中国文史出版社**
社　　址：北京市海淀区西八里庄路69号　　邮编：100142
电　　话：010-81136606　81136602　81136603　81136605（发行部）
传　　真：010-81136655
印　　装：廊坊市海涛印刷有限公司
经　　销：全国新华书店
开　　本：787×1092　1/16
印　　张：44.5　　插页：24
字　　数：1070千字
版　　次：2021年9月北京第1版
印　　次：2021年9月第1次印刷
定　　价：80.00元